中国造纸年鉴

ALMANAC OF CHINA PAPER INDUSTRY

2011

中国造纸学会　编

Edited by China Technical Association of Paper Industry

玖龙纸业（控股）有限公司　协办

Co-sponsored by Nine Dragons Paper（Holdings）Limited

中国轻工业出版社

图书在版编目（CIP）数据

中国造纸年鉴. 2011/中国造纸学会编. —北京：中国轻工业出版社，2011.8
ISBN 978-7-5019-8355-1

Ⅰ.①中… Ⅱ.①中… Ⅲ.①造纸工业-中国-2011-年鉴 Ⅳ.①F426.83-54

中国版本图书馆 CIP 数据核字（2011）第 148124 号

责任编辑：郭雪娇　　责任终审：滕炎福　　封面设计：锋尚设计
策划编辑：林　媛　　版式设计：东方信邦　　责任监印：吴京一

出版发行：中国轻工业出版社（北京东长安街 6 号，邮编：100740）
印　　刷：北京画中画印刷有限公司
经　　销：各地新华书店
版　　次：2011 年 8 月第 1 版第 1 次印刷
开　　本：787×1092　1/16　　印张：45.75
字　　数：1080 千字　　插页：20
书　　号：ISBN 978-7-5019-8355-1　　定价：300.00 元
邮购电话：010-65241695　传真：65128352
发行电话：010-85119835　85119793　传真：85113293
网　　址：www.chlip.com.cn　www.ctapi.org.cn
E-mail：club@chlip.com.cn　acpi2008@126.com
如发现图书残缺请直接与我社邮购联系调换
110475K4X101HBW

《中国造纸年鉴2011》编辑委员会

本卷《年鉴》正文用纸选用

山东太阳纸业股份有限公司

"金太阳" 70 克/米^2 胶版印刷纸

《中国造纸年鉴 2011》编辑部

对本书有关的各项业务与意见均请与编辑部直接联系
地址：北京市东城区广渠门南水关甲 7 号华威国际公寓　邮编：100061
电话：010－65812880，65831083，65830216，65831089
传真：010－65812653
网址：www. ctapi. org. cn
邮箱：acpi2008@ 126. com

Any Business refers to this book，please contact editorial board
Address：No. TA Nanshuiguan，Guangqumen，DongCheng District，Warwick International Apartments. Beijing 100061，China
Phone：010－65812880，65831083，65830216，65831089
Fax：010－65812653
http：//www. ctapi. org. cn
E－mail：acpi2008@ 126. com

编辑说明

《中国造纸年鉴》是由中国造纸学会编纂的专业性年鉴，是目前我国唯一逐年辑录的有关中国造纸工业的资料性工具书。自1986年创刊以来，伴随着中国造纸工业的发展，《中国造纸年鉴》已陆续出版发行14卷，本卷《中国造纸年鉴2011》为第15卷。

《中国造纸年鉴2011》在保持原有框架相对稳定的情况下，根据文稿内容对个别栏目名称进行了微调，本卷年鉴的13个栏目分别是：1. 综述；2. 发展与建设；3. 产品与市场；4. 纤维原料；5. 节能减排　环境保护；6. 装备与器材　造纸化学品；7. 科技　教育　出版；8. 大事记；9. 地方造纸工业；10. 企业；11. 社团工作；12. 附录；13. 单位名录。

根据广大读者的要求，本卷年鉴新添了造纸化学品企业名录。

本卷年鉴在编写过程中，得到各有关部门、企事业单位和有关人士的大力支持、指导和积极配合，在此谨表谢意。并诚请广大读者对本卷年鉴编辑、出版中的不足之处给予批评指正。

《中国造纸年鉴》编辑部

2011年8月

“十一五”期间的中国造纸工业

（2006—2010年）

各种纸及纸板	2006 年	2007 年	2008 年	2009 年	2010 年
消费量	6600	7290	7935	8569	9173
生产量	6500	7350	7980	8640	9270
进口量	441	401	358	334	336
出口量	341	461	403	405	433

杨延良董事长

自强不息

海纳百川

挑战极限

追求卓越

企业概况

山东博汇集团有限公司是集造纸、化工、热电为一体的现代化大型企业集团，连续三年跻身中国企业500强。现总资产150亿元，在职员工13000余人，主导产品为文化纸、白卡纸、箱纸板、石膏板护面纸、造纸木浆等。年造纸能力120万吨、化工150万吨、发电60万千瓦。2010年山东博汇集团实现销售收入150亿元，利税15亿元，上缴税金7亿元。

山东博汇集团是“国家信息化500强企业”，公司及子公司先后被评为“全国制浆造纸30强企业”、“山东省造纸行业十强企业”、“节约能源先进企业”、“中国造纸十强企业”、“全国造纸行业劳动关系和谐企业”、“山东省纳税总额前100强企业”等。产品先后荣获“国家免检产品”、“中国知名品牌”、“山东名牌”、“山东省著名商标”等称号。公司是国家科技部认定的国家高新技术企业，公司与多家科研院所建立了合作关系，现拥有14项发明、专利，并承担了国家科技部的3项火炬计划、2项重点火炬计划项目和1项国家新产品项目的研发。

自成立以来，公司始终坚持“自强不息、海纳百川、挑战极限、追求卓越”的企业精神，不断调整结构，转变方式，坚持科学发展、持续运营，坚持走内涵发展的道路，坚定不移地抓投入、上项目，加快技术创新，强化内部管理，进一步做强做大支柱产业，促进企业又好又快发展，2011年，集团公司预计实现销售收入200亿元，利润15亿元，上缴税金10亿元。

一流的造纸设备

山东博汇集团有限公司

Shandong Bohui Group Co., Ltd.

地址：山东省淄博市桓台县马桥镇工业路北首　　邮编：256405
电话：0533-8530389　　传真：0533-8537777
网址：www.bohui.net　　邮箱：bh05338530389@163.com

沈阳鑫鹰网业有限公司

沈阳鑫鹰网业有限公司（原沈阳铜网股份有限公司）的前身沈阳铜网厂始建于1949年，是国内生产造纸脱水器材的重点专业厂家。1952年中国第一张造纸网锡磷青铜造纸长网就诞生在这里。我公司六十多年来为中国造纸网业的发展作出了重要贡献，堪称中国造纸网企业第一家。

进入20世纪90年代，公司以技术引进为突破口，四次引进的织网设备总计12台套，2011年又引进了目前世界最先进的瑞典TEXO公司15.3米宽幅多层网织机、奥地利WIS公司全自动插接机，加快了技术改造和产品升级的步伐，提高了多种规格具有高科技含量的SSB三层网的产能。公司技术力量雄厚，检测检验设备齐全。多年来应用新材料、新技术和新工艺生产聚酯网系列产品，质量不断提高。公司通过了ISO9001:2008国际质量体系认证。目前公司可生产造纸用聚酯单层成形网、多层成形网、洗浆网、抄浆网、干燥网、螺旋网，可替代毛毯的聚酯异型丝干燥网、扁丝螺旋干网和用于环保的污泥脱水网等上百个品种，年生产总量达18万~20万米^2。产品畅销全国和亚洲市场。

为加快国有企业改革，焕发国有企业青春，2008年12月经沈阳经济技术开发区批准，由浙江沃得网业有限公司与沈阳铜网股份有限公司合资于2009年4月注册成立沈阳鑫鹰网业有限公司。合资公司树立崭新的理念，以创新的思维方式经营，并以用户需求为宗旨，以优质的产品，优良的服务竭诚满足用户的需求，无偿提供造纸机用网选型和现场指导等一系列服务。

我公司董事长马胜山携全体员工向国内外用户承诺，我们将品质上佳、价格合理的产品和优良的服务为客户和我公司在市场经济大潮中架起一座友谊之桥，彼此的相互支持和信任将使我们的友谊地久天长。愿我们在今后的愉快合作中实现双赢！

织网机

定型机

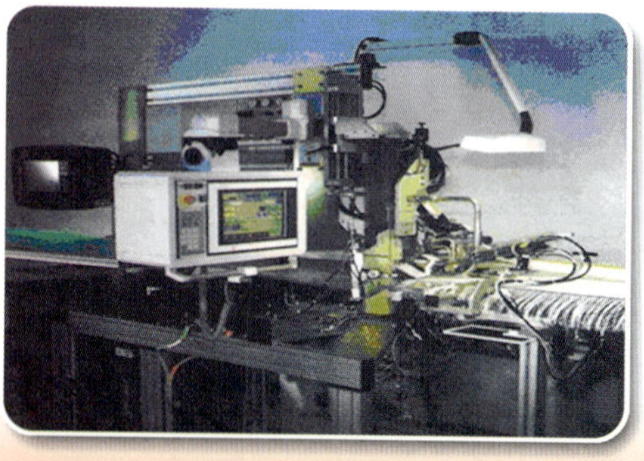

全自动插接机

沈阳鑫鹰网业有限公司厂区

地址：沈阳市于洪区沙岭镇金岭路B区1-1号　邮编：110144　联系人：李智红　刘德基
电话：024-89367698 89367669/801/802　传真：024-89367698　E-mail:xinyingw_09@126.com

科博会中国国际工业节能减排科技创新大会
获2009年度节能减排科技创新
极具投资价值项目奖
创捷 TrumpJet 造纸化学品混合添加系统
WETEND
Technologies
WETEND
TECHNOLOGIES
LTD
E-mail: min.zhang@wetend.com
Website://www.wetend.com

二〇 创捷 TrumpJet 造纸化学品混合添加系统

WETEND Technologies

创 捷 TrumpJet®

“创捷”化学品混合添加技术是造纸行业节水、节能、减排方面具有世界先进水平的创新技术，已于2002年在芬兰获得专利。

主要技术特点：
在抄纸前使添加的化学品与纸浆瞬间完全混合，并在提高质量改善纸机运行的同时达到节水、节能、节约化学品的多重效果；
可使吨纸耗水下降0.5~2.5米^3，降低全厂清水用量10%~15%。
该技术适用于大多数纸种以及湿部化学品，具有良好的推广应用前景。

例如：
纸厂A应用 “创捷”技术节约水和动力效益计算：
产量1000吨/日，化学品稀释1米^3/吨纸，
每年350000米^3/年，水价按4元/米^3。
节水效益为：140万元人民币/年。

水温15℃，纸机工艺温渡55℃
加热清水2500千瓦效率80%，年耗能21000兆瓦时/年；
泵送清水20千瓦效率70%，400千帕，年耗能170兆瓦时/年；
废水处理3千瓦时/米^3，年耗能1050兆瓦时/年；
动力价格：0.5元/千瓦时，总耗22220兆瓦时/年。
能源总节约：1100万元人民币/年。

水和动力共节约：1100万+140万=1240万元人民币/年
减少温室气体排放CO_2：7300吨/年

WETEND TECHNOLOGIES LTD
KAARTILANTIE 7
57230 SAVONLINNA
FINLAND

TEL. +358 10 836 0100
FAX.+358 10 836 0120
WWW.WETEND.COM

芬兰温德造纸湿部技术公司北京代表处
北京市朝阳区建国路118号
招商局大厦18F1829
邮编：100022

电话：+86 10 5923 3822/23
传真：+86 10 6566 2723

目　录

1　综述

2　发展与建设

3　产品与市场

4　纤维原料

5　节能减排　环境保护

6　装备与器材　造纸化学品

7 科技 教育 出版

8 大事记

9 地方造纸工业

10 企业

11 社团工作

12 附录

13　单位名录

CONTENTS

1. GENERAL TOPICS

2. DEVELOPMENT AND CONSTRUCTION

3. PRODUCTS AND MARKET

4. FIBROUS MATERIALS

5. ENERGY SAVING AND DISCHARGE REDUCING ENVIRONMENTAL PROTECTION

6. EQUIPMENT & ACCESSORY CHEMICALS USED IN PAPER INDUSTRY

7. SCIENCE TECHNOLOGY EDUCATION AND PUBLICATION

8. EVENTS

9. LOCAL PAPER INDUSTRY

10. ENTERPRISES

11. ASSOCIATIONS AFFAIRS

12. APPENDIX

13. NAME LIST OF UNITS

彩色广告目录

中国造纸学会活动纪实

2010年8月19日在北京组织“中国科协第41期新观点新学说学术沙龙——无污染制浆新技术”

2010年9月14日在上海纸展期间召开“2010中国国际造纸技术报告会”

2010年9月18日在北京参加“2010年全国科普日”组织了主会场中的“热点聚焦”活动

2010年10月28日在北京召开“低碳造纸理念与实践论坛”

2010年11月23日在北京召开《制浆造纸科学技术学科发展研究报告(2010—2011)》研讨会

2010年12月15日在广西南宁召开“制浆造纸工业科学合理利用非木材纤维原料研讨会”

玖龙纸业（控股）有限公司

NINE DRAGONS PAPER (HOLDINGS) LIMITED

◆ 企业概况

1995年的东莞，伴随着改革开放的大潮，传承了千年文明的中国造纸业诞生了一颗璀璨的新星。十余年励精图治，玖龙纸业已成长为亚洲大型的现代化包装纸制造集团。玖龙纸业（控股）有限公司于2006年3月3日在香港成功上市，目前已经在珠江三角洲的东莞、长江三角洲的太仓、西部的重庆、环渤海经济圈的天津建立四大造纸基地，位于泉州和沈阳的新基地正在兴建中。卓越的战略布局使玖龙产品能有效覆盖各个新兴市场，打造了一个国际知名的民族品牌，带动中国造纸工业在近十年间取得了令世界瞩目的发展。截至2011年7月，玖龙纸业已在国内拥有二十七条具有国际先进水平的包装纸生产线，在四川乐山收购并搬迁建设了特种纸及竹木浆基地，与内蒙古合资建有木浆生产基地，并与越南造纸厂合资，将造纸事业拓展到海外，还完成了河北永新纸业控股权的收购，是中国首个年产能过1000万吨的造纸集团，被评为“2010年中国轻工造纸行业十强企业”第一名。

◆ 产品开发与科技创新

世界领先的造纸机

玖龙纸业一直以国际化的规模、国际化的效益为目标，从首条生产线开始，均引进国际一流生产工艺、采用世界先进的纸机设备和高智能控制系统，为高质量和稳定的生产提供坚实的保证。同时，还不断创新，被国家有关部门评为“外商投资先进技术企业”、“国家优秀外商投资企业”和“高新技术企业”。在配套设施方面，玖龙自建有热电联产的电站，为公司未来发展提供了充足的电力保障。在物流方面，自建了深水码头，并自备有庞大的运输车队，从原料到成品采取一站式的服务模式，既降低成本，又提高效率。

自动包装机械手

玖龙以生产高品质的包装纸为己任，三大品种系列即牛卡纸、高强瓦楞原纸、涂布白纸板都在国内占据行业龙头地位，公司拥有“玖龙”、“海龙”两个自主民族品牌，取得了“中国环境标志产品”的认证，被广东省质检局授予“广东省名牌产品”。同时，还积极导入国际标准化管理体系，相继通过了ISO9001质量管理体系、ISO14001环境管理体系、OHSAS18001职业健康安全管理体系以及FSC森林环保体系认证。目前，玖龙纸业能生产各类牛卡纸、高强瓦楞原纸、涂布灰底白纸板、轻涂牛卡纸等多品种、任意幅宽的包装纸系列产品。玖龙还不断进军高价值产品领域，从环保包装纸拓展到

全自动成品纸仓库（行车式）

全自动成品纸仓库（自动叉车式）

环保文化纸，新产品包括：环保型文化用纸、高档白卡纸等。玖龙产品的品种多样，规格系列完整，可以满足国内外市场不同层次的需求，为客户提供优质服务。玖龙的产品定位一直以国际化的市场为基准，已被全球用户所广泛接受和认可，众多国内外知名品牌均指定采用玖龙纸做包装。

◆ 环保与节能

废水处理厂

“没有环保就没有造纸”彰显了玖龙与生具有的环保天性，更诠释着玖龙执着的企业理念。玖龙积极倡导并实践着可持续发展的循环经济，开创了国内废纸造纸的先河，引领了环保造纸的潮流。自建厂以来，玖龙以高度的社会责任感，不断投入巨资，引进国际先进的技术和设备，使各项环保指标都做到优于国家标准。

废水达标排放口

在废水处理方面：玖龙首先从源头上做好节水，各条生产线均配套引进了先进的白水回收循环系统，生产用水循环再用。在末端的废水处理上，玖龙不仅在行业内率先引进国际先进的厌氧加好氧技术，还积极进行技术研发，采用先进的四级处理工艺，进一步优化废水的深度处理。废水在生化处理过程中产生的沼气，将作为生物清洁能源回收利用，为热电锅炉提供燃料。此外，为了彻底解决造纸废水处理过程中的气味问题，玖龙正在针对气味源，进行加盖封闭、抽气和除臭处理，开行业废水治理之先河。

花园式的工厂

在废气治理方面：脱硫采用炉内喷钙加尾部氧化镁湿法两级脱硫工艺，效率达到90%以上。除尘采用先进的静电加布袋处理工艺，除尘效率达到99.9%。

在固废处理方面：玖龙更大程度地循环回用纤维余料，并在行业内领先建造了环保、节能的垃圾焚烧炉，处理造纸产生的轻渣等固体废物，固废焚烧产生的热能和电能供造纸使用。玖龙还针对废水处理后产生的污泥进行重点技术攻关，成功研发出新型污泥干化焚烧技术，污泥含水率由85%下降到40%以下，经干化处理后的污泥全部焚烧利用。该项技术被评为“全国造纸行业节能减排优秀技术创新成果”一等奖。在资源循环利用上，玖龙不仅完成了废纸造纸的大循环，还将造纸最终产生的废物全部循环利用，实现了固体废物的零排放，既避免了二次污染，又变废为宝，节约资源。

玖龙正重点研发烟气脱硝和去除废水氨氮的技术，做到在环保理念上和环保技术上先行于人，树立了资源节约型、环境友好型企业的典范。

除获ISO14001环境管理认证外，玖龙集团各生产基地还连续多年被当地环保部门评为“环保诚信企业”，并被评为“中华环境友好企业”。

环保煤仓

玖龙纸业（控股）有限公司

NINE DRAGONS PAPER (HOLDINGS) LIMITED

◆ 社会责任

玖龙纸业从建厂以来，就坚持具有玖龙特色的人性化管理，坚持“科学的发展观，品质第一，用户至上，完善管理，日日进步，永远让玖龙产品的成本竞争能力和企业发展的竞争能力与同行业相比与众不同”的管理理念。

玖龙纸业自1998年7月第一条生产线顺利建成投产至今，在增加税收、带动上下游产业链的升级、促进地方经济发展、创造就业机会、共建和谐社会等方面，为国家和地方的经济建设作出了突出的贡献。玖龙纸业连续多年被评为当地的“诚信纳税大户”，企业和员工都尽到了税收责任，还解决了一万多人的就业问题；玖龙的快速发展，带动周边经济和上下游产业链日益兴旺发达，对促进地方经济发展起到了非常积极的作用。玖龙生产的各种包装纸为国内各种轻工产品提供了环保的配套包装材料，改变了中国包装纸长期依赖进口的局面，为“中国制造”走向世界提供了支持，玖龙也伴随着中国经济的成长而发展。在玖龙的带领下，中国造纸工业在包装纸领域的发展到达了世界领先的水平，为中国造纸工业和中国的制造业发展作出了巨大的贡献。

援建“侨心居”

资助“爱心午餐”

玖龙纸业一向积极履行社会责任，在公益事业方面不遗余力。玖龙纸业长期坚持开办“玖龙班”，资助偏远山区贫困学生学习深造，并提供就业机会；在四川汶川地震和青海玉树地震发生后，玖龙纸业分别在第一时间向灾区捐赠了1500万元和1000万元，全力支援灾区人民抗震救灾，重建家园；在2010年首个“广东扶贫济困日”活动中，玖龙纸业积极响应广东省委、省政府的号召，带头捐款1020万元，为社会奉献爱心；在2011年“广东扶贫济困日”活动中，再度捐款1000万元：在强台风“凡亚比”对粤西造成严重水灾后，玖龙纸业及时捐赠60万元用于灾民修建“侨心居”；并为重庆彭水山区贫困学生提供“爱心午餐”。玖龙纸业在履行社会责任方面赢得了社会各界的广泛认可，被授予“中华慈善奖”、“改革开放30年广东侨商特别贡献奖”、“华商贡献奖”、“广东扶贫济困红棉杯金杯”等多项荣誉。

自备码头

未来，玖龙将继续朝着环保、节能型、国际化管理的企业目标迈进，巩固行业龙头地位，奠定企业百年基业。

地址：广东省东莞市麻涌镇新沙港工业区
邮编：523147
电话：0769-88234888
传真：0769-88824198
网址：www.ndpaper.com

员工生活小区

云南云景林纸股份有限公司

云投集团

YUNNAN INVESTMENT GROUP

YUNNAN YUN-JING FORESTRY & PULP MILL CO.,LTD.

云南云景林纸股份有限公司（以下简称云景公司）是云南省首次利用亚行贷款，以当地森林资源开发及木材永续利用、振兴边疆少数民族地方经济为目的，按照林纸结合模式兴建的国内第一家林纸一体化企业，是云南省“八五”至“九五”期间的重点建设项目。公司通过十余年的经营管理，探索和总结出了一条林产业实现可持续发展之路，创造了“生态有利、林农有利、企业有利”的破解“三农”难题的“云景模式”，实现了林农增收、财政增长和企业增效的有机统一，为云南省林浆纸产业发展积累了丰富的经验和打下了坚实的基础。云景公司“三针”牌纸浆为云南省名牌产品，主要产品“三针”牌漂白硫酸盐针叶木浆、桉木浆、木竹混合浆，市场前景广阔，供不应求，畅销10多个省、市。

目前，公司拥有员工1300余人、年产10万吨浆厂一座、100万亩原料林基地、年产9万吨煤矿一个。在正常情况下，实际纸浆产量可达11万吨/年，年可实现产值6亿元左右、上缴税费0.7亿元左右、利润上千万元，是地方经济社会发展的标志性企业，被云南省列为重点扶持的林业、农业龙头企业，成为带动地方经济社会发展和解决“三农”问题的支柱产业，是云南省发展林纸产业的基础和平台。

先进的废水处理车间

苗圃基地

云景公司“三针”牌纸浆

卡米尔连续蒸煮塔

桉树人工林

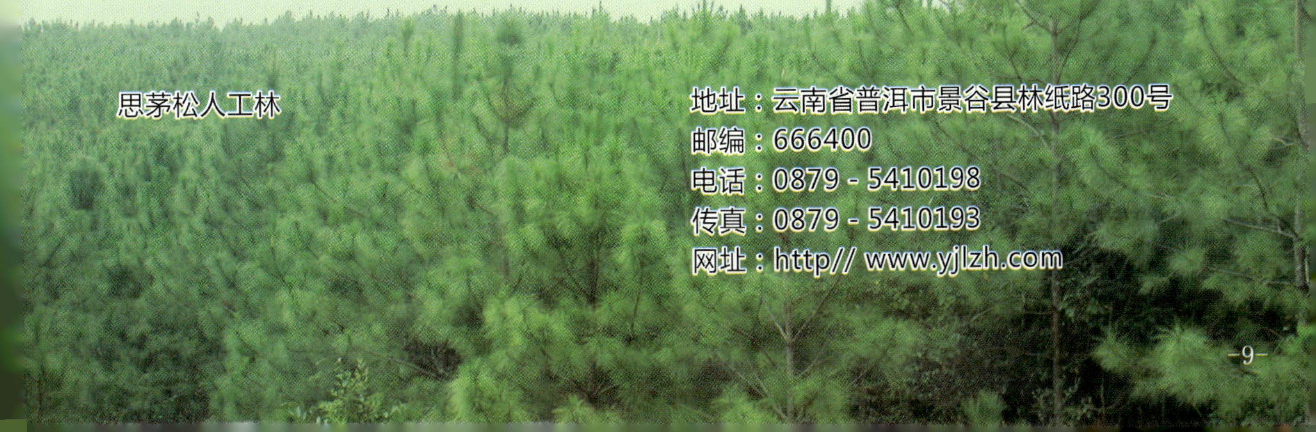

思茅松人工林

地址：云南省普洱市景谷县林纸路300号
邮编：666400
电话：0879 - 5410198
传真：0879 - 5410193
网址：http// www.yjlzh.com

你用纸，我种树
实践绿色循环，这是我们的使命
你用纸，我种树；种六棵，用一棵；植树造林，绿化祖国；金光集团APP，让世界更绚丽。
APP(中国)致力于推动“林浆纸一体化”，并不断通过自身努力与实践，为生活和生态搭建一条可持续的绿色循环发展之道。
www.app.com.cn
APP(中国)，不仅提供优质纸品

金东纸业
GOLD EAST PAPER
让世界更绚丽
Beautify the World
PEFC
PEFC/01-31-58
Promoting Sustainable Forest Management
www.pefc.org
地址：江苏省镇江市大港兴港东路8号 邮编：212132
免费服务热线：8008283768 www.goldeastpaper.com.cn
电话：86-511-88998888 传真：86-511-88997000
公司品牌：Nireus、太空梭、东帆、长鹤、神盾

APP
金光集团·工业用纸
宁波中华纸业有限公司
宁波亚洲浆纸业有限公司
绿色包装 彩色笑颜
与自然共舞
DANCE WITH NATURE
我们以先进的设备、资深的造纸技术、独步的涂布配方
生产高档白卡、铜版卡、白纸板......为您创造更好的条件
良好的质量与印刷适性
让您的产品在印刷后
更显光泽与色彩艳丽
凸显质量 增添品味
展现尊贵风华
宁波中华纸业有限公司
宁波亚洲浆纸业有限公司
Http : www.zhonghua-paper.com
服务热线 SERVICE HOT LINE
4008810998
为您提供全方位产品咨询及相关售后服务!
APP工业用纸
中国前列工业用纸生产基地
宁波中华纸业 / 宁波亚洲浆纸业
荣获多项国际认证 PEFC/ISO14064/ISO9001/ISO14001/ISO14025/OHSAS18001/国家环境友好企业
PEFC

APP

金华盛纸业

GOLD HUASHENG PAPER

◎亚洲大型的无碳复写纸供应商

◎亚洲大型的多元文化纸品供应商

金华盛纸业（苏州工业园区）有限公司是世界纸业十强之一的金光集团APP于1996年投资建设的现代化大型造纸企业。公司投资总额13.8652亿美元，员工2700余人。金华盛纸业年产文化用纸60余万吨，是目前中国大型的多元文化纸品供应商，连续多年被侨务办公室评选为江苏省乃至全国明星侨资企业，2009年被中国造纸协会授予“全国制浆造纸企业30强”荣誉称号，2005年至今一直被认定为“国家高新技术企业”。

金华盛纸业装备4台大型纸机以及多台涂布机，自备热电厂以及日供5万吨的废水处理厂，专业生产无碳复写纸（包括热敏纸）、双胶纸、铜版卡和办公用纸等系列产品。“立可得”、“金球”、“金彩蝶”、“金环”等产品已经成为公司的主打品牌，“金彩蝶”、“立可得”等被评为江苏省著名商标，“立可得”、“金球”、“金彩蝶”系列文化用纸被评选为江苏省名牌产品。公司产品在国内外具有较高评价，曾被评为第四届亚太经合组织技术展示交易会指定用纸。依托APP贸易公司，目前金华盛纸业的产品远销全球各地。

在追求经济效益的同时，金华盛纸业始终贯彻“保护环境、珍惜资源、防止污染、持续改善”的环境方针，环保投入已累计达到5.3亿元，其中新建的7000吨中水回用工程已达到国内行业领先水平。在同行业中率先通过ISO9001质量体系、ISO14001环保体系以及OHSAS18001职业健康安全体系等权威认证，2008年顺利通过PEFC认证。

金华盛纸业在环保和循环经济方面的大力投入，得到了各级政府的肯定。2003年通过苏州市经贸委组织的清洁生产审核；2001、2002、2003年连续三年被评为“苏州市环境保护先进企业”，曾荣获“江苏省环境保护工程十佳单位”、“江苏省环境保护先进企业”、“苏州工业园区2006年度循环经济示范奖”、“江苏省循环经济试点单位”以及“江苏省环境友好企业”等称号。2007~2008年度公司大力推进节能减排工作，被苏州园区管委会授予“节能成效奖”。2008年度被江苏省经贸委以及质监局联合评定为“计量管理工作先进单位”。2010年被苏州市经信委授予“能效之星”四星等级，也是目前授出的最高等级。

经过十多年的发展，金华盛纸业在中国已能生产出越来越多的成熟产品，为越来越多的客户提供周到的服务，同时我们将积极参与到保护环境和绿色可持续发展活动中，做中国绿色纸业的倡导者和实践者。

地址：苏州工业园区胜浦镇金胜路2号　　邮编：21512

电话：0512-62836666　　传真：0512-6283267

免费服务热线：800-8282009　　Http://www.goldhs.com.cr

清风®
为洁净更强韧
为家人更温柔
www.ghy.com.cn

NSK
我深信，没有越不过的高度！
NSK 造纸设备专用轴承

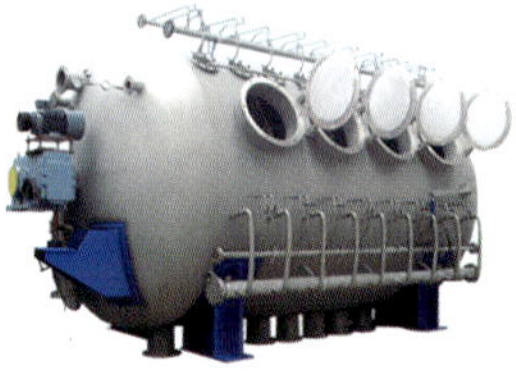

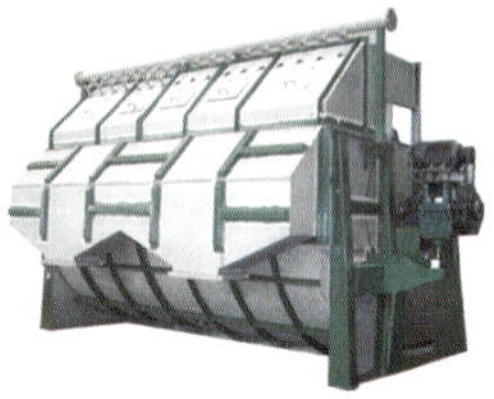

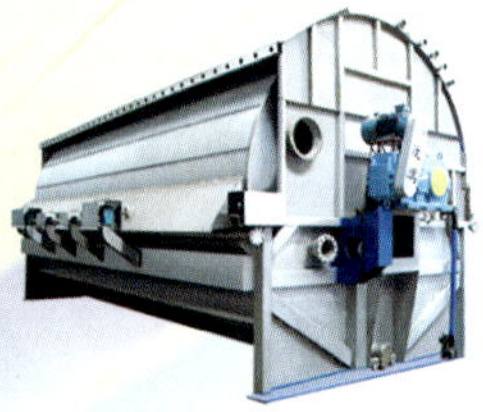

APP
WENRUI
汶瑞高度关注人类与环境的和谐
以艺术的眼光完善产品设计与创新，持续提升品质与效率
不断降低能耗是我们永恒的目标和不变的承诺
到今天，荣誉出品的2300余台各式洗浆设备夜以继日地
帮助我们的客户净化环境的同时，创造着巨大的经济效益……

新型结晶蒸发器

黑液浓度越高，碱回收炉（燃烧黑液）运行越安全稳定，能源利用率也越高。蒸发器受热面结垢是限制黑液蒸发到高浓度的主要原因。黑液浓度在50%以下时，基本不结垢。黑液中含有一定数量的Na_2SO_4和Na_2CO_3,当黑液浓度大于50%时，Na_2SO_4和Na_2CO_3可以形成复盐Na_2CO_3-$2Na_2SO_4$晶体。由于黑液中Na_2SO_4少，部分Na_2CO_3会析出，当其浓度高时，会在蒸发器传热面上结垢，造成频繁清洗蒸发器，影响整个蒸发系统的能力，也会增加能耗。

黑液结晶蒸发技术的具体方法是：当黑液浓度接近临界点（47%～50%）时，加入浓黑液。浓黑液里含有碱回收混合槽送来的碱灰，碱灰的主要成分是Na_2SO_4。混合着碱灰的浓黑液会迅速使47%～50%的黑液处于饱和态，使Na_2CO_3与Na_2SO_4完全结合形成复盐Na_2CO_3-$2Na_2SO_4$晶体。这些晶体的总表面积非常大，随着黑液浓度的升高，会优先在同类晶体表面上析出，大大减少在加热表面的结晶析出，避免了加热面上的结晶性结垢，这样使整个蒸发系统能把黑液连续稳定蒸发到更高的浓度，通过实践运行证明，竹浆黑液蒸发可达到70%～75%，木浆黑液蒸发可达到80%以上的浓度。

性能指标：

采用结晶蒸发技术和先进的降膜蒸发技术，可以在系统比较简单、蒸汽电耗比较低的情况下，把木浆黑液蒸发到80%以上浓度。

与国外同类技术比较：

各项主要性能指标能够达到国际先进水平，在国内同行业处于领先地位。

成果的创造性和先进性：

在国内同行业领先采用结晶蒸发技术，实际运行效果良好，受到用户广泛好评。

直接经济效益和社会效益：

结晶蒸发技术的采用，可以大大提高浆厂黑液浓度，碱回收炉产生更多的蒸汽，运行更安全稳定，烟气中有害物质会明显降低，更好地保护环境。该技术的应用符合国家节能减排政策，有良好的经济效益和社会效益。

为满足降膜结晶蒸发要求，板式降膜结晶蒸发器做了一些优化设计：

●优化了板片点焊的分布密度及鼓压高度，板片的承压能力提高80%以上。

●优化设计分配器设计。

●优化了板片的进汽及排冷凝液的结构设计，避免集汽/液箱与板片联接处出现破坏。

由我司提供印尼APP隆达纸业九体六效管式降膜蒸发站（600吨/时蒸水量）及湘江纸业九体六效板式降膜蒸发站（180吨/时蒸水量）工程中，均采用了结晶蒸发技术，取得了满意效果。

正在泰格林纸集团运行的全板式结晶蒸发器

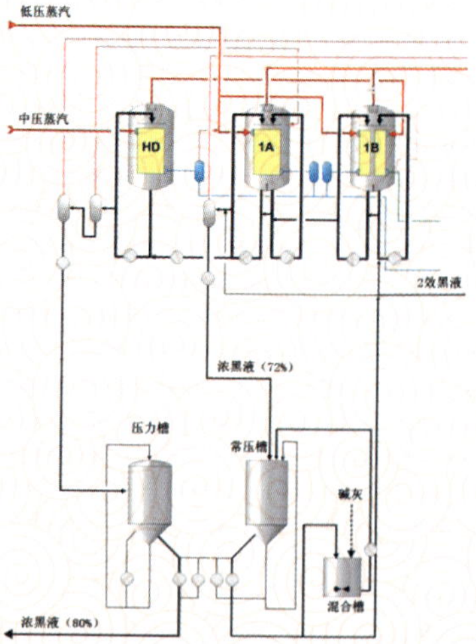

结晶蒸发工艺流程简图

江苏华机集团
JIANGSU HUAJI GROUP

★中国民营企业500强★
★江苏苏商500强★
★江苏省企业院士工作站★

湿法备料及连续蒸煮系统

1、正在山东晨鸣集团运行的180T/D湿法备料及连续蒸煮系统
2、正在广西东亚纸业公司运行的国内首条180T/D蔗渣连蒸生产线

一、概述

江苏华机集团研发的湿法备料与连续蒸煮设备系统达到了国内领先水平。

湿法备料与连续蒸煮设备系统是我司消化吸收国外技术，结合国内制浆原料的实际情况开发成功的制浆蒸煮技术。该系统由不同规格的主辅单机组成，根据客户不同的产量、原料、制浆方法等要求设计配套使用，并配置国际先进的DCS控制系统，保证生产的自动化和可靠性。

本系统适用于麦草、芦苇、蔗渣、红麻、棉秆、棉短绒、木片等原料生产化学浆、半化学浆、化学机械浆，生产线能力50~350吨/日。

二、主要特点

1.设备布置集中； 2.产量大、蒸煮得率高；3.成浆速度快、无高峰负荷；4.成浆质量稳定；5.生产运行成本低；6.配套先进的DCS控制系统，工人劳动强度低；7.延长后续设备的使用寿命，有利于碱回收。

连蒸设备

脱水设备

水洗设备一

水洗设备二

辅助设备

国内大型的广西冠桂集团400吨/日甘蔗渣漂白浆连蒸生产线

三、提供以下服务项目

1. 系统及相关配套设计。包括工艺、自动控制、工程设计等服务。
2. 设备结构设计及制造供货。设备合理选型、结构设计、材料选用满足制浆特性，设备质量及运行效果达到或超过国内同类产品水平。
3. 电气、仪表设计选型及连锁控制方案。
4. 系统安装工程。
5. 系统操作员工的技术培训。
6. 系统调试及售后服务。

中国制浆造纸装备的引领者
TAKING THE LEAD IN CHINA'S PULP AND PAPER MAKING EQUIPMENT

地址:张家港市民营科技园振兴路5号 传真(FAX):86-0512-58989366 58951555 邮编(P.C.):215600
TEL:86-0512-58189158 58951518 邮箱(EMAIL):jshjjt@126.com 网址: www.jshuaji.com

无锡沪东麦斯特环境工程有限公司

沪东麦斯特——DAF专家

无锡沪东麦斯特环境工程有限公司是一家制浆造纸废水处理设备的研究、开发、设计与生产的专业化制造商，其产品CQJ型DAF被广泛应用于白水的回用、制浆中段水的处理。

Hudong Mascot-EXPERT OF DAF

Wuxi Hudong Mascot Environmental Engineering Co., Ltd. is a professional manufacturer of DAF(Dissolved Air Floatation machine) research, development, design and manufacture. It's product Mascot Model CQJ Dissolved Air Floatation Machine is widely used in white-water reuse, and papermaking and pulping wastewater treatment.

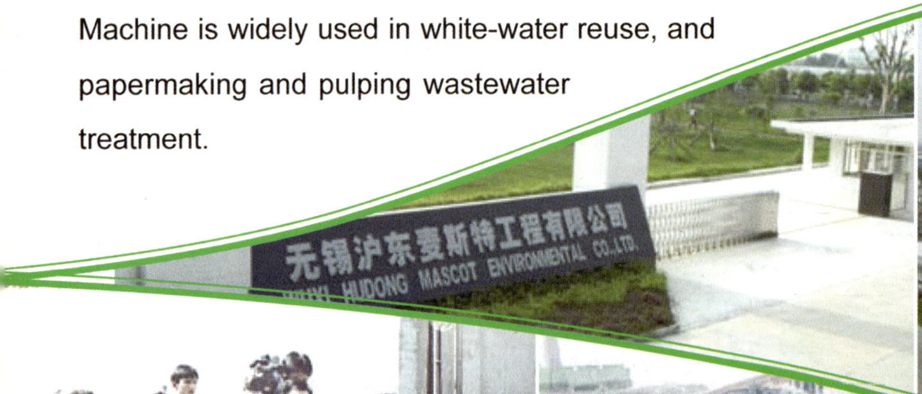

地　址：中国无锡国家高新技术开发区
电　话：0510-85300555　85300777
传　真：0510-85300878
邮　编：214142
E-mail: mst@chinahudong.com
http://www.chinahudong.com

压力筛换代了！
www.zzyunda.com
华北区：郭强13838196231
华南区：孙军伟13938212809
华东区：楚松伟13938212810
西北区：王富军13838168536
UNDA运达
中浓压力筛浆系统
设备产能：60~1100吨/日
设备特点：①多翼块、无缠绕、高效节能型转子。
②中浓筛选（≤4%），降低生产过程中水耗和纤维流失。
③同等产能筛鼓面积小，减少筛鼓更换费用。
Ⅰ 进浆区
Ⅱ 进浆混合区
Ⅲ 混合区
Ⅳ 高效混合区
内流式压力筛
设备产能：30~900吨/日
设备特点：①欧洲先进技术，节能效果明显。
②模块化设计，安装维护省工省时。
③网前低脉冲筛选，上网匀度好。
封闭筛选系统
封闭筛选系统主要用于以木材及草类纤维为原料的筛选，制浆线的除节、精筛选及黑液回收。
主要设备：除节机、精筛、黑液过滤机。
设备特点：①欧洲先进技术，性能优越、稳定可靠。
②大幅度降低水耗及环保运行费用。
③筛选浓度高，单位产量能耗低。
UNDA运达造纸设备有限公司
地址：郑州市国际机场薛店工业园世纪大道168号
电话：86-371-62581888 62586186
邮箱：hongyunda001@163.com

VANOV

四川环龙技术织物有限公司

Sichuan Vanov Technical Fabrics Co.,Ltd.

成都环龙集团旗下的四川环龙技术织物有限公司，目前主要从事造纸用纺织品造纸毛毯、高温环保滤材等过滤用纺织品的研发、生产与销售；已拥有成都总公司、石家庄分公司、上海金熊公司等三个基地，拥有“环龙”、“GOBEAR”等造纸毛毯知名品牌，现已成为国内最大的从事产业用纺织品造纸毛毯研发、生产与销售的专业公司之一。

通过二十多年在产业纺织品领域的探索与积淀，公司拥有了先进的管理模式，丰富的产品生产技术经验，培植了覆盖全国各地乃至东南亚周边地区的销售网络；目前，公司是中国造纸学会脱水器材专委会、全国工商联纸业商会理事单位，在首届中国纸业发展大会上获得“十佳战略合作伙伴”奖，被评定为国家级高新技术企业，通过了ISO9001：2008国际质量体系认证，其“环龙”牌商标已被评选为四川省著名商标。多年来，公司都是成都市的“纳税先进企业”、四川省“小巨人企业”，并获得四川省工行资信评定AAA称号。上海金熊公司是亚洲非制造材料协会会员，被评定为国家的高新技术企业，是上海市“小巨人企业”通过了国际质量体系、国家环境管理体系等认证。

二十多年来，公司已砺练出一支强大的忠于企业、精于管理、业务过硬的优秀管理团队，培养了一大批中青年专业技术与研发人才。公司坚持以科技为先导，十分注重技术投入和技术合作；造纸毛毯、高温过滤材料同属产业用纺织品领域，该领域的技术难度大、要求高，而造纸毛毯又是该领域的技术“高地”；在环龙二十多年的发展历程中，分别与东华大学、天津工业大学、四川大学等多所科研院校紧密合作，在该领域攻克了一个又一个技术难关，取

得了“三层无交织底网造纸压榨毛毯”、“毛毯织机运行的计算机控制方法”、“抗污底网压榨造纸毛毯的制造方法”等十多项发明与实用新型专利技术，在国内拥有较强大的研发团队和较成熟的专有技术，更是国内在该领域第一家获得市级技术中心的企业；目前，公司还成立了“环龙上海造纸毛毯研究所”，主要致力于提高中国造纸毛毯与其他高性能过滤材料的基础理论水平、产品研发和应用能力，通过持续的投入与努力，争取成为具有国际先进水平的企业研究中心、技术中心。

目前，公司拥有国外先进的法国Thibeau（蒂博）公司的高速梳理机，法国Asselin（阿斯兰）公司的交叉铺网机，奥地利Fehrer（菲勒）公司的预刺机、主针刺机，瑞典特克斯14米、16米织机等核心设备50多台（套）。

多年来，公司致力于做世界一流的造纸毛毯供应商，做亚洲知名的过滤材料供应商，以技术、研发为先导，做专家型企业！

VANOV环龙　地址：四川省成都市温江区成都海峡两岸科技产业开发园　新华大道二段519号　电话：028-82782930

环龙集团
VANOV GROUP

成都环龙投资有限公司
Chengdu Vanov Investment Co., Ltd.

成都环龙集团旗下的环龙投资管理有限公司，致力于林（竹）、浆、纸一体化发展，努力打造以“花间集”为品牌的环保竹浆生活用纸品牌！目前已拥有农大林业、西龙纸业、丹妮纸业等三个经济实体，是四川省乃至西南地区具有重要影响力的造纸企业。依托四川省丰富的竹林资源，环龙农大林业公司通过和政府、老百姓的紧密合作，大力建设自有竹林基地。

四川省西龙纸业有限公司拥有氧漂制浆、排放达标的完整环保竹浆制浆生产线，产品畅销西南五省区30余个市、县。公司是四川省扶贫龙头企业和农业产业化重点龙头企业，也是当地政府的纳税大户，通过了ISO9001：2008国际质量体系认证。

四川省丹妮纸业有限公司是西南地区一家规模较大的专业从事生态竹浆生活用纸研发、生产、销售一体化的企业；经过多年的发展，其“花间集”品牌已成为西南地区具有较大影响力的生活用纸知名品牌。

公司致力于走林（竹）、浆、纸一体化发展道路，现已形成从原料种植到生活用纸终端成品的完整产业链。公司始终把“健康、环保”的理念深入每一个生产经营环节，以人类健康为己任，以生态平衡为根本，以“打造中国竹浆生活用纸第一品牌”为目标，不断进取和超越。紧紧抓住西部大开发及西部生态综合开发的有利时机，积极加大林业基地和环境保护建设力度，努力完善低碳环保的绿色产业链，力争将公司打造成四川省乃至中国造纸界的一流知名企业。

环龙投资 Vanov Investment 成都市青羊区敬业路229号青羊工业总部基地h区6栋601 电话：028-87339169 传真：028-87339169-617

构建现代造纸产业传媒服务平台

To Construct a Media Service Platform for Pulp and Paper Industry

中华纸业杂志社编辑出版中国造纸协会会刊《中华纸业》，并创建了中国造纸行业综合门户网站“中华纸业网”，还组织承办一些行业活动，主要面向造纸及造纸相关行业企业（如造纸机械、造纸化学品、造纸自动化、造纸脱水器材等）。

《中华纸业》、“中华纸业网”在产业政策、发展战略、管理创新、技术进步、市场营销、信息等方面进行综合报道。力争刊网结合，构建起现代造纸产业传媒服务平台。

2005年起，中华纸业利用自身的优势，组织和承办了多项行业活动，如“中国造纸行业20强企业巡礼”年度专题宣传、“中华纸业浆纸技术论坛”、“中国造纸工业摄影大奖赛”、“产业高层迎春峰会”、“全国造纸产业企业报年会”等。

2007年伊始，中华纸业以“中国区”的形式组织企业出国参加国际纸展，先后参加了芬兰、瑞典、印度、泰国、越南、俄罗斯等国知名纸展。从2011年起，出国组团工作与中国轻机协会、山东轻机协会及多省造纸协会联合组织，“中国区”更名为“中国造纸及造纸装备国家展团”。

China Pulp & Paper Industry Publishing House edits and publishes CPPI magazine, the journal of China Paper Association, runs www.cppi.cn, one of the earliest professional website in China, and organises industrial activities, serving for the companies from pulp, paper and related industries, such as paper machinery, chemicals, automation and dewatering equipment.

CPPI and www.cppi.com are corporate for providing detailed information on industrial policy, development strategy, management innovation, technological advance and marketing, to construct a modern paper media platform.

Since 2005, CPPI Publishing House has organized kinds of related activities, just like annual special report “Top 20 papermaking enterprises in China”, “CPPI Pulp & Paper Technology Forum”, “China paper industry photography grand prix” and “China paper industry spring summit”.

Since 2007, CPPI Publishing House has organized Chinese enterprise to participate international paper exhibitions in Finland, Sweden, India, Thailand, Vietnam and Russia in form of “China Pavilion”. In 2011, CPPI Publishing House jointed hands with China Light Industry Machinery Association, Shandong Light Industry Machinery Association and some provincial paper associations, and “China Pavilion” was renamed “China’s Paper and Paper Making Equipment National Pavilion”.

传承华夏文明
服务中华纸业

中华纸业

《中华纸业》创刊30周年纪念大会

2010年芬兰纸展代表团全体合影

“中华纸业浆纸技术论坛”会场

全国造纸产业报刊协会年会代表合影

印度国际纸展“中国区”

瑞典纸展“中国区”吸引了参观者的目光

中华纸业杂志社 China Pulp & Paper Industry Publishing House
地址：山东省济南市工业南路101号（250100） Add: No. 101 Gongyenan Road, Jinan, Shandong 250100, China
电话Tel: 0086-531-88522949, 88929286, 88935343 传真Fax: 0086-531-88920310
邮箱：cppi@cppi.cn（办公室），adv@cppi.cn（广告部），[illegible]@cppi.cn（编辑室） 网址：www.cppi.cn

ISSN 1001-6309
CN 11-2709/TS
邮发代号：62-111
全年12期，期期精彩
2012
“鼓”动您精彩
纸和造纸
纸和造纸
PAPER AND PAPER MAKING
中国造纸学会主办
欢迎赐稿，欢迎订阅，欢迎刊登广告
·中文核心期刊 ·《中国学术期刊综合评价数据库》来源期刊 ·中国科协优秀期刊
电 话：028-87284769 87281943 87267806

综　　述

GENERAL TOPICS

1

中国造纸工业"十一五"发展综述

Review of Development of China's Paper Industry during the Period of 11st Five - Year Plan

中国造纸协会常务副理事长　曹朴芳

一、基本情况

"十一五"期间是中国造纸工业发展史上极不平凡的5年，在这个发展阶段中，虽然后两年受到金融危机的严重影响，但全行业认真贯彻落实国家出台的一系列应对金融危机的政策和措施，克服了重重困难，有效地遏制了经济增长明显下滑的趋势。随着国内经济形势总体回升向好，造纸行业也逐步走出了困境，较快地实现了恢复性增长。总体上保持了平稳、快速、健康发展，主要呈现以下特点。

1. 政策法规不断完善，发展环境建设加快

"十一五"期间，中国现代造纸工业发展环境建设明显加快，法律、法规、政策、标准等越来越完善，政策叠加效应明显，对建立公平、合理、有序、健康的现代造纸工业发展环境起到了重要作用。"十一五"期间全行业认真贯彻落实了《中华人民共和国国民经济和社会发展第十一个五年规划纲要》提出的"调整造纸工业原料结构、降低水资源消耗和污染物排放、淘汰落后草浆生产线，在有条件的地区实施林纸一体化工程"的要求。加快实施了《全国林纸一体化工程建设"十五"及2010年专项规划》，新增配套速生林基地46.47万公顷，新增木浆生产能力420万吨/年。全面贯彻落实了《造纸产业发展政策》、《产业结构调整指导目录》、《外商投资产业指导目录》（2007年修订本）等政策文件，提高准入条件，指导和规范了行业健康发展。认真实施了《节能减排综合性工作方案》，淘汰落后产能650万吨，重点解决落后小型纸浆生产线污染环境的问题。执行了《中国节能技术政策大纲》和《GB 3544—2008 造纸工业水污染物排放标准》，加大了企业节能技改和防治污染的力度，促进了节能减排。积极推进《轻工业调整和振兴规划》（2009—2011年）的实施，理性应对金融危机，开展专项技术改造，提高技术装备水平，促进产业升级。

通过宣传贯彻落实国家有关部委颁布的相关政策与规划，政策叠加效应明显，使造纸工业发展进入了一个有序的新发展期。

2. 生产持续稳定发展，保障国内市场需求

"十一五"期间，中国纸及纸板生产与消费同步增长，2007年首次实现了产略大于需，取得了产需基本平衡的历史性突破。2010年继续保持了生产稳定增长，产略大于需的基本平衡态势，纸及纸板生产量9270万吨，比2005年增长65.5%，年均增长10.6%；消费量9173万吨，比2005年增长54.7%，年均增长9.1%，人均年消费量68千克，比2005年增加23千克。纸和纸板进口量336万吨，比2005年降低36.0%；出口量433万吨，比2005年增长123.2%。提高了纸及纸板自给能力，自给率由2005年的91.2%提高到96.3%，基本保障了同期国内市场的需求。2005—2010年全国纸及纸板生产量、进口量、出口量和消费量见表1。

3. 运营质量显著提高，总体经济效益较好

"十一五"期间，行业运营质量显著提高，总体经济效益较好。2005—2010年全国规模以上企业造纸及纸制品工业总产值由4174亿元增至10560亿元，增长153%。其中，2005—2010年规模以上企业纸浆工业总产值由120亿元提高到365亿元，增长204%，年均增长24.9%。规模以上企业纸制品工业总产值由1432亿元提高到4345亿元，增长

203%，年均增长24.8%。规模以上企业纸及纸板工业总产值由2622亿元增至5850亿元，增长123%，年均增长17.4%（见表2）；工业销售产值由2546亿元增至5767亿元，增长127%，年均增长17.8%（见表3）；增加值由727亿元增至1730亿元，增长138%，年均增长18.9%；利税总额由225.2亿元增至500.0亿元，增长122%，年均增长17.3%；利润总额由123.2亿元增至327.0亿元，增长166%，年均增长21.6%（见表4）；实物劳动生产率由每人每年73.4吨增至125.7吨，增长71.3%，年均增长11.4%（见表5）；资产总计由3228亿元增至5934亿元，增长84.0%，年均增长12.9%（见表6）。

表1 2005—2010年全国纸及纸板生产量、进口量、出口量和消费量 单位：万吨

	2005年	2006年	2007年	2008年	2009年	2010年
消费量	5930	6600	7290	7935	8569	9173
产 量	5600	6500	7350	7980	8640	9270
进口量	524	441	401	358	334	336
出口量	194	341	461	403	405	433

注：数据来源中国造纸协会《中国造纸工业年度报告》。

表2 2005—2010年全国纸及纸板工业总产值 单位：亿元

	2005年	2006年	2007年	2008年	2009年	2010年
工业总产值	2622	3119	3833	4571	4660	5850

注：数据来源国家统计局（规模以上企业）。

表3 2005—2010年全国纸及纸板工业销售产值 单位：亿元

	2005年	2006年	2007年	2008年	2009年	2010年
工业销售产值	2546	3050	3768	4439	4578	5767

注：数据来源国家统计局（规模以上企业）。

表4 2005—2010年全国纸及纸板利税总额、利润总额 单位：亿元

	2005年	2006年	2007年	2008年	2009年	2010年
利税总额	225.2	271.0	350.0	390.0	382.0	500.0
利润总额	123.2	151.0	210.0	210.0	220.0	327.0

注：数据来源国家统计局（规模以上企业）。

表5 2005—2010年全国纸及纸板实物劳动生产率 单位：吨/(人·年)

	2005年	2006年	2007年	2008年	2009年	2010年
实物劳动生产率	73.4	87.0	99.1	106.1	121.5	125.7

注：数据来源中国造纸协会《中国造纸工业年度报告》。

表6 2005—2010年全国纸及纸板资产总计 单位：亿元

	2005年	2006年	2007年	2008年	2009年	2010年
资产总计	3228	3617	4076	4697	5016	5934

注：数据来源国家统计局（规模以上企业）。

4. 有效利用纤维资源，原料结构有所改善

"十一五"期间，中国造纸工业充分利用国内外两种资源，大力推进林纸一体化工程建设，加强国内废纸回收利用和关停落后草浆生产线，提高了国内木浆和废纸的供给能力，使原料结构有所调整。

2005—2010年，木浆用量由1130万吨增至1859万吨，木浆占总用浆量的22%，其中，国产木浆用量由371万吨提高到708万吨，占总用浆量的8.4%；废纸浆由2810万吨增至5305万吨，占总用

浆量的比例由54.0%提升至62.7%，其中国产废纸浆由1448万吨增至3213万吨，占总用浆量的比例由27.8%提升至38.0%；非木浆总量基本保持不变，由1260万吨略上升至1297万吨，占总用浆量的比例则由24.3%降至15.3%（见表7）。

表7　　2005—2010年全国纸浆消费结构　　单位：万吨

	2005年		2006年		2007年		2008年		2009年		2010年	
	消费量	比例/%	消费量	比例/%	消费量	比例/%	消费量	比例/%	消费量	比例/%	消费量	比例/%
纸浆总消费量	5200	100	5992	100	6769	100	7360	100	7980	100	8461	100
木浆消费量	1130	21.7	1322	22.1	1450	21.4	1624	22.1	1808	22.7	1859	22.0
国产木浆	371	7.1	526	8.8	605	8.9	672	9.1	551	6.9	708	8.4
进口木浆	759	14.6	796	13.3	845	12.5	952	12.9	1257	15.8	1151	13.6
非木浆消费量	1260	24.3	1290	21.5	1302	19.2	1297	17.6	1175	14.7	1297	15.3
其中：苇（荻）浆	130	2.5	145	2.4	144	2.1	150	2.0	144	1.8	156	1.8
竹浆	120	2.3	140	2.3	120	1.8	146	2.0	161	2.0	194	2.3
蔗渣浆	65	1.3	74	1.2	90	1.3	97	1.3	98	1.2	117	1.4
禾草浆	830	16.0	800	13.4	849	12.5	808	11.0	676	8.5	719	8.5
棉、麻浆	—	—	15	0.3	25	0.4	—	—	—	—	—	—
其他浆	115	2.2	116	1.9	74	1.1	96	1.3	96	1.2	111	1.3
废纸浆消费量	2810	54.0	3380	56.4	4017	59.4	4439	60.3	4997	62.6	5305	62.7
进口废纸浆	1362	26.2	1570	26.2	1805	26.7	1937	26.3	2056	25.8	2092	24.7
国产废纸浆	1448	27.8	1810	30.2	2212	32.7	2502	34.0	2941	36.8	3213	38.0

注：数据来源中国造纸协会《中国造纸工业年度报告》。

5. 技术装备水平提高，产品结构有所优化

“十一五”期间，中国造纸工业采取引进技术装备与国内自主创新并重的措施，加快了结构调整步伐，在淘汰落后产能的同时，建设了一批技术起点高、装备先进、单机生产线规模大、产品质优有竞争力的基本建设和技术改造项目。据国家统计局统计，2006—2009年造纸及纸制品行业投资额合计3729亿元，投资额年增长20%以上。2000—2009年新增年产10万吨及以上中高档各类纸机和纸板机140余台，新增先进产能3400万吨。与此同时造就了一批优秀骨干企业，这些企业率先完成了由传统造纸向现代化造纸的转变，对中国造纸产业规模结构、产品结构、技术结构的调整和产业优化升级起到了引领、支撑及推动作用。

目前，中国制浆造纸企业的技术与装备落后的面貌已有明显改观，主要产品的生产装备引进的是世界上技术最先进、单机产能最大的制浆造纸装备。例如：化学木浆单线年产100万吨及以上；化学竹浆单线年产20万吨；化机浆单线年产10万~30万吨；废纸及废纸脱墨浆生产线单线年产10万吨及以上；卫生纸机网宽5600毫米，车速2000米/分；新闻纸机网宽11150毫米，车速2000米/分；文化用纸机网宽10400毫米，车速2000米/分；机内涂布机外超压铜版纸机，网宽10600毫米，车速2000米/分；五长网五涂布站白纸板机，网宽8800毫米，车速900米/分。

目前，国内制浆造纸装备制造企业采用多项新技术，已能够提供的主要生产技术装备能力为：年产3.4万~6.8万吨碱法化学草浆连续蒸煮和碱回收成套设备；年产10万~15万吨漂白硫酸盐木（竹）制浆和碱回收成套设备；年产5万吨脱墨废纸浆、年产15万~20万吨废纸浆生产线成套设备；年产10万吨以下各类文化用纸机，幅宽3520~3950毫米，车速750~800米/分；年产20万~30万吨箱纸板机，幅宽5500~5800毫米，车速600~850米/分；年产10万~20万吨瓦楞原纸机，幅宽4400~5800毫米，车速500~900米/分；年产1万吨卫生纸机，幅宽2660~2830毫米，车速600~1000米/分。

在国内制浆造纸技术与装备发展的同时，相应配套的脱水器材和化学品生产企业也取得了显著的技术进步。目前造纸网毯企业已拥有约80台引进

的 12000 毫米幅宽专用成形网织机，其中最宽幅达 14000 毫米，可提供部分产品与宽幅高速纸机配套。制浆脱墨、中性施胶、纸张增强、纸张表面处理、涂布加工、生产过程（洗浆消泡、湿部脱气、助留助剂、杂菌除臭、树脂障碍控制、水处理等）所用化学品几乎国内都可以提供。

“十一五”期间，通过加强科技研发，改善工艺技术与装备，推行全面质量管理等一系列措施，使纸及纸板产品结构进一步优化，开始转向适应消费结构需求，由数量型向质量型转变，由少品种向多品种转变，并创出了一批优秀品牌产品，增加了高档纸及纸板的供给能力，减少了进口，缓解了高档纸及纸板长期短缺的供需矛盾，纸及纸板进口量由 2002 年历史最高 637 万吨降至 2010 年 336 万吨，降低 47.3%（见表 8）。高档产品产能由“十五”期间的 20% 提高到 35%，个别产品品种如新闻纸、铜版纸结构调整成效突出，其整体技术装备水平和产品质量均居世界先进水平，产品具有很强的国际竞争力。2005—2010 年全国纸及纸板主要产品生产量见表 9。

表 8　　2002—2010 年全国纸及纸板进出口情况　　单位：万吨

	2002 年		2005 年		2006 年		2007 年		2008 年		2009 年		2010 年	
	进口量	出口量	进口量	出口量	进口量	出口量	进口量	出口量	进口量	出口量	进口量	出口量	进口量	出口量
1. 新闻纸	20	0.6	14	2	1	32	2	59	2	36	2	21	4	11
2. 未涂布印刷书写纸	37	19	43	34	45	54	45	53	39	54	38	51	41	71
3. 涂布印刷纸	122	25	73	79	61	121	56	140	54	137	36	163	45	136
其中：铜版纸	62	19	52	63	45	93	40	93	38	97	31	132	38	113
4. 包装用纸	31	3	9	3	10	2	10	3	12	3	15	3	17	5
5. 箱纸板	125	0.7	138	3	114	14	103	25	88	13	86	7	80	14
6. 白纸板	82	5	91	18	73	41	70	58	64	53	71	61	77	73
其中：涂布白纸板	80	5	90	18	72	41	70	58	64	53	71	61	77	73
7. 生活用纸	3	16	5	32	5	38	4	48	5	52	5	56	8	61
8. 瓦楞原纸	133	3	88	3	71	8	53	39	45	13	46	3	24	5
9. 特种纸及纸板	49	10.7	40	16	44	23	43	27	38	34	27	33	31	47
10. 其他纸及纸板	35	2	23	4	17	8	15	9	11	8	8	7	9	10
总计	637	85	524	194	441	341	401	461	358	403	334	405	336	433

注：1. 数据来源于海关总署、中国造纸协会《中国造纸工业年度报告》。
2. 2002 年进口量 637 万吨为历史最高。

表 9　　2005—2010 年全国纸及纸板主要产品生产量　　单位：万吨

	2005 年		2006 年		2007 年		2008 年		2009 年		2010 年		2005—2010 年均增长/%
	产量	比例/%	产量	比例/%	产量	比例/%	产量	比例/%	产量	比例/%	产量	比例/%	
纸及纸板产量合计	5600	100	6500	100	7350	100	7980	100	8640	100	9270	100	10.6
1. 新闻纸	319	5.7	375	5.8	450	6.1	460	5.8	480	5.6	430	4.6	6.1
2. 未涂布印刷书写纸	1070	19.1	1220	18.8	1340	18.2	1400	17.5	1510	17.5	1620	17.5	8.7
3. 涂布纸	365	6.5	460	7.1	510	6.9	550	6.9	590	6.8	640	6.9	11.9
其中：铜版纸	300	5.4	380	5.8	420	5.7	460	5.8	500	5.8	555	6.0	13.1
4. 生活用纸	436	7.8	470	7.2	520	7.1	550	6.9	580	6.7	620	6.7	7.3
5. 包装用纸	510	9.1	520	8.0	530	7.2	560	7.0	575	6.7	600	6.5	3.7
6. 白纸板	790	14.1	940	14.4	1050	14.3	1120	14.0	1150	13.3	1250	13.5	9.6
其中：涂布白纸板	755	13.5	900	13.8	1000	13.6	1070	13.4	1100	12.7	1200	12.9	9.7

续表

	2005年		2006年		2007年		2008年		2009年		2010年		2005—2010 年均增长/%
	产量	比例/%	产量	比例/%	产量	比例/%	产量	比例/%	产量	比例/%	产量	比例/%	
7. 箱纸板	980	17.5	1150	17.7	1360	18.5	1530	19.2	1730	20.0	1880	20.3	13.9
8. 瓦楞原纸	950	17.0	1130	17.4	1340	18.2	1520	19.0	1715	19.8	1870	20.2	14.5
9. 特种纸及纸板	90	1.6	110	1.7	120	1.7	140	1.8	150	1.7	180	1.9	14.9
10. 其他纸及纸板	90	1.6	125	1.9	130	1.8	150	1.9	160	1.9	180	1.9	14.9

注：数据来源中国造纸协会《中国造纸工业年度报告》。

6. 产业布局趋于合理，呈现比较稳定格局

“十一五”期间，随着造纸原料政策的调整和区域经济结构调整，造纸产业布局总体趋势仍是由北向南和向经济发达地区调整，长江以南地区纸及纸板产量占全国总产量的比例呈上升趋势。长江以北16省（区、市）纸及纸板产量占全国总产量的比例由2005年的43.3%下降至2010年的37.4%，而长江以南14个省（区、市）产量占全国总产量的比例由56.7%上升至62.6%（见表10）。

表10　2005年与2010年纸及纸板产量分布

	2005年	2010年
全国纸和纸板产量/万吨	5600	9270
长江以北纸和纸板产量/万吨（16个省、区、市）	2425	3463
占全国比例/%	43.3	37.4
长江以南纸和纸板产量/万吨（14个省、区、市）	3175	5807
占全国比例/%	56.7	62.6

注：数据来源中国造纸协会《中国造纸工业年度报告》。

年产量超过100万吨的造纸重点省（区、市），2005年有11个，2010年增至14个，有山东、广东、浙江、江苏、河南、福建、河北、湖南、四川、安徽、重庆、广西、湖北和江西，其中长江以南的省、区、市占有10个席位。2005—2010年，产量超过100万吨的省（区）合计产量占全国总产量比例由87.9%增至91.8%（见表11）。

全国造纸产业东、中、西分布格局相对稳定，2005—2010年东部地区（12个省、区、市）产量占全国总产量比例70%以上，中部地区（9个省、区）产量占全国总产量比例20%左右，西部地区（9个省、区、市）产量占全国总产量比例低于10%。东部地区是中国造纸工业的主要生产区域（见表12）。

表11　2005—2010年纸及纸板产量超过100万吨的省（区、市）

单位：万吨

省份	2005年		省份	2010年	
	产量	排序		产量	排序
山东	1055	1	山东	1510	1
浙江	817	2	广东	1435	2
广东	800	3	浙江	1362	3
江苏	602	4	江苏	1101	4
河南	562	5	河南	814	5
河北	316	6	福建	391	6
福建	251	7	河北	371	7
湖南	171	8	湖南	335	8
广西	126	9	四川	316	9
安徽	111	10	安徽	201	10
四川	111	11	重庆	191	11
			广西	167	12
			湖北	158	13
			江西	157	14
合计	4922		合计	8509	
占全国比例/%	87.9		占全国比例/%	91.8	

注：数据来源中国造纸协会《中国造纸工业年度报告》。

表12　2005—2010年全国纸及纸板产量区域布局　　单位：万吨

	2005年		2006年		2007年		2008年		2009年		2010年	
	产量	比例/%	产量	比例/%	产量	比例/%	产量	比例/%	产量	比例/%	产量	比例/%
纸及纸板产量合计	5600	100	6500	100	7350	100	7980	100	8640	100	9270	100
其中：东部地区	4142	73.9	4880	75.1	5485	74.6	5744	72.0	6160	71.3	6636	71.6

续表

	2005年		2006年		2007年		2008年		2009年		2010年	
	产量	比例/%	产量	比例/%	产量	比例/%	产量	比例/%	产量	比例/%	产量	比例/%
中部地区	1163	20.8	1296	19.9	1453	19.8	1724	21.6	1845	21.4	1862	20.1
西部地区	295	5.3	324	5.0	412	5.6	512	6.4	635	7.3	772	8.3

注：数据来源中国造纸协会《中国造纸工业年度报告》。

全国造纸产业布局经多年逐步调整，经济相对发达地区造纸产业也相对发达，由于直辖市的经济转型，其造纸工业逐渐退出或比例减少，但由于市场原因，促进了周边区域造纸工业的发展。目前在中国三大经济发展区域已初步形成了环渤海、珠江三角洲、长江三角洲三大相对集中的造纸产区，分别占全国造纸产量的18.0%、17.3%和27.5%，合计占62.8%（见表13）。东部和中部地区已成为中国造纸工业主要生产基地，占全国造纸产量的91.7%，西部地区保持了适当的比例。

表13 2010年中国三大经济发展区域造纸产量

区域	GDP		造纸产量	
	亿元	比例/%	万吨	比例/%
全国	**397983**		**9270**	
长三角地区	**85002**	**21.36**	**2550**	**27.51**
浙江省	27227		1362	
江苏省	40903		1101	
上海市	16872		87	
珠三角地区	**54975**	**13.81**	**1602**	**17.28**
广东省	45473		1435	
广西壮族自治区	9502		167	
渤海湾地区	**80581**	**20.25**	**1671**	**18.03**
山东省	39416		1510	
辽宁省	18278		65	
天津市	9109		85	
北京市	13778		11	
三区合计	**220558**	**55.42**	**5823**	**62.82**

注：数据来源《中国统计年鉴》、《中国造纸协会年度报告》。

7. 企业重组力度加大，产业的集中度提高

“十一五”期间，中国造纸企业认真落实有关兼并重组的政策，采取合并、股权收购、资产收购、投资合作等多种形式进行整合，加大兼并重组力度，玖龙纸业（控股）有限公司、山东晨鸣纸业集团股份有限公司、华泰集团有限公司、中冶纸业集团有限公司、中国纸业投资总公司（中国诚通控股）等多个有实力的企业在全国范围内进行跨省、跨地区收购兼并，促进企业向集团化、特色化、多元化方向发展，实现了发展战略上对接和产业、产品、技术上对接。一批生产技术装备先进、产品信誉好、具有资源整合能力和较强竞争力的现代化造纸企业集团脱颖而出，使造纸产业组织结构在一定程度上得到改善和优化。

2010年在深、沪两市正常运作的含有纸业业务的上市公司有29家，总资产1426亿元，净资产611亿元，总股本1309883万股，其中流通股1028191万股。在香港上市的造纸企业有5家，一批龙头企业通过股市融资得到快速发展。与此同时，民营、外资企业的市场占有率和行业影响力不断提高，2005—2010年企业数比例由93.03%升至97.85%，主营业务收入比例由76.38%增至87.62%，利税总额比例由75.78%提升至86.42%，利润总额比例由78.25%提升至88.64%，已成为中国造纸工业稳定发展的生力军，形成多元化竞争格局。2005—2010年不同经济类型企业情况见表14。

表14 2005—2010年不同经济类型企业情况 单位:%

	2005年	2006年	2007年	2008年	2009年	2010年
企业数量						
国有及国有控股企业占比	6.97	5.31	3.69	2.89	2.17	2.15
“三资”企业占比	10.38	10.92	11.05	11.71	11.34	11.12
集体及其他企业占比	82.65	83.77	85.26	85.40	86.49	86.73
主营业务收入						
国有及国有控股企业占比	23.62	14.33	18.12	17.34	12.43	12.38
“三资”企业占比	32.83	34.61	33.75	32.97	29.38	28.79
集体及其他企业占比	43.55	51.06	48.13	49.69	58.19	58.83

续表

	2005 年	2006 年	2007 年	2008 年	2009 年	2010 年
利税总额						
国有及国有控股企业占比	24.22	12.15	17.39	18.79	9.55	13.58
“三资”企业占比	29.75	32.38	32.92	30.78	29.64	29.04
集体及其他企业占比	46.03	55.47	49.69	50.43	60.81	57.38

注：数据来源国家统计局、中国造纸协会整理。

“十一五”期间，造纸产业集中度有所提高，2005—2010 年，年产 10 万吨以上制浆造纸企业由 90 余家发展到 150 余家。纸及纸板年产量超过 100 万吨的造纸企业由 6 家增至 10 家，其合计产量由 910 万吨增至 2674 万吨，增长 193.8%，占全国总产量的比例由 16.2% 提升至 28.8%，企业最高产量由 228 万吨/年增至 728 万吨/年，增长 219.0%。行业前 30 名企业的产量占全国总产量比例由 32.9% 提高到 42.3%（见表 15）。

表 15　2010 年前 30 名重点造纸企业的产量　单位：万吨

序号	单位名称	产量	
		2005 年	2010 年
1	玖龙纸业（控股）有限公司	228.00	728.00
2	理文造纸有限公司	119.08	367.00
3	山东晨鸣纸业集团股份有限公司	205.46	327.35
4	中国纸业投资总公司	—	244.87
5	金东纸业（江苏）股份有限公司	148.06	231.00
6	山东太阳纸业股份有限公司	108.50	224.00
7	华泰集团有限公司	83.67	164.00
8	宁波中华纸业有限公司（含宁波亚洲浆纸业有限公司）	100.73	148.74
9	中冶纸业集团有限公司	—	138.50
10	山东博汇纸业股份有限公司	62.72	100.13
11	安徽山鹰纸业股份有限公司	48.66	92.57
12	浙江景兴纸业股份有限公司	38.14	85.41
13	河南银鸽实业投资集团	35.00	83.96
14	芬欧汇川（常熟）纸业有限公司	55.00	81.03
15	山东泉林纸业有限责任公司	38.55	70.61
16	东莞建晖纸业有限公司	25.00	69.20
17	吉安纸容器有限公司	—	67.31
18	中国阳光纸业控股有限公司	—	64.70
19	金华盛纸业（苏州工业园区）有限公司	43.59	62.02
20	广州造纸集团有限公司	47.45	61.27
21	新乡新亚纸业集团股份有限公司	41.00	58.20
22	浙江荣成纸业有限公司	—	58.10
23	山东贵和纸业集团有限公司	—	54.02
24	无锡荣成纸业有限公司	27.41	51.98
25	山东华金集团有限公司	32.70	50.81
26	福建优兰发集团实业有限公司	26.00	50.30
27	河北永新纸业有限公司	25.70	49.99
28	河南省龙源纸业有限公司	—	49.70
29	江苏长丰科技集团有限公司	—	44.06
30	上海中隆纸业有限公司	—	42.53

注：中国造纸协会按已收集到的数据排列。

目前，华泰集团有限公司、金东纸业（江苏）股份有限公司和玖龙纸业（控股）有限公司三家企业分别在新闻纸、铜版纸、箱纸板三大纸种单厂生产规模上均居世界首位。APP 纸业、恒安纸业、维达纸业、玖龙纸业、理文纸业、晨鸣纸业、华泰纸业、太阳纸业等造纸企业集团已初步在国内外建立起企业发展战略的布局点。

8. 污染防治成效显著，资源消耗大幅度降低

“十一五”期间，中国造纸工业十分重视节能降耗和环境保护工作，企业始终坚持严格执行国家和地方颁布的一系列有关的经济技术政策、法律、法规及标准，积极实施清洁生产，加强对建设项目环境评价和执行“三同时”规定。加大环境治理力度，提高自我监测能力，扎实推进节能减排。重点对草浆、较大污染源点和重点流域造纸企业进行了有效综合防治，关、停 2000 多家企业，淘汰落后产能 650 余万吨。2005—2009 年，纸及纸板产量由 5600 万吨增加至 8640 万吨，增长 54.3%。废水中主要污染物化学需氧量（COD_{Cr}）排放由 159.6 万吨降至 109.7 万吨，降低 31.3%，做到了增产减污，废水排放达标率由 91.3% 提升至 93.5%。化学需氧量排放强度由 0.069 吨/万元产值降至 0.025 吨/万元产值，降幅达 63.8%，造纸行业呈现出污染大幅度下降的良性变化趋势。2005—2009 年造纸工业主要污染物排放情况见表 16。

表 16 造纸行业主要污染物排放情况

	2005 年	2006 年	2007 年	2008 年	2009 年
汇总企业数/个	3911	4035	5818	5759	5771
工业废水排放量/亿吨	36.74	37.44	42.46	40.77	39.26
工业废水达标排放量/亿吨	33.56	33.62	38.30	37.51	36.72
化学需氧量/万吨	159.6	155.3	157.4	128.8	109.7
万元产值化学需氧量排放强度/(吨/万元)	0.069	0.054	0.040	0.025	0.025
氨氮/万吨	4.14	3.64	2.98	2.41	2.74
工业用水总量/亿吨	76.66	89.24	100.37	108.96	108.44
新鲜水用量/亿吨	42.50	44.01	48.82	48.84	46.59

注：数据来源中国环境统计年报。

“十一五”期间，中国造纸工业资源消耗有较大幅度降低，重复用水率由 44.6% 提高至 57.0%，吨纸浆和吨纸及纸板平均综合能耗均降低 18% 以上。吨纸浆和吨纸及纸板平均取水量降低 17.5%。吨纸及纸板平均消耗原生纸浆降低 20.4%。

二、存在的主要问题

1. 原料供求矛盾突出，对外依存度较高

由于国内原料林基地建设迟缓供材有限，非木浆发展受制约，国内废纸回收率偏低等因素影响，造纸原料自给率短期内难以提高，随着纸及纸板消费的增长和现代化造纸工业产能的迅猛增加，国内纤维原料供需矛盾日益突出，缺口逐年增大。2005—2010 年进口木浆由 759 万吨增至 1137 万吨，增长 49.8%；进口废纸由 1703 万吨增至 2435 万吨，增长 43.0%。中国造纸工业对进口纤维原料的依存度达 40% 以上。世界可供出口的木浆和废纸资源有限，造纸工业原料对外依存度高，对行业持续发展存在着很大风险。2005—2010 年全国纸及纸板、纸制品、木浆、废纸进口总量与用汇情况见表 17。

表 17 2005—2010 年全国纸及纸板、纸制品、木浆、废纸进口总量与用汇情况

产品	2005 年		2006 年		2007 年		2008 年		2009 年		2010 年	
	进口量/万吨	用汇/亿美元	进口量/万吨	用汇/亿美元	进口量/万吨	用汇/亿美元	进口量/万吨	用汇/亿美元	进口量/万吨	用汇/亿美元	进口量/万吨	用汇/亿美元
纸及纸板	524	36.66	441	35.34	401	35.47	358	36.18	334	32.23	336	38.03
纸制品	15	4.68	17	5.72	19	7.01	18	7.46	16	6.59	18	8.09
木浆	759	37.26	796	43.96	845	55.35	952	67.05	1367	68.40	1137	88.17

续表

产品	2005 年		2006 年		2007 年		2008 年		2009 年		2010 年	
	进口量/万吨	用汇/亿美元	进口量/万吨	用汇/亿美元	进口量/万吨	用汇/亿美元	进口量/万吨	用汇/亿美元	进口量/万吨	用汇/亿美元	进口量/万吨	用汇/亿美元
废纸	1703	24.57	1962	27.49	2256	40.43	2421	55.58	2750	37.95	2435	53.53
合计	3001	103.17	3216	112.51	3521	138.26	3749	166.27	4467	145.17	3926	187.82

注：数据来源海关总署。

2. 企业结构不尽合理，规模效益水平低

2010 年 1—11 月，中国统计规模以上造纸企业 3724 家，其中大型企业 33 家占 0.89%，中型企业 388 家占 10.42%，小型企业 3303 家占 88.69%；主营业务收入大型企业占 26.75%，中型企业占 34.60%，小型企业占 38.65%，与世界发达国家相比，大企业数量和规模均存在很大差距（见表 18）。中国规模以上造纸企业总销售额只相当世界 100 强前 4 名销售额合计。

目前，中国造纸工业大型企业集团少，强势企业少，大部分企业规模小、弱势企业多、不合理的企业结构造成行业规模效益水平较低。大企业的影响力、带动力有待提高，纸业小而散的局面有待根本改观。2010 年 1—11 月中国造纸企业结构及主要经济指标见表 18。

表 18　　2010 年 1—11 月中国造纸企业结构及主要经济指标

产品	企业数量		资产总计		主营业务收入		利税总额		从业人员	
	数量/个	比例/%	数量/亿元	比例/%	数量/亿元	比例/%	数量/亿元	比例/%	数量/万人	比例/%
造纸业	3724	100	5934	100	5162	100	458	100	73.73	100
大型企业	33	0.89	2156	36.33	1381	26.75	141	30.79	12.38	16.79
中型企业	388	10.42	2348	39.57	1786	34.60	159	34.72	26.65	36.15
小型企业	3303	88.69	1430	24.10	1995	38.65	158	34.50	34.70	47.06

注：数据来源国家统计局。

3. 落后产能比例偏大，节能减排任务艰巨

中国造纸工业纸及纸板产能结构存在不尽合理的问题，总体上国际先进及国内先进水平的现代化产能与一般水平及落后产能比例大约为 4∶6。先进产能相应的产品质量、消耗定额、污染物排放负荷，可达到或接近国际先进水平。而比例偏大的落后产能其产品质量、物耗、污染负荷均与国际先进水平存在相当大差距。这部分产能约占总产能的 35%，COD_{Cr}排放量约占行业排放总量的 47%，难以达到中国《GB 3544—2008 制浆造纸工业水污染物排放标准》，行业节能减排任务艰巨。

4. 自主创新能力不强，科技支撑力不足

中国造纸工业自主创新能力建设和应用基础研究比较薄弱，在新工艺、新设备和新产品的研发上缺乏自主创新的产业化成果。

目前，国内造纸企业与制浆造纸装备制造企业未能形成研发的主体，产、学、研未能形成合力，无论是纸产品还是造纸装备，自主创新的能力均不够强。尤其是国内装备研发的能力偏弱，提供的制浆造纸设备，其设计、制造技术水平和产品质量与世界先进水平相比差距很大，大型先进制浆造纸成套技术装备及关键部件几乎完全依靠进口。国内科技成果对造纸企业改造升级支撑动力不足，有待提升科技创新能力，重点突破，创新发展，加大自主创新技术与装备应用比例。

关于中国造纸工业“十二五”发展的若干思考

Some Thoughts on the Development of China's Paper Industry during the Period of 12nd Five - Year Plan

中国造纸协会常务副理事长 曹朴芳

一、中国造纸工业“十二五”发展面临着国内外新形势的挑战，同时也孕育着发展机遇

2008年国际金融危机以来，世界造纸工业发展格局发生深刻的变化。产业布局从成熟市场向新兴市场转移的趋势更加明显。一些成熟造纸强国的造纸工业已进入一个平稳发展时期，而新兴经济体国家正成为世界造纸工业发展的生力军。中国、印度、巴西、俄罗斯等国家正成为拉动世界造纸工业发展的主要力量，纸及纸板产量2009年比2005年分别增长54.3%、31.7%、9.0%和5.0%。

世界纸及纸板产品结构随着市场需求变化也正在调整，随着工业品包装需求的增加和人民生活水平的提高，世界包装纸板和生活用纸产量持续增长，2005—2009年，年均增长率分别为2.41%和2.59%，占世界纸及纸板的比例分别提高2.84个百分点和0.67个百分点。同期，印刷书写纸、新闻纸比例有所下降，分别降低2.57个百分点和1.82个百分点，其中新闻纸产量呈逐年下降趋势，年均降低4.4%。

由于受到资源、环境、效益等方面的约束，造纸工业将加快技术进步，转变增长方式，朝着高效率、高质量、高效益、低消耗、低污染、低排放的现代化大工业方向持续发展。将呈现出企业规模化、技术集成化、产品功能化、生产清洁化、资源节约化、环保低碳化、林纸一体化、管理信息化和产业全球化发展的突出特点。“十二五”期间，全球范围内的产业结构和国际分工大调整势在必行，作为具有低碳、绿色、可循环特点的造纸工业在全球循环经济中的地位及作用将会更加突出。未来世界造纸工业虽然面临着资源、市场、人才的竞争，国际贸易保护主义不断加剧，产业结构调整和转移进一步加强的新形势，但绿色、低碳之路将引领世界造纸工业持续发展，在全球经济发展的挑战中仍然孕育着新的发展机遇。新兴经济体国家将发挥后发优势，实现跨越式发展，成为世界造纸工业新的增长点。

“十二五”时期，正值国际经济环境更加复杂的后国际金融危机时期和中国经济发展重要战略转型时期。世界经济结构将做重大调整，向再工业化时代实体经济和新兴市场发展。世界产业及国际造纸工业格局的变化对中国造纸工业的影响将会进一步显现，全球经济一体化趋势及日益加剧的区域经济发展将影响中国造纸工业的发展未来。“十二五”时期是中国造纸工业由“数量主导型”正式步入“调结构、上质量、上水平”的“质量主导型”发展新的历史时期。随着中国经济总量的增长，中国造纸工业相应有较大的发展空间。但需面对国内凸现的能源、资源、环境瓶颈和消费结构的重大变化和全球资源、市场、资本激烈竞争以及产品贸易绿色壁垒的挑战，该阶段的着力点应是加快发展方式的转变，创新发展模式，依靠技术进步，在“资源、环境、结构”等事关中国造纸工业健康发展的关键问题取得突破。加速造纸工业向低消耗、低污染、低排放转型，理性增长，注重提升行业整体实力和竞争力，促进可持续发展，加快向造纸强国

迈进。

二、中国造纸工业“十二五”发展有关问题的思考

1. 关于总体发展思路

“十二五”是中国造纸工业加快转变经济发展方式的攻坚时期，应突出贯彻落实科学发展观，走新型工业化道路的主题；应突出充分发挥造纸工业绿色、低碳、可循环的特点，加快转变发展方式，向低消耗、低污染、低排放转型的主线；应明确以增强自主创新、结构调整，提高质量和效益，促进产业升级为重点；应以建设资源节约型、环境友好型、科技创新型绿色纸业为发展战略目标，加快向现代造纸强国迈出实质性步伐，促进造纸工业可持续发展。

2. 关于规模总量

“十二五”随着中国经济总量的不断扩大，纸及纸板消费需求也将会相应增加。但要综合考虑到资源、能源、环境的承载能力和市场、消费结构的重大变化，以及国际造纸工业发展日益增多的不确定因素的影响等发展环境与条件，造纸工业发展需由过去的超常发展逐步过渡到理性、平稳、较快、健康发展阶段。“十二五”期间，需要正确把握好发展速度与结构、质量、效益的关系，正确处理好投资与消费的关系，在优化结构、节能降耗、保护环境的前提下改造提升造纸工业。据有关研究报告预测分析，“十二五”末中国纸及纸板产能将达到1.3亿吨/年左右。

3. 关于原料结构

纤维原料是造纸工业的物质基础，纤维原料的种类、数量与质量，不仅关系到造纸工业的品种、质量和发展速度，而且对造纸工业企业的规模，采取的工艺技术装备路线，污染的治理和经济效益等都有着决定性的影响，原料结构的调整直接关系着整个造纸工业的调整。为加快中国造纸工业结构优化升级，实现造纸工业现代化和可持续发展，对造纸工业原料结构加快实施战略性调整乃是造纸工业调整中的重中之重，具有现实的紧迫性和十分重要的战略意义。

“十二五”期间，继续提高木纤维比例，扩大废纸回收利用，合理利用非木材纤维，加快形成符合我国国情的造纸原料结构是原料结构调整的目标。增加造纸纤维原料国内供给是“十二五”造纸工业结构调整的主要任务之一。

木材是现代造纸工业重要的纤维原料，林纸一体化是造纸工业发展循环经济的重要途径；废纸回收和利用是造纸工业发展循环经济和低碳经济的另一重要途径；非木材纤维资源是我国造纸工业多元化原料结构的重要组成部分，也是我国原料的优势所在。“十二五”期间，要继续推进林纸一体化工程建设，提高企业可控制林业基地比例；在适度降低国外废纸用量比例的同时，最大限度地利用国内废纸资源，适当提高国内废纸的回收率和利用率；要科学合理地充分利用非木材纤维资源，实施清洁生产新工艺，加快现有企业非木浆资源的整合与调整，淘汰落后生产能力，上规模、上水平。

4. 关于自主创新

科技创新是优化产业结构，提升行业竞争力的核心。面对中国造纸工业自主创新能力建设和应用基础研究比较薄弱，引进技术消化吸收再创新不足，大规模的制浆造纸装备依赖进口的状况，必须增强自主创新意识，强化科技兴纸的驱动作用。把建设科技创新型造纸工业作为发展战略目标之一，遵循“坚持自主创新、重点跨越、支撑发展、引领未来”的方针，强调“十二五”期间要优化技术结构，增强自主创新能力。指出一要坚持自主创新与引进消化吸收再创新相结合，发展具有自主知识产权的先进适用技术与装备；二要建立研究、开发、设计、制造集成平台，提高成套装备研发和集成能力，着重培育大型制浆造纸及装备制造集团或联合体，着力提高企业的创新能力，促进科技成果向现实生产力转化；三要重点研发低消耗、少污染、高质量、高效率制浆造纸技术；四要淘汰落后技术与装备；五要扩大国际交流与合作；六要实施人才强纸战略，优化人力资源结构，建立创新战略联盟，发挥企业家和科技领军人才在科技创新中的重要作用。通过技术结构调整和自主创新能力的增强，提升中国造纸工业工艺技术与装备研发水平，提升中国造纸工业和装备制造业整体技术、装备水平和竞争力。

5. 关于产业布局

“十二五”期间，调整造纸产业布局应根据国家功能区规划的总体要求，遵循资源永续利用，保护生态环境的原则，针对不同区域和资源环境承载能力，现有开发强度和发展潜力统筹考虑，实现经济、环境和社会协调发展。第一，长江中下游地区应高度重视防污与节水并重和主要污染物排放总量控制。湖南、湖北、江西、安徽继续推进林纸一体化发展，长江三角洲要控制开发强度，进行重点调

整和整合，布局过于密集的局部地区要加快淘汰落后产能。第二，黄淮海地区应加大区域内产业结构调整力度，实施控制增量与优化存量并重，淘汰落后获得增量，严格控制用水总量和排污总量。该区重点调整原料结构和企业布局，加快淘汰落后产能，适度发展化学机械木浆，增加商品木浆和废纸的利用。积极研发和应用秸秆清洁生产技术，调整草浆结构。同时要实施“走出去”的发展战略，充分利用好两种资源和两个市场，该区内原则上不再布局新的制浆造纸企业。第三，华南沿海地区应实施调整与治污并重和重点污染物排放总量控制。该区域要继续推进林纸一体化工程建设。珠江三角洲要控制开发强度，进行现有资源整合，布局过密的局部地区要加快淘汰落后产能。第四，东北地区应充分利用振兴东北老工业基地相关政策，在自然条件和水资源条件较好的区域适当发展制浆造纸。同时应充分利用国外纤维资源，同时配套建设以现有中幼龄林改培为主的速生原料林基地和芦苇基地。第五，西南地区，四川、重庆以竹资源开发为重点，合理规划布局。贵州、云南可适当发展一定规模的木浆和竹浆，变资源优势为经济优势。第六，西北地区可通过骨干企业的兼并重组，淘汰落后产能加快造纸工业的整合，做到节能减排、清洁生产。第七，江河源头、重点生态功能区等禁止新建制浆造纸项目。

6. 关于优化产品结构

格局市场需求变化要进一步提升优势产品竞争力，要开发低定量、功能化纸及纸板新产品；要着力加快技术改造，使低档产品升级换代；要大力发展环保型纸产品；建立节约模式，倡导纸产品的合理消费。

7. 关于优化企业结构

企业面临着需求结构和营销模式的变化和进一步加剧的优胜劣汰的市场竞争。企业的成长动力有待由扩能发展数量驱动，逐步调整为转变增长方式、理性投资、更加注重市场需求变化和运营效率。应扎实地推进兼并重组，调整企业规模结构，优化企业资本结构。重点要着力培育一批骨干企业，做强做大，提高国际竞争能力；引导中小企业向专、精、特、新方向发展，扶持具有较好业绩和发展潜质的企业改造升级。

8. 关于循环经济和环境保护

加快建设资源节约型、环境友好型社会，提高生态文明水平，节约资源和保护环境是中国的基本国策。当今，多年来支撑中国造纸工业高速发展的扩张模式面临着资源和环境的双重制约，面对日趋强化的资源环境约束，我们必须增强危机意识，树立绿色低碳发展理念，以节能减排为抓手，以推进资源节约和环境保护作为实现可持续发展的重要条件，加快建设资源节约型、环境友好型的造纸工业，增强可持续发展能力。造纸工业必须走绿色可持续发展之路。要按照《国民经济和社会发展第十二个五年规划纲要》的战略部署，加强原料林基地建设，大力推进林纸一体化，固碳减排，积极应对全球气候变化；要求大力推广应用节能、节水、降耗技术与装备，加强资源节约管理；强调要按照“减量化、再利用、资源化”原则，充分发挥造纸工业具有典型循环经济特点的优势，推进资源循环利用体系建设，继续倡导绿色消费，最大限度地对生产、流通和消费各环节产生的废弃物进行回收利用，减少资源消耗，实现以最少的资源消耗创造最大的经济效益、环境效益和社会效益；强调要增强环境保护意识，推广应用清洁生产技术，强化污染减排和防治。加大力度淘汰落后产能，严格监管，促进环境保护工作提升到一个新的水平。

“十二五”时期是中国造纸工业调整产业结构，转变发展方式，提升产业素质的攻坚时期。我们要把握好这个重要战略转型期，敢于迎接新的挑战，并积极创造条件，扎实地推进“节约资源、保护环境和优化结构”的工作，力争有所突破、取得实效，增强行业的整体实力和国际竞争力，为加快绿色纸业目标的实现和促进造纸工业可持续发展作出新的贡献。

我国造纸工业的低碳发展

Low Carbon Development of China's Paper Industry

中国造纸学会秘书长　曹振雷

造纸工业发展到现阶段，其产品——纸张可以美化我们的生活，提高我们的生活质量。比如，包装用纸可使产品更美观，生活用纸给我们的生活带来很多方便，使我们的生活品质得以提高。因此，应该鼓励大家多用纸，尽量用纸代替塑料等不可再生的资源，这样做既低碳又环保。当然，不应浪费，也不鼓励过度包装。

一个国家，造纸工业越发达，对森林资源保护得越好。目前，除我国之外，有几个典型的造纸工业发达国家，如 20 世纪 80 年代的加拿大和美国，造纸工业处于世界领先水平，他们的森林资源保护得非常好，这些国家要求每砍一棵树就要种活两棵树。到了 20 世纪 90 年代，这种情况转移到了北欧，现在的北欧三国（挪威、瑞典和芬兰）的森林资源是增加了，而非减少了。

在过去的 30 年中，我国造纸工业因污染而得的坏名声确实造成了不好的影响，这种情况的发生确实不应该，这与我国当时走过的发展道路有关。当时我国造纸以稻、麦草为主要原料，造纸企业规模很小，也没有回收设施，我国市场又急需印刷的原材料——书刊印刷纸等纸产品，市场的需求使这些小企业得以生存，从而导致我国造纸工业对环境造成污染的情况时常发生。

经过改革开放的 30 多年，特别是近 10 年来，我国造纸工业基本上已经实现了现代化。也就是说，目前我国造纸工业的平均装备技术水平已经基本上与美国和加拿大持平，当然我们现在还落后于欧洲国家的一些品牌企业。就我国目前最先进的装备水平而言，全球每 10 台先进的纸机中，我国就有 5 台以上。但我国造纸工业的装备有一些非常先进，还有一些非常落后。这就是目前我国造纸工业所处的水平。

一、造纸工业是低碳和循环经济的典型

1. 造纸工业的低碳发展

造纸工业是一个低碳的工业。国际能源机构的数据表明，在所有制造业中，造纸工业排放的温室气体只占2%，是钢铁业的1/15、水泥行业的1/13。造纸工业为什么能够低碳呢？因为造纸原料使用的是可再生的资源——森林资源。每生长 1 米^3 木材能够吸收 1.83 吨二氧化碳，造纸工业利用这一生物质资源造纸，并且纸张本身又可回收，循环利用。目前，我国每生产 1 吨纸约用 620 千克废纸，在全球利用废纸的数量也是最高的。所以说造纸工业是最低碳的工业。

我国目前每吨纸产品的能源消耗已经低于日本和美国的平均水平，与欧洲的先进水平接近，这是我国经过 10 多年努力所取得的成果。

2. 造纸工业是循环经济的典型

造纸工业是一个非常典型的循环经济的工业，也是典型的碳循环工业。典型的造纸企业举例如下。

山东泉林纸业有限责任公司以农业废弃物——麦草为原料制浆，是国家环保部和发改委批准的第一批循环经济试点企业。该企业将纸浆中的木素分离出来，加工成化肥的缓施剂。该企业既生产纸浆又生产化肥，相当于用农业废弃物一部分造纸，另一部分又返回农田。这是一个典型的循环经济的范例。

华泰集团有限公司将废报纸回收生产新闻纸，这也是循环再利用的过程。

山东太阳纸业股份有限公司在国内种杨树（杨树是一个可以综合利用的树种，杨树木材做刨花

板，下脚料用来做纸浆），在老挝和越南搞林业基地，将木材运回国做化学浆。

就单独的化学制浆厂来说，木素产生的热量自身用不完，可以外销。像泰格林纸集团的骏泰浆纸有限公司每年要提供大量的电能到电网上去。是一个同时有制浆和造纸的企业，能源基本上可以实现自给，碳基本上是可以平衡的。

从这个角度讲，造纸工业无论是用森林资源或是用非木材资源，还是用废纸都可以实现比较好的循环经济和碳循环的发展过程。

二、造纸工业“十一五”低碳成果和“十二五”低碳目标

1. “十一五”低碳成果

2009 年，我国纸和纸板产量为 8640 万吨，消费量为 8569 万吨，超过美国，成为全球第一大生产和消费国。美国的经济不景气已经导致其用纸量下降。我国造纸工业目前两极分化，先进水平比全世界的平均水平要好；落后水平是 30 年以前的装备水平。这是我国在“十二五”期间亟待解决的一个问题。“十一五”期间，主要抓的是节能减排，“排”是指排污、排水，就是减少排污和排水；“十二五”要加入新的理念，既节能减排还要包括减少温室气体的排放。我国造纸工业还有 1/3 多（不到 1/2）的落后产能，这些产能要坚决淘汰，要用新的产能替代。

“十一五”期间，据不完全统计，估计淘汰了 1500 万吨左右的落后产能，淘汰的比例比较高。至于节能减排，主要是指排污和节约用水。“十一五”之前，生产 1 吨纸和纸板平均水耗大概是 80 米^3，经过“十一五”淘汰落后产能以及装备水平的提高，现在生产 1 吨纸和纸板平均水耗不到 40 米^3，也就是说造纸用水已经节约了 1/2。“十二五”以后水耗可能会下降到 30 米^3，甚至 20 米^3。

2. “十二五”低碳发展目标

我国有几个纸种的生产装备水平已经达到了现代化的水平。比如新闻纸，用 80% 以上的废纸为原料，其装备水平是全球最先进的；无论是温室气体排放、水的消耗，还是能源的消耗，其平均水平全球最低。还有铜版纸和包装用纸。现在包装类用纸正处在淘汰落后产能的重要阶段。文化用纸淘汰落后产能可能还需要一些时日，现在还有一大批幅宽 2 米以下的纸机在使用，每吨纸要消耗 60 ~ 80 米^{3}的水，需要市场将其淘汰。

对于“十二五”，我们重点提出：我国造纸工业的原材料问题是今后长期稳定发展需要解决的一个重要问题。我国森林资源不富足，纤维原料短缺。纤维原料还要坚持《造纸产业发展政策》提出的 3 条建议：①坚持林纸一体化发展道路。林纸一体化要广开思路，以前所说的林纸一体化主要限定在国内，由于我国土地资源和森林资源总量有限，林纸一体化的概念需要扩展到全球，要发展海外的林业基地。现在有些企业已经到国外发展林业基地，到东南亚解决纤维短缺的问题。②加大废纸的回收力度。现在的废纸回收率在 38% ~40%，经过 5 年的努力将提高到 40% ~50%。③合理利用非木材资源。用非木材纤维原料制浆是非常低碳环保的，利用非木材原料造纸本身是对农业废弃物的再利用。麦草和甘蔗渣都是非常优质的造纸原料，根本问题是解决其环境污染的问题，把废物真正变成资源，把其中的木素作为生物质能源在企业中再利用起来。

三、结构调整仍是我国造纸工业非常艰巨的任务

造纸工业结构调整的黄金时机已经到来。5 年前进行结构调整是非常困难的，当时造纸企业中的中小企业太多，没有大型企业，企业的融资能力差，资金不足，技术落后，资金是当时最大的问题。经过近 5 年的发展，现在排名前 10 位的造纸企业产能已经占到整个行业的 30% ~40%，集中度已相对提高，大企业的盈利水平和控制能力也在逐步提高。下一步的结构调整应该会比“十一五”好得多、快得多。但今后 5 ~ 10 年，结构调整仍是我国造纸工业非常艰巨的任务。我国造纸工业在新中国成立后 30 年实现了从无到有；改革开放 30 年实现了从小到大；今后的 10 年将实现从大到强。淘汰落后产能的关键还在于技术装备的进步和市场的导向。我个人认为，政府的导向非常重要，但是更主要的是来自于市场的力量。

四、林纸一体化对造纸工业的低碳化发展起关键作用

针对林纸一体化引起的一些争议，我个人有不同的看法。生态是大家共同关注的问题，这需要对比和平衡。比如种桉树，桉树的轮伐期比较短，其生态效益没有针叶树好，因为针叶树有 20 多年的

轮伐期，对水土保持非常有利。但另一方面，针叶树木积量会相应减少，同样森林吸收二氧化碳的功能也会减弱，因为每立方米木材吸收二氧化碳的量是固定的。还有一个鲜明的对比就是种庄稼，庄稼一年要收割多次。桉树是 6 年砍伐一次，针叶树是 20 多年的轮伐期，轮伐期越短，其经济效益和社会效益越大。并不是说所有的原始森林都不要了，要留一部分给动物朋友，留一部分给大自然，但是如果为了生态什么都不种也是不现实的。不种粮食可以吗？实际上对生态破坏最严重的就是种粮食。这是一个怎样看待和如何平衡的问题。

“林纸一体化”对造纸工业的低碳化发展具有非常关键的作用，因为它是木材的来源。造纸工业要减少对森林的依赖程度，但完全不用是不可能的，而是把它作为一个补充。例如：10 年以前全球大约 80% 的纸是用原生浆制造的，现在已经降到用 40% 的原生浆造纸，而另外 60% 用回收纸造纸。相信在将来，这个数字还会继续改善。因为从理论上讲，只用 20% 原生浆造纸就可以了，其余 80% 可以循环利用。

造纸可以把对森林资源的使用量降到最低，但需要大家的共同努力，大家必须养成非常好的回收废纸的习惯，这是一个低碳环保的过程。但是大家也要正视这个问题：除了天然林和生态林，森林资源是要充分利用的。林业经营的好坏，必须有下游产业——森林工业的支持，这是欧洲国家和美国等森林大国得出的经验，也是联合国森林组织一直倡导的，即发展好下游企业，才能更好地保护我们的林地。必须兼顾，不能只强调一方面。如果把所有的森林都变成原始森林，二氧化碳就会成为灾难，因为原始森林总体来讲是碳平衡的，如果没有新材林的形成就不可能贮碳，只有重复利用才可能使碳循环起来，我们的生活才能更加美好。

低碳经济与中国造纸产业

Low Carbon Economy and China's Paper Industry

国家发展和改革委员会产业协调司处长 李 平

近几十年来，全球气候变化十分明显，这已引起了世界组织、各国政府和人民的普遍关注。目前，世界各国都在制定战略，采取措施，应对气候变化。发展低碳经济，减少温室气体排放，已成为应对气候变暖、促进可持续发展的重大任务。造纸产业作为经济社会发展中不可或缺的产业，如何发展低碳经济，需要我们共同研究。

一、低碳经济背景

（一）应对气候变化已成为世界各国共同的责任

近百年来，许多观测资料表明，地球气候正经历一次以全球变暖为主要特征的显著变化。南极冰山缩小、北极冰层熔化、高山冰川退缩、高原冻土变薄、海洋平面上升、厄尔尼诺现象频发。联合国政府间气候变化专门委员会评估报告指出，全球气候变暖主要是由人类活动排放的大量二氧化碳、甲烷、氧化亚氮等温室气体造成的。为保护人类当代和后代的利益，促进可持续发展，减少温室气体排放已成为全球的政治共识。

（二）减少温室气体排放是国际公约的要求

为全面控制温室气体排放，应对全球气候变暖给人类经济和社会带来不利影响，1992 年联合国政府间谈判委员会就气候变化问题达成了《联合国气候变化框架公约》。公约要求所有缔约方应当采取必要措施，预测、防止和减少引起气候变化的因素，制定、执行、公布并经常更新应对气候变化的国家方案，同时公约要求发达国家应率先采取措施，限制温室气体排放，并向发展中国家提供资金和技术支持。1997 年第 3 次缔约方大会通过的《京都议定书》，确定了主要工业发达国家，在 2008—2012 年期间，温室气体排放量在 1990 年的基础上平均减少 5.2% 的目标，其中欧盟削减 8%、美国削减 7%、日本削减 6%。为进一步减少后京都时期温室气体排放，缔约方大会就 2020 年温室气体减排中期目标以及 2050 年温室气体减排长期目标问题进行了多次谈判。虽然各缔约国对承诺减排具体目标意见不一，但继续减排趋势不会改变。

（三）化石能源枯竭的形势越来越严重

人类社会发展进入工业化以来，对煤炭和石油等化石能源的需求越来越大。过多、过滥、粗放式地使用，造成化石能源消耗大，枯竭形势进一步加剧。从全球化石能源储量看，按照现行消费模式、现有技术水平以及现有开采强度，石油资源仅能供应 40 年，煤炭资源仅能供应 200 年。同时，由于化石能源开采和使用技术要求越来越高，投入越来越多，成本也越来越大，加之化石能源消耗造成的生态环境破坏问题，人类社会为了生存与可持续发展，不得不减少化石能源依赖，不得不寻找新的替代能源。目前，探索能源供给新途径、促进经济发展新方式、树立社会生活新理念已经刻不容缓。

（四）后危机时代呼唤经济发展新模式

2008 年爆发的国际金融危机，严重地冲击世界经济发展。各国虽然都采取了积极的应对措施，但世界经济增长仍然低迷。目前，美国失业率仍高达 9%，欧洲一些国家仍然笼罩着债务危机，日本经济严重萎缩。世界经济发展规律表明，每次全球经济危机都会孕育和催生一批新兴产业，并成为摆脱经济危机的动力。19 世纪末的金融危机，催生了钢铁产业以及后来的汽车工业；20 世纪 30 年代的经济大萧条，催生了航天科技和生物工程的发展；1997 年亚洲金融危机，催生了互联网产业和移动通信产业的兴起。2008 年国际金融危机后，世界各国都在酝酿着新技术变革，特别是在应对全球气候变化的大背景下，以低碳经济为核心的新兴产业将成为推动全球经济持续增长的新动力，走向低碳化将成为继农业化、工业化、信息化之后又一大趋势。

二、低碳经济内涵

围绕应对气候变化，减少温室气体排放，保护地球家园，促进可持续发展，“低碳”已成为时髦话语。低碳经济、低碳技术、低碳发展、低碳生活、低碳社会、低碳城市、低碳世界等一系列新概念应运而生。那么，什么叫低碳经济呢?

（一）低碳经济定义

低碳经济作为前沿经济理念，其实没有约定俗成的定义。目前，我国理论界对低碳经济的定义是指，在可持续发展理念指导下，通过技术创新、制度创新、产业转型、新能源开发等多种手段，尽可能地减少煤炭和石油等高碳能源消耗，减少温室气体排放，达到经济社会发展与生态环境保护双赢的一种经济发展新模式。

（二）低碳经济内涵

低碳经济的内涵十分广泛，它包括低碳发展、低碳产业、低碳技术、低碳生活等一系列经济形态。概括地说，一方面包括生产、流通、消费等社会化再生产全过程中的经济活动的低碳化，尽可能减少或不排放二氧化碳，获得最大的生态经济效益；另一方面包括生产、流通、消费等社会化再生产全过程中的能源消费生态化，形成低碳能源和无碳能源的国民经济体系，保证生态、经济、社会清洁发展、绿色发展、可持续发展。低碳经济特征是低能耗、低污染、低排放，与传统高碳经济相对应。

（三）低碳经济体系

发展低碳经济需要建立完善的体系。一是低碳经济政策体系，就是要建立有利低碳经济发展的政策环境，包括低碳经济发展战略、发展规划、投资政策、财税政策、融资政策等。二是低碳能源体系，就是通过水能、风能、太阳能、核能、生物质能、地热能、海洋能等清洁能源发展，调整能源结构，减少化石能源依赖，实现能源发展战略。三是低碳技术体系，就是通过煤炭清洁燃烧和清洁转化技术、清洁能源开发技术、二氧化碳捕捉及储存技术、能源节约利用技术等研发与创新，为低碳经济发展提供技术支撑。四是低碳产业体系，就是推动火电减排、新能源汽车、节能建筑、工业节能减排、资源回收利用、环保装备、节能新材料等一系列的低碳产业发展。

三、低碳经济发展

目前，世界各国虽然在承诺减少温室气体排放上斤斤计较，但对低碳经济发展都十分重视，均采取积极措施，加以推动。

（一）发达国家的做法

一是美国。美国虽然于 2000 年退出了《联合国气候变化框架公约》，但自小布什政府开始就制定了开发新能源、加强能源储备、发展再生能源政策。2007 年美国参议院提出了《低碳经济法案》，奥巴马政府上台后也推出了新能源战略以及美国复兴和再投资计划，希望通过新能源开发和低碳经济发展来重振美国经济。2009 年美国众议院通过了《美国清洁能源和安全法案》，提出了应对气候变化的一揽子方案，该法案如获国会通过，美国低碳经济发展的投资将得到法律保证。美国低碳经济发展以新能源开发为核心，拟通过技术创新，取得新一轮经济发展的竞争优势地位。二是英国。英国是最早提出低碳经济的国家，也是世界上第一个关于气候变化立法的国家。按照英国《气候变化法》，英国必须致力于低碳经济发展，到 2050 年温室气体排放量比 1990 年减少 80%。为此，英国发布了《英国低碳转换计划》、《英国可再生能源战略》和《绿色振兴计划》等，同时将“碳预算”纳入政府预算，大力发展新能源、支持绿色制造业、研发绿色技术、推广节能生活方式等低碳经济新模式。英国目前已初步形成了以市场为基础、政府为主导、企业和部门以及居民为主体的低碳经济发展体系。三是德国。德国在 20 世纪 90 年代率先制定了减少二氧化碳排放的国家计划，2008 年联邦政府又提出到 2020 年温室气体排放量比 1990 年减少 40% 的目标，并在气候保护高技术、提高能源利用效率、可再生能源发展、降低化石能源二氧化碳排放等方面制定了一系列的法律、政策和措施。目前德国在新能源开发、新兴产业发展、传统产业节能减排以及管理机制和环境等方面已处于世界前列。四是法国。法国把低碳经济发展作为应对国际经济危机的重要举措，出台了《预防气候变化计划》、《全国改善能源消耗效率计划》和《可再生能源发展计划》等，同时制定了扶持再生能源发展、研发清洁能源汽车、补贴环保汽车消费、坚持发展核能、实施节能环保政策等一系列措施，并把可再生能源、环保汽车和核能作为突破口，推动低碳经济发展。五是日本。近年来日本出台了《环境立国战略》、《低碳社会行动计划》和《绿色经济与社会变革》等，率先提出建设低碳社会，声称引领世界低碳经济革命，并采取了加强能源立法、加大科研投入、鼓励和扶持低碳产业发展、普及节能知识、扩大国际合作等措施，以保障低碳社会建设。

（二）我国有关情况

一是高度重视全球气候变化。我国是《气候公约》缔约国，作为发展中国家，为应对气候变化，我国成立了专门的协调机构，制定了《中国应对气候变化国家方案》，并根据国家可持续发展战略的要求，采取了制定和修订相关法律法规政策、提高能源效率、节约能源、发展可再生能源、加强生态保护和建设、大力开展植树造林等措施，努力控制温室气体排放。2005 年单位 GDP 二氧化碳排放强度比 1990 年下降了 46%。在此基础上，我国政府 2009 年又宣布，到 2020 年单位 GDP 二氧化碳排放比 2005 年下降 40% ~ 45% 的承诺。二是确定了低碳经济发展方向。2007 年，胡锦涛主席在 APEC 会议上郑重提出，发展低碳经济、发展低碳能源技术和碳吸收技术、增加碳回归；2009 年又在联合国气候变化峰会开幕式上指出，中国今后将进一步把应对气候变化纳入经济社会发展规划，并继续采取加强节能、提高能效、大力发展可再生能源、大力增加森林碳汇、大力发展低碳经济。三是积极推动低碳经济实践。近年来，我国出台了《中国应对气候变化国家方案》、《国家中长期科学和技术发展规划纲要》、《节能中长期专项规划》、《关于加快发展循环经济的若干意见》、《关于加强节能工作的决定》等促进低碳经济发展的政策文件，同时建立了节能减排工作责任制、问责制、政绩业绩考核制，制定了新能源发展战略，明确了新兴产业发展方向，开展了低碳经济试点示范，试行了碳排放强度考核制度以及碳排放交易。目前，水电、核电、风电、太阳能发电以及新能源汽车等低碳产业蓬勃发展。四是低碳经济发展也面临挑战。我国还处在工业化、城市化、现代化进程中，能源消费将持续增加，怎样既确保人民生活水平不断提升，又不以牺牲环境为代价，是一道重大难题。“富煤、少气、缺油”的资源条件，决定了我国能源结构调整的艰难性。第二产业比重大，能源消费以生产性为主，而对工业总体水平不高的现状，加快工业结构调整，促进产业升级，实现节能减排，任务十分艰巨。我国科技整体水平与发达国家存在差距，实现由“高碳”向“低碳”经济转变，将受到低碳技术的制约。

四、推动造纸产业低碳发展

（一）造纸产业特点与优势

现代造纸产业具有典型的循环经济特征，并具有低碳发展的明显优势。一是森林碳汇。以天然植物纤维为原料，不仅具有再生优势，更重要的是有固碳作用。植物生长通过光合作用吸收二氧化碳形成纤维材料，碳以纤维形式被永久固定，从而发挥森林碳汇功能。二是低碳排放。制浆造纸过程中黑液、废料、污泥和沼气等生物质完全可以作为能源回收利用，从而降低化石能源消耗，减少二氧化碳排放。三是循环再用。生产中的水资源、化工原料以及废纸等资源完全可做到循环利用，为产业发展走循环经济、绿色经济、低碳经济之路奠定了基础。四是技术成熟。先进成熟的原料培育种植技术、纤维处理技术、节水技术、节能技术、污染物处理技术等，降低了产业发展对原料资源、水资源、能源的消耗，减少了林地资源和环境容量的占有。

（二）我国造纸产业存在的问题

我国造纸产业发展问题依然突出，主要表现在：一是企业多、规模小。制浆造纸企业 3700 多家，规模以上企业中，大型企业比例不到 1%，中型企业占 11%，小型企业高达 88%。这种结构难以发挥造纸产业规模经济优势。二是原料供给不足。我国人多地少，资源缺乏，林纸一体化发展受到自然条件的限制。随着纸及纸板消费量的增长，国内纤维原料供需矛盾越来越突出，缺口逐年增大，2009 年纤维原料进口依存度已达 44%，原料短缺问题对我国造纸产业可持续发展将产生严重影响。三是资源能源消耗高。造纸产业消耗新鲜水量占全国工业消耗新鲜水量的 9%；单位产品水耗 61 吨、能源消耗 1.2 吨标煤，均高于世界平均用量。四是污染物排放量大。目前废水排放量占全国工业废水总排放量的 19%；废水排放达标率只有 92%，仍有 8% 的废水没有达标排放；排放化学需氧量近 130 万吨，占全国工业排放化学需氧量的 32%；排放二氧化硫达 46 万吨。五是技术装备创新能力弱。目前先进制浆造纸技术和装备均需要从发达国家引进。六是国内废纸回收率低。目前我国国内废纸回收率在 40% 左右，没有达到世界平均 50% 的水平，更低于发达国家和地区 60% 以上的水平。

（三）造纸产业低碳发展措施

充分发挥造纸产业循环特点和低碳优势，积极采取有效措施，着力解决发展中存在的问题，推动我国造纸产业向现代、绿色、低碳、可持续转型。

1. 加快结构调整

以原料结构调整为主线，推动产业结构调整与升级。一要提高木材纤维比重。加快造纸原料林基地建设，继续推进林纸一体化工程建设；扩大利用林业“三剩物”；鼓励进口原木、木片、木浆；继续限制国内木材、木片和木浆出口；鼓励国内企业到境外建设造纸原料林基地。二要加大废纸应用。稳定并拓宽国外废纸回收渠道，加大国内废纸回收力度，完善国内废纸回收系统，制定相关标准和管理办法，培育大型废纸回收企业，继续提高国内废纸回收率和利用率。三要科学合理利用非木材纤维。充分利用竹子、芦苇、农业废弃物、蔗渣、秸秆等非木资源，重点发展竹浆，加快改造禾草浆，使非木浆得到科学合理利用。造纸产业原料结构调整，特别是原料林基地建设，不仅解决供求矛盾，更重要的是充分发挥森林碳汇功能。

2. 促进资源节约

贯彻《循环经济促进法》，实施节材、节水、节能、节地、废弃物利用等工程，提高木材、水资源、能源、土地、废弃物的利用效率。一是鼓励发展高得率制浆，研发并推广环保型高效化学品，提高产品品质，降低纸张白度，减少纤维损耗。二是全面推行总量控制和定额管理，大力开发和推广节水新技术、新工艺、新设备，推进水资源重复利用。三是采用低能耗蒸煮技术、热回收技术、热电联产技术等，提高能源综合利用效率，减少化石能源消费，降低单位产品能源消耗；同时采取高效碱回收、厌氧发酵处理和废渣燃烧等技术，加强制浆黑液、高浓废水和可燃废渣中生物质能源利用，提高企业生物质能源自给率。四是对炉渣、污泥、白泥等固体废物进行综合处理，最大限度地实现资源化利用。

3. 着力治理污染

按照积极预防、清洁生产、减少负荷、严格治理、有效监管的思路，着力推进造纸产业“三废”治理，实现增产减排。一是贯彻执行国家《环境保护法》、《清洁生产促进法》、《造纸产业发展政策》、《造纸工业水污染物排放标准》等环保方面的相关法律、法规、政策、标准，加大宣传力度，提高全行业环保意识和社会责任感。二是推进政府监管、企业负责、社会监督的污染管理体系建设，严格执行环境保护绩效考核制度、环境执法责任制度和责任追究制度，积极推行环境认证和环境标识制度，实行清洁生产审核、环境质量公告和企业环保信息公开制度，鼓励社会公众对污染治理情况的监督。三是严格行业准入条件，大力推广清洁生产技术，采用先进成熟的环保新技术、新工艺、新设备，减少污染物负荷。四是积极采用废水多级生化处理、烟气多电场静电除尘、废渣资源化利用等技术，治理“三废”，减少污染物排放。五是进一步加大力度，继续加快落后产能淘汰，实行产业退出，促进节能减排。

4. 推进技术进步

加快推进造纸产业技术创新和技术改造，建立以企业为主体、市场为导向，产学研相结合的技术创新体系，推动造纸产业技术向低消耗、低排放、高质量、高效率的方向发展。一是采取产学研结合模式，支持建立公共技术创新服务平台、国家工程技术研究中心和技术创新联盟，培育科技力量，壮大科技队伍。二是重点研发纤维资源综合利用技术、清洁生产技术、“三废”资源化利用技术、高性能纸基新材料技术、高效造纸化学品及应用技术、自动控制技术等，提高技术能力。三是继续实施《轻工业调整和振兴规划》，鼓励制浆造纸企业进行生产工艺、技术、设备、节材、节水、节能、治污等方面的技术改造，提升行业总体技术水平。四是提高装备自主化，坚持自主开发与引进消化吸收相结合，跟踪研究国际前沿制浆造纸装备发展趋势，结合国内制浆造纸装备需求，重点发展大中型文化纸机、废纸浆成套设备、大型非木浆设备等，建立自主知识产权的先进适用装备。

5. 树立绿色消费观念

一是要倡导节约消费。随着中国经济总量的不断扩大，纸及纸板消费需求不断增加。摆在我们面前的问题就是，我国的资源和环境等生产要素能否支撑我国造纸产业的发展。中国人口众多，资源短缺，环境容量有限，按照发达国家消费习惯，中国各个方面条件肯定承受不起。因此，我国纸产品消费不能与发达国家攀比，宏观上在谋划产业发展、增加供给的同时，消费上必须倡导节约消费，强调合理消费。二是要防止过度消费，特别是浪费。目前我国包装行业普遍存在过度包装现象，造成了包装用纸及纸板过度消耗，浪费了能源资源。必须切实采取措施，减少包装用纸消耗。三是要降低白度。纸产品白度过高，百害而无一利。针对一些企业过分宣传原生浆、高白度的情况，要加快白度标准的制定与实施，纠正片面追求纸产品高白度现象，鼓励生产低白度纸产品。四是要鼓励使用再生纸，要完善再生纸有关规定，政府要带头制定绿色采购办法，扩大再生纸使用，引导绿色消费。五是要加强绿色消费舆论宣传，在全社会树立纸产品绿色消费意识和绿色消费理念。

五、结 语

应对全球气候变化，推动低碳经济发展，保护地球家园，需要世界各国共同努力。中国走低碳经济道路，既符合当前经济社会可持续发展的要求，也符合全球气候环境合作的要求，更关乎中国能否在未来几十年里走到世界发展的前列。造纸工业是国民经济和社会发展的重要产业，具有循环特点和低碳优势，必须进一步采取措施，加快产业结构调整，推动低碳、绿色、可持续发展，为我国经济实现由“高碳”时代到“低碳”时代的跨越做出应有的贡献。

发展与建设

DEVELOPMENT AND CONSTRUCTION

2

中国造纸工业2010年度报告

2010 Annual Report of China's Paper Industry

一、全国纸及纸板生产及消费情况

（一）2010年纸及纸板产量和消费量

据中国造纸协会调查资料，2010年全国纸及纸板生产企业有3700多家，全国纸及纸板生产量9270万吨，较上年8640万吨增长7.29%。消费量9173万吨，较上年8569万吨增长7.05%，人均年消费量为68千克（13.40亿人），比上年增长4千克。2010年比2000年生产量增长203.93%，消费量增长156.59%。2000—2010年，纸及纸板生产量年均增长11.76%，消费量年均增长9.88%（见图1）。

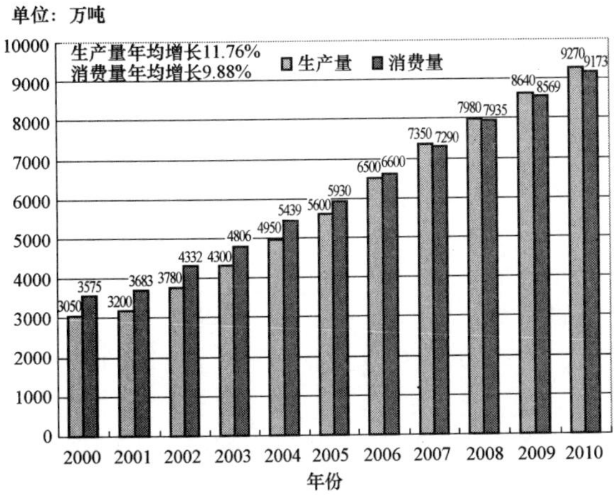

图1 2000—2010年纸及纸板的生产和消费情况

主要产品中：新闻纸生产量430万吨，占纸及纸板总产量4.64%，同比增长-10.42%，消费量423万吨，占纸及纸板总消费量4.61%，同比增长-8.24%；未涂布印刷书写纸生产量1620万吨，占纸及纸板总产量17.48%，同比增长7.28%，消费量1590万吨，占纸及纸板总消费量17.33%，同比增长6.21%；涂布印刷纸生产量640万吨，占纸及纸板总产量6.90%，同比增长8.47%，消费量549万吨，占纸及纸板总消费量5.98%，同比增长18.57%；其中铜版纸生产量555万吨，占纸及纸板总产量的5.99%，同比增长11.00%，消费量480万吨，占纸及纸板总消费量5.23%，同比增长20.30%；生活用纸生产量620万吨，占纸及纸板总产量6.69%，同比增长6.90%，消费量567万吨，占纸及纸板总消费量6.18%，同比增长7.18%；包装用纸生产量600万吨，占纸及纸板总产量6.47%，同比增长4.35%，消费量612万吨，占纸及纸板总消费量6.67%，同比增长4.26%；白纸板生产量1250万吨，占纸及纸板总产量13.48%，同比增长8.70%，消费量1254万吨，占纸及纸板总消费量13.67%，同比增长8.10%，其中涂布白纸板生产量1200万吨，占纸及纸板总产量12.94%，同比增长9.09%，消费量1204万吨，占纸及纸板总消费量13.13%，同比增长8.47%；箱纸板生产量1880万吨，占纸及纸板总产量20.28%，同比增长8.67%，消费量1946万吨，占纸及纸板总消费量21.21%，同比增长7.57%；瓦楞原纸生产量1870万吨，占纸及纸板总产量20.17%，同比增长9.04%，消费量1889万吨，占纸及纸板总消费量20.59%，同比增长7.45%；特种纸及纸板生产量180万吨，占纸及纸板总产量1.94%，同比增长20.00%，消费量164万吨，占纸及纸板总消费量1.79%，同比增长13.89%（见表1、图2）。

从2010年的生产和消费形势分析来看，全年生产和消费均呈平稳增长态势，增速分别比上年回落0.98个百分点和0.94个百分点。

表1 2010年中国造纸工业主要产品生产及消费情况 单位：万吨

品　种	生产量			消费量		
	2009年	2010年	同比/%	2009年	2010年	同比/%
总量	8640	9270	7.29	8569	9173	7.05
1. 新闻纸	480	430	-10.42	461	423	-8.24
2. 未涂布印刷书写纸	1510	1620	7.28	1497	1590	6.21
3. 涂布印刷纸	590	640	8.47	463	549	18.57
其中：铜版纸	500	555	11.00	399	480	20.30
4. 生活用纸	580	620	6.90	529	567	7.18
5. 包装用纸	575	600	4.35	587	612	4.26
6. 白纸板	1150	1250	8.70	1160	1254	8.10
其中：涂布白纸板	1100	1200	9.09	1110	1204	8.47
7. 箱纸板	1730	1880	8.67	1809	1946	7.57
8. 瓦楞原纸	1715	1870	9.04	1758	1889	7.45
9. 特种纸及纸板	150	180	20.00	144	164	13.89
10. 其他纸及纸板	160	180	12.50	161	179	11.18

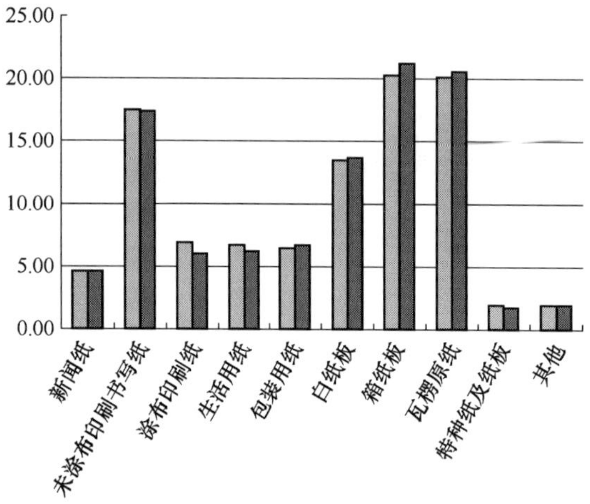

图2 2010年纸及纸板各品种生产和消费比例

（二）主要产品2000—2010年生产及消费情况

1. 新闻纸

2010年新闻纸生产量430万吨，较上年增长-10.42%，增幅回落14.77个百分点；消费量423万吨，较上年增长-8.24%，增幅回落16.46个百分点。2000—2010年生产量年均增长率11.48%，消费量年均增长率9.87%（见图3）。

2. 未涂布印刷书写纸

2010年未涂布印刷书写纸生产量1620万吨，较上年增长7.28%，增幅回落0.58个百分点；消费量1590万吨，较上年增长6.21%，增幅回落1.88个百分点。2000—2010年生产量年均增长率9.39%，消费量年均增长率9.36%（见图4）。

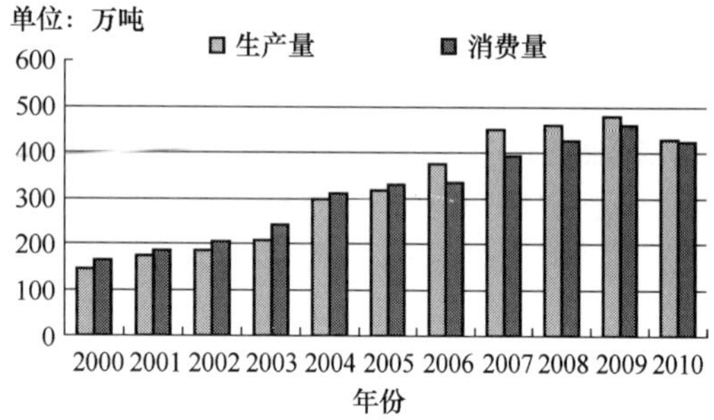

图3 新闻纸2000—2010年生产量及消费量

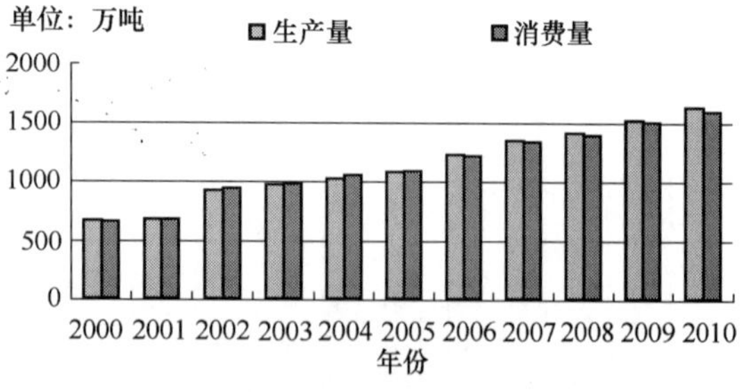

图4 未涂布印刷书写纸2000—2010年生产量及消费量

3. 涂布印刷纸

2010年涂布印刷纸生产量640万吨，较上年增长8.47%，增幅增加1.20个百分点；消费量549万吨，较上年增长18.57%，增幅增加19.43个百分点。2000—2010年生产量年均增长率19.26%，消费量年均增长率10.19%（见图5）。其中，2010年铜版纸生产量 555 万吨，较上年增长 11.00%，增幅增加 2.30 个百分点；消费量 480 万吨，较上年增长 20.30%，增幅增加 20.80 个百分点。2000—2010 年生产量年均增长率 20.22%，消费量年均增长率 9.94%（见图 6）。

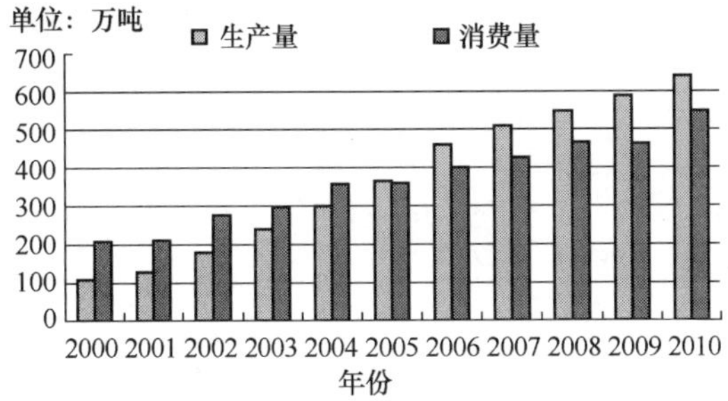

图 5　涂布印刷纸 2000—2010 年生产量及消费量

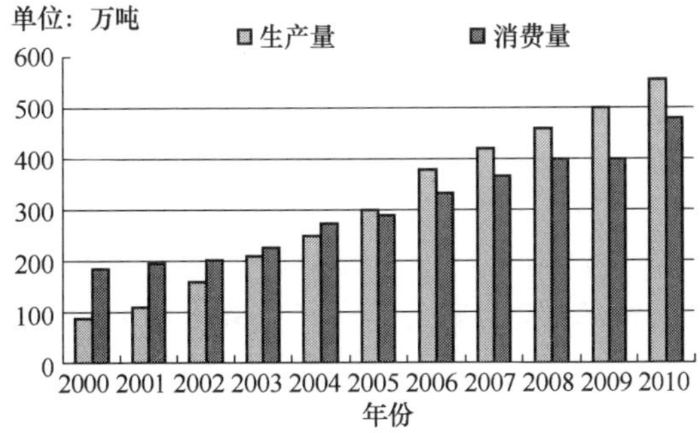

图 6　铜版纸 2000—2010 年生产量及消费量

4. 生活用纸

2010 年生活用纸生产量 620 万吨，较上年增长 6.90%，增幅增加 1.45 个百分点；消费量 567 万吨，较上年增长 7.18%，增幅增加 2.01 个百分点。2000—2010 年生产量年均增长率 9.51%，消费量年均增长率 8.80%（见图 7）。

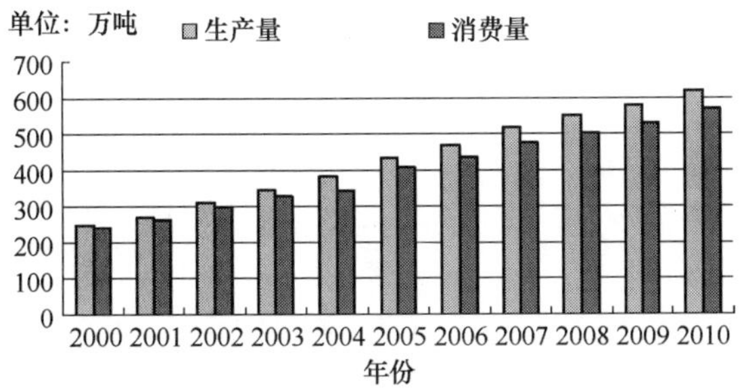

图 7　生活用纸 2000—2010 年生产量及消费量

5. 包装用纸

2010 年包装用纸生产量 600 万吨，较上年增长 4.35%，增幅增加 1.67 个百分点；消费量 612 万吨，较上年增长 4.26%，增幅增加 1.10 个百分点。2000—2010 年生产量年均增长率 4.14%，消费量年均增长率 2.65%（见图 8）。

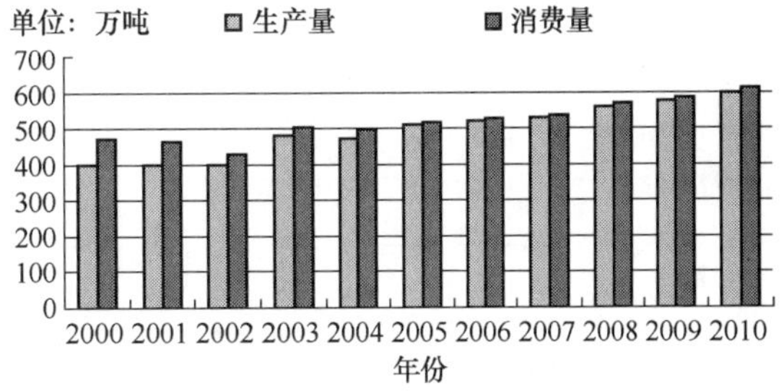

图 8　包装用纸 2000—2010 年生产量及消费量

6. 白纸板

2010 年白纸板生产量 1250 万吨，较上年增长 8.70%，增幅增加 6.02 个百分点；消费量 1254 万吨，较上年增长 8.10%，增幅增加 5.54 个百分点。2000—2010 年生产量年均增长率 16.14%，消费量年均增长率 12.56%（见图 9）。其中，2010 年涂布白纸板生产量 1200 万吨，较上年增长 9.09%，增幅增加 6.29 个百分点；消费量 1204 万吨，较上年增长 8.47%，增幅增加 5.79 个百分点。2000—2010 年生产量年均增长率 19.62%，消费量年均增长率 15.46%（见图 10）。

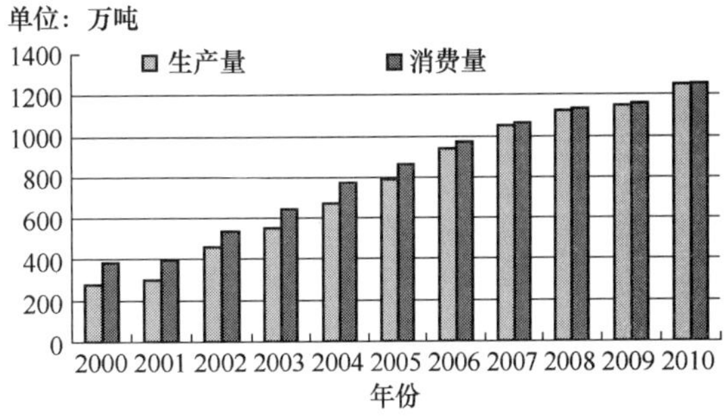

图 9　白纸板 2000—2010 年生产量及消费量

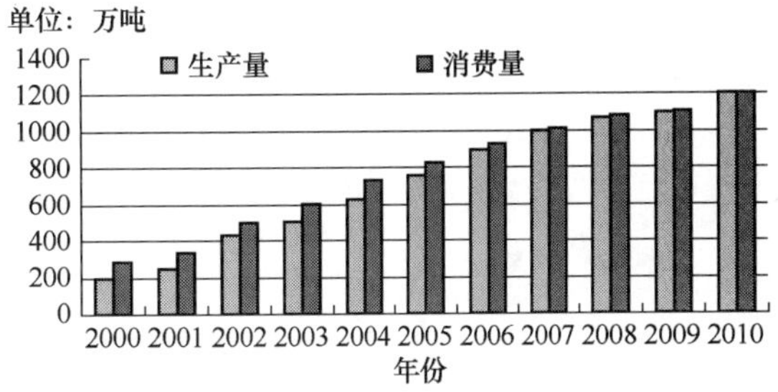

图 10　涂布白纸板 2000—2010 年生产量及消费量

7. 箱纸板

2010 年箱纸板生产量 1880 万吨，较上年增长

8.67%，增幅回落4.40个百分点；消费量1946万吨，较上年增长7.57%，增幅回落5.14个百分点。2000—2010年生产量年均增长率16.74%，消费量年均增长率14.31%（见图11）。

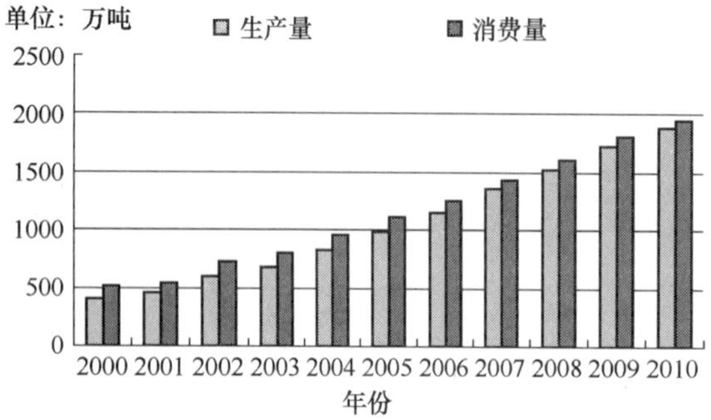

图11 箱纸板2000—2010年生产量及消费量

8. 瓦楞原纸

2010年瓦楞原纸生产量1870万吨，较上年增长9.04%，增幅回落3.79个百分点；消费量1889万吨，较上年增长7.45%，增幅回落5.82个百分点。2000—2010年生产量年均增长率12.62%，消费量年均增长率10.94%（见图12）。

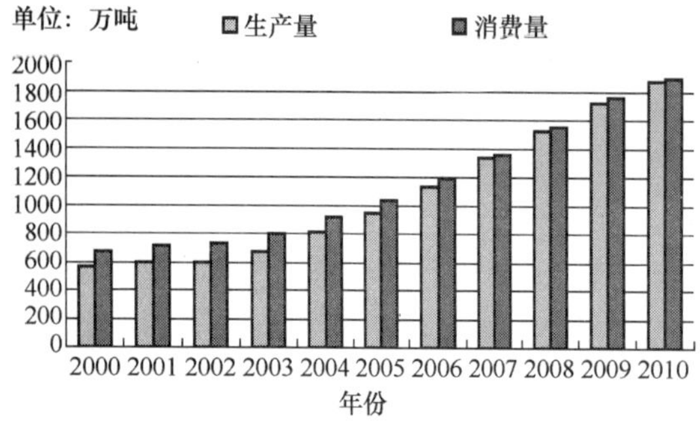

图12 瓦楞原纸2000—2010年生产量及消费量

9. 特种纸及纸板

2010年特种纸及纸板生产量180万吨，较上年增长20.00%，增幅增加12.86个百分点；消费量164万吨，较上年增长13.89%，增幅增加13.89个百分点。2000—2010年生产量年均增长率11.61%，消费量年均增长率7.44%（见图13）。

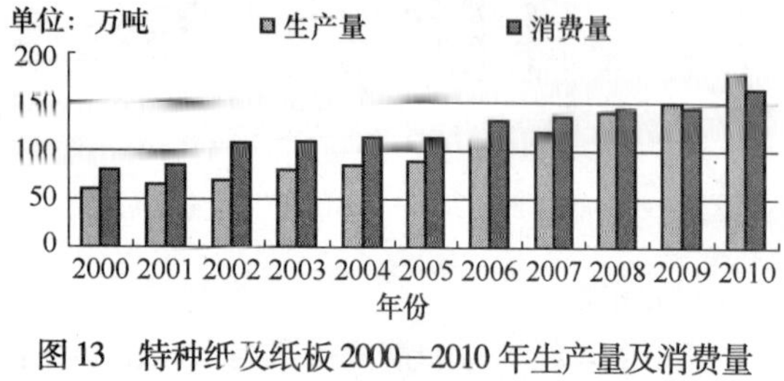

图13 特种纸及纸板2000—2010年生产量及消费量

二、主要生产经济指标完成情况

据国家统计局统计，2010年1—11月规模以上造纸生产企业3724家；从业人员73.73万人；工业总产值（当年价）5287亿元，较上年4162亿元增长27.03%；工业销售产值（当年价）5190亿元，较上年4077亿元增长27.30%；主营业务收入5162亿元，较上年3998亿元增长29.11%；产销率98.20%，较上年98.00%增长0.20个百分点；产成品存货245.4亿元，较上年235.8亿元增长4.07%；利税总额458.4亿元，较上年341.3亿元增长34.31%，其中利润总额299.4亿元，较上年210.0亿元增长42.57%；资产总计5934亿元，较上年5016亿元增长18.30%；资产负债率58.66%，较上年58.69%降低0.03个百分点；负债总额3481亿元，较上年2944亿元增长18.24%；在统计的3724家造纸生产企业中，亏损企业有487家，占13.08%，同比降低6.29个百分点。

2010年1—12月造纸生产企业工业总产值（当年价）5850亿元，较上年4660亿元增长25.54%；产销率98.60%，较上年98.20%增长0.40个百分点；工业销售产值（当年价）5767亿元，较上年4578亿元增长25.97%。

根据上述相关资料分析，2010年造纸生产企业主营业务收入约5630亿元，比上年增长25%左右；利税总额约500亿元，比上年增长30%左右；其中，利润总额约327亿元，比上年增长48%左右。综观全年主要生产经济指标完成情况比上年有较大增幅，已经恢复到金融危机前的水平，总体经济效益较好（见图14、图15）。

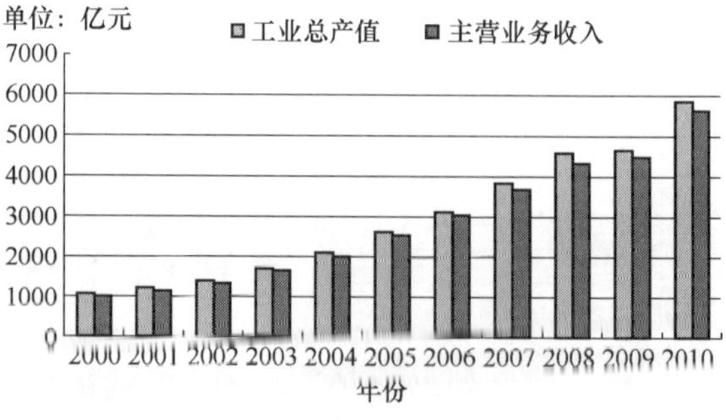

图14 2000—2010年工业总产值（当年价）及主营业务收入

注：自2007年起主营业务收入数据为中国造纸协会分析数据。

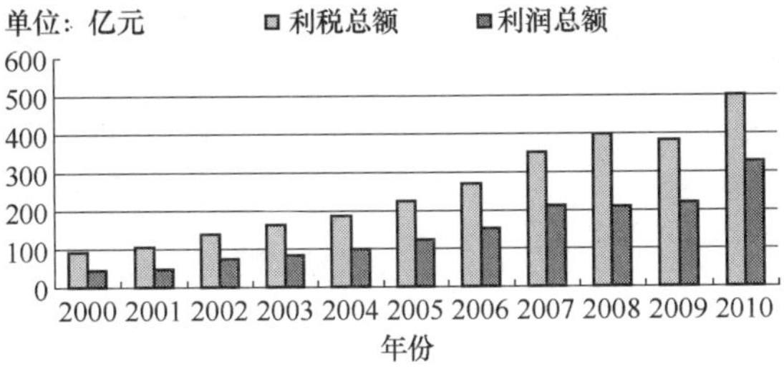

图 15　2000—2010 年利税总额及利润总额

注：自 2007 年起利税总额和利润总额数据为中国造纸协会分析数据。

三、纸浆生产和消耗情况

据中国造纸协会调查资料，2010 年全国纸浆生产总量 7318 万吨，较上年 6732 万吨增长 8.70%。

2010 年全国纸浆消耗总量 8461 万吨，较上年 7980 万吨增长 6.03%，其中木浆 1859 万吨，较上年增长 2.82%，比例占 22%，与上年持平；非木浆 1297 万吨，较上年增长 10.38%，比例占 15%，与上年持平；废纸浆 5305 万吨，较上年增长 6.16%，比例占 63%，与上年持平。木浆中，进口木浆比例下降 2 个百分点；废纸浆中，进口废纸浆比例下降 1 个百分点，国产废纸浆比例上升 1 个百分点；非木浆中，稻麦草浆比例比上年下降 3 个百分点；竹浆比例比上年增长 1 个百分点；苇（荻）浆比例与上年持平，蔗渣浆比例比上年增加 1 个百分点。2010 年纸浆总消耗量比 2000 年增长 203%，其中，国产纸浆消耗量 2010 年比 2000 年增长 198%（见表 2、图 16、图 17）。

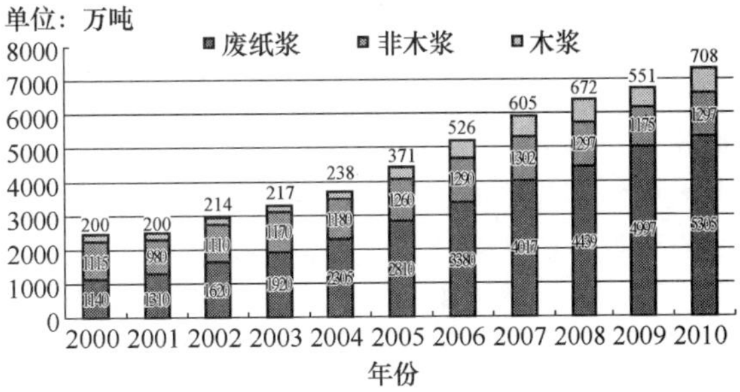

图 16　2000—2010 年国产纸浆消耗情况

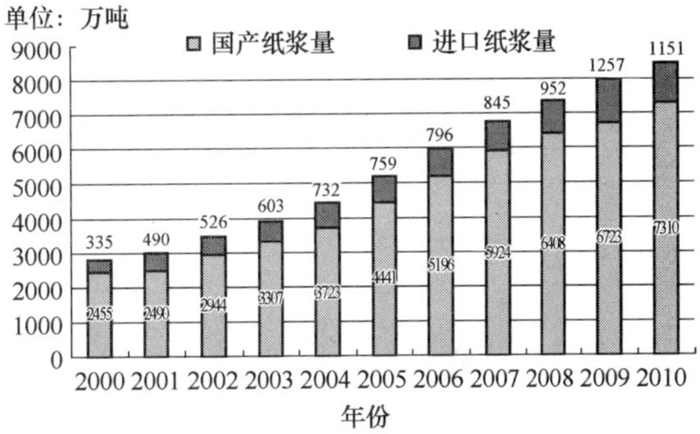

图 17　2000—2010 年纸浆总消耗情况

表 2　　**2010 年中国造纸工业纸浆消耗情况**　　单位：万吨

品　种	2009 年	占比例/%	2010 年	占比例/%	同比/%
总量	7980	100	8461	100	6.03
木浆	1808	22	1859	22	2.82
其中：进口木浆	1257(1)	16	1151(2)	14	-8.43
废纸浆	4997	63	5305	63	6.16
其中：进口废纸浆	2056(3)	26	2092(4)	25	1.75
非木浆	1175	15	1297	15	10.38

注：废纸浆 = 废纸量 ×0.8。

1. 2009 年进口木浆 1367 万吨，实际消耗量 1257 万吨。
2. 2010 年进口木浆 1137 万吨，扣除溶解浆 96 万吨，实际消耗量 1151 万吨。
3. 2009 年进口废纸 2750 万吨，实际消耗量 2570 万吨。
4. 2010 年进口废纸 2435 万吨，实际消耗量 2615 万吨。

2010 年进口木浆及进口废纸价格持续高位运行，导致进口量同比下降，促使国内各类纸浆生产量有所增加。

由于 2009 年国际市场商品纸浆和废纸价格低迷，国内造纸企业加大了商品纸浆和废纸的采购量，致使当年进口量异常，造成非正常库存增加。

经中国造纸协会对重点造纸企业进行调查，2009 年国内造纸企业约有 110 万吨进口商品纸浆和 180 万吨进口废纸为非正常库存，结转至 2010 年使用。

现对 2009 年和 2010 年的纸浆消耗数据修正如表 2 所示。

四、纸及纸板、纸浆、废纸及纸制品进出口情况

（一）2010年纸及纸板、纸浆、废纸、纸制品进出口量

2010年纸及纸板进口336万吨，比上年334万吨增长0.60%，出口433万吨，比上年405万吨增长6.91%。出口量比进口量多97万吨；纸浆进口1137万吨，比上年1367万吨降低16.83%，出口8.10万吨，比上年8.70万吨降低6.90%；废纸进口2435万吨，比上年2750万吨降低11.45%，出口0.08万吨，比上年出口量略有增长；纸制品进口18万吨，比上年16万吨增长12.50%，出口228万吨比上年195万吨增长16.92%。

2010年进口纸及纸板、纸浆、废纸、纸制品合计3926万吨，较上年4467万吨降低12.11%，用汇187.83亿美元，较上年145.17亿美元增长29.39%。2010年进口纸及纸板平均价格为1132.52美元/吨，比上年965.25美元/吨平均价格上涨17.33%；进口纸浆平均价格为775.51美元/吨，比上年500.20美元/吨平均价格上涨55.04%；进口废纸平均价格为219.80美元/吨，比上年137.99美元/吨平均价格上涨59.29%。

2010年出口纸及纸板、纸浆、废纸、纸制品合计669.18万吨，较上年608.73万吨增长9.93%，创汇97亿美元，较上年77亿美元增长25.97%。2010年出口纸及纸板平均价格为1093.50美元/吨，比上年962.06美元/吨平均价格上涨13.66%；出口纸浆平均价格为1727.18美元/吨，比上年1045.48美元/吨平均价格上涨65.20%；出口废纸平均价格为191.80美元/吨，比上年218.78美元/吨平均价格下跌12.33%。

2010年纸及纸板进出口总量中，进口量较大的品种有箱纸板、涂布白纸板、涂布印刷纸和未涂布印刷书写纸，合计进口量243万吨，约占纸及纸板总进口量的72%。出口量较大的品种有涂布印刷纸、涂布白纸板、未涂布印刷书写纸、生活用纸、特种纸及纸板，合计388万吨，约占纸及纸板总出口量的90%。

2010年我国纸浆、废纸、纸及纸板进出口贸易总体特点是作为造纸原料的纸浆和废纸进口量均呈减少趋势，其中纸浆进口量较上年减少16.83%，废纸进口量较上年减少11.45%，但平均价格都有较大幅度提升，进口纸浆平均价格上涨275.31美元/吨，涨幅55.04%；进口废纸平均价格上涨81.81美元/吨，涨幅59.29%。

纸及纸板进口量略有增长，出口量较上年略有增加且大于进口量（见表3、表4、图18、图19）。

表3　2010年中国纸浆、废纸、纸及纸板、纸制品进口情况　　单位：万吨

品　　种	2009年进口量	2010年进口量	同比/%
一、纸浆	1367	1137	-16.83
二、废纸	2750	2435	-11.45
三、纸及纸板	334	336	0.60
1. 新闻纸	2	4	100.00
2. 未涂布印刷书写纸	38	41	7.89
3. 涂布印刷纸	36	45	25.00
其中：铜版纸	31	38	22.58
4. 包装用纸	15	17	13.33
5. 箱纸板	86	80	-6.98
6. 白纸板	71	77	8.45
其中：涂布白纸板	71	77	8.45
7. 生活用纸	5	8	60.00
8. 瓦楞原纸	46	24	-47.83
9. 特种纸及纸板	27	31	14.81
10. 其他纸及纸板	8	9	12.50
四、纸制品	16	18	12.50
总计	4467	3926	-12.11

注：数据来源于海关总署。

表4　2010年中国纸浆、废纸、纸及纸板、纸制品出口情况　　单位：万吨

品　　种	2009年出口量	2010年出口量	同比/%
一、纸浆	8.70	8.10	-6.90
二、废纸	0.03	0.08	166.67
三、纸及纸板	405	433	6.91
1. 新闻纸	21	11	-47.62
2. 未涂布印刷书写纸	51	71	39.22
3. 涂布印刷纸	163	136	-16.56
其中：铜版纸	132	113	-14.39
4. 包装用纸	3	5	66.67
5. 箱纸板	7	14	100.00
6. 白纸板	61	73	19.67
其中：涂布白纸板	61	73	19.67
7. 生活用纸	56	61	8.93
8. 瓦楞原纸	3	5	66.67
9. 特种纸及纸板	33	47	42.42
10. 其他纸及纸板	7	10	42.86
四、纸制品	195	228	16.92
总计	608.73	669.18	9.93

注：数据来源于海关总署。

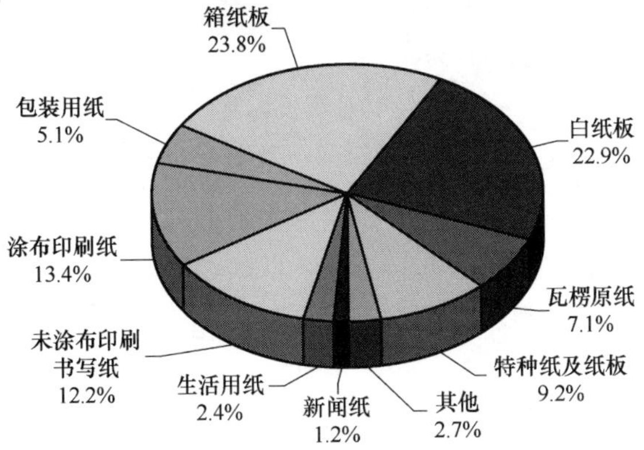

图 18　2010 年纸及纸板各品种进口量比例

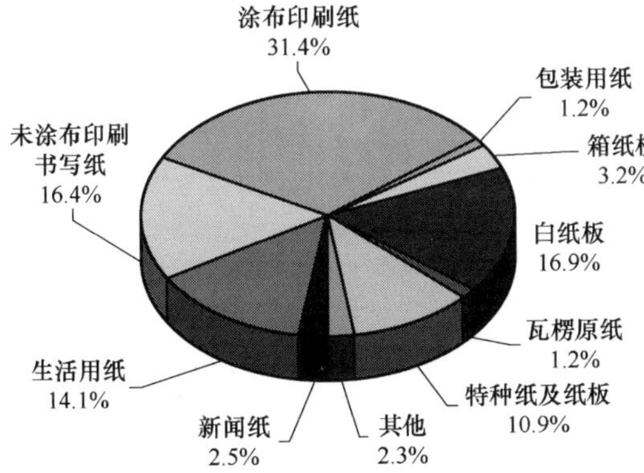

图 19　2010 年纸及纸板各品种出口量比例

（二）主要产品 2000—2010 年进出口情况

2010 年纸及纸板进口量大于出口量的主要品种有：包装用纸、箱纸板、白纸板、瓦楞原纸；出口量大于进口量的主要品种有：新闻纸、未涂布印刷书写纸、涂布印刷纸、生活用纸、特种纸及纸板、其他纸及纸板。

1. 新闻纸

2010 年出口量大于进口量，净出口量 7 万吨（见图 20）。

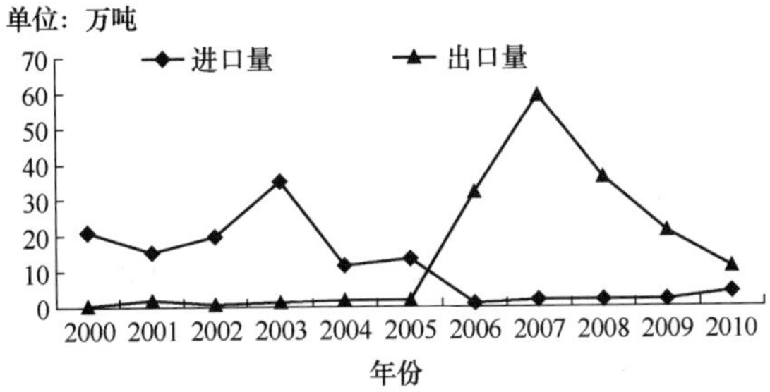

图 20　新闻纸 2000—2010 年进口量及出口量

2. 未涂布印刷书写纸

2010 年出口量大于进口量，净出口量 30 万吨（见图 21）。

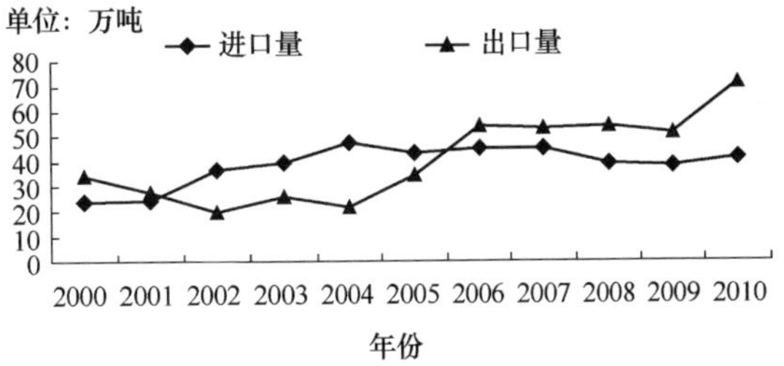

图 21　未涂布印刷书写纸 2000—2010 年进口量及出口量

3. 涂布印刷纸

2010 年出口量大于进口量，净出口量 91 万吨（见图 22）。其中，铜版纸 2010 年出口量大于进口量，净出口量 75 万吨（见图 23）。

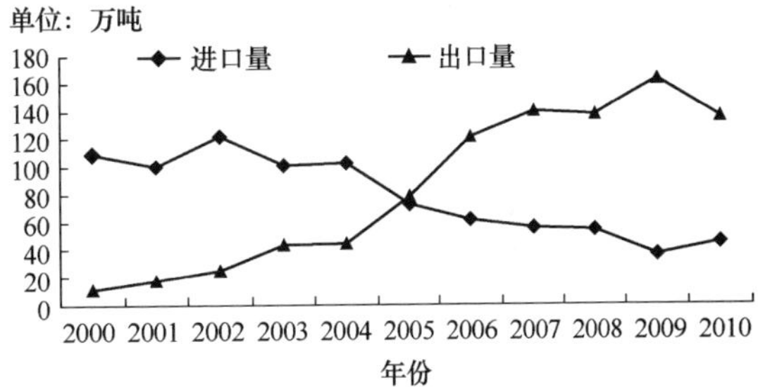

图 22　涂布印刷纸 2000—2010 年进口量及出口量

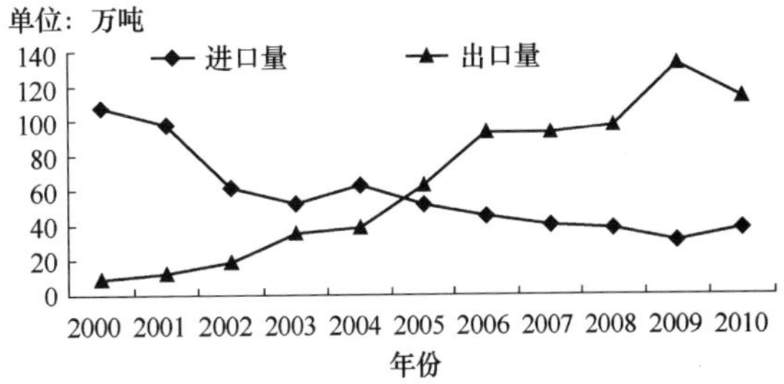

图 23　铜版纸 2000—2010 年进口量及出口量

4. 生活用纸

2010 年出口量大于进口量，净出口量 53 万吨（见图 24）。

5. 包装用纸

2010 年进口量大于出口量，净进口量 12 万吨（见图 25）。

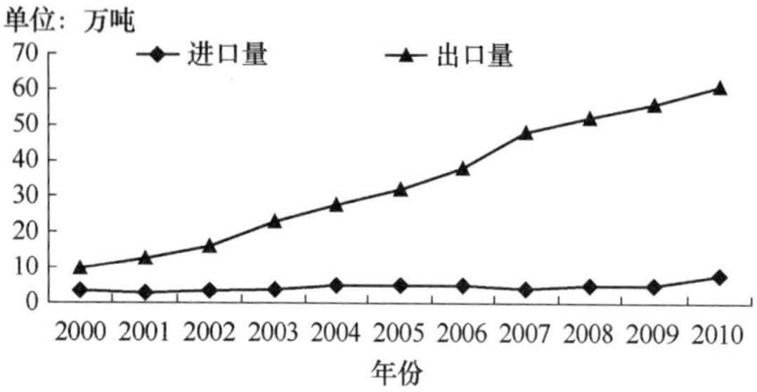

图 24　生活用纸 2000—2010 年进口量及出口量

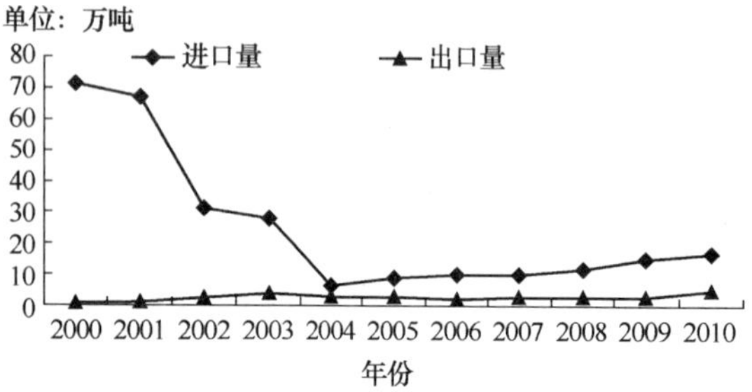

图 25　包装用纸 2000—2010 年进口量及出口量

6. 白纸板

2010 年进口量大于出口量，净进口量 4 万吨（见图 26）。其中，涂布白纸板 2010 年进口量大于出口量，净进口量 4 万吨（见图 27）。

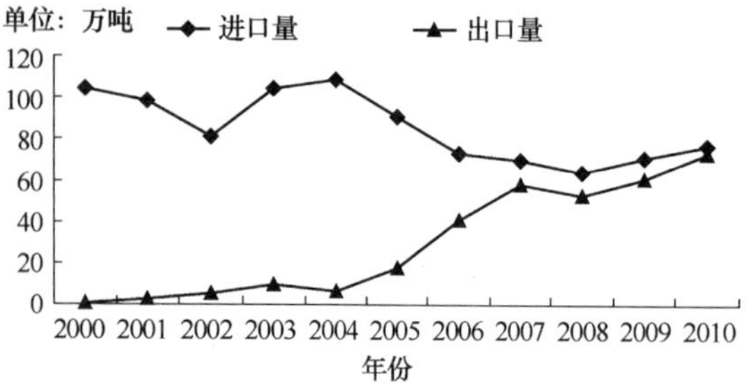

图 26　白纸板 2000—2010 年进口量及出口量

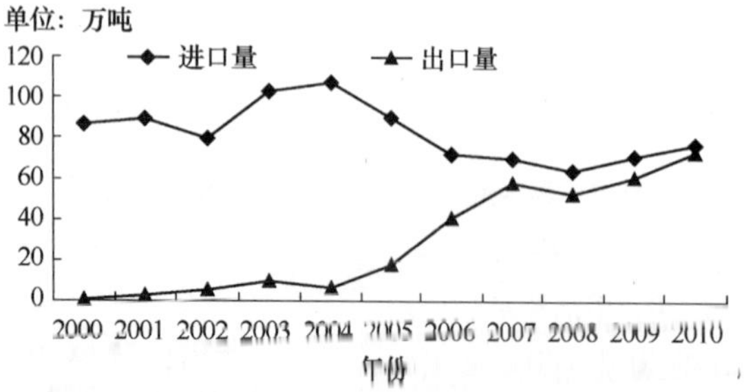

图 27　涂布白纸板 2000—2010 年进口量及出口量

7. 箱纸板

2010 年进口量大于出口量，净进口量 66 万吨（见图 28）。

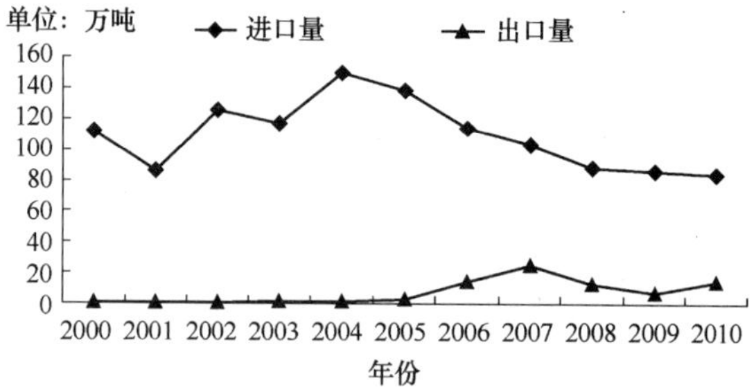

图 28　箱纸板 2000—2010 年进口量及出口量

8. 瓦楞原纸

2010 年进口量大于出口量，净进口量 19 万吨（见图 29）。

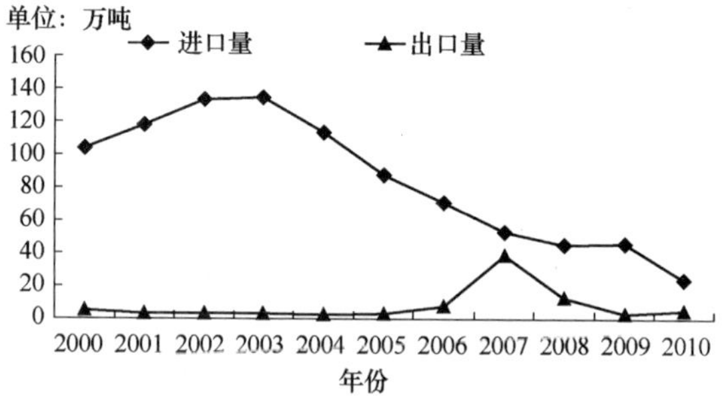

图 29　瓦楞原纸 2000—2010 年进口量及出口量

9. 特种纸及纸板

2010 年出口量大于进口量，净出口量 16 万吨（见图 30）。

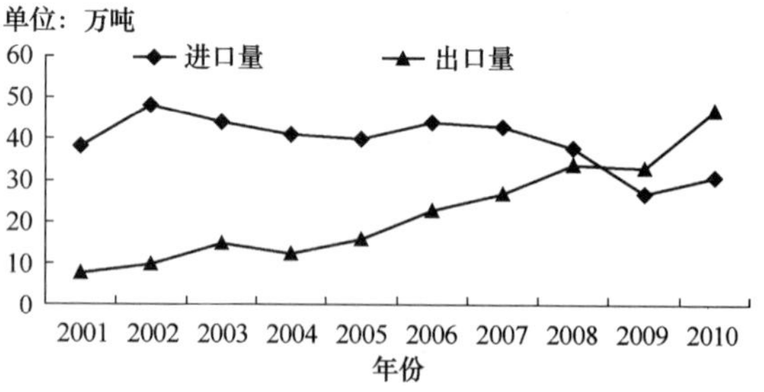

图 30　特种纸及纸板 2001—2010 年进口量及出口量

五、生产布局与集中度

根据中国造纸协会调查资料分析，2010 年纸及纸板生产量有所下降的省（区、市）有河南、内蒙古、浙江、安徽、云南、北京 6 个，其余省份都有不同程度增长。

2010 年我国东部地区 12 个省（区、市），纸及纸板产量占全国纸及纸板产量比例为71.6%，比上年提高0.3个百分点；中部地区9个省（区）比例占20.1%，比上年降低1.3个百分点；西部地区10个省（区、市）比例占8.3%，比上年提高1.0个百分点（见表5、图31）。

表5　2010年中国造纸区域布局变化

	2009年		2010年	
	产量/万吨	比例/%	产量/万吨	比例/%
纸及纸板产量	8640	100	9270	100
其中：东部地区	6160	71.3	6636	71.6
中部地区	1845	21.4	1862	20.1
西部地区	635	7.3	772	8.3

注：据中国造纸协会调查资料。

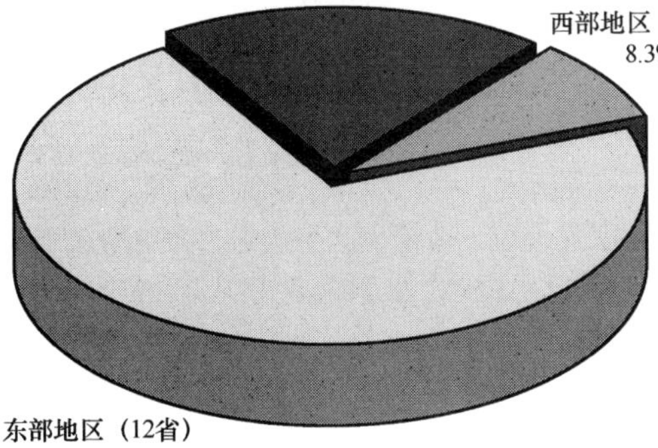

图31　2010年中国造纸区域布局图

2010年纸及纸板产量超过100万吨的省份有山东、广东、浙江、江苏、河南、福建、河北、湖南、四川、安徽、重庆、广西、湖北和江西14个省（区），产量合计已达8509万吨，占全国纸及纸板总产量的91.79%，比上年减少0.92个百分点；比上年增产499万吨（见表6、图32）。

表6　2010年纸及纸板产量100万吨以上的省（区、市）　单位：万吨

省　份	2009年产量	2010年产量	产量增加
山东省	1430	1510	80
广东省	1316	1435	119
浙江省	1372	1362	-10
江苏省	1026	1101	75
河南省	864	814	-50
福建省	313	391	78
河北省	367	371	4
湖南省	300	335	35
四川省	227	316	89
安徽省	205	201	-4
重庆市	174	191	17
广西壮族自治区	139	167	28
湖北省	157	158	1
江西省	120	157	37
合计	8010	8509	499

注：据中国造纸协会调查资料。

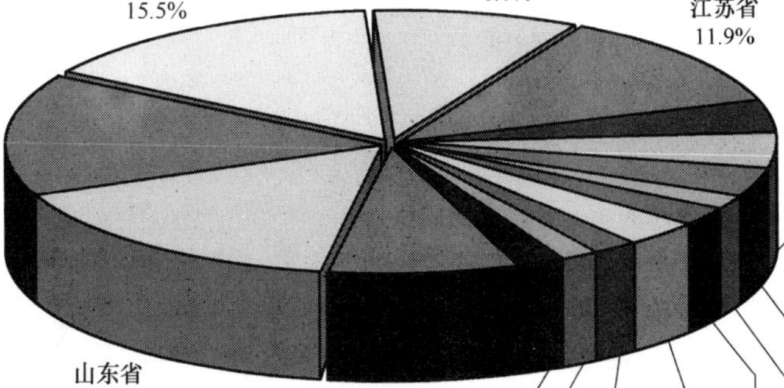

图32　2010年主要省（区）纸及纸板年产量比例图

注：据中国造纸协会调查资料。

2010年纸及纸板年产量超过100万吨的造纸生产企业有：玖龙纸业（控股）有限公司年产728万吨；理文造纸有限公司年产367万吨；山东晨鸣纸业集团股份有限公司年产327万吨；中国纸业投资总公司年产245万吨；金东纸业（江苏）股份有限公司年产231万吨；山东太阳纸业股份有限公司年产224万吨；华泰集团有限公司年产164万吨；宁波中华纸业有限公司（含宁波亚洲浆纸业有限公司）年产149万吨；中冶纸业集团有限公司年产139万吨；山东博汇纸业股份有限公司100万吨。

以上10家造纸生产企业2010年比上年增产377万吨，约占全国纸及纸板增产量的60%。

纸浆年产量超过100万吨的企业：海南金海浆纸业有限公司年产121万吨。

上述相关数据表明，2010年全国造纸生产布局略有变化，东部地区仍然是我国造纸工业的主要生产区域。重点省（区、市）和重点造纸企业生产集中度有所提高，年产过百万吨的企业增加了2家。

六、造纸企业经济类型结构与规模结构

根据国家统计局提供的2010年1—11月规模以上造纸生产企业的相关数据分析，2010年国有及国有控股企业有80家，占2.15%，较上年2.17%减少0.02个百分点；“三资”企业有414家，占11.12%，较上年11.34%减少0.22个百分点；集体及其他企业有3230家占86.73%，较上年86.49%增加0.24个百分点。在造纸企业主营业务收入总额中，国有及国有控股企业占12.38%，较上年12.43%减少0.05个百分点；“三资”企业占28.79%，较上年29.38%减少0.59个百分点；集体及其他企业占58.83%，较上年58.19%增加0.64个百分点。在利税总额中，国有及国有控股企业占13.58%，较上年9.55%增加4.03个百分点；“三资”企业占29.04%，较上年29.64%减少0.60个百分点；集体及其他企业占57.38%，较上年60.81%减少3.43个百分点。其中，利润总额中，国有及国有控股企业占11.36%，较上年5.17%增加6.19个百分点；“三资”企业占32.00%，较上年31.97%增加0.03个百分点，集体及其他企业占56.64%，较上年62.86%减少6.22个百分点（见图33）。

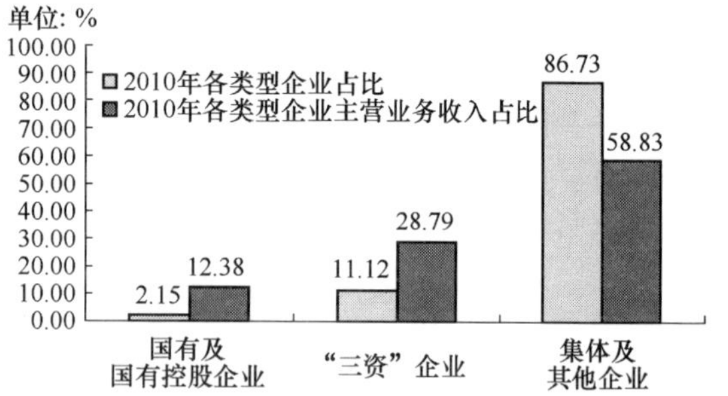

图33 造纸生产企业经济类型结构与规模结构

注：数据来源于国家统计局（规模以上企业统计）。

2010年国内造纸生产企业经济类型结构仍在调整变化，与2009年相比规模以上造纸生产企业数量由3686家上升至3724家，增加了38家；其中，集体及其他企业增加42家，国有及国有控股企业数量与上年持平，“三资”企业减少4家。2010年亏损企业数487家，其中：国有及国有控股企业占5.75%，“三资”企业占16.84%，集体及其他企业占77.41%。

按照我国大、中、小型企业划分标准，2010年在3724家规模以上造纸生产企业中，大中型造纸企业421家占11.31%，小型企业3303家占88.69%；在纸及纸板产品主营业务收入中，大中型企业占61.35%，小型企业占38.65%；在利税总额中，大中型企业占65.54%，小型企业占34.46%；在利润总额中，大中型企业占67.26%，小型企业占32.74%。2010年主要产品新增产量中，重点骨干企业增量已占总增量的83%。目前已有一批优秀企业率先由传统造纸业向现代造纸业转变，对产业结构调整和产业优化升级起着重要支撑和推动作用（见表7）。

七、环境保护

根据环境保护部统计，2009年制浆造纸及纸制品产业（统计企业5771家，比上年增加12家）用水总量为108.44亿吨，其中新鲜水量为46.59亿吨，占工业总耗新鲜水量529.95亿吨的8.79%。重复用水量为61.85亿吨，水重复利用率为57.04%，比上年提高1.86个百分点。万元工业产值（现价）新鲜水用量为107.8吨，比上年增加13.8吨，提高14.7%。造纸工业废水排放量为39.26亿吨，占全国工业废水总排放量209.03亿吨的18.78%，比上年增加0.02个百分点。造纸工业废水排放达标量

为36.72亿吨，占造纸工业废水排放总量的93.53%，比上年提高1.53个百分点。排放废水中化学需氧量（COD_{Cr}）为109.7万吨，比上年128.8万吨减少19.1万吨，占全国工业COD_{Cr}总排放量379.2万吨的28.93%，比上年减少2.89个百分点。万元工业产值（现价）COD_{Cr}排放强度为25千克，与上年持平。造纸工业废水处理设施年运行费用为51.0亿元，比上年增加4.8亿元，增长10.39%（见图34）。

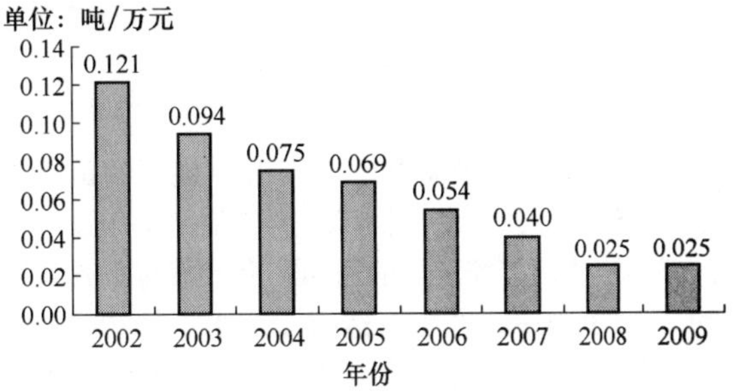

图34　2002—2009年造纸业万元产值COD_{Cr}排放强度

表7　　2010年重点造纸企业产量前30名

序号	单位名称	产量/万吨		同比增长/%
		2009年	2010年	
1	玖龙纸业（控股）有限公司	652.00	728.00	11.66
2	理文造纸有限公司	355.00	367.00	3.38
3	山东晨鸣纸业集团股份有限公司	299.34	327.35	9.36
4	中国纸业投资总公司	58.67	244.87	317.37
5	金东纸业（江苏）股份有限公司	228.92	231.00	0.91
6	山东太阳纸业股份有限公司	220.00	224.00	1.82
7	华泰集团有限公司	155.02	164.00	5.79
8	宁波中华纸业有限公司（含宁波亚洲浆纸业有限公司）	147.81	148.74	0.63
9	中冶纸业集团有限公司	100.60	138.50	37.67
10	山东博汇纸业股份有限公司	79.45	100.13	26.03
11	安徽山鹰纸业股份有限公司	82.52	92.57	12.18
12	浙江景兴纸业股份有限公司	74.96	85.41	13.94
13	河南银鸽实业投资集团	72.82	83.96	15.30
14	芬欧汇川（常熟）纸业有限公司	80.06	81.03	1.21
15	山东泉林纸业有限责任公司	64.09	70.61	10.17
16	东莞建晖纸业有限公司	64.23	69.20	7.74
17	吉安纸容器有限公司	66.49	67.31	1.23
18	中国阳光纸业控股有限公司	54.88	64.70	17.89
19	金华盛纸业（苏州工业园区）有限公司	59.14	62.02	4.87
20	广州造纸集团有限公司	72.10	61.27	-15.02
21	新乡新亚纸业集团股份有限公司	51.30	58.20	13.45
22	浙江荣成纸业有限公司	28.80	58.10	101.74
23	山东贵和纸业集团有限公司	46.16	54.02	17.03
24	无锡荣成纸业有限公司	33.00	51.98	57.52
25	山东华金集团有限公司	47.54	50.81	6.88
26	福建优兰发集团实业有限公司	42.60	50.30	18.08
27	河北永新纸业有限公司	38.43	49.99	30.08
28	河南省龙源纸业有限公司	42.46	49.70	17.05
29	江苏长丰科技集团有限公司	30.40	44.06	44.93
30	上海中隆纸业有限公司	40.66	42.53	4.60

注：按已收集到的数据排列。

八、综　　述

2010 年是我国实施“十一五”规划的最后一年。造纸行业认真贯彻执行了国务院《关于进一步加强淘汰落后产能工作的通知》和环境保护部发布的《GB 3544—2008 制浆造纸工业水污染物排放标准》等一系列相关政策与法规，企业重组力度加大，落后产能淘汰目标顺利完成，节能减排效果显著。

2010 年全行业克服了金融、外贸政策调整等因素对造纸行业产生的影响，纤维原料、水、煤、油、运费价格上涨和对外贸易摩擦增多等重重困难。在市场需求的拉动下，2010 年造纸行业在延续上年恢复性增长的基础上，全年的生产量和消费量保持了平稳增长。产业结构趋于优化、经济效益有所提高，环境治理效果显著，推进了我国造纸工业进一步向资源节约型、环境友好型、可持续的绿色纸业方向发展。

（中国造纸协会）

2010 年我国造纸工业重点建设项目介绍

Introduction to the Key Construction Projects of China's Paper Industry in 2010

1. 山东太阳纸业股份有限公司高档文化用纸项目

2010 年 3 月 28 日，美卓公司向山东太阳纸业股份有限公司（以下简称太阳纸业）旗下华茂纸业有限公司提供的 23 号未涂布文化用纸机投产。

23 号纸机幅宽 7850 毫米，设计车速 1600 米/分，年产未涂布文化用纸约 35 万吨。由美卓公司在芬兰和中国佛山的公司一起供货。过去 8 年间，美卓公司共向太阳纸业兖州纸厂提供了 3 台纸板机、1 台纸机与 1 条涂布机生产线。

23 号纸机是全球同类纸机中单机效能最高、技术最先进的生产线。这条生产线的设备完全采用国际最先进的抄造理念和自动化控制系统。其中多元盘白水回收机、曼透平真空泵、稀释水流浆箱、直通式双靴压、带式压光机等主要设备都为国际最先进设备。尤其是钢带式压光机，是 ValZone 压光技术在文化用纸生产工艺中的首次应用，提高了纸张的厚度、松厚度、挺度等物理指标，节省了原材料，大大提高了产品的质量和档次，降低了能源的消耗与浪费。完成车间主要设备从西班牙、德国、日本进口，设备和自动化水平均达到国际领先。

此次是美卓公司第二次向太阳纸业提供 ValZone 技术，之前提供的 22 号纸板机已采用过同样的技术。22 号机生产线于2008 年8 月8 日正式达产。该机采用三叠网、靴压加光压、105 个烘缸、五组涂布头涂布机、红外线干燥、在线测试等国际先进设备。设计车速 900 米/分，生产能力 40 万吨/年。产品主要以进口木浆为原料，用于果汁、牛奶、饮料等液体包装原纸。

继 23 号文化用纸机项目成功投产后，2010 年 4 月，太阳纸业投资 15.6 亿元的 30 万吨/年高松厚度纸项目（24 号机）启动，并开始土建施工。24 号机采用先进技术以商品硫酸盐针叶木浆、硫酸盐阔叶木浆及自产化学机械浆为原料生产高松厚度纯质纸。无论是从原料配比、设备选型、工艺流程及生产工艺参数等方面，均达到当前国际先进水平，同时在环保、安全、节能等方面也采取了符合国家标准的设计。该项目由福伊特公司提供 1 台幅宽 8100 毫米，车速 1800 米/分的纸机，2 台复卷机和全套自动化系统（QMS、MCS 和监控系统）；另外，还涉及整套的开机织物包括 5 条成形网、5 条压榨毛布、3 条干网和 2 条传送带。车间行车于 2010 年 10 月安装完成，预计该纸机将在 2011 年 7 月份开机投产。

此外，2010 年 7 月 5 日，太阳纸业召开第四届董事会第十次会议审议通过了《关于公司拟与国际纸业（亚洲）有限公司合作投资建设食品包装卡纸项目的议案》，双方拟共同发起设立一家注册资本为 1 亿美元的中外合作有限责任公司，建设年产 40 万吨食品包装卡纸项目。

2. 海南金海浆纸业有限公司年产 160 万吨文化用纸项目

2010 年 5 月，海南金海浆纸业有限公司 PM2 纸机投产。该纸机是总投资 160 亿元的年产 160 万吨文化用纸生产项目的其中 1 台纸机。纸机由福伊特公司提供，采用串联靴压新技术，安装了世界最大的压榨部件，设计俯瞰宽度为 11.8 米，长 20 米，高 10.5 米。西门子公司为纸机提供 185 个 Sinamics 驱动系统，其连续输出功率超过 40 兆瓦，并提供卷取机、复卷机、机外涂布机的驱动装置。产品为铜版纸，定量范围 80 ~ 230 克/米^2。

此前，该公司还从意大利 A. Celli 公司引进 6 台卫生纸机，幅宽均为 2800 毫米，设计车速 1800 米/分，每台纸机生产能力 2.8 万吨/年。原料采用该厂生产的漂白硫酸盐桉木浆，外购 20% ~30% 漂白硫酸盐针叶木浆。

3. 广西金桂浆纸业有限公司浆纸一体化项目一期工程

2010年9月8日，由印尼金光集团旗下的广西金桂浆纸业有限公司投资79亿元建设的金桂林浆纸一体化项目一期工程30万吨/年化机浆项目顺利投产，60万吨/年造纸项目盛大开工。该项目是APP实施林浆纸一体化战略以来，在广西壮族自治区投资建立的国内第14家控股制浆造纸企业。工厂落址广西钦州市临海工业新城，公司为中外合资企业，总规模年产310万吨纸、180万吨浆，计划总投资410亿元，厂区占地面积约666.67公顷。项目分两期进行，一期计划投资79亿元，年产30万吨化机浆、60万吨食品包装白卡纸。

一期制浆生产线设计日生产能力750吨，年生产能力在25万~30万吨之间，由安德里茨公司供货。项目配套热电站、水处理厂、废水处理厂。为达标排放，项目还专门为化机浆制浆废液配备了碱法制浆采用的碱回收系统。该碱回收系统全部由国内设备供货商供货，包括多效蒸发站、碱回收炉和苛化系统。

4. 山东世纪阳光纸业集团年产50万吨涂布白面牛卡纸项目

2010年10月18日，山东世纪阳光纸业集团投资30亿元的第7条生产线，年产50万吨涂布白面牛卡纸项目建成投产。

该纸机安装于山东世纪阳光纸业集团有限公司下属的山东潍坊昌乐新迈纸业有限公司。项目于2008年12月开工建设，年产50万吨未涂布和涂布白面牛卡纸（WTTL）。纸机幅宽7250毫米，设计车速1150米/分，两种产品的定量分别在94~200克/米^{2}与120~220克/米^{2}之间。美卓公司提供从流浆箱到复卷机的整套设备及自动化技术。

项目投产后，集团公司各种纸板的年产量将达到110万吨，每年新增销售收入25亿元、利税3亿元，使集团公司的年销售收入、利税分别达到50亿元和7亿元以上。

为保证原料供应，该公司在国内布设了10个废纸收购打包站，97%的原料来源于再生资源，实现了造纸行业循环经济产业链建设的新突破。

5. 山东亚太森博浆纸有限公司年产100万吨漂白商品木浆工程

山东亚太森博浆纸有限公司的二期年产100万吨漂白木浆项目，总投资113亿元，是山东省最大的利用外资项目，也是世界最大的制浆生产线之一。该项目于2007年4月获国家核准，2008年4月全面动工，2010年6月开始投料进行试生产，2010年11月21日正式竣工投产。

该项目采用商品木片，由日照港直接将商品木片卸船送原料堆场储存。蒸煮系统是目前美卓公司最先进的G2系统。洗选漂系统采用美卓公司的压榨洗浆机，系统设计能力4800风干吨/日。浆板机采用两列美卓公司供货的双网压榨及气垫干燥浆板机，单台设计生产能力2800风干吨/日，配6条打包线，净纸宽度8000毫米，工作车速80~250米/分，定量范围800~1200克/米^2。

碱回收系统由美卓公司提供蒸发站和碱回收炉，安德里茨公司供货苛化工段和石灰窑。蒸发采用二列六效管式降膜蒸发站，设计蒸发水量为2000吨/时；配套黑液结晶蒸发技术，出蒸发站黑液浓度达到80%。碱回收炉额定能力为日处理黑液固形物6500吨/日，蒸汽参数为480℃，8.4兆帕；采用了目前世界先进的低臭燃烧、单汽包、复合钢管水冷壁、高低二次供风系统及高浓臭气燃烧等技术，使碱回收炉具有较好的运行效率，在运行的可靠性及安全性方面也有了一定的保障。苛化工段设计能力为日产135克/升（活性NaOH计）的白液2万米^3，采用了绿液压力过滤机（X-过滤机）用于绿液过滤，达到去除非工艺元素，提高苛化系统运行性能的目的。白泥洗涤采用真空盘式过滤机，洗涤后白泥干度设计为75%。石灰回收系统配两列750吨/日石灰回收窑。

6. 恒安集团生活用纸工程

湖南恒安纸业有限公司三期工程项目采用安德里茨公司卫生纸机，同先前由安德里茨公司向潍坊恒安纸业有限公司供货的PM3和PM5一样。这台PM7纸机生产能力6万吨/年，净纸宽5550毫米，车速2000米/分，品种为面巾纸、盒抽纸。单主机部分就投资近2亿元。2008年12月投产，纸机调试运行车速稳定至1750米/分，三期工程的投产使湖南恒安纸业有限公司生产能力达到12万吨/年以上。

此外，恒安集团还订购了3台大型新纸机，其中向美卓公司订购了2台，向亚赛利公司订购了1台。

美卓公司的供货是2条完整的卫生纸生产线，包括备浆系统和Advantage DCT200卫生纸机。卫生纸机配有OptiFlo流浆箱、美卓扬克缸、Advantage AirCap气罩、Advantage WetDust纸尘管理系统和Advantage SoftReel卷纸机。供货还包括美卓公司最新的专利产品Advantage ViscoNip压榨技术。该技术可节约能耗，提高成品质量。美卓自动化将提供一套完整的自动化供货包，包括 MetsoDNA 纸机与工艺控制、PaperIQ Plus 扫描仪和质量控制以及 IQDilutionPro Lite 横幅定量控制系统。这 2 台新纸机幅宽 5600 毫米，工作车速 1900 米/分。建成后，将使恒安集团高档面巾纸、卫生纸和毛巾纸的总生产能力提高到 12 万吨/年。新纸机将以原生浆为原料。

由美卓公司提供的是 2 条完整的 Advantage DCT200 型卫生纸生产线，其中 1 条将安装在该集团的湖南恒安纸业有限公司，另一条安装在山东恒安纸业有限公司。这 2 条生产线分别于 2009 年 12 月和 2010 年 11 月投产。由亚赛利公司提供的新纸机幅宽 5600 毫米，车速 2000 米/分，将安装在该集团的恒安（中国）纸业有限公司，预计在 2010 年投产。

恒安集团目前正在运行的纸机共 7 台，加上新订购的 3 台，其纸机拥有量达到 10 台，全部为新月型纸机。集团所属 3 个原纸生产基地的纸机分布情况如下：

湖南恒安纸业有限公司：2 台生产能力为 3 万吨/年的纸机（安德里茨公司），2 台生产能力为 6 万吨/年的纸机（安德里茨公司和美卓公司）；山东恒安纸业有限公司：3 台生产能力为 6 万吨/年的纸机（安德里茨公司 2 台，美卓公司 1 台）；恒安（中国）纸业有限公司：3 台生产能力为 6 万吨/年的纸机（美卓公司 2 台，亚赛利公司 1 台）。

新增的 3 台纸机投产后，每个生产基地的生产能力均达到 18 万吨/年，总生产能力为 54 万吨/年。由于现有纸机产能还有提高的空间，并且或将考虑适应市场需要，增加其他较小型号的纸机，恒安集团规划在 2010 年前，每个生产基地的产能达到 20 万吨/年，集团生活用纸的总生产能力达到 60 万吨/年。

7. 山东寿光美伦纸业有限责任公司卫生纸及文化用纸项目

2010 年 12 月 17 日，山东寿光美伦纸业有限责任公司年产 6 万吨高档生活用纸项目试车成功。该纸机由安德里茨公司供货，包括上浆系统在内的幅宽 5600 毫米，设计车速 2000 米/分的 Primeline 卫生纸机。纸机包括双层流浆箱、Primeline XT 靴压、5500 毫米的扬克烘缸等，同时还包括了安德里茨公司 PrimeControl 自动控制系统。

2009 年 8 月 6 日，美卓公司与山东寿光美伦纸业有限责任公司签署协议，将向该公司提供 1 条大型涂布文化用纸生产线。合同总金额近 1.5 亿欧元。生产线于 2009 年 10 月动工，预计在 2011 年 4 月投入运行。供货范围包括 1 条从流浆箱到卷纸机、2 台复卷机在内的完整的 OptiConcept 造纸生产线。产品为高档全化学浆低定量铜版纸，年产量 80 万吨，纸机幅宽 11150 毫米，车速 2000 米/分，是目前全球纸幅最宽、车速最高、单机产能最大的铜版纸生产线。

在这 2 个项目之前，其美术涂布印刷用纸生产线于 2008 年 7 月 27 日试车成功。主要设备全部从国外引进。纸机幅宽 4038 毫米，车速为 1100 米/分，生产能力 20 万吨/年。主要生产高档低定量美术铜版纸和高档文化用纸。

此外，2010 年 5 月 17 日，该公司分别与福伊特股份有限公司、福伊特（中国）有限公司、美卓造纸机械公司及美卓造纸技术（上海）有限公司订立国外和国内设备采购合约，合约总价款折合人民币约 9.70 亿元，建设年产 60 万吨高档涂布白面牛卡纸项目。预计 2012 年 5 月份投产。

8. 湛江晨鸣浆纸有限公司木浆项目

湛江晨鸣浆纸有限公司木浆项目是经国务院批准的大型国家重点项目，也是国家推进“林浆纸一体化”建设的重点项目。安德里茨公司获得了 1.6 亿欧元的供货合同，包括从备料、浆线、碱回收系统到浆板机的全部制浆设备，设计年产 70 万吨商品木浆，日产漂白商品桉木浆 2650 吨，配套碱回收炉处理黑液固形物 4550 吨/日。项目于 2009 年年底开工建设，预计 2011 年第三季度投入运行。

与浆线同时建设的还包括美卓公司提供的 1 条全球规模最大的造纸生产线。合同总金额约 1.3 亿欧元。计划年产 45 万吨高档文化用纸，总投资 16.68 亿元，项目正在抓紧实施中，这条新的文化用纸生产线将于 2011 年第三季度投入运行。供货包括 1 条从流浆箱到卷纸机的完整的 OptiConcept 不含磨木浆未涂布文化用纸生产线和 2 台复卷机。

9. 浙江吉安纸容器有限公司涂布箱纸板项目

浙江吉安纸容器有限公司是上海泰盛浆纸集团下属企业。公司现有 2 台由美卓公司提供的 1 号及 2 号箱纸板机，年产量约 75 万吨。美卓公司提供的 1 号纸板机于 2008 年 3 月 5 日在浙江吉安纸业包装有限公司位于浙江省海盐的纸厂顺利开机，其开机速度为 627 米/分。这台年产 40 万吨的三层牛皮纸板机从湿部到卷纸机都融合了美卓公司最新的纸板制造技术。交货范围还包括了美卓 DNA DCS 系统、纸机控制系统以及由美卓自动化提供的全套质量控制系统。1号纸板机幅宽为7250毫米，设计车速为1100米/分。

2号机已于2006年开机，主要供货商为上海晨鸣造纸机械公司（即现美卓造纸技术（上海）有限公司）。供货范围包括2台美卓公司的流浆箱、施胶系统、压光机和美卓DNA质量控制系统。

新的PM3和PM5纸机于2010年一季度开始建设。PM3纸机幅宽7250毫米，设计车速1200米/分，建成后将成为全球车速最高的涂布纸板机。原料采用硫酸盐木浆、脱墨浆、混合废纸与OCC（废纸箱）浆。产品为130～280克/米^{2}涂布白纸板，产量近1900吨/日。该纸机由美卓公司供货，供货范围是1台从成形部到卷纸机的完整箱纸板机。成形部配三长网，面层采用ValFormer成形技术。ValReel Pro全自动卷纸机采用独特的一层结构。自动化系统包括工艺、纸机和质量控制等。该生产线预计于2011年6月投入运行。PM5纸机日产700吨高强瓦楞原纸，纸机幅宽6100毫米，卷纸净宽5450毫米，车速800米/分，计划于2011年4月投产。Noss公司为PM3和PM5提供了上浆系统以及纸机浆料的筛选系统设备。

10. 华泰集团有限公司二手纸机项目

美卓公司与华泰集团签署合同，向该集团下属纸厂提供2台纸机的转移安装业务。合同金额未公布。这种转移安装项目的市场价格一般不超过1000万欧元。

从欧洲某纸厂购买的（净）幅宽4450毫米的8号文化用纸机，将重新落户到安徽华泰林浆纸有限公司安庆纸厂。美卓公司将负责生产线的拆卸、包装及运抵后的安装和开机指导。美卓公司供货还包括一套现代化的纸机控制系统与纸厂工程设计。生产线预计于2011年上半年投入运行。

黑龙江齐齐哈尔纸厂8号新闻纸机（净）幅宽5560毫米，将被转往广东华泰纸业有限公司新会纸厂。美卓公司的供货范围包括拆卸、包装、重新安装及开机过程中的工程设计与指导。重新安装后的纸机目前推迟至2011年开机运行。

11. 华泰集团有限公司铜版纸项目

2011年1月18日，华泰集团有限公司1条由美卓公司提供的8号涂布文化用纸生产线成功投入运行。该纸机于2009年7月14日签订合同，合同总金额约1.7亿欧元。美卓公司供货1台从流浆箱到卷纸机的完整的OptiConcept纸机，包括空气系统、辅助及完成设备。供货还包括1台OptiReel Plus卷纸机、1台配有OptiCoat Jet涂布头的机外涂布机、OptiLoad多压区机外压光机、JR 1000 E复卷机和1套大纸卷处理系统。美卓公司还将为该项目提供1套完整的自动化系统，包括纸机与质量控制、横向分布控制、纸幅检测、状态与运行性能监控系统以及分析仪等。这台幅宽8100毫米的8号机将以近50万吨的年产量生产定量在80～200克/米^{2}的未涂布及涂布文化用纸。纸机的设计车速为1800米/分，涂布机的设计车速为2000米/分。

12. 福建联盛纸业有限公司箱纸板项目

2011年2月9日，福建联盛纸业有限公司1台由美卓公司提供的箱纸板机（3号机）成功投入运行。3号机幅宽6400毫米，设计车速1100米/分，生产定量为80～120克/米^{2}瓦楞原纸，年产量约30万吨。纸机启动运行时，湿部所用网毯也由美卓公司提供。

福建联盛纸业有限公司于1999年开始进入造纸行业。2006年，公司在漳州的纸厂建成投产。2010年年底，下属企业联盛纸业（龙海）有限公司向美卓公司订购2台幅宽7250毫米的纸板机，设计车速为1200米/分。2台纸板机的综合生产能力为80万吨/年。新的PM5将用于生产箱纸板，定量范围为100～140克/米^2。新的PM6将用于生产瓦楞原纸，定量范围为65～100克/米^2。这2台纸机在建筑、设计和运行方面均采用新技术。

凯登公司向这2条纸板生产线提供了2套纸机备浆系统——1套日产1250吨OCC处理生产线成套设备（供新的PM5用）；另一套日产1100吨OCC处理生产线（供新的PM6用）成套设备及面浆处理系统；2条生产线的制浆能力约85万吨/年。设备包括DR型水力碎浆机，O型水力碎浆机，新型绞绳机，绞绳切割机，水力清渣机，圆筒筛，高浓除渣器，压力粗筛，浮选清渣机，杂质分离机，低浓重质除渣器，纤维分级筛，压力精筛，新型双盘磨浆机，砂石分离机，尾渣筛等74余台（套）。合同约定在2011年11月供货，2台纸板机预计在2012年第一季度投入运行。

13. 安徽华泰林浆纸有限公司年产30万吨化学浆项目

安徽华泰林浆纸一体化项目于2006年4月由国家发改委正式批复，列入《全国林纸一体化工程建设“十五”及2010年专项规划》及安徽“十五”重点工程和省、市“十一五”发展规划。2007年11月28日上午，安徽华泰林浆纸一体化项目开工奠基仪式在安徽省安庆市新城东区滨江产业园内隆重举行。项目新建1条年产30万吨漂白商品木浆生产线。该生产线包括备料工段、制浆工段、220 吨/时蒸发工段、燃烧工段、2200 米^3/日苛化工段、160 吨/日石灰窑工段、废水处理等工序；项目采用中控 WebField ECS－700 大规模联合控制系统，共设置 17 台操作站、2 台 OPC 服务器、4 台历史数据站、18 个控制器，I/O 测点近 10000 点。是国产 DCS 在大规模的制浆线一体化装置中取得的重大突破。

14. 玖龙纸业（控股）有限公司包装用纸项目

2011 年，玖龙纸业（控股）有限公司将有 8 台纸机投产。除 2011 年 1 月份投产的玖龙纸业（太仓）有限公司 29 号、30 号机外，重庆基地 1 台涂布白纸板机、东莞本部 2 台涂布白纸板机和天津 3 台纸机将在 2011 年内陆续投产。

2011 年 1 月 15 日与 31 日，玖龙纸业（太仓）有限公司 2 台由美卓公司提供的 29 号高强瓦楞原纸机和 30 号瓦楞原纸机成功投入运行。29 号机是 1 台含 WinDrum 复卷机在内的三叠网纸机，生产定量为 115～175 克/米^2 的高强瓦楞原纸；30 号机配 ValFormer 靴式混合成形器和 WinDrum 复卷机，生产 70～90 克/米^2 瓦楞原纸。2 台纸机幅宽均为 7250 毫米。

玖龙纸业（天津）有限公司二期工程于 2009 年 12 月 25 日开始打桩，二期工程包括 3 台纸机，分别为 1 台年产 45 万吨的高档牛皮卡纸机和 1 台年产 35 万吨的高强瓦楞原纸机以及 1 台年产 60 万吨的涂布白纸板机，总生产能力 140 万吨/年。涂布白纸板机为 34 号纸机，幅宽 7240 毫米，生产定量范围在 115～175 克/米^2。3 台纸机将在 2011 年上半年正式投产。

2010 年 11 月 19 日，玖龙纸业（控股）有限公司重庆基地 50 万吨/年高档白纸板项目在重庆市江津区珞璜工业园开工建设，这是整个西南地区首条超过 20 万吨/年规模的涂布白纸板生产线。主要设备由福伊特、ABB、安德里茨、西门子、布鲁奇维尔等国外供应商提供，其中主体设备纸机由福伊特公司提供。该生产线预计 2012 年上半年建成投产。届时，玖龙纸业重庆基地的生产能力将达 145 万吨/年，年产值将突破 50 亿元，位列西南包装用纸行业第一，进一步奠定玖龙纸业在西南地区造纸行业的龙头地位。

2010 年 4 月 20 日，玖龙纸业（控股）有限公司与福建省泉州市政府签订投资协议书，将在泉州台商投资区投资建设高档包装用纸生产基地，总投资 10.8 亿美元。这是该公司继广东东莞、江苏太仓、天津、重庆投资后的国内第 5 大造纸基地。项目包括高档包装用纸的生产和环保纸制精品外包装两个子项目，将建设高档包装用纸、纸板、纸箱工程和印刷、废纸回收基地等。首期 65 万吨/年造纸项目占地约 37.33 公顷，建设 2 条高档包装用纸生产线，计划在 2011 年年底建成投产。项目建成达产后，预计年产值超 90 亿元。

2010 年 12 月 29 日，玖龙纸业宣布在沈阳新民市投资 15 亿美元，建设年产 300 万吨林浆纸一体化生产基地、高档包装用纸生产线、高档包装及印刷生产线和废纸回收等多个项目。该生产基地计划于 2011 年上半年开工建设，一期工程预计 2 年内建成。项目达产后，年产值将超过 120 亿元。

15. 广西永凯大桥纸业有限责任公司 20 万吨/年文化用纸工程项目

该项目的纸机幅宽 4580 毫米，车速 800～1000 米/分，于 2010 年 5 月投产，将于 2011 年 2 月 27 日举行竣工仪式。该纸机配置先进的稀释水流浆箱、顶网成形器、五辊三压区加正压、含可控中高辊和蒸汽箱加热，使纸幅出压榨部干度提高 2 个百分点；表面施胶机为膜转移施胶机，可生产轻涂纸和表面施胶文化用纸；压光采用双压区软压光机，热辊配置电磁加热器。

16. 江苏王子制纸（南通）有限公司一期工程

该项目由日本王子制纸株式会社和南通经济技术开发区总公司合资建设。江苏王子项目是日本王子有史以来对华最大的工业投资项目，也是王子制纸集团海外最大投资项目。计划一、二期项目总投资 19.54 亿美元，注册资本 9.11 亿美元，其中日本王子制纸株式会社占注册资本 90%，南通经济技术开发区总公司占 10%。

江苏王子项目采用浆纸一体化生产模式，第 1 条年产 40 万吨高档纸生产线（1 号机）于 2010 年下半年开始正式生产运营；年产 70 万吨的化学木浆生产线拟于 2011 年启动，取消木浆的外购，开始自己生产木浆。其后，年产 40 万吨的第 2 条高档纸生产线拟于 2015 年投产。2 条生产线合计年产 80 万吨。另外，项目留有建设第 3 条生产线的发展空间，王子制纸集团将继续申请三期项目实施的批准。当第 3 条生产线投入生产时，江苏王子项目整体生产能力将扩大至 120 万吨/年。

1 号纸机幅宽 8200 毫米，涂布原纸生产能力为 40 万吨/年。整条生产线从浆料制备到复卷，将统一按照福伊特公司“同一平台概念”来设计制造。其中设备有 3 台 Intensa Pupers 碎浆机的浆料制备、先进的湿部流程、DuoForme TQv 成形器、串联 NipcoFlex 压榨、TopDuoRun 干燥部、SpeedSizer 施胶机、EcoCal 压光机、Sirius 卷取机和复卷机。此外，还包括 1 台配有 4 个刮刀涂布器的机外涂布机、2 台 Janus 机外压光机和 2 台 VariPlus 复卷机。西门子公司提供电气设备，包括为造纸机、镀膜机和附带装置提供传动装置和电气设备。

70 万吨/年化学硫酸盐浆生产线由美卓公司提供主要设备，包括木片筛选与储存系统、连续蒸煮系统、浆料处理线（包括 TwinRoll Evolution 压榨式洗浆机、臭氧漂白系统、浓缩机）、碱回收炉、蒸发系统、白水处理设备以及 DNCG 气体处理系统等。该生产线预计于 2012 年年底投入运行。

17. 山东华金集团有限公司 24 万吨/年涂布白卡纸项目

2010 年 9 月，山东华金集团有限公司 5 年发展规划重点项目之一的年产 24 万吨涂布白卡纸项目在山东华金集团纸板有限公司北侧开工建设。

该项目由备浆车间和造纸车间组成，并配套建设成品库、原料库、化工备件库及其他辅助设施。其中备浆车间由面浆生产线、芯浆生产线、衬浆生产线、底浆生产线、辅料制备系统和白水回收系统组成。车间东西长 120.60 米，南北宽 24 米，上下两层，建筑面积 5212 米^2，采用天然地基，柱下独立基础形式；造纸车间东西长 457 米，南北宽 28 米（局部 31 米），二层（局部四层），建筑面积 27722 米^2，基础采用 ϕ600 的钻孔灌注桩，柱下独立基础形式。该长网纸板机成形部采用四叠网，压榨部采用盲孔宽压大辊径压榨，干燥部采用密闭气罩，硬辊压光机采用可控中高热辊，机内涂布机涂布头采用组合式刮刀、正面三次涂布、反面二次涂布，整饰部采用软压光机等。最后，纸板送完成工段作成成品，另外，该纸机还设置了相应的 QCS 和 DCS 控制系统。

该项目总投资 4 亿元，建筑面积 3.4 万米^2。计划 2011 年 8 月 28 日投产，投产后年可新增销售收入 20 亿元，利税 2 亿元，利润 1 亿多元，为实现山东华金集团有限公司做大、做强、做久目标奠定了基础，为地方经济的发展与腾飞作出更大贡献。

18. 福建省青山纸业股份有限公司溶解浆生产线

2010 年 11 月，位于福建省青州的福建省青山纸业股份有限公司 1 条新的溶解浆生产线开工建设。该工程总投资 4.7 亿元，包括备料车间、制浆车间等工程内容。生产设备选型、工艺流程及生产工艺参数均具备当前国际先进水平。该工程采用了集中料仓出料、超级节能间歇蒸煮、无元素氯漂白、DCS 控制系统和全程监视系统等先进生产工艺技术及设备，大幅度降低了能耗，减少了中段废水、废气的排放。

制浆生产线从蒸煮到漂白工段的主要设备由美卓公司供货。间隙式蒸煮设备将根据预水解工艺原理加以设计制造，所有洗浆工段均采用 TwinRoll 压榨式洗浆设备。新生产线的产品为针叶木溶解浆，日产量 350 风干吨。该生产线预计于 2012 年上半年投入运行。

19. 亚太纸业（广东）有限公司 11 号文化用纸生产线

亚太纸业（广东）有限公司隶属于亚太资源国际控股有限公司。亚太资源是全球最大的漂白硫酸盐阔叶木浆生产商之一，其在山东日照建设的年产 100 万吨山东亚太森博浆纸有限公司二期工程于 2010 年 6 月份开始投料进行试生产。

亚太纸业（广东）有限公司的 11 号纸机由美卓公司供货，用于生产不含磨木浆未涂布纸，供货包括 1 套备浆系统、1 台 OptiConcept 纸机、2 台 WinDrum L 复卷机和 1 套自动化系统。整台纸机所用的网毯也包括在美卓公司供货范围内。这台纸机幅宽 8650 毫米，设计车速 1800 米/分，年产量 45 万吨，项目总投资 6.8 亿美元，预计于 2011 年第四季度投入运行。

20. 东莞理文造纸有限公司涂布纸板生产线

2010 年，美卓公司向东莞理文造纸有限公司提供了 1 条涂布纸板生产线。这台纸板机幅宽 7250 毫米，设计车速 800 米/分，日产定量为 170～450 克/米^2 涂布白纸板近 1800 吨。美卓公司的供货是从四长网成形部一直到 WinDrum Compact 复卷机，包括空气系统在内的完整白纸板机。成形部配 ValFormer 上成形器。涂料制备室采用 OptiCycle C 超过滤工艺对涂布废水进行高效回收处理。项目总投资 12 亿～13 亿元，预计于 2011 年年底投入运行。

（靳福明）

2010年造纸上市公司概况

General Situation of China's Papermaking Companies Listed on China's Stock Market in 2010

2010年随着国家宏观经济政策全面实施，经济运行环境不断改善，国内纸张需求平稳，主要纸品包括双胶纸、铜版纸、白卡纸、新闻纸等几大纸种先后进行了几次提价，盈利能力有所提高。总体上2010年造纸工业得到稳定发展，造纸工业各项指标基本恢复到2008年金融危机之前的水平。根据国家统计局公布的数据，2010年我国纸和纸板产量全年实现10036万吨，同比增长6.89%，已超过2009年全年的水平，突破亿吨大关，居全球第一；2010年全年进口各类纸和纸板298万吨，同比下降1.65%，出口各类纸和纸板331万吨，同比增长1.53%。加工纸和纸制品进出口变化逐步得到关注，2010年进口加工纸和纸制品约56万吨，同比增长20%；出口加工纸和纸制品约70万吨，同比增长32%。

随着低碳经济风暴的席卷，落后产能淘汰步伐明显加快，统计资料显示，"十一五"期间，全国共淘汰纸业落后产能1030万吨，以"增长与结构调整"为主旨的"十二五"发展规划，势必加快淘汰落后产能步伐，淘汰落后产能将是我国实现经济转型升级和节能减排的重要举措之一。根据目前国家低碳经济和节能减排目标的安排，对纸业淘汰落后产能的压力非常大，估计到2020年将淘汰落后产能接近3000万吨，极大推动纸业结构优化进程。

2010年全国进口木片总量达到4631万吨，同比增长67%，依靠大量进口木片自制木浆，增加了国内木浆的自给率，但进口木片平均单价突破145美元/吨大关，同比增长接近14%；2010年全年我国共进口各类纸浆1137万吨，同比下降17%。得益于智利制浆企业逐步从大地震中恢复生产，国际浆价趋于稳定。2009年由于造纸企业增加了国内废纸的采购量，因此，全年造纸企业进口各类废纸2435万吨，同比下降11.5%。同时受欧美地区纸张消费量低迷影响，国外废纸回收率继续提升的空间有限，进口废纸供给更为紧张，推动2010年废纸价格继续上涨。但纸浆结构中进口商品浆和废纸仍支撑着我国纸浆结构，进口纤维原料量（包括废纸）占纸浆总消耗量仍接近40%的比例。

自2009年5月造纸工业实行制浆造纸水污染物排放新标准以来，行业发展环境获得较好改善，对规模企业的发展十分有利。预计近两年行业集中度将有所提高，有利于加快全行业优胜劣汰进程，推动大规模化的资源整合。近年来，我国造纸工业在对外国际合作和对内资源整合取得了可喜成绩，也印证了资源整合对产业稳步发展的重要性。

一、上市公司总体概况

2010年度新上市以生活用纸为主的中顺洁柔和以特种纸为主的齐峰股份，至此截至2010年年底在深沪两市正常运作的含有纸业业务的上市公司有29家，总股本数1309883万股，总流通股1028191万股；纸业板块已集中了我国造纸工业最有代表性的内资企业，体现了我国纸业现状和发展趋势。绝大部分公司业绩稳定提高，发展态势良好，具有较好的长期投资价值。

2010年度29家纸业上市公司总资产1426亿元，比2009年净增近234亿元，增长20%，但净资产达611亿元，比调整后的2009年净增75亿元，增长14%；主营业务收入790亿元，比2009年净增173亿元，增长28%，但实现净利润34亿元，只比2009年净增3.8亿元，增长13%。每股经营活动的净现金流量总体稳定，出现负数的公司有6家，与2009年持平，但大型企业变现能力整体有所减弱，应引起高度重视。扭亏为盈的企业减少了3家，多年来业绩较稳定的公司如山东晨鸣纸业集团有限公司、华泰集团有限公司、山东博汇集团有限公司、山东太阳纸业股份有限公司、岳阳纸业股份有限公司、牡丹江恒丰纸业股份有限公司等，显示出持续较强的抗风险能力，良好的经营业绩备受投资者关注；ST公司几年来一直受环保和市场双重冲击，连续出现巨亏，陷入困境，有退市危险。总体上行业整体财务状况处于健康态势，财务管理总体规范，只有3家公司的财务审计被出具带强调事项段的无保留意见的审计报告，只比2009年多1家。其整体表现有以下几个特点。

1. 行业发展态势较稳定，特种纸和纸品加工业绩斐然

总体上各公司都非常重视财务杠杆的作用，2010年平均资产负债率57.16%，比2009年提高2个百分点，资产负债率连续3年低于60%，处于较合理水平。虽然受固定资产投资增长较快的拉动，业务收入和总资产增长较快，但整体盈利能力平平。2010年平均销售净利润4.31%，比2009年下降0.59个百分点，连续3年不足5%。平均总资产收益率2.39%，比2009年减少0.15个百分点。2010年有11家企业进行了现金配发，还有部分公司实施公积金转增新股，而且都集中在多年来经营业绩一直较好的企业，说明造纸业具备较好的成长性和稳定投资的价值，备受投资者的关注。以特种纸、纸制品以及2010年度以生活用纸为主的新上市公司，业绩斐然，丰富了纸业板块的关注点。

2. 资产重组延续良好态势，多方融资积极推进产业升级

2010年上市公司资产重组和发行债券融资延续良好态势，加快资产质量优化进程。中国诚通控股有限公司通过控股子公司中国纸业投资有限公司继收购粤华包和冠豪高新后，出巨资控股泰格林纸集团成为2010年纸业资产重组的最大个案，引起各界关注。还有万顺股份、安妮股份等公司进行股权收购，甘化转让股权退出蔗糖业等；青山纸业通过债务重组和资产整合解决多年大股东资金占用问题，南糖通过“和解协议”解决股票纠纷问题等；同时有多家发行债券融资和增发新股，如晨鸣纸业、银鸽投资、合兴包装2010年度发行短期融资债券，景兴纸业、太阳纸业、恒丰纸业、凯恩股份和冠豪高新拟非公开定向发行新股，总计规模较大，有力缓解资金的压力，同时促进社会资金的融入，促进企业市场化和社会化。

林纸一体化工程实施仍是我国纸业做大做强纸业的关键所在，积极推进林业建设，抢占资源优势，实现头尾相接的产业链，为公司提高竞争优势打下基础。目前湛江晨鸣纸业有限公司70万吨/年木浆项目、华泰安庆林纸一体化项目已进入最后收尾阶段；山东太阳纸业股份有限公司完成化学浆技改项目已建成投产，正在紧锣密鼓开展越南和老挝林浆项目投资建设。

3. 强化科技创新平台建设，增强企业自主创新能力

各公司积极增加研发费用，搭建技术研发平台。积极建立技术创新体系，通过产学研相结合，培养了一大批高素质的科研队伍，推进了公司新产品的研发、传统产品的提档升级和更新换代进程。实施“创新型企业”，建立创新激励机制，提升了公司拥有自主创新和产品研发的水平。山东太阳纸业股份有限公司狠抓自主创新和自主知识产权的维护，形成了太阳纸业不可复制的核心竞争力，已成为自主创新工作的主体。继2008年成立博士后科研工作站、2009年成立了行业内首家院士工作站后，2010年国家级企业技术中心成功获批，这也是兖州市第一家国家级企业技术中心。2010年7月新建集科研、信息为一体的综合研发中心，并同时进行国家认定实验室的工作，该中心的建立将为企业发展奠定更加坚实的基础。牡丹江恒丰纸业股份有限公司研发部门共完成11项新产品的研制、13项新技术的推广、18个新品牌卷烟用纸的开发，并申报了5项发明专利。完成了高档圣经纸、无铝烟衬纸、安全卷烟纸、新型环保接装原纸、高透气度接装原纸、烟用瓦楞嘴棒纸等代表性新产品，并实现了批量销售；加大对铝箔衬纸改造项目、高透气度成型纸提档升级项目、加胶嘴棒纸提档升级项目等新技术的推广工作，市场反应良好。中顺洁柔大力推动公司高档品牌发展战略，研发出多款新产品和技术，主要有：螺旋纹卷纸和洁柔LOTION柔滑面纸。华泰集团有限公司开发出了高白度轻型纸、新型杂志纸、精印胶版纸等20多种新产品。

4. 加快淘汰落后产能进程，构建循环经济发展

模式

随着技术进步的步伐加快，规模效益在纸业发展中凸显重要，现代化的生产线不断下线，促进造纸业的结构调整。近年来，我国纸业固定资产投资增长惊人，从2002年的不足300亿元，猛增到2010年的1300亿元，尤其是近3年纸业固定资产投资均在1000亿元以上。随着国家环保治理和节能减排要求的提高，促使造纸工业必须尽快进行结构调整和产业升级，每年都会有相当大的落后设备要改造更新，同时市场需求的稳定增长，纸业的固定资产投资规模仍很大。同时目前造纸企业总数仍有几千家，这些结果远远还不足以提高行业的集中度，所以促进企业兼并重组，打破行业垄断和地区封锁，推动优势企业兼并困难企业，加快淘汰落后产能，推进产业结构调整，大幅度提高行业集中度是今后几年行业稳步发展的关键所在。

制浆造纸新排放标准的实施得到全行业的积极响应，以此为契机，各公司积极构建“资源—产品—再生资源”闭环式循环生态链，节能减排取得较大进展，缓解了环保压力，并取得很好效益，争做资源节约型和环境友好型的表率。华泰集团有限公司一直秉承“产量是钱，环保是命，不能要钱不要命”的指导方针，一直视环保为企业的“生命工程”，将节能降耗减排视为企业义不容辞的社会责任。多年来，公司投资20多亿元致力于环保事业，成为国际先进的水处理样板工程。

5. 抓精细化管理，改善公司治理结构，倡导社会责任

流通股已占总股本近80%，表明企业市场化和社会化进程已进入快车道，市场经济深入人心，所以各公司积极推进精细化科学管理机制，提升企业管理素质，增强核心竞争力。加大高新技术和管理人才的引进力度，优化员工队伍知识结构；积极改进薪酬体系，强化人才梯度建设，发挥高级人才的重要作用；改善公司治理结构，强化现代企业制度建设，发挥独立董事的作用，提高决策科学化；以职业健康管理体系为指导，引导员工参与安全评价，消除不安全因素与隐患，营造和谐环境，倡导履行企业社会责任。

二、存在问题

目前，我国纸业正处于“转方式、调结构”的发展阶段，受原料结构、环境保护、市场开发、技术和制度创新、资金短缺等原因，行业整体竞争力还不高。存在问题主要表现在以下方面。

1. 产业布局分化加剧，凸显资源整合的紧迫性

几年来，业绩较好的上市公司主要集中在东部；南部地区以糖纸联合体为主的上市公司，由于受糖价波动和甘蔗原料供应约束，业绩缺乏稳定性，时好时坏，2010年糖价延续2009年良好态势，业绩稳中有升，但受区内甘蔗种植面积没有得到有效增加以及干旱气候的较大影响，甘蔗产量下降，蔗渣市场将会延续供不应求的局面；北部和西部纸业公司由于历史包袱较重和地理环境等多种因素影响，除恒丰纸业外，其余都陷入巨大的困境，包括一直能正常运行的美利纸业也发生巨亏。新股发行也大都集中在东部和南部，而中西部近年没有新股发行，产业布局分化进一步加剧，凸显资源整合的紧迫性。虽然，近年我国造纸工业集中度不断提高，但缺乏合作机制，资源共享不足，重复投资严重，竞争日趋残酷；全行业应利用国家新版《产业结构调整指导目录》契机，进行广泛合作，优化资源配置，取得共同发展的双赢目的，培育出若干个具有自主创新能力和国际竞争力的大型企业集团，实现产业升级和结构调整。

2. “中国制造”频遭壁垒，贸易摩擦增多，市场风险增大

目前，我国经济仍延续高增长态势，已基本恢复到金融危机前的水平，投资欲望过旺，在建工程投资增幅过快，新增产能潜力较大，使市场需求刚刚得到恢复的态势受到严峻考验，市场需求不足凸显，供求矛盾尖锐，增大投资和运行风险。2010年在建工程投资剧增，库存和应收款居高不下，这3项资金占用近400亿元，财务成本重回高位，严重影响盈利能力的改善。应收款合计金额94亿元，比2009年净增22亿元；库存资金合计金额超过152亿元，比2009年净增32亿元；在建工程合计金额145亿元，比2009年增加44亿元。主要集中在晨鸣纸业、华泰纸业、太阳纸业、博汇集团、岳阳纸业、南宁糖业、合兴包装等这些业绩较好的公司，导致平均资产负债率上升，应引起高度重视。我国纸品进出口量与2009年基本持平，比例占总产量只有3%，比重连续两年下滑，但仍面临贸易保护主义的风险，尤其是发达国家，各种贸易壁垒方式不断翻新。

2010年我国纸品接连遭受反倾销和反补贴调查，近日欧盟对我国铜版纸进行两反终裁，是欧盟产品首次对我国产品进行制裁，拉响我国和欧盟贸易摩擦的警报。

3. 预期投资欲望增强，供需失衡负面影响大

2010年我国造纸工业固定资产投资欲望正旺，预计近两年新产能陆续投放，将可能引起全行业阶段性供需失衡。新闻纸刚性较强，并受电子信息化和新闻出版低迷的冲击，需求不足，主营业务利润率几年来一直小幅下滑，平均在12%～13%；文化用纸受益于节能减排，淘汰落后产能等利好政策的带动，依然是最具优势的纸种，以书写纸、胶版纸、轻涂纸等为主的文化用纸主营业务利润率平均在12%～18%，是纸业中盈利最大的纸种；铜版纸虽受国外发达国家对我国出口铜版纸的制裁，增大国内铜版纸的供需压力，但得益于我国经济刺激措施和房地产快速发展等下游需求的拉动，平均主营业务利润在20%～23%左右，平均盈利水平是纸品中最高的；白卡纸主要用于工业包装，市场已走出“三聚氰胺奶粉食品安全事故”的影响，并受出口需求拉动，市场销售稳定，主营业务利润15%～25%，是纸业盈利增长最快的纸品；以高强瓦楞原纸和箱纸板为主的包装用纸板产品受废纸价格不断攀升的影响，主营业务利润率没有获得明显好转，基本在10%～15%；以卷烟纸、新材料包装系列为主的特种纸保持较稳定盈利水平，成为纸业盈利的重点来源；生活用纸近几年发展快速，业绩不菲，成为投资热点；溶解浆由于受棉花产量衰减，化纤供给不足和短期利益等因素强烈驱动，近年发展迅猛，投资欲望猛烈，有遍地开花的态势，许多公司已纷纷技改，以图捞取暴利，估计有接近200万吨/年新增生产能力将不断下线，前景难以估量。

4. 国家补助资金增多，但内部运行环境仍需改善

近年多家公司利用国家对新兴产业、自主创新、节能减排等方面专项项目支持，获得一部分国家补助资金的支持，得到发展机会。而一直陷入困境的多家公司偶然能扭亏为盈，在很大程度上取决于能否获得政府补助、处理非流动资产以及债务重组等非经营收益方式资金，以及通过股票交易获得投资收益，内部运行环境却存在很大不确定性；同时个别公司仍受对外担保所产生的负面影响，诉讼事件时有发生，严重冲击正常经营，应引起高度重视。

三、总　评

2010年是“十一五”的收官年，随着国家宏观经济政策全面实施，经济运行环境不断改善，国内纸张需求平稳，造纸工业获得了平稳发展的机会。但随着投资欲望的预期增强和若干个大型在建项目的陆续完工，新增生产能力的大量增加，增大纸品市场的销售风险，造纸纤维价格可能会继续走高。预计今后两年行业重点任务是抑制产能过度扩张，稳定市场价格，同时着重提高资源利用效率，优化产品结构，转变企业发展方式。

2010年新的环保标准的实施加快了大量中小型造纸企业的关停，“十一五”累计淘汰落后产能突破千万吨。预计“十二五”国家淘汰落后产能政策会更加严厉，各公司应积极进行环保提升改造，以满足日益严厉的环保标准；行业应加快资源整合、产业聚集和产业升级的进程，促使产能向大型造纸集团集中，提高行业集中度。

2010年进口木片剧增，以及国内废纸采购量的增加，减少了商品浆和废纸的进口，但进口造纸纤维仍是支撑我国造纸纸浆结构和产业调整的关键点，进口造纸纤维价格的上升带来生产成本高企的难题，固定资产投资不断增大和贷款利率的频繁调高驱动财务费用的攀升等因素，导致2010年整体盈利能力平平。

2010年自主创新能力问题得到广泛重视，各企业增加研发投入，加快了新技术推广，新产品不断推出，拓展了纸品市场。全年纸品出口比例占总产量不足3%，连续两年下滑，但仍面临贸易保护主义的风险。今后几年“中国制造”纸品如何化解国际贸易摩擦，融入全球市场已成为行业稳定发展的关键因素。

2010 年造纸板块个股一览表（1）

序号	代码	上市公司	生产量/万吨	总资产/万元		总股本/万股		主营业务收入/万元		净利润/万元		所有者权益/万元	
				2009 年	2010 年	总股本	其中流通股	2009 年	2010 年	2009 年	2010 年	2009 年	2010 年
	一、包装用纸和纸板												
1	600103	青山纸业		302514	325343	106184	97616	148053	203842	-18332	7033	199579	185068
2	600567	山鹰纸业	92.46	487800	539936	53523	51871	269392	374624	6676	18587	160345	194252
3	200986	粤华包 B		575544	616050	50543	17193	237264	389854	7878	22063	263415	295195
4	002067	景兴纸业		379098	439771	39200	32904	193666	262918	1808	13636	178576	192212
5	002078	太阳纸业		927876	1159561	100481	32641	596073	803704	59120	75251	367765	442130
	二、新闻纸												
6	600163	福建南纸	35.66	449277	468439	72142	67642	123888	226413	-44513	922	189189	182629
7	600793	ST 宜纸	14.83	77524	71297	10530	10530	57161	75747	-6384	1027	440	1471
8	600462	* ST 石岘	3.4（化纤浆）	139542	137917	41060	41060	44556	45497	-33852	740	-7491	-6751
9	600308	华泰纸业	139.54	1287038	1534040	64865	64865	582756	711787	109227	9369	635024	640025
	三、文化用纸系列												
10	000488	晨鸣纸业	335	2821308	3507713	206205	175903	1488463	1702312	95391	130166	1473706	1526010
11	600069	银鸽投资	83.96	440157	579540	82537	66180	234195	329331	4584	2910	201952	204862
12	000815	美利纸业	25.52	345636	386456	15840	15777	100136	116549	1080	-11577	98165	85238
13	000820	金城纸业	6.3	168204	133409	28783	28752	42186	36451	-14402	-71498	511	-70988
14	600419	ST 天宏	2.98	45817	29921	8016	8016	37354	34461	-2573	994	12719	13799
15	600966	博汇纸业	100.12	585368	664770	50458	50458	312246	460586	22248	19103	308714	322208
16	600963	岳阳纸业	102.74	999405	1210515	84316	70621	303854	476823	9391	15727	301162	458813

续表

序号	代码	上市公司	生产量/万吨	总资产/万元		总股本/万股		主营业务收入/万元		净利润/万元		所有者权益/万元	
				2009 年	2010 年	总股本	其中流通股	2009 年	2010 年	2009 年	2010 年	2009 年	2010 年
	四、综合类												
17	000833	贵糖股份	10.42	133678	138883	29607	29607	108216	134975	2977	9163	76794	82589
18	000576	* ST 甘化		77320	70171	32286	25551	48577	39343	1272	−7740	39913	32194
19	000911	南宁糖业	44.68（糖）	391193	431277	28664	28664	353191	387502	13239	17150	155981	160787
	五、特种纸												
20	600235	民丰特纸	14.57	203156	194138	26340	26340	117034	133428	11185	7064	97137	103862
21	600356	恒丰纸业	9.64	161727	189639	19300	19300	113100	118722	10570	8175	114771	117024
22	600433	冠豪高新	7.5	133059	131885	28600	20800	60820	90276	1016	3827	80612	66883
23	002012	凯恩股份		107415	119176	19479	19479	56920	82005	7609	11421	42758	54288
24	300057	万顺股份	4.39	66282	152271	21100	5300	70871	62788	8063	8177	34102	130135
25	002521	齐峰股份		90804	255982	14725	2960	98772	135328	11873	14698	38294	196984
	六、纸制品												
26	002235	安妮股份		79961	86944	19500	5711	54101	64379	4231	676	48529	50622
27	002228	合兴包装		113473	162593	21719	4750	88593	152098	6709	7264	44779	83041
28	002303	美盈森		179506	199417	17880	4500	70170	72874	13264	14249	150798	165014
	七、生活用纸												
29	002511	中顺洁柔	15.36	147940	324067	16000	3200	161869	177887	12845	11975	52498	199682
		总计		11917622	14261121	1309883	1028191	6173477	7902504	302200	340552	5360737	6109278

2010 年造纸板块个股一览表（2）

序号	代码	上市公司	每股收益/（元/股）		每股净资产/（元/股）		加权平均净资产收益率/%		每股经营活动净现金流量/（元/股）	
			2009 年	2010 年	2009 年	2010 年	2009 年	2010 年	2009 年	2010 年
一、包装用纸和纸板										
1	600103	青山纸业	-0.1837	0.0522	1.785	1.643	-10.67	2.95	0.081	0.213
2	600567	山鹰纸业	0.14	0.350	3.28	3.630	4.41	9.790	0.62	0.6
3	200986	粤华包 B	0.06	0.240	2.56	2.820	2.25	8.810	-0.24	0.3862
4	002067	景兴纸业	0.08	0.320	4.37	4.690	1.87	6.980	0.75	0.12
5	002078	太阳纸业	0.480	0.63	5.960	3.53	17.110	19.470	0.98	1.25
二、新闻纸										
6	600163	福建南纸	-0.621	0.015	2.593	2.464	-22.1	0.589	-0.071	0.069
7	600793	ST 宜纸	-0.6063	0.0975	0.0418	0.140	-184.45	98.510	-0.2783	0.2395
8	600462	*ST 石岘	-0.8242	0.018	-0.18	-0.16	-358.9	-10.39	0.01	0.003
9	600308	华泰纸业	1.91	0.15	9.3	9.36	23.91	1.58	1.54	0.49
三、文化用纸系列										
10	000488	晨鸣纸业	0.41	0.56	6.3	6.56	6.63	8.8	0.79	0.41
11	600069	银鸽投资	0.1	0.04	3.65	2.47	2.89	1.68	0.2	-0.28
12	000815	美利纸业	0.05	-0.37	6.07	2.62	0.85	-14.10	0.01	0.83
13	000820	金城纸业	-0.5	-2.480	0.02	-2.47	-197.46	不适用	0.05	-0.38
14	600419	ST 天宏	-0.33	0.120	1.59	1.72	-18.76	7.47	-0.68	0.2
15	600966	博汇纸业	0.395	0.32	5.670	5.89	7.630	5.640	1.07	-0.55

续表

序号	代码	上市公司	每股收益/（元/股）		每股净资产/（元/股）		加权平均净资产收益率/%		每股经营活动净现金流量/（元/股）	
			2009年	2010年	2009年	2010年	2009年	2010年	2009年	2010年
16	600963	岳阳纸业	0.13	0.22	4.62	5.44	3.16	5.07	0.06	0.26
	四、综合类									
17	000833	贵糖股份	0.1	0.31	2.58	2.79	4	11.31	0.4	0.63
18	000576	*ST甘化	0.04	-0.24	1.24	1.00	3.3	-21.43	0.39	-0.1
19	000911	南宁糖业	0.43	0.64	4.65	4.99	9.53	13.31	2.14	0.54
	五、特种纸									
20	600235	民丰特纸	0.4	0.26	3.58	3.84	11.86	6.93	0.84	0.74
21	600356	恒丰纸业	0.54	0.42	5.89	5.95	9.28	6.88	1.1	0.89
22	600433	冠豪高新	0.04	0.13	3.02	2.34	2.51	5.68	0.107	-0.117
23	002012	凯恩股份	0.31	0.54	1.92	2.47	15.85	24.66	0.17	0.66
24	300057	万顺股份	0.513	0.40	2.16	6.71	25.95	7.20	0.67	0.61
25	002521	齐峰股份	1.08	1.33	3.47	13.38	31.03	32.2	1.45	1.38
	六、纸制品									
26	002235	安妮股份	0.22	0.01	3.1	2.39	9.09	0.55	-0.39	0.21
27	002228	合兴包装	0.35	0.35	2.29	3.74	16.3	11.49	-0.13	-0.03
28	002303	美盈森	0.9387	0.7969	8.43	9.23	25.19	9.02	1.04	0.74
	七、生活用纸									
29	002511	中顺洁柔	0.92	0.88	3.61	12.46	28.29	17.9	0.54	1.83

2010 年造纸板块个股一览表（3）

序号	代码	上市公司	2011 年拟分配计划	2010 年已分配	主要投资情况	主要信息披露	备注
一、包装用纸和纸板							
1	600103	青山纸业	不分配不转增	不分配不转增	制浆系统改造工程（年产9.6 万吨浆粕项目）、精制牛皮纸技改、废水深度处理技改等	以债务重组和资产整合的方式成功解决了大股东资金占用问题。收购深圳市龙岗闽环实业有限公司 100% 股权	标准无保留意见的审计报告
2	600567	山鹰纸业	每 10 股派现 0.6 元（含税）	每 10 股派现 0.6 元（含税）	PM1 纸机技改、污泥焚烧综合利用、年产 45 万吨造纸项目等工程在建	将持有的山鹰置业 51% 股权全部转让给山鹰集团，全面退出房地产行业	标准无保留意见的审计报告
3	200986	粤华包 B	不分配不转增	不分配不转增	7 +1 速霸胶印机在建		标准无保留意见的审计报告
4	002067	景兴纸业	每 10 股派现 1 元（含税）	不分配不转增	年产 20 万吨白面牛皮卡纸建成并技改提高到年产 25 万吨；新设立四川景特彩包装有限公司新建 8000 万$米^2$包装箱项目	拟向特定对象非公开发行不超过 16000 万股，用于年产 6.8 万吨绿色环保再生生活用纸项目。对外担保 14 亿元，占净资产约 76%	标准无保留意见的审计报告
5	002078	太阳纸业	每 10 股派现 1.5 元（含税）	每 10 股派现 2 元（含税），10 股送 4 股转增 6 股	23 号文化用纸机投产、24 号纸机在建、化学浆技改投产、老挝项目等	拟非公开发行 A 股股票的数量不超过 22000 万股	标准无保留意见的审计报告
二、新闻纸							
6	600163	福建南纸	不分配不转增	不分配不转增	完成年产 18 万吨新闻纸、2.5 万吨竹浆粕及废水深度处理、3 号和 4 号纸机等技改，电站在技改		标准无保留意见的审计报告
7	600793	ST 宜纸	不分配不转增	不分配不转增			标准无保留意见的审计报告
8	600462	* ST 石岘	不分配不转增	不分配不转增	化纤浆技改	其持续经营能力仍然存在重大不确定性	带强调事项段的无保留意见的审计报告
9	600308	华泰纸业	每 10 股派发现金 0.12 元（含税）送 1 股，转增 7 股	每 10 股派发现金 1 元（含税）	二期 25 万吨/年烧碱工程、总部 45 万吨/年高档铜版纸、安庆林纸一体化项目和广东 40 万吨/年新闻纸即将投产，四期深度废水处理在建		标准无保留意见的审计报告

续表

序号	代码	上市公司	2011 年拟分配计划	2010 年已分配	主要投资情况	主要信息披露	备注
	三、文化用纸系列						
10	000488	晨鸣纸业	每 10 股 3 元现金（含税）	每 10 股 3 元现金（含税）	年产 6 万吨中、高档生活用纸投产，湛江木浆项目、80 万吨/年高档低定量铜版纸、45 万吨/年高档文化用纸、60 万吨/年高档涂布白面牛皮卡纸等工程在建	发行了 33 亿元的短期融资券和 11 亿元中期票据	标准无保留意见的审计报告
11	600069	银鸽投资	不分配不转增	每 10 股转增 5 股	7.5 万吨/年生活用纸、特种纸、6 兆瓦汽轮机发电等在建	发行了短期融资券 3 亿元	标准无保留意见的审计报告
12	000815	美利纸业	不分配不转增	每 10 股送红股 9 股转增 1 股，派发现金 1.10 元（含税）		部分资产融资租赁（以售后回租方式），对外担保额近 4 亿元，占总净资产额 50%	标准无保留意见的审计报告
13	000820	金城纸业	不分配不转增	不分配不转增	在建 8 个环保治理工程	公司股票将暂停上市，持续经营能力存在重大不确定性，债务重组利得 27218 万元	保留意见的的审计报告
14	600419	ST 天宏	不分配不转增	不分配不转增	日处理 400 吨棉籽加工扩建、7 号机改造	转让石河子汇昌豆业有限责任公司股权；持续经营能力存在不确定性	带强调事项段的无保留意见的审计报告
15	600966	博汇纸业	每 10 股 0.5 元现金（含税）	不分配不转增	75 万吨/年高档包装纸板在建		标准无保留意见的审计报告
16	600963	岳阳纸业	每 10 股派发现金 0.25 元（含税）	每 10 股派发现金 0.50 元（含税），配 3 股	已收购骏泰浆纸全部股权，正实施外购 2 万公顷林地	中国纸业投资总公司持有控股公司泰格林纸集团公司 55.92% 的股份	标准无保留意见的审计报告
	四、综合类						
17	000833	贵糖股份	每 10 股派发 1.0 元现金红利（含税）	每 10 股派发 1.0 元现金红利（含税）	完善一些节能减排措施		标准无保留意见的审计报告
18	000576	*ST 甘化	不分配不转增	不分配不转增		子公司湛江甘化糖业有限公司的股权上年度已经全部转让，公司本期没有蔗糖业务	标准无保留意见的审计报告
19	000911	南宁糖业	每 10 股派现金 3.5 元（含税）	每 10 股派现金 3 元（含税）	公司投入 9000 万元用于下属蒲庙造纸厂的日产 360 吨 D_0EPD_1 漂白浆（配套日产 8 吨 ClO_2 制备系统）改造项目	对马丁居里投资管理公司股票交易纠纷一案签署了《和解协议》，获得 4000 万元和解款项；对外担保额 3.365 亿元，占总净资产额 23.54%；一次性付清国有建设用地使用权出让价款，合计 7189 万元	标准无保留意见的审计报告

续表

序号	代码	上市公司	2011 年拟分配计划	2010 年已分配	主要投资情况	主要信息披露	备注
五、特种纸							
20	600235	民丰特纸	每10股分配现金1.0元（含税）	不分配不转增	循环流化床锅炉、8号纸机技改，卷烟纸研发等在建	对外担保额5.07亿元，占总净资产额50.11%	标准无保留意见的审计报告
21	600356	恒丰纸业	每10股送红股2股，派0.96元（含税）	每10股分配现金3.81元（含税）	6000吨/年特种纸改造完成试车，15000吨/年真空喷镀铝原纸生产线在建	本次拟发行可转换公司债券4.5亿元；其持有的公司股份6000万股（无限售流通股）被黑龙江省高级人民法院继续司法冻结	标准无保留意见的审计报告
22	600433	冠豪高新	每10股派现金0.3元（含税）	每10股派现金0.3元（含税）、转增3股		拟向特定投资者发行数量不超过12000万股	标准无保留意见的审计报告
23	002012	凯恩股份	以每10股派发现金1元（含税）	不分配不转增		公司拟向特定投资者非公开发行人民币普通股不超过5000万股	标准无保留意见的审计报告
24	300057	万顺股份	每10股派发1.8元现金（含税），转增10股	每10股分配现金3元（含税）	环保生态型包装材料生产线扩建项目在建，生产导电膜项目	收购其所持有江苏中基复合材料有限公司75%股权、江阴中基铝业有限公司75%股权	标准无保留意见的审计报告
25	002521	齐峰股份	不分配不转增		年产1.5万吨高清晰度耐磨纸项目、年产10万吨三聚氰胺浸渍装饰原纸项目在建，5万吨三聚氰胺浸渍装饰原纸项目完工等		标准无保留意见的审计报告
六、纸制品							
26	002235	安妮股份	不分配不转增	10股转增3股	特种涂布纸、票据印务和营销配送、项目开发中心等工程在建	持有深圳市绿荫实业公司80%股权，收购湖南中冶美隆纸业100%股权	涉嫌违法证券法规，出具带强调事项段的无保留意见的审计报告
27	002228	合兴包装	每10股派现金0.6元（含税）转增6股	每10股派现金1元（含税）	完成青岛5000万米^2/年纸箱，成都4000万米^2/年纸箱、佛山5000万米^2/年纸箱，郑州5000万米^2/年纸箱等项目建设，正兴建天津、海宁等工程	实际发行新股2719万股	标准无保留意见的审计报告
28	002303	美盈森	每10股派现金3元（含税）	不分配不转增	苏州、东莞、重庆3个现代化包装生产基地在建，武汉基地征地完毕		标准无保留意见的审计报告
七、生活用纸							
29	002511	中顺洁柔	不分配不转增				标准无保留意见的审计报告

（陈奇志）

统 计 数 据

Statistical Data

国家统计局数据：2010 年 1—11 月造纸及纸制品行业主要经济指标

Data from National Statistics Bureau: Key Economical Indexes of Paper and Paper Products Industry from Jan. to Nov. 2010

2010 年 1—11 月造纸及纸制品行业主要经济指标 单位：千元

指标名称	企业数量/个	全部从业人员平均人数/人	本月止累计	负债合计	利税总额	产成品存货
造纸及纸制品行业	**10261**	**1487502**	**915575073**	**528675338**	**79727057**	**38913593**
1. 纸浆制造	146	43024	74579589	45555925	3257798	2614206
2. 造纸	3724	737330	593405452	348103163	45839183	24543724
机制纸及纸板制造	3048	665873	561975709	331247576	42583455	22562074
手工纸制造	42	4614	913882	419771	178787	76724
加工纸制造	634	66843	30515861	16435816	3076941	1904926
3. 纸制品制造	6391	707148	247590032	135016250	30630076	11755663
纸和纸板容器	4259	473867	165117056	90601158	19981240	7088790
其他纸制品制造	2132	233281	82472976	44415092	10648836	4666873

（郭永新）

历年我国纸浆、纸和纸板产量（1949—2010）

Output of Pulp, Paper and Paperboard over Years in Whole Country（1949—2010）

历年我国纸浆、纸和纸板产量　　单位：万吨

年度	机制纸浆		纸和纸板			
	生产能力	产量	机制纸和纸板 生产能力	机制纸和纸板 产量	手工纸产量	产量合计
1949		3.5		10.8	12.0	22.8
1952		24.3		37.2	23.1	60.3
1957		80.1		91.3	31.4	122.7
1978	452.8	345.5	499.4	438.7	27.5	466.2
1979	489.5	392.9	541.6	492.8	25.7	518.5
1980	533.1	426.3	593.8	543.6	28.0	562.6
1981	563.9	406.3	563.9	540.2	29.1	569.3
1982	579.3	421.1	685.7	589.0	24.8	613.8
1983	619.7	458.9	728.9	661.3	22.6	683.9
1984	664.8	514.6	780.5	755.9	20.6	776.5
1985	720.4	615.3	886.8	911.2	19.6	930.8
1986	875.15	679.15	805.87	998.57	17.8	1016.4
1987	969.51	694.5	1225.76	1141.05	23.4	1164.5
1988	1097.85	872.59	1396.34	1270	20.0	1290
1989	1198.08	868.56	1493.99	1333	20.0	1353
1990	1240.17	834.96	1595.62	1371.87	20.0	1391.87
1991	1345.02	1075	1688.34	1478.69	20.0	1498.69
1992	1448.59	1199	1847.51	1725.07	20.0	1745.07
1993	1362.24	1529	2001.05	1867.87		1867.87

续表

年度	机制纸浆		纸和纸板			
	生产能力	产量	机制纸和纸板		手工纸产量	产量合计
			生产能力	产量		
1994	1534.94	1705	2269.90	2138.27		2138.27
1995	1425.11	1862	4420.35	2812.30		2812.30
1996	1896.94	1900	3335.06	2643.94	24.76	2668.70
1997	1874.60	1738	3509.87	2733.19	23.98	2757.17
1998		2384		2800.00	24.00	2824.00
1999		2443		2900		2900
2000		2501		3050		3050
2001		2490		3200		3200
2002		2944		3780		3780
2003		3309		4300		4300
2004		3723		4950		4950
2005		4446		5600		5600
2006		5204		6500		6500
2007		5935		7350		7350
2008		6415		7980		7980
2009		6732		8640		8640
2010		7318		9270		9270

注：1. 各年纸浆产量及生产能力统计数字，估计统计不全，仅供参考（此数字均未包括生打纸浆）。
2. 1998 年以后纸浆产量数字均包括生打纸浆。
3. 1985—1986 年纸及纸板实际产量大于生产能力是由于前者是全国产量而后者仅指轻工系统内企业的统计数字。
4. 1995 年数字系依据 1995 年全国工业普查统计资料，包括了乡镇、村及私人等各类造纸企业，比一般年度数字偏高。
5. 1998 年产量按 1997 年统计口径估计机制纸板为 2800 万吨、手工纸为 24 万吨。
6. 1999 年以后纸及纸板年产量为全部国有和年产品销售收入 500 万元及以上非国有工业企业生产的产品产量，手工纸未统计。
7. 2009 年机制纸浆产量为中国造纸协会 2010 年修正数据。

（杨懋暹）

历年我国纸和纸板、纸浆及废纸进出口概况（1996—2010）

General Situation of Import and Export of Paper and Paperboard, Pulp and Waste Paper over Past Years in China（1996—2010）

表 1　历年各种纸和纸板进出口量（1996—2010）　单位：万吨

年份	纸和纸板		纸制品	
	进口量	出口量	进口量	出口量
1996	499.49	23.31	66.15	58.20
1997	552.43	28.27	67.14	70.50
1998	577.20	30.35	50.74	64.58
1999	652.30	13.44	39.01	62.63
2000	597.14	71.83	34.04	74.47
2001	562.24	79.95	24.50	73.32
2002	636.94	85.47	23.89	88.28
2003	634.71	129.09	22.61	106.65
2004	614	124.78	16	95.97
2005	524	193.90	15	123.76
2006	441	341	17	143
2007	401	461	19	156
2008	358	403	18	211
2009	334	405	16	195
2010	336	433	18	228

表 2　历年纸浆及废纸进口量（1996—2010）

年份	纸浆		废纸	
	进口量/万吨	金额/亿美元	进口量/万吨	金额/亿美元
1996	146.80	7.75	137.18	1.93
1997	154.16	7.47	161.82	1.76
1998	219.93	9.23	191.47	1.71

续表

年份	纸浆		废纸	
	进口量/万吨	金额/亿美元	进口量/万吨	金额/亿美元
1999	309.7		251.6	2.45
2000	334.51	21.21	371.36	5.57
2001	490.38	20.76	641.91	6.59
2002	526.49	21.68	678.26	7.32
2003	603.40	26.60	938.18	12.3
2004	732	35.67	1230	17.26
2005	759	37.25	1703	
2006	796	43.92	1962	
2007	845		2256	
2008	952		2421	
2009	1367		2750	
2010	1137		2435	

表 3　　历年纸浆及废纸出口量（1996—2010）

年份	纸浆		废纸	
	出口量/万吨	金额/亿美元	出口量/万吨	金额/亿美元
1996	1.68		0.53	
1997	2.20		0.35	
1998	1.98	0.09	0.08	0.01
1999				
2000	2.55	0.10	0.46	0.004
2001	1.26	0.083	0.09	0.0008
2002	1.92	0.16	0.07	0.0007
2003	2.51	0.21	0.11	0.0018
2004	1.75		0.07	
2005	4.70		0.01	
2006	7.47		0.01	
2007	11.16		0.05	
2008	7.23		0.002	
2009	8.70		0.03	
2010	8.10		0.08	

资料来源：历年《中国造纸协会年度报告》，历年《中国造纸年鉴》。

（杨懋暹）

历年我国与世界纸浆、纸和纸板的产量与消费量（1996—2010）

Output and Consumption of Pulp, Paper and Paperboard in China and Whole World over Past Years（1996—2010）

历年我国与世界纸浆、纸和纸板的产量与消费量　　单位：万吨

		1996 年	1997 年	1998 年	1999 年	2000 年	2001 年	2002 年	2003 年	2004 年	2005 年	2006 年	2007 年	2008 年	2009 年	2010 年
全世界	纸浆总产量	17404	17820	17553	17913	18868	17937	18200	18516.5	18849.6	18320	18660	18835	19240	17796	—
	纸浆总消费量	17294	17900	17511	18007	18901	18257	18265	18442.3	18775.4	18843.9	19230	19619	19302	17900	—
	纸和纸板总产量	28197	29904	30101	31571	32329	31815	33070	33881.5	35959.9	36702.5	38200	39430	39090	37069	—
	纸和纸板总消费量	27940	2969	29852	31439	32338	31802	33076	33912.5	35752.7	36639.8	38176	39418	39133	37074	—
	纸和纸板人均年消费量/千克	48.5	50.8	50.4	52.8	53.8	51.8	53.7	51.7	55.6	56.3	70.8	59.2	57.8	57.5	—
中国	纸浆总产量	1900	1738	2384	2443	2501	2490	2944	3309	3723	4446	5204	5935	6415	6732	7318
	纸浆总消费量	2045	1890	2604	2752	2834	2980	3470	3910	4455	5200	5992	6769	7360	7980	8461
	纸和纸板总产量	2600	2744	2800	2900	3050	3200	3780	4300	4950	5600	6500	7350	7980	8640	9270
	纸和纸板总消费量	3028	3270	3347	3525	3575	3683	4332	4806	5439	5930	6600	7290	7935	8569	9173
	纸和纸板人均年消费量/千克	24.7	26.5	26.8	27.8	28.0	29	33	37	42.0	45.0	50.0	55	60	64	68

注：2009 年中国纸浆总产量为中国造纸协会 2010 年修正数据。

（杨懋暹）

历年纸和纸板生产量、进出口量、消费量及消费结构（2001—2010）

Output，Import and Export，Consumption and Consumption Structure of Paper and Paperboard over Past Years（2001—2010）

历年纸和纸板生产量、进出口量、消费量及消费结构（2001—2010）

单位：万吨

品种	2001 年					2002 年					2003 年				
	生产量	进口量	出口量	消费量	消费比例/%	生产量	进口量	出口量	消费量	消费比例/%	生产量	进口量	出口量	消费量	消费比例/%
总量	3200	562.24	79.95	3683	100.00	3780	636.94	85.47	4332	100.00	4300	635	129.09	4806	100.00
1. 新闻纸	173	15.37	1.85	186	5.05	185	19.92	0.60	204	4.71	207	35	1.19	241	5.01
2. 未涂布印刷书写纸	670	25.78	30.50	665	18.06	920	36.50	19.51	937	21.63	960	40	25.93	973	20.25
其中：书刊印刷纸	300			296	8.04	420			436	10.06	520			534	11.11
书写纸	140			140	3.80	180			180	4.16	250			250	5.20
3. 涂布纸	130	99.44	17.59	212	5.76	180	121.77	25.18	276	6.37	240	101	43.31	298	6.20
其中：铜版纸	110	97.03	12.48	195	5.29	160	61.48	18.67	203	4.69	210	52	35.30	227	4.72
4. 生活用纸	270	2.95	12.19	261	7.09	310	3.32	15.88	297	6.86	347	4	22.98	328	6.82
5. 包装用纸	400	27.80	2.61	466	12.65	400	31.37	2.63	429	9.90	480	28	3.80	504	10.49
6. 白纸板	300	97.78	2.50	396	10.75	460	81.48	5.51	536	12.37	550	104	9.95	645	13.42
其中：涂布白纸板	250	82.55	2.42	338	9.18	430	79.58	5.51	504	11.63	510	103	9.94	603	12.55
7. 箱纸板	460	126.48	1.25	545	14.8	600	125.44	0.67	725	16.74	680	117.2	1.71	796	16.56

续表

品种	2001年					2002年					2003年				
	生产量	进口量	出口量	消费量	消费比例/%	生产量	进口量	出口量	消费量	消费比例/%	生产量	进口量	出口量	消费量	消费比例/%
8. 瓦楞原纸	600	117.87	3.14	715	19.41	600	133.48	3.26	730	16.85	670	135	3.02	802	16.69
其中：高强瓦楞原纸	180			295	8.01	190			320	7.39	230			362	7.53
9. 特种纸和纸板	65	38.28	7.43	85	2.31	70	48.07	9.60	108	2.49	80	44	14.92	109	2.27
10. 其他纸和纸板	132	9.13	0.39	152	4.13	55	34.51	1.94	90	2.08	86	26	1.31	110	2.29

品种	2004年					2005年					2006年				
	生产量	进口量	出口量	消费量	消费比例/%	生产量	进口量	出口量	消费量	消费比例/%	生产量	进口量	出口量	消费量	消费比例/%
总量	4950	614	124.78	5439	100.00	5600	524	193.90	5930	100.00	6500	441	341	6600	100.00
1. 新闻纸	300	12	1.74	310	5.70	319	14	1.98	331	5.58	375	1	32	344	5.21
2. 未涂布印刷书写纸	1020	47	21.73	1045	19.21	1070	43	34.38	1079	18.20	1220	45	54	1211	18.35
其中：书刊印刷纸	550			575	10.57	570			579	9.76					
书写纸	280			280	5.15	300			300	5.06					
3. 涂布纸	300	102	44.24	358	6.58	365	73	78.66	359	6.05	460	61	121	400	6.06
其中：铜版纸	250	63	38.40	274	5.04	300	52	62.85	289	4.87	380	45	93	332	5.03
4. 生活用纸	384	5	27.58	361	6.64	436	5	31.41	409	6.90	470	5	38	436	6.61
5. 包装用纸	470	8	3.93	474	8.71	510	9	2.89	516	8.70	520	10	2	528	8.00
6. 白纸板	670	108	6.44	772	14.19	790	91	18.27	863	14.55	940	73	41	972	14.73
其中：涂布白纸板	630	107	6.43	931	13.44	755	90	18.27	827	13.95	900	72	41	931	14.11
7. 箱纸板	830	150	1.53	978	17.98	980	138	2.71	1115	18.80	1150	114	14	1250	18.94
8. 瓦楞原纸	810	114	2.76	921	16.93	950	88	3.31	1035	17.45	1130	71	8	1193	18.08
其中：高强瓦楞原纸	270			381	7.00	410			495	8.35					
9. 特种纸和纸板	85	41	12.41	114	2.10	90	40	16.02	114	1.92	110	44	23	131	1.98
10. 其他纸和纸板	81	27	2.42	106	1.95	90	23	4.27	109	1.84	125	17	8	135	2.05

续表

品种	2007年					2008年					2009年					2010年				
	生产量	进口量	出口量	消费量	消费比例/%	生产量	进口量	出口量	消费量	消费比例/%	生产量	进口量	出口量	消费量	消费比例/%	生产量	进口量	出口量	消费量	消费比例/%
总量	7350	401	461	7290	100	7980	358	403	7935	100	8640	334	405	8569	100	9270	336	433	9173	100
1. 新闻纸	450	2	59	393	5.4	460	2	36	426	5.4	480	2	21	461	5.4	430	4	11	423	4.6
2. 未涂布印刷书写纸	1340	45	53	1332	18.3	1400	39	54	1385	17.5	1510	38	51	1497	17.5	1620	41	71	1590	17.3
其中：书刊印刷纸																				
书写纸																				
3. 涂布纸	510	56	140	426	5.8	550	54	137	467	5.9	590	36	163	463	5.4	640	45	136	549	6.0
其中：铜版纸	420	40	93	367	5.0	460	38	97	401	5.0	500	31	132	399	4.6	555	38	113	480	5.2
4. 生活用纸	520	4	48	476	6.5	550	5	52	503	6.3	580	5	56	529	6.2	620	8	61	567	6.2
5. 包装用纸	530	10	3	537	7.4	560	12	3	569	7.2	575	15	3	587	6.9	600	17	5	612	6.7
6. 白纸板	1050	70	58	1062	14.5	1120	64	53	1131	14.3	1150	71	61	1160	13.5	1250	77	73	1254	13.7
其中：涂布白纸板	1000	70	58	1012	13.9	1070	64	53	1081		1100	71	61	1110	13.0	1200	77	73	1204	13.1
7. 箱纸板	1360	103	25	1438	19.7	1530	88	13	1605	20.2	1730	86	7	1809	21.1	1880	80	14	1946	21.2
8. 瓦楞原纸	1340	53	39	1352	18.6	1520	45	13	1552	19.6	1715	46	3	1758	20.5	1870	24	5	1889	20.6
其中：高强瓦楞原纸																				
9. 特种纸和纸板	120	43	27	136	1.9	140	38	34	144	1.8	150	27	33	144	1.7	180	31	47	164	1.8
10. 其他纸和纸板	130	15	9	136	1.9	150	11	8	153	1.9	160	8	7	161	1.9	180	9	10	179	1.9

（杨懋暹）

国家统计局数据：2010 年造纸及纸制品行业分地区产品产量

Data from National Statistics Bureau: Output of Paper and Paper Products by Regions in 2010

2010 年造纸及纸制品行业分地区产品产量

单位：吨

地区	机制纸及纸板（外购原纸加工纸除外）	同比增长/%	1. 未涂布印刷书写用纸	同比增长/%	其中，新闻纸	同比增长/%	2. 涂布类印刷用纸	同比增长/%	3. 卫生用纸原纸	同比增长/%	4. 箱纸板	同比增长/%	纸制品	同比增长/%
全国	100359279	11.44	8768911	1.69	4285006	-3.90	5630707	15.61	2848871	25.11	15786641	10.42	48458195	20.69
北京	105696	20.07	0	0.00	0	0.00	10134	53.31	44494	19.80	12535	69.74	462027	6.83
天津	918234	254.92	0	0.00	0	0.00	0	0.00	0	0.00	28138	25.22	1128529	26.77
河北	4205169	1.99	453812	8.95	314761	26.44	78937	39.97	34497	120.76	1448835	-12.67	1940400	37.69
山西	209627	21.78	36814	9.31	3164	-1.68	0	0.00	15876	133.47	45328	39.98	91536	18.67
内蒙古	288449	-31.25	40375	-69.38	0	0.00	0	0.00	5856		156602	-13.07	663656	123.55
辽宁	854682	28.10	100287	47.59	11876	20.78	0	0.00	133705	70.94	234830	19.09	1271571	15.77
吉林	825262	3.16	113479	-42.65	17594	-75.33	186683	30.11	7606	0.00	52968	-11.80	463399	27.39
黑龙江	893550	76.61	23522	-13.25	0	0.00	94277	4.53	90754	653.65	57847	59.55	324850	26.51
上海	869359	7.70	135264	12.83	135264	12.83	14525	15.11	127499	-2.40	473165	4.32	1257124	14.42
江苏	11724359	3.57	17777	-62.31	0	0.00	3091183	5.80	303347	98.77	509656	-18.71	4461690	11.08
浙江	14123149	8.38	87382	-20.89	52165	-31.72	364269	-2.57	56339	12.26	2003479	13.56	7850325	14.73
安徽	2211040	-0.79	199646	14.74	139351	-14.62	690	1.47	68488	41.61	1087909	10.57	690161	35.85
福建	4312382	20.76	284384	-19.80	159511	-34.46	0	0.00	30421	170.43	723934	17.10	2266869	9.99

续表

地区	机制纸及纸板（外购原纸加工纸除外）	同比增长/%	1. 未涂布印刷书写用纸	同比增长/%	其中，新闻纸	同比增长/%	2. 涂布类印刷用纸	同比增长/%	3. 卫生用纸原纸	同比增长/%	4. 箱纸板	同比增长/%	纸制品	同比增长/%
江西	1865852	34.17	59349	37.46	16989	32.27	46105	27.02	1086	12.19	422114	64.37	1478139	54.92
山东	16687327	10.23	2787555	5.92	1882690	-0.65	525232	9.25	132137	-4.26	1840542	7.09	3409376	27.84
河南	9756367	2.15	979402	5.55	179972	-9.73	0	0.00	369405	28.19	3234190	10.57	3095120	7.86
湖北	1778554	11.67	657707	9.16	66988	-37.64	0	0.00	60306	-58.80	398520	23.59	1488520	28.84
湖南	3846290	25.16	1050013	-7.47	420526	-13.62	746495	7.48	162406	12.38	820449	30.37	1249949	29.98
广东	14346774	11.75	738536	6.52	605017	13.95	13228	-9.52	121811	2.18	450858	28.53	10639752	19.94
广西	2024918	22.15	294983	-0.36	185694	17.18	0	0.00	233345	34.92	80263	74.43	782700	41.74
海南	514316	117.25	0	0.00	0	0.00	265202	0.00	224269	2.94	0	0.00	24498	3.89
重庆	1909325	10.83	26177	304.03	0	0.00	19120	7.05	24136	137.86	565247	8.92	827979	37.24
四川	3428601	39.45	350026	28.41	64218	-2.70	171628		248431	32.98	674191	33.33	1523166	20.68
贵州	202024	19.30	0	0.00	0	0.00	582	-69.80	98675	92.95	50933	-36.65	123097	-0.54
云南	363306	-8.99	0	0.00	0	0.00	0	0.00	12529	3.24	27908	11.74	250133	25.53
西藏	0	0.00	0	0.00	0	0.00	0	0.00	0	0.00	0	0.00	15455	142.88
陕西	866308	15.96	0	0.00	0	0.00	2417	-11.79	110784	-15.01	139948	51.27	345580	15.25
甘肃	115700	9.59	0	0.00	0	0.00	0	0.00	35680	21.90	24296	31.46	143504	26.14
青海	0	0.00	0	0.00	0	0.00	0	0.00	0	0.00	0	0.00	0	0.00
宁夏	789174	6.21	229889	-5.59	0	0.00	0	0.00	72096	2.40	42260	8.53	42228	102.24
新疆	323488	34.64	102532	14.20	29227	95.42	0	0.00	22894	47.12	179695	42.15	146865	26.24

（郭永新）

2003—2010 年我国废纸分类别进口情况

Import of Waste Paper by Grades in China from 2003 to 2010

2003—2010 年我国废纸分类别进口情况　　单位：吨

废纸种类	2003 年	2004 年	2005 年	2006 年	2007 年	2008 年	2009 年	2010 年
废瓦楞箱纸板（OCC）	4009840	5776791	8921371	10420298	11998970	13663977	16243783	14167672
化学浆废纸及纸板	322179	246612	170783	223219	193711	270573	275685	490919
废报纸（ONP）	3453468	3871290	4724380	5027301	5774745	6490778	7170639	5927197
其他废纸	1596307	2405989	3219636	3952535	4594733	3777901	3811329	3766223
总计	9381794	12300682	17036170	19623353	22562159	24203229	27501436	24352011

（梁　川）

2010 年国际废纸价格

Price of International Waste Paper in 2010

1. 2010 年美国部分地区的废纸价格（卖方离岸价）

单位：美元/短吨

品　种	1月	2月	3月	4月	5月	6月	7月	8月	9月	10月	11月	12月
纽约城												
混合废纸（2）	60~75	70~85	75~100	75~90	70~80	70~80	60~70	60~70	60~80	80~90	85~95	85~95
制盒纸板边角料（4）	70~85	80~85	90~100	80~90	85~95	90~100	90~100	80~100	90~100	90~100	95~105	95~105
废报纸（6）	65~75	70~85	70~85	70~85	70~85	70~80	55~70	55~70	55~70	75~80	85~90	85~90
特级供脱墨用废报纸（8）	85~100	95~105	95~105	95~105	95~105	90~100	80~95	65~85	75~85	85~95	95~105	100~110
废杂志（10）	110~120	110~120	115~120	110~115	110~115	105~110	100~110	100~110	100~110	100~115	100~115	100~115
废瓦楞纸箱（11）	115~125	150~165	175~190	125~150	125~135	105~115	110~115	100~115	120~135	135~150	150~160	160~180
双挂面牛皮瓦楞纸新边角料（13）	130~145	175~180	210~215	150~170	140~150	130~140	125~130	125~130	140~155	170~185	180~190	185~195
空白新闻纸（24）	170~190	170~190	180~200	180~210	180~210	200~210	200~210	200~210	210~220	210~220	210~220	210~230
硬质白纸边（30）	380~410	400~430	440~460	500~520	500~530	470~490	470~480	460~480	460~480	460~480	460~480	460~480
硬质白信封边角料（31）	420~440	440~460	475~510	540~570	560~580	525~560	540~550	530~550	520~540	520~540	520~530	510~530
经拣选的办公室废杂纸（37）	210~230	225~245	225~240	190~210	190~210	190~210	210~220	210~240	200~240	210~240	200~230	210~230
彩色账簿打印纸（39）	220~250	225~250	225~245	205~225	205~230	205~230	230~240	240~250	230~250	230~250	220~250	220~240
拣选的白账簿纸（40）	300~310	300~310	280~300	270~290	270~290	270~290	285~295	315~325	330~340	330~350	315~335	310~320
白色账簿打印纸（41）	300~310	300~310	280~300	270~290	270~290	270~290	285~295	315~325	330~340	330~350	315~335	310~320
涂布书籍纸（43）	210~230	220~240	210~240	190~200	195~215	195~215	215~220	210~240	205~235	215~235	210~230	200~220

续表

品　　种	1月	2月	3月	4月	5月	6月	7月	8月	9月	10月	11月	12月
含磨木浆的涂布纸（44）	120～140	120～140	120～140	120～130	120～130	120～130	120～125	120～125	120～125	120～130	120～125	120～125
漂白纸板边角料（45）												
轻印刷的	260～290	280～300	280～300	260～280	260～280	260～280	270～280	280～300	270～310	280～310	280～310	290～310
重印刷的	220～250	235～255	235～255	200～230	200～230	210～230	220～230	230～250	220～245	225～245	220～245	230～245
不带印刷油墨的漂白纸板（47）	350～380	370～390	410～430	440～470	450～480	410～460	440～450	440～450	430～440	430～440	420～440	420～440
旧金山/洛杉矶												
混合废纸（2）	95～100	100～110	110～115	100～115	100～120	100～110	85～105	90～110	100～115	110～125	90～100	100～110
制盒纸板边角料（4）	110～115	125～130	125～130	115～120	125～130	115～120	110～115	110～120	115～130	125～140	95～105	95～105
废报纸（6）	95～100	90～105	95～105	95～105	100～120	100～110	85～105	85～105	90～105	100～110	85～95	85～95
特级供脱墨用废报纸（8）	100～110	95～105	100～110	100～110	105～110	100～110	100～110	100～110	110～115	110～125	100～105	105～115
废杂志（10）	100～110	100～110	100～110	.100～110	100～110	100～110	100～110	100～110	100～110	100～110	110～120	110～120
废瓦楞纸箱（11）	140～150	150～160	185～190	150～160	150～165	120～140	120～140	135～160	155～170	170～185	165～170	165～170
双挂面牛皮瓦楞纸新边角料（13）	170～175	180～190	210～220	170～185	175～185	140～150	140～150	165～185	185～200	195～210	180～190	185～190
空白新闻纸（24）	190～200	195～205	190～210	200～220	205～225	215～225	215～225	215～225	215～225	210～225	215～220	200～205
硬质白纸边（30）	385～390	395～400	425～445	460～470	480～490	480～490	480～490	450～470	450～470	435～450	470～480	470～480
硬质白信封边角料（31）	410～415	415～425	450～460	490～495	510～520	500～510	500～510	500～510	485～500	460～475	500～510	500～510
经拣选的办公室废杂纸（37）	185～210	190～215	180～225	165～220	165～220	185～215	215～230	230～235	230～245	225～240	205～220	205～210
彩色账簿打印纸（39）	200～210	205～215	205～215	205～215	205～220	205～210	220～225	240～250	250～265	240～255	225～230	225～230
拣选的白账簿纸（40）	280～295	280～295	250～280	270～300	280～300	290～300	290～310	340～350	335～350	325～240	320～330	300～310
白色账簿打印纸（41）	285～300	285～300	250～280	270～300	280～300	290～300	290～310	340～350	335～350	325～340	320～330	300～310
涂布书籍纸（43）	205～210	215～220	220～225	205～225	205～235	200～215	215～230	235～240	230～245	215～230	215～220	210～215
含磨木浆的涂布纸（44）	120～135	120～130	120～130	120～130	120～130	130～140	130～140	130～140	130～140	130～140	130～140	130～140
漂白纸板边角料（45）												
轻印刷的	280～290	270～290	260～265	260～270	280～290	280～290	280～290	320～330	320～330	305～320	305～310	280～290
重印刷的	210～215	220～230	225～235	210～225	215～235	210～220	210～220	245～250	245～260	225～240	—	—
不带印刷油墨的漂白纸板（47）	370～380	380～390	410～420	440～450	455～460	430～440	430～440	410～420	425～440	410～425	425～430	425～430

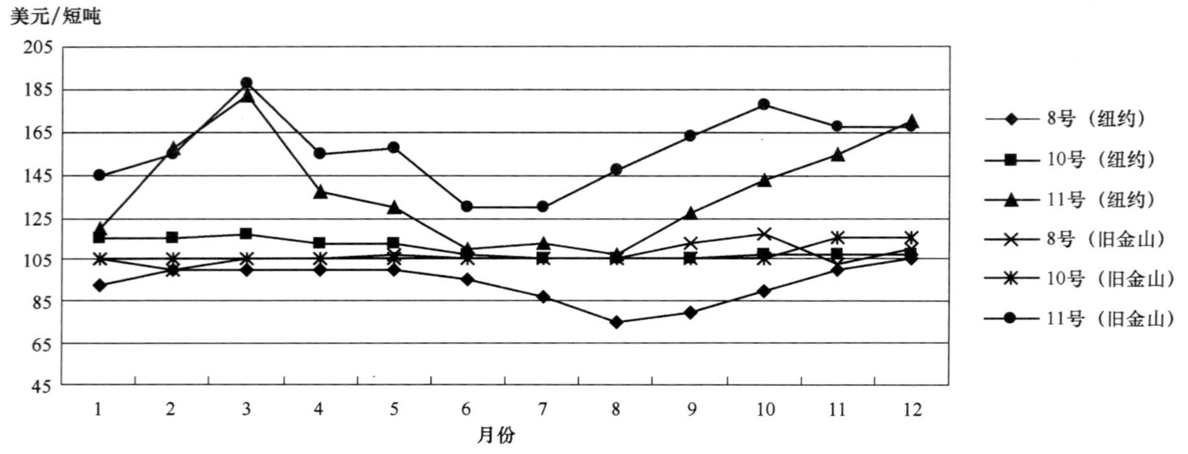

图 1　2010 年美国部分地区废纸价格走势图

2. 2010 年美国出口亚洲的废纸价格（卖方离岸价 FOB）

单位：美元/短吨

品　　种	1月	2月	3月	4月	5月	6月	7月	8月	9月	10月	11月	12月
美国旧金山/洛杉矶出口到亚洲												
混合废纸（2）	105~120	95~120	115~135	100~125	100~130	70~90	85~105	100~120	115~130	120~140	135~150	145~160
特级供脱墨用废报纸（8）	115~130	105~130	120~145	125~150	130~155	110~125	110~130	110~130	120~135	125~145	145~160	160~175
废瓦楞纸箱（11）	145~170	150~175	180~205	135~160	145~170	105~130	140~160	150~170	170~190	175~190	190~205	200~215
双挂面牛皮瓦楞纸新边角料（13）	175~190	180~205	210~235	170~195	175~200	145~165	155~175	180~200	185~200	200~220	215~230	235~250
拣选办公废纸（37）	185~200	190~210	215~235	200~225	180~205	175~195	215~235	220~240	230~245	235~250	235~255	225~235
拣选白账簿纸（40）	265~285	260~265	275~295	290~315	285~310	290~305	290~310	330~350	330~350	330~345	330~345	325~335
美国纽约/新泽西出口到亚洲												
混合废纸（2）	90~100	95~100	100~105	95~100	90~95	60~65	80~85	90~95	105~110	115~120	130~135	135~140

续表

品　　种	1月	2月	3月	4月	5月	6月	7月	8月	9月	10月	11月	12月
特级供脱墨用废报纸（8）	105~110	105~110	115~120	125~130	125~130	95~100	105~110	95~100	115~120	120~125	135~140	150~155
废瓦楞纸箱（11）	140~150	155~160	185~190	130~140	145~150	100~105	135~145	145~150	165~175	165~170	185~190	195~200
双挂面牛皮瓦楞纸新边角料（13）	155~160	180~190	215~220	160~165	170~175	140~145	150~160	165~175	175~185	185~195	210~215	220~225
拣选办公废纸（37）	190~195	200~205	220~230	210~215	195~205	205~210	205~215	215~225	225~235	230~235	240~245	230~235
拣选白账簿纸（40）	280~285	300~305	290~305	280~285	280~285	295~300	295~305	310~320	325~330	340~345	345~350	335~345

注：1 短吨 = 0.908 吨

（章玉华　李　萌）

2003—2010 年我国纸浆分国别（地区）进口情况

Import of Market Pulp from Different Countries (Regions) in 2003 to 2010

2003—2010 年我国纸浆分国别（地区）进口情况 单位：吨

国别或地区	2003 年	2004 年	2005 年	2006 年	2007 年	2008 年	2009 年	2010 年
漂白硫酸盐针叶木浆	**1963619**	**2440625**	**2893762**	**2751639**	**3074579**	**3552555**	**4765426**	**3995085**
其中：加拿大	730791	846975	1009050	983316	1015869	1131740	1285510	1384799
美国	230433	337165	359899	390641	515202	703184	895251	780040
智利	293006	433567	500736	385656	550167	649543	1083180	666062
俄罗斯	422756	430829	537099	507031	488362	550714	593574	527691
芬兰	91892	81871	72412	179499	178069	231752	325702	330999
新西兰	56964	116885	143789	92572	136556	86320	88724	93052
德国	2274	14710	87343	67296	72888	67990	120078	27743
瑞典	68881	79793	113012	105914	66527	66698	173077	60029
日本	10716	23317	11861	7991	23733	21969		
阿根廷	37832	50057	52199	9424	5018	21410	85322	24812
法国					10834	3883		38126
巴西	4173	9760	1998				25499	
乌拉圭							30245	
印度尼西亚	4039	5907						
其他国家	9862	9788	4364	22299	11354	17351	59264	61732
漂白硫酸盐阔叶木浆	**2313249**	**2969063**	**2598185**	**2937726**	**2965080**	**3725206**	**5931295**	**4412147**
其中：印度尼西亚	1176313	1358917	1342763	1172225	1037772	1208920	1227586	987384
巴西	591865	782318	635660	905696	796956	1177741	2432765	1764630
智利	42758	83173	141750	153962	409279	432481	653000	210751
乌拉圭						235588	510448	409715
俄罗斯	167117	224995	150723	159769	192874	197504	220798	189193
加拿大	87841	215449	164343	232429	180768	175936	241589	181363
美国	82356	148484	72931	123567	120571	126106	314845	366168
泰国	119026	66863	46492	91312	124296	67518	68810	30696
葡萄牙	1707	28273			9490		57635	

续表

国别或地区	2003 年	2004 年	2005 年	2006 年	2007 年	2008 年	2009 年	2010 年
日本	16290	24646	14248	34335	41134	42152	15605	133447
芬兰	11480	15124	11729	21903	24765	25527	13320	
南非					12814	11073	45874	23013
法国						8451		
新西兰			8622	9585	5016			
比利时						4717		
德国			5009	5693		4214		
瑞典	5908	5738	712					
新加坡		3785						
韩国							80144	63894
中国台湾								23661
其他国家	10588	11298	3203	27250	9345	7277	48876	28232
未漂硫酸盐针叶木浆	**656638**	**620558**	**762073**	**700771**	**714148**	**532090**	**633230**	**464698**
其中：俄罗斯	265694	193841	204015	214762	214348	204038	149744	152001
美国	122182	141037	228905	207362	269808	105188	101606	63105
智利	149985	150180	134456	97789	82879	92833	168064	90217
日本	40523	51824	60609	88113	86589	79955	87456	117121
加拿大	21280	21113	49275	34137	25942	27345	50070	30312
斯威士兰	38825	35290	50799	49024	21339	14098	34384	3877
瑞士			5577					
罗马尼亚	7075	5614	3608					
新西兰		9927	3492					
德国			1163					
南非		4220	9909					
葡萄牙			6729	5519				
其他国家	11074	7512	3536	4065	13243	8633	41906	8065
未漂硫酸盐阔叶木浆	**3449**	**4298**	**3763**	**6500**	**16168**	**4046**		
机械浆和半化学浆	**732927**	**827128**	**927612**	**1037943**	**1043705**	**1065896**	**1336683**	**1426471**
机械浆	**89420**	**75700**	**59659**	**70802**	**61776**	**25916**	**48353**	**61345**
其中：加拿大	38821	48433	48652	65252	59418	22688	44834	52034
新西兰	40776	20837	7190					
瑞典	4878							
挪威	1494					2559		
俄罗斯	2023		2025					
美国	1195							
德国	135							
其他国家	98	6430	1792	5550	2358	669	3519	9311

续表

国别或地区	2003 年	2004 年	2005 年	2006 年	2007 年	2008 年	2009 年	2010 年
半化学浆	643507	751428	867950	967141	981929	1039980	1288330	1365126
其中：加拿大			718027	815713	840547	826167	1053856	1114135
新西兰			99523	81713	87377	89579	84019	90407
芬兰								36143
瑞典			34090	36937	34669	35992	57362	36582
挪威			10268	5484	4463	17650	18479	25084
俄罗斯						57122	29440	33677
爱沙尼亚					8465	5759	31068	18157
印度尼西亚				9834	1500			
德国			2015					
其他国家			4027	17460	4908	7710	14106	10941
溶解浆	268626	289892	293699	396147	527147	498791	851688	963999
亚硫酸盐针叶木浆	25621	47498	24096	38683	35601	28502	55775	24117
亚硫酸盐阔叶木浆	24525	19049	16535	11884	9290	3337	3997	6860
其他浆	45349	101629	71784	76673	63410	44817	76955	66484
总计	6034003	7319740	7591509	7957966	8449128	9455238	13655049	11359861

（梁　川）

2010 年国际不同地区纸浆价格

Price of Market Pulp in Different International Regions in 2010

1. 2010 年美洲市场商品浆价格（美国东部交货）

单位：美元/ 吨

浆　　种	1 月	2 月	3 月	4 月	5 月	6 月	7 月	8 月	9 月	10 月	11 月	12 月
漂白硫酸盐针叶木浆												
北方（加拿大）	850	880	910	960	1000	1020	1020	990	990	970	970	950 ~ 970
南方（美国）	800 ~ 810	830	860	910	950 ~ 960	970 ~ 980	970 ~ 980	940 ~ 950	940 ~ 950	920 ~ 930	920 ~ 930	910 ~ 930
漂白硫酸盐阔叶木浆												
北方混合木（加拿大/美国）	735 ~ 750	770	810 ~ 820	860 ~ 870	910 ~ 920	940 ~ 950	910 ~ 950	890 ~ 900	870 ~ 880	840 ~ 860	820 ~ 840	810 ~ 830
南方混合木（美国）	730	760	790	850 ~ 860	900 ~ 910	930	910 ~ 930	880	860	830	830	820
桉木	760	790	820	870	920	950	950	900	900	900	900	880 ~ 900
特种浆												
未漂硫酸盐针叶木浆（加拿大/美国）	720 ~ 760	750 ~ 790	780 ~ 820	830 ~ 870	870 ~ 910	890 ~ 930	890 ~ 930	860 ~ 900	860 ~ 900	840 ~ 880	840 ~ 880	840 ~ 880
绒毛浆（美国南部未处理硫酸盐针叶木卷筒浆）	860 ~ 880	880	880 ~ 940	970 ~ 990	1010	1030 ~ 1050	1040 ~ 1060	1040 ~ 1060	1040 ~ 1060	1040 ~ 1060	1040 ~ 1060	1030 ~ 1050
脱墨浆（美国，风干，100% 废纸，用于印刷/书写纸，离岸价）	660 ~ 710	690 ~ 740	700 ~ 750	720 ~ 770	730 ~ 780	730 ~ 780	730 ~ 780	730 ~ 780	730 ~ 780	730 ~ 780	730 ~ 780	730 ~ 780

2. 2010 年北欧市场纸浆价格（到岸价）

单位：美元/ 吨

浆　种	1 月	2 月	3 月	4 月	5 月	6 月	7 月	8 月	9 月	10 月	11 月	12 月
漂白硫酸盐针叶木浆												
北方（加拿大/北欧）	830	860	890	930 ~ 940	960	980	980	980	980	950 ~ 980	950 ~ 960	950
南方（美国）	790	820	850	900	930	950	950	950	950	920 ~ 950	920 ~ 930	910 ~ 920
漂白硫酸盐阔叶木浆												
北欧桦木　欧元/ 吨	504	554	578	627	707	767	767	677	685	618	633	638
桉木（巴西）欧元/ 吨	504	554	578	627	707	767	767	677	685	618	633	638
北方混合木（加拿大/美国）	720	750	780	830 ~ 840	880 ~ 890	910	910	860	860	850 ~ 860	850 ~ 860	830 ~ 840
南方混合木（美国）	710	740	770	820	870	900	900	850	850	840 ~ 850	840 ~ 850	820 ~ 830
特种浆												
绒毛浆（美国南部未处理硫酸盐针叶木卷筒浆）	860 ~ 880	880	880 ~ 940	970 ~ 990	1010 ~ 1020	1030 ~ 1060	1040 ~ 1060	1040 ~ 1060	1040 ~ 1060	1040 ~ 1060	1040 ~ 1060	1030 ~ 1050
漂白化学热磨机械浆 BCTMP（加拿大白杨，白度 85%）	680 ~ 690	680 ~ 690	720 ~ 730	780 ~ 800	840 ~ 860	850 ~ 870	850 ~ 870	800 ~ 820	800 ~ 820	790 ~ 810	790 ~ 810	770 ~ 780

3. 2010 年日本及亚洲市场纸浆价格（到岸价）

单位：美元/ 吨

浆　种	1 月	2 月	3 月	4 月	5 月	6 月	7 月	8 月	9 月	10 月	11 月	12 月
日本												
漂白硫酸盐针叶木浆												
北方（加拿大）	730	750	780	810	860	900	920	870	850	850	850	840 ~ 850
南方（美国）	690 ~ 700	710 ~ 720	740 ~ 750	760 ~ 770	810 ~ 820	850 ~ 860	870 ~ 880	820 ~ 830	800 ~ 810	800 ~ 810	800 ~ 810	800 ~ 810
漂白硫酸盐阔叶木浆												
南方混合木（美国）	650	680	710	740	790	840	840	840	790	790	770	730 ~ 740
亚洲												
北方漂白硫酸盐针叶木浆（韩国）	755	775	805	835	885	925	945	895	875	875	875	875
北方漂白硫酸盐针叶木浆（中国）	700 ~ 710	720 ~ 730	750 ~ 760	780 ~ 790	830 ~ 840	870 ~ 880	890 ~ 900	840 ~ 850	800 ~ 830	820 ~ 830	820 ~ 830	820 ~ 830

2010 年北方漂白硫酸盐针叶木浆和南方混合木漂白硫酸盐阔叶木浆各地区市场价格趋势图见图 1、图 2。

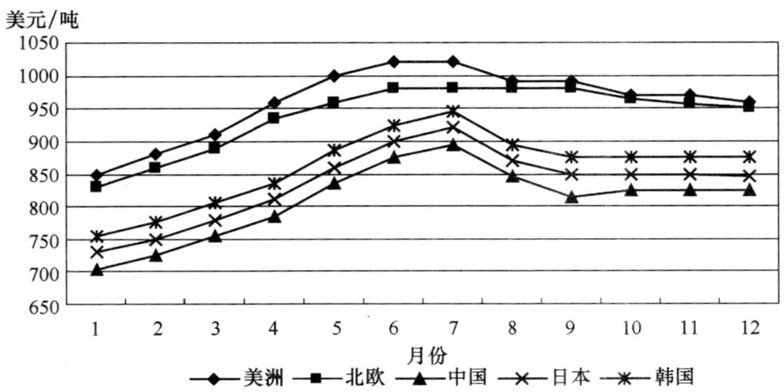

图 1　2010 年北方漂白硫酸盐针叶木浆各地区市场价格

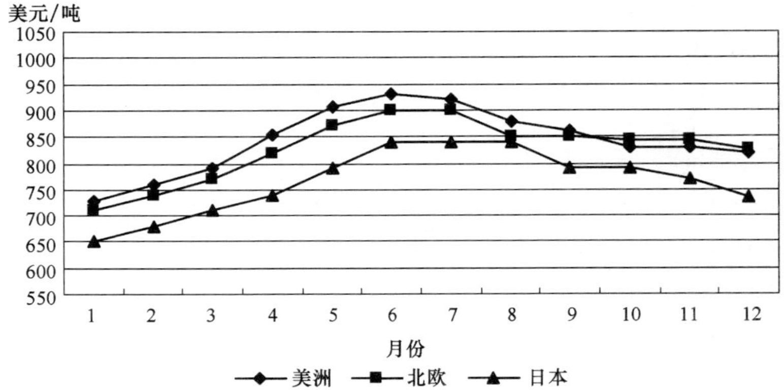

图 2　2010 年南方混合木漂白硫酸盐阔叶木浆各地区市场价格

（章玉华　李　萌）

2010 年国际纸和纸板价格

Price of International Paper and Paperboard Products in 2010

2010 年美国纸和纸板售价（无特殊说明均为美国东部价格）

单位：美元/短吨

纸和纸板种类	1 月	2 月	3 月	4 月	5 月	6 月	7 月	8 月	9 月	10 月	11 月	12 月
纸张												
新闻纸												
30 磅 东海岸（吨）	545	550	565	575	595	615	630	640	640	640	640	640
30 磅 西海岸（吨）	525	530	535	535	560	580	585	590	610	620	625	625
27.7 磅 东海岸（吨）	580	585	605	615	635	655	670	680	680	680	680	680
27.7 磅 西海岸（吨）	560	565	575	575	600	620	625	630	655	665	665	665
未涂布磨木浆纸												
22.1 磅白色记录簿纸	640 ~ 680	640 ~ 680	640 ~ 680	640 ~ 680	640 ~ 680	640 ~ 680	720 ~ 760	720 ~ 760	720 ~ 760	720 ~ 760	720 ~ 760	720 ~ 760
35 磅纸机压光胶印纸 亮度 65%	570 ~ 600	570 ~ 600	570 ~ 600	580 ~ 600	580 ~ 600	620 ~ 640	640 ~ 680	640 ~ 680	670 ~ 740	670 ~ 740	670 ~ 740	670 ~ 740
35 磅超级压光纸（SC – A）	740 ~ 785	720 ~ 760	720 ~ 760	735 ~ 760	740 ~ 780	740 ~ 790	780 ~ 840	780 ~ 840	780 ~ 900	780 ~ 900	780 ~ 900	780 ~ 900
35 磅超级压光纸（SC – B）	620 ~ 660	630 ~ 660	640 ~ 680	670 ~ 700	690 ~ 710	700 ~ 730	730 ~ 770	730 ~ 770	730 ~ 830	730 ~ 830	730 ~ 830	730 ~ 830
45 磅胶版印刷替代纸 白度 83/84	700 ~ 720	700 ~ 720	700 ~ 720	700 ~ 720	700 ~ 720	740 ~ 760	740 ~ 770	750 ~ 780	750 ~ 840	750 ~ 840	780 ~ 820	780 ~ 820
涂布出版物用纸												
1 号 70 磅平板	1380 ~ 1480	1380 ~ 1480	1380 ~ 1480	1380 ~ 1480	1380 ~ 1480	1380 ~ 1480	1380 ~ 1480	1380 ~ 1480	1380 ~ 1500	1380 ~ 1500	1380 ~ 1500	1380 ~ 1500
3 号 50 磅卷筒	960 ~ 1000	960 ~ 1000	960 ~ 1000	975 ~ 1000	975 ~ 1010	975 ~ 1045	975 ~ 1045	975 ~ 1045	975 ~ 1085	975 ~ 1085	975 ~ 1085	975 ~ 1085
3 号 60 磅卷筒	900 ~ 925	885 ~ 915	880 ~ 915	890 ~ 915	890 ~ 925	890 ~ 945	930 ~ 950	930 ~ 950	930 ~ 1000	930 ~ 1000	930 ~ 1000	930 ~ 1000
4 号 50 磅磨木浆印刷纸 卷筒 亮度 79%	845 ~ 865	830 ~ 860	825 ~ 860	840 ~ 860	840 ~ 870	840 ~ 890	885 ~ 905	885 ~ 905	885 ~ 965	885 ~ 965	885 ~ 965	885 ~ 965

续表

纸和纸板种类	1月	2月	3月	4月	5月	6月	7月	8月	9月	10月	11月	12月
5号34磅轮转印刷纸 卷筒	865~895	860~885	855~885	865~885	865~895	865~915	915~935	915~935	915~995	915~995	915~995	915~995
5号40磅胶印纸 卷筒	750~780	730~760	730~760	740~760	740~770	740~790	795~815	795~815	795~875	795~875	795~875	795~875
未涂布白纸												
50磅胶印纸 卷筒	845~865	845~865	885~900	885~900	915~935	925~940	925~945	930~950	930~950	930~950	920~940	920~940
50磅书本胶印纸 卷筒	950~980	950~980	990~1015	990~1015	1020~1045	1030~1055	1030~1055	1030~1055	1030~1055	1030~1055	1020~1045	1020~1045
20磅再生证券纸 亮度92%（小裁纸）	1010~1060	1010~1060	1050~1100	1050~1100	1090~1135	1100~1140	1100~1140	1100~1140	1100~1140	1100~1140	1070~1120	1070~1120
20磅30% PCW 再生证券纸 亮度92%（小裁纸）	1055~1105	1055~1105	1095~1145	1095~1145	1135~1180	1145~1185	1145~1185	1145~1185	1145~1185	1145~1185	1115~1165	1115~1165
未涂布白色加工纸												
20磅表格纸	975~995	975~995	975~995	975~995	1015~1035	1025~1045	1025~1045	1025~1045	1025~1045	1025~1045	1015~1035	1015~1035
24磅布纹白封套纸 亮度92%	995~1050	995~1050	995~1050	995~1050	1035~1085	1045~1090	1045~1090	1045~1090	1045~1090	1045~1090	1045~1090	1045~1090
20/24磅激光打印 MOCR 字符阅读纸 卷筒	1000~1050	1000~1050	1000~1050	1000~1050	1040~1085	1050~1090	1050~1090	1050~1090	1050~1090	1050~1090	1050~1090	1040~1080
15磅无碳复写纸上纸 中卷	3920	3920	3920	4035	4035	4035	4035	4155	4155	4155	4155	4155
漂白光泽纸												
10点单面涂布 封面纸 卷筒	1195~1215	1195~1215	1215~1235	1230~1250	1235~1245	1255~1265	1295~1315	1295~1315	1295~1315	1295~1315	1295~1315	1295~1315
纸板/包装用纸和纸板												
挂面纸板（42磅）												
未漂白硫酸盐浆 东海岸	575~585	575~585	575~585	635~645	635~645	635~645	635~645	675~685	635~645	635~645	635~645	635~645
西海岸	595~605	595~605	595~605	655~665	655~665	655~665	655~665	695~705	655~665	655~665	655~665	655~665
35~36磅高性能挂面纸板	585~595	585~595	585~595	645~655	645~655	645~655	645~655	685~695	645~655	645~655	645~655	645~655
白色面层 东海岸	775~785	775~785	775~785	835~845	835~845	835~845	835~845	875~885	835~845	835~845	835~845	835~845
西海岸	795~805	795~805	795~805	855~865	855~865	855~865	855~865	895~905	855~865	855~865	855~865	855~865
出口挂面纸板												
175克/米^2 出口到南欧的挂面纸板 到岸价（欧元/吨）	350~360	370~390	400~420	430~450	470~490	500~520	500~520	500~560	570~580	570~580	530~540	510~520
175克/米^2 出口到香港的挂面纸板 离岸价加运费（吨）	480~490	510~520	540~550	570~600	590~620	610~640	610~640	610~640	670~680	670~680	660~680	650~670
42磅出口到墨西哥的未漂硫酸盐浆挂面纸板（吨）	500~510	500~510	500~510	530~540	570~580	595~605	595~605	595~605	625~635	625~635	610~620	600~610

续表

纸和纸板种类	1月	2月	3月	4月	5月	6月	7月	8月	9月	10月	11月	12月
瓦楞纸芯（26磅）												
半化学浆法 东海岸	545～555	545～555	545～555	605～615	605～615	605～615	605～615	645～655	605～615	605～615	605～615	605～615
西海岸	565～575	565～575	565～575	625～635	625～635	625～635	625～635	665～675	625～635	625～635	625～635	625～635
未漂白牛皮纸												
50磅伸性多层货用袋纸	925～945	925～945	925～945	980～1000	980～1000	980～1000	1010～1030	1040～1060	1040～1060	1040～1060	1040～1060	1040～1060
50磅多层货用袋纸	820～830	820～830	820～830	880～890	880～890	880～890	880～890	920～930	920～930	920～930	920～930	920～930
70磅食品杂货袋纸	760～770	760～770	760～770	820～830	820～830	820～830	820～830	860～870	860～870	860～870	860～870	860～870
30磅食品杂货袋纸	950～970	950～970	950～970	1010～1030	1010～1030	1010～1030	1010～1030	1050～1070	1050～1070	1050～1070	1050～1070	1050～1070
漂白牛皮纸												
30磅食品杂货袋纸	1205～1215	1205～1215	1205～1215	1245～1255	1245～1255	1245～1255	1245～1255	1285～1295	1285～1295	1285～1295	1285～1295	1285～1295
再生折叠箱纸板												
20点白土涂布纸板	780～800	780～800	780～800	815～835	815～835	815～835	815～835	845～855	845～865	845～865	845～865	845～865
20点耐折叠纸板	540～570	570～600	570～600	610～640	610～640	610～640	610～640	610～640	610～640	635～665	635～665	635～665
全漂白硫酸盐纸板												
16点折叠纸板 单面涂布	1000～1050	1000～1050	1000～1050	1040～1090	1040～1090	1040～1090	1080～1125	1090～1140	1090～1140	1130～1180	1130～1180	1130～1180
14点纸杯纸板 双面淋膜（PE膜）	1250～1310	1250～1310	1250～1310	1290～1350	1300～1355	1320～1375	1350～1405	1350～1405	1350～1405	1350～1405	1350～1405	1350～1405
涂布未漂白硫酸盐纸板												
20点折叠纸板 单面涂布	825～885	825～885	825～885	825～885	825～885	855～915	865～925	865～925	915～975	915～975	915～975	915～975

2010 年美国市场部分纸和纸板价格走势见图 1。

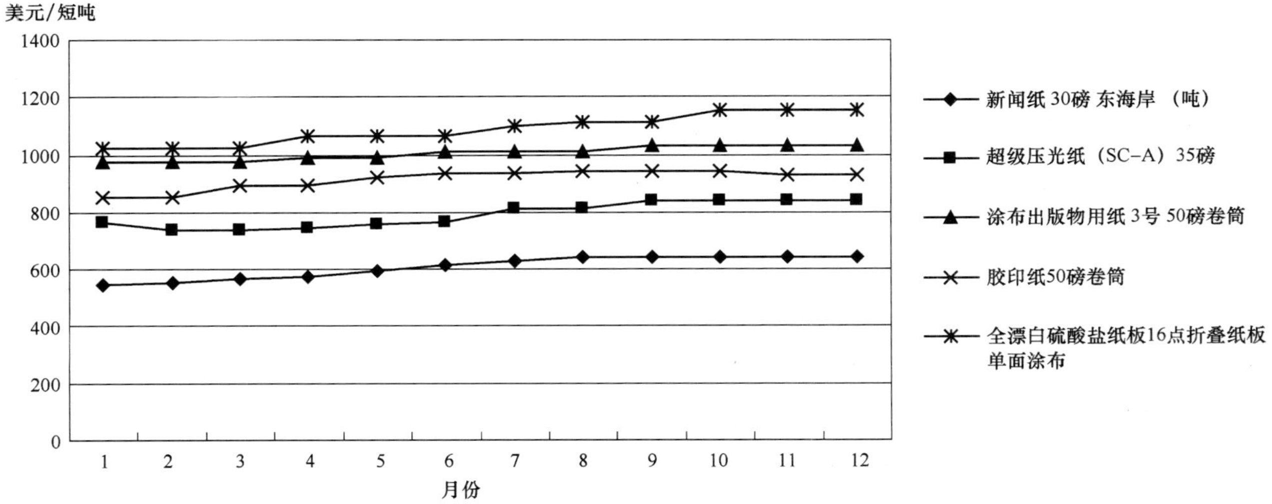

图 1　2010 年美国市场部分纸和纸板价格走势

（章玉华　李　萌）

产品与市场

PRODUCTS AND MARKET

3

2010 年中国造纸工业产销情况分析

Analysis on Production and Sale Situation of China's Paper Industry in 2010

一、2010 年我国造纸工业生产情况

1. 生产及消费情况

根据中国造纸协会统计，2010 年我国纸浆生产量 7318 万吨，同比增长 8.70%；全年纸浆消费总量 8461 万吨，同比增长 6.03%。2010 年纸及纸板产量 9270 万吨，同比增长 7.29%；全年纸和纸板消费总量 9173 万吨，同比增长 7.05%；人均消费量 68 千克。2010 年纸及纸板产品产销率 98.6%，比 2009 年同期上升 0.4 个百分点。

2. 经济指标完成情况

从国家统计局提供的全国制浆造纸及纸制品业规模以上企业 2010 年的经济指标看，1—11 月主营业务收入 9166.67 亿元，同比增长 30.27%，比 2009 年同期上升 23.35 个百分点；利税总额 797.27 亿元，同比增长 34.65%，比 2009 年同期上升 28.91 个百分点，其中利润总额 520.61 亿元，同比增长 42.03%，比 2009 年同期上升 36.29 个百分点。2010 年全年工业总产值 10559.89 亿元，同比增长 29.7%，比 2009 年同期上升 22.9 个百分点。其中纸浆制造业 1—11 月完成工业总产值 328.38 亿元，同比增长 45.00%，比 2009 年同期上升 54.40 个百分点；主营业务收入 317.49 亿元，同比增长 44.17%，比 2009 年同期上升 49.95 个百分点；利税总额 32.58 亿元，同比增长 318.68%，比 2009 年同期上升 384.36 个百分点；利润总额 21.53 亿元。纸及纸板生产企业 1—11 月实现工业总产值 5286.82 亿元，同比增长 28.80%，比 2009 年同期上升 28.70 个百分点；主营业务收入 5161.79 亿元，同比增长 30.40%，比 2009 年同期上升 26.25 个百分点；利税总额 458.39 亿元，同比增长 36.12%，比 2009 年同期上升 37.95 个百分点；利润总额 299.39 亿元，同比增长 44.31%，比 2009 年同期上升 45.68 个百分点。纸制品生产企业 1—11 月实现工业总产值 3879.39 亿元，同比增长 29.80%，比 2009 年同期上升 16.00 个百分点；主营业务收入 3687.39 亿元，同比增长 29.03%，比 2009 年同期上升 16.81 个百分点；利税总额 306.30 亿元，同比增长 23.73%，比 2009 年同期上升 2.43 个百分点；利润总额 199.68 亿元，同比增长 25.05%，比 2009 年同期下降 1.38 个百分点。

从国家统计局提供的有关数据可以看出，2010 年全行业在克服金融危机给市场带来的不利影响下，工业产值、销售收入、利税总额和利润总额均走出了金融危机时的下滑态势，各项经济指标与 2009 年同期相比均出现了强劲的增长。

尽管如此，我们从数据中还是可以看到以下问题。

（1）纸及纸板生产增速平稳，下半年趋于减缓。2010 年 1—12 月纸及纸板生产量同比增长 6.89%，比 2009 年同期下降 5.00 个百分点。但从月度生产情况看，1 月增幅最大达到 34%，2—5 月间，每月生产量同比增幅均略高于 10%，3 月最高为 16%，而进入 6 月后的 4 个月，每月同比增幅均低于 7%，8 月仅为 2%，9 月也只有 4%，10 月为 3%，11 月为 4%，12 月为 1%，大大低于 2009 年同期当月增幅。

（2）产成品库存有所增加。制浆造纸及纸制品业 1—11 月产成品库存 389.14 亿元，同比增长 9.15%，与 2009 年同期相比上升 19.58 个百分点；其中纸浆制造业产成品库存 26.14 亿元，同比增长 40.67%；纸及纸板生产企业产成品库存 245.44 亿元，同比增长 10.28%；纸制品业产成品库存 117.56 亿元，同比增长 1.90%。

另外，从月度情况看，在 2010 年 2 月底时产成

品库存 307.20 亿元，比 2009 年同期减少 36.40 亿元，5 月底产成品库存 366.16 亿元，比 2009 年同期减少 0.28 亿元，而到 8 月底产成品库存 399.68 亿元，比 2009 年同期增加了 40.17 亿元。

（3）应收账款净额增加。制浆造纸及纸制品企业 1—11 月应收账款净额合计已达 1020.32 亿元，同比增长 23.27%，比 2009 年同期上升 18.26 个百分点。其中纸浆制造业应收账款净额 33.83 亿元，同比增长 59.86%；纸及纸板生产企业应收账款净额 507.47 亿元，同比增长 20.40%；纸制品业应收账款净额 479.03 亿元，同比增长 24.41%。

从上述的统计数据可以看出，2010 年造纸行业生产和销售虽然出现增长，但从产成品库存和应收账款净额增加的情况看，也反映出整体经济状态还有待进一步提升和改善。

3. 纸及纸板的进出口情况

根据海关总署的统计资料分析，我国各类纸及纸板进口量从 2005 年开始已连续 5 年下降，2005 年进口量同比下降 14.58%，2006 年下降 15.84%，2007 年下降 9.07%，2008 年下降 10.72%，2009 年下降 6.70%，而 2010 年纸及纸板进口量 335.81 万吨，比 2009 年同期 333.94 万吨增加 1.87 万吨，增长 0.56%。

2010 年进口的纸及纸板产品中新闻纸、生活用纸、铜版纸、包装用纸、特种纸及纸板比 2009 年同期分别增长 80.47%、40.76%、22.84%、21.31%、15.11%，箱纸板和瓦楞原纸比 2009 年同期均有不同程度下降，箱纸板下降 6.85%，瓦楞原纸下降 47.25%。

2010 年纸及纸板出口量 433.33 万吨，比 2009 年同期 405.15 万吨增长 6.96%。如果按月度出口情况看，1—7 月出口量均较 2009 年同期有所增加，其中 1 月增幅最大为 48%，但 8、9 月同比增长为负数，分别下降了 2.7% 和 13.95%，10 月与 2009 年同期持平，11 月增长 14.71%，12 月下降 5.26%。

4. 商品纸浆和废纸的进出口情况

2009 年我国纸浆生产量同比增长 4.03%，2010 年纸浆生产量同比增长 15.37%。

2010 年进口各类商品纸浆 1137 万吨，同比下降 16.83%，月平均进口量为 94.75 万吨，比 2009 年月平均进口量减少 19.17 万吨。

2010 年进口废纸 2435 万吨，同比下降 11.45%，月平均进口量 202.92 万吨，比 2009 年月平均进口量减少 26.25 万吨。

由于我国造纸原料短缺，虽然国内商品纸浆和废纸原料每年都有出口，但总量较少。2010 年我国出口各类商品纸浆 8.10 万吨，同比下降 6.89%；废纸出口量 796.43 吨，同比 2009 年 274.70 吨增长 189.93%。

从国内造纸企业生产数据和生产情况看，2010 年我国造纸行业的生产总量继续保持增长，生产增速呈现先高后低态势，销售基本保持平稳增长，市场进一步向好。

二、2010 年纸及纸板主要品种的生产与消费情况

1. 新闻纸

据中国造纸协会统计，2010 年我国新闻纸生产量 430 万吨，进口量 4 万吨，出口量 11 万吨，全年消费量 423 万吨。

根据新闻出版总署提供的统计数据，2009 年全国出版报纸共 1937 种，总印数 439.11 亿份，同比下降 0.86%；总印张 1969.4 亿印张，同比增长 2.01%，折合用纸量 452.96 万吨。

2010 年新闻纸的进出口价格较 2009 年同期有所下降，新闻纸进口到岸平均价格 501 美元，比 2009 年同期 556 美元降低了 55 美元，而出口离岸平均价格 577 美元，比 2009 年同期 567 美元增长 10 美元。

近些年，由于受到互联网等媒体冲击，全球范围内新闻纸消费量都或多或少地受到影响，尤其是金融危机爆发后又给实体经济带来冲击，造成平面媒体广告下降，直接影响到报纸的发行量和新闻纸的用量。

但随着全球经济复苏，欧美等发达国家的新闻纸生产和消费从 2009 年年底开始已逐渐恢复到金融危机前的水平，这一变化情况也应引起我们的关注。

从目前国内新闻出版发行的情况来看，新闻纸的消费总量要在短时间内大幅增加将会有难度。

2. 书刊用纸

据新闻出版总署统计，2009 年全国共出版图书 30.17 万种，总印张 565.50 亿印张，同比增长 0.78%，折合用纸量 132.93 万吨。出版期刊共 9851 种，总印张 166.24 亿印张，同比增长 5.23%，折合用纸量 39.06 万吨。图书、期刊两部分合计，总印张数 731.74 亿印张，同比增长 1.81%，折合用纸量 171.99 万吨，同比增长 1.79%。

另外，从新闻出版总署统计的 8189 家出版物

印刷企业数据可以看到，2009 年图书、报纸、其他出版物黑白印刷产量 27034.56 万令，同比下降 6.93%；彩色印刷产量 129535.09 万对开色令，同比增长 38.91%；印刷用纸量 30478.34 万令，同比下降 45.26%；折合用纸量 851.82 万吨，同比下降 44.85%。

上述这些数据可以给生产印刷用纸的企业作为参考，可以通过我们下游行业的生产增减情况，来分析和判断印刷用纸的市场情况和发展。

据统计，2010 年未涂布书写印刷纸生产量 1620 万吨，同比增长 7.28%；进口量 41 万吨，同比增长 7.89%；出口量 71 万吨，同比增长 39.22%。

由于这两年有些企业新上了大型生产设备，也有些企业通过转产使得文化用纸生产能力增长过快。根据我们了解，2010 年有岳阳纸业股份有限公司、中冶纸业银河有限公司、濮阳龙丰纸业有限公司等新建大机台的生产能力释放以及华泰集团有限公司、山东晨鸣纸业集团股份有限公司、福建省南纸股份有限公司等部分新闻纸产能转产文化用纸带来的增量。如果产能释放过于集中，将会给市场带来不利信号并面临市场竞争压力，尤其会造成市场价格波动下滑。

3. 铜版纸

我国铜版纸前几年生产能力发展较快，而近两年增长较为平稳。目前，铜版纸仍然是我国纸及纸板出口产品中数量最大的。

由于 2010 年下半年 APP 海南金海浆纸业有限公司年产百万吨的铜版纸生产线投入试生产，将给 2011 年国内铜版纸生产带来增量。据统计，2010 年我国铜版纸生产量 555 万吨，同比增长 11.00%；出口量 113 万吨，进口量 38 万吨；全年消费量 480 万吨，同比增长 20.30%。

从目前已知的再建项目看，江苏王子制纸（南通）有限公司、华泰集团有限公司、山东晨鸣纸业集团股份有限公司的几条年产 70 万吨的铜版纸生产线将陆续投产，预计今后两年国内铜版纸生产能力还会有增加，会使国内市场竞争更加激烈。

在这里向大家通报一下情况，美国商务部和欧盟贸易委员会于 2009 年分别立案的对我国出口到美国和欧盟的铜版纸进行“双反”调查。美国商务部和欧盟贸易委员会现已作出了裁定，目前国内相关企业正在积极应对，但这一问题的发生可能对 2011 年铜版纸出口又要带来一些影响。

4. 生活用纸

随着经济发展和生活水平的提高，人们对生活用纸的使用和种类的需求越来越多，因此也就促进了我国生活用纸近年来的快速发展。

据统计，2010 年我国生活用纸生产量 620 万吨，同比增长 6.90%；进口量 8 万吨，同比增长 60.00%；出口量 61 万吨，同比增长 8.93%；消费量 567 万吨，同比增长 7.18%。

目前我国生活用纸知名品牌恒安、维达、中顺、APP 等主要生产企业，通过各自的优势，在我国不同区域纷纷投资建设新生产线，生产各类生活用纸，且生产规模不断扩大。另外，山东晨鸣纸业集团股份有限公司等一些国内有实力的大企业近年来也开始投资生活用纸产品领域，并且多选择目前国际最为先进的装备，幅度宽、车速快、产量大。从而更加促进了我国生活用纸生产量和市场消费量的提高，而另一方面也带来了市场格局变化和竞争加剧。

需要说明的是生活用纸多为一次消耗用品，像餐巾、面巾、医护用纸等，因有卫生和视觉需求，应该使用原生纸浆，但像厕用纸、厨房擦拭纸、擦手纸等产品还是要鼓励多使用回收废纸来生产。

5. 白纸板

2010 年白纸板的生产和市场情况，由于山东博汇纸业股份有限公司、中冶美利纸业股份有限公司、山东太阳纸业股份有限公司、新乡新亚纸业集团股份有限公司等企业 2009 年新增的产能，2010 年得以释放的原因，使得 2010 年我国白纸板生产量有了一定的提高。该产品市场销售基本平稳，销售价格稳中有升。

据统计，2010 年我国白纸板生产量 1250 万吨，其中涂布白纸板生产量 1200 万吨，白纸板进口量 77 万吨，出口量 73 万吨，消费量 1254 万吨，其中涂布白纸板消费量达到 1204 万吨。

从 2010 年进出口趋势看，进口量每月基本维持在 5 万～6 万吨，变化不大；而出口情况，每月平均出口 6.08 万吨，较 2009 年有较大增长。

从山东博汇纸业股份有限公司、东莞建晖纸业有限公司、玖龙纸业（控股）有限公司等已知的拟建设项目来看，预计今后两年国内白纸板生产能力还会有所增长。

6. 箱纸板

金融危机爆发后，中央出台了多项经济刺激政策，而随着这些政策的逐步落实，也使得国内各产业得以快速恢复和发展，由于国内需求和各类商品出口量的不断增加，也拉动了市场对包装用纸需求的不断增长，因此，箱纸板也就成为这两年我国生产量最大，增量最多的产品。

据统计，2010年我国箱纸板生产量1880万吨，同比增长8.67%；进口量80万吨，比2009年同期减少6万吨；出口量14万吨，比2009年同期增加7万吨；全年消费量1946万吨，同比增长7.57%。

7. 瓦楞原纸

瓦楞原纸作为瓦楞纸板箱配套产品，近年来也随着包装纸箱的需求增加，瓦楞原纸生产量也在不断增长，这两年生产增量也是各品种中增量最大的产品之一。

据统计，2010年瓦楞原纸生产量1870万吨，同比增长9.04%；进口量24万吨，同比下降47.83%；出口量5万吨，同比增长66.67%；消费量1889万吨，同比增长7.45%。

8. 商品纸浆进口情况

据统计，2010年我国生产各类纸浆7318万吨，其中各类木浆708万吨，非木浆1305万吨，废纸浆5305万吨；另外，进口各类商品纸浆1137万吨，出口仅有8.1万吨。

由于国际金融危机爆发，导致国际商品纸浆价格持续低迷，直至2009年上半年商品纸浆价格还是偏低，因此国内许多原来生产自用纸浆的企业，也开始采购商品纸浆生产。再有就是部分有资金实力的企业借机超采超购补充库存，致使2009年商品纸浆进口量达到了历史上的最大量。与此同时，由于采购需求量的迅猛增加，造成了供需失衡，也刺激了其价格从2009年下半年开始快速回升并一路上扬，直至今日商品纸浆进口价格仍然停留在高价位上。

由于2009年的超量采购，部分企业商品纸浆进口总量已超出年度正常使用量而转为库存商品，结转到2010年使用，据中国造纸协会统计这部分的纸浆量约有100多万吨。另外，2010年欧美发达国家纸业生产已逐渐恢复到金融危机前的水平，也增加了对商品纸浆的需求，加上2010年商品纸浆价格一直居高不下，致使国内部分企业担心市场风险，而纷纷减少纸浆进口量，有的企业2011年已加大了自制纸浆的生产量。

2010年商品纸浆月平均进口94.75万吨，比2009年月平均进口量减少19.17万吨，进口纸浆平均价格776美元，比2009年同期500美元增加276美元。出口纸浆平均价格1727美元，说明我国出口的商品纸浆主要是特种类纸浆。

从2010年分月的进口情况看，1月、11月和12月进口量与2009年同期相比增长，其他月份进口量同比都有所下降，2月、5月、6月、7月、9月降幅都达到30%以上。

从进口的商品纸浆种类来看，2010年漂白硫酸盐针叶木浆进口量399.18万吨，比2009年同期减少77.40万吨，平均价格786美元，比2009年同期上涨259美元；漂白阔叶木浆进口量441.56万吨，比2009年同期减少151.57万吨，平均价格703美元，比2009年同期上涨260美元；本色硫酸盐木浆进口量47.06万吨，比2009年减少16.86万吨，平均价格619美元，比2009年同期上涨173美元；化机浆进口量136.51万吨，比2009年同期增加7.68万吨，平均价格595美元，比2009年同期上涨157美元。

9. 废纸进口情况

2010年我国造纸生产用浆中废纸浆已达5305万吨，比例已占到总用浆量的63%，折合废纸量约6631万吨。其中，我国回收的各类废纸约4000万吨，进口的各类废纸2435万吨。

2010年废纸月平均进口202.92万吨，每吨进口平均价格220美元，比2009年同期平均价格上涨82美元。

从2010年分月进口情况看，除1月进口量比2009年同期增长43.05%，3月增长1.67%，12月增长3.04%外，其余月份进口都有不同程度下降，其中2月下降11.88%，4月下降16.42%，5月下降22.13%，6月下降26.84%，7月下降29.39%，8月下降18.14%，9月下降19.84%，10月下降10.26%，11月下降2.40%。从废纸进口价格走势来看，2010年废纸进口平均价格是一路上涨，12月达到最高，7—9月略有下降，但降幅不大。12月当月废纸进口平均价格239.38美元/吨，同比增长39.21%。

从进口废纸的品种看，2010年累计进口废瓦楞箱纸板1416.77万吨，比2009年同期减少207.63万吨，同比下降12.78%，占废纸进口总量的58.2%，每吨进口平均价格225美元，比2009年同期进口价格上涨116美元；累计进口废报纸和废杂志纸592.45万吨，比2009年同期减少124.05万吨，同比下降17.31%，占废纸进口总量的24.3%，每吨进口平均价格214美元，比2009年同期上涨74美元；累计进口混合废纸376.64万吨，比2009年同期减少4.54万吨，同比下降1.19%，占废纸进口总量15.5%，每吨进口平均价格197美元，比2009年同期上涨68美元；累计进口办公废纸49.36万吨，比2009年同期增加21.28万吨，同比增长75.78%，占废纸进口总量的 2.0%，每吨进口平均价格 311 美元，比 2009 年同期上涨 100 美元。

从以上各类废纸品种进口情况来看，2010 年除办公废纸进口量有一些增加外，占废纸进口总量 80% 以上的废瓦楞箱纸板、废报纸和废杂志纸进口量下降最多，而混合废纸进口量虽然也有减少，但总量下降较少。我们分析：废纸进口增量下降主要原因，一是总供给量不足；二是价格高；三是我国废纸回收量提高；四是 2009 年超量采购的一部分量结转至 2010 年使用。

三、2010 年及 2011 年我国造纸生产和市场走势

2010 年是我国全面完成“十一五”经济社会发展任务的最后一年，国家继续实行以适度宽松财政政策为主的宏观经济政策，坚持扩大内需战略，尤其是为应对金融危机相继出台的一系列经济刺激政策的落实，使得我国经济实现了平稳较快的发展。由于经济发展的需要和拉动，也就给原材料型和配套型及消费型的造纸产业提供了平稳较快发展的运行环境和发展空间。

2010 年造纸产业整体面临着结构调整、节能减排和淘汰落后产能的压力，同时还受到商品纸浆、废纸及能源、化工等原辅材料价格上涨等因素困扰，但在内需、投资和产品出口配套增长等因素的拉动下，造纸行业克服了上述种种困难，通过调整产品结构和加大先进技术装备的投入，使全行业保持了平稳较快的发展。

当前，全球性通胀压力加大，贸易保护主义抬头，国际经济环境中不稳定因素增多，将对我国的造纸产业后续发展带来较大压力和影响。

根据我国造纸工业生产和造纸原料供应以及国内外纸张市场走势，我们认为 2010 年和 2011 年我国造纸生产和市场走势如下。

（1）随着我国为应对金融危机出台的各项刺激政策的逐渐落实，尤其是投资拉动的经济发展和内需增长，带动了国内市场对纸张需求总量的增加，将促进我国纸及纸板生产总量继续增长，但增长速度会继续减缓。

从 2010 年的生产统计快报来看，1 月纸及纸板生产量增幅最高，同比增长 34.41%，2—5 月生产量增幅保持在 10% ~15%，而 6 月之后生产量增幅同比下降到 5% 以下，其中 8 月最低，增幅同比仅为 1.93%。由于 2009 年 1—2 月受金融危机影响，我国造纸生产量本身就低，可比性较差，但 2010 年 6 月之后生产量增幅与过去相比已明显减缓。根据目前我们了解到的情况，预计这种生产增幅减缓态势将会继续维持。所以，我们预计 2011 年纸及纸板生产量增长将会基本保持 2010 年的增速。

（2）从 2010 年的进出口情况看，纸及纸板产品出口量略大于进口量的局面仍将继续，但进出口总量都比 2009 年有所增加。

近年来，我国造纸产品随着总量的增长和生产规模大的企业增多，一些企业的产品销售又是全球平衡，使得我国纸张产品出口量近年来不断增加。但由于全球贸易保护主义抬头，世界各国也开始对我国纸张出口采取种种制约措施。目前，我国造纸产品在出口方面遭受到反倾销和反补贴调查的案件已有多起，近期发生的案件主要是美国、欧盟提出的涂布纸“双反”案，而最近我们得到信息像巴基斯坦、阿根廷这些进口我国纸张不多的国家也有提起“双反”调查的动向，尽管发生这些问题的原因很多，但也会给 2011 年以及今后一段时间内的进出口增加了更多变数。

（3）由于 2010 年进口商品纸浆和废纸价格一直在高位徘徊，加之人民币汇率持续走高，尽管我国纸及纸板生产总量提高需要增加外购商品纸浆和废纸原料，但由于 2010 年欧美纸业生产复苏，对纸浆和废纸需求增加，加上 2010 年初智利地震等突发因素形成了纸浆和废纸供给量趋紧局面；另外，国内进口商还担心市场、库存及汇率等风险因素，也就造成了 2010 年商品纸浆和废纸进口量减少。

2011 年我国对商品纸浆和废纸进口量的需求，按我国纸及纸板生产总量和我国纸浆生产量及废纸回收量估算，在排除不可预见因素的情况下，预计商品纸浆和废纸的进口量将还会增加。

（4）我国纸及纸板的生产应该说基本是以满足内需为主，但由于生产发展和市场需求平衡问题，加上各国纸张生产品种差异，通过进出口来调节纸及纸板消费量是必然的。这几年随着我国造纸工业生产量的提高，纸及纸板出口量逐年有所提高，但出口量增加的主要品种是涂布纸和纸板以及未涂布书写印刷纸和生活用纸等，而这几个品种也恰恰是这几年我国生产增量和集中度最大的，并且外资企业较多，一方面他们改善了我国供给，另一方面也促进和提高了我国纸及纸板的出口量。

从我国造纸工业近期发展和产品竞争力情况看，纸及纸板出口量增长态势将会持续。

（5）我国纸及纸板进口量已连续 5 年出现同比

下降，但2010年进口量累计则出现了同比增长问题，虽然进口增幅只有0.56%，增量只有1.87万吨。但从进口的纸张品种看，新闻纸、生活用纸、铜版纸、包装用纸、特种纸及纸板比2009年同期分别增长80.47%、40.76%、22.84%、21.31%、15.11%，箱纸板和瓦楞原纸比2009年同期均有不同程度下降，分别下降6.85%、47.25%。这一现象，一方面说明我们这类品种的纸张总量不足，另一方面也说明进口产品与我国产品存在品种、品质差异或者是有产品不可替代问题，再一个方面可能就是贸易渠道和消费习惯问题，同时也给我国造纸生产企业提供了市场方向。

因此，我们认为今后更长一段时间纸及纸板进口量仍会占有国内市场一定份额，但进口总量应该是下降趋势。

（6）随着经济全球化进程的加快，国际金融危机带来的全球通胀压力必然波及我国，虽然目前我国造纸产业的生产和市场需求基本平稳，但随着未来汇率、通胀等诸多不确定性因素带来的市场变化，将会给造纸企业生产造成成本压力，使多数纸产品的市场价格产生波动。

（7）随着国家实施节能减排和淘汰落后产能工作力度的加大，各级政府部门都加大了对造纸企业的监督管理和执法力度。近两年不符合产业规模的小企业和排放不达标的生产企业已陆续停产和关闭，但随着经济总量的增长，造纸行业淘汰落后产能的标准有提高的趋势。另外，低碳经济的推进，未来几年有关部门将加大节能减碳工作力度，这又给产品生产离不开能源的造纸产业带来新的考验。

（8）国民经济和社会发展第十二个五年规划明确提出了未来五年发展目标和任务。其中保持经济平稳较快发展、经济结构战略性调整和转变经济发展方式等作为重大任务。因此，给作为基础原材料工业的造纸产业在未来五年带来了发展机遇和挑战。

目前，我国造纸行业生产量已位居世界第一位，但是目前行业总体水平还不够高。因此，“十二五”期间，我们要按中央提出的战略目标和任务，通过优化造纸产业结构、产品结构和企业的组织结构；通过提升改造，淘汰落后产能，增强新产品开发能力和品牌创建能力，从而全面提升造纸行业的整体水平和竞争力，使行业真正的做到由大变强。

（赵 伟）

商品浆市场概况

Market General Situation of Market Pulp

纸浆是造纸生产的中间产品。纸浆包括自用浆和商品浆，其中商品浆是以商品形式进入市场销售领域的纸浆（一般加工成纸浆板），不包括企业自用的纸浆。商品浆根据生产原料、加工方法、加工程序以及纸浆性质来确定标准和划分等级，主要分为化学浆和机械浆两大类。一般来说，化学浆中含有的主要成分是纤维素，还有少量的半纤维素和极少量的木质素等。机械浆中除了含有纤维素和半纤维素外，还有多量的木质素等。可以看出，化学浆的品质远比机械浆优良。国际上，商品浆主要是指商品木浆，其产量大约占全部商品浆的90%。

一、国际商品浆市场概况

2009 年世界纸浆总产量 1.78 亿吨，比 2008 年的 1.92 亿吨下降 7.3%。其中，化学浆产量 1.24 亿吨，比 2008 年下降 6.2%；机械浆 3102 万吨，比 2008 年下降 12.8%。从地区分布上看，世界机械浆生产集中在北美和欧洲，它们的产量相当，分别为 1188 万吨和 1225 万吨，这两个地区机械浆产量总和占世界机械浆总产量的 77.8%。

世界纸浆产业布局总的来说，近几十年来有从北向南转移，从成熟市场地区向新兴市场地区转移的趋势。图 1 是近 10 年来北美、欧洲、亚洲和拉美地区纸浆产量占世界纸浆总产量比例的变化。2009 年北美地区纸浆总产量为 6541 万吨，比 2008 年下降 8.9%，占世界纸浆总产量的 36.8%；欧洲和亚洲纸浆总产量分别为 4359 万吨和 4185 万吨，分别占世界总产量的 24.5% 和 23.5%。纵向来看，北美地区从 1998 年占 46.5% 下降至 2009 年仅占 36.8%，下降了 9.7 个百分点；欧洲同一时期从 24.2% 增加至 24.5%，增加了 0.3 个百分点。相反，亚洲地区纸浆产量从 1998 年占世界纸浆产量的 20.3% 增加至 2009 年的 23.5%，增加了 3.2 个百分点；拉丁美洲则从 1998 年占 6.1% 增加至 2008 年占 10.6%，增加了 4.5 个百分点，增加得最多。

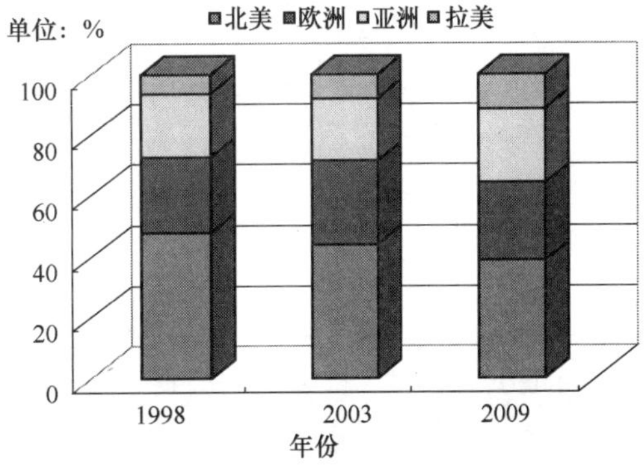

图 1　1998 年、2003 年和 2009 年世界主要地区纸浆产量占世界产量的比例

2009 年纸浆主要生产国及所占份额见图 2。美国、加拿大和中国是纸浆产量最多的 3 个国家，其中中国超过加拿大成为世界第二大纸浆生产国，2009 年它们的纸浆总产量分别是美国 4833 万吨、中国 1726 万吨和加拿大 1708 万吨。三国纸浆产量均为负增长，分别为 -6.1%、-12.3% 和 -16.1%。

表 1 是 2009 年世界纸浆主要进出口国的进出口情况。2009 年纸浆净进口量较多的国家有中国、德国、意大利、韩国、日本 5 个国家，它们的净进口总量为 2400.5 万吨。除中国外，其余 4 国净进口总量均有所下降。中国是世界上最大的原生纸浆和废纸进口国，2009 年进口纸浆 1358.3 万吨，进口废纸 2750 万吨。纸浆净出口量较多的国家是加拿大、巴西、智利、瑞典和俄罗斯，它们的净出口总量为 2482.4 万吨。此外，印度尼西亚、芬兰、乌拉圭、葡萄牙和新西兰也有较多纸浆净出口，分别为 148.7 万吨、131.3 万吨、97.4 万吨、94.8 万吨和 85.5 万吨。

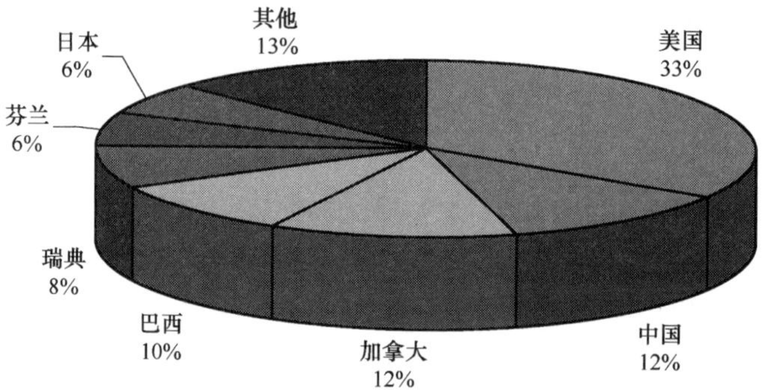

图 2 2009 年世界主要纸浆生产国及所占份额

表 1 2009 年世界主要进出口国的进出口情况

排位	国家	净进口量/万吨	排位	国家	净出口量/万吨
1	中国	1358.3	1	加拿大	808.5
2	德国	370.0	2	巴西	787.0
3	意大利	305.7	3	智利	430.0
4	韩国	226.7	4	瑞典	301.0
5	日本	139.8	5	俄罗斯	155.9

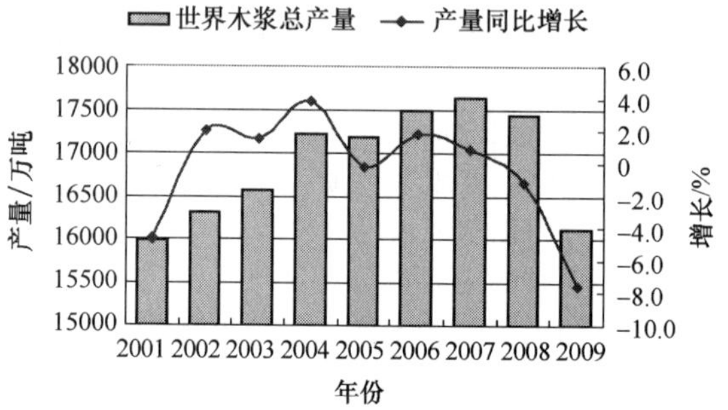

图 3 2001—2009 年世界木浆产量

从世界范围来看，商品浆的产量约占纸浆总产量的 25% 左右。世界商品浆产量和净出口量最大的国家是加拿大，2009 年净出口量达 809 万吨。其次是巴西，2009 年净出口量为 787 万吨。

世界商品浆通常根据产地、材种、制浆方法和白度来分类。主要有：北/南方漂白硫酸盐针叶木浆（NBSK/SBSK）、北/南方漂白硫酸盐阔叶木浆（NBHK/SBHK）、漂白硫酸盐桉木浆（BEK）、混合热带阔叶木和相思树浆、漂白热磨机械浆（BCT-MP）。加拿大、瑞典、芬兰的商品浆主要是漂白硫酸盐针叶木浆（NBSK）；巴西、智利的商品纸浆主要是漂白硫酸盐阔叶木浆（NBHK）。巴西的漂白硫酸盐桉木浆是世界著名的阔叶木浆。

2009 年世界木浆总产量 1.6 亿吨（见图 3），总出口量 4309 万吨，占总产量的 26.9%。其中漂白硫酸盐针叶木浆总出口量 1751 万吨；漂白硫酸盐阔叶木浆总出口量 1994 万吨；漂白硫酸盐针叶木浆的出口量占其产量的 53.2%；而漂白硫酸盐阔叶木浆的出口量占其产量的 35.7%。

世界商品浆价格由世界供求关系决定。2004 年以前世界制浆企业和咨询机构主要参考 Norscan（加拿大、美国、瑞典、芬兰、挪威等 5 国）库存指标预测未来浆价走势，从 2004 年开始，该指标不再发布。之后主要参考蒙特利尔浆纸产品理事会（PPPC）公布的世界纸浆库存指标。世界商品浆产量增长缓慢，而世界最大纸浆进口国中国对纸浆需求增长迅猛，在 2001—2004 年平均增长 22.4%，2005—2007 年增长率趋于稳定约为 5%，2008 年增长达到 12.7%，均高于世界商品浆产量的增长。2009 年，随着国际商品浆的产能利用率大幅提升，供需再次发生变化，浆价也不断上涨。2010 年受智利大地震影响，世界纸浆供给缺口加大，浆价一度大幅上涨，于 2010 年第一季度后开始回落。

二、国内商品浆市场概况

2009 年我国生产纸浆 1935 万吨，纸浆产量同比下降 6.0%。由于金融危机使得国际浆价大跌，购买商品浆的价格低于国内自制浆的成本，2009 年国内商品浆进口大幅增加，由 2008 年的 946 万吨迅速升至 1368 万吨，绝对增量 422 万吨，同比增长 44.6%。

2010 年因需求强劲，我国纸浆产量快速增长，全年生产纸浆 2232 万吨，纸浆产量同比增长 15.3%（见图 4）。2010 年因进口浆价飞涨，抑制纸浆进口，全年进口累计数量为 1137 万吨，同比下降 16.9%。

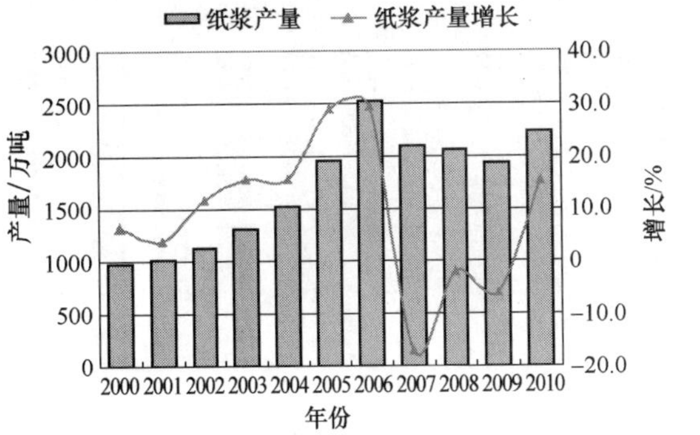

图4　2000—2010年我国纸浆产量

纸及纸板生产量的增长，将拉动造纸企业对原料需求的增加。同时我国纸产品呈现高档化和多元化趋势，国内对生产高档纸的木浆原料需求大增。但是由于我国林业资源匮乏，林纸一体化项目刚刚起步，国产木浆产量还很有限。因此在未来几年，原料结构的调整主要依靠进口木浆和废纸。2010年我国木浆和废纸进口量分别达1137万吨和2435万吨，连续多年高居世界首位。无疑我国造纸工业原料很大程度依赖于国际市场。同时，由于我国对木浆和废纸等纤维原料的巨大需求，将对国际纤维原料市场有举足轻重的影响。

据不完全统计，国内生产的木浆除自产自用外，进入销售领域的商品浆大约300万吨，相对于2000多万吨的纸浆总产量来说，商品浆的生产量很少。而商品浆市场需求在1000万吨以上。因此，国产商品浆在我国还没有形成优势地位，造纸企业需要的商品浆目前绝大多数还是依赖进口解决。这也是现在商品浆进口量年年增加的原因。由于国内商品浆产量较小，因此国内商品浆价格的波动基本上跟随国际商品浆市场的波动而波动（见图5）。

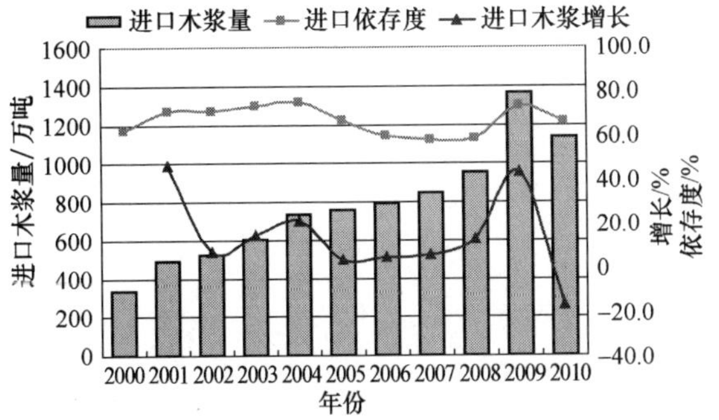

图5　2000—2010年我国进口木浆数量及进口依存度

三、我国造纸原料结构变化趋势

以木材为主要原料是现代制浆造纸工业的基本特征，也是当今世界制浆造纸工业发展的潮流。国际造纸工业纸浆结构为木浆约占62.6%，废纸浆34.0%，非木浆3.4%。国际先进国家的造纸工业发展特点是，高木浆比例，高废纸重复使用率，高度集约化，以及高度重视节水环保设施的使用。但我国森林资源相对匮乏且地域分布极不均衡，使得我国制浆造纸工业长期以来草浆等非木浆所占比例较高（见图6）。非木浆主要包括苇浆、竹浆、蔗渣浆、禾草浆、棉麻浆等，其中禾草浆所占比例最大，在60%以上。2009年我国纸浆消费量7980万吨，其中木浆1866万吨，废纸浆4939万吨，非木浆1175万吨，分别占纸浆消费总量的23.4%、61.9%和14.7%。对比可以看出，我国的造纸工业纸浆结构和国际先进造纸工业相比仍有较大差距。非木浆的比例过高直接影响了我国纸类产品的档次和竞争力，而且污染严重，环保成本较高。

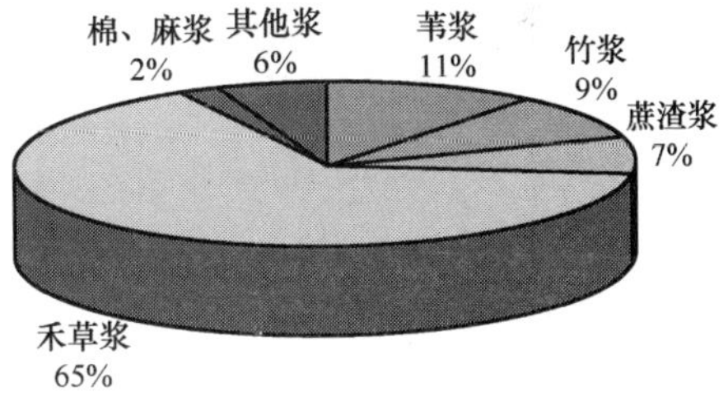

图6　我国各类非木浆比例

2002—2009年，我国纸浆结构进一步优化，非木浆的比例大幅下降，从23%下降到15%，但木浆的比例提高有限，仅从21%提高至23%。为了进一步提高我国纸和纸板产品档次和质量，减少环境污染，2007年出台的《造纸产业发展政策》明确指出逐步形成以木纤维、废纸为主、非木纤维为辅的造纸原料结构。到2010年，木浆、废纸浆、非木浆的结构达到26%、56%和18%。同时加大国内废纸回收，提高废纸回收率和利用率。到2010年，使我国废纸回收率由目前的31%提高至34%，国内废纸利用率由32%提高至38%（见图7）。

近30年来，我国造纸工业的高速发展很大程度上是靠进口纤维原料来实现的，而目前我国造纸工业新增产能增加了对原料的需求。从2010年APP、王子制纸年产140万吨铜版纸项目投产，到2011年初华泰集团有限公司年产70万吨铜版纸项目投产，再到2011年5月山东晨鸣纸业集团股份有限公司年产80万吨高档低定量铜版纸、下半年湛江晨鸣纸业有限公司年产65万吨双胶纸和亚太资源集团年产45万吨高档文化用纸等大型造纸项目的陆续投产，将带动全球木浆需求呈现扩大趋势，而部分纸种产能扩张将出现不同程度的过剩，利润率被压缩，盈利会向上游林浆环节转移。

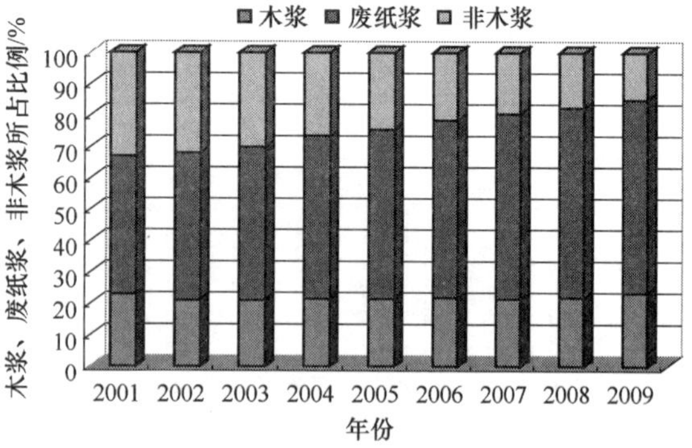

图7　2001—2009年我国纸浆原料结构的变化

表2　我国主要浆纸项目投产时间表

项目名称	浆纸规模/万吨	浆种	投产时间
山东亚太森博浆纸有限公司二期项目	100	阔叶木浆	2010－06－01
广西金桂林浆纸业有限公司一期项目	30	APMP	2010－04－01
福建南纸股份有限公司林纸一体化项目	18.3	磨木浆	2010－11
山东中承纸业有限公司年产9.9万吨DMC清洁漂白制浆项目	12	草浆	2010－02
江苏王子制纸（南通）有限公司年产70万吨浆线	70	BHKP	2013年
湖南郴州裕农纸业有限公司新漂白化机浆生产线	18	漂白化机浆	2011年下半年
吉林德惠泉林纸业项目	60	UKP	未定
沙湾纳吉省浆厂	30	BHKP	预计2011—2012
金东纸业（江苏）有限公司化机浆项目	25	APMP	2012年
泰国亿王亚哥180万吨林浆纸一体化项目	180		未定
山东寿光美伦纸业有限责任公司	18.3	CTMP	2011年第二季度
四川省叙永县年产20万吨竹浆一体化项目	20	竹浆	2013年6月
福建青山纸业股份有限公司溶解浆项目	12.8	长丝溶解浆	2012年上半年

（朱　佳）

2010 年我国主要纸种市场分析

Market Analysis of Main Paper Grades in China in 2010

一、主要纸种市场分析与回顾

2010 年，我国纸张市场起伏较大，经历了大起大落，市场先扬后抑，然后一直处于较低迷的态势。就文化用纸和白卡纸而言，第一季度纸厂非常乐观，白卡纸价格从 6500 元/吨上涨到 7500 元/吨，高档双胶纸从 6800 元/吨涨到 7800 元/吨，铜版纸从 6600 元/吨上涨到 7800 元/吨，涨幅均超过 1000 元/吨，市场甚是乐观。然而，受国内外经济不佳的影响和美国对中国出口铜版纸反倾销成立并开始征收高额进口关税，加上国内新增产能的释放和木浆价格走弱等因素影响，文化用纸和白卡纸的价格从顶峰猛烈下跌，跌幅在 1000 ~ 1200 元/吨不等，让多数盲目乐观的纸厂回到了现实。而瓦楞原纸却是另外一番景象，市场显然没有像文化用纸和白卡纸那样大起大落，但也经历了一个痛苦的挣扎而得以实现价格上调和稳定的过渡。具体分析如下。

1. 白卡纸

近年来，国内白卡纸的产能增长较为平稳，2009 年的生产能力约 400 万吨/年，市场需求总量约 350 万吨/年；2010 年市场新增生产能力 45 万吨/年，总生产能力约 445 万吨/年，需求总量约 410 万吨/年。

价格方面，白卡纸市场方面经历了先扬后抑的过程，可谓是大起大落。第一季度在智利地震、原料价格飞涨的推动下，白卡纸市场价格节节攀升，从 1 月至 4 月底价格上涨近 1200 元/吨，最高达到 7800 元/吨，但最终以下游无力转嫁涨价压力而停止上涨；第二季度 5 月为传统淡季，纸张开始了下行走势，起初纸厂仍坚持报价，价格松动较慢，但进入第三季度在不断增加的库存压力下，纸厂最终松动报价，6—8 月价格下滑至接近年初水平，下滑到 6200 元/吨左右，有的品牌甚至跌破 6000 元/吨，9 月下游需求转旺，使得价格得以平稳回升；进入第四季度，各厂家库存均降至正常水平，同时经销商补库、终端市场需求回升，第四季度末价格回升至 6500 元/吨左右（见图 1）。

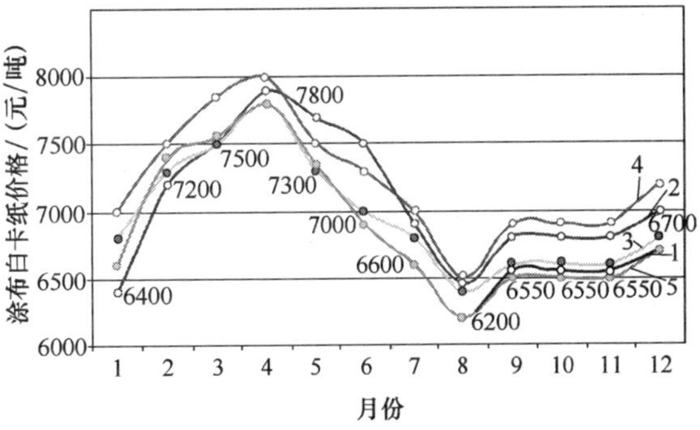

图 1 2010 年涂布白卡纸（250 克/米^2）主要厂家价格走势

1—美利浆纸 2—太阳纸业 3—晨鸣纸业 4—宁波中华纸业 5—博汇纸业

2. 胶版印刷纸

2009 年未涂布印刷书写纸产量 1510 万吨，消费量 1497 万吨；2010 年未涂布印刷书写纸产量 1620 万吨，消费量 1590 万吨。

价格方面，文化用纸市场总体波动较大，价格呈急剧上涨后快速回落，保持稳定后，出现不断温和上涨的局面。第一季度，受国际市场浆价走高的影响，文化用纸市场开始触底回暖升温，纸张市场逐渐活跃，订单量明显放大，出现产销两旺的大好局面。中档双胶纸如中冶纸业银河有限公司混双、山东泉林纸业有限责任公司双胶纸从 5200 元/吨上涨到 6300 元/吨，涨幅为 1100 元/吨；高档双胶纸方面，新品牌如中冶纸业银河有限公司“瑞雪”、福建南纸股份有限公司“星光”从 6000 元/吨上涨到 6800 元/吨，涨幅为 800 元/吨；老品牌如 UPM 和太阳纸业的价格从 6800 元/吨上涨到 7800 元/吨，涨幅为 1000 元/吨。第二季度，受国际国内政治经济环境以及浆价走弱的影响，国内纸张市场出现纸价在高位盘整，需求低迷，有价无市，订单量不断减少，库存不断增加的两难局面。中档双胶纸售价由6300元下滑至6000元/吨；高档双胶纸售价在7300元/吨左右徘徊，最终下滑到6800元/吨左右。进入第三季度，国内印刷书写纸市场供需形势依然没有好转，中档双胶纸市场售价在8月下滑到5400元/吨，高档老品牌价格下滑到6600元/吨，新品牌下滑到6100元/吨，但8月中旬基本开始止跌企稳，但上涨困难重重，双胶纸市场买卖双方博弈依然延续；9月主要厂家宣布提价200～300元/吨，双胶纸市场反应冷淡，一些出版社开始陆续在月中招标采购，部分厂家和贸易商伺机再次努力寻找提涨机会，但努力成果微乎其微，市场多以8月价格成交，成交量尚可；轻型纸市场供需略有好转，工厂出货情况有所改善。第四季度供需矛盾逐渐缓和，市场较为平稳，中档双胶纸略有上涨，价格在5500～5600元/吨之间；高档双胶纸价格在6600～6800元/吨之间徘徊，没有新的突破（见图2）。

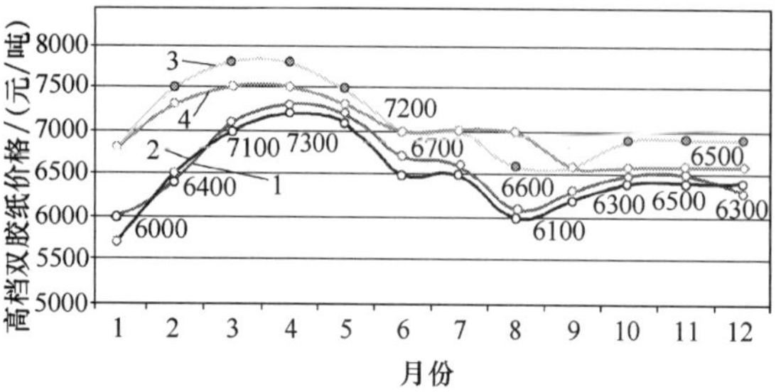

图2　2010年高档双胶纸（70克/米^{2}以上）价格走势
1—银河纸业　2—南平纸业　3—UPM
4—太阳纸业（华夏）

3. 铜版纸

2009年铜版纸产量500万吨，消费量399万吨。2010年铜版纸产量555万吨，消费量480万吨，未来铜版纸产能严重过剩。

价格方面，纵观2010年国内铜版纸走势，总体呈现先扬后抑的趋势，第一季度，在2009年年末经济刺激的余温下以及随着木浆价格持续走高，工厂成本不断增加，铜版纸价格多次上调，第一季度末价格一度接近2008年上半年7600元/吨的高位价格，尽管木浆当期仍表现上行趋势，但无奈下游无法转嫁该部分压力，最终无法支撑而开始进入下行通道。进入第二季度，价格持续下行，一方面下游需求平淡导致纸价低迷，另一方面市场对后期海南金海浆纸业有限公司以及江苏王子制纸（南通）有限公司铜版纸新线投放产生的供应过剩形势持悲观态度，而欧盟、美国对我国出口铜版纸实施“双反”调查更是雪上加霜，导致铜版纸第三季度价格继续下行，跌到6800元/吨左右。8月初纸厂方面宣布提价，未获成功，8月下旬销售价格相对企稳，除部分地区成交略有起色外，多数地区基本稳定，但无足够利好因素推动纸价上行。进入第四季度，市场需求基本平稳，成交依旧清淡。价格整体基本稳定，虽然厂家每月坚持调高报价，但下游反应冷淡，涨价未能得到实施，买卖双方持续僵持局面，价格维持在6400元/吨左右（见图3）。

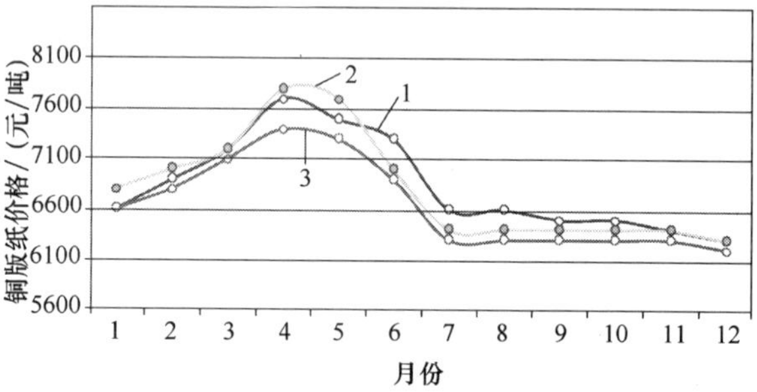

图3　2010年铜版纸（157克/米^2）价格走势
1—晨鸣纸业（雪兔）　2—太阳纸业（天阳）
3—APP（神盾）

4. 瓦楞原纸

2009年瓦楞原纸生产量1715万吨，全年消费量1758万吨；2010年瓦楞原纸生产量1870万吨，全年消费量1889万吨，销量略大于供应量。

价格方面，第一季度瓦楞原纸市场供需状况受市场需求减弱的影响，主流纸厂产品库存增加，售价上涨缓慢，受进口美废价格持续上涨影响，瓦楞原纸价格第一季度上调400元左右，此系工厂成本增高所致，并非市场需求好转。进入第二季度，市场供需继续呈现分化态势，国内瓦楞原纸和箱纸板市场需求依旧低迷，主流纸厂面对季节性需求淡季一方面通过加大降价促销的力度，另一方面通过降低开工率或转产的方式来改变市场需求的颓势，抑制高涨的产品库存。6月价格跌到最低点2450元/吨。6月中旬开始，由于下游纸箱厂已经连续数月减少购买量，市场需求增加明显，部分主流纸厂通过限接大额订单的手段遏制下游客户“市场抄底”行动，并在月生产订单接满后纷纷提价。第三季度是瓦楞原纸的销售旺季，主流工厂都经历着销售价格快速上涨，产品发运迅速，产品库存下降明显，市场出现了供需两旺态势。面对市场需求的好转，经过连续5、6次的提涨销售价格，9月高强瓦楞原纸销售价格整体与7月相比上涨了600～700元/吨，为3050元/吨。第四季度，整体市场经历先抑后扬的走势，月底节后市场需求下滑，大厂报价坚挺为主，但由于下游观望气氛较浓，纸厂方面原纸库存有上升之势。为减轻压力，部分纸厂对大客户的价格有微幅下调，而小厂方面，多数地区瓦楞原纸报价持稳，在3100元/吨左右徘徊（见图4）。

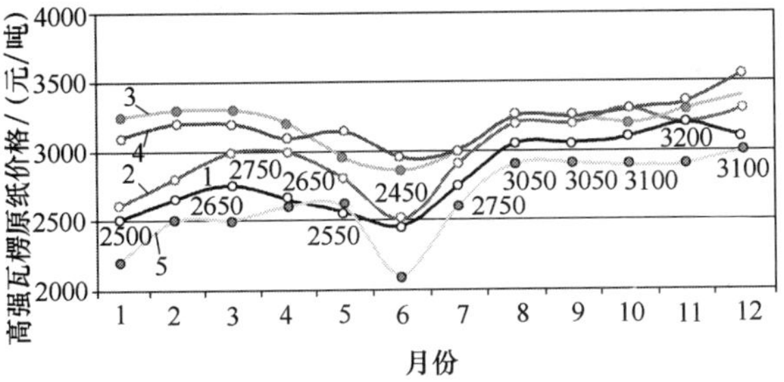

图4　2010年高强瓦楞原纸（140克/米^2）价格走势及预测

1—银河纸业　2—玖龙纸业（天津）　3—东莞顺裕　4—常熟理文　5—沪平永发

5. 新闻纸

2010年我国新闻纸生产量和消费量虽然均有不同程度下降，但市场销售形势总体好于2009年。2010年新闻纸产量430万吨，消费量423万吨。市场运行基本平稳，供大于求的局面虽有好转，但没有根本改变。上半年新闻纸市场形势好于2009年：一是传统报纸发行、广告与新媒体竞争仍有一定优势，特别是受上海世博会和南非足球世界杯的拉动，一定程度上刺激了新闻纸市场活跃上扬；二是重点新闻纸企业在第一季度主动停机限产近一个月和部分纸机转产，按市场需求调整产品配置，一定程度上使市场产能过剩供大于求的矛盾有所好转。进入下半年，市场形势发生变化，原本向好的发展势头受到一定抑制和干扰：一是进入8月，随着南非足球世界杯结束和上海世博会进入后期，报纸减版，新闻纸用量缩减。第四季度虽有广州亚运会召开，新闻纸用量也只是在广州地区有所增加，且持续时间较短。二是部分新闻纸企业没有坚持及时调整加大停限产的力度，反而放量生产，造成过量库存积压。但8号美废平均吨价2010年前三季度为229美元，比2009年同期上涨39.6%。进入第四季度美废吨价预计再上涨20美元，原材料的不断上涨导致纸价第四季度再一次反弹。考虑到原材料不断上涨的压力，促使一部分资金状况较好的报社提前锁定价位和数量实行又一波超前采购，有的报社库存储备已到2011年3月，个别报社2011年上半年的用纸都已到库。这种现状的结果对部分报社无碍，但却对很多资金状况不好、仓库较小的报社造成了成本压力，不得不接受价格的上涨（见图5）。

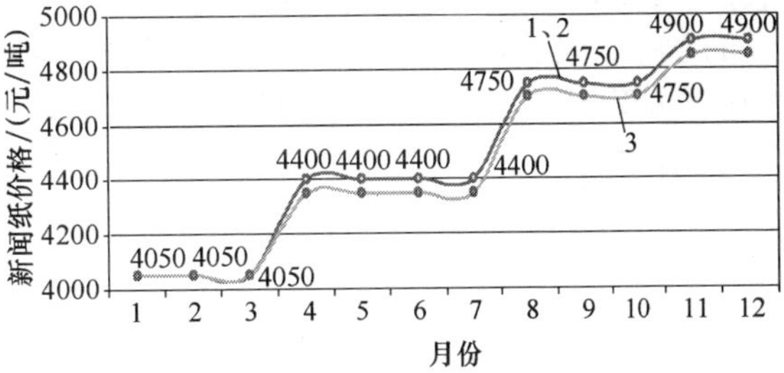

图5　2010年新闻纸（48克/米^2）价格走势

1—山东华泰　2—寿光晨鸣　3—上海泛亚

二、主要纸种的后市展望

1. 涂布白卡纸

从2010年情况来看，虽然白卡纸市场价格波动较大，但下游需求相对比较稳定，其烟包、饮料包装市场尤为明显。同时，在铜版纸产能过剩的背景下，更多企业开始瞄准白卡纸市场。2010年年初，山东博汇集团有限公司年产35万吨2号白卡纸机投产；2011年东莞玖龙纸业有限公司年产55万吨27号白卡纸机项目预计在6月底前投产，玖龙纸业（天津）有限公司年产55万吨34号白卡纸机项目预计在10月底前投产，山东华金集团有限公司年产24万吨项目预计8月底投产，同时山东博汇集团有限公司开始计划继续投建1条75万吨/年项目，新乡新亚纸业集团股份有限公司1条50万吨/年白卡纸生产线开工在建，万国纸业太阳白卡纸有限公司40万吨/年新生产线签约，斯道拉恩索广西林纸项目亦有白卡纸配套项目等。可见在今后的几年内我国白卡纸市场同样会经历一轮产能释放高峰，尽管国内白卡纸的市场需求量年增速一直保持在15%左右；按此比例计算，近3年总的消耗增量在220万吨左右，但仍无法全部消耗新增产能，市场竞争压力加剧。但“林纸一体化”运营的企业，由于成本及自制浆等因素，在市场竞争中具有竞争优势。

2. 胶版印刷纸

2010年在胶版印刷纸领域新投产项目主要为太阳纸业股份有限公司23号年产35万吨高档双胶纸生产线。对于目前市场逐渐饱和的文化用纸市场，更多纸厂将重点放在了盈利相对较好的高档文化用纸上，比如山东晨鸣纸业集团股份有限公司 45 万吨/年高档文化用纸和亚太纸业（广东）有限公司 45 万吨/年高档文化用纸生产线，预计在 2011 年中投产。此举措符合“十二五”规划注重高附加值产品的方向，故胶版印刷纸在未来产量将稳步增长，只是在细分结构上有所调整。展望后期文化用纸市场，竞争形势不容乐观，但在持续涨价的针叶木浆的拉动下，价格势必有所上涨，只是上涨的幅度不会太大。

3. 铜版纸

总体来看，海南金海浆纸业有限公司铜版纸投放市场已数月，社会库存逐渐形成，对市场影响开始显现，而经销商方面对于后市供过于求的看空情绪也加大；另一方面，江苏王子制纸（南通）有限公司铜版纸也于 1 月陆续投放市场，加大了经销商的悲观情绪；华泰集团有限公司、广西劲达兴纸业有限公司、山东晨鸣纸业集团股份有限公司新项目陆续投产，加之下游市场需求表现平淡，亦给提价带来困难。出口方面，美国对我国出口铜版纸征收高额关税，导致铜版纸无法走出国门，国内市场竞争加剧。在上述诸多因素的影响下，尽管海南金海浆纸业有限公司、江苏王子制纸（南通）有限公司、华泰集团有限公司等有部分产能将转向双胶纸，挤占部分高档双胶纸市场，但由于高档双胶纸市场竞争亦十分激烈，必将加剧高档双胶纸市场的混乱。故铜版纸国内市场供大于求的现象凸显，价格将暂时呈现持稳趋势，后市售价在针叶木浆价持续走高的推动下，在需求波动的影响下将存在上调的空间。

4. 瓦楞原纸

随着节能环保要求的提高，国家淘汰落后产能的步伐逐渐加大，同时玖龙纸业（控股）有限公司等大厂新产能不断集中投产，包装用纸市场中的行业集中度将会大大提升；就纸价而言，由于瓦楞原纸对废纸价格的依存度较高，随着废纸供不应求局面的延续，加上全球经济环境的好转，带动包装行业需求向好。2011 年瓦楞原纸市场总体走势较为乐观，需求将略大于供应。

5. 新闻纸

从中国报协对报社 2011 年预计用纸量的统计数据来看，2011 年报业对新闻纸需求总量大体与 2010 年持平或略有增长。从对 10 家重点新闻纸企业统计的情况看，预计 2011 年我国新闻纸总产量仍将大于需求量。产能过剩，供大于求的市场格局没有根本改变。同时，受输入性通货膨胀和人民币汇率变化的影响，2011 年我国新闻纸市场存在的不确定性、不稳定性因素将会更多，市场存在的变数将会更大。

总之，面对 2011 年严峻的浆纸行情，作为生产企业，我们应把握好国际国内浆纸市场脉搏，紧紧盯住变化中的浆纸市场，同时调整自己的采购策略和市场营销策略，与供应商结成战略同盟，保证生产所需木浆的供应，同时根据不同的市场细分市场，调整自己的营销策略包括产品、价格、渠道、促销策略。以差异化产品为市场提供差异化的服务，增强企业的核心竞争力，使企业在 2011 年的竞争中立于不败之地。

（黄显淑）

溶解浆市场概况

Market Situation of Dissolving Pulp

一、溶解浆简介

溶解浆是一种由高纯度的优质纤维素组成的特种化学浆。是一种用途非常广泛的中间产品，在进一步加工成最终产品的过程中，要将其溶解在某种溶剂中，再在另一种溶剂中析出，以此改变纤维的结构和表面形状，甚至可制成膜状产品，从而获得多种不同性能的最终产品。因此，这类浆获名溶解浆。

溶解浆的原料通常为棉短绒、木材和竹子。有实验证明蔗渣、芦苇和麻秆等也可制造溶解浆，但还没有进行实际生产。目前，棉短绒和木材是用得最多的溶解浆原料，国内近年开始逐步使用竹子为原料。溶解浆按所使用的原料分类，分别为棉浆粕、木浆粕和竹浆粕。不同原料的浆粕，往往用途也不同，其质量标准也不同。以制浆方法分，棉短绒都用碱法制浆；木材可用亚硫酸盐法，或预水解硫酸盐法。不同制浆方法的浆粕性能不同，其质量标准也不同。溶解浆一般都经干燥制成浆板，再送后续加工。溶解浆也有自用浆和商品浆之分。我国的棉浆粕大多是自用浆，木浆粕和竹浆粕的制造必须接近原料产地，其大部分是商品浆。

溶解浆可制作多种不同工业领域、不同门类的最终产品。如纺织品、玻璃纸、烟嘴的过滤丝束、硝化棉（炸药的原料）、食品工业的肠衣和添加剂、卫生用品、医疗用品、油漆的成分、液晶屏涂膜等。纺织品中又分为多种不同性能的再生纤维素纤维。生产的最终产品不同，对所用浆粕的性能要求也不同。

这些产品中最大宗的是纺织品。纺织品中用得最多的再生纤维素纤维是黏胶纤维，其所用的浆粕称黏胶浆粕。尤其是在国内，所用的溶解浆几乎全部都是黏胶浆粕。因此，本文主要介绍黏胶浆粕的概况。

二、溶解浆市场的历史与现状

我国民用溶解浆主要有 3 种用途：制作醋酸丝束的原料醋片；制造玻璃纸；制造黏胶纤维。前两种用途的用量都很小，做醋片每年用浆粕约 6.5 万吨，全部进口；做玻璃纸每年用浆粕不足 5 万吨。两者合在一起仅占全部溶解浆用量的 5% 左右，其用量变化对市场的影响很小。因此，研究我国的溶解浆市场，主要研究黏胶纤维市场即可。全球大部分溶解浆也是用于制造再生纤维素纤维，再生纤维素纤维中最大宗的产品是黏胶纤维，大约占了再生纤维素纤维总量的 75% 左右。图 1 为最近 30 年来全球溶解浆需求量。

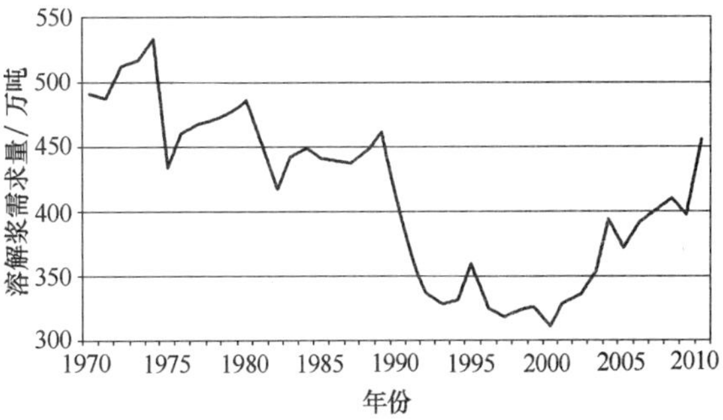

图 1　最近 30 年全球溶解浆需求量

本图源自互联网 RISI 网站：http：//www.risiinfo.com

全球溶解浆需求量自工业化生产以来就不断增加，到 20 世纪 70 年代初达到鼎盛时期，最高达 535 万吨/年。随后逐年波动下降，到 20 世纪 90 年代，需求量维持在 325 万吨/年左右，到 21 世纪初需求量降到了谷底，每年仅 310 万吨左右。随后需求量调头向上，以比较高的年增长率不断增加，到 2010 年达到 450 万吨左右，这期间仅 2004 年和 2008 年有所下降。21 世纪前 10 年的年平均增长率为

3.8%，并且溶解浆需求增长的趋势还将继续保持下去。

表 1 和图 2 为全球历年再生纤维素纤维产量和年增长率。

表 1　　全球历年再生纤维素纤维产量　　单位：万吨

年　份	长丝	短纤维	总计	年增长率/%	备注
1950	87.2	73.9	161.1		
1960	113.1	153.3	266.4	5.2	10 年内年均增长率
1965	137.2	207.4	344.4	5.3	5 年内年均增长率
1970	139.1	219.4	358.5	0.8	5 年内年均增长率
1975	114.8	206.8	321.6	-2.1	5 年内年均增长率
1980	113.0	239.2	352.2	1.8	5 年内年均增长率
1981	105.3	241.1	346.3	-1.7	
1982	96.7	222.7	319.4	-7.8	
1983	98.3	232.7	331.0	3.6	
1984	95.9	242.8	338.7	2.3	
1985	93.3	230.1	323.4	-4.5	
1986	93.4	230.7	324.1	0.2	
1987	91.5	237.1	328.6	1.4	
1988	95.0	242.1	337.1	2.6	
1989	92.7	241.5	334.2	-0.9	
1990	83.7	235.2	318.9	-4.6	
1991	75.9	216.5	292.4	-8.3	
1992	69.5	209.3	278.8	-4.7	
1993	65.2	209.1	274.3	-1.6	
1994	63.0	220.4	283.4	3.3	
1995	65.4	231.9	297.3	4.9	
1996	64.0	223.0	287.0	-3.5	
1997	61.1	226.8	287.9	0.3	
1998	58.1	219.4	277.5	-3.6	
1999	52.7	205.2	257.9	-7.1	
2000	53.3	222.5	275.8	6.9	
2001	48.0	218.1	266.1	-3.5	
2002	46.3	232.0	278.3	4.6	
2003	47.4	247.9	295.3	6.1	
2004	48.2	273.8	322.0	9.0	
2005	45.6	279.6	325.2	1.0	
2006	44.8	296.6	341.4	5.0	
2007	44.8	322.4	367.2	7.6	
2008	37.0	300	337	-8.2	
2009	35.14	340	375.14	11.3	

注：1. 资料来源：Oerlikon 纤维年报 2008/2009，2009/2010。
2. 从 2002 年起，包括 Tencel 纤维。

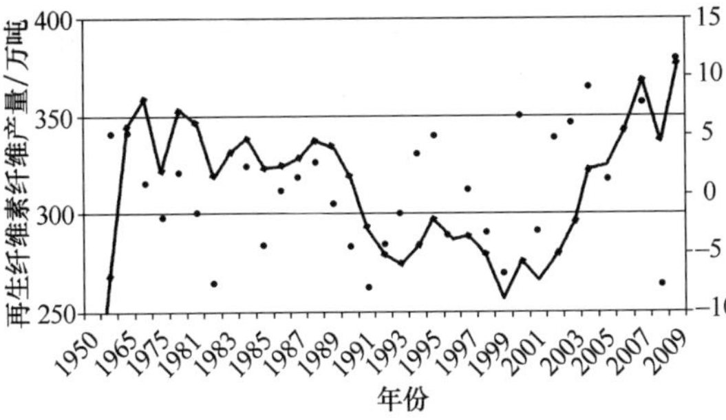

图2　全球历年再生纤维素纤维产量

—◆—总计　• 年增长率/%

对比图1和图2，可以发现全球溶解浆需求量的变化曲线与全球再生纤维素纤维年产量的变化曲线是非常相似的。两者均在20世纪70年代初达到最鼎盛时期的高值，此后就逐渐波动下降，到20世纪末21世纪初降到谷底，接着均以比较高的年增长率不断增加至今。两者相似的原因就在于溶解浆主要是用于生产再生纤维素纤维，并且再生纤维素纤维产量与溶解浆耗用量存在一定的比例关系。

究竟是什么原因导致再生纤维素纤维产量在20世纪70年代后持续下降呢？原因：一是合成纤维的迅速发展，挤占了再生纤维素纤维部分市场；二是进入90年代，棉花几乎年年丰收，使西方发达国家不少再生纤维素纤维工厂被迫关停；三是受技术水平的限制，早期再生纤维素纤维的性能，往往不尽如人需，品种也单一，并且当年落后的环保技术也阻碍了再生纤维素纤维的发展。

随着时间的推移制约再生纤维素纤维发展的3个因素，正逐渐朝着有利于再生纤维素纤维发展的方向转变。首先，合成纤维的发展，消耗的是不可再生的石油资源，随着其资源的减少，石油价格的提高，合成纤维的价格也会随之提高。而再生纤维素纤维使用的是可再生的植物纤维资源。其次，随着全球人口日益增加，可耕地面积的不断减少，有限的可耕地资源首先要解决人类的吃饭问题。由于粮食的耕种，因此棉花产量连年丰收的局面是不可持续的。从长远的趋势来看，棉花的产量只会逐步减少。第三，随着再生纤维素纤维制造技术的进步，差别化、功能化的纤维不断发明，其性能和品种也与20世纪的情况有了很大的变化。加上环境保护技术的不断进步，再生纤维素纤维的污染问题正在进一步减少，并得到有效的治理。因此，就出现了21世纪初以来再生纤维素纤维和溶解浆的较快发展。

再生纤维素纤维发展的另一个趋势是，新型的无污染、高性能的溶剂化再生纤维素纤维的发明及工业化生产。尤其是在发达国家，以英国的Courtaulds公司和奥地利的Lenzeng公司为代表，所生产的Tencell，Lyocell，Newcell等。这些公司在生产新型溶剂化再生纤维素纤维的同时，仍旧保留着一定规模的黏胶短纤维生产。这些企业生产的黏胶短纤维以产品的高质量和严格执行当局的环境要求作为生存的出发点，在满足市场需求的产销平衡状态下，维持产品的高价位，使企业获得利润。同时促使黏胶纤维技术的不断进步。但是在传统黏胶纤维生产领域，发达国家正在逐步地退出。这给发展中国家带来了发展机遇。目前全球黏胶纤维生产能力的增长主要集中在中国、印度及东南亚各国（见表2）。

表2　　　**全球黏胶短纤维产量**

单位：万吨/年

	1995年		2000年		2006年		2010年	
	产量	份额/%	产量	份额/%	产量	份额/%	产量	份额/%
北美	16.0	7	11.7	6	2.3	0.9	0	0
南美	6.9	3	3.9	2	4.6	1.8	5.0	1.7
西欧	38.9	17	33.2	17	23.0	8.8	10.0	3.5
中欧东	43.5	19	23.4	12	18.4	7.1	10.0	3.5
亚洲	61.1	27	79.1	40	168.8	64.9	239.0	82.7
日本	16.0	7	9.8	5	6.9	2.7	5.0	1.7
中国	33.7	15	43.9	22	120.5	46.3	189.0	65.4
印度	11.4	5	25.4	13	41.4	15.9	45.0	15.6
其他	62.4	27	44.0	23	42.9	16.5	25.0	8.7
总产量	228.8		195.3		260.0		289.0	

从表2可以看出，虽然现在黏胶短纤维的生产80%以上在亚洲国家，但是溶解浆尤其是溶解木浆的生产地区并没有太多变化，到2010年为止溶解木浆的生产主要还在北美、南非、北欧、俄罗斯、西欧、印度、印尼、日本等国。这样就造成了溶解浆供需的新变化。

三、我国溶解浆供需现状

我国的溶解浆市场，主要用于制造炸药的硝酸纤维浆粕；每年进口约6.5万吨醋酸纤维浆粕，用于制造香烟滤嘴用醋酸丝束的原料醋片；第三项最大宗的溶解浆市场即为黏胶浆粕，其中少量（约每年几万吨）用于制造玻璃纸，绝大部分用于纺织工业制造黏胶纤维。表 3 为我国历年黏胶纤维产量情况。从表 3 的纤维产量乘以黏胶纤维的生产单耗，大致可以算出每年黏胶浆粕的用量。粗略计算 2010 年我国黏胶浆粕的用量将近 200 万吨。

图 3 是根据表 3 的数据所作的我国历年黏胶纤维产量曲线和年增长率。从产量曲线可以看出，从 21 世纪初以来的 10 年，我国黏胶纤维产量的增长率明显加快了，年均增长率达到 12.4%。

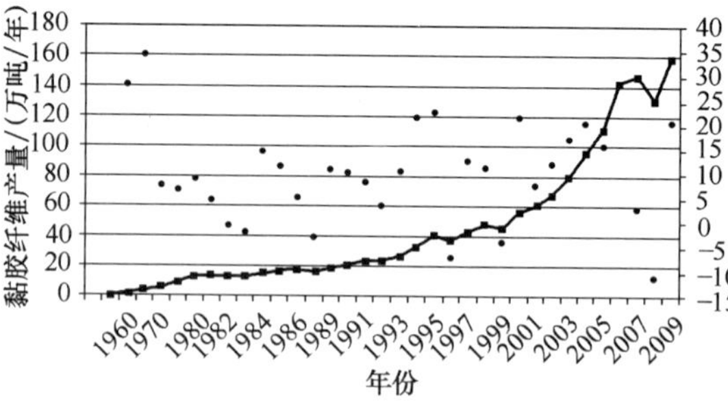

图 3　我国历年黏胶纤维产量及增长率

━■━ 黏胶纤维产量　· 年增长率/%

表 3　　　　　　　　　**我国历年黏胶纤维产量统计表**　　　　　　　　　单位：万吨

年份	黏胶纤维		年增长率/%	短纤维		长丝		备注
	社会口径	纺织工业系统内		棉型	毛型	普通	强力	
1958		0.30			0.28	0.02		
1960		1.04	86.2		0.72	0.32		2 年均增长率
1965		4.49	34.0	1.26	2.02	1.21		5 年均增长率
1970		6.47	7.6	2.18	2.86	1.43		5 年均增长率
1975		8.91	6.6	5.44	1.81	1.29	0.37	5 年均增长率
1980		13.62	8.9	8.50	2.35	1.97	0.80	5 年均增长率
1981		14.25	4.6	9.80	2.07	1.93	0.45	
1982		14.16	−0.6	8.79	2.84	1.99	0.54	
1983		13.87	−2.0	7.98	3.06	1.99	0.85	
1984		15.90	14.6	9.17	3.69	2.17	0.87	
1985		17.73	11.5	10.68	3.51	2.58	0.95	
1986		18.66	5.2	9.53	5.30	2.91	0.92	
1988		17.65	−2.7	8.05	4.81	3.94	0.85	2 年均增长率
1989		19.60	11.0	10.46	4.35	3.94	0.85	
1990		21.64	10.4	12.48	4.28	4.07	0.80	
1991	24.01	23.46	8.4	13.64	4.93	4.64	0.80	
1992	24.91	24.62	3.7	14.66	4.25	5.69	0.30	
1993	27.61	26.57	10.8	18.23	2.97	6.10	0.30	
1994	33.61	31.30	21.7	24.73	2.35	6.52	0	
1995	41.19	35.96	22.6	31.17	2.54	7.48	0	
1996	38.34	32.93	−6.9	27.09	2.30	8.09	0	
1997	43.27	31.22	12.9	32.67	1.24	9.36	0	
1998	48.14	37.63	11.3	35.55	3.05	9.54	0	
1999	46.39	39.21	−3.6	31.63	3.05	11.71	0	
2000	56.42	41.81	21.6	43.87		12.55	0	

续表

年份	黏胶纤维		年增长率/%	短纤维		长丝		备注
	社会口径	纺织工业系统内		棉型	毛型	普通	强力	
2001	60.82		7.8	48.32		12.50		
2002	68.20		12.1	52.20		16.00		
2003	80.00		17.3	61.50		18.50		
2004	96.50		20.6	76.60		19.90		
2005	111.80		15.9	92.76		19.04		
2006	143.46		28.3	120.47		22.99		
2007	147.62		2.9	125.00		22.62		
2008	131.88		-10.7	113.50		18.38		
2009	159.36		20.8					
2010	182.00		14.2					

资料来源：1. 黏胶纤维社会口径产量来源于国家统计局。
2. 黏胶纤维纺织工业系统内产量来源于国家纺织工业局统计年报。
3. 2000 年数字为中国化纤工业协会统计。
4. 2001—2002 年数字为日本化学纤维协会 2004 年纤维手册，FEB 统计。
5. 从 1991 年开始年增长率以社会口径数据计算。

我国黏胶浆粕的供应分为三大块：国产棉浆粕，进口木浆粕，国产木、竹浆粕。

1. 国产棉浆粕

据不完全统计我国共有近 30 家棉浆粕生产企业，合计产能在 160 万吨/年以上。由于棉短绒供应不足等原因，实际产量最高的年份约 120 万吨。近年来的产量大约在 90 万～120 万吨之间。

棉短绒的产量取决于棉花产量。但是多年来棉花产量变化较大。表 4 为近年国内棉花资源供需状况。

据纺织行业专家介绍，我国棉花年产量一般在 600 万～800 万吨之间。棉花产量的多少与种植面积、年成好坏（气候、病虫害等）、政府政策（收购价格等）、棉农种植积极性等有关。自 2010 年 9 月起至今棉花价格暴涨，从 18000 元/吨涨到 30000 元/吨以上，与 2009/2010 年度棉花歉收有关。棉花减产，直接影响棉短绒的供应及价格的上涨。从长远的趋势分析，棉花和棉短绒的供应会限制在一定范围内。这也限制了棉浆粕的产量。

表 4　近年国内棉花资源供需状况

年份	产量/万吨	进口量/万吨	流通资源合计/万吨	纺纱量/万吨	纺纱量同比增长/%
2002/2003	492	72	641	887	17
2003/2004	487	198	685.83	1007	13.5
2004/2005	632	166	798	1263	25.42
2005/2006	570	411	981	1602	26.84
2006/2007	673	225	941.6	1903	18.79
2007/2008	760	244	1004.7	2115	11.14
2008/2009	750	145	854.4	2266	7.14
2009/2010	640	266.8（至5月191.8）	944.4	2664	17.6
2010/2011	704	240	988.1	2860	7.5

2. 进口木浆粕

由原料供应紧张造成的棉浆粕紧缺，主要依靠进口木浆粕来补充。从 2000 年到 2010 年，我国每年木浆粕的进口量见表 5。

表 5　2000—2010 年我国木浆粕进口量　　单位：万吨/年

	2000 年	2001 年	2002 年	2003 年	2004 年	2005 年	2006 年	2007 年	2008 年	2009 年	2010 年
进口量	14.9	22.5	20.0	26.8	28.3	29.4	39.4	52.7	45.0	85.0	96.4

2006 年我国进口木浆粕 39.4 万吨，当年全球主要木浆粕公司生产能力和我国进口量见表 6。

表 6 2006 年全球主要木浆粕公司生产能力和我国进口量 单位：万吨/年

公司	生产能力	我国进口量	终端产品
天柏（Tembec）	65.0	2.5	黏胶短/长丝
南非（Saicoor）	60.0	7.0	黏胶短丝
美国瑞安（Rayonier）	40.0	6.5	醋酸纤维
俄罗斯（3 milles）	40.0	5.0	黏胶短丝
挪威（Borregaard 2 milles）	25.0	2.0	
金鹰（印尼、Indorayon）	20.0	5.5	黏胶短丝
金鹰（巴西、Bacell）	12.0	6.0	黏胶短/长丝
瑞典（Domsjo）	20.0	2.0	黏胶短/长丝
日本（Nippon Paper）	10.0	1.0	黏胶短丝
西班牙（Spain）	8.0	1.0	黏胶短丝
其他	26.0	0.9	
合计	326.0	39.4	

2007 年我国进口木浆粕 52.71 万吨，当年的进口国家和进口量见表 7。

表 7 2007 年我国进口木浆粕情况

单位：万吨

进口国家	进口量
美国	8.75
俄罗斯	10.91
加拿大	9.78
印度尼西亚	7.91
巴西	8.09
南非	3.11
挪威	1.37
瑞典	1.30
西班牙	0.65
瑞士	0.30
德国	0.24
泰国	0.19
其他	0.10
总计	52.7

3. 国产木竹浆粕

目前，国内生产黏胶浆粕的木浆厂和竹浆厂只有 5 个，产量也非常有限（见表 8）。

表 8 国内木竹黏胶浆粕厂

序号	企业名称	原料	制浆方法	生产能力/(万吨/年)	备注
1	南纸集团南平造纸厂	马尾松	预水解硫酸盐法	3	
2	晨鸣集团亚松浆纸公司	木材	亚硫酸钙法	3.5	原开山屯化纤浆粕厂 蒸煮洗筛漂主体设备能力
3	敖东集团石砚纸业公司	木材	亚硫酸钙法	4	原石砚造纸厂 蒸煮洗筛漂主体设备能力
4	吉化集团四川天竹公司	竹子	预水解硫酸盐法	2	原四川长江纸业公司 仅生产未漂溶解浆供吉化集团漂白并生产黏胶竹纤维
5	吉化集团湖南拓普竹麻产业开发公司	竹子	预水解硫酸盐法	3	

说明：亚硫酸钙法制造黏胶浆粕，对木材的材种和质量要求严格，开山屯和石砚两厂在吉林、黑龙江和内蒙古东部林区难以获得足够的原料，为此影响它们生产黏胶浆粕。

四、我国溶解浆市场预测

在预测我国溶解浆市场时，我们暂不考虑硝酸纤维浆粕、醋酸纤维浆粕和玻璃纸用黏胶浆粕的情况，仅研究用量占绝对多数的黏胶浆粕。原因是前两种浆粕比较特殊，而后者的数量很小，不会对全局造成明显的影响。

1. 黏胶浆粕需求预测

为研究浆粕的需求，必须研究下游黏胶纤维的发展。首先回顾一下过去 10 年黏胶纤维的发展速度，“十五”期间我国黏胶纤维的年均增长率 14.7%；“十一五”期间，由于 2008 年金融危机的影响，年均增长率降低到 10.2%。

我国纺织行业，既要满足国内市场的需要，又要承担我国出口贸易的重任。纺织行业的人士认为，由于纯棉织物的优良穿着性能，棉花还将是最重要的纺织原料。在化学纤维中唯有源于天然植物纤维的再生纤维素纤维（其中主要是黏胶纤维）的穿着、染色等性能最接近棉纤维。由于纺丝技术的进步，差别化、功能化的再生纤维素纤维的某些性能甚至更优于棉花，比如再生纤维素纤维可与任何种类的天然纤维和合成纤维交织混纺。纺织产品中许多高档的面料均含有再生纤维素纤维。但是棉花的产量是有限的，再生纤维素纤维除了可在一定程度上替代棉花，还有其自身发展和应用的领域。随着全球经济的发展和人口的增长，尤其是我国、印度等人口大国的中产阶级人口迅速增长，再生纤维素纤维的用量将会在“十二五”期间继续以较高的速度增长。

对黏胶纤维在“十二五”期间的发展速度有不同的预测。增长率预测值比较高的是 10% ~ 15%。2010 年黏胶纤维的总产量是 182 万吨，若以 15% 的年增长率计算，可以得出表 9 的预测值。

表 9　以 15% 年增长率测算的“十二五”期间我国黏胶纤维产量预测值

单位：万吨

	2010 年	2011 年	2012 年	2013 年	2014 年	2015 年
产量	182	209.3	240.7	276.8	318.3	366.1
年增产量	0	27.3	31.4	36.1	41.5	47.8

表 9 的数据显示，若以 15% 的增长率计算 2011—2012 年的产量的增量将达到 58.7 万吨。这与黏胶行业人士介绍的实际情况比较相符：在 2010—2012 年，因新疆富达二期、新疆海龙二期、江西龙达化纤、赛得利（江西）二期、雅美二期等项目的陆续投产，国内黏胶短纤维行业生产规模将扩大近 60 万吨。

也有资料介绍 2011—2012 年预计有约 100 万吨黏胶纤维新产能投产（见表 10）。

表 10　2010 年黏胶纤维生产能力及 2011 年新增生产能力

化纤厂家	生产能力 /(万吨/年)	备　注
唐山三友集团兴达化纤有限公司	16	2011 年 1 月新增产能 6 万吨/年，3—4 月新增产能 4 万吨/年
山东海龙股份有限公司	18	
新疆海龙化纤有限责任公司	10	
山东高密银鹰化纤有限公司	8	2011 年 10 万吨/年生产线开工建设
吉林化纤集团有限责任公司	7	吉林化纤 + 河北吉藁两厂产能
丹东五兴化纤纺织（集团）有限公司	6	
兰精（南京）纤维有限公司	6	
南京化纤股份有限公司	3	
苏州恒光化纤有限公司	1.5	
张家港市锦丰轧花剥绒有限责任公司	1.5	
湖北金环股份有限公司	2.5	
成都丝丽雅纤维股份有限公司	3	
山东雅美科技有限公司	8	2011 年 3—4 月 20 万吨/年新产能投产
赛得利（江西）化纤有限公司	15	2012 年福建莆田 20 万吨/年开工建设
九江恒生化纤有限公司	0	大火
江苏翔盛黏胶纤维股份有限公司	8	2011 年 1 月 10 万吨/年产能投产
新乡白鹭化纤集团有限责任公司	6	
浙江富丽达股份有限公司	18	
新疆富丽达纤维有限公司	10	2011 年 5 月 20 万吨/年新产能投产
江苏阜宁澳洋科技有限责任公司	15	
新疆玛纳斯澳洋科技有限责任公司	10	
新疆玛纳斯舜泉化纤有限责任公司	6	2012 年 6 万吨/年生产线投产，具体时间不定
江苏三房巷集团有限公司	4.5	
湖北博拉经纬纤维有限公司	6	
安徽舒美特化纤股份有限公司	6	
龙达（江西）差别化化学纤维有限公司	12	2011 年二期 12 万吨/年
宜宾丝丽雅集团有限公司	0	2011 年 5—6 月 8 万吨/年新产能投产
合计	207	新增产能约 100 万吨/年

资料来源：绸都网。

如果黏胶行业在“十二五”的后3年继续以15%的高增长率发展，那么在“十二五”期间黏胶纤维的产量将增加184.1万吨，总量将达到366.1万吨，与2010年的产量相比几乎翻了一番。为此对黏胶浆粕的需求将增加约190万吨（不含制造玻璃纸的黏胶浆粕用量）。估计实际黏胶浆粕的需求会低于此数值。

曾有国外咨询公司预测全球全部溶解浆（含各种不同用途的溶解浆）的需求2015年将比2010年增加180万吨左右。

2. 黏胶浆粕供应预测

近年来，由于种种原因，我国乃至全球的黏胶纤维、黏胶浆粕（包括国产的棉浆粕和进口木浆粕，甚至是国产的木竹浆粕）出现了价格暴涨的局面。由于预期高额利润的驱动，国内以至全球都出现了一股上马溶解浆项目的热潮。其中有纸浆转产溶解浆的项目，也有迁建、扩建和新建的项目。根据不完全统计，国内正在建设、准备建设（正在进行设备采购或设计招标）、计划建设（项目正在审批过程中）和酝酿建设的黏胶浆粕项目超过30个，建成后可能增加的产能以数百万吨计。现将了解到的情况列于表11予以介绍。

表11所列前10个项目为预计建设项目。其中采用间歇蒸煮技术的木浆粕产能50万吨/年，竹浆粕产能39.5万吨/年，两者合计89.5万吨/年；采用连续蒸煮的木浆粕产能75万吨/年。11个项目全部产能164.5万吨/年。绝大多数可在2011年年底或2012年投产，仅个别的可能推延到2013年。这些产能与“十二五”期间黏胶纤维工业需求的增长量已经相差不多了。

准备建设项目产能18万吨/年；计划建设项目产能155万吨/年；酝酿建设产能275万吨/年。这些项目全部建设后，其产能将远远大于需求。估计后面这些项目在“十二五”期间最终建成投产的为数不会很多。

表11 预计新增的黏胶浆粕（木浆粕和竹浆粕）生产能力

序号	企业名称	预计的原料	预计生产能力/（万吨/年）	预计投产时间	备注
1	福建青山纸业股份有限公司	马尾松	10	2011	美卓技术及关键设备，新建生产线
2	理文造纸有限公司重庆纸厂	竹子	10	2011	GL&V蒸煮技术及关键设备，纸浆转产溶解浆
3	丝丽雅集团长宁公司	竹子	4.5	2011	国产设备由纸浆转产溶解浆，整改中
4	泰格林纸集团骏泰浆纸有限责任公司	马尾松或桉木	30	2011	美卓蒸煮技术及关键设备，纸浆转产溶解浆
5	山东太阳纸业股份有限公司兖州纸厂	桉木	20	2011	安德里茨蒸煮技术及关键设备，纸浆转产溶解浆
6	山东晨鸣纸业集团股份有限公司湛江纸厂	桉木	55	2012	安德里茨技术及关键设备，纸浆转产溶解浆
7	漯河银鸽实业集团有限公司泸州纸厂	竹子	5	2012	GL&V技术及关键设备，新建
8	华泰集团有限公司安庆纸厂	马尾松	10	2012	美卓蒸煮技术及关键技术，纸浆转产溶解浆
9	中冶纸业集团崃山浆厂	竹子	5	2012	纸浆转产溶解浆，准备建设
10	吉化集团江安纸厂	竹子	15	2013	GL&V技术及关键设备，新建
11	国旅集团佳木斯纸厂	落叶松	8	2013	准备建设
12	广西南宁凤凰纸业有限公司	马尾松或桉木	10		准备迁建
13	福建南纸股份有限公司南平纸厂	桉木	10		计划建设

续表

序号	企业名称	预计的原料	预计生产能力/(万吨/年)	预计投产时间	备注
14	赛得利集团如东化纤厂	桉木	40		计划建设
15	理文造纸有限公司梧州浆厂	桉木	10		计划建设
16	广西劲达兴纸业有限公司南宁浆厂	竹子	20		计划建设
17	山东太阳纸业股份有限公司防城浆粕黏胶纤维项目	桉木	10		计划建设
18	浙江翔盛集团有限公司广西浆粕黏胶纤维项目	桉木	30		计划建设
19	山东晨鸣纸业集团股份有限公司黄冈项目	桉木或马尾松	35		计划建设
20	贵州赤天化纸业股份有限公司赤水浆厂	竹子	20		酝酿转产
21	广西南宁凤凰纸业有限公司	桉木	20		酝酿建设
22	山东晨鸣纸业集团股份有限公司吉林纸厂	松木	10		酝酿建设
23	山东晨鸣纸业集团股份有限公司美伦纸业		20		酝酿建设
24	APP 集团雅安纸厂	竹子	5		酝酿转产
25	APP 集团海南金海浆纸业有限公司	桉木	100		酝酿建设
26	APP 集团云南项目	桉木	20		酝酿建设
27	广西南华纸业有限公司	竹子	10		酝酿建设
28	云南云景林纸股份有限公司	云南松	10		酝酿建设
29	山东渤海实业股份有限公司	桉木	30		酝酿建设
30	四川德胜集团	竹子	10		酝酿建设
31	云南猛象竹业有限公司	竹子	10		酝酿建设
32	南纸集团龙岩纸厂	竹子	10		酝酿建设

从表 11 列的所要建设项目的生产能力看，应该能满足我国“十二五”黏胶行业发展的需要，甚至产能有余。当然，随着黏胶浆粕市场供求关系的变化，以及许多其他因素的影响，表 11 所列项目的建设还会有很大的变化。此外，以我国木材和竹子供应的数量和质量，以及建设项目所选择的工艺、设备，所能生产的黏胶浆粕的质量如何满足黏胶工业的需要，也有很多工作要做。尤其是在浆粕供过于求的情况下，是否还能维持高额利润也值得探讨。这些问题与棉花、棉短绒和棉浆粕的供应量是紧密相关的，并且也与当时纸浆的供需关系和价格有关。因为很多溶解浆项目是从纸浆项目转产而来的，两者是相互争夺原料的。

此外，据有关资料介绍，全球新增不少生产木浆（包括纸浆和溶解浆）的公司，并且也在进行或研究纸浆转产溶解浆，以及原溶解浆厂扩产（见表 12）。

表 12　2011—2012 年国外投产的溶解浆项目

序号	公司	工厂	国家	生产能力/(万吨（风干）/年)	投产时间	原料	备注
1	Fortress Paper Ltd.	Thurso QC	加拿大	20	2011 年第三季度	阔叶木	纸浆转产溶解浆
2	Södra	Mörrum 1 号线	瑞典	17	2011 年年底	阔叶木	纸浆转产溶解浆
3	Aditya-Birla	Domsjö	瑞典	4.5	2012 年	针叶木	酸法溶解浆厂扩建
	合计			41.5			

五、溶解浆市场的特点

1. 市场容量较小

与纸浆市场相比，溶解浆是一个容量相对较小的市场。从全球市场看，2010 年溶解浆的需求量约 450 万吨，最高年份的需求量约 535 万吨。2009 年全球纸浆总产量 17796 万吨，其中化学浆 12430 万吨。2009 年全球纸浆表观消费量 17900 万吨，其中木浆 16200 万吨。从数量级来看，溶解浆的全球需求仅仅是纸浆的 1/30 或 1/40。再从国内市场来分析：2010 年全国溶解浆用量（不含硝酸纤维浆粕）约 200 万吨；2010 年全国纸浆生产量 7318 万吨，纸浆消耗量 8461 万吨，其中木浆 1859 万吨。仅以木浆而言纸浆的消耗量是溶解浆消耗量的 9 倍以上。

按表 9 的计算，今后 5 年黏胶浆粕平均每年需求增长量可能约 38 万吨。与黏胶浆粕项目产能相比，也是容量相对较小的市场。目前全球新建的现代化溶解浆项目的经济规模应不小于 40 万吨/年。表 10 和表 11 的国内溶解浆改扩建项目产能少则 10 万吨/年，不少项目产能为 30 万吨/年和 55 万吨/年。只要有一个比较大的项目建成投产，就可能对溶解浆市场造成不小的冲击。

2. 溶解浆市场波动很大

溶解浆市场的需求（尤其是黏胶木、竹浆粕）和价格波动很大。表 13 是 2008 年 8 月到 2011 年 4 月的黏胶短纤维、棉短绒及浆粕价格的统计。其中 2009 年 1 月价格最低，进口木浆粕价格仅 650 美元/吨。到 2011 年 2 月价格就逐步上涨到 2600 美元/吨。前后仅相差 2 年时间，价格却上涨了整整 3 倍。

表 13　2008 年 8 月—2011 年 4 月黏胶短纤维（1.5d×38 毫米）、棉短绒及浆粕市场价格

日期	棉短绒价格/(元/吨)	浆　粕（短丝级）		黏胶短纤维价格	
		国产棉浆价格/(元/吨)	进口木浆粕价格/(美元/吨)	最高价/(元/吨)	最低价/(元/吨)
2008-08-12	4000	8500	1050	16900	16400
2008-09-09	4000	8500	1050	16900	16400
2008-10-07	3500	7800	1050	16700	16200
2008-11-11	2800	6600	900	14200	13600
2008-12-09	2400	5800	750	12500	12000
2009-01-13	2200	5500	650	11800	11500
2009-02-10	2600	5600	680	12000	11800
2009-03-17	2700	6200	680	13200	12800
2009-04-14	2800	6500	690	13000	12800
2009-05-12	3500	7200	660	15100	14900
2009-06-16	3800	8000	680	16000	15500
2009-07-14	3750	8000	720	16000	15300
2009-08-11	3900	8300	1050	16500	16300
2009-09-15	4100	8800	1150	17100	16600

续表

日期	棉短绒价格/(元/吨)	浆　粕（短丝级）价格		黏胶短纤维价格	
		国产棉浆价格/(元/吨)	进口木浆粕价格/(美元/吨)	最高价/(元/吨)	最低价/(元/吨)
2009－10－13	4400	9500	1200	17200	16500
2009－11－17	6700	10500	1300	18200	18000
2009－12－15	7200	12300	1400	19300	18500
2009－12－28	7250	12500	1400	19300	18300
2010－03－09	7600	13000	1200	20200	19600
2010－06－08	7900	13000	1100	19400	18300
2010－08－03	7600	12500	1230	17500	16700
2010－10－26	12000	15500	1580	23000	23600
2010－11－23	14500	22400	1600	28500	31000
2010－12－21	12000	20000	2300	24500	25000
2011－01－04	12000	20000	2400	24300	25600
2011－02－15	12000	20500	2600	27200	27700
2011－03－01	12400	20000	2600	28300	29000
2011－03－28	11500	21400	2600	26000	27500
2011－04－19	9000	18200	2600	22500	24000

资料来源：浙江华瑞信息技术有限公司《中国化纤》CCF。

这么大的价格波动，大致有以下 3 个原因。

(1) 棉花产量波动　棉花产量波动是溶解浆市场波动的原动力。表 4 中棉花产量最高是 2007/2008 年 760 万吨，接下来 2008/2009 年也达到 750 万吨，到 2009/2010 年下降到 640 万吨，其差距有 120 万吨。这个差距就加大了 2010 年对黏胶纤维的需求。棉花减产，使棉短绒供应及棉浆粕产量相应地减少，估计能减少 20 万吨左右。这两个因素叠加，就明显地加大对木、竹浆粕的需求。因此，2010 年我国进口木浆粕的数量大量增加；而且 2010 年和 2011 年第一季度进口木浆粕的价格暴涨。

(2) 溶解浆市场容量有限　前面讨论了溶解浆是一个容量很小的市场，供应短缺和需求增加同时出现，必然在市场价格的波动上反映出来。

(3) 投机和炒作对市场的影响　2009/2010 年度的浆粕市场有较大的缺口，但也不过是 20%～30% 的缺口，可是反映在价格上却上涨了 3 倍，这说明了投机和炒作对市场的影响。

今后，溶解浆需求和价格的波动还将主要取决于棉花的产量和价格。

（黄祖壬　朱　佳　张　晗）

2010 年我国废纸市场概况

Market Situation of Waste Paper in China 2010

一、2010 年我国废纸回收和利用情况

1. 废纸回收率与废纸浆利用率

随着造纸工业的不断发展和对节约原料资源意识的不断提高，我国在废纸回收和利用方面也取得了长足发展，特别是废纸浆利用率近年来迅速上升（见表1）。从表 1 可以看出，我国废纸回收量由 2001 年的 1013 万吨增加到了 2010 年的 4016 万吨；废纸回收率从 2001 年的 27.5% 提高到了 2010 年的 43.8%。废纸浆消耗量从 2001 年的 1310 万吨上升到 2010 年的 5305 万吨；废纸浆利用率从 2001 年的 44.0% 提高到 2010 年的 62.7%。近年来我国废纸浆占纤维原料消耗总量的比例连年增加，目前在我国已成为占最大比重的造纸原料。

表 1 近年来我国废纸回收与利用情况

年份	纸和纸板消费量/万吨	废纸回收量/万吨	废纸回收率/%	纸浆总消耗量/万吨	废纸浆消耗量/万吨	废纸浆利用率/%
2001	3683	1013	27.5	2980	1310	44.0
2002	4332	1338	30.3	3470	1620	46.7
2003	4806	1462	30.4	3910	1920	49.1
2004	5439	1651	30.4	4455	2305	51.7
2005	5930	1809	30.5	5200	2810	54.0
2006	6600	2263	34.3	5992	3380	56.4
2007	7290	2765	37.9	6769	4017	59.3
2008	7935	3128	39.4	7360	4439	60.3
2009	8569	3424	40.0	7980	4997	62.6
2010	9173	4016	43.8	8461	5305	62.7

注：1. 废纸回收率 = 废纸回收量/国内纸和纸板消费总量。
2. 废纸浆利用率 = 废纸浆消耗量/国内纸浆消耗总量。

2. 以废纸为主要原料的纸种产量与消费量

2010 年我国纸和纸板生产量 9270 万吨，消费量 9173 万吨。其中以废纸为主要原料的新闻纸、包装用纸、白纸板、箱纸板和瓦楞原纸 5 个品种产量合计 6030 万吨，占纸和纸板总产量的 65.0%；消费量合计 6124 万吨，占纸和纸板总消费量的 66.8%（见表2）。

表 2 以废纸为主要原料纸种产量与消费量

纸 种	产量/万吨			消费量/万吨		
	2009 年	2010 年	同比增长/%	2009 年	2010 年	同比增长/%
新闻纸	480	430	-10.42	461	423	-8.24
包装用纸	575	600	4.35	587	612	4.26
白纸板	1150	1250	8.70	1160	1254	8.10

续表

纸 种	产量/万吨			消费量/万吨		
	2009 年	2010 年	同比增长/%	2009 年	2010 年	同比增长/%
箱纸板	1730	1880	8.67	1809	1946	7.57
瓦楞原纸	1715	1870	9.04	1758	1889	7.45
合计	5650	6030		5775	6124	
本年总量	8640	9270		8569	9173	
占比/%	65.4	65.0		67.4	66.8	

3. 近年部分废纸相关项目建设情况

由于国内需求和各类商品出口量的不断增加，也拉动了市场对各类包装用纸和纸板的需求在不断增长，新上项目较多，规模也较大。其中，箱纸板和瓦楞原纸成为这两年我国生产量较大、增量较多的产品。

目前，玖龙纸业（控股）有限公司、理文造纸有限公司、浙江荣成纸业有限公司、吉安纸容器有限公司等企业都在新建或计划建设各类包装用纸板生产线（见表 3）。这些生产线将需要大量的废纸作为原料。

表 3　近年我国部分废纸相关项目建设情况

企业名称	项目内容	生产能力 /(万吨/年)	建设地点	投产时间
河北永新纸业有限公司	高档箱纸板	30	河北滦南县	2009 年 4 月
浙江荣成纸业有限公司	高档牛皮箱纸板	30	浙江平湖	2009 年 4 月
宜宾蓝天纸业股份有限公司	白纸板	20	四川宜宾	2010 年 4 月
山东泉林纸业有限责任公司	涂布牛卡纸	10	山东德州	2010 年 6 月
浙江景兴纸业股份有限公司	白面牛卡纸	20	浙江平湖	2010 年 9 月
山东世纪阳光纸业集团	涂布白面牛卡纸	50	山东潍坊	2010 年 10 月
武汉金凤凰纸业有限公司	高强瓦楞原纸	20	湖北武汉	2010 年 12 月
山东贵和纸业集团有限公司	高档纱管原纸	30	山东桓台	2010 年第四季度
广东华泰纸业有限公司	新闻纸	40	广东江门	2010 年年底试机
华伦君泽纸业有限公司	新闻纸	20	江苏南京	2011 年建成
吉安纸容器有限公司	涂布白纸板	60	浙江海盐	2011 年 6 月
玖龙纸业（控股）有限公司	高强瓦楞原纸	40	江苏太仓	2011 年 1 月试机
	白纸板	60	广东东莞	2011 年 6 月
	牛皮箱纸板	45	天津	2011 年 6 月
	高强瓦楞原纸	35	天津	2011 年 6 月
	涂布白纸板	60	天津	2011 年 10 月
	牛卡纸	50	福建泉州	2012 年 6 月
	牛卡纸	35	福建泉州	2012 年 7 月
	白纸板	30	重庆	2012 年
福建联盛纸业有限责任公司	瓦楞原纸	30	福建漳州	2010 年第四季度
	箱纸板	40	福建龙海	2012 年第一季度
东莞建晖纸业有限公司	箱纸板	40	广东东莞	2012 年
江西理文造纸有限公司	高档包装用纸板	200	江西瑞昌	2011 年 1 月动工
浙江永泰纸业集团股份有限公司	牛皮箱纸板	20	浙江富阳	已进行基建工程
宏发再生资源公司科技发展有限公司	牛皮箱纸板	50	湖北宜都	分两期 2014 年完成
寿光美伦纸业有限责任公司	涂布白牛卡纸	60	山东寿光	2010 年 7 月环评

续表

企业名称	项目内容	生产能力/(万吨/年)	建设地点	投产时间
东莞市金田纸业有限公司	灰纸板	30	广东东莞	已购国产纸机
保定东方造纸有限公司	高强瓦楞原纸	36	河北保定	已购纸机
安徽山鹰纸业股份有限公司	低定量箱纸板	45	安徽马鞍山	规划中
江苏绿城纸业有限公司	牛皮箱纸板	35	江苏溧阳	建设中

二、2010 年我国废纸进出口情况

1. 废纸进出口量与金额

据海关统计，2010 年我国废纸进口 2435 万吨，比 2009 年 2750 万吨下降 11.45%；出口量 796 吨，比 2009 年 270 吨增加 194.81%。进口废纸平均价格 219.80 美元/吨，比 2009 年 137.99 美元/吨增长 59.29%；出口废纸平均价格 191.80 美元/吨，比 2009 年 218.8 美元/吨下降 12.33%。外商投资企业依然是我国造纸原料进口主体。2010 年，外商投资企业共进口废纸 1677 万吨，同比下降 8.9%，但仍占废纸进口总量的 68.9%。

2010 年我国纸浆、废纸、纸及纸板进出口贸易总体特点是：作为造纸原料的纸浆和废纸进口量均呈减少趋势，其中纸浆进口量较 2009 年减少 16.83%，废纸进口量较 2009 年减少 11.45%，但平均价格都有较大幅度提升，进口纸浆平均价格上涨 275.31 美元/吨，涨幅 55.04%；进口废纸平均价格上涨 81.81 美元/吨，涨幅 59.29%（见表 4）。

表 4　近年来我国废纸进出口情况

	2001 年	2002 年	2003 年	2004 年	2005 年	2006 年	2007 年	2008 年	2009 年	2010 年
进口量/万吨	640	678	938	1230	1703	1962	2256	2421	2750	2435
金额/亿美元	6.6	7.3	12.3	17.3	24.6	27.5	40.4	55.6	38.0	53.5
进口均价/(美元/吨)	103.0	107.7	131.2	140.3	144.2	140.1	179.2	229.6	138.0	219.8
出口量/吨	830	680	1100	740	100	100	500	20	270	796
金额/万美元	8.6	7.3	18.0	10.9	2.8	2.0	8.4	0.4	5.9	15.3
出口均价/(美元/吨)	103.6	107.5	163.6	147.3	277.8	203.5	168.3	203.0	218.8	191.8

由于 2009 年国际市场商品纸浆和废纸价格低迷，国内造纸企业加大了商品纸浆和废纸的采购量，致使当年进口量异常，造成非正常库存增加。经中国造纸协会对重点造纸企业进行调查，2009 年国内造纸企业约有 110 万吨进口商品纸浆和 180 万吨进口废纸为非正常库存，结转至 2010 年使用。

2. 进口废纸浆占原料比例变化

2010 年我国废纸浆消耗量为 5305 万吨，其中进口废纸浆 2092 万吨，占废纸浆总消耗量的 39.4%，占纸浆总消耗量的 24.7%（见表 5）。

表 5　近年来我国进口废纸浆消耗量占原料比例变化情况

	2001 年	2002 年	2003 年	2004 年	2005 年	2006 年	2007 年	2008 年	2009 年	2010 年
总用浆量/万吨	2980	3470	3910	4455	5200	5992	6769	7360	7980	8461
废纸浆/万吨	1310	1620	1920	2305	2810	3380	4017	4439	4997	5305
进口废纸浆/万吨	510	500	750	773	1360	1570	1805	1936	2056	2092
占废纸浆/%	38.9	30.9	39.1	33.5	48.4	46.4	44.9	43.6	41.1	39.4
占总浆量/%	17.1	14.4	19.2	17.4	26.2	26.2	26.7	26.3	25.8	24.7

由表 5 可以看出，我国进口废纸浆消耗量在废纸浆消耗总量中仍占有主要地位，但多年来比例始终没有提高，甚至总体呈下降趋势。

3. 进出口废纸品种

据海关统计，2010 年我国废纸进口总量约 2435 万吨，较 2009 年减少 11.45%。其中，废箱纸板类进口约 1416.8 万吨，约占废纸总进口量的 58.2%，同比减少约 12.8%，进口金额却同比大幅增长，涨幅约 42.3%；办公废杂纸合计进口约 49 万吨，占废纸总进口量的 2.0%，同比增长约 75.8%，进口

金额增长约158.2%；废报纸杂志进口总量约592.7万吨，占废纸总进口量的24.3%，同比减少约17.3%，进口金额增长约26.1%；混合废纸进口总量约376.6万吨，占废纸总进口量的15.5%，同比减少约1.2%，进口金额增长约51.6%。

2010年我国进口的废纸主要品种与数量（见表6）。2010年我国出口的废纸主要品种与数量（见表7）。

表6　2010年我国进口的废纸主要品种与数量

商品名称	商品编号	数量/万吨	占比/%	同比增长/%	金额/亿美元	同比增长/%
废箱纸板类	47071000	1417	58.2	-12.8	31.9	42.3
办公废杂纸	47072000	49	2.0	75.8	1.5	158.2
废报纸杂志	47073000	593	24.3	-17.3	12.7	26.1
其他混杂废纸	47079000	377	15.5	-1.2	7.4	51.6
进口总量		2435	100	-11.45	53.5	41.0

表7　2010年我国出口的废纸主要品种与数量

商品名称	商品编码	出口总量/吨	出口总金额/万美元
废牛皮纸及箱纸板	47071000	1.60	0.19
办公废杂纸	47072000	441.97	7.87
废报纸杂志	47073000	307.59	6.57
其他混杂废纸	47079000	45.27	0.64
出口总量		796.43	15.27

4. 进口废纸的主要来源地

2010年，美国依然为我国废纸的最大进口来源地，进口数量1022.7万吨，占我国废纸进口总量的42.0%。

表8为近年来我国废纸主要进口国家、地区和数量情况。从不同来源地所占比例可以看出，美国、欧洲、日本仍是我国进口废纸的三大主要来源地，来自这三大地区的废纸占总进口量的比例近年来基本保持稳定，不过来源国家已日趋显示出分化趋势。

表8　2010年我国废纸主要进口国家、地区和数量

国家、地区	2010年进口数量与比例		近年进口比例/%			
	数量/万吨	比例/%	2006年	2007年	2008年	2009年
美国	1022.7	42	44	41	42	39
欧洲	608.8	25	25	27	27	25
日本	340.9	14	16	13	12	15
香港	121.8	5	5	5	5	4
澳大利亚	73.1	3	3	3	4	3
其他地区	243.5	10	8	10	10	15

三、2010年废纸市场价格变化情况

1. 废纸进口整体价格水平

2010年我国木浆、废纸及纸板进口总量虽然有一成多的下降幅度，但进口总价值金额比2009年却增长三成以上，其中以废纸的进口单价水平回升速度最快。

进口废纸的整体价格水平如表9所示。2010年进口废纸价值金额达到53.5亿美元，比2009年增长41.01%；每吨均价达到219.8美元，比2009年增长59.29%。

表9　2010年进口废纸的整体价格水平

	2009年	2010年	同比增长/%
进口量/万吨	2750	2435	-11.45
总金额/亿美元	38.0	53.5	41.01
进口均价/(美元/吨)	138.0	219.8	59.29

2. 部分进口废纸现货价格

2010年，国内几大主要现货交易地有福建、江

浙、青岛、天津等，其中福建地区主要以欧废现货交易为主，美废现货在江浙、青岛、天津各地均有，日废现货以江浙地区为主。

2010 年美废现货行情基本与期货走势一致，整体上行。进口混合废纸 MIX（包括美废 3 号、日废 3 号、欧废 A2）上半年震荡起伏，在年中落至低位，下半年基本呈现单边向上，在 12 月初达到年内最高价位。废报纸类 ONP（包括美废 8 号、日废 8 号、欧废 A5）行情波动频繁，但主要走势跟 MIX 基本一致，在年中落入低谷，下半年一路上行至高位。之后第二季度日废 ONP 价格低于美废 ONP，下半年日废 ONP 价格再度拉高至美废之上。废瓦楞纸 OCC（如美废 11 号、日废 11 号、欧废 A9）行情波动剧烈且频繁，在第一季度创出年内最高价位。在 6 月落入低谷后，下半年行情呈震荡上行趋势。虽然废纸价格整体上涨，但波动频率明显加快，且周期缩短，以涨多跌少为主（见表 10）。

表 10　部分进口废纸现货价格

来源	品种	年初均价/(元/吨)	年末均价/(元/吨)	年度涨幅/%
美国	美废 3 号	1550	1850	19.4
	美废 8 号	1600	2000	25.0
	美废 11 号	1700	2400	41.2
	美废 13 号 A	2200	2650	20.5
日本	日废 3 号	1800	2150	19.4
	日废 8 号	1900	2200	15.8
	日废 11 号	1750	2000	14.3
欧洲	欧废 A2	1550	1800	16.1
	欧废 A5	1600	1950	21.8
	欧废 A9	1650	1880	13.9

3. 国内部分废纸价格

（1）黄纸板　国内废黄纸板在 2010 年成为箱纸板厂家的重要原料来源。选取了国内具有代表性的 4 个黄纸板交易市场，基本上从南至北——东莞、江浙、山东、天津的黄纸板价位依序走低。虽然价格高低不同，但 4 个地区的价格走势保持了相对一致。表 11 列出了各地区的黄纸板到厂价格。各地区 A 级定义略有差异，基本为纸箱厂切边或全木浆挂面的废箱纸板为主。

表 11　各地区 A 级黄纸板到厂价格

地区	年初均价/(元/吨)	年中最低价位/(元/吨)	年末均价/(元/吨)	年度涨幅/%
东莞地区	1550	1400	1880	21.3
江浙地区	1490	1270	1890	26.8
山东地区	1350	1250	1780	31.9
天津地区	1250	1120	1695	35.6

（2）废报纸　2010 年国内废报纸价格行情大部分时间处于低迷平稳状态，第四季度开始出现涨势，年末涨势加快，攀至年度高位。表 12 列出了各地区废报纸统货到厂价格。各地对统货定义略有差异，基本为报纸含量在 50% ~70%。

表 12　各地区废报纸到厂价格

地区	年初均价/(元/吨)	年中最低价位/(元/吨)	年末均价/(元/吨)	年度涨幅/%
江浙地区	1650	1550	2050	24.2
山东地区	1450	1450	1900	31.0
厦门地区	1450	1380	1870	29.0

（章玉华）

2010 年我国生活用纸市场概况

Market Situation of Tissue Grades in China 2010

在世界经济初步复苏的情况下，2010 年我国生活用纸市场需求旺盛，继续保持快速增长势头，是生活用纸企业和其他纸种造纸企业新增产能的投资热点。2009—2010 年我国投产和新宣布的卫生纸机项目位居全球之首，成为全球关注的焦点。

虽然受国际商品纸浆价格持续上涨影响，2010 年，生活用纸企业的利润空间被压缩，但通过改进管理，降低原材料、能源消耗，产品调价等，企业经营情况普遍良好。

2010 年生活用纸消费量同比增长 11.1%，市场规模（市场总销售额）达到约 543.2 亿元，比 2009 年增长 19.7%，人均年消费量从 2009 年的 3.14 千克提高到 3.48 千克。

一、市场规模

根据中国造纸协会生活用纸专业委员会的统计，2010 年生活用纸总产量约 524.8 万吨，比 2009 年增长 9.5%；消费量约 466.3 万吨，比 2009 年增长 11.1%，人均年消费量约 3.48 千克。国内市场规模约 543.2 亿元，比 2009 年增长 19.7%。

二、主要制造商和品牌

我国目前的生活用纸市场仍是由多个制造商组成。2010 年由中国造纸协会生活用纸专业委员会统计在册的生产商约 1400 家，其中有原纸生产环节的综合性企业约 500 家，主要分布在山东、广东、四川、河北、广西等省、自治区。生产原纸的大型企业主要分布在长三角、珠三角地区以及山东、福建、湖南、湖北等省份。全国性的主要品牌有：心相印、维达、清风、洁云、舒洁、洁柔、五月花、优选 premium、妮飘等。

2010 年排名前 15 位的制造商的产量占总产量的 36.8%，销售额合计约占总销售额的 41.3%。行业集中度比上年略有提高。

恒安、APP（金红叶）、维达、中顺等最大的 4 家生活用纸企业，2010 年卫生纸原纸的生产能力合计达到约 163.1 万吨/年，产量合计约 118.5 万吨，生产能力和产量分别同比增长约 21.0% 和 20.3%。产量约占行业总产量的 22.6%；销售额合计约 138.2 亿元，同比增长约 22.5%，约占行业总销售额的 27.9%。（注：其中，中顺的销售额数据引用自中顺公司 2010 年度业绩快报，产能及产量数据均为据快报推测值。）

恒安是我国目前最大的生活用纸企业，并进入了世界前 100 强造纸企业（以销售额计，包括卫生用品业务）。根据恒安国际年报，2010 年，恒安生活用纸业务销售额 61.14 亿港元，比 2009 年增长 37.2%，远高于全行业的平均增长水平。生活用纸业务占集团总销售额的 45.5%，比 2009 年提高 4.4 个百分点。2010 年恒安继续提高毛利率较高的产品类别比例，毛利率较低的卫生纸的销售额占生活用纸总销售额的 33.4%（2009 年为 33.9%）。由于主要原材料商品木浆的价格由 2009 年的低位有较大幅度的反弹，造成生活用纸业务的生产成本显著上升，因此，生活用纸的毛利率从 2009 年的 42.1% 下降至 37.3%。

维达是我国最早的生活用纸专业生产商，多年来保持平稳发展的领先地位。根据维达国际年报，2010 年，维达生活用纸（含湿巾）销售额达到 36.02 亿港元，比 2009 年增长 29.8%；利润 10.62 亿港元，同比增长 11.7%。纸巾纸等高毛利产品在总销售额中的比例达到 34.2%（2009 年为 31.8%），卫生纸的比例降至 61.1%（2009 年为 62.4%）。2010 年维达采取多种措施，部分抵消了木浆价格大幅上涨的负面影响，毛利率从 2009 年的 34.2% 下降至 29.5%。

2010 年 11 月中顺洁柔在深圳交易所正式挂牌上市，成为在中国 A 股上市的第一家生活用纸企业。福和纸业于2010年3月在香港上市，2011年4月全资收购中山宝丽纸业。

2010年12月，我国最大的造纸企业山东晨鸣纸业集团股份有限公司投资的年产6万吨生活用纸生产线投产，正式进入生活用纸领域。

2011年4月，新加坡金鹰集团旗下的亚太资源集团宣布，其位于山东日照的亚太森博浆纸有限公司三期项目的扩建内容包括4条年产6万吨的高档生活用纸生产线。这是继APP（金红叶）、金佰利、王子妮飘、上海潜利之后，进入中国生活用纸领域的又一家外资企业。

根据中国行业企业信息发布中心对全国80多个大中城市超市的调查数据显示，心相印、清风和维达是纸巾类（含湿巾）市场份额排名前3位的品牌，在全国的市场份额依次为29.82%、17.28%和7.83%。

根据尼尔森公司资料，2009—2010年部分生产商的渠道销售份额情况见表1和表2。

表1 2009—2010年部分卫生纸生产商的渠道销售情况

	销售额份额/%			销售额增幅/%		
	全国	现代渠道	传统渠道	全国	现代渠道	传统渠道
恒安	13.4	15.1	7.2	16.6	20.1	-6.1
金红叶	11.5	12.7	7.6	-1.6	-2.9	6.3
维达	10.1	11.5	4.7	24.0	28.5	22.3
中顺	6.4	6.8	4.6	-0.2	-3.0	47.6
上海东冠	3.9	4.9	0.4	14.6	15.9	-6.4
胜达双灯	2.8	2.3	6.0	-6.0	-1.2	-12.0
山东东顺	2.6	3.2	0.2	25.5	25.1	87.2
广西洁宝	2.4	1.4	6.5	22.8	44.9	28.3
保定东升	2.2	2.7	0.5	22.1	23.5	3.2
宁夏紫荆花	1.5	0.7	3.7	-8.6	6.7	-27.4

表2 2009—2010年部分面巾纸生产商的渠道销售情况

	销售额份额/%			销售额增幅/%		
	全国	现代渠道	传统渠道	全国	现代渠道	传统渠道
恒安	34.0	30.9	53.7	17.3	20.3	13.6
金红叶	19.8	21.0	12.3	23.2	26.6	-2.8
中顺	9.1	10.0	3.4	-0.7	-2.4	34.8
维达	7.5	7.1	8.8	32.9	46.3	-0.1
上海东冠	4.0	4.6	0.6	42.4	43.9	-4.2
金佰利	3.0	3.5	0	16.7	16.8	-32.7
妮飘	2.2	2.6	0.2	15.0	13.9	719.9
福建恒利	1.7	1.9	0.6	53.6	67.8	-38.2
永丰余	1.6	1.8	0.4	26.5	28.7	-6.2
贵糖	1.3	1.6	0.1	21.0	20.2	-39.1

三、出口贸易保持增长

2010年生活用纸的出口贸易持续增长。2010年出口量46.5万吨，同比增长4.5%；出口金额58630万美元，同比增长10.3%。净出口量43.7万吨，同比增长3.6%，净出口额54345万美元，同比增长9.8%（见表3）。

2010年出口产品中仍然主要是生活用纸成品，而进口产品中仍然主要是原纸。另外，在出口的各类生活用纸成品中，卫生纸仍然是主要产品，占成品出口量的64.3%；纸手帕和面巾纸占26.4%；纸台布和纸餐巾占9.3%。

表3　　2009—2010 年各类生活用纸进出口情况

商品编号	商品名称	数量/吨		金额/美元	
		2010 年	2009 年	2010 年	2009 年
进口		27937.672	22813.989	42846108	36408853
48030000	成卷成张的家庭或卫生纸、面巾纸、餐巾纸	21610.278	17679.398	27098300	22688130
48181000	卫生纸	4343.276	3501.112	10249617	7665649
48182000	纸手帕及面巾纸	1387.146	1153.554	3774458	4331466
48183000	纸台布及纸餐巾	596.972	479.925	1723733	1723608
出口		465259.749	444966.652	586303828	531490315
48030000	成卷成张的家庭或卫生纸、面巾纸、餐巾纸	76562.014	123258.143	77426857	111789765
48181000	卫生纸	249919.771	215297.445	275864519	242920301
48182000	纸手帕及面巾纸	102679.309	81671.908	170740639	129833214
48183000	纸台布及纸餐巾	36098.655	24739.156	62271813	46947035

四、主要新增产能项目

根据《世界卫生纸》杂志（*Tissue World*）的调查，我国新增卫生纸机项目居全球首位。在2010—2012 年期间全球新增产能中占 53%，约 238 万吨。

由于市场容量的持续增加，2010 年前后，在关闭小厂的同时，国内高中档产品的新增产能集中。大企业的扩张有利于提高行业的集中度、装备水平、产品质量和档次，降低能耗和原材料消耗，减少污染。从企业公布的发展规划来看，APP 金红叶（2013 年达到 110 万吨/年）、恒安（2012 年达到 91.52 万吨/年、2015 年达到 120 万吨/年）、维达（目标 70 万吨/年）都将跻身全球最大的卫生纸制造商行列。中顺洁柔在 A 股上市后，募集资金将投资新增生产基地和产能，项目投产后，总产能也将达到 35 万吨/年。

除了现有大企业迅速扩产以外，生产其他纸种的造纸企业或外行业企业也加入投资生活用纸大项目的行列中，如山东晨鸣纸业集团股份有限公司、漯河银鸽实业集团有限公司、亚太资源集团、歌芬卫生用品（福州）有限公司、福建省南纸股份有限公司、抚顺矿业集团有限责任公司等。单条纸机生产能力达 6 万吨/年的新投产项目明显增加，2010 年为 3 条，2011 年为 8 条，2012 年估计在 8 条以上；新增生产能力逐年递增：2010 年新增生产能力 43.85 万吨/年，2011 年新增生产能力 92.7 万吨/年，2012 年新增生产能力估计在 100 万吨/年左右。

五、产品结构

根据中国造纸协会生活用纸专业委员会 2010 年的调查，国内消费的生活用纸产品中，卫生纸占主导地位，约占 66.5% 的市场份额，其他品类依次是面巾纸 18.2%、手帕纸 7.2%、餐巾纸 2.6%、擦手纸 1.8%、厨房用纸 1.4%、衬纸 1.4%等（见表4）。

表4　　2010 年生活用纸的产品结构

产品	消费量/万吨	市场份额/%
厕用卫生纸	310.1	66.5
面巾纸	84.9	18.2
手帕纸	33.7	7.2
餐巾纸	12.1	2.6
擦手纸	8.4	1.8
厨房用纸	6.5	1.4
衬纸	6.4	1.4
其他	4.2	0.9
生活用纸合计	466.3	100

在西欧、北美和日本等发达国家，厕用卫生纸在生活用纸产品中的比重（销售量）在 55% 左右，而我国目前高于这一数据。说明其他品类产品的市

场渗透率还有待提高。从生产商的产品结构来看，一般大企业的产品结构中，卫生纸的比重低于平均水平，如按产量计，2010 年恒安纸业约 40%，金红叶约 55%，维达约 65%，金佰利和王子妮飘仅约 20% ~30%；而小企业，或使用草浆、废纸原料的企业，卫生纸的比重则高于平均水平，达到 90% 以上。

六、原料结构

2010 年，中国造纸协会生活用纸专业委员会对 91 家生活用纸企业所使用的纤维原料种类进行了调查，产量覆盖率约 70%，由调查结果推算出生活用纸行业使用纤维原料的结构情况（见表 5）。

表 5 生活用纸纤维原料结构

纤维原料	比例/%
木浆	47.5
草浆	17.2
蔗渣浆	10.6
竹浆	9.5
混合浆	8.5
废纸浆	6.7

七、产品创新

2010 年生活用纸产品的创新质量主要表现在两个方面：一是通过推出差异化产品寻求高利润的利基市场，如添加香精和乳霜、芦荟、维生素等表面处理剂，使产品气味清香或具有更好的护肤性，或推出染色/印花的彩色产品。此外，针对学生和年轻白领人群推出包装上有时尚风格的产品也被证明是成功的策略。如恒安推出的“冬己”系列面巾纸、手帕纸产品；维达推出的“FEEL”系列面巾纸、手帕纸产品；金佰利推出的舒洁“玲珑”系列面巾纸及“囧”系列手帕纸产品等，都在市场销售方面取得了很好的效果。二是推广绿色、环保概念，如维达推出的“绿活”系列蔗渣浆生活用纸产品；东冠推出的以回收牛奶饮料包装盒为主要原料的“自由森林”系列卫生纸、擦手纸产品，使其成为 2010 年上海世博会生活用纸项目赞助商；泉林推出的麦草浆本色生活用纸产品，使其成为上海世博会特许生产商；双灯纸业的草浆、废纸混合浆卫生卷纸；福和纸业的废纸浆卫生卷纸等，也受到市场的欢迎。

八、产品标准修改和质量抽查

1. 产品标准

《GB/T 20808—2006 纸巾纸（含湿巾）》国家标准包括了纸巾纸和湿巾两大类产品。随着湿巾行业的发展，产品品类不断增多。为了更好地规范湿巾产品质量要求，确定标准的技术内容科学合理，全国造纸工业标准化技术委员会秘书处决定将原标准中的纸巾纸和湿巾分别制定标准。2010 年，造纸标委会秘书处申请重新制定《纸巾纸》国家标准，现已完成送审稿，预计新标准于 2011 年 6 月发布。

2. 质量抽查

2010 年各级质监部门和卫生监督部门对卫生纸和纸巾纸的质量抽查结果表明质量较好产品在市场占主导地位，但批发市场出售的产品质量较差。存在的质量问题是微生物指标不合格，柔软度、横向吸液高度、抗张强度等性能指标不合格，标识标注不符合规定要求等。

（江曼霞 张玉兰 周 杨）

2010 年我国一次性卫生用品市场概况

Market Situation of Disposable Hygienic Paper Grades in China 2010

2010 年随着全球经济的复苏，一次性卫生用品的外贸市场逐渐恢复。同时，国内市场继续保持增长势头，企业经营情况普遍良好。各类产品的消费量都比上年有较大的增长，特别是婴儿纸尿布和成人失禁用品。2010 年吸收性卫生用品的市场规模（市场总销售额）达到约 628.4 亿元，比 2009 年增长 14.3%。在市场总销售额中，卫生巾/卫生护垫占 65.5%，婴儿纸尿布占 29.4%，成人失禁用品占 1.9%，湿巾占 3.2%（见图 1）。

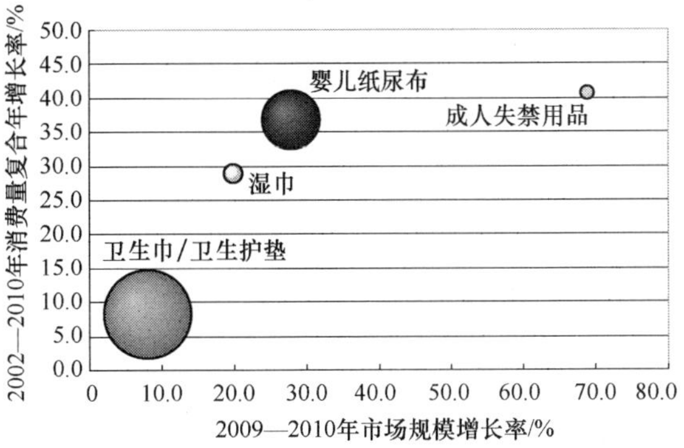

图 1　2010 年我国吸收性卫生用品的市场规模和增长率

一、卫生巾/卫生护垫

1. 市场规模

2010 年我国卫生巾/卫生护垫的市场继续保持较快增长。根据中国造纸协会生活用纸专业委员会的统计，卫生巾的产量约 677 亿片，消费量 548 亿片，市场渗透率 82.3%。2010 年卫生巾/卫生护垫的市场规模约 411.4 亿元，同比增长 8.0%。

2. 主要生产商和品牌

我国目前的卫生巾/卫生护垫市场仍由多个生产商组成。中国造纸协会生活用纸专业委员会 2010 年年底统计在册的企业有 864 家，比上年增加 174 家，主要分布在福建、广东、河北、山东、江苏、浙江、天津等地，但全国性品牌的生产商并不多，高端市场的品牌集中度很高。

2010 年全国综合排名前 15 位的卫生巾/卫生护垫生产商的销售额合计约占全国卫生巾/卫生护垫总销售额的 74.9%，行业集中度比上年有较大提高；全国性品牌主要有：安尔乐、护舒宝、苏菲、舒而美、高洁丝、娇爽、乐而雅、好舒爽、ABC 等，领先生产商主要集中在上海、广东、福建等地。

恒安集团作为国内领先的大型个人卫生用品生产商，2010 年的卫生巾业务继续获得理想增长，卫生巾/卫生护垫的销售额增长约 24.5%，占集团整体销售额约 23.6%，远高于市场平均增长率。2010 年虽然主要原材料石油化工产品及绒毛浆的价格明显上涨，对成本造成压力，但通过加强成本控制的措施及提高中高端产品的销售比例，抵消原材料成本上涨的影响，使集团卫生巾业务的整体毛利率微升至约 62.5%。

2010 年卫生巾/卫生护垫销售额增长显著的其他企业主要有：尤妮佳增长 30%，恒利增长 17%，金佰利增长 34%，景兴增长 52%，花王增长 19%，可悦增长 175%，百亚增长 12%，雄鹰增长 36%。

3. 跨国公司的品牌在高端市场继续占主导地位

卫生巾/卫生护垫的高端市场主要由跨国公司的品牌组成。包括宝洁公司的“护舒宝”、尤妮佳公司的“苏菲”、强生公司的“娇爽”、花王公司的“乐而雅”、金佰利公司的“舒而美”和“高洁丝”等。跨国公司凭借其强大的广告投放实力和研发优势，占据高档产品市场大部分的市场份额。

根据中国行业企业信息发布中心的资料，2010 年全国卫生巾市场销售量排名前 3 位的品牌为护舒宝、安尔乐和娇爽，销售额排名前3位的品牌为护舒宝、苏菲和七度空间。

2010年，在由中国商务广告协会、中国传媒大学主办，中央电视台广告部协办，15家商协会和研究机构支持，BBI商务品牌战略研究所、国际广告杂志社策划执行、全国36所知名高校共同研究的“第二届中国消费者理想品牌大调查”中，“护舒宝”获得卫生巾品类常用品牌、预购品牌和理想品牌的第1名，“安尔乐”获得常用品牌第2名；“七度空间”分别获得预购品牌第2名、常用品牌第3名和理想品牌第3名。“苏菲”获得预购品牌第3名和理想品牌第2名。

2010年，尤妮佳在中国的第3家工厂在上海青浦工业园区建成投产，这是尤妮佳在全球最大规模的旗舰生产基地。主要生产妇女卫生用品和婴儿纸尿裤。

4. 产品创新

由于消费水平的提高和职业女性的需求，护翼型卫生巾几乎已经全部取代了直条型卫生巾，少量的直条型产品主要销往农村和西部不发达地区。为了改变产品同质化，赋予产品差异化特征和附加值，企业对产品进一步细分，并在强调产品舒适性、功能和时尚并重、包装方面进行创新。

2010年，宝洁在中国市场推出创新的“朵朵”卫生巾，添加了天然洋甘菊精油，具有护肤功能。花王推出“乐而雅”零触感倍护卫生巾，超薄不侧漏，给消费者带来舒适和安心。恒安面向白领女性推出“安尔乐”盒装卫生护垫新品，并分为清爽型、纯棉型、透气型、抑菌清新型和纤柔型5种，还向二三线乡镇市场推出了“安乐”超值保护大包装卫生巾产品，抢占中低端市场。景兴公司推出“ABC”亲柔立围系列卫生巾，在产品结构上着重于解决后漏、侧漏问题。

5. 卫生棉条市场

内置式女性经期卫生用品在欧美等国家占女性经期卫生用品市场约30%的份额。在我国，由于消费习惯、卫生条件和对因不洁而造成细菌感染的畏惧，止血塞（卫生棉条）在我国的使用量一直很少，仅有很少的消费者和一些特定职业的女性，如运动员等在特定情况下使用。消费者习惯的改变是市场变革的推动力，由于部分比较时尚的消费者在炎热的季节希望用轻便的卫生棉条代替卫生巾，卫生棉条市场出现需求增长的迹象。据新生代市场监测机构研究：目前，国内卫生棉条的渗透率相对较低，但有逐年增长趋势，已从2007年的1.8%上升到2010年的3.3%，温州、徐州、海口、青岛、宁波等沿海城市的渗透率要远高于内陆地区。20~39岁的年轻女性是卫生棉条的核心使用人群，所占比例超过70%，而且卫生棉条基本是与卫生巾搭配使用的。

6. 产品质量抽查

2010年，国家质检总局组织对卫生巾（含卫生护垫）产品质量进行国家监督抽查。本次共抽查了天津、上海、江苏、浙江、福建、湖北、湖南、广东、广西等9个省、自治区、直辖市96家企业生产的120种卫生巾（含卫生护垫）产品。抽查依据推荐性国家标准《GB/T 8939—2008 卫生巾（含卫生护垫）》和强制性国家标准《GB 15979—2002 一次性使用卫生用品卫生标准》规定的要求，对卫生巾（含卫生护垫）产品的细菌菌落总数、致病性化脓菌（绿脓杆菌、金黄色葡萄球菌、溶血性链球菌）、大肠菌群、真菌菌落总数、渗入量、pH值、吸水倍率等9个项目进行了检验。本次所抽产品中涉及人身健康安全的微生物指标均符合标准的要求，抽查发现4种产品渗入量和pH值项目不符合相关标准的规定。

二、婴儿纸尿布

1. 市场规模

2010年我国婴儿纸尿布的市场继续保持高速增长。根据中国造纸协会生活用纸专业委员会的统计，婴儿纸尿布总产量162.7亿片，其中婴儿纸尿裤117.8亿片，婴儿纸尿片/垫44.9亿片；总消费量约146.7亿片，其中婴儿纸尿裤约105.0亿片，婴儿纸尿片/垫约41.7亿片。婴儿纸尿布的市场规模达到184.8亿元，同比增长27.7%。

婴儿纸尿布的消费量比2009年增长23.7%，其中婴儿纸尿裤同比增长31.7%，婴儿纸尿片/垫同比增长7.5%。市场渗透率由2009年的26.1%上升到32.3%。

2. 主要生产商和品牌

我国的纸尿布市场由多个生产商组成。中国造纸协会生活用纸专业委员会2010年年底统计在册的婴儿纸尿布的生产企业500家，比2009年增加了84家，生产商主要分布在福建、广东、山东、浙江、上海等地。全国性品牌数量不多，品牌集中度较高。知名品牌有帮宝适、妈咪宝贝、安儿乐、嘘嘘乐、菲比等。根据中国造纸协会生活用纸专业委员会的统计调查，排名前10位生产企业的婴儿纸尿裤（不含纸尿片/垫）销售量合计约占所有企业婴儿纸尿裤总销售量的 72.0%，其纸尿布的销售额合计约占所有企业总销售额的 92.6%（见图 2）。

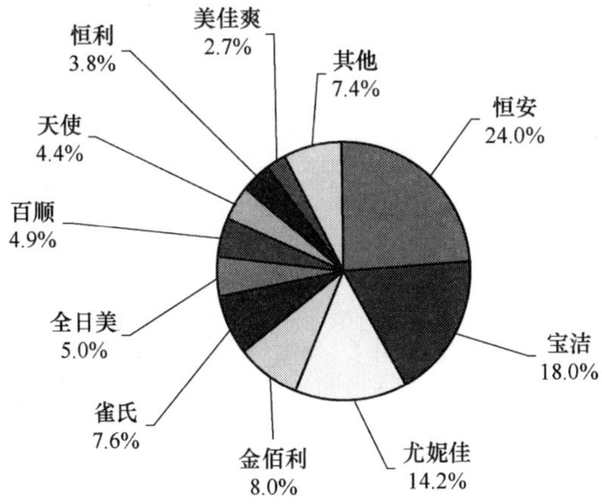

图 2　排名前 10 位的婴儿纸尿布生产商的市场份额（销售额）

宝洁和恒安是目前我国最大的婴儿纸尿裤制造商。金佰利的“好奇”、宝洁的“帮宝适”和尤妮佳的“妈咪宝贝”是市场美誉度最好的婴儿纸尿裤。根据中国行业企业信息发布中心的资料，2010 年全国婴儿纸尿裤市场销售量排名前 3 位的品牌为帮宝适、安儿乐和妈咪宝贝，销售额排名前 3 位的品牌为帮宝适、妈咪宝贝和好奇。

2010 年，恒安集团婴儿纸尿布销售额增长 13.3%。这主要得益于 2009 年下半年集团在全国推出新产品超能吸系列，加上自 2010 年第二季度起对原有产品推出升级版新产品，从而成功优化集团的产品组合。此外，集团继续采取措施加强成本控制、提高生产效率，因此抵消了纸尿裤主要原材料石油化工产品和绒毛浆价格上升的影响，使期内纸尿裤的毛利率上升至约 42.4%。

2010 年销售额有明显增长的其他企业有：尤妮佳增长 30%；雀氏增长 70%；百顺增长 21%；恒利增长 32%；天使增长 92%。

3. 市场持续活跃

我国每年新生婴儿约 1600 万人，随着家庭可支配收入的增加，用于儿童的平均开支增加，2010 年婴儿纸尿布市场特别是高档产品市场继续呈现快速增长的形势。

随着经济收入的增加和前些年对婴儿纸尿布市场的培育推动而造成新一代年轻父母消费观念的改变，加上 20 世纪 80 年代我国生育高峰期出生的人已进入结婚生子年龄，婴儿纸尿布的国内消费需求明显增加，市场进入快速成长期，2010 年婴儿纸尿布的市场渗透率达到 32.3%。除了排名前 10 位的企业以外，很多中型企业的销售额也有大幅增长，如小护士增长 20%；侨资增长 56%；美佳爽增长 500%；泰州远东增长 17%；东莞常兴增长 55%；新感觉增长 12%；晋江女友增长 178%；妙雅增长 46%；港都增长 56%；华亿增长 22%；倍舒特增长 24%；南安天和增长 94%；三笑增长 14% 等。

2010 年，尤妮佳的“妈咪宝贝”婴儿纸尿裤在我国市场销售额增长较快。首推裤型纸尿裤，大大节省婴儿换纸尿裤的时间，并在上海世博会日本产业馆举办了一场纸尿裤大赛。金佰利推出中端价位的好奇干爽舒适纸尿裤，以扩大市场份额。恒安集团投资 10 亿元在河南临颍建设纸业工业园，拟生产卫生纸和婴儿纸尿裤。福建双飞集团青蛙王子纸尿裤上市。2010 年维达投资维安洁控股有限公司，拓展个人卫生护理用品业务。2011 年 2 月，维安洁已完成首批婴儿纸尿裤的试产，预计下半年可全面上市，主要面向中高端市场。银鸽集团也已投资上了数条纸尿裤生产线。

4. 出口量大幅增长

据海关统计数据，“商品编号 48184000（卫生巾及止血塞、婴儿纸尿布、尿布衬里等）”一项，2009 年比 2008 年增长 3.56%，而 2010 年比 2009 年增长 22.36%，显示这一商品编号下产品（包括卫生巾、婴儿纸尿布、成人纸尿布、护理垫、宠物垫、干法纸等）的总出口量增速大幅提高，说明出口贸易已经恢复。

5. 产品创新

2010 年恒安集团把纸尿片作为区别于纸尿裤的单一品类进行精耕细作，在安儿乐品牌进军纸尿裤高端市场的同时，鼎力打造纸尿片细分市场的领导品牌。恒安对现有三个纸尿片系列产品进行了全面升级，产品系列重新定位、功能补强，通过全新卡通人物包装和产品植入，有效提升产品档次和市场竞争力。2011 年恒安集团计划推出高端新产品“动睡装系列”和“拉拉裤系列”。金佰利公司推出好奇全新干爽舒适纸尿裤，更强化长效吸收防漏功能。尤妮佳推出妈咪宝贝瞬吸干爽婴儿纸尿裤，产品更薄。

三、成人失禁用品

1. 市场规模

成人失禁用品主要包括成人纸尿布（成人纸尿

裤/片）和护理垫。由于成人失禁用品的出口和外贸加工比例很大，2009年曾受国际金融危机影响外销市场萎缩，出口贸易量出现负增长，但2010年随着国际经济形势的回暖，外销市场得到恢复，同时国内消费量也出现大幅增长，增长率达到50%以上。根据中国造纸协会生活用纸专业委员会的统计，2010年成人纸尿布产量约6.58亿片，出口量约1.55亿片，消费量约4.81亿片。护理垫的产量约5.92亿片，出口量约3.22亿片，消费量约2.63亿片。成人失禁用品合计的市场规模约12.2亿元。

2010年我国成人失禁用品的消费量同比增长52.1%，其中成人纸尿布消费量增长103.0%，护理垫消费量增长4.4%。在按片计的总消费量中，纸尿裤占45%，纸尿片占20%，护理垫占35%。除了生活水平提高以外，北京市等部分省市将一次性纸尿裤/片/垫等卫生用品纳入工伤职工保险报销范围也是促进消费量增长的原因之一。2010年，随着全球经济的复苏，外销市场对成人纸尿裤和护理垫的需求增加，对纸尿片的需求减少。2010年成人纸尿裤出口量增长112.5%，护理垫的出口量增长307.6%，但成人纸尿片出口量下降26.9%。国内成人失禁用品的市场规模比2009年增长69.0%。

2. 主要生产商和品牌

中国造纸协会生活用纸专业委员会2010年年底统计在册的成人失禁用品生产商约197家，比2009年增加37家，生产商主要分布在福建、江苏、广东、上海、天津、河北、浙江和山东等地。排名前10位的成人失禁用品生产商的市场份额见图3。

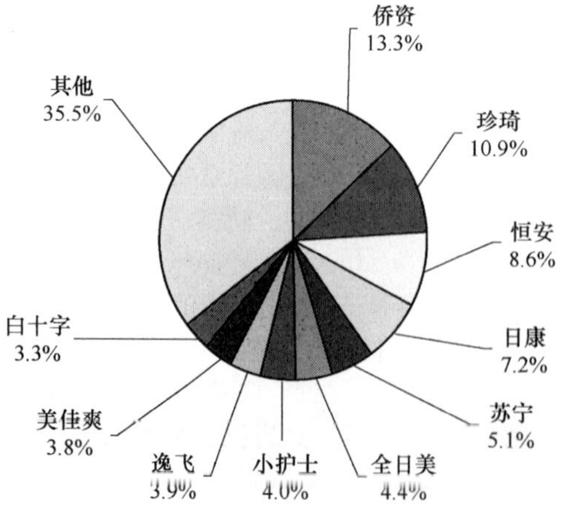

图3　排名前10位的成人失禁用品生产商的市场份额（销售额）

2010年成人失禁用品市场进入快速成长阶段，出口市场迅速恢复，国内消费市场也大幅增长。主要生产商推出不同类型的产品以满足不同的市场需求。

2010年，尤妮佳的“乐互宜”成人纸尿裤在上海生产基地进行了试生产。金佰利的“得伴”和SCA的“添宁”也分别举办主题活动，培育中国成人失禁用品市场。

四、湿　　巾

1. 市场规模

根据中国造纸协会生活用纸专业委员会的统计，2010年中国湿巾的产量约213亿片，出口量约83.2亿片，消费量约124.8亿片，市场规模约20.0亿元，比2009年增长19.8%。

2. 主要生产商和品牌

中国造纸协会生活用纸专业委员会2010年年底统计在册的湿巾生产企业有439家，比2009年增加42家，生产商主要分布在浙江、广东、江苏、上海、福建、山东、辽宁、北京等地，但全国性品牌不多，市场集中度相对较高。有很多企业是给其他国内企业或零售商做贴牌或给国外生产OEM产品。

3. 产品情况

2010年中国造纸协会生活用纸专业委员会统计的湿巾品种主要有普通型、婴儿专用、女性专用、卸妆用、其他个人用途及湿擦拭巾6种。其中婴儿专用湿巾占比例最大。目前市场上的湿巾包装形式主要有单片装（独立装）、多片装、筒装3种。湿巾产品的功能性不断增强，添加了各种护肤成分，如芦荟、绿茶、薰衣草、薄荷等。有些企业还根据用途对湿擦拭巾进一步细分成各种功能性的专用产品，在国内市场推出后，销售反馈情况很好。2010年，铜陵洁雅在铜陵市狮子山经济开发区投资兴建亚洲最大的功能性湿巾生产基地，该项目建成后将形成湿巾理论产能70亿片/年。江中药业股份有限公司进军湿巾领域，2010年8月江中药业自主研制开发的芮洁牌消毒湿巾生产项目在江西省余干工业园区开工建设。2010年各品种湿巾所占销售量比例见图4。

4. 质量抽查

2010年，国家质量监督检验检疫总局对纸巾纸（含湿巾）进行了监督抽查，共抽查了北京、上海、河北、江苏、浙江、福建、江西、山东、湖北、广东、四川等11个省、直辖市128家企业生产的150种纸巾纸（含湿巾），其中包括26种湿巾。本次抽查依据推荐性国家标准《GB/T 20808—2006 纸巾纸(含湿巾)》和强制性国家标准《GB 15979—2002 一次性使用卫生用品卫生标准》规定的要求，对纸巾纸（含湿巾）产品的细菌菌落总数、真菌菌落总数、大肠菌群、绿脓杆菌、金黄色葡萄球菌、溶血性链球菌、亮度（白度）、横向吸液高度、横向抗张指数、纵向抗张指数、横向湿抗张强度、柔软度、含液量等13个项目进行了检验。其中有1种湿巾产品不合格。

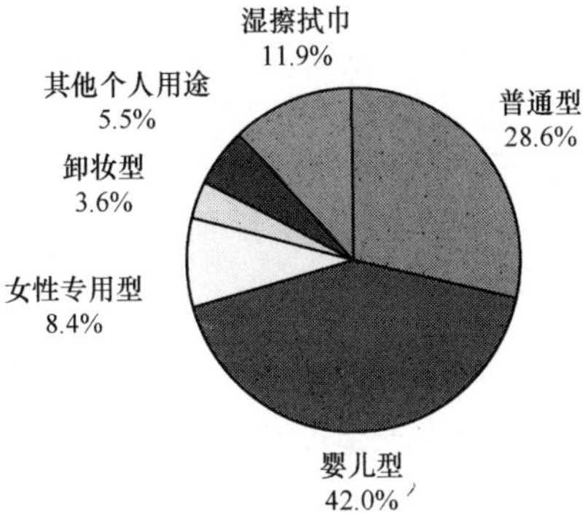

图4　2010年各品种湿巾所占销售量的比例

5. 市场平稳发展

经过3年的高速发展（每年增速不低于30%），目前我国湿巾行业已进入平稳发展阶段。2010年湿巾工厂销售额增长6.2%，而市场销售额增长19.8%，这是由于高档产品份额增加，平均零售价提高所致。普通型湿巾所占销售量的比例比2009年提高，婴儿专用型湿巾的比例下降，但仍然是占比最大的品类。目前湿巾市场的发展还存在许多问题，如产品质低价廉、品类少、技术含量不高、缺乏品牌效应等。国内市场小企业众多，产品质量参差不齐，品类单一，企业往往靠走低端路线打价格战生存。

目前我国执行的国家标准是《GB/T 20808—2006 纸巾纸（含湿巾)》，包括了纸巾纸和湿巾两大类产品。随着湿巾行业的发展，产品品类不断增多。为了更好地规范湿巾产品质量要求，确定标准的技术内容科学合理，全国造纸工业标准化技术委员会秘书处决定将原标准中的纸巾纸和湿巾分别制定标准。2010年年初，湿巾标准起草工作已启动，草稿通过讨论后将上报审批。

目前，湿巾设备基本国产化，国内主要湿巾设备供应商有陆丰机械（郑州）有限公司、泉州大昌纸品机械制造有限公司、上海松川远亿机械设备有限公司、泉州市创达机械有限公司等。

（江曼霞　张玉兰　孙　静）

装饰纸市场概况和发展趋势

Market Situation and Development Trend of Decorative Paper

一、装饰原纸的用途和分类

1. 装饰原纸的用途

装饰原纸是一种以优质木浆和钛白粉为主要原料经加工而成的工业特种用纸，经印刷、三聚氰胺树脂浸胶后，主要用于纤维板、刨花板等人造板的护面层纸、面层用纸和底层用纸。因此，在人造板行业经浸胶后的装饰原纸称为三聚氰胺纸。经三聚氰胺纸贴面的人造板制作成的各种装饰材料，具有隔热、阻燃、不翘曲、不开裂、易清洁等优良特性，且花色品种多、图案丰富美观、色泽鲜艳亮丽、层次感突出，广泛用于酒店、商场、写字楼等各类娱乐文化场所的中高档建筑装饰装修、家居装饰装修、家具和强化木地板的制造以及交通运输工具的内部装饰，是一种“以纸代塑、以纸代木”的时尚环保材料。

2. 装饰原纸的分类

（1）按用途分类　按用途分，可分为素色装饰原纸和可印刷装饰原纸。

素色装饰原纸是用于人造板贴面的各种单一颜色的装饰原纸，必须耐高温、高压，具有较高的技术含量。浸渍后，可直接用于中密度纤维板、刨花板等多种人造板的饰面，其色彩鲜艳亮丽，层次感突出，不用喷漆。用它制作的板材不翘曲、不开裂、易清洁、造价低，绿色环保，具有实木不可比拟的优越性。

可印刷装饰原纸经印刷各种图案后，可用于制作防火板、强化木地板的压贴饰面。该产品手感柔软，横幅定量差小，定量稳定，色泽一致，表面光洁度高，适印性能好。印刷后图案清晰，层次立体感强。

（2）其他分类方式　装饰原纸除了按上述用途不同进行分类外，也有按定量不同分为薄页纸（定量≤30 克/米²）和装饰纸（钛白纸，定量≥40 克/米²，以 70～120 克/米² 为主）。此外，还有根据应用情况不同进行如下分类。

宝丽纸——薄页纸，纸面印刷木纹，用于 MDF、HDF、胶合板贴面。贴面时需使用胶黏剂，贴面后需涂饰处理。

华丽纸——薄页纸，纸面已经印刷和涂饰，用于 MDF、HDF、胶合板贴面。贴面时需使用胶黏剂，贴面后一般不需要再进行涂饰，用于对耐磨性要求不高的地方。

预油漆纸——装饰纸（钛白纸），纸面印有木纹，已浸或涂有少量树脂，树脂含量 20%～60%，定量低的用于 MDF 贴面，定量高的用于封边条。贴面时需施加胶黏剂，贴面后一般不再进行涂饰，耐磨性高于华丽纸。

低压三聚氰胺浸渍纸——装饰纸（钛白纸），纸面印有木纹，浸渍低压三聚氰胺树脂，树脂含量为 130%～150%，用于刨花板、MDF 贴面。贴面时不需施胶，贴面后不再进行涂饰。耐磨性高于预油漆纸。树脂含量为 70%～100% 的用于强化木地板，耐磨性取决于表层纸。

高压三聚氰胺浸渍纸——装饰纸（钛白纸），纸面印有木纹，浸渍高压三聚氰胺树脂，树脂含量 60%～100%，用于制造装饰层压板（防火板），耐磨性取决于表层纸。

二、装饰原纸的主要性能和生产工艺

现在市场常见的规格以 90～120 克/米² 为主，尺寸在 1100～1260 毫米之间，市场较为热销的颜色为浅（白）或深（棕）色，规格、定量、色彩均可根据客户要求制作。装饰原纸的主要性能与相关的生产工艺如下。

1. 吸收性能

装饰原纸是一种浸渍用纸，在浸胶机中与氨基树脂（如三聚氰胺甲醛树脂、酚醛树脂）等接触后，快速吸收几倍于自身质量的胶液。国内卧式浸胶机的车速为30～40米/分，在浸胶槽的浸胶时间仅有几秒钟，在短时间内要达到规定的上胶量并且吸胶均匀，要求浸渍纸必需有良好、稳定、均一的吸液性能；否则会影响浸胶的车速及产量，严重的压板后出现干花、白点、雾状疵斑、板面麻坑、花纹模糊等质量问题。因此，装饰纸的吸液性能是生产过程中应该严格控制的重要指标。纸张的吸收性能与被吸收液体的性质和纸张本身的性质，如纸张的多孔性结构和纸张的亲水能力有关。纸面的吸收性能高于其内部的吸收性能，纵向吸收性高于横向和厚度方向的吸收性，这些都是纤维纵向排列所决定的。液体渗入纸张内是纤维间和纤维内的渗透，纤维间的渗透服从毛细管定律，纤维内的扩散速度正比于纤维间结合力的大小（纤维间的结合保证了扩散通道的连续性）。所以，由纤维间渗入纸张的水分，随打浆度的升高而减小，而纤维内渗入的水分则增加。但两者比较来看，纤维间的渗透作用远远大于纤维内的渗透。疏松多孔的纸张吸收能力高于致密的纸张，因此，松厚度大的纸张吸收性好；纤维素含量高的纸张，半纤维素含量小的纸浆抄成的纸张吸收性高。

2. 强度性能

原纸在浸胶后强度大幅度下降，为保证纸幅能够承受纸机张力作用，顺利通过浸胶机而不发生断头，就要求纸张具有较高的湿强度。与吸收性能一样，纸张强度与纤维原料、生产工艺有密切联系。一般来讲，针叶木纤维强度性能优于阔叶木；采用适当工艺提高纸张紧度可以增加强度。权衡纸张的吸收性能与强度指标之间的关系，可以在不损害纸张吸收性能的前提下尽量提高纸张强度。另外，应用增强剂是不错的选择。但需要注意的是，很多增强剂同时具有施胶功能，纤维表面的亲水性下降，从而降低纸张的吸收性。聚酰胺环氧氯丙烷树脂（PAE）是目前在装饰原纸中应用较广泛的湿强剂。PAE树脂对原纸吸收性的影响很小。

3. 白度和覆盖性

装饰原纸一般经印刷浸胶后与面板压合时，要求不透出底层。为此，装饰原纸要具有良好的覆盖能力。为了提高印品质量，要求装饰原纸具有较高的白度。国产原纸白度较低，一般在85%，国外同类产品白度在90%～91%。为了提高装饰原纸的覆盖力和白度，一般会加入高白度的填料，如二氧化钛、锌钡白、钛酸钾结晶纤维等。其中以二氧化钛使用效果最好，得到了广泛应用。钛白粉的用量一般为25%～38%。钛白粉价格昂贵，在抄纸过程中，可以采用助留剂来尽量提高留着率。使用高分子助留体系，要考虑分子质量、电荷密度、电性以及pH值的适用范围。PAE与APAM双系统助留系统有良好的助留效果，同时还可以增加纸张的干湿强度。但需要注意的是，过量助留剂的加入可能会降低纸张的匀度。另外，大量填料的存在，会对纸张的吸收性能产生明显影响。国产原纸在浸胶过程中，为了提高白度和覆盖力，通常在胶槽中再补加一定量的钛白粉；浆料体系的pH值对钛白粉的留着有较大影响，当pH值为5时，钛白粉的留着率最高且成纸性能较好。有色装饰原纸可以在添加无机颜料获得艳丽色彩的同时具有很好的覆盖力；氧化铁颜料耐光性强，覆盖力好，着色力强，可以代替污染严重的有机染料。

4. 平滑度和匀度

装饰原纸的平滑度影响其印刷性能，匀度会影响纸张吸收胶液的均一性。因此，这两项指标是装饰原纸生产时必须注意的。平滑度可以通过压光操作得以改善，但必须注意到其与吸收性能的相互影响。纸张匀度与多方面因素有关。长纤维成纸匀度较差，生产中在保证强度指标的同时，通过游离打浆降低纤维长度；纸料上网时，应以较低浓度上网，确保纤维的充分分散；另外，助留剂的使用也要慎重，防止过量助留剂引起纸张匀度变差。

三、全球装饰原纸行业发展概况

受全球金融危机影响，装饰原纸行业受到一定的冲击，融资问题笼罩着全球主要装饰原纸行业，同时金融危机带来的消费恐慌心理使得全球装饰原纸行业投资一度趋缓，市场一度下滑。受欧、美、日经济低迷及人民币升值等因素影响，加之原材料匮乏价格波动频繁、用工成本骤升、国际市场贸易保护主义加剧，企业频频遭遇贸易壁垒等诸多因素影响，使得全球装饰原纸行业陷入困境。全球经济形势的不稳定对各行各业都产生了或大或小的影响，对房产业影响也十分巨大，房产业市场的下滑对装饰原纸行业的发展也形成了一定负面力量，使得装饰原纸市场需求锐减。但随着全球经济的复苏，融资等问题逐步解决，市场需求也日趋增多，装饰原纸行业的发展逐渐进入一个稳步发展的阶段。

近年来，随着金融危机的逐渐解冻，全球经济和房产业都逐渐恢复了发展，金融危机期间融资难及消费热情低迷的状况得到改善，装饰原纸的需求也逐年递增，全球的装饰纸张需求2008年为85万吨，2009年为97万吨，2010年为118万吨，未来仍将呈现上升趋势。

四、我国装饰原纸发展环境

“十二五”期间，我国装饰原纸行业仍将持续稳定发展，来自国家产业政策的支持已显露头角。在“十二五”规划里提出，“要合理引导消费行为，发展节能环保型消费品，倡导与我国国情相适应的文明、节约、绿色、低碳消费模式”。而装饰原纸的发展恰好促进了人造板材广泛替代原木，有效节约宝贵的森林资源，符合生态环境保护的趋势和可持续发展的产业政策。因此国家产业政策方面在“十二五”期间仍将鼓励装饰原纸行业稳步发展。

随着新农村建设和城市化进程的不断加快、房地产及装饰装修产业的迅速发展、人们居住条件的改善和消费水平的提高，各类板式家具、强化木地板、防火板等需求仍将持续快速增长，从而将带动人造板行业的迅猛发展。装饰原纸行业作为人造板行业的相关产业，市场发展空间巨大。“十二五”期间国家对于林业方面作出了规划，大力促进我国林业发展，林业发展对于我国建材产业、房地产及装饰装修产业都将产生一定影响。随着我国装饰原纸生产技术的进一步提升和产品的低成本优势，未来我国将成为装饰原纸的生产、消费及出口大国。

“十二五”规划要求建材方面要大力发展循环经济，在“十二五”期间，建材工业要严格控制总量，防止盲目扩张和重复建设，加快淘汰落后产能。要推进产品深加工，积极发展节能环保、保温隔热等新型建材。积极发展第三方物流等建材生产服务业。支持符合国家产业政策和规划布局的企业，以质量品种、节能降耗、环境保护、改善装备、安全生产等为重点，进行技术改造升级。要大力实施节能减排和循环经济，全面提高建材产品生产领域内的能效水平，重点推进以水泥、水泥混凝土及其制品、墙体材料等行业资源综合利用。

我国是世界上木材资源相对短缺的国家，森林覆盖率只有世界平均水平的61.52%，人均森林面积仅相当于世界人均水平的22%。在当前世界可采伐森林资源日渐短缺的情况下，人造板工业已成为缓解木材供需矛盾的重要产业，特别是纤维板、刨花板充分利用了木材加工剩余物、次小薪材、植物纤维等资源，可替代大径级木材产品，是环保的建筑装饰材料。大力发展人造板产业，可提高木材综合资源利用率，有效节约宝贵的森林资源，符合生态环境保护的趋势和可持续发展的产业政策。据专家测算：1米^{3}原木只能生产20米^{2}左右的实木地板，而1米^{3}小径木材却可以生产50～60米^{2}的强化木地板。因此，人造板是实木板材的优良替代品。而且，随着人造板生产工艺和人造板贴面技术的创新和提高，装饰原纸将成为人造板贴面的最优良的环保材料。装饰原纸经印刷、三聚氰胺浸胶后，可与人造板配套加工成板式家具、强化木地板、防火板等。人造板的发展将带动装饰原纸行业稳步发展，未来社会环境良好。

五、我国装饰原纸行业发展概况

1. 我国装饰原纸市场需求分析

近年来，在建筑装饰和家具业的带动下，我国人造板产业得到了迅猛发展，已成为世界上人造板第一生产大国。根据国家林业局统计数据，近年来人造板的产量保持了高速增长，从2001年的2111.27万米^{3}快速增长到2008年的9405.95万米^3，年复合增长率达23.79%。但在我国人造板产量中，以优质大径级原木为原料的胶合板占据主导地位，以采伐和加工剩余物等为原料的纤维板、刨花板比例偏低。据预测，未来我国人造板三板（胶合板、纤维板、刨花板）中的纤维板、刨花板的比例将上升。而纤维板、刨花板经浸胶的装饰原纸贴面后可制成聚氰胺板，是建筑装饰装修、制造强化木地板和板式家具的主要原料。目前，随着国内经济恢复增长，家具、强化木地板等行业已从2009年第二季度开始逐步回暖。长期来看，在我国住宅和公共建筑及装饰装修产业的带动下，人造板及作为人造板贴面最优材料的装饰原纸将获得快速持续发展。

20世纪90年代中期以前，进口装饰原纸一直在国内市场占据主导地位，但是随着国内一些优势企业技术装备水平的提高、经营规模的扩大以及产品质量的提升，国内装饰原纸的产品质量已达到甚至超过国外同类产品水平。它们利用在低成本和营销上明显的本土优势，在国内市场上打下了稳固的根基，市场份额逐年增长。2008年，我国装饰原纸国产化已经达到97%，约8%的产品出口到海外市场，并且有进一步向海外扩张的趋势，发展势头明显强于外资企业。

据国家统计局统计，2008—2010年我国装饰原纸需求量分别为29.5万吨、32.3万吨和37.9万吨，2011年的需求量预计为42.9万吨。

2. 我国装饰原纸市场供给情况

在我国，装饰原纸是一个新兴的特种纸产业。最早是1973年上海勤丰造纸厂生产装饰原纸，供上海木材厂（扬子木材）生产防火板，但市场没有得到迅速发展。20世纪90年代以来，在我国房地产、建筑装修行业的快速拉动下，带动了装饰原纸市场的迅速崛起。由于国内企业技术水平落后，国内市场主要被西欧和美国的装饰原纸生产企业占据。从20世纪末开始，在与国外公司不断竞争以及自身持续的研发努力下，国内一批掌握装饰原纸生产技术的民营企业，广泛借鉴国外同行在产品研发、经营管理和市场开发等方面的先进经验和做法，从装饰原纸生产、凹版印刷、浸渍加工，到高、低压人造板的热合贴面技术等整个装饰原纸行业及深加工产业领域得到了超乎寻常的发展。装饰原纸产品的质量和技术水平也迅速提升，国内装饰原纸生产企业得到了快速的发展壮大。

我国装饰原纸产量在2003—2008年之间，复合增长率达到18%以上，步入2009年，受金融危机影响，同时基于国内房产调控的影响，2009—2010年行业产量增速放缓，但仍保持10%以上的复合增长率。“十二五”时期，得益于我国城镇化进程的推进，以及未来保障房的建设，预计未来3年，我国装饰原纸产量仍将保持较高的增速，年复合增长率将保持在16%以上。

据国家统计局统计，2008—2010年我国装饰原纸产量分别为28.3万吨、30.9万吨和36.4万吨，预计2011年装饰原纸产量为42.5万吨。

3. 装饰原纸生产企业概况

据统计，目前我国装饰原纸生产企业约30家，主要集中在山东、浙江等地。其中，年产量超过2万吨的企业不超过5家，分别为山东齐峰特种纸业股份有限公司、浙江夏王纸业有限公司、山东鲁南纸业集团有限公司、山东群星纸业有限公司、杭州华锦特种纸有限公司，行业集中度较高。2009—2010年我国装饰原纸发展主要围绕产能扩张及技改而进行，受益于行业稳定的收益，众多相关造纸企业进入装饰原纸行业，如山东晨鸣纸业集团股份有限公司等。

传统装饰原纸企业则通过不同募资形式，来扩大其市场占有率，如山东齐峰特种纸业股份有限公司新拟建10万吨/年装饰原纸项目。浙江大部分装饰原纸企业以技改为主，但也有浙江夏王纸业有限公司等企业通过新增产能来布局未来市场。

随着国内高端装饰原纸在欧美市场的打开，国内部分地区开始加紧投资装饰原纸行业。我国近期装饰原纸行业重点拟在建项目见表1。

表1　我国近期装饰原纸行业重点拟在建项目

企业名称	拟在建项目	项目达产时间
浙江夏王纸业有限公司	年产5万吨装饰原纸生产线项目，投资总额为3亿元	2011－05
山东齐峰特种纸业股份有限公司	年产1.5万吨高清晰度耐磨纸项目和年产10万吨三聚氰胺浸渍装饰原纸清洁生产示范项目，2个项目投资总额分别为1.60亿元和4.92亿元，合计投资总额6.52亿元	2012－12
浙江凯特纸业有限公司	年产5万吨装饰原纸生产线项目	2013－12
杭州海鑫纸业有限公司	年产3万吨高强度低定量特种装饰原纸技改项目	2012－12
国瑞实业有限公司	年产40万吨装饰特种纸（目前处在项目审核阶段）	2013－12

据国家统计局统计，2009年、2010年和2011年1—3月装饰原纸行业的产值分别为25.2亿元、28.7亿元和7.3亿元，利润分别为2.31亿元、2.76亿元和0.7亿元。

4. 我国装饰原纸产业存在的主要问题和市场投资风险因素

国内大部分装饰原纸生产厂家普遍规模较小，产品大多为低档装饰原纸且产品同质性高、附加值低、质量不稳定，因此在低档产品市场上形成简单的价格竞争格局。高档装饰原纸在国内只有少数具有规模厂家进行生产，而中高档市场的竞争，主要体现在产品色牢度、覆盖性、适印性和批量稳定性等方面。我国装饰原纸行业虽然起步较晚，但较高的盈利空间和广阔的市场前景推动了整个产业规模的迅速扩张，包括传统造纸厂家在内的相当数量企业对装饰原纸产业进行了投资。但由于其技术门槛较高、资金投入较大，特别是经过近几年激烈的市场竞争和产业的快速升级，而逐渐形成了少数具有规模的装饰原纸生产企业，产业集中度逐渐被提高。

装饰原纸尽管直接需求是人造板行业，但人造板下游的房地产市场发展景气与否直接影响装饰原纸产业的发展。我国房地产市场以及近年城镇化发展的持续加快，都大大地促进了人造板行业的发展，同时也给我国装饰原纸行业带来美好前景。2010 年我国复合木地板产量为 348907145 米^2，同比增速达 13.61%，对国内装饰原纸市场的发展具有较大的拉动作用。

（刘 文）

壁纸原纸行业发展趋势及市场分析

Market Analysis and Development Trend of the Base Paper for Wallpaper

壁纸原纸是近年来流行的用于加工墙面装饰材料壁纸的基纸。壁纸原纸通常以漂白化学木浆和化学机械浆等为主要原料，在长网和斜网纸机上抄造。一般定量为 90 克/米^{2}或者 100 克/米^2。所抄造的壁纸原纸要求具有一定的干湿强度、抗水性以及较好的形稳性。经过几年的发展，壁纸原纸的生产工艺已逐渐成熟，部分企业已经完全掌握具有核心自主知识产权的生产技术，产品质量得到稳定提升，部分指标已经达到或者超过进口同类产品的水平，已经完全可以替代进口产品。

据有关部门统计，2010 年我国壁纸产量达到 1.3 亿卷，产值达 104 亿元。进口壁纸 0.37 亿卷。2010 年人均壁纸使用量 0.68 米^2，年均增长 32% 左右。得益于此，国内壁纸原纸销量也大幅度增长，2010 年销量达到 5.5 万吨以上，与 2009 年同比增长 40%。已经形成了以浙江华邦特种纸业有限公司为龙头的原纸生产企业，产品质量得到国内外客户的认可和好评。预计今后几年壁纸原纸的消费量仍将大幅度增长，为国内原纸生产企业提供更大的发展机遇。

一、壁纸原纸种类及特点

1. 壁纸及其原纸的分类及特点

经过几年的发展，目前市场上流行的壁纸主要有聚氯乙烯壁纸、纯纸壁纸、无纺壁纸等。而对应的壁纸原纸则也有这三类，聚氯乙烯壁纸原纸、纯纸壁纸原纸、无纺壁纸原纸。

聚氯乙烯壁纸为国内使用最广泛、用量最大的壁纸，大约占市场上壁纸产品总消费量的 70% 左右。其特点主要为价格低、花色多、压花后立体感强、视觉及防水效果好、使用时间较长。但因其使用聚氯乙烯作为涂布材料，透气性差，使用完的壁纸垃圾对环境造成了一定的污染，所以在今后的发展过程中有被其他环保型壁纸所替代的发展趋势。

纯纸壁纸是一种最早在欧美等发达国家流行的壁纸产品。2008 年由浙江华邦特种纸业有限公司在国内率先成功开发的一种新型墙体装饰用壁纸，图案清晰、色泽鲜艳、环保，但因其价格较高，强度及耐水性能较差，适合在干燥气候地区或者作为其他壁纸装饰材料搭边使用。

无纺壁纸是如今国际上最盛行的新型绿色环保壁纸材质。目前市场上已经逐渐流行，使用量增长势头明显，因其视觉效果较好、手感柔和、透气性及形稳性好、环保等优点已经成为高端装饰用材料中的首选，是崇高典雅与简约时尚风格完美结合的选择，但其价格较高也是制约其发展的最主要因素之一。

2. 壁纸及其原纸的相关约束性标准

目前壁纸行业除了各家企业制定的企业标准外还有部分强制性的标准，主要有：

《GB 18585—2001 室内装饰装修材料 壁纸中有害物质限量》；具体内容见表 1。

表 1　壁纸中有害物质限量值

有害物质名称		限量值/(毫克/千克)
重金属元素	钡（Ba）	≤1000
	镉（Cd）	≤25
	铬（Cr）	≤60
	铅（Pb）	≤90
	砷（As）	≤8
	汞（Hg）	≤20
	硒（Se）	≤165
	锑（Sb）	≤20
聚乙烯单体		≤1.0
甲醛		≤120

《GB 8624—2006 建筑材料燃烧性能分级方法》：目前在新标准中检验判断为 B 级和 C 级的，新标准

中规定了一些实验方法，既考虑了实际的火灾场景，又考虑了材料的最终用途，也让其更具有实际代表性。其检验项目不是氧指数指标而是对试样的燃烧长度、速度、火焰横向蔓延长度、总放热量、抗静电墙纸的技术指标这5个方面进行控制。

《GB/T 2423.16—1999 长霉试验》：通过对实验菌种各种霉菌进行长霉试验：通常长霉1级是指在显微镜下能看到，而目视看不到长霉；长霉0级是指在标称放大50倍放大镜下无明显长霉。防霉剂一定要用环保、不含重金属材料的防霉剂，特别注意在使用防霉及防霉墙纸时一定要用防霉、防潮的墙纸胶黏剂。

目前针对壁纸原纸的国家标准由浙江华邦特种纸业有限公司牵头正在制定中，已经进入报批环节，预计将于2011年年初发布。

二、壁纸原纸行业发展及趋势

1. 壁纸原纸行业发展

壁纸作为工业化的艺术品或者是将艺术品工业化的产物，所以它的发展也就经历了一个相对较长的周期，原纸也伴随着壁纸工业的发展大致经历了三个阶段。

第一阶段20世纪80年代前后。壁纸由国外传入后风光一时，北京建筑塑料制品厂从日本引进全套设备和技术及检验标准，生产出了我国第一卷墙纸，拉开了壁纸行业正式进入工业化生产的序幕，但此时的原纸为国外进口产品。到了1985年，国内大城市中，壁纸已经进入了居民家庭装修中，并且出现了供不应求的局面，生产厂家多达150余家，总产量也达到了4000万卷左右。但是，当时由于技术不成熟、产品质量差且品种单一，无法满足消费者的个性化需求，很快就由高峰走入低谷。这期间壁纸原纸以化学机械浆和化学浆为主要原料生产，用于加工聚氯乙烯壁纸为主，生产企业有浙江亚伦股份有限公司（原龙游造纸厂）。

第二阶段20世纪90年代。壁纸工业飞云再起，壁纸从以前单一的发泡壁纸，变为压花、印刷、多姿多彩的精致产品。同时欧美的高档壁纸引导潮流，大量进入中国市场，更让壁纸的品味和内涵提升到了一个新的境界。同时激烈的竞争也让壁纸生产企业纷纷降价促销，以牺牲产品质量为代价，以次充好、以假乱真的产品大量流入市场，给壁纸市场造成了不良的影响，壁纸工厂相继倒闭。当时的龙头企业新力墙纸厂也关门歇业，壁纸行业再次进入低谷。此时的壁纸原纸生产企业也逐步发展壮大，产量也实现了突破，生产企业除当时的浙江亚伦股份有限公司外也出现了一些小的企业。

第三阶段从2000年至今。壁纸行业经过20多年的发展，进入了一个快速成长期，以年均20%的速度递增。目前，壁纸不论在质量、花色、品种、档次和功能上均可以与国外壁纸相媲美。这10年可以说原纸生产工艺和产品开发也迎来了突飞猛进的发展。除了传统的聚氯乙烯壁纸原纸外，出现了纯纸壁纸原纸和无纺壁纸原纸，后两者由于环保性能较好，发展较快，但价格也制约了其发展速度。

目前，国内主要的聚氯乙烯壁纸原纸生产企业主要分两个区域，一是浙江衢州龙游及周边区域。此块区域的产量大约占国内壁纸原纸材料的80%，企业生产规模较大，拥有自己的核心知识产权，质量稳定。此外是零散分布在山东、河南等地的生产企业，企业生产规模较小，质量也不够稳定。主要生产企业有：浙江华邦特种纸业有限公司、浙江大明特种纸业有限公司、浙江海景纸业有限公司、浙江五洲纸业有限公司、河南仙鹤特种浆纸有限公司、山东鲁南纸业集团有限公司等。其中浙江华邦特种纸业有限公司聚氯乙烯壁纸原纸生产规模最大，市场占有率大约在35%。其拥有“一种高性能壁纸原纸纸浆及应用该纸浆进行壁纸原纸生产的工艺”发明专利，其壁纸原纸的产品质量已经达到国际同类产品水平。其他几家原纸生产企业的产品质量稳定性相对较差，产品规模也比较小。

纯纸壁纸原纸作为新型壁纸加工原材料，每年的市场需求大约在3000吨左右。除国内生产外，还有较大一部分为国外进口。国内产量约为2000吨左右。2009年由浙江华邦特种纸业有限公司率先开发成功，目前年产量大约有1500吨，为国内最大且产品质量最为稳定的生产企业。进口产品主要来自美国。国产和进口产品相比主要在印刷效果、手感、产品稳定性方面还有一定的差距，这也是今后的努力方向。同时强度以及透气性差也是制约纯纸壁纸原纸发展的因素。

无纺壁纸原纸是目前处在流行前沿的产品。自从2003年以来我国无纺材料市场从615.0吨增长到2007年的928.7吨，预计2012年到达1350.0吨。目前市场上销售的无纺壁纸原纸主要从德国奥斯龙进口，国内浙江华邦特纸业有限公司和浙江凯恩特种材料股份有限公司也处在研制生产阶段，还未形成大批量产业化生产。

2. 壁纸原纸行业的发展趋势

产品创新是壁纸行业发展的生命力。壁纸之所以在欧美发达国家有如此长的生命力，主要是由于不断的更新换代，质量的不断提升，才使得壁纸至今仍然是室内墙面装饰的主要材料。国内壁纸工业发展至今也有近30年，经历了几次产品更新换代的交替，行业发展也遭受了几次重要的打击，但是这也成就了壁纸工业发展的今天，从材料、工艺设计和颜色上都有了很大的提高。这些变化都是创新的结果，只有不断在摸索中创新前进才能不断地设计和生产出满足人们生活需要的产品，壁纸工业才能得到永恒的发展。同时生产符合市场需求和发展趋势的原纸产品也是壁纸工业能否快速发展的决定性条件，原纸在强度、透气性、形稳性、印刷性能方面的突破和发展也是未来原纸的发展方向。

环保是壁纸未来发展和家居装饰选择的方向，随着人们生活水平的逐渐提高，对居住环境和质量的要求也越来越高。因此，装饰用壁纸材料的环保性能也越来越受到重视，不论从早先的聚氯乙烯壁纸，还是后来流行的纯纸壁纸，再到现在发展起来的无纺壁纸，壁纸的环保性能正在逐渐改善。而且国家也在大力提倡用天然无毒无害的材料用于壁纸生产，要逐步减少聚氯乙烯在壁纸上的用量。新的国家环保标准《环境标志产品技术要求——壁纸》也正在修订；因此，今后环保指标能否达标是壁纸生产企业能否生存的前提。虽然目前国内没有相关针对原纸的环保标准，但原纸的环保性能也是壁纸环保性能的重要决定性因素之一。

三、壁纸市场状况分析

1. 壁纸行业市场分析

在过去的30年里，我国壁纸行业在经历了高峰到低谷的三起三落。近10年来，我国壁纸行业吸取经验教训，以技术创新为手段，提高产品科技含量为核心，融合国际潮流，不断推陈出新，逐渐发展壮大。产品质量和环保上得到了可靠的保证，经过多年的培育，我国壁纸市场也迎来了一个新的发展机遇。

据中国建筑装饰装修材料协会墙纸专业委员会保守估计，2010年，我国国内壁纸产量达到1.3亿卷，6.9亿米^2，国内壁纸产值约达104亿元。进口壁纸在国内的销售约3700万卷，2亿米^2。我国壁纸行业真正实现了百亿产值。

2. 国内主要壁纸生产企业基本情况介绍

2011年由中国建材网资料显示，目前国内壁纸十大生产企业为：江苏爱舍墙纸有限公司（爱舍）、上海欧雅装饰材料有限公司（欧雅）、广东玉兰装饰材料有限公司（玉兰）、浙江科翔壁纸制造有限公司（科翔）、桂林威迈壁纸有限公司（威迈）、展拜邸（保定）墙纸有限公司（沐蕾拉帝思）、北京特普丽装饰装帧材料有限公司（特普丽）、上海欣旺壁纸有限公司（欣旺）、浙江沃莱菲装饰材料有限公司（沃莱菲）、江苏北台壁纸实业有限公司（阿里山）。以上10家企业的生产产量占据国内企业总产量的85%以上，无论产品质量还是新产品的开发方面都是在最前列的。

江苏爱舍墙纸有限公司为国内壁纸生产的元老，品种已涵盖了大类从墙纸到墙布；幅宽从53厘米、70厘米、92厘米到106厘米；印刷技术从圆网、凹版到数码印刷；产品广泛适用于一般家庭、别墅会所、宾馆饭店、商场展厅等各种场所，堪称国内同行中当之无愧的产品实力型厂商。历经多年的精心打造，爱舍公司已成为我国国家墙纸质量标准起草单位、国内率先采用国际标准的墙纸工厂、国内首批通过ISO 14001国际认证的绿色企业。爱舍墙纸已成为深受社会赞许、客户信赖、外商青睐、消费者喜爱的中国著名品牌。公司占地106700米^2，建筑面积35600米^2；拥有东、西两个厂区共14条生产线，年生产量达1000万标准卷。

上海欧雅装饰材料有限公司为国内规模最大的壁纸生产企业之一，欧雅壁纸的生产技术、产品设计、产品质量、管理制度等方面均达到世界先进国家水平，并获得ISO 9001国际品质认定证书和ISO 14001国际环保认证、IGI国际壁纸协会环保认证、中国建筑装饰材料协会无毒害绿色产品证书，产品远销俄罗斯、欧美、东南亚等各国。

广东玉兰装饰材料有限公司主要开发、生产和销售墙纸、墙布及配套产品。经过20多年的发展，现已成为全球最大的墙纸专业生产企业之一。公司拥有13条现代化全自动壁纸/墙布生产线，可生产53～138厘米等多种产品规格，年墙纸生产能力达700万卷，墙布生产能力达500万米^2。目前已经跻身国际一流的壁纸生产企业之列，产品畅销世界各国。

展拜邸（保定）墙纸有限公司为国内乃至世界壁纸行业最具影响力与实力的跨国企业之一。其产品设计与磨具制作全部在意大利总部完成，配方材料与总部同步并进口，品牌属性归属意大利，属于工艺型高端产品（精密套压）领域。截至 2009 年，展拜邸集团已连续 19 年稳居全球销量第一，继续保持着意大利最大壁纸生产企业的头衔，产销量是意大利国内所有其他厂家相加的总和。旗下品牌“沐蕾拉帝思”，被壁纸界公认为最高级别的工艺型产品。

四、总结和展望

壁纸原纸行业虽然伴随着壁纸工业的发展也经历了跨越式发展，但装备以及技术开发的水平和国外还有一定的差距。在过去的 10 年中，随着我国居民消费能力和消费意识的不断提高，涌现出了一批优秀的原纸和壁纸加工企业。我国的壁纸行业取得了快速增长，原纸行业正迎来一个前所未有的发展机遇。但我们应该清醒地认识到，目前原纸行业还存在许多不规范的现象，行业规模扩大以后，部分类别的产品价格降低，有些企业为了追求销量甚至出现了低价策略，这对在原材物料价格上涨的情况下保证产品质量稳定带来了极大的挑战。

（胡丁根）

2009 年新闻出版印刷用纸市场综述

Market Review of Newsprint and Publishing Papers in 2010

一、2009 年全国印刷业概况

经国家新闻出版管理部门审核登记，2009 年我国共有各类印刷企业 101566 家，其中外商投资企业 2458 家，外商独资企业 1307 家；从事出版物印刷的有 6791 家，其中外商投资企业 154 家。从业人员 378.31 万人，利税总额 607.87 亿元。到 2009 年年底，外商投资总额为 193.43 亿美元。2009 年，我国的印刷工业同其他许多行业一样，受到全球金融危机对实体经济的冲击，但是整个行业团结一致，坚定信心，使得 2009 年我国印刷工业的发展逆势上扬。据中国印刷及设备器材工业协会调查研究、分析认定：2009 年，我国印刷工业总产值达 5150 亿元，比 2008 年的 4750 亿元提高 8.4%，印刷设备产值 150 亿元，印刷器材产值 330 亿元。印刷业务及印刷设备器材的海外市场有了更进一步的拓展，2009 年印刷设备出口总金额 5.90 亿美元，胶版印刷板材出口达 9055 万米^2。此外，由于发达国家客观存在比较大的印刷业务需求和高昂的人工成本，加之受金融危机的冲击，导致生产周期允许的业务外流，而我国印刷企业设备利用率有较大空间，人力资源又便宜，因此有许多企业对国外承揽业务。这部分业务的产值据有关业内专家估计约有 450 亿～500 亿元。

二、2009 年新闻、出版印刷业概况及发展形势

截至 2009 年，全国共有出版社 580 家，其中中央级出版社 221 家，地方出版社 359 家。全国新闻、出版印刷企业工业销售总产值 1127.76 亿元。根据国民经济生产公告和中国印刷及设备器材工业协会调查统计的数据，2007—2009 年新闻出版印刷业产量和产值概况如表 1 和表 2 所示。

表 1　2007—2009 年新闻、出版印刷业产量

年份	报纸印数/亿份	期刊/亿册	图书/亿册
2007	439	29	66
2008	445	30	69
2009	439	31	70
同比增长/%	-1.35	3.33	1.45

表 2　2007—2009 年新闻、出版印刷业产值变化

年份	书刊印刷产值/亿元	报纸印刷产值/亿元
2007	850	550
2008	890	575
2009	955	550

注：表 1、表 2 数据由中国印刷及设备器材工业协会提供。

2003 年，国家取消了书刊定点印刷制度后，国有、集体印刷企业占有的绝对优势被打破，民营、外资印刷企业得到了迅速发展。民间资本几年间迅速占领了书刊印刷企业的大部分份额。2009 年国家新闻出版总署首次对全国各省市规模以上重点印刷企业的基本情况进行了调查。全国印刷总产值超过 5000 万元的企业数量为 1818 家，占全国印刷企业数量的 2%，总产值 2793.41 亿元，利税 269.63 亿元，创造了接近 50% 的总产值和利税。行业整体形成以长江三角洲、珠江三角洲和环渤海地区三大印刷产业带为主体，东北地区、中西部地区迅速发展的产业格局。当前乃至今后一段时期，我国印刷业进入转型调整期，一是传统型向新技术产业转型，用数字技术全面改造传统印刷业；二是从被动加工型向主动服务型转变；三是从粗放型向集约型经营转变。企业应当逐步完成改制、重组，逐步确立战略投资者的地位。充分利用政府提供的各项优惠政策，实现社会效益和经济效益的共同提高。

根据国家新闻出版总署统计资料显示，2009 年，全国出版发行图书、期刊、报纸等总印张

2701.14 亿印张，折合用纸量 624.95 万吨。2008—2009 年全国各种出版物总印张及折合用纸量情况见表 3；各种出版物所占比例及折合用纸量所占比例情况见表 4。

表 3　2008—2009 年全国各种出版物总印张及折合用纸量

出版物		总印张/亿印张			折合用纸量/万吨		
		2008 年	2009 年	同比增长/%	2008 年	2009 年	同比增长/%
图书	书籍	298.70	312.46	4.61	70.19	73.40	4.57
	课本	262.10	252.77	-3.56	61.59	59.40	-3.56
	图片	0.33	0.28	-16.84	0.13	0.10	-23.08
	合计	561.13	565.50	0.78	131.91	132.93	0.77
期刊		157.98	166.24	5.23	37.12	39.06	5.23
报纸		1930.55	1969.40	2.01	444.03	452.96	2.01
总计		2649.66	2701.14	1.94	613.06	624.95	1.94

注：数据来源新闻出版总署网站年度报告。

表 4　2006—2009 年全国各种出版物所占比例　　单位:%

出版物		总印张				用纸量			
		2006 年	2007 年	2008 年	2009 年	2006 年	2007 年	2008 年	2009 年
图书	书籍	11.08	10.66	11.27	11.57	11.25	10.82	11.45	11.75
	课本	11.08	10.06	9.89	9.36	11.25	10.22	10.05	9.50
	图片	0.02	0.03	0.01	0.01	0.03	0.04	0.02	0.02
	合计	22.18	20.75	21.18	20.94	22.54	21.08	21.52	21.27
期刊		5.93	6.73	5.96	6.15	6.02	6.84	6.05	6.25
报纸		71.88	72.52	72.86	72.91	71.44	72.08	72.43	72.48
合计		100.00	100.00	100.00	100.00	100.00	100.00	100.00	100.00

1. 图书

2009 年，全国共出版图书 301719 种，其中新版图书 168296 种，重版、重印图书 133423 种。在使用中国统一书号的图书中，新版种类增加较大，比 2008 年提高 12.97%，图书品种与上年相比增长 10.07%。由于我国人口中青少年比例较大，所以文化教育类图书所占市场份额也相对较大。根据我国书业营销界最大的北京图书订货会数据统计，2009 年总订货码洋为 25.1 亿元，比 2008 年的 21.3 亿元提高 17.84%，2002—2009 年历届北京图书订货会数据见表 5。

根据订货会统计，2009 年图书订货会非常火爆，码洋比 2008 年提高 3.8 亿元。展位和价格都逆市增长。总体的业绩显示出中国书业抵御金融风险的强劲实力，形势喜人。

根据国家新闻出版总署的统计，2009 年全国图书发行总销售量比 2008 年又有新的变化，详见表 6。

2. 期刊

2009 年，全国出版各类期刊 9851 种，总印数 31.53 亿册，共计 166.24 亿印张，定价总额 202.35 亿元，折合用纸量 39.06 万吨，各类期刊出版情况见表 7。

我国新闻出版产业中，书刊的印刷占有较大的比例。2009 年，书刊印刷业完成产值 955 亿元，占印刷业总产值的 18.54%，比 2008 年增长了 7.3%。但是根据各企业设备、技术水平等的不同，经济效益也不尽相同，依然有部分企业亏损。中国印刷及设备器材工业协会对 131 家书刊印刷企业的调查情况见表 8。

表 5　2002—2009 年北京图书订货会统计数据

届别	时间	参加单位数		订货码洋/亿元
		出版社/家	展位数/个	
15	2002－01	425	1050	20.80
16	2003－01	560	1370	23.60
17	2004－01	554	1642	25.90
18	2005－01	645	1939	30.10
19	2006－01	821	1909	23.90
20	2007－01	428	1841	24.50
21	2008－01	524	1912	21.30
22	2009－01	533	1992	25.10

表 6　2003—2009 年图书发行总销售情况

	2003 年	2004 年	2005 年	2006 年	2007 年	2008 年	2009 年	同比增长/%
总发行销售额/亿元	1070.20	1131.35	1229.81	1290.94	1366.67	1456.39	1556.95	6.90

表 7　2008—2009 年全国各类期刊出版情况

分类	2008 年			2009 年			同比增长/%	
	种数/个	总印数/万册	总印张/亿印张	种数/个	总印数/万册	总印张/亿印张	总印数	总印张
综合	479	44719	20.59737	485	45240	19.42992	1.17	－5.67
社科	2339	103464	51.44947	2456	109569	58.21954	5.90	13.16
科技	4794	48171	31.51453	4926	46228	31.39032	－4.03	－0.39
文教	1175	55418	27.77788	1204	57738	31.86813	4.19	14.72
艺术	613	33203	17.71733	631	29864	15.70497	－10.06	－11.36
少儿	98	23083	6.67370	98	24127	6.97293	4.52	4.48
画刊	51	2432	2.25269	51	2484	2.65508	2.14	17.86

表 8　2007—2009 年国内部分书刊印刷企业经济统计

	2007 年	2008 年	2009 年	同比增长/%
工业总产值/亿元	78.3	88.9	87.7	－1.35
工业销售产值/亿元	77.7	88.2	87.8	－0.45
实现利税/亿元	8.3	8.28	7.9	－4.59
实现利润/亿元	2.68	2.77	2.2	－20.58
书刊印刷/万令	2267.0	2135.0	2623	22.86
胶印/对开色令	9240.0	10253.0	10723	4.58

由表 8 的数据可见，2009 年部分书刊印刷企业的产值和销售产值比 2008 年有所降低，企业利润、利税额及印量也相应降低，但胶印量和书刊印刷量提升。原因是这些被统计的书刊印刷企业 90% 以上为国有企业，因为运行机制不灵活，加上长期以来工价太低，原材料涨价，教材循环使用和电子出版物快速发展造成的冲击所致。但据前文所述国家新闻出版总署的调查，许多大型、机制灵活的企业集团却创造了骄人的业绩。由此说明，企业的规模大，企业的盈利能力也相对较大。

3. 报纸

2009 年全国共出版报纸 1937 种，定价总额 351.72 亿元，折合用纸量 452.96 万吨。其中全国性报纸 225 种，省级报纸 825 种。省级以上报纸平均期印数 15672.59 万份，总印数 301.38 亿份，总印张 1324.94 亿印张。2008 年与 2009 年全国报纸出版数量和用纸量见表 9。

表 9　　2008—2009 年全国报纸出版数量和用纸量

	2008 年			2009 年			同比增长/%	
	种数/个	总印数/亿份	用纸量/万吨	种数/个	总印数/亿份	用纸量/万吨	总印数	总用纸
中央	224	64.29		225	63.86		-0.66	
地方	1719	378.63		1712	375.25		-0.89	
合计	1943	442.92	444.03	1937	439.11	452.96	-0.86	2.01

2007 年以来，国内许多报纸印量出现了负增长。据中国报业协会印刷工作委员会调查统计，2007 年被调查企业 169 家，呈现负增长的单位占 20%；2008 年被调查单位 139 家，呈现负增长的单位占 38%；2009 年被调查 126 家，呈现负增长的单位占 57.14%。分析认为，由于国际金融风暴对实体经济的冲击，造成广告收入减少，加之数字媒体发展，导致报纸发行量下降。还有就是为节约成本，实行报纸减版，控制发行份数从而形成印量减少。但这也属于正常的波动，2009 年第四季度的印量好于前三个季度，许多报纸印量已经达到 2008 年水平。

必须注意到，近年来国内报纸印刷设备水平有了很大提高，计算机直接制版、油墨预置技术和信息化管理广泛采用，加之目前全国报纸印刷厂共有 3650 台胶印轮转机，2000 台是大中型机，印刷速度较高，其中 90% 是进口设备，使许多报纸彩色化和高质化成为现实。这对于新闻纸的质量要求相应较高，应引起造纸企业的重视。

4. 全国出版物进出口情况

随着全球经济一体化进程的进一步加快，国际间技术、信息、文化等交流越来越广泛，为各类图书、报刊、期刊音像制品的进出口业务带来更多商机。2009 年全国出版物进出口情况见表 10 和表 11。

表 10　　2008—2009 年全国出版物进口情况

	2008 年			2009 年			同比增长/%		
	种数	数量	金额	种数	数量	金额	种数	数量	金额
图书	648907	437.65	8155.24	755849	533.53	8316.65	16.48	21.91	1.98
期刊	53759	448.86	13290.74	54163	448.09	13661.47	0.75	-0.17	2.79
报纸	1121	2566.03	2615.42	1253	1812.91	2527.15	11.78	-29.35	-3.38
合计	703787	3452.54	24061.40	811265	2794.53	24505.27	15.27	-19.06	1.84

表 11　　2008—2009 年全国出版物出口情况

	2008 年			2009 年			同比增长/%		
	种数	数量	金额	种数	数量	金额	种数	数量	金额
[illegible]	[illegible]	[illegible]	[illegible]	[illegible]	[illegible]	[illegible]	[illegible]	[illegible]	[illegible]
期刊	46098	92.05	218.13	43741	211.65	351.13	-5.11	129.94	60.98

续表

	2008年			2009年			同比增长/%		
	种数	数量	金额	种数	数量	金额	种数	数量	金额
报纸	902	56.35	138.53	669	48.67	124.56	-25.83	-13.62	-10.08
合计	947204	801.81	3487.25	900344	885.16	3437.72	-4.95	10.39	-1.42

注：1. 表10和表11中数量单位为万册或万份，金额单位为万美元。
2. 表10和表11数据来源新闻出版总署网站年度报告。

三、问题与现象的探讨

（1）统计资料显示，2009年全国图书及期刊出版量较2008年都有所提高，但增长幅度不大，对应的用纸量增幅也不是太高。全国图书、期刊、报纸等出版物总印张为2701.14亿印张，全部用纸量624.95万吨。用纸量比2008年高1.94%。从纸价方面看，2009年虽然有所上升，但基本维持平稳合理的水平，且使用进口纸的出版物越来越少。受人们阅读习惯改变的影响，许多书报杂志、图书印量、发行量上涨受阻，甚至有部分下跌。致使某些纸种如铜版纸、新闻纸销量和价格受到影响。

（2）2009年，全国报纸的印数比2008年略有下降，但新闻纸消费量却有所提高，据中国造纸协会2009年造纸工业年度报告显示，2009年新闻纸消费量比2008年增加8.22%，涨幅比上一年有所降低。由于国内新闻纸产能增加过快，不少新闻纸机处于停机限产或改产状态。但我国印刷工业受国际金融危机冲击较小，整体保持了良好的发展势头，这给我国新闻出版用纸生产企业的新一轮发展创造了机遇。更应该看到，这也是淘汰落后产能，治理污染企业的一个机遇。

（3）近几年来，全国印刷企业设备、技术改造不断进行，引进和更新了许多先进装备，以满足消费者对出版物不断提高的审美、环保、收藏等要求，这就需要造纸企业根据印刷的要求生产出合格的、多样的纸张。也就是说，形势要求造纸企业与印刷企业更加深入紧密地联系、协作。

（4）目前依然还有小部分比较落后的印刷机在生产，有部分出版社需要出版一些教辅材料、培训资料，也不能否认还有一些不法书商印刷一些盗版书籍，那么低档印刷纸依然有一些市场，但这些纸厂规模小、污染得不到治理，有关部门要引起注意。

（5）近两年来，国内书刊、报纸印刷企业在国家扶持下进行了一定的技术改造和设备引进，同时经过资产重组，建立了几个大型出版印刷集团，印刷产品质量有所提高。也有部分介入了商业印刷领域。加之国家财税政策的扶持，比如取消出版条形码的胶片税，印刷产品质量委托检验费，又取消了书刊定点印刷促进了企业经济效益的提升，也对培育新的书刊印刷市场有一定促进作用，有利于书刊印刷用纸量的提高。

（6）由于统计口径不同，许多数字不好比对，主管部门应对此加以协调，使这些数据更加直观。

（7）随着国家进一步改革开放，我国面向国际开放了出版物市场。出版行业面临国际文化的竞争，促使国内出版界联合重组，把我国出版物更多地推向国际市场成为业界共识。此举必然推动新闻出版印刷业的进一步发展，高档印刷用纸市场也会随之得到发展。

（8）随着科学技术的不断进步，许多电子出版物已经大量上市，对于印刷出版业来讲，常规的大印量的图书不断减少，而有特色、出版速度快、印量少的所谓短板出版物会逐步增加。这些印刷品对于印刷用纸会有多样化的要求，那么造纸企业应该对此类产品进行前瞻性研发。

（9）国内印刷业发达的珠江、长江三角洲地区的企业，利用自身优势，面向国际承接印刷加工业务，近两年已经有了长足发展，这对于新闻出版用纸的间接出口起到了推动作用。

（10）国内造纸企业引进了多台高档文化用纸机，其生产的出版印刷用纸质量已经达到国外同类产品的水平，一些原先需要进口的出版印刷用纸目前完全可以在国内解决，价格低于进口产品，市场前景光明。

四、新闻、出版印刷业的展望

随着社会不断的发展和进步，出版物市场需求会日益增长并越来越多样化。数字网络媒体的发展，使传统的出版物和广告印刷增长速度放缓，趋于稳定增长。纸媒体和数字网络媒体将长期共存，协调发展。图书期刊类的发展将是印量减少、品种增加的格局。精美的图书将使胶印继续发挥其长处，报纸印刷也将朝充分利用高速印刷设备方向发展。全国已经有 40 多家印报厂正在或已经完成整改扩建工程，总投资达 50 亿元。纸媒体在文化领域依然具有很大的发展空间，但纸张的系列化、多样化和高档化成为基本要求。纸业界应该牢牢抓住机遇，开发新品种，提高产品质量和稳定性，配合出版印刷部门积极开拓国际市场，形成新闻出版纸市场稳步发展、壮大的新局面。

（夏丽峰）

纤维原料

FIBROUS MATERIALS

4

近年我国制浆造纸木材纤维原料利用概况

General Situation of the Usage of Wood Fibrous Materials in China's Pulp and Paper Industry in Recent Years

一、我国纸浆生产和消费情况

1. 纸浆生产和消费量

造纸工业受上游资源约束明显，属资源密集型产业。造纸所用原料主要有木浆、废纸浆及非木浆（如麦草浆、苇浆、蔗渣浆、竹浆）等。近年来，我国造纸产能的迅速扩大带动了纸浆需求的快速增长。表1为我国近10年纸浆产量、消费量变化情况。由表1可以看出，随着我国造纸工业的快速发展，造纸纤维原料用量迅速增加，特别是2002年以来，纸浆总产量和消费量均以较快速度增长。

2. 纸浆消费结构

我国纸浆用量快速增长，非木材纤维比例逐年下降，但纸浆中木浆比例始终处于较低水平。目前，国际上纸浆消费总量中，木浆比例平均为63%，废纸浆比例34%，非木浆比例3%。而2010年，我国纸浆中木浆占比22.0%，废纸浆占63.0%，非木浆占15.0%。对比可以看出，我国木浆比例远远低于世界平均水平，而非木浆和废纸浆所占比例均高于国际水平，表明目前我国原料结构不合理，木浆比例偏低。见表2。

表1　2000—2010年我国纸浆产量、消费量

年份	产量		消费量	
	产量/万吨	同比增长/%	消费量/万吨	同比增长/%
2000	2501	2.37	2834	2.98
2001	2490	-0.44	2980	5.15
2002	2944	18.23	3470	16.44
2003	3309	12.40	3910	12.68
2004	3723	12.51	4455	13.94
2005	4446	19.42	5200	16.72
2006	5204	17.05	5992	15.23
2007	5935	14.05	6769	12.97
2008	6415	8.09	7360	8.73
2009	6782	4.03	7980	8.42
2010	7320	7.93	8461	6.02

表2　2000—2010年我国造纸工业纸浆消耗量　单位：万吨

	2000年	2001年	2002年	2003年	2004年	2005年	2006年	2007年	2008年	2009年	2010年
总量	2834	2980	3470	3910	4455	5200	5992	6769	7360	7980	8461
木浆	535	690	740	820	970	1130	1322	1450	1624	1808	1859
其中：进口	335	490	526	603	732	759	796	845	952	1257	1151
废纸浆	1140	1310	1620	1920	2305	2810	3380	4017	4439	4997	5305
其中：进口	297	510	550	750	984	1362	1570	1805	1936	2056	2092
非木浆	1115	980	1110	1170	1180	1260	1290	1302	1297	1175	1297

注：废纸浆＝废纸量×0.8。

3. 木浆自给情况

我国不仅造纸原料结构中木浆比例低，而且在木浆原料中，国产木浆比例也很低。近10年来木浆中60%以上为进口木浆，国产木浆比例近两年才接近40%，国产木浆比例只占纸浆总量的8.4%。表3为我国近年造纸木浆消费、进口与自给比例情况。

表3 2000—2010 年我国造纸木浆消费与自给比例 单位：万吨

	2000 年	2001 年	2002 年	2003 年	2004 年	2005 年	2006 年	2007 年	2008 年	2009 年	2010 年
纸浆总量	2834	2980	3470	3910	4455	5200	5992	6769	7360	7980	8461
木浆消耗量	535	690	740	820	970	1130	1322	1450	1624	1808	1859
占纸浆比例/%	18.9	23.2	21.3	21.0	21.8	21.7	22.1	21.4	22.1	22.7	22.0
其中：进口木浆	335	490	526	603	732	759	796	845	952	1257	1151
占木浆比例/%	62.6	71.0	71.1	73.5	75.4	67.2	60.2	58.3	58.6	69.5	62.0
占纸浆比例/%	11.8	16.4	15.2	15.4	16.4	14.6	13.3	12.5	12.9	15.8	13.6
其中：国产木浆	200	200	214	217	238	371	526	605	672	551	708
占木浆比例/%	37.4	29.0	28.9	26.5	24.5	32.8	39.8	41.7	41.4	30.5	38.0
占纸浆比例/%	7.1	6.7	6.2	5.5	5.3	7.1	8.8	8.9	9.1	6.9	8.4

二、木材制浆企业建设发展现状

2000 年以来，国家相继出台了《关于加快造纸工业原料林基地建设若干意见》、《重点地区速生丰产用材林基地建设工程规划》、《全国林纸一体化工程“十五”及 2010 年专项规划》等政策性文件，推进造纸工业原料结构调整和原料基地建设迈上新台阶，林纸一体化工程建设项目进入一个快速发展期。到目前为止，国家与省市自治区批准的林纸一体化项目已有 20 多个，其中较大的项目有：APP 海南金海浆纸业有限公司、山东亚太森博浆纸有限公司、广东湛江晨鸣浆纸有限公司、湖南骏泰浆纸有限责任公司、安徽华泰浆纸有限公司安庆项目、APP 广西金桂浆纸业有限公司、斯道拉恩索北海项目、华泰集团有限公司、中冶美利纸业股份有限公司、福建青山纸业股份有限公司、福建南纸股份有限公司、云南云景林纸股份有限公司、山东博汇集团有限公司、山东太阳纸业股份有限公司、广西南宁凤凰纸业有限公司、广东鼎丰纸业有限公司等。已建成的林纸一体化项目的建设规模全属大型或超大型（化学木浆 30 万吨/年以上、化学机械浆 10 万吨/年以上），拥有世界上领先的技术与装备，如海南金海浆纸业有限公司年产 100 万吨漂白硫酸盐桉木浆工程于 2005 年投产，山东亚太森博浆纸有限公司年产 100 万吨漂白硫酸盐阔叶木浆工程于 2010 年建成，它们是迄今为止世界规模最大、技术最先进的单一制浆生产线，公司建立一整套清洁生产和污染控制系统，确保排放指标达到世界最先进水平。

目前，我国已建成投产的大型木浆生产线还不多，而且制浆造纸厂生产的木浆大多自用，只有少数几家商品木浆厂，商品木浆的产量远不能满足国内需求。见表 4、表 5。

表4 我国重点化学木浆生产企业生产能力

企业名称	浆种	生产能力/(万吨/年)	备注
海南金海浆纸业有限公司	漂白硫酸盐桉木浆	120	
湖南怀化骏泰浆纸有限公司	漂白硫酸盐针叶木浆	40	商品浆
山东亚太森博浆纸有限公司	漂白硫酸盐阔叶木浆	31.5（一期） 100（二期）	
福建青山纸业股份有限公司	本色针叶木浆	25	
泰格林纸湘江纸业有限公司	本色硫酸盐木浆	17	
吉林开山屯晨鸣纸业有限公司	漂白亚硫酸盐木浆	15	
玖龙兴安浆纸（内蒙古）有限公司	本色硫酸盐针叶木浆	12	“秀林”牌商品浆
广西南宁凤凰纸业有限公司	漂白针、阔叶木浆	15	商品浆
云南云景林纸股份有限公司	漂白针、阔叶木浆	10	“三针”牌商品浆
广西贺达纸业有限公司	漂白硫酸盐桉木浆	8	商品浆
广西国发林业造纸有限公司	本色硫酸盐木浆	8	
吉林石岘白麓纸业有限公司	漂白亚硫酸盐木浆	6	商品浆

续表

企业名称	浆种	生产能力/(万吨/年)	备注
山东晨鸣纸业集团股份有限公司	漂白硫酸盐阔叶木浆	15	
山东太阳纸业股份有限公司	漂白硫酸盐木浆	25	
广东鼎丰纸业有限公司	漂白硫酸盐木浆	25	
广西劲达兴纸业有限公司	漂白针、阔叶木浆	9.8	
湖南绥宁县宝庆联纸有限公司	本色硫酸盐针叶木浆	10	
岳阳纸业股份有限公司	漂白硫酸盐针叶木浆	6.5	
山东日照华泰纸业有限公司	漂白硫酸盐阔叶木浆	10	

表5　我国重点化学机械浆生产企业生产能力

企业名称	生产能力/(万吨/年)	浆种
山东晨鸣纸业集团股份有限公司	32	BCTMP
山东博汇集团有限公司	24	BCTMP
江西晨鸣纸业股份有限公司	17	RTS-BTMP
河南焦作瑞丰纸业有限公司	15	P-RC APMP
岳阳纸业股份有限公司	14.5	P-RC APMP
华泰集团有限公司	10	BCTMP
河南濮阳龙丰纸业有限公司	10	APMP
新乡新亚纸业集团股份有限公司	10	P-RC APMP
中冶美利浆纸有限公司	10	P-RC APMP
山东中茂圣源纸浆有限公司	9.3	APMP
福建南纸股份有限公司	17	
广西金桂浆纸业有限公司	30	
山东太阳纸业股份有限公司	30	P-RC APMP
斯道拉恩索（广西）浆纸公司	30	
中冶纸业银河有限公司	10	
山东泉林纸业有限责任公司	30	P-RC APMP
宁波金翔纸业有限公司	25	

三、制浆造纸用木材原料的需求量及资源来源

1. 制浆造纸用木材需求变化

自2000年以来，随着化学木浆、化学机械浆生产规模的快速扩张，尤其是沿海和南方诸省区木浆生产和建设速度更为突出。据统计，2000年全国木浆产量200万吨，到2010年达到708万吨，10年净增木浆产量508万吨，年均增长25.4%。

按照每吨化学木浆耗木材4.5米^3、每吨化学机械浆耗木材3.5米^{3}计算，2000年全国造纸用木材900万米^3，到2010年达2898万米^3，10年净增木材1998万米^3，年均增长22.2%。见表6。

2. 造纸用木材树种的变迁

传统的制浆工业以云杉、冷杉、红松、落叶松、马尾松、白杨、桦木为原料，生产漂白硫酸盐木浆、本色硫酸盐木浆和机械木浆。这些木材原料来自天然林。自从天然林被授国家立法保护以后，造纸工业为获取与其发展相适应的木材供应量，不断开创新工艺、新技术、新设备以广泛采用多品种木材资源，尤其是速生林木资源和森林三剩枝桠木片。

表6　2000—2010年我国造纸用木材测算量

	2000年	2005年	2006年	2007年	2008年	2009年	2010年
国产木浆/万吨	200	371	526	605	672	551	708
木材用量/万米^3	900	1620	2210	2637.5	2924	2379.5	2898

注：吨木浆耗用木材量：化学木浆需4.5米^3、化学机械浆需3.5米^3。

近年机械木浆发展很快。目前，传统机械木浆在造纸生产上已很少使用，取而代之的是经过各种化学处理的热磨机械浆，即化学机械浆，从而赋予机械浆以更加优良的品质。化学机械浆（CMP）包括化学热磨机械浆（CTMP）、漂白化学热磨机械浆（BCTMP）和以 $NaOH + H_2O_2$ 预处理的 APMP 以及其他种类经化学处理的机械浆。以 BCTMP 和 APMP 为主。

针叶木和阔叶木都可以生产机械浆。CMP 发展初期，纤维原料主要采用针叶木。近 10 年来，随着技术的进步，主体设备的改进，纤维原料也由以针叶木的云杉、松木为主发展为以阔叶木的杨木、桦木、桉木或混合阔叶木为主。目前，制浆工业采用的针叶木主要是马尾松、思茅松、落叶松，阔叶木主要是桉木、杨木。

3. 造纸用木材资源来源

自从 1998 年国家明令实施天然林保护工程以来，国内商品材生产进一步调减，从 20 世纪 90 年代中期年计划商品材产量 6500 万米^3，至 2002 年仅 4436.1 万米^3，降至最低谷，以后逐年缓慢上升，2010 年商品材产量达到 8089.6 万米^3，与 2000 年年底 4724.0 万米^3 相比净增 3365.6 万米^3，年均增长 7.12%。见表 7。

表 7 2000—2010 年我国商品材产量 单位：万米^3

	2000 年	2001 年	2002 年	2003 年	2004 年	2005 年	2006 年	2007 年	2008 年	2009 年	2010 年
商品材量	4724.0	4552.0	4436.1	4758.9	5197.3	5560.3	6611.8	6976.6	8108.3	7068.3	8089.6

为了充分合理利用森林资源，近年国内掀起利用森林采伐、造材、加工的“三剩物”及速生丰产林（桉、杨）和抚育间伐的“次小薪材”为原料，生产制浆造纸和“三板”用木片，以山东、广西、海南、河南、广东、福建等省区为主，占全国木片总产量的 60% 以上。见表 8。

表 8 2004—2010 年我国木片生产量统计表 单位：万米^3 实积

	2004 年	2005 年	2006 年	2007 年	2008 年	2009 年	2010 年
生产量	2400.82	1217.68	840.81	974.36	1780.00	1285.81	1873.51

每年国家商品材中的薪材、非规格材主要用于造纸，林区生产的枝桠木片大部分供造纸利用，还有企业自办造纸林基地提供一定数量的木材，不过仅能满足造纸用材的 70%。由于国产商品材的总量和品种结构不能满足社会经济发展和人民生活水平提高的需求，每年都要进口大量木材、林产品，近几年进口木材量激增，见表 9。

表 9 2001—2010 年我国木材进口量 单位：万米^3

	2001 年	2002 年	2003 年	2004 年	2005 年	2006 年	2007 年	2008 年	2009 年	2010 年
进口材量	1686.0	2433.0	2545.6	2624.4	2936.8	3215.3	3709.0	2957.0	2805.9	3434.8

进口木材主要是优质原木，其目的是用于建筑、造船、家具、胶合板、装饰装修等行业。为了解决造纸木材原料之需，逐年开辟新渠道从国外进口价格相对低廉的针、阔叶木片，同时限制和减少国内木片出口，这一政策措施为造纸工业可持续发展创造了有利条件。

2010 年，我国木片进出口数量与 2009 年相比，出现了一增一减两极分化的巨变。木片进口数量出现巨大增幅，增幅超过了 60%；而出口木片总量出现了大幅下降的态势。见表 10。

表 10 2000—2010 年我国木片进出口量 单位：万吨

	2000 年	2001 年	2002 年	2003 年	2004 年	2005 年	2006 年	2007 年	2008 年	2009 年	2010 年
进口量	0.12	0.36	5.23	27.97	30.27	87.13	89.54	113.96	105.60	276.60	465.21
出口量	185.50	177.14	155.99	113.78	109.42	88.07	59.62	21.45	7.30	0.72	0.53

四、2010 年制浆造纸企业木浆生产及木材利用情况

根据中国造纸学会调查统计，2010 年全国 27 家木浆生产企业（占全部木浆企业 90%）木浆总生产能力 683.3 万吨/年，木浆总产量 603.67 万吨，其中化学木浆 376.24 万吨，化学机械浆 227.43 万吨，耗用木材总量 2475.18 万米^3。2010 年制浆造纸用木材构成情况：国产木材 370.06 万米^3，国产木片 470.34 万吨，进口木片 361.2 万吨，自产木材 257 万米^3。见表 11。

表 11　　2010 年部分制浆造纸企业木材供需调查统计表

企业名称	木浆种类	木浆产能/万吨	木浆产量/万吨	木材总用量/万米^3	国产木材/万米^3	国产木片/万吨	进口木材/万米^3	进口木片/万吨	自产木材/万米^3
总计		683.3	603.67	2475.18	370.06	470.34		361.2	257
海南金海浆纸业有限公司	化学木浆	120	121.67	547.5		64		130.8	141.5
山东亚太森博浆纸有限公司	化学木浆	130	78	351				168.5	
湖南怀化骏泰浆纸有限公司	化学木浆	40	40	200	40	55		20	10
山东太阳纸业股份有限公司	化学木浆	25	26.1	128.7		32		30	
	化学机械浆	30	30.2	91.5		32.3		4.1	
山东晨鸣纸业集团股份有限公司	化学木浆	15	15	89.2		33			
	化学机械浆	32	32	105.4		34		5	
岳阳纸业股份有限公司	化学木浆	6.5	7.2	37.3	19.04	6.1			3.7
	化学机械浆	14.5	13.5	36.9	15.6	2.3			16.6
福建青山纸业股份有限公司	化学木浆	25	18.76	88.31	37.54	21		2.8	
广西南宁凤凰纸业有限公司	化学木浆	15	13.3	66	4.6	29.35			
云南云景林纸股份有限公司	化学木浆	10	11.16	51.03	32.24	8.99			
广西金桂浆纸业有限公司	化学机械浆	30	30	84					84
山东泉林纸业有限责任公司	化学机械浆	30	30	96	96				
泰格林纸集团湘江纸业有限公司	化学木浆	17	17.76	74.74	7.78	31.89			
广西贺达纸业有限责任公司	化学木浆	8	7	31.5	31.5				
广西国发林业造纸有限公司	化学木浆	8	5.5	24	20.6	1.6			
江西晨鸣纸业有限公司	化学机械浆	17	15.5	46.5	26.5	9.4			
河南焦作瑞丰纸业有限公司	化学机械浆	15	15	52.5		19.4			
中冶美利浆纸有限公司	化学机械浆	10	10	29	29				
华泰集团有限公司	化学机械浆	10	10	35.1		12.8			0.2
河南濮阳龙丰纸业有限公司	化学机械浆	10	10	35		13			
山东日照华泰纸业有限公司	化学木浆	10	6	31		12.3			
中冶纸业银河有限公司	化学机械浆	10	8.5	29.8		11			
山东华金集团有限公司	化学机械浆	8	6	21		7.77			
山东中茂圣源纸浆有限公司	化学机械浆	9.3	3.73	13.86		4.62			
泰格林纸集团洪江纸业有限责任公司	化学木浆	6	5.19	19.74		9.42			
四川宜宾纸业股份有限公司	化学机械浆	6	3	9.6	8.6				1
广西林业荔浦纸业有限公司	化学木浆	6	3.6	14	1.06	6.1			
新乡新亚纸业集团股份有限公司	化学机械浆	10	10	35		13			

注：木材吨与立方米换算比例：桉木 0.48 吨 =1 米^3、马尾松 0.47 吨 =1 米^3、杨木 0.37 吨 =1 米^3。

（黄润斌）

近年我国非木材纤维原料制浆发展概况

General Situation and Development Trend of Non-wood Fibers Application in China's Pulp and Paper Industry in Recent Years

我国造纸工业已步入世界先进国家行列，成为发展世界造纸工业的主要力量。今后一个时期我国将以资源、环境、结构调整为主线，按绿色纸业和可持续发展战略，以科学发展观为指导思想，构建资源节约型、环境友好型、科学创新型造纸工业。

造纸纤维原料资源不足，已成为影响我国造纸工业可持续发展的瓶颈之一。我国有丰富的非木材纤维资源（竹子、麦（稻）草、芦苇、蔗渣、棉秆、玉米秆等），按照国家《造纸产业发展政策》，在努力增加木浆比例，充分利用废纸的同时，合理利用非木材纤维原料。

一、我国非木材纤维制浆的状况

我国非木材纤维制浆历史悠久，产量最高时曾占原生浆产量的84%、总用浆量的57%以上（1990年）。

1. 我国非木材纤维制浆产量和结构的变化

随着环境保护要求日益严格，草浆污染治理没有得到根本解决的矛盾激化，大量中小型草浆厂被关、停、并、转；加上近年废纸用量猛增，林纸一体化措施逐渐发生效力，木浆生产量增加等因素，使非木浆在总浆耗以及原生浆的比例逐年下降（见表1）。到2010年非木浆产量已降至总浆耗的15.3%。

表 1　历年我国非木浆消耗情况

年份	非木浆			苇浆			竹浆			禾草浆			蔗渣浆		
	产量/万吨	占总浆耗/%	占原生浆/%	产量/万吨	占总浆耗/%	占原生浆/%	产量/万吨	占总浆耗/%	占原生浆/%	产量/万吨	占总浆耗/%	占原生浆/%	产量/万吨	占总浆耗/%	占原生浆/%
1990	797	57.2	84.2	86	6.1	9.1	15	1.1	1.5	602	43.2	63.6	26	1.9	2.7
1995	1136	50.3	80.1	87	3.9	6.1	32	1.4	2.3	870	38.5	61.3	29	1.3	2.0
2000	1116	40.0	84.9	100	3.6	7.6	30	1.1	2.3	862	30.9	65.6	30	1.1	2.3
2001	980	32.9	83.1	100	3.4	8.5	30	1.0	2.5	720	24.2	60.9	30	1.0	2.5
2002	1110	32.0	83.8	110	3.2	8.3	45	1.3	3.4	800	23.1	60.4	35	1.0	2.6
2003	1170	30.0	84.4	115	2.9	8.3	60	1.5	4.3	830	21.3	59.8	50	1.3	3.6
2004	1180	26.0	83.2	118	2.6	8.3	80	1.8	5.6	820	18.0	57.8	45	1.0	3.2
2005	1260	24.0	77.3	130	2.5	8.0	120	2.3	7.4	830	16.0	50.9	65	1.2	4.0
2006	1290	22.0	71.0	145	2.5	8.0	140	2.4	7.7	800	13.6	44.1	90	1.6	5.0
2007	1302	19.2	68.3	144	2.1	7.6	120	1.8	6.3	848	12.5	44.5	90	1.3	4.7
2008	1288	18.0	66.2	148	2.3	7.6	138	2.2	7.1	804	12.5	41.3	97	1.5	5.0
2009	1175	14.7	68.1	144	1.8	8.3	161	2.0	9.3	676	8.5	39.2	98	1.2	5.7
2010	1297	15.3	64.7	156	1.8	7.8	194	2.3	9.7	719	8.5	35.9	117	1.4	5.8

注：来源于中国造纸协会统计数据。

近年，非木浆的结构发生了一些变化，其中稻麦草类浆产量逐年下降，特别是近几年，由于中小型草浆生产能力的关闭，产量下降速度很快。禾草浆占非木浆比例由2000年的77.2% 降至2010年的

55.4%；而竹浆产量发展迅速，近10年来竹浆由年产30万吨增加到2010年的近200万吨，提高了5.5倍，占非木浆的比例也由2000年的2.7%增加到2010年的15.0%。近年苇浆和蔗渣浆产量虽有所增加，但在非木浆中所占比例基本没有变化（见表2）。

表2　历年非木浆结构的变化（各浆种占非木浆的比例）　单位:%

	1990年	2000年	2002年	2004年	2006年	2007年	2008年	2009年	2010年
禾草浆	75.5	77.2	72.1	69.5	62.0	65.2	62.4	57.5	55.4
竹　浆	1.9	2.7	4.1	6.8	10.8	9.2	10.7	13.7	15.0
苇　浆	10.8	9.0	9.9	10.0	11.2	11.1	11.5	12.3	12.0

2. 我国目前非木材纤维制浆的主要生产企业

我国目前非木材纤维制浆的主要生产企业（见表3、表4、表5和表6）。

表3　我国竹浆主要生产企业

企业名称	生产能力/(万吨/年)
贵州赤天化纸业股份有限公司	25
四川永丰纸业股份有限公司	24
重庆理文造纸有限公司	15
广东鼎丰纸业有限公司	12
广西两面针纸业公司	8
四川雅安中竹纸业有限公司	8
福建邵武中竹纸业有限公司	8
四川瑞松纸业有限公司	8
四川天竹竹资源开发有限公司	5
宜宾纸业股份有限公司	5
赣州华劲纸业有限公司	5
江西宜春中竹纸业有限责任公司	5
广西华劲集团股份有限公司	5
广西田东金荣纸业有限公司	5

表4　我国麦草浆主要生产企业

企业名称	生产能力/(万吨/年)
山东泉林纸业有限责任公司	30
中冶纸业银河有限公司	25
中冶美利纸业股份有限公司	15
山东博汇纸业股份有限公司	10
华泰集团有限公司	10
新乡新亚纸业集团股份有限公司	10
漯河银鸽实业集团有限公司	10
山东华金集团有限公司	7
青岛海王纸业股份有限公司	5
江苏新大（五洲）纸业有限公司	5

二、我国非木材纤维资源状况

我国的非木材纤维原料主要是禾草类植物，包括农业秸秆、竹材、芦苇、蔗渣等。非木材纤维的资源状况是纸业界关注的基本问题之一。

表5　我国芦苇浆主要生产企业

企业名称	生产能力/(万吨/年)
山东沾化海韵生态纸业有限公司	20
泰格林纸集团沅江纸业有限责任公司	18
泰格林纸集团岳阳纸业股份有限公司	15
金城造纸股份有限公司	10
新疆博湖苇业股份有限公司	10
内蒙古塞外星华章纸业股份有限公司	10
武汉晨鸣汉阳纸业股份有限公司	10
湖北赤壁晨鸣有限责任公司	10
江苏双灯纸业有限公司	8
吉林华金苇业有限公司	6
海拉尔晨鸣纸业有限责任公司	5

表6　我国蔗渣浆主要生产企业

企业名称	生产能力/(万吨/年)
广西贵糖集团股份有限公司	15
广西南宁糖业股份有限公司蒲庙造纸厂	12
广西田阳南华纸业有限公司	10
广西来宾东糖纸业有限公司	10
广西农垦糖业集团天成纸业有限公司	9.5
广西冠桂糖业有限公司	8
广东江门甘化集团股份有限公司	7
广西崇左东亚纸业有限公司	6
广西南宁制糖造纸厂	5
广西凤糖鹿寨纸业有限公司	5
广西马山和发强纸业有限公司	5
广西横县君盈纸业有限公司	5

1. 竹材资源

我国是世界上最主要的产竹国，无论是竹子的种类、面积、蓄积量及竹材产量都居世界首位，最新修订的《中国植物志（英文版）》记载我国竹子种类为39属550余种。根据第七次全国森林资源清查结果，天然竹林318万公顷，人工竹林220万公顷，占林地面积的2.97%，集中分布于浙江、江西、安徽、湖南、湖北、福建、广东，以及广西、贵州、四川、重庆、云南等地的山区，占全国竹林总面积的93.78%；其中毛竹林面积占69.63%，杂竹林面积占30.37%。

四川东南部、湖南、江西、浙江、安徽南部及福建西北部，混合分布散生竹林和丛生竹林，是我国竹林面积最大、竹子资源最丰富的地区，其中毛竹林的面积280万公顷，是我国毛竹分布的中心地区。据统计，我国年生产竹材11.52亿根，眉径（树木是用胸径）10厘米的毛竹约25千克，12厘米约36千克，14厘米约50千克；如按平均值计算竹材产量约4000万吨/年（不包括丛生杂竹）。杂竹为壁厚2~8毫米，竿径20~60毫米的中小径竹，如黄竹、水竹、白夹竹、西凤竹、龙竹、苦竹、慈竹、青皮竹、麻竹等。杂竹是目前我国用量最多的制浆造纸竹种。

竹子生长快、易繁殖、周期短、单产高，一次造林、年年长竹，每年合理间伐，可永续利用。而我国造纸木材纤维原料缺乏，竹子纤维属于中长纤维，其长度介于针叶木和阔叶木之间，具有很好的制浆造纸特性，是优良的造纸纤维原料，可以生产各种优质生活用纸和文化用纸。

2. 芦苇资源

芦苇属禾本科芦苇属（*Phragmites*）。据报道，芦苇属在世界范围内有10个种，在我国有3个种，即卡开苇（*P. karka*（*Retz.*）*Trin. ex Steud*）、日本苇（*P. japonica Steud*）和普通芦苇（*P. australis*（*Cav.*）*Trin. ex Steud*）。普通芦苇在我国分布广阔、资源丰富，生于江河湖泽，一般分布在海拔较低及沿海一带；在海拔较高的谷地有少量日本苇，日本苇产于黑龙江（宁安、镜泊湖），生于水中或沼泽地，位于湖区迎风面或砾石地；卡开苇不如普通芦苇分布广泛，一般生于海拔1000米以下的江河湖岸与溪旁湿地，在我国仅南部、西南部有分布。

全国芦苇现有面积约87万公顷，主要分布在长江以北（包括长江中下游地区）。其中东北地区面积最大。北方的芦苇主要是苇子（南方称之为泡苇），长江中下游地区主要是荻苇。东北的苇子主要生长在盐碱地；西北地区主要在湖泊之中，较东北地区的苇子秆高、茎粗、壁厚，植株高可达4米；长江中下游地区的荻苇主要生长在河流及湖泊的滩涂，秆高、茎粗、壁厚、质硬，株高可达4.6~5.4米。

据报道，我国主要有4个芦苇产区：一是辽宁苇区约8.667万公顷，估计蕴藏量52万吨；二是新疆维吾尔自治区约6.667万公顷，估计蕴藏量30万吨；三是黑龙江苇区13.333万公顷，估计蕴藏量20万吨；四是内蒙古自治区7.333万公顷，估计蕴藏量11万吨。其他省年蕴藏量在6万~8万吨的有吉林、河北、江苏等省。从上面分布产区统计，我国现有的芦苇原料基地年产量约为130万吨。

3. 蔗渣资源

蔗渣资源与我国蔗糖业的发展及其分布密切相关。我国蔗区主要分布在北纬24度以南的热带、亚热带地区。20世纪80年代中期以来，由于农业结构调整，蔗糖产区迅速向广西、云南等西部地区转移，基本形成桂中南、滇西南、粤西琼北三大优势蔗区。2010年广西、云南、雷州半岛等蔗区甘蔗种植面积占全国糖料面积的92.7%，2010年蔗糖产量占全国的94.7%。2009年，我国甘蔗种植面积169.7万公顷，甘蔗总产量1.1559亿吨。广西是我国甘蔗种植面积最大的省份，甘蔗年种植面积稳定在100万公顷左右，占全国甘蔗种植面积的62.47%，蔗糖产量占全国的67%以上；其次为云南和广东。按甘蔗榨糖后产生23%的蔗渣量计算，我国蔗渣产量有2658万吨/年。如果糖厂全部用蔗渣作为锅炉燃料，则应烧掉75%的蔗渣量，剩余蔗渣量为664.5万吨/年，可用于造纸。但实际上，广西糖厂只使用60%左右的蔗渣做锅炉燃料。如按每4吨蔗渣产1吨纸浆计算，蔗渣浆生产能力最少应为166万吨/年。因此蔗渣资源在我国仍还有一定的发展空间。

4. 农业秸秆资源

我国是世界第一秸秆大国，秸秆总产量占全球的17.3%，比第二位的美国高8.5%。我国农业秸秆产量增长迅速，1980年秸秆总产量不到4.5亿吨，1990年达到近7亿吨，1998年首次突破8亿吨，2003年降为不足7.7亿吨。2004—2005年是我国秸秆总产量的快速增长期，年总产量稳定在8亿吨以上，2005年全国秸秆总产量达到8.4183亿吨与1980年相比增长了88.59%。

近年来，随着秸秆产量增加、农村产业结构和能源结构的改变，各类替代物品的应用，加上秸秆分布零散、体积大、收集运输成本高、综合利用经济性差和产业化程度低等原因，出现了地区性、季节性和结构性秸秆过剩，大量秸秆资源浪费较严重。特别是部分经济较发达地区和粮食主产区，农民为抢农时播种，焚烧秸秆现象屡禁不止，造成大气环境污染，严重时威胁到交通运输和农民生命财产安全以及城乡居民生活。

（1）我国秸秆资源区域分布　按照《中国种植业区划》，根据我国主要农作物的地域分布，把我国秸秆资源分布及其利用划分为八大区，2005 年秸秆产量如表 7 所示。

表 7　　2005 年我国八大农业区秸秆产出量及比例

区域	秸秆产量/亿吨	占全国比例/%	区域范围
全国	8.4183	100	
东北区	1.1360	13.5	辽、吉、黑
黄淮海	2.0519	24.4	京、津、冀、鲁、豫
长江中下游	2.0901	24.8	沪、苏、浙、皖、湘、鄂、赣
华南区	0.7750	9.2	粤、闽、桂、琼
西南区	1.0871	12.9	渝、川、贵、滇
黄土高原与西北区	1.2412	14.7	晋、甘、宁、陕、内蒙古、新疆
青藏高原	0.0366	0.4	西藏、青海

（2）农业秸秆资源量的估算　秸秆资源数量估算是秸秆资源综合利用的基础。运用不同的估算方法，计算结果存在很大差异。一般多用草谷比以作物产量来估算秸秆产量，但因草谷比取值不同，导致估算结果严重失实。如水稻、小麦、玉米是我国各类农作物中种植面积最大、产量最高、秸秆产量最大的农作物。但这三大粮食作物的草谷比，在不同的文献中取值相差悬殊。中国农科院农业资源和农业区划研究所毕于运等人对我国各类农作物的草谷比进行了系统的比较分析和实测验证，确定了较具有全国性使用价值的草谷比体系（见表 8）。以国家农业分类统计资料为基础数据，以省为单元计算出各类秸秆产量和秸秆总产量。

表 8　　我国主要农作物的草谷比

项目	草谷比
稻谷	0.9
小麦	1.1
玉米	1.2
大豆	1.6
籽棉	3.4
皮棉	2.7
蔗渣（干）与甘蔗（鲜质）之比	0.24

注：1. 资料来源《农业技术经济手册 修订版》。
2. 稻谷平均出米率 73.0%。

草谷比（S_G）是指农作物地上茎秆产量与作物经济产量之比，即有经济价值的农作物主要产品的产量。对于粮食等农作物，籽实产量即是经济产量。

可用下述公式计算农作物秸秆产量：

$$m_s = m_p \times S_G$$

式中：m_s——农作物秸秆产量，吨；m_p——农作物经济产量，吨；S_G——草谷比

例如水稻的草谷比（S_G）为 0.9，稻谷的产量（m_p）为 10 万吨，则稻草的产量（m_s）为 9 万吨。草谷比法是计算农作物秸秆产量的最主要的方法。

（3）农业秸秆的构成　农业秸秆主要由粮食、棉花、油料、糖、菜等五大类农作物秸秆构成。其中主要粮食作物（稻、麦、玉米）秸秆是我国农作物秸秆的主体，约占全国秸秆总产量的 70.22%。经济作物秸秆（棉秆、油料秸秆、糖料作物）占 25.18%，其他农作物秸秆产量占 4.61%。三大粮食作物（水稻、玉米和小麦）的秸秆产量合计为 52056.14 万吨，其中，水稻秸秆、玉米秸秆（芯）与小麦秸秆分别占全国秸秆总产量的 25.10%、24.00% 和 12.73%。

根据表 8 中的各种农作物的草谷比可计算出我国 2010 年主要秸秆的产量（见表 9）。

表 9　　2010 年我国几种主要农作物产量及其秸秆产量

农作物	农作物面积/万公顷	农作物总产量/万吨	理论秸秆产量/万吨	实际可收集秸秆量/万吨
玉米	3250	17250	20700	16146[1]
小麦	2432	11510	12661	9120[2]
稻谷	2983	19900	17910	12537[3]
棉花[4]	5.13	2400	6480	4536[5]
合计			57751	42339

注：数据来源于国家粮油信息中心于 2011 年 1 月 12 日报告。
1. 按理论产量的 78 % 计。
2. 按亩产麦草 250 千克计。
3. 按理论产量 70% 计。
4. 根据 2011 年 6 月中国棉花协会数据。
5. 按理论产量的 70% 计。

表9说明，我国2010年实际可收集秸秆量4.2亿吨，其玉米秸秆资源最多，占总量的38.1%，稻秆次之约占29.6%，麦秆占21.5%。

我国秸秆资源表现相对过剩，即有阶段性过剩，也有结构性过剩和地区性过剩。传统农业秸秆被广泛用作饲料和肥料，也是农村主要的能源来源和建筑材料来源。近些年来，随着传统农业生产使用大量化肥替代农家肥、农机动力替代畜力、煤和天然气替代秸秆燃料、现代建筑材料替代秸秆建材等，使秸秆在农村的用量日趋减少。计算表明，2005年我国剩余秸秆（扣除上述用途外）总量约1.42亿吨，占全国可收集利用秸秆总量的21%。目前，我国的秸秆过剩主要表现为谷物秸秆的过剩。谷物秸秆是我国数量最大、分布最广的秸秆类别。其中稻秆、玉米秸秆和麦秆都有不同程度的过剩问题，尤其稻秆过剩最多，其次为玉米秸秆。

秸秆的地区性过剩主要表现为长江中下游、华南、东北和西北干旱地区。长江中下游和华南地区主要是稻秆和油菜秆，该地区稻秆产量分别占到全国稻秆产量的50.9%和17.4%；油菜秆产量分别占全国油菜秆产量的58.3%和23.5%；西北干旱地区主要是棉秆过剩，棉秆产量占全国棉秆产量的32.8%；东北地区主要是玉米秸秆过剩，玉米秸秆产量占全国玉米秸秆产量的28.6%。

各种农作物秸秆的具体分布情况如下。

①稻秆　稻秆是我国主要农作物秸秆，2005年产量占全国秸秆总产量的25.1%。主要分布在南方和东北地区。2005年长江中下游地区稻秆产量达1.075亿吨，占全国稻秆产量的50.9%；华南和西南地区的稻秆产量分别为3420万吨和3681万吨，分别占全国稻秆产量的16.2%和17.4%。上述3个地区稻秆总产量占全国稻秆产量的84.5%。2005年我国东北地区稻秆产量2353万吨，占全国稻秆产量的11.1%。主要是黑龙江省的产量较高，约占东北地区稻秆产量的50%。

遗憾的是，由于稻秆中硅含量较高，在造纸工业中的用量很少，是一种今后很值得开发的纤维资源。

②麦秆　2005年我国麦秆产量1.07亿吨，占全国秸秆总产量的12.7%。我国麦秆主要集中于黄淮海地区，2005年产量6163万吨，占全国麦秆产量的57.5%；其次为长江中下游地区，年产量1973万吨，占全国麦秆产量的18.4%。我国麦秆主要集中于河南、山东、河北3省，其总产量占全国麦秆产量的56.7%；其次为安徽和江苏，上述5省麦秆产量合计为7772万吨，占全国麦秆产量的72.5%。

麦秆是我国主要非木材原料之一，但目前麦秆可收集资源有限，造成麦秆资源缺乏，价格昂贵。实际可利用麦秆量与理论计算收获量相差很大，这主要是因为小麦收获期短，为了收割方便，收割机收割时一般留有20厘米左右的余茬在田地里，因此每亩地的麦秆收集量仅为250千克左右，大量麦秆仍然留在田里而无法收集，最后农民只能焚烧。

③玉米秸秆　玉米秸秆是资源最多的农作物秸秆之一。2005年玉米秸秆产量2.02亿吨，占全国秸秆总产量的24%。玉米秸秆包括玉米秆和玉米芯。玉米秆约占83%，玉米芯占17%。

我国由东北到西南有一条狭长的玉米带，大致范围为黑龙江、吉林、辽宁、内蒙古、北京、天津、河北、山东、河南、山西、陕西、陇东、四川、重庆、鄂西北、湘西、贵州、云南、桂西北等，长度约6300千米，宽度约800~2000千米。此区玉米产量占全国玉米产量的85%以上，玉米秸秆产量占全国的92%。东北和黄淮海两大产区玉米种植面积和产量分别占全国的70%和73%。其中吉林、山东、河南、河北、辽宁、内蒙古和黑龙江等7个省、区的玉米秸秆产量都超过1500万吨。黄淮海和东北地区是我国玉米秸秆分布最为集中的地区，2005年其年产量分别为6326万吨和5770万吨，分别占全国玉米秸秆产量的31.3%和28.6%，合计约占60%；其次为西南、黄土高原、西北干旱地区，其玉米秸秆产量分别占全国玉米秸秆产量的10%~11%。吉林省是我国玉米主产区。据统计，2008年吉林省玉米产量2083万吨，占全国玉米产量的12.5%。吉林省每年产玉米秸秆3380万吨。其中，长春地区比例最大，占吉林省秸秆资源量的27%；其次为四平、松原、吉林地区。

由于玉米秸秆的叶和髓芯多，最近几年才将其作为造纸原料，目前尚未大量使用，是一个有巨大潜力的纤维资源。

④棉秆　我国棉秆主要分布于黄淮海、西北干旱和长江中下游地区。2005年其产量分别为2011万吨、1726万吨和1224万吨，分别占全国棉秆产量的38%、33%和23%，棉秆产量合计为4961万吨，占全国棉秆产量的94%。而2010年由于耕种面积减少，棉花产量下降，棉秆理论收获量为6480万吨左右。

三、近年非木材纤维制浆造纸的技术进步

进入新世纪后，随着全社会环境意识日益增强，大量中小型草浆厂因污染排放不达标而被关闭；加上近年废纸用量急增；林纸一体化方针逐渐发生效力，木浆产量增加，使近年非木浆在总浆耗中比例逐年下降。

这种形势对非木材纤维制浆来说也是一种机遇和挑战，为了解决我国造纸工业纤维原料问题，发展非木材纤维制浆技术迫在眉睫。近些年来，在行业上上下下的共同努力下，非木材纤维制浆也有了前所未有的进步，表现在：一是利用我国丰富的竹材资源及国外先进的制浆技术与装备，建设了现代化的竹浆生产线，使竹浆产能得到了大力发展；二是在我国多年禾草浆生产经验和研究成果的基础上突破了草浆生产的技术难题，为重新振兴我国草类纤维制浆事业作出了突出贡献。

1. 竹材制浆的技术进步

近年竹浆技术进步主要体现在贵州赤天化纸业股份有限公司、广东鼎丰纸业有限公司、四川永丰纸业股份有限公司、重庆理文造纸有限公司等一批大型竹浆生产线的建成。

2008 年 10 月投产的赤天化纸业年产 20 万吨竹浆生产线，拥有当今世界上最先进的竹浆生产技术和装备，是当今世界单线竹浆产量最大的制浆企业。

根据竹子的特性，该生产线备料采用鼓式切片机切片，保证竹片加工的效率和质量。竹片经筛选、洗涤后进行制浆。蒸煮采用克瓦纳（Kvaerner）公司 G2 型紧凑连续蒸煮（Compact Cooking），日产 850 吨风干粗浆，竹片经黑液压力（常压）预处理，蒸煮温度降到 140℃左右，系统为全封闭，基本上不产生臭气，浆料强度好、得率高、可漂性好、汽耗低，与 ITC 等温蒸煮相比，浆料得率提高 1% ~ 2%，吨浆蒸煮汽耗降至 500 千克以下，减少汽耗 50% 以上；然后进行两段氧脱木素，使浆料卡伯值降至 8 ~ 10，减少了漂白化学药品消耗，并降低漂白排水的污染负荷；浆料经压力筛封闭筛选后，再进行洗涤压榨，干度可达 35% ~40%。在漂白工艺方面，采用 TCF 或 ECF 漂白，即 Q-OP-Q-PO 或 Q-OP-D-PO，浆料白度可达 88%。碱性漂白废水循环进入碱回收车间，实现漂白排水的半封闭。

碱回收方面，由于竹浆黑液黏度较大、硅含量较高，黑液蒸发采用钙纯化技术预处理，结晶蒸发出液浓度可达 70%；碱回收炉日燃烧黑液固形物 1500 吨，蒸汽参数为 64 帕、480℃。是目前全球最大的非木浆黑液碱回收炉。工厂用水的封闭程度很高，吨浆排水量不超过 30 米^3，有完善的环保措施，生产过程中产生的高浓和低浓臭气全部送碱回收炉燃烧，制浆生产过程中的中段废水，采用两级生物处理加一级化学处理，排水水质优于国家新标准 GB 3544—2008 标准。实现了清洁生产。

另外，在 RDH 基础上改进的 DDS 蒸煮系统也已在广东鼎丰纸业有限公司和四川永丰纸业股份有限公司、重庆理文造纸有限公司等新建制浆生产线上运行。该系统在热能利用、药液均布、自动控制水平等方面得到了进一步提高，吨浆耗汽 0.65 ~ 0.80 吨，浆料得率≥48%。特别是四川永丰纸业股份有限公司新建 17 万吨/年竹浆生产线是国产最大的先进制浆设备。在竹浆质量、节能和环保方面获得良好的效果。浆料洗选系统，采用国产的先进装备与引进关键部件相结合的洗浆生产线，四川永丰纸业股份有限公司采用国产新型平面阀波纹板鼓式真空洗浆机组，配备引进的压力筛装置，采用逆流洗涤封闭的水循环系统，达到良好的节水和洗选效果。氧脱木素后的浆料用 ECF 漂白，即采用 D_0-EOP-D_1 三段漂白流程，浆料白度≥87%。

废水处理采用两级生化处理 + 三级絮凝沉淀深度处理，排放废水 COD_{Cr} < 100 毫克/升、色度 < 40 倍、吨浆水耗≤50 米^3。这些结果展现了我国在竹浆技术方面的不断进步。

2. 近年禾草类纤维制浆的技术进步

如前所述，传统的中小型草浆厂设备陈旧，技术落后，产品质量差，污染严重。我国从 20 世纪 90 年代起，关闭了数千家落后的中小型草浆厂。在这种形势下，我国一些企业家和科学技术人员，经过几年的艰苦努力，在我国几十年禾草类纤维制浆的经验和对草浆研究的基础上，使禾草类纤维制浆清洁生产技术得到了突破性进展，解决了禾草类纤维制浆的关键技术。这项技术的基本要点是：根据禾草类原料的特征，围绕提高草浆的滤水性和降低黑液黏度，在制浆全过程中采取一系列措施，使草浆制浆技术发生了根本改变。

（1）高效的备料除尘系统　根据禾草类原料的特性，以干法处理为主，干湿法结合，尽可能多地除去草中鞘、节、叶、穗等不利于制浆的杂物。开发出系列新的备料设备，包括草料破碎、筛选，清除沙尘等，使备料过程的除杂率达到 25% ~30%。

这是提高浆料滤水性、降低黑液黏度和提高纸张强度的最为经济、重要的一环。

(2) 新的制浆方法与技术 根据草类纤维的解离特点，用化学法制浆时，浆料脱木素率达到92%～95%时，纤维才能解离。此时，草浆的得率和强度已受到严重的伤害，浆料滤水性变差。因此，单一化学法制浆并不适合禾草类纤维制浆。研究表明，采用化学能，补以物理能解离纤维的方法才是符合禾草类纤维制浆特点的最佳方法。即蒸煮后浆料硬度较高（卡伯值为20～25），然后经轻度疏解；或按一定程度化学处理的化学机械法制浆。这样既可提高草浆的得率和强度，降低资源消耗，减少污染物排放量，更可提高草浆的滤水性，是一举多得的草类制浆方法。

但这种浆料制漂白浆时会加重漂白负担、造成漂白药剂消耗和漂白废水污染负荷增加。可通过氧脱木素以降低漂前浆料的木素含量和漂白化学药品消耗，氧脱木素的废水可进入碱回收。

另外，禾草类纤维置换蒸煮技术是在参考木浆深度脱木素技术，并结合我国草浆制浆经验发展的一种新型制浆技术。置换蒸煮除可回收热能，降低能耗外，还可进行高温洗浆，降低水耗，提高草浆黑液的提取率，同时使提取黑液固形物浓度高，有利于黑液蒸发，并减少喷放时对大气的污染；提高了浆料得率和强度；特别是此法所产生的黑液黏度比常规蒸煮黑液明显降低，在固形物浓度相同情况下，其黏度约比常规蒸煮黑液降低50%，此黑液用普通蒸发器可蒸发固形物浓度达到60%以上。

因此，草类纤维制化学浆的最佳工艺路线是：强化备料→置换蒸煮→疏解→洗浆筛选→氧脱木素→无氯或无元素氯漂白。

(3) 禾草类纤维制浆装备的进步 传统草类原料制浆大多使用蒸球，年产5万吨以上草浆生产线采用蒸球是不经济的。而连续蒸煮设备也已运行多年。目前草浆的连蒸设备主要是横管式连蒸设备，它的缺点是不能实施现代化的蒸煮技术，如深度脱木素技术、置换蒸煮技术等。禾草类纤维制浆的横管式连续蒸煮器已有几十年没有根本性进步，汽耗和电耗高。而禾草类纤维不能采用立式蒸锅的主要障碍是它的滤水性，如果能克服这一缺陷，草浆采用立式连蒸器也是完全可能的。山东泉林纸业有限责任公司在蒸煮硬浆的基础上对现有木浆立式蒸煮锅进行改造，开发出容积达到378米^3、适用于秸秆制浆的立式蒸煮锅，并已投入生产。这是国际上首次采用立式蒸煮锅蒸煮草类原料。接着他们又在立式蒸煮锅的基础上设计出了世界上第一套生产能力10万吨/年的秸秆浆立式连续蒸煮器，目前这一套装置正在施工中。禾草类纤维立式连续蒸煮器的研制成功，将是禾草类纤维制浆设备重大突破，为草浆生产大型化作出重要贡献。

鼓式真空洗浆机是解决禾草类纤维制浆污染问题的关键设备，多年来我国造纸设备制造企业为此作出艰苦努力，开发出系列适用于禾草类纤维制浆的洗浆设备。最近汶瑞机械（山东）有限公司开发的新型高效ZXV系列洗浆机，最大过滤面积达到120米^2。鼓体设计锥形格室结构，增大流通量；采用平面分配阀，提高了运行真空度及洗净度；采用打散式压料、搅拌装置，提高洗浆效果。该产品的性能达到国外同类产品水平，已通过山东省组织的专家鉴定。

山东泉林纸业有限责任公司是我国禾草类纤维制浆技术的集成创新单位，近年在禾草类纤维制浆技术与设备的研发方面取得了许多重要突破，解决了我国禾草类纤维制浆的难题。这项技术成果已得到了国家环保部的肯定，经国家批准，山东泉林纸业有限责任公司正在进行扩大生产规模至60万吨/年项目，并开始在东北地区推广该项制浆技术。

经过山东泉林纸业有限责任公司多年的实践，证明该项技术适用于各种禾草类原料（稻草、麦草、玉米秸秆、棉秆、芦苇等）。以麦草为例，实施该项技术可获得下列结果：①备料的除尘、除杂率达到23%～28%，可使蒸煮用碱量由13%降低至10.5%，漂白浆得率提高5%；②黑液提取设备采用一段挤浆机－真空洗浆机4+1流程，提取率达到90%以上；③黑液黏度下降50%，普通真空蒸发后黑液浓度达到60%～62%；④氧脱木素后浆料白度达到50%～55%，可作为半漂浆使用；⑤漂白麦草浆裂断长大于6000米；⑥漂白制浆排水量小于50米^3/吨浆，废水经处理后COD_{Cr}排放浓度小于60毫克/升。

四、我国非木材纤维制浆的发展趋势和问题

1. 非木材纤维制浆在我国纸业发展中的地位

纤维资源短缺不仅是中国，也是世界造纸工业发展的瓶颈。长期以来，我国造纸工业走出了一条与其他造纸大国原料结构不同的道路，是其客观因素所决定的。纵观我国纤维资源的现状和人多地少

的现实状况，我国的原料结构必然是多元化的。要解决 14 亿人口的用纸问题，纤维原料来源应是多渠道、多种类的。有效利用我国丰富的禾草类资源是造纸界的责任。

人类经过长期对各种植物纤维原料制浆造纸的比较证明，木材制浆比其他纤维原料具有更多优点：木材资源供给可靠；可充分利用营林抚育和制材加工过程中大量的间伐小径材、枝桠材、边废料，能显著提高林业的整体经济效益；可进行大规模、高效率制浆生产，具有最强的市场竞争力。随着我国经济的高速发展，资源与环境保护以及产品质量要求的不断提高，促使我国木材造纸比例的增长成为必然趋势，这一直是纸业界的愿望和努力方向。

因此，从长远来看，我国木浆比例增加，非木浆比例适当下降（但产量可能会继续增加）也是一种必然趋势。最后 3 种纤维原料的比例可能达到一个相对平衡状态。

2. 我国非木材纤维制浆的发展现状

我国已经建立了一批现代化的大型竹浆生产线，为今后在竹类资源丰富地区发展现代化竹浆生产，树立了样板，积累了经验。我国的竹类资源相对比较丰富，竹类纤维比其他非木材原料更接近木材，许多木材制浆的成功技术和设备都可为竹浆生产所借鉴。因此竹浆生产的现代化比其他非木材纤维制浆的速度会更快、难度更小些。充分利用我国的竹类资源，在有条件的地区进一步发展竹浆势在必行。

芦苇和蔗渣纤维由于资源的限制，在资源集中的地区有一定的发展余地，但潜力有限。

技术进步解决了秸秆制浆生产的环境问题，以山东泉林纸业有限责任公司为代表的禾草类纤维制浆技术已基本成熟，解决了禾草类纤维制浆的污染问题，并得到国家环保部的认可。可以预见，农作物秸秆制浆造纸的发展可能即将得到实现。

3. 建立现代化的、环境友好的禾草浆生产线

（1）建立规模最少 10 万吨/年的单条生产线，企业规模根据资源状况，可能为 10 万 ~20 万吨/年甚至更大；

（2）草浆企业建在原料基地附近（农业地区）；

（3）清洁生产技术水平将进一步提高，成为与环境和谐的现代化工业；

（4）现代生产技术使非木浆的物理强度接近于阔叶木浆，与木浆适当配合可在中高速纸机上抄造各种中高档纸。经济上将具有一定的竞争力。

4. 需要进一步解决的问题

非木浆生产特别是禾草类纤维制浆从总体上看，还不能满足日益严格的生态环境保护的要求，污染物排放量大仍然是约束非木浆发展的瓶颈，对现有草浆企业的清洁生产技术的进步，仍需作出进一步努力。

其次，由于历史原因，非木浆生产企业结构不合理，企业规模绝大多数为 5 万吨/年以下的小企业，技术装备落后，管理水平差，劳动生产率低，缺乏技术创新能力和资金支持，因而难以应对非木浆生产发展所遇到的一系列问题，特别是环境污染问题。

第三，原料的收集与物流体系不畅。我国每年都有大量农作物秸秆产生，秸秆的收割、收集、物流体系的市场化机制不配套；秸秆收割时残留在田地里的秸秆过高（20 厘米左右），收集处理设施不配套，农民焚烧现象严重，造成对环境的严重污染；企业收购原料要面对千家万户农民，又缺乏必要的政策支持，使大型企业难以收购、储存、运输所需的大宗原料。

近年竹浆产量明显增加，由于竹材的用途广泛，市场竞争激烈，致使竹材造纸原料稳定供给同样遇到困难。

5. 措施与建议

（1）建立农浆纸（竹浆纸）一体化机制　与解决木材原料问题一样，秸秆（或竹材）原料的来源保障，同样是大规模非木材纤维制浆生产企业面临的重要问题。目前大型草浆厂（竹浆厂）都面临着如何保障原料来源、价格、质量稳定的问题。解决的唯一办法就是建立农浆纸（竹浆纸）一体化机制。建立紧密型或松散型的农业（竹林）基地；建立紧密型或松散型二级原料公司。尽量把更多的原料来源掌握在企业手中。

企业要在各原料集中地区设置收储点，从源头控制原料量：进行收购方式改革，改变“坐在家中收原料”的传统收购模式，在原料基地分别设立收储点，形成原料收购网络。各收储点同时进行收购、初加工和储存，一般每乡镇可设若干个收储点。也可以“委托收购”方式，发展以村、乡镇为中心的秸秆专业收集户；对原料产地的中大型中间商存在资金困难给予适当帮

助，实现企业与中间商“双赢”。政策建议：为了解决我国秸秆利用问题，建议国家和当地各级政府对利用秸秆生产的纸浆、纸制品、有机肥料等产业，在土地、税金、运输等方面给予优惠，秸秆纸制品出口实施零关税或关税返还，大力扶持秸秆综合利用产业的发展。

（2）进一步调整非木材纤维制浆的产业结构 加大对非木材纤维制浆企业的调整力度，对于年产5万吨以下、不能达到国家规定的污染物排放标准的企业应该关、停、并、转；鼓励建设年产10万吨以上单条生产线。

（李忠正）

近年世界主要地区和国家废纸回收利用概况

General Situation of Recovery and Usage of Waste Paper in Main Regions and Countries of the World in Recent Years

表 1　　世界近年废纸回收总量　　单位：千吨

地区	2001 年	2002 年	2003 年	2004 年	2005 年	2006 年	2007 年	2008 年	2009 年
亚洲	45030	51373	53927	59234	62720	72127	73382	76724	79213
欧洲	47710	48528	48842	52556	56491	59946	63183	65389	62788
北美洲	45758	46948	46732	50765	51820	50874	53475	51715	49857
中南美洲	7005	7350	7639	8232	8395	9304	9807	10384	10034
大洋洲	1994	2026	2126	2422	2466	2419	3380	3482	3548
非洲	1450	1643	1723	1693	1718	1795	2110	2253	2142
合计	148947	157868	160989	174902	183660	196466	209115	211968	209659

注：2007 年合计中包括中东地区回收量 3778 千吨；2008 年合计中包括中东地区回收量 2021 千吨；2009 年合计中包括中东地区回收量 2075 千吨。

表 2　　世界近年废纸消费总量　　单位：千吨

地区	2001 年	2002 年	2003 年	2004 年	2005 年	2006 年	2007 年	2008 年	2009 年
亚洲	56982	63394	69701	75255	82318	94237	98208	103361	107684
欧洲	45478	46264	48347	51623	50074	52402	54672	55298	51159
北美洲	38219	38582	35743	39538	38746	34137	36847	34730	30728
中南美洲	8616	9047	9293	10238	10463	10896	11374	11748	11604
大洋洲	1869	1657	1734	1864	1869	1265	1950	1985	2070
非洲	1579	1793	1889	1848	1850	1955	2141	2287	2175
合计	152743	160737	166707	180366	185319	194892	208697	211200	207211

注：2007 年合计中包括中东地区消费量 3505 千吨；2008 年合计中包括中东地区消费量 1791 千吨；2009 年合计中包括中东地区消费量 1791 千吨。

表 3　　世界主要产纸国废纸回收情况

国家	2000 年		2001 年		2002 年		2003 年		2004 年	
	回收量/千吨	回收率/%	回收量/千吨	回收率/%	回收量/千吨	回收率/%	回收量/千吨	回收率/%	回收量/千吨	回收率/%
美国	44938	48.7	42625	48.3	43215	48.2	43570	49.4	43818	47.5
中国	10540	29.5	10130	27.5	13380	30.3	14620	30.4	16150	30.4
日本	18331	57.8	19122	61.5	20046	65.4	20443	66.4	21507	68.5
德国	13570	71.0	13947	74.3	13709	72.2	13643	73.7	13219	68.3
加拿大	3438	46.0							4658	60.3
芬兰	734	40.1							796	46.8
瑞典	1467	58.8							1501	65.2
韩国	5003	67.7					6611	80.4	6875	83.4
法国	5302	46.6	5358	47.1	5588	49.7	5909	54.4	6118	57.9
意大利	4096	37.4							5592	48.8

续表

国家	2005年		2006年		2007年		2008年		2009年	
	回收量/千吨	回收率/%	回收量/千吨	回收率/%	回收量/千吨	回收率/%	回收量/千吨	回收率/%	回收量/千吨	回收率/%
美国	46968	52.4	46997	51.9	47594	54.4	47589	58.3	50036	63.4
中国	18095	30.5	22655	34.3	27650	37.9	31280	39.4	34238	40.0
日本	22320	68.5	22873	72.4	23040	73.7	22746	75.1	21760	79.7
德国	14413	68.3	15550	74.5	15360	72.9	15617	76.7	15399	84.8
加拿大	4852	60.3	4820	67.7	4810	70.3				
芬兰	791	46.8	825	48.0	845	43.7			726	48.9
瑞典	1568	65.2	1529	63.6	1598	69.1			1416	74.4
韩国	7086	83.4	7460	86.3	8000	89.1				
法国	6592	57.9	6950	63.7	7070	63.5	6885	64.1	6907	72.5
意大利	5792	48.8	6000	51.3	6170	51.9	6316	60.0	8157	82.6

表4　　世界主要产纸国废纸消费情况

国家	2000年		2001年		2002年		2003年		2004年	
	消费量/千吨	利用率/%	消费量/千吨	利用率/%	消费量/千吨	利用率/%	消费量/千吨	利用率/%	消费量/千吨	利用率/%
美国	35908	42.0	33311	40.6	33359	40.4	32515	39.9	33677	40.4
中国	14250	41.0	16375	51.2	20250	53.6	24000	55.8	28813	58.2
日本	18237	57.3	17780	57.8	18164	59.2	18600	61.6	18753	60.7
德国	10992	60.5	11526	61.4	12038	63.4	12449	67.2	13219	68.1
加拿大	5065	24.5							5898	28.8
芬兰	703	5.2							777	5.5
瑞典	2217	20.6							2039	17.6
韩国	6959	74.8							8365	79.6
法国	5778	57.8	5566	57.8	5705	58.2	5783	58.2	5942	58.0
意大利	4619	51.3							5423	56.1

国家	2005年		2006年		2007年		2008年		2009年	
	消费量/千吨	利用率/%	消费量/千吨	利用率/%	消费量/千吨	利用率/%	消费量/千吨	利用率/%	消费量/千吨	利用率/%
美国	32857	39.8	31503	37.5	30158	36.1	28899	36.2	29250	40.8
中国	35125	62.7	42250	65.0	50210	68.3	55488	75.4	61738	71.5
日本	18687	60.4	18790	60.0	19315	61.4	19012	61.8	16788	63.1
德国	14459	73.4	15244	73.1	15822	67.9	15489	67.8	14790	70.8
加拿大	5889	30.2	5763	31.7	5454	31.4				
芬兰	683	5.5	595	4.2	766	5.3				
瑞典	2041	17.4	2030	16.8	2022	17.0			1824	16.7
韩国	8690	79.5	9433	88.1	8717	79.7				
法国	5953	57.6	6002	60.0	5947	60.3	5677	60.9	4988	60.0
意大利	5423	54.9	5578	55.7	5581	55.2	5329	56.2	4764	56.4

注：回收率=废纸回收量/纸和纸板消费量

利用率=废纸消费量/纸和纸板生产量

（章玉华　李　萌）

2009—2010 年我国木片进出口概况

Import and Export Situation of Woodchips in China in 2009—2010

2010 年我国木片进出口数量与 2009 年同期相比，出现了一增一减两极分化的巨变。木片进口数量出现巨大增幅，高达 60% 多；进口金额也提高了 90% 多。与此同时，曾经是国际上木片出口重要国家之一的我国，2010 年出口木片无论是总数量还是总金额，都出现了同比大幅下降的态势，从而也形成了 2010 年我国木片进、出口贸易逆差继续加大的局面。

根据 2010 年国家海关统计的我国进、出口木片的总体情况和与 2009 年同期的对比（表 1 和表 2），以及进出口之间的贸易差（表 3）做一简单分析，从而使广大读者对 2010 年我国木片进出口概况以及由此产生的一系列变化有一基本了解。

表 1　2010 年我国木片进口情况及与 2009 年的对比

进口品种	数量/吨			金额/万美元			单价/(美元/吨)		
	2009 年	2010 年	同比变化/%	2009 年	2010 年	同比变化/%	2009 年	2010 年	同比变化/%
针叶木片	104471.1	148689.1	42.33	1556.9	2287.5	46.93	149.03	153.84	3.23
阔叶木片	2661102.2	4482605.4	68.45	33814.1	65088.7	92.49	127.07	145.20	14.27
总计（含少量薪材）	2765573.3	4631294.5	67.46	35371.0	67376.2	90.48	127.90	145.48	13.75

表 2　2010 年我国木片出口情况及与 2009 年的对比

进口品种	数量/吨			金额/万美元			单价/(美元/吨)		
	2009 年	2010 年	同比变化/%	2009 年	2010 年	同比变化/%	2009 年	2010 年	同比变化/%
针叶木片	0	0	0	0	0	0	0	0	0
阔叶木片	7247.42	5341.90	-26.29	88.67	55.77	-37.10	122.35	104.40	-14.67
总计（含少量薪材）	7247.42	5341.90	-26.29	88.67	55.77	-37.10	122.35	104.40	-14.67

表 3　2010 年我国木片进、出口情况

项目	数量/吨	总额/万美元	单价/(美元/吨)
出口	5341.90	55.77	104.40
进口	4631294.50	67376.20	145.48
出口与进口比较	-4625952.60	-67320.43	-41.08

一、木片进口情况

1. 进口数量

从表 1 所列 2010 年我国木片进口情况数据以及与 2009 年同期的对比中可以看出，2010 年我国进口木片总量达到了 4631294.5 吨，比 2009 年的 2765573.3 吨增加了 67.46%。其中进口阔叶木片 4482605.4 吨，比 2009 年的 2661102.2 吨增加了 68.45%；针叶木片进口的数量为 148689.1 吨，比

2009 年的 104471.1 吨增长 42.33%。

2. 进口金额

2010 年我国木片进口金额达到 67376.2 万美元，比 2009 年的 35371.0 万美元大幅增长了 90.48%。其中阔叶木片进口金额 65088.7 万美元，比 2009 年的 33814.1 万美元增长了 92.49%；针叶木片进口金额 2287.5 万美元，比 2009 年的 1556.9 万美元增加了 46.93%。

3. 单价水平

2010 年我国进口木片单价水平每吨达到了 145.48 美元，比 2009 年的 127.90 美元增加了 13.75%。也就是说，2010 年我国进口木片每吨价格比 2009 年同期高出 17.58 美元。其中进口针叶木片每吨 153.84 美元，比 2009 年的 149.03 美元高出 3.23%；阔叶木片进口每吨 145.20 美元，比 2009 年的 127.07 美元高 14.27%。

从以上数据的比较中可以明显看出，2010 年我国木片在进口方面体现出如下几个特点：一是进口数量以近 70% 的速度增长，其中针叶木片和阔叶木片都有较大幅度的增长；二是进口金额增长幅度更是惊人，高达 90% 之多；三是单价水平普遍提高，由于进口数量大幅度增加，其中阔叶木片增长较多。由此可见，我国造纸业对国际市场上针叶木片和阔叶木片造纸材的需求量都已大幅增长，说明我国刺激内需增长的效果显现，加之国际市场纸浆行情较为稳定，2011 年在此基础上继续加大其进口力度是可以预期的。

二、木片出口情况

1. 出口数量

2010 年我国出口木片（全部为阔叶木片）总量为 5341.90 吨，比 2009 年的 7247.42 吨减少了 26.29%。其中针叶木片没有出口。

2. 出口金额

2010 年我国木片（全部为阔叶木片）出口金额为 55.77 万美元，比 2009 年的 88.67 万美元下降了 37.10%。

3. 单价水平

2010 年我国出口木片（全部为阔叶木片）单价水平每吨达到了 104.40 美元，比 2009 年的 122.35 美元下降了 14.67%。2010 年我国共进口木片 4631294.5 吨，与出口的 5341.9 吨相比多 4625952.6 吨；进口总金额为 67376.20 万美元，比出口的 55.77 万美元多 67320.43 万美元；在进口单价方面，2010 年我国进口木片为 145.48 美元/吨，比出口的 104.40 美元/吨高 41.08 美元/吨。

综上所述，2010 年我国进、出口木片在数量、金额以及单价水平三方面都出现了较大的变化。究其原因，主要由于：一是 2010 年我国经济发展形势回暖迹象明显，GDP 同比增长 10.3%，增速比上年多出 1.1 个百分点；进出口总额达到了 29728 亿元，比上年增长 34.7%。所有这些宏观方面的利好因素，也促使我国木片进出口形势企稳。二是与此同时国内需求开始上行，2010 年我国社会消费总额高达 154554 亿元，比上年增长 18.4%。对纸品和木浆的需求尤其显示刚性，所以对其原材料木片进口数量与金额大幅上扬。三是国际纸品和木浆市场生产和需求体现解冻之态，使其基本原料木片市场随之由跌回稳。此外，我国实施天然林保护工程，对木片这类资源型产品严格禁限出口，这在一定程度上对木片出口数量的减少起到促进作用，因此在木片进、出口贸易方面就出现了较大变化，即进口剧升，出口大降。2011 年我国为确保国内经济稳定增长，将实施积极的财政政策和稳健的货币政策，如此将缓解通胀压力，内需拉动将进一步加大，对纸浆、纸张的供给力度要求提升，如此态势需要进口大量木片原料，因此预期 2011 年我国木片进口贸易有继续增长的趋势。

（郭 萌）

中国的人工林建设近况

Construction of Plantation in China

一、2010 年全国造林完成情况

2010 年全国计划造林 592.00 万公顷，其中人工造林 360.00 万公顷，飞播造林 20.93 万公顷，无林地和疏林地新封山育林 211.07 万公顷；实际完成 590.99 万公顷，完成年计划的 99.28%，比上年减少 5.63%。西部 12 省区（含新疆兵团）共完成造林面积 342.77 万公顷，占全部造林面积的 58.00%。2010 年全国造林计划完成情况见表 1。

表 1　　2010 年全国造林计划完成情况　　单位：万公顷

	2010 年计划	2010 年完成	完成计划/%	2009 年完成	同比增长/%
造林面积	592.00	590.99	99.28	626.23	-5.63
其中：					
人工造林	360.00	387.28	107.58	415.63	-6.82
飞播造林	20.93	19.59	93.60	22.63	-13.43
无林地和疏林地新封山育林	211.07	184.12	87.23	187.97	-2.05

在全年完成的造林面积中，按造林方式分，人工造林 387.28 万公顷，比上年减少 6.82%，占全年造林的 65.53%；飞播造林 19.59 万公顷，比上年减少 13.43%，占全年造林的 3.32%；无林地和疏林地新封山育林 184.12 万公顷，比上年减少 2.05%，占全年造林的 31.15%。

按林种用途分，用材林、经济林、防护林、薪炭林、特种用途林完成造林分别为 80.99 万公顷、111.09 万公顷、394.34 万公顷、1.89 万公顷和 2.68 万公顷，分别占全部造林面积的 13.70%、18.80%、66.73%、0.32% 和 0.45%。生态公益林（防护林和特种用途林）造林保持较高比重，占全部造林面积的 67.18%。

按经济成分分，公有经济造林 326.63 万公顷，其中，国有经济造林 174.67 万公顷、集体经济造林 151.96 万公顷；非公有经济造林 264.36 万公顷。公有经济造林占全部造林面积的 29.56%，集体经济造林占 25.71%，非公有经济造林占 44.73%。

按省、自治区、直辖市分，全年造林面积位居前 3 位的是云南省、内蒙古自治区和四川省，分别完成造林 66.15 万公顷、65.52 万公顷和 38.22 万公顷。

按林业重点工程分，2010 年林业重点工程共完成造林 366.96 万公顷，占全国造林的比重为 62.09%。2010 年各地区造林及林业重点工程造林情况见表 2。

表 2　　各地区造林及林业重点工程造林面积　　单位：公顷

地区	全部造林面积	重点工程造林面积						其他造林面积
		合计	天然林资源保护工程	退耕还林工程	京津风沙源治理工程	三北及长江流域等重点防护林建设工程	速生丰产用材林建设工程	
全国合计	5909919	3669648	885479	982617	439126	1360649	1777	2240271
北京	13887	8100	—	—	7787	313	—	5787

续表

地区	全部造林面积	重点工程造林面积						其他造林面积
		合计	天然林资源保护工程	退耕还林工程	京津风沙源治理工程	三北及长江流域等重点防护林建设工程	速生丰产用材林建设工程	
天津	11315	11315	—	—	170	11145	—	—
河北	283878	244442	—	24132	131358	88952	—	39436
山西	282371	226426	54129	64335	17066	90896	—	55945
内蒙古	655180	606397	116902	51997	282745	154753	—	48783
内蒙古集团	90	—	—	—	—	—	—	90
辽宁	190669	138468	—	36180	—	102199	89	52201
吉林	82584	80198	—	34685	—	45513	—	2386
黑龙江	233777	170464	—	40672	—	129792	—	63313
上海	1349	—	—	—	—	—	—	1349
江苏	86256	37645	—	—	—	37645	—	48611
浙江	15214	11617	—	—	—	11617	—	3597
安徽	48711	48615	—	22659	—	25956	—	96
福建	29875	10822	—	—	—	10822	—	19053
江西	200778	53910	—	36651	—	17259	—	146868
山东	205131	37393	—	—	—	37393	—	167738
河南	231700	98183	13331	44333	—	40519	—	133517
湖北	192213	103159	62665	30160	—	10334	—	89054
湖南	213448	52025	—	35340	—	16685	—	161423
广东	95144	32477	—	—	—	32477	—	62667
广西	143254	55872	—	23406	—	30870	1596	87382
海南	14166	12667	—	3370	—	9205	92	1499
重庆	255235	90312	60000	30312	—	—	—	164923
四川	382225	319953	248358	71595	—	—	—	62272
贵州	206603	104336	46673	36663	—	21000	—	102267
云南	661500	236593	71273	152749	—	12571	—	424907
西藏	62299	11906	3165	8741	—	—	—	50393
陕西	364312	291620	130701	60737	—	100182	—	72692
甘肃	232761	148658	48996	44027	—	55635	—	84103
青海	117804	63670	17955	20855	—	24860	—	54134
宁夏	94932	94932	11331	20238	—	63363	—	—
新疆	251601	217726	—	39033	—	178693	—	33875
新疆兵团	51972	40052	—	999	—	39053	—	11920
大兴安岭	3080	3080	—	3080	—	—	—	—

注：退耕还林工程中包括军事管理区 46667 公顷荒山荒地造林。

二、主要特点

（一）统筹谋划"十二五"及未来10年林业工作

国务院常务会议决定2011—2020年实施天然林资源保护二期工程。实施范围在原有基础上增加丹江口库区的11个县（市、区）。力争经过10年努力，新增森林面积520万公顷，森林蓄积净增11亿米^3，森林碳汇增加4.16亿吨，生态状况与林区民生进一步改善。主要措施，一是强化森林资源保护。继续停止长江上游、黄河中上游地区天然林商品性采伐，进一步调减东北、内蒙古等重点国有林区木材产量。加强森林管护，建立健全管护责任制，完善管护模式，加大林政执法力度，强化森林防火与病虫害防治。二是加强森林资源培育。在疏林地和宜林荒山荒地开展人工造林，扩大森林面积。因地制宜开展中幼龄林抚育、森林改造培育，提高森林质量。继续推进生态公益林建设。三是大力保障和改善林区民生。千方百计扩大林区就业渠道，提高职工收入，健全社会保障体系。加强水、电、交通、通信等基础设施建设，加快国有林区棚户区和国有林场危旧房改造，改善林区生产生活条件。会议确定了天然林资源保护二期工程的主要补助政策：继续实施森林管护补助，完善社会保险补助和政策性社会性支出补助政策，继续实行公益林建设投资补助，增加森林培育经营补助。预计天然林资源保护二期工程中央投入2195亿元。会议要求，各有关地区和部门要加强组织领导和督促检查，科学编制实施方案，切实抓好落实。6月9日国务院总理温家宝主持召开国务院常务会议，审议并原则通过《全国林地保护利用规划纲要（2010—2020年）》。国家林业局下发《省级林地保护利用规划编制指导意见》、《县级林地保护利用规划编制要点》和相关技术规程，大力推进省、县级林地规划编制工作。国家林业局做好林业"十二五"规划编制工作，提出"十二五"时期林业工作的总体思路、目标任务、建设重点、保障措施等。"十二五"时期在全面完成各项林业建设任务的基础上，将重点建设"十大生态屏障"，加快发展"十大主导产业"，为维护国家生态安全和扩大内需、改善民生作出更大贡献。编制完成了纳入国务院专项规划审批计划的《造林绿化规划纲要（2011—2020年）》征求意见稿和《全国防沙治沙综合示范区规划（2011—2020年）》。正在抓紧编制《全国森林经营规划（2011—2020年）》、防护林工程规划、木材基地建设规划、全国特色经济林及花卉产业发展规划、全国林业生物质能源建设规划等。各地结合本地实际，按照国家的总体部署，也都在进行林业建设相关规划的编制工作。

（二）集体林权制度改革进一步深入

集体林权制度改革健康顺利推进，成为继土地家庭承包之后我国农村经营制度的又一重大变革和经济体制改革的又一突出亮点。10月10—11日，全国集体林权制度改革百县经验交流会在北京召开，中共中央政治局常委、国务院总理温家宝专门对会议作出重要批示，对集体林权制度改革成效给予了高度评价，对全面深化林改提出了明确要求。中共中央政治局委员、国务院副总理回良玉出席会议并发表重要讲话，充分肯定了集体林权制度改革的显著成效，深刻分析了新形势下全面深化林改的重大意义，对继续加大林改力度、切实加强组织领导作出了新的部署。16个县进行了典型发言，介绍了各自的林改工作情况和先进经验。会议圆满成功，达到了预期目的，取得了预期成效。截至2010年年底，已有20个省（区、市）基本完成明晰产权、承包到户的改革任务，全国共承包到户集体林地1.62亿公顷，占总面积的88.6%，发证面积1.34亿公顷，占总面积的73.4%，7260万农户拿到林权证，3亿多农民直接受益，受到了人民群众和社会各界的普遍赞誉。随着集体林权制度改革进一步深入，公共财政支持制度、林业金融支撑制度、林权保护和流转制度、林木采伐管理制度和林业社会化服务体系相继建立。林权保护管理服务工作日益规范，林木采伐管理制度改革试点在全国193个县展开。林业合作组织达到6.4万个，带动农户1846万户，经营林地2000多万公顷。林改大幅度增加了农民的家庭财产，极大地激发了农民兴林致富的热情，为破解农民增收难的问题找到了有效途径。全国林地直接产出率已由2003年的84元/亩提高到2010年的198元/亩。2550个林改县农民林业收入占人均年收入的比例，由2009年的12.96%增加到20%以上，重点林区县超过60%，一些山区农民的收入超过了平原地区。

（三）启动林木良种补贴试点

根据《中华人民共和国种子法》、中央林业工作会议和《中共中央　国务院关于加大统筹城乡发展力度进一步夯实农业农村发展基础的若干意见》（中发［2010］1号）精神，加快我国林木良种化进程，2010年国家启动了林木良种补贴试点。财政部、国家林业局联合下发了《关于开展2010年林木良种补贴试点工作的意见》（财农［2010］102号），明确了林木良种补贴试点目的、补贴对象、任务与补贴标准、资金使用管理及相关要求。中央财政安排林木良种补贴试点资金2亿元，用于国家重点林木良种基地补贴和林木良种苗木培育补贴。国家重点林木良种基地补贴对象为全国29个省（区、市），内蒙古、龙江、大兴安岭森工（林业）集团公司和新疆生产建设兵团的131处国家重点林木良种基地，试点面积22800公顷，其中种子园6806公顷，种质资源库1528公顷，采穗圃1086公顷，试验林4940公顷，母树林8440公顷；种子园、种质资源库每亩分别补贴600元，采穗圃每亩补贴300元，母树林、试验林每亩分别补贴100元。林木良种苗木培育补贴对象为河北、山西、内蒙古、辽宁、吉林、黑龙江、浙江、安徽、福建、江西、山东、河南、湖南、广东、广西、重庆、四川、云南、陕西、宁夏、新疆、甘肃等22个省区，使用林木良种，采用组织培养，轻型基质、无纺布和穴盘容器育苗，幼化处理等先进技术培育良种苗木、具有林木良种生产经营许可证、连续从事良种苗木生产5年以上以及具有完成培育良种苗木任务必需的场地、技术人员、设施设备、先进适用育苗技术等条件的国有育苗单位。补贴培育良种苗木5亿株，树种包括油松、落叶松、杉木、马尾松、湿地松、火炬松、樟子松、红松、云杉、侧柏、思茅松、华山松、杨树、榆树、刺槐、木荷、白蜡、水曲柳、胡桃楸、光皮桦、楠木、红锥、黄连木、西南桦、红豆杉、沙棘、梭梭、枣树、核桃树等。每株良种苗木平均补贴0.2元，试点省可根据实际情况，确定不同树种苗木的补贴标准。对享受补贴的良种苗木，由试点省提出销售指导价，实行限价销售，并优先用于林农和林业重点工程造林。启动林木良种补贴试点，对加强林木良种基地种质资源保护，防止种质资源流失，提升良种产量和质量，增强良种供应能力，建立健全林木良种繁育相关标准和制度，完善政策措施和管理机制具有十分重要的意义。

（四）启动造林补贴试点

为落实中央林业工作会议精神，调动社会造林的积极性，加快造林绿化步伐，2010年启动了中央财政造林补贴试点。财政部、国家林业局联合下发《关于开展2010年造林补贴试点工作的意见》（财农［2010］103号），明确了中央财政造林补贴试点范围、资金规模、补贴对象、补贴标准、资金拨付等政策，对试点工作提出了明确要求。2010年选择西南、西北造林任务重，已经完成集体林权制度主体改革，地方政府支持造林力度大的三类省区，包括河北、山西、内蒙古、辽宁、黑龙江、浙江、福建、江西、河南、湖北、湖南、广东、广西、四川、云南、陕西、甘肃、青海、宁夏、新疆等20个省区，开展中央财政造林补贴试点工作，安排资金3.15亿元，对使用先进技术培育的良种苗木在宜林荒山荒地、沙荒地人工造林和迹地人工更新，面积不小于1亩（含1亩）的林农、林业合作组织以及承包经营国有林的林业职工进行补贴。补贴造林地块不能与林业重点工程重复。对造林主体的具体补贴标准为：人工营造乔木林每亩200元，灌木林每亩120元，木本粮油经济林每亩160元，水果、木本药材等其他经济林每亩100元，新造竹林每亩100元。对迹地人工更新，每亩补助100元。按照中央财政造林补贴总额5%的比例安排了工作经费，用于试点县组织开展补贴造林政策宣传、作业设计、技术指导、监督检查、档案管理等方面的支出。同时明确，省、地（市）两级组织开展造林补贴工作所需经费，分别由同级财政部门预算安排。补贴资金分两次拨付，造林主体完成当年造林任务后向试点县提出造林成活率验收申请，试点县依据造林作业设计、合同、检查验收技术规定等组织检查，达到规定要求的，当年拨付造林补贴资金的50%；造林主体完成造林任务3年后，由省级林业主管部门会同省级财政部门组织乙级以上林业调查规划设计资质的单位，对试点单位进行造林保存状况检查验收，验收合格后再拨付余下的50%造林补贴资金。享受中央财政造林补贴营造的乔木林，造林后10年内不准主伐。中央财政造林补贴政策，是继建立森林生态效益补偿制度、森林抚育补贴制度后我国林业政策的又一重大突破。一是突破了过去对林业重点工程以外的造林主体即群众造林中央资金没有扶持的禁区；二是突破了一般商品林、竹林造林、迹地更新等过去没有资金扶持的禁区，不论生态林还是商品林，只要造林就给补贴，只是林种、造林更新方式不同补贴标准不同而已；三是突破了过去国家林业重点工程（退耕还林除外）管理没有工作经费的政策；四是突破了过去先拨付资金后开展造林的资金兑付和组织管理机制，相当于启动实施了报账制，将从政策机制上保证造林质量和成效。造林补贴政策深受试点省区欢迎。各地认真落实财农［2010］103号文件精神，成立领导小组，组织编制实施方案，认真做好宣传发动、造林主体确定、公告公示、合同签订、作业设计编制报批、技术培训、组织实施及建立健全档案等各项工作，确保试点造林工作实效。

（五）切实强化森林经营

各级林业主管部门开始像抓造林绿化一样抓森林抚育经营，将森林抚育经营作为推动林业科学发展，转变发展方式的重要内容，提到重要议事日程。一是会议部署。1月12日，国家林业局召开森林抚育补贴试点工作启动电视电话会议，副局长祝列克做了重要讲话，标志着全国森林抚育补贴试点工作正式启动。9月10日，全国森林抚育经营现场会在哈尔滨召开，会议参观了哈尔滨市丹清河实验林场森林抚育经营现场，交流了哈尔滨市等单位森林抚育经营的经验，提出了全国森林经营总体思路、重点布局和工作措施。国家林业局局长贾治邦、副局长祝列克出席会议并讲话。二是出台文件。财政部、国家林业局下发《关于开展2010年森林抚育补贴试点工作的意见》（财农［2010］113号），中央财政安排森林抚育补贴试点资金20亿元，试点任务133万公顷，其中：天保工程区93万公顷，非天保工程区40万公顷（国有林场33万公顷、集体林权制度改革县7万公顷）。抚育补贴资金标准为平均每亩100元，并分两次拨付，在试点省批复试点单位森林抚育试点方案后，拨付补贴资金的40%；在省级林业主管部门组织核查验收后，再拨付补贴资金的60%。三是强化制度规范。国家林业局印发了《森林抚育补贴试点管理办法》、《中幼龄林抚育补贴试点作业设计规定》和《森林抚育补贴试点检查验收办法》，组织制定《森林经营标准体系框架》，编写《森林抚育经营简易技术手册》。推进试点省（区）林业厅局编制试点实施方案，督导搞好作业设计，加强试点规范管理，组织开展监督检查。开展森林经营模式和关键政策研究，把森林抚育与林业有害生物防控、生物质能源利用、林下经济开发等紧密结合，探索建立以抚育经营增强森林资源自我保育能力、以产业开发带动抚育经营的共赢模式。四是成立专管处室。国家林业局在造林绿化管理司内成立了森林经营处，专抓森林经营工作。在这些政策措施推动下，2010年全面完成了2009年33万公顷的抚育试点计划，2010年133万公顷抚育试点任务，年底前完成了30%。森林抚育补贴试点成效初步显现，优化了林分结构，提高了森林质量；转变了发展方式，带动了产业发展，开发了一批以抚育剩余物为原料的生物质颗粒燃料、木炭、木醋液、食用菌培养基和发电等现代型环保产业，森林抚育集中地区兴起了加工、运输等产业，并蕴涵着广阔的发展空间和巨大的发展潜力；促进了职工就业，增加了林农收入。森林抚育补贴试点政策，得到基层广大林业干部职工的衷心拥护。东北国有森工企业职工因参加抚育普遍增收3000～4000元，增收幅度为30%～40%。湖南省通过实施森林抚育补贴试点，为当地林农提供就业用工14万个，参加抚育的林农人均增收1579元。各地在承担国家安排的试点任务的同时，还自我加压，多安排任务，全国上下初步形成积极主动抓森林抚育经营的良好开局。

（六）碳汇林业得到重视

林业在应对气候变化中具有特殊地位。围绕落实《中国应对气候变化国家方案》、《中国应对气候变化的政策与行动》，2010年林业应对气候变化工作取得积极进展。印发《应对气候变化林业行动计划》。国家林业局在造林司内设立林业应对气候变化管理处，承担“拟订林业应对气候变化的政策、措施并组织实施”的职能。组建国家林业局林业碳汇计量监测中心和西南林业碳汇计量监测中心。成立中国林业碳汇基金会。组织设立了中国绿色碳基金浙江宁波鄞州专项，募集社会资金7000多万元，开辟了碳汇造林投入新渠道。颁布《碳汇造林技术规定（试行）》、《碳汇造林检查验收办法（试行）》和《林业碳汇计量监测暂行管理办法》。授予10个单位林业碳汇计量监测资质。开展林业碳汇造林、林业碳汇计量监测体系、林业低碳经济综合试点，编制林业低碳经济北京西山林场综合试点与示范项目可行性研究报告。在浙江临安开展碳汇林业试验区建设。举办中国碳汇林业与低碳经济发展高峰论坛。截至2010年年底全国营造碳汇林8万多公顷。国家林业公益性行业科研专项重大项目“中国森林应对气候变化的影响与林业适应对策”取得重要进展，中国典型林区气候变化趋势、区域气候情景模式、典型森林碳平衡规律、利用遥感技术监测森林碳汇等方面的重大基础课题研究取得阶段性成果。新设立“森林增汇技术、碳计量与碳贸易市场研究”、“典型森林土壤碳储量分布格局及变化规律研究”两个重大国家林业公益性科研专项，将进一步加强我国典型森林生态系统固碳和减排经营管理技术、森林碳汇计量监测技术、林业碳贸易市场机制与政策、典型森林土壤碳储量动态及其碳汇潜力等方面的科技支撑能力。陆地生态系统定位研究网络进一步加强，建成生态定位站70个，为开展林业应对气候变化研究提供了科学平台。结合气候变化科普宣传和知识普及、青少年生态文明教育和环保教育，在北京市建院附中开展了“碳汇科普林”宣传活动，编写林业碳汇中学生教材，进一步增强公民“从我做起，以实际行动参与应对气候变化”、“倡导低碳生活、消除碳足迹”的意识。

（七）充分利用国内外资源搞好林纸结合

泰格林纸集团经过近10年的发展，坚持走“林纸一体化”发展之路，以上游资源支撑下游产业发展，实现了林业与纸业互动。目前泰格林纸集团拥有13.33万公顷的森林资源，拥有投资1000多万元建成的林业研技中心。林业科研中心和相关科研院校合作，开展黑杨优良无性系选育、速生丰产林栽培技术研究，苏柳优良品种选育、推广及栽培试验等科研课题，旨在解决生产中的难题，并无偿向社会和林农推广。而今泰格林业形成了“科研－生产－管理相结合”的良种基地建设新局面，为工业原料林建设奠定了坚实基础。岳阳市高度重视造纸林基地建设，2010—2012年全市规划发展造纸原料林基地4万公顷，2010年已完成0.87万公顷。海关资料表明，2010年我国进口木片价格每吨145.48美元，同比增长13.75%。面对进口木片价格的不断攀升，一些企业整合国内外林业资源，自己种植速丰林用于生产木浆。云南云景林纸股份有限公司2010年营造纸浆林6178公顷。太阳纸业股份有限公司努力提升向产业链上游拓展和延伸的能力，募集资金约25亿元，用于老挝“林浆纸一体化”等项目。华泰集团有限公司将在俄罗斯和马来西亚建立原料基地，同时依靠日照港和安徽安庆长江航运优势，建设木浆基地，为公司70万吨/年高档铜版纸项目提供原料。中国纸业投资总公司将加快走出去步伐，准备在南美、东南亚、俄罗斯等林地资源丰富的国家建立海外林浆基地。已被列入黑龙江省“十二五”规划的龙江福浆纸有限公司100万吨/年木浆项目，为解决生产原料问题，投资3000万美元，在俄罗斯远东地区购买林地并建设林产业基地。该公司从2008年起，陆续在俄罗斯远东地区收购了3家具有长期林地租约的俄罗斯林业公司，还与多家俄罗斯林业公司签订了意向收购协议。完成收购后，龙江福浆纸有限公司在俄罗斯将拥有54.3万公顷林地采伐权。俄方相关的森工集团每年还可大量向龙江福浆纸有限公司提供木片。

三、存在的主要问题

（一）造林补助标准低

目前，国家林业重点工程造林每亩补助200元，仅占实际造林成本的1/5至1/3，且投资不集中，重点不突出，给基层组织造林带来相当的难度，需要尽快提高造林补助标准，调动全社会造林绿化的积极性。

（二）极端气候现象频繁出现影响造林进度和成效

2010年，我国连续遭遇极端气候，西南地区春季发生特大旱情，北方地区春季持续低温，部分地区夏季洪涝灾害严重，给人工林建设增添了难度，更给巩固造林成果带来不利影响。针对极端气候现象，要科学组织造林，适时调整造林进度和计划，提高科技兴林水平。

（三）乡土树种发展力度不够

乡土树种是适应一个地区特有自然条件的树种。由于杨树、桉树等速生树种短期效益好，人工林建设一直存在重速生树种轻乡土、珍贵树种的问题，比如苏北地区，放眼村庄、沟塘、路边，除了杨树还是杨树，特有的旱柳、桑树、白榆、臭椿、香椿、刺槐、楝树、银杏及桃、李、杏、枣等乡土树种已难觅踪影。一些地方乡土树种濒临灭绝，逐渐暴露出许多生态失衡问题。加大乡土、珍贵树种的培育和保护力度，是转变林业发展方式、推进科学发展的迫切要求。

（王恩苓）

“十一五”期间我国林纸一体化进展概况

Development of Integrative Forest - Paper Industry during the Period of 11st Five - Year Plan in China

林纸一体化是当今造纸工业普遍采用的发展模式，目前国际大型制浆造纸企业，以多种形式建设速生丰产原料林基地，并将造林、营林、采伐、制浆、造纸与销售结合起来，形成良性循环的产业链。

一、概　　述

有关部门对林纸一体化建设的具体措施。

1. 2004 年 1 月 6 日，国家发改委发布《全国林纸一体化工程建设“十五”及 2010 年专项规划》

规划要求加快推进林纸一体化工程建设，大力发展木浆；鼓励现有林场及林业公司与制浆造纸企业共同建设造纸原料林基地。国家鼓励有条件的企业到国外建设造纸林基地和制浆项目。

2. 2005 年 9 月 6 日，国家林业局提出《加快速生丰产林工程建设的要点》和 2007 年 8 月 10 日，7 部委颁发《林业产业政策要点》

要点明确提出，“十一五”是我国加快速生丰产林工程建设的关键时期，国家将按照“稳定所有权、放活使用权、尊重经营权、保障收益权”的思路，落实扶持政策，争取国家必要的投入；落实资源管理政策，放宽放活采伐规定；落实林地政策，提高林地产出效益；落实投融资政策，建立新的投入机制；落实税费政策，减轻经营者的税费负担。

3. 科技部批准“十一五”林纸一体化国家科技支撑项目

中国轻工业联合会于 2010 年 11 月 27—28 日组织专家委员会对科技部批准的《加快实现林纸一体化工程技术研究与示范》“十一五”国家科技支撑计划项目进行论证。其中对“速生材高得率制浆技术的研发与产业化应用”、“速生材高得率浆高效利用技术的研发与产业化应用示范”、“速生材高得率制浆污染物处理与综合利用技术”、“林纸一体化运行模式研究与示范”均已通过了专家的鉴定认可。

4. 环保部制定了《环境评价法》

为提高环境执法水平，严格执行造纸林基地的生态环境评估，科学建设造林基地，防止环境破坏。

5. 中国造纸协会提出《发展林纸一体化重点区域》

中国造纸协会发布《关于造纸工业“十一五”发展的意见》，提出发展林纸一体化重点区域，指引制浆造纸企业，特别是南方地区的大型林纸企业，加快建立纸浆林基地。

6. 中国造纸学会举办林纸一体化建设和新技术装备信息交流会

2005 年 9 月中国造纸学会在海南举办桉树种植与制浆造纸论坛，重点交流了适地适树选择造林树种，适当营建材质相近似的混交林，尽量避免大面积栽培单一树种。采用生物和先进营林技术保持土壤和地力，缓减水土流失。2009 年 9 月由美国克劳斯公司和中国造纸开发公司在北京联合举办国际纸林展的同时，中国造纸学会举办了林纸技术、装备交流会。2009 年 11 月中国造纸学会与中国林学会在桂林联合举办林浆纸一体化技术交流会，共商林纸发展之路。《造纸信息》、《中国造纸》、《中华纸业》、《纸和造纸》等期刊，组织专家撰写有关林纸一体化建设进展的信息与学术论文。

二、林纸一体化建设进展情况

“十一五”期间，我国林纸一体化建设比过去大有好转，主要表现在国家政策的支持和社会各界与林业、纸业加大力度植树造林。截至 2010 年国家与省（区）已批准的林纸一体化项目达 20 多个，其中较大的项目有：泰格林纸集团、印尼金光集团、中冶美利纸业股份有限公司、华泰集团有限公司、斯道拉恩索集团、山东晨鸣纸业集团股份有限公司、福建南纸股份有限公司、福建青山纸业股份有限公司、山东亚太森博浆纸有限公司、濮阳龙丰纸业有限公司、云南云景林纸股份有限公司、广东鼎丰纸业有限公司以及河北、湖北、四川、陕西、山西、内蒙古、辽宁、重庆、江西等地的造纸林都在加快发展。目前全国现有70多个造纸企业和各地的民营林产企业和个体农户都在加快植树造林。

中国造纸学会收集汇总了38个林纸一体化项目的资料，截至2010年已造林（木材和竹子）面积合计约200万公顷（见表1）。另有30多家制浆造纸企业也在植树造林，林地面积估算约50万公顷以及地方林业系统造林专业户和个体农户栽种100万公顷，还有企业收购木材或木片（农户+公司模式），共计接近350万公顷林地用于制浆造纸种植原料林。

造纸林基地建设模式和具体做法：一是近年来，富有远见的造纸企业，为了解决自身发展所需的木浆原料，在国家和地方主管部门的大力支持下，积极开展纸浆原料林基地建设，根据中国特色，因地制宜，采取多元化的造林模式，全国已有近百家造纸企业在植树造林方面做出了有益的探索和成功的实践，成效显著的企业有印尼金光集团和泰格林纸集团。二是造林模式以资产为纽带，通过优化资源配置，实现跨所有制、跨地区、跨部门、跨行业的联合，运用股份制、独资、合资、合作、联营等方式，组建林纸结合的企业组织形式。一般可分为两大类：一类是采取企业自办原料林基地形式，由企业自行投资建设，将林木培育费用计入制浆造纸成本，同时国家在投资、信贷和税收等方面扶持企业。另一类是采取造纸企业与农户签订合同或订单方式，风险共担，利益共享，以利益为纽带发展林纸联合，企业提供资金和技术，农户定向供应木材。

三、重点企业林纸一体化建设情况

（1）泰格林纸集团

泰格林纸集团通过开发利用非耕地资源和已规划林地资源，大力发展林业。截至2010年，集团已拥有自营林地13.3万公顷，林业基地已进入采伐收益期，实现了从资源消耗到资源创造的转变。加上订单造林、合作造林、收购青山等营林模式，可控林业资源已超过33.33万公顷，造纸林面积名列全国纸业集团前茅。其中，岳阳纸业股份有限公司通过自营林地及“公司+基地+农户”的模式，在湖南、湖北两省的56个县、市开展了大规模的工业造林，累计投资近7亿元，形成了“林纸一体化”的新型产业化格局。湖南怀化骏泰浆纸有限责任公司年产40万吨制浆工程于2008年年底投产，总投资43.5亿元，其中木浆厂投资31.7亿元，14万公顷原料林基地投资11.8亿元。常德项目于2007年12月27日在德山新港区举行开工奠基仪式，该项目规划总投资60亿元，年产30万吨溶解木浆及30万吨黏胶纤维，项目计划采用当地速生杨树。泰格林纸集团的纸林基地遍布湖南、湖北、广西、江西等70多个县（市、区）。湖南省委表示，要把泰格林纸集团的林纸产业作为湖南省的支柱产业，要把其“林纸十一五”规划纳入全省的“十一五”战略规划，其“十一五”重点项目纳入全省标致性工程，全部享受湖南省重点工程的优惠政策。截至2010年，泰格林纸集团年产纸及纸板125万吨/年。

（2）中冶集团美利林纸公司

2007年，中共中央总书记胡锦涛考察了位于腾格里沙漠边缘的中冶美利纸业股份有限公司的造林基地，胡锦涛主席充分肯定了该公司将治沙、固沙、造林、制浆、造纸、水资源循环利用于一体的发展模式。该公司下属的绿丰林业公司的7个林场，在宁夏、甘肃、内蒙古3省15个县，沿沙漠边缘半径纵深260千米地域内植树造林，截至2008年已完成造林3.33万公顷，新增0.33万公顷林地已开始栽种，合计3.66万公顷，30万吨/年高档涂布白卡纸项目也已建成投产，企业总产能达到70万吨/年。

（3）贵州黔东南州林纸一体化项目

该项目规划建设规模为年产漂白硫酸盐针叶木浆34万吨，漂白阔叶木化机浆16.7万吨，高档涂布白卡纸30万吨。年需马尾松原木170万$米^3$，折合森林蓄积204万$米^3$。配套建设23.33万公顷造纸林基地，截至2008年已造林接近10万公顷。

（4）印尼金光集团

截至2008年年底，印尼金光集团在中国各地已投资建立了30多家林业公司，发展林农近万户，先后在广东、广西、海南和云南等8个省及自治区种植造纸速生林31万公顷。并对成熟人工林进行科学分期伐，每年采伐成熟人工林1/6后，立即重植或萌芽更新，保持5/6以上的人工林绿地面积，同时维护生态平衡。海南金海林浆纸一体化项目的产业发展已跃居全国前列，产业链从种苗、造林、采伐、制浆、造纸深度延伸。总投资136.17亿元的160万吨/年文化用纸项目，已在海南洋浦建成。与前期投入使用的23.3万公顷人工速生林项目、100万吨/年制浆项目环环相扣，标志着海南省已形成国内第一个林浆纸一体化产业链。海南省政府强调，结合实施退耕还林，搞好林业基地建设，大力开展植树造林，要在扶持大的林业专业户的同时，积极推行公司运作方式的改革，让那些在资金、技术和管理方面具有雄厚实力的大企业，成为人工造林的主导力量。基地建设必须完善造林各项政策，一是经济利益分配政策，二是林地管理政策，三是生态环境政策。把“林、浆、纸一体化”以及“不破坏资源、不污染环境、不重复建设”作为战略和经营理念。广西金桂浆纸业有限公司的林纸一体化项目总规模180万吨/年木浆、310万吨/年高档文化用纸，计划投资410亿元。国家发改委已批准一期工程，投资79.256亿元，由金光纸业（中国）投资有限公司和广西钦州华晖林业有限责任公司共同投资，建设年产30万吨化械浆生产线、60万吨白卡纸生产线、7万公顷原料林基地以及相应配套设施。目前，广西金桂浆纸业有限公司在广西已累计造林10万公顷，合作造林2万公顷。云南省文山县合资建设的年产60万吨漂白硫酸盐木浆、50万吨高档文化用纸以及40万公顷造纸林基地项目正在进行。APP金澜沧丰产林有限公司总规模120万吨/年化学木浆、50万吨/年高档文化用纸和66.67万公顷林基地也在加快建设。印尼金光集团与广东省清远市林业局签订了16.67万公顷造林项目和英德市政府签订浆纸项目合约，其总投资超过6亿美元，包括成立金琥（广东）浆纸业有限公司，年产60万吨（首期30万吨）纸浆制品生产线，建设16.67万公顷速生丰产林基地、年产25万米^{3}胶合板厂等。

（5）华泰集团有限公司

山东华泰纸业股份有限公司于2007年5月23日发布公告，公司上报的林纸一体化项目已经由国家发改委以《发改工业［2007］719号文件》核准。主要批复事项如下：同意山东华泰纸业股份有限公司建设林纸一体化项目，该项目主要建设内容为，新增年产45万吨高档铜版纸生产线1条，配套建设年产30万吨碱性过氧化氢机械木浆生产线，4万公顷速生丰产原料林基地和2台13.5万千瓦自备余热发电站，项目总投资56.0369亿元。该公司通过自营林、“农户+公司”的合同林等方式，在东营市及周边地区种植纸浆林4万公顷，浆纸生产线已竣工投产。安徽华泰林浆纸有限公司林纸一体化项目于2006年4月30日获国家发改委核准，是“十一五”重点工程之一。规划造林33.3万公顷、建设70万吨/年漂白针叶木浆、100万吨/年纸。一期工程于2007年投资38亿元开工建设年产30万吨漂白商品木浆生产线和12万公顷林业基地。目前安庆市商品林面积约40万公顷，其中针叶木林为28.9万公顷。截至2009年，公司已收购松树林面积6.67万公顷。

（6）斯道拉恩索集团

广西政府与斯道拉恩索（广西）林浆纸有限公司于2006年3月29日签署建设100万吨/年化学浆、磨木浆及100万吨/年纸备忘录。5月22日，斯道拉恩索（广西）林浆纸有限公司与广西高峰林浆纸业（集团）有限责任公司合作成立“斯道拉恩索（广西）浆纸有限公司”。该项目总投资220亿元，总规模为年产90万吨纸浆、90万吨纸和纸板。项目分两期建设，一期生产桉木化机浆30万吨/年、铜版纸25万吨/年、高档文化用纸20万吨/年。与当地政府配合建设16万公顷原料林，在北海、防城、玉林、崇左等4市15县以及8家大型国有林场进行全面规划。林纸一体化项目的工程依托斯道拉恩索集团的先进技术和广西高峰林业集团公司以及广西林业局直属林场的丰富营林经验，实行科学管理、集约经营、提高单产。截至2008年年底，该公司已拥有林地9.34万公顷，造林面积7.7万公顷。年产30万吨化机浆项目已于2010年投产。

（7）山东晨鸣纸业集团股份有限公司

山东晨鸣纸业集团股份有限公司截至2009年年底，已在广东、湖北、山东、江西等地发展建设原料林基地约16.33万公顷。湛江晨鸣浆纸有限公司木浆项目于2006年11月26日在广东省湛江市麻章区太平镇奠基，这标志着湛江木浆项目正式启动，2007年3月动工。该项目总投资94亿元，设计规模为年产漂白硫酸盐阔叶木浆70万吨，配套建设速生丰产林基地20万公顷，其中核心林基地5万公顷。山东寿光晨鸣纸业集团有限公司林纸一体化项目，造林3.33万公顷，生产25万吨/年化机浆及20万吨/年涂布印刷纸。国家发改委批准的武汉晨鸣汉阳纸业有限公司林纸一体化项目，投资9.5亿元。包括年产20万吨漂白化机浆，造林基地3.33万公顷，已在湖北黄石、鄂州等地进行植树造林。江西晨鸣纸业有限公司已建成35万吨/年高档轻量涂布纸生产线。从2005年开始，计划用10年时间，建设6.67万公顷原料林基地，在德安、鄱阳、东乡、进贤等县种植原料林。为保证木材供应，江西省在原计划种植20万公顷造林任务的基础上，再种植13.3万公顷。截至2009年已种植造纸林5万公顷。2008年，咸宁市林纸一体化项目启动6.67万公顷浆纸林基地，其中马尾松2.07万公顷，杨树0.4万公顷，疏林残次林地及荒山4.2万公顷，其中签订合同1.33万公顷。该项目由咸宁市和山东晨鸣纸业集团股份有限公司合作实施，形成育苗、造林、采运、木材加工、制浆、造纸一体化经营。

（8）山东亚太森博浆纸有限公司

2010年11月21日山东亚太森博浆纸有限公司扩建工程100万吨/年木浆生产线竣工投产，总投资113亿元，在广东省造林10万公顷，截至2008年年底，已完成4万公顷。该项目年需用木材434万米^3，差额部分来自东南亚，其中亚太资源集团在印尼的廖省开发有近26.67万公顷工业种植园，原材料资源充足，将是亚太森博的一大优势。

（9）云南云景林纸股份有限公司

近年来，云南云景林纸股份有限公司从广东省引种桉树，对原计划6.67万公顷思茅松，调整为4万公顷思茅松、2.67万公顷速生桉树。项目涉及景谷县、镇沅县、墨江县、宁洱县，惠及7000多户农户、业主。截至2010年已造林6.79万公顷，其中自办林4.58万公顷，合作林2.21万公顷，原规划7.5万公顷。2010年10月，云景林纸再新建年产9万吨林纸一体化的扩建项目启动，为年产20万吨漂白商品木浆规模奠定基础。临近的江城县30万吨/年木浆和镇沅县30万吨/年木浆新建项目的前期工作已经启动。

（10）福建省南纸股份有限公司

“十一五”期间福建省南纸股份有限公司林纸一体化项目，总投资16.75亿元，建设年产18万吨高档文化用纸生产线和日产500吨磨木浆生产线，配套建设原料林地5万公顷，截至2008年已完成2.67万公顷。

（11）福建省青山纸业股份有限公司

福建省青山纸业股份有限公司林纸一体化项目累计投资1.5亿元，规划造林15.3万公顷，截至2010年已建成林地7.37万公顷，其中自办林1.74万公顷、合办林2.13万公顷、合作林3.5万公顷，总生产能力达到50万吨/年。

（12）新加坡金鹰国际集团

新加坡金鹰国际集团印尼超辉公司在福建省莆田市建设年产20万吨文化用纸生产线以及纸浆林基地，截至2008年已完成4万公顷造林基地。总规划年产120万吨纸浆生产线及10万公顷原料林。金鹰集团泰州项目是江苏省泰州经济开发区和新加坡金鹰国际集团签订林纸一体化的合作意向书，投资5亿美元，造林4.67万公顷，建设年产35万吨化机浆生产线。

（13）濮阳龙丰纸业有限公司

濮阳龙丰纸业有限公司林纸一体化项目获《国家发改委工业［2006］1797号文件》批复核准。该项目总体规划为30万吨/年杨木化机浆、60万吨/年高档印刷纸和6.67万公顷造林基地，总投资50亿元。项目一期工程建设规模为年产10.8万吨/年杨木化学机械浆、25万吨/年轻量涂布纸和高级文化用纸，配套建设2.13万公顷原料林基地，总投资24亿元。林业基地主要依托濮阳市林业局和农户进行植树造林。目前，濮阳市杨树种植面积从2002年的1.33万公顷扩大到2008年的9.33万公顷，活木蓄积量近500万米^3。

（14）焦作瑞丰纸业有限公司

2007年焦作瑞丰纸业有限公司以3.33万公顷速生原料林，主要是企业+农户合作造林，以及年产15万吨杨木化机浆生产线为基础，向林浆纸一体产业链发展。河南省焦作市速生丰产林已建设3.5万公顷，为造纸企业提供木材30万米^3。市政府每年将速生丰产林育苗任务作为指导性计划分配给各县（市、区），各级林业部门开展技术培训、指导和监督，农户和企业享有政府优惠条件。造林方式有黄河滩区、林农间作、林草间作、林药间作、林禽间作等。瑞丰林纸一体化项目，规划总投资60亿元，营造6.67万公顷原料林基地（公司+农户），建设年产30万吨杨木化机浆生产线，60万吨高档印刷纸生产线。其中一期工程，年产15万吨杨木化机浆（已投产）。由于湿浆水分太高，长途运输成本高，也难以长期保存，2010年开始筹建年产15万吨涂布白卡纸生产线。“十一五”期间公司已收购内黄、扶沟、民权、西华、固始5个林场，截至2010年已造林1.32万公顷。

（15）新乡新亚纸业集团股份有限公司

新乡新亚纸业集团股份有限公司依托10万吨/年APMP杨木化机浆、25万吨/年涂布卡纸项目，通过各种方式发展股份林、自有林、订单林合计1万公顷。2009年，公司为满足企业发展，又启动了2万公顷防风固沙造纸原料林项目，原料的不足部分由地方造林专业户和木片供销商以及个体农户供应。截至2010年，公司已造林面积1.89万公顷，其中自办林333.33公顷，合办林1333.33公顷，合作林1.72万公顷。

（16）山东太阳纸业股份有限公司

山东太阳纸业股份有限公司林纸一体化项目规划造林6.67万公顷，年产10万吨化机浆、30万吨纸，截至2008年年底，已造林2万公顷。2008年在老挝成立太阳纸业老挝公司，注册资本为300万美元，从事植树造林建设。

（17）山东泉林纸业有限责任公司

山东泉林纸业有限责任公司林浆纸一体化项目于2004年8月12日获国家发改委《发改工业[2004]1654号文件》批复立项。该项目包含年产20万吨文化用纸生产线，配套30万吨/年杨木化机浆生产线和4万公顷造纸原料林基地（采取公司+农户合作模式），总投资25.25亿元。该项目为国家重点支持的林浆纸一体化项目，是循环经济主链中的重要环节，截至2010年已完成林地4万公顷，其中自办林0.93万公顷，合作林3.07万公顷，新建木浆生产线的产量为15万吨/年。

（18）王子制纸集团

江苏王子制纸（南通）有限公司林纸一体化项目，建设内容为年产71.4万吨木浆生产线和2条年产40万吨高档铜版纸生产线，总投资27亿美元。以木片为原料，75%以上由国外原料林基地供应，25%由国内供应。该公司在广东省惠州市建设原料林基地，到2013年预计植树造林可达6万公顷，2008年之前一期工程投入约40亿日元，实施3.3万公顷的造林计划，二期工程计划造林2.7万公顷。截至2010年，在广西和广东地区已造林3万公顷。

（19）广州造纸集团有限公司

广州造纸集团有限公司在原有林基地3.8万公顷的基础上，再建5.33万公顷造纸林基地，总计造林面积9.13万公顷，新闻纸年生产能力扩大到50万吨/年。由于该公司9号纸机项目是异地迁建项目，也是广州造纸集团有限公司建设百万吨环保型造纸基地的一期工程，植树造林规划正在进行调整。

（20）广西贺达纸业有限责任公司

广西贺达纸业有限责任公司年生产规模7.5万吨漂白硫酸盐木浆。拟投资5.4亿元，建设1.33万公顷林业基地及年产10万吨高级文化用纸项目。

（21）广西南宁凤凰纸业有限公司

广西南宁凤凰纸业有限公司年产15万吨无元素氯漂白硫酸盐商品木浆，4万吨生活用纸以及各种特种纸。为了更好地发展原料林基地，成立了南宁宏硕林业有限责任公司。该公司规划造林6.67万公顷，截至2008年，已经营管理2万公顷原料林基地，其中公司全权拥有的原料林基地0.67万公顷，合作的原料林基地1.33万公顷。基地的主要树种为桉树和松树，其中桉树面积占2/3，松树面积占1/3。主要分布在南宁市、百色市、崇左市，在厂区半径250千米内的原料林基地面积占50%以上，对原料的供给起到保障作用。

（22）广西劲达兴纸业有限公司

广西南宁六景工业园区与广西劲达兴纸业有限公司，签订年产100万吨林纸一体化项目，在广西横县实施。总投资54.3亿元，分三期进行。其中一期工程投资15亿元，生产9.8万吨/年纸浆和20万吨/年纸。已造林0.16万公顷，其中自办林0.06万公顷、合作林0.1万公顷。

（23）广东鼎丰纸业有限公司

广东鼎丰纸业有限公司现有纸浆生产能力25万吨/年，纸张12万吨/年。规划扩建60万吨/年纸浆、30万吨/年纸生产线。总投资10亿美元，其中1亿美元用于16.67万公顷速生丰产林基地建设。截至2010年已完成造林7.8万公顷，其中自办林2.26万公顷、合办林4.70万公顷、合作林0.84万公顷，合计已超过规划造林5.03万公顷。

（24）秦皇岛林纸一体化项目

秦皇岛（抚宁）林纸一体化项目由抚宁县政府筹划，总规模60万吨/年，一期为30万吨/年杨木化机浆和25万吨/年书写纸生产线，以及4.33万公顷原料林基地。其中年产9.9万吨林浆纸项目已通过环评。关于纸林基地，由河北省林业勘测设计院编制林地发展建设规划。具体安排是：在滦河、青龙河集中建设速生丰产林地3.33万公顷，在秦皇岛市四县建设2.0万公顷，总计5.33万公顷。将来随着项目的扩大，还可在秦皇岛周边地区发展原料林地。目前已营造1.33万公顷速生丰产原料林基地。

（25）广西柳江造纸厂

广西两面针公司以增资扩股方式重组广西柳江造纸厂，通过技术改造，配套实施8万公顷速生丰产竹林（林）基地，形成年产80万吨漂白竹（木）化学浆生产线。

（26）鼎元（白山）林纸一体化项目

该公司30万吨/年林纸一体化项目一期工程于2007年举行奠基仪式。总规划建设规模为60万吨/年纸和纸板，分三期进行。一期在浑江水系白山经济开发区建设9万吨/年高强瓦楞原纸生产线，规划造林4.67万公顷；二期工程21万吨/年高档白卡纸板生产线；三期工程拟在鸭绿江水系临江市大栗子镇建设30万吨/年高档文化用纸生产线。林纸一体化工程将购置4.67万公顷林地，用于速生丰产纸浆林基地建设。

（27）内蒙古蓝天项目

内蒙古蓝天林板浆纸一体化项目一期工程于2006年7月6日在科左中旗宝龙山工业园区开工奠基。该项目年产30万米^{3}密度板、30万吨BCTMP杨木化机浆、20万吨秸秆化机浆、80万吨高级文化用纸、生活用纸、液体食品包装用纸等项目，总投资80亿元。其中一期工程计划投资20亿元，建设年产10万吨纸浆、20万吨纸。

（28）贵州赤天化纸业股份有限公司（竹浆）

贵州赤天化纸业股份有限公司年产20万吨漂白化学竹浆生产线，总投资31.8亿元。造林基地一期工程1.33万公顷，年提供杂竹60万吨。截至2008年，已扶持种竹大户156户，累计面积4318公顷，公司已建基地面积9639公顷，其中自建林地476公顷，股份合作560公顷，合计约1.6万公顷。

（29）四川永丰纸业股份有限公司（竹浆）

四川永丰纸业股份有限公司投产的16.5万吨漂白化学竹浆生产线，采用国际上最先进的技术设备。公司坚持林纸一体化发展战略，带动和扶持沐川及周边地区农民栽种竹子。截至2009年，公司所在地沐川已有竹林面积10万公顷。2010年，四川永丰纸业股份有限公司与四川省叙永县政府签订了江门公司年产20万吨竹浆一体化项目意向书，并举行了开工典礼。该项目总投资15亿元，配套竹林基地，这是目前泸州市规模最大的竹浆一体化项目。

（30）重庆理文造纸有限公司（竹浆）

该项目落户重庆市永川区，木竹原料60%左右从四川、贵州、广州等地购进。公司在永川租赁了0.33万公顷坡地建设自有林基地，种植撑绿竹、桉树等竹木原料，截至2009年年底，桉树面积已达1.4万公顷。

（31）福建邵武中竹纸业有限公司（竹浆）

福建邵武中竹纸业有限公司林纸一体化项目已获批准，并获国债支持，项目包括15万吨/年漂白竹浆生产线，配套4.67万公顷竹林基地和热电站等。项目总投资约16.5亿元，其中，国债资金9750万元。

四、林纸一体化建设存在的问题

（1）资金困难。造纸速生树种（南桉、北杨），一个轮伐期需要7～8年。在这段时间里，资金投入非常大，并且是持续性的。在“十一五”期间，约有近70多个企业上报了造纸林基地规划，但接近2/3以上的企业，由于资金原因，进展缓慢，没有完成规划指标。

（2）林地落实难。林地分散在个体农民手中，造纸企业大多采取“公司＋农户”的订单模式进行分散造林，难以取得集约造林的经营效益。

（3）水资源短缺。特别北方地区，水资源严重短缺，加上气候寒冷，生长周期长，林木单产低，木材成本高。有些企业认为自己造林不如外购木片、木浆合算。近年来，进口木浆和木片数量逐年增加，从我国造纸原料需求来看，长此下去，国外木浆、木片也难以满足供应。

（4）栽培技术和管理水平落后。栽种技术缺乏科学指导，经营管理粗放，有些地区没有做到适地适树，林地单位面积产量很低，存在浪费林地资源的现象。

（5）《关于推进集体林权制度改革的意见》和《林业产业政策要点》相继出台，但在实施过程中，还存在这样或那样的问题，需要经过一段时间，才能全面发挥应有作用。

表1 我国重点林纸一体化项目进展表

企业、项目名称	项目规模（浆、纸、林基地）	进展情况
APP海南金海浆纸业有限公司	造纸林23.33万公顷、纸浆100万吨/年、纸160万吨/年	2010年完成造林任务、2005年木浆项目投产、2010年纸项目投产
APP广西金桂浆纸业有限公司	造纸林60万公顷、纸浆180万吨/年、纸310万吨/年	2010年60万吨/年纸浆生产线投产、截至2009年造林面积12万公顷
APP云南省思茅区林纸一体化项目	造纸林71万公顷、纸浆120万吨/年、纸50万吨/年	截至2006年造林面积3.75万公顷

续表

企业、项目名称	项目规模（浆、纸、林基地）	进展情况
APP云南省文山县林纸一体化项目	造纸林36.67万公顷	截至2010年完成造林面积10万公顷
APP广东省清远市林纸一体化项目	造纸林16.67万公顷、纸浆60万吨/年	2006年与广东省清远市和英德市签订合约
岳阳纸业股份有限公司	造纸林33.33万公顷、纸40万吨/年	已全面完成
泰格林纸集团骏泰浆纸有限责任公司	原料林14万公顷、纸浆40万吨/年	2008年完成木浆生产线、6万公顷造纸林基地
泰格林纸集团沅江纸业有限责任公司	造纸林20万公顷、纸浆60万吨/年	2007年与中冶集团签订协议
华泰集团有限公司	造纸林4万公顷、纸浆30万吨/年、纸45万吨/年	已全面完成
安徽华泰林浆纸有限公司	造林16万公顷、纸浆60万吨/年	2007年一期项目开工，30万吨/年纸浆生产线、12万公顷造纸林基地
山东晨鸣纸业集团股份有限公司	造林3.33万公顷、纸浆25万吨/年、纸20万吨/年	已全面完成
湛江晨鸣浆纸有限公司	造纸林20万公顷、纸浆70万吨/年	截至2009年完成造林面积2.5万公顷
武汉晨鸣汉阳纸业有限公司	造纸林3.33万公顷、纸浆20万吨/年	截至2009年完成造林面积0.67万公顷
湖北省咸宁市林纸一体化项目	造纸林6.67万公顷（与晨鸣合作）	2008年合同造林面积1.33万公顷
中冶美利纸业股份有限公司	造林3.33万公顷、纸浆30万吨/年、纸41万吨/年	全面完成
斯道拉恩索集团	造纸林16万公顷、纸浆120万吨/年、纸90万吨/年	截至2008年造林面积7.7万公顷，2010年30万吨/年化机浆生产线投产
云南云景林纸股份有限公司	造纸林7.5万公顷、纸浆10万吨/年	纸浆生产线已完成，完成造林面积6.79万公顷
福建省南纸股份有限公司	造纸林5万公顷、纸18万吨/年	全面完成
福建省青山纸业股份有限公司	造纸林15.3万公顷、纸20万吨/年	2006年纸机投产，截至2010年完成造林面积7.37万公顷
广东鼎丰纸业有限公司	造林5.03万公顷	截至2010年完成造林面积7.8万公顷
山东泉林纸业有限责任公司	造纸林4万公顷、纸浆30万吨/年、纸20万吨/年	截至2010年完成造林面积4万公顷、纸浆15万吨/年
新加坡金鹰国际集团莆田项目	造纸林10万公顷、纸浆120万吨/年	截至2008年完成造林面积4万公顷、纸20万吨/年
新加坡金鹰国际集团泰州项目	造纸林4.67万公顷、纸浆35万吨/年	签订协议
濮阳龙丰纸业有限公司	造纸林6.67万公顷、纸浆30万吨/年、纸60万吨/年	纸浆、纸完成30万吨/年，截至2010年完成造林面积9.33万公顷
焦作瑞丰纸业有限公司	造纸林6.67万公顷、纸浆和纸30万吨/年	截至2010年收购5个林场，完成造林面积1.28万公顷，纸浆15万吨/年
新乡新亚纸业集团股份有限公司	造林3.0万公顷、纸浆10万吨/年、纸25万吨/年	截至2010年，公司完成造林面积1.89万公顷，纸浆10万吨/年

续表

企业、项目名称	项目规模（浆、纸、林基地）	进展情况
山东太阳纸业股份有限公司	造纸林 10 万公顷、纸浆 30 万吨/年	已在老挝成立林浆公司
鼎元（白山）林纸一体化项目	造纸林 4.67 万公顷、纸板 60 万吨/年	一期工程已启动
内蒙古蓝天林板浆纸一体化项目	造纸林 10 万公顷、纸浆 30 万吨/年、纸 80 万吨/年	一期纸浆 10 万吨/年、纸 20 万吨/年
黔东南州林纸一体化项目	造林 23.33 万公顷、纸浆 50 万吨/年、纸 30 万吨/年	已完成造林面积 10 万公顷
王子制纸集团	造林 6.0 万公顷、纸浆 71.4 万吨/年、纸 80 万吨/年	完成造林面积 3.33 万公顷、纸 40 万吨/年
广州造纸集团有限公司	造林 9.13 万公顷、纸 50 万吨/年	完成造林面积 3.8 万公顷、纸 50 万吨/年
广西贺达纸业有限责任公司	造林 1.33 万公顷、纸浆 10 万吨/年	已完成
广西南宁凤凰纸业有限公司	造林 6.67 万公顷、纸浆 15 万吨/年	截至 2008 年纸浆已完成，完成造林面积 2 万公顷
秦皇岛（抚宁）林纸一体化项目	造林 5.33 万公顷、纸浆 30 万吨/年、纸 25 万吨/年	已完成造林面积 1.33 公顷
广西柳江造纸厂	木竹林 8 万公顷、木竹浆 80 万吨/年	项目已启动
四川永丰纸业股份有限公司	竹林 10 万公顷、纸浆 20 万吨/年	项目正在进行
福建邵武中竹纸业有限公司	造林 4.67 万公顷、纸浆 15 万吨/年	项目正在进行
山东亚太森博浆纸有限公司	造纸林 10 万公顷、纸浆 100 万吨/年	纸浆生产线已投产，截至 2008 年造林面积 4 万公顷
广西劲达兴纸业有限公司	造林 0.2 万公顷	完成造林面积 0.16 万公顷

（顾民达）

节能减排
环境保护

ENERGY SAVING AND DISCHARGE REDUCING
ENVIRONMENTAL PROTECTION

5

2009 年我国纸业主要污染物排放及处理概况

The Main Pollutants Emission from Paper Industry and Its Treatment in 2009

一、废水及主要污染物排放情况

1. 我国废水排放情况

2009 年，我国废水排放总量 589.7 亿吨，比上年增加 3.1%。其中，工业废水排放量 234.5 亿吨，比上年减少 3.0%。工业废水排放量占废水排放总量的 39.8%。

生活污水排放量 355.2 亿吨，比上年增加 7.6%。生活污水排放量占废水排放总量的 60.2%。

从表1、图1 可以看出，自 2001 年以来，废水排放总量呈持续上升趋势。其中，生活污水排放量始终呈增长趋势，而工业废水排放量近年来有所下降。

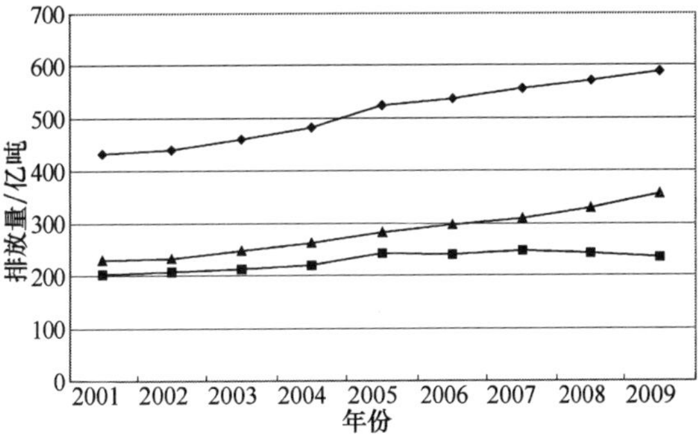

图 1　我国废水排放量年际对比

◆ 废水排放总量　■ 工业废水排放量　▲ 生活污水排放量

表 1　我国废水及其主要污染物排放量年际对比

年份	废水排放量/亿吨			化学需氧量排放量/万吨			氨氮排放量/万吨		
	合计	工业	生活	合计	工业	生活	合计	工业	生活
2001	433.0	202.7	230.3	1404.8	607.5	797.3	125.2	41.3	83.9
2002	439.5	207.2	232.3	1366.9	584.0	782.9	128.8	42.1	86.7
2003	460.0	212.4	247.6	1333.6	511.9	821.7	129.7	40.4	89.3
2004	482.4	221.1	261.3	1339.2	509.7	829.5	133.0	42.2	90.8
2005	524.5	243.1	281.4	1414.2	554.7	859.4	149.8	52.5	97.3
2006	536.8	240.2	296.6	1428.2	542.3	885.9	141.3	42.5	98.8
2007	556.8	246.6	310.2	1381.8	511.0	870.8	132.4	34.1	98.3
2008	571.7	241.7	330.0	1320.7	457.6	863.1	127.0	29.7	97.3
2009	589.7	234.5	355.2	1277.5	439.7	837.8	122.6	27.3	95.3
增长率/%	3.1	−3.0	7.6	−3.3	−3.9	−2.9	−3.5	−7.7	−2.1

注：增长率指 2009 年与 2008 年相比，下同。

2. 我国化学需氧量排放情况

2009 年，我国废水中化学需氧量排放量 1277.5 万吨，比上年下降 3.3%。

工业废水中化学需氧量排放量 439.7 万吨，比上年下降 3.9%。工业化学需氧量排放量占化学需氧量排放总量的 34.4%。

生活污水中化学需氧量排放量 837.8 万吨，比上年下降 2.9%。生活化学需氧量排放量占化学需氧量排放总量的 65.6%。

从表 1、图 2 可以看出，2009 年化学需氧量排放总量继续保持了下降趋势。

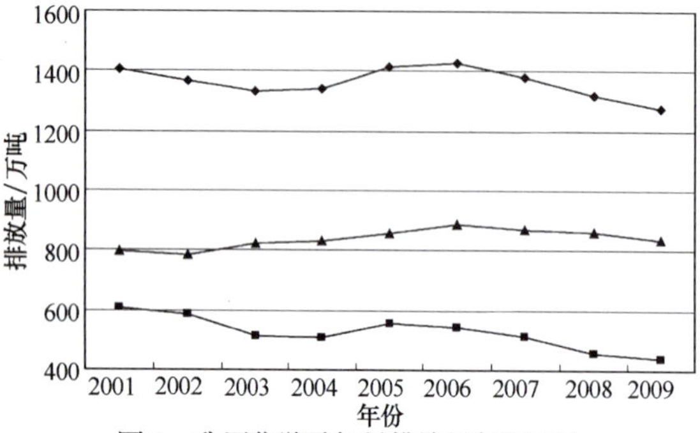

图 2　我国化学需氧量排放量年际对比

—◆—化学需氧量排放总量
—■—工业化学需氧量排放量
—▲—生活化学需氧量排放量

3. 工业行业废水及主要污染物排放情况

（1）工业行业废水排放情况　2009 年，在统计的 39 个工业行业中，废水排放量位于前 4 位的行业依次为：造纸与纸制品业，化学原料及化学制品制造业，纺织业，电力、热力的生产和供应业。这 4 个行业的废水排放量为 107.8 亿吨，占重点调查统计企业业废水排放量的 51.5%，见图 3。

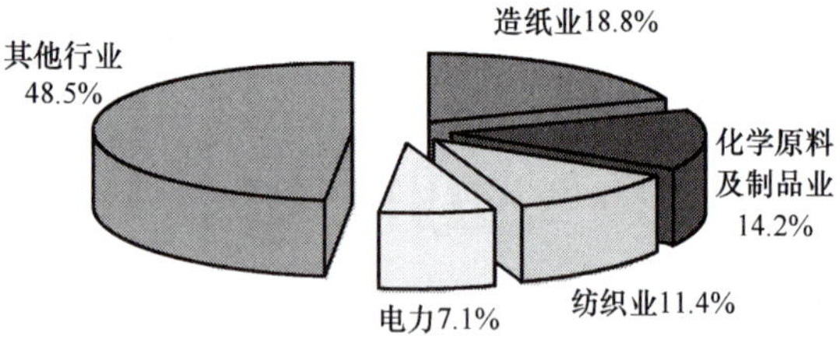

图 3　工业行业废水排放情况

（2）工业行业化学需氧量排放情况　2009 年，化学需氧量排放量位于前 4 位的行业依次为造纸业、农副食品加工业、化学原料及制品业、纺织业。这 4 个行业的化学需氧量排放量为 236.4 万吨，经济贡献率占 17.2%，污染贡献率却占 62.4%。见表 2、表 3、表 4、图 4。

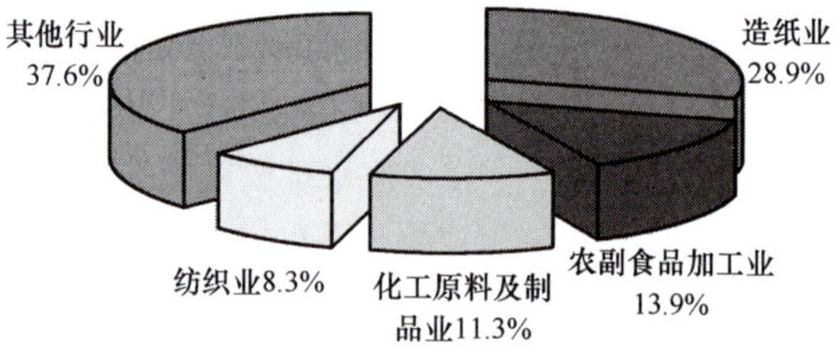

图 4　工业行业化学需氧量排放情况

表 2　**重点行业化学需氧量污染贡献率变化趋势**　单位:%

行业	2003 年	2004 年	2005 年	2006 年	2007 年	2008 年	2009 年
造纸业	34.5	33.0	32.4	33.6	34.7	32.8	28.9
农副食品加工业	14.4	13.3	13.7	12.8	12.8	14.9	13.9
化学原料及制品业	10.8	11.2	11.5	11.7	10.3	10.6	11.3
纺织业	5.6	6.7	6.1	6.8	7.6	8.0	8.3
累计	65.3	64.2	63.7	64.9	65.4	66.3	62.4

注：1. 污染贡献率指该行业某种污染物排放量与所有统计行业中此污染物排放总量之比，下同。

2. 因 2002 年后《国民经济行业分类》标准执行 GB/T 4754—2002，行业分类有所变化，故本表起始年份为 2003 年。

表 3　**重点行业经济贡献率变化趋势（按总产值计算）**　单位:%

行业	2003 年	2004 年	2005 年	2006 年	2007 年	2008 年	2009 年
造纸业	2.4	2.2	2.1	2.0	2.1	2.4	1.9
农副食品加工业	3.3	3.4	3.2	3.0	3.8	3.2	3.7
化学原料及制品业	9.5	8.3	8.3	8.2	9.2	7.3	7.1
纺织业	4.8	4.4	4.3	4.1	3.4	4.2	4.5
累计	20.0	18.3	17.9	17.3	18.5	17.1	17.2

注：经济贡献率指某行业的工业总产值（现价）与统计行业总产值（现价）的比值，下同。

表4　**重点行业化学需氧量排放强度变化趋势**　单位：吨/万元

行业	2003年	2004年	2005年	2006年	2007年	2008年	2009年
造纸业	0.094	0.075	0.069	0.054	0.040	0.025	0.025
农副食品加工业	0.021	0.025	0.019	0.014	0.008	0.008	0.006
化学原料及制品业	0.007	0.007	0.006	0.005	0.003	0.003	0.003
纺织业	0.008	0.008	0.006	0.005	0.006	0.003	0.003

注：排放强度指某行业污染物排放量与相同范围内统计工业总产值（现价）的比值，即单位产值排放量，下同。

从表2、表3、图5可以看出，与2008年相比，2009年农副食品加工业经济贡献率上升但污染贡献率下降，造纸业经济贡献率和污染贡献率均低于2008年，化学原料及制品业经济贡献率降低但污染贡献率有所上升，纺织业经济贡献率和污染贡献率均高于2008年。

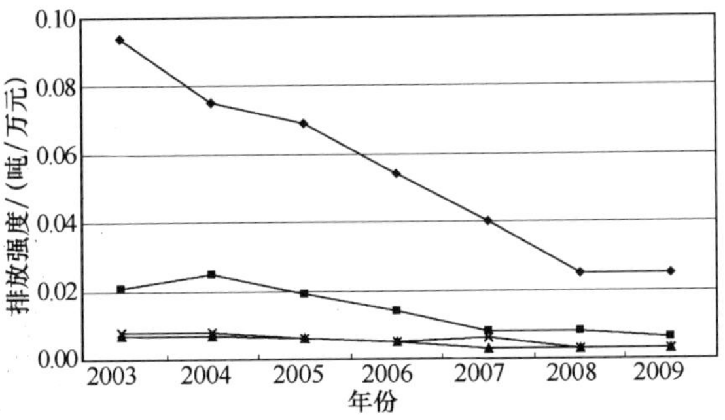

图5　重点行业化学需氧量排放强度变化趋势

—◆—造纸业 —■—农副食品加工业 —▲—化学原料及制品业 —✕—纺织业

总体看来，从2003年到2009年，这4个行业的排放强度均呈下降趋势，2009年降幅变小，而且这4个行业的化学需氧量的污染贡献率之和仍维持在60%以上，因此作为废水治理的重点行业，应进一步加大结构调整和技术更新的力度，实现经济与环境效益的双赢。

(3) 工业行业氨氮排放情况　2009年，氨氮排放量位于前4位的行业依次为化学原料及制品业、造纸业、农副食品加工业和纺织业。这4个行业氨氮排放量为15.0万吨，占重点调查统计企业氨氮排放量的59.8%，见图6。

二、废　　气

1. 煤炭及燃料油使用情况

2009年，我国环境统计的煤炭消费总量31.5亿吨，比上年增加5.7%。工业煤炭消费量为29.5亿吨，比上年增加5.4%。其中，工业煤耗中燃料煤消费量为21.0亿吨，原料煤消费量为8.5亿吨；生活煤炭消费量为1.9亿吨，比上年增加0.7%；工业（不含车船用）共消耗燃料油2016万吨，比上年减少13.7%。其中，重油1585万吨，柴油406万吨，见表5。

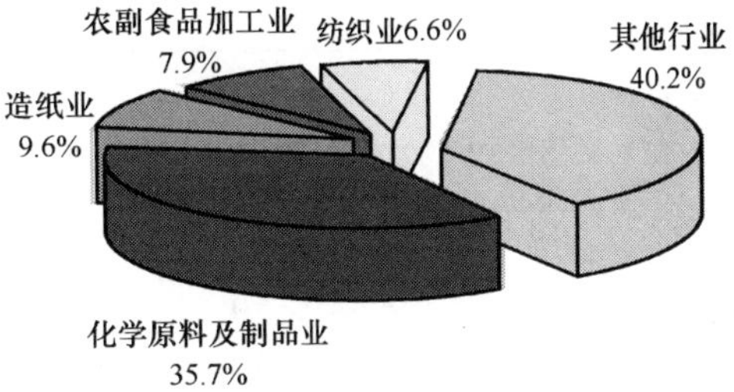

图6　工业行业氨氮排放情况

2. 二氧化硫排放情况

2009年，我国工业废气排放量为436064亿米^3（标态），比上年增加8.0%。我国二氧化硫排放量为2214.4万吨，比上年减少4.6%。其中，工业二氧化硫排放量为1865.9万吨，比上年减少6.3%，占我国二氧化硫排放量的84.3%；生活二氧化硫排放量348.5万吨，比上年增加5.6%，占我国二氧化硫排放量的15.7%，见表6。

三、工业固体废物

2009年，我国工业固体废物产生量203943万吨，比上年增加7.3%；工业固体废物排放量710万吨，比上年减少9.2%。我国危险废物产生量1430万吨，比上年增加5.4%；危险废物排放量1.5吨，见表7。

工业固体废物综合利用量138186万吨，比上年增加11.9%；工业固体废物贮存量20929万吨，比上年减少4.4%。其中危险废物贮存量219万吨，比上年增加11.7%；工业固体废物处置量47488万吨，比上年减少1.7%，其中危险废物处置量428万吨，比上年增加10.0%，见图7。

表5 **我国环境统计煤炭、燃料油消耗量** 单位：万吨

年份	煤炭消耗量				燃料油消费量（不含车船用）		
	合计	工业		生活	消费总量	重油	柴油
		燃料煤	原料煤				
2001	142217	91234	30571	20412	2646	2034	387
2002	152812	97264	36524	19024	2773	2043	495
2003	172430	110728	42624	19078	2624	2141	343
2004	195611	125972	50026	19613	2734	2295	365
2005	226164	143627	60796	21741	3447	2412	383
2006	250452	162089	67987	20376	2666	2049	571
2007	285377	187815	78642	18920	3207	2613	557
2008	297663	199862	80307	19328	2335	1850	475
2009	314687	210140	85081	19466	2016	1585	406
增长率/%	5.7	5.1	5.9	0.7	-13.7	-14.3	-14.5

表6 **我国废气中主要污染物排放量** 单位：万吨

年份	二氧化硫			烟尘			工业粉尘	氮氧化物		
	合计	工业	生活	合计	工业	生活		合计	工业	生活
2001	1947.8	1566.6	381.2	1069.8	851.9	217.9	990.6	—	—	—
2002	1926.6	1562.0	364.6	1012.7	804.2	208.5	941.0	—	—	—
2003	2158.7	1791.4	367.3	1048.7	846.2	202.5	1021.0	—	—	—
2004	2254.9	1891.4	363.5	1094.9	886.5	208.4	904.8	—	—	—
2005	2549.3	2168.4	380.9	1182.5	948.9	233.6	911.2	—	—	—
2006	2588.8	2237.6	351.2	1088.8	864.5	224.3	808.4	1523.8	1136.0	387.8
2007	2468.1	2140.0	328.1	986.6	771.1	215.5	698.7	1643.4	1261.3	382.0
2008	2321.2	1991.3	329.9	901.6	670.7	230.9	584.9	1624.5	1250.5	374.0
2009	2214.4	1865.9	348.5	847.7	604.4	243.3	523.6	1692.7	1284.8	407.9
增长率/%	-4.6	-6.3	5.6	-6.0	-9.9	5.4	-10.5	4.2	2.7	9.1

注：我国从2006年开始统计氮氧化物排放量，生活排放量中含交通源排放的氮氧化物。

表7 **我国工业固体废物产生及处理情况** 单位：万吨

年份	产生量		排放量		综合利用量		贮存量		处置量	
	合 计	危险废物	合 计	危险废物	合 计	危险废物	合 计	危险废物	合 计	危险废物
2001	88746	952	2894	2.1	47290	442	30183	307	14491	229
2002	94509	1000	2635	1.7	50061	392	30040	383	16618	242
2003	100428	1170	1941	0.3	56040	427	27667	423	17751	375
2004	120030	995	1762	1.1	67796	403	26012	343	26635	275
2005	134449	1162	1655	0.6	76993	496	27876	337	31259	339
2006	151541	1084	1302	20.0	92601	566	22398	267	42883	289
2007	175632	1079	1197	0.1	110311	650	24119	154	41350	346
2008	190127	1357	782	0.07	123482	819	21883	196	48291	389
2009	203943	1430	710	0.00015	138186	831	20929	219	47488	428
增长率/%	7.3	5.4	9.2	-99.8	11.9	1.5	-4.4	11.7	-1.7	10.0

注："综合利用量"和"处置量"指标中含有综合利用和处置往年量。

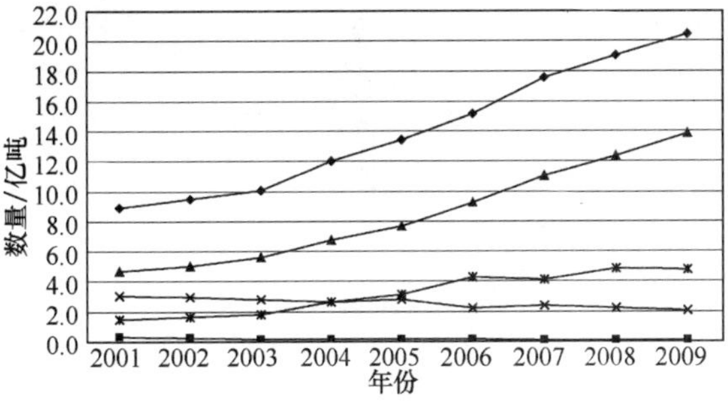

图7　我国工业固体废物产生、处理及排放量年际变化

—◆—产生量 —■—排放量 —▲—综合利用量 —×—贮存量 —✱—处置量

“十一五”期间，工业固体废物产生量逐年上升，工业固体废物综合利用量、贮存量和处理量持续增加，工业固体废物排放量呈下降趋势。

四、2009 年造纸工业废水、废气、固体废物排放及处理情况

2009 年造纸工业废水、废气、固体废物排放量及处理情况，见表 8。

表 8　2009 年造纸工业废水、废气、固体废物排放量及处理情况

项　目	数　量	项　目	数　量
汇总工业企业数/个	5771	粉尘排放量/吨	7501.2
工业废水排放量/万吨	392604.1	废气治理设施数量/套	5287
其中：直接入海的排放量/万吨	9509.4	其中：脱硫设施	1211
工业废水排放达标量/万吨	367176.3	脱硫设施脱硫能力/(吨/时)	529.0
废水处理设施数量/套	5477	废气治理设施运行费用/万元	97644.6
本年运行费用/万元	510128.2	燃料煤消费量/万吨	4517.9
工业废水中污染物排放量/吨		原料煤消费量/万吨	1.9
其中：六价铬	0.019	燃料油消费量/万吨	16.0
铅	0.0479	工业固体废物产生量/万吨	1939
砷	0.0070	其中：危险废物	9
挥发酚	70.6798	冶炼废渣	2
氰化物	0.060	粉煤灰	458
化学需氧量	1097204.068	炉渣	764
石油类	95.019	煤矸石	2
氨氮	27385.245	其他废物	688
工业废水中污染物去除量/吨		工业固体废物综合利用量/万吨	1735
其中：氰化物	0.346	其中：危险废物	8
化学需氧量	4216032.327	冶炼废渣	8
石油类	509.241	粉煤灰	451
氨氮	31796.546	炉渣	721
挥发酚	66.615	其他废物	531
工业废气排放总量/亿米^3（标准情况）	6106.1	工业固体废物贮存量/万吨	29
其中：燃料燃烧废气排放量	5837.5	工业固体废物处置量/万吨	177
生产工艺废气排放量	268.6	其中：危险废物处置量	1
二氧化硫去除量/吨	234223.0	工业固体废物排放量/万吨	5
其中：燃料燃烧过程中去除的	233985.9	工业废水排放达标率/%	93.5
生产工艺过程中去除的	237.1	工业用水重复用水率/%	57.0
二氧化硫排放量/吨	457365.6	二氧化硫排放达标率/%	91.0
其中：燃料燃烧废气排放量	449705.6	氮氧化物排放达标率/%	77.7
生产工艺废气排放量	7660.0	烟尘排放达标率/%	91.3
烟尘去除量/吨	3443360.9	工业粉尘排放达标率/%	78.3
烟尘排放量/吨	191818.5	工业固体废物综合利用率/%	89.2
粉尘去除量/吨	14380.1	工业固体废物处置率/%	9.1

五、造纸工业用水情况统计

造纸工业用水情况见表9。

表9 造纸工业用水情况

年份	工业用水总量/万吨	其中		工业总产值（现价）/万元	专职环保人员数
		新鲜水量/万吨	重复用水量/万吨		
2001	573679	355526	218153	12070114	14017
2002	602054	365503	236551	13502011.0	14495
2003	610900	364264	246636	16679768.7	13516
2004	687566	372609	314957	19782798.1	14788
2005	766593	424978	341615	23225441.6	14521
2006	892355	440076	452279	28854041.6	15596
2007	1003747	488216	515531	39340154.3	24342
2008	1089551	488440	601112	51958528.0	21013
2009	1084418.4	465933.0	618485.4	43227840.3	18644

资料来源：2009 中国环境统计年报。

（黄润斌）

我国非木材纤维制浆黑液碱回收技术进展及展望

New Progress and Prospect of Alkali Recovery Technologies for Non - wood Pulping Black Liquid in the Country

2009 年我国造纸工业纸浆消费量 7980 万吨，其中进口木浆 1315 万吨，进口废纸折废纸浆 2200 万吨，纸浆的总体对外依存度达到 44%。木浆总消费量 1866 万吨，扣除出口 8.7 万吨，木浆对外依存度高达 70.8%，与铁矿石和大豆的对外依存度相差无几，进入中高水平行列，而如果考虑国产木浆部分采用进口木片，以木片原料计算的对外依存度更高。废纸浆总消费量 4939 万吨，基本无出口，废纸浆的对外依存度 44.5%。可见，2009 年 1175 万吨非木浆的产能平衡了我国木浆的短缺，使得整体对外依存度水平调整到了中低水平。这从一个侧面体现了非木浆在我国造纸工业中的重要地位和积极作用。非木材纤维撑起了我国纸浆需求的一片天地，不仅弥补了我国造纸纤维原料的短缺，而且起到调剂我国纤维原料结构，平衡纤维原料供求关系的作用。合理利用非木浆、逐步形成以木纤维和废纸为主、非木材纤维为辅的造纸原料结构将是我国制浆造纸工业“十二五”期间发展的主旋律。

现代制浆造纸工业要求高效率、高质量、高效益、低消耗和低污染。几十年来，经过全行业科技人员的共同努力，我国在利用非木纤维方面走在了世界的前列。在备料、制浆、碱回收等草类纤维制浆的关键技术上取得了丰硕的成果。特别是非木材纤维制浆黑液碱回收技术的发展，解决了非木纤维制浆污染严重的顽疾，坚定了非木纤维生存和发展的基础，进一步巩固了非木纤维在我国制浆造纸工业中的重要地位。

一、非木材纤维制浆黑液碱回收技术的历史沿革

我国正规非木材纤维制浆黑液碱回收起源于消化吸收木浆黑液碱回收工艺与技术。可应用碱回收技术的非木材纤维制浆原料主要包括竹子、蔗渣、芦苇、麦草等。到 20 世纪 70 年代，非木材制浆黑液碱回收基本是与年产万吨的制浆生产线配套，采用的主要装备是 3～4 效标准型短管蒸发器或四效长管升膜蒸发器；配文丘里旋风分离器的风冷或水冷夹套圆炉及全水冷壁方形喷射炉；间歇式或连续绿液消化、苛化和澄清系统。

1988 年，在消化吸收多台引进的用于木浆碱回收系统板式降膜蒸发器的基础上，镇江纸浆厂、兰州节能环保设备公司、张家港沙工化机厂联合试制出国产第一台板式降膜蒸发器用于镇江纸浆厂，作为增浓效改造原有蒸发站投运成功，从而实现了板式蒸发器的国产化，进一步将木浆黑液蒸发新技术和设备引入草浆系统。

然而，在此期间建设的非木浆黑液碱回收系统，过多地照搬了木浆碱回收经验，结果是，与木浆黑液性能特征差别越大，工艺和设备的使用效果就越差。加上制浆、碱回收能力偏小，黑液提取率偏低以及对非木浆黑液碱回收运行经验的不足，在人们的心目中形成了非木浆黑液碱回收运行不正常、需要经常停机清洗和维修、碱回收炉需要燃料油助燃、碱回收经济效益差等固定概念。

进入 20 世纪 90 年代，国内几个流域水环境的深度恶化，促使国家加大了环境治理的力度，先后出台《GB 3544—92 造纸工业水污染物排放标准》、《淮河流域水污染防治暂行条例》、《关于环境保护若干问题的决定》以及《草浆造纸工业废水污染防治技术政策》。草类纤维原料制浆黑液碱回收在环境和政策的重压下，以上马碱回收工程为企业的生命工程，我国工程技术人员总结了我国多年非木材纤维特别是麦草浆制浆及碱回收生产的经验教训，集中了多项制浆

及碱回收工艺技术进步的成果，使新建碱回收系统均顺利投产，并基本达到预期的效果，形成了我国独有的领先于国际的非木浆黑液碱回收技术，确定了碱回收技术在非木材纤维制浆工艺过程中的重要地位。

新世纪伊始，非木浆黑液碱回收在20世纪90年代成功经验的基础上再攀高峰，碱回收建设规模的起点达到与年产3.4万吨以上草浆配套，大多数规模小于年产3.4万吨的企业相继关闭。2007年10月发布的《造纸产业发展政策》，更将非木浆扩建和新建工程的起点规模设定到5万吨/年。规模的扩大，以及国产设备的技术进步，进一步带动了草类原料制浆黑液碱回收水平的提高。一批具有现代先进技术和装备的非木浆黑液碱回收系统建成投产。

二、非木材纤维制浆黑液碱回收技术“十一五”期间的进展

1. 管式降膜蒸发器步入非木材纤维制浆黑液蒸发系统

自1988年国产板式降膜蒸发器应用于苇浆黑液蒸发系统以来，板式降膜蒸发器在非木浆黑液碱回收系统中发挥了重要作用。目前，随着我国科技工作者的不懈努力，管式降膜蒸发器渐露锋芒。板式降膜蒸发器由于是酒窝型板式元件，对下流液体有搅动作用，加大了液体的湍流程度，提高了传热系数。而管式降膜蒸发器汽液同向，高速汽体对液体有拉膜作用并使液膜更均匀、流速更快，也同样提高了管式降膜蒸发器的传热系数。更值得提出的是，管式降膜蒸发器加热元件受力较好、焊点少、耐压高、不易破裂、使用寿命长。可采用堵管或换管的方式处理受损的换热面。适用于麦草浆、竹浆、苇浆、木浆等多种浆料的黑液浓缩，特别适宜于高浓黑液蒸发。

管式降膜蒸发器在非木浆黑液蒸发系统的使用情况见表1。

表1 管式降膜蒸发器在非木浆黑液蒸发系统使用情况

	原料	主体设备	设计制造	运行时间
山东华金集团有限公司	麦草	原5×500米^{2}短管蒸发器，改造各效并联新增1台管式降膜蒸发器，总面积增加570米^2，能力提高30%	天津轻工业机械厂	1997－11
云南翠峰纸业双江华峰分公司	竹子	原2×440米^2＋3×380米^{2}的五效长管蒸发器，改造各效并联新增1台管式降膜蒸发器，总面积增加602米^2，能力提高30%	天津市恒脉机电科技有限公司	2003－12
新疆博湖苇业股份有限公司	芦苇	原1×1020米^{2}板式降膜＋2×440米^2＋3×380米^{2}长管蒸发器组成的六效板管结合蒸发器组，改造Ⅲ效、Ⅳ效、Ⅴ效各并联新增1台管式降膜蒸发器，总面积增加462米^2，能力提高40%	天津市恒脉机电科技有限公司	2005－05
新疆博湖苇业股份有限公司	芦苇	国产第一套新建全管式降膜蒸发站，五效五体，蒸发能力80吨/时蒸发水量，蒸发站出浓48%，总蒸发面积7100米^2	天津市恒脉机电科技有限公司	2006－11
山东泉林纸业有限责任公司	麦草	国产第一套新建全管式降膜蒸发站，五效五体，蒸发能力70吨/时蒸发水量，蒸发站出浓55%，总蒸发面积5500米^2	天津市恒脉机电科技有限公司	2007－03
山东泉林纸业有限责任公司	麦草	新建六效七体管式降膜蒸发站，蒸发能力100吨/时蒸发水量，蒸发站出浓45%，总蒸发面积11000米^2	天津市恒脉机电科技有限公司	2008－03
中冶纸业银河有限公司	麦草	新建六效七体管式降膜蒸发站，蒸发能力100吨/时蒸发水量，蒸发站出浓45%，总蒸发面积11000米^2	天津市恒脉机电科技有限公司	2008－12
山东泉林纸业有限责任公司	麦草	国产规模最大、技术最先进的管式降膜蒸发站，六效十一体，蒸发能力350吨/时蒸发水量，蒸发站出浓60%，总蒸发面积27300米^2	天津市恒脉机电科技有限公司	2011－10

2. 高浓黑液蒸发、压力贮存及燃烧

传统非木浆黑液碱回收系统，蒸发工段浓黑液浓度在42%～45%，经碱回收炉配置的圆盘蒸发器增浓到50%左右后入炉干燥和燃烧。个别的生产系统，当入炉黑液浓度超过50%时，操作人员通过加水降低浓度，以调节入炉黑液的雾化和干燥性能。低浓黑液入炉的结果是将黑液中含有的水分从液态的100～105℃转换为约180℃的水蒸气随烟气一同排放。不同黑液固形物浓度条件下，由于黑液中水分造成的热量损失如图1所示。图1可以看出，当黑液固形物浓度由45%提高到60%时，由于水分蒸发而造成的热量损失降低了大约1500千焦/千克固形物。目前建设中的麦草浆黑液碱回收系统设计的出蒸发工段和入炉黑液浓度为60%，是现代非木浆黑液碱回收系统的典范，代表了非木浆黑液碱回收系统工艺技术的进步和发展方向。

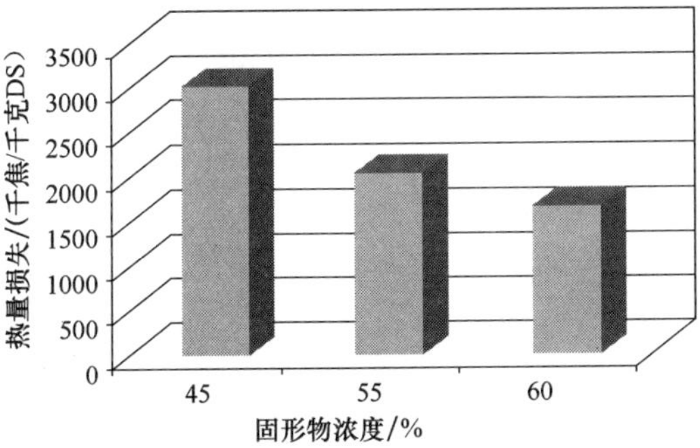

图1　入炉黑液固形物浓度与热损失

压力贮存是高浓黑液蒸发及燃烧不可缺少的一个重要环节，它可以将出蒸发站的浓黑液保持高温和低黏度贮存，可直接泵送碱回收炉燃烧。

3. 蒸发工段污冷凝水减量化和回用

蒸发工段污冷凝水通常是非木浆黑液碱回收系统主要的废水排放源。这部分污冷凝水一般来源于两个部位，其一是从稀黑液蒸发出的二次冷凝水，从末效和表面冷凝器中收集的，其二是真空系统冷却水。蒸发工段污冷凝水减量化主要表现在真空系统冷却水的减量化技术应用。水环式喷射真空泵在黑液蒸发系统使用了近30年的时间，冷却水和真空泵抽吸的二次蒸汽冷凝水直接混合后成为污冷凝水。以五效蒸发站将黑液浓度从10%蒸发到50%为例，蒸发系统产生的二次冷凝水约8吨/吨固形物，水环式喷射真空泵加入的冷却水量为2.3～2.9吨/吨固形物（冷却水温25～32℃），即蒸发工段产生的污冷凝水量达到10.3～10.9吨/吨固形物，由于真空泵直接冷却使得污冷凝水增加约30%。

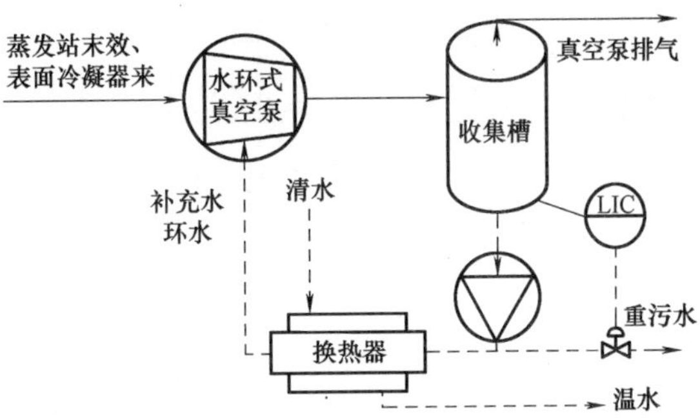

图2　真空系统冷却水循环系统

现代非木浆黑液碱回收蒸发站，吸取了木浆黑液碱回收的经验，采用水环式真空泵抽吸表面冷凝器不凝气，采用间接冷凝系统，如图2所示。冷凝采用清水，产生的温水回用于生产，冷凝下来的二次蒸汽冷凝水循环使用，作为水环式真空泵的工作介质。在降低废水产生量的同时，改善了真空泵的工作条件，特别是冷凝水冷却后作为水环式真空泵的工作介质，避免冷却水的硬度造成的真空泵结垢，延长了真空泵的工作周期和使用寿命。

同木浆黑液蒸发系统一样，非木浆黑液蒸发系统也采用了冷凝水分级技术，使得污染程度不同的冷凝水分别收集和回用，从蒸发器Ⅱ～Ⅳ效收集的轻污冷凝水回用于制浆车间浆料洗涤，从后几效收集的污冷凝水可以回用于白泥洗涤。硫酸盐法竹浆项目采用蒸发器自汽提和重污冷凝水汽提技术，可以做到全部污冷凝水回用。此外，有的生产线采用经冷却后的污冷凝水作为碱回收车间机械密封水，也收到了良好的效果。

4. 黑液热处理或降黏技术以及Ⅰ、Ⅱ效蒸发器多体配置

在温度一定的条件下，黏度一般随浓度的提高而增加。当黑液浓度较低时，其黏度随浓度变化的幅度不是太大，例如，低浓度的黑液黏度与水相似。但当浓度提高到某一个值时，黑液黏度就会骤然上升，习惯上把这一浓度值叫做“临界浓度”。临界浓度值的高低，在一定程度上反映了一种黑液的黏度特性，进一步反映了黑液的蒸发增浓性能。通常草浆黑液由于硅含量较高等原因，其临界浓度较木浆黑液低，这就使得非木浆黑液的蒸发增浓较木浆黑液难度大，从而在一定程度上也影响了非木浆黑液的碱回收过程。

目前，国内竹浆、麦草浆黑液蒸发系统采用的黑液热处理或降黏技术应用于高浓黑液蒸发系统，

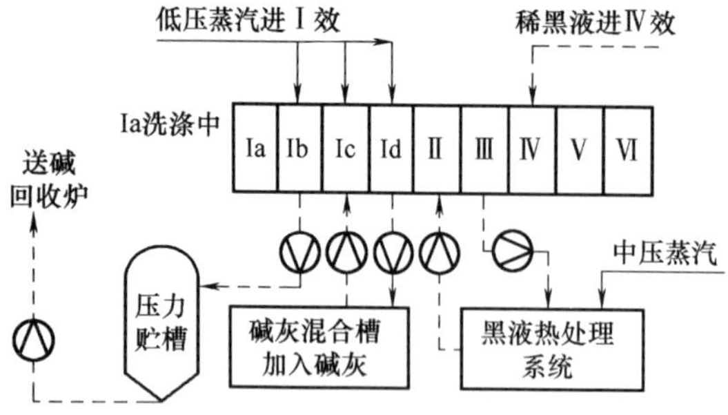

图3　黑液热处理及高浓黑液蒸发系统

如图3所示。这样竹浆黑液浓度可达70%，麦草浆黑液浓度可达60%。为保持高浓效传热面的洁净，维持良好的传热效果及便于清洗除垢等，用于非木浆黑液的高浓蒸发站，其Ⅰ效一般设3～4体，Ⅱ效设2～3体。

5. 非工艺元素（NPEs）去除技术

硅的问题是所有非木浆黑液碱回收系统需要面对的问题，硅的影响主要表现在苛化和石灰回收系统。即白泥的干度与硅含量成反比的关系，硅含量越大，白泥能达到的临界干度越低。除硅工艺的研究及报道很多，但实际应用的技术很少。为尽可能在苛化工段除去系统的硅，国内已有竹浆生产线采用了预苛化工艺。预苛化即在绿液中加入较小比例的石灰进行部分苛化反应（本项目按30%平衡），反应物白泥与绿泥一起排放，澄清液再进入消化和后苛化。硅在绿液中的溶解度随苛化度的提高而降低，但无论何种硅含量的绿液，在苛化度30%左右时，硅的溶解度基本达到4～5克 SiO_2/升的固定值（如图4所示）。根据这一特性，如果初始绿液二氧化硅浓度越高，预苛化效果越明显。假设初始绿液二氧化硅浓度达10克 SiO_2/升，预苛化达到30%苛化度，则50%的硅可在该阶段去除。经预苛化后的白泥，其硅含量大大降低。

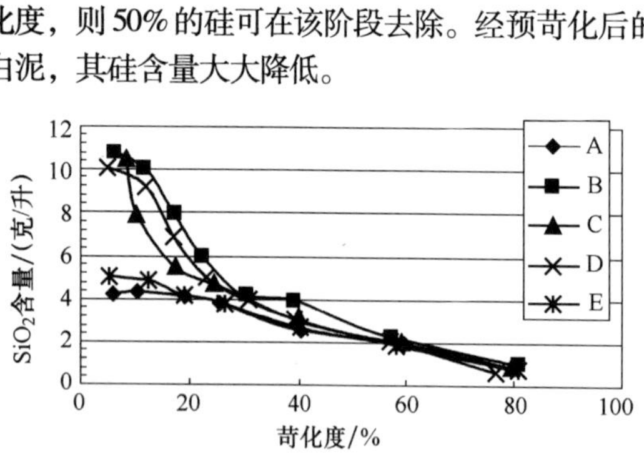

图4　苛化度与苛化乳液二氧化硅含量的对应关系

6. 单汽包碱回收炉的应用

单汽包碱回收炉是在吸收动力锅炉经验的基础上，首先引用到木浆生产线，由于其开停机时间短、积灰倾向小、锅炉管束部位水循环效果好以及可水洗受热面等优势而被广泛接受。第一台麦草浆单汽包碱回收炉于1998年12月应用于华泰集团有限公司年产5万吨麦草浆工程，取得良好的效果，而后在非木浆碱回收系统推广应用。目前新建非木浆碱回收炉基本采用单汽包形式。

7. 高效白液澄清和白泥洗涤设备应用

传统的道尔式苛化系统工艺和设备拥有悠久的历史，道尔式澄清器是成熟可靠的。但随着技术进步，工艺生产对白液澄清度、白泥洗净度以及设备占地面积等提出了较高的要求，更高效白液澄清和白泥洗涤设备得到开发和应用。

1998年12月，首台25米^{2}白泥预挂过滤机应用于草浆苛化工段。2008年4月，首台盘式过滤机应用于竹浆黑液碱回收苛化生产线。这些设备均具有占地面积小、生产能力大、白液澄清度高或白泥洗净度高和节省土建费用的特点。

管式压力过滤机（Eco-filter或Tube-filter）不适宜应用于非木浆黑液碱回收白液过滤及白泥洗涤。主要原因在于该设备是静态压力过滤，泥层过滤性能受硅、镁金属离子以及过量灰分影响较大，作为非木浆黑液碱回收白液过滤或白泥洗涤设备时，单位过滤面积的产能较低，有时甚至滤套上的泥层无法脱落，且滤布更换工作量大。但管式压力过滤机可作为非木浆黑液碱回收澄清器后白液的进一步精滤，通过管式压力过滤机精滤后的白液，其固形物含量由澄清器后的80～100毫克/升降低到10～30毫克/升，可减缓蒸煮、黑液蒸发设备传热面的结垢，提高蒸汽和设备的利用率，降低能耗，同时有助于提高成浆质量。

8. 碱回收车间黑白地沟分流及黑地沟排水电导控制

要生产就要有排水，实现碱回收系统清洁生产的最后一关是控制车间排水中污染物的排放量。车间排水中污染物主要来自设备的跑冒滴漏及停机清洗废液等。因此企业要有健全的管理制度，操作人员要有高度的责任心，系统要有良好的配置如液位、流量控制等，设备选择上要选择适宜的密封形式如机械密封和动力密封等，以杜绝泵类、搅拌器轴封滴漏的发生。

除此之外，新建的大多数碱回收车间均将含碱废水的黑地沟与普通清水、冷却水、锅炉给水、冷凝水系统的白地沟分流。白地沟的废水可收集后送工厂的循环冷却水塔（如有）或直接排放；黑地沟的废水汇集到集水坑后排出车间，集水坑设废水泵及电导度测量装置，当废水的电导度超标时，废水泵启动，将废水送回系统处理。通常的做法是将蒸发和碱回收炉工段黑地沟超标废水送蒸发的收集槽，定量连续地掺入蒸发工段的稀黑液中送蒸发站蒸发；将苛化工段的超标废水送稀白液槽进入绿液系统。

三、非木浆黑液碱回收技术“十二五”的展望

1. 碱回收系统大型化及热电联产

如表2所示，非木浆黑液碱回收系统正在向大型化和热电联产发展，这不仅是非木浆黑液碱回收技术进步的结果，更是环境保护、节能减排、低碳造纸的具体体现。

表2　国内运行或在建的大型非木浆黑液碱回收炉参数

浆种	固形物处理量/(吨DS/日)	主蒸汽压力/兆帕	主蒸汽温度/℃	蒸发量/(吨/时)	给水温度/℃	热风温度/℃	排烟温度/℃	入炉黑液浓度/%	入炉黑液温度/℃
竹浆	1500	6.8	480	220	130	150	170	70	115
蔗渣浆	450	3.82	450	45	104	160	250	48	105
苇浆	330	3.82	450	45	130	150	260	53	110
麦草浆	1200	5.4	450	150	130	150	170	60	110

2. 氯钾元素去除技术

氯钾元素的存在，使得碱灰的黏着温度降低(图5)，会影响到碱回收炉的运行。主要表现在：碱回收炉积灰严重，吹灰次数和蒸汽消耗量增加，甚至需频繁的停机洗炉；碱回收炉产汽能力下降；严重的状况下腐蚀设备，特别是过热器部位的腐蚀及爆管。非木材纤维原料中氯、钾元素含量通常高于木材原料，有效去除这些非工艺元素，可提高非木浆黑液碱回收系统的运行效率，减少碱回收炉停机造成的成本上升。木浆生产系统采用的氯、钾元素去除技术包括碱灰沥析法、冷却结晶法、蒸发结晶法、离子交换膜法和电解膜法。随着非木材纤维制浆和碱回收规模的提高，这些技术也可能得到更为广泛的应用，使得非木浆黑液碱回收系统更为完善和先进。

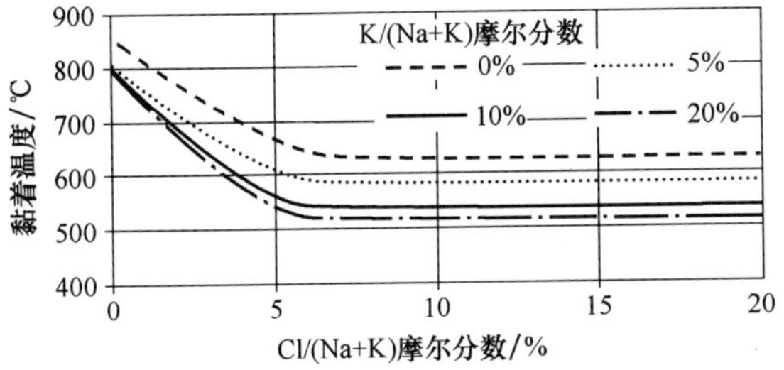

图5　氯钾含量对碱灰黏着温度的影响

3. 结晶蒸发和黑液热处理技术的应用

结晶蒸发技术主要应用于木浆生产线，但这项技术表现出的技术优越性将使其在非木浆黑液碱回收系统有更大的发展空间。碱回收蒸发系统采用结晶蒸发，配合黑液热处理或黑液钝化系统可改善蒸发工况，生产高浓度的黑液，提高碱回收效率。目前，这项技术已应用于竹浆黑液碱回收系统，碱法麦草浆采用该项技术的生产线正在建设中，有理由相信结晶蒸发和黑液热处理技术将在越来越多的非木浆碱回收系统中得到广泛的应用。

4. 淘汰黑液直接接触式圆盘蒸发器

无论如何，采用黑液直接接触式圆盘蒸发器必将造成入炉黑液浓度偏低、残碱下降、黏度上升、烟气热能利用效率低以及碱回收炉排放污染物高，与目前节能减排和低碳经济是不相适应的。配置圆盘蒸发器的碱回收炉系统，最终将被淘汰，而对现有系统的改造将是改善碱回收炉运行工况，提高碱回收热效率的唯一途径。

5. 碱回收炉采用高浓燃烧及立体多层供风系统

环保执法力度的加强将使人们从仅关注水体，转向同时关注水体、大气、固废等环境因素。由于碱回收炉中Na离子的存在，即使是采用硫酸盐法，仍可较好地吸收燃烧产生的二氧化硫，但采用高浓黑液燃烧及立体多层供风，可进一步改善碱回收炉燃烧工况，提高锅炉热效率并降低烟气中TRS、SO_2和NO_x的排放。

改善碱回收炉供风系统，可降低氮氧化物排放。无论何种制浆工艺，对于碱回收炉而言，在碱

回收炉底部形成还原环境，可将燃烧形成的氮氧化物还原为氮。因此，改良的供风系统意味着减少一二次风的比例，增加三次风的比例，甚至是将三次风口分为上下两层或增加四次供风。

6. 碱法非木浆黑液碱回收炉烟气湿式洗涤器的应用

碱法非木浆黑液碱回收炉烟气中粉尘的主要成分是碳酸钠，溶于水或稀白液后成为绿液。基于这一点，大部分的碱法非木浆黑液碱回收炉灰斗和静电除尘器的碱灰溶解后直接送绿液槽，而不必与黑液混合回到碱回收炉燃烧。除尘运行效果不理想的碱回收炉可通过增加湿式洗涤器增强除尘效果，甚至直接使用高效湿式洗涤器除尘，除尘的洗涤水补充进入绿液系统。大型碱回收炉的溶解槽溜槽必须采用蒸汽消音。为回收热能及捕集碱沫，溶解槽排汽管需设置洗涤系统，包括洗涤器、循环系统及排汽风机等。

7. 非木浆黑液碱回收白泥综合利用技术

非木浆黑液碱回收系统白泥硅含量为木浆白泥的2~3倍，正是因为这一原因，导致非木浆黑液碱回收白泥在洗涤过滤、煅烧回用等产生严重的硅干扰问题，严重制约了非木浆碱回收白泥的回收利用，特别是使得这种白泥不能采用常规的煅烧法回收石灰。也正是因为这一原因，在固废处理要求越来越高的今天，非木浆黑液碱回收白泥的处理已是影响非木纤维生存和发展的瓶颈。

非木浆黑液碱回收白泥有许多的综合利用途径，但均受到使用量、使用时间等的影响，特别是浆厂规模越来越大，无法实现全部白泥的综合利用，非木浆黑液碱回收白泥综合利用技术有待进一步发展和提高。目前主要研究方向以及应用上的限制条件如表3所示。

表3　白泥的主要综合利用及处理方式

序号	产品	应用方式	限制条件
1	轻质碳酸钙	生产轻质碳酸钙用于造纸生产	白度低、碳酸钙含量低，仅能应用于对碳酸钙纯度要求不高的纸品生产
2	脱硫剂	替代石灰石用于烟气脱硫	使用量以及运输有限制
3	水泥	替代石灰掺烧普通硅酸盐水泥，适于湿法回转窑水泥生产	掺烧量和白泥残碱均有要求，且需对水泥生产工艺和配方进行适当调整
4	涂料	以白泥为填料，配合其基料、颜料和表面活性剂等	不能生产高白度涂料，白泥需要研磨使用。如生产固体建筑涂料时，需要对白泥进行干燥处理
5	腻子粉	与其他基料和配料混合制成腻子粉，用于涂料施工前的工作面找平	对残碱有要求，且需要对白泥进行干燥处理
6	塑料添加剂	作为添加剂用于地板革、钙塑型包装箱、管材、异型材以及其他用碳酸钙作为填料的塑料产品	白泥需干燥。该行业以使用重钙居多，使用轻质碳酸钙由于其吸油值偏高，将增加增塑剂用量，提高生产成本
7	建材	生产混凝土砌块、白泥砖、玻璃等	作为填加料使用，残碱对砖或砌块的质量影响较大。混凝土砌块或砖中白泥成分10%~25%，玻璃中白泥成分5%~9%
8	堆存	外运，堆存在征用或租赁的山涧、荒沟或窑坑中	需按照工业固废处理规范要求处理堆场，如防渗、筑坝和淋沥液处理、雨水处理等，土地需征用或租赁，运输费用高，不是长远之计

四、结　语

（1）鉴于我国纤维原料的紧缺局面，合理使用非木浆，逐步形成以木纤维、废纸为主，非木材纤维为辅的造纸原料结构是我国制浆造纸工业“十二五”期间发展的主要格局。

（2）历史上草浆废水造成的污染给非木材纤维造纸工业带来了相对污染严重的固定概念。合理使用非木浆，特别是麦草浆，环保设施建设和环境污染的防治是其进一步发展的关键，但碱回收系统的高效运行是非木材纤维制浆系统实现节能减排的基础。

(3) 在总结我国多年非木材纤维制浆及碱回收生产的经验教训的基础上，我国非木材纤维制浆及碱回收技术基本过关，非木材纤维应用走出了一条中国特色的发展之路。

(4) 非木浆黑液碱回收系统正在向大型化和现代化发展，高效、节能以及减量化、再利用、资源化、无害化技术将在非木浆黑液碱回收系统中充分体现。

(5) 随着农村经济的发展，非木材纤维中的麦草原料在收购、运输、堆存及防火方面的难度越来越高，同时由于掺水、掺砂等使得麦草秸秆的质量日益恶化，成本也大大提高，造成麦草制浆黑液碱回收技术管理、成本控制和达标排放的难度越来越高，甚至使部分企业无法承受。因此，山东不少大型企业已放弃麦草化学浆生产而过渡到利用杨木枝桠、板皮或商品木片，这样的选择给其他发展中的中型秸秆化学制浆及碱回收企业一个有益的启示。

（靳福明）

我国造纸工业废水深度处理技术现状及其发展趋势

Current Status and Development Trend of the Advanced Treatment Technologies of Paper Industry Waste Water in China

一、造纸工业废水深度处理的技术现状

20 世纪 90 年代以来，随着造纸企业对工业废水处理的重视程度逐渐加强，陆续配套建设了大批废水处理厂。由于各企业自身生产工艺特点的不同，采用的废水处理工艺也不相同。处理工艺大多集中在一级预处理（沉淀、气浮）+二级生化处理（厌氧、好氧+沉淀），部分企业还根据实际需要在后端设置化学混凝三级处理流程来实现达标排放。一般处理后的废水 COD_{Cr} 可以降低到 150~300 毫克/升。

随着《GB 3544—2008 制浆造纸工业水污染物排放标准》的颁布，大幅度提高了污染物排放的控制水平。新标准分两个阶段实施，第一阶段从 2008 年 8 月 1 日至 2011 年 7 月 1 日，第二阶段为 2011 年 7 月 1 日以后的时间。新标准中特别增加了对环境承载能力脆弱地区设置的水污染物特别排放限制，加大了对环境敏感地区的污染物排放控制力度。新标准除了提高对以前标准中的 COD、BOD、SS、AOX 的控制外，还新增了色度、氨氮、总氮、总磷、二噁英等指标，从而增加了企业治理工业废水的压力和难度，也促使企业积极寻找适合自身发展的废水深度处理工艺路线。

深度处理是进一步去除二级处理出水中剩余污染物的净化过程。目前多数造纸企业的废水在经过二级生化处理后，COD、色度等指标难以满足 GB 3544—2008 标准的要求，因此，采用深度处理工艺实现达标排放是必然趋势。目前，我国造纸工业废水深度处理的主要技术现状介绍如下。

1. 混凝处理方法

这是废水处理技术中最常用的处理方法，处理的对象主要是废水中的悬浮固体和胶体杂质。其作用机理主要是向水中投加混凝剂与助凝剂，并在其作用下通过压缩微颗粒表面双电层、电性中和等作用使胶体等脱稳，进而依靠吸附架桥、卷扫、网捕等作用使水中污染物粒子形成大的絮团，利用沉淀或气浮等物理方式与水分离，实现水体的净化。这种方法投资少、过程简单、操作方便、运行成本相对较低，是目前国内企业在建设深度处理工艺时优先考虑的技术措施。

（1）沉淀　具有运行稳定、设施简单、动力消耗低、构筑物维护费用低等特点，但是占地面积大。目前在实际工程中主要采用的是中心进水周边出水形式的辐流式沉淀池，另外也有矩形池体的平流沉淀池等工程实例。在华泰集团有限公司、山东太阳纸业股份有限公司、四川永丰纸业股份有限公司等企业都采用了混凝沉淀的工艺流程。

（2）气浮　需要向废水中通入空气，并以微小气泡作为载体从水中析出，使废水中微小颗粒黏附在气泡上浮出水面，通过刮板撇除，实现杂质与水的分离。气浮法的设备相对多、动力消耗大，但其体积与占地面积小，特别适用于现有企业在场地有限的情况下进行升级改造工程。目前在国内企业的混凝处理运行实例中，采用气浮方法的工程比较多。如山东亚太森博浆纸有限公司、金城纸业股份有限公司、舞阳银鸽纸产有限公司、泰格林纸集团、玖龙纸业（控股）有限公司、广州造纸集团有限公司、贵州赤天化纸业股份有限公司等都有使用。

气浮设备目前的形式较多，包括传统形式的溶气气浮、涡凹气浮、超效浅层气浮等。近 10 年来发展较快且企业使用较多的是超效浅层气浮，已经

逐渐成为气浮处理的主流产品被企业广泛接受和使用。

混凝处理法存在化学污泥量大、COD 去除率存在一定限制的问题。根据多个制浆造纸企业的实际工程运行经验，除了非脱墨废纸浆造纸企业以及商品浆造纸企业外，一般经二级处理后的废水 COD_{Cr} 为 200 ~ 400 毫克/升。采用混凝方法处理后的出水 COD_{Cr} 一般在 100 ~ 150 毫克/升，较难稳定达到 100 毫克/升以下，对满足 GB 3544—2008 标准中表 2 的指标还有一定差距。2008—2009 年部分企业 COD_{Cr} 的数据范围见表 1。

表 1　2008—2009 年部分企业 COD_{Cr} 处理数据范围

项目	处理规模/（米³/日）	混凝处理段 COD_{Cr}/（毫克/升）		COD_{Cr} 去除率/%	备注
		进 水	出 水		
山东亚太森博浆纸有限公司一期	33000	180 ~ 250	70 ~ 90	61.1% ~ 64%	气浮
广州造纸集团有限公司 PM9	30000	120 ~ 250	60 ~ 120	50% ~ 52%	气浮
濮阳龙丰纸业有限公司	20000	500 ~ 700	280 ~ 350	44% ~ 50%	气浮
贵州赤天化纸业股份有限公司	35000	200 ~ 300	110 ~ 150	45% ~ 50%	气浮
焦作瑞丰纸业有限公司	16000	600 ~ 800	280	53.3% ~ 65%	气浮
江苏新大（五洲）纸业有限公司	35000	250 ~ 300	120 ~ 150	52% ~ 50%	气浮
福建南纸股份有限公司	30000	300 ~ 350	80 ~ 110	73% ~ 68.6%	气浮
华泰集团有限公司	60000	300 ~ 500	110 ~ 150	63% ~ 70%	沉淀
四川永丰纸业股份有限公司	35000	120 ~ 200	60 ~ 80	50% ~ 60%	沉淀

从统计数据来看，对二沉池出水采用混凝处理，COD_{Cr} 去除率大多可以达到 50% ~ 65%，有些可以达到 70%。当加大混凝剂的投加量时，COD 的去除效率仍会有一定程度的提高，但是会带来处理成本增加及化学污泥大量增加的问题。因此，目前大多数的废水混凝处理系统中 COD_{Cr} 去除率在 70% 以下。根据水质和 COD 去除率要求的不同，运行成本一般在 0.5 ~ 2 元/米³。吨水的建设投资一般多在 100 ~ 300 元/米³。例如：①2008 年建设的某化学浆项目深度处理工程，规模 50000 米³/日，采用 3 台国产直径 14 米的超效浅层气浮设备，执行 GB 3544—2008 第一阶段排放标准。进水 SS ≤ 100 毫克/升，COD_{Cr} ≤ 300 毫克/升，色度 300 倍；处理后出水 SS ≤ 50 毫克/升，COD_{Cr} ≤ 150 毫克/升，色度 ≤ 50 倍，pH 值 6 ~ 9。全部设备投资 386 万元，配套电仪、管路及土建工程费用大约 180 万元，折合吨水投资约为 113.2 元/米³，吨水处理成本约 0.7 ~ 0.8 元。②2007 年建设的某脱墨浆新闻纸项目，废水深度处理规模 30000 米³/日，采用 2 台直径 13 米的国产超效浅层气浮设备处理，吨水投资大约 150 元/米³。深度处理段进水 COD_{Cr} 约 200 毫克/升，色度约 400 倍；处理后实际出水 SS 20 毫克/升，COD_{Cr} 60 ~ 90 毫克/升，色度约 20 倍，pH 值 6 ~ 9，吨水处理成本 0.6 ~ 0.7 元。

2. 吸附技术

吸附法是利用多孔性的固体物质，使废水中的一种或多种物质被吸附到固体表面而去除的方法，可用于去除臭气、有机物、胶体、微生物及残氯等。其特点是处理效果好、COD 去除率高、设备简单，但吸附饱和后需要再生，操作不便且运行成本较高，一般作为混凝处理方法的后续处理手段。常用的吸附剂包括活性炭、活性焦、膨润土、硅藻精土等。活性炭对脱色与 COD 的去除具有明显效果，废水的脱色率一般在 60% ~ 90% 范围，对 COD_{Cr} 的长期平均去除率可达到 55% ~ 75%，吨水运行费用 1.5 ~ 2.5 元/米³。活性焦具有活性炭的吸附特点，生产成本不到活性炭的 1/2。目前利用活性炭与活性焦吸附处理的工业运行实例相对较少。膨润土在国内目前仍以试验研究为主。有试验资料显示，采用改性膨润土处理造纸黑液，在适当的条件下对不同废水色度的去除率范围从 41% ~ 99%，COD_{Cr} 的去除率范围 61% ~ 80%。硅藻精土对于 SS、COD、色度、氮磷等同时具有较好的去除效果。目前在造纸废水处理上还未实际应用，但在广东、江苏、云南、贵州、广西、内蒙古等地建成城市废水处理中已经有一些工程实例，并取得了良好效果，为造纸工业提供了可借鉴的经验。

3. 高级氧化法

高级氧化技术又称深度氧化技术，泛指氧化过程中有大量羟基自由基（·OH）参与的化学氧化过程。羟基自由基的氧化能力极强，其电位（2.80

伏）仅次于氟（2.87伏），在处理过程中通过羟基自由基与有机化合物间的加合、取代、电子转移、断键、开环等作用，可使废水中难降解的大分子有机物氧化降解成低毒或无毒的小分子物质，甚至直接分解成 CO_2 和 H_2O，达到无害化的目的。高级氧化技术包括Fenton氧化法、光催化氧化法、电化学氧化技术、臭氧氧化法等，具有反应速度快、处理效率高、对有毒污染物破坏彻底、无二次污染、适用范围广、易操作等优点。目前行业内实际应用的主要是Fenton氧化法。

（1）Fenton氧化法　Fenton技术是采用 Fe^{2+} 与 H_2O_2 反应体系氧化多种有机物，Fenton氧化过程实际上是极为复杂的，其实质是由羟基自由基与有机物进行一系列反应组成，各反应之间相互作用与影响。由于Fenton技术能够有效地去除造纸废水中的色度和COD，近些年在我国造纸企业中出现了较多的实际工程，包括传统Fenton氧化工艺以及Fenton流化床处理工艺。

Fenton氧化工艺首先对进水的pH值进行调节，使pH值降低到3~4之间以更好发挥Fenton试剂的作用。随后通过足够的停留时间来完成氧化反应，对反应后出水的pH值回调到6~6.5左右，进一步通过后续沉淀过程进行泥水分离，从而实现废水净化过程。由于要多次调节废水的pH值，其酸碱的消耗量较大，并对与废水接触的构筑物与管道设备的防腐蚀要求程度较高，因此其建设成本与处理成本较高。不同浆纸类型生产企业实际运行案例中，吨水处理成本范围在1.5~5元/米^3，甚至会更高。目前实际建设的项目投资成本大约在500~1000元/米^3，部分企业采用Fenton氧化法处理技术的运行数据见表2。

表2　部分企业采用Fenton氧化法处理技术运行数据

项目	处理规模/(米^3/日)	进水 COD_{Cr}/(毫克/升)	出水 COD_{Cr}/(毫克/升)	COD_{Cr}去除率/%
海南金海浆纸业有限公司	86000	600~800	≤100	83.3~87.5
某脱墨浆新闻纸厂	11000	350	96	72.6
广东鼎丰纸业有限公司	12500	150~250	70~87	53.3~65.2
南雄市珠玑纸业有限公司	5700	200	~80	60
宁波亚洲浆纸业有限公司	40000	250	≤80	68
重庆理文造纸有限公司	30000	350	≤100	71.4
南宁糖业股份有限公司蒲庙造纸厂	6000	350	≤90	74.3
南宁金浪浆业有限公司	9000	300	≤90	70

从上述统计数据可以看出，采用Fenton氧化法深度处理造纸废水，COD去除率较高。虽然运行成本与投资费用较高，但可以真正满足GB 3544—2008排放标准的要求，是一种较为可靠与实用的技术措施。近两年来，这种技术在国内的普及应用非常迅速，除了上述企业外，华泰集团有限公司、安徽华泰林浆纸有限公司、广西博冠纸业有限公司、无锡荣成纸业有限公司、云南昌宁建星纸业有限公司、山东太阳纸业股份有限公司、赣州华劲纸业有限公司、广西华劲纸业集团有限公司、福建敦信纸业有限公司、联盛纸业（龙海）有限公司等多家企业都已运行或在建Fenton氧化法处理工程。

（2）其他氧化技术

①光催化氧化技术（非均相）是以n型半导体（如 TiO_2、ZnO、WO_3、CdS等）作催化剂的氧化过程。目前光催化氧化法的研究及应用尚存在不足，例如造纸废水的色度高、悬浮物含量高，对紫外光的透射性产生一定的影响。另外，催化剂的流失、紫外光源等问题都是有待解决的问题。

②电化学氧化技术对污染物具有较好的去除效果，目前仍以研究为主，也有少量实际案例。据报道，中国林业科学研究院制浆造纸研究开发中心研制的一种电化学处理技术，用于废纸造纸的废水处理工程，进水 COD_{Cr} 120毫克/升，出水 COD_{Cr} 50毫克/升，去除率58.3%，处理成本约0.95元/米^3。

③臭氧氧化技术是利用臭氧在不同的催化剂条件下产生羟基自由基（·OH）的一种高级氧化工艺，在工业废水处理中的应用越来越广，很多报道都肯定了臭氧对多种行业产生的废水有很好的处理效果，如制药废水、焦化废水、印染废水、造纸废水等。国内对臭氧氧化技术处理造纸废水的研究成果较多。研究结果表明，各种联用技术对色度与

COD具有明显的去除效果，根据试验工艺条件的不同，色度与COD_{Cr}的去除率分别达到了88.8%~99%、54.9%~80%，基本能达到新的制浆造纸废水排放标准。目前臭氧氧化技术的应用仍受到一些因素的限制，如臭氧发生器所产生的臭氧浓度低、电耗量大、设备及运行费用高。这些问题仍有待进一步的研究与探索。

4. 膜分离技术与膜生物反应器（MBR）工艺

膜分离技术是指在分子水平上不同粒径的混合物，在压力或电场作用下通过半透膜时，实现选择性分离的技术。半透膜又称分离膜或滤膜，膜壁布满小孔，根据孔径大小可以分为：微滤膜（MF）、超滤膜（UF）、纳滤膜（NF）、反渗透膜（RO）、电渗析（ED）等。另外，将膜分离技术与好氧生物处理技术有机结合起来的新型水处理技术——膜生物反应器（MBR）工艺，是目前最有发展前景的废水处理新技术之一。

（1）微滤（MF）　又称微孔过滤，通常孔径范围在0.1~1微米，微滤膜能对大直径的菌体、悬浮固体等进行分离，实现除去造纸废水中絮凝体和悬浮物的目的。

（2）超滤（UF）　介于微滤和纳滤之间的一种膜过程，膜孔径在0.05~1000微米之间。膜通常截留相对分子质量在1000~300000范围的大分子物质，故超滤膜能对大分子有机物（如蛋白质、细菌）、胶体、悬浮固体等进行分离。超滤技术在造纸废水深度处理中的研究较为广泛，并有实际工程案例。

（3）纳滤（NF）　介于超滤与反渗透之间的一种膜分离技术，可截留相对分子质量在80~1000范围的小分子物质。通常截留率在60%~90%，相应截留相对分子质量范围在100~1000，纳滤膜能将小分子有机物等与水、无机盐进行分离，实现脱盐与浓缩过程的同时进行。我国纳滤技术在造纸废水深度处理方面的应用尚处于研究阶段。

（4）反渗透（RO）　利用反渗透膜只能透过溶剂（通常是水）而截留离子物质或小分子物质的选择透过性，以膜两侧静压为推动力，实现对液体混合物分离的膜过程。利用该技术进行造纸废水深度处理的研究显示，对COD_{Cr}和BOD_5去除率大于85%，脱盐率和细菌去除率大于90%，可实现废水的高层次回用。

（5）电渗析（简称ED）　电渗析是以溶液中的离子选择性地透过离子交换膜为特征的一种新兴的高效膜分离技术。目前该技术在造纸废水深度处理中的研究较少。

（6）膜生物反应器（MBR）　膜生物反应器是将膜分离技术与好氧生物处理技术有机结合起来的新型水处理技术工艺，利用膜分离设备将生化反应池中的活性污泥和大分子有机物质截留住，省掉二沉池。根据膜分离单元与活性污泥池的不同组合形式，分为外置膜生物反应器与内置膜生物反应器两种。这种工艺技术目前在市政废水处理项目上有不少实例，同时也是目前最被重视研究的一种处理技术。

膜分离技术用来处理造纸废水的历史不长，但是发展比较迅速，国内已经有部分工程实例。

①昆山钞票纸厂在2010年年底，新增建设了规模2000米^3/日的造纸废水处理项目，采用MBR处理工艺，目前正在进行调试，据了解经处理后的废水COD_{Cr}≤70毫克/升。

②山东某纸业公司采用了国内最先进的低压膜水净化技术，于2004年投入运行，可使草浆废水COD_{Cr}降低到50毫克/升以下，BOD_5降低到10毫克/升以下，出水无色、无味、无菌、无悬浮物。

③金东纸业（江苏）股份有限公司投资2000万元，设计建造了“放流水逆渗透回用系统”，该企业车间排放废水40000米^3/日，其中10000米^{3}被“放流水逆渗透回用系统”深度处理，经过微滤-纳滤-逆渗透过滤，废水COD_{Cr}100毫克/升变成COD_{Cr}<1毫克/升的纯净水，钙、镁离子含量极低，被回用于企业热电厂的锅炉中，每吨锅炉用水成本降低了1元。

④中冶纸业银河有限公司在其企业多级废水处理的基础上，投资6200万元，以经过深度处理后的中段水作为水源，于2010年6月建成投用了50000米^3/日中水回用设施，主体采用臭氧氧化、活性炭过滤以及低压膜中水回用技术工艺，其中臭氧氧化+活性炭过滤建设规模为50000米^3/日，低压膜水处理建设规模为20000米^3/日，水质达到了生产用水要求。其低压膜系统由超滤膜和纳滤膜组成，选用山东招金膜天有限责任公司中空纤维膜作为超滤膜以及美国海德能公司的聚酰胺复合膜作为纳滤膜。活性炭出水先泵入超滤膜系统，处理后进入纳滤膜组，出水水质可完全满足文化用纸及电厂生产用水的要求（见表3）。

表3 中冶纸业银河有限公司出水水质

项目	COD_{Cr} /(毫克/升)	SS /(毫克/升)	色度/倍	电导率 /(微西/厘米)	总硬度（以 $CaCO_3$ 计） /(毫克/升)
膜进水	21	3	5	3974	925
膜出水	0	0	0	582	48
去除效率/%	100	100	100	85.4	94.8

低压膜单元吨水处理成本 1.8313 元/米³，全流程吨水处理成本 2.4969 元/米³。

⑤山东太阳纸业股份有限公司南厂区 26000 万米³/日废水处理站对纸机白水进行生化处理后，COD_{Cr}均能达到 100 毫克/升以下，部分废水进行超滤＋二级反渗透处理，二级反渗透处理后的废水经混床处理后送至锅炉。超滤处理后多余水回用纸机，循环利用。

5. 磁混凝沉淀与磁化－仿酶催化缩合废水深度处理技术

混凝法对分子质量高的木素去除效率较好，用磁体充当絮凝剂来吸附造纸废水中引起 COD 值提高的化学物质，然后经过超高梯度磁分离处理，处理后的废水能在纸厂回用且处理成本低。

磁化－仿酶催化缩合废水深度处理技术的原理是经过生化处理的二沉池出水通过提升泵进入磁化混合反应器，实现药剂混合，催化剂与有机污染物分子活化等过程。通过加入药剂调整废水 pH 值、总硬度及浊度的去除，提高出水品质，便于回用或高标准排放。

该项技术在表面上与 Fenton 氧化工艺类似，但从反应机理、化学品投加量、污泥产出量等方面有着较大的区别。根据资料显示采用该深度处理工艺的运行情况见表4。

表4 磁化－仿酶催化缩合废水深度处理技术运行情况

项目	处理能力 /(米³/日)	投资/万元	COD_{Cr} /(毫克/升)		色度/倍		成本 /(元/米³)
			进水	出水	进水	出水	
山东晨鸣纸业	30000	3000	250～300	40～50	—	10	1.5
山东潍坊某企业	40000	2000	250～350	50	300～400	10	0.8～0.9
山东德州某企业	60000	4500	250～350	70	400	15	0.7～0.8
湖北武汉某企业	60000	1500	300～450	70	400	20	0.7～0.8
山东淄博某企业[1]	120000	1500	200～280	50	250	6	0.6～0.8
天津某企业[2]	30000	—	150	60	—	—	0.9

注：1. 由原有三级物化处理工艺改造。
2. 该企业为咨询了解到的数据。

6. 氧化塘

氧化塘是土地经过人工适当的修正，铺设围堤和防渗层的池塘，是主要依靠自然生物净化功能使废水得到净化的一种废水生物净化处理技术。在氧化塘中，废水中有机物主要是通过菌藻共生作用去除。在各种水处理工程中，氧化塘多数作为深度处理技术采用。按生物性质它可分为需氧塘、厌氧塘和兼性塘。实际应用中为了节省土地面积，往往采用 1～2 米深的兼性塘。

根据国内各行业已经实施的项目资料，氧化塘对 COD_{Cr}的去除率可以达到 10%～20%，现有不少企业采用氧化塘进行造纸废水深度处理的工程实例，举例如下。

①山东华金集团有限公司为满足南水北调水质的要求，投资 6800 万元在废弃的旧河道上建设氧化塘，共建厌氧塘、兼性塘、好氧塘、植物塘和贮存塘等氧化塘 21 个，均铺设复合土工膜防渗，防止废水污染地下水。据资料显示，冬天污染物去除率约 12%，夏天约 20%。山东华金集团有限公司排水口监控数据显示，废水中 COD_{Cr} 58 毫克/升，泗河红旗闸断面 COD_{Cr} 20 毫克/升以下，达到地表水三类标准。

②山东太阳纸业股份有限公司南、北厂区经生化处理后的造纸废水的 COD_{Cr}浓度均在 80～100 毫克/升左右，为稳定水质及下一步的中水资源化处理利用打下了基础。南、北厂区处理后的废水收集输送至氧化塘，同时对原有的氧化塘处理设施进行

改造，增加曝气系统和生物填料。在塘内增加水生生物，构建小型生态系统，提高系统的生物降解能力。根据当地环保监测站的监测结果显示：2008 年 1—11 月氧化塘平均出水 COD_{Cr} 66 毫克/升。

7. 人工湿地

人工湿地处理技术是土地处理技术的一种，指通过模拟天然湿地的结构和功能，根据需要人为设计与建造湿地。人工湿地处理系统可以分为自由水面人工湿地处理系统、人工潜流湿地处理系统和垂直水流型人工湿地处理系统。

人工湿地对造纸废水中的有机物具有较强的去除能力，其运行管理费用同氧化塘相近，但是处理效果要好于氧化塘。同时人工湿地可以建设成景观湿地公园，湿地中可用于造纸的高等植物的生长量也远大于氧化塘。在目前制浆造纸废水的深度处理中，应用较多的是人工芦苇湿地，但处理规模普遍较小，以下是部分可查阅到的案例资料。

①山东沾化齐明纸业有限公司日排放工业废水 25000 米^3，采用废水浇灌盐碱地 400 公顷，创造湿地环境种植芦苇，利用芦苇湿地对废水进行自然降解，处理后的废水 COD_{Cr} 小于 500 毫克/升并回用于生产，实现了废水的资源化利用。

②河南新密市长胜纸业有限公司采用混凝沉淀 + YSH - 人工湿地系统的工艺，处理水量 25 米^3/时，最终出水质量浓度 $COD_{Cr} \leq 100$ 毫克/升；$BOD_5 \leq 40$ 毫克/升；$SS \leq 100$ 毫克/升，湿地处理成本低于 0.3 元/米^3。

③江苏双灯纸业集团利用当地沿海滩涂湿地的资源优势，建设了 2270 公顷的氧化塘 - 人工湿地废水处理系统，造纸废水经塘系统厌氧和兼性发酵后，进入芦苇湿地深度处理。人工湿地中的废水在不断降解的同时，依靠大气蒸发和芦苇的蒸腾等作用被消耗掉，实现了封闭循环，未对周边的水环境产生不良影响。

人工湿地法深度处理造纸废水时，存在湿地土壤盐分的积累问题，因此应配合其他水资源，加强土壤的洗盐和淋盐，减少土壤盐分的积累。同时，对于我国北方地区，因季节交替温度变化较大，人工湿地系统的应用受土地资源和气候条件等多方面的影响，也是制约人工湿地法在北方地区应用的一个主要问题。

二、造纸工业废水深度处理技术的发展趋势

随着《GB 3544—2008 制浆造纸工业水污染物排放标准》的发布与执行，造纸企业对废水处理的重视程度也日益加强，大家普遍认同必须在现有二级生化处理技术流程的基础上增加深度处理措施实现达标排放，并为此不断进行探索与实践。目前造纸废水深度处理的各种方法都存在着优点和不足，特别是在成熟利用新技术、合理控制运行成本、稳定维持处理效果等方面还需要进行更多的深入研究与经验总结。深度处理具有以下的发展趋势。

（1）混凝处理技术目前已经普遍应用并取得了良好效果。混凝处理的效果取决于混凝过程的好坏，其中重要的影响因素就是混凝剂的质量。研制新型高分子絮凝剂以及安全无毒的生物絮凝剂，以实现处理过程的高效稳定、减少污泥发生量、降低污泥处理难度，将是未来的研究热点和方向。利用混凝技术与其他技术组合工艺实现低成本、高效率的目标，也将日益得到人们的重视。随着不断出现的各种组合工艺的研究成果在工程上的实际应用，通过总结经验改进措施，组合技术必将得到广泛应用。

（2）吸附技术的特点是处理效果好，COD 浓度可以降低到很低。研制化学和生物稳定性强、容易再生的吸附剂，并和其他工艺结合处理废水，会使这项技术在未来具有较好的实际应用前景。

（3）高级氧化技术是当前研究的热点，除了 Fenton 氧化技术以外，其他高级氧化技术大多仍处于研究阶段。随着 Fenton 氧化技术在造纸废水处理工程应用实例的增多，在当前阶段为实现达标排放提供了一种现实的应用技术。当务之急是认真总结已有的经验，优化工程设计，拓展 Fenton 类氧化技术在造纸废水深度处理上 pH 值的作用范围，开发廉价的酸源，降低建设投资与处理成本，进一步稳定处理后的色度。同时加强高级氧化协同处理技术的研究，对高级氧化技术的应用具有有效的促进作用，并将成为今后的研究与应用热点。

（4）膜分离技术自 20 世纪 50 年代进入工业领域后，每 10 年就有一种新的膜分离过程得到工业应用，并不断发展和完善。该技术具有常温下可操作、无相变、分离效率高、装置简单、操作容易、易维修与控制、设备占地面积小、无二次污染等优点，可以产生高质量的中水，实现废水的高层次回用，几乎适用于各工序造纸废水。目前膜分离处理工艺的投资大、膜的寿命较短、电耗大等是其较为明显的缺陷，吨水投资成本在 1000 ~ 2000 元/米^3，吨水运行费用 1.5 ~ 2.5 元/米^3，这是造成该技术在工业生产中不能广泛应用的一个重要原因。开发强

度高、寿命长、抗污染、通量高的膜材料，并着重解决膜污染与浓度差极化的问题，妥善处理浓缩水，是解决膜分离法在造纸废水深度处理中大规模应用的主要问题。随着膜材料的发展，醋酸纤维膜（CA）、聚砜膜（PS）、氟聚合物膜（FS）、再生纤维素膜（RC），各种复合膜、陶瓷膜、生物膜等层出不穷，膜污染问题终将得到解决。从目前国内的实践应用来看，膜分离后的出水水质良好，可以实现废水资源化利用，减少新鲜水的使用量。由于节约清水削减的水费以及减少排污所削减的费用具有一定的经济效益，在一定程度上可以抵消处理成本中的部分费用，使实际综合处理成本下降，有利于推动膜分离技术的应用。10 多年来，采用膜技术或将膜技术与其他方法相结合组成膜分离体系，对造纸过程的不同用水所进行的测试和实践表明，该技术是符合现代造纸观念的可持续性水处理技术，将会在未来的造纸工业废水处理过程中充当重要角色。

需要指出的是，采用超滤、纳滤、反渗透等膜分离技术会产生一定量的浓水，目前对浓水的处理仍是在不断研究完善中，现主要处理方法和出路是：①将浓水使用反渗透工艺再次进行浓缩扩大回用率，减少浓水排放量，浓缩完成后的剩余液进行蒸发结晶，目前主要问题是一些蒸发结晶装置价格太贵。②将超滤、一级反渗透产生的较低盐分浓水回用冲洗厕所、绿化、淋洗路面、冷却塔补水，以及用来作为前处理设备的反洗用水，二级浓水回到原水箱重新使用，作为一级反渗透的进水补充。③送至电厂冲灰、冲渣，实现废水利用。④临近海边时，在一定的条件下可实现地面水（海洋）排放。⑤在蒸发量高、降雨量少且有足够廉价土地的地区，采用蒸发塘是一种比较实用的处置方法。⑥直接排放。

（5）深度处理技术的应用需考虑的关键之一就是处理水的分质回用。对于地处我国水资源缺乏地区且取水费用较高的造纸企业来讲，将深度处理后的中水进行回用是突破水资源瓶颈的一条捷径。回用时要把握的重要原则是分质回用，针对不同的回用部位和不同的生产水质要求，选择最经济合理的组合形式处理工艺，做到优质优用、低质低用，是降低深度处理成本、推广中水回用技术的关键。中冶纸业银河有限公司中水回用工程主体采用臭氧氧化＋活性炭过滤＋低压膜中水回用技术工艺，臭氧氧化＋活性炭过滤 30000 米^3/日的出水直接回用至制浆和瓦楞原纸生产系统，低压膜处理后的出水回用至文化用纸生产系统及热电厂，水质达到了各自系统的用水标准。为实现分质处理、分质回用提供了良好的借鉴作用。

（6）提高企业自身的清洁生产水平，加强清洁生产技术的应用，降低废水产生量及污染物产生强度，可以最大限度减少污染物排入末端治理系统，对废水深度处理的成本效益具有重要意义，是实施深度处理的前提之一。企业加强对现有二级生化处理工艺系统的操作管理，降低后续深度处理负荷，是保证废水深度处理工程经济运行的一个关键因素。在生物处理过程中，采用固定化生物技术，选择发展优势菌种，形成完整多样性的微生物处理环境是提高处理出水水质的一个重要手段，也是实现废水处理低成本、高效率的重要因素。

三、结　语

近年来，我国在发展造纸工业废水深度处理技术方面取得了相当丰富的成果与进步，并建设了不少实践工程，为深度处理技术的发展积累了丰富的经验。随着经济的发展和环境质量要求的提高，造纸废水深度处理技术将更加成为深入研究的课题。各种新的处理技术目前还面临着应用范围、能源消耗、技术可操作性、投资运行费用等各方面的制约与局限性，因此仍需加强在这个领域的研究与创新。

造纸工业废水成分复杂，它与生产原料、生产工艺、车间内部回用程度等因素密切相关，企业在选择废水深度处理工艺时切忌盲目类推，应根据自身特点与要求进行分析，采用相应的废水深度处理工艺。随着技术的发展进步，必将会有较为经济实用的深度处理工程技术被造纸工业所认可，被市场所接受。成熟的深度处理技术，将会为我国造纸工业节能减排作出重要贡献，也必将对制浆造纸工业的健康发展产生积极和深远的影响。

（翟　阳）

装备与器材
造纸化学品

EQUIPMENT & ACCESSORY
CHEMICALS USED IN PAPER INDUSTRY

6

“十一五”期间国产制浆造纸装备技术发展概况

Development Situation of Domestic Pulping and Papermaking Equipments and Technologies during the Period of 11st Five - Year Plan

“十一五”期间是我国造纸工业发展最快的时期之一，造纸总产量已由2006年的6500万吨增长到2010年的9270万吨，年均增长9.3%。制浆造纸装备制造业在造纸工业高速发展的带动下，也取得了不俗的成绩，规模以上企业总产值由2006年的113.4亿元发展到2010年的313亿元，年均增长约28%，说明国产装备为我国造纸工业的发展作出了突出贡献。国产制浆造纸装备制造业在“十一五”期间能取得如此成绩，主要有4个方面：一是技术水平大幅提高；二是加工手段强化明显；三是产品质量和稳定性稳步改进；四是市场占有率不断提高。本文主要总结技术方面的发展状况。

一、制浆装备配置及运行情况

“十一五”期间我国制浆造纸装备制造技术和能力取得了巨大的进步，一批具有先进水平、性价比好、可改善纸（浆）产品质量的高效能、节能降耗和符合清洁生产要求的产品不断面市。如：大型备料处理设备、年产10万吨木浆横管连续蒸煮系统设备、日产600吨以内的OCC制浆生产线全套设备、日产200吨以内废纸脱墨浆生产线全套设备、DD型双圆盘磨浆机系列、大型高浓磨浆机、双螺杆搓浆（磨浆）机系列、大型单螺旋挤浆机、大型鼓式真空洗浆机系列、新型双辊挤浆机系列、多圆盘过滤机系列、压力盘式过滤机系列、各种组合的棒条式压力筛系列、封闭筛选系统成套设备、具有我国自主知识产权的中浓制浆清洁漂白生产线成套设备以及新开发的APMP、APSP化学机械浆成套设备等。目前，我国制浆造纸的国产化率逐年提高，已有一定的能力与世界先进的制浆造纸装备生产厂家竞争，部分产品已大量向东南亚及其他发展中国家出口。

1. 原生纸浆生产装备

我国将纸浆分为非木纤维纸浆（用麦草、芦苇、蔗渣等非木材原料生产的浆）和木浆（用阔叶木、针叶木制成的浆）。对于竹子制浆，因竹子原料更接近于阔叶木，其生产装备更趋近于木材类原料。

（1）干法备料装备　“十一五”期间，木材备料装备的发展主要集中在筛选及干、湿法贮存方面，对厚度筛分机、大型水力或滚筒式剥皮机、劈木机等由于国内木材直径小、枝丫多、应用有限，故开发不足。目前使用的国产滚筒式剥皮机最大规格为：ϕ4080毫米，长度15米，生产能力15万米^3/年；鼓式削片机最大规格为：ϕ1300毫米，适合ϕ250毫米以下的木材类原料的切片，生产能力约150米^{3}实积/时；盘式削片机最大规格为：ϕ3360毫米，生产能力约290米^{3}实积/时，可适应ϕ700毫米以下的原木直接切片。木片和竹片的筛选设备近年来有较大的发展，主要有万向节式和新型钢丝绳结构，分上、中、下三层，分别走大片、合格片及碎末。目前筛子的最大规格为20米^2，单台处理能力可达400～500米^{3}虚积/时；筛后再碎设备主要有锤式及鼓式两种，锤式最大规格：ϕ1350毫米，生产能力可达80米^{3}虚积/时；鼓式最大规格为：ϕ800毫米，生产能力为6～30米^{3}虚积/时。干式或湿式贮料仓以混凝土结构为主，跨度约10米，截面为上小下大的梯形结构，体积可在2000米^{3}以上，配置了移动式出料螺旋，单根出料量最大可达 750 米^3/时以上。国产木片备料系统可完全满足 20 万吨/年生产规模，技术较成熟，设备基本定型。大型化学制浆厂目前越来越多地收购商品木片，因此，对年产 30 万～100 万吨的大型贮料场结构和装备需大力开发和完善。

非木纤维的备料主要在切料、输送、除尘、中间过渡料仓的设置。切料设备主要有刀辊式和盘式两种，前者用于麦草、稻草等原料，后者用于芦苇、麻秆等原料。目前，在喂料方式和结构上改进较多，实际运行时因上料不均，切料能力只有标定产量的 60%，甚至更低。输送主要有风送和胶带输送或螺旋输送，风送受湿度影响大，磨损和功耗大；胶带输送受场地布置限制多，扬尘和漏料相对严重；螺旋输送只限短距离。除尘系统有布袋除尘和水膜除尘两种，前者为干法，劳动强度大、湿度影响严重；后者为湿法，用水量偏高，用水最好循环利用。非木纤维一般现切现用，至多加一个中间过渡仓以匀料，常用过渡仓规格一般有 160 米^3 及 200 米^3 两种，但漏料较多，需要对提升链及水平链结构进行改进。我国非木纤维的备料装备可完全满足目前生产实际需求。

国内用户如四川永丰纸业股份有限公司，其生产规模为 560 吨/日竹子化学浆（18 万吨/年），其切料、输送、贮存、水洗系统全部为国产化设备，现已正常生产。非木纤维生产厂家如沅江纸业有限责任公司、岳阳丰利纸业有限公司、湖南金太阳纸业有限公司、监利大枫纸业有限公司等公司的干法备料及料仓系统等也全部为国产化，不过料仓有漏料情况。

（2）湿法备料装备　木片与竹片的湿法备料相对简化，“十一五”期间仅在规格和能力上有所放大，结构基本没有变化。一般采用鼓式洗涤机配斜螺旋脱水机（双轴或三轴并联）或旋流式洗涤器配脱水振动筛。鼓式洗涤机最大规格 $\phi2000\times3000$ 毫米，斜螺旋 $\phi800\times7000$ 毫米（最大规格为三轴并联），处理能力可达 600 米^3 虚积/时；旋流式洗涤器最大规格 $\phi3500$ 毫米，振动脱水筛最大规格 11 米^2，单台处理能力为 240 米^3 虚积/时，一般并联使用以满足生产。

非木纤维如麦草、苇片、蔗渣等原料含杂量多、泥沙含量大，蔗渣的洗涤水还呈较强的酸性。目前，非木纤维湿法备料配置已标准化，即鼓式洗涤机后配水力洗涤机并用草片泵送斜螺旋脱水的方式，与物料接触材料应为不锈钢。“十一五”期间，设备规格能力得以很大提升，但结构没有很大的变化。鼓式洗涤机最大规格 $\phi2000\times3000$ 毫米；水力洗涤机最大规格 90 米^3，草片泵最大能力 560 米^3/时，扬程 25 米；斜螺旋一般 1 个草片泵配置 1 台，规格 $\phi900\times7000$ 毫米（单轴）。目前，非木纤维湿法备料装备完全能满足国内 10 万吨/年的生产规模。

国内用户如华泰集团有限公司 10 万吨/年木浆湿法备料系统，四川永丰纸业股份有限公司 560 吨/日竹子化学浆（18 万吨/年）的湿法备料，岳阳丰利纸业有限公司 200 吨/日（6.8 万吨/年）芦苇化学浆湿法备料、广西东亚纸业有限公司 180 吨/日（6 万吨/年）蔗渣化学浆的湿法备料等全为国产设备，使用正常。

（3）蒸煮装备　许多厂家还在用蒸球和立锅制浆，“十一五”期间，所有新建或技改制浆项目都采用了新技术、新装备。非木纤维采用了成熟的横管连续蒸煮技术，木片和竹片等原料除部分采用横管连蒸技术外，大量采用了更节能的超级间歇蒸煮技术。

横管连续蒸煮成套装备用于草类原料已十分成熟。“十一五”期间，横管连续蒸煮设备的规格得以很大扩展，如关键设备螺旋喂料器、蒸煮管等；对部分设备的结构也进行了修改，如立式卸料器等，运行更加成熟可靠。目前，全国的横管连蒸成套装备已接近 100 套，单套最大能力可达到 240 吨/日，喂料螺旋最大规格为 635 毫米（25 英寸），711 毫米（28 英寸）和 762 毫米（30 英寸）喂料器的推出也指日可待；蒸煮管最大规格为 $\phi2100$ 毫米，常用 4 根或 5 根叠加布置，部分采用双喷放工艺以降低建筑高度；系统的 DCS 自动化控制系统为国内研发，应用成熟可靠。目前，我国有能力设计制造能满足产量 300 吨/日以上的横管连续蒸煮成套装备。

“十一五”期间，我国许多利用木片及竹片制浆生产的厂家采用了超级间歇蒸煮技术。该技术主辅设备除部分重要的泵以外，已全部国产化，但工艺过程及自控软件包需进口。系统常用 3～4 个蒸锅组成一个系统，其中蒸锅最大规格为 400 米^3，压力贮罐（热白液、热黑液、温黑液等）最大规格为 1000 米^3 以上，喷放锅最大规格为 1500 米^3 以上，国内亟待开发的是工艺过程及自控软件包以解决系统初始投资较大的问题。

国内有沅江纸业有限责任公司 280 吨/日（8 万吨/年）苇浆横管连蒸生产系统、岳阳丰利纸业有限公司 200 吨/日（6.8 万吨/年）苇浆横管连蒸生产系统、四川省眉山鸿源纸业有限公司 150 吨/日（5 万吨/年）漂白竹浆横管生产系统、新乡新亚纸业集团股份有限公司 180 吨/日麦草浆横管生产系统、广西东亚纸业有限公司 180 吨/日（6 万吨/年）蔗渣化学浆横管连续蒸煮系统等，目前正常生产。

（4）化机浆装备　高得率的化机浆 APMP 及 BCTMP 在“十一五”期间有很大的发展。汽蒸仓、浸渍器和反应仓等设备已全部国产，主体设备螺旋撕裂机和高浓盘磨为国家重点研发装备，由轻工业杭州机电设计研究院与华南理工大学共同承担，目前正在进行样机制造，其盘磨规格为 ϕ1727 毫米（68 英寸），撕裂机规格为 ϕ400 毫米，科研项目成功后，生产能力 10 万吨/年的高得率化机浆装备可全部国产化。

目前，国内用户大多为主机（螺旋撕裂机和高浓盘磨）进口，辅助设备国产。如宜宾纸业股份有限公司 200 吨/日化机浆项目，华泰集团有限公司 300 吨/日（10 万吨/年）化机浆项目等。

（5）除杂、提取和浓缩装备　粗浆一般采用先除杂再提取、净化的工艺以保护设备。“十一五”期间，国产压力除节机除规格能力大大提升外，在选材和结构上也做了大量改进，设备更加耐用，效率大大提高。国内除节机最大规格为 3 米^2，单机生产能力达 500 吨/日。国内的提取和浓缩装备主要以真空洗浆机、新型双辊挤浆机为主，其他还有螺旋挤浆机、夹网浓缩机、长网洗浆机、圆网浓缩机、多盘浓缩机等。“十一五”期间，系列规格和能力大大扩展，采用了双相钢、钛等新材料，液压马达传动及液压站加压调整等得以大量应用。真空洗浆机以平面分配阀、波纹滤板鼓为主要结构，最大规格 120 米^2；新型双辊挤浆机全面采用液压传动和液压站控制，单位面积效率为真空洗浆机的 10 倍左右，最大规格为 ϕ1500 毫米，长度 5 米，生产能力 1200 吨/日；对生产能力 100 吨/日左右的生产线，因螺旋挤浆机投资少，操作容易等特点也有不少应用；此外，长网洗浆机、圆网浓缩机、多盘浓缩机等还在大量使用，特别是多盘浓缩机，因设备紧凑、占地面积小，不仅用于浆料的浓缩，还大量用于回收白水中的纤维。目前多盘浓缩机最大规格为 ϕ5500 毫米，过滤面积 1000 米^2 以上。近年来，中浓和高浓制浆得以飞速发展，真空洗浆机与新型双辊挤浆机或螺旋挤浆机等组合可充分满足这种工艺技术的需要。

筛选设备在“十一五”期间的发展主要在规格、材料、加工精度上得以提升，国内新的制浆生产线常配备封闭筛选（缝筛），15 万吨/年生产规模的筛选系统装备完全可立足国产装备。粗筛及精筛规格、结构、能力等可参见本文的二次纤维筛选装备部分。

除杂设备除压力筛外还有各种除渣设备，如高浓除渣器、中浓除渣器、低浓除渣器、轻重杂质除渣器等。“十一五”期间，我国专业生产各种除渣器的厂家不断涌现，可完全满足国内各种规模的生产需求。

（6）漂白装备　我国许多厂家还在大量使用常规的 CEH 传统漂白，但“十一五”期间我国新建和改建项目大多采用无氯漂白或无元素氯漂白。装备如氧脱木素塔、氧脱后喷放锅、二氧化氯漂白塔、过氧化氢漂白塔及与工艺配套的中浓混合器和中浓泵等已大量使用，并基本国产化。20 万吨/年规模的各种漂白塔可全部国产，但 ϕ3500 毫米大规格漂白塔中的布浆器及刮料器部件还需进口。国产中浓混合器、中浓泵等可满足国内 200 吨/日的生产规模，其能力和效率与国外同类产品有较大差距，大规格的产品还需依赖进口。

“十一五”期间，二氧化氯制备系统国内已有自己的技术装备，并且日益成熟。目前最大制备能力为 6 吨/日，已正式投入使用，其制造成本、工艺稳定性等各方面已全部合格，下一步可继续扩大系列和提升生产能力，为我国大规模实施无元素氯或无氯漂白奠定基础。此外，过氧化氢高浓漂白的高浓混合器及高浓漂白塔等也取得突破，目前其装备能实际应用于生产系统的规模为 150 吨/日。

用户如四川永丰纸业股份有限公司 18 万吨/年竹浆氧脱木素及无氯漂白系统、岳阳丰利纸业有限公司 6.8 万吨/年芦苇化学浆氧脱木素及少氯漂白系统、河南仙鹤特种浆纸有限公司 180 吨/日麦草浆氧脱木素和少氯漂白系统等，目前生产正常。

（7）纸浆成品处理装备　集中制浆是我国的发展方向之一，大型的专业制浆厂将需要大型的浆板处理系统，从节能、运输距离、贮存时间、生产季节等来选择浆板机形式。“十一五”期间，我国开发了干、湿两种形式的商品浆处理系统。

①干浆处理装备　“十一五”期间发展并逐渐成熟起来的气垫干燥浆板机是目前国内技术水平较高，能力较大的干浆处理系统。该设备采用了双网脱水成形、大辊径压榨、气垫式干燥技术。主要技术参数为：定量 600～1200 克/米^2；净纸宽 2400～6600 毫米；工作车速 50～250 米/分，综合能耗可降低 6%，蒸汽消耗可降低 35%，干燥部占地面

积减少 50%。最大产量可达 12 万吨/年。

国内主要使用国产设备的厂家有山东渤海油脂工业有限公司、山东中茂圣源制浆有限公司、焦作瑞丰纸业有限公司、重庆理文造纸有限公司、四川永丰纸业股份有限公司、山东晨鸣纸业集团股份有限公司等。该设备已出口到马来西亚、印度等东南亚国家。

②湿浆处理装备 短距离运输时，湿浆将更经济，更节能。湿浆处理一般通过夹网浓缩机或新型双辊挤浆机、螺旋挤浆机等挤压方式提升浆的浓度至 30% ~35% 再运输。但对距离稍远，需保存一定时间，这些设备所生产的浆的干度还不够。新开发的湿浆板机可以使出浆干度达 50% 左右，保存时间 25 天以上。其生产的湿浆板机主要由双网挤浆机、二道重力压榨机、浆板破碎输送机或浆板堆垛机、打包机等部分组成，其技术参数为：进浆浓度 4.5% ~5%，成品浆浓度 48% ~53%，湿浆板机幅宽 1500 ~2400 毫米，产量 100 ~250 吨/日，工作车速 15 ~35 米/分，浆板定量 1500 ~3000 克/米^2。根据运输距离不同，湿浆板形态可选择堆垛打包或破碎松散 2 种方式。国产新型湿浆板机已成功应用于实际生产。

生产能力 150 吨/日竹浆湿浆板机已在广东南雄珠玑纸业有限公司使用，目前生产运行正常。

干湿浆板机技术均已填补了国内空白。

2. 废纸处理装备

二次纤维生产的各种纸和纸板在制浆造纸行业的占比逐年增加，我国对二次纤维处理的成套装备发展迅速，生产厂家众多，特别在生产能力、技术性能、设备结构等方面迅速发展，已可基本装备国内的二次纤维处理厂家。

（1）碎解和分选装备 废纸碎解以水力碎浆机和滚筒碎浆机为主要装备。水力碎浆机以立式为主，处理浓度有低浓（≤5%）、中浓（5% ~10%）及高浓（10% ~15%）。“十一五”期间主要对碎解的转子及其辅助刀片、筒体及其阻流板、材料等进行了研究，性能已基本接近国外同类产品。低浓水力碎浆机多采用 D 型壳体以缩短碎解时间，提高生产能力，目前最大规格为 50 米^3，生产能力 400 吨/日。其配套的自动绞绳机、沉渣井、杂质分离机和圆筒筛等全部国内成套提供；高浓水力碎浆机，采用三头的螺旋碎解转子，最大规格为 30 米^3，单台生产能力 120 ~150 吨/日；中浓碎解水力碎浆机国内应用不多；滚筒碎浆机碎解废纸能大大节能，但占地面积大，目前最大规格为 ϕ4000 毫米，生产能力 500 吨/日。国内 20 万吨/年以下的碎解装备已全部国产化。

国内用户如江苏华鑫纸业有限公司 20 万吨/年瓦楞原纸项目、山东太阳纸业股份有限公司 10 万吨/年废纸生产系统等为国产设备，生产系统正常。

（2）筛选装备 筛选装备品种繁多，主要有纤维分离机、振动筛、压力筛（内流或外流）、纤维分级筛等。“十一五”期间，对筛鼓及旋翼做了大量的研究，开发了楔形棒式、板式、异形条式等各种筛鼓；节能式、鼓包式、楔入形、多组短臂式等各种旋翼，并且从选材、结构、规格等进行了系列化设计和研发。目前纤维分离机最大规格为 ϕ1500 毫米，单台生产能力 300 吨/日；振动筛（孔筛和缝筛）最大规格 4 米^2，单台能力 120 吨/日；压力筛（孔或缝）有内流和外流两种形式，筛孔为 ϕ1.2 ~3.2 毫米，筛缝为 0.12 ~0.75 毫米；一般在浓度 3% 以下生产，最大规格为 6 米^2，单台生产能力为 400 吨/日；纤维分级筛为缝筛（缝宽 0.25 ~0.40 毫米），最大规格为 3 米^2，单台生产能力 350 ~400 吨/日。我国 20 万吨/年生产线中的各种筛选装备可全部国产，但筛鼓和旋翼的寿命与进口设备还有一定差距。

国内大部分厂家使用的筛选设备全部为国产设备，产能一般 20 万吨/年以下，如江苏华鑫纸业有限公司、华泰集团有限公司、浙江景兴纸业股份有限公司等公司的设备，工作基本正常。

（3）搓揉和热分散装备 搓揉和热分散装备主要分辊式和盘式两种，辊式（单辊或双辊）分散机常用于 150 吨/日以下规模；盘式效率高，产量大，为“十一五”期间国内大力研发的装备。辊式分散机最大辊径为 ϕ1000 毫米，处理浓度大于 25%，温度 95℃左右，搓揉时间约 2 分钟，单机生产能力不超过 150 吨/日；盘式热分散机处理浓度 25% ~30%，温度可达 120℃，处理时间只有几秒钟，效率很高，目前最大规格为 ϕ800 毫米，处理能力 300 吨/日。热分散系统配置的辅助设备如螺旋加热器，给料螺旋等国内可成套提供。

用户如江苏华鑫纸业有限公司 10 万吨/年瓦楞原纸生产线热分散系统（盘式），浙江德清纸业有限公司等正在使用。

（4）脱墨系统装备 脱墨常用浮选法，主要有对流式浮选和扩散式浮选等，先进的有压力浮选和多级布气式浮选等。“十一五”期间，我国对浮选脱墨设备进行了改进，开发了压力浮选和多级布气式浮选等新装备并已成功应用实际生产，性能稍次于进口同类产品。目前国内的对流式浮选机最大规格为 ϕ5000 毫米，扩散式浮选机最大规格约为 ϕ6000 毫米；压力浮选机最大规格为 ϕ800 毫米，多个串联使用，最大处理能力 300 吨/日；多级布气式浮选机为椭圆形不锈钢焊接结构，目前单台处理能力 150 吨/日，进浆压力 0.12 ~ 0.15 兆帕，进浆浓度 0.8% ~1%，脱墨率在 95% 左右。

目前厂家正常使用的国产设备大多产能为 100 吨/日以下，如河南省奥博纸业有限公司 70 吨/日废纸脱墨系统（多级布气式浮选槽）、浙江富阳多家造纸厂（对流式浮选槽）的生产系统等。

二、造纸装备技术发展状况

造纸机是“十一五”期间发展最快的领域之一，这主要体现在：一是单机产能、幅宽和工作车速比以往都有了明显提高；二是高速卫生纸机和斜网特种纸机取得了长足发展；三是部分关键部件和技术取得了突破。

1. 造纸机

（1）文化用纸机　国产的文化用纸机幅宽以 2640 毫米为主，少量幅宽有 3520 毫米、3750 毫米、3950 毫米，工作车速在 400 ~ 800 米/分之间。2640 文化用纸机单机产量约为 3 万 ~4 万吨/年，3520、3750 文化用纸机单机产量约为 8 万 ~ 10 万吨/年。从配置上看，主要由流浆箱、长网部（有的加上网成形器/水印辊）、真空吸移辊、复合压榨部、单排缸加双排缸式的烘干部排列、表面施胶、软/硬压光机、卷纸机组成。

2640 纸机流浆箱绝大部分国产，以气垫式为主，个别有半水力式，3520、3750 和 3950 纸机的流浆箱采用半水力式流浆箱，为进口产品。压榨的形式以四辊两压区加正压为主，工作车速在 600 ~ 800 米/分时也有采用五辊三压区和四辊三压区加正压的复合压榨形式。3750 纸机在山东泉林纸业有限责任公司运行，配抄 80% 麦草浆做双胶纸等，工作车速 750 ~ 800 米/分。

目前这些纸机总体来讲运行良好，性能稳定达标。

（2）纸板机　纸板机主要包括箱纸板、瓦楞原纸及白纸板机等，是“十一五”期间发展最快的机型，纸板机的规格型号较多，单机产量最高可达 30 万吨/年。纸板机的主流配置是叠网/长网，真空吸移，K 压或真空预压加大辊径压榨。随着产量的增大和技术经验的成熟，压榨采用两道大辊压榨的布置形式越来越多；引纸方式有开式和封闭引纸结构 2 种形式以应对不同车速和纸种的要求；干燥部有单排/双排缸布置，有的机型还布置有大烘缸；表面施胶主要采用斜列式施胶机，可布置软/硬压光机，卷纸机。

目前，国产纸板机最高工作车速 850 米/分左右，幅宽 5800 毫米以下。如福建联盛纸业有限责任公司投产的 5800 纸板机，工作车速 850 米/分，主要产品为箱纸板；安徽山鹰纸业有限公司运行的 5800 纸板机，工作车速 900 米/分，主要产品为高强瓦楞原纸和牛皮挂面纸。

国产的纸板机系列是目前运行最为良好、国产化率最高、性能可靠的国产机型之一。

（3）卫生纸机　卫生纸机一直是国产纸机中发展最慢的产品之一，但在“十一五”期间其技术取得了重大突破。虽然目前的国产卫生纸机仍以低速的单网单缸机为主，但已开发了幅宽 2660 毫米、工作车速 600 米/分的真空成形卫生纸机，以及幅宽 2830 毫米、工作车速 1400 米/分的新月型夹网卫生纸机，均已投产，目前基本正常运行。真空成形卫生纸机配置了满流式流浆箱，多分区真空成形辊，单/双托辊真空压榨，工作压力 0.5 兆帕的大烘缸，呼吸式热风气罩。新月型卫生纸机配置有水力式流浆箱，辊式夹网成形器，单真空托辊压榨，工作压力 0.8 兆帕的大烘缸。高速、高温气/燃油热风气罩和热回收装置（进口），起皱刮刀，卷纸机等。

2830/1400 新月型卫生纸机在海南金海浆纸业有限公司运行，工作车速 1400 米/分。2660/600 真空成形卫生纸机在江苏双灯纸业有限公司投产，工作车速 600 米/分。

（4）斜网特种纸机　斜网特种纸机，主要解决长纤维、化学纤维、无机纤维原料湿法成形时匀度不好的大难题，且可适用不同种类纤维混合物的成形，方便生产出具有不同性能要求的纤维薄片材料。在发达国家如美国、日本、德国等应用非常广泛。国内开发此种纸机大约已有 10 年，现已基本上形成了单层成形、双层以及三层同时成形、车速 10 ~ 150 米/分、幅宽 600 ~ 2640 毫米的系列斜网造纸机。尤其是“十一五”期间，通过华南理工大学和轻工业杭州机电设计研究院在广州建设了 1 条可进行工艺和机械试验的多功能斜网工业试验纸机后，使得斜网成形技术取得了很大的进步。主要体现在多层成形技术趋于成熟且具有完全自主知识产权，纸张匀度明显改善，配套工艺流程更加合理。

目前，国产斜网纸机已成功应用于滤纸类、电解纸类、高档墙纸、美纹纸、玻纤薄毡和合成纸、芳纶纸、绝缘纸，以及一些国防工业特种材料的生产。

2. 造纸机主要部分配置状况

(1) 流浆箱　国产的流浆箱目前有 3 种形式，敞开式、气垫式和半水力式。敞开式流浆箱主要用于工作车速低于 200 米/分的纸机，现应用较少，且较成熟，此不多述。

气垫式流浆箱是应用最成熟的产品，车速在 250 ~ 600 米/分的各类造纸机多采用这种流浆箱。目前结构也趋向成熟，主要由方锥布浆管、阶梯孔板（有机玻璃材质为主）、双匀浆辊、双关节机构的唇口调节装置、直立小唇板微调装置（执行机构为蜗轮蜗杆箱，千分表指示）组成。流浆箱主体材料为 316 号钢，手工抛光到镜面，电抛光技术还鲜有应用；控制目标总压和液位；气垫压力由罗茨风机提供。

半水力式流浆箱系引进技术消化吸收而来，主要用于工作车速 500 米/分以上的造纸机。主要结构为圆锥布浆器、管束、气垫混合室、湍流发生器和带微调直立唇板的唇口装置。管束为多圆管拼接，但湍流发生器为圆渐变六角形或四边形管拼接；控制系统与气垫式流浆箱类似。

流浆箱稀释水系统技术取得了突破，虽然应用范围还不是很广泛，但在造纸厂也得到了应用，取得了一些成绩，对纸张横幅定量的改善有效果。

(2) 上网成形器　上网成形器是长网纸机和叠网纸机上用于辅助脱水与成形的一种装置。近年在国内有扩大应用的趋势。主流的上网成形器，其结构主要有三/四真空室的上真空脱水箱和弹性加压下刮水板组，使水线之前的纸幅在真空和刮刀压力作用下脱水并产生纤维二次分布的机会，以改善匀度。由于纸幅很薄，为了使脱水及加压均匀，对上脱水箱脱水板和下刮水板组的平滑度要求很高。所以目前本产品的应用效果不一致，主要原因就在于此。

上网成形器可以应用于长网文化用纸机，也可用于叠网纸机的面层或芯层改善匀度。

(3) 叠网成形器　叠网成形器主要有三叠网、四叠网、五叠网，个别产品也有采用六叠网的形式。除芯层外布置方式基本采用顺流布置。叠网成形器是最近几年发展最快的机型。叠网成形器除了复合辊采用多孔辊外，其余部件与长网基本类似。目前该成形器运行成熟稳定。

(4) 单排烘缸的布置形式　单排烘缸的布置形式是随着最近几年车速的提高和幅宽增大而逐渐发展起来的一种烘缸布置形式，目前已基本趋于成熟。主要布置于压榨部后，上排缸为普通烘缸，下排缸视情况可采用沟纹缸或真空缸，有时也在下排缸上部增设纸幅稳定器，通常在布置 1 ~ 2 组单排缸后，再采用传统的双排缸布置。车速超过 1000 米/分时，基本全部采用单排缸布置。

(5) 烘缸传动形式　目前，绝大部分烘缸传动都摒弃了传统的多齿轮联动传动方式，而普遍采用了齿轮传动方式。最近几年随着控制技术的成熟，结构简单的单点传动以及导辊传动方式已有应用，降噪、能耗都有改善，效果良好。

(6) 真空辊及可控中高辊　目前，国产真空辊的结构形式没有太大变化，绝大部分还是传动的结构形式，从传动侧抽气的国产新型真空辊还鲜有应用。真空辊材质普遍采用不锈钢，真空匣有铸铁件和不锈钢 2 种材料。孔钻方式大部分仍采用普通钻头，只有个别厂家具备枪钻设备。

对高速纸机来讲，使用枪钻钻孔的新型真空辊的开发制造是十分迫切的任务。

国产的分区可控中高辊已在压榨、超级压光机等设备上得到了应用，运行正常。主要配置有辊筒、芯轴、油缸及润滑、液压控制系统等。

(7) 膜转移施胶涂布机及气托转向器　膜转移施胶涂布机是用于车速较高的施胶涂布设备。主要由带回流的封闭上料室、横幅可调压力的计量棒、加压机构和涂布辊等组成。国产膜转移施胶涂布机目前运行正常，施胶涂布量稳定均匀。可适应车速 800 米/分。

气托转向器成圆弧状，周围有吹风区，横向分区可调，工作区压力监测控制。气压由风机提供。

(8) 密闭气罩　大中型国产纸机基本上都配备了国产密闭气罩，运行基本稳定。国产密闭气罩以中湿度气罩为主，排气温度约 80℃，湿球温度约 59℃，湿含量约 0.11 ~ 0.13 千克水/千克干空气。气罩热回收系统大多采用两级系统，个别有三级系统。

三、国产涂布机技术发展概况

1. 涂布机

(1) 铜版纸涂布机　在“十一五”期间，国产铜版纸涂布机仍以幅宽 1300 毫米和 1880 毫米为主，有少量幅宽 2640 毫米或更宽，工作车速 300 ~

600 米/分，生产产品分为单面铜版纸和双面铜版纸2 种。配置主要由带自动接纸的退纸装置、刮刀涂布器、热风循环干燥系统、烘缸整饰系统和卷纸机组成。

目前，国内企业配置的铜版纸涂布机基本上为国产设备。对于新开工的涂布机均配有自动接纸的退纸装置；涂布方式以刮刀涂布器涂布为主，根据需要有的涂布机采用单面单刮、单面双刮，有的采用双面单刮、双面双刮等；热风循环干燥系统基本上采用单元式干燥箱，风机采用变频控制以节约能源。这些机外铜版纸涂布机性能稳定，运行良好。如潍坊华港包装材料有限公司的 1880 双面刮刀涂布机生产铜版纸，工作车速 450 米/分。

（2）无碳复写纸涂布机　国产的无碳复写纸涂布机在“十一五”期间发展较快，其机型以幅宽 1300 毫米和 1800 毫米为主，工作车速 200 ~ 500 米/分。配置主要由带自动接纸的退纸装置、计量棒 + 气刀涂布器、真空辊牵引装置、热风循环干燥系统、烘缸整饰系统和带自动接纸的卷纸机组成。

目前，国内企业配置的无碳复写纸涂布机基本上为国产设备。对于新开工的涂布机均配有自动接纸的退纸装置；涂布方式以计量棒 + 气刀涂布器涂布为主，根据需要涂布机采用单面单涂和双面单涂等；热风循环干燥系统基本上采用单元式干燥箱，风机采用变频控制以节约能源。如珠海海桥纸业有限公司 1880 无碳复写纸涂布机工作车速 330 ~ 350 米/分，金华盛纸业（苏州工业园区）有限公司 1880 无碳复写纸涂布机工作车速 350 ~ 420 米/分。

总体来讲，这些机外无碳复写纸涂布机运行良好，性能稳定。

（3）热敏纸涂布机　国产的热敏纸涂布机在“十一五”期间得到快速发展，其机型以幅宽 1800 毫米为主，工作车速 200 ~ 500 米/分。配置主要由带自动接纸的退纸装置、刮刀涂布器、计量棒 + 气刀涂布器、真空辊牵引装置、热风循环干燥系统、软/硬辊压光机、烘缸整饰系统和带自动接纸的卷纸机组成。

目前，国内企业配置的热敏纸涂布机基本上为国产设备，均配有自动接纸的退纸装置；涂布方式以刮刀涂布器 + 计量棒 + 气刀涂布器涂布为主，个别采用帘式涂布；根据需要有的涂布机采用单涂布器，有的采用单面双涂布器的涂布方式；热风循环干燥系统基本上采用单元式干燥箱，风机采用变频控制以便有效控制干燥温度，同时达到节能的目的。如苏州三威纸业科技有限公司 1800 热敏纸涂布机工作车速 230 ~ 300 米/分。

目前，这些国产热敏纸涂布机运行情况良好，可以满足国内生产的需要。

以上 3 种机型基本为机外涂布。

（4）纸板用涂布机　纸板机是“十一五”期间发展最快的机型。纸板涂布机为机内涂布整饰，用于生产涂布白纸板或涂布白卡纸，在纸机部分配有施胶装置，多采用斜列式施胶或膜转移施胶涂布器。有各种因素决定机内纸板多层涂布的涂布系统的选择。当前主要是用刮刀或计量棒作为预涂，气刀或刮刀作为面涂。

国产的纸板涂布机主要以幅宽 2800 毫米为主，而幅宽 4800 毫米的纸板涂布机正在成为热门机型，工作车速 300 ~ 700 米/分。主流配置为三正两反五次刮刀涂布器涂布、单面循环热风干燥系统、再配以烘缸和双压区软辊压光机进行整饰。有些刮刀涂布器则采用刮刀与挠性棒互换的方式来适应涂布纸种的变化。

目前，国内企业配置的纸板涂布机最高工作车速在 700 米/分左右，幅宽在 5800 毫米以内。如中冶美利纸业股份有限公司的 4800 长网多缸涂布白卡纸机，工作车速 650 米/分，主要产品为涂布白卡纸。

这些国产机内纸板涂布机性能稳定，运行情况良好。

（5）特种纸用涂布机　在国内造纸企业中，还有许多为适应市场需求而开发的特种纸涂布机，如水转移纸涂布机、美纹纸涂布机等。这些特种用途的特种纸用涂布机“十一五”期间发展迅速。机型以幅宽 1600 毫米为主，工作车速 150 ~ 300 米/分。主流配置为单次（或多次）刮刀涂布器或气刀涂布器涂布，双面循环热风系统干燥，再配以烘缸和软辊压光机进行整饰。刮刀涂布器则采用刮刀与挠性棒互换的方式来适应涂布纸种的变化。如河北意达花纸业有限公司的幅宽 1600 毫米水转移纸涂布机和上海晶华粘胶制品发展有限公司的幅宽 1600 毫米美纹胶带纸涂布机车速均已在 300 米/分左右，运行情况良好。

2. 涂布机的关键部件

（1）自动接纸的退纸装置　自动接纸的退纸装置在“十一五”期间获得极大成功，它是为适应机外涂布机的高车速而开发的，用于新、老纸卷转换并顺利实现自动接纸。自动接纸的退纸装置近年在国内应用越来越广泛。主流退纸装置为双纸卷回转型结构，主要由机架、十字形回转架、纸卷制动装置、纸卷传动装置和导辊等组成。自动连续接纸装置由纸卷加速系统、导辊、粘接压辊装置、断纸装置、摆臂装置和控制系统等组成。

在机外高速涂布机的应用中，回转架的回转定位、接纸臂的就位、纸卷加速、压辊压下、断纸刀动作、纸卷停止旋转等一系列接纸动作均通过光电装置进行检测、PLC 自动控制来实现；整套动作与整机运行连锁，实现接纸时整机各个分部的相应自动动作，完成生产车速下全速自动连续接纸。

自动接纸的退纸装置可以适应各种纸卷的自动转换和粘接，其在机外涂布机上的应用，可以最大限度地避免纸张浪费。

（2）组合刮刀涂布器 组合刮刀涂布器可以根据涂料工艺的不同使用硬刮刀、软刮刀、挠性棒等几种形式。组合刮刀涂布器主要由背辊、涂料装置、刮刀计量装置、挠性棒、边刮刀、喷雾装置和机架等组成。刮刀涂布器的背辊是覆以高弹材料（合成橡胶）的大直径钢辊。涂料装置有辊式上料器和喷射上料器 2 种形式，国内主流刮刀涂布器还是以辊式上料器为主，而对于高速涂布机来说，喷射上料的开发制造是十分迫切的任务。挠性棒装置是用回转的计量棒来对涂料计量，它已广泛应用于涂布纸板、无碳复写纸和热敏纸的涂布中。

（3）气刀涂布器 气刀涂布器为仿形涂布，主要由胸辊、辊式上料系统、气刀系统和回收系统组成。辊式上料系统多采用计量型多辊计量上料；气刀系统由气刀体、气刀唇板和高压风机构成，高压风机有离心风机和三叶罗茨高压风机；回收系统用于回收气刀吹下的多余涂料，避免涂料飞溅，造成车间污染，则由气料分离器和抽风机组成，气料分离器设有风机来抽吸，以实现气料分离。气刀涂布器主要应用于特种涂布纸的涂布，涂布纸板已很少采用。

（4）热风干燥系统 涂布后纸张的干燥形式有红外干燥、空气干燥和烘缸干燥。在机外涂布机的配置中，涂布机的干燥系统主要是空气循环干燥，而红外干燥用于涂布后涂料的预热固化，烘缸干燥则用于纸张涂布干燥后的整饰。红外干燥器分为电红外干燥器和燃气红外干燥器，用于涂布机的空气干燥器分成两大类：双面气垫干燥器和单面气流冲击干燥器。国产涂布机中，单面气流冲击干燥器广泛配置在纸板涂布机上，其他薄页纸涂布机上则配置双面气垫干燥器。

涂布机空气干燥系统中多采用循环热风干燥系统，由循环风机、热交换器和排潮系统等组成。该系统中有 80% ~90% 的回流空气经补充新鲜空气后返回到干燥器，而 10% ~20% 则作为废气排出系统外。国产涂布机配置的循环风机多采用变频器控制风机转速，同时用排出系统的废气来预热补充新鲜空气，以达到节约能源的目的。由于环保的要求，目前国内热源除蒸汽以外，循环热油和燃烧天然气加热热风的情况越来越多。

（5）自动接纸的轴式收纸装置 自动接纸的轴式收纸装置与自动接纸的退纸装置基本相同，不同的是自动接纸的轴式收纸装置采用双电机进行收卷。

四、高速切纸机技术发展概况

经过几十年的发展，特别是“十一五”期间，国产切纸机的结构形式已经从一开始的功能低下的切刀机走向形式多样的中高速切纸机，且主流的国产切纸机担负着重要的切纸产能。

国产高速切纸机已在书写纸、铜版纸、无碳复写纸、钞票纸、白纸板、浆板等纸种中得到应用，最高车速 200 米/分，切纸总定量 600 克/米^2，切长误差在 1 毫米以内。

（1）浆板机内切纸机 国产的浆板机内切纸机在“十一五”期间发展较快，其机型以幅宽 3200 毫米、3600 毫米和 4800 毫米为主，工作车速 80 ~150 米/分。配置主要由纵切装置、送纸辊装置、横切装置、输送系统、插纸装置、接纸系统、传动及控制和废纸输送系统等组成。

目前，国内企业配置的浆板机内切纸机基本上为国产设备，以单刀式回转型连续切纸为主。纵切和送纸辊装置采用气动分切和牵引；横切装置为单刀回转结构，切刀在横向上呈螺旋布置；输送系统设有高低速带和压纸带；插纸装置是为满足不停机换垛而设置；接纸系统设有液压升降台和拍纸装置等。如江苏理文造纸有限公司 3200 浆板机内切纸机、出口缅甸的 3600 浆板机内切纸机和广西金桂浆纸业有限公司 4800 浆板机内切纸机等均用于定量 800 ~1200 克/米^2，工作车速 80 ~120 米/分。

这些浆板机内切纸机在实际使用过程中性能稳定，运行良好。

（2）文化用纸机外切纸机 国产的文化用纸机外切纸机机型以幅宽 1880 毫米和 2640 毫米为主，工作车速 150 ~200 米/分，分为单刀和双刀回转型连续切纸机。主要由退纸架、张力检测控制系统、纵切装置、送纸装置、横切装置、输送系统和接纸系统等组成。对于双刀回转型连续切纸机来说，送纸装置、横切装置、接纸系统则分别设有2套。

目前，国内企业配置的文化用纸机外切纸机有许多为国产设备，1760毫米切纸机以单刀式回转型连续切纸为主，2640毫米切纸机以双刀回转型连续切纸机为主。退纸架多采用液压摆臂型和L型座架等；张力检测控制系统采用张力传感器和气动制动器的组合对纸幅张力进行监测和控制；纵切和送纸辊装置采用气动分切和牵引；横切装置为单刀回转结构，切刀在横向上呈螺旋布置；输送系统设有高低速带和压纸带；插纸装置是为满足不停机换垛而设置；接纸系统设有液压升降台和拍纸装置等。2730文化用纸机外单刀和双刀切纸机在山东泉林夏津纸业有限公司用在文化用纸切纸总定量600克/米^2，工作车速在150～180米/分。

总体来讲，这些文化用纸机外切纸机运行良好，性能稳定，能够满足国内各种文化用纸的切纸精度要求。

五、超级压光机及软辊压光机技术发展概况

国内超级压光机及软辊压光机经过近10年的努力，在"十一五"期间取得了很大的发展，技术水平已基本接近国际水平；国产造纸生产线已开始采用我国自行设计和制造的超级压光机和软辊压光机，并能生产出优质的纸产品。

（1）超级压光机　国内超级压光机的主流机型以幅宽1092毫米、1900毫米、2640毫米、3300毫米为主，工作车速主要有350米/分、600米/分及800米/分。

国内超级压光机根据纸张压光整饰的不同需要，分为六辊、八辊、十辊、十二辊等不同形式。目前，国内主流机型为幅宽1900毫米的十二辊超级压光机，主要由退纸系统、机架、辊组、内外升降台、液压加压系统、卷纸装置和操作台等组成。该超级压光机的顶辊及底辊为可控中高辊或固定中高辊，纸粕辊大多采用进口羊毛纸辊，也有用复合材料的软辊来替代纸粕辊以提高运行效率。

目前，国内用于铜版纸、轻涂纸、热敏纸、果袋纸、铜版卡纸等纸种的压光整饰生产线上的超级压光机基本为国产设备，其运行情况良好。

（2）软辊压光机　国内软辊压光机的主流机型以幅宽1760毫米、1880毫米、2640毫米、3520毫米、3940毫米、4500毫米为主，工作车速250～1000米/分。

国内配置的软辊压光机根据纸张压光整饰的不同需要，分为两辊单压区、四辊双压区等形式，由机架、热辊、软辊、导纸辊、弧形辊、液压系统、热油系统、刮刀、机械传动和操作台等组成。

热辊为离心浇铸的冷硬铸铁辊，环向钻有深孔内通热油加热，热辊最高表面温度可达250℃；软辊可配备可控中高辊或固定中高辊，可控中高辊可采用分区可控中高辊或游泳辊的结构形式；软辊外包覆进口的特殊材料，其耐热、耐压、耐磨；加压采用液压缸加压，最大线压力可达350千牛/米。

目前，国内配置的软辊压光机主要用在新闻纸、轻涂纸、纸袋纸、双胶纸等纸种。在"十一五"期间，随着技术的突破，越来越多的国产设备都配置了国产的各类压光机，从实际使用情况来看，这些机台运行情况良好。

（杨　旭　冯阿团　张　立）

2009—2010 年我国部分制浆造纸装备公司主要销售业绩

Sales (or Orders) Reference in China of Part of Domestic Pulping and Papermaking Equipment Companies in 2009—2010

2009—2010 年我国部分制浆造纸装备公司主要销售业绩

序号	客户名称	设备名称	主要规格和参数	台（套）数	交货时间
一、山东昌华造纸机械有限公司					
1	东莞建晖纸业有限公司	造纸机	箱纸板机，面宽 4800 毫米，车速 800 米/分	2	2011 年
2	江苏长丰纸业有限公司	造纸机	箱纸板机，面宽 4800 毫米，车速 850 米/分	1	
二、福建轻工机械有限公司					
1		废纸脱墨生产线	60 吨/日	1	2009 年
2		废纸脱墨生产线	150 吨/日	1	2010 年
3		高强瓦楞原纸生产线	250 吨/日	1	2010 年
4		高强瓦楞原纸生产线	150 吨/日	1	2010 年
5		废纸脱墨生产线	100 吨/日	1	2010 年
6		高强瓦楞原纸生产线	300 吨/日	1	2010 年
7		高强瓦楞原纸生产线	500 吨/日	1	2010 年
8		废纸脱墨生产线	150 吨/日	1	2010 年
9		废纸脱墨生产线	100 吨/日	1	2010 年
三、杭州美辰纸业技术有限公司					
1		流浆箱	1092—660 毫米	102	2010 年
四、山东海天造纸机械有限公司					
1	吉林恒源纸业有限公司	高强瓦楞原纸机	4400/400 长网多缸纸机	1	2009－12
2	江苏飞翔纸业有限公司	低定量瓦楞原纸机	4200/400 长网多缸纸机	1	2010－04
				1	2011－08
3	山东勇越纸业有限公司	瓦楞原纸机	4400/400 长网多缸纸机	1	2010－08
4	福建优兰发纸业有限公司	薄页纸机	2640/350 长网多缸纸机	1	2010－08
				1	2010－09
5	保定三联纸业有限公司	箱纸板机	3800/450 三叠网纸机	1	2010－11
6	江苏金泰纸业有限公司	T 纸瓦楞原纸机	4400/450 双长网多缸纸机	1	2011－03

续表

序号	客户名称	设备名称	主要规格和参数	台（套）数	交货时间
7	河南腾盛纸业有限公司	瓦楞原纸机	4600/600 长网多缸纸机	1	2011－04
8	山东欧木纸业有限公司	特种纸机	3750/450 长网多缸纸机	1	2011－04
9	黑龙江银泉纸业有限公司	箱纸板机	3600/400 三叠网纸机	1	2011－05
10	山东青苑纸业有限公司	文化用纸机	2640/600 长网多缸纸机	1	2011－05
11	秦皇岛丰满纸业有限公司	瓦楞原纸机	4200/400 长网多缸纸机	1	2011－08
12	山东天和纸业有限公司	文化用纸机	2640/700 长网多缸纸机	1	2011－10
13	河北昌泰纸业有限公司	石膏板护面纸机	3800/700 四叠网纸机	1	2011－10
				1	2012－02
五、无锡沪东麦斯特环境工程有限公司					
1		超效浅层气浮净水器	CQJ－4 至 CQJ－21	771	2009—2010 年
六、天津市恒脉机电科技有限公司					
1	广东省韶能集团股份有限公司珠玑纸业分公司	管式降膜蒸发站	65 吨/时蒸发水量麦草浆黑液	1	2010－01
2	山东泉林纸业有限责任公司	碱回收蒸发工段	350 吨/时碱回收蒸发工段工程成套设备的设计、供货与安装工程两阶段招标合同	1	施工中
3	四川金安浆业有限公司	蒸发站改造		1	2010－12
七、沙市轻工机械有限公司					
1		涂布机	幅宽 1700～4300 毫米，车速 200～600 米/分	11	2009—2010 年
2		膜转移	幅宽 1700～6100 毫米，车速 550～1200 米/分	9	
3		压光机	幅宽 2480～3800 毫米，车速 330～600 米/分	4	
八、山东山大华特科技股份有限公司					
1	山东泉林纸业有限责任公司	二氧化氯制备装置	3 吨/日	1	2009－04
2	山东日照华泰有限责任公司	二氧化氯制备装置	8 吨/日	1	2010－03
3	安徽华泰林浆纸有限公司	二氧化氯制备装置	8 吨/日	1	2010－12
4	新疆博湖苇业股份有限公司	二氧化氯制备装置	6 吨/日	1	
九、湖南正大轻科机械有限公司					
1	Visy Pulp & Paper Pty Ltd.（澳大利亚）	密封气罩及通风系统，含控制系统和安装调试	5890/1200	1	2009—2010 年
2	Pratt Industries Co., Ltd.（美国）	密封气罩及通风系统，含控制系统和安装调试	6750/1000	1	

续表

序号	客户名称	设备名称	主要规格和参数	台（套）数	交货时间
3	APP 海南金红叶纸业有限公司	扬克式气罩及热风系统	2850/1200	6	2009—2010 年
4	山东晨鸣纸业集团股份有限公司	密封气罩、纸机排风及排风余热回收系统、稳纸器、通风系统、袋区送风系统	5600/1500	1	
5	安徽华泰林浆纸有限公司	密封气罩及通风系统	4450/1200	1	
6	驻马店市白云纸业有限公司	文化用纸机通风系统	5890/1500	1	
7	牡丹江恒丰纸业股份有限公司	年产 1.5 万吨项目纸机气罩和热回收系统	3600/600	1	
8	玖龙纸业（泉州）有限公司	PM35、PM36 纸机气罩及通风系统	6700/1000	1	
9	福建省联盛纸业有限责任公司	低定量高强瓦楞原纸机密封气罩及热回收系统	5860/1000	1	
10	广西劲达兴纸业有限公司	2 号、3 号纸机热回收改造工程系统		1	

（杜荣荣）

2009—2010 年国外部分制浆造纸装备公司在华主要销售业绩

Sales (or Orders) Reference in China of Part of Foreign Pulping and Papermaking Equipment Companies in 2009—2010

2009—2010 年国外部分制浆造纸装备公司在华主要销售业绩

序号	客户名称	设备名称	主要规格和参数	台（套）数	投产时间
一、安德里茨公司					
1. 纸和纸板机					
①	河北永新纸业有限公司	完整的包装用纸板生产线（浆料制备车间，包装用纸机，造纸完成设备，工厂自动化系统）	350 吨/日 AOCC 废纸处理线，1000 吨/日 LOCC 废纸处理线和 200 吨/日用于面层的 UKP 本色牛皮浆线。网宽 6200 毫米，设计车速 1100 米/分，年产 40 万吨，双靴压，硬压光机	1	2009 年
2. 机械制浆线					
①	兖州太阳纸业集团	P-RC APMP 机械制浆系统，包括废水蒸发站		1	2008 - 01
				1	2009 - 05
				1	2011 - 05
3. 浆厂					
①	湛江晨鸣浆纸有限公司	完整的浆厂设备配送（备木，从蒸煮工段到完成打包整条浆线，碱回收锅炉，白液车间以及蒸发器）	年产 70 万吨	1	2011 年
4. 化机浆线					
①	山东太阳纸业股份有限公司	完整新化学浆线及苛化工段改造（绿液过滤机，泥渣处理离心机，白泥过滤机，两段石灰渣过滤器）		1	2009 年
5. 备木处理线					
①	郴州市裕农纸业有限公司	APMP 浆线的备木处理系统		1	2011 年
②	山东太阳纸业股份有限公司	生物质处理以及锅炉喂料输送		1	2011 年
6. 脱墨系统					
①	浙江吉安纸容器有限公司	混合办公室废纸浆线	250 吨/日	1	2011 年
		脱墨整线	380 吨/日	1	

续表

序号	客户名称	设备名称	主要规格和参数	台（套）数	投产时间
7. OCC 制浆系统					
①	寿光美伦纸业有限公司	OCC 线，备浆以及纸机流送系统	2450 吨/日	1	2012 年
8. 打浆流送系统					
①	湛江晨鸣浆纸有限公司	完整的备浆系统，包括打包线，流送系统，损纸系统以及所有多圆盘过滤机		1	2011 年
二、凯登制浆设备（中国）有限公司（原 KBC）					
1	中冶美利纸业股份有限公司	封闭筛选系统		1	2009－01
2	广州万利达纸业有限公司	OCC 生产线改造	1500 吨/日	1	2009－01
		牛卡流送系统及压力筛	50 万吨/年	1	2009－02
3	浙江景兴纸业有限公司	OCC 系统	500 吨/日	1	2009－02
		热分散系统		1	2010－06
4	安徽池州浙源纸业有限公司	OCC 系统改造	300 吨/日	1	2009－03
5	东莞建晖纸业有限公司	热分散系统	150 吨/日	2	2009－03
		OCC 系统	1500 吨/日	1	2010－10
		流送系统，供 25 万吨/年牛卡纸生产线		2	2010－12
6	新乡新亚纸业集团股份有限公司	流送系统及压力筛		1	2009－04
7	高州金墩纸业有限公司	OCC 系统	100 吨/日	1	2009－04
8	浙江义乌义南纸业有限公司	热分散系统		1	2009－05
		OCC 系统	250 吨/日	1	
		OCC 系统改造	350 吨/日	1	2009－06
		OCC 系统	500 吨/24 小时	1	2010－12
9	昌乐新迈纸业有限公司	OCC 系统改造	350 吨/日	1	2009－06
10	大连金洋纸业有限公司	DLK 系统	150 吨/日	1	2009－06
		OCC 系统改造	900 吨/日	1	
11	广东湛江吉城纸业有限公司	OCC 系统	450 吨/日	1	2009－07
12	四川华侨凤凰纸业有限公司	混合废纸制浆线	400 吨/日	1	2009－08
		ONP 制浆线	70 吨/日	1	
		ONP/OMG 脱墨制浆线	70 吨/日	1	
		办公室废纸脱墨制浆线	70 吨/日	1	
13	东莞金田纸业有限公司	流送系统	供 25 万吨/年厚箱纸板机	1	2009－08
		混合废纸处理线	750 吨/日	1	
14	湖北武汉金凤凰纸业有限公司	OCC 系统	750 吨/日	1	2009－09
15	东莞中联纸业有限公司	OCC 系统改造	450 吨/日	1	2009－09

续表

序号	客户名称	设备名称	主要规格和参数	台（套）数	投产时间
16	湖北保利集团	OCC 系统	500 吨/日	1	2009－10
17	福建联盛纸业有限公司	尾渣处理系统	150 吨/日	1	2009－10
		OCC 系统	800 吨/日	1	
18	浙江吉安纸容器有限公司	PM5 损纸系统	250 吨/日	1	2010－04
		PM5 OCC 系统	800 吨/日	1	
		PM3 损纸系统	500 吨/日	1	
		PM3 BKP 系统	350 吨/日	1	
		PM3 AOCC 系统	250 吨/日	1	
		PM3 OCC 系统	1350 吨/日	1	
19	湖北宏发纸业有限公司	OCC 系统	30 万吨/年	1	2010－05
20	睢县龙源纸业有限公司	脱墨系统	90 吨/24 小时	1	2010－05
		MOP 系统	250 吨/日	1	
		OCC 系统	250 吨/日	1	
21	昆山钞票纸厂	损纸系统		1	2010－06
22	东莞永安造纸有限公司	OCC 系统	480 吨/日	1	2010－10
23	理文造纸有限公司	PM18 UKP 系统	200 吨/日	1	2010－10
		PM17 OCC 系统	900 吨/日	1	
		PM17 BKP 衬层系统	100 吨/日	1	
		PM17 ONP 底层系统	250 吨/日	1	
		PM17 ONP 衬层系统	250 吨/日	1	
		PM16 OCC 系统	850 吨/日	1	
		PM19 OCC 系统	1100 吨/日	1	2010－12
24	东莞金洲纸业有限公司	OCC 系统	1500 吨/日	1	2010－10
		流送系统，供 25 万吨/年牛卡纸生产线		2	2010－12
25	联盛纸业（海龙）有限公司	PM5&PM6 系统轻质除渣器和白水处理系统		1	2010－11
		PM6 OCC 系统	1100 吨/日	1	
		PM5 OCC 系统	1250 吨/日	1	
26	江苏长丰纸业有限公司	OCC 系统	600 吨/日	1	2010－11
27	东莞骏业纸业有限公司	OCC 系统	900 吨/日	1	2010－12
三、美卓公司					
1		造纸机	幅宽 4000～12000 毫米 车速 1200～2000 米/分	7 台，共计年产 300 万吨	2009—2011 年
2		纸板机	幅宽 6000 毫米以上 车速 800～1200 米/分	6 台，共计年产 280 万吨	2010—2011 年

续表

序号	客户名称	设备名称	主要规格和参数	台（套）数	投产时间
3		机械浆生产线		3 条，共计年产 39 万吨	2010—2011 年
四、福伊特公司					
1	山东太阳纸业股份有限公司	24 号纸机	网宽 8100 毫米，车速 1800 米/分	1	2011－07
2	漯河银鸽实业集团有限公司	新月型靴压纸机	幅宽 5600 毫米，设计车速 2000 米/分，年产量 6 万吨	2	2011 年
3	金光集团 APP 中国	纸板机	网宽 8750 毫米，车速 1200 米/分	1	2012 年
4	山东博汇纸业股份有限公司	3 号纸机	幅宽 8100 毫米，车速 1000 米/分	1	2012 年下半年

（杜荣荣）

2009—2010 年部分企业投产（订购）的卫生纸机设备

Number of Tissue Paper Machines that Have Been Started-up or Have Been Ordered in 2009—2010

表 1　　2010 年新投产的卫生纸机一览表

公司名称	项目地点	规模/(万吨/年)	纸机	投产时间	供应商	备注
恒安纸业	恒安中纸（福建晋江）	新增 6	1 台新月型（幅宽 5600 毫米，生产车速 2000 米/分）	2010 年 6 月	亚赛利公司	进口
	山东恒安（山东潍坊）	新增 6	1 台新月型（DCT200，幅宽 5600 毫米，生产车速 1900 米/分，软靴压）	2010 年 11 月	美卓公司	
维达纸业集团	湖北孝感	新增 5	4 台 BF－10EX（幅宽 2760 毫米，设计车速 770 米/分）	2010 年 10 月 2 台，11 月 2 台	日本川之江	进口
中顺洁柔	广东江门	新增 2.5	1 台新月型（AHEAD1.5，幅宽 3450 毫米，设计车速 1500 米/分，不锈钢烘缸）	2010 年 11 月	特斯克公司	进口
寿光美伦纸业有限责任公司（山东晨鸣纸业集团）	山东寿光	新建 6	1 台新月型（幅宽 5600 毫米，车速 2000 米/分，靴式压榨）	2010 年 12 月	安德里茨公司	进口
重庆维尔美纸业有限公司（江苏华机集团投资）	重庆潼南县	新建 2.4	2 台 BF－10EX（幅宽 2760 毫米，设计车速 770 米/分）	2010 年年底	日本川之江	进口
惠州福和纸业有限公司	广东惠州	新增 2.3	1 台新月型 DCT－60（幅宽 2850 毫米，设计车速 1300 米/分）	2010 年 12 月	美卓公司	进口
唯尔福集团	浙江绍兴	新增 1.25	1 台 BF－10EX（幅宽 2760 毫米，设计车速 770 米/分）	2010 年 9 月	日本川之江	进口
山东东顺集团	山东东平	新增 2.4	2 台 BF－10EX（幅宽 2760 毫米，设计车速 770 米/分）	2010 年 4 月、12 月	日本川之江	进口
荆州市知音纸业有限公司	湖北荆州	新建 1.2	1 台 BF－10EX（幅宽 2760 毫米，设计车速 770 米/分）	2010 年	日本川之江	进口
东莞永昶纸业有限公司	广东东莞	新建 2	1 台 BF－12（幅宽 2700 毫米，车速 1000 米/分）	2010 年	日本川之江	进口

续表

公司名称	项目地点	规模/(万吨/年)	纸机	投产时间	供应商	备注
宁夏紫荆花纸业有限公司	宁夏	新增2.8	1台新月型（幅宽2850毫米，设计车速1200米/分，1.8万吨/年） 1台真空圆网型（幅宽2700毫米，设计车速700米/分，1万吨/年），草浆	2010年	山东华林机械有限公司与韩国合作 山东华林机械有限公司	中外合作、国产
南宁市佳达纸业有限责任公司	广西南宁	新建1	1台真空圆网型（幅宽2660毫米，设计车速800米/分），蔗渣浆	2010年10月	中日合资宝拓造纸设备有限公司	中外合作
宝达造纸实业有限公司	广东江门	新增1	1台真空圆网型（幅宽2660毫米，设计车速800米/分），蔗渣浆	2010年7月	中日合资宝拓造纸设备有限公司	中外合作
东莞白天鹅纸业有限公司	广东东莞	新增1	1台真空圆网型（幅宽2800毫米，车速600米/分）	2010年8月	贵州恒瑞辰机械制造有限公司	国产
胜达集团江苏双灯纸业有限公司	江苏射阳	新增1	1台真空圆网型（幅宽2800毫米，车速660米/分）	2010年1月	杭州大路实业有限公司	国产
总计		43.85				

注：上表中未包括计划新增的国产普通圆网纸机项目。

表2　　2011年及之后将投产的卫生纸机项目一览表

公司名称	项目地点	规模/(万吨/年)	纸机	投产时间	供应商	备注
金红叶纸业集团有限公司（规划2013年前年产能达到110万吨）	江苏苏州	新增6	1台新月型（幅宽5600毫米，生产车速2200米/分）	2011年	亚赛利公司	进口
	湖北孝感	新建12	2台新月型（幅宽5600毫米，生产车速2200米/分）			
	辽宁沈阳	新建6	1台新月型（幅宽5600毫米，生产车速2200米/分）			
	江苏苏州	新增6	1台新月型（幅宽5600毫米，生产车速2400米/分）		福伊特公司	
恒安纸业（规划2012年产能达到91.52万吨，2015年达到120万吨）	恒安中纸（福建晋江）	新增12	2台新月型（幅宽5600毫米，生产车速2000米/分，4.9米（16英尺）钢质烘缸）	2012年	安德里茨公司	进口
	重庆巴南	新建12（项目规划20）	2台新月型（幅宽5600毫米，生产车速2000米/分，5.5米（18英尺）烘缸）	分别在2011年第四季度和2012年		
	安徽芜湖	新建12（项目规划20）	2台新月型（幅宽5600毫米，生产车速2000米/分）	2012年5月	福伊特公司	

续表

公司名称	项目地点	规模/(万吨/年)	纸机	投产时间	供应商	备注
维达纸业集团（规划2011年产能达到47万吨，发展目标为70万吨）	辽宁鞍山	新增2.5	2台BF－10EX（幅宽2760毫米，设计车速770米/分）	2011年	日本川之江	进口
	四川德阳	新增2.5	2台BF－10EX（幅宽2760毫米，设计车速770米/分）			
	浙江龙游	新增5	4台BF－10EX（幅宽2760毫米，设计车速770米/分）			
	辽宁鞍山	新增2.5	2台BF－10EX（幅宽2760毫米，设计车速770米/分）	2012年		
中顺洁柔（上市募集资金新增产能投产后，总产能达到约35万吨/年）	河北唐山	新建5（项目规划10）	2台新月型（AHEAD1.5，幅宽3480毫米，设计车速1500米/分，钢质烘缸）	2011年投产1台	特斯克公司	进口
	广东中山	新建7				
	广东江门	新增2.5	1台新月型（AHEAD1.5，幅宽3480毫米，设计车速1500米/分，不锈钢烘缸）	2011年9月	特斯克公司	进口
福建恒利集团	福建南安	新增6	1台新月型（DCT200 HS，幅宽5600毫米，生产车速2000米/分，软靴压）	2011年第三季度	美卓公司	进口
唯尔福集团	浙江绍兴	新增2.5	2台BF－10EX（幅宽2760毫米，设计车速770米/分）	2011年1月、年底	日本川之江	进口
		新增1.25	1台BF－10EX（幅宽2760毫米，设计车速770米/分）	2012年8月		
山东东顺集团	山东东平	新增1.2	1台BF－10EX（幅宽2760毫米，设计车速770米/分）	2011年年底	日本川之江	进口
		新增2.4	2台BF－10EX（幅宽2760毫米，设计车速770米/分）	2012年上半年		
漯河银鸽实业集团有限公司	河南漯河	新增1.5	1台新月型（幅宽2800毫米，车速1150米/分）	2011年2月	上海轻良实业有限公司和韩国三养公司合作	中外合作
		新建12（项目规划24）	2台新月型（幅宽5600毫米，设计车速2000米/分）	2011年8月	福伊特公司	进口
厦门新阳纸业有限公司（福建南平纸业等4家公司投资）	福建	新建6	1台新月型（DCT200 HS，幅宽5600毫米，生产车速1900米/分，软靴压）	2011年	美卓公司	进口
广西南宁凤凰纸业有限公司	广西南宁	新增4	1台新月型〔幅宽3650毫米，生产车速2000米/分，4.9米（16英尺）钢质烘缸〕	2011年	安德里茨公司	进口

续表

公司名称	项目地点	规模/(万吨/年)	纸机	投产时间	供应商	备注
宁夏紫荆花纸业有限公司	宁夏	新增 2.5	1 台新月型（幅宽 3600 毫米，设计车速 1500 米/分）	2011 年	特斯克公司	进口
东莞永昶纸业有限公司	广东东莞	新增 2	1 台 BF－12EX（幅宽 3400 毫米，设计车速 1100 米/分）	2012 年	日本川之江	进口
福建铭丰实业有限公司	福建龙岩	新建 2	1 台 BF－12EX（幅宽 3400 毫米，设计车速 1100 米/分）	2011 年	日本川之江	进口
保定港兴纸业有限公司	河北保定	新增 1.2	1 台 BF－10EX（幅宽 2700 毫米，设计车速 770 米/分）	2011 年 9 月	日本川之江	进口
上海东冠纸业有限公司	上海	新增 7	2 台新月型（1 台 DCT100，1 台 DCT135）	2011 年第二季度、第四季度	美卓公司	进口
歌芬卫生用品（福州）有限公司	福建福州江阴港	新建 6（项目规划 18）	1 台新月型（DCT200，幅宽 5600 毫米，设计车速 1900 米/分，软靴压）	2011 年	美卓公司	进口
抚顺矿业集团	辽宁抚顺	新建 6（项目规划 10）	1 台新月型（幅宽 5600 毫米，设计车速 2000 米/分）	2011 年 9 月	安德里茨公司	进口
雅安西龙纸业有限公司	四川雅安	新建 2.4	2 台 BF－10EX（幅宽 2700 毫米，设计车速 770 米/分）	2011 年 8 月	日本川之江	进口
重庆龙璟纸业有限公司（重庆轻纺控股集团公司投资）	重庆	新建 2.4	2 台 BF－10EX（幅宽 2760 毫米，设计车速 770 米/分）	2011 年	日本川之江	进口
赣州华劲纸业有限公司（广西华劲集团股份有限公司）	江西赣州	新建 12	2 台新月型（幅宽 5600 毫米，设计车速 2000 米/分，靴式压榨）	2012 年	安德里茨公司	进口
河南护理佳纸业有限公司	河南鹿邑	新建 3（项目规划 10）	2 台新月型（幅宽 2850 毫米，设计车速 1200 米/分）	2011 年 4 月	韩国三养公司	进口
广西华美纸业集团	福建福清	新建 12	3 台新月型（1 台 6 万吨/年，2 台 3 万吨/年）	2012 年年底		进口
亚太森博浆纸有限公司	山东日照	新建 24	4 台（6 万吨/年）			进口
武汉东冠华洁纸业有限公司（上海东冠集团投资）	湖北武汉	项目规划 15				
广西柳江纸业有限公司（两面针集团）	广西柳江	项目规划 8				
山东恒联光华纸业有限公司	山东费县	项目规划 10	为 100 万吨/年浆纸项目第三期工程的项目之一			
中冶美利纸业股份有限公司	宁夏	项目规划 3.5				

续表

公司名称	项目地点	规模/(万吨/年)	纸机	投产时间	供应商	备注
惠州福和纸业有限公司	广东惠州	规划新增 4				
安徽比伦生活用纸有限公司（广州士美日用品有限公司）	安徽马鞍山	预计 1.7			波兰 PMP 集团	进口
安诺集团	山东潍坊	项目规划 12	2 台新月型			进口
宁夏美洁纸业股份有限公司	宁夏贺兰	新增 3.5	2 台真空圆网型（幅宽 2660 毫米，设计车速 800 米/分，1 万吨/年），草浆 1 台真空圆网型（幅宽 3400 毫米，设计车速 800 米/分，1.5 万吨/年），草浆		中日合资宝拓造纸设备有限公司	中外合作
总计		212.35				

注：上表中未包括计划新增的国产普通圆网纸机项目。总计新增产能按已经宣布实施的部分计算。

（中国造纸协会生活用纸专业委员会）

2010 年造纸脱水器材行业发展综述

Review on Papermachine Dewater Equipment Industry in 2010

2010 年我国造纸网毯产量稳定并略有增长，产量的增加与质量的提高，满足了我国造纸工业对造纸网毯的需求。

一、2010 年我国造纸网毯产量汇总

1. 造纸网

据中国造纸学会脱水器材专业委员会统计，2010 年我国造纸网规模以上企业 32 家（不包括外商独资企业）。其中，成形网产量 221 万米^2 比 2009 年 180 万米^2 增长 23%；干网及螺旋干网 159 万米^2 比 2009 年 108 万米^2 增长 47%；铜网 16 万米^2 比 2009 年 14 万米^2 增长 14%；不锈钢网 3 万米^2 比 2009 年 2 万米^2 增长 50%。2010 年造纸网产品不仅产量增加，质量水平也比 2009 年有所提高。2010 年各大网厂均增加了三层网的生产力度。据统计，全国三层网产销量近 31 万米^2，比 2009 年增长 55%。2010 年各企业三层网生产量增长明显，如江苏金呢工程织物有限公司年产三层网 10 万米^2，比 2009 年增长 54%；安徽华辰造纸网股份有限公司增长 50%；河北鹤煌网业股份有限公司增长 51%；广东新会中新网业有限公司增长 53%。山东泰安松源网业有限公司、安徽太平洋特种网业有限公司、河南驻马店市红星网业有限公司、安徽环宇网业有限公司、河南华丰网业有限公司、杭州华力网业有限公司、广东江门维华造纸网有限公司等也开拓了三层网市场。目前，铜网、不锈钢网生产厂家主要有凯德（西安）造纸机械织物有限公司、佳木斯造纸网有限公司、江都乐凯新风造纸网有限公司、河南开封松鹤网业有限公司等，产量比 2009 年有所扩大。

2. 造纸毛毯

据中国造纸学会脱水器材专业委员会统计，2010 年全国规模以上造纸毛毯企业 21 家，产量（不包括外商独资企业）7540 吨。以历年同口径推算，全国造纸毛毯生产量 9801 吨。与 2009 年相比，生产中高档毛毯产品企业的产量约增长 20%，而生产低档产品的企业纷纷减产，甚至转行。2010 年造纸毛毯生产企业产量如下：上海金熊造纸网毯有限公司 180 吨；四川环龙技术织物有限公司 950 吨；徐州工业用呢厂 920 吨；聊城经纬工业用呢有限公司 480 吨；广东东莞业兴网毯有限公司 380 吨；徐州金冠工业用呢有限公司 180 吨；东莞市友邦造纸网毯有限公司 300 吨；上海弘纶工业用呢有限公司 320 吨；广州市花都区民政造纸毛毯厂 220 吨；河南临颍工业用呢有限公司 680 吨；郑州非尔特造纸网毯有限公司 640 吨等。

3. 我国造纸网毯进出口概况

2003—2010 年我国造纸网毯进出口情况见表 1 和图 1 ~ 图 4。

表 1　2003—2010 年海关网毯产品的进出口数据

	年份	滤网、滤布		<650 克/米^2 网毯成品		≥650 克/米^2 网毯成品		合计	
		数量/千克	金额/美元	数量/千克	金额/美元	数量/千克	金额/美元	数量/千克	金额/美元
进口	2003	321789	13179434	83823	9716679	733393	34916174	1139005	57812287
	2004	467009	18160299	66449	11532430	928589	45849485	1462047	75542214
	2005	453136	24320356	122208	18246875	922277	52269799	1497621	94837030
	2006	515427	38570045	103272	19820917	1147141	66040034	1765840	124430996
	2007	554959	41072549	164659	28287534	1320591	73807104	2040209	143167187

续表

	年份	滤网、滤布		<650 克/米^2 网毯成品		≥650 克/米^2 网毯成品		合计	
		数量/千克	金额/美元	数量/千克	金额/美元	数量/千克	金额/美元	数量/千克	金额/美元
进口	2008	606367	46872567	205248	3106550	1398726	81335714	2210341	131314831
	2009	390331	39433965	282476	27209593	1069939	63213073	1742746	129856631
	2010	674593	54817406	152683	26341596	1257074	79184329	2084350	160343331
出口	2003	166319	2691934	39871	1702536	113572	2643469	319762	7037939
	2004	397701	3635438	86507	2015043	132979	3073069	617187	8723550
	2005	691723	6670480	96740	1814304	233327	5819276	1021790	14304060
	2006	1150572	7735693	105995	2413436	403741	11250884	1660308	21400013
	2007	347923	4749570	83953	3357880	494649	14671403	926525	22778853
	2008	314175	5957362	156664	5046002	654007	19577994	1124846	30581358
	2009	573145	8689102	151286	6749313	1165831	39476960	1890262	54915375
	2010	767435	14156715	217889	12617780	1606415	54910625	2591739	81685120

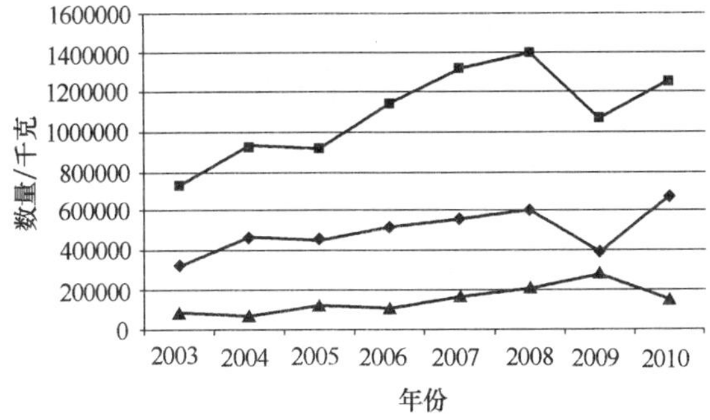

图1　2003—2010年脱水器材进口数量

—▲— <650 克/米^2 网毯成品　—■— ≥650 克/米^2 网毯成品　—◆— 滤网、滤布

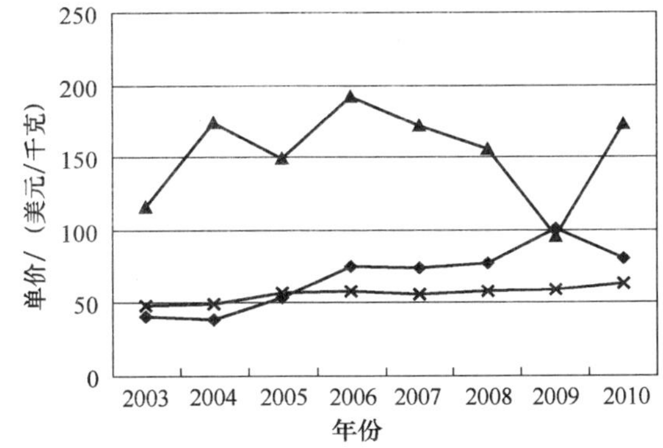

图2　2003—2010年脱水器材进口产品单价

—◆— 滤网、滤布　—▲— <650 克/米^2 网毯成品　—×— ≥650 克/米^2 网毯成品

2010年滤网与造纸毛毯的进口量增幅明显，国内高档滤网与造纸毛毯的需求量仍在攀升。随着我国造纸网技术的发展，目前造纸网最高可配套1400米/分车速的纸机。据海关数据显示2010年造纸网的进口量比2009年明显下滑。从进口单价分析，2010年高档造纸网的价格比2009年大幅上涨。

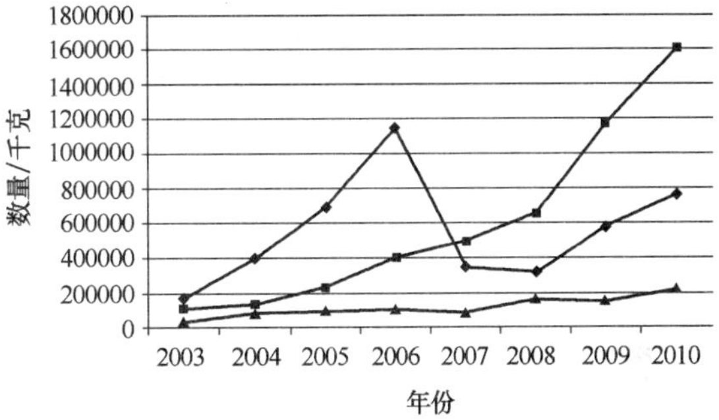

图3　2003—2010年脱水器材出口数量

—◆— 滤网、滤布　—▲— <650 克/米^2 网毯成品　—■— ≥650 克/米^2 网毯成品

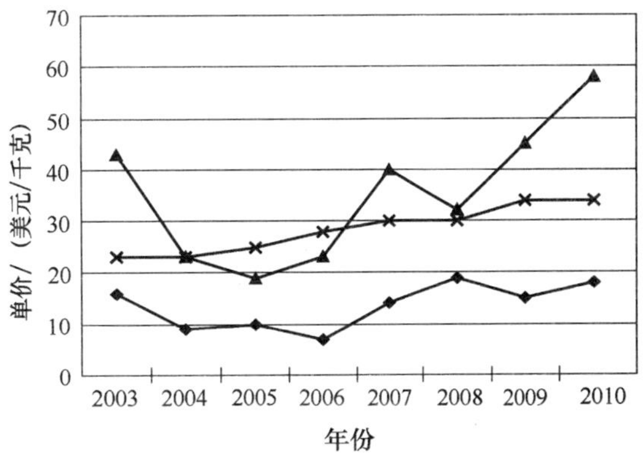

图4　2003—2010年脱水器材出口产品单价

—▲— 滤网、滤布　—◆— <650 克/米^2 网毯成品　—×— ≥650 克/米^2 网毯成品

近年来，脱水器材企业纷纷开拓海外市场，国内外的贸易往来日益扩大，随着国内产品质量的提高，出口价格同样增长明显。

二、技术进步是造纸网毯行业的主要趋势

造纸网毯行业一直处于不断改进、不断提高的过程之中。近几年来，造纸网毯行业更加注重技术进步，不断改进设备和提高质量，竞争力逐步增强，对市场的影响日益明显。

造纸毛毯企业虽没有能力购买高价的织布机、针刺机、定型机，但近几年在专业机械厂的积极介入下，设备方面的投入一直未曾减少。聊城经纬工业用呢有限公司、徐州工业用呢厂、徐州金冠工业用呢有限公司、广东东莞业兴网毯有限公司、东莞市友邦造纸网毯有限公司、广州市花都区民政造纸毛毯厂等企业都有不同程度的设备投入，而江苏金呢集团工程织物有限公司更以最新 10 米的 Delo 预刺机傲然居于设备改进的首列。这台预刺机是国内造纸毛毯行业首台椭圆形针板设备，国际上也为数不多。现在，不少企业都有经过针对性改造的专业设备和由机械厂专门设计制作的整台设备，总体实力大大提高，产品质量有了很大的提升。现在幅宽 4 米以上的造纸毛毯占总产量 60% 以上的企业有上海金熊造纸网毯有限公司、四川环龙技术织物有限公司、徐州工业用呢厂、聊城经纬工业用呢有限公司、广州市花都区民政造纸毛毯厂、广东东莞业兴网毯有限公司、东莞市友邦造纸网毯有限公司、徐州金冠工业用呢有限公司等。这些企业在中型造纸厂中有稳定的用户，能满足造纸机对造纸毛毯质量上的要求，已成为我国众多造纸厂在日常生产及更新改造中的可靠供应方。

现在，造纸毛毯行业中以上海金熊造纸网毯有限公司为首的一批企业，努力提高产品质量，不断向高档产品冲击并取得了阶段性成果，得到国内大型造纸企业的认可，双方的合作日益密切。同时，一大批小型造纸毛毯企业在未做大量投资的情况下，加强管理，稳定产品质量，成为国内现有中小型造纸厂的毛毯供应方。双方交集不多，各得其所，也互有影响，值得作进一步的分析。

2010 年统计范围内的造纸网（成形网、干网）产量，同比有了较大的增长，这主要反映在造纸网的新增产能。以前，造纸网企业新增 1 台织机，是一个大新闻；现在新增 2 ~3 台都不会引起大家的惊奇，如安徽华辰造纸网股份有限公司与江苏金呢集团工程织物有限公司就各有 1 台耶格公司的 BK800 快速织机，其中江苏金呢集团工程织物有限公司的织机宽度达 15.5 米；2010 年河北鹤煌网业股份有限公司新增 1 台尤根公司 12.5 米织机。2011 年各大网厂继续加大装备投入，其中沈阳鑫鹰网业有限公司购买瑞典 TEXO 15.3 米织机、江苏金呢集团工程织物有限公司与安徽华辰造纸网股份有限公司也各购买了 2 台宽幅织机，配套的定型机、整经机、插接机等也纷纷引入。

近几年来，进口造纸网专用织机一直保持着极高的增长速度。国际三大重型织机制造厂都有订单，大量高档织机的进入，使得造纸网的产能急速提升。我国原先的几大网厂：安徽华辰造纸网股份有限公司、河北鹤煌网业股份有限公司、江苏金呢集团工程织物有限公司、广东新会中新造纸网业有限公司，2010 年三层网产能的增长均在 50% 以上，山东泰安松源网业有限公司、沈阳鑫鹰网业有限公司等老厂近年也恢复了生产，而河南沈丘以及附近的安徽太和地区更有惊人的增长。

造纸网产量的剧增，对满足造纸厂的需求十分有利。由于同质化竞争，造纸网（包括三层网）的价格持续走低，尽管各企业安装了大型新织机，但急于形成生产能力，产品主要以模仿、照搬为主，缺乏自主创新。这样对整个行业来说，将大大削弱了自身可持续发展能力。最终，这种状况也不利于造纸业。

三、四川环龙并购上海金熊，完成了网毯行业内资本运作的第一桩

2010 年 10 月底，四川环龙技术织物有限公司经过两年的艰苦谈判，并购上海金熊造纸网毯有限公司，改善了产品结构，这是网毯行业内首次成功的资本运作。并投资建设成立了上海环龙造纸毛毯研究所，研发我国高端造纸毛毯。

造纸网毯是专业性极强的行业，由于技术门槛和资金密集度较高，市场容量有限，众多造纸网毯企业，无力大规模投入资金与人力，以及从事基础理论和产品提升的研究，从而处于相对薄弱、发展较慢的地位。其间虽有提出联合研发等建议，但限于各厂情况不一，难以形成合力。但资本联合，是必然的趋势，国外造纸网毯企业也是如此发展的。

四、行业标准化建设

标准体现了产品的先进性，因此标准在制订过程中参照了国外同类产品的水平，结合我国行业水平，不仅提高了各项质量标准，还提高了标准的适用性，使造纸网毯产品水平不断提升，更好地为造纸工业服务。由脱水器材专业委员会主持并组织编写的标准涵盖了造纸网、造纸毛毯以及造纸网毯用单丝产品。

1. 造纸网国家标准

经中国轻工业联合会立项，全国造纸工业标准技术委员会下达任务，标准修订的计划号为2007－2697T－607，下达了7项行业标准修订并升级国家标准的任务。分别是《QB/T 2004—1995 造纸铜网—单织网》、《QB/T 2105—1995 造纸铜网—三织网》、《QB/T 3532—1999 造纸用聚酯成形网》、《QB/T 3533—1999 造纸用聚酯网测定方法》、《QB/T 3534—1999 造纸用聚酯单织干网》、《QB/T 2618—2003 造纸用多层成形网》、《QB/T 2619—2003 造纸用异形丝干燥网》。

2008—2009年由中国造纸学会脱水器材专业委员会组织牵头，经过行业水平调研，分别由安徽华辰造纸网股份有限公司、江苏金呢集团工程织物有限公司、河北鹤煌网业股份有限公司和广东新会中新造纸网业有限公司组成了标准起草小组。于2009年年底完成了各个标准报批稿以及资料上报，并通过了全国造纸工业标准技术委员的专家审定会，2010—2011年由国标委批准的标准有：《GB/T 26454—2011 造纸用单层成形网》、《GB/T 26455—2011 造纸用多层成形网》、《GB/T 26456—2011 造纸用异形丝干燥网》、《GB/T 26457—2011 造纸用圆丝干燥网》和《GB/T 24290—2009 造纸用成形网、干燥网测量方法》，计划于2011年9月15日实施；《GB/T 24290—2009 造纸用成形网、干燥网测量方法》于2010年3月1日实施。

2. 造纸毛毯行业标准

根据中国纺织工业协会科技发展部下达的通知2009年产品类标准项目（工信厅科［2009］260号，计划号2009－2699T-FZ～2009－2704T-FZ），由上海市毛麻纺织科学技术研究所、中国产业用纺织品行业协会承担《造纸毛毯分类、命名、编号》等5个标准的修订任务。分别有：《FZ/T 25002.1－93 造纸毛毯分类、命名、编号》、《FZ/T 25002.4－93 造纸毛毯试验方法》、《FZ/T 25002.2－93 机织造纸毛毯》、《FZ/T 25002.3－93 针刺造纸毛毯》、《FZ/T 25002.5－2000 底网造纸毛毯》。

由中国造纸学会脱水器材专业委员会具体组织与协调标准的修订工作，成立了由四川环龙技术织物有限公司、徐州工业用呢厂、广东东莞业兴网毯有限公司和江苏金呢集团工程织物有限公司组成的标准修订小组。目前标准正在上报过程中。

3. 造纸网毯用单丝行业标准

《FZ/T 54016—2009 造纸毛毯用单丝》于2010年1月20日发布；《FZ/T 54015—2009 造纸网用单丝》于2010年1月20日发布。

五、行业发展存在的难题

造纸脱水器材是为造纸工业配套的专用材料，是造纸装备中重要的组成部分。因为使用寿命的延长，供应数量未因造纸产量的大幅增长而增长；对造纸生产效率和质量的提高、成本的降低均有直接作用；国内造纸机械使用的基本是国产网毯，部分进口设备也在使用。国产网毯技术含量日益提高，有力地抑制了国外网毯的价格。

网毯行业作为一个专门行业，有自身难以克服的困难。

（1）投资大、回报小、销售分散、欠款多且难以如期收回、累积资金缓慢，科研投入困难。

（2）大量生产装备的投入，使得产能和产品质量得到大幅度提升，但同质化竞争导致价格没有相应提高。同时个别造纸企业招标不规范，以降价为唯一条件，使造纸网毯企业经营困难。

（3）原材料价格的急剧上涨，正严重威胁制造业。我国造纸网毯业正遭到数方面的夹击，处于相当困难的地位。2011年2月的国产锦纶切片价格分别比2010年同期增长40%，相比2010年12月底增长15%，2011年2月相比2010年10月增长25%。2011年2月进口锦纶切片价格分别比2010年同期增长50%，相比2010年12月底增长16%，相比2010年10月增长29%。同时，国产与进口聚酯切片的价格也明显上涨。行业调查普遍反映，企业原料和生产劳动成本的上升，使得行业利润空间不断缩水。

（4）外资企业美国Albany公司、德国Heibach公司、芬兰Temfelt公司、日本Nippon Felt公司纷纷进入中国市场，在国内建厂生产与销售，加大了国内脱水器材企业的压力。

六、脱水器材行业的发展

加强业内交流，在相互竞争的同时，更注重整体水平的提高。各企业都在努力做好自身工作，注重技术进步、提高产品质量、满足用户需求，努力为造纸厂提供价廉质优的毛毯，同时也为自身改进提高制造了条件，有效地稳定了客户群。国外同行在国内生产销售，缩短了距离，更有利于国内企业建立标杆，迎头赶上。

我国的造纸毛毯近年积极拓展国际市场，通过建立各种渠道，利用我国脱水器材的质量以及价格优势，逐渐成为东南亚、中亚、俄罗斯乃至欧美的可选供应方。2010 年国产脱水器材的出口量与价格都明显增长，一部分国内企业已因此受益颇多。

行业在发展壮大的过程中有竞争、有淘汰，更应有兼并、有联合，这样才能更有效地整合资源、加速发展。环龙－金熊走出了重要的一步，必将对我国造纸网毯行业具有启发、推动、促进作用。

我国造纸工业发展迅猛，对高档网毯需求量大，脱水器材行业与造纸业应互相依存，互相支持，实现共同发展。我国脱水器材制造企业见表 2。

表 2　　2010 年我国脱水器材制造企业一览表

企业名称	产品	地址	邮编	电话
一、造纸网制造企业				
安徽华辰造纸网股份有限公司	成形网、干网	芜湖开发区港湾路 15 号	241000	0553－5848290
河北鹤煌网业股份有限公司	成形网、干网	河北省安平县新盈大街 17 号	053600	0318－87520806
江苏金呢集团工程织物有限公司	成形网	江苏省海门港大生路 3260 号	226116	0513－82181369
天津环球高新造纸网业有限公司	成形网、干网	天津市杨庄子工业区玉门路	300112	022－27798998
广东新会中新造纸网业有限公司	成形网、干网	广东新会市城东工业开发区	529100	0750－6100456
河南开封松鹤网业有限公司	成形网、干网	河南省开封市五一路	110116	024－23739057
凯德（西安）造纸机械织物有限公司（原西安网厂）	成形网、干网、铜网、不锈钢网	陕西省西安市长安区马王街办沣京西路 9 号	710115	021－85850750
浙江沃得网业有限公司（沈阳鑫鹰网业有限公司）	成形网、干网	浙江省衢州市世纪花园 11 栋 2 单元 101 室	324000	0570－3865920
沈阳鑫鹰网业有限公司（原沈阳金鹰网业有限公司）	成形网、干网	沈阳市于洪区沙岭镇金岭路 B 区 1－1	110144	024－89367638
山东泰安松源网业有限公司	成形网、干网	泰安市泰山区省庄工业园九星街 77 号	271000	0538－6515527
河南华丰网业有限公司	成形网、干网	河南省沈丘县北环路 81 号	046630	0394－5223453
佳木斯造纸网有限公司	铜网、不锈钢网	佳木斯市东风区光复路东段 302 号	154005	0454－8332018
安徽环宇网业有限公司	成形网、干网	安徽省太和县城关镇工业园区	236600	0558－8628763
安徽环宇网业有限公司合肥分公司	成形网	合肥市高新技术开发区柏堰科技园石楠路 18 号	236600	0551－5363508
安徽太平洋特种网业有限公司	成形网、干网	安徽省太和县城关镇工业园内	236600	0558－8639313
安徽亚东网业有限公司	成形网、干网	安徽省太和县太亳路 188 号	236600	0558－8655856
广东新会中新造纸网业有限公司	成形网、干网	广东新会市城东工业开发区	529100	0750－6100456
广东东莞业兴网毯有限公司	成形网、干网	东莞市高埗镇护安围	523279	0769－88731749
广东江门维华造纸网有限公司	成形网	广东江门市 棠下新昌工业区	529100	0750－3598855
河南恒丰造纸网有限公司	成形网、干网	河南省沈丘县工业园区	466301	0394－5104306
河南众信造纸网厂	成形网、干网	河南省沈丘县工业园区	466301	0394－5100268
河南驻马店市红星网业有限公司	成形网	河南省驻马店市白桥路一巷 168 号	463000	0396－2995530
河南沁阳市念海造纸网业有限公司	成形网、干网	河南沁阳市建设南路干河桥南 100 米	454550	0391－5683908
江都乐凯新风造纸网有限公司	铜网、不锈钢网	江苏省江都市真武镇真武路 59 号	225265	0514－86274767
浙江华顶网业有限公司	成形网、干网	浙江天台县平桥镇工业园区	317203	0576－3670678

续表

企业名称	产品	地址	邮编	电话
天台县灵生环保过滤有限公司	过滤网	浙江天台县平桥镇友谊东路	317203	0576－3666177
杭州华力网业有限公司	成形网	杭州萧山区瓜沥镇大义工业园区	311241	0571－82568666
安徽华太网业有限公司	成形网	安徽省太和县城关镇工业园	236600	0558－8669196
沈丘三利源公司	成形网、干网	河南省沈丘县聚酯网工业园区	466300	0394－5280006
河北爱美德网带有限公司	干网	河北省东光县城东后屯	061600	0317－7780800
河南长丰网业有限公司	成形网、干网	河南省周口市沈丘县工业园区	466300	0394－5280888
河南锦弘网业有限公司	成形网	河南省沈丘县北郊工业园区	466300	0394－5206586
河南汇通纸网公司	成形网、干网	河南省沈丘县沙北工业园区	466300	0394－5280055
河南华鑫网业有限公司	成形网、干网	河南省沈丘县聚酯网工业园区	466300	0394－5206518
二、造纸毛毯制造企业				
上海金熊造纸网毯有限公司	造纸毛毯	上海市金山区枫泾镇兴塔建安路78号	201502	021－67361071
上海弘纶工业用呢有限公司	造纸毛毯	上海市金山区枫泾镇兴塔建安路78号	201502	021－67361100
天津华星工业用呢新技术开发有限公司	造纸毛毯	天津市南开区岳湖道18号	300193	022－27370098
徐州工业用呢厂	造纸毛毯	徐州市湖北路30号	221006	0516－85696034
四川环龙技术织物有限公司	造纸毛毯	成都文家乡张家碾土龙公路1公里处	610091	028－87071729
聊城经纬工业用呢有限公司	造纸毛毯	山东聊城市经济开发区淮海路西路	252000	0635－8533848
广州市花都区民政造纸毛毯厂	造纸毛毯	广东省花都港口工业区岭东路19号	510800	020－86870028
广东东莞业兴网毯有限公司	成形网、干网	东莞市高埗镇护安围	523279	0769－88731749
江苏金呢集团工程织物有限公司	造纸毛毯	江苏省海门市三条桥工业区	226132	0513－82181369
太仓嫦娥工业用呢有限公司	造纸毛毯	太仓市沙溪镇新北西路132号	215421	0512－53212049
潍坊振兴天马工业用呢有限公司	造纸毛毯	潍坊市奎文区鸢飞路978号	261031	0536－8667069
潍坊开发区造纸毛毯厂	造纸毛毯	潍坊市高新技术开发区北海路628号	261031	0536－8887754
山东鑫翔网毯织造有限公司	造纸毛毯	山东省潍坊市奎文区鸢飞路311号	261051	0536－8823820
新乡市金利达化纤厂	造纸毛毯	河南省新乡市封丘工业园区3号	453300	0373－8252577
上海金山中达工业用呢厂	造纸毛毯	上海市金山区吕巷镇	201517	021－57371309
新疆阿勒泰工业用呢有限公司	造纸毛毯	新疆阿勒泰市红墩路4号	836500	0906－2312101
徐州金冠工业用呢有限公司	造纸毛毯	江苏省徐州市柳新工业园区	221000	0516－83800033
河南临颍工业用呢有限公司	造纸毛毯	河南省临颍黄龙工贸城	462600	0395－8662688
河南海河四海工业用呢有限公司	造纸毛毯	河南省海河市人民东路25号	462000	0395－2624416
济南工业用呢厂	造纸毛毯	山东省济南市小清河北路东段	250100	0531－88961404
吴江市天平工业用呢厂	造纸毛毯	江苏省吴江市平望镇莺湖桥南堍	215221	0512－63665871
唐山龙海工业用呢厂	造纸毛毯	唐山市唐海县迎宾路22号	063200	0315－8711669
吉林洮佳工业用呢有限责任公司	造纸毛毯	吉林省洮南市光明南路84号	137100	0436－6327210
东莞市友邦造纸网毯有限公司	造纸毛毯	广东省东莞市中堂镇下芦开发区	523239	0769－88896618
郑州非尔特造纸网毯有限公司	造纸毛毯	新密市袁庄经济开发区	452396	0371－69875777
河南御槐工业用呢有限公司	造纸毛毯	河南省封丘县北干道西段	453300	0373－8280009

（杨金魁　韩静芬）

造纸化学品采购指南

Papermaking Process Chemicals Buyers Guide

产品名称	特性	生产厂家
一、制浆化学品		
蒸煮助剂	棕红色粉末；氨基值 100% ~115%	青岛市祥泽化工有限公司，郑州市道纯化工技术有限公司，吴桥顺达化工有限责任公司，唐山市路南鑫源助剂厂，永港伟方（北京）科技股份有限公司，泰安市东岳助剂厂，吉林市莲花化工厂，吉林市金源化工有限责任公司，湖南美莱精化有限公司，邵阳市中山造纸助剂有限公司，黑龙江大龙化学助剂有限公司，佳木斯市顺和化工有限公司，巴克曼实验室化工（上海）有限公司，湖北嘉鱼县中天化工有限公司
CG－II 系列制浆蒸煮催化剂	CG－II 系列制浆蒸煮催化剂是继蒽醌、蒽醌衍生物之后的新一代制浆蒸煮专用高效催化剂。它具有蒽醌、硫化碱无法比拟的润湿、渗透能力，可使蒸煮液迅速润湿原料表面并渗透到纤维原料内部，缩短了蒸煮时间，有效地保护了纤维的强度，提高了浆料得率	湖北嘉韵化工科技有限公司
DX 新型环保蒸煮剂	浅黄色粉状；水溶性（1% 水溶液）；透明；有效成分含量≥98.5%；活性物≥30%；水分 <1% ~1.5%。是一种新型合成助剂，自动生物降解，提高浆料得率和强度、降低成本、缩短蒸煮时间、提高浆白度、减少漂率和漂液用量，可替代硫化钠、蒽醌等，彻底消除蒽醌所造成的管道堵塞和蒸球结垢	青岛祥泽化工有限公司
1－氨基蒽醌	红色至棕红色粉末；1－氨基蒽醌含量≥93.0% ~96.5%；1.5+1.8 二氨基蒽醌含量≤0.8% ~1.5%；灰分≤1.0% ~1.5%；水分≤0.5% ~1.5%	吴桥顺达化工有限责任公司
螯合剂	无色或淡黄色液体，黄白色至浅褐色的无臭结晶粉末；pH 值 6 ~8；螯合值 $CaCO_3$≥125 ~540 毫克/克；固含量≥20% ~95%	永港伟方（北京）科技股份有限公司，苏州宝时凯门精细化工有限公司，上海博易和化工有限公司，吉林市莲花化工厂，四川赛恩诺精细化学品有限责任公司，河南省华星水务股份有限公司，汕头市金砂化工厂有限公司，高要宝时化工有限公司

续表

产品名称	特性	生产厂家
纸浆漂白剂	白色结晶粉末；固含量≥99.0%；水分≤0.05%；铁含量≤10 毫克/升	宏业生化股份有限公司，河北星宇化工有限公司
SY 纸浆助漂剂	淡黄色至淡棕色液体；pH 值 6.5～7.5；通过率（60 目分样筛）95%以上。降低黑浆黏度，易洗涤，降低成本；明显减少充氯量，节约氯耗 10%～30%；在同等白度条件下，减少次氯酸盐漂白剂的用量；投加量可根据原浆白度要求在生产过程中酌情添加，能满足客户对纸张白度的要求；纸浆洗净度能得到较大改善，提高纸机抄造能力，对产品质量有明显改善；在同等条件下，使用后原浆白度能提高 3～5 度以上	晋州市大成变性淀粉有限公司
漂白精，增白助漂剂	暗白色颗粒，强氧化剂，有刺激气味；易溶于水。是一种优良漂白活性剂，可以促进氧化剂较快分解，提高漂白均匀性，尤其对次氯酸盐漂白剂有“活化”作用，可以在次氯酸盐漂白纸浆时促进反应进程；可以抑制纤维素的水解，阻止纤维素发生剥皮反应，避免纤维过度损伤，因而可以提高浆料得率和强度性能；既提高白度又能降低漂白剂的用量；一般同漂液（漂白剂）同时加入，吨纸用量 3 千克左右	泰安市东岳助剂厂
双氧水	无色透明液体；$H_2O_2$27.5%～50%；游离酸（以 H_2SO_4 计）0.04%；不挥发物 0.08%；稳定度 97.0%；总碳（以 C 计）0.025%～0.035%；硝酸盐（以 NO_3 计）0.02%～0.025%	广东中成化工股份有限公司，石家庄天宏伟业贸易有限公司，珠海市洁星洗涤科技有限公司
氯酸钠	白色或微黄色等轴晶体，在介稳状态呈晶体或斜方晶体，易溶于水，微溶于乙醇；氯酸钠≥98.0%～99.50%；水分≤0.02%～0.80%；水不溶物≤0.001%～0.03%；氯化物≤0.012%～0.30%；硫酸盐≤0.0017%～0.02%；铬酸盐≤0.003%～0.02%；铁<0.005%	山东高密高源化工有限公司，潍坊华普化学品有限公司，天津鑫泽精细化工有限责任公司，浙江恒方化学有限公司，四川希望深蓝化工有限公司
HTM－2 无洗涤浮选法废纸脱墨剂	黄色液体；pH 值（25℃，1%水溶液）4.5～6.5；固含量≥95%。专用于无洗涤浮选法废纸脱墨生产工艺，具有快速渗透和浸润能力，优良的油墨捕集能力	杭州杭化播磨造纸化学品有限公司
SHM－2A 洗涤法废纸脱墨剂	浅黄色黏凝胶体；pH 值（25℃，1%水溶液）7.0～9.0；固含量≥35%。专用于洗涤法废纸脱墨生产工艺，具有优良的渗透性、分散性和洗涤功能，尤其适合于钙镁离子含量高的地区使用	杭州杭化播磨造纸化学品有限公司

续表

产品名称	特性	生产厂家
脱墨剂	白色至浅黄色乳液；pH 值（25℃，10%水溶液）8～13；有效成分含量 95%以上	天津市奥东化工有限公司，上海东升新材料有限公司，淄博津利精细化工厂，浙江传化华洋化工有限公司，山东德丰工贸有限公司，安徽砀山金兄弟实业科技有限公司，泰安市东岳助剂厂，深圳三力星实业有限公司，上海天坛助剂有限公司，石家庄市新丽华化工有限公司，南宁春城助剂有限责任公司，山西三水银河科技有限公司，唐山市开平区合成香料厂，宝莱尔科技（香港）有限公司北京代表处，永港伟方（北京）科技股份有限公司，沈阳市宏芮化学品厂，铁岭纸缘科技有限公司，营口市康如化工有限公司，沈阳万哈特化工有限责任公司，郑州市华麟化工有限公司，河南省华星水务股份有限公司，濮阳市金泰水处理有限公司，商洛市华阳造纸专利技术有限公司
生物酶脱墨剂	浅棕色液体；相对密度 1.0～1.1；易溶于水；直接降低脱墨成本，综合成本优势明显；生物酶脱墨条件温和，化学品用量少，纤维损失小，保持良好的纤维特性；大幅度降低废水 COD 和 BOD，减轻废水处理量；有效处理胶黏物问题，提高纸机运行效率；不用或少用硅酸钠烧碱等化学品，防止管道结垢；明显提高浆料得率和纸张强度；清洁生产，节省能源，降低物耗；使用简单，适应现在大多数脱墨工艺使用范围	深圳市绿微康生物工程有限公司，河南省滑县造纸助剂有限公司
分散剂 PAM	白色自由流动粉末；相对分子质量 1000 万～1800 万；pH 值 6～8；固含量≥90%	广州星业科技股份有限公司，泰安市东岳助剂厂，杭州银湖化工有限公司，上海恒谊化工有限公司，任丘市高科化工物资有限公司，任丘市三丰化工有限公司，任丘市宏进化工有限公司，河北天润化工有限公司，任丘市高科化工有限公司，任丘市浩春化工有限公司，华北石油光大石化有限公司，河北天时化工有限公司，任丘市华北化工有限公司，任丘市金利化工密封材料有限公司，唐山市开平区合成香料厂，廊坊市新星化工有限公司，廊坊市盛源化工有限责任公司，河北亿源化工有限公司，宝莱尔科技（香港）有限公司北京代表处，北京诚志永昌化工有限公司，北京达瑞森化工有限责任公司，北京希涛技术开发有限公司
分散剂	白色颗粒粉末；固含量≥88%；UL 黏度 2.0～3.5 毫帕·秒；水不溶物≤0.05%；溶解时间≤45 分钟。可以增加纸浆黏度，分散纤维或填料，抄出的纸张均匀平滑有柔性无洞眼；抄纸时不易断纸和掉粉，抄造性能稳定。同时能提高纸张的拉力及干湿强度，并节约纸浆，出纸率提高 15%，大大提高车速，适用于各类纸张	安徽砀山金兄弟实业科技有限公司
氧化聚乙烯蜡	白色粒状粉末（＞20 目）；软化点 65～67℃；表观密度 0.2～0.3 千克/升，真密度 1.15～1.22 千克/升；pH 值中性（0.5%水溶液）	上海联胜化工有限公司，北京正荣达工贸有限责任公司，吉林省环球精细化工有限公司，长春市华高精细化工有限公司，长春市大地精细化工有限责任公司
松厚剂	固体粉末；有效成分含量≥95%；细度 200～300 目；非离子型；用量 8～15 千克/吨绝干浆	山东信通化工科技有限公司，沈阳市宏芮化学品厂，铁岭纸缘科技有限公司，洛阳瑞邦工贸有限公司

续表

产品名称	特性	生产厂家
增柔膨化剂	乳白色或微黄色乳液；固含量≥6%；pH 值≤7；黏度≥10 毫帕·秒。是一种阳离子有机硅高分子聚合物，分亲水型和疏水型两大类；亲水型柔软剂主要用于生活用纸，提高纸张的柔软度和吸湿性，赋予纸张丰满平滑柔软的手感；疏水型柔软剂可广泛应用于新闻纸、打字纸、装饰纸及其他特殊用纸中，并具有提高细小纤维和填料留着率的功效	安徽砀山金兄弟实业科技有限公司，泰安市东岳助剂厂
湿强解离剂	淡黄或白色粉末；pH 值 7.5（1% 水溶液）。可以有效解决使用 PAE 湿强纸损纸和回用废纸的问题；可以有效缩短打浆时间，节约能源；使用后可免去洗涤，直接用于造纸，不影响纸张施胶，或其他助剂的效果	杭州杭化播磨造纸化学品有限公司，上海吉臣化工有限公司，临沂市天科工贸有限公司，浙江池禾化工有限公司
高效解胶剂	淡黄色或黄色液体；强碱性，pH 值≥10；有效成分含量≥10%；与水任意比例混溶。此解胶剂广泛用于湿强损纸的处理中	淄博津利精细化工厂
二、造纸功能性化学品		
干强剂	具有网络结构的两性多元共聚型聚丙烯酰胺类；无色近透明液体；固含量（12.5±0.5）%；pH 值 3.5～5.5；黏度（30℃）≥2000 毫帕·秒；两性离子型，偏阳离子性型	杭州杭化播磨造纸化学品有限公司
GL－307 卫生纸专用干强剂	无色透明至微白混浊黏稠液体；固含量（15±1.0）%；pH 值 2.8～4.5；黏度（25℃）3000～12000 毫帕·秒。两性交联高分子 PAM 结构，提高纸张抗张强度等强度指标；通过 PAM 的添加可以有效改善抄造、加工和使用过程中的纸粉问题；具有更好的助留效果；相比淀粉而言，获得同样强度只需淀粉的 1/3～1/2 使用量，同时 PAM 具有更低的 COD 排放；GL－307 对各种浆料的适应性强，可以在多种卫生纸抄造体系中应用	杭州杭化播磨造纸化学品有限公司
RB－2880 文化用纸专用干强剂	无色透明至微白色液体；阳离子型 PAM；固含量（20±1.0）%；pH 值 3.5～5.0；黏度（25℃）5000～15000 毫帕·秒。对浆料有更好的吸附性，特别是在 PAM 低添加领域能发挥更加稳定的纸力、滤水、助留效果；即使在不添加硫酸铝的中性抄造条件下也能发挥稳定的纸力效果。使用 RB－2880（部分替换阳离子淀粉）能减轻排水负荷	杭州杭化播磨造纸化学品有限公司
RB－2676 箱纸板用干强剂	无色透明至微白黏稠液体；固含量（20±1.0）%；pH 值 3.0～5.0；黏度（25℃）5000～15000 毫帕·秒。在抄造条件发生变动的情况下，依然能发挥稳定的纸力增强效果；在封闭抄造条件下，特别是高温高电导时，保持良好的纸力增强效果；和淀粉配合使用时，可以提高淀粉的助留，特别适合要求在中等添加量下生产高强度纸的情况	杭州杭化播磨造纸化学品有限公司

续表

产品名称	特性	生产厂家
RB－388 纸板用干强剂	无色透明至微白色黏稠液体；阳离子型；固含量（15±1.0）%；pH 值 3.0～5.0；黏度（25℃）5000～15000 毫帕·秒。适合硫酸铝使用量较低情况；适合 PAM 中等添加量以上要求的高档箱纸板生产；适合已经使用了较高用量助留剂或助留体系的高速纸机使用	杭州杭化播磨造纸化学品有限公司
干强剂	无色透明至微白色黏稠液体；固含量（20±1.0）%；pH 值 3.0～5.0；黏度（25℃）5000～15000 毫帕·秒	广州市星业科技发展有限公司，南海市骏能造纸材料厂，上海东升新材料有限公司，天津市奥东化工有限公司，宝莱尔科技（香港）有限公司北京代表处，永港伟方（北京）科技股份有限公司，南通荒川化学工业有限公司，安徽砀山金兄弟实业科技有限公司，镇江天亿化工研究设计院有限公司，马鞍山华吉实业有限公司，上海恒谊化工有限公司，星悦精细化工商贸（上海）有限公司，神州华美（北京）科技有限公司，沈阳幸福环境技术开发有限公司，盘锦兴建助剂有限公司，台湾登吉化工（苏州）有限公司，南昌龙然实业有限公司，佛山市高明区友本化工有限公司，广西岑溪市祥胜化工有限公司，成都市锦都三丰化工有限公司
DS 系列纸张增强剂	无色或浅黄色黏稠液体；阴阳两性（偏阳）离子型；固含量（15±1）%，（20±1）%；黏度（25℃）（7000±3000）毫帕·秒；pH 值 3.5±1；冷水中易溶；保质期 3 个月（5～35℃，避免阳光直晒）。能提高纸张抗张强度、挺度、环压强度、耐破度、耐折度等物理指标；提高微细纤维及填料的保留率，改善滤水性能	湖北嘉韵化工科技有限公司
RS－04 干强剂	无色至淡黄色透明液体；固含量（12.5±0.5）%；黏度（25℃）0.35～1.5 毫帕·秒；pH 值 2.5～4.5。两性聚丙烯酰胺树脂，广泛应用于各纸种；提高纸的抗张、耐破、耐折强度；有助留作用，可促进微细纤维与填料的留存；提高浆料游离度、滤水效果	临安市荣盛化工有限公司
干强剂	黏性透明液体；固含量（15±1）%；黏度（25℃）6000～13000 毫帕·秒；pH 值 3.5～5.0；两性离子型；保质期 90 天。对纸张有良好的增强效果，而且在细小纤维填料较多的废纸中也具有较高的纸张增强效果，使 BD－2 既能改善纸张质量，又能显著提高生产效率，降低成本，增加经济效益	淄博津利精细化工厂
阳离子干强剂	无色至淡黄色黏稠液体；固含量（20±0.5）%；黏度（25℃）10～20 毫帕·秒；pH 值（1%水溶液）5～7；冷水中易溶。是一种高分子阳离子聚合物。在造纸过程中对纤维有较强结合力，具有助滤、助留作用；尤其能提高纸张的环压强度、挺度、硬度和抗压强度	杭州银湖化工有限公司
两性干强剂	无色或淡黄色黏稠液体；固含量 10%～12%；黏度（25℃）4.5～15 毫帕·秒；pH 值（1%水溶液）4～7；冷水中易溶。两性高分子阳离子聚合物，在造纸过程中能提高纸张的环压强度和层间结合力，提高幅度可达 20%以上；能提高纸张的耐破度和挺度。含阴、阳离子，抗干扰能力强，特别适用于废纸浆	杭州银湖化工有限公司

续表

产品名称	特性	生产厂家
RS－09 表面干强剂	无色至淡黄色透明液体；固含量≥12.5%；黏度（25℃）0.5～1.5 毫帕·秒；pH 值 2.5～4.5。两性聚丙烯酰胺树脂专业用于纸张表面的干强剂，解决了传统干强剂加在浆内流失较大的问题，使成本大幅降低；使用方便，可与淀粉、表面施胶剂等混合使用；使用效果不会受到浆内诸多因素的影响；提高纸张的抗张、耐破、耐折强度	临安市荣盛化工有限公司
SY 纸品挺度环压增强剂	微黄色液体；固含量 25%～30%；稍有异味；保质期 3 个月。可以解决纸张挺度及环压强度，使纸张压缩比明显提高，纸张耐破、耐折次数明显改善；并改善纸面平滑度，减少纤维流失；在不更换纸浆的情况下，又可使纸张质量提升	晋州市大成变性淀粉有限公司
瓦楞原纸、箱纸板环压增强剂	黏稠透明状液体；有效成分含量（45±2)%；易溶于水。用于瓦楞原纸、箱纸板等纸板的纸内添加助剂，可以提高纸张的挺度和拉力等物理性能，纸板的环压强度提高 30% 左右	淄博津利精细化工厂
卫生纸专用增强淀粉	白色粉末；白度≥86%；斑点≤1.0 个/厘米^2；取代度根据用户特点可调。用于卫生纸的增强，以解决掉毛、掉粉等问题	杭州纸友科技有限公司
新闻纸专用增强淀粉	白色粉末；白度≥86%；斑点≤1.0 个/厘米^2；取代度根据用户特点可调。用于新闻纸的增强、助留、助滤和解决掉毛、掉粉等问题	杭州纸友科技有限公司
层间喷雾淀粉 ML－P03	白色粉末；水分≤14%；斑点≤4 个/厘米^2；细度（水溶液 200 目）99% 通过；pH 值（8%溶液）7.0±1.0。复配型淀粉，具有分散润胀快、细度小、粒径均匀、容易糊化、使用方便等特点。是以喷雾方式加到纸幅上，是提高纸板层间结合力和挺度的有效助剂	淮安汽巴工贸有限公司
WZ－206 淀粉强化剂	棕黄色粉末；pH 值 5～8；与淀粉、纤维结合形成网状空间结构，减少 20%～30% 的原淀粉用量，使高强瓦楞原纸的环压强度稳定提高，每吨节约成本 10～50 元	石家庄市旺纸科技有限公司
变性淀粉	白色粉末；白度（457 纳米蓝光反射率）≥85.0%；斑点≤9 个/厘米^2；水分≤15.0%；黏度（5%，95℃，1 小时)≤15 毫帕·秒，16～29 毫帕·秒，30～39 毫帕·秒，40～69 毫帕·秒，70～109 毫帕·秒，≥109 毫帕·秒；取代度（DS）0.020～0.025，0.026～0.030，0.031～0.035，0.036～0.040；电位≥18 毫伏；糊液稳定性（3%）>24 小时不分层	广西明阳生化科技有限公司，杭州纸友科技有限公司

续表

产品名称	特性	生产厂家
N－900 淀粉胶合增强剂	聚酰胺聚醚类活性合成树脂；橙色液体；固含量≥30%；pH 值 4.0～7.0；黏度（25℃）≤25 毫帕·秒；相对密度（25℃）1.10±0.05；保质期 6 个月；存放于阴凉通风区域防止冰冻	杭州杭化播磨造纸化学品有限公司
S－11 淀粉替代增强剂	灰白色粉末；pH 值 6.5～7.5；水分≤5%；能等量替代 15%～30% 的原淀粉，与原淀粉一起蒸煮、糊化；可大幅降低高强瓦楞原纸的表面施胶成本，可降低 10～20 元/吨纸	临安市荣盛化工有限公司
性淀粉	白色粉末；白度≥86%；斑点≤1.0 个/厘米^2；取代度根据用户特点可调。是一种优良的增强剂，能明显提高纸张的耐破度、耐折度、裂断长等指标	杭州纸友科技有限公司
L－Z06 两性增强淀粉	白色或浅黄色粉末；水分≤14%；pH 值（8% 水溶液）7.0～9.0；阳离子取代度≥0.015～0.024；阴离子取代度≥0.030～0.052。具有阴阳离子双重特性，pH 值适用范围更宽、用量更少、效果更好。能显著提高纸张的滤水性能及耐折、耐破、挺度等强度指标	淮安汽巴工贸有限公司
离子增强淀粉	微黄色粉末；白度≥86%；斑点≤1.0 个/厘米^2。特别适合酸性施胶的纸和纸板增强和助留、助滤	杭州纸友科技有限公司
表面增强剂	黏性水溶液；固含量（20±1）%；pH 值 6.5～8.5；黏度（25℃）2000～8000 毫帕·秒；阴离子型。用于施胶压榨和门辊施胶（薄膜施胶）进行涂布后，可以赋予纸张卓越的表面强度；同时也有助于内部强度、施胶度以及纸张质量的提高；作为涂布药品既可以单独使用，也可以与淀粉或 PVA 合用	杭州杭化播磨造纸化学品有限公司，南通荒川化学工业有限公司，山西三水银河科技有限公司
表面增强剂	白色乳液；固含量（15±0.5）%，（20±0.5）%；黏度（25℃）≤10 毫帕·秒，≤15 毫帕·秒；易溶于水	邯郸汇泉胶业有限公司，晋州市大成变性淀粉有限公司
聚丙烯酰胺	白色或微黄色颗粒粉末；相对分子质量 100 万～3000 万；水解度 20%～35%，10%～60%；水不溶物≤0.2%；固含量≥88%～90%；溶解时间≤2 小时；残余单体≤0.1%；阴离子型，阳离子型，非离子型，两性离子型	安徽砀山金兄弟实业科技有限公司，泰安市东岳助剂厂，上海恒皓创新酰胺有限公司，任丘市宏进化工有限公司，河北天润化工有限公司，任丘市高科化工有限公司，任丘市浩春化工有限公司，华北石油光大石化有限公司，河北天时化工有限公司，任丘市华北化工有限公司，任丘市万方化工有限公司，任丘市金利化工密封材料有限公司，廊坊市新星化工有限公司，廊坊市盛源化工有限责任公司，河北亿源化工有限公司，张家口麦尔生化有限公司，北京北科绿洁环保科技有限公司，爱森（中国）絮凝剂有限公司，北京智洁絮凝剂有限公司，北京市恒聚化工集团有限责任公司，北京达瑞森化工有限责任公司，北京希涛技术开发有限公司，盘锦兴建助剂有限公司，安徽天润化学工业股份有限公司，安徽巨成精细化工有限公司，河南省华星水务股份有限公司

续表

产品名称	特性	生产厂家
瓦楞原纸环压增强剂	乳液状黏稠液体；多元共聚热固性阳离子树脂；阳离子型；固含量35%～40%；pH值3～7；黏度（20℃）200～400毫帕·秒；可与水任意比例互溶	南海市骏能造纸材料厂，泰安市鑫泉精细化工制造有限公司，北京希涛技术开发有限公司，铁岭纸缘科技有限公司，广州元源造纸化学品有限公司，东莞市东泽造纸助剂有限公司，河南省滑县造纸助剂有限公司
CB－6环压耐破增强剂	白色晶体；易溶于水。在淀粉糊化前和CB－7配合使用，依次加入，搅拌均匀后开始升温，可以大幅提高瓦楞原纸的环压强度、箱纸板的耐破度和耐折度、白纸板的挺度和耐折度，降低返潮比例，用量控制在4～8千克/吨淀粉	淮安汽巴工贸有限公司
助留增强剂	乳白色黏稠液体；固含量≤9%；pH值6～7；阳离子型；溶于水，可任意稀释；有效期6个月	杭州纸友科技有限公司，江西博大化工有限公司，安徽砀山金兄弟实业科技有限公司，杭州银湖化工有限公司，晋州市大成变性淀粉有限公司，江西红星变性淀粉有限公司，石家庄市凯桥助剂有限公司，邯郸汇泉胶业有限公司，北京希涛技术开发有限公司，铁岭纸缘科技有限公司，河南省滑县造纸助剂有限公司
SY纸张拉力剂	白色粉末；通过率（80目）99%；水分<14%；保质期12个月	晋州市大成变性淀粉有限公司，安徽砀山金兄弟实业科技有限公司，泰安市东岳助剂厂
RS－08纸力增强剂	无色至淡黄色透明液体；固含量≥12.5%；黏度（25℃）0.4～2.0毫帕·秒；pH值2～3.5；阴、阳离子型丙烯酰胺聚合树脂，广泛用于各纸种；提高纸张的环压指数、耐折度、抗张强度、耐破度；有助留作用，可促进微细纤维与填料的留存；提高浆料游离度、滤水效果；pH值适用范围广	临安市荣盛化工有限公司
ASD－519纸张挺硬剂	半透明黏稠液体；有效成分含量80%；pH值中性；冷水中易溶。由多种化工原料反应生成的高分子物质，具有独特的桥联因子；最大限度地分散纤维及各种元素，减少脱水阻力，减少纤维受压迫力，黏度低，分散流动性好；对纤维起到桥联作用，形成稳定的立体网状结构，使各种填料稳定地吸附填充在纤维之间，减少掉毛掉粉，消除纸面泡泡，减少黏缸黏轮，降低干燥用汽量，能显著提高纸张挺度、平滑度等	安徽砀山金兄弟实业科技有限公司
纸张挺硬剂	透明状黏稠液体；固含量40%～45%；易溶于水，其溶液呈碱性。浆内添加后，可使纸张的挺度、平整度、平滑度得到提高，松香胶用量降低0.2%（对浆），而成纸的施胶度仍稳定在1.0毫米，这可以解释为挺硬剂起到胶体保护剂的作用，在一定程度上增强了施胶效果	淄博津利精细化工厂，泰安市东岳助剂厂
WS－1湿强剂	淡黄色至琥珀色透明液体；阳离子型；水溶性；热固性树脂；固含量（12.5±0.5）%；pH值3～7；黏度0.015～0.60毫帕·秒。具有高效、适用于中性造纸、对损纸或废纸回收较容易等优点。适用于制造各种湿强纸张。还可用作乳液松香胶及强化松香胶的助留剂，中性施胶剂的增效剂，阳离子淀粉改性剂	杭州杭化播磨造纸化学品有限公司

续表

产品名称	特性	生产厂家
湿强剂	淡黄色黏性液体；固含量（12.5±0.5)%；pH 值 2~5；黏度 15~60 毫帕·秒	南海市骏能造纸材料厂，上海赫克力士化工有限公司，天禾化学品（苏州）有限公司，湖北嘉韵化工科技有限公司，山东德丰工贸有限公司，龙口市龙牌精细化工有限责任公司，杭州银湖化工有限公司，南通荒川化学工业有限公司，星悦精细化工商贸（上海）有限公司，山东德丰工贸有限公司，万豪集团临朐纸业化工有限公司，上海恒谊化工有限公司，马鞍山华吉实业有限公司，镇江天亿化工研究设计院有限公司，石家庄市凯桥助剂有限公司，晋州市三木助剂纸品厂，邯郸汇泉胶业有限公司，宝莱尔科技（香港）有限公司北京代表处，神州华美（北京）科技有限公司，沈阳幸福环境技术开发有限公司，铁岭纸缘科技有限公司，营口市康如化工有限公司，台湾登吉化工（苏州）有限公司，上海联胜化工有限公司，郑州华旗助剂有限公司，佛山市高明区友本化工有限公司，广西岑溪市祥胜化工有限公司，成都市锦都三丰化工有限公司，宁夏茂弘浆纸化学品有限公司
WZ-103 高效湿强剂	淡黄色黏性的液体；固含量（12.5±0.5)%；pH 值 2~5；黏度 15~60 毫帕·秒。是一种新型的阳离子树脂，具有阳离子密度高，分子质量低，易与纤维发生化学反应，结合成网状结构，从而提高纸张的湿强度	石家庄旺纸科技有限公司
湿强剂	透明液体；固含量（12.5±0.5)%；黏度（25℃）0.02~0.12 毫帕·秒；pH 值 3.0~5.5；强阳离子型。提高纸张的干湿强度，防止纸张表面起毛、掉粉；有助留作用，可促进微细纤维与填料的留存；提高滤水效果；pH 值适用范围广	临安市荣盛化工有限公司
PAE 湿强剂	淡黄色至琥珀色透明液体；固含量（12.5±0.5)%；pH 值 4.0~7.0；黏度 15~40 毫帕·秒；任意混溶	武进运波化工有限公司，山东德丰工贸有限公司，天津市奥东化工有限公司，晋州市大成变性淀粉有限公司，石家庄市旺纸科技有限公司，龙牌精细化工有限责任公司
PPE 湿强剂	淡黄、淡黄红、深黄、深黄红色黏稠状透明液体；固含量（12.0±0.5)%；黏度（25℃）30~100 毫帕·秒；pH 值 3~5；阳离子度 40% 左右；保质期（4~32℃）6 个月	淄博津利精细化工厂，广州星业科技股份有限公司
松香施胶剂	白色乳状液体；固含量（40±2)%；密度 1.04 克/厘米^3；分散性冷水中易分散；pH 值（10% 乳液）4.5~6.0；黏度（25℃）8~20 毫帕·秒	马鞍山华吉实业有限公司
强化型松香施胶剂	棕红色至褐色澄清液体；固含量 38.0%~42.0%；具有产品颗粒小、不需要乳化、有抗氧性等特点；夏季存放更稳定，能改善因季节因素造成的施胶度不稳定性，可赋予纸张更高的施胶度，适用于鞋材纸板、包装用纸及建筑用纸	广州星业科技股份有限公司

续表

产品名称	特性	生产厂家
高分散阴离子松香胶	乳白色带蓝色荧光状乳液；pH 值 5.5 ±1；固含量（50 ±2）%，（40 ±2）%；松香游离率≥99%；粒度 0.1 ~0.2 微米≥85%	山东德丰工贸有限公司
全游离分散松香胶	乳白色略带蓝色荧光液体；固含量（50 ±2）%；黏度（25℃）≤20 毫帕·秒；pH 值 5 ~7；粒度 0.1 ~0.2 微米≥99%；冷水中极易分散；保质期（25℃）3 个月	淄博津利精细化工厂
分散松香施胶剂	乳白色液体；固含量（50 ±2）%；密度 1.02 ~1.04 克/厘米^3；冷水中易分散；pH 值 5 ~6；黏度（25℃）≤28 毫帕·秒；保质期（0 ~35℃）6 个月；粒度（0.1 ~0.5 微米）≥92%；热储存稳定性（54℃）2 个月不分层；松香游离率 >99%	马鞍山华吉实业有限公司
CR –09 乳液松香浆内施胶剂	乳白色乳液；固含量（35 ±2）%；pH 值 2.0 ~4.0；阳离子型。适合全木浆的施胶；适用 pH 值范围 4.0 ~6.5，且在 pH 值 <7.0 时，CR –09 施胶效果较稳定；针对目前抄纸原料中含有少量碳酸钙等填料的情况，CR –09 的施胶效果稳定	杭州杭化播磨造纸化学品有限公司
FR –809 耐温纸用酸性内施胶剂	白色乳液；固含量（35 ±2）%；pH 值 5.0 ~6.0；黏度（25℃）50 毫帕·秒以下。适用于耐温纸原纸的施胶剂；pH 值在 4.0 ~6.0 效果最好；可以赋予纸张高抗水性，尤其抗热水性能优秀；在白水封闭、杂质离子较多的抄纸体系中也能稳定使用，并且白水中泡沫很少；干燥不充分的场合，也能有稳定的施胶效果	杭州杭化播磨造纸化学品有限公司
EP –07 阴离子乳液松香施胶剂	白色乳液；固含量（35 ±2）%；pH 值 6.0 ~6.8。阴离子型，适合在箱纸板、瓦楞原纸纸浆上的施胶；适用 pH 值范围 5.0 ~6.5；对干燥不是很充分的抄造体系，有比较稳定的施胶效果；高电导度条件也能发挥稳定的施胶效果	杭州杭化播磨造纸化学品有限公司
JY –300 阴离子松香施胶剂	乳白色液体；固含量（35 ±2）%；pH 值≤6；阴离子型；粒度 0.1 ~0.2 微米（>98%）；黏度≤40 毫帕·秒；冷水中极易分散	湖北嘉韵化工科技有限公司
EP –50 低泡高效乳液松香施胶剂	白色乳状液体；阴离子型；固含量（35 ±2）%；pH 值 4.5 ~6.0。适合于木浆、废纸浆施胶；在抄造条件发生变动的情况下，依然发挥稳定的施胶效果；在封闭抄造条件下，保持良好的施胶效果；适用 pH 值范围 4.0 ~6.3	杭州杭化播磨造纸化学品有限公司
阳离子高分散松香胶	白色乳液；固含量（50 ±0.5）%；粒度 0.1 ~0.2 微米；pH 值 5 ~6；松香游离度 >99%；保质期（4 ~25℃）6 个月；冷水中极易分散	上海赫克力士化工有限公司，天禾化学品（苏州）有限公司，南海市骏能造纸材料厂，天津市奥东化工有限公司，淄博津利精细化工厂，东营市三龙精细化工有限责任公司，深圳三力星实业有限公司，龙牌精细化工有限责任公司，石家庄市凯桥助剂有限公司，唐山市开平区合成香料厂，唐山奥东化工有限公司，凯米拉化学品（上海）有限公司，北京可丽尔生化科技有限公司，恩赛华垦（北京）科技有限公司，沈阳幸福环境技术开发有限公司，营口市康如化工有限公司，佳木斯市顺和化工有限公司，南昌龙然实业有限公司，黄石龙骏化工科技有限公司，郑州华旗助剂有限公司，梧州荒川化学工业有限公司，广西岑溪市祥胜化工有限公司，成都市锦都三丰化工有限公司

续表

产品名称	特性	生产厂家
JY－335 阳离子松香胶	乳白色液体；固含量（35±2）%；阳离子型；粒度 0.2～0.7 微米；黏度（25℃）≤25 毫帕·秒；pH 值 3～4；Zeta 电位 +24～+29 毫伏；冷水中极易分散。可应用于草浆、木浆、废纸浆的抄造施胶；可完全容忍碳酸钙、滑石粉等多种填料	湖北嘉韵化工科技有限公司
松香乳化剂	淡黄色膏状体；有效成分含量 100%；阴/非离子型；pH 值 6.5～7.5；保质期 2 年	黄石龙骏化工科技有限公司
阳离子乳化剂	相对分子质量 12.5 万～15 万；特性黏度 100～130 毫升/克；阳离子型；有效成分含量（25±1）%；pH 值 3.5～4.5；保质期 6 个月	黄石龙骏化工科技有限公司
烷基烯酮二聚体（AKD 原粉）	淡黄色固体（块状或片状）；纯度≥90%；熔点 48.5℃；碘值 44～47.5 克碘/100 克；酸值 2～3 毫克 KOH/克；游离脂肪酸≤2.0%；干燥失重≤1.5	上海赫克力士化工有限公司，天禾化学品（苏州）有限公司，镇江天亿化工研究设计院有限公司，石家庄市凯桥助剂有限公司，藁城市茂盛源塑化有限公司，晋州市三木助剂纸品厂，唐山中絮工业水处理有限公司
烷基烯酮二聚体（AKD 原粉）	颗粒状，皂状乳白，微黄固体；纯度≥90%；熔点 48～50℃；FFA 游离脂肪酸≤2.0%；干燥失重≤1.5%；酸值 2.15%；烃基长度 C_{16}/C_{18} =40/60	龙口市龙牌精细化工有限责任公司
AKD 专用高分子乳化剂	相对分子质量 35 万～50 万；特性黏度 100～150 毫升/克；阳离子型；有效成分含量 20%；pH 值 4.5～5.0	天禾化学品（苏州）有限公司，龙口市龙牌精细化工有限责任公司，镇江天亿化工研究设计院有限公司，石家庄市凯桥助剂有限公司，晋州市三木助剂纸品厂
新型 AKD 蜡粉专用乳化剂	酱棕色黏稠液体；黏度 120～200 毫帕·秒；固含量（27±1）%；pH 值 6～8；保质期（室温）90 天	天津市奥东化工有限公司
AKD 改性剂	乳白色液体；黏度 150～180 毫帕·秒，35～100 毫帕·秒；固含量（13±1）%，（12.5±1）%；pH 值 3～5；阳离子型	天津市奥东化工有限公司
AKD 熟化促进剂	无色至淡黄色黏稠液体；固含量（40±1）%；pH 值（1%水溶液）4～7；冷水中易溶。阳离子季铵盐聚合物，可添加到 AKD 中、碱性施胶系统中，限制 AKD 的水解和迁移倾向，对 AKD 乳胶起保护作用，加速 AKD 的熟化（可直接复配到 AKD 乳液中）	杭州银湖化工有限公司，湖北嘉韵化工科技有限公司
PAS638 施胶增效剂	白色泛蓝光乳液；固含量（38±1）%；pH 值 5～7；保质期 6 个月。是一种丙烯酸水溶性高分子产品，具有阳离子度高、电荷密度大、相对分子质量低等特点，对 AKD 浆内中性施胶增效作用明显；具有很强的助留、助滤功能，可提高 AKD 的稳定性及留着率，抑制 AKD 的水解和迁移，对 AKD 乳胶起保护作用。添加后可减少 AKD 的用量，大幅度降低 AKD 的熟化期	湖北嘉韵化工科技有限公司

续表

产品名称	特性	生产厂家
AKD 中/碱性施胶剂	白色乳液；固含量（15±0.5)%；阳离子型；黏度（25℃，60 转/分）≤100 毫帕·秒；pH 值 3~4	天禾化学品（苏州）有限公司，广州市星业科技发展有限公司，上海赫克力士化工有限公司，南海市骏能造纸材料厂，上海东升新材料有限公司，石家庄旺纸科技有限公司，山东德丰工贸有限公司，东营市三龙精细化工有限责任公司，临安市荣盛化工有限公司，龙口市龙牌精细化工有限责任公司，深圳三力星实业有限公司，晋州市大成变性淀粉有限公司，寿光蔡伦申兴精细化工有限公司，杭州美拉化工有限公司，万豪集团临朐纸业化工有限公司，镇江天亿化工研究设计院有限公司，马鞍山华吉实业有限公司，石家庄市凯桥助剂有限公司，藁城市茂盛源塑化有限公司，晋州市三木助剂纸品厂，唐山市开平区合成香料厂，唐山奥东化工有限公司，恩赛华垦（北京）科技有限公司，永港伟方（北京）科技股份有限公司，沈阳幸福环境技术开发有限公司，铁岭纸缘科技有限公司，营口市康如化工有限公司，凯米拉化学品（上海）有限公司，南昌龙然实业有限公司，郑州华旗助剂有限公司，广西岑溪市祥胜化工有限公司，成都市锦都三丰化工有限公司，宁夏茂弘浆纸化学品有限公司
JY-AKD 微乳液施胶剂	乳白色或略带黄色的乳液；固含量（15±0.5)%；阳离子型；pH 值 3~4；粒径 <0.3 微米；黏度（25℃）≤30 毫帕·秒；冷水中易分散；保质期（5~30℃）3 个月	湖北嘉韵化工科技有限公司
A100 中性聚酯 AKD 施胶剂	白色乳液；pH 值 3~5；固含量（15±0.5)%；阳离子型；保质期（5~30℃）3 个月。以石油树脂为主要原料，再辅以其他阳离子活性剂，其乳化剂分子质量高、阳电荷密度大，因而乳化效率高，分散均匀，粒径小，制备的 AKD 施胶剂熟化快，效率高，用量小；一般下机抗水渗透即达 60 秒以上，吨纸用量较普通 AKD 产品可降低 15% 以上	湖北嘉韵化工科技有限公司
AKD 乳液	乳白色或略带黄色的乳液；固含量（10±0.5)%，(12±0.5)%，(15±0.5)%，(20±0.5)%，(25±0.5)%；黏度（25℃）≤10 毫帕·秒，≤15 毫帕·秒，≤20 毫帕·秒，≤25 毫帕·秒；阳离子型；相对密度 1.010±0.005；pH 值 3~4	龙口市龙牌精细化工有限责任公司
AKD 中性施胶剂	白色乳液；固含量（15±0.5)%，(20±0.5)%；黏度（25℃）≤12 毫帕·秒，≤15 毫帕·秒；易溶于水	广州星业科技股份有限公司，邯郸汇泉胶业有限公司，淄博津利精细化工厂
AKD 施胶剂	乳白色或略带黄色的乳液；固含量（15±0.5)%；相对密度 1.010±0.005；阳离子型；pH 值 3~5；冷水中易分散	安徽砀山金兄弟实业科技有限公司
中性施胶剂	白色乳液；固含量 12.5%，15%，20%；黏度（25℃）≤35 毫帕·秒；pH 值 3~5；保质期（室温）>60 天	天津市奥东化工有限公司，淄博津利精细化工厂，山东德丰工贸有限公司，邯郸汇泉胶业有限公司，龙口市龙牌精细化工有限责任公司

续表

产品名称	特性	生产厂家
中性施胶剂	白色乳液；固含量（15±0.5）%；阳离子型；黏度（25℃，60 转/分）≤100 毫帕·秒；pH 值 3~4。采用微胶囊制造技术，属于反应型多功能中/碱性造纸施胶剂，可与纤维素中的羟基发生化学反应，能达到永久性施胶的目的；具有保质期长，熟化快的特点；替代传统施胶剂，显著降低施胶成本	石家庄市旺纸科技有限公司
RS-06 无助留中性施胶剂	乳白色液体；固含量（15±1）%；pH 值 1.5~4.5；黏度（25℃）<200 毫帕·秒；相对密度（25℃）1.00~1.03。新型高分子聚合物，应用于纸和纸板内施胶，比传统的中性胶熟化快，下机就有一定的施胶度；解决了内施胶保留困难的问题，从而降低纸张的施胶成本；无需任何助留剂，减少了施胶的不稳定因素；由于无需添加硫酸铝作助留剂，减少了浆料的腐蚀几率；施胶后，易保留于纸纤维上，从而得到最佳的施胶效果；起泡性很少，一般不需添加消泡剂	临安市荣盛化工有限公司
AKD 中性施胶专用淀粉	白色粉末；白度≥86%；斑点≤1.0 个/厘米^2；取代度根据用户特点可调。是纸和纸板 AKD 施胶时不可缺少的助剂，既能减少 AKD 的用量，同时又具有较好的增强、助留、助滤作用	杭州纸友科技有限公司
ASA 中性施胶专用乳化淀粉	木薯淀粉；白色粉末；白度≥86%；斑点≤1.0 个/厘米^2；取代度根据用户特点可调。是纸和纸板 ASA 施胶时所不可缺少的助剂，既用于 ASA 的乳化，又用于纸张湿部的添加	杭州纸友科技有限公司
ASA	淡黄色油状；有效成分含量≥95%；相对分子质量 280~350；黏度（20℃）95~98 毫米/秒；密度（20℃）0.92~0.95 克/厘米^3	凯米拉化学品（上海）有限公司，辽宁省抚顺恒泰助剂有限公司，纳尔科化学（苏州）有限公司
表面施胶剂	白色乳液；阳离子型；黏度≤100 毫帕·秒；pH 值 2~4	杭州杭化播磨造纸化学品有限公司，上海赫克力士化工有限公司，南海市骏能造纸材料厂，上海东升新材料有限公司，天禾化学品（苏州）有限公司，淄博津利精细化工厂，石家庄旺纸科技有限公司，杭州美拉化工有限公司，南通荒川化学工业有限公司，东营市三龙精细化工有限责任公司，龙口市龙牌精细化工有限责任公司，深圳三力星实业有限公司，万豪集团临朐纸业化工有限公司，马鞍山华吉实业有限公司，山西三水银河科技有限公司，唐山市开平区合成香料厂，宝莱尔科技（香港）有限公司北京代表处，恩赛华垦（北京）科技有限公司，永港伟方（北京）科技股份有限公司，北京诚志永昌化工有限公司，沈阳幸福环境技术开发有限公司，台湾登吉化工（苏州）有限公司，凯米拉化学品（上海）有限公司，黄石龙骏化工科技有限公司，郑州市华麟化工有限公司，西安市美佳化工有限公司，宁夏茂弘浆纸化学品有限公司

续表

产品名称	特性	生产厂家
BS 表面施胶剂	乳白色或浅灰色乳液；固含量（30±2）%，（28±2）%，（15±1）%，（25±2）%；pH 值 2～5.5，4.5～6.5；黏度＜30 毫帕·秒；阴、阳离子型。新型高分子聚合物，适用范围广，可用于各种表面施胶设备，与淀粉共用，纸张可获得优异的表面强度、挺度和抗水性	湖北嘉韵化工科技有限公司
表面施胶剂	白色乳液；固含量 15%，20%；黏度（25℃）≤35 毫帕·秒；pH 值 3～5；保质期（室温）60 天	天津市奥东化工有限公司，广州星业科技股份有限公司，安徽砀山金兄弟实业科技有限公司
表面施胶剂	白色乳液；阳离子型；黏度≤100 毫帕·秒；pH 值 2～4。高分子聚合物，具有良好的抗水性；不受水质、水温、pH 值和阴离子垃圾及胶黏物的影响，可 100% 的留着于纸张上，集中发挥其施胶效果，获得稳定的施胶度，且高强瓦楞原纸不回潮，环压稳定	石家庄市旺纸科技有限公司
表面施胶剂	微橙红液体；固含量（25±1）%；pH 值 2.5～5.5；黏度（25℃）＜0.030 毫帕·秒；相对密度（25℃）1.00～1.03。苯乙烯－丙烯酸酯高分子聚合物，应用于纸与纸板的施胶；能解决内施胶困难的问题，降低纸张的施胶成本；上胶效果优异；适用范围广，与淀粉共用，纸张可获得优异的表面强度、挺度和抗水性，单独或与 PVA 共用，可改善纸张的抗水性；熟化快；起泡少；可与直接性染料、酸性染料、荧光增白剂及其他阴离子和非离子性造纸添加剂混合使用，亦可减少上述药品在湿部使用时，保留率不佳产生的问题	临安市荣盛化工有限公司
表面施胶剂	白色乳液；固含量（20±0.5）%，（25±0.5）%；黏度（25℃）≤12 毫帕·秒，≤15 毫帕·秒；易溶于水	邯郸汇泉胶业有限公司
瓦楞原纸专用表面施胶剂	白色乳液；固含量≥20%，≥25%；黏度（25℃）≤30 毫帕·秒；pH 值 3～5；保质期（室温）60 天	天津市奥东化工有限公司，晋州市大成变性淀粉有限公司
阴离子乳液型表面施胶剂	微白色乳状液；主要成分苯乙烯－丙烯酸酯共聚物；固含量（25±1）%；pH 值 4.0±1；黏度（25℃）0.050 毫帕·秒以下；弱阴离子型；常温下易溶于水；保质期 6 个月	山东德丰工贸有限公司，龙牌精细化工有限责任公司
CSE－800 阳离子表面施胶剂	微褐色乳液；固含量（30±1）%；阳离子型；黏度（25℃）≤50 毫帕·秒；pH 值 3.0～4.5。添加了少量内施胶剂的纸张或者在湿部没有添加化学品的原纸上用 CSE－800 进行表面施胶，都可以得到良好的施胶度；由于没有熟化期等问题，因此比较容易控制施胶度；在通常条件下 CSE－800 与其他乳液型阳离子表面施胶剂相比施胶度较好，但如果加入硫酸铝，则可以进一步提高施胶效果；因 CSE－800 对硬水稳定性较好，涂布液的发泡量少，且几乎不会产生析出物；可以和一般的淀粉混合使用	杭州杭化播磨造纸化学品有限公司

续表

产品名称	特性	生产厂家
阳离子有机表面施胶剂	苯乙烯高聚物；固含量（25±1）%；pH 值 3～5。适合用在涂布白纸板和瓦楞原纸上，提供好的抗水性，下机就可以熟化。与淀粉一起使用，先将淀粉糊化好，加水稀释，等温度降到 70℃以下时，加入表面施胶，搅拌均匀即可投入使用	淮安汽巴工贸有限公司
阳离子乳液型表面施胶剂	白色乳液；阳离子型；固含量（20±1.0）%；pH 值 4.0±1.0；黏度 50 毫帕·秒以下；冷水中易溶；保质期（4～35℃）6 个月。有优异的施胶性能；提高纸张表面强度，减少掉粉掉毛现象；并可大幅改善纸张的油墨吸收性	淄博津利精细化工厂
阳离子乳液型表面施胶剂	苯乙烯－丙烯酸酯类；微浊乳液；固含量（30±1）%；阳离子型；黏度（25℃）≤100 毫帕·秒；pH 值 4.6±1.0；保质期（5～35℃）6 个月	星悦精细化工商贸（上海）有限公司
氧化表面施胶淀粉	白色粉末；白度≥87%；斑点≤1.0 个/厘米^2；黏度根据用户特点可调。用于纸和纸板的表面施胶	杭州纸友科技有限公司
非离子表面施胶淀粉	白色粉末；白度≥87%；斑点≤1.0 个/厘米^2；黏度根据用户特点可调。用于纸和纸板的表面施胶	杭州纸友科技有限公司
木薯氧化表面施胶淀粉	白色粉末；白度≥87%；斑点≤1.0 个/厘米^2；黏度根据用户特点可调。用于纸和纸板的表面施胶	杭州纸友科技有限公司
阳离子高留着表面施胶淀粉	白色粉末；白度≥86%；斑点≤1.0 个/厘米^2；黏度根据用户特点可调。用于纸和纸板的表面施胶，提高纸和纸板适印性	杭州纸友科技有限公司
新型表面施胶淀粉（淀粉替代剂）	白色粉末；水分≤14%；pH 值 6～8。同普通施胶淀粉配合使用，能增强淀粉之间的结合强度，减少淀粉用量。在等量替代 20%～35% 的普通淀粉的情况下，各种表面施胶纸的强度不受影响，根据各纸厂情况不同，还可以提高一些纸张强度；可以大幅降低表面施胶成本	淮安汽巴工贸有限公司
变性淀粉	白色粉末；水分≤14%；细度（100 目）≥99%；白度≥86%；斑点≤2.5 个/厘米^2；pH 值（6%，25℃）6～7；黏度（5%，90℃）1200～1600 毫帕·秒	广西明阳生化科技有限公司，桓台县锦湖变性淀粉厂，烟台金昱变性淀粉有限公司
多元变性淀粉	白色粉末；白度≥86%；斑点≤1.0 个/厘米^2；取代度根据用户特点可调。在淀粉分子链上分别接上阴离子、阳离子和功能性基团。具有较强的抗杂离子干扰作用，对各种纸张都具有较明显的增强效果，同时又有较明显的助留、助滤作用	杭州纸友科技有限公司
多元变性淀粉	白色粉末；pH 值 6～8；黏度＜50 毫帕·秒	晋州市大成变性淀粉有限公司
氧化淀粉	白度≥90%～92%；细度（100 目）＜0.5%；黏度＜14 秒（16.6% 糊液、涂－4 号黏度计）；水分≤13%；灰分＜0.2%；斑点＜0.5 个/厘米^2；pH 值 6.5～7.5	广西明阳生化科技有限公司，杭州纸友科技有限公司，漯河市天业工贸有限公司，杭州纸友科技有限公司，桓台县锦湖变性淀粉厂

续表

产品名称	特性	生产厂家
氧化淀粉	白色粉末；白度 >90%；斑点 ≤2.5 个/厘米^2；细度（100 目标准筛）≥99%；黏度（6%，25℃）5~50 毫帕·秒；pH 值 7~8；水分 ≤14%。白度高，糊化温度低，粒度细，透明度及成膜性好；有较高的溶解度和较低的黏度，糊液相对稳定，不易凝胶	晋州市大成变性淀粉有限公司，淮安汽巴工贸有限公司
阳离子淀粉	白色粉末；白度 ≥86%；斑点 ≤1.0 个/厘米^2；取代度根据用户特点可调。用于纸和纸板的增强、助留、助滤，提高施胶效果，解决掉毛、掉粉等问题	杭州纸友科技有限公司
阳离子淀粉	取代度 0.027±0.003；水分 ≤16.0%；白度 ≥86%；斑点 ≤1.0 个/厘米^2；5% 糊液 24 小时不分层	晋州市大成变性淀粉有限公司，寿光金远东变性淀粉有限公司，江西博大化工有限公司，江西红星变性淀粉有限公司，磐安县益纸淀粉有限公司，江西顺昌隆实业有限公司，江西雨帆农业发展有限公司，铁岭纸缘科技有限公司，长春大成特用玉米变性淀粉开发有限公司，吉林帝达淀粉生化有限公司，华润赛力事达玉米工业有限公司，江西宏大化工有限公司，厦门百事达淀粉科技有限公司，卫辉市通达变性淀粉有限公司，东莞市汇美淀粉科技公司，东莞东美食品有限公司，广西明阳生化科技股份有限公司，广西新天德能源有限公司，海南洋浦椰岛淀粉工业有限公司，宁夏茂弘浆纸化学品有限公司
LSE-1 型季铵阳离子淀粉糊料	对带有负电荷的纤维、填料等有很强的吸附能力和凝絮作用。糊液的黏度稳定，凝胶性、胶黏性、成膜性能良好，是理想的增强、助留、助滤剂。糊液与其他化学胶乳有良好的相容性，可以配合使用	河北信佳生物淀粉科技有限公司
LSE-1M 型季铵阳离子淀粉糊料	与原淀粉配伍（LSE-1M: 原淀粉 =2:8），即可获得与 LSE-1 性能完全一样的糊液，且能明显地降低成本	河北信佳生物淀粉科技有限公司
LSE-2、2A、2B 型表面施胶淀粉糊料	具有高浓低黏，流动性、渗透性好，对纤维有良好的黏接力，使纸张裂断长、耐破度、耐折度明显提高；成膜性好，糊膜光滑柔韧，能提高纸张表面平滑度，改善印刷性能，减少掉毛、掉粉现象。使用 LSE-2A 和 LSE-2B 施胶浓度可适当提高，从而提高纸张的施胶量，在提高纸张的质量同时降低成本。可与其他化学胶乳混合进行表面施胶	河北信佳生物淀粉科技有限公司
LSE-2M 型表面施胶淀粉母料	将其与原淀粉配伍（母料: 原淀粉 =2:8），即可获得与对应的表面施胶淀粉糊料性能完全一样的糊液，且能明显地降低成本	河北信佳生物淀粉科技有限公司
SY-5 型表面施胶淀粉母料	灰白色粉末或有少量颗粒；黏度（6% 浓度）5±2 毫帕·秒；pH 值（1% 浓度）7±0.5。SY-5 型号淀粉母料与原淀粉混合升温糊化，形成可调节黏度的、使用方便的表面施胶淀粉糊液。糊液具有透明度好，成膜强度大，渗透性好，稳定性好等特点。本品具有提高原淀粉的使用量，降低企业生产成本，改善产品质量等功效	晋州市大成变性淀粉有限公司

续表

产品名称	特性	生产厂家
喷雾淀粉	微黄色粉末；白度≥86%；斑点≤1.0 个/厘米^2；胶化温度分高、中、低三档。适用于各类纸张的层间结合和增强	杭州纸友科技有限公司
LSE－3、3A、3B 型喷淋淀粉糊料	糊化温度低，黏度和黏着力高，能很好地提高纸和纸板的挺度、环压强度及层间结合强度	河北信佳生物淀粉科技有限公司
LSE－4 型淀粉降黏剂	由氧化剂、催化剂、黏度稳定剂、反应物和保护剂等组成。热黏度稳定，流动性、流平性、渗透性好，富含羧基官能团，对纤维有良好的黏接力，使纸张裂断长、耐破度、耐折度明显提高；成膜性好，光滑细腻，能提高纸张表面平滑度，改善印刷性能，减少掉毛、掉粉现象。用量少，降黏效果明显	河北信佳生物淀粉科技有限公司
生物施胶酶	利用生物技术工艺直接处理普通淀粉，使其达到造纸表面施胶要求，可以替代变性淀粉。操作工艺简单、产品稳定、重复性好且成本低；完全取代氧化变性淀粉传统化学生产工艺使用的氧化剂，如过硫酸铵等；淀粉浆具有多元变性功能，黏结力强，增加纤维间的结合力；改进成纸的物理强度，如耐折、耐破、裂断长及环压强度等；增加纸张的平滑度和表面强度，减少纸面掉毛掉粉现象，改善纸张的印刷性能	深圳市绿微康生物工程有限公司
羧甲基纤维素钠（CMC）	白色或微黄色流动性粉末；黏度（4%水溶液，25℃）（B 型）30～2000 毫帕·秒；取代度（D.S）6.0～8.5；pH 值 6.0～8.5；干燥失重≤10%；细度（40 目筛余物）≤10%	赫克力士化工（江门）有限公司，湘潭市森泰化工有限公司，斯比凯可上海代表处，宜兴市通达化学有限公司，河北茂源化工有限公司，鹰特化工（石家庄）有限公司，河北天伟化工有限公司，任丘市三丰化工有限公司，任丘市宏进化工有限公司，河北天润化工有限公司，任丘市浩春化工有限公司，任丘市燕兴化工有限公司，河北天时化工有限公司，上海长光企业发展有限公司，威怡化工（苏州）有限公司
羧甲基纤维素钠（CMC）	白色或微黄色粉末；黏度（2%水溶液，(25±0.5)℃）≤15 毫帕·秒，16～25 毫帕·秒，26～35 毫帕·秒，36～50 毫帕·秒，51～100 毫帕·秒；取代度（D.S）≥0.80；水分≤8%；氯化物（以 Cl^- 计）≤5%；pH 值（1%水溶液）6～9；阴离子型	江阴市恒达化工有限公司
柔软剂	乳白色乳液；固含量 18%；pH 值 6～7；阳离子型；添加量 2.5～5 千克/吨；保质期 12 个月	杭州银湖化工有限公司，湖北嘉韵化工科技有限公司，广州星业科技股份有限公司，泰安市东岳助剂厂，上海联胜化工有限公司，上海天坛助剂有限公司，铁岭纸缘科技有限公司
HPS－1 柔软剂	淡黄色至黄色乳液；pH 值 3.0～6.0；活性物含量≥16.5%。HPS 柔软剂为阳离子型，较易吸附于纸浆纤维上，留着率高，使用方便；可使纸面平滑，手感滑爽；可提高纸张吸水性，对强度和白度基本无影响	杭州杭化播磨造纸化学品有限公司

续表

产品名称	特性	生产厂家
增白剂/显白剂	紫红色液体；可与水以任何比例互溶；有效活性物≥8%	天津市奥东化工有限公司，泰安市东岳助剂厂
DF 助（显）白剂	蓝紫色液体；能以任意比例与水混合；阳离子型；pH 值 7～8	山东德丰工贸有限公司，晋州市大成变性淀粉有限公司
荧光增白剂	浅黄或浅黄绿色透明液体；荧光强度（相当于标准品 E1140）（20±1）分；1%消光系数 210～230；pH 值 7～10	科莱恩化工（中国）有限公司，天津市奥东化工有限公司，浙江传化华洋化工有限公司，安徽砀山金兄弟实业科技有限公司，招远先进化工有限公司，济宁市信慧化工科技有限公司，上海天坛助剂有限公司，山西青山化工有限公司，山西三水银河科技有限公司，河北星宇化工有限公司，唐山市路南鑫源助剂厂，唐山奥东化工有限公司，保定东发集团化工有限公司，北京奥得赛化学有限公司，北京诚志永昌化工有限公司，天津信汇制药股份有限公司造纸化学品销售部，营口市康如化工有限公司，佳木斯市顺和化工有限公司，上海晶杨商贸有限公司，南通丽思化学助剂有限公司，郑州市华麟化工有限公司，成都市锦都三丰化工有限公司
荧光增白剂	淡黄色均匀粉末；不溶物≤0.5%；强度国标 100±5 分；色光：青光微紫；水分≤5%	泰安市东岳助剂厂，杭州银湖化工有限公司，上海恒谊化工有限公司，任丘市高科化工物资有限公司，任丘市三丰化工有限公司，任丘市宏进化工有限公司，河北天润化工有限公司，任丘市高科化工有限公司，任丘市浩春化工有限公司，华北石油光大石化有限公司，河北天时化工有限公司，任丘市华北化工有限公司，任丘市金利化工密封材料有限公司，唐山市开平区合成香料厂，廊坊市新星化工有限公司，廊坊市盛源化工有限责任公司，河北亿源化工有限公司，宝莱尔科技（香港）有限公司北京代表处，北京诚志永昌化工有限公司，北京达瑞森化工有限责任公司，北京希涛技术开发公司
光亮剂	无色或微白乳状液体	晋州市大成变性淀粉有限公司
造纸级滑石粉	白度≥86%～90%；磨耗度（铜网）≤80 毫克，≤100 毫克；干燥失重≤6%～13%；pH 值 9；水分≤0.5%；45 微米通过率 98%～99%；吸油量 25%～50%	辽宁海城市宏瑞滑石粉厂，海城精华矿产有限公司，合山化工（辽宁）有限公司，海城天慈滑石有限公司，辽宁艾海滑石有限公司，海城市辽海合成矿产有限公司，海城市他山滑石粉厂
染料	密度（20℃）1.080～1.115 克/厘米^3；pH 值 6.5～7.5；黏度（Brookfield 黏度计，1 号转子，20 转/分，20℃）<20～200 毫帕·秒；在搅拌条件下可以与水任意比例互溶，可以和阴离子及非离子助剂任何比例下混合；极弱阴离子；耐光性 1～2 级；耐水牢度 5 级（0.2%浓度），3 级（2.0%浓度）	上海申伦科技发展有限公司，科莱恩化工（中国）有限公司，浙江传化华洋化工有限公司，昆山市世名科技开发有限公司，深圳三力星实业有限公司，上海欣盛颜料化工有限公司，天津信汇制药股份有限公司造纸化学品销售部，上海美伦贸易有限公司，上海晶杨商贸有限公司，天津市亚东化工染料厂，魁美化工贸易（上海）有限公司
纸张固色剂	无色至淡黄色液体；固含量（35±2）%；阳离子型。能大幅度提高色牢度，直接减少染料流失，降低对环境的污染；能提高纸张的干、湿强度，并对细小纤维、填料等有一定的助留作用	杭州杭化播磨造纸化学品有限公司，上海焦耳蜡业有限公司

续表

产品名称	特性	生产厂家
纸张固色剂	无色或微白胶体；pH 值6～7；黏度<200 毫帕·秒。具有黏着吸附能力，可使有色类着色剂吸附于纤维，使纸张遮盖能力加强，不透明度明显提高，色度更为艳丽；可减少填料及纤维流失，降低纸张成本，同时改善纸面平滑度，提高成纸湿干强，降低白水浓度	晋州市大成变性淀粉有限公司
纸张固色剂	淡黄色透明黏稠液体；黏度（25℃）0.2～1.5 毫帕·秒；pH 值（1%水溶液）3～6；冷水中易溶。阳离子季铵盐聚合物，水解稳定性能好；适应广泛 pH 值范围，显著提高纸张固色牢度，降低染料用量	杭州银湖化工有限公司
阳离子醚化剂	无色透明液体；活性物含量≥69%；1，3－二氯丙醇≤20 毫克/升；环氧氯丙烷≤5 毫克/升；pH 值5～7；易溶于水和2－丙醇	天禾化学品（苏州）有限公司，江西省黎川县川盛实业有限公司，新乡市瑞丰化工有限责任公司，宝莱尔科技（香港）有限公司北京代表处，上海康谬贸易有限公司，淄博奥尔特化工有限公司，东营市三金化工有限责任公司，东营市奥特化工有限责任公司，东营市国丰精细化工有限责任公司，兖州天成化工有限公司
防水剂	淡黄或乳白色液体；固含量23%～25%；pH 值5.0～7.0；黏度（25℃）≤50 毫帕·秒。聚合型阳离子中性施胶剂，具有防潮、抗高湿度、防热渗透等特点；广泛用作与各种高档模塑型餐具及餐盒纸板的防水剂；可与水任意比例混溶，可内部添加也可表面喷涂；适用各种纸浆，并可与其他阳离子型助剂配合使用	杭州杭化播磨造纸化学品有限公司
防水剂，防油剂	一种水溶性阳离子含氟的产品。浑浊的浅黄色分散物；固含量29.0%～31.0%	科莱恩化工（中国）有限公司，杜邦公司上海办事处特殊化学品部，大连富奥瑞化工科技有限公司
阴、阳离子防水防潮剂	白色乳液；固含量（30±1）%；pH 值4～5；阴、阳离子型；保质期（4～25℃）6 个月	淄博津利精细化工厂
蜡乳液	低黏度乳白色液体；固含量约50%；pH 值8.5～9.5；阴离子型；软化点56～58℃（蜡）	东营市三龙精细化工有限责任公司，上海尤恩化工有限公司，兰溪市泛士达造纸化学品厂，上海焦耳蜡业有限公司，晋州市三木助剂纸品厂，邯郸汇泉胶业有限公司
蜡乳液	乳白色液体；固含量30%，35%；保质期2～3 个月。适用于浆内或表面的施胶剂；在涂布纸中用作抗水剂，能赋予纸张较高的憎水性、柔软性、弹性和光泽度	晋州市大成变性淀粉有限公司
阳离子蜡乳液	白色乳液；固含量（35±1）%；pH 值4～5；阳离子型；保质期6 个月（4～25℃）。是一种新型自留着型造纸施胶剂；其有效成分含量高，使用 pH 值4～9，使用方便；可用于各种要求施胶的纸种，尤其适合防潮性及高抗水性的特种纸应用	淄博津利精细化工厂

续表

产品名称	特性	生产厂家
阴离子蜡乳液	白色乳液；固含量（30±1）%；pH 值 6～7；阴离子型；保质期 6 个月（4～25℃）。新型自留着型造纸施胶剂，与阳离子蜡乳液性能特点相似；适用于各种纸张及纸板的浆内与表面施胶，对于液体包装用纸等一些特种纸效果好	淄博津利精细化工厂，湖北嘉韵化工科技有限公司
纸用导电剂	无色黏稠液体；固含量（40±0.5）%；pH 值（1% 水溶液）3～5；冷水中易溶。强阳离子聚电解质，水解稳定性能好；不凝胶，对 pH 值变化有适应性；具有抗氯性能；可降低纸基的电阻率，达到预涂的目的	杭州银湖化工有限公司
三、造纸过程用化学品		
助留剂	白色乳液；pH 值 4～7；阳离子度 20%～50%；固含量≥30%；黏度≤200 毫帕·秒	南海市骏能造纸材料厂，石家庄旺纸科技有限公司，杭州美拉化工有限公司，安徽砀山金兄弟实业科技有限公司，晋州市三木助剂纸品厂，邯郸汇泉胶业有限公司，任丘市高科化工有限公司，任丘市浩春化工有限公司，华北石油光大石化有限公司，河北天时化工有限公司，任丘市华北化工有限公司，任丘市金利化工密封材料有限公司，唐山市路南鑫源助剂厂，唐山市开平区合成香料厂，北京达瑞森化工有限责任公司，沈阳幸福环境技术开发有限公司，郑州华旗助剂有限公司，成都市锦都三丰化工有限公司
助留剂	淡黄色黏稠液；pH 值（1% 水溶液）5～7；固含量 7%～8%。阳离子聚合物，可提高纸浆细小纤维和填料的留着率和滤水性，节约成本，改善纸机运转性能和减少环境污染	杭州银湖化工有限公司
PAS－169 助留剂	无色或浅黄色黏稠液；pH 值≤6.5；黏度≥500 毫帕·秒；固含量≥30%；相对密度 1.05±0.1。是一种新型造纸化学品。具有优良的助留、助滤和增强的效果。其中等分子质量高阳电荷密度的特性在废纸脱墨浆抄造文化用纸系统中能起到平衡系统电荷的显著效果，因而也可作为系统稳定剂使用	湖北嘉韵化工科技有限公司
助留剂	无色透明黏稠状液体；黏度 700～1400 毫帕·秒；pH 值 4～7；有效成分≥8%；固含量 1%～3%；冷水中极易溶解；贮藏期（30℃）3 个月。阳离子水溶性高分子络合物；具有优良的助留助滤和增强的作用；可降低白水浓度、提高车速、减少蒸汽消耗，达到增产节约的效果	淄博津利精细化工厂
助留剂	白色颗粒；固含量＞90%；阳离子型；相对分子质量中等；相对密度 1.01～1.02；保质期 2 年	天禾化学品（苏州）有限公司，淮安汽巴工贸有限公司
助留剂	无色透明或灰白色胶状液体；pH 值 5～7；通过率（100 目筛）≥99%；黏度≤300 毫帕·秒	晋州市大成变性淀粉有限公司

续表

产品名称	特性	生产厂家
[illegible]留助滤剂	白色粉末状固体；阳离子；可溶；pH 值 3～11	杭州杭化播磨造纸化学品有限公司，广州市星业科技发展有限公司，上海赫克力士化工有限公司，天禾化学品（苏州）有限公司，南海市骏能造纸材料厂，湖北嘉韵化工科技有限公司，东营市三龙精细化工有限责任公司，泰安市东岳助剂厂，浙江传化华洋化工有限公司，廊坊大明化工有限公司，上海恒谊化工有限公司，唐山市开平区合成香料厂，河北亿源化工有限公司，秦皇岛金佳絮凝剂有限公司，宝莱尔科技（香港）有限公司北京代表处，永港伟方（北京）科技股份有限公司，上海联胜化工有限公司，北京瑞仕邦精细化工技术有限公司，北京希涛技术开发有限公司，沈阳幸福环境技术开发有限公司，沈阳万哈特化工有限责任公司，盘锦兴建助剂有限公司，黑龙江大龙化学助剂有限公司，佳木斯市顺和化工有限公司，佛山市高明区友本化工有限公司
[illegible]留助滤剂	乳白色液体；固含量≥35%；pH 值 4～7；相对分子质量 350 万～450 万；表观黏度 400～500 毫帕·秒；0.5%溶液黏度≥500 毫帕·秒；0.5%溶液稳定性≥85%（3天）；阳离子浓度 1.00～1.10 毫摩/克。有效性能高，吨纸用量小；适于 pH 值范围广，可配合 AKD、中性施胶剂、分散松香胶使用，提高施胶剂的留着率，减少施胶剂的用量；广泛用于各种浆料，可显著提高细小纤维和填料的留着率，节约原材料，降低成本，改善成纸质量	安徽砀山金兄弟实业科技有限公司
[illegible]性淀粉助留助滤剂	白色粉末；白度（457 纳米蓝光反射率）≥85.0%；斑点≤9 个/厘米^2；水分≤15.0%；黏度（5%，95℃，1 小时）40～69 毫帕·秒，70～109 毫帕·秒，≥109 毫帕·秒；取代度（D.S）0.020～0.025，0.026～0.030，0.031～0.035，0.036～0.040；电位≥18 毫伏；糊液稳定性（3%）>24 小时不分层	广西明阳生化科技有限公司，杭州纸友科技有限公司，江西博大化工有限公司，江西红星变性淀粉有限公司，江西宏大化工有限公司，厦门百事达淀粉科技有限公司
[illegible]留增强剂	白色粉末；黏度（6%，95℃）≥1000 毫帕·秒；pH 值（3%糊液）6～8；水分≤14%。季铵型阳离子淀粉，可以提高细小纤维留着率、滤水性和松香施胶效果，使纸张的表面强度、耐折度、印刷适性等指标改善	杭州银湖化工有限公司
[illegible]离子助留、助滤剂	无色至淡黄色液体；固含量（40±0.5）%；黏度（25℃）8～20 毫帕·秒；pH 值（1%溶液）5～7；冷水中易溶。阳离子聚合物，水解稳定性能好；能使填料、细小纤维、施胶剂留着，改善滤水；在纸机铜网外加入，有利网、液分离，提高纸机效率和降低生产成本	杭州银湖化工有限公司
[illegible]效助留助滤增强剂	白色乳液；pH 值 4～7；阳离子度 20%～50%；固含量≥30%；黏度≤200 毫帕·秒。是水包水乳液，用量少（吨纸 0.3～0.5 千克）、效果显著、使用方便、成本低、质量稳定	石家庄市旺纸科技有限公司，安徽砀山金兄弟实业科技有限公司
[illegible]溶胶微粒助留助[illegible]剂	无色至浅灰色微浊液体；黏度<0.05 毫帕·秒；pH 值 9.5～11.7；相对密度（20℃）1.06～1.09	天禾化学品（苏州）有限公司

续表

产品名称	特性	生产厂家
双元助留增强剂	半透明黏稠液体；pH 值 6 ±1；阳离子型；黏度（25℃）800 ~ 1000 毫帕·秒。是一种先进的“双元聚合系统”专用造纸助剂，系天然高分子聚合物、衍生物，解决了助留剂增强不助留的矛盾	安徽砀山金兄弟实业科技有限公司
壳聚糖	蓝色黏稠液体或绿色液体；pH 值 4 ~ 5，7 ~ 8；黏度≥1500 毫帕·秒，≥90 毫帕·秒；固含量 1.9%，2.0%	浙江金壳生物化学有限公司
杀菌防腐剂	淡黄色液体；溶于水；pH 值（1% 水溶液）3.0 ~ 8.1	上海赫克力士化工有限公司，山东德丰工贸有限公司，湖北嘉韵化工科技有限公司，广东金天擎化工科技有限公司，东营市三龙精细化工有限责任公司，深圳三力星实业有限公司，上海康谬贸易有限公司，三博生化科技（上海）有限公司，杭州美拉化工有限公司，安徽砀山金兄弟实业科技有限公司，唐山市开平区合成香料厂，保定市阳光精细化工有限公司，宝莱尔科技（香港）有限公司北京代表处，上海联胜化工有限公司，北京桑普生物化学技术有限公司，北京瑞仕邦精细化工技术有限公司，北京神舟晟华技贸有限公司，北京天擎化工有限责任公司，北京昌化精细化工厂，沈阳幸福环境技术开发有限公司，铁岭纸缘科技有限公司，大连百傲化学有限公司，大连昊源精化科技有限公司，大连汇邦化学有限公司，吉林市吉化江城油脂化工有限责任公司，上海华杰精细化工有限公司，陶氏化学（中国）投资有限公司，上海未来企业有限公司，凯米拉化学品（上海）有限公司，郑州市华麟化工有限公司
Tekey－555 纸浆杀菌防腐剂	是针对造纸湿部的特点生产的，可有效提高纸机的清洁度，减少刷车次数，提高纸张等级，对原色浆的防腐效果更显著。建议与该公司的 Tekey－558 交替使用，效果更佳	广东金天擎化工科技有限公司
Tekey－558 纸浆杀菌防腐剂	是一种复合型杀菌防腐剂，针对造纸湿部的特点生产的，可有效地提高纸机的清洁度，减少刷车次数，提高纸张等级，对原色浆的防腐效果更显著。建议与本公司的 Tekey－555 交替使用，效果更佳	广东金天擎化工科技有限公司
杀菌防腐剂	黄色透明液体；有效成分≥4%；密度（20℃）1.05 ~ 1.15 克/厘米^3；pH 值 3.0 ~ 5.0	山东德丰工贸有限公司，泰安市东岳助剂厂，杭州银湖化工有限公司，广东迪美生物技术有限公司
杀菌剂	有机溴类；白色或淡黄色晶体；pH 值（1% 水溶液）4.00 ~ 7.81；溶解度≤20%；水分≤0.5%；有效成分含量≥99%	青岛市祥泽化工有限公司，廊坊开发区大明化工有限公司
杀菌防腐剂	乳白色至黄色分散体；溴类化合物；pH 值 2.0 ~ 5.0；密度（25℃）1.000 ~ 1.100 克/毫升；推荐 pH 值范围 4 ~ 9	上海三博水化学有限公司
杀菌剂	异噻唑啉酮类；透明黄褐色液体；相对密度（20℃）1.30 ±0.05；pH 值 1 ~ 4；能与纸浆或水以任意比例互溶	青岛市祥泽化工有限公司

续表

产品名称	特性	生产厂家
沉积物控制剂/树脂障碍消除剂	无色至淡黄色液体；固含量（30±2）%；黏度（25℃）100 毫帕·秒以下；pH 值（2%水溶液）9.5±0.5；相对密度（20/4）1.07±0.02；常温下易溶于水；融点 -2℃	上海赫克力士化工有限公司，湖北嘉韵化工科技有限公司，深圳市绿微康生物工程有限公司，东营市三龙精细化工有限责任公司，淮安汽巴工贸有限公司，青岛市祥泽化工有限公司，泰安市东岳助剂厂，廊坊大明化工有限公司，山东龙佑化工有限公司，巴克曼实验室化工（上海）有限公司，北京瑞仕邦精细化工技术有限公司，北京天擎化工有限责任公司，黑龙江大龙化学助剂有限公司，高要宝时化工有限公司，商洛市华阳造纸专利技术有限公司
阴离子垃圾捕捉剂	无色至浅黄色黏稠液体，淡黄色黏稠液体；固含量（35±0.5）%，（40±0.5）%，（50±0.5）%；pH 值（1%水溶液）4~7；黏度 0.2~0.4 毫帕·秒，0.4~0.7 毫帕·秒，0.7~1.0 毫帕·秒，0.05~0.5 毫帕·秒。阳离子季铵盐聚合物，在造纸过程中可以降低阴离子杂质的干扰，促进纤维、细小纤维及湿部化学助剂的留着；降低保留助剂用量。提高纸机车速和产量，降低维护成本	杭州银湖化工有限公司，湖北嘉韵化工科技有限公司，广州星业科技股份有限公司
有机硅消泡剂	乳白色乳状液；不挥发物 20%~30%；稳定性（3000 转/分）：30 分钟不分层，不漂油；消泡速度<3 秒；pH 值 6~8；砷（AS）含量≤0.0001%；重金属铅（Pb）含量≤0.0005%	上海赫克力士化工有限公司，南京四新科技应用研究所有限公司，广东金天擎化工科技有限公司，瓦克化学贸易（上海）有限公司，南海市骏能造纸材料厂，杭州银湖化工有限公司，圣诺普科（上海）有限公司，泰安市东岳助剂厂，南京神克隆科技有限公司，东营市三龙精细化工有限责任公司，青岛市祥泽化工有限公司，安徽砀山金兄弟实业科技有限公司，上海天坛助剂有限公司，石家庄德邦精细化工有限公司，唐山市开平区合成香料厂，廊坊开发区大明化工有限公司，宝莱尔科技（香港）有限公司北京代表处，永港伟方（北京）科技股份有限公司，万豪集团临朐纸业化工有限公司，寿光蔡伦申兴精细化工有限公司，上海联胜化工有限公司，铁岭纸缘科技有限公司，营口市康如化工有限公司，上海撒拉弗化工有限公司，上海博易和化工有限公司，郑州市华麟化工有限公司，成都市锦都三丰化工有限公司
有机硅消泡剂	白色乳状液；非离子型；有效成分含量 100%；pH 值 7；相对密度 0.99；消泡效果≥95%；抑泡效果≤90%	山东德丰工贸有限公司，广州星业科技股份有限公司
有机硅消泡剂	白色液体；pH 值 4.0~6.0；密度（25℃）约 1.0 克/厘米^3	上海三博水化学有限公司
Tekey-8733 制浆消泡剂乳液	是一种低黏度高效有机硅消泡剂乳液，专用于纸浆厂制浆消泡	广东金天擎化工科技有限公司
K-500 消泡剂	是一种完全不含有机硅的聚醚型消泡剂，适用于含有阳离子松香胶、改性淀粉、聚乙烯醇、AKD 施胶剂的造纸白水的消泡。既能快速消除水面泡沫又能迅速脱除水中纤维上吸附的微小气泡，具有用量少、消泡快、抑泡作用持久的优点	广东金天擎化工科技有限公司

续表

产品名称	特性	生产厂家
K－553A 抄纸消泡剂	具有很强的消抑泡能力，适用于抄纸工序消抑泡，既能消除水面大泡，也能迅速脱除纤维之间夹带的微小气泡，降低流浆箱内纸浆含气量，提高上网速度，减少断纸	广东金天擎化工科技有限公司
DF 消泡剂	白色乳液；固含量（10±0.5）%，（20±1）%；pH 值 7.0～9.0，5.0～6.0。有机硅，具有优良的消泡、抑泡效果，不影响纸张强度	杭州杭化播磨造纸化学品有限公司
消泡剂	高级脂肪酸盐类；淡黄色浑浊液；有效成分 100%；黏度 0.2～0.4 毫帕·秒；pH 值（2%水溶液）7.0～8.0	武进运波化工有限公司
脱气剂	乳白色乳状液；固含量（30±1）%；黏度 250±100 毫帕·秒；相对密度 0.98±0.02	天禾化学品（苏州）有限公司，苏州佑震化工有限公司，山东龙佑化工有限公司，寿光德圣造纸化学品公司，潍坊华特科技发展有限公司，成都嘉丰精化有限公司，宁夏茂弘浆纸化学品有限公司，江苏精科嘉益工业技术有限公司
网毯清洗剂	淡黄色液体；轻微气味；易溶于水；pH 值（1%水溶液）2.0～6.0；密度≥0.85 克/厘米^3	上海赫克力士化工有限公司，杭州美拉化工有限公司，深圳三力星实业有限公司，泰安市东岳助剂厂，浙江传化华洋化工有限公司，安徽砀山金兄弟实业科技有限公司，晋州市大成变性淀粉有限公司，廊坊大明化工有限公司，巴克曼实验室化工（上海）有限公司，唐山市开平区合成香料厂，宝莱尔科技（香港）有限公司北京代表处，凯米拉化学品（上海）有限公司，北京天擎化工有限责任公司，铁岭纸缘科技有限公司，营口市康如化工有限公司，高要宝时化工有限公司
网毯清洗/保洁剂	浅黄色或黄色透明液体；pH 值（1%溶液，25℃）11.0～14.0；密度（20℃）1.00～1.20 克/厘米^3；浑浊点≤0℃。可渗透到成形网和毛毯的内部，溶解残留在网毯内外的树脂、蜡、细小纤维、填料等污垢，继而将其清除，可以很好地改善纸幅的滤水性；延长停机周期，提高纸机的运转效率	青岛市祥泽化工有限公司，安徽砀山金兄弟实业科技有限公司，淮安汽巴工贸有限公司
Tekey －8020 造纸毛毯保洁剂	是由生物分散剂、助渗剂等复合而成，具有良好的润湿性能，通过分散作用和溶解作用可以除去毛毯表面及内部的污垢，并且可以防止污染物的二次沉积，保持毛毯的清洁，提高压榨部的滤水性能；提高纸张干度，降低干燥负荷；减少压榨部“断头”次数和纸张“孔洞”等纸病；延长毛毯的使用寿命	广东金天擎化工科技有限公司
SUR－2 型剥离剂	淡黄色至深黄色乳液；固含量（18±1.0）%；pH 值 4.0～7.0；黏度（25℃）≤0.02 毫帕·秒。赋予纸张良好的剥离性能，减少断头、掉毛、掉粉现象；提高纸张的表面平滑度、光泽度；易分散，与纤维易结合，用量少	杭州杭化播磨造纸化学品有限公司
烘缸剥离剂	乳白色乳液或褐色半透明液体；固含量 18%～25%；pH 值 7～10；非离子型；添加量 0.3～1 千克/吨；保质期 12 个月	上海赫克力士化工有限公司，湖北嘉韵化工科技有限公司，淄博津利精细化工厂，广州星业科技股份有限公司，山东德丰工贸有限公司，上海联胜化工有限公司，铁岭纸缘科技有限公司，郑州华旗助剂有限公司，南海市骏能造纸材料厂，佛山市高明区友本化工有限公司
DF 增光剥离剂	白色乳液；pH 值 6～7；固含量（35±2）%；阳离子型	山东德丰工贸有限公司

续表

产品名称	特性	生产厂家
四、涂布化学品		
羧基丁苯胶乳	乳白色稍带蓝色黏性乳液，无机械杂质；固含量（50±2）%；pH 值 6~8；黏度≤300 毫帕·秒；残余苯乙烯≤0.02%	上海东升新材料有限公司，江阴正邦化学品有限公司，淄博津利精细化工厂，南海市骏能造纸材料厂，万豪集团临朐纸业化工有限公司，上海恒谊化工有限公司，沧州康宏化工有限公司，北京东方亚科力化工科技有限公司，上海高桥巴斯夫分散体有限公司
JY－265 羧基丁苯胶乳	固含量（50±1）%；pH 值 6.0~7.0；黏度 120~450 毫帕·秒；最低成膜温度 13℃；玻璃化温度 18℃；10~30℃阴凉通风条件下，保质期 6 个月	湖北嘉韵化工科技有限公司
苯丙乳液	乳白蓝光液体；固含量（48±2）%；最低成膜温度（tg）14~23℃；黏度 600~1500 毫帕·秒；pH 值 7.5~9.0；残余单体（溴值%）≤1.0；稀释稳定性：20%水溶液通过；化学稳定性（5%的氯化钙乳液）：1:5 无絮凝等变质现象；机械稳定性：3000 转/分 30 分钟通过；冻融稳定性：5 个循环通过	安徽砀山金兄弟实业科技有限公司
纸品乳液	苯丙树脂类；呈蓝光的乳白色液体；固含量（47±1）%；pH 值 7.5~9.5；黏度（25℃）<200 毫帕·秒	武进运波化工有限公司
涂布淀粉	白色粉末；白度≥88%；斑点≤1.0 个/厘米^2；黏度根据用户特点可调。具有高黏结力，形成的膜柔韧而有弹性，与颜料有很好的相容性。可制备高固含量的涂料，具有良好的流动性、稳定性、保水性。具有光泽度、平滑度、拉毛强度、油墨吸收性好等优点	杭州纸友科技有限公司
LSE－5 型涂布淀粉糊料	具有高浓低黏，流动性、成膜性和黏着性优良，与颜料及其他助剂的相容性高等特点	河北信佳生物淀粉科技有限公司
涂布淀粉黏合剂	阴离子型，非离子型；水分≤8.0%~14.0%；白度≥86%~88%；pH 值（3%浆）7.0±1.0，6.0±1.0；斑点≤2.0 个/厘米^2；黏度 30~300 毫帕·秒	江西博大化工有限公司，磐安县益纸淀粉有限公司，江西红星变性淀粉有限公司，江西顺昌隆实业有限公司，江西宏大化工有限公司，厦门百事达淀粉科技有限公司，卫辉市通达变性淀粉有限公司，东莞市汇美淀粉科技公司，东莞东美食品有限公司，广西明阳生化科技股份有限公司，广西新天德能源有限公司，海南洋浦椰岛淀粉工业有限公司
涂布级煅烧高岭土	白度 91%~93%；粒度（2 微米）92%~96%；325 目筛余物≤0.005%；分散性≤45 微米；pH 值 7.0~8.0；水分≤1.0%；吸油值 45~55 蓖麻油克/100 克煅烧高岭土	内蒙古蒙西高岭粉体股份有限公司，山西中雍粉体材料有限公司，山西天和煅烧高岭土有限公司，山西金洋煅烧高岭土有限公司，邢台博磊煅烧高岭土有限公司，任县华康非金属材料有限公司，安徽淮北金岩高岭土开发有限责任公司

续表

产品名称	特性	生产厂家
轻质碳酸钙（PCC）	白度≥90.0%；有效成分含量（以 $CaCO_3$ 计）≥97.0%；pH 值（10%悬浮液）9.0~10.5；105℃下挥发物含量≤0.70%；盐酸不溶物含量≤0.20%；沉降体积≤2.6 毫升/克；铁（Fe）含量≤0.10%；锰（Mn）含量≤0.008%；筛余物（125 微米试验筛）≤0.01%	上海东升新材料有限公司，石家庄市三兴钙业有限公司，井陉县双龙活性钙厂，灵寿县明达矿产品加工厂，邢台博磊煅烧高岭土有限公司，福建省龙岩市佳山化工有限公司
重质碳酸钙（GCC）	白度93%~98%；有效成分含量（以 $CaCO_3$ 计）96%~98%；pH 值（10%悬浮液）8~10；水分含量≤0.015%；盐酸不溶物含量≤0.20%；平均粒径 13 微米；铁（Fe）含量≤0.08%；锰（Mn）含量≤0.008%；筛余物（125 微米试验筛）≤0%	上海东升新材料有限公司，安徽砀山金兄弟实业科技有限公司，寿光蔡伦申兴精细化工有限公司，福建省三农碳酸钙有限责任公司，湖南超牌化工有限公司，四川省宝兴县碳酸钙厂，安徽三立石业有限公司
钛白粉	TiO_2 含量93.0%~93.5%；ISO591 分类 R2；吸油量 18~20 克/100 克；平均粒径 0.24~0.25 微米；金红石转化率>99.0%；耐候性高；密度 3.9~4.0 克/厘米^3	山东道恩钛业有限公司，山东德丰工贸有限公司，江西添光化工有限责任公司，泉州三威化工有限公司，河南佰利联化学股份有限公司
塑料颜料	呈蓝光的白色液体，干燥后为白色粉末；固含量（48±1)%；pH 值 6~7；黏度≤100 毫帕·秒	武进运波化工有限公司，苏州富雅达化工有限公司
涂布分散剂	淡黄色透明黏稠液体；固含量（40±2)%；pH 值 7~9；黏度（25℃）100~400 毫帕·秒；易溶于水，不溶于醇、醚和苯等有机溶剂	上海东升新材料有限公司，广州市星业科技发展有限公司，永港伟方（北京）科技股份有限公司，天津市奥东化工有限公司，杭州银湖化工有限公司，圣诺普科（上海）有限公司，万豪集团临朐纸业化工有限公司，上海天坛助剂有限公司，营口市康如化工有限公司，湖北枣阳四海化工股份有限公司，郑州市华麟化工有限公司
涂布分散剂	聚丙烯酸钠类；淡黄色透明黏稠液体；固含量（40±2)%；pH 值 7~9；黏度（25℃）200~500 毫帕·秒；易溶于水，不溶于醇、醚和苯等有机溶剂	天禾化学品（苏州）有限公司，武进运波化工有限公司
抗水剂	淡黄色或黄色透明液体；固含量 40%，50%；pH 值 6~8；黏度（25℃）≤100 毫帕·秒；阳离子型；任意混溶	广州市星业科技发展有限公司，南海市骏能造纸材料厂，圣诺普科（上海）有限公司，东营市三龙精细化工有限责任公司，台湾登吉化工（苏州）有限公司，万豪集团临朐纸业化工有限公司，上海联胜化工有限公司，湖北枣阳四海化工股份有限公司，荆门市春生精细化工有限责任公司，郑州市华麟化工有限公司
抗水剂	聚氰胺类树脂，无色黏稠液体；固含量 63%~65%；pH 值 6~7；黏度（25℃）0.05~0.15 毫帕·秒。可用于涂布纸、白纸板、有光纸、纸板、新闻纸、复印纸等的抗水剂	杭州银湖化工有限公司

续表

产品名称	特性	生产厂家
抗水剂	透明液体；固含量（41±1)%；pH 值 3.0~5.0；黏度（25℃）<0.1 毫帕·秒；相对密度（25℃）1.20±0.05。改性乙二醛树脂，能与黏合剂、淀粉等反应而防水；用于涂料中，黏度稳定；用量少，无游离甲醛，特别适用于食品包装用纸，湿拉毛效果佳；能显著改善涂料层表现特性，印刷效果好	临安市荣盛化工有限公司
耐水化剂（抗水剂）	聚酰胺聚脲类；淡黄色或黄色透明液体；固含量（40±2)%，(50±2)%；pH 值 6~8；黏度（25℃）≤100 毫帕·秒；阳离子型；任意混溶；保质期 6 个月	武进运波化工有限公司
抗水剂	改性三聚氰胺甲醛树脂类；无色或淡黄色透明黏稠液体；固含量（66±2)%；游离甲醛含量≤2%；pH 值 7~9；黏度（25℃）100~500 毫帕·秒；水溶性（1:10 稀释液）无分层无沉淀	武进运波化工有限公司，广州星业科技股份有限公司
无甲醛抗水剂	水溶性改性 PAPU 类；黄色透明液体；固含量（40±1)%；pH 值 4.5±1；黏度（25℃）<100 毫帕·秒；阳离子型；任意混溶；保质期 6 个月	武进运波化工有限公司，湖北嘉韵化工科技有限公司
碳酸锆铵抗水剂	无色透明液体；有效成分含量 19%~22%；pH 值 9~9.5；游离酸根含量≤0.05%；氧化铁含量≤0.005%；二氧化钛含量≤0.01%；二氧化硅含量≤0.02%；氧化钠含量≤0.005%	河南佰利联化学股份有限公司
碳酸锆铵抗水剂	透明液体；固含量≥25%；黏度（25℃）<0.030 毫帕·秒；pH 值（25℃）9.0~11.0。能与黏着剂反应、提供高强度的抗水效果；可大幅改善涂布纸（板）的湿摩擦及干、湿拉毛等印刷适性	临安市荣盛化工有限公司，淮安汽巴工贸有限公司，广州星业科技股份有限公司
润滑剂	白色黏稠液体；固含量（50±2)%；pH 值（2%水溶液）9.5~11；黏度（25℃）≤250 毫帕·秒；粒度 0.5~5 微米占 90% 以上	上海东升新材料有限公司，万豪集团临朐纸业化工有限公司，湖北枣阳四海化工股份有限公司，郑州市华麟化工有限公司
润滑剂	硬脂酸钙类；白色黏稠液体；固含量（48±2)%；pH 值（2%水溶液）9.5~11；黏度（25℃）<400 毫帕·秒；粒度 0.5~5 微米占 90% 以上	武进运波化工有限公司
造纸涂料专用防霉剂	乳白色分散体；活性成分≥30.0%；pH 值 6.0~8.5；可均匀地分散在水性涂料等分散体系内；低于 40℃的贮存条件下保持稳定	上海三博水化学有限公司
造纸涂料专用杀菌防腐剂	无色至淡黄色液体；密度（25℃）1.13~1.20 克/厘米^3	上海三博水化学有限公司

续表

产品名称	特性	生产厂家
KL25 流变除痕剂	乳白色液体，带有酸味；改性丙烯酸共聚物；阴离子型；有效成分含量（25 ± 1）%；pH 值 4.5 ± 1；黏度 <200 毫帕·秒；可与水任意比例混合。是一种改性丙烯酸共聚物乳液，可以改善涂料的流变性，减少涂布线条的产生，提高碳酸钙的配比量，降低涂布纸的成本或改善涂布纸的品质	淮安汽巴工贸有限公司
印刷适性改进剂	黄色透明液体；黏度（25℃）7 ~ 20 毫帕·秒；固含量（30 ± 1）%；pH 值 4.0 ~ 6.0；阳离子型；可与水任意混合；保质期常温 6 个月。聚酰胺聚脲水溶性高分子聚合物；固化快，有良好的抗水性；油墨吸收和印刷适性明显改善；适用各种 pH 值范围的涂料中	杭州杭化播磨造纸化学品有限公司，聚益（苏州）精细化工有限公司
五、水处理化学品		
聚合氯化铝	淡黄色或红黄色粉末；铝含量≥30%；铁含量≤2%；水不溶物≤1%	唐山中絮工业水处理有限公司，廊坊市新星化工有限公司，北京万水净水剂有限公司，北京北科绿洁环保科技有限公司，北京汉唐环保科技有限公司，北京市恒聚化工集团有限责任公司，郑州市华麟化工有限公司，河南省华星水务股份有限公司
高效脱色絮凝剂	水溶性浅黄红色固体；铝含量≥30%；硅含量≥5%；水不溶物≤1%	河南省华星水务股份有限公司
复合硅酸氯化铝	水溶性青黄色固体；铝含量≥25%；硅含量≥6%；铁含量≥3%；水不溶物≤1%	河南省华星水务股份有限公司

（陈根荣）

世界制浆造纸化学品工业发展现状与趋势

Present Situation and Development Trend of Chemicals Used for Pulping and Papermaking Process in the World

世界制浆造纸化学品工业的发展受制于世界制浆造纸工业。世界制浆造纸工业经历10多年的飞速发展后，从2005年开始，出现总产量连续几年超过总消费量的局面，2007年世界纸和纸板总产量到达历史顶峰后，2008年出现首次下降，比2007年下降0.7%，2009年再次大幅度下降到3.707亿吨，比2008年下降5.2%。

从地区性来看，自2005年以来，北美洲、欧洲（西欧）等传统造纸发达地区的纸和纸板总产量呈现逐年下降或增幅平缓的趋势；而与此同时，亚洲等地区的纸和纸板总产量逐年快速增长（见表1）。这说明，推动世界制浆造纸工业增长的动力主要来自亚洲等发展中国家和地区。

表1　2005—2009年世界主要地区纸和纸板总产量　单位：亿吨

地区	2005年	2006年	2007年	2008年	2009年
北美洲	1.02	1.02	1.01	0.96	0.85
欧洲	1.10	1.13	1.14	1.10	1.00
亚洲	1.29	1.41	1.52	1.52	1.55

此外，随着互联网的发展，尤其是最近几年进入稳定快速的发展，全球宽带因特网用户逐年增长，其对新闻纸和书写纸的市场需求带来不利的影响。2009年世界造纸各主要品种产量，新闻纸产量3233万吨，同比减少12.6%；印刷书写纸产量10410万吨，同比减少9.2%；生活用纸2799万吨，同比增长1.3%；瓦楞原纸和箱纸板产量12830万吨，同比减少1.9%。除了生活用纸外，其他所有品种都呈现下降趋势。其中，新闻纸的下降幅度达到2位数，这也印证了互联网对传统新闻媒体的强力冲击。

一、世界制浆造纸化学品市场规模

根据SRIC公司的市场研究报告，2008年世界制浆造纸化学品市场消费规模为330亿美元（234亿欧元），2009年世界造纸专用化学品市场市值约150亿美元，预计到2014年年均增长2.3%。其中，中国市场年均增长6%，日本市场稍好维持在2%的水平，其余亚洲地区年均增长4.6%。中南美洲的增长强于世界平均水平，但低于亚洲。北美市场年均增长将徘徊在1.7%，西欧市场预计年均增长率在1%左右。但对有些纸张品种的生产与需求会下降，最严重的打击将是新闻纸领域，预计年均减少2%~3%，铜版纸减少1%~2%，这些都会对造纸化学品行业带来影响。

从制浆、造纸原料构成来看，化学浆与机械浆占原料消费总量的50%；废纸占32%；主要用于制浆过程中的氯气、氧气、过氧化氢、钠盐和硫磺酸，以及填料和颜料（主要是瓷土和碳酸钙）合计占15%；其余3%是明矾、铝化合物、专用化学品（包括淀粉和合成化学品）。

二、世界制浆造纸化学品工业发展趋势

世界造纸工业呈现规模化、国际化发展的特点。同时，随着互联网的飞速发展，世界造纸工业有着从欧美等成熟市场向南美、亚洲和东欧等新兴

市场转移的发展趋势。这些因素必然对世界造纸化学品工业的发展产生深刻的影响。

1. 制浆造纸化学品工业的购并

2007年，由美国次贷信用危机引发的自第二次世界大战以来的首次全球性经济衰退，进而影响实体经济，全球的化学工业也面临市场极度萎缩、效益大幅下降的困境，许多著名的国际性精细化学品公司（包括制浆造纸化学品公司）出现经营业绩大幅下滑，甚至亏损的局面。在这样的市场背景下，也是跨国企业间购并最为活跃的时机，即以较低的收购成本扩大市场份额或实施符合企业长期发展战略的措施，从而在今后的经济复苏与回暖中获得更大的收益。

2009年世界化学工业完成的购并案值合计254亿美元（只统计超过2000万美元的交易案值）。2010年世界化学工业完成购并案值360亿美元，比2009年增长44%。2010年交易数量64个，超过2009年的2倍还多（统计单个案值超过2500万美元）。

近年来，世界制浆造纸化学品工业的发展趋势呈现两个特点：国际化和业务核心化。而实现这两个目标的最佳途径是收购兼并、扩大投资和非核心资产的剥离。其中收购兼并是最为直接有效的手段。同时，在世界化学工业购并规模不断扩大的大背景下，综合性化学集团向下游产品和精细化工领域延伸。世界制浆造纸化学品公司间的购并也非常活跃，行业集中度越来越高，自1997年以来的十几年里，世界制浆造纸化学品公司通过不断的购并，公司数量不断减少，规模不断扩大。至2008年，世界涉及制浆造纸化学品业务的跨国公司只剩数家（见图1）。

最近几年里，在世界制浆造纸化学品公司间又出现了几个更为引人注目的购并案例。2008年11月，亚什兰出价33亿美元完成收购赫克力士；2009年4月，陶氏化学出价188亿美元（包括37亿美元债务）收购罗门哈斯；2008年9月巴斯夫公开对汽巴精化公众股东发出邀约收购，以每股50瑞士法郎（45美元）收购全部股份，合计61亿瑞士法郎（53.5亿美元），并最终于2009年4月获得美国公平贸易委员会（FTC）和欧盟（EC）的批准，以29亿美元（不含负债）完成收购。

经过这几个重量级的购并活动后，国际制浆造纸化学品市场格局发生了重大变化，一些著名的造纸化学品公司如赫克力士、汽巴精化退出了历史舞台，市场呈现高度集中化、国际化和规模化态势。

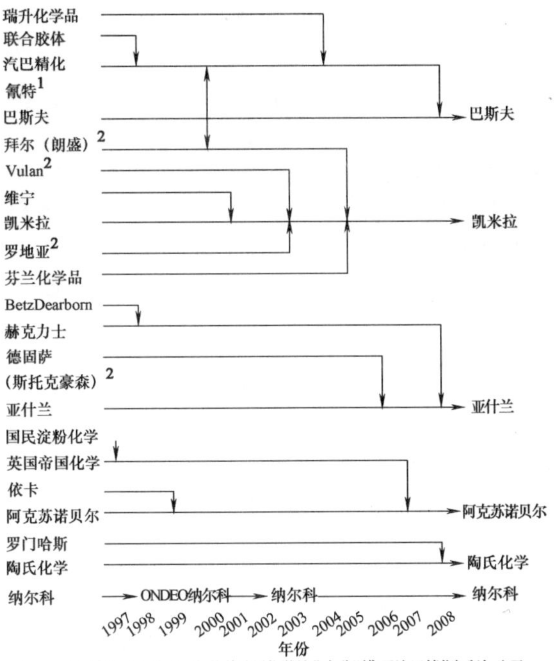

注：1.美国氰特公司在2000年将其造纸化学品业务分别售予汽巴精化与拜尔公司。
2.被收购的仅是制浆造纸化学品相关业务，而不是整体被收购。

图1　1997—2008年世界制浆造纸化学品公司收购兼并情况

2. 国际造纸化学品市场呈现高度集中化

国际制浆造纸化学品市场近几年来随着世界造纸工业国际化程度的不断深入，竞争加剧，朝着集中度更高的方向发展。在国际制浆造纸化学品市场中，前4家供应商分别占制浆化学品、造纸化学品和涂布化学品市场份额的25%、20%和35%。

在2006年国际40亿美元的造纸专用化学品市场中，最大的4家供应商：赫克力士占22%、纳尔科占13%、凯米拉（包括收购朗盛的5%）占12%和汽巴精化占10%，合计占到57%的份额；如果再加上依卡6%、巴斯夫6%和巴克曼5%，前7家合计占74%。

国际造纸化学品市场的这种高度国际化、集中化趋势是由于国际资本市场的高度成熟与开放相密切关联的。由于这些化学品供应商都是世界各地证券市场的上市公司，因此，为资产的优化组合提供了透明、公平而便利的条件。有实力的公司可以通过收购兼并实现最快速、直接的资本、业务和区域性扩张，从而在短期内实现公司的全球化、规模化和综合性目标。一个最典型的成功例子是总部位于芬兰首都赫尔辛基的凯米拉集团公司，在短短的4年时间里，从一家芬兰的本土公司一跃成为全球领先的制浆造纸化学品供应商。如果要通过自身的有机增长来实现这样的增长速度和实现的目标程度，几乎很难且漫长。

3. 市场呈现地域性转移态势

据 RISI 预测，在 2009—2024 年的 15 年间，北美洲的纸及纸板需求量将减少 23%，西欧将减少 20%，亚洲的纸及纸板需求量将增长 39%；东欧的增长幅度最高，可达 49%。

据预测，在未来 15 年内，中国纸及纸板消费量的增长幅度将居世界前列，特别是中国印刷用纸消费量的合计增量，将占世界消费量总增量的 89%。

国际造纸市场最大的变化是制浆造纸生产已经从北美洲和西欧等成熟市场向亚洲、拉丁美洲和东欧等更具有吸引力的新兴经济区域转移。更强有力的增长趋势将在智利、印尼、地中海国家、波斯湾和红海地区等新兴市场。

有鉴于此，国际造纸化学品供应商也纷纷调整其世界范围内的生产与供应布局，降低甚至关闭在成熟市场中的产能或工厂。同时，在新兴市场投资建设新工厂或扩大产能。由于世界制浆漂白对氯酸钠需求下降，以及高能源成本，2009 年 4 月依卡化学永久性关闭其位于挪威摩城的氯酸钠生产厂，部分关闭哥伦布的氯酸钠产能；而另一方面，2010 年在巴西投资约 9000 万欧元（1.23 亿美元）建造一个世界级氯酸钠工厂，将供应当地 1 家世界最大的年产 150 万吨浆厂，预计 2012 年投产。预计未来 15 年里，拉丁美洲市场对制浆和造纸化学品的需求将稳定增长。大多数造纸化学品制造商正在亚洲进行资本投资。凯米拉预计 2012 年在中国南京开始生产 ASA 施胶剂；作为重组造纸化学品业务的组成部分，巴斯夫将扩大亚洲市场的造纸化学品产能。

造纸化学品制造商正处于欧洲造纸市场产能过剩（尤其是印刷纸品种）和世界范围内原材料成本上升的双重打击中。生产商计划通过对强势的终端用户市场技术投资和在如亚洲和巴西等快速增长地区增加产能的途径来抵消这些压力。由于市场需求的疲软，欧洲已经有几家造纸和造纸化学品厂宣布关闭。这些地方的产能将大部分被转移到亚洲。

三、世界主要制浆造纸化学品公司

经过多年的购并重组，以制浆造纸化学品为主业的国际性公司（即制浆造纸化学品业务收入占公司总收入 50% 以上）几乎已经不存在了，如发明 AKD 施胶剂的赫克力士公司被亚什兰收购，发明 ASA 施胶剂的氰特公司早于 2000 年就将造纸化学品业务分别出售给汽巴精化和拜尔，而汽巴精化又在 2009 年被巴斯夫收购，拜尔（朗盛）的造纸化学品业务又在 2005 年被凯米拉收购。因此，目前涉及制浆造纸化学品业务的化学品公司往往也是国际性著名的化学集团，几乎都进入世界化学工业 100 强的行列（见表 2），如排世界化学工业 100 强之首的德国巴斯夫集团在收购瑞士的汽巴精化后，其制浆造纸化学品业务规模已处于世界领先地位（见表 3）。

表 2　世界化学工业 100 强中涉及制浆造纸化学品业务的公司排名

排名	公司/国家	2009 年销售额/亿美元		净利润/亿美元
		总销售额	化学品销售额	
1	巴斯夫/德国	726.25	497.99	20.20
2	陶氏化学/美国	448.75	448.75	6.76
8	杜邦/美国	261.09	261.09	17.69
11	阿克苏诺贝尔/荷兰	199.04	199.04	-15.56
47	科莱恩/瑞士	63.86	63.86	1.87
48	阿科玛/法国	63.67	63.67	-2.46
51	瓦克化学/德国	53.28	53.28	-0.75
52	罗地亚/法国	52.29	52.29	-1.71
55	道康宁/美国	50.93	50.93	5.80
56	赛拉尼斯/美国	50.82	50.82	4.88
76	纳尔科/美国	37.47	37.47	0.68
78	凯米拉/芬兰	35.82	35.82	1.23
79	亚什兰/美国*	81.06	35.70	0.71

注：*财政年度至 2009 年 9 月 30 日，包括在 2008 年 11 月完成收购的赫克力士。

表 3　2009—2010 年世界领先的制浆造纸化学品公司的年收入

公司	制浆造纸化学品业务年收入/亿欧元	
	2009 年	2010 年
巴斯夫/汽巴精化	13.26	17.13
亚什兰/赫克力士	12.52*	11.78*
阿克苏诺贝尔（依卡）	7.76	8.56
凯米拉	9.06	9.84
陶氏化学	6.70	
纳尔科	6.84*	7.55*
科莱恩	3.08	

注：1. 数据来自各公司年报。2. * 单位为亿美元。

1. 巴斯夫（BASF）

全球最大的化学公司——巴斯夫集团创立于 1865 年，总部位于德国路德维希港。2010 年集团销售额达到 638.73 亿欧元，同比增长 26%。净收益 45.57 亿欧元，同比增长 223.2%。其业务主要包括 6 大部分：化学品、塑料、特性产品、功能性产品、农用产品、石油和天然气。

在收购瑞士汽巴精化公司前，造纸化学品是巴斯夫集团特性产品部所属丙烯酸及分散体分公司的一个业务部门，丙烯酸及分散体分公司的业务主要包括超吸水性树脂、造纸化学品和高岭土 3 部分。高岭土业务是 2006 年收购安格（Engelhard）公司而增加的一个业务单位。2009 年 4 月巴斯夫完成对汽巴精化公司的收购后，汽巴精化公司所有业务部门都被整合到特性产品部（包括汽巴精化原有的塑料添加剂和水处理化学品及相关业务）；其中，将巴斯夫有关的造纸化学品、黏合剂和高岭土业务与汽巴精化原有的造纸化学品业务进行整合，单独成立一个造纸化学品分公司；原有的丙烯酸及分散体分公司整合了 2 家公司的涂料与油漆工业用原材料业务，并更名为分散体与颜料分公司。由此，特性产品部由 5 个分公司组成：分散体与颜料、护理化学品、营养与保健、造纸化学品和特性化学品（见表 4）。

收购汽巴精化公司后，巴斯夫在造纸化学品两大产品领域处于世界领先地位：涂布胶乳黏合剂和造纸专用化学品（包括功能性助剂和过程性助剂）。

2010 年巴斯夫集团的造纸化学品业务收入为 17.13 亿欧元，比 2009 年增加 3.87 亿欧元。其中，销售量增长 5%，价格增长 8%。从地区性分布来看，欧洲市场仍然占主导地位，但比例已经从 2009 年的 49% 下降到 2010 年的 46%，北美市场所占比例仍维持在 2009 年的水平不变，亚太市场从 23% 增加到 26%，收入份额已经超过北美，并在逐年增长。

表 4　巴斯夫集团特性产品部销售收入情况

单位：亿欧元

业务组成	2009 年	2010 年
分散体与颜料	24.45	31.97
护理化学品	20.67	27.55
营养与保健	13.38	14.82
造纸化学品	13.26	17.13
特性化学品	21.80	31.41
合计	93.56	122.88

注：所有数据均来自公司年报，下同。

2010 年 11 月，巴斯夫将位于德国格伦查克的造纸染料及荧光增白剂生产基地转移到印度的安格莱什沃尔，同时也将减少造纸染料产量。这是巴斯夫重组造纸化学品业务计划的组成部分，主要包括将欧洲的生产基地转移到亚洲。该重组计划是在 2009 年宣布的关闭欧洲西班牙、芬兰和法国的 3 家用于涂布纸和纸板的黏合剂——羧基丁苯胶乳（XSB）生产厂计划的继续，关闭的 3 家工厂的 XSB 产能占巴斯夫在欧洲总产能 31 万吨/年的 40%，其余 3 家工厂继续供应欧洲市场。

巴斯夫的这些措施是为了应对欧洲造纸化学品市场困难的业务环境。当前，造纸化学品正处于一个非常困难的业务氛围中，在亚洲新兴市场的造纸生产商正在越来越集中化，造纸工业未来的增长将来自于创新。

2. 亚什兰（Ashland）

亚什兰成立于 1924 年，总部位于美国肯塔基州卡温顿，是国际性的专用化学品公司，财富 500 强企业。在 2008 年 11 月以 33 亿美元完成收购赫克力士公司后，经过整合，公司形成了 5 大业务部门的组织结构：亚什兰亚垮龙功能性组分（AAFI，主要来自于原赫克力士亚垮龙集团业务），亚什兰赫克力士水技术（AHWT，由亚什兰所属的水处理及造纸化学品相关业务与赫克力士的造纸化学品业务整合而成，包括 2006 年 5 月以 1.56 亿美元收购德国德固萨公司的水处理及造纸化学品业务），亚什兰特性材料（APM），亚什兰消费市场（ACM）和亚什兰经销分公司（2010 年 11 月将其经销业务以 9.3 亿美元出售予 TPG 资本公司）。

在亚什兰 85 年的经营历史中，成功收购赫克力士无疑具有关键性的影响。亚什兰由此成为一个世界领先的专用化学品公司，专注于3大核心专用化学品业务：专用添加剂和功能性组分、造纸与水技术和专用树脂。亚什兰在全球100多个国家和地区开展业务，2010财年（2009年10月1日—2010年9月30日）实现销售与经营收入90亿美元（见表5）。

表5 亚什兰2009—2010财年收入情况

单位：亿美元

	2009财年	2010财年
销售与经营收入	81.06	90.12
其中：AAFI	8.12	9.15
AHWT	16.52	17.85
APM	11.06	12.86
ACM	16.50	17.55
经销分公司	30.20	34.19
净收入	0.71	3.32

其中，以造纸专用化学品及相关的水处理化学品业务为主的AHWT分公司2010财年的销售收入17.85亿美元。从地域分布来看，北美市场占到49%，欧洲占34%，亚太地区占10%，拉丁美洲、其他占7%。

AHWT分公司由3个业务部组成：功能性化学品、过程性化学品和水处理相关化学品。从产品组成来看，功能性化学品销售额占40%，水处理相关化学品占34%，过程性化学品占26%。由此计算得出造纸化学品业务销售收入11.78亿美元。

亚什兰在2008年收购赫克力士后对其造纸化学品产能进行了优化，欧洲和美国的一些产能将转移到中国。

过去几年里，亚什兰在造纸化学品领域的投资主要用于技术创新。亚什兰用于研发的费用占总收入的2%～3%，造纸化学品业务的投资也基本相同。亚什兰造纸化学品销售收入的20%来自于近5年里开发的新产品。最新一个投资项目是在微生物技术方面的开发。造纸生产商正面临着高温回用白水而导致微生物繁殖加剧的挑战。亚什兰的新技术可以防止微生物的增长。

3. 凯米拉（Kemira）

凯米拉集团创立于1920年，总部位于芬兰赫尔辛基。自2001年以来在全球范围内通过一系列收购扩展战略，短短几年时间实现了从一家原先主要业务在欧洲的区域性公司一跃成为世界领先的制浆造纸化学品供应商。

基于客户的需求，凯米拉集团进行了业务的战略重整，公司业务结构由3个部门组成：造纸业务部致力于为制浆和造纸行业的客户提供服务，水处理业务部服务于市政和工业用水处理行业的客户，石油和开采业务部则为石油天然气行业使用水化学品的客户提供服务。

2010年凯米拉总收入21.60亿欧元，净利润1.11亿欧元。其中，制浆造纸化学品业务占总收入的45%。

凯米拉业务收入从地区来看，欧洲、中东和非洲地区占65%，北美洲占23%，南美洲和亚太地区各占6%。

2010年凯米拉制浆造纸化学品业务收入为9.84亿欧元，比2009年增长9%。2010年造纸领域的业务盈利能力的改善为今后的持续增长打下了基础。剥离了2个非水相关的造纸化学品业务——出售德国的光学增白剂业务和芬兰的硫酸业务。将继续巩固和深化现有的产品线，重点发展用于制浆造纸工业的过程性化学品。凯米拉的核心竞争力包括在制浆生产过程中以及纸机湿部的用水质量和数量的管理。公司继续致力于开发用于原水、过程水和废水处理的新解决方案。凯米拉的新型助留系统能够帮助纸厂降低10%～15%的能源和用水量。

增长区域主要在亚洲和南美洲市场，尤其是包装用纸板和生活用纸需求量的增长。凯米拉将主要关注中国、巴西、印度尼西亚和印度市场的增长。在今后3年里，收入的30%将来自于南美洲和亚洲市场。除了中国，凯米拉在印度尼西亚和印度也有造纸行业的客户。公司也寻求在南美洲市场获得强劲的市场份额，南美洲新浆厂的出现将增加对制浆化学品的需求。国际性金融危机延迟了南美洲制浆项目的启动，但大多数的项目已开始启动，由此该地区会给凯米拉的制浆化学品业务的增长带来机遇。

4. 阿克苏诺贝尔（AkzoNobel）

总部位于荷兰首都阿姆斯特丹的世界著名的化学集团——阿克苏诺贝尔，经过300多年的发展，目前已经成为世界领先的涂料、油漆和专用化学品制造商。其业务主要由3大部门组成：装饰性油漆、特性涂料和专用化学品。

专用化学品包括5个业务部：功能性化学品、工业化学品、制浆造纸化学品、表面化学和化学品Pakistan。而其中的制浆造纸化学品业务主要是收购依卡后获得的。

2010年阿克苏诺贝尔制浆造纸化学品业务实现

强劲增长（见表3）。其中制浆造纸化学品业务收入占总收入的82%，为8.56亿欧元。在亚洲和拉丁美洲获得一定的市场份额。在世界制浆造纸最大的北美洲市场，仍保持稳定的市场地位且有所增长。欧洲是其最为关注的市场，但其形势还没有恢复到2009年的水平。

依卡化学在制浆用漂白化学品市场处于世界领先的地位，是世界最大的造纸用氯酸钠生产商，其制浆造纸化学品业务在北美洲占45%，欧洲占39%，亚太地区占16%。

5. 纳尔科（Nalco）

纳尔科公司是由创立于1928年的国民铝业公司发展而来，总部位于美国内珀维尔。2010年总销售收入42.51亿美元，同比增长13.45%；净利润1.96亿美元，同比增长221.31%。

其收入地区比例为，北美洲49%，欧洲、非洲和中东地区24%，亚洲17%，拉丁美洲10%。

纳尔科业务包含3大部分（见表6），其中造纸化学品及服务2010年的销售额达到7.55亿美元，占公司总销售额的18%，同比增长10.5%。亚太地区、北美洲、拉丁美洲及欧洲、非洲和中东地区分别增长21.4%、9.8%、2.2%和1.5%。

表6　2009—2010年纳尔科3大业务在国际市场中的地位

		2009年	2010年
水服务	国际市场规模/亿美元	65	64
	国际市场中地位	1	1
	占国际市场份额/%	18	20
	销售额/亿美元	16.62	18.10
造纸服务	国际市场规模/亿美元	73	67
	国际市场中地位	3	3
	占国际市场份额/%	9	11
	销售额/亿美元	6.84	7.55
能源服务	国际市场规模/亿美元	43	56
	国际市场中地位	1	1
	占国际市场份额/%	33	30
	销售额/亿美元	14.18	16.86

注：除了销售额来自于公司年报外，其他数据来自于公司的内部估算。

纳尔科造纸服务业务在终端产品的销售比例情况，胶版纸3.78亿美元，占总收入的8.9%；纸板和包装用纸2.76亿美元，占总收入的6.5%；生活用纸0.98亿美元，占总收入的2.3%。

6. 科莱恩（Clariant）

科莱恩是于1995年从山德士分离出来而成为一家独立的国际精细化学品公司，总部位于瑞士穆滕茨。2010年科莱恩的销售额71.20亿瑞士法郎，其中特性化学品收入14.15亿瑞士法郎；净收入1.91亿瑞士法郎。2009年科莱恩的销售额66.14亿瑞士法郎，其中特性化学品收入13.61亿瑞士法郎；净收入－1.94亿瑞士法郎。

2009年科莱恩公司对其业务结构进行调整，将原来4个精细化工产品和服务分公司根据市场定位细化为10个业务部：添加剂、洗涤及中间体、乳液、特种工业与消费品、皮革服务、色母粒、石油与采矿服务、造纸专用产品、颜料业务和纺织化学品。并从2010年开始按新的业务结构运作。后来又将4个业务部：添加剂、洗涤及中间体、乳液和造纸专用产品归类为特性化学品。

造纸专用产品业务部主要负责研究、开发、生产和营销用于制浆造纸工业的染料、增白剂、过程性化学品、表面处理与涂布添加剂等产品。造纸化学品业务部的销售额占总销售额的6%，约4亿瑞士法郎。

从地区来看，科莱恩的造纸化学品业务收入欧洲、中东和非洲占42%，北美洲占21%，拉丁美洲占18%，亚太地区占21%。

2010年2月，作为公司世界资产网络优化项目的一部分，科莱恩关闭位于总部所在地瑞士穆顿兹的纺织染料和化学品、造纸化学品的生产，这是公司计划在未来2011—2013年的3年里调整公司生产能力等措施的重要步骤之一。穆顿兹的纺织染料和化学品生产将被转移到亚洲，而造纸化学品的生产将被转移到科莱恩在西班牙Prat的生产基地。这个举措是为了应对欧洲造纸化学品市场供过于求的不利局面。

四、我国造纸化学品市场现状与发展

世界纸和纸板总产量在2008年首次出现负增长，世界最大的造纸生产国——美国，近几年来总产量一直下降，2008年总产量跌破8000万吨大关。比较世界造纸产量最大的几个国家1997年与2010年的产量，可以发现，我国纸和纸板总产量在12年里增长了2.2倍（见图2）。

2009年我国纸和纸板总产量已达8640万吨，首次超过美国（7161万吨），成为世界最大生产国，是世界最具成长性的一个重要市场。世界造纸新增产能的60%来自我国。一些国际性的造纸集团也纷纷以独资和合资方式进入我国市场。

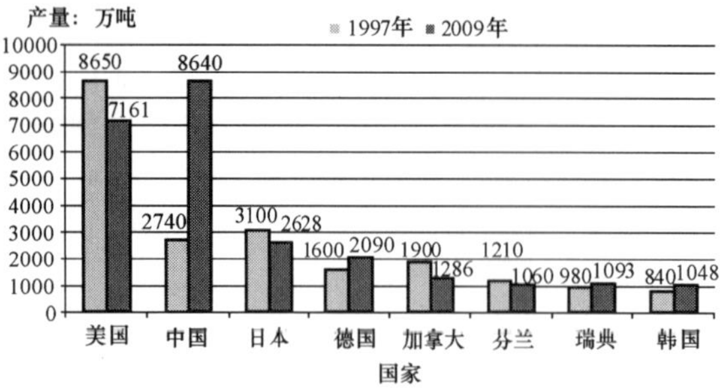

图 2　1997 年与 2009 年主要国家纸和纸板总产量比较

近几年来，世界最现代化、最大型的纸机都在我国安装和投入运行（世界纸机投资额的 1/2 在中国），从而推动了我国造纸化学品工业的发展。我国造纸化学品工业起步于 20 世纪 80 年代，经过 20 多年的发展，伴随着造纸工业的飞速发展，我国的制浆造纸化学品工业也已经成为全球关注的焦点。

据测算，2005 年我国造纸化学品的市场规模 20 亿美元，预计到 2015 年我国造纸化学品市场规模将会增长到 38 亿美元。从类别来看，过程性化学品、功能性化学品、涂布化学品及颜料和填料的年均增长率分别为 6.0%、5.6%、7.1% 及 7.6%。

从世界总产量的比例来看，尽管 2009 年美国纸和纸板总产量占世界总产量的 19.3%，而我国占 23.3%，但美国市场制浆造纸化学品价值 77 亿美元，占世界制浆造纸化学品市值的 23.3%，而我国仅占不到 9%，远低于美国，也与我国纸和纸板总产量占全球总产量 23.3% 比例不相称。

再从造纸专用化学品（精细化学品）消费的地区比例来看（见图 3），2008 年我国造纸专用化学品的消费占世界造纸专用化学品总消费的 8.1%，不仅远低于美国，也低于日本的 12.5%，而我国的纸和纸板总产量却是日本的 2.6 倍。这些都说明，我国的纸和纸板品种仍是中低档为主，结构性调整非常重要和迫切，同时，也说明我国的制浆造纸化学品，尤其是造纸专用化学品有着非常大的发展空间。

正是看到我国造纸工业的快速发展以及结构性调整问题，几乎所有国际性制浆造纸化学品制造和供应商都先后进入我国市场。早期，这些跨国公司多以办事处或合资企业形式进入我国市场开展业务。如美国赫克力士公司早在 1995 年就进入我国市场，当年 8 月与上海氯碱化工有限公司合资成立上海赫克力士化工公司（赫克力士占 60% 股份），并于 1997 年投产，主要生产 AKD 施胶剂等产品。

最近几年来，国际性制浆造纸化学品公司加大

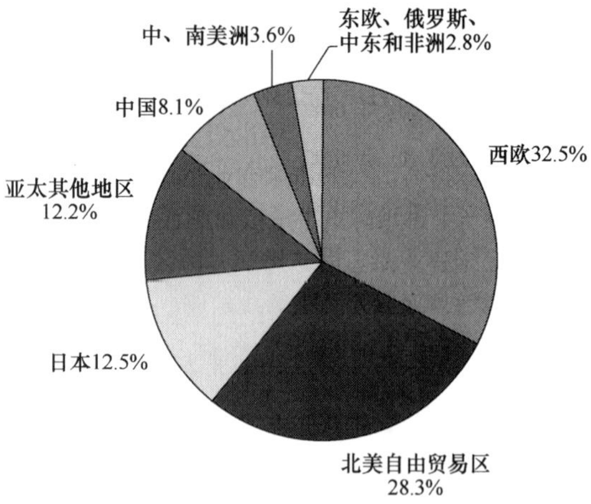

图 3　造纸专用化学品（精细化学品）消费的地区比例

在我国的投资力度与业务经营的深度。2006 年 3 月，法国排名第 1、欧洲排名第 2、世界排名第 4 的法国罗盖特兄弟有限公司投资 1500 万欧元在江苏省连云港开发区新建我国最大的造纸用变性淀粉项目——罗盖特淀粉（连云港）有限公司造纸变性淀粉生产线正式建成投产。该公司年产变性淀粉 7 万吨，主要生产湿部添加及表面施胶用阳离子淀粉。产品的 2/3 供应中国市场，1/3 出口销往日本、南非等国家和地区。

2006 年 5 月，日本主要的造纸化学品企业——荒川化学株式会社在江苏省南通经济技术开发区组建独资企业——南通荒川化学工业有限公司。这家为日本王子制纸南通项目配套的外商独资企业总投资 1350 万美元，年生产 2.9 万吨造纸化学品。

2006 年 5 月底，美国陶氏化学公司追加投资 2 亿美元，以扩大其在张家港保税区内的主要用于涂布纸和纸板的丁苯胶乳及其他类产品的产能。

依卡化学公司于 1999 年在苏州建立独资企业——依卡化学品（苏州）有限公司，专业生产造纸用施胶剂；2006 年 11 月，依卡再投资 440 万欧元（580 万美元）在我国建造的第 2 家造纸化学品厂——依卡化学品（广州）有限公司投入生产，年产 2.4 万吨施胶剂。2011 年 4 月，公司再投资的用于微粒助留助滤体系的胶体硅生产线建成投产。

巴斯夫是最早在我国开展造纸化学品业务的外国公司，早在 40 年前就从欧洲出口造纸化学品到我国。1990 年在我国成立造纸化学品业务部。目前，巴斯夫在我国拥有 2 家生产造纸化学品的企业：一家是生产聚合物施胶剂的巴斯夫添加剂公

司，另一家是生产涂布纸用胶乳的合资企业——上海高桥巴斯夫分散体公司。2006 年 4 月，高桥巴斯夫分散体公司将其胶乳产能从 12 万吨/年扩大到 21 万吨/年，成为国内最大的胶乳生产商。2009 年收购汽巴精化后，就全面接收了后者在国内的造纸化学品业务。2010 年 8 月宣布在广东省惠州建 1 家年产 10 万吨用于造纸涂布黏合剂的羧基丁苯胶乳和丙烯酸胶乳生产厂，预计 2012 年第一季度建成投产；10 月宣布在南京建水处理和造纸化学品生产基地，包括 1 家年产 4 万吨的季铵盐阳离子单体厂和 1 家年产 2 万吨阳离子聚丙烯酰胺厂，预计于 2012 年第三季度建成投产。

2008 年 5 月，凯米拉与山东兖州天成化工有限公司共同出资，注册成立了凯米拉天成化学品（兖州）有限公司，投资 3.6 亿元新上 AKD 造纸助剂项目。该项目分两期建设，一期投资 2 亿元，二期投资 1.6 亿元。于 2009 年 3 月投产的一期工程，年产 3 万吨 AKD 造纸助剂。2010 年 9 月在南京化学工业园区投资 2500 欧元（3200 美元）建造 1 家生产水处理专用化学品及施胶剂工厂，预计 2012 年第二季度建成投产。该生产厂将是 1 家多品种生产基地，能够为所有凯米拉集团客户生产过程性化学品、功能性化学品和关键性产品，产品销售涵盖亚太地区。

在扩大经营性投资的同时，这些国际性公司最近几年来纷纷在我国建立区域性技术研发、技术支持与服务中心或区域性总部，以便更加紧密地接近于市场与服务于客户。汽巴精化于 2005 年 4 月、赫克力士于 2007 年 10 月、凯米拉于 2008 年 4 月、陶氏化学于 2008 年 5 月、纳尔科于 2009 年 12 月分别在上海建立研发中心。

在国际性造纸化学品公司纷纷逐鹿中国市场的过程中，我国本土造纸化学品企业也在市场竞争中日益壮大，出现了一批有一定实力、市场品牌知名度和专业特色的造纸化学品企业。我国最早从事造纸化学品开发与生产的企业之一——苏州天马医药集团所属的天禾化学品（苏州）有限公司，主要开发生产以 AKD 为核心产品的造纸用施胶剂系列产品。2000 年自主开发了无溶剂法生产 AKD 蜡的新技术，填补国内空白。该技术不仅在合成工艺上大大改善了操作环境，避免了生产及使用过程中的环境污染，符合国家提倡的环保型产品的要求。同时也使产品适应国际市场的需求，提高了 AKD 蜡产品在国际市场上的竞争优势。2010 年 7 月，该公司以造纸化学品为主要业务而组建的苏州天马精细化学品股份有限公司在深圳证券交易所中小板市场成功上市，从而成为国内本土第一家造纸化学品上市公司，这对我国造纸化学品行业的发展无疑具有十分重大的意义。由公司年报显示，2010 年天马精细化学品股份有限公司造纸化学品业务收入 4.95 亿元，增长 60%；其中 AKD 系列造纸化学品收入 3.95 亿元，占公司总收入的 77%。

我国最早从事造纸用变性淀粉研究与推广的科技型企业——杭州纸友科技有限公司，成立 10 年来，先后获得国家 6 项发明专利和 10 个国家级新产品证书，并获得包括国家科技进步二等奖，省、部级科技进步一等奖和技术发明一等奖等在内的 20 多项科技成果奖。

专业生产造纸用增白剂的浙江传化华洋化工有限公司（原杭州传化华洋化工有限公司），系由传化集团有限公司和沈阳化工研究院合资组建的精细化工企业。经过 9 年的发展，公司已经成为目前我国荧光增白剂产品系列最齐全、生产规模最大的生产商之一。其造纸用荧光增白剂在我国市场的占有率达到 70%，并出口到国际市场。

专注于废纸生物酶脱墨技术开发及应用的深圳市绿微康生物工程有限公司，在我国生物酶废纸脱墨领域处于领先地位，已经在我国一些大型纸厂的以废纸为原料的生产线上得到全面应用；近期开发的生物施胶酶是利用生物技术直接处理普通淀粉，用于表面施胶，以代替目前常用的表面施胶淀粉。

南京四新科技应用研究所有限公司是一家专业研究开发、生产和应用各种消泡剂的高新技术企业，能提供从制浆、抄纸、涂布到废水处理的制浆造纸全过程系列消泡剂产品及应用技术，拥有我国该领域最多的专利技术。

湖北嘉韵化工科技有限公司经过多年发展，目前已成为可生产从制浆、抄纸到涂布的全系列化学品的企业。

与国际性造纸化学品公司同时也是国际领先的水处理化学品及服务供应商相比，我国的造纸化学品企业几乎很少涉及水处理化学品方面的业务。而制浆造纸工业是一个与水的使用与处理密切相关的行业，随着今后环保压力加大、追求循环经济与节能低碳型企业的发展趋势，水及水处理相关的产品及服务将成为一个主要的业务增长领域。这不能不引起我国一些有实力的造纸化学品生产企业的重视与关注，要想成为一个综合性的全面供应商，水处理产品及服务业务必然成为一个重要的组成部分。

此外，与国际上高度集中化的造纸化学品市场相比较，我国的制浆造纸化学品市场尚处于高度分散的状态，企业数量众多，规模不大，可以说对我国有实力的造纸化学品企业来说，机遇与挑战并存。在接下来相当长的一段时间里，我国造纸化学品工业将伴随造纸工业的稳定增长有望继续成为国外投资的热点，从而对我国造纸化学品工业起到推动作用。环保和成本压力以及造纸企业服务需求的增长将给我国的造纸化学品市场带来购并的机遇。

五、展　　望

欧美及日本一些发达国家和地区的造纸工业已经处于成熟和稳定状态，纸和纸板的产量和消费量基本处于平稳或开始下降中，且受经济环境及互联网的影响很大。与此同时，造纸工业的全球化趋势与国际性大公司间的竞争性购并活动仍在进行中。而推动世界造纸工业发展的主要动力来自于发展中国家和地区，如亚洲，尤其是中国。

造纸企业出于降低成本的考虑会减少研发投入，在化学品的应用方面会更多地依赖供应商，由此对化学品供应商将提出更高的售前和售后服务方面的要求。另一方面，随着我国造纸工业向规模经营、集团化方向发展的趋势，企业的数量会越来越少，但企业的年生产能力与产量会越来越大，这也将对为之服务的化学品供应商提出更高的要求。

从发展趋势看，随着造纸企业降低成本、追求环境友好和低碳型成为共识，某些造纸化学品的使用比例及其用量将大幅度增加：① 原料构成中，预计原料纤维（尤其是化学浆）和明矾所占比例会下降，而回收纤维、填料/颜料以及专用化学品的所占比例会上升；②对于造纸专用化学品的发展趋势来看，随着回收纤维替代原木纤维比例的不断提高，相应会增加脱墨化学品和包括消泡剂、螯合剂和固着剂类专用化学品的使用比例；③随着对环保的重视和国家执法力度的加大，水处理化学品的用量会大幅度增加。

（陈根荣）

科技 教育 出版

SCIENCE TECHNOLOGY EDUCATION AND PUBLICATION

7

2010 年度中国轻工业联合会科学技术奖（造纸）获奖项目

The Winners of the Science and Technical Prizes Awarded by China Light Industry Association in 2010

2010 年度中国轻工业联合会科学技术奖（造纸）获奖项目

项目编号	项目名称	完成单位	完成人
		科技进步一等奖	
2010－J－1－17	4200/100 夹网气垫干燥浆板机	潍坊凯信机械有限公司	贾克勤
2010－J－1－18	1000 米/分造纸成套设备	河南省江河纸业有限责任公司 辽阳造纸机械股份有限公司	姜丰伟、刘铸红、陈克复、曾云、王维俭、马燕玲、周红卫、翟长胜、郭发旺、张家利
		科技进步二等奖	
2010－J－2－19	100%国产废纸制造 AAA 级瓦楞原纸全封闭循环技术	中国制浆造纸研究院 天津万利天然纤维薄膜有限公司	朱增录、彭建军、曹春昱、王继苓、岳超、杨艳、沈臻煌、李华田
2010－J－2－20	12 克/米^2 超薄薄页包装纸	福建省晋江优兰发纸业有限公司	帅亮明、柯吉熊、甘木林、曹旭、陈长兴
2010－J－2－21	高强橡胶密封材料及造纸法连续化生产技术研发	陕西科技大学	夏新兴、张美云、李佩燚、王建、张俊苗、修慧娟、常铖、田中粟
2010－J－2－48	SJA1550 双辊置换压榨挤浆机	汶瑞机械（山东）有限公司	曹钦、陈永林、王涛、刘世海、王永金、于佃梅、张立勋、刘炳贞、王玉成
		科技进步三等奖	
2010－J－3－53	冷压自粘结胶带纸	广东省造纸研究所	陈新泉、刘耿、杨桂珍、陈慧文
2010－J－3－54	环保型高效氧化白液系统（氧化法）	中国中轻国际工程有限公司 北京轻鑫控制工程科技有限公司	李耀、王丹、汪艳时、刘嘉、邵明、孙宇琳
		科技优秀奖	
2010－Y－4－97	造纸黏性物控制剂滑石产品及其制造技术	中国制浆造纸研究院 辽宁艾海滑石有限公司	宋宝祥、齐颖、狄宏伟、王彪、许泽红、周仲明、张成、万迎、张巍、于枫

续表

项目编号	项目名称	完成单位	完成人
2010 - Y - 4 - 98	一种拷贝纸生产方法	福建省晋江优兰发纸业有限公司	余仕发、柯吉熊、甘木林、许正茂
2010 - Y - 4 - 135	SDZ1201 - 4800/600 高档涂布白板纸机	山东昌华造纸机械有限公司	董玉州、杜灿奎、戴传东、夏吉瑞、田洪峰、张子华、肖明运、蒋保平、杨先忠、李华

（张 晗）

中国制浆造纸技术2010年发明专利选登

Selected Published Invention Technical Patents of China's Pulp and Paper Industry in 2010

2010年公开（公告）

专利名称	申请号	公开（公告）号	公开（公告）日	发明人	地址
高得率制浆废液阳离子化改性方法及改性后废液的应用	200910069763.0	CN101619549	2010-01-06	胡惠仁 等	天津市
用于增强纸浆强度的高得率制浆废液的处理方法	200910069764.5	CN101619550	2010-01-06	胡惠仁 等	天津市
一种复合功能纸的生产工艺	200810162736.3	CN101619553	2010-01-06	胡海兵	浙江省富阳市
芯片型电子元件收纳衬纸用多层纸基材及其制造方法	200910139615.1	CN101619555	2010-01-06	末永浩 等	日本东京
一种彩色涤纶装饰纸及其制备工艺	200910055078.2	CN101624796	2010-01-13	吴立群 等	上海市
人造琥珀屏风隔板用纸及其制法	200910017703.4	CN101624797	2010-01-13	李学峰	山东省淄博市
控制树脂物的方法	200880007621.5	CN101627160	2010-01-13	D·甘滕贝恩 等	瑞士奥夫特林根
氮化硼类纤维纸及其制造方法	200880007381.9	CN101627161	2010-01-13	桑原广明 等	日本大阪
制浆黑液的降膜结晶蒸发工艺	200910184722.6	CN101629393	2010-01-20	赵云松 等	江苏省张家港市
造纸机械用高耐磨合金铸铁烘缸	200810023078.X	CN101629395	2010-01-20	孙春山 等	江苏省昆山市
造纸机械用铸铝引纸绳轮装置	200810023077.5	CN101629396	2010-01-20	孙春山 等	江苏省昆山市
用于造纸机械毛布涨紧器的恒张力微补偿小车装置	200810023076.0	CN101629397	2010-01-20	孙春山 等	江苏省昆山市
一种含有中草药添加剂的卷烟纸及其制备方法	200810133587.8	CN101629399	2010-01-20	向能军 等	云南省玉溪市
一种提高纸料助留助滤性能的方法	200910023690.1	CN101634120	2010-01-27	夏新兴 等	陕西省西安市
一种耐水性高强度功能纸的制备方法	200910023678.0	CN101634123	2010-01-27	李佩燚 等	陕西省西安市
湿纸幅传送带	200880006728.8	CN101636536	2010-01-27	泽田英 等	日本东京
低火焰蔓延性的香烟用包装纸	200880008942.7	CN101636537	2010-01-27	小南崇	日本东京
油棕榈EFB高浓挤压置换法化学机械浆（CEMP）制浆新工艺	200810187589.5	CN101638858	2010-02-03	边静	山东省青岛市
竹材高得率浆高白度漂白方法	200910184496.1	CN101638859	2010-02-03	房桂干 等	江苏省南京市

续表

专利名称	申请号	公开（公告）号	公开（公告）日	发明人	地址
一种工业淋膜原纸的制造方法	200910044167.7	CN101638861	2010-02-03	潘桂华 等	湖南省岳阳市
一种本色胶版印刷纸及其制备方法	200810214069.9	CN101638862	2010-02-03	李洪法 等	山东省高唐县
一种本色食品包装纸及其制备方法	200810214070.1	CN101638863	2010-02-03	李洪法 等	山东省高唐县
一种本色餐盒及其制备方法	200810214071.6	CN101638864	2010-02-03	李洪法 等	山东省高唐县
一种本色复印纸及其制备方法	200810214072.0	CN101638865	2010-02-03	李洪法 等	山东省高唐县
一种本色擦手纸及其制备方法	200810214073.5	CN101638866	2010-02-03	李洪法 等	山东省高唐县
一种新型造纸湿部消泡剂	200910184384.6	CN101638871	2010-02-03	吴 飞 等	江苏省南京市
防伪纸喷涂装置及方法	200910305775.9	CN101638872	2010-02-03	杨小标	广东省深圳市
包含具有波长相关变色性的染色安全纤维的证券纸及其制法	200910131939.0	CN101638873	2010-02-03	崔德奎 等	韩国大田广域市
一种以禾草类植物为原料制备高硬度浆的亚硫酸钠法蒸煮方法	200810097893.0	CN101644008	2010-02-10	李洪法 等	山东省高唐县
ULPA超高效空气过滤材料的制备方法	200910104567.2	CN101644012	2010-02-10	秦大江 等	重庆市
一种印刷用宣纸及其制作方法	200910034764.1	CN101644013	2010-02-10	黄良典 等	江苏省镇江市
一种防伪涂布白卡纸及其生产工艺	200910017687.9	CN101644014	2010-02-10	布 宁 等	山东省兖州市
一种涂层胶及利用涂层胶制作小膜底纸的工艺	200910102179.0	CN101644015	2010-02-10	朱华松	浙江省衢州市
AKD乳液改性剂的制备方法	200910017877.0	CN101644016	2010-02-10	周元幸	山东省淄博市
含有竹炭粒子的隔热纸	200810144094.4	CN101644018	2010-02-10	刘政雄 等	台湾省新竹县
一种纸浆模塑中空制品成型装置	200810012746.9	CN101644019	2010-02-10	郎 旗	辽宁省大连市
禾草类纤维制浆工艺	200910162580.3	CN101649567	2010-02-17	陈松涛 等	山东省高唐县
一种低污染麦草微晶纤维素的制备工艺	200910023763.7	CN101649569	2010-02-17	李金宝 等	陕西省西安市
一种麦草纤维素的低污染制备工艺	200910023767.5	CN101649570	2010-02-17	李金宝 等	陕西省西安市
一种溶解和提取甘蔗渣中的纤维素的方法	200910042319.X	CN101649571	2010-02-17	庞 浩 等	广东省广州市
压力式升流漂白塔塔顶卸料器	200910170538.6	CN101649572	2010-02-17	陈克复 等	广东省广州市
一种能提高纸页中碳酸钙留着率的改性碳酸钙制备方法	200910023793.8	CN101649577	2010-02-17	陆赵情 等	陕西省西安市
分散型造纸润滑剂及其制备方法	200910054070.4	CN101649578	2010-02-17	施晓旦 等	上海市
一种阳离子高分子基石油树脂中性施胶剂的制备方法	200910023759.0	CN101649579	2010-02-17	沈一丁 等	陕西省西安市
一种阳离子松香/AKD中性施胶剂的制备方法	200910023760.3	CN101649580	2010-02-17	李小瑞 等	陕西省西安市

续表

专利名称	申请号	公开（公告）号	公开（公告）日	发明人	地址
两性高分子基 AKD 乳液的制备方法	200910023771.1	CN101649581	2010－02－17	费贵强 等	陕西省西安市
一种低温快速酶转化淀粉胶生产方法	200910040521.9	CN101649582	2010－02－17	曹良文 等	广东省东莞市
一种阳离子表面施胶剂及其制备方法	200910042314.7	CN101649583	2010－02－17	杨 波 等	广东省东莞市
一种二次纤维纸用表面涂布增强剂的制备方法	200910023765.6	CN101649584	2010－02－17	费贵强 等	陕西省西安市
包结富集－光催化型空气净化纸	200910070242.7	CN101649587	2010－02－17	刘泽华 等	天津市
防火纸材的制造方法	200810145722.0	CN101649588	2010－02－17	张仁骥	台湾省基隆市
禾草类纤维制浆工艺	200910162581.8	CN101654882	2010－02－24	陈松涛 等	山东省高唐县
一种避免再生植物纤维强度下降的生物处理方法	200910192256.6	CN101654883	2010－02－24	王 艳 等	广东省广州市
一种在低浓设备中实现中浓磨浆的方法	200910184644.X	CN101654884	2010－02－24	王仁荣 等	江苏省镇江市
用于中浓打浆进料的稳压稳流装置	200910192224.6	CN101654885	2010－02－24	朱小林 等	广东省广州市
一种多相高浓混合装置	200910192226.5	CN101654886	2010－02－24	朱小林 等	广东省广州市
中浓盘磨机微调控制系统与方法	200910192227.X	CN101654887	2010－02－24	朱小林 等	广东省广州市
用于盘磨机的磨片及其制造方法	200910192235.4	CN101654888	2010－02－24	朱小林 等	广东省广州市
漂白针叶木绒毛浆板及其制备工艺	200910023726.6	CN101654889	2010－02－24	吴养育 等	陕西省西安市
聚丙烯酰胺类高效造纸纤维分散剂的生产新工艺	200910016457.0	CN101654891	2010－02－24	刘 皓 等	山东省东营市
一种阳离子瓜尔胶超微粒子的制备方法	200910072756.6	CN101654892	2010－02－24	潘泉利 等	黑龙江省牡丹江市
一种阳离子聚氨酯/阳离子苯丙复合乳液表面施胶剂的制备方法	200910072852.0	CN101654893	2010－02－24	潘泉利 等	黑龙江省牡丹江市
一种高温－低温组合干燥方式提高废纸纤维强度的方法	200910192255.1	CN101654895	2010－02－24	万金泉 等	广东省广州市
点状樱桃保鲜纸	200910113446.4	CN101654896	2010－02－24	陈漫霞	广东省广州市
蜂窝纸板及通过表面柔化处理制备蜂窝纸板的方法	200810214025.6	CN101654897	2010－02－24	孙丕举 等	山东省青岛市
一种“机械－活性氧化法”制取全棉秆纤维的方法	200910018269.1	CN101660282	2010－03－03	冯恩福 等	山东省泰安市
一种改善的色相、不透明度和透气度且性能稳定的本色草浆	200910157829.1	CN101660284	2010－03－03	杨吉慧 等	山东省高唐县

续表

专利名称	申请号	公开（公告）号	公开（公告）日	发明人	地址
一种改善的色相、耐折度和松厚度且性能稳定的本色草浆	200910157830.4	CN101660285	2010-03-03	宋明信 等	山东省高唐县
一种生产木浆的生物预处理工艺	200910177157.0	CN101666052	2010-03-10	王立臣 等	江苏省如皋市
一种化机浆生产方法	200910192225.0	CN101666053	2010-03-10	朱小林 等	广东省广州市
一种生产生活用纸的方法	200910196050.0	CN101666054	2010-03-10	莫建新 等	上海市
一种羊毛纸及其制备方法	200910050027.0	CN101666055	2010-03-10	王陆良	上海市
一种无尘纸	200810215792.9	CN101666057	2010-03-10	张富山 等	福建省晋江市
军用瓦楞纸箱防潮油剂的制备方法	200910075477.5	CN101666058	2010-03-10	刘振刚 等	河北省井陉县
一种两性聚丙烯酰胺类箱纸板增强剂	200910307056.0	CN101666059	2010-03-10	赵立会 等	浙江省杭州市
一种防涂改纸及其制备方法	200910176476.X	CN101666060	2010-03-10	粟 婉 等	河北省保定市
瓦楞涂布机	200810215772.1	CN101666061	2010-03-10	姚荣建	福建省邵武市
一种添加中草药添加剂的水松纸及其制备方法	200810210590.5	CN101666062	2010-03-10	向能军 等	云南省玉溪市
梯形螺纹双螺杆磨浆机螺杆螺纹设计方法	200910070789.7	CN101671969	2010-03-17	王 平 等	天津市
分体式转鼓碎浆装置	200910019007.7	CN101671970	2010-03-17	王秉华	山东省淄博市
一种制浆机的制浆方法	200910192564.9	CN101671971	2010-03-17	卢检兵 等	广东省佛山市
纳米木质纤维素及其制备方法与应用	200910153038.1	CN101671972	2010-03-17	林远才	浙江省湖州市
纳米载银纸抗菌涂料的制备方法及应用	200910172327.6	CN101671977	2010-03-17	桂志诚 等	河南省郑州市
适用水性油墨柔版印刷工艺的烟用接装纸原纸的生产方法	200910072997.0	CN101671978	2010-03-17	翟继岚 等	黑龙江省牡丹江市
监测和抑制纸浆厂蒸发器和浓缩器中的污垢沉积的方法	200880014627.5	CN101675191	2010-03-17	谢尔盖·M·舍甫琴科 等	美国伊利诺斯
纳米高光超耐磨浸渍胶膜纸	200810120965.9	CN101676490	2010-03-24	姜飞雄	浙江省临安市
一种改善的色相、游离度和松厚度且性能稳定的本色草浆	200910157827.2	CN101684627	2010-03-31	王建民 等	山东省高唐县
一种改善的色相、松厚度和耐折度且性能稳定的本色草浆	200910157828.7	CN101684628	2010-03-31	杨吉慧 等	山东省高唐县
使用氨和过氧化氢的溶液从纤维质的纤维中除去半纤维素的方法	200880022247.6	CN101688361	2010-03-31	K·罗 等	加拿大艾伯塔
涂布方法和帘式涂布机构	200880022511.6	CN101688373	2010-03-31	斯蒂芬·赖克	德国海登海姆
减小纸张或纸板中的白色挂面纸板的顶层定量	200780006988.0	CN101688374	2010-03-31	约翰·米兹尔 等	美国田纳西州

续表

专利名称	申请号	公开（公告）号	公开（公告）日	发明人	地址
废纸碱性酶脱墨法	200910035842. X	CN101691699A	2010－04－07	王传槐 等	江苏省南京市
一种促进纤维帚化的磨浆方法及其在造纸中的应用	200910036010. X	CN101691700A	2010－04－07	王仁荣 等	江苏省镇江市
一种环保型静电复印纸的生产方法	200910193120. 7	CN101691701A	2010－04－07	甘木林	福建省晋江市
一种高厚度米色静电复印纸及其生产方法	200910193121. 1	CN101691702A	2010－04－07	甘木林	福建省晋江市
一种改善的撕裂指数、游离度和抗张指数且性能稳定的本色草浆	200910157801. 8	CN101691703A	2010－04－07	毕衍金 等	山东省高唐县
一种改善的撕裂指数、游离度和耐折度且性能稳定的本色草浆	200910157802. 2	CN101691704A	2010－04－07	徐金香 等	山东省高唐县
一种改善的色相、游离度和透气度且性能稳定的本色草浆	200910157803. 7	CN101691705A	2010－04－07	李洪法 等	山东省高唐县
一种改善的色相、游离度和松厚度且性能稳定的本色草浆	200910157804. 1	CN101691706A	2010－04－07	李洪法 等	山东省高唐县
一种改善的色相、不透明度和透气度且性能稳定的本色草浆	200910157805. 6	CN101691707A	2010－04－07	李洪法 等	山东省高唐县
一种色相、不透明度和游离度改善且性能稳定的本色草浆	200910157806. 0	CN101691708A	2010－04－07	宋明信 等	山东省高唐县
一种改善的游离度、透气度和抗张指数且性能稳定的本色草浆	200910157807. 5	CN101691709A	2010－04－07	李洪法 等	山东省高唐县
一种改善的游离度、透气度和耐折度且性能稳定的本色草浆	200910157808. X	CN101691710A	2010－04－07	李洪法 等	山东省高唐县
一种改善的游离度、抗张指数和耐折度且性能稳定的本色草浆	200910157809. 4	CN101691711A	2010－04－07	宋明信 等	山东省高唐县
一种改善的游离度、透气度和撕裂指数且性能稳定的本色草浆	200910157810. 7	CN101691712A	2010－04－07	宋明信 等	山东省高唐县
一种废报纸杂志回收利用的造纸工艺流程	200910101786. 5	CN101691713A	2010－04－07	喻涛军	浙江省富阳市
抗菌纸浆模包装制品	200910117481. 3	CN101691714A	2010－04－07	刘式刚	宁夏回族自治区银川市
硅酸铝纤维纸	200910182688. 9	CN101691715A	2010－04－07	段全义	江苏省徐州市
彩色高压装饰层压体及其制备方法	200810107488. 2	CN101691716A	2010－04－07	K·F·奥布赖恩 等	美国俄亥俄州
合成皮革用镜面离型纸	200910075551. 3	CN101691717A	2010－04－07	成志秀 等	河北省保定市
长余辉发光纸的制备方法	200910192786. 0	CN101691718A	2010－04－07	周亮 等	广东省广州市
纸机循环白水中溶解胶体物的控制剂及其使用方法	200910036009. 7	CN101691719A	2010－04－07	马金霞 等	江苏省镇江市

续表

专利名称	申请号	公开（公告）号	公开（公告）日	发明人	地址
一种克服黑卡纸掉墨的处理方法	200910201714.8	CN101691720A	2010-04-07	翟所强	上海市
一种纸板、滑托板以及纸板的制作方法	200910088234.5	CN101691721A	2010-04-07	林万隆 等	广东省深圳市
一种复合纸板及其生产方法	200910112609.7	CN101691722A	2010-04-07	陈亚通	福建省厦门市
一种高强度复合纸板	200910088237.9	CN101691723A	2010-04-07	林万隆 等	广东省深圳市
切苇机喂料机构	200910044572.9	CN101694074A	2010-04-14	周海东	湖南省岳阳市
一种湿法起皱生产擦手纸的方法	200910153585.X	CN101694077A	2010-04-14	程益民 等	浙江省衢州市
一种人造皮革用离型纸及其制作方法与应用	200910193086.3	CN101696557A	2010-04-21	卢成林 等	广东省广州市
一种超级电解电容器纸	200910154058.0	CN101696558A	2010-04-21	王贤炉 等	浙江省遂昌县
清洁刮刀及其制造方法	200910210728.6	CN101698984A	2010-04-28	彭俊超	河北省枣强县
一种高机械浆含量铜版纸的制造方法及其制得的铜版纸	200910035886.2	CN101698985A	2010-04-28	王仁荣 等	江苏省镇江市
草类纤维造纸原料前处理制备糠醛及其相关综合利用的方法	200910216040.9	CN101701428A	2010-05-05	宋 航 等	四川省成都市
一种缓和硫酸盐蒸煮条件下提高桉木纸浆得率与黏度的方法	200910095091.0	CN101701429A	2010-05-05	陈克利 等	云南省昆明市
竹材生产黏胶纤维用漂白浆粕的方法	200810172227.9	CN101701431A	2010-05-05	陈彬 等	北京市
一种用于香烟包装的防伪复合卡纸及其加工方法	200910167929.2	CN101701432A	2010-05-05	王越 等	四川省绵阳市
一种布面纸张的制作方法	200910210528.0	CN101701434A	2010-05-05	丘国慈	北京市
一种高弹性耐冲击瓦楞纸板	200910308455.9	CN101701436A	2010-05-05	曾广胜 等	湖南省长沙市
一种打浆过程的控制装置及其控制方法	200910193480.7	CN101705633A	2010-05-12	雷利荣 等	广东省广州市
一种造纸预处理废水回收利用方法	200910192577.6	CN101705635A	2010-05-12	李飞明 等	广东省东莞市
纳米硒、锗甲壳素纤维香烟卷烟纸	200910035300.2	CN101705636A	2010-05-12	成进学 等	江苏省南通市
造纸用涂料分散剂及其制备方法	200910196772.6	CN101705637A	2010-05-12	施晓旦 等	上海市
阳离子表面施胶剂及其制备方法	200910044634.6	CN101705638A	2010-05-12	肖冬生	湖南省衡阳县
一种耐磨装饰纸及其生产方法	200910216266.9	CN101705641A	2010-05-12	刘一山	四川省成都市
一种高缓冲高强度瓦楞纸板	200910308444.0	CN101705642A	2010-05-12	曾广胜 等	湖南省长沙市
一种蜘蛛网状瓦楞纸板	200910308445.5	CN101705643A	2010-05-12	曾广胜 等	湖南省长沙市
一种耐冲击、抗静压强度高的瓦楞纸板	200910308450.6	CN101705644A	2010-05-12	曾广胜 等	湖南省长沙市

续表

专利名称	申请号	公开（公告）号	公开（公告）日	发明人	地址
一种改进型包装用 V 形瓦楞纸板	200910308451.0	CN101705645A	2010-05-12	曾广胜 等	湖南省长沙市
一种高强度耐冲击瓦楞纸板	200910308453.X	CN101705646A	2010-05-12	曾广胜 等	湖南省长沙市
防皱安全纸张及其制造方法以及包含该纸张的安全文件	200880016722.9	CN101711297A	2010-05-19	亨利·罗塞特	法国巴黎
一种填料-纤维素复合物造纸填料的制备方法	200910193735.X	CN101709557A	2010-05-19	樊慧明 等	广东省广州市
一种浸渍装饰纸及其制作方法	200910258209.7	CN101709558A	2010-05-19	李忠良 等	广东省佛山市
一种高亮面离型纸及其制备方法和应用	200910035072.9	CN101709559A	2010-05-19	金闯	江苏省太仓市
无端圆筒纸板生产工艺	200810143616.9	CN101713158A	2010-05-26	成余庆 等	湖南省新邵县
混合阔叶材原料生产漂白热磨机械浆预处理工艺	200910228069.9	CN101718048A	2010-06-02	李 群 等	天津市
一种秸秆机械法清洁制浆工艺	200910229530.2	CN101718049A	2010-06-02	苏河山 等	山东省滨州市
废新闻纸生物酶脱墨工艺	200910112782.7	CN101718050A	2010-06-02	张向明 等	福建省永安市
一种单头防潮内衬纸及其生产工艺	200910185885.6	CN101718054A	2010-06-02	何 盛 等	安徽省芜湖市
一种抄纸用乳化高碳醇脱气剂	200910232531.2	CN101718055A	2010-06-02	杨柏忠	江苏省淮安市
一种防伪纤维及一种含有防伪纤维的防伪纸	200910250731.0	CN101718058A	2010-06-02	孙显林	上海市
新型可食用纸及其生产工艺	200910156968.2	CN101718059A	2010-06-02	张 平 等	浙江省杭州市
一种芳纶纤维表面化学改性方法	200910219235.9	CN101725062A	2010-06-09	张素风 等	陕西省西安市
一种组合式秸秆纤维制取机	200910206283.4	CN101725063A	2010-06-09	陈海涛 等	黑龙江省哈尔滨市
一种提高废纸浆中胶黏物去除效果的方法	200910193607.5	CN101725064A	2010-06-09	李 璧 等	广东省广州市
一种反刍式高浓碎浆机	200910220295.2	CN101725065A	2010-06-09	张 光	辽宁省新民市
旧瓦楞纸箱亚硫酸盐法制浆工艺	200910023908.3	CN101725066A	2010-06-09	罗 清 等	陕西省西安市
一种提高废纸浆中油墨去除效果的方法	200910193601.8	CN101725069A	2010-06-09	李 璧 等	广东省广州市
一种真空洗浆机的压榨装置	200910213982.1	CN101725070A	2010-06-09	冯郁成 等	广东省广州市
胡麻浆的二氧化氯多段漂白方法	200910242465.7	CN101725071A	2010-06-09	张栓江 等	北京市
一种全息镀铝纸材的制作方法	200910213865.5	CN101725077A	2010-06-09	李 飏 等	广东省汕头市
一种镭射转移直镀纸的生产方法	200910247407.3	CN101725078A	2010-06-09	施晓旦 等	上海市
纸张用水性压光油及制备方法	200910098246.6	CN101725082A	2010-06-09	胡主力	浙江省余姚市
防锈纸处理剂	200810194477.2	CN101725083A	2010-06-09	周 健	江苏省如东县
防伪纸喷涂装置、系统及方法	200910310240.0	CN101725084A	2010-06-09	杨小标 等	广东省深圳市
高强竖瓦楞纸板及其制造工艺	200910311415.X	CN101725089A	2010-06-09	曹 宏	四川省绵阳市
一种利用太阳能纤维化秸秆的设备及其方法	200910153854.2	CN101736625A	2010-06-16	方佩怡	浙江省杭州市

续表

专利名称	申请号	公开（公告）号	公开（公告）日	发明人	地址
一种造纸制浆方法	201010113392.4	CN101736626A	2010-06-16	甘木林	福建省晋江市
本色未漂木纸浆改性制备木溶解浆的蒸煮工艺	200910263445.8	CN101736632A	2010-06-16	冯涛等	四川省宜宾市
本色未漂竹纸浆改性制备竹溶解浆的蒸煮工艺	200910263446.2	CN101736633A	2010-06-16	冯涛等	四川省宜宾市
办公废纸脱墨工艺方法	200810043944.1	CN101736634A	2010-06-16	胡秋滨等	上海市
废纸的磁选脱墨方法	200810227089.X	CN101736635A	2010-06-16	郑其等	北京市
本色未漂竹纸浆改性制备竹溶解浆的方法	200910263444.3	CN101736637A	2010-06-16	冯涛等	四川省宜宾市
一种造纸制浆黑液的处理方法	200910194021.0	CN101736638A	2010-06-16	张仲伦等	广东省广州市
提高碱法草浆黑液浓度的工艺及设备	200810153254.1	CN101736639A	2010-06-16	张敦恺等	天津市
一种复合原纸及其生产方法	200910227192.9	CN101736645A	2010-06-16	贺建州等	湖南省沅江市
一种水性半透明复合纸底涂光油的组成及制备方法	200910309860.2	CN101736648A	2010-06-16	杨燕琴等	江苏省常州市
凝珠效果装饰纸的制备方法	200910311404.1	CN101736649A	2010-06-16	邓国康等	香港九龙
一种多功能卷烟纸及其制备方法	200810177083.6	CN101736650A	2010-06-16	向能军等	云南省昆明市
一种AKD乳液施胶剂的制备方法	200910231301.4	CN101736651A	2010-06-16	王慧丽等	山东省济南市
一种竹纤维提取工艺	200910097403.1	CN101748628A	2010-06-23	张义卿	上海市
无酸预水解无酶解制备龙竹系列竹浆粕的方法	200910218339.8	CN101748630A	2010-06-23	陈克利等	云南省昆明市
一种改进的APMP制浆方法	200910219505.6	CN101748634A	2010-06-23	张美云等	陕西省西安市
复合水印防伪纸及其制造方法	200810203807.X	CN101748638A	2010-06-23	李策等	北京市
一种邮资票品专用防伪宣纸、邮资票品及其生产方法	200810239600.8	CN101748642A	2010-06-23	刘荣华等	北京市
超低定量薄页纸生产工艺	200810180186.8	CN101748643A	2010-06-23	甘木林等	福建省晋江市
彩色薄页纸生产工艺	200810180187.2	CN101748644A	2010-06-23	甘木林等	福建省晋江市
坐便纸及其制造方法	200810180188.7	CN101748645A	2010-06-23	甘木林等	福建省晋江市
一种粉煤灰纤维纸浆性能改性剂的制造方法	200910201310.9	CN101748649A	2010-06-23	王彦华等	上海市
一种粉煤灰纤维与木纤维混溶改性剂的制备及应用方法	200910201322.1	CN101748650A	2010-06-23	陈建定等	上海市
一种绝缘钢纸板及其制造工艺	201010107134.5	CN101748651A	2010-06-23	陈继伟等	广东省广州市
水印纸及其制造方法以及在纸胶带和不干胶纸中的应用	200910175361.9	CN101748653A	2010-06-23	康文禧等	河北省正定县
涂布有紫外光固化涂料的三聚氰胺纸及其制备方法	200810239266.6	CN101748654A	2010-06-23	周立辉等	广东省珠海市

续表

专利名称	申请号	公开（公告）号	公开（公告）日	发明人	地址
一种制浆造纸助剂及应用该助剂的冷浸泡制造纸浆的工艺	200810237762.8	CN101748655A	2010－06－23	钟穗丽	山东省济南市
一种以红麻韧皮漂白浆抄造标签纸的方法	200910244095.0	CN101748656A	2010－06－23	张栓江 等	北京市
紫外光固化纸张上光油	201010119195.3	CN101748657A	2010－06－23	李岗 等	北京市
聚乙烯亚胺型 AKD 新型施胶剂的制备	200910255628.5	CN101748658A	2010－06－23	陈夫山 等	山东省青岛市
一种随机分布纤维及其物质防伪方法	200910189101.7	CN101748659A	2010－06－23	乔椿 等	广东省深圳市
一种防伪水印纸及其制造方法	200810203808.4	CN101748660A	2010－06－23	安栓印 等	北京市
一种用纸浆制造纸管的方法和机械	200810073036.7	CN101748661A	2010－06－23	李爽	新疆维吾尔自治区乌鲁木齐市
通过用促进剂－絮凝剂系统使微粒活化来改善造纸工艺的保留性和滤水性的组合物和方法	200880100080.0	CN101755092A	2010－06－23	简·B·王成 等	美国伊利诺伊
一种利用含硫烟气吸收物进行亚铵法制浆的工艺	200810171525.6	CN101760974A	2010－06－30	李洪法 等	山东省高唐县
一种利用含硫烟气吸收物进行亚铵法制浆的循环工艺	200810171526.0	CN101760975A	2010－06－30	李洪法 等	山东省高唐县
废纸脱墨及胶黏物控制工艺	200910272622.9	CN101760976A	2010－06－30	谭道诚 等	湖北省武汉市
造纸机干燥部能量系统监测控制系统及其工作方法	201010100848.3	CN101760980A	2010－06－30	李继庚 等	广东省广州市
一种低白度混合浆及其含有该混合浆的纸	200810173093.2	CN101760981A	2010－06－30	李洪法 等	山东省高唐县
一种具有高松厚度的混合浆及其含有该混合浆的纸	200810173094.7	CN101760982A	2010－06－30	李洪法 等	山东省高唐县
一种混合浆及其含有该混合浆的纸	200810173095.1	CN101760983A	2010－06－30	李洪法 等	山东省高唐县
一种高强度混合浆料及其制备的文化用纸	200810173096.6	CN101760984A	2010－06－30	李洪法 等	山东省高唐县
一种高不透明度混合浆料及其制备的文化用纸	200810173098.5	CN101760985A	2010－06－30	李洪法 等	山东省高唐县
一种高松厚度、透气度和撕裂指数混合浆及其制备的文化用纸	200810173100.9	CN101760986A	2010－06－30	李洪法 等	山东省高唐县
一种高透气度混合浆及其制备的生活用纸	200810179301.X	CN101760987A	2010－06－30	李洪法 等	山东省高唐县
一种混合浆料及其制备的文化用纸	200810173097.0	CN101760988A	2010－06－30	李洪法 等	山东省高唐县

续表

专利名称	申请号	公开（公告）号	公开（公告）日	发明人	地址
一种高不透明度、透气度和撕裂指数混合浆及其制备的文化用纸	200810173099.X	CN101760989A	2010-06-30	李洪法 等	山东省高唐县
环保合成纸的造纸材料、制备方法及其造纸方法	200910263440.5	CN101760990A	2010-06-30	陈庆 等	四川省成都市
一种降低含漂白高得率浆纸泛黄的涂料及涂布方法	201010127906.1	CN101760991A	2010-06-30	臧永华 等	天津市
烟用压花铝箔纸、压花装置及其生产方法	200910251490.1	CN101760992A	2010-06-30	何盛 等	安徽省芜湖市
纸张防火液	200810169967.7	CN101760994A	2010-06-30	张卫亚	江苏省张家港市
改善废纸脱墨浆造纸的助留方法	200910272620.X	CN101760995A	2010-06-30	谭道诚 等	湖北省武汉市
收纳芯片型电子元件的承载纸	200910261338.1	CN101760996A	2010-06-30	山本学 等	日本东京
麻梳落生物制浆技术	200910248800.4	CN101768886A	2010-07-07	刘秉钺 等	辽宁省大连市
秸秆制浆造纸过程中的循环利用方法	201010126189.0	CN101768887A	2010-07-07	李洪法 等	山东省聊城市
一种毛布清洗装置及清洗造纸机毛布的方法	201010101780.0	CN101768889A	2010-07-07	莫建新 等	上海市
一种苯丙乳液型高效表面施胶剂及其制备方法	200910060444.3	CN101768895A	2010-07-07	邹其超 等	湖北省武汉市
一种帝凡羊皮纸的制备方法	200910117759.7	CN101768896A	2010-07-07	邵进华 等	宁夏回族自治区中卫市
具有绒毛浆回收利用装置的卫生用品生产线及回收方法	200910157041.0	CN101768897A	2010-07-07	朱纯斌	浙江省杭州市
利用纤维素酶进行预处理的Lyocell纤维打浆方法	201010022935.1	CN101775752A	2010-07-14	刘攀 等	上海市
纸张抄造过程中的加填方法及其装置	201010134730.2	CN101775753A	2010-07-14	侯顺利	陕西省西安市
一种利用纤维素酶强化机械浆消潜的方法	201010011485.6	CN101775755A	2010-07-14	陈嘉川 等	山东省济南市
一种以不干胶纸为基纸的转移喷铝纸	201010126266.2	CN101775758A	2010-07-14	王丹	上海市
一种卷烟纸添加剂及其制备方法和应用	201010110006.6	CN101775759A	2010-07-14	张优茂 等	广东省广州市
可以通过喷墨打印的装饰纸	200880101078.5	CN101778977A	2010-07-14	R·万德兹万 等	德国奥斯纳布吕克
一种利用超声波制浆-漂白一体化工艺	200910227376.5	CN101781862A	2010-07-21	刘洁 等	河南省滑县
一种玻璃卡纸的生产方法	201010139223.8	CN101781863A	2010-07-21	吕伟	广东省深圳市
一种薄荷烟用卷烟纸及其制备方法	201010101358.5	CN101781866A	2010-07-21	张优茂 等	广东省广州市

续表

专利名称	申请号	公开（公告）号	公开（公告）日	发明人	地址
一种低引燃倾向卷烟纸及其制备方法	201010113135.0	CN101781867A	2010－07－21	张优茂 等	广东省广州市
一种高强绝缘钢纸板及其制造工艺	201010107148.7	CN101781870A	2010－07－21	陈继伟 等	广东省广州市
全自动纸浆模塑对滚式成型机	201010111262.7	CN101781871A	2010－07－21	周斌辉 等	湖南省湘潭市
一种使用蛋白酶的造纸制浆方法	201010013605.6	CN101787655A	2010－07－28	王联结	陕西省西安市
一种秸秆资源的清洁高值化利用的方法	201010106176.7	CN101787656A	2010－07－28	张小勇 等	北京市
一种新闻纸及其制备方法	200910001145.2	CN101787659A	2010－07－28	李洪法 等	山东省高唐县
一种书写纸及其制备方法	200910001146.7	CN101787660A	2010－07－28	李洪法 等	山东省高唐县
一种中小学生教科书用纸及其制备方法	200910001147.1	CN101787661A	2010－07－28	李洪法 等	山东省高唐县
计算机直接制印版衬纸的生产方法	201010018333.9	CN101787662A	2010－07－28	陈国平 等	江苏省镇江市
超厚绝缘纸板的生产工艺	200910044374.2	CN101787665A	2010－07－28	魏冬云 等	湖南省新邵县
分离生物质组分的方法	200880102063.0	CN101790611A	2010－07－28	D·S·苏达卡兰 等	印度海得拉巴
生物菌液体机械制浆法	201010144821.4	CN101792980A	2010－08－04	王福喜	内蒙古自治区包头市
一种造纸机干燥部能量系统优化控制系统	201010132493.6	CN101792981A	2010－08－04	李继庚 等	广东省广州市
一种防霉纸及其制造方法以及制成的防霉盒	201010121001.3	CN101792988A	2010－08－04	李学强	广东省东莞市
无纺丝复合壁纸及其生产工艺	201010131713.3	CN101792989A	2010－08－04	周国轩	浙江省绍兴县
一种生物酶爆破环保制浆方法	201010105248.6	CN101798767A	2010－08－11	杨民玉	山东省新泰市
一种脱除秸秆木质素组分工艺	201010141040.X	CN101798769A	2010－08－11	周祚万 等	四川省成都市
一种彩棉纤维卷烟纸	201010138549.9	CN101798772A	2010－08－11	黄海群 等	云南省昆明市
用于双囊袋制作的双面热封滤纸及其制备方法	201010141769.7	CN101798773A	2010－08－11	雷 荣 等	浙江省遂昌县
一种碳纤维纸及其制备方法	201010137893.6	CN101798774A	2010－08－11	段琼娟 等	上海市
一种水性纸张上光油及其制备方法	201010135276.2	CN101798776A	2010－08－11	孙付霞 等	上海市
一种吸收微波发热贴花纸制造方法和使用方法	201010116259.4	CN101798780A	2010－08－11	俞金龙	广东省深圳市
一种纸质文物修复用纸制备方法	201010145516.7	CN101798783A	2010－08－11	万 俐 等	江苏省南京市
一种运用力学理论的粉煤灰纤维造纸技术	201010141677.9	CN101806010A	2010－08－18	罗少初 等	辽宁省沈阳市
聚乳酸纸板及利用其制成的食品容器	200910007630.0	CN101806014A	2010－08－18	赖文正 等	台湾省新竹县

续表

专利名称	申请号	公开（公告）号	公开（公告）日	发明人	地址
一种水果保鲜纸板及其制备方法	201010130147.4	CN101806016A	2010－08－18	沙力争 等	浙江省杭州市
一种ASA中性胶制备方法	201010134391.8	CN101806018A	2010－08－18	程绍玲 等	天津市
一种水松纸的生产工艺	201010140268.7	CN101806022A	2010－08－18	高小宝 等	安徽省芜湖市
一种激光镭射转移纸的制作方法	200910064250.0	CN101812814A	2010－08－25	孙联峰	河南省长葛市
一种高电压云母纸制造方法	200910063743.2	CN101812815A	2010－08－25	吴学领 等	湖北省通城县
一种激光镭射水松纸	200910064251.5	CN101812816A	2010－08－25	孙联峰	河南省长葛市
一种风力云母纸制造装置及其制造方法	200910063744.7	CN101818463A	2010－09－01	邓明旺 等	湖北省通城县
一种多臂支化阳离子聚合物造纸助留助滤剂及其制备方法与应用	201010124673.X	CN101818464A	2010－09－01	傅英娟 等	山东省东营市
一种双面复合卡纸及其制备方法	201010188316.X	CN101818466A	2010－09－01	何 磊	湖南省长沙市
低定量高强度防水石膏板护面纸的生产工艺	201010154534.1	CN101824765A	2010－09－08	任绪连 等	山东省泰安市
一种动压盘磨机的磨片	201010161049.7	CN101824768A	2010－09－08	初嘉鹏 等	辽宁省大连市
一种采用分层成形技术制备耐磨纸的方法	200910058529.8	CN101824770A	2010－09－08	彭葵生	四川省乐山市
高强瓦楞原纸生产工艺	200910016233.X	CN101824771A	2010－09－08	李敬民	山东省平原县
改善纸浆特性的方法	200880112066.2	CN101827973A	2010－09－08	佩伊维·卢素 等	芬兰奥卢省
一种中药材纸张及其制备方法	201010125458.1	CN101831836A	2010－09－15	谭 晶	四川省成都市
一种吸音墙纸的制备方法	201010194490.5	CN101831837A	2010－09－15	甘木林	福建省泉州市
一种反应型乳化剂苯丙表面施胶剂及其制备方法	201010168782.1	CN101831839A	2010－09－15	张国运 等	陕西省西安市
核壳共聚苯丙表面施胶剂及其制备方法	201010168848.7	CN101831840A	2010－09－15	张国运 等	陕西省西安市
应用水玻璃及固化剂作为表面施胶剂提高纸和纸板的环压强度	201010180674.6	CN101831841A	2010－09－15	周小凡 等	江苏省南京市
新型含氟含硅施胶增强剂及其制备方法	201010187129.X	CN101831842A	2010－09－15	杨公尚 等	河南省漯河市
一种高浓度纸浆磨浆方法及设备	201010155782.8	CN101838947A	2010－09－22	吴和均 等	四川省沐川县
沼气热风纸板干燥系统	201010170296.3	CN101838952A	2010－09－22	贺 超 等	陕西省西安市
一种废纸浆增强剂配方	200910019717.X	CN101838953A	2010－09－22	张 伟	山东省淄博市
用于补偿纸幅缺陷的方法	200880107461.1	CN101842534A	2010－09－22	K·洛伊波 等	芬兰科尔霍
一种再生纸浆的改性处理工艺	200910048093.4	CN101845765A	2010－09－29	陈德兆 等	上海市
一种制浆黑液气化与直接苛化碱回收方法和装置	201010168347.9	CN101845766A	2010－09－29	阴秀丽 等	广东省广州市
选择性降低烟气中苯酚等有害物卷烟成型纸功能涂料	201010200267.7	CN101858042A	2010－10－13	谢兰英 等	湖南省长沙市

续表

专利名称	申请号	公开（公告）号	公开（公告）日	发明人	地址
将高浓纸浆供给到成形支撑件的方法和高浓纸浆的流浆箱	200880116093.7	CN101861427A	2010－10－13	约翰·古利克森 等	芬兰赫尔辛基
硫酸盐化学浆打浆方法	201010187869.3	CN101864688A	2010－10－20	郭勇为 等	湖南省岳阳市
环保型纸及制备方法	201010198020.6	CN101864691A	2010－10－20	陈庆 等	四川省成都市
一种托墨型镀铝纸的制备方法	200910214507.6	CN101864692A	2010－10－20	谷少克 等	广东省佛山市
一种改善卷烟纸品质的方法	201010197011.5	CN101864698A	2010－10－20	廖头根 等	云南省昆明市
一种轻型纸的表面处理方法	201010198079.5	CN101864700A	2010－10－20	刘金刚 等	北京市
木质纤维素材料的绿液预处理工艺	201010154229.2	CN101871176A	2010－10－27	纳姆西·星	美国纽约州
一种粉状两性瓜尔胶衍生物的制备方法	200910082567.7	CN101871180A	2010－10－27	曹春昱 等	北京市
一种反应型乳化剂两性苯丙表面施胶剂及其制备方法	201010168869.9	CN101871183A	2010－10－27	张国运 等	陕西省西安市
一种阳离子苯乙烯丙烯酸酯表面施胶剂及其制备方法	201010169291.9	CN101871184A	2010－10－27	张国运 等	陕西省西安市
一种具有全息模糊防伪图纹的转移纸和制造方法	201010213946.8	CN101871186A	2010－10－27	余赞 等	湖南省常德市
一种缓释、抗旱、耐盐碱草坪纸及其制备方法	200910071917.X	CN101871188A	2010－10－27	金鑫	黑龙江省绥化市
一种营养吸水树脂育秧纸及其制备方法	200910071918.4	CN101871189A	2010－10－27	金鑫	黑龙江省绥化市
植物纤维射出成型品的制造方法	201010167454.X	CN101871190A	2010－10－27	杨国桢 等	中国台湾省台中市
硫酸盐木浆黑液喷雾干燥工艺	201010139653.X	CN101876153A	2010－11－03	陈金山 等	湖南省岳阳市
一种棉浆粕配方及生产工艺	200910135805.6	CN101876154A	2010－11－03	胡培林	新疆维吾尔自治区昌吉回族自治州
一种纸浆模塑全自动成型机	200910039220.4	CN101880993A	2010－11－10	关泽股	广东省佛山市
一种新型复印纸	201010210105.1	CN101886350A	2010－11－17	林旭曦	福建省厦门市
纸质阻燃装饰板用浸渍胶	201010217961.X	CN101886351A	2010－11－17	朱玉国	山东省滨州市
一种造纸表面施胶用淀粉液的制备方法	201010229576.7	CN101886352A	2010－11－17	李丹 等	湖南省岳阳市
一种包含防伪线的防伪材料及其制作方法	200910084407.6	CN101886353A	2010－11－17	李华容	广东省深圳市
水稻覆盖栽培用纸的加工方法	201010242717.9	CN101892607A	2010－11－24	王连科 等	黑龙江省牡丹江市
阳离子树枝状大分子造纸助留助滤剂的应用	201010237410.X	CN101892610A	2010－11－24	傅英娟 等	山东省济南市
一种提高化机浆漂白滤液利用率的方法	201010254246.3	CN101899795A	2010－12－01	沈葵忠 等	江苏省南京市
经线自给缝合聚酯三层造纸成形网的制造方法	201010223744.1	CN101899796A	2010－12－01	陆平 等	江苏省南通市

续表

专利名称	申请号	公开（公告）号	公开（公告）日	发明人	地址
二重缝合三层造纸成形网的制造方法	201010223758.3	CN101899797A	2010－12－01	陆 平 等	江苏省南通市
机内多次涂布无碳复写纸生产工艺	200910065006.6	CN101899798A	2010－12－01	姜丰伟 等	河南省武陟县
应用水玻璃复配淀粉作为表面施胶剂提高纸和纸板的环压强度	201010180713.2	CN101899800A	2010－12－01	周小凡 等	江苏省南京市
纸张直接除墨再利用装置	201010157101.1	CN101899801A	2010－12－01	范细秋 等	浙江省舟山市
通过回用半纤维素制备硫酸盐浆的方法	200880121903.8	CN101903590A	2010－12－01	维达·施耐克尼斯	瑞典卡尔斯塔德
制造在造纸/纸板机或精整机中使用的金属带的方法	200880121901.9	CN101903595A	2010－12－01	米卡·维尔扬马	芬兰赫尔辛基
一种木片螺旋挤压撕裂机	201010227201.7	CN101906728A	2010－12－08	谢德永 等	浙江省杭州市
一种禾草类原料连续蒸煮方法以及用于该方法的设备	201010166224.1	CN101906729A	2010－12－08	李洪法 等	山东省聊城市
非木纤维连续蒸煮方法及其装置	201010227189.X	CN101906730A	2010－12－08	冯阿团 等	浙江省杭州市
一种高光泽真空镀铝纸的制备方法及其制备的真空镀铝纸	200910308176.2	CN101906738A	2010－12－08	袁坚峰 等	浙江省绍兴市
一种植物纤维预处理方法与高分子基复合材料的制备方法	201010240895.8	CN101914860A	2010－12－15	吴宏武 等	广东省广州市
降低卷烟危害的滤嘴棒材料醋酸纤维的制备方法	201010245452.8	CN101914866A	2010－12－15	刘春波 等	云南省昆明市
一种局部转移镀铝纸的生产工艺	201010225814.7	CN101914867A	2010－12－15	王鑫炎 等	浙江省杭州市
一种直镀法局部真空镀铝纸的生产工艺	201010225815.1	CN101914868A	2010－12－15	王鑫炎 等	浙江省杭州市
含多孔淀粉的卷烟成型纸用水性涂料	201010238757.6	CN101914869A	2010－12－15	何金星 等	云南省玉溪市
含凹凸棒石的卷烟成型纸用水性涂料	201010238777.3	CN101914870A	2010－12－15	何金星 等	云南省玉溪市
一种劈纸机	201010251979.1	CN101922127A	2010－12－22	冯式忠	广东省江门市
一种凹版印刷纸的制备方法	201010244216.4	CN101922128A	2010－12－22	陈永常 等	陕西省西安市
柔性纤维纸及其制造方法	200910145848.2	CN101922130A	2010－12－22	坂本英辅	日本高知县
一种茶叶卫生纸巾的生产方法	200910147594.8	CN101922131A	2010－12－22	林洪臻	福建省厦门市
蔗渣高效除杂工艺	200910144381.X	CN101929087A	2010－12－29	沈 滨 等	江苏省张家港市
一种废纸制浆方法	200910087731.3	CN101929088A	2010－12－29	陈 彬	北京市
高性能纸用填料	200910148017.0	CN101929101A	2010－12－29	王 银	江苏省启东市
高性能造纸用助留剂	200910148014.7	CN101929105A	2010－12－29	徐 敏	江苏省启东市
高性能纸张内增强剂	200910033367.2	CN101929106A	2010－12－29	张 亮	江苏省启东市
多层复合功能型内衬纸及其生产方法	201010237713.1	CN101929110A	2010－12－29	何宗修 等	云南省玉溪市

（房宝伦）

2010 年造纸工业标准目录

China's Technical Standards of Paper Industry in 2010

2010 年，造纸工业新发布标准 50 项，其中国家标准 27 项，行业标准 23 项；产品标准 34 项，测试方法标准 16 项。新发布的产品标准包括《复印纸》、《超级压光纸》、《热封型茶叶滤纸》、《胶版印刷纸》、《食品包装纸》、《纸杯原纸》、《壁纸》等，测试方法标准包括《纸、纸板和纸浆 铬含量的测定》、《纸张中脱墨回用纤维的判定》、《纸和纸板亮度（白度）最高限量》等。

截至目前，造纸工业共有标准 386 项，其中国家标准 289 项，行业标准 97 项；产品标准 191 项，测试方法标准 195 项。

下面列出最新造纸工业标准目录（包括造纸工业产品标准目录（见表 1）和造纸工业测试方法标准目录（见表 2）），新标准以黑体标示。

表 1　　造纸工业产品标准目录

序号	标准号	标准名称	发布日期	实施日期
1	GB/T 1468—1999	描图纸	1999-08-12	2000-02-01
2	GB/T 1525—2006	制图纸	2006-03-10	2006-10-01
3	GB/T 1910—2006	新闻纸	2006-03-10	2006-10-01
4	GB/T 1911—1991	拷贝纸	1991-07-03	1992-04-01
5	GB/T 1912—2007	字典纸	2007-12-05	2008-09-01
6	GB 1913.1—2005	未漂浸渍绝缘纸	2005-03-23	2005-09-01
7	GB/T 1914—2007	化学分析滤纸	2007-12-05	2008-09-01
8	GB/T 2675—2006	地图纸	2006-03-10	2006-10-01
9	GB/T 2676—2006	海图纸	2006-03-10	2006-10-01
10	GB/T 3147—2006	信息处理未穿孔纸带	2006-03-10	2006-10-01
11	GB/T 3148—2008	漂白苇浆	2008-08-19	2009-05-01
12	GB/T 6544—2008	瓦楞纸板	2008-01-04	2008-09-01
13	GB/T 7968—1996	纸袋纸	1996-06-25	1997-01-01
14	GB 7969—2003	电力电缆纸	2003-10-20	2004-06-01
15	GB 7970—1999	通讯电缆纸	1999-08-12	2000-02-01
16	GB 7971—2007	半导电电缆纸	2007-12-05	2008-09-01
17	GB/T 8938—2008	打字纸	2008-08-19	2009-05-01
18	GB/T 8939—2008	卫生巾（含卫生护垫）	2008-01-04	2008-09-01
19	GB/T 10335.1—2005	涂布纸和纸板 涂布美术印刷纸（铜版纸）	2005-03-23	2005-09-01
20	GB/T 10335.2—2005	涂布纸和纸板 轻量涂布纸	2005-03-23	2005-09-01

续表

序号	标准号	标准名称	发布日期	实施日期
21	GB/T 10335.3—2004	涂布纸和纸板 涂布白卡纸	2004－03－15	2004－11－01
22	GB/T 10335.4—2004	涂布纸和纸板 涂布白纸板	2004－03－15	2004－11－01
23	GB/T 10335.5—2008	涂布纸和纸板 涂布箱纸板	2008－08－19	2009－05－01
24	GB/T 11541—2008	照相原纸	2008－08－19	2009－05－01
25	GB/T 12654—2008	书写纸	2008－08－19	2009－05－01
26	GB/T 12913—2008	电容器纸	2008－08－19	2009－05－01
27	GB/T 13023—2008	瓦楞芯（原）纸	2008－01－04	2008－09－01
28	GB/T 13024—2003	箱纸板	2003－10－20	2004－06－01
29	GB/T 13505—2007	高纯度绝缘木浆	2007－12－05	2008－09－01
30	GB/T 13506—2008	漂白亚硫酸盐木浆	2008－08－19	2009－05－01
31	GB/T 13507—1992	本色亚硫酸盐木浆	1992－06－12	1993－03－01
32	GB/T 16797—2008	无碳复写纸	2008－12－30	2009－09－01
33	GB 18585—2001	室内装饰装修材料壁纸中有害物质限量	2001－12－10	2002－01－01
34	GB 19341—2003	育果袋纸	2003－10－09	2004－06－01
35	GB/T 20808—2006	纸巾纸（含湿巾）	2006－12－01	2007－06－01
36	GB 20810—2006	卫生纸（含卫生纸原纸）	2006－12－01	2007－06－01
37	GB 20811—2006	废纸再利用技术要求	2006－12－01	2007－06－01
38	GB/T 21244—2007	纸芯	2007－12－05	2008－09－01
39	GB/T 21301—2007	喷墨打印纸	2007－12－05	2008－09－01
40	GB/T 21331—2008	绒毛浆	2008－01－04	2008－09－01
41	GB/T 22803—2008	制鞋纸板	2008－12－30	2009－09－01
42	GB/T 22806—2008	白卡纸	2008－12－30	2009－09－01
43	GB/T 22812—2008	半透明纸	2008－12－30	2009－09－01
44	GB/T 22813—2008	薄页包装纸	2008－12－30	2009－09－01
45	GB/T 22814—2008	防锈原纸	2008－12－30	2009－09－01
46	GB/T 22815—2008	封套纸板	2008－12－30	2009－09－01
47	GB/T 22816—2008	复写原纸	2008－12－30	2009－09－01
48	GB/T 22817—2008	钢纸管	2008－12－30	2009－09－01
49	GB/T 22818—2008	钢纸原纸	2008－12－30	2009－09－01
50	GB/T 22820—2008	工艺礼品纸	2008－12－30	2009－09－01
51	GB/T 22821—2008	光学字符阅读纸	2008－12－30	2009－09－01
52	GB/T 22822—2008	厚纸板	2008－12－30	2009－09－01
53	GB/T 22823—2008	胶带原纸	2008－12－30	2009－09－01
54	GB/T 22824—2008	蜡光原纸	2008－12－30	2009－09－01
55	GB/T 22825—2008	蜡光纸	2008－12－30	2009－09－01
56	GB/T 22826—2008	盲文印刷纸	2008－12－30	2009－09－01
57	GB/T 22827—2008	手风琴风箱纸板	2008－12－30	2009－09－01

续表

序号	标准号	标准名称	发布日期	实施日期
58	GB/T 22828—2008	书画纸	2008-12-30	2009-09-01
59	GB/T 22829—2008	书皮纸	2008-12-30	2009-09-01
60	GB/T 22830—2008	水彩画纸	2008-12-30	2009-09-01
61	GB/T 22831—2008	提花纸板	2008-12-30	2009-09-01
62	GB/T 22832—2008	涂布美术印刷纸原纸（铜版原纸）	2008-12-30	2009-09-01
63	GB/T 22833—2008	图画纸	2008-12-30	2009-09-01
64	GB/T 22834—2008	信封用纸	2008-12-30	2009-09-01
65	GB/T 22835—2008	信息处理用连续格式纸	2008-12-30	2009-09-01
66	GB/T 22865—2008	牛皮纸	2008-12-30	2009-09-01
67	GB/T 22869—2008	金属板带衬纸	2008-12-30	2009-09-01
68	GB/T 22870—2008	漂白浆挂面箱纸板	2008-12-30	2009-09-01
69	GB/T 22871—2008	普通玻璃纸	2008-12-30	2009-09-01
70	GB/T 22875—2008	卫生巾高吸收性树脂	2008-12-30	2009-09-01
71	GB/T 22905—2008	纸尿裤高吸收性树脂	2008-12-30	2009-09-01
72	GB/T 22920—2008	电解电容器纸	2008-12-30	2009-09-01
73	GB/T 22927—2008	口罩纸	2008-12-30	2009-09-01
74	GB/T 22928—2008	烟花爆竹用纸	2008-12-30	2009-09-01
75	GB/T 23758—2009	工业羊皮纸	2009-05-04	2009-11-01
76	GB/T 23759—2009	特细羊皮纸	2009-05-04	2009-11-01
77	GB/T 23760—2009	农业羊皮纸	2009-05-04	2009-11-01
78	GB/T 24285—2009	晒图原纸	2009-07-31	2010-03-01
79	GB/T 24286—2009	黑色不透光包装纸	2009-07-31	2010-03-01
80	GB/T 24287—2009	伸性纸袋纸	2009-07-31	2010-03-01
81	GB/T 24292—2009	卫生用品用无尘纸	2009-07-31	2010-03-01
82	GB/T 24320—2009	回用纤维浆	2009-09-30	2010-02-01
83	GB/T 24321—2009	未漂白硫酸盐针叶木浆	2009-09-30	2010-02-01
84	GB/T 24322—2009	漂白硫酸盐竹浆	2009-09-30	2010-02-01
85	GB/T 24393—2009	非正常成品纸和纸板规范	2009-09-30	2010-02-01
86	GB/T 24446—2009	铁木贴花衬纸	2009-10-15	2010-03-01
87	GB/T 24455—2009	擦手纸	2009-10-15	2010-03-01
88	GB/T 24695—2009	食品包装用玻璃纸	2009-11-30	2010-05-01
89	GB/T 24696—2009	食品包装用羊皮纸	2009-11-30	2010-05-01
90	GB/T 24988—2010	复印纸	2010-08-09	2010-12-01
91	GB/T 24989—2010	装饰原纸	2010-08-09	2010-12-01
92	GB/T 24995—2010	铸涂原纸	2010-08-09	2010-12-01
93	GB/T 25435—2010	精细过滤纸板	2010-11-10	2011-05-01
94	GB/T 25436—2010	热封型茶叶滤纸	2010-11-10	2011-05-01

续表

序号	标准号	标准名称	发布日期	实施日期
95	GB/T 25437—2010	**支撑过滤纸板**	2010-11-10	2011-05-01
96	GB/T 26173—2010	**超级压光纸**	2011-01-14	2011-06-15
97	GB/T 26174—2010	**厨房纸巾**	2011-01-14	2011-06-01
98	GB/T 26187—2010	**美纹纸**	2011-01-14	2011-06-15
99	GB/T 26188—2010	**漂白碱法麦草浆**	2011-01-14	2011-06-15
100	GB/T 26199—2010	**医用包装原纸**	2011-01-14	2011-06-15
101	GB/T 26201—2010	**育苗纸**	2011-01-14	2011-06-15
102	GB/T 26202—2010	**纸管纸板**	2011-01-14	2011-06-15
103	GB/T 26204—2010	**纸面石膏板护面纸板**	2011-01-14	2011-06-15
104	QB/T 1012—2010	**胶版印刷纸**	2010-04-22	2010-10-01
105	QB 1014—2010	**食品包装纸**	2010-04-22	2010-10-01
106	QB/T 1016—2006	鸡皮纸	2006-09-14	2007-05-01
107	QB/T 1017—2006	仿羊皮纸	2006-09-14	2007-05-01
108	QB/T 1018—1991	仪表记录原纸	1991-03-30	1991-12-01
109	QB/T 1019—2010	**水松原纸**	2011-01-24	2011-04-01
110	QB/T 1020—2010	**纸和纸板印刷适性用标准油墨**	2010-04-22	2010-10-01
111	QB/T 1211—2010	**胶印书刊纸**	2010-04-22	2010-10-01
112	QB/T 1212—1991	信息处理未穿孔卡纸	1991-09-10	1992-04-01
113	QB/T 1312—2010	**砂纸原纸**	2010-04-22	2010-10-01
114	QB/T 1313—2010	**中性包装纸**	2010-04-22	2010-10-01
115	QB/T 1314—1991	标准纸板	1991-11-25	1992-08-01
116	QB/T 1319—2010	**气相防锈纸**	2010-04-22	2010-10-01
117	QB/T 1320—1991	玻璃纤维高效空气滤纸	1991-11-25	1992-08-01
118	QB/T 1455—1992	邮票纸	1992-04-14	1992-12-01
119	QB/T 1456—1992	薄凸版纸	1992-04-14	1992-12-01
120	QB/T 1458—2005	非热封型茶叶滤纸	2005-03-19	2005-09-01
121	QB/T 1459—1992	感光纸原纸	1992-04-14	1992-12-01
122	QB/T 1597—1992	单页电传打字原纸	1992-11-10	1993-07-01
123	QB/T 1598—1992	涂布邮票纸（附邮票原纸）	1992-11-10	1993-07-01
124	QB/T 1633—2010	**贴花面纸**	2010-04-22	2010-10-01
125	QB/T 1678—2007	漂白硫酸盐木浆	2007-12-03	2008-06-01
126	QB/T 1704—2010	**铝箔衬纸**	2011-01-24	2011-04-01
127	QB/T 1706—2006	条纹牛皮纸	2006-09-14	2007-05-01
128	QB/T 1712—1993	滤芯纸板	1993-04-15	1993-12-01
129	QB/T 1937—1994	照相原纸木浆	1994-04-23	1994-12-01
130	QB/T 2090—1995	沥青防潮纸	1995-05-08	1996-01-01
131	QB/T 2091—1995	沥青防潮原纸	1995-05-08	1996-01-01

续表

序号	标准号	标准名称	发布日期	实施日期
132	QB/T 2103—2010	蚕种纸	2010-04-22	2010-10-01
133	QB/T 2104—1995	造纸铜网——单织网	1995-05-08	1996-01-01
134	QB/T 2105—1995	造纸铜网——三织网	1995-05-08	1996-01-01
135	QB/T 2192—1996	卷缠绝缘纸	1996-01-31	1996-09-01
136	QB/T 2195—1996	火柴纸	1996-01-31	1996-09-01
137	QB/T 2199—1996	硬钢纸板	1996-03-22	1996-12-01
138	QB/T 2200—1996	软钢纸板	1996-03-22	1996-12-01
139	QB/T 2205—1996	重氮盐正像晒图纸	1996-03-22	1996-12-01
140	QB/T 2235—1996	中性石蜡原纸	1996-10-11	1997-07-01
141	QB/T 2236—1996	中性石蜡纸	1996-10-11	1997-07-01
142	QB/T 2237—1996	条纹柏油原纸	1996-10-11	1997-07-01
143	QB/T 2249—1996	凹版印刷纸	1996-10-11	1997-07-01
144	QB/T 2250—2005	单面白纸板	2005-03-19	2005-09-01
145	QB/T 2294—2006	纸杯	2006-09-14	2007-05-01
146	QB/T 2352—1997	单面书写纸	1998-01-16	1998-09-01
147	QB/T 2430—1999	铁笔蜡纸原纸	1999-05-06	1999-12-01
148	QB/T 2431—1999	打字蜡纸原纸	1999-05-06	1999-12-01
149	QB/T 2432—1999	打字蜡纸衬纸	1999-05-06	1999-12-01
150	QB/T 2433—1999	条纹柏油纸	1999-05-06	1999-12-01
151	QB/T 2493—2000	纸尿裤（含纸尿片/垫）	2000-10-31	2001-04-01
152	QB/T 2593—2003	心电图纸	2003-09-13	2003-10-01
153	QB/T 2595—2003	热封型茶叶滤纸	2003-09-13	2003-10-01
154	QB/T 2618—2003	造纸用多层成形网	2003-12-11	2004-05-01
155	QB/T 2619—2003	造纸用异形丝干燥网	2003-12-11	2004-05-01
156	QB/T 2688—2005	绝缘纸板	2005-03-19	2005-09-01
157	QB/T 2689—2005	滤嘴棒纸	2005-03-19	2005-09-01
158	QB/T 2692—2005	110~330 千伏高压电缆纸	2005-03-19	2005-09-01
159	QB/T 2693—2005	彩色胶版印刷纸	2005-03-19	2005-09-01
160	QB/T 2694—2005	热敏彩票纸	2005-03-19	2005-09-01
161	QB/T 2699—2005	石膏护面纸板	2005-03-19	2005-09-01
162	QB/T2807—2006	扑克牌纸板	2006-09-14	2007-05-01
163	QB/T2809—2006	轻型印刷纸	2006-09-14	2007-05-01
164	QB/T2810—2006	吸尘器集尘袋外层纸	2006-09-14	2007-05-01
165	QB/T2811—2006	造纸研磨碳酸钙	2006-09-14	2007-05-01
166	QB/T 2898—2007	餐用纸制品	2007-12-03	2008-06-01
167	QB/T 3502—1999	棉条筒钢纸板	1999-04-21	1999-04-21
168	QB/T 3504—1999	铸涂白纸板	1999-04-21	1999-04-21

续表

序号	标准号	标准名称	发布日期	实施日期
169	QB/T 3505—1999	字型纸板	1999-04-21	1999-04-21
170	QB/T 3507—1999	电子计算机连续记录格式原纸	1999-04-21	1999-04-21
171	QB/T 3509—1999	工业自动化仪表用记录纸	1999-04-21	1999-04-21
172	QB/T 3517—1999	单面胶版印刷纸	1999-04-21	1999-04-21
173	QB/T 3518—1999	铸涂纸	1999-04-21	1999-04-21
174	QB/T 3520—1999	500千伏油纸套管绝缘纸	1999-04-21	1999-04-21
175	QB/T 3521—1999	500千伏变压器匝间绝缘纸	1999-04-21	1999-04-21
176	QB/T 3524—1999	凸版印刷纸	1999-04-21	1999-04-21
177	QB/T 3525—1999	雪茄烟纸	1999-04-21	1999-04-21
178	QB/T 3528—1999	导火索纸（导火线纸）	1999-04-21	1999-04-21
179	QB/T 3531—1999	液体食品包装用复合材料	1999-04-21	1999-04-21
180	QB/T 3532—1999	造纸用聚酯成形网	1999-04-21	1999-04-21
181	QB/T 3534—1999	造纸用聚酯单织干网	1999-04-21	1999-04-21
182	QB/T 3701—1999	造纸用原料蔗渣	1999-04-21	1999-04-21
183	**QB/T 4030—2010**	**电话纸**	**2010-04-22**	**2010-10-01**
184	**QB/T 4031—2010**	**阻燃性汽车空气滤纸**	**2010-04-22**	**2010-10-01**
185	**QB/T 4032—2010**	**纸杯原纸**	**2010-04-22**	**2010-10-01**
186	**QB/T 4033—2010**	**餐盒原纸**	**2010-04-22**	**2010-10-01**
187	**QB/T 4034—2010**	**壁纸**	**2010-04-22**	**2010-10-01**
188	**QB/T 4035—2010**	**浸渍纸层压木质地板用表层耐磨纸**	**2010-04-22**	**2010-10-01**
189	**QB/T 4039—2010**	**造纸用原料 芦苇**	**2010-04-22**	**2010-10-01**
190	**QB/T 4040—2010**	**液体包装用纸板**	**2010-04-22**	**2010-10-01**
191	**QB/T 4124—2010**	**造纸毯通用规范**	**2011-01-24**	**2011-04-01**

表2　　造纸工业测试方法标准目录

序号	标准号	标准名称	发布日期	实施日期
1	GB/T 147—1997	印刷、书写和绘图用原纸尺寸	1997-06-26	1997-12-01
2	GB/T 148—1997	印刷、书写和绘图纸幅面尺寸	1997-06-26	1997-12-01
3	GB/T 450—2008	纸和纸板 试样的采取及试样纵横向、正反面的测定	2008-08-19	2009-05-01
4	GB/T 451.1—2002	纸和纸板尺寸及偏斜度的测定	2002-06-13	2002-12-01
5	GB/T 451.2—2002	纸和纸板定量的测定	2002-06-13	2002-12-01
6	GB/T 451.3—2002	纸和纸板厚度的测定	2002-06-13	2002-12-01
7	GB/T 454—2002	纸耐破度的测定	2002-07-22	2003-02-01
8	GB/T 455—2002	纸和纸板撕裂度的测定	2002-07-22	2003-02-01
9	GB/T 456—2002	纸和纸板平滑度的测定（别克法）	2002-07-22	2003-02-01
10	GB/T 457—2008	纸和纸板 耐折度的测定	2008-08-19	2009-05-01
11	GB/T 458—2008	纸和纸板 透气度的测定	2008-08-19	2009-05-01

续表

序号	标准号	标准名称	发布日期	实施日期
12	GB/T 459—2002	纸和纸板伸缩性的测定	2002－09－05	2003－01－01
13	GB/T 460—2008	纸　施胶度的测定	2008－08－19	2009－05－01
14	GB/T 461.1—2002	纸和纸板毛细吸液高度的测定（克列姆法）	2002－09－06	2003－01－01
15	GB/T 461.3—2005	纸和纸板　吸收性的测定（浸水法）	2005－09－26	2006－04－01
16	GB/T 462—2008	纸、纸板和纸浆　分析试样水分的测定	2008－08－19	2009－05－01
17	GB/T 464—2008	纸和纸板的干热加速老化	2008－03－24	2008－10－01
18	GB/T 465.1—2008	纸和纸板　浸水后耐破度的测定	2008－08－19	2009－05－01
19	GB/T 465.2—2008	纸和纸板　浸水后抗张强度的测定	2008－08－19	2009－05－01
20	GB/T 740—2003	纸浆试样的采取	2003－10－20	2004－06－01
21	GB/T 742—2008	造纸原料、纸浆、纸和纸板　灰分的测定	2008－08－19	2009－05－01
22	GB/T 743—2003	纸浆乙醚抽出物的测定	2003－08－25	2003－12－01
23	GB/T 744—2004	纸浆　抗碱性的测定	2004－03－15	2004－10－01
24	GB/T 745—2003	纸浆多戊糖的测定	2003－08－25	2003－12－01
25	GB/T 747—2003	纸浆酸不溶木素的测定	2003－08－25	2003－12－01
26	GB/T 1539—2007	纸板　耐破度的测定	2007－12－05	2008－09－01
27	GB/T 1540—2002	纸和纸板吸水性的测定（可勃法）	2002－10－15	2003－04－01
28	GB/T 1541—2007	纸和纸板　尘埃度的测定	2007－12－05	2008－09－01
29	GB/T 1543—2005	纸和纸板不透明度（纸背衬）的测定（漫反射法）	2005－09－26	2006－04－01
30	GB/T 1545—2008	纸、纸板和纸浆　水抽提液酸度或碱度的测定	2008－08－19	2009－05－01
31	GB/T 1546—2004	纸浆　卡伯值的测定	2004－03－15	2004－10－01
32	GB/T 1547—2004	纸浆　高锰酸钾值的测定	2004－03－15	2004－10－01
33	GB/T 1548—2004	纸浆　黏度的测定	2004－03－15	2004－10－01
34	GB/T 2677.1—1993	造纸原料分析用试样的采取	1993－03－01	1993－10－01
35	GB/T 2677.2—1993	造纸原料水分的测定	1993－03－01	1993－10－01
36	GB/T 2677.4—1993	造纸原料水抽出物含量的测定	1993－03－01	1993－10－01
37	GB/T 2677.5—1993	造纸原料1%氢氧化钠抽出物含量的测定	1993－03－01	1993－10－01
38	GB/T 2677.6—1994	造纸原料有机溶剂抽出物含量的测定	1994－09－24	1995－03－01
39	GB/T 2677.8—1994	造纸原料酸不溶木素含量的测定	1994－09－24	1995－03－01
40	GB/T 2677.9—1994	造纸原料多戊糖含量的测定	1994－09－24	1995－03－01
41	GB/T 2677.10—1995	造纸原料综纤维素含量的测定	1995－07－06	1996－04－01
42	GB/T 2678.1—1993	纸浆筛分测定方法	1993－08－07	1994－03－01
43	GB/T 2678.2—2008	纸、纸板和纸浆　水溶性氯化物的测定	2008－03－24	2008－10－01
44	GB/T 2678.3—1995	纸浆氯耗量（脱木素程度）的测定	1995－07－06	1996－04－01
45	GB/T 2678.4—1994	纸浆和纸零距抗张强度测定法	1994－09－24	1995－03－01
46	GB/T 2678.6—1996	纸、纸板和纸浆水溶性硫酸盐的测定（电导滴定法）	1996－06－25	1997－01－01
47	GB/T 2679.1—1993	纸透明度的测定法	1993－08－07	1994－03－01
48	GB/T 2679.2—1995	纸和纸板透湿度与折痕透湿度的测定（盘式法）	1995－07－06	1996－04－01

续表

序号	标准号	标准名称	发布日期	实施日期
49	GB/T 2679.6—1996	瓦楞原纸平压强度的测定	1996-05-21	1996-12-01
50	GB/T 2679.7—2005	纸板 戳穿强度的测定	2005-09-26	2006-04-01
51	GB/T 2679.8—1995	纸和纸板环压强度的测定	1995-07-06	1996-04-01
52	GB/T 2679.10—1993	纸和纸板短距压缩强度的测定法	1993-08-07	1994-03-01
53	GB/T 2679.11—2008	纸和纸板 无机填料和无机涂料的定性分析 电子显微镜/X 射线能谱法	2008-08-19	2009-05-01
54	GB/T 2679.12—1993	纸和纸板中无机填料和无机涂料的定性分析 化学法	1993-08-07	1994-03-01
55	GB/T 2679.14—1996	过滤纸和纸板最大孔径的测定	1996-06-25	1997-01-01
56	GB/T 2679.17—1997	瓦楞纸板边压强度的测定（边缘补强法）	1997-06-26	1997-12-01
57	GB/T 3332—2004	浆料打浆度的测定（肖伯尔 瑞格勒法）	2004-03-15	2004-10-01
58	GB/T 3333—1999	电缆纸工频击穿电压试验方法	1999-08-12	2000-02-01
59	GB/T 3334—1999	电缆纸介质损耗角正切（tgδ）试验方法（电桥法）	1999-08-12	2000-02-01
60	GB/T 4687—2007	纸、纸板、纸浆及相关术语	2007-12-05	2008-09-01
61	GB/T 4688—2002	纸、纸板和纸浆纤维组成的分析	2002-10-15	2003-04-01
62	GB/T 5032—2002	纸、纸板和纸浆表示性能的单位	2002-10-15	2003-04-01
63	GB/T 5399—2004	纸浆-浆料浓度的测定	2004-03-15	2004-10-01
64	GB/T 5400—1998	纸浆铜价的测定	1998-05-19	1999-02-01
65	GB/T 5401—2004	纸浆碱溶解度的测定	2004-03-15	2004-10-01
66	GB/T 5406—2002	纸透油度的测定	2002-09-06	2003-01-01
67	GB/T 6545—1998	瓦楞纸板耐破强度的测定法	1998-05-19	1999-02-01
68	GB/T 6546—1998	瓦楞纸板边压强度的测定法	1998-05-19	1999-02-01
69	GB/T 6547—1998	瓦楞纸板厚度的测定法	1998-05-19	1999-02-01
70	GB/T 6548—1998	瓦楞纸板粘合强度的测定法	1998-05-19	1999-02-01
71	GB/T 7973—2003	纸、纸板和纸浆漫反射因数的测定（漫射/垂直法）	2003-10-20	2004-06-01
72	GB/T 7974—2002	纸、纸板和纸浆亮度（白度）的测定（漫射/垂直法）	2002-10-15	2003-04-01
73	GB/T 7975—2005	纸和纸板 颜色的测定（漫反射法）	2005-09-26	2006-04-01
74	GB/T 7977—2007	纸、纸板和纸浆 水抽提液电导率的测定	2007-12-05	2008-09-01
75	GB/T 7978—2005	纸浆 酸不溶灰分的测定	2005-09-26	2006-04-01
76	GB/T 7979—2005	纸浆 二氯甲烷抽出物的测定	2005-09-26	2006-04-01
77	GB/T 8940.2—2002	纸浆亮度（白度）试样的制备	2002-10-15	2003-04-01
78	GB/T 8941—2007	纸和纸板 镜面光泽度的测定（20° 45° 75°）	2007-12-05	2008-09-01
79	GB/T 8942—2002	纸柔软度的测定	2002-09-06	2003-01-01
80	GB/T 8943.1—2008	纸、纸板和纸浆 铜含量的测定	2008-01-04	2008-09-01
81	GB/T 8943.2—2008	纸、纸板和纸浆 铁含量的测定	2008-01-04	2008-09-01
82	GB/T 8943.3—2008	纸、纸板和纸浆 锰含量的测定	2008-01-04	2008-09-01
83	GB/T 8943.4—2008	纸、纸板和纸浆 钙、镁含量的测定	2008-01-04	2008-09-01

续表

序号	标准号	标准名称	发布日期	实施日期
84	GB/T 8944.1—2008	纸浆　成批销售质量的测定 第1部分：浆板浆包及浆块（急骤干燥浆）浆包	2008-08-19	2009-05-01
85	GB/T 8944.2—2008	制浆成批销售质量的测定 第2部分：组合浆包	2008-12-30	2009-09-01
86	GB/T 10336—2002	造纸纤维长度的测定（偏振光法）	2002-10-15	2003-04-01
87	GB/T 10337—2008	造纸原料和纸浆　酸溶木素的测定	2008-08-19	2009-05-01
88	GB/T 10338—2008	纸浆　羧基含量测定	2008-08-19	2009-05-01
89	GB/T 10339—2007	纸、纸板和纸浆的光散射和光吸收系数的测定	2007-12-05	2008-09-01
90	GB/T 10340—2008	纸和纸板　过滤速度的测定	2008-08-19	2009-05-01
91	GB/T 10342—2002	纸张的包装和标志	2002-10-15	2003-04-01
92	GB/T 10739—2002	纸、纸板和纸浆试样处理和试验的标准大气条件	2002-09-06	2003-01-01
93	GB/T 10740—2002	纸浆尘埃和纤维束的测定	2002-10-15	2003-04-01
94	GB/T 10741—2008	纸浆　苯醇抽出物的测定	2008-08-19	2009-05-01
95	GB/T 10742—2008	造纸原料　果胶含量的测定	2008-08-19	2009-05-01
96	GB/T 12032—2005	纸和纸板　印刷光泽度印样的制备	2005-09-26	2006-04-01
97	GB/T 12033—2008	造纸原料和纸浆中糖类组分的气相色谱的测定	2008-08-19	2009-05-01
98	GB/T 12658—2008	纸、纸板和纸浆　钠含量的测定	2008-08-19	2009-05-01
99	GB/T 12659—2008	纸浆实验室打浆 约克罗（Jokro）磨法	2008-08-19	2009-05-01
100	GB/T 12660—2008	纸浆　滤水性能测定“加拿大标准”游离度法	2008-08-19	2009-05-01
101	GB/T 12661—2008	纸和纸板　菌落总数的测定	2008-08-19	2009-05-01
102	GB/T 12910—1991	纸和纸板二氧化钛含量的测定法	1991-05-18	1992-03-01
103	GB/T 12911—1991	纸和纸板油墨吸收性的测定法	1991-05-18	1992-03-01
104	GB/T 12914—2008	纸和纸板 抗张强度的测定	2008-08-19	2009-05-01
105	GB/T 13528—1992	纸和纸板表面 pH 值的测定法	1992-06-12	1993-03-01
106	GB/T 18402—2001	纸浆滤水性能的测定（滤水时间法）	2001-08-06	2002-02-01
107	GB/T 18829.6—2002	纤维粗度的测定	2002-09-05	2003-01-01
108	GB 18585—2001	室内装饰装修材料 壁纸中有害物质限量	2001-12-10	2002-01-01
109	GB/T 20216—2006	有效残余油墨的测定	2006-03-10	2006-10-01
110	GB 20811—2006	废纸再利用技术要求	2006-12-01	2007-06-01
111	GB/T 21245—2007	纸和纸板 颜色的测定（C/2°漫反射法）	2008-08-19	2009-05-01
112	GB/T 21557—2008	废纸中胶粘物的测定	2008-03-24	2008-10-01
113	GB/T 22363—2008	纸和纸板 粗糙度的测定（空气泄漏法）本特生法和印刷表面法	2008-08-19	2009-05-01
114	GB/T 22364—2008	纸和纸板　弯曲挺度的测定	2008-08-19	2009-05-01
115	GB/T 22365—2008	纸和纸板 印刷表面强度的测定	2008-08-19	2009-05-01
116	GB/T 22804—2008	纸浆、纸和纸板 汞含量的测定	2008-12-30	2009-09-01
117	GB/T 22805.1—2008	纸和纸板 耐脂度的测定 第1部分：渗透法	2008-12-30	2009-09-01
118	GB/T 22805.2—2008	纸和纸板 耐脂度的测定 第2部分：表面排斥法	2008-12-30	2009-09-01

续表

序号	标准号	标准名称	发布日期	实施日期
119	GB/T 22811—2008	瓦楞纸板 分离后组成原纸定量的测定	2008-12-30	2009-09-01
120	GB/T 22819—2008	高透气纸张透气性的测定	2008-12-30	2009-09-01
121	GB/T 22836—2008	纸浆 纤维帚化率的测定	2008-12-30	2009-09-01
122	GB/T 22837—2008	纸和纸板 表面强度的测定（蜡棒法）	2008-12-30	2009-09-01
123	GB/T 22872—2008	强韧纸板 分层定量的测定	2008-12-30	2009-09-01
124	GB/T 22873—2008	瓦楞纸板 胶黏抗水性的测定（浸水法）	2008-12-30	2009-09-01
125	GB/T 22874—2008	单面和单瓦楞纸板 平压强度的测定	2008-12-30	2009-09-01
126	GB/T 22876—2008	纸、纸板和瓦楞纸板 压缩试验仪的描述和校准	2008-12-30	2009-09-01
127	GB/T 22877—2008	纸、纸板和纸浆 灼烧残余物（灰分）的测定(525℃)	2008-12-30	2009-09-01
128	GB/T 22878—2008	纸和纸板 杂质的估算	2008-12-30	2009-09-01
129	GB/T 22879—2008	纸和纸板 CIE 白度的测定，C/2°（室内照明条件）	2008-12-30	2009-09-01
130	GB/T 22880—2008	纸和纸板 CIE 白度的测定，D65/10°（室外日光）	2008-12-30	2009-09-01
131	GB/T 22881—2008	纸和纸板 粗糙度（平滑度）的测定（空气泄漏法）通用方法	2008-12-30	2009-09-01
132	GB/T 22893—2008	纸和纸板 基本尺寸办公用纸 成包纸页卷曲的测定	2008-12-30	2009-09-01
133	GB/T 22894—2008	纸和纸板 加速老化 在 80℃和 65% 相对湿度条件下的湿热处理	2008-12-30	2009-09-01
134	GB/T 22895—2008	纸和纸板 静态和动态摩擦系数的测定 平面法	2008-12-30	2009-09-01
135	GB/T 22896—2008	纸和纸板 卷曲的测定 单个垂直悬挂试样法	2008-12-30	2009-09-01
136	GB/T 22897—2008	纸和纸板 抗透水性的测定	2008-12-30	2009-09-01
137	GB/T 22898—2008	纸和纸板 抗张强度的测定 恒速拉伸法（100 毫米/分）	2008-12-30	2009-09-01
138	GB/T 22899.1—2008	纸和纸板 湿膨胀率的测定 第 1 部分：最大相对湿度增加到 68% 过程的湿膨胀率	2008-12-30	2009-09-01
139	GB/T 22899.2—2008	纸和纸板 湿膨胀率的测定 第 2 部分：最大相对湿度增加到 86% 过程的湿膨胀率	2008-12-30	2009-09-01
140	GB/T 22901—2008	纸和纸板 透气度的测定（中等范围）通用方法	2008-12-30	2009-09-01
141	GB/T 22902—2008	纸浆 丙酮可溶物的测定	2008-12-30	2009-09-01
142	GB/T 22903—2008	纸浆 物理试验用标准水	2008-12-30	2009-09-01
143	GB/T 22904—2008	纸浆、纸和纸板 总氯和有机氯的测定	2008-12-30	2009-09-01
144	GB/T 22906.1—2008	纸芯的测定 第 1 部分：试样的采取	2008-12-30	2009-09-01
145	GB/T 22906.2—2008	纸芯的测定 第 2 部分：试样的温湿处理	2008-12-30	2009-09-01
146	GB/T 22906.3—2008	纸芯的测定 第 3 部分：水分含量的测定（烘箱干燥法）	2008-12-30	2009-09-01
147	GB/T 22906.4—2008	纸芯的测定 第 4 部分：尺寸的测定	2008-12-30	2009-09-01
148	GB/T 22906.5—2008	纸芯的测定 第 5 部分：同轴旋转特性的测定	2008-12-30	2009-09-01
149	GB/T 22906.6—2008	纸芯的测定 第 6 部分：弯曲强度的测定（三点法）	2008-12-30	2009-09-01
150	GB/T 22906.7—2008	纸芯的测定 第 7 部分：弹性模量的测定（三点法）	2008-12-30	2009-09-01

续表

序号	标准号	标准名称	发布日期	实施日期
151	GB/T 22906.8—2008	纸芯的测定 第8部分：固有频率和弹性模量的测定（试验模型分析法）	2008-12-30	2009-09-01
152	GB/T 22906.9—2008	纸芯的测定 第9部分：平压强度的测定	2008-12-30	2009-09-01
153	GB/T 22921—2008	纸和纸板 薄页材料水蒸气透过率的测定 动态气流法和静态气体法	2008-12-30	2009-09-01
154	GB/T 23144—2008	纸和纸板 静态弯曲挺度的测定 通用原理	2008-12-30	2009-09-01
155	GB/T 23175—2008	纸浆 纤维长度的测定（光栅法）	2008-12-30	2009-09-01
156	GB/T 24288—2009	纸和纸板 主波长和兴奋纯度的测定 D65/10°漫反射法	2009-07-31	2010-03-01
157	GB/T 24289—2009	纸和纸板 镜面光泽度的测定 平行光束75°，DIN法	2009-07-31	2010-03-01
158	GB/T 24290—2009	造纸用成形网、干燥网测量方法	2009-07-31	2010-03-01
159	GB/T 24291—2009	纸和纸板 卷筒纸芯内径的规定	2009-07-31	2010-03-01
160	GB/T 24323—2009	纸浆 实验室纸页 物理性能的测定	2009-09-30	2010-02-01
161	GB/T 24324—2009	纸浆 物理试验用实验室纸页的制备 常规纸页成型器法	2009-09-30	2010-02-01
162	GB/T 24325—2009	纸浆 实验室打浆 瓦利（valley）打浆机法	2009-09-30	2010-02-01
163	GB/T 24326—2009	纸浆 物理试验用实验室纸页的制备 快速凯塞法	2009-09-30	2010-02-01
164	GB/T 24327—2009	纸浆 实验室湿解离 化学浆解离	2009-09-30	2010-02-01
165	GB/T 24328.1—2009	卫生纸及其制品 第1部分：总则及术语	2009-09-30	2010-02-01
166	GB/T 24328.2—2009	卫生纸及其制品 第2部分：厚度、层积厚度和表观密度的测定	2009-09-30	2010-02-01
167	GB/T 24328.3—2009	卫生纸及其制品 第3部分：抗张强度、断裂时伸长率和抗张能量吸收的测定	2009-09-30	2010-02-01
168	GB/T 24328.4—2009	卫生纸及其制品 第4部分：湿抗张强度的测定	2009-09-30	2010-02-01
169	GB/T 24328.5—2009	卫生纸及其制品 第5部分：定量的测定	2009-09-30	2010-02-01
170	GB/T 24328.6—2009	卫生纸及其制品 第6部分：吸水时间和吸水能力（篮筐浸没法）	2009-09-30	2010-02-01
171	GB/T 24328.7—2009	卫生纸及其制品 第7部分：球形耐破度的测定	2009-09-30	2010-02-01
172	GB/T 24394—2009	非正常成品纸和纸板的检验	2009-09-30	2010-02-01
173	GB/T 24447—2009	纸浆 纤维粗度的测定 偏振光法	2009-10-15	2010-03-01
174	GB/T 24987—2010	纸、纸板和纸浆 测试方法不确定度的评定	2010-08-09	2010-12-01
175	GB/T 24990—2010	纸、纸板和纸浆 铬含量的测定	2010-08-09	2010-12-01
176	GB/T 24991—2010	纸、纸板和纸浆 铅含量的测定 石墨炉原子吸收法	2010-08-09	2010-12-01
177	GB/T 24992—2010	纸、纸板和纸浆 砷含量的测定	2010-08-09	2010-12-01
178	GB/T 24993—2010	造纸湿部 Zeta 电位的测定	2010-08-09	2010-12-01
179	GB/T 24994—2010	造纸湿部溶解电荷量的测定	2010-08-09	2010-12-01
180	GB/T 24996—2010	纸张中脱墨回用纤维的判定	2010-08-09	2010-12-01
181	GB/T 24997—2010	纸、纸板和纸浆 镉含量的测定 原子吸收光谱法	2010-08-09	2010-12-01
182	GB/T 24998—2010	纸和纸板 碱储量的测定	2010-08-09	2010-12-01

续表

序号	标准号	标准名称	发布日期	实施日期
183	GB/T 24999—2010	纸和纸板 亮度（白度）最高限量	2010-08-09	2010-12-01
184	GB/T 25001—2010	纸、纸板和纸浆 7 种多氯联苯（PCBs）含量的测定	2010-08-09	2010-12-01
185	GB/T 25002—2010	纸、纸板和纸浆 水抽提液中五氯苯酚的测定	2010-08-09	2010-12-01
186	GB/T 26203—2010	纸和纸板 内结合强度的测定（Scott 型）	2011-01-14	2011-06-01
187	QB/T 1462—1992	纸浆实验室的湿解离	1992-04-14	1992-12-01
188	QB/T 1463—2010	纸浆实验室打浆 PFI 磨法	2010-04-22	2010-10-01
189	QB/T 1938—2010	松软纸厚度的测定	2010-04-22	2010-10-01
190	QB/T 2804—2006	纸和纸板白度测定法 45/0 定向反射法	2006-07-27	2006-10-11
191	QB/T 2805—2006	纸和纸板表面吸收度的测定	2006-07-27	2006-10-11
192	QB/T 2812—2006	纸张定量、水分的在线测定（近红外法）	2006-09-14	2007-05-01
193	QB/T 2896—2007	纸和纸板 湿拉毛和湿排斥的测定	2007-12-03	2008-06-01
194	QB/T 2897—2007	纸和纸板 表面疏松物的测定	2007-12-03	2008-06-01
195	QB/T 4125—2010	纸浆 亮度（白度）最高限量	2011-01-24	2011-04-01

（全国造纸工业标准化技术委员会秘书处）

国内制浆造纸科研设计单位简介

Introduction to the Units of R&D, Engineering Consultant and Design of Paper Industry

中国制浆造纸研究院

中国制浆造纸研究院（以下简称“中国纸院”）前身为轻工业部制浆造纸工业科学研究所，始建于1956年，1999年转制为科技型企业，成为中国轻工集团公司子公司。

中国纸院是国家级造纸工业科研机构，设有制浆造纸国家工程实验室、造纸工业生产力促进中心、全国造纸工业标准化技术委员会、国家纸张质量监督检验中心、中国造纸杂志社、全国造纸工业信息中心。

中国纸院科研手段完备、装备齐全，研究、开发的科研项目涉及造纸工业各个领域。特别是工程化和产业化研发条件优越，拥有200毫米长网试验纸机、1260毫米斜/圆网多功能纸机、600毫米多功能涂布机、12辊超级压光机等中试制浆造纸实验装置。同时，中国纸院还代表国家负责造纸工业标准化、质量监督检验、信息服务等行业技术管理工作，组织造纸行业展览，编辑出版《中国造纸》等5种在国内外发行的专业造纸期刊。

50多年来，中国纸院共完成1500多项研究项目，其中160多项分别获国家、部（委）颁发的各种奖励，是推动中国造纸工业技术进步的主力军。中国纸院还是我国造纸工业对外技术交流和开展国际合作的窗口，代表中国参加国际造纸界的各类专业会议，参与国际合作及援外项目近30项，为中国造纸工业扩大国际影响作出了突出贡献。

1984年国务院学位委员会批准中国纸院为制浆造纸和环境保护专业硕士研究生学位授予单位，已为造纸行业培养硕士研究生54名。2006年获得批准建立了中国轻工集团公司制浆造纸博士后科研工作站。

2009年中国纸院位于河北中科廊坊科技谷园区的产业基地开工建设，占地面积3.33公顷，规划建设面积43000米^2。其中项目一期建设用地约2公顷，建设面积15490米^2，投资7719万元。目前，产业基地一期工程已经完工，设有长圆网造纸机生产车间、多功能涂布机生产车间，以生产高附加值的特种纸为主。

面对21世纪，中国纸院将牢固树立并努力实践科学发展观，建立高水平的研究开发平台、信息平台、工程实验室和产业基地四维一体的科技创新体系，将本着“传承文明，开拓创新”的企业理念，进一步强化以科学研究为立院之本，努力创造企业和员工共同发展的环境，强化服务意识，密切与行业同仁合作，共同发展，加快中国造纸工业的现代化进程，为建设创新型国家、创造人民美好生活而锐意进取！

院长：曹春昱

地址：北京市东城区广渠门南水关甲7号华威国际公寓

邮编：100061

电话：010－65877000

传真：010－65815677

网址：www.cnppri.com.cn

天津市轻工业造纸技术研究所

天津市轻工业造纸技术研究所始建于1958年，是从事制浆造纸新技术、新工艺和新产品研究、开发的专业科研机构，同时承担造纸产品国家标准、军工标准及行业标准的修改、制定工作。

该所是国家轻工业纸张质量监督检测天津站、天津市质量监督检验站第一站、《天津造纸》编辑部的挂靠单位。中国造纸学会涂布加工纸委员会副主任单位，天津市造纸学会理事单位，《天津造纸》期刊的主办单位。1984 年以来，该所完成科研成果百余项，获得国家级、轻工业部及天津市科技进步奖，轻工业部优秀新产品等奖励 60 余项。科研成果转换率达到 85% 以上。

多年的积累培养了一支力量雄厚的技术队伍，基本上形成了完整的科研和中试生产体系。该所已在特种工业用纸、加工用纸和净化滤材等系列的开发领域形成技术优势。可提供各种玻璃纤维滤纸、植物纤维滤纸、化学纤维滤纸，湿法无纺布等系列产品；提供检测用油墨、蜡棒等检测专用材料；承接造纸产品质量检测委托；承接 ISO 标准实验室工程设计、安装、调试等技术服务；承接造纸新技术、新工艺和新产品委托开发研究。天津市轻工业造纸技术研究所愿与社会各界合作，为造纸工业发展贡献力量。

法人代表：王唯力

地址：天津市津南区双港工业园发港南路 29 号

邮编：300350

电话：022－88823010、88823008

传真：022－88823006

邮箱：tjzzs@022net.cn、tjzzs@126.com

黑龙江省造纸工业研究所

黑龙江省造纸工业研究所成立于 1966 年，是从事制浆造纸应用研究的省属科研院所，按黑龙江省科技体制改革方案要求，2004 年完成黑龙江省造纸研究所有限公司工商注册，注册资本 271 万元。目前为双轨制运行，设有黑龙江省造纸产品质量监督检验站、制浆造纸中试基地、造纸技术研究中心、《黑龙江造纸》编辑部。该所是黑龙江省造纸学会挂靠单位。

现有正式员工 46 人，其中科技人员 21 人，包括研究员级高级工程师 5 人，高级工程师 14 人，工程师 2 人，享受国务院政府津贴待遇 2 人。2005 年被授予黑龙江省高新技术企业。2008 年获 ISO 9001:2000 质量管理体系认证证书，2010 年升级为 ISO 9001:2008 质量管理体系认证证书。

目前主要从事特种纸的研发、农用纸制品的生产及经营；开展制浆造纸工程研究及相关咨询服务，促进地方造纸工业的科技发展。近年来，共取得各类科研成果 25 项，其中获国家科技奖励 1 项，省级科技奖励 10 项，市级科技奖励 12 项。获得国家专利 5 项，进入实审阶段 1 项。

所区占地面积 2.2 万米^2，建筑面积 1.2 万米^2。专业实验室 11 个、资料室 1 个，生产系统水电气配套齐全。系列育苗纸筒年生产能力 200 万册，印制板钻孔用上垫板年生产能力 20 万米^2。目前产品主要品种为甜菜、林木、蔬菜、棉花、玉米、西瓜等农林系列育苗纸筒，工农业用特种纸、区电印制板产品配套材料等。

法人代表：王连科

地址：黑龙江省牡丹江市阳明区光华街 5 号

邮编：157013

电话：0453－6330907、6332195

传真：0453－6331516

邮箱：hzskyb@163.com

上海环龙造纸毛毯研究所

上海造纸毛毯研究所成立于 2010 年 12 月，所属四川环龙技术织物有限公司，是国内第一家进行造纸毛毯及高级过滤材料研究的非盈利性研究机构。

研究所致力于提高我国造纸毛毯与其他高性能过滤材料的基础理论水平、产品研发和应用能力，通过持续的投入与努力，争取成为具有国际先进水平的企业研究中心和技术中心。研究所积极与国内外相关机构、企业及个人发展各种形式的合作，集聚国内外的造纸毛毯与相关方面的科研人才，为加强基础理论研究，创新造纸毛毯工艺与产品，提升“GOBEAR”品牌内涵，培养专业人才，为创造企业新的经济、社会效益而努力。研究所将积极创造条件，建立关于造纸毛毯品质的检测机构，并且争取成为有资质的正式行业检测机构。四川环龙技术织物有限公司拥有成都总公司、石家庄分公司、上海金熊公司三个生产基地，主要从事造纸用纺织品——造纸毛毯、高温环保滤材等过滤用纺织品的研发、生产与销售；已拥有“环龙”、“GOBEAR”等造纸毛毯知名品牌，现已成为国内专业从事产业用纺织品——造纸毛毯研发、生产与销售的行业龙头企业，行业标准主要起草单位。

研究所拥有教授级高级工程师、中高级工程师、技师、研究生、大学生等一支老中青造纸毛毯行业专业技术队伍，并依托产学研平台，开展技术研究工作，设立技术咨询以及企业质量、环境、职业健康安全认证相关工作等的咨询服务。

法人代表：沈根莲

所长： 杨金魁
地址： 上海市金山区枫泾镇兴塔建安路 78 号
邮编： 201502
电话： 021－67361075、028－87339169
传真： 021－67361076、028－87339169
网址： www. vanov. cn
邮箱： yangjinkui@ shjinxiong. com

中国林业科学研究院林产化学工业研究所

中国林业科学研究院林产化学工业研究所成立于 1960 年 7 月 2 日，是我国唯一专业从事木质和非木质生物质资源化学利用，集基础研究、应用研究、产品开发和工程设计为一体的国家级综合性研究院所。设置 6 个专业研究室和 1 个设计所。现有在职职工 210 人。科研人员中正高职称 22 人，副高职称 62 人。主要研究领域包括：林纸一体化技术、生物质能源、生物质化学品、生物质新材料、生物质天然产物。附设有生物质化学利用国家工程实验室、国家林产化学工程技术研究中心、国家林业局生物质能源研究所、国家林业局林化产品质量监督检验站、全国林产化工科技情报中心站、国家林业局林产化工中试基地、林产化学工业设计所等学术和技术机构。

该所针对制浆造纸及环境保护新技术领域的研究主要包括：①工业人工林制浆性能早期预报和技术经济评价技术；②小径材、木材加工剩余物、速生工业材及竹材和农业秸秆等纤维资源的高得率制浆技术研究；③高效能、低消耗的清洁高效制浆及漂白技术研究；④制浆造纸废水高效低成本处理工艺技术研究及工程设计；⑤林业及制浆过程有机废弃物资源化利用技术研究。在该领域先后连续承担了“七五”至“十一五”国家科技攻关、联合国 UNDP 资助的“发展中国高得率浆技术”及国家林业局“948”先进技术“低质材高效低污染制高档纸浆生产技术引进”、欧盟第四框架计划“草浆清洁生产工艺及废液治理”等项目研究。开发有国际领先的低消耗、少污染的高效清洁制浆技术，取得了“速生木材高效制浆和污染控制关键技术”、“小径材、加工剩余物、速生木材高效清洁制浆造纸工艺技术”、“化学机械浆无残毒高白度节水漂白技术”、“高浓废水高效低成本处理技术”等多项科研成果，申报技术发明专利 16 项，已获授权专利 4 项，签订技术转让合同 86 项。成果在泰格林纸集团、华泰集团有限公司、山东晨鸣纸业集团股份有限公司、广西金桂浆纸业有限公司、金东纸业（江苏）股份有限公司、焦作瑞丰纸业有限公司、濮阳龙丰纸业有限公司等 10 多个省区 30 余家大型造纸企业的工程设计、工艺改进、工程建设中获得推广应用，为企业生产的节能降耗，降低生产成本提供了可靠的技术支撑。

法人代表： 蒋剑春
地址： 江苏省南京市锁金五村 16 号
邮编： 210042
电话： 025－85482400
传真： 025－85413445
网址： www. icifp. cn
邮箱： office@ forinchem. com

浙江省普瑞科技有限公司
（浙江省造纸研究所）

浙江省普瑞科技有限公司是由浙江省造纸研究所整体改制建立的科技型企业（保留浙江省造纸研究所名称），占地面积 45000 米^2，建筑面积 33000 米^2。作为我国特种功能纸科研、生产基地，建有普瑞特种纸省级高新技术研究开发中心，现有在职员工 68 人，其中科研人员 42 人。装备有引进的国际先进斜网成形器的湿法造纸生产线和气流成形干法造纸生产线，完善的造纸工艺试验设备和测试仪器，为研制产品的中试与生产提供了良好条件，确保科研成果尽快实现产业化。公司有完善的质量管理体系，通过中国新时代认证中心 GJB9001A—2001、GB/T 19001—2008 质量管理体系认证。已完成省部级以上科研成果 134 项，包括国家科技攻关项目 6 项，其中获省部级科技进步奖 27 项，国家级新产品 8 项，包括 4 项发明专利在内的国家专利 8 项。公司十分注重科研成果的延伸及产品系列化和深加工开发，主导产品有电池隔膜材料系列、超净擦拭纸系列、高低温隔热材料系列、农用功能材料系列、过滤材料系列、医疗卫生用纸等特种功能纸。多年来，为高新工程和国民经济与新行业提供了大量优质材料和良好服务。

法人代表： 程水华
负责人： 郑鹏遵
地址： 浙江省杭州市萧山经济技术开发区鸿兴路 181 号
邮编： 311215
电话： 0571－88170685
传真： 0571－88173641

网址：www. zjprime. com

江西省轻工业研究所

江西省轻工业研究所始建于 1953 年，现直属江西省轻工行业管理办公室。研究所下设江西省纸张质量监督检验站、造纸研究室、日用化工研究室、食品研究室、中试生产车间等业务机构。江西省造纸印刷工业协会暨江西省造纸学会也挂靠在研究所内，研究所所长是以上两会的法人代表并兼任两会的会长。

江西省轻工业研究所职工总数 120 人，其中在职职工 73 人。在职职工中科技人员 49 人；其中具备正高职称研究员或教授级高级工程师 5 人、高级工程师 16 人。建所 58 年来，获国家、省、部级科技进步成果奖、优秀新产品奖多项，在省级以上的专业刊物或学术交流会议上共发表论文 300 多篇，为江西全省轻工行业的发展做了大量的工作，为振兴地方经济作出了贡献。

所长：管步军
电话：0791 – 8182223
邮箱：guanbj@ 163. net
分管造纸副所长：雷建民
地址：江西省南昌市北京东路 138 号
邮编：330029
电话/传真：0791 – 8333891
邮箱：leijianmin1@ 126. com

济南市造纸科学研究所

济南市造纸科学研究所隶属济南市经贸委，主要从事造纸工业新产品、新工艺的研制，以及纸张物理检测、技术咨询服务。研究所拥有高、中级工程师技术人员。研制的电子阅卷纸曾荣获国家科技奖；煤矿井下堵炮眼纸、井下吸尘纸受到煤矿行业的好评；制浆造纸清洁新工艺得到了省专家的认可，并通过了省级鉴定，此项目填补了国内空白。

所长：张建军
地址：山东省济南市天桥区中刘家庄 10 号楼 1 层公建房
营业执照地址：山东省济南市天桥区少年路 23 号
邮编：250012
电话：0531 – 86911272、86150138
传真：0531 – 86150010
邮箱：jnzzhkys@ 163. com

郑州大学制浆造纸研究所（造纸技术（河南）服务公司）

郑州大学制浆造纸研究所成立于 2003 年 6 月，是郑州大学校级科研机构，其职能主要是面向制浆造纸企业，进行全方位的“产、学、研”结合和技术服务，并将科研成果实施产业转化。

郑州大学制浆造纸研究所拥有一支高素质的科研开发队伍，现有员工 16 人，其中特聘教授 1 人、教授 5 人、副教授和高级工程师 6 人、工程师 3 人。现有喷爆制浆技术、无氯漂白技术、特种纸技术等。

郑州大学与美国、芬兰、俄罗斯、加拿大、日本、澳大利亚、韩国、中国台湾等国家和地区的 80 所知名高校建立了校际合作关系。2008 年 6 月引进外资与技术联合成立“造纸技术（河南）服务公司”，立足河南面向全国对制浆造纸企业提供技术服务。

郑州大学制浆造纸研究所为企业提供如下便利服务：

1. 项目建议书、可研报告的编写，项目论证、工程咨询、工厂设计、专利申报等；
2. 清洁生产、节能减排、环境评价方案的制定等；
3. “四新”（新产品、新技术、新设备、新工艺）技术的鉴定和推广等；
4. 名牌（河南、中国）产品的推荐工作等；
5. 国际 ISO 9000、ISO 14000、ISO 18000（质量、环境、安全）咨询认证等；
6. 为企业提供免费法律咨询服务、律师聘请等。

法人代表：王三保
地址：河南省郑州市文化路 97 号
邮编：450002
电话：0371 – 63556200
传真：0371 – 63886906
邮箱：zzjsfw@ sohu. com

湖南省造纸研究所有限公司

湖南省造纸研究所有限公司是一家经湖南省科技厅认定的集科、工、贸于一体的由省属科研事业单位转制而成的高新技术企业，始建于 1972 年，坐落于湖南省湘潭市建设中路 7 号，占地面积 35000

米^2，固定资产 1200 万元。公司现有在职员工 109 人，其中专业从事研究开发人员 36 人，本科以上学历 28 人，中级以上职称 32 人（其中高级职称 6 人）。该公司是湖南省造纸产品质量监督检验授权站、湖南省造纸学会等机构组织的挂靠单位。

多来年，先后完成了国家、部级科技攻关项目 80 余项，其中 27 项获国家、部、省等各级科研成果技术奖，已有 30 多项科研成果转化为生产力。公司现拥有 3 条生产线，年生产能力在 5000 吨以上。其中两条生产特种工业用纸，年产量 3000 吨，主要生产高强纱管封面纸、各类纤维板表层纸等，产品占国内市场较大份额；一条涂布纸生产线，年产量可达 2500 吨，其设备达到了国际先进水平，属国内领先水平，所产彩喷纸、高光数码相纸、名片纸等涂布纸，可以替代进口产品。

主导产品：涂布纸，单、双面喷墨打印纸，高光数码相纸，名片纸，特种医疗涂布纸，特种工业用纸，高强彩色纱管封面纸，中高强纸绳纸，防水纸，中高强彩色工艺纸，医药包装纸，纤维板表层纸，电缆衬纸。

公司于 2002 年通过了 ISO 9001∶2000 质量管理体系认证，本着“创造卓越品质，追求持续满意”的质量方针，建立了持续、稳定、有效的科学管理体系，产品质量达到了国际先进水平。近几年来，公司紧跟市场需求，发展更加迅猛，致力于文化创新、科技创新、管理创新，积极培育和提升核心竞争力，形成了以市场带动科研、以科研促进生产、以生产服务市场的良好循环轨道。

地址：湖南省湘潭市建设中路 7 号
邮编：411104
电话：0731－58523214、58561602
传真：0731－58561602
网址：www. hnprc. com

广东省造纸研究所

广东省造纸研究所创建于 1973 年，位于广州市新港西路，占地面积 7500 米^2，是广东省唯一的省级造纸研究所，现隶属于广东省广业轻化工业集团有限公司。该所是“广东省高新技术企业”、“广东省创新型企业”，广东省造纸技术与装备公共实验室的依托单位之一，并通过了 ISO 9001 质量认证。该所拥有一支高素质（包括教授级高工在内）的工程技术人员队伍，全所在职职工 100 多人，专业技术人员 30 多人，其中 2 人获国务院颁发政府特殊津贴。

广东省造纸研究所内建设有占地 1000 多米^2 的专业试验室，拥有完备的小型试验和中型试验装备，有设备齐全的制浆工艺研究室、造纸实验室、涂布加工纸实验室、纸张物理性能实验室、纸张化学性能实验室和无菌实验室等。国家轻工业纸张质量监督检测广州站，广东省技术监督造纸产品质量监督检验站和广东省造纸科技信息中心也设在研究所内。近年来，该所共承担省级科研项目 40 多项，取得专利 10 多项。

主营业务包括造纸行业科研、开发、产品检测与鉴定、技术咨询、技术服务、技术培训、技术承包和项目设计，销售造纸原料、造纸仪器，生产、加工和销售纸及纸制品，生产、销售造纸助剂以及废纸收购等。

研究所在增城市中新镇建设有占地 25000 米^2 的科研开发基地，已建成了 1800 多米^2 的造纸助剂车间、纸张整饰及涂布加工纸车间，具有年产 7000 吨造纸助剂的能力。自主研发的造纸助剂、冷压自粘胶带纸、阻燃钢纸等科研成果已实现产业转化，现助剂年产销量超过 4000 吨，供省内外 100 多家造纸及相关企业使用。

法人代表：伍泽荣
地址：广东省广州市海珠区新港西路 154 号
邮编：510300
电话：020－34301776
传真：020－34301776
网址：www. gdzaozhisuo. com
邮箱：gdpiri@ sti. gd. cn

广西大学造纸科学研究所

广西大学造纸科学研究所成立于 1997 年，隶属于广西大学，其职能主要是面向企业，进行全方位的“产、学、研”合作，并将高等院校的科研成果实施产业化。经过十多年的建设发展，目前研究所已初具规模，并逐渐形成了自己的特色。已成为广西壮族自治区制浆造纸、轻工环保等行业的主要研究单位，在国内同行业中具有较高的影响力。研究所拥有一支高素质的科研开发队伍，现有研究人员 15 人，其中教授 6 人，副教授和高级工程师 8 人，博士 8 人，留学回国人员 6 人，形成了结构较为合理的人才梯队。

研究所依托广西大学，具有良好的基础设施和实验设备条件，其中中试车间拥有小型制浆造纸生产线、废纸脱墨浆生产线、工业有机废水厌氧及好氧中试生产线和纸质餐饮具中试生产线。ISO 标准恒温恒湿纸张检测室已通过国家气象计量站的认定，实验室拥有顶空气相色谱仪、红外光谱仪、紫外光谱仪、FS300 纤维测定仪、Zeta 电位仪、PFI 磨浆机、TAPPI 标准纸页成形器、PPS 表面粗糙度仪、IGT 拉毛强度仪、包装材料透气性测试仪、包装振动实验机等大型仪器。近年来，实验室不仅满足教师及学生的科研要求，还逐步办成了开放实验室，积极为企业提供分析检测服务，大大促进了企校之间的合作与交流。

近 5 年来，研究所先后负责承担完成纵横向科研项目 28 项，其中国家 973 计划项目 1 项，国家 863 计划项目 1 项，国家自然基金 3 项，国家科技攻关项目 1 项，取得了多项科研成果，其中“JMF 超效射流式气浮法处理造纸工业废水技术”、“高配比竹浆生产高档新闻纸技术”、“氟化丙烯酸酯造纸施胶剂的研究与开发”、“全蔗渣生产全降解纸质餐具技术”分获省级科技进步二、三等奖，并已实现产业化，为企业创造了良好的经济效益和社会环境效益。自主研发的 BSC 还原法二氧化氯制备系统、上流式多级处理厌氧反应器（UMAR）处理工业废水技术已在多家企业实现产业化应用，既具有重要的环保意义，又有较高的经济价值。

所长：王双飞
地址：广西南宁市大学路 100 号
邮编：530004
电话：0771－3231382
传真：0771－3237097
网址：www. gxu. edu. cn
邮箱：wangsf@ gxu. edu. cn

甘肃省轻工研究院

甘肃省轻工研究院（原甘肃省轻工业科学研究所）始建于 1959 年。是以科研开发和工程咨询、工程设计、产品检验为主的应用开发研究单位。具有工程咨询甲级、工程设计乙级等资质。2001 年转制为科技型企业，是甘肃省重点院所、甘肃省农副产品深加工中小企业服务平台。

研究院在职职工 86 人，其中高级工程师 20 人，中级职称 24 人，注册咨询工程师 11 人。拥有办公、科研、中试车间、工程咨询、设计等用房面积 7500 米^2，以及超临界 CO_2 萃取设备、亚临界萃取设备、分子蒸馏设备、生化培养和食品、发酵、造纸、日化、香精香料等行业的科研设备和轻工产品检测仪器 400 多台（套）。设有食品发酵、造纸、分离中心、工艺设计等专业研究室及华瑞新技术开发公司下属企业。可开展食品、发酵、造纸、日化、香精香料等轻化工行业的科研、新产品开发和工程咨询、工程设计、投产后技术服务、产品检测等工作。

建院 50 多年来，一直从事轻化工行业应用开发研究工作，是甘肃省实力较强的科研开发、工程咨询、工程设计单位。拥有农副产品深加工、天然产物有效成分提取、生物技术等方面的科研成果和先进技术，先后取得了省级以上的科技成果 260 多项，有些科技成果曾获得国家级、省部级的奖励。该院面向企业进行了大量卓有成效的技术服务工作。

工程咨询方面，建立了完善的管理制度和质量保证体系，为甘肃省及周边省市的企业进行了大量的工程咨询、设计，设备安装调试、技术培训等配套技术服务工作。近 5 年完成工程项目近 400 项。对甘肃省的农业产业调整，农民增收、资源优势转化为经济优势起到了积极的推动作用和示范作用；为发展地方经济做出了一定的贡献，为上级主管部门的决策，提供了科学、可靠的依据。

具有政府授权的省轻工产品检测站和省造纸检测站，每年承担甘肃省技术监督部门和各级主管部门安排的轻工产品检测任务及企业委托的检测和仲裁工作。

法人代表：赵煜
地址：甘肃省兰州市城关区金昌南路 101 号
邮编：730000
电话：0931－8126510、8126518、13993170089
传真：0931－8124557

中国中轻国际工程有限公司

中国中轻国际工程有限公司（BCEL）即原中国轻工业北京设计院，是以咨询、设计、监理、项目管理、工程总承包为主体业务的大型工程公司。拥有进出口企业资格证书；轻纺全行业、化工石化医药行业（化工工程）、建筑行业（建筑工程）、市政公用行业（排水、环境卫生）、农林行业［林产化学（制浆造纸）］和建筑智能化系统工程、环境工程（废水、废气）专项设计的甲级设计资质；城市规划、招标代理、化工石化医药行业（生化、生物药）、建材行业（新型建筑材料）、商物粮行业

（油脂工程、玉米加工、饲料加工）、电力行业、市政公用行业（给水、热力、燃气）和环境工程（固体废弃物）专项设计乙级设计资质；工程咨询、工程造价、工程监理甲级资质以及压力容器设计、压力管道设计许可证。2008 年 8 月通过质量体系、环境管理体系、职业健康安全管理体系“三标”认证。

1995 年 1 月在世界银行“DACON”数据库认可登记（登记号：576）。1992 年 6 月在国内设计单位中首批获得国家授予的对外经营权。2009 年通过国家高新技术企业认证。

现有在册员工 693 人，其中：国家级设计大师 2 人、享受政府特殊津贴的专家 9 人、教授级高级工程师 116 人、高级专业技术职务 149 人、中级专业技术职务 198 人；各类国家注册工程师 216 人、工程总承包项目经理 63 人。

BCEL 是全国勘察设计单位历届综合实力百强单位。BCEL 面向国内外工程建设市场，是具有工程项目评估、咨询、规划、项目可行性研究、工程设计、工程监理、项目管理、工程总承包、工程造价咨询、招标咨询等多功能以及多行业综合能力的大型工程建设科技企业。

BCEL 为国内 5000 余家大中型企业，国外 20 多个国家、40 余个大中型项目提供了工程设计、咨询、总承包等服务，与国内外著名的 300 余家大型公司建立了实质性合作和业务往来关系。

通过科技兴业、质量强业、管理治业的可持续发展之路，BCEL 正在向科技型国际工程公司目标迈进。

总经理：张建新

总工程师：李耀

地址：北京市朝阳区白家庄东里 42 号

邮编：100026

电话：010－65826358

传真：010－65823590

网址：www. bcel－cn. com

邮箱：bcel@ bcel－cn. com

山西省轻工设计院

山西省轻工设计院是山西省唯一轻工业行业设计院，是单位机构、企业法人、财务核算三独立，自主经营、自负盈亏、独立核算、照章纳税的企业管理县团级全民事业单位。固定资产达 1000 多万元，工程技术人员 112 人，其中：高级工程师 48 人，工程师 47 人。国家一级注册建筑师 2 人、二级注册建筑师 1 人，国家一级注册结构工程师 4 人、二级注册结构师 1 人、注册造价工程师 1 人、国家注册化工工程师 4 人，国家注册公用设备工程师 3 人、国家注册电气工程师 1 人、国家一级注册建造师 2 人、国家注册监理工程师 2 人、国家注册咨询工程师（投资）8 人，国家注册管理咨询工程师 2 人。工作场所 3368 米^2，配套服务 1240 米^2，有完善的办公通讯设备，有多行业的技术图书和图纸资料及专家库。主要承担轻纺、商物粮、民用建筑、勘察等行业的工程设计和工程咨询，涉及轻工、化工、医药、商业、建筑、建材、电子、环保、农业、林业等行业。能够独立承担大中型工程项目的工程设计咨询等服务。建院 50 多年来，积累了一整套生产管理和技术质量的规章制度和宝贵的资料和经验，为山西省及周边地区的轻工行业的固定资产投资建设做了大量工作，尤其是国家、省、部级重点大中型工程项目，受到建设单位的好评，多次荣获国家有关部门的奖励和表彰。

法人代表：潘文强

地址：山西省太原市新建南路 13 号

邮编：030001

电话：0351－4052827

传真：0351－2029603

邮箱：sxsqgsjy@ 126. com

吉林省轻工业设计研究院

吉林省轻工业设计研究院始建于 1964 年，是一所集科研、设计、生产为一体的现代化综合应用研究与开发、设计单位。是经国家审批注册的甲级设计单位，甲级工程咨询单位。现有职工 150 人，研究员 17 人，高级工程师 50 人。

吉林省轻工业设计研究院下设精细化工研究所、淀粉糖研究所、生物工程技术研究所和科研管理处。一直致力于轻工行业和玉米深加工行业的新产品、新技术、新工艺、新设备的研究开发。技术力量雄厚，专业配套，设备齐全。尤其在玉米深加工的淀粉糖，变性淀粉和生物工程等方面的开发独具优势。

吉林省轻工业设计研究院的设计系统下设工艺设备设计室、建筑结构设计室、公用工程设计室、技术经济概算室、综合完成室和设计管理处。设计人员经验丰富，设计手段先进，工程设计采用计算机等最新技术手段，为建设单位编写项目建议书、可行性研究报告和工程设计，以优质服务得到用户和同行的赞誉。

法人代表：刘玉光
地址：吉林省长春市飞跃路 2688 号
邮编：130012
电话：0431－85657719
传真：0431－85687719、85657579
邮箱：qgykyc@163.com

中国海诚工程科技股份有限公司

中国海诚工程科技股份有限公司（中国海诚股份），由隶属于国务院国资委管理的中国轻工集团，联合其他战略投资者，以成立于 1953 年的中国轻工业上海设计院整体改制建立。

中国海诚股份总部设在上海，在北京、广州、长沙、武汉、南宁、成都、西安等地拥有 11 家控股公司，是国内最大的提供工程咨询、设计、监理和采购、施工、培训、开车等工程总承包服务的综合性股份制工程科技上市公司之一。

制浆造纸是中国海诚股份最主要的工程服务业务领域。50 多年来，中国海诚股份已完成 600 多项制浆造纸工程的咨询、设计、监理、工程管理和总承包项目。公司先后完成金东纸业（江苏）股份有限公司年产 200 万吨铜版纸（PM1、PM2、PM3）工程，芬欧汇川纸业（常熟）有限公司年产 80 万吨文化用纸（PM1、PM2），理文造纸有限公司年产 350 万吨包装纸板的所有制浆、造纸和汽电工程，宁波亚洲浆纸业有限公司年产 75 万吨涂布白纸板工程，江西晨鸣纸业有限责任公司年产 35 万吨 LWC 纸工程，华泰集团有限公司年产 20 万吨 SC 纸工程、海南金海浆纸业有限公司年产 100 万吨漂白化学木浆及年产 18 万吨生活用纸等大型制浆造纸工程，以及江苏王子制纸有限公司年产 70 万吨浆 80 万吨铜版纸工程，为发展我国制浆造纸工业作出了重要贡献。

近年来工程总承包已成为中国海诚股份的重要业务领域，公司先后承担了广东森叶纸业有限公司 TG1 和 TG2 共计 30 兆瓦热电站、越南安化年产 13 万吨漂白化学木浆项目和孟加拉 KPM 漂白车间、江苏王子制纸有限公司年产 70 万吨漂白化学浆工程等工程总承包项目。

中国海诚股份拥有工程设计、工程咨询、工程总承包、工程造价咨询和工程监理等甲级资质证书以及施工总承包二级资质证书，能承担国内、外相关行业各种规模和类型的项目。历年来共计有 438 项设计、咨询、监理、工程总承包及科研项目获国家和省部级优秀奖项，曾被誉为获奖单位的“共和国之最”。

中国海诚股份已获得：质量管理体系认证证书 GB/T 19001—2000 和 ISO 9001:2000、职业健康安全管理体系认证证书 GB/T 28001—2001（OHSAS 18001：1999）、环境管理体系认证证书 GB/T 24001—2004/ISO 14001:2004。能够为客户提供高品质、全方位的服务。

近几年中，中国海诚股份在上海有 75% 的业务来自国外客户，承担了超过 800 个国外投资的项目。拥有一大批工艺和各专业的工程师，为我们的客户提供了很多更专业、更特殊的服务。通过与国外客户的多年合作，中国海诚股份的服务和成果已经与世界标准接轨。

董事长：陈鄂生
总裁：严晓俭
地址：上海市宝庆路 21 号
邮编：200031
电话：021－64370093
传真：021－64334045
邮箱：ppbd@haisum.com
网址：www.haisum.com

轻工业杭州机电设计研究院

轻工业杭州机电设计研究院是专业从事制浆造纸装备设计开发研制的国家级重点设计研究单位，同时具备制浆造纸工程设计、设备研发和配套电气控制系统的研制能力，是国家发改委“制浆造纸国家工程实验室”的依托建设单位之一。

具有对外承包工程经营资质，工程设计甲级资质，工程咨询资质，一、二、三类压力容器设计资质和 GC1 级管道压力设计资质等证书。

承担和完成国家“863”项目 1 项、国家“十一五”科技支撑项目 3 项；科技部“科研院所技术开发研究专项资金”项目 10 项；“社会公益研究专项”项目 1 项；省科技计划项目 3 项。获得各种奖励共 69 项，取得国家专利 31 项，完成行业标准编制 80 多项。完成设备研究设计项目 900 余项，工程咨询项目 170 余项，工程设计项目 220 余项，产品生产 3000 余台（套），生产线成套项目 30 余项。

现有职工 179 人，其中教授级高工 18 人，高级工程师 60 人，一级注册建筑师和注册结构师各 2

人，注册投资咨询师 5 人，注册化工师 7 人，注册电气工程师 2 人，注册设备监理师 18 人，注册监理工程师 19 人。可提供试验、研究、设备开发设计、工程咨询、项目管理服务、技术服务、工程设计、设备成套及项目总承包等服务。

制浆造纸专业业务范围：

制浆装备：木（竹）片备料系统、管式连续蒸煮系统、APMP 或 CTMP 制浆系统、新型鼓式真空洗浆机、新型双辊挤浆机、高浓过氧化氢漂白系统、新型湿浆板机和废纸处理成套装备系统。

造纸装备：造纸机系列：各种型号规格的压力圆网纸机、高速长网多缸纸机、超成形箱纸板机、叠网纸机、特种薄页纸机、高速卫生纸机、新型斜网特种纸机等。涂布机系列：铜版纸涂布机、涂布白纸板涂布机、涂布箱纸板涂布机、无碳复写纸涂布机、热敏纸涂布机、美纹胶带纸涂布机、自黏标签纸涂布机等。

配套设备：各种型号规格的稀释水流浆箱、上网成形器、膜转移施胶机、伸性纸起皱装置、特种花纹起皱装置、新型无后座力摇振装置、单刀切纸机、双刀切纸机、热压光机、光泽压光机、超级压光机等。

特种纤维装备：混合纤维材料成形及后处理装备、特种纤维预浸料生产装备。

自动化控制设备：制浆造纸生产线 DCS 过程控制系统，纸机、涂布机电气传动控制系统，单机设备自控单元。

法人代表：刘安江
地址：浙江省杭州市体育场路 71 号
邮编：310004
电话：0571－85186716
传真：0571－85184005
网址：www. hmei. com. cn

山东省造纸工业研究设计院

山东省造纸工业研究设计院，建于 1978 年 11 月，隶属于山东省轻工业协会。现有在职职工 100 人，专业技术人员 65 人，院内设有研究、设计、检测、《中华纸业》杂志社、技术开发公司、中试基地等主要业务部门。另外，山东省涂布加工纸技术重点实验室、山东省纸张质量监督检验站、山东省造纸学会、山东省造纸行业生产力促进中心等机构均设在该院。

该院科研工作成果显著，曾多次荣获省科技进步奖。目前与 20 多家造纸企业及相关企业建立了合作关系，已承担企业委托项目 200 余项，取得了良好的经济效益和社会效益。具有国家建设部颁发的轻纺行业（制浆造纸）工程设计甲级证书和国家发改委颁发的轻工（制浆造纸）工程咨询甲级证书。已完成制浆造纸工程咨询设计项目 600 余项，多次荣获省级优秀勘察设计奖、省级优秀工程咨询成果奖和中国轻工业优秀工程咨询成果奖。

《中华纸业》作为中国造纸协会会刊，由中国造纸协会和山东省造纸工业研究设计院共同主办，它是由创刊于 1979 年的《山东造纸》发展而来，期间经历了《北方造纸》的重要阶段，《中华纸业》从原“技术”刊转型定位于“行业综合性”刊，由季刊改为半月刊，在内容、版面设计、广告策划上都具有自己的独特风格，成为中国造纸行业最有影响力的期刊之一。

该院还承担全省纸张产品质量监督检验、第三方评价性检验、产品质量仲裁检验和各单位委托检验。为全省造纸企业提供检测技术服务、质检员培训、新标准宣贯等工作。山东省纸张质量监督检测站是山东省质量技术监督局授权机构。

技术开发公司主要致力于造纸工业新技术、新产品、新设备的开发应用，为造纸行业提升技术水平提供优质服务。中试基地承担省科技厅下达的中试任务，实验生产了过滤纸、一次性医疗器械包装纸、水果吸湿纸等一系列具有先进水平的产品，同时研究开发无毒环保的纸塑覆合包装产品。

近年来，该院在科研单位改革改制的推动下，树立以市场为导向，以优良的服务为纽带，以质量求生存，以信誉求发展的经营理念，解放思想，开拓创新，充分发挥自身优势，急企业之所急，全面服务企业。

法定代表人：王吉忠
地址：济南市工业南路 101 号
邮编：250100
电话/传真：0531－88947041
邮箱：shandongpaper@163. com

中国轻工业武汉设计工程有限责任公司

中国轻工业武汉设计工程有限责任公司（简称：“中轻武设”）始建于 1958 年，原名中国轻工业武汉设计院，现系中国海诚工程科技股份有限公司成员单位，是集工程总承包、工程咨询、工程设计、工程监理及工程项目管理等多功能于一体的知识密集型国有科技型企业。拥有国家颁布的轻工行业、民用建筑、医药、环保设计、工程咨询、工程监理等 7 项甲级资质，已形成工程设计、咨询、监理和总承包四大主业，并顺利完成了“三标一体”的认证工作。

公司技术力量雄厚，拥有国家级、省部级专家及教授级高工 40 余人，各类注册工程师 110 余人，高级工程师 120 余人。经营业绩 10 多年来保持近 30% 的高速增长。

制浆造纸是该公司工程设计的传统行业，有着 50 多年的设计历史。历年来完成制浆造纸工业工程设计及服务 600 余项，多项设计获部、省级奖励。设计和服务范围涵盖制浆、造纸、碱回收、废水处理、纸加工、热电及综合利用等造纸工业的各个环节。公司在非木材制浆及碱回收、无氯漂白、高得率制浆、特种纸和纸板及废水处理等方面形成独立的技术集成和特色技术，具有极高的市场占有率。其中非木材制浆及碱回收是国家环保部最佳实用技术依托单位，项目地域覆盖全国 30 多个省、市、自治区及缅甸、巴基斯坦、尼泊尔、孟加拉、吉尔吉斯斯坦、加纳和加蓬等国家。

法人代表：徐平佳
负责人：梁斌
地址：湖北省武汉市武昌区首义路 176 号
邮编：430060
电话：027－88043744、13808641636
传真：027－88041709
网址：www. qgsj. com
邮箱：13808641636@163. com

中国轻工业长沙工程有限公司

中国轻工业长沙工程有限公司原称中国轻工业长沙设计院，1970 年初由北京迁入湖南省，1975 年重新组建，是我国成立较早的大型咨询设计单位之一。2002 年 12 月改制重组后，成为国务院国资委管理的中国轻工集团——中国海诚工程科技股份有限公司控股的、具有独立法人资格的有限责任公司，注册资金为 1700 万元。

公司持有国家主管部门颁发的轻纺行业、建筑行业（建筑工程）、市政行业（热力工程）等甲级设计证书和与之相对应的工程总承包资格，甲级咨询资格证书，甲级工程造价咨询单位资质证书，电力行业（火力发电、新能源）、化工行业（化工工程）、城市规划编制等乙级设计资格证书，压力容器及压力管道设计许可证；拥有对外经营权、对外承包工程经营资格。1998 年通过 ISO 9001 质量管理体系认证，2007 年通过 ISO 14001 环境管理及 GB/T 28001 职业健康安全管理体系认证；拥有多项专利技术，2008 年认定为高新技术企业。

现有员工 1000 余人，其中享受政府津贴专家 4 人，教授级高级工程师 70 余人，高级职称技术人员 100 余人。

公司主营业务为工程设计、工程咨询、工程监理和工程总承包，服务于制浆造纸、制盐及盐化工、家用电器、能源环保、建筑、电力、市政等行业领域。公司在制浆领域涵盖化学浆、机械浆、废纸浆等各个浆种；造纸领域涵盖了各类文化用纸、包装用纸、生活用纸及特种纸等各类纸种；在该行业的服务还延伸到纸容器制造及彩印等领域。

公司从事工程咨询设计 50 余年，完成咨询、设计、承包、监理等项目 3000 余项。公司在制浆造纸、制盐及盐化工、家用电器污泥废渣及垃圾焚烧供热发电等行业的市场占有率和核心竞争力均处于行业前列。

自 1982 年国家开展评选优秀设计以来，公司获得国家及省部级优秀设计奖、科技进步奖 200 余项，其中，在制浆造纸行业获国家金银铜奖 10 余项。

公司的工程总承包业务，涵盖了项目投资、选址、规划、技术经济分析、设计、造价、采购、施工、安装、开车等各个方面。作为总承包商，公司先后承建了缅甸、巴基斯坦、埃及、印度、湖南湘丰特种纸业有限公司、广西南宁凤凰纸业有限公司、福建青山纸业股份有限公司、中国造纸装备公司等国内外多项制浆造纸领域的总承包工程，其中，缅甸 YENI 制浆造纸项目获第五届优秀工程总承包金钥匙奖，湘丰纸业总承包工程获第五届优秀工程总承包铜钥匙奖及轻工行业第三届优秀工程总承包项目一等奖。

公司下属控股公司“长顺监理”是公司服务体系的重要部分，拥有工程监理综合资质、招标代理及公路监理甲级资质，现已是湖南省及轻工领域监理行业的知名品牌企业。

法人代表：樊燕
负责人：陈志明
地址：湖南省长沙市雨花区中意一路 67 号
邮编：410004
电话：0731－85770333
传真：0731－85584415

网址： www. cecchina. com
邮箱： office@ cecchina. com

中国轻工业广州设计工程有限公司

中国轻工业广州设计工程有限公司由中国轻工业广州设计院改制成立。中国轻工业广州设计院原为轻工业部下属的 8 个部属设计院之一，成立于 1953 年，是广东地区最大和最有影响力的工业设计院之一。

公司的经营范围为：国内外工程咨询、工程设计、监理、工程承包及上述项目所需设备、材料出口；压力容器设计；园林绿化；批发贸易；从事货物及技术的进出口业务。公司的主营业务为工程设计、工程咨询、工程监理和工程总承包。

公司在册职工 300 人，95% 为各类专业技术人员，其中国家设计大师 2 人、国务院特殊津贴专家 5 人，高级职称 115 人（其中教授级高级工程师 37 人），中级职称 90 人，初级职称 75 人。拥有各类专业注册资格人员：国家一级注册建筑师 9 人、二级 6 人，国家一级注册结构工程师 22 人，国家一级注册建造师 4 人，国家注册监理工程师 24 人，国家注册咨询工程师 12 人，国家注册造价师 16 人，国家注册化工工程师 15 人，国家注册电气工程师 11 人，国家注册公用设备工程师 22 人，国家注册城市规划师 3 人，全国工程总承包项目经理 18 人，全国建设工程造价员 6 人。

目前，公司已先后完成了 4000 多项大中型工程项目设计，其中包括了大批外资和中外合资等工程项目及中烟摩迪（江门）纸业有限公司等一批项目。并自 20 世纪 50 年代起先后完成了 20 多个国家的 30 多项境外工程，是国内最早在境外从事工程设计活动的设计单位之一。在工程领域取得了显著的业绩，积累了丰富的经验。

公司持有建设部、发展和改革委员会等国家主管部门颁发的甲级工程设计证书和与之相对应的甲级工程总承包资质、甲级工程咨询资质证书、甲级工程造价咨询单位资质证书、甲级环境工程专项设计证书、甲级建筑智能化系统工程设计证书、乙级城市规划编制资质证书、甲级工程监理企业资质证书、A 类 D 类压力容器设计许可证、GB 类 GC 类压力管道设计许可证。1992 年经中国对外贸易经济合作部批准，具有对外经营权；经商务部批准，具有对外承包工程经营资格。

法定代表人、公司总经理： 陈荣荣
第三工程设计所所长（造纸行业）： 冯晓辉
地址： 广州市盘福路医国后街 1 号
邮编： 510180
电话： 020 – 81326609
传真： 020 – 81325759
网址： www. gdecn. com

中国轻工业南宁设计工程有限公司

中国轻工业南宁设计工程有限公司（英文简称 CNDC）坐落在风景如画的中国绿城——南宁。公司技术力量雄厚，拥有 400 多名工程技术人员，其中享受国务院政府特殊津贴的专家 13 人，教授级高级工程师 38 人，高级工程师 111 人，各类国家注册工程师 151 人。具有工程咨询、工程设计、工程项目管理、工程建设监理、工程总承包、国际合作等多方面职能，优良的装备和成熟先进的软件为广大客户提供了全方位的技术服务。

公司在制浆造纸方面具有很强的优势，承担的制浆造纸工程咨询、设计、监理及总承包项目遍及我国广西、广东、湖南、江苏、云南、重庆等 10 多个省区以及越南、缅甸、印度尼西亚、马来西亚、乌兹别克斯坦、土库曼斯坦等国家，设计项目多达 300 余项。涵盖碱法制浆、酸法制浆、废纸制浆、化学机械浆等多种制浆方法。涉及的原料有木材（软、硬木）和竹子、甘蔗渣、桑枝等。目前，公司在漂白木浆、漂白甘蔗渣浆、漂白竹浆、纸设计方面居国内领先地位。多年来，在制浆造纸方面，共有 20 多个工程设计（咨询）项目荣获国家及省部级优秀工程设计及优秀工程咨询一、二、三等奖。

法人代表： 王毅军
地址： 广西南宁市星光大道 42 号
邮编： 530031
电话： 0771 – 4800448
传真： 0771 – 4830802
网址： www. ndcchina. com
邮箱： cnec@ vip. 163. com

重庆造纸工业研究设计院

重庆造纸工业研究设计院始建于 1953 年，是我国制浆造纸工业和轻工、军工重要的综合性科研生产基地、重庆市高新技术企业，是国家轻工业纸张质量监督检测重庆站、重庆造纸计量站、重庆造

纸技术工程中心所在地。拥有完备的制浆造纸分析、检测、小试、中试实验体系和一批高素质的管理、科研、生产团队，具备雄厚的研发实力，长期承担各类大型国家科研项目和国军标、国标以及行业标准的制定。在多年从事的行业技术服务、技术咨询、行业投资论证分析、造纸新技术及新产品的研究开发等工作中取得了大量科研成果，尤其是在玻璃纤维洁净技术材料研究和特种功能用纸研究方面处国内领先地位。

重庆造纸工业研究设计院不断完善的现代化管理体系，将军工质量管理体系及 ISO 9001:2008 质量管理体系贯穿科研生产全过程，以雄厚的科技实力，优质的产品质量，良好的企业信誉，竭诚为客户提供满意的服务。

法人代表： 孙骏
地址： 重庆市南岸区（茶园新区）蔷薇路 26 号
邮编： 401336
电话： 023 - 63862408
传真： 023 - 63609345
网址： www. cqzzyjy. com
邮箱： cqzz666@ 163. com

中国轻工业西安设计工程有限责任公司

中国轻工业西安设计工程有限责任公司（简称“中轻西设”），前身为中国轻工业西安设计院，成立于 1958 年。2003 年改制重组后，成为由中国海诚工程科技股份有限公司控股、具有独立法人资格的有限责任公司。

中轻西设的轻纺行业、建筑行业、工程咨询、工程造价、环境影响评价、工程监理等业务均为甲级资质；同时还拥有电力、电子通信、广电、化工、石化、医药、工程总承包、工程项目管理等十多个行业的相应资质以及对外经济技术合作、出口企业、工程招标代理等资质。

中轻西设长期从事制浆造纸、食品发酵、甜菜制糖、皮革轻化、农副产品加工、畜牧产品加工、塑料制品、民用建筑及市政公用工程等行业的咨询、设计和工程总承包服务，并积累了丰富的经验。近年来，在制浆造纸、生物能源、热电工程、环保工程、工程总承包和项目管理方面又有了新的开拓和发展，能为业主提供各类工程服务。

中轻西设具备完善的技术、经营、生产、财务管理制度。2000 年通过了 GB/T 19001 和 ISO 9001 质量管理体系认证；2009 年通过了陕西省高新技术企业认定。

第一工程咨询设计所是中轻西设以制浆造纸专业为主业的综合设计所，已有 50 多年的历史，现有专业设计人员 48 人（其中制浆造纸专业 15 人），具有高级职称 23 人（其中教授级高级工程师 8 人），均长期从事制浆造纸行业的咨询、设计和总承包工作，具有丰富的工作实践经验。先后完成了 200 余项制浆造纸工程设计及服务项目，涵盖制浆、造纸、碱回收、废水处理、纸加工、特种纸、热电联产等造纸行业的各个环节；项目覆盖全国 20 多个省、市、自治区及马来西亚、阿尔及利亚、越南等国家；设计产品包括生活用纸、包装用纸、文化用纸、特种纸等。在生活用纸、包装用纸、非木材纤维制浆等方面居国内领先地位。

法人代表： 李一文
地址： 陕西省西安市柿园路 222 号
邮编： 710048
电话： 029 - 82487832
传真： 029 - 82487815
网址： www. haisum- xa. com
邮箱： Webmaster@ haisum- xa. com

新疆轻工业设计研究院有限责任公司

新疆轻工业设计研究院有限责任公司是新疆唯一从事轻纺行业、商物粮行业、建筑勘察设计、研究、工程咨询、轻工产品质量监督检验、轻工业环境保护监测、工程监理、工程总承包和国外承包工程劳务合作经营等业务的综合性勘察、设计、研究单位。根据国家科研、设计单位体制改革精神，于 2001 年实施了企业化转制。

公司在 2000 年 10 月通过“工程咨询、工程设计（含设备设计）”ISO 9001 和“工程建设监理”ISO 9002 标准质量体系认证。2003 年通过了换版认证。公司全力推广 CAD 技术，是新疆 CAD 应用先进单位，微机装备达到先进水平，拥有先进的计算机局域网络，CAD 出图率达到 100%。被科技部授予“全国 CAD 应用工程示范企业”，并获得“自治区 CAD 应用先进单位”、“自治区勘察设计行业 CAD 软件正版化示范单位”称号，获“自治区级文明单位”称号，2007 年取得首批“新疆勘察设计行业诚信单位”称号，是乌鲁木齐市科技信用 A 级单位。

公司拥有轻纺工程设计、建筑工程设计、商物粮行业工程设计甲级资质；工程咨询甲级资质；房屋建筑工程监理、设备安装工程监理甲级资质；化工石化医药行业工程设计、农林行业工程设计、市政公用工程行业工程设计、电力行业工程设计乙级资质；压力管道 GB 类（GB2 级）、GC 类（GC2 级）、GD 类设计资质；工程勘察乙级资质；城市规划编制咨询乙级资质；工程总承包乙级资质；国外承包工程劳务合作经营许可证及进出口企业资格证书。

近年来公司已获得国家级、部级及自治区级和市级各种优秀设计、咨询、勘察奖项数项。拥有国家专利局实用新型专利 8 项，另有多项实用新型专利和发明专利正在受理过程中。

在自治区勘察设计行业综合实力 20 强单位中，新疆轻工业设计研究院是连续 7 年获得此项殊荣的 10 家设计单位之一，是新疆的骨干设计单位之一。

法人代表：卢向豹
地址：新疆乌鲁木齐市新华北路 8 号红山新世纪 A 座 31－30
邮编：830004
电话：0991－8861777（总机）、2824144（院办）、8862777
传真：0991－2826506
网址：www. xjdl. cn
邮箱：dL@ xjdl. cn

（陶　天）

国内制浆造纸专业教育机构

Brief Introduction to the Domestic Institutions Offering Pulping and Papermaking Courses

北京林业大学

造纸专业所在院系：材料科学与技术学院化学工程系

地址：北京市海淀区清华东路35号

邮编：100083

电话：010－62338152、62338358

隶属单位：教育部

专业设置时间：1987年

专业课程设置：制浆原理与工程、造纸原理与工程、制浆机械与设备、造纸机械与设备、制浆造纸工厂设计、林化概论、专业英语、废纸再生利用技术、制浆造纸环境污染与治理、高效清洁剂制浆、造纸专业实验技术、植物纤维化学、木质素利用技术、生物工程概论、专业课程设计、加工纸、造纸助剂、纸的结构与性能

2010年在校专业学生人数：本科生200人，硕士生45人，博士生10人

至2010年专业毕业生总人数：本科生720人，硕士生52人，博士生10人

2010年毕业生人数：本科生60人，硕士生12人，博士生3人

2010年专业教师情况：专业教师19人，其中长江学者特聘教授1人，教授5人，博士生导师5人，副教授11人，讲师3人

2010年招收本科生人数：60人

2010年招收专业硕士生人数：16人

2010年招收硕士生的指导教师：孙润仓、许凤、蒋建新、蒲俊文、樊永明、姚春丽、吴玉英、何静、张力平、金小娟、宋先亮、张学铭

2010年招收专业博士生人数：6人

2010年招收博士生的指导教师：孙润仓、许凤、蒲俊文、蒋建新、张力平

中国制浆造纸研究院

地址：北京朝阳区光华路12号

邮编：100020

电话：010－65810022

传真：010－65815677

网址：www. cnppri. com

隶属单位：中国轻工集团公司

专业设置时间：1982年

专业课程设置：制浆造纸的生物技术、造纸助剂与湿部化学、纸张结构与性能、制浆化学、制纸科学、非木材造纸、造纸工业环境保护

2010年在读专业学生人数：硕士生15人

至2010年专业毕业生人数：硕士生45人

2010年专业教师情况：专业教师7人，其中教授6人，副教授1人

天津科技大学

造纸专业所在院系：材料科学与化学工程学院造纸科学与工程系

地址：天津市泰达开发区十三大街29号

邮编：300457

电话：022－60601127

传真：022－60602510

隶属单位：天津市

专业设置时间：天津科技大学制浆造纸工程专业是我国最早设立的制浆造纸专业。其前身为1939年的中央技术专业学校，随后相继与北洋大学、四川化工学院等相关学科合并迁至天津大学。1959年和1971年分两次将造纸专业调至天津轻工业学院。至今该学科已有60多年的历史

专业课程设置：植物纤维化学、植物纤维化学实验、制浆原理与工程、造纸原理与工程、制浆造纸工艺实验、高分子物理与化学、过程测控、工厂

设计、仪器分析、环保工程、化工设备、加工纸、废纸再生利用、化工助剂、高得率制浆、浆料流体力学、生物化学导论等

2010 年在校专业学生人数：在校专业学生总数 552 人，其中本科生 446 人，硕士生 88 人，博士生 18 人

至 2010 年专业毕业生总人数：本科生 2140 人，专科生 496 人（包括高等教育自学考试），硕士生 221 人，博士生 60 人

2010 年毕业生人数：本科生 106 人，硕士生 23 人，博士生 2 人

2010 年专业教师情况：专业教师 24 人，其中教授 10 人，副教授 11 人，讲师 3 人。硕士生指导教师 15 人，博士生指导教师 12 人（包括外校）

2010 年招收本科生人数：125 人

2010 年招收专业硕士生人数：27 人

2010 年招收硕士生的指导教师：胡惠仁、刘忠、侯庆喜、王立军、庞金钊、高玉杰、刘秋娟、臧永华、李群、王高升、刘泽华、刘廷志、裴继诚、司传领、张红杰

2010 年招收专业博士生人数：5 人

2010 年博士生指导教师：胡惠仁、刘忠、侯庆喜、王立军、庞金钊、李树材、曹振雷、唐旭东、王昶、陈嘉川、秦梦华、李群

大连工业大学

造纸专业所在院系：化工与材料学院

地址：辽宁省大连市甘井子区轻工苑 1 号

邮编：116034

电话：0411－86323327－802

传真：0411－86323649

隶属单位：辽宁省教育厅

专业设置时间：1959 年

专业课程设置：植物纤维化学、制浆原理与工程、造纸原理与工程、轻化工仪表及自动化、轻化工设备、轻化工环境保护、轻化工工艺实验、热工与节能、文献检索、轻化工科技英语、轻化工工厂设计、废纸回收工程、制浆造纸化学品、植物纤维资源综合利用、加工纸、设备维护与过程控制、制浆造纸前沿技术等

2010 年在校专业学生人数：本科生 223 人，硕士生 44 人

至 2010 年专业毕业生总人数：本科生 2495 人，硕士生 152 人

2010 年毕业生人数：本科生 52 人，硕士生 12 人

2010 年专业教师情况：目前学科有专业教师和工程技术人员 15 人；教授 5 人，副教授（含副研究员和高级工程师）5 人，讲师（含工程师）5 人

2010 年招收本科生人数：53 人

2010 年招收专业硕士生人数：9 人

2010 年招收硕士生的指导教师：周景辉、平清伟、牛梅红、韩颖、杨瑞丰、鲁杰、石海强、张健、孙广卫

东北林业大学

造纸专业所在院系：材料科学与工程学院

地址：黑龙江省哈尔滨市香坊区和兴路 26 号

邮编：150040

电话：0451－82191744、82191743、82192081

传真：0451－82191743、82192081

隶属单位：教育部

专业设置时间：1987 年

专业课程设置：无机化学、有机化学、分析化学、物理化学、化工原理、植物纤维化学、造纸原料各论、制浆原理与工程、造纸原理与工程、加工纸工艺、造纸助剂与湿部化学、制浆综合实验（含植物纤维化学、造纸原料各论、制浆分析、污染防治）、造纸综合实验（含造纸助剂与湿部化学、造纸分析、加工纸工艺）、制浆造纸导论（双语教学）、专业外语（英）、制浆造纸过程测量与控制、制浆造纸机械与设备、制浆造纸工程设计、计算机在造纸工业中应用、高得率浆生产技术、制浆废液资源化利用、制浆造纸技术进展、轻化工程专业导论、制浆造纸节约技术、造纸企业污染防治等

2010 年在校专业学生人数：本科生 202 人，硕士生 12 人，博士生 4 人

至 2010 年专业毕业生总人数：本科生 533 人，硕士生 39 人，博士生 2 人

2010 年毕业生人数：本科生 42 人，硕士生 5 人，博士生 1 人

2010 年专业教师情况：目前学科有专业教师和工程技术人员 14 人，其中中国工程院院士 1 人（外聘）；教授 4 人，博士生导师 2 人，副教授（含副研究员和高级工程师）6 人，讲师（含工程师）4 人

2010 年招收本科生人数：55 人

2010 年招收专业硕士生人数：4 人

2010 年招收硕士生的指导教师：于钢、苏文强、钱学仁、刘文波、岳金权

2010 年招收专业博士生人数：1 人

2010 年招收博士生的指导教师：钱学仁

齐齐哈尔大学

造纸专业所在院系：轻工纺织学院

地址：齐齐哈尔市文化大街 42 号

电话：0452－2738192

邮编：161006

传真：0452－2738192

网址：www.qqhru.edu.cn

隶属单位：黑龙江省教育厅

专业设置时间：1988 年

专业课程设置：轻化工合成材料基础、轻化工生物技术、计算机在轻化工程中的应用、植物纤维化学、制浆造纸原理与工程、制浆造纸机械与设备、加工纸原理与技术、造纸助剂、造纸仪表与自动化、造纸环保与污染治理技术、制浆造纸工厂设计等

2010 年在校专业学生人数：本科生 510 人（轻化工程专业）

至 2010 年专业毕业生总人数：本科生 143 人

2010 年毕业生人数：本科生 90 人

2010 年专业教师情况：专业教师 8 人；教授 3 人，副教授 4 人，讲师 1 人

2010 年招收本科生人数：本科生 150 人

东北电力大学

造纸专业所在院系：化学工程学院

地址：吉林省吉林市长春路 169 号

邮编：132012

电话：0432－4806371

传真：0432－4806620

主管部门：吉林省教委

专业设置时间：1950 年（中专），2001 年（本科）

专业课程设置：植物纤维化学、植物纤维化学实验、轻化工仪表自动化、轻化工计算机辅助设计、轻化工环境保护、制浆原理与工程、造纸原理与工程、工艺实验、印刷工艺学、包装原理与工程、文献检索、专业外语（英）、制浆造纸机械与设备、轻化工工厂设计、制浆漂白新技术（英）、造纸湿部化学、制浆造纸助剂、化工设备、生物技术在造纸工业中应用、加工纸与特种纸、二次纤维回用技术等

2010 年在校专业学生人数：本科生 253 人

至 2010 年专业毕业生总人数：本科生 280 人

2010 年毕业生人数：本科生 70 人

2010 年专业教师情况：专业教师和工程技术人员 30 人；教授 4 人，副教授（含副研究员和高级工程师）20 人，讲师（含工程师）6 人

2010 年招收本科生人数：本科生 70 人

南京林业大学

造纸专业所在院系：轻工科学与工程学院

地址：南京市龙蟠路 159 号

电话：025－85428793

传真：025－8548793

邮编：210037

隶属单位：江苏省教育厅、国家林业局

专业设置时间：1964 年 1 月

专业课程设置：本科生有，植物资源化学、制浆原理与工程、造纸原理与工程、制浆造纸机械与设备、制浆造纸过程系统控制、制浆造纸工程设计、纸加工原理与技术、废纸再生利用技术、植物资源化学实验、制浆造纸工艺实验、制浆造纸专业英语、现代造纸机械状态监测与故障诊断（加实验）、制浆造纸机械制造工艺、制浆造纸设备腐蚀与防护（加实验）、制浆造纸设备安装与维修（加实验）等。研究生有，高等木材化学研究方法（含实验）、木质素化学、糖类化学制浆化学、造纸化学、制浆造纸专题、现代造纸机械监诊学、工程信号采集与处理、制浆造纸装备专题、高等纸浆与造纸分析方法等

2010 年在校专业学生人数：本科生 798 人，硕士生 139 人，博士生 20 人

至 2010 年专业毕业生总人数：本科生 2391 人，专科生 1063 人，硕士生 193 人，博士生 51 人

2010 年毕业生人数：本科生 115 人，硕士生 30 人，博士生 1 人

2010 年专业教师情况：专业教师和工程技术人员 31 人，其中国际木材科学院院士 1 人，江苏省“333”高层次人才培养工程中青年学术带头人培养对象 2 人，江苏省“青蓝工程”中青年学术带头人培养对象 1 人，美国特聘教授 1 人，国内外兼职教授 8 人；教授 12 人，博士生导师 10 人，副教授（含副研究员和高级工程师）6 人，讲师（含工程师）13 人

2010 年招收本科生人数：275 人

2010 年招收专业硕士生人数：67 人

2010 年招收硕士生的指导教师：张辉、翟华敏、曹云峰、刘真、戴红旗、周小凡、童国林、金永灿、景宜、龚木荣、杨益琴、时留新、吴淑芳

2010 年招收专业博士生人数：8 人

2010 年招收博士生的指导教师：张辉、翟华敏、曹云峰、刘真、戴红旗、周小凡、童国林、金永灿

江南大学

造纸专业所在院系：纺织服装学院轻化工程系

地址：江苏省无锡市蠡湖大道 1800 号

邮编：214122

电话：0510－85912107

传真：0510－85912009

网址：www. jiangnan. edu. cn

隶属单位：教育部

专业设置时间：2003 年 12 月

专业课程设置：现代制浆科学与技术、现代造纸科学与技术、造纸物理、造纸湿部化学、高等印刷色彩学、现代包装材料学、现代包装设计、近代仪器分析实验、制浆化学、造纸助剂、制浆造纸分析与检测、纸页结构与性能、废纸再生技术、印刷适性与材料分析、有机合成化学、高聚物结构与性能、制浆造纸技术进展、加工纸与特种纸等

2010 年在校专业学生人数：硕士生 12 人，博士生 3 人

至 2010 年专业毕业生总人数：硕士生 6 人，博士生 2 人

2010 年毕业生人数：硕士生 4 人

2010 年专业教师情况：专业教师和工程技术人员 6 人；教授 2 人，博士生导师 2 人，副教授（含副研究员和高级工程师）2 人，讲师（含工程师）1 人

2010 年招收专业硕士生情况：招收硕士研究生 3 人

2010 年招收硕士生的指导教师：龙柱、蒋学、杨淑蕙

2010 年招收专业博士生情况：1 名

2010 年招收博士生的指导教师：龙柱、杨淑蕙

浙江科技学院

造纸专业所在院系：轻工学院

地址：浙江省杭州市留和路 318 号

邮编：310023

电话：0571－85070781

传真：0571－85070785

隶属单位：浙江省教育厅

专业设置时间：2005 年 9 月

专业课程设置：植物纤维化学、植物纤维化学实验、制浆原理与工程、造纸原理与工程、制浆造纸过程模拟与控制、工艺实验、制浆造纸机械与设备、制浆造纸工厂设计、轻化工环保、加工纸与特种纸、制浆造纸专业英语、包装原理与工程、制浆造纸助剂、二次纤维回用技术等

2010 年在校专业学生人数：本科生 270 人，硕士生 4 人，博士生 2 人

至 2010 年专业毕业生总人数：本科生 105 人

2010 年毕业生人数：本科生 58 人

2010 年专业教师情况：专业教师和工程技术人员 14 人，其中校级特聘教授 1 人；教授 3 人，博士生导师 2 人，副教授（含副研究员和高级工程师）4 人，讲师（含工程师）6 人

2010 年招收本科生人数：90 人

浙江理工大学

造纸专业所在院系：材料与纺织学院轻化工程系

地址：浙江省杭州市下沙高教园区西区 2 号大街

邮编：310018

电话：0571－8684 3263

传真：0571－8684 3250

隶属单位：浙江省教育厅

专业设置时间：2004 年 9 月在原“轻化工程”专业中开始招收制浆造纸工程专业方向本科生，2003 年 9 月在“材料加工工程”和“材料物理与材料化学”两个硕士点招收制浆造纸工程和包装材料方向硕士研究生，2004 年 9 月在“轻工技术与工程”领域招收制浆造纸工程、包装材料和印刷技术方向工程硕士专业学位研究生，2008 年 9 月在纺织工程学科博士点招收制浆造纸工程和包装材料方向博士研究生

专业课程设置：英语、计算机应用、高等数学、物理学、无机化学、有机化学、物理化学、高分子化学、化工原理、电工与电子技术、机械设计基础、工程制图、工业微生物、植物纤维化学、制浆原理与工程、造纸原理与工程、制浆造纸机械与设备、制浆造纸过程控制与自动化、废纸再生利用技术、制浆造纸工程综合实验、制浆造纸工程专业

英语、制浆造纸环境保护、制浆造纸工程设计概论、制浆造纸工程课程设计、纸与纸板的结构与性能、特种纸与加工纸制造技术、制浆造纸化学品与纸机湿部化学、制浆造纸新技术导论、包装工程概论、印刷技术概论等

2010 年在校专业学生人数：本科生 117 人，硕士生 30 人，博士生 3 人

至 2010 年专业毕业生总人数：本科生 79 人，硕士生 21 人

2010 年毕业生人数：本科生 26 人，硕士生 6 人

2010 年专业教师情况：专业教师和工程技术人员 9 人，教授 1 人，博士生导师 1 人，副教授 4 人，讲师（含工程师）3 人

2010 年招收本科生人数：32 人

2010 年招收硕士生人数：学术型硕士研究生 6 人，工程硕士专业学位研究生 11 人

2010 年招收硕士生的指导教师：薛国新、张秀梅、唐艳军、赵宇

2010 年招收专业博士生人数：1 人

2010 年招收博士生的指导教师：薛国新

福建农林大学

造纸专业所在院系：轻化工程系

地址：福州金山

邮编：350002

电话：0591－83715175

传真：0591－83715175

隶属单位：福建农林大学

专业设置时间：1986 年设制浆造纸专科，1989 年设制浆造纸工程本科，2003 年设制浆造纸工程硕士点，2010 年设轻工技术与工程专业硕士点

专业课程设置：化工原理、植物纤维化学、制浆原理与工程、造纸原理与工程、制浆造纸与设备、制浆造纸工厂设计、废纸再生利用技术、造纸化学品、天然产物化学、精细化学品生产工艺学

2010 年在校专业学生人数：本科生 300 人，硕士生 10 人，工程硕士生 4 人

2010 年毕业生人数：本科生 70 人，硕士生 3 人

2010 年专业教师情况：专业教师 19 人，教授 6 人，副教授 6 人，讲师 4 人，助教 3 人

2010 年招收本科生人数：80 人

2010 年招收专业硕士生人数：5 人

2010 年招收硕士生的指导教师：陈礼辉、谢拥群、黄六莲、黄彪、林金国、郑德勇

其他办学情况：福建恒安集团专业培训班，学员 100 人

山东轻工业学院

造纸专业所在的院系：轻化与环境工程学院

地址：山东省济南市长清大学科技园山东轻工业学院

邮编：250353

电话：0531－89631161

传真：0531－89631163

隶属单位：山东省教育厅

专业设置时间：1978 年

专业课程设置：植物纤维化学、制浆原理与工程、造纸原理与工程、制浆造纸设备、制浆造纸环境保护概论、造纸助剂、加工纸、制浆造纸设备安装与维修、制浆造纸工厂设计

2010 年在校专业学生人数：本科生 424 人，硕士生 64 人

至 2010 年专业毕业生总人数：本科生 1928 人，硕士生 152 人

2010 年毕业生人数：本科生 78 人，硕士生 21 人

2010 年专业教师人数：专业教师和工程技术人员 55 人，其中泰山学者特聘教授 2 人；教授 17 人，副教授（含副研究员和高级工程师）16 人，讲师（含工程师）6 人

2010 年招收本科生人数：161 人

2010 年招收专业硕士生人数：22 人

2010 年招收硕士生的指导教师：陈嘉川、秦梦华、赵传山、谢益民、高扬、黄峰、刘温霞、邱化玉、张维海、綦星光、邱书波、葛培锦、杨桂花、傅英娟、韩金梅、刘玉、徐清华、孔凡功、李宗全、王正顺、刘娜、王代启、吴朝军、王振副

青岛科技大学

造纸专业所在院系：化工学院

地址：青岛市四方区郑州路 53 号

网址：www. qust. edu. cn

隶属单位：山东省教育厅

专业设置时间：2003 年

专业课程设置：天然高分子化学、轻化工工艺、轻化工设备、轻化工环境保护、科技文献检索、造纸湿部化学、制浆造纸助剂、纤维素功能

化、生物技术在造纸工业中应用、加工纸与特种纸、二次纤维回用技术等

2010 年在校专业学生人数： 本科生 243 人，硕士生 19 人，博士生 1 人

至 2010 年专业毕业生总人数： 本科生 245 人，硕士生 5 人

2010 年毕业生人数： 本科生 63 人，硕士生 5 人

2010 年专业教师情况： 专业教师和工程技术人员 13 人，其中教授 6 人，博士生导师 4 人，副教授（含副研究员和高级工程师）5 人，讲师（含工程师）2 人

2010 年招收本科生人数： 65 人

2010 年招收专业硕士生人数： 5 人

2010 年招收硕士生的指导教师： 陈夫山、殷素梅、黎振球、武玉民、于世涛、刘福胜、张恒、何为、王松林

2010 年招收专业博士生人数： 5 人

2010 年招收博士生的指导教师： 武玉民、陈夫山、于世涛、刘福胜

山东工业技师学院

造纸专业所在院系： 轻化工程系

地址： 山东省潍坊市西环路 6789 号

邮编： 261053

电话： 0536－8335608、8338768

传真： 0536－8335608

网址： www. gyjsxy. com

隶属单位： 山东省人力资源和社会保障厅

专业设置时间： 1978 年

专业课程设置： 制浆造纸工艺、制浆造纸设备与操作、制浆造纸化验与物检、制浆造纸自动控制、制浆造纸安装与维修

2010 年在校专业学生人数： 中级技工 200 人，高级技工 800 人，技师 200 人

至 2010 年专业毕业生总人数： 中级技工 1000 人，高级技工 3500 人，技师 500 人

2010 年毕业生人数： 中级技工 50 人，高级技工 200 人，技师 50 人

2010 年专业教师情况： 专业教师和工程技术人员 26 人，其中副教授（含副高级实习指导教师）16 人，讲师（含工程师）10 人

2010 年招收中级技工人数： 50 人

2010 年招收高级技工人数： 450 人

2010 年招收技师人数： 100 人

河南省轻工业学校

造纸专业所在院系： 轻工工程系

地址： 河南省郑州市汝河路 72 号

邮编： 450006

电话： 0371－68855367、65319789、65319708

传真： 0371－68973351

网址： www. hnlis. com

隶属单位： 河南省教育厅

专业设置时间： 1980 年

专业课程设置： 植物纤维化学、制浆造纸工艺、制浆造纸机械安装与维修、制浆造纸分析与检验、制浆造纸工厂设计、制浆造纸环境保护概论

2010 年在校专业学生人数： 中专生 150 人

2010 年专业毕业生人数： 中专生 2390 人，大专生 60 人

2010 年专业教师情况： 专业教师 4 名，全部为副教授

其他办学情况： 经常开办多种形式的非学历教育的职业培训班及职业技能培训和鉴定班

湖北工业大学

造纸专业所在院系： 化学与环境工程学院

地址： 湖北省武汉市武昌南湖

邮编： 430068

电话： 027－88023359

传真： 027－88023359

隶属单位： 湖北省教育厅

专业设置时间： 1978 年

专业课程设置： 植物纤维化学、有机合成工艺、化工制图与 CAD、机械原理、过程控制工程、制浆原理与工程、造纸原理与工程、制浆造纸设备、纸厂设计概论、造纸湿部化学、加工纸工艺、造纸化学品、轻化工环保、高得率制浆、废纸再生利用技术、纸和纸板结构与性能、纸张性能与印刷、现代制浆技术、计算机的化工应用、文献检索、专业综合实验等

2010 年在校专业学生人数： 本科生 324 人，硕士生 19 人

至 2010 年专业毕业生总人数： 本科生 1230 人，硕士生 25 人，博士生 2 人

2010 年毕业生人数： 本科生 78 人，硕士生 2 人

2010 年专业教师情况： 专业教师 21 人，其中教授 6 人，副教授 8 人，博士生导师 2 人，享受国

务院政府特殊津贴专家1人，湖北省“楚天学者”特聘教授1人，湖北省有突出贡献中青年专家1人，享受湖北省政府专项津贴人员1人，湖北名师1人

2010年招收本科生人数： 62人

2010年招收专业硕士生人数： 9人

2010年招收硕士生的指导教师： 谢益民、袁世炬、付建生、文琼菊、刘智、杨海涛

2010年招收博士生的指导教师： 谢益民

湖北轻工职业技术学院

造纸专业所在院系： 轻化工程系

地址： 湖北省武汉市洪山区石牌岭东二路

邮编： 430070

电话： 027－87156391

传真： 027－87156391

网站： www. hbliti. com

隶属单位： 湖北省教育厅

专业设置时间： 1956年（中专）、2001年（高职）

专业课程设置： 植物纤维化学、制浆工艺、造纸工艺、制浆造纸机械设备与操作、制浆造纸分析与检验、纸加工工艺、制浆造纸环境保护概论、制浆造纸仪表自动化

2010年在校专业学生人数： 专科生（高职）298人

至2010年专业毕业生总人数： 中专生1400余人，专科生（高职）600余人

2010年毕业生人数： 专科生（高职）101人

2010年专业教师情况： 副教授5人，讲师4人，工程师1人，实验师1人

2010年招收专科生（高职）人数： 87人

长沙理工大学

轻化工程（造纸）专业所在院系： 化学与生物工程学院轻化工程系

地址： 长沙市雨花区万家丽南路二段960号

邮编： 410114

电话： 0731－85258733

传真： 0731－85258733

网址： www. csust. edu. cn

隶属单位： 湖南省教育厅

专业设置时间： 1958年

专业课程设置： 无机化学、有机化学、物理化学、分析化学、植物纤维化学、制浆造纸原理与工程、制浆造纸机械与设备、制浆造纸清洁生产、造纸化学品、涂布加工纸与特种纸、印刷工艺学、包装防伪技术、电子出版技术等。同时开设以高新技术为主导的不同专业方向的系列选修课程及自主实践性强的综合性实验

2010年在校专业学生人数： 本科生246人，硕士生20人

至2010年专业毕业生总人数： 本科生300人，硕士生5人

2010年毕业生人数： 本科生60人，硕士生5人

2010年专业教师情况： 专业教师和工程技术人员20人；教授5人，副教授（含副研究员和高级工程师）10人，讲师（含工程师）5人

2010年招收本科生人数： 65人

2010年招收专业硕士生人数： 8人

2010年招收硕士生的指导教师： 马乐凡、张运雄、胡可信、王萍、王玉珑、晏永祥、夏畅斌、肖忠良

华南理工大学

造纸专业所在院系： 轻工与食品学院

地址： 广州市天河区五山街381号

邮编： 510640

电话： 020－87113844，87110738

传真： 020－87110738

网址： www. scut. edu. cn/qgysp

隶属单位： 教育部

专业设置时间： 1952年

专业课程设置： 植物纤维化学、植物纤维化学实验、轻化工仪表自动化、工业设计基础、轻化工计算机辅助设计、轻化工环境保护、制浆造纸原理与工程、制浆造纸工艺实验、印刷工艺学、包装原理与工程、科技文献检索、林产化学、专业英语、制浆造纸机械与设备、轻工工厂设计、制浆漂白新技术（双语教学）、造纸湿部化学、制浆造纸助剂、纤维素功能化、生物技术在造纸工业中应用、加工纸与特种纸、二次纤维回用技术等

2010年在校专业学生人数： 本科生343人，硕士生125人，博士生52人

至2010年专业毕业生总人数： 本科生2495人，硕士生323人，博士生157人

2010年毕业生人数： 本科生45人，硕士生45人，博士生15人

2010年专业教师情况： 专业教师和工程技术

人员 83 人，其中中国工程院院士 1 人，俄罗斯工程院外籍院士 1 人，长江学者特聘教授 2 人；教授 16 人，博士生导师 14 人，副教授（含副研究员和高级工程师）25 人，讲师（含工程师）28 人

2010 年招收本科生人数：本科生 45 人

2010 年招收专业硕士生人数：48 人

2010 年招收硕士生的指导教师：刘焕彬、陈克复、何北海、李友明、林鹿、詹怀宇、武书彬、张曾、陈港、胡健、唐爱民、付时雨、谌凡更、叶君、敖日格勒、沈文浩、陈小泉、刘明友、马邕文、万金泉、陈元彩、陈广学

2010 年招收专业博士生人数：18 人

2010 年招收博士生的指导教师：刘焕彬、陈克复、何北海、李友明、林鹿、孙润仓、詹怀宇、武书彬、张曾、陈广学

广东轻工职业技术学院

造纸专业所在院系：轻化工程系

地址：广州市海珠区新港西路 152 号

邮编：510300

电话：020－61230200（院办）、61230950（系办）

传真：020－61230000（院办）、61230951（系办）

网址：www.gdqy.edu.cn

隶属单位：广东省教育厅

专业设置时间：1958 年

专业课程设置：制浆工艺学、造纸工艺学、造纸化学品、纸的加工技术、制浆造纸工厂设计概论、制浆造纸企业管理、制浆造纸分析与检验、制浆造纸机械设备、制浆造纸设备安装修理、制浆造纸工业环境保护、专业英语

2010 年在校专业学生人数：专科生 193 人

至 2010 年专业毕业生总人数：本科生 191 人，专科生 495 人，中专生 1331 人，技工 415 人

2010 年毕业生人数：专科生 82 人

2010 年专业教师情况：专业教师和工程技术人员 9 人，其中教授 3 人，副教授（含高级实验师）5 人，讲师 1 人

2010 年招收专科生人数：51 人

其他办学情况：自专业开办以来培训造纸短训班学生共 376 人，为东莞玖龙纸业有限公司及广东新会维达纸业有限公司定向招收成人大专 216 人

广西工业职业技术学院

造纸专业所在院系：食品与生物工程系

地址：广西南宁市秀灵路 37 号

邮编：530001

电话：0771－3828161、3851596

传真：0771－3832808

网址：www.gxic.net

隶属单位：广西壮族自治区工业和信息化委员会、广西壮族自治区教育厅

专业设置时间：1972 年（中专），2006 年（高职）

专业课程设置：植物纤维化学、制造纸工艺与技术、制浆造纸机械与设备、制浆造纸分析与检测、制浆造纸设备安装与维修、造纸工业仪表与自动化控制、制浆造纸计算机辅助设计、制浆造纸生产综合实训、纸厂废水检测与处理综合实训、专业技能训练、专业英语、生产实习、顶岗实习、加工纸、废纸回收与利用、毕业设计

2010 年在校专业学生人数：高职生 97 人

至 2010 年专业毕业生总人数：中专、高职毕业生 498 人，近 5 年来为造纸企业培训（包括新员工上岗培训、中级工培训及考证、高级工培训及考证、老员工理论培训等）员工近千人

2010 年毕业生人数：高职生 28 人

2010 年专业教师情况：专业教师和工程技术人员 6 人，其中副教授（含高级工程师）1 人，讲师（含工程师）5 人

2010 年招收高职生人数：25 人

广西大学

造纸专业所在院系：轻工与食品工程学院

地址：广西南宁市大学路 100 号

电话：0771－3237301、3231382

邮编：530004

传真：0771－3237097

网址：www.gxu.edu.cn/college/lif

隶属单位：教育部

专业设置时间：1978 年

专业课程设置：制浆工艺学、造纸工艺学、制浆造纸设备、造纸湿部化学与化学品、轻化工程设计概论、加工纸、包装与印刷概论、化工仪表与自动化、二次纤维回用技术

2010 年在校专业学生人数：本科生 210 人，硕士生 48 人，博士生 11 人

至 2010 年专业毕业生总人数：本科生 1069 人，硕士生 164 人，博士生 17 人

2010 年毕业生人数：本科生 44 人，硕士生 16 人，博士生 3 人

2010 年专业教师情况：专业教师 13 人，其中教授 5 人（博导 1 人），副教授 5 人，讲师 3 人

2010 年招收本科生人数：45 人

2010 年招收专业硕士生人数：17 人

2010 年招收硕士生的指导教师：王双飞、黄显南、宋海农、许开绍、覃程荣、周敬红、杨崎峰、朱红祥、黄崇杏、陈国宁、农光再

2010 年招收专业博士生人数：3 人

2010 年招收博士生的指导教师：王双飞

四川工商职业技术学院

造纸专业所在院系：轻化工程系

地址：四川省都江堰市青成路 451 号

邮编：611830

电话：028 – 87282243

传真：028 – 87282095

隶属单位：四川省经济信息化委员会

网址：www. sctbc. net

专业设置时间：1959 年

专业课程设置：植物纤维化学、制浆技术、造纸技术、制浆造纸机械设备与操作、制浆造纸分析与检验、纸加工技术、制浆造纸环境保护概论、制浆造纸化学助剂

2010 年在校专业学生人数：专科生 150 人

至 2010 年专业毕业生总人数：中专生 1850 人，大专生 550 人

2010 年专业教师情况：专业教师 8 人；讲师 3 人，副教授 4 人

其他办学情况：经常开办多种形式的非学历教育的职业培训班

昆明理工大学

造纸专业所在院系：生物与化学工程学院生物工程系

地址：云南省昆明市官渡区金马镇白龙寺 302 号

邮编：650224

电话：0871 – 3801122、3835931

传真：0871 – 3835931

隶属单位：云南省教育厅

专业设置时间：1979 年（本科）

专业课程设置：植物纤维化学、制浆原理与工程、造纸原理与工程、制浆造纸机械与设备、植物纤维实验技术、造纸化学品、工业纸板生产与应用技术、纸加工技术、轻化工程设计概论、纸包装与印刷技术等

2010 年在校专业学生人数：本科生 142 人，硕士生 13 人，博士生 1 人

至 2010 年专业毕业生总人数：本科生 549 人，硕士生 19 人

2010 年毕业生人数：本科生 26 人，硕士生 3 人

2010 年专业教师情况：专业教师 12 人，其中教授 2 人，博士生导师 1 人，副教授 4 人，讲师 5 人

2010 年招收本科生人数：36 人

2010 年招收专业硕士生人数：6 人

2010 年招收硕士生的指导教师：陈克利、周学飞、刘玉新

2010 年招收专业博士生人数：1 人

2010 年招收博士生的指导教师：陈克利

陕西科技大学

造纸专业所在院系：造纸工程学院

地址：陕西省西安市未央大学园区陕西科技大学

邮编：710021

电话：029 – 86168235

传真：029 – 86168238

网址：zaozhi. sust. edu. cn

隶属单位：陕西省教育厅

专业设置时间：1958 年

专业课程设置：有机化学、物理化学、化工原理、植物纤维化学、制浆原理与工程、造纸原理与工程、制浆造纸机械与设备、制浆造纸工程设计、制浆造纸实验、加工纸原理与技术、二次纤维利用技术、制浆造纸专业英语、制浆造纸环境工程技术等

2010 年在校专业学生人数：本科生 855 人，硕士生 111 人，博士生 19 人

至 2010 年专业毕业生总人数：本科生 3892 人，硕士生 264 人，博士生 8 人

2010 年毕业生人数：本科生 202 人，硕士生 16 人，博士生 4 人

2010 年专业教师情况：专业教师和工程技术人员 37 人，其中有中青年专家 1 人；教授 15 人，博

士生导师 6 人，副教授（含副研究员和高级工程师）10 人，讲师（含工程师）12 人

2010 年招收本科生人数：291 人

2010 年招收专业硕士生人数：35 人

2010 年招收硕士生的指导教师：张美云、王志杰、李新平、韩卿、李志健、杨军、张宏、杨建桥、张安龙、王海毅、陈永常、张峰、徐永建、夏新兴、张素风

2010 年招收专业博士生人数：4 人

2010 年招收博士生的指导教师：张美云、沈一丁、李新平、韩卿、李志健、徐永建、汤伟

（林　媛）

国内主要造纸期刊介绍

China's Main Periodicals Related to Pulp and Paper

《中国造纸学报》

《中国造纸学报》是由中国造纸学会主办、中国制浆造纸研究院承办的造纸学术性期刊，创刊于1986年。主要刊登造纸专业研究论文、学术报告及综合性评述，反映我国造纸工业在原材料、制浆、造纸、废液综合利用及污染防治、机械设备、分析检验、工艺和质量控制自动化以及制浆造纸专业基础理论等方面的新进展和新成果，是我国造纸工业理论性强、水平高的学术性期刊。它为我国造纸工业提供了一个极好的学术交流平台，对国内造纸工业的技术进步做出了较大贡献。本刊的固定栏目有研究论文与综述等。

《中国造纸学报》连续多年入选“中文核心期刊”、“中国科技论文统计源期刊”、“中国科学引文数据库来源期刊”、“中国科学文献评价数据来源期刊”，并已被 Scopus、CA、ABIST 等国外著名的期刊索引收录。

《中国造纸学报》为季刊，出版日期为3月25日、6月25日、9月25日、12月25日。刊号：ISSN 1000-6842，CN 11-2075/TS。自办发行。

《中国造纸学报》为大16开；单价20元，全年80元。

电话： 010-65831254（编辑）
65815653（发行）
传真： 010-65817480
邮箱： tcpp@vip.163.com
网址： www.cppmp.com

《中国造纸》

《中国造纸》为专业技术性刊物，国内外公开发行，由中国造纸学会和中国制浆造纸研究院主办，主要报道我国造纸工业在原材料、制浆、造纸、废液综合利用及污染防治、机械设备、分析检验、工艺和质量控制自动化以及制浆造纸专业基础理论等方面的新成就和重要科技成果。

本刊除及时报道各研究机构、高等院校在科研理论方面取得的突破成果外，还注重报道各制浆造纸厂引进或自行研究探索的新工艺、新技术。《中国造纸》将理论与实践有机结合，更好地满足了科研工作者以及制浆造纸工厂技术人员的需要。

《中国造纸》是我国造纸界权威性技术期刊，连续多年入选“中文核心期刊”、“中国科技论文统计源期刊”、“中国科学引文数据库来源期刊”、“中国科学文献评价数据来源期刊”，并已被 Scopus、CA、ABPST 等国外著名的期刊索引收录。

《中国造纸》（刊号：ISSN 0254-508X，CN 11-1967/TS）为月刊，每月25日出版，大16开，国内单价：10元/期，全年120元；国外及港澳台地区：20美元/册，全年240美元。邮发代号：2-194；国外发行代号：DK11070。

电话： 010-65831253、65831254（编辑）
65831284（广告）
65815653（发行）
传真： 010-65817480
邮箱： cpp2108@vip.163.com（编辑）
cpg@vip.163.com（广告）
网址： www.cppmp.com

《国际造纸》

《国际造纸》是由中国造纸学会、中国制浆造纸研究院主办。主要报道现代全球造纸工业先进生产技术、浆纸装备、环保技术、造纸化学品的应用与研究、全球最新造纸动态等，是国内外公开发行的连续出版物。本刊特设前沿·热点栏目，就当前造纸行业关心的问题进行论述及报道。《国际造纸》连续多年入选“中国期刊全文数据库”、“中国核心期刊（遴选）数据库”和“中国学术期刊综合评价数据库”。

《国际造纸》已与多家造纸机构、企业、团体建立了广泛的联系，是中国了解世界纸业，世界了解中国纸业的窗口；是沟通中外纸业技术、信息、贸易的桥梁与纽带。

《国际造纸》适合造纸行业的经理，科研院所技术人员以及印刷、机械、化工、环保等相关行业的经营管理及技术人员阅读。

《国际造纸》（刊号：ISSN 1006－2599，CN 11－3573/TS）为双月刊，双月25日出版；每期10元，全年共60元；邮发代号：82－301。

电话： 010－65831255（编辑）
65831284（广告）
65815653（发行）

传真： 010－65817480

邮箱： wpp@ vip. 163. com（编辑部）
cpg@ vip. 163. com（广告部）

网址： www. cppmp. com

《造纸信息》

《造纸信息》是由中国造纸协会、中国造纸学会和中国制浆造纸研究院共同主办，中国造纸杂志社编辑出版的造纸信息类期刊。已被“中国期刊全文数据库”和“万方数据——数字化期刊群”收录。

《造纸信息》全面、及时、准确地报道我国和世界造纸工业以及相关行业的信息，是我国造纸行业唯一公开发行的综合信息类刊物。

《造纸信息》以为造纸企事业单位及相关行业提供国内外造纸工业信息服务为主要宗旨，汇集行业专家观点、聚焦行业热点问题、展示领军企业风采，及时报道行业政策、企业动态、新技术和新成果，以及全球造纸企业的最新动向，为读者全方位了解造纸行业提供独家参考，为企业提供政策性指导和经营决策信息。

常设栏目有：专题论坛、企业风采、政策法规、节能减排、行业纵横、新建扩建、企业报道、市场动态、行业热点·焦点论坛、管理与营销、新产品·新技术·新设备、环球纸业、协会和学会动态、会展传真等。

《造纸信息》为国内外公开发行（刊号：ISSN 1006－8791，CN 11－3667/TS），月刊，每月10日出版。全彩色大16开，每期10元，全年120元。邮发代号：82－881，国外发行代号：DK11071。

电话： 010－65831255（编辑）
65831284（广告）
65815653（发行）

传真： 010－65817480

邮箱： wpp@ vip. 163. com（编辑部）
cpg@ vip. 163. com（广告部）

网址： www. cppmp. com

《中华纸业》

《中华纸业》是中国造纸协会会刊、中文核心期刊、行业综合指导类科技期刊，是中国学术期刊（光盘版）、中国期刊网、万方数据资源系统、中文科技期刊数据库、华艺线上图书馆和CA等统计源期刊。

《中华纸业》聚焦行业热点，突出导向性、创新性、前瞻性和实用性，对造纸及造纸相关行业在政策、管理、技术、市场等方面进行综合报道，是中国造纸产业最具权威性和影响力的期刊之一。

主要报道国家产业政策，行业发展规划，市场分析预测，企业发展战略，行业技术进步，企业技术创新，企业生产实践，国内外动态信息。

主要读者是企业决策层以及企业管理、经营及工程技术人员；行业协会组织、政府有关部门及产业经济研究人员；科研设计及大专院校有关的工作人员。

《中华纸业》为半月刊（刊号：ISSN1007－9211，CN37－1281/TS），大16开，彩色印刷。国内定价10元/期，全年240元。邮发代号：82－301。

地址： 山东省济南市工业南路101号

邮编： 250100

电话： 0531－88522949、88929286、88935343

传真： 0531－88926310

邮箱： cppi@ cppi. cn（办公室）
adv@ cppi. cn（广告部）
cbb@ cppi. cn（采编室）

网址： www. cppi. cn

《纸和造纸》

《纸和造纸》（月刊）系中国造纸学会主办，四川省造纸学会和四川工商职业技术学院联办，以知识性、实用性、导向性、科学性为特色的制浆造纸专业权威性科技期刊。自1982年创刊以来，本刊始终坚持“普及制浆造纸科技知识，介绍先进适用的生产工艺、装备技术和管理经验，沟通相关信息，促进造纸工业的科技进步和持续发展，为提高造纸、用纸从业人员的素质服务”的办刊宗旨。曾被原国家轻工业部、中国科学技术协会评为优秀期刊，并连续多年入选“中文核心期刊”、“中国学术期刊综合评价数据库来源期刊”，是造纸科技期刊中知名度很高，发行量很大和影响面很广的一种。

《纸和造纸》开设有专论与综述、企业风采、工艺技术、装备器材、试验研究、造纸化学品、环境保护与综合利用、分析检验、仪表自控、知识之窗、产品天地、探讨与质疑等30余个栏目。全面报道有关造纸的新知识、新技术、新原料、新产品、新装备，以及中国造纸工业的方针政策和技术经济信息、市场动态、纸制品等方面内容。

本刊为大16开，内页双色印刷，国内外公开发行。刊号：ISSN 1001－6309，CN 11－2709/TS。邮发代号：62－111，月刊，全年订价120元。

地址：四川都江堰市四川工商职业技术学院内
邮编：611830
电话：028－87281943（编辑）
87284769（广告）
87267806（发行）
传真：028－87203119
邮箱：myppm@263.net

《造纸科学与技术》

《造纸科学与技术》是广东省造纸学会会刊，由广东省造纸学会和广东省造纸研究所主办。主要刊登制浆造纸科学与工程的论文与报告、实践与经验，介绍制浆造纸工艺、设备与控制的研究进展与技术进步、清洁生产与环境保护、科学管理与持续发展，还设立了科普园地。内容丰富，可读性强，是造纸行业中水平较高的期刊之一。

《造纸科学与技术》于1996年7月起入编“中国学术期刊（光盘版）”，并荣获“中国学术期刊（光盘版）”、“中国期刊网”全文收录证书；“中国学术期刊综合评价数据库来源期刊”证书。

《造纸科学与技术》为双月刊，大16开，全年订费60元。订阅者可通过邮局汇款至《造纸科学与技术》编辑部订阅。汇款时请写清楚单位名称、地址、邮编、联系电话及收件人姓名。

地址：广州市华南理工大学制浆造纸工程国家重点实验室《造纸科学与技术》编辑部
邮编：510640
电话：020－87112854、87113940－1019
传真：020－87112854、22236078
邮箱：dhliu@scut.edu.cn

《生活用纸》

由中国造纸协会生活用纸专业委员会承办的《生活用纸》杂志自1993年以内部资料形式创刊，2001年1月开始国内外公开发行，从2003年起改为半月刊，得到各会员单位、有关企业和广大读者的支持和欢迎，经过不断努力和改进，已成为生活用纸及相关行业从业人员的重要信息来源和参考资料。刊号：CN11－4571/TS。

办刊宗旨：推进生活用纸及相关行业技术进步，促进科学管理，宣传产业政策，服务企业发展，提供国内外发展动态信息和市场产销信息。

内容：卫生纸、餐巾纸、面巾纸、纸手帕、厨房用纸、擦手纸等卫生纸品；妇女卫生巾、婴儿纸尿裤、成人失禁用品等一次性卫生用品；相关原辅材料及设备等。

主要栏目：协会工作、行业动态、发展论坛、市场与营销、质量与管理、技术与设备、他山之石、消费与流行趋势、资讯等。

本刊是国内唯一关于生活用纸行业的专业性科技类综合性刊物，内容丰富，专业性、时效性强，是生活用纸及相关行业的企业管理人员、市场营销人员、工程技术人员以及技术工人的良师益友。

本刊为大16开，半月刊，全年240元，国外及港台地区全年900元或全年150美元。2010年7月开始改为全彩版印刷，刊号为CN11－4571/TS，自办发行。

电话：010－65817695、65877081（编辑）
010－65810824、65877075（广告）
010－65816501、65812003（发行）
传真：010－65813253（编辑）
010－65814944（广告）
邮箱：2004ads@sina.com
网址：www.cnhpia.org

《造纸化学品》

中国造纸化学品工业协会会刊《造纸化学品》是由中国造纸化学品工业协会、全国造纸化学品信息站、杭州市化工研究所联合主办的国内外公开发行、全面报道制浆造纸化学品唯一的全国性科技期刊。

主要报道造纸用化学品（尤其是精细化学品）的研制、开发、应用及国内外发展动向等。设有专题综述、科学试验、应用技术、经验交流、国外动态、新产品新技术、市场与信息等栏目。本刊以造纸界、化工界、科研机构、事业单位从事科研生产的广大技术工人、科技人员、管理干部及大专院校相关专业的师生为服务对象。

本刊是“中国核心期刊（遴选）数据库”收录期刊，“中国学术期刊（光盘版）”、“中国期刊网”、“中国学术期刊综合评价数据库”、“万方数据—数字化期刊群”、“中文科技期刊数据库”全文收录期刊，“中国学术期刊综合评价数据库”统计源期刊。美国《化学文摘》、波兰《哥白尼索引》收录期刊。

《造纸化学品》（刊号：ISSN 1007－2225，CN 33－1202/TQ）为双月中旬出版，每年 6 期加 1 期增刊，共 7 期，订价为 70 元/年。欲订阅者请从邮局直接汇款到本部，并请注明订阅《造纸化学品》、数量及收件人详细地址、邮编。

地址：浙江省杭州市上塘路石灰坝 7 号
邮编：310014
电话：0571－88313782－2301、2302
传真：0571－88315561
邮箱：paperchemj@163.com
paperchemhz@yahoo.com.cn
网址：www.paper-chem.com

《华东纸业》

经国家新闻出版总署批准，《上海造纸》从 2009 年第 4 期更名为《华东纸业》。

《华东纸业》是由上海、山东、江苏、浙江、福建、江西、安徽七省市造纸学会主办的科技类制浆造纸工业专业技术刊物。

《华东纸业》办刊宗旨：面向全国造纸工业，传播纸业信息，推广高新造纸技术与成果。打造纸业信息交流平台，使之成为经验交流的园地，市场信息的窗口，拓展我国纸业技术、参与国际市场竞争的企业家和广大科技人员的良师益友。

《华东纸业》市场定位：立足华东长三角，辐射国内外造纸企业及相关行业的企业家、工程技术人员、经营管理人员和技术工人。长期以来深受全国各地造纸工作者的欢迎。

《华东纸业》主要栏目：专题与综述、企业家论坛、制浆与造纸、设备与电仪、加工纸与特种纸、助剂与湿部化学、环境保护与节能、脱水器材、国内外纸业信息等。全面报道造纸及相关行业的新材料、新技术、新工艺、新产品、新装备的应用以及中国造纸工业的方针政策和技术经济信息、市场动态等内容。

《华东纸业》为双月刊，大 16 开。面向国内外公开发行。刊号：ISSN 1673－9213，CN31－2034/TS。全年订价 60 元。

地址：上海市镇坪路 176 弄 10 号 2501 室
邮编：200061
电话：021－52040637
传真：021－52040637
邮箱：menger2010@126.com

《湖北造纸》

《湖北造纸》创刊于 1963 年，是湖北省造纸学会会刊。自 1995 年经国家科委批准公开发行以来，得到了有关企业和广大读者的支持和欢迎，成为造纸及相关行业从业人员的重要参考资料。《湖北造纸》是“中国期刊全文数据库”全文收录期刊、“中国学术期刊综合评价数据库”统计源期刊、“中国核心期刊（遴选）数据库”全文收录期刊，现由湖北省造纸学会与中国轻工业武汉设计工程有限责任公司主办。

主要内容：学术论文、科研报告、工作总结、技术革新、成果推广、产品开发、污染治理、企业管理、经验交流、各地动态、行业规则等。

《湖北造纸》为技术性刊物。季刊，大 16 开，刊号：ISSN1006－9631，CN42－1390/TS。

地址：武昌首义路 176 号
邮编：430060
电话：027－88044716

《湖南造纸》

《湖南造纸》是一本创办了 30 多年的专业性季刊。刊号：ISSN1672－3066，CN43－1232/TS，是湖南省造纸学会会刊，也是“中国核心期刊（遴选）数据库”的入编刊物。

《湖南造纸》杂志始终坚持以宣传行业科学技术为核心；以推广实用技术与经验为要素；以促进行业发展为目的的办刊宗旨，宣传行业的政策法规和科技进步，推进行业的科技成果转化；坚持理论与实际相结合，努力推广行业内先进、成熟的管理经验、生产经验，使之成为行业的一面旗子，影响和带动行业的健康和快速发展。同时《湖南造纸》杂志注意在选材上紧跟形势，把握时代脉搏，掌握行业动态，报道行业热点、焦点问题，为企业决策提供科学依据，为科技工作者服务，为他们提供交流信息、学习经验的平台。本刊辟有工艺与技术、造纸化学品与应用、环境保护、分析与检验、设备与自控、企业管理、国外技术等核心栏目。另外还设有信息栏目，以简讯的方式，主要从新产品、新工艺、新技术、行业动态、市场动态几方面报道行业内的最新技术成果，行业发展动向，市场变化等情况。

《湖南造纸》为季刊，大 16 开，自办发行，季末出版，全年 30 元。订阅者通过邮局电汇或银行信汇均可订阅。汇款时请注明收件人姓名、详细地址、邮编、联系电话。

地址：湖南省湘潭市建设中路 7 号
邮编：411104
电话：0732－8523295
传真：0732－8523295
邮箱：hunanpaper@ 163. com

《黑龙江造纸》

《黑龙江造纸》是由黑龙江省造纸工业研究所、黑龙江造纸学会主办的制浆造纸综合性技术刊物，是“中国学术期刊综合评价数据库”统计源期刊，被中国期刊全文数据库全文收录，在“万方数据——数字化期刊群”全文上网，被“中国核心期刊（遴选）数据库”收录。

本刊立足黑龙江省内，报道国内外制浆造纸行业中科研、生产、经营、管理的先进技术、实践经验和市场信息，可供广大技术工人、科技人员、管理干部及大专院校的师生参考。

《黑龙江造纸》为季刊，全年订价 25 元。

地址：牡丹江市光华街 5 号
邮编：157013
电话：0453－6320013
传真：0453－6332195、6330907
邮箱：hlj_ zz@ sina. com

《天津造纸》

《天津造纸》（季刊）于 1979 年创刊。主要面向造纸企事业单位的工程技术人员、经营管理人员和技术工人及大专院校相关专业的教师和学生。内容涉及制浆造纸、工艺设备、环保节能、造纸助剂、科技信息及经营管理等方面的科研成果和应用报告。

《天津造纸》由天津环球磁卡集团主管，天津市造纸学会和天津市轻工业造纸技术研究所主办，天津市轻工业造纸技术研究所编辑出版。《天津造纸》国内刊号 CN 12－1155/TS，季刊，每期订价 5 元。

地址：天津市河西区大沽南路 1069 号
邮编：300222
电话：022－28164741
传真：022－28162543

（杜荣荣）

2010 年国内主要造纸期刊目录

The Contents of China's Main Periodicals Related to Pulp and Paper 2010

题　目　　期号　页码

《中国造纸学报》

◆研究论文

碱法预提取玉米秆半纤维素及对后续制浆的影响 …… 程合丽等 1（1）
木聚糖酶用于麦草浆 ECF 漂白的研究 …… 王治艳等 1（5）
酶处理对粉丹竹 SCMP 过氧化氢漂白浆性质的影响 …… 李兵云等 1（9）
水预水解提取半纤维素对碱法桉木浆 H_2O_2 漂白的影响 …… 戈玮玮等 1（14）
木麻黄树皮提取物对漂白机械浆光致黄化的抑制 …… 吴宗华等 1（18）
接种蚯蚓堆制处理造纸污泥的试验研究 …… 李丹等 1（22）
新型改性木质素磺酸钙高效减水剂的制备及构效关系研究 …… 雷永林等 1（27）
从 APMP 制浆废液分离所得半纤维素的改性和应用 …… 张继颖等 1（33）
愈创木基型和紫丁香基型木素小分子的漆酶生物改性 …… 裴继诚等 1（39）
半纤维素在离子液体中的均相改性研究 …… 程合丽等 1（44）
木聚糖酶预处理对杨木木片磨浆及纸浆性能的影响 …… 陈夫山等 1（47）
速生杨枝桠材 P-RC APMP 浆的酶促磨浆 …… 杨桂花等 1（52）
4 种卷烟纸助剂的效果评价和分析 …… 朱东来等 1（57）
圆网纸机纸页成形原理及成形区设计的研究 …… 陈永生 1（61）
基于遗传算法和 BP 网络的造纸废水处理预测研究 …… 李伟奖等 1（67）
基于 DRNN 的纸机定量水分解耦控制仿真分析 …… 周炜等 1（72）
复卷机放纸辊直流传动弱磁控制方法及其实现 …… 孙标等 1（75）
采用 NI LabVIEW 平台的新型絮凝分析系统的开发 …… 赵光磊等 1（79）
用新型絮凝分析系统研究 DCS 对填料絮凝的影响 …… 赵光磊等 1（83）
遗传编程在低浓打浆过程建模中的应用 …… 张政江 1（86）
蔗渣半纤维素的热裂解特性研究 …… 彭云云等 2（1）
半纤维素对 APMP 浆性能的影响 …… 王凤娟等 2（6）
马尾松 TMP 纤维漆酶改性的表面分析 …… 彭新文等 2（11）
响应面法优化漂白浆酶水解 …… 吕健等 2（16）
竹沥液对粉单竹 APMP 浆返黄的影响 …… 骆莲新等 2（22）
白腐菌预处理对粉单竹化学成分和微观纤维形态结构的影响 …… 熊建华等 2（27）
白腐菌预处理竹子化机浆的 XPS 和 AFM 分析 …… 熊建华等 2（32）
果胶酸类物质的酶解及其对 DCS 稳定性的影响 …… 张春辉等 2（39）
非均相 UV/Fenton 体系氧化降解愈创木酚的研究 …… 王昶等 2（45）
聚铁硅絮凝剂的制备及其对造纸废水的处理 …… 许佩瑶等 2（50）
改性纳米 $CaCO_3$ 分散体系稳定性和扩展 DLVO 理论 …… 唐艳军等 2（54）
CPAM/膨润土双元体系在瓦楞原纸生产中的应用 …… 沙力争等 2（59）
木粉接枝改性制备高吸水材料的研究 …… 吴文娟等 2（63）
基于小波变换的纸浆结构统计模型的研究 …… 周强等 2（67）
基于夹点技术的涂布纸机干燥部热回收优化分析 …… 李玉刚等 2（71）
基于 BP 神经网络的纸病分类器设计 …… 倪洁等 2（76）
聚半乳甘露糖在纸浆中的吸附和抗离子干扰的研究 …… 杨仁党等 3（1）
DCS 组分对浮选脱墨和脱墨浆漂白效果的影响 …… 杨秋林等 3（5）

题目	期号	页码
近红外光谱法快速测定木材纤维素、戊聚糖和木质素含量的研究 …… 贺文明等	3	(9)
杨木 P-RC APMP 中溶解和胶体物质的特性分析 …… 苗庆显等	3	(13)
杨木 P-RC APMP 中溶解和胶体物质对湿部化学的影响 …… 苗庆显等	3	(19)
丙烯酸乳液表面施胶剂应用技术的初步探讨 …… 朱勇强等	3	(26)
防油剂在纤维表面的吸附动力学研究 …… 朱红祥等	3	(30)
杨木化机浆使用荧光增白剂的增白性能研究 … 王建等	3	(35)
多次回用对 OCC 浆料强度及纤维表面性能的影响 …… 巫山等	3	(38)
EGSB 反应器处理半化学草浆制浆废水的研究 … 刘春等	3	(42)
竹子碱木素催化湿空气氧化降解生成芳香醛的研究 …… 周生飞等	3	(47)
造纸用氧化铝陶瓷锥形除渣器的研制与磨损行为 …… 王琼生	3	(52)
造纸黑液超临界水氧化过程的能流分析与经济评价 …… 廖传华等	3	(58)
木片浸渍程度数学建模 …… 吕卫军等	4	(1)
木片浸渍程度数学模型的应用 …… 吕卫军等	4	(6)
楸树枝桠材硫酸盐法制浆的研究 …… 王军辉等	4	(10)
不同方法预提取玉米秆半纤维素及其对后续制浆漂白的影响 …… 程合丽等	4	(14)
离子液体中微波辐射合成纤维素丙烯酰胺接枝共聚物 …… 张佳珺等	4	(19)
JOS/PD 复合物的相对分子质量与助留助滤性能 …… 陈少平等	4	(23)
高岭土一次酸浸制取聚合氯化铝工艺研究 … 漆智鹏等	4	(27)
分子质量调节剂对苯丙微乳液性能的影响 … 樊慧明等	4	(31)
脱墨浆 DCS 水中黏性物质的构成分析 …… 李立波等	4	(36)
磁铁矿用于办公废纸脱墨的研究 …… 郑其等	4	(42)
原纤化 Tencel 纤维对滤纸性能的影响 …… 梁云等	4	(47)
遗传投影寻踪插值模型在纸浆质量评价中的应用 …… 熊智新等	4	(52)

◆综述

题目	期号	页码
纤维素接枝共聚的研究进展 …… 林春香等	1	(90)
纸基摩擦材料的摩擦性能及其机理研究现状 …… 钟林新等	1	(96)
造纸废水深度处理技术的应用研究进展 …… 李志萍等	1	(102)
造纸废水的人工湿地处理研究进展 …… 范立维等	2	(79)
中国林纸一体化进程：实施、研究与政策 … 张智光等	3	(64)
塔尔油制备生物柴油的研究现状 …… 林炎平等	3	(73)
高级氧化技术在造纸废水处理中的应用 …… 刘生等	4	(56)

《中国造纸》

◆纤维原料　备料

题目	期号	页码
芳纶 1313 浆粕结构形态及其对成纸性能的影响 …… 赵会芳等	2	(1)
温石棉细小纤维性能及其对石棉胶乳抄取板质量的影响 …… 夏新兴等	2	(18)
表面涂覆壳聚糖对碳纤维在水中分散性的影响 …… 许跃等	3	(14)
大麻芯秆浆打浆性能及配抄涂布原纸的研究 … 何洁等	7	(28)
我国造纸用非木材纤维和废纸原料供应与利用 …… 詹怀宇	8	(56)
从生产实际谈竹材原料的控制问题 …… 汪义华	10	(75)
再生纤维素纤维的发展 …… 刘文等	11	(65)
秸秆高值化利用技术的发展现状与趋势 …… 张美云等	11	(73)
木片机械化采制样系统在日照港的应用 …… 袁晓鹰等	12	(49)
竹材制浆技术发展现状 …… 陈彬	12	(62)

◆制浆及其设备

题目	期号	页码
非木材纤维中浓打浆效果及机理分析 …… 雷利荣等	1	(14)
化学浆的细纤维化程度对高得率浆性能的影响 …… 张荣等	1	(18)
己内酰胺接枝共聚改性纸浆纤维的研究 …… 王利君等	1	(23)
骏泰纸浆厂 402# 胶带输送机设计 …… 刘新华	1	(67)
延长 P-RC APMP 高浓磨机械密封寿命的有效途径 …… 周乐才	2	(44)
湖南骏泰浆纸公司 40 万吨/年化学木浆生产线新工艺、新设备及清洁生产 …… 周鲲鹏	3	(41)
思茅松制浆造纸的生产实践 …… 孙廷聪等	3	(62)
盘式热分散机胶黏物分散作用机理模型的研究 …… 朱小林等	5	(10)
木聚糖酶对混合杨木 APMP 浆滤水性能的影响 …… 吴芹等	6	(14)
非木材原料碱法蒸煮过程中甲醇的发生量 … 刘秋娟等	6	(38)
年产 10 万吨化学机械浆厂高浓盘磨机的安装 …… 孟宪利	6	(60)
加强制浆生产管理　提高纸浆产量与质量 …… Dinesh Chand Mohta 等	6	(68)
碱性 H_2O_2 处理对杨木 P-RC APMP 电荷特性的影响 …… 郭延柱等	7	(5)
蒸煮条件对硫酸盐法竹浆性能的影响 …… 王钱钱等	8	(75)
南方松碱法制浆过程中碳酸根生成规律的研究 …… 李海龙等	9	(7)
稀土铸渗法研制盘磨磨片及使用效果 …… 刘士亮等	9	(37)
废纸板再生制浆车间用电负荷的研究 …… 晏剑辉	9	(47)
漂白针叶木浆酶促打浆效果的研究 …… 曹海利等	10	(6)
赤天化纸业年产 20 万吨 TCF 漂白竹浆生产线 …… 田勇等	10	(43)
优化磨浆机磨片齿形　提高产品质量 …… 杨劲松等	10	(77)
磨盘齿形槽内浆料的运动动力学分析及磨盘齿形的优化设计 …… 陈永生等	11	(56)
浆池施工中产生渗漏的原因分析及应对措施 …… 陈德平	11	(77)
杨木、桉木混合木片 CTMP 法制浆性能研究 …… 田超等	12	(10)
速生桉木 P-RC APMP 工业化生产 …… 傅其军等	12	(42)

◆自动控制　传动控制

◆废水处理与环保综合利用

◆碱回收·环境保护·节水节能·综合利用

◆生物技术

◆**其他**

《中华纸业》

◆**制浆造纸工业**

◆纸业纵横

◆清洁生产

◆机械设备

◆自动控制

◆设计安装

◆节能减排

（杜荣荣）

大事记

EVENTS

8

2010 年中国造纸工业十项要闻

Top 10 News in China's Paper Industry in 2010

1. 1 月 11 日，国家科学技术奖励大会在北京人民大会堂举行。主要由华南理工大学万金泉等人完成的项目"废纸造纸废水资源化利用关键技术研发与应用"获得国家科技进步奖二等奖。

2. 3 月起，一种所谓"石头纸"的产品在社会上引发热议。中国工程院院士陈克复和知名造纸专家余贻骥、曹振雷等专家撰文指出，这种所谓"石头纸"其实是一种填料含量较高的塑料薄膜，根本不能纳入"纸"的范畴，且存在诸多环保问题，从可持续发展的角度出发，"石头纸"不能代替传统纸。

3. 4 月 7 日，山东泉林纸业"麦草清洁制浆及废液资源化利用技术"获 2009 年度中国轻工业联合会科技发明一等奖。

4. 4 月 8 日，河南省江河纸业有限责任公司与辽阳造纸机械有限公司合作，研制开发的 3150 毫米、1000 米/分造纸成套设备通过由河南省科技厅组织的专家鉴定，其中多项关键技术具有明显的自主创新性，其整体技术已达国内领先水平，机内 5 项核心技术达到国际先进水平。

5. 5 月，中国造纸协会发布《中国造纸工业 2009 年度报告》，2009 年全国纸和纸板产量 8640 万吨，消费量 8569 万吨，均超过美国，位列世界第一。

6. 5 月 27 日，成都锦兴绿源环保科技有限公司为四川永丰纸业股份有限公司 ECF 技改项目提供的 3 吨/日二氧化氯制备系统一次开车成功。6 月 5 日，山东山大华特科技股份有限公司研发的 8 吨/日二氧化氯制备系统在华泰集团一次试车成功。7 月 28 日，广西博世科环保科技股份有限公司研发的 8 吨/日二氧化氯制备系统在广西南宁糖业股份有限公司一次试车成功。二氧化氯制备系统国产化取得重要进展。

7. 8 月 19—20 日，由中国科协学会学术部主办、中国造纸学会承办的"中国科协第 41 期新观点新学说学术沙龙——无污染制浆新技术会议"在北京召开，专家们就目前业内各种新的制浆方法等热点问题进行了充分的交流、讨论。

8. 9 月 21 日，中国诚通控股集团公司旗下的中国纸业投资总公司与湖南省国资委等 7 家股东共同在长沙签订重组泰格林纸集团的协议，中国纸业投资总公司将出资 25 亿元对泰格林纸集团增资扩股，泰格林纸集团将改制为股份有限公司。

9. 10 月 18—19 日，由中国轻工机械协会、中国造纸协会、中国造纸学会、全国工商联纸业商会、中国轻工集团公司、中国轻工业信息中心、中国轻工企业投资发展协会联合主办的"首届中国造纸装备发展论坛"在河南焦作召开，并发布"中国造纸装备业自主创新、合作赶超倡议书"。

10. 11 月，为配合北京 CBD 建设所需，中国制浆造纸研究院和中国造纸学会从已有 50 多年历史的光华路 12 号旧址迁出，暂在东城区广渠门华威国际公寓周转地办公，一年后将迁往朝阳区望京新址。

（梁　川）

2010年中国造纸工业大事记

Important Events in China's Paper Industry in 2010

1月

1月11日，中共中央、国务院在北京举行国家科学技术奖励大会。党和国家领导人胡锦涛、温家宝、李长春、习近平、李克强出席大会并为获奖代表颁奖。造纸行业中，主要由华南理工大学万金泉、马邕文、王艳、李迪、黄明智、周深桥等完成的“废纸造纸废水资源化利用关键技术研发与应用”获得2009年度国家科学技术进步奖二等奖。

1月13日，由中国社会科学院主办、中国社会科学院考古研究所与考古杂志社承办的第九届“中国社会科学院考古学论坛·2009年中国考古新发现”在中国社会科学院学术报告厅举行。华林造纸作坊遗址入选六大新发现。

1月20日，国务院总理温家宝主持召开国务院常务会议，研究部署加强淘汰落后产能工作。会议对电力、煤炭、焦炭、铁合金、电石、钢铁、有色金属、建材、轻工、纺织等重点行业近期淘汰落后产能提出了具体目标任务。

1月21日，中国造纸杂志社《中国造纸》召开2009年度“江河纸业杯”优秀论文评选京津地区专家终评会，评选出15篇获奖论文，其中一等奖1篇，二等奖2篇，三等奖5篇，优秀奖7篇。

1月21日，由全国政协经济委员会、中国科学技术协会、中国报业协会批复指导，科技日报社、中国产经新闻报社、中国人民大学公共政策研究院、中国低碳网共同发起主办的首届“低碳中国论坛”年会上，授予金光APP纸业集团“低碳中国贡献国际企业”荣誉称号。

1月25日，全国环境保护工作会议在北京召开，环保部部署2010年工作重点。其中，2010年淘汰造纸落后产能52万吨。

1月25日，越秀广纸集团环保拆迁项目开工仪式在广州南沙区举行，这是广州政府在南沙打造百万吨环保造纸基地的二期工程。二期工程计划2011年5月投产。广纸规划拆迁后产能达60万吨/年。

1月27日，中国政府网发布《国务院办公厅关于成立国家能源委员会的通知》。根据第十一届全国人民代表大会第一次会议审议批准的国务院机构改革方案和《国务院关于议事协调机构设置的通知》精神，为加强能源战略决策和统筹协调，国务院决定成立国家能源委员会。

1月27日，国务院总理温家宝主持召开国务院常务会议，讨论并原则通过《国家环境保护“十一五”规划中期评估报告》。

2月

2月6日，国务院发布《关于进一步加强淘汰落后产能工作的通知》。根据《通知》，2010年底前，我国造纸行业淘汰年产3.4万吨以下草浆生产装置、年产1.7万吨以下化学制浆生产线，淘汰以废纸为原料、年产1万吨以下的造纸生产线。

2月18日，欧盟委员会在《欧盟官方公报》发布公告，正式对中国输欧光面纸（coated fine paper）发起反倾销调查。该调查应欧盟纸张生产商协会的申诉而发起，涉及中国16个纸类产品税号，拟选择美国作为该案调查的替代国，对中国光面纸出口企业在2009年的出口记录进行调查以做出倾销裁定。

3月

3月起，一种所谓“石头纸”的产品在社会上引发热议。中国工程院院士陈克复和造纸行业知名专家余贻骥、曹振雷等专家撰文指出，这种所谓“石头纸”其实是一种填量含量较高的塑料薄膜，根本不能纳入“纸”的范畴，且存在诸多环保问题。从可持续发展的角度出发，“石头纸”不能代替传统纸。

3月2日，美国商务部宣布对中国铜版纸等征收反补贴关税的初裁决定，拟对从中国进口的铜版纸征收大约4%～13%的反补贴关税，理由是中国对这些商品给予不公正的补贴。

3月2日，美国商务部发布公告，应申诉者撤诉请求，决定取消对原产于中国的低定量热敏纸的反倾销行政复审。

3月18日，上海东冠华洁纸业有限公司与上海世博会事务协调局签署协议，成为上海世博会生活用纸行业项目赞助商。东冠纸业专门为世博会开发了以回收牛奶饮料包装盒为原料的“自由森林”环保生活用纸系列。

3月22日，浙江吉安纸容器有限公司举行年产70万吨造纸暨热电扩建项目开工典礼。项目总投资24.8亿元，包括一条年产60万吨涂布白面牛卡纸生产线和一条以浆渣为原料的年产10万吨高强瓦楞原纸生产线。

3月23日，中国造纸学会制浆造纸科学技术学科发展研究项目启动工作会议在北京召开。

3月28日，山东太阳纸业股份有限公司生产文化用纸的23号纸机一次试车成功。

4月

4月1日，新《可再生能源法》开始实施。

4月7日，在中国轻工业联合会二届五次理事会暨全国轻工行业工作座谈会上，举行了2009年度中国轻工业联合会科学技术奖颁奖活动，造纸行业有多个项目获奖；并首次发布“2009年度中国轻工业行业十强企业”名单。其中造纸行业十强企业为：山东晨鸣纸业集团股份有限公司、玖龙纸业（控股）有限公司、华泰集团有限公司、山东太阳纸业股份有限公司、金东纸业（江苏）股份有限公司、山东博汇集团有限公司、中冶纸业银河有限公司、山东泉林纸业有限责任公司、理文造纸有限公司、福建优兰发集团实业有限公司。

4月7日，寿光晨鸣高档涂布白面牛卡纸项目奠基。该项目年产60万吨高档涂布白面牛卡纸。

4月12日，国务院国资委颁布了《中央企业节能减排监督管理暂行办法》，指导监督中央企业在节能减排和转变发展方式中进一步发挥表率作用。

4月13日，维达纸业（辽宁）有限公司年产12万吨高档生活用纸项目在辽宁鞍山开工建设。维达纸业鞍山一期工程计划投资2.3亿港元，年产生活用纸3万吨。

4月14日，中国造纸协会受国家有关部委的委托，在北京召开“中国造纸行业技术和科研发展方向座谈会”。

4月15—17日，以安徽泾县和四川峡江地区的多家宣纸和书画纸生产厂联合主办的宣纸展览会在北京民族文化宫举行。展会展出了多种重要的宣纸及其原料，演示了宣纸的手工抄造技艺，引起书画艺术界的高度关注。

4月16日，国家发展改革委、环境保护部发布《当前国家鼓励发展的环保产业设备（产品）目录（2010年版）》，自发布之日起施行。涉及造纸行业的有含油污水真空分离净化机和造纸黑液碱回收成套设备等。

4月17日，应欧盟纸张生产商协会（The European association of fine paper manufacturers）的申请，欧盟委员会对原产于中国的铜版纸进行反补贴立案调查。这是欧盟对华首起反补贴调查，也是欧盟2010年对全球发起的第二起反补贴调查。本案的补贴调查期为2009年1月1日—12月31日。在本案中，欧盟将就优惠贷款、所得税、间接税及进口关税、政府拨款、政府低价提供货物或服务以及经济开发区项目六大类项目进行调查。

4月20—22日，中国造纸化学品工业协会在杭州市召开第四届会员代表大会，同时举办“2010（第十八届）全国造纸化学品开发与造纸新技术应用研讨会”（2010全国造纸化学品开发与造纸新技术应用高层论坛）。

4月27日，2010年全国劳动模范和先进工作者表彰大会在北京人民大会堂举行。造纸行业中，有8名先进工作者获得“全国劳动模范”荣誉称号，他们是陈洪国（山东晨鸣纸业集团股份有限公司董事长、党委书记）、韦良斌（南宁凤凰纸业有限公司制浆分厂厂长）、江林（牡丹江恒丰纸业集团有限责任公司工程处处长）、鲁招金（安徽山鹰纸业股份有限公司技术中心主任）、白懋林（山东太阳纸业股份有限公司副总经理）、禹建伦（驻马店市白云纸业有限公司生产制造部主管）、迟广俊（云南玉溪水松纸厂总工艺师）、马建华（中冶美利纸业股份有限公司技术员）。

4月28—30日，“第五届杰出华商大会财富领袖论坛”在北京召开。造纸行业中，山东晨鸣纸业集团股份有限公司董事长陈洪国、新加坡金鹰国际集团董事局主席陈江和、华泰集团董事长李建华荣获“2010中华财富领袖”称号。山东晨鸣纸业集团股份有限公司董事长陈洪国、新加坡金鹰国际集团董事局主席陈江和、金光集团董事长兼总裁黄志源、山东泉林集团董事长李洪法、山东太阳纸业股份有限公司董事长李洪信、华泰集团董事长李建华、理文造纸有限公司董事局主席李运强、新亚纸业集团董事长宋敬志、山东博汇纸业股份有限公司董事长杨延良、玖龙纸业（控股）有限公司董事长张茵荣获“2010 全球华商百业十大领军人物”称号。

4 月 28 日，广西田阳华美纸业集团华谊纸业有限公司年产 2 万吨高档生活用纸扩建技改项目竣工投产。该项目总投资 6000 万元。

4 月 29 日，美国商务部决定，对从中国进口的铜版纸征收惩罚性关税，涉及价值超过 2 亿美元的产品。同时决定对从印尼进口的同类产品征收惩罚性关税。美国商务部称，通过调查，认定中国与印尼出口商向美国“倾销”铜版纸。美国商务部决定对从中国进口的产品征收 30.8% ~135.8% 的关税，对印尼同类产品征收 10.62% 的关税。

5 月

5 月 5 日，中国政府网公布《国务院关于进一步加大工作力度确保实现“十一五”节能减排目标的通知》。

5 月 5 日，《福布斯》中文版在上海发布了“2010 年中国慈善榜”暨“中国艺术家公益慈善 25 人”。造纸行业中，太阳纸业股份有限公司董事长李洪信登榜。

5 月 17—18 日，由中国造纸学会和日本浆纸技术协会共同举办的“第三届中日造纸技术交流会”在日本东京大学召开。

5 月 26 日，由芬兰大使馆主办，国家发展和改革委员会协办的芬兰清洁技术中国研讨会在京召开。芬兰共和国总统率领芬兰清洁技术组织与企业代表团共同出席，与中国签订了价值 15 亿欧元的合作协议。其中芬兰科伯里公司与天津玖仟纸业公司签订了技术许可使用协议和 EPC 服务合同，科伯里将向天津玖仟纸业有限公司提供 3 条 formico 生物精炼生产线，每条生产线年产 10 万吨漂白麦草浆。

5 月 27—28 日，全国工业系统淘汰落后产能工作会议在北京召开。工业和信息化部下达 2010 年 18 个行业淘汰落后产能目标任务，其中造纸行业淘汰落后产能由 5 月初国务院通知中的 53 万吨提高到 432 万吨，涉及造纸企业 279 家。

5 月，中国造纸协会发布《中国造纸工业 2009 年度报告》，2009 年全国纸和纸板产量 8640 万吨，消费量 8569 万吨，均超过美国，位列世界第一。

6 月

6 月 5 日，华泰集团下属子公司日照华泰的日产 8 吨环保节能二氧化氯生产线投料成功。

6 月 7—9 日，由美国锐思林纸产品咨询公司（RISI）主办的“第十一届 RISI 亚洲浆纸前景展望大会”在上海召开。山东太阳纸业董事长李洪信荣获“2010 RISI 亚洲造纸业最佳 CEO 奖”。

6 月 9 日，国务院总理温家宝主持召开国务院常务会议，审议并原则通过《全国林地保护利用规划纲要（2010—2020 年)》，以深化集体林权制度和国有林场改革。

6 月 20 日，第二届“高得率浆技术国际研讨会暨中加国际合作项目技术交流会”在南京召开。此次会议由加拿大天柏公司、中加高得率浆项目承担单位（天津科技大学、加拿大制浆造纸研究院、新不伦瑞克大学、多伦多大学）、中国林业科学研究院林产化学工业研究所联合主办。

6 月 21—23 日，中国造纸协会第三届理事会第二次会议在银川召开。曹朴芳常务副理事长做了“中国造纸协会关于造纸工业‘十二五’发展的意见”的报告。举行了全国造纸行业劳动关系和谐企业、2009 年度中国轻工业造纸行业十强企业颁奖仪式。

6 月 21—26 日由中国林业科学研究院主办、林产化学工业研究所承办的第七届国际机械浆基础研究研讨会（the 7th International Seminar on Fundamental Mechanical Pulp Research, 7th IFMPRS）在南京召开。

6 月 23 日，山东世纪阳光纸业集团有限公司在美国洛杉矶宣布其在美国投资设立的世纪阳光纸业美国公司正式成立并开始运营。

6 月 25 日，国家发展改革委发布《2009 年千家企业节能目标责任评价考核结果的公告》，对千家企业 2009 年节能目标完成情况和节能措施落实情况的评价考核进行了审核并发布公告。参加考核的千家企业中，造纸企业 24 家，23 家完成了节能目标，其中 14 家考核结果为超额完成等级，占造纸行业参评企业的 58.33%；9 家考核结果为完成等级，占 37.50%；1 家考核结果为未完成等级，占 4.17%。

6 月 27 日，恒安集团 9 号纸机在福建晋江恒安（中国）纸业有限公司投产。

6 月 28 日，中华人民共和国科技部公布了《关于下达 2010 年度国家有关科技计划项目的通知》。通知指出，按照《国家科技计划管理暂行规定》和《国家科技计划项目管理暂行办法》的有关规定，国家星火计划、火炬计划、重点新产品计划、软科学研究计划立项工作已经完成，并印发了项目清单。其中造纸行业中，分别有 1 个、7 个和 3 个项目被批准为国家星火计划项目、国家火炬计划项目和国家重点新产品计划项目。

6 月 28 日，世界品牌实验室在北京发布了“2010 年（第七届）中国 500 最具价值品牌排行榜”，造纸行业中，恒安国际集团有限公司的“心相印”、福建铙山纸业集团有限公司的“铙山”和山东晨鸣纸业集团股份有限公司的“晨鸣”三品牌登榜。2010 年品牌价值分别为：“心相印” 31.39 亿元、“铙山” 28.53 亿元、“晨鸣” 17.01 亿元。

6 月 29 日，四川永丰浆纸股份有限公司江门年产 20 万吨竹浆项目在四川泸州开工建设。项目总投资 15 亿元，预计年销售收入 10.5 亿元，利税总额 2.5 亿元。

6 月 30 日，国务院总理温家宝主持召开国务院常务会议，研究部署促进企业兼并重组，听取对中央企业监督检查和国有企业监事会工作情况汇报。

7 月

7 月 1 日，国家发展改革委、科技部、工业和信息化部、国土资源部、住房城乡建设部、商务部联合发布《中国资源综合利用技术政策大纲》。强调大力推广先进适用技术，积极推进成熟技术的产业化发展，鼓励前沿技术的研发创新。

7 月 6 日，环境保护部公布了 2010 年环境保护部第一批挂牌督办案件，决定对环境违法问题突出的广东省汕头市等 5 个地区的 9 家造纸企业挂牌督办。

7 月 6—8 日由中国造纸学会主办、江苏华机集团协办、江苏省造纸学会支持的中国造纸学会第十四届学术年会在江苏无锡召开。此次年会共征集论文 130 篇，经专家评审，录用 103 篇，并评选出优秀论文 33 篇，其中一等奖 3 篇、二等奖 6 篇、优秀奖 24 篇。

7 月 31 日，由中国证券报主办的“第 12 届金牛上市公司高峰论坛暨 2009 年度中国上市公司金牛百强奖颁奖典礼”在北京召开，晨鸣集团以总分值 819.65 分的成绩入围 2009 年中证上市公司收入百强榜并列第 98 位。在同时揭晓的行业龙虎榜中，晨鸣纸业（000488）、华泰股份（600308）、太阳纸业（002078）、岳阳纸业（600963）、博汇纸业（600966）入围轻工制造业前十名。

7 月 31 日，青山纸业决定实施制浆造纸系统技改项目，计划投资 4.97 亿元，建设年产 9.6 万吨浆粕生产线。

8 月

8 月 1 日，恒安国际集团投资 10 亿元兴建的恒安临颍纸业工业园和亲亲临颍食品工业园在河南临颍开工。恒安临颍纸业工业园拟建设纸制品生产线 20 条，婴儿纸尿裤生产线 3 条。

8 月 2 日，国际天文学联合会（IAU）批准了由我国科学家利用绕月探测工程全月面影像数据首次申报的月球地理实体命名，有 3 个撞击坑以我国著名科学家的名字命名，其中一位是古代四大发明之一造纸术的发明人蔡伦。

8 月 3 日，金红叶纸业（湖北）有限公司奠基仪式在湖北孝南举行。项目总投资 12 亿元，分两期建设，项目计划首期生产能力年产 24 万吨生活用纸，最终年生产能力达到 84 万吨。

8 月 3—6 日，为推动我国造纸行业废水排放尽快达到国家环保新要求，使制浆造纸企业更多了解、掌握和开发应用废水深度处理技术，按照中国科协有关推进继续教育试点活动的精神，中国造纸学会在北京天坛饭店成功举办了“制浆造纸废水深度处理理论与技术高级培训班”。

8 月 5 日，工业和信息化部对 2010 年炼铁、炼钢、焦炭、铁合金、电石、电解铝、铜冶炼、铅冶炼、锌冶炼、水泥、玻璃、造纸、酒精、味精、柠檬酸、制革、印染和化纤等 18 个工业行业淘汰落后产能企业名单予以公告。18 个行业 2010 年淘汰落后产能共涉及企业 2087 家，造纸行业 279 家。

8 月 19—20 日，由中国科协学会学术部主办、中国造纸学会承办的“中国科协第 41 期新观点新学说学术沙龙——无污染制浆新技术”在北京成功举办。

8 月 21 日，由人民网主办的“2010 首届低碳中国年度创新论坛”在北京举行，亚太森博纸业荣获“2010 低碳中国领军品牌”奖；金光集团荣获“2010 低碳中国十大创新技术产品”奖。

8 月 21—22 日，全国特种纸技术交流会暨特种纸委员会第五届年会于 2010 年在辽宁省丹东市召开。

8 月 23—27 日，由人力资源和社会保障部、中国轻工业联合会、中国造纸协会联合主办，江苏华机集团、广西冠桂糖业有限公司协办的“全国造纸行业节能环保技术高级研修班”在广西南宁举行。

9 月

9 月 4 日，由中国企业联合会、中国企业家协会主办，安徽省人民政府协办，合肥市人民政府承办的“2010 中国企业 500 强发布会暨中国大企业高峰会”在合肥市召开。会议发布了 2010 中国企业 500 强、中国制造业企业 500 强、中国服务业企业 500 强名单及其分析报告。造纸行业中，山东晨鸣纸业集团股份有限公司、华泰集团有限公司、山东太阳纸业股份有限公司、山东博汇集团有限公司等 4 家企业入选中国企业 500 强。山东晨鸣纸业集团股份有限公司、华泰集团有限公司、山东太阳纸业股份有限公司、山东博汇集团有限公司、山东泉林纸业有限责任公司、湖南泰格林纸集团有限责任公司等 6 家纸企入选 2010 中国制造企业 500 强。

9 月 8 日，正大纸业有限公司在山东德州举行年产 9 万吨化机浆项目投产仪式。项目总投资 1.6 亿元，采用 BCTMP 制浆工艺。

9 月 8 日，国内单机生产能力最大的化机浆项目——广西金桂一期年产 30 万吨化机浆项目投产。

9 月 14 日，由中国造纸学会、美国克劳斯公司、芬兰造纸工程师协会联合主办，上海市造纸学会协办的“2010 中国国际造纸技术报告会”于 2010 年在上海召开。

9 月 15—17 日，由中国制浆造纸研究院和美国克劳斯公司联合举办的“第十八届中国国际纸浆造纸暨纸制品工业展览会及会议”（China Paper 2010 Shanghai）在上海国际展览中心举行。

9 月 17 日，国家发展和改革委员会发布《固定资产投资项目节能评估和审查暂行办法》，目的是加强固定资产投资项目节能管理，促进科学合理利用能源，从源头上杜绝能源浪费，提高能源利用效率。

9 月 21 日，中国诚通控股集团有限公司（中国纸业投资总公司）与湖南省国资委等 7 家股东共同重组泰格林纸集团合作协议签约仪式在长沙举行。中国诚通旗下的中国纸业投资总公司将出资 25 亿元对泰格林纸集团进行增资扩股，泰格林纸集团将改制为股份有限公司。

9 月 26—28 日，由中国造纸协会生活用纸专业委员会组织的中国展团参加了在迪拜举办的第三届阿拉伯造纸、卫生纸及加工工业国际展览会（Paper Arabia 2010），这是生活用纸委员会继成功组团参加 Paper Arabia 2009 之后，第二次组织中国企业参加阿拉伯纸展。为我国生活用纸企业开拓新兴国家市场创建平台。

9 月 27 日，美国商务部对原产于中国和印度尼西亚的铜版纸作出反倾销和反补贴终裁，裁定中国涉案企业的倾销幅度为 7.60% ~135.83%，补贴率为 17.64% ~178.03%。10 月 22 日，美国国际贸易委员会发布公告，对原产于中国和印度尼西亚的铜版纸作出反倾销和反补贴产业损害终裁，裁定涉案产品的倾销行为和补贴行为对美国国内产业造成实质性损害。根据该肯定性裁决，美国商务部对涉案产品发布反倾销和反补贴征税令。11 月 17 日，美国商务部发布公告，由于存在计算错误，决定修改 2010 年 9 月 27 日公布对原产于中国的铜版纸的反补贴终裁。反补贴率由 17.64% ~178.03% 调整为 19.46% ~202.84%。

9 月，华金集团举行年产 24 万吨涂布白卡纸项目开工建设庆典暨奠基仪式，项目总投资 4 亿元。投产后，年可新增销售收入 20 亿元，利税 2 亿元，利润 1 亿元。

10 月

10 月 11—14 日，由中国制浆造纸研究院主办、中国造纸学会支持、中国造纸杂志社承办的制浆造纸国家工程实验室第一届造纸工业技术高级培训班在京举办，特邀请海外在制浆造纸行业拥有丰富科研、生产实践经验，在制浆造纸湿部化学、废水循环利用及制浆漂白领域有着突出成就的专家学者，深入、系统地讲授现代造纸工业先进的核心技术知识。

10 月 13 日，工业和信息化部制定了《部分工业行业淘汰落后生产工艺装备和产品指导目录（2010 年本）》。

10 月 15—18 日，中国共产党第十七届中央委员会第五次全体会议召开，会议审议通过了《中共中央关于制定国民经济和社会发展第十二个五年规划的建议》。

10 月 16—18 日，华东七省市造纸学会第二十四届学术年会于 2010 年在福建农林大学隆重召开，会议由福建省造纸学会主办。

10 月 18 日，云南云景林纸股份有限公司年产 9 万吨纸浆技改项目主生产线建筑工程开工。项目预计总投资 8.6 亿元。

10 月 18 日，山东世纪阳光纸业集团有限公司年产 50 万吨涂布白面牛卡纸项目投产。

10 月 18—19 日，由中国轻工机械协会、中国造纸协会、中国造纸学会、全国工商联纸业商会、中国轻工集团公司、中国轻工业信息中心、中国轻工企业投资发展协会等单位联合主办，河南省江河纸业有限责任公司承办的“首届中国造纸装备发展论坛”在河南省焦作市召开。论坛上发布了“中国造纸装备业自主创新、合作赶超”倡议书。

10 月 19 日，为贯彻落实《中华人民共和国履行〈关于持久性有机污染物的斯德哥尔摩公约〉国家实施计划》，保护生态环境，保障人民身体健康，环境保护部、外交部、国家发展改革委、科技部、工业和信息化部、财政部、住房和城乡建设部、商务部、国家质量监督检验检疫总局等九部门发布《关于加强二噁英污染防治的指导意见》。

10 月 27—29 日，第二届亚洲纸浆造纸工业会议在韩国庆州举办，中国造纸协会组团参加。

10 月 28—29 日，由中国造纸学会主办，山东太阳纸业、芬欧汇川、斯道拉恩索集团和全国工商联纸业商会协办的“低碳造纸理念与实践论坛”在北京召开，与会代表对发展低碳造纸进行了深入探讨。

11 月

11 月 1—3 日，中国造纸化学品工业协会在上海举行“2010（第十九届）全国造纸化学品开发及造纸新技术应用研讨会”。

11 月 3—4 日，由全国功能高分子行业协会、中国造纸化学品工业协会和中国化工信息中心共同举办的“2010（第五届）中国国际造纸化学品产品及造纸新技术应用展览会”（PAPERCHEM）在上海国际展览中心召开。

11 月 8—10 日，由华南理工大学制浆造纸工程国家重点实验室主办，中国造纸学会、美国造纸工业协会、北京林业大学协办的“第四届制浆造纸新技术国际研讨会”（4th International Symposium on Emerging of Pulping and Papermaking）在华南理工大学召开。

11 月 11 日，国家发展改革委、科学技术部、财政部、海关总署、国家税务总局联合发布《第十七批享受优惠政策的企业（集团）技术中心名单》。造纸行业中，山东太阳纸业股份有限公司技术中心位列其中。

11 月 11 日，由中国造纸协会主办的“2010 中国国际造纸和装备博览会暨全国纸张订货交易会”于 2010 年在西安曲江国际会展中心举办。在博览会和交易会期间同期举办了多场专题报告会。

11 月 18 日，斯道拉恩索集团与正元国际包装集团有限公司签署协议，收购正元国际包装集团有限公司 51% 的股份。

11 月 20 日，全国工商联纸业商会主办的“第三届中国纸业发展论坛”在北京召开，论坛的主题为“策略新十年”。本届论坛特邀政府领导、经济学家、行业专家和知名企业家对造纸行业在即将到来的新十年的发展作了前瞻性的预测和展望。

11 月 21 日，山东亚太森博浆纸有限公司二期年产 100 万吨漂白硫酸盐商品木浆项目竣工。

11 月 23 日，中国造纸学会在北京召开了为期一天的《制浆造纸科学技术学科发展研究报告（2010—2011）》研讨会。

11 月，为配合北京 CBD 建设所需，中国制浆造纸研究院和中国造纸学会从已有 50 多年历史的光华路 12 号旧址迁出，暂在东城区广渠门华威国际公寓周转地办公，一年后将迁往朝阳区望京新址。

12 月

12 月 15—16 日，中国造纸学会在广西南宁与广西造纸学会共同举办“制浆造纸工业科学合理利用非木材纤维原料研讨会”。

12 月 21 日，中国造纸杂志社《造纸信息》杂志举办 2010 年中国造纸工业十项要闻评选会，评出 2010 年度中国造纸工业 10 项要闻。

12 月 31 日，国家发展改革委办公厅发布《关于印发循环经济发展规划编制指南的通知》，以指导各地科学编制本地区的循环经济发展规划，充分发挥规划的宏观指导作用。

（梁　川）

地方造纸工业

LOCAL PAPER INDUSTRY

山东省造纸工业
广东省造纸工业
浙江省造纸工业
江苏省造纸工业
河南省造纸工业
福建省造纸工业
湖南省造纸工业
四川省造纸工业
广西壮族自治区造纸工业
江西省造纸工业
湖北省造纸工业
天津市造纸工业
黑龙江省造纸工业
上海市造纸工业
陕西省造纸工业
云南省造纸工业
新疆维吾尔自治区造纸工业
内蒙古自治区造纸工业
山西省造纸工业

9

山东省造纸工业

Paper Industry in Shandong Province

【行业概况】

2010年，山东省造纸工业喜忧参半。由于受全球金融危机的严重影响，原材料和化工原料等价格不断上涨，环境保护力度不断加大，治污成本不断提高，造纸企业的生存环境面临严峻考验。面对种种困难，山东省造纸企业积极应对，调整发展战略，加快对原料和产品结构的调整；加大科技投入，不断研发新产品，应用新技术；加快设备更新改造力度，提高产品质量，节能减排，降低产品成本，积极开拓市场，提高产品在市场中的竞争力，使山东省造纸工业在全球金融危机的大风大浪中逐步站稳，并取得了可喜的成绩。2010年，山东省造纸工业各项经济指标已连续16年居全国首位。

据有关部门统计，2010年，山东省造纸工业纸和纸板产量1510万吨，比2009年增长5.59%；实现销售收入1020亿元，比2009年增长7.37%；利税总额103亿元，比2009年增长6.19%；利润总额67亿元，比2009年增长11.67%；固定资产总计1200亿元，比2009年增长18.81%。

2010年，山东省造纸企业产品出口增长较快。主要出口企业有山东晨鸣纸业集团股份有限公司、山东太阳纸业股份有限公司、华泰集团有限公司、山东华金集团有限公司、山东齐峰特种纸业股份有限公司、汇胜集团股份有限公司、青岛海王纸业集团股份有限公司、远通纸业（山东）有限公司等。纸和纸板出口量74万吨，比2009年增长5.71%，出口交货值41.40亿元，比2009年增长16.26%，约占全国纸和纸板出口量的17%。

2010年，山东省造纸企业主要产品产量：新闻纸165万吨，比2009年减少9.09%；印刷书写纸280万吨，比2009年减少6.67%；涂布加工纸160万吨，比2009年增长18.52%；生活用纸50万吨，比2009年增长11.11%；特种纸和纸板50万吨，比2009年增长25%；白纸板310万吨，比2009年增长24%（其中，涂布白纸板290万吨，比2009年增长28.89%）；包装用纸板250万吨（其中，箱纸板110万吨，瓦楞原纸140万吨），基本与2009年持平。

【原料】

山东省是造纸工业大省，同时又是植物纤维原料短缺的省份之一。纤维原料的缺乏严重制约了山东省造纸工业的快速发展。对于造纸企业来讲，谁掌握了制浆造纸纤维原料，谁就能在发展过程中立于不败之地。

2010年山东省造纸工业纸和纸板产量1510万吨，按每吨纸和纸板用800千克纸浆计算，每年大约需要纸浆1200多万吨。所用纸浆主要由3部分组成，即木浆、废纸浆和非木浆。

2010年，山东省造纸企业自制原生纸浆370万吨，比2009年增产125万吨，增长51%，约占总用浆量的30%。其中自制木浆280万吨，比2009年增产155万吨，增长124%，约占总用浆量的23%；非木浆90万吨，比2009年减产30万吨，减少25%，约占总用浆量的8%。其余是进口木浆和废纸浆，约占70%。其中进口木浆约占25%，即300万吨；废纸浆约占45%，即540万吨。

随着山东省造纸工业纸和纸板产量的增加，纸浆的需求量随之增加。总体趋势是生产企业的自制原生浆会增加较快，其中自制原生木浆的比例会迅速增加，而自制非木浆将保持平稳发展，“十二五”期间应保持在100万吨/年左右；废纸制浆的发展速度将逐步加快，特别是国产废纸的使用比例将不断加大；进口木浆的使用比例将比较平稳，增长不会太大。

近几年来，由于加大环保力度，严格地关停了污染治理不达标的中小型制浆造纸企业，使得纸和纸板的产量增加相对减缓。但是由于造纸企业生产集中度的提高，未来企业新上项目产能都较大，不久仍将迎来纸和纸板产量快速增长期。保守估计，按照纸和纸板产量每年以5%的速度增长，到2015年山东省纸和纸板的产量将超过2000万吨。届时，浆的需求量将达到1600万吨左右。如何解决浆的需求，值得我们关注和研讨。

纵观国际纸浆主要供应国的情况，其生产及供应量基本稳定。我国使用的长纤维木浆主要靠进口，随着发展中国家造纸工业的快速发展，势必会使长纤维木浆供不应求，最终价格会快速上涨，原料成本加大，利润空间收窄。因此过分依赖进口木浆，将处于被动状态。近年来，一些有远见的大企业已加大了原料基地的投资力度。但这些企业主要是发展速生材基地，主要是生产短纤维速生木材。对于长纤维原料资源的需求还是远水解不了近渴。尽管近年山东省木浆比例增长较快，但使用的原料多为零散收购，不是来源于自营原料基地，具有随机性，受市场价格影响较大，大规模发展难度较大。因此自制原生木浆的发展受到制约。企业在制定发展原料基地战略时应考虑“长”、“短”结合，才能有利于企业健康发展。

近几年来，山东省乃至全国废纸制浆的发展速度较快，废纸制浆的比例快速提高。废纸的主要来源：其一是进口，主要是美废和欧废；其二是国产废纸。由于国外发达国家纸和纸板的生产和消费量基本趋于稳定，废纸的出口量基本保持稳定水平，难以满足发展中国家，特别是我国废纸的需求量。因此废纸需求来源应重点放在国内。目前我国纸和纸板的生产量和消费量均超过8000万吨，居世界首位。对于国内废纸的回收利用应更加重视，尽快建立健全废纸回收政策、法规，完善市场机制，制定废纸回收分类标准，加强市场管理。大型废纸应用企业应建立废纸回收网络体系，必要时应设立自己的废纸分类分拣场，保证优质废纸的供给。

制浆造纸纤维原料另一个来源就是非木材植物纤维原料。由于麦草制浆废液治理的难度大，大量中小型制浆企业由于环保不达标被关停，麦草制浆造纸的发展受到制约。目前，保留的麦草制浆企业还不到20家，麦草浆年产量仅剩90万吨左右。山东省是麦草资源大省，小麦耕种面积约400万公顷，占山东省可耕种面积的60%。由于小麦为一年生农作物，可作为制浆造纸的可再生原料资源。如按保守估计每亩地产200千克麦草计算，可产麦草1200万吨，实际可能远大于这个数字。按400元/吨计算，可增加农民收入约50亿元；1200万吨麦草可生产漂白草浆约400万吨。因此充分合理使用麦草制浆应该引起我们的重视。

【生产企业】

最近几年，山东省造纸工业经历激烈的市场竞争，造纸企业进行了优胜劣汰重新洗牌，使得造纸工业集约程度越来越快，生产集中度越来越大。企业之间差距逐渐拉大，大企业发展较快，中小型企业的发展多剩下精品。山东省造纸工业的发展过程中更加体现了大型企业的支撑作用。目前山东省规模以上机制纸和纸板造纸企业246家，从业人数约12.41万人。

据有关部门统计，2010年山东省纸和纸板产量超过10万吨的企业仅有28家。各项综合指标排前10名的企业分别为山东晨鸣纸业集团股份有限公司、华泰集团有限公司、山东太阳纸业股份有限公司、山东博汇纸业股份有限公司、山东泉林纸业有限责任公司、中冶纸业银河有限公司、山东华金集团有限公司、山东世纪阳光纸业集团有限公司、山东恒联投资有限公司、山东齐峰特种纸业股份有限公司。这10家企业的纸和纸板产量为987万吨，占全省总产量的65%（其中排名前4位的山东晨鸣纸业集团股份有限公司、华泰集团有限公司、山东太阳纸业股份有限公司、山东博汇纸业股份有限公司纸和纸板产量合计679万吨，占全省纸和纸板总产量的45%）。前10名企业的印刷书写纸产量占全省的73%；涂布加工纸产量占全省的88%；新闻纸产量占全省的76%；涂布白卡纸占全省的88%。主要经济指标中销售收入、利税和利润总额均占全省造纸企业的63%～65%。

除上述山东省10强造纸企业外，山东群星纸业有限公司、山东亚太森博浆纸有限公司、山东贵和纸业集团有限公司、山东正大纸业有限公司、山东恒安纸业有限公司、山东青苑纸业有限责任公司、山东东顺集团有限公司、枣庄华润纸业有限公司、汇胜集团股份有限公司、山东鲁南纸业有限公司、山东天和纸业有限公司、烟台市大展纸业有限公司12家企业被评审为山东省优秀骨干造纸企业。这些企业各有特色，在激烈的市场竞争中都得到了较快发展，取得了较好成绩。

【基建与技改】

2010年，山东省造纸工业积极落实国家“调结构、抓内需”等有关政策。积极主动地对产品结构进行战略调整，以满足国内外市场需求，为造纸行业“十二五”期间又好又快地发展奠定了坚实基础。

山东晨鸣纸业集团股份有限公司湛江晨鸣木浆项目，总投资 94.3 亿元，年产 70 万吨木浆，预计 2011 年 5 月建成投产。同时湛江晨鸣产量 45 万吨/年高档文化用纸项目也于 2011 年 5 月投产，纸机净宽 11150 毫米，车速 1800 米/分，是目前国内幅宽最大、车速最快的文化用纸机。2010 年 12 月晨鸣纸业建成投产年产 6 万吨高档生活用纸生产线，幅宽 5600 毫米，车速 2000 米/分；2011 年 4 月建成投产年产 80 万吨高档低定量铜版纸项目，纸机幅宽 11150 毫米，车速 2000 米/分；2012 年计划建成投产年产 60 万吨涂布牛卡纸生产线，全套引进国际先进技术装备。

华泰集团日照华泰纸业有限公司 2010 年 2 月年产 10 万吨漂白化学木浆生产线投产。该项目引进节能型置换蒸煮技术，采用 ClO_2 漂白技术，有效减少 AOX 的产生，纸浆质量全面提高。安徽华泰林浆纸有限公司年产 30 万吨林纸一体化漂白木浆项目，已进入设备安装调试阶段，预计 2011 年 9 月投产。同时安徽华泰从匈牙利引进的二手纸机，年产 15 万吨高档文化用纸项目预计 2011 年 9 月投产，纸机幅宽 4450 毫米，车速 1000 米/分。华泰集团有限公司 2011 年 1 月建成投产年产 70 万吨高档铜版纸项目，幅宽 8100 毫米，车速 1800 米/分，全套引进国际先进技术装备，抄造定量为 80 ~ 200 克/米^2。广东华泰纸业有限公司年产 20 万吨新闻纸项目正进入设备安装调试阶段，近期投产。

山东太阳纸业股份有限公司年产化机浆 20 万吨项目，预计 2011 年 4 月投产。项目采用 P-RC APMP 世界先进的工艺设备，可生产高白度、低游离度的化机浆。2010 年 3 月建成投产了 23 号纸机，年产高档文化用纸 30 万吨，纸机幅宽 7200 毫米，车速 1600 米/分。该机是国内已投产的运行水平最高的文化用纸机，可生产高档胶印纸、静电复印纸和轻型纸。2011 年 7 月计划投产 24 号机，纸机幅宽 7280 毫米，车速 1800 米/分，产品为年产 40 万吨的高松厚度纯质纸。

山东博汇纸业股份有限公司于 2010 年 2 月建成投产了年产 40 万吨涂布白卡纸项目，纸机幅宽 5630 毫米，车速 800 米/分。该机是目前已投产的产能最大、装备水平最高的涂布白卡纸生产线之一。博汇纸业在江苏省大丰市总投资 31 亿元的年产 70 万吨涂布白卡纸项目计划 2011 年 12 月底建成投产。涂布机幅宽 8100 毫米，车速 1000 米/分，是世界生产能力最大、技术装备最先进的纸板机之一。届时，博汇纸业涂布白卡纸的生产能力将达到 150 万吨/年。同时与年产 70 万吨涂布白卡纸配套的年产 40 万吨化机浆项目计划于 2011 年 12 月底投产。

山东泉林纸业有限责任公司规划建设总投资 109.6 亿元的年产 200 万吨秸秆综合利用项目，包括年产 80 万吨本色浆、50 万吨本色纸制品和 120 万吨有机肥等。该项目有望 2011 年上半年立项，计划两年内建成投入运营。

山东亚太森博浆纸有限公司 2010 年 11 月投产了二期木浆项目。该项目总投资 113 亿元，年产漂白硫酸盐木浆 100 万吨。这条生产线是目前世界上单条规模最大、工艺技术最先进的制浆生产线，是山东省“十一五”期间重点建设项目。该项目创造了多项世界浆纸业之最。

中冶纸业银河有限公司计划总投资 18.1 亿元的年产 30 万吨轻型纸项目，已完成政府部门相关批复手续，列入山东省 2010 年重点建设项目名单和工业转方式调结构技术改造项目名单，计划 2011 年开工建设。

山东正大纸业有限公司 2010 年 9 月建成投产了年产 9 万吨的杨木化机浆项目，总投资 1.6 亿元，采用 BCTMP 制浆工艺，节能效果显著，收到良好的经济效益。

山东世纪阳光纸业集团有限公司 2010 年 10 月建成投产了年产 50 万吨涂布白面牛卡纸项目，引进国际先进技术装备。投产后年新增销售收入 30 亿元，利税 6 亿元。

山东华金集团有限公司预计 2011 年 8 月建成投产 25 万吨/年涂布白卡纸生产线，总投资 4 亿元，投产后新增销售收入 20 亿元，利税 2 亿元。技术装备居国内先进水平。

远通纸业（山东）有限公司于 2010 年 9 月建成投产年产 20 万吨牛卡纸项目，幅宽 5500 毫米，车速 600 米/分。技术装备水平居国内先进水平。

山东恒安纸业有限公司 2010 年 11 月建成投产了年产 6 万吨高速卫生纸机项目，幅宽 5600 毫米，车速 1900 米/分，生产能力 18 万吨/年。

山东齐峰特种纸业股份有限公司 2010 年 4 月建成投产 12 号机生产线，2010 年 8 月 13 日已开工建设，项目包括 1 条耐磨纸生产线。这是世界上最大幅宽、最大车速、最大产量的特种纸机，致力于建设国际最大的装饰纸研发和制造基地，目前已开建 15 号机。

枣庄华润纸业有限公司于 2011 年 2 月开工建设 4 号机制浆造纸生产线，主要包括 1 条年产 9.8

万吨石膏护面纸板生产线，预计2011年年底投产。

山东东顺集团有限公司2010年投产1条年生产能力1.2万吨生活用纸生产线，纸机幅宽2760毫米，车速770米/分。这是东顺纸业引进的第6台BF型卫生纸机。

山东省造纸工业在"十一五"期间，全行业引进先进制浆设备生产线15条，新增制浆生产能力约300万吨/年；引进世界先进水平造纸生产线14条，建成国产先进水平造纸生产线25条，新增造纸生产能力约550万吨/年。绝大部分企业对制浆、造纸关键设备，重点工序进行了技术改造。全行业整体技术装备水平显著提高，促进了山东省造纸工业又好又快地发展。

【科研与技术进步】

2010年，山东省造纸企业技术开发和科技创新方面取得了显著成效。近几年来，企业已成为科技进步、科技投入、新技术新产品开发、科技成果转化的主力军，实践证明企业已成为科研、科技开发的主体，也正是这种科技模式促进了山东省造纸工业的健康、快速和可持续发展。

山东太阳纸业股份有限公司与华南理工大学共同完成的"高中浓纸浆清洁漂白"项目，荣获2010年国家科技进步二等奖；"化机浆废水零排放技术"被列为国家工信部应用示范工程；国家"863"计划的造纸行业搬运机器人顺利投入使用。2010年太阳纸业新增发明和应用型专利21项，核心竞争力再上新台阶，科技进步已结出丰硕果实。

山东泉林纸业有限责任公司深入实施制浆技术创新，成功研发出玉米秸秆碱法制浆、亚铵法制浆和非木材纤维原料连续蒸煮等一系列新工艺。起草制定并实施的本色浆、本色文化用纸、本色生活用纸、本色食品包装用纸、本色环保餐具五大类产品企业标准，目前已提升为山东省省级标准。2010年12月参与制定的《纸和纸板亮度（白度）最高限量》国家标准正式颁布实施。

山东齐峰特种纸业股份有限公司2010年研发装饰原纸42个品种规格，其中34个品种已投入批量生产，增加销售量4100多吨。全年申报发明专利3项。人造板饰面喷涂纸、喷涂浸渍门纸板等3项新产品通过省级专家会议鉴定，均达到国际先进水平。

山东晨鸣纸业集团股份有限公司7个产品被评为"国家级新产品"，23个产品填补国内空白，4种产品引入"国家免检产品"，远销50多个国家和地区。

华泰集团有限公司"造纸污泥与废渣焚烧综合利用"项目入选山东省科技攻关计划项目；"制浆造纸节能减排生物关键技术的研究与应用"荣获山东省科技进步一等奖；"废纸制浆关键技术的研究"荣获东营市科技进步一等奖，并获得东营市十佳管理创新企业科技创新奖。"BCT制浆后的废水在洗选碱回收白泥工艺的新应用"以及"废纸脱墨污泥脱水新方法"获得国家发明专利授权。

山东博汇纸业股份有限公司最近几年获得12项造纸专利，15项化工专利，承担了4项国家级火炬计划项目、2项重点火炬计划项目、1项国家新产品项目的研发，组织了2次科技成果鉴定。

中冶纸业银河有限公司形成了以环保制浆和循环经济技术为研究方向的自主创新体系。企业申报专利30项，有21项通过了初步审查，其中发明专利7项，实用新型专利14项，有10项专利已获得了证书。

山东恒联投资有限公司2010年申报建设的"山东省玻璃纸工程技术中心"获得省科技厅批准。2010年相继成功研发了镀铝纸、防水铜版纸、涂布艺术纸、水转印底纸、医疗用纸原纸、食品级热转移纤维素膜、PVDC再生纤维素薄膜等产品。其中"PVDC涂布再生纤维素薄膜"、"高白度胶带专用纤维素膜"、"中湿强标签纸"分别获得2010年山东省轻工科学技术进步一、二、三等奖，"用碱回收工艺处理棉浆粕黑液"、"抗菌再生纤维素膜"、"离型再生纤维素膜"分别获山东省优秀成果一、二、三等奖；"高白度胶带专用再生纤维素膜"荣获山东省产学研（工业设计）展洽会创新奖。

汇胜集团股份有限公司已拥有20多项专利技术，5个新产品通过省级鉴定，其中自主研发的8毫米厚超高压高密度绝缘纸板填补国家空白，产品综合技术性能达到国际先进水平。

【环境保护与节能】

"十一五"期间，山东省造纸企业严格执行高于国家标准的山东省造纸工业污染排放标准及省内4个流域标准。严格关停了排放不达标的中小型制浆造纸企业，现存的制浆造纸企业均加强了中段水的深度处理，达标排放。造纸废水经处理后基本全部回用，剩余少量排放。由于高新技术和先进设备的使用，减轻了环境治理的负荷。加强水资源的科学管理和使用，使单位产品耗水量大大降低，如新闻纸、涂布纸和纸板类品种，主要产品单位耗水量均降至 10 米^3 以下，大大低于行业准用水标准。现存制浆造纸企业废水排放 COD_{Cr} 全部达到 100 毫克/升或重点流域的 60 毫克/升以下，排污总量大大减少，为改善环境作出了积极贡献，实现了真正意义上的增产减污。山东省造纸企业把节能减排置于产业发展战略的高度来抓，耗水量、污染物排放量、废水排放浓度大大降低，各项考核指标均居于全国领先地位。

山东太阳纸业股份有限公司地处敏感的南水北调区域，已累计投资 14 亿元用于治污，始终坚持环境友好的绿色发展模式，即保证了较好的经济效益，又保证了生态和谐。2010 年太阳纸业果断停产麦草浆，投入 9000 万元用于环保设施的升级改造，进一步完善中段水资源化利用和废水深度处理工程，废水排放 COD_{Cr} 达到了 30 毫克/升，实现了区域"零排放"。为了节能降耗，太阳纸业通过对锅炉、发电机组循环水系统升级改造，年可节约蒸汽 2.8 万吨，原煤 1.46 万吨，电 410 万千瓦时。

华泰集团有限公司投资 1.5 亿元建设四期废水深度处理系统，2010 年正式投运，项目采用高级氧化深度处理技术，废水排放 COD_{Cr} 达到 60 毫克/升以下，色度小于 20，代表着造纸工业废水处理的先进水平。

山东泉林纸业有限责任公司的环保治理技术水平已优于欧美等先进国家的国家环保标准。高标准实践水污染防治技术，在现有废水生化处理的基础上，增加了高浓氧化深度处理，使废水排放 COD_{Cr} 达到 60 毫克/升以下，并通过改进制浆生产工艺采用氧脱木素生产本色浆纸，从源头上消除了 AOX 的产生。制浆造纸废液经处理后综合利用，既保护了环境，又有较好的经济效益和社会效益。

山东博汇纸业股份有限公司 2010 年投入 3000 多万元用于废水生化处理设施升级改造，废水深度处理工程已投入正常运行。2011 年年初采用景津压滤机集团制造的高压隔膜压滤机用于污泥脱水，污泥干度显著提高，大大降低了运行成本，为废弃物的资源化利用创造了条件。

中冶纸业银河有限公司全面严格落实环保要求，充分发挥现有治污设施效能，废水、污泥处理率、烟气排放达标率均实现 100%。

山东恒联投资有限公司 2010 年斥资 1.3 亿元完善企业环保设施，集中对异味、废水和固体废弃物进行了专项治理，相继建成异味治理、碱回收、升级改造中段水和碱回收白泥综合利用等项目，为企业的可持续发展奠定了坚实基础。

山东晨鸣纸业集团有限公司在原有环境治理设施较完善的基础上，不断加大资金投入，升级环保治理系统，各项考核指标均达到新标准要求。还通过产品结构调整，从源头上减少废水及污染物的产生量，减轻了治理系统的处理负荷，取得了显著的效果。另外，在全国造纸行业中率先建设中段水回用工程，水的重复利用率达到 91% 以上，得到国家环保部的肯定，并在全国推广。为进一步节约能源，通过加装变频器，提高电机运行效率；加装高低压电器补偿器及滤波清除装置，提高功率因数，年节约标准煤 3.24 万吨。

山东省造纸企业均按自己的实际情况，或采取源头控制或采取深度治理，目前运行企业都能做到达标排放。

枣庄华润纸业有限公司废水处理场厌氧系统产生的沼气，变火炬为沼气发电，年发电 300 万千瓦时，沼气脱硫并回收硫近 20 吨；采用高压隔膜压滤机对污泥脱水，干度达到 62% ~65%，送自备热电厂与燃煤配比混合掺烧，年节约标准煤 6000 余吨，既解决了长期困扰企业的污泥堆放和运输难题，又节约了能源，一举多得。

【发展中的问题】

1. 原料资源问题

山东省是制浆造纸原料短缺的省份之一，尽管近几年对原料结构进行了有效调整，但是需求量的大量增加，麦草制浆受到限制大幅减少，纸浆供求缺口较大。

目前，木浆及高档废纸依赖进口的局面并未改变，林纸结合项目还远水不解近渴，况且长纤维木浆很难短时间内解决。原料紧缺仍将长时间制约山东省造纸工业的快速发展。为了又好又快地发展山东省造纸工业，应采取各种措施解决原料紧缺问题。首先，应进一步调整原料结构和产品结构，采用高新技术，应用造纸化学品，在保证产品质量要求的前提下，降低纤维用量，特别长纤维用量。其二，坚持走林纸结合的路子，不断开发木材资源，增加木浆产量，特别是长纤维木浆的产量。其三，在保证环保情况下，积极研究、开发非木材纤维原料的使用，特别是麦草原料的合理使用；应深入对麦草制浆废液综合研究，充分利用麦草这一可再生资源，这也是山东省的优势。其四，加强对国内废纸的收购管理，充分利用国内废纸制浆，结合造纸化学品的应用，扩大国内废纸的使用范围。

2. 深度环保要求问题

随着环保新标准的颁布和实施，对制浆造纸工业的要求越来越高。由于环保标准的提高，现有制浆造纸企业在原有达标的水平上再上一个台阶，对于许多企业尚有一定难度。新环保标准的实施，使得造纸企业必须加大环保投入。为了企业生存，加大污染治理投入，特别是要从原料结构和产品结构调整入手，坚决关停排放不达标的中小型制浆厂，有条件的地区应集中制浆。对制浆废物、废水，特别是非木材纤维原料制浆的废物、废水，集中治理，综合利用，降低成本，不能因噎废食。既要搞好环境，达标排放，又要充分合理利用资源。同时应加大科技投入，研究新技术、新设备、新工艺及化学助剂的开发使用，可能是解决深度环保要求制约制浆发展的瓶颈问题。

3. 水资源问题

山东省是水资源缺乏省份之一，尽管采取了新技术、新工艺，废水经治理后大量回用，造纸工业仍然是用水大户，特别是胶东地区，每逢旱季，经常因缺水而不得不停产，水资源早已是制约造纸工业发展的瓶颈。因此应用新技术，改变原料结构和产品结构，节约用水，循环用水已是必然。应加大水处理技术的研发与应用，做到产量增加，用水量不增加或减少是下一步努力的方向，多数企业在这方面已取得很大成效。新技术的应用，节能减排，循环用水，调整原料和产品结构，将是解决水资源短缺瓶颈的最佳方法。

4. 科技投入不足问题

科学技术决定了企业的生存状况。重视科技，尊重人才在山东省造纸企业中已被充分认识，但具体实践却有偏差。多数企业对科技开发投入不足，特别是近几年引进国外大型生产线较多，不自觉地形成了对外来技术的过分依赖，往往使企业处于被动状态。整体看来重复引进过多，甚至同一个企业也重复引进，造成浪费，在引进技术消化方面还应进一步加强。国家应制定有效政策，促进引进技术消化，加大科技投入，在消化引进技术的基础上，研发自己的新技术、新产品、新设备。政策和市场的结合有可能是促进解决科技投入不足问题的有效途径。

5. 企业之间协调问题

我国经济体制已从计划经济转型为市场经济，政府业务部门已从领导职能转变为指导职能。市场经济中的供求关系引导企业生产、供给。企业要生存、要盈利，必须适应市场，按市场的需求决定生产。但对某个产品来讲，市场调节有其滞后性，市场信息对于企业的生产有决定性作用。对于某个企业来讲，既是单体存在，又是市场的共同体。因此企业间的相互协调是非常重要的，否则在激烈的市场竞争中就会两败俱伤，我们的企业往往缺乏这一点。对于企业来讲，各企业间相互保密，封锁信息，往往造成撞车现象，这就需要政府主管部门有机协调，给予指导。实践证明，主管部门的指导协调是非常重要的，特别是项目审批过程中，应严格把关，避免造成不必要的损失，这个问题应引起我们的足够重视。

（张全声 牟洺铭 岳巍巍）

广东省造纸工业

Paper Industry in Guangdong Province

广东省是我国的经济强省，也是造纸工业发达的省份之一。2010 年，广东省造纸工业继续保持良好的发展势头，整体形势较好，主要表现在，产量有较大幅度的增长，大型骨干企业发展快，龙头企业的支柱作用更为明显，生产集中度不断提高，在企业规模结构、产品档次和质量、科研与技术进步、清洁生产与环境保护等方面都有长足的进步，取得了较好的成绩。

【行业概况】

2010 年广东省造纸工业机制纸及纸板产量 1434.7 万吨，同比增长 9.1%。2010 年 1—11 月，广东省造纸及纸制品企业 1780 家，从业人员 27.58 万人；主营业务收入 1367.79 亿元，同比增长 30.74%；利润总额 50.61 亿元，同比增长 99.8%；税金总额 27.48 亿元，同比增长 16.59%；资产总计 1277.69 亿元，同比增长 13.83%。在统计的 1780 家造纸及纸制品企业中，亏损企业 291 家，占 16.35%，同比减少 26.14%。

2010 年，广东省造纸及纸制品业完成工业销售产值 1600.5 亿元，同比增长 31.2%；完成工业增加值 369 亿元，同比增长 16%。

2009—2010 年广东省造纸工业主要产品产量见表 1。

表 1　2009—2010 年广东省纸及纸板产量

单位：万吨

纸种	2009 年	2010 年	同比增长/%
总量	1315.5	1434.7	9.1
新闻纸	66	60	-9.1
印刷书写纸	13	16.8	29.2
涂布纸	33	43.5	31.8
其中：铜版纸	4	3	-25.0
生活用纸	70	73	4.3
包装用纸	78	70	-10.3
白纸板	249	225	-9.6
其中：涂布白纸板	220	210	-4.5
箱纸板	400	504	26.0
瓦楞原纸	362	385	6.4
特种纸及纸板	30	38	26.7
其他	14.5	16.4	13.1

【基建与技改】

2010 年广东省造纸工业基本建设继续保持高速发展的态势，全省投产和在建造纸项目共 21 个。这些项目全部投产后，将增加造纸产能 489 万吨/年。这些项目中，既有高速、宽幅、产能大、效率高的纸机或纸板机，又有高效、先进的生活用纸和特种纸机。投产后将进一步提升广东省造纸企业竞争力，增强可持续发展的后劲。2010 年广东省新建、改建的主要造纸项目见表 2。

【科研与技术进步】

加强科学研究，促进技术创新，是企业提高竞争力和可持续发展的重要举措。广东省造纸工业有雄厚的技术力量和较强的研究开发能力。广州造纸集团有限公司、湛江冠豪高新技术股份有限公司和中山中顺纸业集团公司等大型骨干企业成立了技术研究开发中心，并充分利用省内华南理工大学制浆造纸工程国家重点实验室、造纸与控制国家工程研究中心、广东轻工职业技术学院和广东省造纸研究所等单位的技术优势，产学研结合，共同促进造纸工业的技术进步。2010 年，广东省又有一批科研成果获国家、省和中国轻工业联合会的奖励。由华南理工大学完成的“中高浓度纸浆清洁漂白技术”获国家科技进步奖二等奖；“碱木质素的改性及其资源化高效利用”获广东省科学技术奖一等奖；由广州造纸集团有限公司完成的“全废纸 100% 脱墨浆

表 2　2010 年广东省新建、改建的主要造纸项目

企业	生产能力/(万吨/年)	产品	在建或投产时间
广州造纸集团有限公司	40	文化用纸	2010 年（搬迁技改）
广州造纸集团有限公司	20	新闻纸	2010 年（搬迁技改）
广东华泰纸业有限公司	40	新闻纸	2010 年（在建）
亚太纸业（广东）有限公司	45	文化用纸	2010 年（在建）
东莞玖龙纸业有限公司	35	文化用纸	2010 年（在建）
东莞玖龙纸业有限公司	50	白卡纸	2010 年（在建）
东莞玖龙纸业有限公司	30	涂布牛皮卡纸	2010 年（在建）
广东理文造纸有限公司	40	牛皮卡纸	2010 年（在建）
广东理文造纸有限公司	40	涂布白纸板	2010 年（在建）
东莞建晖纸业有限公司	40	箱纸板	2010 年（在建）
东莞金洲纸业有限公司	40	牛皮挂面箱纸板	2010 年（在建）
东莞金田纸业有限公司	20	灰纸板	2010 年（在建）
江门丰达纸业有限公司	10	箱纸板	2010 年（在建）
东莞桥裕纸业有限公司	10	箱纸板	2010 年（在建）
江门银湖纸业有限公司	8	低定量包装用纸	2010 年（在建）
维达纸业（广东）有限公司	2	生活用纸	2010 年（在建）
中顺洁柔纸业股份有限公司	2	生活用纸	2010 年
东莞达林纸业有限公司	2	生活用纸	2010 年
东莞白天鹅纸业有限公司	1	生活用纸	2010 年
高明宏源纸业有限公司	6	文化用纸	2010 年（在建）
江门阿博特数码纸业有限公司	8	数码相纸	2010 年（在建）
合计	489		

抄造45 克/米^{2}低定量新闻纸的研究与开发”获中国轻工业联合会科技进步二等奖。广东省造纸学会2010 年继续评选广东省造纸学会科技奖，有 11 项成果和 15 篇论文分获成果奖和论文奖，其中，“广州造纸集团有限公司 9 号纸机技术改革与工艺优化”等 4 项成果获成果一等奖，“不同原料中木素及 LCC 的分离与表征”等 5 篇论文获论文一等奖。

品牌是企业生存和发展的重要因素。好的品牌或名牌的创立会给企业树立良好的形象，带来巨大的效益。广东省造纸工业树立竞争意识，通过创名牌或著名商标来提升企业的竞争能力。2010 年广东省有 15 个造纸及相关企业的商标被评为广东省著名商标，其中新认定的商标有 8 个，延续认定的商标有 7 个。

2010 年被评为广东省名牌产品（包括复评）的有广东广乐包装材料股份有限公司的“广乐”牌烟用接装纸、广州造纸集团有限公司的“金页”牌新闻纸、东莞瑞麒婴儿用品有限公司的“哈囉”牌纸尿裤/片、东莞市白天鹅纸业有限公司的“贝柔”牌纸尿裤/片、东莞市百顺纸品有限公司的“茵茵”牌纸尿裤/片、东莞市常兴纸业有限公司的“一片爽”牌纸尿裤/片、广东江南纸业有限公司的“彩虹”牌铜版纸、江门甘蔗化工厂（集团）股份有限公司的“甘化”牌书写纸、广东天章信息纸品有限公司的“TANGO”牌打印纸。2010 年被评为中国驰名商标的有广东天章信息纸品有限公司的“TANGO”牌复印纸、记录机用纸。

【节能减排与环境保护】

环境保护是我国的基本国策，也是企业实现可持续发展的根本保证。2008 年国家环境保护部颁布《GB 3544—2008 制浆造纸工业水污染物排放标准》后，广东省造纸企业更加重视环境保护，加大治污减排的力度，积极推广清洁生产技术，从源头上减

少污染物的排放，提高资源利用率，节水节能，降低消耗，提高效益。一些重点龙头企业的耗水、耗能水平已达到国际先进水平。广州造纸集团有限公司南沙环保造纸基地一期工程，采用世界最先进的废纸制浆造纸和废水处理技术，新闻纸综合能耗为616千克标煤/吨纸，水循环利用率达90%以上，吨纸耗新鲜水量已降至9米^3，废水处理后出水COD_{Cr} < 80毫克/升，BOD_5 < 10毫克/升，SS < 12毫克/升，色度20倍左右，远优于国家标准；广东鼎丰纸业有限公司采用FentonⅣ流化床高级氧化废水三级处理工艺，使处理后废水的COD_{Cr}降至72毫克/升，色度降至15；东莞玖龙纸业有限公司、佛山诚通纸业有限公司、广州万利达纸业有限公司、中山联合鸿兴造纸有限公司等企业采用先进的烟气脱硫和除尘技术，烟气脱硫率达90%以上，除尘效率达到99%。根据环保部门统计，2008年广东省716家造纸及纸制品企业的总用水量12.8亿吨，其中新鲜水用量3.6亿吨，占全省工业用水的4.04%；重复用水量9.2亿吨，水重复利用率71.66%，造纸工业废水排放量1.4亿吨，占全省工业废水排放量的6.3%，排放废水的COD_{Cr}1.8万吨，占全省工业废水COD_{Cr}排放量的8.7%。到2010年年底，广东省共有12家造纸企业获得"广东省清洁生产企业"称号。其中，2010年获得广东省清洁生产企业的有维达纸业（江门）有限公司和东莞大步纸业有限公司。可见，广东省造纸工业环保工作取得显著成绩。

清洁生产审核是促进落实科学发展观、检验企业实行清洁生产的措施以及节能、降耗、减污、增效的重要手段。广州造纸集团有限公司、广州威达高实业有限公司、东莞金洲纸业有限公司、中山中顺纸业集团公司、广东鼎丰纸业有限公司、韶关市南雄珠玑纸业有限责任公司、佛山诚通纸业有限公司、东莞市潢涌银洲纸业有限公司、江门甘蔗化工厂（集团）股份有限公司等一批重点造纸企业通过了环保部门的清洁生产审核，2010年又有珠海诚通纸业有限公司、广东理文造纸有限公司、中山联合鸿兴造纸有限公司等企业通过了清洁生产审核。通过清洁生产审核，促进企业的节能减排和环境保护工作。

2010年广东省造纸学会与华南理工大学合作申报并承担了广东省科技厅的重大科技专项"广东省造纸产业节能减排技术路线图"项目。在广东省造纸行业协会、骨干造纸企业和省内外造纸专家的大力支持和共同参与下，从低碳经济和节能减排的视角，从工艺、技术和装备控制等环节深入分析造纸产业节能减排的关键问题，提出解决这些问题的关键技术和研发需求，提出未来造纸领域的技术发展趋势和时间进程，以推动造纸产业技术研究的科学发展，为推动广东省和我国造纸产业的可持续发展作贡献。

（何北海　陈　竹）

浙江省造纸工业

Paper Industry in Zhejiang Povince

【行业概况】

据省统计局统计，2010 年浙江省造纸工业规模以上企业 550 家，完成机制纸及纸板产量 1412.31 万吨；实现工业总产值 624.95 亿元，同比增长 28.36%；实现销售收入 585.01 亿元，同比增长 26.7%；上缴税金 18.1 亿元，同比增长 49.8%；实现利润 36.1 亿元，同比增长 72.7%。

2010 年浙江省造纸工业经济运行情况见表 1。

表 1　2010 年浙江省造纸工业经济运行情况

季度	机制纸及纸板产量/万吨		工业总产值/亿元		销售收入/亿元		利润/亿元		税金/亿元	
	2010 年	2009 年	2010 年	2009 年	2010 年	2009 年	2010 年	2009 年	2010 年	2009 年
一	303.49	270.4	120.76	160.1	120.77	158	6.56	0.68	3.64	3.27
二	382.71	371.3	153.94	66.9	144.93	62	8.44	4.32	3.86	3.63
三	348.86	361.8	147.78	132.89	147.78	130.52	8.96	5.51	4.99	4.62
四	377.25	418.7	202.47	136.41	171.53	132.78	12.14	10.79	5.61	4.58
全年合计	1412.31	1422.2	624.95	496.3	585.01	483.3	36.1	21.3	18.1	16.1

据海关统计，2010 年浙江省出口机制纸及纸板 589577 吨，同比增长 23.38%；实现出口交货值 54290 万美元，同比增长 24.65%。其中牛皮纸及纸板出口 481505 吨，同比增长 22.41%；实现出口交货值 40617 万美元，同比增长 19.18%。工业技术配套用纸 16368 吨，同比增长 37.65%；实现出口交货值 3475 万美元。瓦楞原纸出口 1346 吨，同比增长 1448.39%；实现出口交货值 73 万美元，同比增长 1207.14%。其他纸及纸板 67657 吨，同比增长 11.28%；实现出口交货值 6183 万美元，同比增长 22.57%。

2010 年浙江省进口木浆 1832703 吨，同比减少 17.47%；进口值 140531 万美元，同比增长 25.15%。共进口机制纸及纸板 150376 吨，同比增长 8.71%；进口值 14111 万美元，同比增长 24.88%。其中进口牛皮纸及纸板 92672 吨，同比减少 5.76%；进口值 6813 万美元，同比增长 5.4%。进口工业技术配套用纸 2580 吨，同比减少 10.97%；进口值 732 万美元，同比减少 14.09%。进口瓦楞原纸 261 吨，同比增长 439.11%；进口值 15 万美元，同比增长 431.03%。其他纸及纸板 9942 吨，同比增长 33.26%，进口值 1700 万美元，同比增长 66.74%。

2010 年 1—12 月浙江省机制纸及纸板产量见表 2。

表 2　2010 年浙江省机制纸及纸板产量

	1 月	2 月	3 月	4 月	5 月	6 月	7 月	8 月	9 月	10 月	11 月	12 月
产量/万吨	107.31	73.23	123.26	128.54	125.90	126.00	118.38	119.46	115.55	114.02	129.03	131.63

2010 年第一季度因国际浆价大幅上涨（浆价高于纸价），推动纸价迅速上涨。企业盈利水平持续提高，并于二季度中期达到阶段性新高。其后随着行业进入淡季及高价原材料的使用，盈利逐月下滑至三季度末触底，而四季度旺季的到来，以及节能减排的落实，推动纸价、销售回升，行业盈利亦呈现向好态势。11 月出口回暖，有望减缓供给压力，全球经济复苏、出口形势明显好转，给造纸工业的发展提供了极为有利的机遇。

从行业整体业绩看，浙江省 2010 年造纸工业经济指标同比大幅增长，但增速逐步回落。机制纸及纸板产量与 2009 年大致持平，主要为包装用纸中的白纸板、箱纸板等。原因是 2010 年 8 月份开始在全省范围内对造纸企业进行限电措施，引起产量的下降，在纸张价格向好的情况下，对企业影响很大。但特种纸发展势头很好，衢州市 2010 年产量增长近 18 万吨，其中主要是特种纸。龙游城北工业园区一年内就新增特种纸生产线 6 条，已建成投产并完成实际投资的约 5 亿元。正在改扩建的生产线有 10 多条，2011 年将完成投资额在 8 亿元以上。

国际上，美国、日本、德国、法国等国家特种纸产量占其纸和纸板总产量的 5% 以上，而中国不到 2%。2010 年浙江省特种纸产量已经达到全省纸和纸板总产量的 5% 以上。

【生产企业】

浙江省机制纸及纸板的生产区主要分布在杭州、嘉兴、宁波一带，即杭州湾造纸产业带。

2010 年区域产量及企业分布情况：

（1）杭州市有造纸企业 359 家，产量 719.41 万吨（2009 年 748.50 万吨），占全省机制纸及纸板产量的 50.94%。

（2）嘉兴市有造纸企业 27 家，产量 253.99 万吨（2009 年 276.52 万吨），占全省机制纸及纸板产量的 17.98%。

（3）宁波市有造纸企业 14 家，产量 182.38 万吨（2009 年 172.40 万吨），占全省机制纸及纸板产量的 12.91%。

（4）衢州市有造纸企业 34 家，产量 79.17 万吨（2009 年 61.48 万吨），占全省机制纸及纸板产量的 5.61%。

（5）绍兴市有造纸企业 17 家，产量 45.32 万吨（2009 年 24.88 万吨），占全省机制纸及纸板产量的 3.21%。

（6）金华市有造纸企业 18 家，产量 44.11 万吨（2009 年 69.71 万吨），占全省机制纸及纸板产量的 3.12%。

（7）湖州市有造纸企业 27 家，产量 29.65 万吨（2009 年 24.78 万吨），占全省机制纸及纸板产量的 2.1%。

（8）温州市有造纸企业 30 家，产量 26.57 万吨（2009 年 21.44 万吨），占全省机制纸及纸板产量的 1.88%。

（9）台州市有造纸企业 14 家，产量 24.46 万吨（2009 年 13.79 万吨），占全省机制纸及纸板产量的 1.73%。

（10）丽水市有造纸企业 8 家，产量 6.85 万吨（2009 年 8.25 万吨），占全省机制纸及纸板产量的 0.49%。

（11）舟山市有造纸企业 2 家，产量 0.41 万吨（2009 年 0.40 万吨），占全省机制纸及纸板产量的 0.03%。

2010 年浙江省机制纸及纸板产量 10 万吨以上企业见表 3。

表 3　2010 年浙江省机制纸及纸板产量 10 万吨以上的造纸企业

序号	企业名称	产量/万吨	主要品种
1	宁波亚洲浆纸有限公司	90.5	白纸板
2	浙江景兴纸业股份有限公司	85.4	箱纸板、瓦楞原纸、白面牛皮卡纸
3	浙江吉安纸容器有限公司	67.3	
4	宁波中华纸业有限公司	58.3	白纸板
5	浙江荣成纸业有限公司	58.1	箱纸板、瓦楞原纸
6	浙江正大控股集团公司	40.0	白纸板、特种纸
7	浙江永泰纸业有限公司	30.8	白纸板
8	浙江荣胜纸业有限公司	22.6	箱纸板、瓦楞原纸
9	嘉兴大华包装有限公司	20.5	箱纸板、瓦楞原纸
10	浙江三星纸业有限公司	19	白纸板
11	浙江孙氏纸业有限公司	18	白纸板
12	杭州通达纸业有限公司	18	白纸板
13	浙江华胜纸业有限公司	17	白纸板
14	浙江华川纸业有限公司	16.7	箱纸板、瓦楞原纸、特种纸
15	浙江牡牛纸业有限公司	16.5	白纸板、箱纸板
16	浙江华鑫纸业有限公司	16	白纸板

续表

序号	企业名称	产量/万吨	主要品种
17	嘉兴大洋纸业有限公司	15.0	箱纸板、瓦楞原纸
18	浙江众意纸业有限公司	15	白纸板
19	浙江文丰纸业有限公司	15	白纸板
20	浙江飞马纸业有限公司	15	白纸板
21	杭州春胜纸业有限公司	15	白纸板
22	浙江远大纸业有限公司	13	白纸板
23	浙江东大纸业有限公司	13	白纸板
24	杭州华远纸业有限公司	13	白纸板
25	浙江华旺特种纸有限公司	12.4	新闻纸、特种纸
26	杭州金泰纸业有限公司	12	白纸板
27	浙江上游纸业有限公司	12	白纸板
28	杭州引发纸业有限公司	12	白纸板
29	浙江高阳纸业有限公司	12	白纸板
30	浙江富阳华天纸业有限公司	12	白纸板
31	浙江民丰特种纸股份有限公司	10.6	特种纸
32	浙江金东纸业有限公司	10	白纸板
33	杭州板桥纸业有限公司	10	白纸板
34	浙江涌金纸业有限公司	10	白纸板
35	富阳市华隆纸业有限公司	10	白纸板

以上35家造纸企业合计产量达831.7万吨，占全省机制纸及纸板总产量的58.89%。

2010年实现销售收入前10名的造纸企业见表4。

表4 2010年实现销售收入前10名的造纸企业

序号	企业名称	销售收入/万元
1	宁波亚洲浆纸有限公司	450075
2	浙江景兴纸业股份有限公司	263275
3	宁波中华纸业有限公司	242259
4	浙江吉安纸容器有限公司	230000
5	浙江永泰纸业有限公司	186030
6	浙江荣成纸业有限公司	170148
7	浙江民丰特种纸股份有限公司	166500
8	浙江正大纸业有限公司	154275
9	浙江三星纸业有限公司	139014
10	浙江华川纸业有限公司	99270

以上10家造纸企业合计实现销售收入210.08亿元，占全省造纸工业销售收入的35.91%。

2010年上缴税金前10名的造纸企业见表5。

表5 2010年上缴税金前10名的造纸企业

序号	企业名称
1	宁波亚洲浆纸有限公司
2	浙江景兴纸业股份有限公司
3	浙江民丰特种纸股份有限公司
4	浙江三星纸业有限公司
5	浙江正大纸业有限公司
6	浙江华川纸业有限公司
7	浙江吉安纸容器有限公司
8	浙江永泰纸业有限公司
9	嘉兴市大洋纸业有限公司
10	浙江荣成纸业有限公司

以上10家造纸企业合计上缴税金69483万元，占全省造纸工业上缴税金的38.40%。

2010年实现利润前10名的造纸企业见表6。

表6 2010年实现利润前10名的造纸企业

序号	企业名称
1	宁波亚洲浆纸有限公司
2	浙江吉安纸容器有限公司
3	浙江正大纸业有限公司
4	浙江景兴纸业股份有限公司
5	浙江三星纸业有限公司
6	浙江夏王纸业有限公司
7	浙江凯恩特种材料股份有限公司
8	宁波中华纸业有限公司
9	浙江民丰特种纸股份有限公司
10	浙江永泰纸业有限公司

以上10家造纸企业合计实现利润137013万元，占全省造纸工业利润总额的37.95%。

【基建与技改】

（1）浙江吉安纸容器有限公司年产70万吨造纸暨热电扩建项目总投资24.8亿元，包括建设2条生产线。1条年产60万吨涂布白面牛卡纸生产线，引进当今世界先进的造纸设备和技术，生产轻量涂布白面牛卡纸；另一条生产线将利用浆渣生产10万吨/年高强瓦楞原纸。技改扩建装机容量30兆瓦自备热电项目，将新增2台150吨流化床锅炉、1台装机容量30兆瓦汽轮机组，提高供电能力，扩大热网供汽范围。同时，引进国外先进设备和技术，技改扩建1个日处理量3万吨的废水处理站。

该项目2条生产线和热电项目主厂房的土建工程计划于2010年10月底封顶，11月份进入全面设备安装阶段，2011年上半年建成投产。投产后，新增就业人员900多人，新增工业产值33.6亿元，新增税收1亿多元。计划形成一个年产包装用纸150万吨，年销售收入超50亿元的造纸企业。

（2）浙江景兴纸业股份有限公司投资约6.5亿元的年产20万吨白面牛卡纸项目于2010年6月份建成投产。2010年已生产白面牛卡纸11万吨。

（3）浙江永泰纸业有限公司年产20万吨涂布牛卡纸项目基建厂房已结顶，正在进行设备安装阶段，与其配套的热电厂已投产，废水处理厂也在抓紧进行中。

（4）浙江华旺特种纸有限公司投资21800万元的年产2万吨高档特种装饰原纸技改项目主要采用德国福伊特公司全自动造纸技术和工艺，引进具有国际先进水平的流浆箱、软压光机、纸张表面整饰设备、纸浆匀整系统及质量控制系统等设备。购置2640长网多缸造纸机等国产设备。该项目已于2011年元月份建成投产。

（5）浙江天天虹特种纸业有限公司扩建年产4万吨特种纸生产线，购置1880毫米圆网纸机、1880毫米长网纸机、1400毫米特种圆网纸机、1760毫米长网纸机、1760毫米叠网纸机等具有国内先进水平的纸机。该项目投资9228万元，已于2010年内建成投产。主要采用原纸，配合涂布、压纹、浸染等技术和工艺生产特种纸。

（6）维达纸业（浙江）有限公司年产5万吨高档生活用纸项目，投资4亿元。主要采用日本川之江机械株式会社制造技术和工艺，引进具有20世纪90年代先进水平的高速造纸机以及中国台湾和意大利的后加工设备。项目已动工，计划在2012年10月投产。

（7）浙江舜浦纸业有限公司投资6000万元，年产8000吨环保彩色工艺编织原纸技改项目已于2010年11月建成投产。

（8）浙江天耀纸业有限公司投资5500万元，新建年产8000吨特种纸项目已建成投产。

（9）杭州板桥纸业有限公司双胶纸项目二期投资5000万元，利用废纸原料生产双胶纸，已于2010年3月建成投产。

另外，政府已经立项，正在进行项目基建，计划在2011年内建成投产的项目还有。

（1）浙江景兴纸业股份有限公司投资9.6亿元，年产6.8万吨高档生活用纸项目，计划2011年12月建成。

（2）浙江华邦特种纸业有限公司投资11948万元，年产1.2万吨高档特种装饰原纸技改项目，计划2011年3月建成。

（3）浙江凯丰纸业有限公司投资10310万元，年产1.8万吨高档特种包装原纸生产线技改项目，计划2011年2月建成。

（4）龙游县金龙纸业有限公司投资1.9亿元，年产5万吨宝丽纸板、浸渍原纸等特种纸生产线，计划2011年12月建成。

（5）浙江大盛纸业有限公司投资18991万元，年产8万吨高档装饰原纸项目，计划2011年12月建成。

（6）浙江海景纸业有限公司投资3亿元，新建年产4.2万吨特种纸生产线，计划2011年5月建成，部分生产线已开机。

【科研与技术进步】

1. 浙江省造纸工业首家院士专家工作站落户浙江省民丰特种纸股份有限公司（以下简称民丰特纸）

2010年10月16日“星耀南湖”人才科技对接交流会暨嘉兴市第二批院士专家工作站签约仪式在嘉兴市隆重举行。浙江省造纸工业首家院士专家工作站正式落户民丰特纸。签约院士和专家有孙优贤院士和省特约专家姚献平。

民丰特纸院士专家工作站是根据民丰特纸技术创新需求搭建的人才智力平台，旨在引进高端人才和企业技术创新相结合，通过产学研合作，不断提升企业的技术创新能力和核心竞争力。工作站的建立，将有助于帮助并指导企业开展以纸制品制造技术及其相关联技术为主要方向的产品开发和技术研究，加速核心技术难题攻关，推进重大项目研发，提升企业的创新能力，为做精、做强和做大企业品牌汇入新的活力。

2. 浙江永泰纸业设立国家级博士后科研工作站

经国家人力资源和社会保障部、全国博士后管理委员会批准，浙江省造纸行业首个国家博士后科研工作站在浙江永泰纸业集团股份有限公司成立。博士后科研工作站的设立，将有利于企业招收、培养、吸引高层次创新型人才，不断提升核心竞争力，更好地发挥示范、引领、辐射作用，为富阳造纸行业的转型升级当好表率。

3. 浙江省6位造纸企业负责人赴日参加AOTS废纸再利用研修

2010年11月7日，浙江景兴纸业股份有限公司总经理戈海华、荣胜纸业有限公司董事长冯荣华、嘉兴大洋纸业有限公司总经理王菊明、永泰纸业有限公司副总经理赵文福、华川纸业集团总经理冯小义、浙江三星纸业有限公司副总经理王文汉等6位负责人赴日本参加海外技术者研修会（AOTS）主办的为期11天的废纸再利用研修班。来自国内的包括中国造纸协会、中国物资再生协会、有关环保部门和以废纸为原料的造纸企业及再生资源回收利用企业等共28人参加了本期研修班。

4. 浙江科技学院龙游特种纸研究院成立

浙江科技学院与龙游县政府合作的特种纸研究院于2010年9月正式成立。龙游县是浙江省特种纸产业基地。近年来，龙游县委、县政府因势利导，通过产业招商集聚优势，将要素配置向特种纸倾斜，构建特种纸产业发展平台，在省级工业园区——龙游工业园区规划了300公顷的特种纸专业园区。如今已形成以龙游工业园区为核心，湖镇工业园和溪口工业园为两翼的全国中高档特种纸生产基地的发展平台。

【环境保护与节能减排】

2010年是“十一五”规划的最后一年，也是浙江省造纸工业节能减排决战之年，为全省能源节约、污染减排的全面完成作出了重要贡献。

根据全省的统一部署，为了确保完成2010年万元GDP综合能耗指标和能源消耗指标，从2010年8月份开始对能耗大户的造纸企业实行限电措施，多数企业停电半月之久。如在下半年普遍停机的情况下，富阳市政府做出了节能降耗的应急预案，根据能耗由高到低对企业分为A、B、C三个级别，规定：A级停电20~30天，B级停电15~25天，C级停电15天。

全省造纸工业广大干部职工，审时度势充分认识到转型升级是唯一出路，节能减排是必走之路，经过共同努力，打了一场节能减排的翻身仗。如宁波中华纸业有限公司在重点能耗部门加快节能新技术、新装备、新工艺的改造和应用。截至2009年底，企业投入节能技改资金2000万元，先后实施了锅炉脱硫、废纸回收利用、中水回用等数百项技术改造，节约能耗折合4.6万吨标煤，超额完成“十一五”节能目标。全省机制纸板企业的单位产品综合能耗均能达到省质量技术监督局下发的《机制纸板和卷烟纸能耗限额》的要求。

2010年全省全面执行《GB 3544—2008 制浆造纸工业水污染物排放标准》。目前，绝大多数造纸企业均能达到标准所要求的排放指标。

值得一提的是富阳造纸工业，江南三个造纸功能区内的所有造纸企业统一截污纳管，进行集中治污；功能区外的造纸企业全部建成二级生化废水处理站，全面达到国标要求。主要工作有：①加快灵桥、春南废水回用工程建设，10月初建成投入运行，现在八一、灵桥、春南废水处理厂，废水回用31万吨/日，大大减少了排放量。②全面完成9家热电企业脱硫设施的安装，脱硫率达90%以上；全年空气优良天数达344天，优良率94.2%。③300多家规模以上造纸企业完成了废水排放提标工程，126家企业完成了清洁生产审核。④加强了污泥综合利用，板桥清园热电公司污泥焚烧一期工程投资25464万元，日处理造纸污泥1500吨；环保热电公司利用现有设备改进污泥焚烧技术，日处理污泥800吨；新亿、尖峰、三狮、钱潮等4家水泥厂每日可处理污泥1500吨。

循环经济理念已愈来愈扎根于企业，众多造纸企业走综合利用、绿色、低碳经济之路。浙江景兴纸业股份有限公司利用二次生化后产生的沼气发电，全年可发电700多万千瓦时；浙江荣胜纸业有限公司全年可发电330多万千瓦时，取得了可喜的经济效益。浙江富伦纸业有限公司利用回收废牛奶盒分解后打浆造纸，每年回用2万多吨废牛奶盒，可产出0.9万吨纸浆、0.6万吨塑料和0.12万吨金属铝。

【“十二五”规划制定】

1. 浙江省造纸工业“十二五”规划

根据中国造纸协会要求，为完成国家发改委《造纸工业“十二五”规划研究》课题，要求全国15个重点省和29个大型造纸企业完成“十二五”规划制定工作。

经过深入细致的调查研究和翻阅了大量的资料后，于2010年年初完成了征求意见稿。“规划”分为：浙江省造纸工业的现状；存在的主要问题和成因；省内纸张市场需求及行业发展趋势；发展造纸工业的基本条件；加速我省造纸产业转型升级，实现向造纸强省跨越的指导思想、发展目标；发展布局与重点；重点工程及投资估算；措施与政策建议。并在嘉兴、龙游、杭州三个片区分别召开座谈会，充分听取广大造纸企业和造纸工作者的宝贵意见，最后于2010年3月成稿后上报中国造纸协会，作为中国造纸工业“十二五”规划的一部分。

2. 龙游县特种纸业发展规划

龙游县政府邀请华南理工大学起草的龙游县特种纸产业发展规划于2010年3月20日通过专家组评审。“规划”分为龙游县特种纸产业概况，国内外特种纸产业发展现状和发展趋势，龙游县特种纸产业发展方向、原则和战略目标，龙游县特种纸产业发展对策和措施，实现规划目标的可行性分析等部分。

3. 富阳市造纸产业转型升级规划（2010—2015年）

2010年上半年，吕省长委托孙优贤院士等11位专家到富阳实地调研，写出了“关于富阳市造纸产业振兴行动计划的建议”。后由浙江省发展规划研究院起草的富阳市造纸产业转型升级规划（2010—2015年）于8月正式出台。“规划”分为：发展背景、发展基础与条件、发展思路与目标、发展方向与重点、产业空间布局、循环经济规划、支撑体系建设、保障措施和对策建议等部分。

4. 造纸企业制定“十二五”规划

根据省经济和信息化委员会的要求，属省百强企业的宁波亚洲浆纸有限公司、浙江民丰特种纸股份有限公司、浙江景兴纸业有限公司和浙江凯恩特种材料股份有限公司4家造纸企业各自制定了“十二五”发展规划。

【淘汰落后产能】

根据国务院国发［2010］7号文件《国务院关于进一步加强淘汰落后产能工作的通知》提出“淘汰以废纸为原料、年产1万吨以下的造纸生产线”。

浙江省淘汰落后产能工作协调小组办公室浙淘汰办［2010］1号文件，《关于下达2010年全省淘汰落后产能计划任务的通知》，将淘汰的任务分解落到11个市，并将关停企业的名单予以登报公布。

浙江省经信委《关于对〈浙江省淘汰和禁止发展的落后生产能力目录（2010年本）〉征求意见的函》中规定：淘汰幅宽在1.7米及以下且车速低于120米/分的文化用纸生产线；幅宽在2米以下且车速低于80米/分的白纸板、箱纸板和瓦楞原纸生产线；单条年产1万吨以下以废纸为原料的造纸生产线。

截至2010年10月底，合计淘汰关停205条生产线，237.11万吨造纸产能。

【发展中的问题】

2010年是浙江省造纸工业结构调整、淘汰落后力度最大的一年。但有些地方实行只淘汰，不提升的做法，实行“区域限批”和所谓的“总量”（产量）控制，凡是造纸项目一律不批。使得一批有资本、有项目、有技术的优质企业、优质项目被搁浅。对拥有一些老旧纸机的中小型企业需要进行设备、工艺、产品技术改造的项目实行封杀，造成减缓提升的步伐。我们说没有落后的行业，只有落后的技术和理念。这说明某些领导对造纸工业有偏见，总认为是“二高”行业，在他们印象中还是20世纪70、80年代的造纸工业。浙江省是历史上产纸重地，有着一千多年的历史，有其独特的造纸文化底蕴。我们认为应有下有上，落后的淘汰，优质的提升，这样才符合国务院十大行业振兴纲要的要求。浙江省造纸产业以废纸为主要原料，是典型的循环经济，完全可以达到增产减污的目标。

淘汰落后产能也是“十二五”期间的任务。有些地方还存在一批以废纸为原料生产纸板的小型企业，太湖流域还有一些以废纸为原料，5万吨以下纸板企业。政府部门应考虑如何淘汰一批，整合一批，技改提升一批。最简单、最省心的办法是一刀切，都淘汰掉，但这不是好政策，不是好办法，应该有个给出路的政策。

海盐县已经在做企业整合的工作，大洋纸业和北团纸业进行联合重组。我们希望政府、企业、行业协会协助做好结构调整这篇文章，达到发展先进生产能力与淘汰落后相结合的目的。

（陆文荣）

江苏省造纸工业

Paper Industry in Jiangsu Province

【行业概况】

据江苏省造纸工业协会调查统计，“十一五”末，全省机制纸及纸板总生产能力达到1400万吨，比“十五”末增长75%，年均递增率11.84%；完成总产量1101万吨，比“十五”末增长82.72%，年均递增率12.81%；实现销售收入总额454亿元，比“十五”末增长89.17%，年均递增率13.6%；上缴税金14.9亿元，比“十五”末增长33.04%，年均递增率5.9%；实现利润28.9亿元，比“十五”末增长52.91%，年均递增率8.86%。统计数据显示，江苏省造纸工业2006—2010年机制纸及纸板总产量的年增长率分别为25.9%、17.9%、10.2%、5.7%、5.8%，销售收入的年增长率分别为23.8%、19.2%、7.3%、6.1%、6.0%。在“十一五”期间产量、销售收入的年增长率呈现出先高后低、逐年大幅下降后走平的态势。

“十一五”末，全省机制纸及纸板主要品种实现生产能力和产量分别为，印刷纸生产能力410万吨/年，涂布印刷纸产量288万吨/年，未涂布印刷纸产量102万吨/年；箱纸板生产能力450万吨/年，产量284万吨/年；白纸板生产能力25万吨/年，产量21万吨/年；瓦楞原纸生产能力400万吨/年，产量319万吨/年；生活用纸生产能力40万吨/年，产量39万吨/年；特种纸及纸板生产能力75万吨/年，产量53万吨/年。

【原料】

“十一五”末，全省纸浆总用量达到923万吨/年，比“十五”末增长84.6%，年均递增率13.04%。其中：商品木浆用量292.24万吨/年，使用比例比“十五”末下降7.36个百分点；废纸浆用量625万吨/年，使用比例比“十五”末上升13.71个百分点；进口废纸用量410万吨/年，占废纸总用量的52.56%，国内废纸用量370万吨/年，占废纸总用量的47.44%；非木浆用量5.89万吨/年，使用比例比“十五”末下降6.46个百分点。2010年，全省木浆、废纸浆、非木浆原料结构为31.65%、67.71%、0.64%。

【生产企业】

“十一五”末，全省年产10万吨规模以上重点制浆造纸企业有20家，占全省制浆造纸企业总数的25%，合计生产能力1186万吨/年，占全省制浆造纸总生产能力的84.71%。其中，年产300万吨规模以上企业1家；年产200万~300万吨规模以上企业1家；年产100万~200万吨规模以上企业1家；年产50万~100万吨规模以上企业4家；年产10万~50万吨规模以上企业13家。2010年合计产量975万吨，占全省机制纸及纸板总产量的88.56%。

全省年产10万吨规模以上重点制浆造纸企业的平均生产能力为60万吨/年，全省80家制浆造纸企业的平均生产能力为17.5万吨/年。2010年江苏省主要造纸企业生产情况见表1。

苏南地区（苏州、无锡、常州、镇江、南京5市）占全省总产量的87.28%；苏中地区（扬州、泰州、南通3市）占全省总产量的3.72%；苏北地区（徐州、淮安、宿迁、连云港、盐城5市）占全省总产量的9%。其中，苏州市机制纸及纸板的产量占全省总产量的49.51%；镇江市机制纸及纸板的产量占全省总产量的25.66%。

表 1　2010 年江苏省主要造纸企业生产情况

序号	企业名称	生产能力/(万吨/年)	2010 年产量/(万吨/年)	主要产品品种
1	玖龙纸业（太仓）有限公司	320	182	箱纸板、瓦楞原纸
2	金东纸业（江苏）股份有限公司	220	228	铜版纸
3	江苏理文造纸有限公司	130	121	箱纸板、瓦楞原纸
4	芬欧汇川（常熟）纸业有限公司	80	88	复印纸、双胶纸、铜版纸
5	金华盛纸业（苏州工业园区）有限公司	60	62	铜版纸、无碳复写纸、双胶纸
6	无锡荣成纸业有限公司	50	52	箱纸板、瓦楞原纸
7	江苏长丰造纸有限公司	50	44	瓦楞原纸
8	永丰余造纸（扬州）有限公司	40	36	箱纸板、瓦楞原纸
9	江苏王子制纸有限公司	40	—	铜版纸
10	张家港市华兴纸业有限公司	36	28	瓦楞原纸、生活用纸
11	苏州紫兴纸业有限公司	28	22	铜版纸
12	江苏久兴纸业有限公司	20	14	纱管原纸
13	金红叶纸业集团有限公司	18	18	卫生纸、纸巾纸
14	江苏旺达纸业有限公司	17	10	箱纸板
15	江阴新浩再循环纸业有限公司	15	17	白纸板
16	江苏亭湖经济开发区华泰纸业有限公司	15	12	箱纸板、瓦楞原纸
17	江苏飞翔纸业有限公司	13	13	瓦楞原纸
18	江阴市华宝纸业限公司	12	12	箱纸板、瓦楞原纸
19	镇江大东纸业有限公司	10	4	双胶纸、纸杯原纸、票证纸
20	徐州中建纸业有限公司	12	12	瓦楞原纸
	合计	1186	975	

【基建与技改】

据不完全调查统计，“十一五”期间全省造纸工业完成重大建设项目 9 项，完成投资总额 165 亿元，比“十五”期间增长 6.45%。新增机制纸及纸板总生产能力 460 万吨/年，其中，新增文化用纸 40 万吨/年，新增工业用纸 420 万吨/年。另外，新增苇木漂白化学浆生产能力 8 万吨/年。完成重大建设项目主要有：

（1）江苏王子制纸有限公司一期新建年产 40 万吨高档铜版纸以及配套码头、取排水、废水处理、自备热电厂等基础建设项目。

（2）无锡荣成纸业有限公司三期扩建年产 20 万吨瓦楞原纸以及 40 兆瓦自备热电厂等基础建设项目。

（3）永丰余造纸（扬州）有限公司一期新建年产 40 万吨牛皮挂面箱纸板及瓦楞原纸项目。

（4）玖龙纸业（太仓）有限公司三、四、五期合计扩建年产 220 万吨箱纸板、瓦楞原纸项目。

（5）江苏理文造纸有限公司三、四期合计扩建年产 70 万吨箱纸板、瓦楞原纸项目。

（6）张家港市华兴纸业有限公司二期扩建年产 18 万吨瓦楞原纸项目。

（7）胜达集团江苏双灯纸业有限公司新建年产 8 万吨漂白化学苇木混合浆以及配套碱回收及综合废水处理项目。

（8）江苏长丰造纸有限公司二期扩建年产 30 万吨瓦楞原纸项目。

（9）江苏久兴纸业有限公司扩建年产 20 万吨纱管原纸项目。

【科研与技术进步】

在“十一五”期间，全省造纸企业完成引进生物废水治理、新型涂布机的新技术、新装备共计

2 项。完成研发提高纸张产品质量、提高纸机抄造率、节约能源、节约水资源、节约木浆及废纸资源、减少固体废弃物排放等新技术、新工艺共计 7 项；完成主要新产品开发共计 5 项；完成主要新设备研发共计 5 项。

1. 引进新技术、新装备情况

（1）引进的生物废水处理专利技术已基本应用成功。该项新技术采用厌氧颗粒微生物，将有机污染物转化为可再利用的沼气；采用改良后的活性污泥将低浓废水中的有机物吸附、氧化和生物降解，可使废纸制浆造纸的废水 COD_{Cr} 排放浓度达到 60 毫克/升以下。

（2）引进的先进“四组喷射式”刮刀涂布机已于 2010 年年底投产使用。该设备采用的先进技术将给我国造纸装备制造业带来新的启示。

2. 研发新技术、新工艺情况

生活用纸轻干起皱、生活用纸抑菌加香、逆渗透废水深度处理回用系统、高车速高固含量涂料配方、生物酶在磨浆中的应用、淀粉包覆纤维、生产本色工业用纸及纸板和初沉池污泥回用等 7 项新技术、新工艺的研发获得成功。这些研发成果居国内领先水平。

3. 研发新产品情况

护肤乳霜面纸、数码印刷用铜版纸、松厚型亚光铜版纸、艺术铜版纸、水晶双面铜版纸等 5 个新产品的研发获得成功。这些高新技术产品的品质已达到国内同行业先进水平。

4. 研发新设备情况

二氧化氯制备设备、新型高效置换蒸煮设备、氧脱木素设备、过氧化氢漂白设备、新型苛化设备的研发已获得成功。这些新设备的研发成果分别获得了国家重点新产品 1 项，江苏省高新技术产品 1 项。申请专利 18 项。

【环境保护与节能】

“十一五”末，全省采用以商品木浆为主要纤维原料生产铜版纸、双胶纸、复印纸等文化用纸的企业，吨产品平均综合能耗 500 千克标煤，先进企业水平为 440 千克标煤；采用以废纸为主要纤维原料生产箱纸板、瓦楞原纸、纱管原纸等工业用纸及纸板的企业吨产品平均综合能耗 330 千克标煤，先进企业水平为 290 千克标煤；采用商品木浆为主要纤维原料生产卫生纸、手帕纸、面巾纸等生活用纸的企业吨产品平均综合能耗 420 千克标煤，先进企业水平为 390 千克标煤；采用以麦草、芦苇、杨木加工剩余物为主要纤维原料生产漂白化学草（苇）木混合浆、文化用纸和生活用纸的企业吨产品平均综合能耗 1150 千克标煤，先进企业水平为 1090 千克标煤。

“十一五”末，全省采用以商品木浆为主要纤维原料生产铜版纸、双胶纸、复印纸等文化用纸的企业吨产品平均废水排放量 7.5 米^3，先进企业水平为 6 米^3；COD_{Cr} 平均排放浓度 42 毫克/升，先进企业水平为 30 毫克/升。采用以废纸为主要纤维原料生产箱纸板、瓦楞原纸、纱管原纸等工业用纸及纸板的企业吨产品平均废水排放量 10 米^3，先进企业水平为 6 米^3；COD_{Cr} 平均排放浓度 85 毫克/升，先进企业水平为 60 毫克/升。采用商品木浆为主要纤维原料生产卫生纸、手帕纸、面巾纸等生活用纸的企业吨产品平均废水排放量 8.5 米^3，先进企业水平为 7.6 米^3；COD_{Cr} 平均排放浓度 55 毫克/升，先进企业水平为 50 毫克/升。采用以麦草、芦苇、杨木加工剩余物为主要纤维原料生产漂白化学草（苇）木混合浆、文化用纸、生活用纸的企业吨产品平均废水排放量 74 米^3，先进企业水平为 67 米^3；COD_{Cr} 平均排放浓度 235 毫克/升，先进企业水平为 130 毫克/升。

经测算，全省“十一五”末机制纸及纸板综合能耗总量约 444 万吨标煤，比“十五”末 330 万吨增长 33.33%；吨产品综合平均能耗约为 400 千克，比“十五”末 548 千克下降 27.00%。制浆造纸废水排放总量约为 1.07 亿米^3，比“十五”末 1.84 亿米^3 下降 41.84%；吨产品平均废水排放量为 9.8 米^3，COD_{Cr} 排放量约为 0.82 万吨，比“十五”末 4.32 万吨下降 81.02%，吨产品平均 COD_{Cr} 排放量为 0.75 千克。

【发展中的问题】

（1）原料短缺问题是制约江苏省造纸工业发展的主要障碍，针叶木材、阔叶木材以及废纸需要大量从国外进口，企业的盈利依赖于国际市场纤维原料的变化。江苏省草类原料资源丰富，高效、清洁地利用草类原料是江苏省造纸工业今后发展的方向。

（2）依靠先进技术，降低吨纸耗水量，减少废水排放量，减轻造纸企业对环境的污染也是江苏省造纸工业急需解决的问题。

（刘 克 景 宜）

河南省造纸工业

Paper Industry in Henan Province

【行业概况】

根据河南省统计局、河南省环保厅、河南省造纸学会对综合信息资料调查，2010 年全省机制纸及纸板生产企业约 280 家，机制纸及纸板总产量 975.6 万吨，同比增长 2.1%；销售收入 541.2 亿元，同比增长 24%；利润 56.9 亿元，同比增长 16.4%；上缴税金 21.5 亿元，同比增长 17.2%。2010 年与 2009 年相比，全省机制纸及纸板的销售收入、利润、上缴税金等经济指标都有所提高，取得了可喜的成绩。

造纸企业主要分布在新乡、漯河、许昌、焦作、濮阳、郑州等地区，2010 年全省造纸企业生产能力超过 10 万吨/年的企业 23 家，占全省产量 60% 以上。主要产品产量：书刊印刷纸、书写纸、双胶纸、无碳复写纸等文化、工业用纸约 290 万吨/年，箱纸板约 320 万吨/年，瓦楞原纸约 270 万吨/年，卫生纸约 60 万吨/年，其他约 36 万吨/年。

全省所有制浆造纸企业，全部按省和地方环保局要求达标排放。重点骨干企业生产和效益创出了历史最好水平，为全省造纸工业的发展起到了示范作用。

【原料】

河南省木材资源缺乏，全省有杨木枝桠材制浆企业 3 家，生产能力 35 万吨/年，加上漯河银鸽实业集团有限公司、驻马店市白云纸业有限公司、河南一林纸业有限公司、河南华丰纸业有限公司、河南省龙泉集团等年产约 15 万吨木片化学浆，2010 年实际产量约 40 万吨。

长期以来，制浆造纸原料主要以稻麦草为主，原料结构调整是河南省造纸工业一个较大的难题。随着河南省纸及纸板产量的快速增加，原料问题越来越突出。近年来，原料结构调整初见成效。2010 年河南省造纸工业草浆产量约 120 万吨，占总用浆量的 12.3%；废纸利用发展较快，废纸浆产量约 505.6 万吨，占总用浆量的 51.8%；商品木浆用量大幅度提高，达到 350 万吨（河南省自产约 40 万吨），占总用浆量的 35.9%。

为了解决造纸原料问题，河南省各级政府部门、大型造纸企业认真贯彻落实国家发改委、财政部、林业局《关于加快造纸工业原料基地建设的若干意见》。按照全国造纸工业“十一五”发展规划，结合实际，从国民经济和造纸工业发展的战略高度，积极倡导和实施林纸一体化，扎实细致地做好沿黄淮及其他宜林地区的速生杨丰产林基地建设工作。已先后有三门峡、洛阳、焦作、新乡、开封、濮阳、南阳、信阳、商丘等地建立了造纸用林基地。

龙须草是一种很好的造纸原料，也是河南省在全国比较具有优势的原料品种。南阳市龙须草资源丰富，当地政府和老百姓都有种植龙须草的积极性，每年龙须草产量多达 20 万吨。

【生产企业】

2010 年年底，河南省有制浆造纸企业约 280 家，其中：以稻麦草等非木材纤维为原料的化学、半化学制浆造纸生产企业 16 家，使用废纸造纸的企业 218 家，木浆造纸企业 46 家。

河南省主要造纸企业 2010 年完成产量、销售收入、上缴税金、实现利润情况见表 1 ~ 表 4。

【基建与技改】

2010 年河南省造纸工业稳步发展，基建和技改投资进一步加大，许多项目相继投产，企业实力进一步加强。2010 年完成和在建的造纸项目主要有：漯河银鸽实业集团有限公司在建 10 万吨/年文化用纸项目；新乡新亚纸业集团有限公司改造 5 万吨/年箱纸板项目、12 万吨/年文化用纸项目；河南省

表 1　2010 年河南省产量前 10 名的制浆造纸企业

排序	单位名称	产量/万吨
1	漯河银鸽实业集团有限公司	85.0
2	新乡新亚纸业集团有限公司	58.2
3	河南省龙源纸业股份有限公司	49.7
4	濮阳龙丰纸业有限公司	29.8
5	河南一林纸业有限公司	24.0
6	河南省江河纸业有限责任公司	13.3
7	新乡鸿泰纸业有限公司	12.6
8	河南省奥博纸业有限公司	12.0
9	焦作瑞丰纸业有限公司	11.4
10	驻马店市白云纸业有限公司	10.8

表 2　2010 年河南省销售收入前 10 名的制浆造纸企业

排序	单位名称	销售收入/亿元
1	漯河银鸽实业集团有限公司	41.0
2	新乡新亚纸业集团股份有限公司	21.3
3	濮阳龙丰纸业有限公司	17.7
4	河南省江河纸业有限责任公司	11.7
5	河南省龙源纸业股份有限公司	9.5
6	河南一林纸业有限公司	8.9
7	新乡鸿泰纸业有限公司	5.8
8	驻马店市白云纸业有限公司	5.0
9	河南省奥博纸业有限公司	4.6
10	河南省民通华瑞纸业有限公司	4.5

表 3　2010 年河南省上缴税金前 10 名的制浆造纸企业

排序	单位名称	税金/万元
1	漯河银鸽实业集团有限公司	25000
2	新乡新亚纸业集团股份有限公司	9100
3	濮阳龙丰纸业有限公司	5420
4	河南省江河纸业有限责任公司	5033
5	河南省奥博纸业有限公司	4220
6	新乡鸿泰纸业有限公司	2990
7	河南省民通华瑞纸业有限公司	2130
8	河南一林纸业有限公司	1428
9	焦作瑞丰纸业有限公司	2294
10	驻马店市白云纸业有限公司	454.7

表 4　2010 年河南省实现利润前 10 名的制浆造纸企业

排序	单位名称	实现利润/万元
1	漯河银鸽实业集团有限公司	16000
2	新乡新亚纸业集团股份有限公司	13700
3	河南省龙源纸业股份有限公司	8740
4	河南一林纸业有限公司	8370
5	新乡鸿泰纸业有限公司	5960
6	河南省江河纸业有限责任公司	3664
7	河南省奥博纸业有限公司	3600
8	河南省民通华瑞纸业有限公司	3560
9	焦作瑞丰纸业有限公司	1520
10	濮阳龙丰纸业有限公司	880

江河纸业有限责任公司在建 10 万吨/年高档文化用纸项目；河南一林纸业有限公司在建 10 万吨/年高档文化用纸项目；新乡鸿泰纸业有限公司在建 5 万吨/年漂白麦草浆碱回收及 6 万吨/年文化用纸项目；河南省龙源纸业股份有限公司在建 10 万吨/年瓦楞原纸项目、低成本租赁改造原河南恒兴纸业股份有限公司 15 万吨/年白纸板项目；驻马店市白云纸业有限公司建成 5 万吨/年漂白麦草浆项目和在建 20.4 万吨/年高档文化用纸项目；河南省民通华瑞纸业有限公司完成 5 万吨/年轻型纸项目；罗山县恒远纸业有限公司完成 5 万吨/年高强瓦楞原纸项目；郑州复兴纸业有限公司完成 5 万吨/年白纸板项目；济源腾盛纸业有限公司完成 10 万吨/年瓦楞原纸项目；上海迪冉郸城纸业有限公司完成 10 万吨/年瓦楞原纸项目；新密市东盛纸业有限责任公司完成 15 万吨/年瓦楞原纸项目；河南双马纸品包装有限公司建成 10 万吨/年瓦楞原纸项目；滑县华森纸业有限责任公司在建 7 万吨/年超声波漂白麦草浆项目；舞钢市海明纸业有限公司在建 3 万吨/年卫生纸项目；舞钢市群望纸板有限公司在建 10 万吨/年封面纸板项目；河南护理佳纸业有限公司在建 10 万吨/年高档生活用纸项目；博爱县鑫鹿纸业有限公司在建 10 万吨/年脱墨浆、20 万吨/年文化用纸项目；河南天虹纸业有限责任公司建成 5 万吨/年模纸板项目；东华（郸城）环保纸业有限公司在建 15 万吨/年瓦楞原纸项目；河南省奥博纸业有限公司在建 4 万吨/年卫生纸项目；偃师市洁达纸业有限公司在建 3 万吨/年卫生纸项目；西平县兴华综合纸业有限公司在建 3 万吨/年卫生纸项目；平顶山市运发纸业有限公司在建 10 万吨/年瓦

楞原纸项目；沁阳市红涛纸业有限公司在建10万吨/年生活用纸项目；河南永威安防股份有限公司筹建20万吨/年特种纸项目；郑州密润纸业有限公司筹建10万吨/年瓦楞原纸、20万吨/年特种纸、35万吨/年箱纸板项目；河南盛元纸业有限公司筹建30万吨/年箱纸板项目；焦作瑞丰纸业有限公司筹建15万吨/年白纸板项目；河南飞达纸业有限公司筹建15万吨/年涂布白纸板项目；新乡市腾飞纸业有限公司筹建10万吨/年无碳复写纸项目；新野方正纸业有限公司筹建3万吨/年生活用纸项目等。

【科研与技术进步】

造纸科学技术为河南省造纸工业的发展起到了推动作用，并使产品档次逐渐提高，品种逐渐增多，也使造纸工业装备水平稳步提高。

2010年，郑州大学制浆造纸研究所，继续对低污染制浆、无氯漂白、废水闭路循环技术进行了研究，并取得一定的成效；省内还有其他单位对无碳复写纸、热敏纸、离型原纸、防水防油热敏纸、彩色喷墨打印纸、石膏板原纸、装饰原纸、耐磨纸、无氯漂白等技术进行了研究。有能力的企业都成立了科研开发机构，如河南省江河纸业有限责任公司成立院士工作站，漯河银鸽实业集团有限公司成立国家级博士工作站，濮阳龙丰纸业有限公司、驻马店市白云纸业有限公司、新乡鸿泰纸业有限公司、河南一林纸业有限公司、河南省民通华瑞纸业有限公司等都成立了省级技术中心，为企业新产品的开发与生产服务。他们在新原料、新工艺、新技术、新产品、新助剂和新设备的研究、开发和使用方面投入了大量的人力、物力，对企业的发展和技术进步起到了重要的促进作用。

河南省造纸工业加大了科技投入和人才的培养，本省大、中专院校为造纸企业培养了大批制浆造纸专业技术人员。除此之外，较大企业每年都选送高中毕业生、在职职工到陕西科技大学、天津科技大学、郑州大学、郑州轻工业学院等高等院校学习，充实一线技术人员，还不断从外省招聘高级技术人才。

目前，许多企业认识到，市场竞争是产品竞争；产品竞争是技术竞争；技术竞争归根到底是人才竞争。许多企业在市场竞争中，尝到了重视科技、重视人才、重视新产品开发，加大科技和人才培养投入的甜头，不断转变观念，适应市场发展的需求，发展和壮大自己，抢占市场竞争的制高点，抓人才、抓科技、抓产品、抓市场、抓效益。

【环境保护】

为了贯彻国家保护生态环境的有关政策、法规，使淮河、黄河、海河、长江等河流在河南省出境断面符合国家要求。河南省把治理污染作为全省造纸工业的重点工作来抓，随着国家加大对水污染防治立法、执法力度，全省造纸工业加快了废水治理的步伐，并取得了较大进展。

2010年年底，河南省关停并转3.4万吨/年以下稻麦草制浆造纸企业7家、3万吨/年以下废纸制浆造纸企业3家。各企业普遍注意清洁生产，减少污染物的产生和排放，加强废水治理和回收利用，大多数造纸企业都通过了环保部门的验收，达到稳定达标排放。草浆造纸企业都配备了碱回收工程；漯河银鸽实业集团有限公司3套100吨/日碱回收；驻马店市白云纸业有限公司100吨/日碱回收、第2套150吨/日碱回收已投产；河南省龙泉集团100吨/日碱回收；河南一林纸业有限公司200吨/日碱回收；河南华丰纸业有限公司100吨/日碱回收；新乡新亚纸业集团有限公司100吨/日碱回收和2套200吨/日碱回收；内乡仙鹤纸业有限公司150吨/日无氯漂白碱回收。新乡兴泰纸业有限公司、商电铝业集团公司、鹤壁市瑞洲纸业有限公司、新乡市亨利纸业有限公司等企业正在筹集资金配备碱回收及配套中段废水治理工程。

【发展中的问题】

(1) 企业数量多、规模小，企业结构不合理。至2010年年底，全省仍有各类制浆造纸企业约280家，平均生产规模4.6万吨/年；规模最大的造纸企业2010年产量也只有85万吨。木浆比重小，原产杨木浆只有50万吨/年，占全省用木浆量不足11.4%。

(2) 产品品种少、档次低，产品结构不合理。河南省能够生产的产品只有190多个品种，且多为中、低档产品。目前省级以上名牌产品只有驻马店市白云纸业有限公司、漯河银鸽实业集团有限公司、河南省江河纸业有限责任公司、河南一林纸业有限公司、濮阳市通宇纸业有限公司5个企业、7个产品。物耗、能耗高，附加值低，企业效益普遍较差。全省只有江河纸业有限责任公司生产高利润产品。有些企业几十年生产一个品种，缺乏创新意识。

(3) 企业研发能力较差，科教投入不足。虽然有几家企业成立了省级技术中心，也是技术力量不足，基本没有能力开发新产品。在造纸专业人才培养方面，河南省目前还没有培养大专以上造纸人才的院校。

（4）草浆比重有所调整，麦草浆比重为12.3%。麦草和龙须草等非木材纤维原料是河南省造纸工业可持续发展的战略性优势资源。经过几十年的努力，我们在非木材纤维的生产工艺、污染控制等方面有了长足的进步，居世界领先水平。

（5）国家对造纸工业废水排放标准的提高，使治理难度加大。由于国家、省、市、县对环保的要求越来越严，排放标准对 COD 的排放要求越来越低，治理费用越来越大，难度越来越高。虽然经过多年努力，造纸工业的 COD 排放量已经大大降低，但治理任务依然艰巨。在河南省 16 家化学、半化学草浆造纸企业中，已建成的碱回收系统仅有 13 家 18 套，造纸企业都基本做到了达标排放，但投资费用较大，对企业的发展极为不利。

（6）企业装备水平低，技改资金不足。造纸工业是技术密集型和资金密集型产业。由于历史的原因和省情、企情的制约，河南省造纸企业在装备水平上落后于兄弟省份企业，更无法与外资企业相比。2009 年全省只有濮阳龙丰纸业有限公司 1 台 30 万吨/年的大型纸机投产。尽管省政府史无前例地将造纸工业列入“十五”、“十一五”重点扶持的五大传统产业之一，但由于缺乏具体有效的配套措施，一直无法突破资金等瓶颈，致使河南省许多重点骨干企业虽有很好的技改和扩建项目，但因为筹措不到资金而迟迟无法实施或进展缓慢。

【其他】

多年来，河南省焦作、新乡等地以稻麦草为主要原料的造纸工业发展迅速，为当地经济发展作出了贡献。但是，由于造纸工业整体技术水平低、工艺设备落后，污染严重，不仅严重危害了人民群众的身心健康，也制约了全省经济、社会的可持续发展。为加速河南省造纸工业结构调整，按照国家发改委《关于加快我国造纸工业发展的指导意见》和《河南省国民经济和社会发展第十个五年计划纲要》的要求，河南省必须关停一批污染严重、工艺落后、达不到合理经济规模的造纸企业及草类制浆生产线，推动造纸企业技术进步和规模化经营，提高造纸工业的整体水平和市场竞争力。为此，河南省提出了造纸工业今后规划与发展意见。

鼓励和推动企业发展、兼并重组。在关停的基础上，鼓励造纸企业按照现代企业制度，跨地区、跨部门、跨行业、跨所有制进行兼并重组。今后的新建、改建、扩建造纸项目，必须体现规模效益、技术可靠、设备先进、实事求是的原则。按照有关规定，木浆造纸企业最小规模为年产 10 万吨，草类制浆造纸企业最小规模为年产 5 万吨。到 2015 年，河南省造纸企业数量在 100 家左右，年产 100 万吨以上的企业 3 家，年产 50 万吨以上的企业 10 家，年产 30 万吨以上的企业 10 家，年产 10 万吨以上的企业 30 家左右。除特种纸以外，所有企业规模都要达到年产 5 万吨以上，总产量将达 1500 万吨。在产品质量和档次方面，重点发展木浆、废纸和精制草浆项目，高、中档纸产品达到 60% 以上；在原料结构方面，扩大使用废纸和商品木浆，使木浆、废纸、草浆的比例达到 3∶6∶1。在环境保护方面，所有非木材纤维制浆造纸企业都必须配套碱回收和中段废水治理工程，黑液提取率达到 88% 以上，碱回收率达到 85% 以上，中段水要有生化 + 物化 + 深度处理，白水要经处理后，循环使用。废纸制浆造纸企业，废水也要配置生化和深度处理设备，使所有制浆造纸企业排出的废水都能稳定达标排放。

在科技进步方面，贯彻科教兴国的精神，依靠科技进步，继续进行企业技术改造、技术改新、技术引进，实现装备水平现代化；在生产管理上广泛使用自动控制技术，提高自动化水平；大力加强科技开发工作，加大科技投入，开发新原料、新浆种；改进制浆方法；开发新产品、提高产品档次和质量；改进工艺，减少污染，保护环境；开展节能降耗工作，逐渐实现制浆连续化、抄纸高速化；加强信息化进程，实现管理现代化。

（李尚武）

福建省造纸工业

Paper Industry in Fujian Province

【行业概况】

2010年福建省造纸及纸制品业的开机率、产销量和经济效益逐月快速上升，亏损企业个数和亏损额逐月减少，并且实现了历史最大的涨幅。拉近了与先进省区的距离，在全国造纸及纸制品业分地区产品产量排名中由第7位上升至第6位。

根据福建省统计局统计，2010年福建省造纸及纸制品业工业总产值（现价）530.02亿元，同比增长33.3%；其中造纸业215.11亿元，同比增长39.4%。总产值（可比价）508.98亿元，同比增长28%；其中造纸业200.52亿元，同比增长30%。利润总额29.51亿元，同比增长82.8%；其中造纸业8.51亿元，同比增长3768.2%。税金总额16.48亿元，同比增长55.9%；其中造纸业4.93亿元，同比增长20.5%。纸浆（进入市场销售的原生浆及废纸浆）产量51.96万吨，同比增长0.2%。机制纸及纸板（外购原纸加工除外）产量432.06万吨，同比增长20.9%。纸制品226.69万吨，同比增长10%；其中瓦楞纸箱145.11万吨，同比增长5.4%。

在产销运行快速增长的同时，基建与技改、科研与环保也同步取得优良的成绩，成为福建省轻工业增长最快的三个行业之一。

【原料】

福建省制浆主要原料是废纸，废纸制浆约占纸浆产量的65%；其次是木材、竹子、芒秆和蔗渣等，其中木浆占原生纸浆（即木浆和非木浆）的75%以上。据福建省纸业协会统计2010年福建省原生纸浆产量下降22.6%，原因是KP纸浆主要生产企业福建省南纸股份有限公司的制浆生产线已经全部转产人造纤维浆粕，不计入纸浆产量。

福建省造纸原料除自制的废纸浆外，还有商品浆和未经污染的印刷厂白纸边，商品浆中还包括了商品废纸浆，商品废纸浆既有国产也有进口。全省只有福建省南纸股份有限公司、福建省青山纸业股份有限公司和福建省邵武中竹纸业有限责任公司有自制的原生纸浆部分用于本厂造纸，部分投入市场销售。

【生产企业】

2010年福建省生产原生纸浆的企业总共只有4家：福建省青山纸业股份有限公司（马尾松KP25万吨/年）、福建省南纸股份有限公司（马尾松TMP 24万吨/年和KP 5万吨/年）、福建省邵武中竹纸业有限责任公司（竹木芒混合BKP 6万吨/年）和福建省将乐腾荣达制浆有限公司（杉木BCTMP 3.4万吨/年），全部位于福建省西北山区。

2010年福建省造纸生产能力前10名企业（见表1）。

表1　2010年福建省造纸生产能力前10名的企业

序号	企业名称	生产能力/(万吨/年)
1	漳州联盛纸业有限公司	80
2	福建省青山纸业股份有限公司	50
3	福建省南纸股份有限公司	40
4	福建优兰发集团实业有限公司	30
5	漳州港兴纸业有限公司	25
6	漳州友利达纸业发展有限公司	20
7	恒安（中国）纸业有限公司	18
8	罗源雄丰纸业有限公司	16
9	泉州贵格纸业有限公司	15
10	漳州盈晟纸业有限公司	15

2010年福建省实现工业总产值（现价）前10名的企业（见表2）。

表2 2010年福建省实现工业总产值（现价）前10名的企业

序号	企业名称	工业总产值（现价）/亿元
1	福建优兰发集团实业有限公司	19.0
2	福建省南纸股份有限公司	17.5
3	福建省青山纸业股份有限公司	13.5
4	福建省永春宏益纸业有限公司 福建省永春联盛纸业有限公司	9.4
5	恒安（中国）纸业有限公司	7.6
6	福建铙山纸业集团有限公司	6.5
7	泉州贵格纸业有限公司	5.2
8	漳州港兴纸业有限公司	5.1
9	漳州敦信纸业有限公司	4.4
10	漳州盈晟纸业有限公司	4.1

注：恒安集团只报了晋江市东石镇的造纸厂的数据。

2010年福建省利税总额前5名的企业（见表3）。

表3 2010年福建省利税总额前5名的企业

序号	企业名称	利税总额/亿元
1	福建优兰发集团实业有限公司	3.46
2	恒安（中国）纸业有限公司	1.52
3	福建省青山纸业股份有限公司	0.69
4	泉州贵格纸业有限公司	0.37
5	漳州港兴纸业有限公司	0.21

注：联盛（长泰）纸业没有寄来2010年报表，无法加入上述统计。

【基建与技改】

福建省南纸股份有限公司（含龙岩造纸）、福建省青山纸业股份有限公司和福建省邵武中竹纸业有限责任公司2010年的工作重点是将木竹硫酸盐制浆生产线改造成木竹人造纤维浆粕生产线。福建省南纸股份有限公司的年产4万吨木人造纤维浆粕生产线已于2010年年初建成投产，现在正在进行另一条年产9.6万吨的木浆粕生产线的基建工作，预计2011年建成投产。

2010年恒安（中国）纸业有限公司又从美卓公司引进了1条幅宽5600毫米，车速2000米/分的生活用纸生产线，并已建成投产。泉州恒利纸业有限公司和新建的厦门新阳纸业有限公司各自引进了1条，福州歌芬纸品有限公司引进了两条类似的生产线，目前都在建设当中。

福建省联盛纸业有限责任公司在长泰县建成投产1条年产30万吨低定量牛皮箱纸板生产线。漳州港兴纸业有限公司、漳州友利达纸业有限公司各有1条年产20万吨的箱纸板生产线建成投产。

【科研与技术进步】

总体来说，福建省造纸及纸制品业的科研和技术进步在一定程度上滞后于造纸工业生产的需求。为了提升全省造纸企业的科学技术水平，福建省经济贸易委员会委托福建省轻工业联合会和福建省纸业协会组织专家对11家制浆造纸企业进行技术提升和辅导诊断工作，以提升企业的竞争能力，收效较好。

福建省大田县华闽纸业有限公司与中国制浆造纸研究院合作，成功研发出一种新的牛皮类特种纸"乳胶纸"。福建铙山纸业集团有限公司2010年成功研制出"嘧胺纸"、"奶面纸"、"PS版衬纸"和"高透明成型纸"等许多薄型特种纸新品种，并已批量生产，供应市场。其研制的"炊蒸原纸"在2010年获得福建省优秀新产品奖。

【环境保护与节能】

2010年福建省环境保护与节能的主要工作是对全行业的制浆造纸废水进行深度处理，使之在达到GB 3544—2008表1指标同时，为在2011年6月30日前达到表2指标打好基础。目前绝大部分大中型造纸企业已经完成任务，为此造纸企业的污泥数量有所增加，作为省造纸行业研发基地的福建优兰发集团实业有限公司积极推进造纸固体废弃物的综合利用，利用污泥等固体废弃物生产特殊纸板。目前福建省正在进行的工作是使全省造纸企业达到清洁生产优于二级的标准。

为引导和规范福建省造纸行业节能工作，使之有一个衡量的尺度，2010年由福建省纸业协会牵头，福建省节能中心、福建省标准化研究所和各有关企业联合制定了特种纸、生活用纸、文化用纸以及包装用纸和纸板的单位产品能耗地方标准，其中1个已由福建省质量技术监督局批准发布，其他3个已通过审批等待发布。

为搞好行业结构调整，提高行业和企业的竞争力，按照国务院和工信部文件精神，全省目前已淘汰造纸企业 49 家，涉及产能 15 万吨；2011 年拟再淘汰造纸企业 104 家，涉及产能 26.3 万吨；2013 年拟再淘汰造纸企业 180 家，涉及产能约 200 万吨。

【发展中的问题】

1. 科学发展与提高发展质量

造纸及纸制品业如何科学发展、提高发展质量一直是我们认真考虑的问题。初步设想：到 2015 年，福建省全部制浆企业的综合能耗要达到国家清洁生产标准要求，单位浆纸产品综合能耗要比 2010 年降低 10% 以上，用水量降低 15% 以上。全省造纸企业的纸和纸板单位产品综合能耗要达到福建省有关纸和纸板单位产品综合能耗地方标准的要求。水污染物排放要达到国家标准 GB 3544—2008 表 2 的要求。推进行业结构调整，大力淘汰落后产能，促进行业技术升级。

现在福建省造纸及纸制品业发展得这么快，是受省委、省政府打好五大战役，大干“十二五”的思路号召。福建省计划在“十二五”期间造纸产量年均增长达到 15%。虽然在数量发展方面有了明确目标，但在发展质量方面还缺乏规划。福建省造纸及纸制品业在“十一五”期间虽然产量增长了 131%，并完成了省经贸委《2007—2010 年福建省造纸产业发展行动计划》规定的主要指标，且污染物的减排速度大于产量产值增长速度，造纸及纸制品业的发展没有给福建省江河湖海增加污染负荷，应该说成绩还是比较显著的。但是在固体废弃物的综合利用以及防止固体废弃物处理过程中产生次生污染，控制 CO_2、SO_2、AOX 和 DOX 等方面还有很多工作要做。

2. 原料保障

未来的造纸界，谁掌握资源，谁将取得主动。目前全省造纸及纸制品业原料主要是废纸，废纸资源主要靠进口，利润的大部分是给了从事废纸进口的外商，原料安全也控制在外商手中。“十二五”期间能否改变这种局面，怎么改变？目前我国造纸林搞得比较好的主要是海南和西北荒漠地区，造纸核心地区造纸林怎么办？我们现在一直在考虑。

3. 优化产业结构，淘汰落后产能

国务院 2010 年年初发布的国发［2010］7 号文件，工信部 2010 年年底发布的工产业［2010］122 号文件，谈的都是产业结构调整和淘汰落后产能的问题。我们比较为难的是国发［2010］7 号文与工产业［2010］122 号文有两处明显不同：①淘汰年产 1 万吨以下生产线，前者说是造纸生产线，后者说是制浆生产线。因为现在福建省造纸生产线基本上没有向环境排放水污染物，废水是从制浆生产线排出的，管住制浆生产线是正确的。②淘汰年产 3.4 万吨以下制浆生产线，前者说是草浆，后者说是非木浆。“草浆”在造纸业没有严格定义，不好执行；非木浆在造纸业有明确定义，容易执行。尽管后者比前者更加严格，但在业内，没有反对意见。希望能够有更加权威的文件予以明确。

（郑宝琛）

湖南省造纸工业

Paper Industry in Hunan Province

【行业概况】

根据湖南省统计局以及环保局的统计结果，湖南省2010年共完成纸及纸板产量384.63万吨，同比增长12.6%；主营业务收入452.19亿元，利税35.41亿元，利润14.48亿元。全省制浆企业12家（其中包括泰格林纸集团的岳阳纸业股份有限公司、湘江纸业有限责任公司、洪江纸业有限责任公司、沅江纸业有限责任公司、骏泰浆纸有限责任公司），共生产纸浆155.89万吨，较2009年增长16.7%；自制浆中，木浆比例占57.97%，苇浆41.95%，其余少量为竹浆；共回收碱约50万吨。

湖南省纸及纸制品仍然沿袭了原来的几大类别：包装用纸、文化用纸、生活用纸、工业用纸和纸板等。包装用纸以高强瓦楞原纸居多，因湖南省是花炮纸之乡，主要是做鞭炮纸和花炮包装箱用。另外还有特种纸和精制纸，如精品牛皮纸、淋膜纸、复合纸、伸性纸袋纸等。湖南省是出版大省，文化用纸是第二大类产品，以双胶纸、静电复印纸、书写纸为主，并辅以轻量涂布纸、颜料整饰胶版纸、喷墨打印纸、素描纸、水彩纸、晒图原纸等。生活用纸主要包括由湖南恒安纸业有限公司生产的“心相印”牌卫生纸，另外还有一些中低档的卫生纸和纸杯原纸。工业用纸方面以电绝缘纸板（特别是特高压电绝缘纸板）和用于鞭炮包装的红色半透明纸最具有代表性。

【原料】

湖南省属我国内陆省份，地势以中、低山与丘陵为主，著名的湘江贯穿全省境内，气候温湿，适于植被生长，森林覆盖率57.01%，远远超过世界（31.8%）和全国（20.3%）的水平。湖南省还是率先在国内实现林纸一体化的省份，现有造纸木材林地26.67万公顷，拥有芦苇种植面积约8万公顷，每年可产芦苇100万吨，具有发展制浆造纸工业的良好资源。目前造纸采用的原料主要有木材、芦苇、国内外废纸和进口浆板等。自制木浆中，化学浆主要采用松木、桉木、杉木；化机浆采用杨木。尽管拥有较丰富的原料资源，但近两年的制浆生产能力不断扩大，省内木材已出现捉襟见肘的现象，为保证现有生产能力正常释放，制浆企业常常需要到相邻省份如云南、贵州调运木材。芦苇虽能全部自给，但目前的拥有量也不宜再新建芦苇制浆企业。湖南省造纸工业的发展还将继续依赖废纸及进口浆板。

【生产企业】

湖南省的造纸企业以中、小企业居多，主要集中在湘、资、沅、澧水域以及洞庭湖区域的岳阳、汨罗、沅江、常德、怀化、永州、邵阳、浏阳、宁乡等地区。岳阳、沅江、常德地区多采用自制化学苇浆和木浆生产文化用纸和生活用纸。汨罗、宁乡、浏阳主要采用废纸生产中低档包装用纸。怀化地区以生产木浆板为主。永州、邵阳地区分别采用自制浆和进口浆板生产薄型包装用纸。湖南省年产量超过10万吨的企业见表1。

表1 湖南省年产量达10万吨的造纸企业

企业名称	产量/(万吨/年)	销售收入/亿元	利税/亿元
湖南泰格林纸集团有限责任公司	125	91	5.50
湖南恒安纸业有限公司	16	21	2.25
岳阳丰利纸业有限公司	16	6	0.45
湖南雪丽纸业有限公司	13	7	0.35

湖南泰格林纸集团有限责任公司作为一个造纸行业为数不多的国有企业，生产能力由1997年

的7万吨/年迅速发展到现在超百万吨。近年来面对国际上不稳定的金融形势，通过加强自身管理，坚持节能减排，不断技术创新仍能稳步前进。通过技术攻关，公司对备料中的树皮、锯木屑以及生产过程中产生的其他废弃物，集中送往发电锅炉与煤炭混合燃烧发电，这不但解决了环保问题，还将新增效益近1000万元，很好地体现了循环经济。另外，还通过开展“效益攻关”、“节水治水”等活动，竭力提高设备生产能力，努力降低生产成本，以达到挖潜增效的目的。2010年9月21日，中国诚通控股集团旗下中国纸业投资总公司与湖南省国资委等7家股东共同重组泰格林纸集团合作协议正式签定。重组方案于2011年1月获得国务院国资委通过。公司更名为“泰格林纸集团股份有限公司”，标志着泰格林纸集团正式成为央企一员，也是我国唯一一家以“林浆纸”为主业的中央企业。

湖南恒安纸业有限公司是恒安集团在湖南的生产基地之一，主要生产生活用纸原纸以及进行深加工，其加工产品“心相印”牌卫生纸为全国知名品牌。目前该公司拥有4台世界上最先进的卫生纸机，前3台从安德里茨公司引进，2010年新上的8号机为从美卓公司引进的DCT200HS纸机，幅宽5600毫米，设计车速2000米/分，采用的是VISCO-NIP软靴压榨技术。

岳阳丰利纸业有限公司是外商独资企业，借助湖南近两年的环保治理以及结构调整政策，抓住发展机遇，通过加大投入，扩大制浆能力和新增卫生纸生产线，迅速将产量由2009年的不足10万吨/年扩大到现在的16万吨/年。扩建的制浆系统虽然都是国产设备，但运行效率比较高。目前黑液提取率92%，碱回收率85%，吨碱油耗5千克，碱成本1000元/吨左右。既解决了环境污染问题，又合理化地利用了资源，为企业创造了良好的社会效益和经济效益。

【基建与技改】

2010年湖南省造纸企业进行的较大基建和技改项目见表2。

表2　湖南省造纸企业新建、扩建、技改项目

单位名称	项目名称	投资/万元	完成时间
湖南泰格林纸集团沅江纸业有限责任公司	30万吨/年白卡纸项目前期工作		2010年
湖南泰格林纸集团岳阳纸业股份有限公司	40万吨/年项目系统整改、优化		2010年
湖南泰格林纸集团湘江纸业有限责任公司	3200圆网纸板机技改		2010年
湖南雪丽造纸有限公司	新增2台1880/450纸机	4000	2011年10月
岳阳丰利纸业有限公司	燃煤锅炉节能技术改造项目	10500	2011年7月
	高档生活用纸工程	9000	2010年6月
湖南华耀浆纸有限公司	综合仓库	520	2010年9月
	热电联产工程	2100	在建
湖南中冶美隆纸业有限公司	3万吨/年特种纸涂布项目（湖南安妮出资）	6000	2011年5月
湖南广信电工科技股份有限公司	年产8000吨特高压纸板绝缘件工程	23000	在建
益阳市北洲子金北顺造纸厂有限公司	5台1760长网纸机技改工程	350	2010年12月
	制浆备料、蒸煮、黑液提取技改工程	1800	2010年11月
	35吨/时循环流化床烟气脱硫-乳化技改项目	420	2011年10月
	ZXLV鼓式真空洗浆机技改项目	820	2010年12月
沅江市金太阳纸业有限公司	110千瓦变电站	2000	2010年
	4万$米^3$/日给水站	1200	
	75吨/时循环流化床中压锅炉	867	
	热电联产配套2台6000千瓦汽轮机	6000	
	新建2640纸机	8000	

【科研与技术进步】

在科研与技术开发方面所进行的投入和项目情况见表3。

表3 科研项目情况

单位名称	项目名称	投资/万元	完成时间
湖南泰格林纸集团有限责任公司	环保型静电复印纸研发	3000	2010 年
	高档文化用纸 DIP 脱墨浆技术开发	2000	
	优化制浆造纸化学品使用降低单位产品成本	2000	
	造纸、化工高 COD 难降解废水深度处理关键技术与示范	1500	
	废木材纤维清洁制浆关键技术与装备研发	1200	
会同县宝庆恒达纸业有限公司	楠竹黏胶纤维清洁生产工业的研究与中试	350	2010 年 11 月
沅江市金太阳纸业有限公司	采用无元素氯漂白苇浆生产工艺，包括备料、蒸煮、真空逆流洗浆，中浓筛选、中浓氧脱木素	5000	2010 年

湖南泰格林纸集团有限责任公司的“杉木化学纸浆生产方法”、“食品包装用纸及其生产方法”、“马尾松化学纸浆生产方法”获国家发明专利，中国轻工业长沙工程有限公司“不堵塞污泥仓”、“一种木片洗涤机”、“烟气除尘器”获实用新型专利。湖南广信电工科技股份有限公司 2010 年申报专利 17 项，获专利授权 14 项，其中发明专利 2 项；进行新产品、新技术、新材料项目研发 11 项，有超/特高压变压器绝缘成型件、出线装置等 4 项成果产业化，投入市场使用；另有超厚绝缘纸板等 4 项进入中试；还有 3 项进入调研论证阶段。

另外，由湖南泰格林纸集团牵头，中国制浆造纸研究院、天津科技大学分别为协助单位承担的“十一五”国家科技支撑计划项目中的两大课题“速生材高得率浆的高效利用技术的研发与产业化应用示范”、“12 万吨/年高得率制浆生产线厌氧－好氧处理优化集成技术示范工程”均通过了中国轻工业联合会专家评审会的现场考核。这种产学研紧密结合的研发模式为科研成果转化为生产力奠定了良好的基础。

由泰格林纸集团岳阳纸业股份有限公司承担的“废纸制浆新技术、环保复印纸新产品”两个科研项目已通过专家鉴定。废纸制浆新技术紧紧围绕配抄高档文化印刷用纸进行研发，其主要技术特点为工艺流程的创新：采用三级四段除渣与筛选，三段浮选，两段热分散，两段无氯漂白、三回路水处理，应用了废纸散包干法筛选系统。并着重研究了废纸配比，脱墨剂，胶黏物和阴离子垃圾的控制。用这样精制的废纸浆配抄的环保复印纸，其整体技术和装备都达到了国际领先水平。

【环境保护与节能】

由于湖南省最近几年的改扩建项目大多是以实现淘汰落后产能，调结构，上规模，废水达标排放为目标进行的，所以环保部门不但在各企业的排污口安装了自动监控仪以保证废水的达标排放，还把 SO_2 的减排任务分解到各个企业，要求企业的燃煤锅炉必须进行锅炉内脱硫或烟气脱硫，并实现烟气达标排放。表 4 为各企业在环保治理方面所进行的项目。

湖南泰格林纸集团的茂源林业有限公司通过开展员工个人、家庭、集体领养松树和马褂木的活动，大力提倡“低碳理念，从自身做起”的风气，将“循环经济，绿色制造”的环保理念作为企业发展的新思维注入林业基地建设中，不但体现了很好的经济效益，同时更大程度地体现了生态效益。

湖南林源纸业有限公司是一个拥有自主经营芦苇基地，主要生产高白度静电复印纸、精白双胶纸等文化用纸的制浆造纸企业，年产量约 8 万吨。通过与国外公司合作开展黑液燃烧综合利用项目，可完成年减排 62825 吨二氧化碳当量。

湖南泰格林纸集团岳阳纸业股份有限公司 10 号纸机生产的“泰格风”牌环保复印纸获得“中国环境标志产品认证”证书，这是我国唯一由政府颁布的最高权威环保产品标志。岳阳纸业股份有限公司的 10 号机是我国首条以办公废纸为原料的环保型系列纸产品生产线。该机年可利用办公废纸逾

表 4　　环保与节能项目

单位名称	项目名称	投资/万元	完成时间
湖南泰格林纸集团有限责任公司	通过完善用水计量设施，公司单位产品水耗从 2010 年年底的 76 米^3 下降到目前的 60 米^3 以下，基本达到国家单位产品基准排水量的要求		2010 年
	对公司树皮渣、锯木屑、苇渣、苇叶全部送热电生物质锅炉燃烧，初步折合标煤 1.7 万吨以上		
会同县宝庆恒达纸业有限公司	日处理 1.5 万吨废水氧化沟项目	2240	2010 年 8 月
益阳市北洲子金北顺造纸厂有限公司	废水深度处理扩建工程	750	2010 年 4 月
	1×6 吨/时、1×10 吨/时蒸汽锅炉技改工程	420	2010 年 8 月
沅江市金太阳纸业有限公司	碱回收系统设施	6000	2010 年
	白水回收系统	900	
	废水净化系统	800	
	2.5 万米^3/日中段废水处理站	2400	
	2.5 万米^3 浅层气浮水处理设施	635	
	双碱法脱硫设施 1 套	1500	
湖南雪丽造纸有限公司	新增 1 台 100 吨/日锅炉，脱硫除尘改造	7000	2011 年 7 月
岳阳丰利纸业有限公司	2.5 万吨/日中段废水深度处理系统	4800	2011 年 3 月
湖南华耀浆纸有限公司	中段废水深度处理工程	890	2010 年 5 月
湖南中冶美隆纸业有限公司	二级生化日处理 3500 米^3 造纸白水项目	350	2010 年 10 月

28 万吨，与全部采用原生化学浆造纸相比，年可节约原木 100 万米^3 以上。

岳阳丰利纸业有限公司在清洁生产上总投资近 2 亿元，年节约标煤 4.06 万吨，节水 311 万吨，减少废水排放量 218 万吨、COD_{Cr} 1518 吨、BOD_5 456 吨、SS 204 吨、SO_2 4487 吨、烟尘 1353 吨、固体废弃物产生量 75882 吨，实现了企业发展与环保治理双赢的理想局面。

湖南泰格林纸集团湘江纸业有限责任公司用仅仅 5 年的时间，生产能力由不足 3 万吨/年的小厂扩展为 21 万吨/年的薄型包装用纸生产企业。公司在发展过程中一直非常重视环保投入，在现有的资产中，投入环保的资金就达 4 亿元。2010 年 5 月，投资 7000 万元的 150 吨/时流化床锅炉建成投产，热效率更高，配套治理设施完善，减少了大气污染，实现了达标排放。另外，投资 400 多万元的臭气燃烧装置投入运行，基本处理好了蒸发臭气排放。湘江纸业还建设了 2 条松节油生产线和 1 条塔尔油生产线，2010 年 1—8 月回收松节油 319.69 吨，创造效益 146 万元；回收塔尔油 1005 吨，创造效益 230 万元。

【发展中的问题】

虽然在过去的两年里，湖南省造纸工业以污染整治和达标排放为契机，以技术改造和清洁生产为手段，以结构调整和产业升级为目的，先后经历了几次大的治理阶段，正在逐步从无序的粗放型发展模式向集约型、技术型和环境友好型发展模式转变，但仍然存在以下几方面问题。

（1）原料基地建设投入不足。随着造纸产业的不断升级，生产能力的扩大，原材料供应不足的问题将突显，大大制约湖南省造纸工业的发展步伐。

（2）解决好环保问题已成为企业发展的首要任务。随着国家对各类废弃物排放标准的提高，现有造纸企业的环保治理配套设施难以达到新标准的要求，需要完善改造。

（3）科学技术是第一生产力，发挥这一生产力作用的还是科技人才。湖南省在人才培养和引进方面力度不够，技术创新能力较弱，导致现有的产品档次和装备水平大都停留在中低档水平。

（4）政府对整个行业的支持力度不够，投资环境不理想，资金严重不足也是制约湖南省造纸工业发展的一大瓶颈。

（5）企业整体规模偏小，发展后劲不足，亟待整合重组，进行集约化生产，合理利用资源，才能更好地体现规模效益。

（6）企业管理水平有待加强和提高，因大都是民营小型企业，家族式管理痕迹较重，不利于企业持续健康发展。

【湖南省造纸工业“十二五”发展预期目标】

湖南省因有良好的林木资源、芦苇资源和水资源，非常适宜发展造纸工业，造纸工业产量一直排在全国的前 10 位。第十二个五年规划已朝区域发展专业化、产业发展集群化、企业发展规模化、节能降耗发展低碳化 4 个大方向进行。到 2015 年的预期目标为全省年产自制浆 350 万吨，机制纸和纸板 850 万吨，实现产值 520 亿元，进入全国造纸行业 6 强。

（杨李双）

四川省造纸工业

Paper Industry in Sichuan Province

【行业概况】

2010年四川省造纸工业规模以上企业168家，从业人员31700人，共生产机制纸及纸板341万吨，同比增长29.21%；完成工业总产值217.05亿元，同比增长43.98%；实现销售收入200.88亿元，同比增长41.22%；上缴税金8.26亿元，同比增长66.53%；实现利润17.66亿元，同比增长68.51%。在全国连续5年排名第9位。

【原料】

四川省竹材制浆造纸企业主要生产漂白商品竹浆、本色商品竹浆、中高档文化用纸、中高档生活用纸、竹浆牛皮纸、信封专用纸、特种纸等产品；废纸脱墨制浆生产中低档文化用纸、新闻纸、卷筒卫生纸；废纸板制浆生产低中高档包装纸板等。商品浆生产中高档生活用纸、特种纸等产品。全省制浆造纸原料结构为商品木浆5%、竹浆38%、废纸和废纸板57%。

主要产品生产能力为：竹材化学漂白浆及本色浆生产能力近100万吨/年（其中：商品竹浆40万吨/年）；文化用纸40万吨/年；新闻纸10万吨/年；箱纸板、白纸板55万吨/年；瓦楞原纸110万吨/年；生活用纸55万吨/年；其他纸20万吨/年。

四川省是人口大省，也是西部地区纸和纸板的消费大省。2010年，随着国家轻工业振兴规划、四川省轻工业振兴行动计划的实施，国民经济走出金融风暴的阴霾，四川省造纸工业也得到迅速发展。但从满足市场有效供给来看，全省纸和纸板生产量360万吨，而纸及纸板需求量近1200万吨，因此只能满足省内纸和纸板消费量的1/3，其余2/3只能靠从省外购进或国外进口来满足日益增长的社会需求。特别是铜版纸、白卡纸、牛皮卡纸、高档白纸板、牛皮箱纸板、高强瓦楞原纸、特种纸等都靠省外或国外购进，只有部分高档文化用纸、生活用纸、竹浆牛皮纸销往省外。由此可见四川省造纸工业还有发展空间，产品结构尚需调整。

【生产企业】

四川省规模以上制浆造纸企业168家，其中生产能力达20万吨/年企业2家：四川永丰纸业股份有限公司生产漂白竹浆、高档文化用纸、卫生纸；宜宾纸业股份有限公司生产新闻纸、食品包装原纸、高档文化用纸。生产能力10万吨/年以上企业4家：宜宾市蓝天纸业有限公司生产高档涂布白纸板；四川金安浆业有限公司生产漂白竹浆；四川晨龙纸业有限公司生产中高档包装用纸用板；广汉市顺发有限公司生产中高档包装用纸板。生产能力5万吨/年以上企业14家：四川银鸽竹浆纸业有限公司生产中高档文化用纸、牛皮纸；玖龙浆纸（乐山）有限公司生产漂白竹浆、特种纸；四川丰华纸业有限公司生产中高档文化用纸；安县纸业有限公司生产漂白竹浆、高档文化用纸；犍为凤生纸业有限公司生产中高档文化用纸、卫生纸；四川天竹竹资源开发有限公司生产竹纤维素溶解浆；中冶美利峡山纸业有限公司生产漂白竹浆；乐山福华纸业有限公司生产漂白竹浆、卫生纸；夹江汇丰纸业有限公司生产漂白竹浆、卫生纸；眉山市鸿源纸业有限公司生产漂白竹浆、卫生纸；四川蜀邦实业（纸业）有限公司生产中高档包装纸板；成都天天纸业有限公司生产高档生活用纸；高县华盛纸业有限公司生产牛皮包装纸、信封纸；泸州市新盛纸业有限公司生产中高档包装纸板。2010年四川省制浆造纸10强企业见表1。

表 1 2010 年四川省制浆造纸 10 强企业

排名	企业名称	原料	生产品种
1	四川永丰纸业股份有限公司	竹子	漂白竹浆、高档文化用纸、卫生纸
2	宜宾纸业股份有限公司	竹子、废纸	食品包装原纸、高档文化用纸、新闻纸
3	宜宾蓝天纸业有限公司	废纸	高档涂布白纸板
4	四川银鸽竹浆纸业有限公司	竹子	高档文化用纸、牛皮纸
5	四川金安浆业有限公司	竹子	漂白竹浆
6	中冶峡山纸业有限公司	竹子	漂白竹浆
7	广汉顺发有限责任公司	废纸	箱纸板、瓦楞原纸
8	四川晨龙纸业有限公司	废纸	箱纸板、瓦楞原纸
9	玖龙浆纸（乐山）有限公司	竹子	漂白竹浆、特种纸
10	成都天天纸业有限公司	商品浆	生活用纸

【2010—2011 年新扩建项目】

（1）夹江县汇丰纸业有限公司技改年产 5 万吨漂白竹浆、卫生纸项目已投产。

（2）宜宾市蓝天纸业有限公司新建年产 40 万吨高档涂布白纸板项目。一期年产 20 万吨高档涂布白纸板项目已试车投产。

（3）四川永丰纸业股份有限公司年产 6 万吨低能耗间歇蒸煮和二氧化氯漂白系统技改项目已完成投运。

（4）玖龙浆纸（乐山）有限公司将原乐山造纸厂年产 2.5 万吨特种纸生产线搬迁至犍为县，扩建到年产 5 万吨特种纸项目正在安装调试中。

（5）四川华侨凤凰纸业有限公司技改扩建年产 30 万吨废纸制浆项目，一期年产 15 万吨高档涂布白纸板、白卡纸项目正在安装调试中。

（6）简阳市永和纸业有限公司技改扩建年产 10 万吨废纸脱墨浆生产文化用纸项目正在安装中。

（7）四川津诚纸业有限公司特种纸项目正在试车中。

（8）乐山市成发造纸机械制造有限公司年产 5 万吨特种纸项目正在安装调试中。

（9）泸州市新盛纸业有限公司技改年产 10 万吨高强瓦楞原纸项目正在建设中。

（10）四川犍为凤生纸业有限公司异地搬迁年产 6.8 万吨文化用纸项目正在建设中。

（11）雅安市西龙纸业有限公司异地搬迁年产 3 万吨生活用纸项目正在建设中。

（12）四川银鸽竹浆纸有限公司技改新上 DDS 置换蒸煮、二氧化氯漂白系统项目正在建设中。

（13）绵竹仟森纸业有限公司技改扩建年产 10 万吨高强瓦楞原纸项目正在建设中。

（14）四川晨龙纸业有限公司技改扩建年产 10 万吨高强瓦楞原纸项目正在建设中。

（15）四川永丰纸业股份有限公司泸州叙永县年产 20 万吨竹浆一体化项目正在前期申报中。

（16）大邑县苏氏兄弟纸业有限公司新建年产 4 万吨生活用纸项目正在建设中。

【环境保护】

（1）2008 年 6 月 25 日，由国家环保部与国家质检总局联合发布修订后的《制浆造纸工业水污染物排放标准》，全省制浆造纸企业通过采用新技术、新工艺、新设备对治污设备进行改造，目前绝大部分制浆企业废水治理能够达到新国家标准。还未达到新国家标准的制浆造纸企业正在积极筹备资金，寻找先进的治污技术与设备，抓紧施工进程，力争 2011 年 7 月 1 日前达标排放。

（2）全省造纸企业认真贯彻执行国家和省有关节能减排的方针政策，把节能减排置于企业发展战略的高度来抓，取得了可喜成绩。综合能耗、水耗、污染物排放总量不断降低。四川永丰纸业股份有限公司在扩建年产 12 万吨漂白竹浆林纸一体化项目中采用国际先进技术 DDS 超级间歇蒸煮系统，达到节能效果，吨产品能耗 350 千克标煤低于国家清洁生产标准 600 千克标煤。污染治理及白水回用都达到国内先进水平，碱回收黑液提取率达 96%，碱回收率达 96%，碱自给率达 100%，白水回收重复用水率达 85% 以上，固体废弃物综合利用率达 60% 以上，达到国家清洁生产标准。已被评为第二届全国造纸工业节能减排优秀技术创新成果二等奖，是四川省乃至西部地区唯一通过考评验收获得这个奖项的制浆造纸企业。

(3) 为贯彻落实国务院关于进一步加强淘汰落后产能工作的通知精神，根据工信部对四川省下达造纸工业淘汰落后产能的指标，2010 年四川省造纸工业淘汰落后生产能力 18 万吨，分别为：四川锡成纸业有限公司 2 万吨，彭州市亚东造纸厂 1.2 万吨，成都三江纸业有限公司 2 万吨，合江正隆纸业有限责任公司 3.4 万吨，泸州市新盛纸业有限公司 2 万吨，安县纸业有限公司 2 万吨，内江金子山纸业有限公司 2 万吨，玖龙浆纸（乐山）有限公司 3.4 万吨。

【产品质量】

近年来，四川省造纸工业广大职工的产品质量意识有了很大的提高，由国家质量监督检验检疫总局在全国开展 2010 年卫生纸产品质量国家监督专项抽查中，四川省抽查 26 家生活用纸生产加工企业，抽检 30 个品牌的生活用纸全部合格。全省有 1/3 企业申请并通过 ISO 9000 质量体系认证。全省有中国名牌产品 1 个，国家驰名商标 1 个，四川省名牌产品 8 个，四川省著名商标 9 个。各市也评出市名牌产品和驰名商标。

【发展中的问题】

(1) 原料林基地建设滞后。“十一五”以来四川省竹子制浆造纸发展很快，以四川永丰纸业股份有限公司为龙头的漂白竹浆生产企业产量增大。全省现有竹子制浆生产能力达百万吨，而地区发展不平衡，造成乐山地区竹子供不应求，竹子收购由“十一五”初期的每吨 450 元增长到现每吨 650 元，并且收购困难。

(2) 废纸制浆造纸企业的增多造成废纸原料紧张。四川省 90% 的造纸企业没有化学制浆能力，只能靠废纸制浆和采购商品浆来满足生产需求。四川省内废纸供应有限，但离海岸港口较远，运输成本高，运回的进口废纸价格较高，造成生产成本高。规模较小的企业由于资金紧张，只能抢购省内废纸，造成一年内废纸连续涨价且供应紧张。

（李　途）

广西壮族自治区造纸工业

Paper Industry in Guangxi Zhuang Autonomous Region

【行业概况】

2010年广西壮族自治区造纸工业规模以上企业106家，从业人员33123人；化学浆产量131.00万吨（其中漂白蔗渣浆80.34万吨，木浆（含漂白、本色浆）33.50万吨，漂白竹浆17.17万吨）；机制纸及纸板246.30万吨，约占全国产量的2.67%。化学浆产量比2009年增加85.7万吨，纸及纸板增加45.90万吨。完成工业总产值187.35亿元，比2009年增加38.95亿元，实现销售收入182.89亿元。综观2010年制浆造纸工业形势有如下几个特点。

（1）目前规模以上制浆造纸企业106家，比往年减少100余家。这是多年来贯彻执行国家《造纸产业发展政策》，淘汰落后产能，加大污染治理力度，关闭一批对环境污染大的制浆造纸企业的结果。企业数量减少了，但浆纸产量比2009年增加近50万吨，体现了制浆造纸企业集中度有所加强和竞争力进一步提高，企业的规模结构和资本结构更趋合理。

（2）2010年全区化学浆共131.00万吨，比2009年增加19.22万吨，这是由于各级政府结合广西甘蔗渣、竹子、速生林的资源优势，坚持科学发展观，推行林（竹）浆纸一体化，有效利用蔗渣资源，提高蔗渣制浆造纸集中度的成果。2010年，原受金融危机影响的纸业公司恢复正常生产，一些新的生产线先后投产，浆产量增加较快。

（3）2010年机制纸及纸板产量246.30万吨，为历年最高。其中，工业包装用纸125.40万吨，约占总量的50%，比2009年有所增加，但文化用纸产量有所减少。主要原因是以漂白蔗渣浆为主要纤维原料生产的文化用纸，在质量上较难达到以漂白木浆为原料生产的水平；企业规模小，生产的综合成本较大，在价格上难以与大企业相抗衡，只能以较低价格销售，使企业效益差，利润少，个别企业甚至出现亏损；致使原以生产文化用纸为主的企业重新改变投资方向，投入设备生产生活用纸。生活用纸是在2010年发展较快的纸品种，产量达到74.70万吨，占全国生活用纸产量的14.23%。这主要是：①漂白蔗渣浆原料丰富集中，且漂白蔗渣浆更适合生产生活用纸。②生产工艺技术以及装备水平的提高使其产品质量可达优等水平。③由于是以原生漂白蔗渣浆为原料，产品更受消费者的青睐，已形成广西特色。广西的生活用纸现已销往全国各地，发展较快的企业有：以木浆为主要原料的广西南宁凤凰纸业有限公司、广西贵糖（集团）股份有限公司等；以蔗渣浆为主要原料的广西华美集团、广西贵港华怡纸业有限公司等。

【原料】

全区2010年纸浆产量131.00万吨，所用原料主要为甘蔗渣约165.00万吨；其次为木材（马尾松及桉木）约72.00万吨；竹子，约耗34.00万吨竹片；其余为废纸约150.00万吨。主要制浆企业有：广西贵糖（集团）股份有限公司、广西南宁凤凰纸业有限公司、广西南宁糖业股份有限公司、广西贺达纸业有限责任公司、广西来宾东糖纸业有限公司、广西田阳南华纸业有限公司等。造纸纤维原料结构大约为：废纸浆50.8%、蔗渣浆32.5%、木浆13.6%、竹浆7.0%。

【生产企业】

制浆造纸产区主要分布在南宁、贵港、柳州、来宾等地。

1. 2010年区域产量分布情况（见表1）

2. 2010年广西制浆造纸工业年产10万吨（浆、纸）以上企业（见表2）

生活用纸是广西主要纸品种，2010年年产2万吨以上企业见表3。

3. 广西制浆造纸工业销售收入前10名的企业（见表4）

表 1　2010 年区域产量分布

区域	浆产量/(万吨/年)	占全区比例/%	纸产量/(万吨/年)	占全区比例/%
南宁市	50.43	38.50	64.17	26.05
柳州市	12.74	9.73	27.37	11.11
玉林市	2.50	1.91	16.16	6.56
贵港市	15.54	11.86	57.68	23.42
来宾市	16.60	12.67	17.20	6.98
百色市	15.56	11.88	46.04	18.69
贺州市	6.60	5.04	1.20	0.49
防城港	5.40	4.12	1.50	0.61
桂林市	2.97	2.27	7.66	3.11
崇左市	2.66	2.03	7.32	2.97
合计	131.00		246.30	

表 2　2010 年广西制浆造纸工业年产 10 万吨以上企业

序号	企业名称	产量/(万吨/年)
1	广西南宁糖业股份有限公司	37.30
2	广西贵糖（集团）股份有限公司	29.20
3	广西田东县金荣纸业有限公司	25.30
4	广西贵港红旗纸业有限公司	20.00
5	广西南宁凤凰纸业有限公司	18.51
6	广西田阳南华纸业有限公司	14.50
7	广西来宾东糖纸业有限公司	13.80
8	广西华劲纸业有限公司	12.00
9	广西田林劲达兴纸业公司	12.00
10	广西横县冠桂纸业公司	10.06
11	广西华美集团	10.00

表 3　2010 年广西生活用纸年产 2 万吨以上企业

序号	企业名称	产量/(万吨/年)
1	广西华美集团	10.00
2	广西南宁糖业股份有限公司	5.07
3	广西贵糖（集团）股份有限公司	4.20
4	广西南宁凤凰纸业有限公司	3.32
5	广西洁宝金田纸业有限公司	3.10
6	广西崇左大明集团	2.50
7	广西贵港华怡纸业有限公司	2.50
8	象州莲桂纸业有限公司	2.00
9	广西横县华宇工贸有限公司	2.00
10	广西华劲纸业有限公司	2.00
11	田东县金荣纸业有限公司	2.00
12	广西安丽纸业有限公司	2.00

表 4　广西制浆造纸工业销售收入前 10 名的企业

序号	企业名称	销售收入/万元
1	广西南宁糖业股份有限公司	168559
2	广西贵糖（集团）股份有限公司	134975
3	广西南宁凤凰纸业有限公司	77200
4	广西华劲纸业有限公司	71000
5	广西贵港红旗纸业有限公司	55800
6	广西来宾东糖纸业有限公司	51475
7	田阳南华纸业有限公司	50302
8	广西横县冠桂纸业公司	39473
9	广西田林劲达兴纸业公司	39260
10	广西国发林业造纸有限公司	35600

【基建与技改】

目前广西制浆造纸工业主要新建、扩建项目如下。

（1）广西金桂浆纸业有限公司 30 万吨/年漂白化学热磨机械浆项目，已于 2010 年 10 月试产。

（2）广西南宁糖业股份有限公司蒲庙造纸厂扩建二氧化氯漂白生产线已于 2010 年 12 月投产。

（3）广西劲达兴纸业有限公司年产 20 万吨高级文化用纸项目将于 2011 年 6 月试车，该项目引进先进的文化用纸机生产线。

（4）广西农垦糖业集团天成纸业有限公司年产 9.5 万吨漂白蔗渣浆项目建成，已于 2011 年 3 月投产。

(5) 广西博冠纸业有限公司年产5万吨漂白蔗渣浆项目将于2011年8月投产。

(6) 广西永鑫华糖集团有限公司年产9.8万吨漂白蔗渣浆项目将于2012年10月投产。

(7) 广西龙州南华纸业有限公司年产9.8万吨漂白蔗渣浆项目将于2011年12月投产。

(8) 广西永凯糖纸有限责任公司年产9.5万吨漂白蔗渣浆项目将于2011年6月投产。

(9) 广西崇左市湘桂纸业有限公司年产9.5万吨漂白蔗渣浆项目将于2012年8月投产。

(10) 广西来宾华美纸业有限公司年产6万吨生活用纸项目将于2011年投产。

(11) 广西桂林奇峰纸业有限公司"退二进三"搬迁技改工程项目，一期年产6.6万吨薄页纸项目将于2011年7月投产。

【科研与技术进步】

广西博世科环保科技股份有限公司设计制造的国内8吨/日二氧化氯制备生产线于2010年12月在广西南宁糖业股份有限公司蒲庙造纸厂成功投产运行，这是国内首条蔗渣浆ECF漂白生产线。该线的成功投产，对非木材纤维原料推行ECF漂白、清洁生产、节能减排具有重大意义。

广西田东金荣纸业有限公司积极推行林浆纸一体化建设，在国内首次对细叶龙竹的育种技术、有性繁殖技术、高产栽培技术进行了系统的研究及应用，已在田东县种植了1.13万公顷细叶龙竹，每亩产量达5~7吨，为公司的发展壮大打下良好的原料基础。其"细叶龙竹有性繁殖技术研究及高产栽培示范"项目获得百色市科技进步奖。

广西南宁凤凰纸业有限公司生产木质素磺酸钠技术改造项目于2010年6月投产。该项目采用的膜分离技术是从黑液中提取固形物制造木质素磺酸钠，产品可应用在建筑、石油化工、矿工行业等方面。生产的木质素扩散性能、热稳定性能良好，市场需求量较大。该项目的建设对推广木质素磺酸钠生产有积极的意义，为制浆黑液处理开辟了新的途径。

【环境保护与节能】

广西的制浆企业较多，污染物排放相对较多，在环保方面应抓好以下工作。

(1) 推广清洁生产关键技术的应用，在漂白过程逐步实现ECF漂白。目前有3条二氧化氯漂白的生产线在运行，另有5条生产线即将投产运行，在源头上减少COD、BOD及AOX的排放。

(2) 加大投入治污费用，2010年制浆造纸企业申请工业清洁生产及节能财政资金示范项目有9家，在获得政府资助的同时，企业也自筹资金投入清洁生产及节能技术的应用。

(3) 两面针纸业投资6000万元，进行封闭筛选、连蒸及喷放锅、白液压力过滤器、循环流化床锅炉改造，大幅减少"三废"的排放及污染。

(4) 防城港宏源浆纸有限公司在2010年投资2630万元进行生产线填平补齐工程，新增一列蒸发器，提高黑液蒸发浓缩能力；增加320吨/日碱回收炉，提高碱回收固形物处理能力；增设白液压力过滤器，使白泥残碱大大降低。通过技改使整个企业达到平衡生产，减少污染物的排放，达到清洁生产的目的。

(5) 广西贵糖（集团）股份有限公司投资1200多万元，对蒸煮、漂白、蒸发工段产生的臭气进行治理，减轻了对周边环境的影响；同时改造中段废水治理系统，提高了废水治理能力。

(6) 广西南宁糖业股份有限公司投资1.3亿元，对糖纸系统内的旧锅炉进行改造，实行热电联产，减少煤的消耗及SO_2的排放，整体提高糖纸的经济综合效益及环境效益。

【发展中的问题】

(1) 经过多年的结构调整，关、停、并、转一批企业。目前，制浆造纸企业106家，年产量只有240多万吨，企业规模小，年产10万吨以上企业为数不多，企业竞争能力弱，抵御风险能力低。

(2) 技改资金不足，装备水平低，产品品种少，质量档次不高。

(3) 科研力量薄弱，研发能力低，企业自主创新能力小。

(4) 企业的效益较低，导致科技管理、技术人员流失。企业技术管理人员少，个别企业甚至出现"用工荒"，企业生产受到影响。

（黄显南）

江西省造纸工业

Paper Industry in Jiangxi Province

【行业概况】

“十一五”时期是江西省造纸及纸制品行业发展进程中极不寻常、极不平凡的5年，也是江西省造纸及纸制品行业发展史上最好最快的时期之一。造纸及纸制品业增加值从2005年的15.07亿元增长到2010年的42.35亿元，“十一五”期间年均增长22.96%。“十二五”时期主要经济指标发展目标为：力争到2015年工业增加值达到80亿元，年均增长15%以上；主营业务收入达到500亿元，年均增长25%以上；利税总额达到40亿元，年均增长20%以上。

2010年是“十一五”的最后一年，江西省造纸工业继续保持良好的发展势头。据统计，2010年江西省规模以上造纸企业总产量166.157万吨，同比增长34.17%；全省造纸及纸制品业现价总产值170.2481亿元，比2009年增加52.2372亿元；完成工业增加值43.7809亿元，同比增长28.93%。其中，制浆业2010年完成工业增加值0.6111亿元，同比增长3.46%。造纸业2010年完成现价总产值97.5515亿元，比2009年增加26.1211亿元；完成工业增加值24.1887亿元，同比增长24.21%。纸制品制造业2010年完成现价总产值72.6966亿元，比2009年增加26.116亿元；完成工业增加值18.9810亿元，同比增长37.0%。造纸及纸制品业从业人员2783人，主营业务收入168.5681亿元，利润总额11.9138亿元，利税总额18.0653亿元。

江西省造纸产品主要有三大类：

（1）文化印刷用纸。主要生产企业及品种有：江西晨鸣纸业有限公司生产的低定量涂布纸、轻型印刷纸、大卖场专业印刷纸、纯质纸、白云轻涂纸、环保双胶纸，以及赣州华劲纸业有限公司生产的双胶纸、书写纸和印刷纸。

（2）包装用纸。主要品种有涂布白纸板、箱纸板、瓦楞原纸、牛皮纸。生产涂布白纸板的主要企业有：江西顺达纸业有限公司、江西联业纸业有限公司以及永丰造纸工业园区内的永丰富丰纸业有限公司、永丰泰丰纸业有限公司、江西腾龙纸业有限公司、永丰永兴纸业有限公司。生产箱纸板及瓦楞原纸的主要企业有：江西联兴纸业有限公司、江西芦林纸业有限公司、江西军山纸业有限公司、江西临川江南纸业有限公司。生产牛皮包装纸类的主要企业有：江西省宜黄大千纸业有限公司、江西乐门纸业有限公司、江西永丰运宏纸业有限公司。

（3）生活用纸。主要品种有纸巾纸、卫生纸。主要生产企业有赣州华劲纸业有限公司、南昌八一旭亮造纸厂、江西开成纸业有限公司。

另有部分中小企业生产牛皮卡纸、砂纸原纸、水砂原纸、涂布白纸板、纸巾纸、卫生用纸、箱纸板、瓦楞原纸、书写纸、牛皮纸、食品包装纸、信封用纸、包装纸、扑克牌纸板、炸药卷纸、纱管纸、引线纸、卫生筷包装纸、新闻纸、鞭炮纸、胶印书刊纸、中小学生作业本用纸，以及以无碳复写纸及铝箔纸为主的加工纸。同时还有采用传统生产工艺恢复生产的国家首批公布的国家级非物质文化遗产连四纸手工纸产品。据初步统计，全省纸和纸板生产品种约有90个。

按照2011年年初全省轻工业发展的主要预期目标：全省规模以上造纸企业工业增加值增长25%以上，主营业务收入增长30%以上，利税总额增长30%以上，单位工业增加值能耗下降5%以上。以江西晨鸣纸业有限公司、江西华劲纸业有限公司、江西理文造纸有限公司等重点企业带动全省造纸工业的快速发展。

【原料】

江西省是国内生态环境最好的省份之一，据近期江西省林业厅发布的公告，江西省森林资源覆盖率达63.1%，与福建省并列全国第一。全省实现林业总产值1050亿元，并首次突破千亿元大关。近年来，随着环境保护意识的不断增强，以及林农相关政策及措施的进一步落实，调动了广大林农的积极性。生态环境不断改善，森林覆盖率逐年增加，2010 年全省农民人均来自林业的现金收入达 910 元。据省森林工业局介绍，集体林权制度改革和造林绿化“一大四小”工程，极大地解放和发展了林业生产力，调动了社会各界投资林业的积极性，成为江西省林业发展的强劲动力。绿色环保可持续发展的林业正逐步替代“高污染、高消费、高排放”的传统产业，这意味着全省林业产业发展与生态建设呈现比翼齐飞、良性互动的局面。

据调查，江西省内采用原生植物纤维原料的造纸企业主要有：江西晨鸣纸业有限公司化学热磨机械浆生产线，采用木材为原料，主要用于配抄轻型涂布纸暨低定量涂布纸类产品；赣州华劲纸业有限公司采用全杂竹自制浆生产高档文化用纸系列产品，同时采用部分全杂竹自制浆生产纸巾纸及优质卫生纸产品；峡江雄狮纸业有限公司采用部分马尾松或湿地松为主要原料生产强韧牛皮纸系列产品。

其他造纸企业所用的造纸纤维原料主要依靠外购木浆和再生废纸。生产纸巾纸的企业外购漂白浆板；生产卫生纸的小型企业采用部分木浆及部分废书刊纸脱墨浆配比生产；生产牛皮纸或砂纸原纸的企业外购本色木浆；生产涂布白纸板的企业面浆采用白纸边或废纸脱墨浆，也有少数生产较高档次涂布白纸板的企业面浆采用外购漂白浆板生产，衬浆、芯浆及底浆均采用废纸浆；生产箱纸板的企业面浆外购本色木浆挂面，其余则全部采用废纸浆。此外，江西含珠实业有限公司连四纸厂采用 100% 嫩竹原料暨传统工艺生产国家首批公布的国家非物质文化遗产连四纸产品。

江西省造纸纤维原料结构为：废纸 62.0%，木浆 32.3%，竹浆 5.7%。由于受到环境保护及制浆条件的限制，江西省内绝大部分宝贵的造纸植物纤维原料竹木及加工剩余物，以及棉秆、小山竹、芒秆等非木材纤维原料均未得到充分利用。以上纤维原料除少部分销往邻省外，绝大部分均未得到充分利用，资源优势未转化为经济优势。

【生产企业】

据不完全统计，江西省机制纸和纸板生产企业共有 130 家，其中规模以上企业有 80 多家，万吨以上规模企业 60 多家。年生产能力达 10 万吨以上的企业有：江西晨鸣纸业有限责任公司、赣州华劲纸业有限公司、广丰芦林纸业有限公司、江西联兴纸业有限公司。年生产能力 5 万吨左右的生产企业有：江西乐门纸业有限公司、宜黄县大千纸业有限公司、江西军山纸业有限公司、峡江雄狮纸业有限公司、瑞金市瑞京纸业有限公司、江西顺达纸业有限公司、江西富丰纸业有限公司等。其余企业的年生产能力大部分在 1 万 ~3 万吨，主要生产箱纸板、涂布白纸板及瓦楞原纸，少部分生产包装用纸、文化用纸或特种纸。另有部分生产企业年生产能力均在万吨以下，主要生产纸巾纸、卫生纸、鞭炮纸等。据江西省造纸学会调查统计，规模以下的小型企业年生产量约有 30 万吨，其产量及产值未在规模以上企业统计范围内。

【基建与技改】

2011 年 1 月 20 日，由香港理文集团投资百亿元的江西理文造纸项目在瑞昌码头工业城正式开工建设。江西理文造纸项目于 2010 年 9 月落户于江西瑞昌市码头工业城，项目总投资 100 亿元，计划分两期建设 200 万吨/年高档包装用纸、50 万吨/年涂布纸板和 30 万吨/年生活用纸生产线，以及与之配套的江西理文物流项目。预计项目全部建成投产后，将实现年销售收入 100 亿元。

2009 年 6 月 4 日，赣州华劲集团年产 34 万吨文化用纸、生活用纸，总投资 28.3 亿元的技改项目在赣州市正式签约。7 月 28 日，该集团进行了开工庆典并破土动工，一期工程已于 2010 年年底建成并投入试运行，二期工程将于 2011 年建成并投入试运行。项目总投资包括建设 6.67 万公顷造纸速生丰产林原料基地。生活用纸纸浆以自制浆为主，原料配比范围为竹浆 40% ~50%、阔叶木浆 40% ~50%、针叶木浆 10% ~20%，并采用幅宽 5600 毫米，车速 2000 米/分的世界先进水平造纸机。项目完成后可实现原料种植、产品生产、加工及销售一体化，形成完整的消费品生活用纸产业链，成为国内最大的竹木混合生活用纸生产企业。

江西乐门纸业 6.8 万吨/年水砂原纸系列产品的改扩建技改工程正在实施中。

【科研与技术进步】

2006 年 4 月，由国务院批准，文化部颁布了首批国家级非物质文化遗产，江西省铅山县的连四纸制作技艺名列其中。由于受多种因素的影响，连四纸产品已于 20 世纪 80 年代中期被迫停止生产。文化部颁布连四纸制作技艺为首批国家级非物质文化遗产后，铅山县委、县政府十分重视，立即成立了领导小组进行传统技艺制作恢复工作，并委托江西含珠实业公司具体实施该项目。该公司在总经理鄢中华的带领下，充分调研后组建了连四纸厂，并任命具有丰富实践经验且长期从事古纸制作的石礼雄为连四纸厂厂长。经过几年的努力，已生产出采用100%嫩竹为原料，多级土法蒸煮暨天然漂白传统制作工艺的连四纸产品。该产品经杭州西泠印社试用后反映良好，现连四纸产品已被授牌列为杭州西泠印社定点生产基地，连四纸产品经江西省纸张质量监督检验站检测，pH 值等各项技术指标均达到或超过企业制定的连四纸产品标准。

连四纸产品主要用于古籍印刷及纸文物档案修复，为克服传统制作工艺生产效率低、生产周期长的问题，在保证产品质量的基础上提高经济效益及社会效益，连四纸厂在江西省轻工业研究所的支持下新建了一条采用现代造纸技术与传统古法制作工艺相结合的生产线，该项目的连四纸产品将于 2011 年年底试运行并投入生产。

【环境保护与节能】

污染治理和环境保护是企业生存和发展的关键所在，并已成为造纸业界的共识。“十一五”期间，江西省环保及行业管理部门加大了环境治理的力度，下决心关闭了一批不能达标排放的中小型企业或生产线，并采取兼并、重组等方式进行结构调整，先后组建泰和、永丰、峡江等造纸工业园区集中治污，并对中小型造纸企业废水排放进行在线监控及监督检查，使造纸行业环境保护和污染治理工作有了明显的改善。

1. 江西晨鸣纸业有限公司

为确保污水排放达到 2009 年国家实施的《制浆造纸工业水污染排放标准》，江西晨鸣纸业投资 1500 万元用于废水深度处理项目，2009 年 2 月动工兴建并于当年竣工完成，项目完工后废水深度处理能力为 4 万吨/日，其深度处理后的排放废水各项指标均达到或超过国家标准。

节能方面，江西晨鸣纸业通过 5 年的不懈努力，经过一系列节能改造，超额完成了“十一五”节能减排目标。2008—2010 年，江西晨鸣纸业共投资 3604 万元，对余热、余压、蒸汽、风机、水泵等进行变频改造，优化工艺，年节电 6702.37 万千瓦时，全年可节约标准煤 3.1485 万吨。在减排改造方面共投资 4410 万元，分别用于新增的高、低浓度废水预沉池，建设日处理能力 600 吨污泥焚烧系统，加强造纸车间排水的工艺优化，将造纸车间自身循环利用后剩余的白水，替代部分清水供给 DIP、BTMP 车间，日节约清水用量 5000 吨。同时，为减少固体废弃物排放，投资建设制浆造纸污泥制板生产线和年产 20 万$米^3$ 加气混凝土砌砖生产线，以利用脱水污泥及锅炉燃烧产生的煤渣和炉灰。另外，将生产过程中产生的树皮木屑、废浆渣、脱墨浆渣等掺入原煤中进行焚烧处理，实现无害化、减量化、资源化，做到资源综合利用，降低固体废弃物的排放。公司能耗指标较 2005 年下降了 25%，单位产品能耗已超额完成“十一五”任务的 114.8%，万元产值能耗超额完成任务的 101.93%。2006—2009 年连续 4 年被评为市级节能降耗先进单位，连续 2 年获得省级节能先进单位的荣誉称号，同时得到了相关政府部门的支持和帮助，共获得专项补助和奖励资金 1599.6 万元。

2. 赣州华劲纸业有限公司

针对国家新的废水排放标准，华劲纸业坚决贯彻落实国家提出的节能减排要求，于 2008 年投入巨资启动实施节能减排和废水深度处理项目。该项目于 2009 年 5 月 1 日投入使用后运行正常，被改造的制浆车间封闭筛选节水系统、废水收集输送系统、造纸白水回收系统、中段废水深度处理的气浮系统和冷却系统，以及废水深度处理等均运转良好，废水排放达到或超过国家标准，顺利通过各级环保部门的检查及监测，废水处理能力再上新台阶。

【发展中的问题】

江西省造纸工业“十一五”期间得到了稳步发展，但整体发展步伐缓慢，特别是与东部较发达的省份相比差距较大，其主要原因是政府管理部门担心发展造纸产业后对自然环境会产生不良影响，尤其是原江西造纸厂、宜春造纸厂、抚州造纸厂等大型国营造纸企业先后停产关闭拍卖后，给政府及社会增加了负担并对今后发展造纸产业产生了较深远的影响。

除此以外，江西省造纸工业的发展过程中还存在以下主要问题：

1. 小型企业多，市场竞争能力差，发展缓慢

全省机制纸和纸板造纸企业总数约 130 家，年产万吨规模以上的企业只有 60 多家，实际生产能力最大的江西晨鸣纸业年生产能力也只有 30 多万吨，赣州华劲纸业有限公司年实际生产能力只有 10 万吨左右。年实际生产能力万吨以下的企业约占全省造纸企业总数的 80% 以上。绝大部分企业规模

小、效益差、设备落后、缺乏造纸及相关工程技术人员、无检化验设备等检测手段、管理落后、信息不灵、技改及扩建缺少资金、品种单一、市场竞争能力差和政府对造纸工业的发展既无规划又缺乏支持力度，使得造纸工业的发展始终没有列入政府行业发展的重点计划中。

2. 工艺技术及设备落后

除江西晨鸣纸业、华劲纸业现有生产线采用部分世界先进水平的制浆造纸机械设备及先进工艺技术外，其余机制纸企业绝大部分采用 20 世纪 90 年代国内生产的造纸机械设备及较落后的工艺技术。尤其是小型生产企业的制浆设备更加落后，大部分企业均采用车速较低的圆网纸机，不少小型企业仍在运转车速较低的 1092 圆网纸机。

3. 产品结构不合理，高档次产品数量少，中低档次产品多

全省机制纸生产企业生产的纸和纸板产品中，高档次优等品种数量少，中低档次合格品种数量占大多数，中低档次涂布纸、箱纸板、瓦楞原纸、卫生纸、烟花鞭炮纸等品种仍在纸和纸板产量中占有较大的比例。

4. 丰富的植物纤维原料未得到充分利用

江西省森林资源覆盖率高，植物纤维原料品种多且数量大，资源丰富，优越的生态条件及气候为植物的生长创造了条件，但竹木加工剩余物及多品种非木材纤维原料等宝贵资源均未得到充分的利用，价格低的原生植物纤维原料是待开发的资源。主要原因是受到环保废水排放标准及制浆条件的限制，与江西省森林资源丰富的现状及造纸工业基础发展条件极不适应。

（雷建民）

湖北省造纸工业

Paper Industry in Hubei Province

【行业概况】

2010年，湖北省造纸工业呈现良性发展势头，无论是技术进步，还是调整产品结构、节能减排等方面，都比2009年有明显的进步。据湖北省统计局统计快报资料表明，2010年湖北省纸及纸板产量177.86万吨，2010年全省规模以上的造纸及纸制品企业294家，企业主营业务收入233.22亿元；利税总额17.78亿元，其中利润10.69亿元；亏损企业39家，亏损额0.57亿元；企业资产合计157.4亿元；欠债合计90.59亿元。

2010年全省造纸主要产品产量：印刷书写用纸65.77万吨，同比增长9.2%；其中新闻纸6.7万吨，同比减少17.6%；箱纸板39.85万吨，同比增长23.6%；纸制品148.85万吨，同比增长28.8%。

【原料】

湖北省造纸纤维原料资源丰富，木材纤维原料有马尾松、意大利杨、构树等，草类纤维原料有芦苇、芒秆、龙须草、麦草、竹子、棉秆、黄红麻及棉短绒等。

2010年湖北省有林用面积862.85万公顷，森林覆盖率46.4%。速生林地80多万公顷，全省2010年比2009年新增木材蓄量4000多万米^3，“十一五”期间每年生产500万米^{3}的商品木材，以满足制浆造纸及人造板的需要。

湖北省是我国主要的芦苇产区之一，长江沿岸的枝江、石首、公安、监利、嘉鱼、洪湖、蔡甸、黄冈、团风、武穴等市县，汉江流域的宜城、钟祥、汉川等市县都盛产芦苇。芦苇种植面积4万多公顷，产量约30万吨/年。相比北方的芦苇品种，品质优良，出浆率高。芦苇生产单位实行科学育苇，挖沟排水，施用农药，除虫除草，改造低产田，加强苇田生产管理，年产量和芦苇品质稳步提高。

湖北省现有竹林面积20多万公顷，咸宁市的赤壁、通山、崇阳、通城等市县盛产竹子，年产风干竹近40万吨。咸宁市芒秆种植面积2万多公顷，年产芒秆约10万吨。

湖北省是全国龙须草的主要产区之一，十堰市的郧县，郧西、丹江口市盛产龙须草，特别是郧西的龙须草，草质细腻，强度好，年产约10万吨。

湖北省天门市近年来每年种植棉花面积达6.6万公顷，棉花总产量曾列全国前列。棉短绒、棉秆的资源丰富，但棉秆用作造纸原料较少。2010年湖北省棉花种植面积480.06万公顷，棉花总产量47.18万吨。

湖北省是全国黄红麻的主要产区之一，20世纪80年代湖北省黄红麻产量有20多万吨。近年来种植面积有所减少，2010年麻类种植面积1.63万公顷，麻类产量3.26万吨。

【生产企业】

湖北省造纸企业的排头兵当推武汉晨鸣汉阳纸业有限公司，生产能力40万吨/年，也是湖北省产能最大的企业。生产能力30万吨/年以上的企业有武汉金凤凰纸业有限公司、湖北省宏发纸业有限公司2家；生产能力10万~20万吨/年企业有湖北拍马纸业有限公司、武汉木兰纸业有限公司、湖北雅都纸业有限公司、湖北保利纸业有限公司、赤壁晨鸣纸业有限公司、维达纸业（湖北）有限公司、金红叶纸业（湖北）有限公司等10家；生产能力5万~10万吨/年的企业有监利大枫纸业有限公司、湖北华海纸业有限责任公司、湖北宝塔纸业有限公司、湖北帅伦纸业股份有限公司、湖北翔陵纸业有限公司、秭归泽丰纸业有限公司等。

湖北省交通便利，承东启西。自国家实施中部崛起的战略后，国内知名的生活用纸企业纷纷在湖北建立生产基地，特别是在孝感市更是云集了国内四大生活用纸企业。维达纸业（湖北）有限公司生产能力已达 12 万吨/年；金红叶纸业（湖北）有限公司生产能力预计在 2011 年可达到 24 万吨/年；恒安纸业（湖北）有限公司生产能力 3 万吨/年；湖北中顺洁柔纸业有限公司生产能力 2.5 万吨/年。另外，武汉东冠华洁纸业有限公司计划在武汉的生产能力达到 15 万吨/年，后加工设备已于 2009 年投产。上述企业都是国内著名的生活用纸生产企业，设备基本进口，产品质量好，档次高，深受消费者的青睐。现在，孝感市已是全国最主要的生活用纸生产基地之一。

湖北省主要生活用纸企业还有宜昌舒云纸业有限公司，生活用纸生产能力 1 万吨/年（包装纸板 2 万吨/年），其生产的“舒云”牌生活用纸多次被评为湖北省名牌产品；仙桃丝宝集团生产的“丝宝”牌卫生巾、襄阳市盈乐生活用品公司生产的“难忘”牌纸尿布都被评为湖北省名牌产品。

湖北省生产能力前 10 名的造纸企业见表 1。

表 1　湖北省生产能力前 10 名的造纸企业

序号	企业名称	生产能力/(万吨/年)	主要产品
1	武汉晨鸣汉阳纸业有限公司	40	文化用纸
2	湖北宏发纸业有限公司	30	包装用纸板
3	武汉金凤凰纸业有限公司	30	高强瓦楞原纸
4	湖北拍马纸业有限公司	20	包装用纸板
5	湖北保利纸业有限公司	15	包装用纸板
6	金红叶（湖北）纸业有限公司	12	生活用纸
7	维达纸业（湖北）有限公司	12	生活用纸
8	武汉木兰纸业有限公司	10	包装用纸板
9	湖北雅都纸业有限公司	10	包装用纸板
10	赤壁晨鸣纸业有限公司	10	文化用纸

【基建与技改】

2010 年湖北省造纸企业主要的基本建设和技术改造有：

武汉晨鸣汉阳纸业有限公司投资 8000 多万元对 4800 新闻纸机进行改造，使其具备生产高档文化用纸的生产能力，优化了产品结构。

武汉金凤凰纸业有限公司投资 3 亿多元，新上 1 台幅宽 4400 毫米叠网纸机，年产高强瓦楞原纸 20 万吨。目前已全面完成正在调试，下半年可正常投入生产。

湖北宏发纸业有限公司，目前正在安装幅宽 5600 毫米三叠网纸机，生产箱纸板，年内可形成 30 万吨/年生产能力。

湖北应强纸业有限公司投资 1 亿多元，建成产量 10 万吨/年箱纸板生产线，2011 年可望投入生产。

湖北华海纸业有限公司投资 8000 多万元，于 2010 年建成 1 条 1880 纸机文化用纸生产线。目前已正常投入生产，生产能力 2.5 万吨/年。

湖北拍马纸业有限公司投入 12.74 亿元，新建荆州拍马林浆纸科技产业园，可建成育林基地 5.3 万公顷，生产商品木浆 25 万吨/年，复合木芯板 15 万米^3/年。目前已有造纸生产线 16 条。

湖北省森源纸业有限公司投资 2000 多万元，新上 1 台口杯原纸生产线，年产 2 万多吨。

荆州知音纸业有限公司 2010 年新上幅宽 2760 毫米，设计车速 770 米/分 BF－10EX 生活用纸机生产线，年产 1.2 万吨。

【科研与技术进步】

2010 年湖北省新上的基建项目设备基本是近年来国内的一流生产线，特别是生活用纸生产线，维达纸业（湖北）有限公司引进的 BF－10EX 生活用纸机，金红叶纸业（湖北）有限公司及湖北中顺洁柔纸业有限公司引进的新月型纸机是世界先进的生产设备。

以前，湖北省除武汉晨鸣汉阳纸业有限公司及赤壁晨鸣纸业有限公司外，大型纸机并不多，基本是长网及圆网纸机。2010年武汉金凤凰纸业有限公司新上1台幅宽4400毫米三叠网纸机，生产低定量高强瓦楞原纸，纸机为乐山市成发造纸机械有限责任公司生产，技术含量较高；湖北省森源纸业有限公司购买1760三叠网纸机生产口杯原纸。

湖北工业大学化学与环境工程学院投资建成化学机械浆（工艺与设备）研发基地，其装备达到国内一流水平。

【环境保护与节能】

随着国家对环境保护政策力度的加大，湖北省造纸企业对环境保护的意识越来越强，在治理污染方面下了很大的功夫，特别是在关闭小型造纸企业方面。湖北省造纸企业按照省人民政府“逐个排查，集中整治，限期取缔，全面达标”的总体要求，实施关停并转限期取缔不符合国家产业政策的落后生产设施，依法予以关停。继2007年关停119家，淘汰落后产能118万吨；2008年关停75家，淘汰落后产能38.02万吨；2009年关停26家，淘汰落后产能15.24万吨后，2010年湖北省关停4家（8条生产线），淘汰造纸落后产能8.06万吨。这几年共计关停224家，淘汰造纸落后产能179.32万吨，化学浆生产能力16.23万吨。

湖北省现有化学浆造纸企业3家，即武汉晨鸣汉阳纸业有限公司、赤壁晨鸣纸业有限公司、监利大枫纸业有限公司。武汉晨鸣汉阳纸业有限公司有生产能力200吨/日和100吨/日碱回收装置各1套，5万吨/日废水处理系统1套；赤壁晨鸣纸业有限公司有生产能力150吨/日碱回收装置1套，3万吨/日废水处理系统1套；监利大枫纸业有限公司有100吨/日碱回收装置1套，2万吨/日废水处理系统1套。上述装置的运行大大降低了污染负荷，处理后的废水都能达标排放。

2010年，湖北华海纸业有限公司吸收环保方面的经验教训，投入500多万元对废水、噪声和废气等6个方面进行了40多项改革，全面完善了环境保护工作的缺失。经过整改，吨纸用水量40吨左右，水利用率达90%，取得较好效果。

湖北省造纸企业大力开展节能减排工作，注意清洁生产和循环经济，从源头上把好关，广泛开展废水回用，降低生产用水，大大降低了新鲜水的取用量，为保护环境、治理污染、节能减排作出了成绩。

【发展中的问题】

2010年湖北省造纸企业的发展有一定的进步，但与兄弟省市相比，特别是与东部及沿海地区，差距还不小。由于地理位置承东启西，水资源丰富以及原材料资源丰富，发展潜力较大。

山东晨鸣纸业集团股份有限公司规划在湖北省咸宁市进行40万吨纸浆，50万吨纸的林纸一体化项目。目前正在咸宁市进行原料基地建设，已建成林地面积0.66万公顷。同时，规划在湖北省黄冈市进行年产30万吨纸浆、40万吨纸的项目，计划在黄冈市建造百万亩纸林基地，目前正在推进中。

宜昌宝塔纸业有限公司2011年计划新上1条12万吨/年高档文化用纸生产线，目前征地拆迁工作基本完成。

武汉木兰纸业有限公司计划投资1.2亿元新上1台幅宽4400毫米纸机，生产能力15万吨/年，生产高强瓦楞原纸。

湖北翔陵纸业有限公司准备2011年内整体搬迁，计划投资1.2亿元，新上生产线生产能力10万吨/年，目前厂区10公顷土地已落实。

宜昌舒云纸业有限公司现有6.67公顷土地，正在规划扩大产能。

湖北省华海纸业6.67公顷土地已整理，搬迁基本完毕，也在规划新的项目。

湖北省造纸企业林纸一体化项目，虽然起步不晚但进度较慢，山东晨鸣纸业集团股份有限公司在湖北的项目由于多方面的原因，进展不快，全省至今仍然没有一家以木材纤维原料为主的制浆造纸企业。

（张啟平）

天津市造纸工业

Paper Industry in Tianjin City

【行业概况】

2010年，天津市造纸工业紧密结合本地资源特点和周边市场需求，进一步发挥港口优势，以和谐发展、科学发展为指导思想，坚持环境友好型造纸企业建设理念，逐渐步入以废纸、棉秆等再生植物纤维资源为原料，以现代化纸板生产线完成各种包装纸板产品大规模生产的快速增长期。目前，天津市造纸工业总产值超过50亿元，其产品种类以各等级的高强瓦楞原纸和挂面箱纸板为主。另外，包括部分高级证券纸、防伪纸以及多种工业原纸等高附加值产品。现有新增项目中将进一步增加以废纸为原料的白卡纸、灰底白卡纸等产品种类，逐步丰富天津市纸张产品类型。

【原料】

天津市造纸原料来源主要依托港口优势，以进口美废为主，国废和少量自制浆原料的使用规模也在日益提高，不断适应周边市场对于不同等级产品的多层次需求。

【生产企业】

天津市造纸工业的发展面临着水资源和林产资源短缺等不利因素，同时也具有港口城市交通便利、进出口贸易发达等优势特点。这些因素共同决定了天津市造纸工业的发展必须遵循低污染、低消耗，主要原料和产品均为外购外销等发展途径。一些落后的生产经营方式难以适应新的发展形势和需求，因此必将被逐步淘汰。今后，随着天津市整体工业构架的逐步明晰和完善，具有一定生产规模、适应天津市资源特点的造纸企业，将逐步成为天津市造纸工业发展的中流砥柱。根据现有资料，目前发展态势较好并具有一定生产规模的有以下企业。

1. 玖龙纸业（天津）有限公司

玖龙纸业（天津）有限公司是玖龙纸业控股有限公司于2007年年底独资兴建的大型高档包装用纸生产企业。位于天津市宁河县经济开发区，处于环渤海区经济中心，距离天津港只有30千米，毗邻滨海新区，交通便利，占地约240公顷。基地项目总投资88亿元。于2009年6月投产运行的一期工程生产能力为80万吨/年，包括1台年产45万吨高档牛皮卡纸和1台年产35万吨高强瓦楞原纸的造纸机。目前，该公司正在进行生产规模80万吨/年的二期工程和60万吨/年三期工程的建设。建成后，产品种类也将从原有的高强瓦楞原纸、全废纸牛皮卡纸等本色浆产品，进一步扩展到包括全废纸脱墨漂白浆生产的白卡纸、白面牛皮卡纸和灰底白卡纸等更多产品品种。

2. 天津万利天然纤维薄膜有限公司

天津万利天然纤维薄膜有限公司为始建于1994年的中外合资企业。自建厂以来，始终坚持以创新求发展的总体思路，坚持走能源消耗少，环境污染小，经济效益高的新型工业化和循环经济的发展道路。公司占地9.67公顷，现有职工500人，各类专业技术人员100余人。现有1880毫米、2200毫米、3400毫米圆网纸机各1台，3800毫米长网纸机生产线2条，年生产高强瓦楞原纸15万吨，资产总值达1.8亿元。2008年公司实现销售收入2.02亿元，创利税990万元，产品分别达到国家A级、B级标准，产品实现全产全销。公司连年被镇党委，镇政府授予“基层先进党组织”和“经济发展先进单位”，并被授予“纳税大户”的称号；连续被评为“AAA”信用企业；连续荣获天津市政府颁发的“守合同重信用”奖牌；2008年并荣获国家颁发的“守合同重信用”奖牌；公司生产的“中马牌”高强瓦楞原纸被市乡镇企业局授予“天津市乡镇企业名牌产品”，并获得天津市“管理优秀企业”奖牌；“全废纸制造B级高强瓦楞原纸生产用水零排放技术研究和应用”项目获得了市科技成果三等奖和市经委颁发的优秀节能、节水项目奖；2006 年 9 月完成了环境管理体系和质量管理体系的国际标准认证，企业管理逐步走上正轨。

公司增加厌氧处理系统后，在满负荷生产的情况下，每天产生沼气 4000～5000 米^3。为使沼气得到充分利用，在原有 2 套沼气综合利用系统的情况下，2008 年对 3400 毫米纸机又研制了 1 套沼气利用系统，经过实际运行，取得了满意效果。此项技术的应用可提高纸机车速 6 米/分，年可增加经济效益 70 万元，不但完全消除了大气污染，而且节约了能源，降低了生产成本。

3. 天津广聚源纸业有限公司

天津广聚源纸业有限公司始建于 2005 年，厂区占地 40 公顷，建筑面积 8 万米^2，注册资金 1.665 亿元，现有员工 400 余名，拥有大批专业技术人才和生产骨干，企业年产值 2 亿元。公司曾荣获天津市劳动和社会保障局授予的“A 级劳动关系和谐企业”、政府授予的“津南区纳税大户”、“循环经济示范企业”等荣誉称号，已成为地区支柱产业。

天津广聚源纸业有限公司主要生产高强瓦楞原纸、薄型箱纸板、纱管原纸等产品，现有生产能力 8 万吨/年。该公司正式投入生产运行以来，连续两年总产值过亿元。企业 2010 年年底投产的二期建设项目使产能再扩大 3 倍，年产值将达到 12 亿元以上。现正在逐步形成集绿色循环产业、餐饮服务业、娱乐观光业和房地产业于一体的大型综合性集团公司。

天津广聚源纸业有限公司所处的海河科技工业区是天津市市级示范工业区，总面积 1060 公顷，交通条件优越，是“双城双港、相向拓展、一轴两带、南北生态”发展战略的黄金走廊。

天津广聚源纸业有限公司以高新技术为依托，本着建设资源节约型、环境友好型企业的宗旨，努力促进循环经济的发展，以农作物废弃物（稻草、棉秆）和生活包装废弃物（废纸箱）为纤维原料，将废弃物转化为再生资源，不仅变废为宝，而且保护了环境，促进了循环经济的发展。在实际生产中，企业积极引进科技手段，采用生物预处理机械浆制浆技术生产稻草、棉秆高得率本色浆，制浆得率高、能耗低、质量好、污染轻，形成了具有自主知识产权的清洁制浆技术。该公司主要使用城市废水处理厂的中水为主要生产用水，在工艺流程设计中对生产过程的用水采取了节流与治污相结合的方法，水重复利用率超过了 90%，保证企业步入了清洁、节能的生产轨道，实现了资源优化配置。

【基建与技改】

目前，天津市的造纸企业，大都具有资源消耗最小化、污染控制技术有特色、有成效等技术特点，这是天津市自然条件、政策条件以及市场条件等多种因素共同作用的必然结果，也是天津市造纸工业可持续发展的必经之路。

玖龙纸业（天津）有限公司二期、三期工程项目正在建设，设计生产能力总计 140 万吨/年，包括 3 台纸机，分别为 1 台年产 45 万吨的高档牛皮卡纸机和 1 台年产 35 万吨的高强瓦楞原纸机以及 1 台年产 60 万吨的涂布白纸板机，计划在 2011 年正式投产。

【科研与技术进步】

目前，天津市造纸工业坚持走“产学研结合”技术发展之路，各企业和科研院所以科技创新为先导，积极开展科研项目合作以及技术开发工作，达到促进企业良性健康发展的目的。天津科技大学制浆造纸专业与天津市乃至国内外众多造纸企业保持着多年的紧密合作关系。现已完成来自国际合作、国家“十一五”规划、“十二五”规划和天津市科委以及全国大中型造纸企业的委托科研项目多项，对促进我国造纸工业的技术进步和发展起到了重要的作用。

【发展中的问题】

天津市具有良好的制浆造纸工业基础，积极整合资源、充分发挥现有技术力量和设备条件，充分利用口岸优势，扩大废纸资源利用率，提高农业废弃物等非木材植物纤维资源，解决原料问题，是天津市造纸工业保持良性发展的关键。

（李　群）

黑龙江省造纸工业

Paper Industry in Heilongjiang Province

【行业概况】

据黑龙江省轻工行业管理部门统计，2010年，黑龙江省造纸工业规模以上企业71家，造纸工业主要经济指标为：机制纸及纸板总产量为32.7万吨，同比下降40.43%；纸浆总产量21万吨；实现工业总产值66.58亿元，同比增长46.32%；实现利润总额3.5亿元，同比增长29.63%。

2010年黑龙江省造纸工业运行情况总体平稳。由于淘汰了部分落后产能，使机制纸及纸板总产量有所下降，但由于产品结构发生变化及一些骨干企业的作用，使造纸工业总产值同比有所增长。按照黑龙江省轻工行业“十二五”规划，地方政府将加大对造纸工业的支持力度，一些项目的前期工作已经开始，在未来5年中，黑龙江省造纸工业将会有较大进步。

黑龙江省造纸工业主要品种有，特种纸系列：卷烟行业配套用纸如卷烟纸、铝箔衬纸、水松纸、滤嘴棒纸、育苗纸等；文化印刷用纸系列：如铜版纸、胶版印刷纸、复印纸、制图纸；包装纸板系列：如箱纸板、瓦楞原纸、涂布白纸板等；生活用纸系列：如卫生纸、纸巾纸等。

【原料】

2010年黑龙江省造纸纤维原料品种多样，有原木、木片、芦苇、稻草、麻类、商品木浆及废纸。

据不完全统计，原木总量约60万米^3，其中进口原木约40万米^3，国产原木约20万米^3，材种涉及落叶松、红松、白松、樟子松、云冷杉等；芦苇、稻草总量超过10万吨，自制漂白草浆5万余吨，自制麻浆455吨；使用商品木浆超过15万吨，其中进口漂白针叶木浆约10万吨；进口漂白阔叶木浆、磨木浆约7万吨；国产本色针叶木浆、漂白针叶木浆、漂白阔叶木浆合计约2万吨。其余为进口和国产废纸。

【生产企业】

2010年黑龙江省规模以上造纸企业71家，主要生产企业分布在黑龙江省南部地区，如位于牡丹江市的恒丰纸业股份有限公司、大宇制纸股份有限公司、三都特种纸业有限公司；位于密山市的北大荒纸业有限责任公司等。机制纸及纸板的产量可达全省总产量的60%以上。位于佳木斯市的龙江福浆纸有限公司，于2010年下半年开始进入生产运营状态，年浆纸总产量达10万吨。

（1）牡丹江恒丰纸业股份有限公司年产量达9.46万吨，销售收入11.8亿元，上缴税金1.3亿元，实现利润1.1亿元。主要品种为卷烟纸、滤嘴棒成型纸、铝箔衬纸、烟用接装纸原纸和其他特种工业用纸。生产经营情况良好，已连续多年位于行业强势企业之首，是地方财政支柱企业。

（2）大宇制纸股份有限公司2010年产品销售量9万余吨，销售收入达5.46亿元，上缴税金1500余万元。主要产品为157~350克/米^{2}有光铜版纸、亚光铜版纸和S系列超感涂布纸等。

（3）龙江福浆纸有限公司2010年上半年度完成生产系统技改工作，下半年度开始系统调试及生产。当年浆纸总产量达11.5万吨，实现销售收入近6.7亿元，实现利税6585万元。主要品种为本色硫酸盐针叶木浆、伸性纸袋纸、高强纸袋包装用纸、工业技术用纸、漂白精制牛卡纸等。

（4）北大荒纸业有限责任公司隶属于黑龙江北大荒农业股份有限公司，是黑龙江省中高档文化用纸的主要生产厂家，是目前省内最大的以草类纤维为原料的造纸企业，生产能力5.3万吨/年。主要产品有书写纸、双胶纸、轻型纸、静电复印纸、电脑打印纸、书皮纸、图画纸和制图纸等。

（5）牡丹江市三都特种纸业有限公司是“三

都纸业集团”控股子公司。2010年“三都纸业”开始建设年产10万吨生活用纸项目，建设2条年产7500吨的生产线，并于2010年12月正式竣工投产。主要产品为卫生纸、纸巾纸、擦拭纸三大系列多个品种，企业还将扩大产品品种，如生产以原生木浆为原料的本色生活用纸等产品。

【基建与技改】

（1）2010年牡丹江恒丰纸业股份有限公司引进1条法国Allimand公司1.5万吨/年特种纸生产线。纸机幅宽3300毫米，其关键设备全部引进，包括打浆工序、流浆系统、网部、压榨部、干燥部、完成工段及热风制备和蒸汽冷凝系统等。同时引进国外先进的纸机交流传动控制系统，DCS集散控制系统、QCS质量控制系统、CDCS横向控制系统、纸病检测系统和先进的检验设备等。厂房占地5160米^2，新建厂房建筑面积12170米^2。该项目计划2011年6月投入生产，用于生产定量40克/米^{2}真空喷镀铝原纸等新产品。项目达产后，年可新增销售收入2亿元，新增税金0.3亿元，新增利润0.5亿元。

（2）龙江福浆纸有限公司年产34万吨商品硫酸盐针叶木浆改扩建工程项目已经启动。拟引进1条浆板机生产线，购置建设1条年加工木材100万米^{3}生产线，改扩建备料车间、连蒸制浆车间、碱回收车间等相关配套设备。新建废水处理厂工程已投入生产试运行，并已达标排放；浆板机改造工程已完成并投入试生产；加拿大进口浆板机生产线和年加工木材100万米^{3}生产线设备已集港待运。该项目新增总投资13.73亿元，项目建成达产后，预计年均利润总额42888万元，年上缴税金23343万元，项目计划2012年12月建成投产。

（3）北大荒纸业有限责任公司2010年根据国家环保和造纸工业废水排放标准不断提高的要求，公司完成了废水深度处理项目。该项目采用改良三级生化处理技术，在达到环保要求的同时给企业带来较好的经济效益和社会效益，为企业今后可持续发展打下了良好基础。

（4）牡丹江市三都特种纸业有限公司二期投资5800万元新增生活用纸生产能力1.75万吨/年，其中，白色生活用纸1.5万吨/年，擦拭纸0.25万吨/年，总生产能力可达到2.5万吨/年。新增日处理5000吨的造纸废水处理能力，处理后的清水90%以上循环使用，并达标排放。项目投产后，年可新增销售收入15000万元，年新增利润1000万元，年上缴税金500万元。

（5）海达纸业有限责任公司扩建年产9.5万吨纸浆及其纸制品生产项目。项目将在企业原生产基础上进行，利用当地芦苇资源生产胶版纸、轻量涂布纸、静电复印纸、电脑打印纸、铜版纸等高档文化用纸。项目前期准备工作已经完成。

【科研与技术进步】

（1）牡丹江恒丰纸业股份有限公司与东北林业大学合作开发的省科技攻关项目“汽车工业高档空气滤纸的研制”，于2010年2月9日在哈尔滨通过省科技厅组织的成果鉴定。国家火炬计划项目“高透气度滤嘴棒纸”，于2010年11月11日通过了由省科技厅组织的项目验收。同时获得2项国家发明专利授权，另有3项发明专利已进入实审程序。

（2）大宇制纸股份有限公司2010年麻面超感纸项目通过牡丹江市科技成果鉴定，现已申报市级科技进步奖。

（3）北大荒纸业有限责任公司引入先进的日产120吨精制漂白浆生产线，采用干湿法备料、连蒸连漂、封闭筛选等制浆新工艺，实现黑液多段逆流提取，全过程DCS控制，使精制稻草浆白度达到75%以上。黑龙江农垦总局“十一五”重点科技攻关课题“稻草连续蒸煮制浆技术与应用”，2010年通过农垦总局科技成果鉴定及省成果登记。项目填补了稻草制浆应用连蒸生产工艺设备的国内空白，其自主发明的“稻草浆生产中高档文化用纸及工艺”获黑龙江省科学技术进步二等奖，并荣获国家发明专利。

【环境保护与节能】

（1）牡丹江恒丰纸业股份有限公司现有废水治理设施8台（套）；2010年处理后废水排放量为311.51万吨，比2009年减少14.16万吨。7套纸机水封闭系统运行，采用浅层气浮工艺处理网下稀白水，日循环用水约1.6万吨，年节约清水544万吨。2010年公司投资60多万元对废水处理系统进行升级，重新启动二级活性污泥法处理系统，解决了原排水中溶解性COD较高的问题，保证处理后的废水能连续稳定达标（$COD_{Cr} \leq 80$毫克/升），仍保持3.0万吨/日的处理规模。

各抄纸分厂用气浮池处理网下稀白水，气浮后浆渣回用到各分厂的损纸浆池，重新用于造纸，日回收浆料2吨左右，年回收浆料700吨，年创造产值400多万元；废水处理通过微滤机回收废纸浆，日回收量约0.5吨，年创造价值70多万元。

目前，公司有2台75吨/时先进的高效次高压循环流化床锅炉，烟气处理全部安装了四电场高效静电除尘器，处理后排放的烟气符合国家环保要求，回收的粉煤灰用槽罐车运到水泥厂或建材厂进行综合利用，年综合利用粉煤灰5万吨，为公司创造产值200多万元。公司100吨/日废水处理废白泥综合利用项目拟启动，该项目实施后年可减少污泥外运量27200吨，替代生石灰7500吨，使废白泥变废为宝，又减少了热电公司烟气中SO_2排放量，使锅炉烟气排放完全达到国家环保要求。

（2）龙江福浆纸有限公司为彻底解决企业原生产废水的达标排放问题，根据国家关于松花江流域水污染综合治理规划和地方政府环保要求，公司申报建设的“废水处理及中水回用工程”项目，被列入国家“十一五”期间松花江流域污染治理规划项目。并于2009年8月开工建设，2010年8月建成。经省环境监察局批准，工程于2010年8月16日开始投入试运行与达标排放调试。

该工程采用“预处理+生化处理（两段）+气浮絮凝”三级处理工艺及污泥处理系统对生产废水进行深度处理，实现达标排放。自投入试运行以来，废水处理效果良好，各项指标均达到了工程设计要求，水污染物排放量$COD_{Cr} \leqslant 100$毫克/升，$BOD_5 \leqslant 20$毫克/升，$TSS \leqslant 30$毫克/升，pH值6～9，色度≤50倍，均符合且低于GB 3544—2008规定的水污染物排放标准。

（3）北大荒纸业有限责任公司2010年在国家淘汰落后产能相关政策的支持下，淘汰了建厂初期所建3条造纸生产线及附属设备，共计生产能力1万吨/年。哈尔滨和鑫公司同时淘汰1条纸板生产线，承担起企业所应担负的社会责任。

【发展中的问题】

（1）黑龙江省造纸工业连续多年发展缓慢，省内原有的几个大中型企业相继关闭或停产后，对行业发展产生很大影响。目前全省纸及纸板总产量尚不足百万吨，年产量达10万吨企业寥寥无几，与造纸发达省份相比相差甚远。需要地方政府及行业管理部门对黑龙江省造纸工业的可持续发展进行科学整体的规划，并加大行业支持力度。

（2）由于特殊的地理环境及区域经济发展情况，使黑龙江省造纸企业所面临的行业共性问题更加突出。产业升级难度大，企业扩大规模、提高生产能力难度大。

（3）缺少具有核心竞争力的大型企业集团，大多数企业规模小，产品单一且技术含量低，抵御市场风险能力弱，面临生存和发展的严峻问题。

（4）企业人才流失大且引进困难，导致各类专业技术人员短缺。

（5）随着下游企业陆续推行招标采购，部分已有造纸产品价格及市场占有率将受到影响，在产品市场需求量不变的情况下，同行业竞争会进一步加剧，对企业生产运营提出新的挑战。

（杨金玲）

上海市造纸工业

Paper Industry in Shanghai City

【行业概况】

2010年上海市具有一定规模的造纸企业有19家，其主要产品分为五大类：新闻纸，箱纸板和瓦楞原纸，白卡纸和食品卡纸，生活用纸，特种纸。

2010年上海市造纸工业的纸及纸板总产量为88.38万吨，比2009年总产量82.27万吨，增长7.43%，见表1。

表1　　2010年上海市造纸工业主要产品产量

品种	2009年产量/万吨	2010年产量/万吨	增减量/万吨	同比增长/%
新闻纸	11.98	13.53	1.55	12.94
箱纸板和瓦楞原纸	50.06	52.48	2.42	4.83
其中：高档箱纸板和瓦楞原纸	40.66	42.53	1.87	4.60
白卡纸和食品卡纸	6.33	8.54	2.21	34.91
生活用纸	11.77	11.98	0.21	1.78
其中：高档生活用纸	9.87	10.08	0.21	2.13
其他	2.13	1.85	-0.28	-13.15
合计	82.27	88.38	6.11	7.43

上海市作为消费城市，近年来对新闻纸、食品卡纸、包装用纸及生活用纸的需求量逐年上升。因此，在行业内不断调整企业和产品结构，以适应市场的需求。特别是在国家强调加强环境保护意识的同时，政府对企业生产环节和产品质量的监管力度不断加强。要求生产企业不断提高排放和产品升级换代的标准，使行业的发展面临着巨大的压力和新的挑战。

【原料】

上海市造纸原料一直非常匮乏。2010年对进口造纸原料的依存度为71.60%，比2009年71.18%提高了0.42个百分点。2010年上海市造纸工业使用各类造纸原料99.98万吨，折合纸浆84.51万吨，比2009年78.51万吨增加6万吨。其中废纸用量77.33万吨，折合纸浆61.86万吨，比2009年58.60万吨增加3.26万吨，增长5.56%；废纸浆利用率73.20%，比2009年74.63%，降低了1.43个百分点。进口木浆共21.60万吨，比2009年19.33万吨增加2.27万吨，占总量的25.56%，比2009年的24.62%提高了0.94个百分点；其他纸浆1.05万吨，占纸浆用量的1.24%，比2009年0.58万吨增加0.47万吨，增幅非常明显，达到81.03%。

2009年废纸用量77.33万吨，其中国内废纸用量28.69万吨，比2009年27.56万吨增加1.13万吨，但只占废纸总量的37.10%；进口废纸用量达到48.64万吨，比2009年45.69万吨增加2.95万吨，占废纸总量的62.90%。尽管上海市内每年有150万吨左右废纸的收购量，但是收购来的废纸质量非常差，不能生产质量要求较高的纸制品。随着上海市造纸工业产品质量档次、品种、结构的提高，预计2011年进口木浆的使用量可能还将继续增加。

【生产企业】

上海在册的造纸企业 38 家中，产能 3 万吨以上的企业 7 家。

产量排名首位的是上海中隆纸业有限公司，2010 年总产量达到 42 万吨，实际销售量 41 万吨，创造了 13 亿元的销售额，是专门生产高档牛皮箱纸板和瓦楞原纸的企业。

上海殷泰纸业有限公司（原上海诺斯克潜力纸业有限公司），生产能力 14 万吨/年，是利用 100% 废纸为原料生产高速彩印新闻纸的企业。

金奉源纸业（上海）有限公司，生产能力达到 10 万吨/年，是生产白卡纸、食品卡纸的老企业，其中“环保型卡纸”是首批通过上海市专利新产品的认定并且获得专利授权。

上海新江南纸业有限公司，2010 年总产量 5 万吨，总销售额 3 亿多元，是生产铜版纸、CCK 纸、邮票原纸等特种纸产品的企业，也是中国邮票纸生产基地。在世界金融危机大环境中，上海新江南纸业有限公司的产品满产满销，以满足国内市场需要为前提并出口亚洲和欧洲国家。

上海东冠纸业有限公司（斯米克集团中成员），年产 4 万吨高档生活用纸，近期又投入资金建设新的生产线，计划投产后生产能力将达到 12 万吨/年。

潜力纸业有限公司，2010 年年产 3 万吨高档生活用纸。

上海南滨造纸厂，2010 年年产 3 万吨 A 级瓦楞原纸。

其他企业：生产高档生活用纸和一些特种纸的企业 30 家。

另外，上海市的造纸企业以生产特种纸见长，主要产品有彩色照相原纸、黑白照相原纸、高光彩喷原纸、铸涂相纸原纸、晒图原纸、热敏原纸、艺术纸、三滤纸、定型纸、厚纸板、航空票证纸、氧化锌印版纸、仪表记录纸、蜡光纸、复写纸、透析纸、心电图纸、电火花纸、复塑纸、纸浆模塑制品等。如：上海嘉龙纸业有限公司年产近 3 万吨铝塑复合纸。它是一家生产环保型包装用纸、阻燃纸的企业。在世博会期间采用的环保型卫生用纸的纸浆就是由该企业生产的。

【科研与技术进步】

上海新江南纸业有限公司从生产第一张邮票纸开始就不断利用新技术、新工艺开发新产品，用科学技术进步推动企业可持续发展。2010 年组防伪邮票纸被上海世博会题材特种纪念邮票纸首选，同时评为“上海市重点新产品项目”、“2010 年火炬项目”。

上海东冠纸业有限公司，一期投资 3 亿元，购置了国内生产的首台斜网纸机后，又引进了 4 台日本川之江纸机，现已陆续安装投产。2010 年 7 月，上海东冠纸业有限公司向美卓订购 2 条完整的卫生纸生产线。其中 1 条为 Advantage DCT 100 型卫生纸机，另一条为 Advantage DCT 135 型卫生纸机。2 条线的总产量将达到 7 万吨/年。集团力争再投入资金，将企业建设成国内最大、最强的生活用纸基地之一。

金奉源纸业（上海）有限公司的液体无菌包原纸经申报，并通过专家评审，经市科委认定后，被列入 2010 年度上海市重点新产品计划项目。同时该公司作为主要起草单位之一参与《固体食品包装纸板》国家标准的起草工作，并对标准中的一些条款从生产实践方面提出了建设性的意见和合理建议。该标准于 2010 年 9 月通过了全国造纸工业标准化技术委员会组织的标准审查并形成报批稿。

上海嘉龙纸业有限公司近几年拥有自主知识产权发明专利 9 个，高新技术成果转化项目 3 个。目前，公司已经成为上海市 25 家“清洁试点示范企业”之一和“上海市科技型企业”。

【环境保护】

“三废”是造纸工业最大的问题，有不少企业因为解决不了“三废”而停产。随着社会的发展，人们对环保的意识愈来愈强，要求也愈来愈高。上海中隆纸业有限公司是上海市清洁生产验收通过企业之一。公司秉承“珍惜资源，合理利用”的绿色环保意识，积极推动工业减废，资源节流，提高废纸利用率，维持高度环保标准。上海中隆纸业有限公司在 2009 年就通过了清洁生产审核，获得区环保基金的资助。同时又申报热电厂汽轮机轴封残余蒸汽综合利用工程和汽电冷却水泵变频改造和节能灯改造工程，并且获得了上海市政府专项奖励，在 2010 年下半年又通过了 3 项节能技改项目。

上海嘉龙纸业有限公司始终把环保当作企业发展方向，从制浆废渣养蚯蚓，到今天从生活垃圾中提取纸浆。生活垃圾中至少含有 1% ~1.5% 的废杂纸塑，从中把纸浆、塑料、铝屑三种原料进行分离，然后将其分别提供给不同企业再生利用。上海嘉龙纸业有限公司已经具备处理 100 吨/日废杂纸塑、铝塑复合包装生产线，减轻了政府在“三废”处理中的经费。

上海股泰纸业有限公司是我国第一家以100%废纸为原料，年产14万吨高速彩印新闻纸生产企业。在1998年建厂时，就以“环保、节能”闻名于造纸行业，生产中产生的废水经过废水处理后，各项指标都低于上海市废水排放标准。近期由于市场竞争激烈，企业效益下降，但上海股泰纸业有限公司还是把环保、节能工作作为重点来抓，在废水、废气和固体废弃物的处理中，投入大量人力和物力。同时引进国外先进技术，将清洁生产有关项目搞好，取得了一定的效益。上海股泰纸业有限公司通过了上海市清洁生产验收审查，是上海市造纸行业继上海嘉龙纸业有限公司、上海中隆纸业有限公司后第3家通过上海市清洁生产验收企业。

上海东冠纸业有限公司是上海市最大的生活用纸生产企业。在2010年世博会期间与上海世博会事务协调局签署协议，成为上海世博会生活用纸供货商。上海东冠纸业有限公司利用上海嘉龙纸业提供的再生浆生产出“自由森林”环保生活用纸。

【发展中的问题】

上海市造纸工业的优势随着产品结构的调整而逐渐失去，所以上海市造纸工业要生存要发展，只能扬长避短，不与纸业大省拼产量，拼品种，而只能利用上海的特点多向发展高级、特种品种纸方向去努力，要开拓思路，拓展视野，转变经济增长方式。

（姜海斌　蒋鸿勇）

陕西省造纸工业

Paper Industry in Shanxi Province

【行业概况】

2010 年，陕西省规模以上造纸企业 39 家，从业人员 15014 人。机制纸和纸板总产量达到 67.613 万吨，纸制品总产量达到 9.580 万吨，实现销售收入 38.164 亿元，利润总额达到 1.357 亿元，上缴税金 9440 万元。

从 2010 年的经营情况来看，造纸企业已经逐步走出了金融危机的阴影，有些造纸企业已经开始投入新项目，造纸工业得到很大的改善。

陕西省造纸产品主要为三大类：一是包装用纸，包括箱纸板和瓦楞原纸，主要生产企业有陕西法门寺纸业有限责任公司、宝鸡市凤翔县恒盛达工贸公司、陕西圣龙纸业有限公司和西安兄弟纸业有限公司等；二是生活用纸，主要生产企业有咸阳市兴平县兴包企业集团有限公司和西安奥辉纸业有限责任公司等；三是特种纸，最近几年陕西省新增了特种纸生产线。

【原料】

陕西省造纸企业按照原料结构主要分为 3 类：第一类以麦草化学浆和商品浆为原料生产文化用纸和生活用纸的企业，共计 5 家，生产能力达到 22 万吨/年，其中麦草原料约占 90%；第二类以麦草或棉秆半化学制浆和废纸为原料生产纸板的企业，共计 7 家，生产能力 25 万吨/年，其中麦草原料约占 70%，利用棉秆为原料的只有 1 家；第三类以废纸为原料生产文化用纸和纸板的企业。

造纸纤维原料结构大约为：废纸浆、麦草浆、龙须草和其他浆。

【生产企业】

1. 2010 年区域产量分布情况

（1）西安市 30.623 万吨，占全省机制纸及纸板总产量的 45.3%；

（2）宝鸡市 22.822 万吨，占全省机制纸及纸板总产量的 33.8%；

（3）咸阳市 7.606 万吨，占全省机制纸及纸板总产量的 11.3%；

（4）汉中市 1 万吨，占全省机制纸及纸板总产量的 1.5%；

（5）安康市 1.633 万吨，占全省机制纸及纸板总产量的 2.4%；

（6）渭南市 3.525 万吨，占全省机制纸及纸板总产量的 5.2%；

（7）商洛市 0.126 万吨，占全省机制纸及纸板总产量的 0.2%。

2. 2010 年实现工业产量前 10 名的造纸企业（见表 1）

表 1　2010 年实现工业产量前 10 名的造纸企业

序号	企业名称	产量/万吨
1	陕西法门寺纸业有限责任公司	9.132
2	陕西圣龙纸业有限公司	6.900
3	西安兄弟纸业有限公司	6.260
4	咸阳市兴平县兴包企业集团有限公司	6.000
5	西安秦岭纸业有限公司	5.170
6	西安惠强纸业有限公司	4.293
7	西安奥辉纸业有限责任公司	4.100
8	西安新佳包装纸业有限公司	3.500
9	西安西郊造纸有限公司	3.200
10	西安新建纸业有限公司	3.000

以上 10 家造纸企业合计产量达到 51.555 万吨，占全省机制纸及纸板总产量的 76.25%。

3. 2010 年实现销售收入前 10 名的造纸企业（见表 2）

表 2　2010 年实现销售收入前 10 名的造纸企业

序号	企业名称	销售收入/亿元
1	陕西法门寺纸业有限责任公司	3.380
2	咸阳市兴平县兴包企业集团有限公司	3.144
3	西安奥辉纸业有限责任公司	1.870
4	西安市未央区西安蔡伦纸厂	1.783
5	陕西圣龙纸业有限公司	1.650
6	咸阳市武功县东方纸业集团	1.458
7	西安兄弟纸业有限公司	1.200
8	西安惠强纸业有限公司	1.010
9	西安秦悦纸业有限公司	0.990
10	宝鸡市岐山县圣龙箱纸板有限公司	0.960

以上 10 家造纸企业合计实现销售收入 17.445 亿元，占全省造纸工业销售收入总额的 45.71%。

4. 2010 年上缴税金前 10 名的造纸企业（见表 3）

表 3　2010 年上缴税金前 10 名的造纸企业

序号	企业名称
1	西安兄弟纸业有限公司
2	咸阳市兴平县兴包企业集团有限公司
3	咸阳市秦都区恒星包装材料有限公司
4	陕西法门寺纸业有限责任公司
5	西安奥辉纸业有限责任公司
6	陕西圣龙纸业有限公司
7	西安市未央区西安蔡伦纸厂
8	西安新建纸业有限公司
9	宝鸡市岐山县圣龙箱纸板有限公司
10	西安西郊造纸有限公司

以上 10 家造纸企业合计上缴税金约 4808 万元，占全省造纸企业上缴税金的 50.93%。

5. 2010 年实现利润前 10 名的造纸企业（见表 4）

以上 10 家造纸企业合计实现利润约 6182 万元，占全省造纸企业利润总额的 45.56%。

陕西省主要生产企业有陕西圣龙纸业有限公司、陕西法门寺纸业有限责任公司、西安奥辉纸业有限公司、陕西兴包企业集团有限公司、西安兄弟纸业有限公司、咸阳市武功县东方纸业集团等。并形成了长安王寺工业园、临潼造纸工业园和武功东方工业园 3 个产业集群，具有一定的市场竞争能力和发展后劲，为陕西省造纸工业今后的发展奠定了一定的基础。

表 4　2010 年实现利润前 10 名的造纸企业

序号	企业名称
1	西安兄弟纸业有限公司
2	陕西法门寺纸业有限责任公司
3	咸阳市兴平县兴包企业集团有限公司
4	咸阳市秦都区华西纸业有限公司
5	咸阳市武功县东方纸业集团
6	渭南市蒲城残联东兴造纸厂
7	西安市未央区西安蔡伦纸厂
8	宝鸡市岐山县科达特种纸业有限公司
9	安康市汉滨区恒丰有限公司
10	渭南市大荔县安盛纸业有限公司

（1）陕西圣龙纸业有限公司

陕西圣龙纸业有限公司位于宝鸡市蔡家坡经济技术开发区。现拥有资产总额 2.3 亿元。公司以麦草和商品木浆板、废瓦楞纸箱为原料，生产纱管纸和瓦楞原纸。生产能力达到 10 万吨/年。公司现有造纸生产线 5 条，包括 1 条年产 5 万吨幅宽 2820 毫米四叠网多缸造纸机生产线。发电 4500 千瓦时热电站及处理能力 3 万米^3/日废水处理站各 1 座。该公司是陕西省规模最大的造纸企业之一，属宝鸡市重点扶助发展企业。

（2）陕西法门寺纸业有限责任公司

陕西法门寺纸业有限责任公司是由原陕西省扶风造纸厂改制而成的股份制企业。企业现有 3 个分厂，27 条生产线，生产能力 5 万吨/年，年产值 2.3 亿元。主要产品有书写纸、胶印书刊纸、双胶纸和生活用纸四大系列 40 多个品种。2002 年，修建了日处理中段水 2 万吨的废水处理厂，2003 年通过环保部门验收，达标排放。2006 年建设 150 吨/日麦草浆配套碱回收工程和 6000 千瓦时的集中供热项目。

（3）西安奥辉纸业有限责任公司

西安奥辉纸业有限责任公司成立于 2001 年 8 月，是以制浆造纸为主业，集热电、环保综合治理、房地产开发为一体的股份制企业，公司总资产 2 亿元。现有 1880 型卫生纸机生产线 38 条，生活用纸生产能力 5 万吨/年。2005 年公司建成了 150 吨/日麦草浆碱回收工程和处理 37500 米^3/日的中段水工程。2006 年又建成了 6000 千瓦热电联产工程。

(4) 陕西兴包企业集团有限责任公司

陕西兴包企业集团有限责任公司是民营股份制企业。主要生产高档瓦楞纸箱、纸浆模塑托盘、高强瓦楞原纸、牛皮箱纸板、中高档生活用纸等，是集生产、经营、销售于一体的大型二档企业。公司现占地 33.33 余公顷，总资产过亿元，员工 2300 人。公司现辖 6 厂 1 公司，即：纸箱厂、纸浆模塑厂、包装用纸厂、生活用纸厂、废水治理一厂、废水治理二厂和运输公司。公司生产各种纸箱 800 万米^2/年，纸浆模塑托盘 3000 吨/年，高强瓦楞原纸 2 万吨/年，中高档生活用纸 4 万吨/年。2000 年建成的废水治理一厂处理能力 1.7 万米^3/日，2006 年建成的废水治理二厂处理能力 4 万米^3/日。

(5) 西安兄弟纸业有限公司

西安兄弟纸业有限公司成立于 2003 年 1 月，位于西安市长安区镐京工业园区。公司占地面积 20 余公顷，建筑面积 3 万米^2，员工 500 余人，资产总额 9500 万元。公司以国废和少量美废为原料，生产 A 级、C 级等各种规格的高强瓦楞原纸。2007 年新上幅宽 4100 毫米三叠网多缸造纸机生产线。公司现共有 3 条生产线，生产能力 12 万吨/年。

(6) 陕西东方纸业集团有限公司

陕西东方纸业集团有限公司，位于咸阳市武功县大庄镇方寨村东方工业园区，是民营股份制企业，也是咸阳市造纸工业的骨干企业。现有职工 1100 多人，其中专业技术人员 50 人，固定资产 2000 多万元，总占地面积 8 余公顷。主要产品有：有光纸、书写纸、凸版纸、生活用纸、白色及本色包装用纸等 20 多个规格品种。公司现有造纸生产线 43 条，生产能力 12 万吨/年。

【基建与技改】

2010 年，陕西法门寺纸业有限责任公司扩建废水处理能力 2 万米^3/日，同时配套建设废水深度处理设施和回用水处理项目。蒲城永丰利亚纸业有限公司 2 万米^3/日废水深度处理工程通过验收。陕西圣龙纸业有限公司投资 300 多万元进行废水处理升级改造，提前做好排放提标应对准备。

【科研与技术进步】

陕西科技大学造纸工程学院为陕西省造纸学会挂靠单位。2010 年获国家级项目 4 项，获得省部级科研项目 5 项，厅局级科研项目 11 项。横向科研项目 29 项。全年总计到位科研经费 720 万元。2010 年，造纸工程学院发表科研论文共计 118 篇，其中 SCI 收录 4 篇，EI 收录 15 篇，ISTP 收录 18 篇。获发明专利 7 项，实用新型专利 21 项。

由陕西科技大学和四川永丰纸业股份有限公司产学研结合共同申报的 2008 年国家重大产业技术开发项目——竹材制浆深度脱木素蒸煮和清洁漂白技术获得立项。该项目在国内首次对竹材的制浆工艺技术进行全面、系统、深入的研究。取得的成果将会极大地促进我国竹材制浆技术的进步和提升。

【环境保护】

为了净化渭河水质，陕西省环保厅召开了全省造纸企业环保工作会议。根据会议要求，各有关部门加大了对造纸企业废水排放的管理力度，对全省现有 5 家达标排放的化学制浆企业要求中段废水进行进一步的深度处理以达到新标准的要求。

(1) 化学制浆企业。现有 5 家化学制浆企业，在碱回收正常运行、中段废水达标排放的情况下，各厂都在进行废水深度处理设施的建设，部分采用化学混凝沉淀加过滤的工艺路线或采用超效浅层气浮工艺。

(2) 半化学制浆企业。半化学制浆企业在现有废水达标运行的基础上，增加处理工艺。圣龙纸业公司在现有废水处理工艺中前段增加了帕克环保公司的 IC 厌氧反应器，后段增加超效浅层气浮工艺，使废水处理能力提高、排水指标降低和处理成本下降。如产生的沼气进一步利用的话，可以进一步降低废水处理运行成本。该公司计划 2011 年内投资 1000 万元，建设沼气发电站。

(3) 废纸制浆企业。部分利用废纸无脱墨浆生产纸板的企业已经达到封闭水循环利用，无生产废水排放，实现了清洁生产。部分企业仍在改造之中。

(张安龙)

云南省造纸工业

Paper Industry in Yunnan Province

【行业概况】

2010年云南省年产值500万元以上制浆造纸企业93家，纸及纸板总产量448666.92吨，比上年460200吨减少2.5%；工业总产值（当年价）52.1亿元，比上年47.43亿元增加9.85%；主营业务收入46.36亿元，比上年41.63亿元增加11.36%；利税总额6.39亿元，与上年持平；其中利润4.24亿元，比上年4.19亿元增加1.19%。资产合计约76.03亿元，流动资产约42.32亿元，负债合计43.47亿元，从业人数15266人。

2010年，是压力与动力同在、挑战与机遇并存的一年，也是近几年来生产经营与发展任务最重、改革力度最大的一年。在这一年里，云南纸业紧紧围绕“落实年、效益年”的要求，按照生产经营和发展项目“两促进”、“两不误”协调推进的总体思路，以深化改革为动力，以提高经济效益为核心，以精细化管理为手段，狠抓各项工作落实，较好地完成了年度经营目标任务。

【原料】

云南省2010年纸浆产量20.05万吨，88%以上是自制浆，仅云南红塔蓝鹰纸业有限公司生产卷烟系列产品使用进口纸浆，每年约2.3万吨。品种构成及比例基本保持在：木浆31%，非木浆22%，废纸浆47%。

原料林基地建设情况如下。

1. 云景林纸股份有限公司

全年共完成新造林6178.49公顷，完成年计划的93%；经检查验收，苗木平均成活率达到96%。原料林基地建设的稳步推进和种植面积的不断扩大，为公司持续健康发展奠定了坚实的基础。为解决当前持续生产的原料所需和保障9万吨技改项目投产后的原料供应，公司竞拍到景谷县的国有林地825.43公顷，租赁到镇沅国有商品林地773.2公顷。

2. 云南双江南华化学纤维浆粕有限公司

从2005年开始启动竹子原料基地建设工作，至2010年累计种植27365公顷。从2008年起公司调整思路，一是在种苗选择上以当地苦龙竹为主，其他大叶龙竹为辅选用苗。二是在种植上以集中连片、大户种植为主进行种植。三是加强对种后原料的宣传管理工作，提高种植效果，取得了满意的效果。

3. 云南勐象竹业有限公司

（1）种苗业务情况　通过探索和实践，依靠自主创新，积极开展了埋秆、扦插、组培、分蔸、诱根等多方面的育苗试验研究，2010年出圃合格袋苗151.32万株，实现了种苗培育“质”和“量”的飞跃，生产成本也从2007年的每株8.44元降到4.71元，降低44.2%。同时，公司加大了知识产权保护的工作力度，公司推广种植的“勐象龙竹”和“版纳龙竹”获得了良种认定许可证书，为公司在基地建设良种化，打下坚实的基础。

2010年，公司成为全州竹苗的指定供应商，由于降雨来得较晚，供苗时间从6月开始，在艰苦的环境下，公司完成向两县一市供苗89.6万株，实现销售收入510.72万元，实现了公司在苗木经营方面零的突破，为全州发动农户种植4000公顷创造了有利的条件。2009年验收造林平均成活率达95%以上，部分地块发笋率超过45%，虽然经历了2010年百年一遇的干旱，但是保存率仍在86%左右，标志着基地建设技术水平提高到了一个新的阶段。

（2）基地建设情况　围绕3.33万公顷竹原料林基地建设目标，公司加大丰产栽培技术的研究和示范种植，并规模化推广和种植，加快竹原料林基地的建设。按照自营核心基地和“公司+基地+农户（合作基地和订单基地）”市场化扶持两种模式开展原料林基地建设。2010年公司规划造林总面积为2560公顷。实际完成造林2588公顷（其中：新造林711.50公顷，老林地重造1859.68公顷，黄竹林改造 16.82 公顷），协助政府发动老百姓种植 4026.67 公顷。截至目前，累计完成竹原料林基地建设约 12686.67 公顷。

【生产企业】

2010 年全省规模以上制浆造纸企业 93 家，但产量达到 10 万吨的制浆造纸企业仅有云景林纸股份有限公司 1 家，公司共生产纸浆 112631 吨，创下历史最好成绩，同比增加 1064 吨，完成年计划的 107%。

2010 年产量接近 10 万吨的有云南陆良银河纸业有限公司，全年完成机制纸产量 97539.14 吨，与 2009 年同期 78298.86 吨相比，增加 19240.28 吨，增产 24.57%。

1. 2010 年实现销售收入前 10 名的制浆造纸企业（见表 1）

表 1　2010 年实现销售收入前 10 名的制浆造纸企业

序号	企业名称	销售收入/万元
1	云南云景林纸股份有限公司	47110
2	云南陆良银河纸业有限公司	46653.1
3	云南红塔蓝鹰纸业有限公司	45000
4	云南临沧南华纸业有限公司	17759.35
5	云南通海汉光纸业有限公司	12750
6	云南宜良红星兄弟纸业有限公司	12160
7	云南江川翠峰纸业有限公司	10875
8	云南昌宁建星纸业有限公司	9353
9	云南新平南恩糖纸有限公司	6264.8
10	云南双江南华化学纤维浆粕有限公司	3542.83

以上 10 家制浆造纸企业合计实现销售收入 211468.08 万元，占全省造纸工业销售收入总额的 45.61%。

2. 2010 年上缴税金前 10 名的制浆造纸企业（见表 2）

表 2　2010 年上缴税金前 10 名的制浆造纸企业

序号	企业名称
1	云南红塔蓝鹰纸业有限公司
2	云南云景林纸股份有限公司
3	云南陆良银河纸业有限公司
4	云南临沧南华纸业有限公司
5	云南通海汉光纸业有限公司
6	云南江川翠峰纸业有限公司
7	云南新平南恩糖纸有限公司
8	云南宜良红星兄弟纸业有限公司
9	云南昌宁建星纸业有限公司
10	云南双江南华化学纤维浆粕有限公司

以上 10 家制浆造纸企业合计上缴税金约 18130 万元，占全省造纸工业上缴税金总额的 84.3%。

3. 2010 年实现利润前 10 名的制浆造纸企业（见表 3）

表 3　2010 年实现利润前 10 名的制浆造纸企业

序号	企业名称
1	云南红塔蓝鹰纸业有限公司
2	云南陆良银河纸业有限公司
3	云南云景林纸股份有限公司
4	云南江川翠峰纸业有限公司
5	云南新平南恩糖纸有限公司
6	云南双江南华化学纤维浆粕有限公司
7	云南宜良红星兄弟纸业有限公司
8	云南昌宁建星纸业有限公司
9	云南通海汉光纸业有限公司
10	云南江川恒昌纸业有限公司

以上 10 家制浆造纸企业合计实现利润约 19554 万元，全省造纸工业盈亏相抵后实现利润总额为 42400 万元。

2010 年全省生产经营较好的企业如下。

（1）云南云景林纸股份有限公司　2010 年，公司共生产纸浆 11.2631 万吨（其中生产松木浆 3.4337 万吨，生产桉木浆 6.6638 万吨，生产阔叶木浆 1.1656 万吨），采购木材原料 52.2778 万米^3，保障了全年满负荷生产，创下历史最好成绩，同比增加 1064 吨，完成年计划的 107%；纸浆销量 105492 吨，完成年计划的 95%；产销率 105%；货款回收率 99.03%，比年计划增加 0.52 个百分点（以上销售数字为财务决算数字，2010 年纸浆实际销量 11.826 万吨，完成年度销售计划 11.1543 万吨的 106%；产销率 105%，货款回收率 99.02%）；综合平均销价 5363 元/吨（含税价），比年计划（5285 元/吨）上升 78 元/吨；云景林纸本部实现利润

2666 万元，景林公司 536 万元，云景煤业 -396 万元，关联交易抵消 60 万元，合并报表实现利润 2866 万元，完成年计划的 191%；争取到政府补助资金 1034.5 万元，完成年计划的 206.9%；增收项目：种苗外销实现利润 355.03 万元，完成年计划的 101.44%；加工锯材销售实现利润 200.36 万元，完成年计划的 133.57%；松脂采割及林下资源综合开发实现利润 45.1 万元，完成年计划的 90%；完成思茅松人工林抚育间伐 3866.67 公顷，完成年计划的 103.57%；累计完成投资 56235.64 万元，完成年计划的 91%（其中：9 万吨技改项目 43812.11 万元，完成年度计划的 89%；营林投资 11652.93 万元，完成年计划的 110%；其他零星项目完成投资 770.60 万元）。

（2）云南红塔蓝鹰纸业有限公司　全年完成卷烟系列纸 2.31 万吨，实现产品销售收入 4.5 亿元，全年实现利税总额 1.46 亿元。

（3）云南陆良银河纸业有限公司　全年完成机制纸产量 97539.14 吨，与 2009 年 78298.86 吨相比，增加 19240.28 吨，上升 24.57%；实现工业总产值（现价）60233 万元，与 2009 年 39189 万元相比，增加 21044 万元，上升 53.70%；产品销售量 95282.67 吨，与 2009 年 80972.81 吨相比，增加 14309.86 吨，上升 17.67%；实现产品销售收入 46653.1 万元，与 2009 年 35214 万元相比，增收 11439.1 万元，上升 32.48%；实现工业增加值 11700 万元，与 2009 年 9360 万元相比，增加 2340 万元，上升 25%；上缴税金 2258 万元，与 2009 年 1990 万元相比，增加 268 万元，上升 13.47%；实现净利润总额 4137 万元，与 2009 年 3269 万元相比，增加 868 万元，上升 26.55%。2011 年公司生产经营计划指标：机制纸总产量 13 万吨，总产值 6 亿元，销售收入 5.5 亿元，工业增加值 1.45 亿元，税金 3100 万元，利润 5000 万元。

（4）云南新平南恩糖纸有限责任公司　2010 年生产纸浆 3.5 万吨，生产浆板 19828 吨，试生产卫生纸 6831 吨。生活用纸车间是公司经过认真研究后的延伸造纸产业链的技术改造项目。于 2009 年 9 月 5 日开工建设，在施工单位和公司全体干部职工的共同努力下，2 万吨/年生活用纸工程于 2010 年 5 月 3 日全面单机试运转，5 月 5 日进入试生产阶段。通过近 6 个月的试生产，取得了较好的效果。

（5）云南江川翠峰纸业有限公司　2010 年由于多方面原因停产半年，产量仅完成 1.5 万吨，比 2009 年 1.8 万吨少生产 3000 吨；产值 11250 万元，主营业务收入 10875 万元，比 2009 年 12200 万元减少 1325 万元；利税总额 856 万元，比 2009 年 498 万元增加 358 万元，其中上缴税金 217 万元。

（6）云南双江南华化学纤维浆粕有限公司　2010 年累计开机时间 245 天，共生产浆板 7061.02 吨，其中漂白蔗渣浆 2294.21 吨，竹纤维浆粕 4766.81 吨。碱回收车间回收碱 2477.55 吨，碱回收率 76.5%。竹纤维浆粕合格率达 100%。2010 年销售竹浆粕 3033.63 吨，库存 2724.84 吨；销售漂白蔗渣浆 3434.30 吨，库存 38.99 吨。销售收入 3542.83 万元，上缴税收 170 万元。

（7）云南临沧南华纸业有限公司　年产 9.5 万吨蔗渣浆纸项目于 2010 年 3 月 1 日试生产，从 2010 年 3 月 6 日正式投产，截至 2010 年 12 月 31 日，共生产出浆板 48976.17 吨，湿浆 4585.82 吨，浆板及湿浆总产量 53561.99 吨。销售浆板及湿浆 40562.55 吨，库存 12999.44 吨，实现含税销售收入 17759.35 万元，累计亏损 47080.68 万元（已包含 2009 年 12 月以前开办费用 1741.75 万元）。

【基建与技改】

1. 2010 年已完成的项目

（1）云南陆良银河纸业有限公司　完成 75 吨/时，6000 千瓦循环流化床锅炉供热供电节能项目建设。完成项目总投资 4800 余万元。完成年产 9.5 万吨箱纸板一期工程 5.5 万吨生产线建设，完成项目总投资 3800 余万元。完善环保治理设施，完成污泥脱水制板系统和制浆喷放废气回收利用系统项目，促进废水深化处理和改善区域空气气味。共计完成固定资产投资 8800 余万元。

（2）云南新平南恩糖纸有限责任公司　2009 年 2 月 18 日，由云南省发展和改革委员会组织专家组对“云南新平南恩糖纸有限责任公司综合利用年产 2 万吨生活用纸项目可行性研究报告”进行了论证和评审；2009 年 9 月 5 日土建工程破土动工；2009 年 10 月 20 日进入安装阶段；2010 年 4 月 15 日，2 万吨生活用纸工程单机试运转；2010 年 5 月 3 日，2 万吨生活用纸工程全面单机试运转；2010 年 5 月 9 日卫生纸试抄出纸。

2. 计划 2011 年开工建设的项目

（1）云景林纸股份有限公司　年产 9 万吨纸浆技改项目，主生产线建筑工程于 10 月 10 日动工，16 个单项工程中已开工 5 个。截至 12 月 31 日，9 万吨纸浆技改项目累计完成投资 52238.98 万元，完成总投资 85594.76 万元的 61.03%。整个技改项目计划 2011 年 8 月完成主体工程建筑，11 月底主体设备安装就位，预计在 2012 年 5 月建成投产。

该项目是云南省 2009 年 20 项重点工业建设项目之一，项目总投资 8.6 亿元，计划用两年半时间完成。项目建成后，公司将达到年产纸浆 20 万吨以上、产值超过 10 亿元、利润 1 亿元以上的规模。实现产能、效益和对地方财政增收新飞跃，将为当地增加工作岗位 1.5 万个。

（2）云南陆良银河纸业有限公司　年产 5.1 万吨桑枝制浆及碱回收系统优化技术工程项目及利用废纸制浆年产 9.5 万吨文化用纸项目。

3. 2010 年待批的项目

云南天巍竹业有限公司 20.4 万吨/年漂白商品竹浆弥勒县林（竹）浆一体化项目环境影响报告已于 2009 年 9 月 9 日获《国家环保部环审［2009］413 号文》批准，项目正等待国家发改委最后批复。

4. 正在积极准备的项目

云南勐象竹业有限公司年产 30 万吨竹浆一体化项目。在 2009 年完成的前期工作基础上，2010 年报国家相关部门进行用地预审、水资源及排污口设置论证、水土保持方案审批，并开展环境影响评价报告的技术审核。

5. 正在开展前期工作的项目

云景林纸股份有限公司分两期建成年产 6 万吨高档生活用纸项目。

【科研与技术进步】

云南陆良银河纸业有限公司，积极开展发明专利申报工作，截至 2010 年共申报专利（实用新型）5 项：长网纸机网部真空装置，可调式刮刀，牛头刨的大型盘类零件夹具，一种打包桌，圆盘拉具。

【环境保护与节能】

（1）云南陆良银河纸业有限公司，实施生产用水计量节水考核，节水减排取得明显成效，生产用水同比减少 50%，废水排放减少 30%。

（2）云南江川翠峰纸业有限公司，面对困难仍然加大节能减排和淘汰落后产能的力度，2009 年 11 月投资 1510 万元，2010 年完成了 4 项节能技术改造：①用 2 台 20 吨/时的锅炉替换原有的 5 台 4～10 吨/时锅炉；②用 6 台较先进的 1880 纸机替换原有的 9 台 1092、1575 纸机；③对原有的 15 台 1575 纸机压榨托辊进行加大直径的改造；④对 58 台 37 千瓦以上的大功率用电器加装变频控制改造。

项目实施取得了很好的效果。2010 年 1—4 月仅耗煤 11499 吨，节煤 4543 吨。随着耗煤量的减少，各种污染物排放量也相应减少。新上的 2 台 20 吨/时锅炉采用麻石水膜除尘，其除尘效果比以前提高了近 50%，2010 年锅炉平均二氧化硫排放浓度仅为 255 毫克/米^3，同 2008 年相比下降了 254.5 毫克/米^3。

（3）云南双江南华化学纤维浆粕有限公司，节能降耗工作效果明显。节煤措施：①加强调度平衡，控制锅炉蒸汽上限流量。2009 年锅炉最高流量限制 32 吨/时，2010 年最高流量控制 30 吨/时以内。②加强蒸发与洗选平衡，力求做到蒸发用汽自保。同时加大处罚力度，对控制不当，造成蒸发黑液槽爆满的，给予生产班组一定的经济处罚。③加强用电管理，平衡汽轮机发电负荷。公司采取的方法：一是调节纸机和废水站吸滤机开机时间，错开用电峰谷时间；二是要求对各车间不开、少开或能间歇开的设备进行清理，提出对二泵房给水泵由原先二用一备改为一用二备，减少用电负荷（装机容量 190 千瓦/台）。此措施的实施，使全厂正常生产期间用电负荷减少 275.5 千瓦时。节水、减排措施：①造纸白水封闭循环处理回用，做到造纸车间不用清水；洗选工段使用蒸发热水，少用清水，多余热水回清水池。②以废治废，收集圆网浓缩机多余废水，压力筛、蒸发废水进漂池，通过水泵送锅炉水膜除尘和蒸煮废水槽换热使用或定期浇竹片，达到以废治废效果。目前二泵房水泵给水流量平均 488 米^3/时（含汽轮机冷却回用水量）。③实施废水清污分流，减轻废水站治理。对压力筛尾浆废水进行直接控制进废水站水量。同时加强蒸煮液的管理，严格控制黑液跑、冒、滴、漏，使废水站时常出现废水外溢情况得到控制，投用药量减少，废水治理成本降低。

【发展中的问题】

2010 年全省造纸行业总体运行良好，各项工作紧张有序开展，销售收入及利税总额取得历史性的突破。在企业管理方面，上了一个新的台阶，但仍然存在很多困难和问题，主要表现在以下几个方面。

（1）外部融资难度加大。随着国家控制流动性资金力度加大，金融支持的产业发展新政出台，完善金融监管体系，资金流向、信贷额度大幅度调整，风险防范力度增强，致使企业融资环境发生较大变化和调整，给生产经营及各项工作带来较大困难。

（2）污染治理力度日益增强，相关设备设施需投入大量资金，形势迫使全省行业必须不断加强和完善。

（3）目前，人力资源、人才竞争日益激烈，致使企业人员流动性较大，使生产、业务和综合管理成本增加，加之固定费用和劳动力成本提高，致使企业盈利率较低，给企业培养和稳定专业技术人才和熟练操作工的工作带来较大压力。

（孙鹤章）

新疆维吾尔自治区造纸工业

Paper Industry in Xinjiang Uygur Autonomous Region

【行业概况】

2010 年，新疆维吾尔自治区（简称新疆自治区）造纸工业年产 5000 吨以上的企业 12 家，从业人员 7000 人。机制纸及纸板产量 37 万吨，同比增长 40%，完成工业产值 180443 万元。

由于新疆的气候和远离消费中心区域的特点，第一季度生产箱纸板、瓦楞原纸和涂布白纸板的企业大部分停产，生产文化用纸和卫生纸的工厂也是开工率较低。进入第二季度后，全行业开始正常生产。

新疆造纸产品分为包装用纸、文化用纸、卫生纸三大类。包装用纸的箱纸板、瓦楞原纸、涂布白纸板是以废纸为主要原料，外购少量的商品木浆做面浆生产的，以低、中档产品为主，主要用于制造瓜果箱和少量工业产品包装箱。2010 年这类产品发展较快，但大多数为季节性开机生产。文化用纸主要集中在博湖苇业有限公司和天宏纸业股份有限公司，以芦苇为主要原料，自制漂白化学浆，生产双胶纸、胶印书刊纸、书写纸、静电复印纸等品种，生产相对稳定，基本处于均衡生产状态。卫生纸除天宏纸业股份有限公司有 6 万吨/年的生产能力外，无大厂生产。大多数小厂均以废纸为原料，采取简易脱墨处理，生产低档产品为主。

【原料】

2010 年，新疆制浆企业仅 2 家，全年纸浆产量约 12 万吨，与上年度基本持平。

大多数工厂的造纸纤维原料，主要依靠本地废纸或少部分外购木浆。

造纸纤维原料的结构大约为：废纸 67%，芦苇 32%，木浆及其他 1%。

【生产企业】

造纸企业主要分布在乌鲁木齐市、库尔勒市周边及昌吉州和生产兵团。

目前新疆自治区内生产能力 10 万吨/年以上的企业仅有博湖苇业有限公司一家。

【基建与技改】

（1）江北纸业有限公司年产 8 万吨箱纸板扩建项目正在建设，预计 2011 年下半年投产。

（2）恒发纸业有限公司年产 10 万吨箱纸板项目正在安装过程中，预计 2011 年下半年投产。

（3）远大纸业有限公司年产 6 万吨涂布白纸板项目正在建设中，预计 2011 年年底投产。该厂年产 3 万吨涂布白纸板生产线车间正在进行技改，预计 2011 年 6 月投产。

（4）博湖苇业有限公司年产 10 万吨漂白苇浆（搬迁新建）项目正在建设中。

（5）天宏纸业股份有限公司的木质素减水剂改、扩建项目正式投入生产、销售。

【科研与技术进步】

由轻工行业办公室牵头组织的棉秆制浆造纸新技术开发项目进入研发阶段。

【环境保护与节能】

（1）新疆沙驼股份有限公司热电厂锅炉节能技术改造工程顺利完成并通过验收。

（2）新疆天宏纸业的制浆蒸煮黑液及中段水处理，通过生产木质素减水剂和中段水处理工程，得到有效治理。

（3）博湖苇业有限公司的锅炉烟气脱硫、净化处理工程获得成功。同时搬迁新建工程采用二氧化氯漂白新工艺，有益于环境保护。

【发展中的问题】

新疆造纸工业原料短缺、资金短缺、运输距离远、运输费用高，是影响纸业发展的主要因素。

（梅树亚）

内蒙古自治区造纸工业

Paper Industry in Inner Mongolia Autonomous Region

【行业概况】

2010年，内蒙古自治区造纸工业规模以上企业47家，从业人员7094人。2010年1—11月机制纸及纸板产量19.6万吨，同比增长10%。完成工业总产值6.88亿元，同比增长10%；完成销售收入7.35亿元，同比增长37%。利税总额0.75亿元，同比增长650%；实现利润0.57亿元，同比增长114%；上缴税金0.18亿元，同比增长26%。

从经济运行情况看，2010年比2009年销售量和产量有所增加。

【原料】

2010年1—11月，内蒙古自治区纸浆制造企业仅5家，大部分处于停限产状态。

造纸纤维原料，主要分为两大类：生产包装用纸（箱纸板、瓦楞原纸）的企业以废纸为主要原料，搭配部分进口木浆。生产文化用纸的企业以自制非木材化学浆为主要原料，同时搭配少量的进口木浆。

造纸纤维原料结构大约为：废纸浆60%，木浆5%，自制化学浆35%。

【生产企业】

机制纸浆、纸及纸板的生产区域主要分布在巴彦淖尔市、海拉尔市、呼伦贝尔市、呼和浩特市和乌兰察布市（见表1）。

表1　2010年内蒙古自治区制浆造纸企业区域分布情况及主要生产品种

序号	企业名称	所在区域	行政区划	主要产品
1	玖龙兴安浆纸（内蒙古）有限公司	呼伦贝尔市	150783	木浆板、工业包装用纸
2	集宁市宏盛纸业有限公司	乌兰察布市	152601	箱纸板、瓦楞原纸
3	内蒙古荣信纸业有限公司	呼和浩特市	150121	箱纸板、瓦楞原纸
4	内蒙古金星浆纸业有限公司	巴彦淖尔市	150823	草浆板、文化用纸
5	中冶美利内蒙古浆纸股份有限公司	巴彦淖尔市	150823	草浆板
6	内蒙古天浩纸业有限公司	呼和浩特市	150121	箱纸板、瓦楞原纸
7	海拉尔晨鸣纸业有限责任公司	呼伦贝尔市	150702	草浆板、文化用纸
8	五原大民财纸业有限责任公司	巴彦淖尔市	150821	草浆板

【环境保护与节能】

2010年内蒙古自治区淘汰落后产能6.82万吨，被淘汰的造纸企业绝大部分没有污染治理设施且生产规模较小。对于规模较大的制浆造纸企业，按照国家三废排放标准的要求，企业加大投入，完善治污，也采取了兼并重组等方式引进有资金、实力的大企业，使造纸行业环境保护和污染治理工作有了明显的改善。

近年来，造纸企业在生产经营十分困难的情况下，节能减排工作始终抓得很紧。

1. 加大投入，深化治污

（1）2010年，内蒙古金星浆纸业有限公司投入210万元，增加了中段废水的深度处理，于2010

年 11 月 15 日投运。

（2）内蒙古金星浆纸业有限公司计划投资 6000 万元，新增 2 × 75 吨/时循环流化床锅炉，取代现有的链条炉和机车炉。

2. 污染治理设施的完善和投运，减排效果十分显著

2010 年内蒙古金星浆纸业有限公司减少 COD_{Cr} 排放量 118.24 吨。

3. 改造生产工艺、减少洗浆和造纸用水

（1）内蒙古金星浆纸业有限公司投入 6000 万元将原有的 CEH 三段漂白工艺改造为 OOHMP 工艺，使洗漂用水量由 80 吨水/吨浆降为 45 吨水/吨浆，而且污染负荷也降低了。

（2）采用内部循环和逆流洗涤等方法以及冷却水回用等方式，节约纸机清水的用量。

【发展中的问题】

内蒙古自治区造纸企业平均规模小，企业的装备水平差，导致效益不好。

（张秉义）

山西省造纸工业

Paper Industry in Shanxi Province

【行业概况】

2010 年，山西省造纸工业规模以上企业 19 家，从业人数约 6000 人。机制纸及纸板产量约 80 万吨，同比增长 14.3%。完成工业总产值 3.2 亿元，同比增长 15%。实现销售收入约 3.1 亿元，同比增长 14%。利税总额约 4600 万元，同比增长 11%；其中实现利润约 1600 万元，同比增长 2%；上缴税金约 3100 万元，同比增长 3%。

机制纸及纸板产量在全国各省、市、自治区排名落后，是造纸工业欠发达省份。2010 年度造纸工业经济运行情况基本稳定。从原料情况看，麦草等农作物秸秆因机械收割的全面推进，可收购量明显减少。因此，增加了商品浆用量，以保证生产需求。当地所收购的国产废纸品质有较大提高，因此，进口废纸使用量有所下降。从产品档次上看，纸板类产品档次明显提高，多数企业产品等级由以前的 C 级及 C 级以下级别提升到 B 级或 B 级以上。

【原料】

2010 年，山西省造纸工业使用的原料在结构上没有大的变化，仍然以废纸、麦草、棉秆、商品浆等为主要原料，个别企业使用废弃纺织物、灌木和枝桠材以及矿物纤维为原料。废纸占原料比例约 80%，其中进口废纸占 40%，当地收购废纸占 60%。商品浆占原料比例约 9%，麦草占原料比例约 8%，其他种类原料占 3%。自制漂白化学麦草浆企业有 2 家，制浆黑液采用资源化处理技术生产木质素磺酸盐。

【生产企业】

山西省造纸企业主要分布在太原市、运城市、临汾市、长治市、吕梁市和晋中市。

1. 太原市

（1）太原齐兴伟业造纸有限公司　太原齐兴伟业造纸有限公司是一家民营股份制企业，20 世纪 90 年代初成立，位于太原市晋源区。主要产品为石膏板护面纸板，生产能力 15 万吨/年。其中，年产 10 万吨生产线主要生产设备为进口设备。主要原料为进口美废和部分国产废纸。该企业自备热电联产发电厂，并配备完整的废水物化、生化处理系统。目前正在计划扩建。

（2）太原家盛纸业有限公司　太原家盛纸业有限公司是一家民营股份制企业，20 世纪 90 年代初成立，位于太原市晋源区。主要产品为高强瓦楞原纸，生产能力 5 万吨/年。主要原料为国产废纸。企业配备完整的废水物化、生化处理系统。目前正在计划扩建。

（3）太原龙盛纸业有限公司　太原龙盛纸业有限公司是一家民营股份制企业，20 世纪 90 年代初成立，位于太原市晋源区。主要产品为高强瓦楞原纸，生产能力 3 万吨/年。主要原料为国产废纸。企业配备完整的废水物化、生化处理系统。目前正在扩建。

（4）太原吉兴造纸厂　太原吉兴造纸厂是一家民营股份制企业，由 20 世纪 50 年代初成立的老集体企业改制重组而来，位于太原市晋源区。主要产品为高强瓦楞原纸和箱纸板，生产能力 8 万吨/年。主要原料为国产废纸。企业配备完整的废水物化、生化处理系统。

（5）太原玉盛源公司　太原玉盛源公司是一家民营股份制企业，由焦化厂转产而来，位于太原市清徐县。主要产品为防火阻燃类纸板，纸板生产能力 5 万吨/年。目前，正扩建 10 万吨/年生产线。该企业为技术创新型企业。企业与有关科研单位合作，研发出利用矿渣生产矿物纤维，经软化后与废纸板纤维配抄防火纸板的技术。目前，生产技术正在逐渐成熟，产品性能和质量也在不断改进和提高。

（6）太原银生纸业有限公司　太原银生纸业有

限公司是一家民营股份制企业，20 世纪 90 年代初成立，位于太原市晋源区。主要产品为箱纸板，生产能力 3 万吨/年。主要原料为国产废纸和商品木浆。

2. 运城市

（1）山西合盛工贸有限公司　山西合盛工贸有限公司是一家民营股份制福利企业，20 世纪 90 年代初成立，位于山西省运城市稷山县。主要产品为文化用纸和木质素磺酸盐，文化用纸生产能力 5 万吨/年。主要原料为麦草和商品浆。漂白麦草浆采用亚硫酸钠法蒸煮工艺和多段漂白工艺生产。该企业自备热电联产发电厂，并配备完整的废水物化、生化处理系统。目前，正在扩建年产 10 万吨瓦楞原纸生产线。

（2）山西鸿昌农工贸科技有限公司　山西鸿昌农工贸科技有限公司是一家民营股份制企业，20 世纪 90 年代初成立，位于山西省运城市稷山县。主要产品为卫生纸和木质素磺酸盐，卫生纸生产能力 5 万吨/年。主要原料为麦草和商品浆。漂白麦草浆采用亚硫酸钠法蒸煮工艺生产。配备完整的废水物化、生化处理系统。目前正在扩建年产 10 万吨瓦楞原纸生产线。

（3）山西东方纸业有限公司　山西东方纸业有限公司是一家民营股份制企业，20 世纪 90 年代成立，位于山西省运城市闻喜县。主要产品为新闻纸，生产能力 5 万吨/年。主要原料为废纸和商品浆。配备完整的废水处理系统。企业拥有自有速生杨树林基地。目前，正计划新建杨木机械浆生产线。

（4）运城鸿茂纸业有限公司　运城鸿茂纸业有限公司是一家民营股份制企业，20 世纪 90 年代成立，位于山西省运城市盐湖区。主要产品为瓦楞原纸，生产能力 5 万吨/年。主要原料为废纸和自制棉秆半化学浆。

（5）山西昌兴纸业有限公司　山西昌兴纸业有限公司是一家民营股份制企业，21 世纪初由几家造纸企业在当地政府组织下改制重新异地建设而成，位于山西省运城市芮城县。生产规模为 5 万吨/年文化用纸和木质素磺酸盐。原计划主要原料为商品浆和自制漂白麦草、芦竹化学浆。现进行改造。

3. 临汾市

（1）山西晋芳纸业有限公司　山西晋芳纸业有限公司由原山西省洪洞县地方国营造纸厂改制而来，位于山西省临汾市洪洞县。主要产品为生活用纸，生产能力 3 万吨/年。主要原料为商品浆和可用于生产卫生纸的洁净废纸。企业拥有热电联产煤气发电站。

（2）临汾新晋达纸业有限公司　临汾新晋达纸业有限公司是一家民营股份制企业，位于山西省临汾市。主要产品为瓦楞原纸，生产能力 5 万吨/年。主要原料为废纸和半化学草浆。目前正在进行搬迁扩建。

（3）襄汾宏峰林纸有限公司　襄汾宏峰林纸有限公司是一家民营股份制企业，由铁矿选矿企业调整产品结构而来。位于山西省临汾市襄汾县。主要产品为文化用纸，生产能力 10 万吨/年。主要原料为商品浆和废纸。目前正在新建年产 10 万吨杨木机械浆生产线。

4. 长治市

长治华南纸业有限公司是一家民营股份制企业，由原山西省长治县地方国营造纸厂改制而来，位于山西省长治市长治县。主要产品为瓦楞原纸和箱纸板，生产能力 5 万吨/年。主要原料为废纸和商品浆。目前计划新增生产能力 10 万吨/年。

5. 吕梁市

（1）山西林纸造纸有限公司　山西林纸造纸有限公司是一家民营股份制企业，由乡镇企业改制而来，位于山西省吕梁市交城县。企业总部设在太原市。主要产品为新闻纸和箱纸板，生产能力 5 万吨/年。主要原料为废纸和商品浆。目前正在准备进行扩建改造。

（2）山西则天纸业有限公司　山西则天纸业有限公司是一家乡镇股份制企业，位于山西省吕梁市文水县。主要产品为瓦楞原纸，生产能力 5 万吨/年。主要原料为废纸和商品浆。

6. 晋中市

（1）山西科迪尔造纸有限公司　山西科迪尔造纸有限公司是一家民营股份制企业，由原山西省榆次市地方国营制造厂改制而来，位于山西省晋中市榆次区。主要产品为生活用纸和炸药包装原纸，生产能力约 3 万吨/年。主要原料为商品浆、废纸和废弃纺织物。

（2）山西强伟纸业有限公司　山西强伟纸业有限公司是一家新建民营股份制企业，位于山西省晋中市寿阳县工业园区。产品为石膏板护面纸板，设计生产总规模为 50 万吨/年，配套完整的废水处理系统和热电联产发电系统。目前，年产 25 万吨生产线和配套系统已建成投产。主要原料为商品浆、废纸。

【基建和技改】

（1）山西林纸造林有限公司运城市风陵渡开发区年产 20 万吨杨木机械浆文化用纸项目前期技术准备工作正在进行。

（2）山西强伟纸业有限公司年产 25 万吨石膏板护面纸板生产线和配套系统正在建设。

（3）襄汾宏峰林纸有限公司年产 10 万吨杨木机械浆生产线正在建设。

【科研与技术进步】

（1）山西强伟纸业有限公司制浆系统设备和生产工艺技术全部从发达国家引进，电器及控制系统均选用先进的装备和技术。该企业是山西省造纸工业技术进步的示范企业。

（2）山西鸿昌农工贸科技有限公司与太原工业大学合作的制浆蒸煮黑液生产治理沙漠有机肥技术研究取得较好成绩。

（3）太原玉盛源公司在有关科研单位协助下进行的矿物纤维软化技术研究、矿物纤维配抄阻燃纸板技术研究已取得初步成果。

（4）山西科迪尔造纸有限公司利用废弃化纤类纺织物纤维造纸的研究已有进展。

【环境保护与节能】

（1）山西东方纸业有限公司中水育林系统建设效果显著，企业经济效益和社会生态效益明显。

（2）山西合盛工贸有限公司蒸煮黑液生产木质素磺酸盐系统运行基本正常，经济技术指标均达到较高水平，减排效果明显。

（3）山西齐兴伟业纸业有限公司高效节能浮选脱墨技术应用成功，节能效果明显。

【发展中的问题】

（1）由于对造纸工业在认识上有一定误区，社会普遍缺少发展造纸工业的认同感和积极性。

（2）山西省造纸工业发展滞后，与全省经济发展水平很不适宜。

（3）生产技术普遍落后，装备规模小，专业技术人才匮乏。

（刘　涛）

企　业

ENTERPRISES

玖龙纸业（控股）有限公司
理文造纸有限公司
金东纸业（江苏）股份有限公司
山东太阳纸业股份有限公司
华泰集团有限公司
海南金海浆纸业有限公司
中冶纸业集团有限公司
泰格林纸集团股份有限公司
宁波中华纸业有限公司
漯河银鸽实业集团有限公司
山东博汇集团有限公司
浙江景兴纸业股份有限公司
芬欧汇川（常熟）纸业有限公司
广州造纸集团有限公司
山东泉林纸业有限责任公司
金华盛纸业（苏州工业园区）有限公司
东莞建晖纸业有限公司
新乡新亚纸业集团股份有限公司
山东华金集团有限公司
河南省龙源纸业股份有限公司
金红叶纸业集团有限公司
福建省青山纸业股份有限公司
上海中隆纸业有限公司
山东恒联投资有限公司
山东亚太森博浆纸有限公司
浙江永泰纸业集团股份有限公司
贵州赤天化纸业股份有限公司
嘉兴民丰集团有限公司

10

玖龙纸业（控股）有限公司

Nine Dragons Paper（Holdings）Limited

【企业概况】

玖龙纸业（控股）有限公司（以下简称玖龙纸业）是在香港上市的亚洲最大的现代化包装用纸制造集团。截至2010年年底，已经在东莞、太仓、重庆和天津建立了4大造纸基地，国内拥有25条具有国际先进水平的包装用纸生产线，连同位于四川乐山的特种纸及竹木浆项目、内蒙古合资企业木浆项目以及越南造纸厂，集团总设计生产能力达到952万吨/年。目前集团位于泉州和沈阳的新基地正在兴建中，并且刚刚完成对河北永新纸业有限公司78.13%股权的收购工作。卓越的战略布局使玖龙产品能有效覆盖各个新兴市场，成功打造成为国际知名的民族品牌。

集团主要生产各类牛皮卡纸、高强瓦楞原纸、涂布白纸板、涂布白卡纸、轻涂牛皮卡纸及环保型文化用纸，能有效为客户提供多元化产品系列和包装用纸的一站式服务。

玖龙纸业以高度的社会责任感，执着于“没有环保就没有造纸”的企业理念，坚持科学发展、绿色发展，开创了国内废纸造纸的先河，引领了环保造纸的潮流。在未来，玖龙纸业将继续朝着成为环保型、节能型和国际化管理的企业目标迈进，巩固行业龙头地位，奠定企业百年基业。

单位地址：广东省东莞市麻涌镇新沙港工业区　邮编：523147

联系电话：0769－88234888　联系传真：0769－88824198

联系邮箱：info_ group@ ndpaper. com　单位网址：www. ndpaper. com

企业性质：港资企业

法人代表：张茵

成立时间：1995 年

2010 年纸和纸板产量：740 万吨

2010 年销售收入：212.6 亿元，利税总额：33.8 亿元，利润总额：22.6 亿元

主要产品：包装用纸、木浆、特种纸

主要纤维原料：废纸

纸机总数：25 台

【主要生产线】

生产线名称	产品品种及规格	生产能力/（万吨/年）
东莞、太仓、重庆、天津四大生产基地	牛皮纸	500
	高强瓦楞原纸	330
	涂布白纸板	95

（卢燕芳）

理文造纸有限公司

Lee & Man Paper Manufacturing Limited

【企业概况】

理文造纸有限公司于 1994 年成立，是全球最大的国际化浆纸企业之一。公司于 2003 年在香港联交所主板上市（股份编码：02314），现市值达 250 亿港元。理文造纸发展至今，已在中国广东省、江苏省、重庆市、广西壮族自治区、江西省及越南后江省投资设立多家浆纸厂，主要产品为包装用箱纸板、瓦楞原纸、木浆、环保浆及高档涂布白纸板，现纸和纸板生产能力 455 万吨/年，纸浆 15 万吨/年。同时，公司还在美国、欧洲等地设有多个原料采购中心和办事处。现有员工逾 7000 人。正计划在 2013 年之前新增纸和纸板生产能力 240 万吨/年，届时生产能力可达到纸和纸板 700 万吨/年及纸浆 15 万吨/年。

理文造纸有限公司是一家环保、科技、高自动化型制造企业，各间厂房均设有完善的配套设施，包括先进的造纸生产线、汽电一体化的发电站、水厂、废水处理站、码头、大型废纸堆场、成品仓库及庞大的运输车队等；并设有现代化的办公大楼及完善生活设施，如饭堂、运动场、图书室、网吧及员工娱乐中心等。

理文造纸非常注重环境保护，生产过程严格按照国际环境保护管理体系要求执行，节约能源、清洁生产，各间厂房亦获得 ISO 14001 及 ISO 9001 国际认证。

单位地址：广东省东莞市洪梅镇河西工业区　邮编：521360

联系电话：0769－88432168　联系传真：0769－81215679

联系邮箱：wendy_wang@leemanpaper.com　单位网址：www.leemanpaper.com

企业性质：中外合资

法人代表：李运强，经营负责人：李文俊

成立时间：1994 年，职工总数：7000 多人

2010 年纸浆产量：12 万吨，纸和纸板产量：355 万吨

2010 年销售收入：118 亿元，利税总额：17 亿元，利润总额：13 亿元

主要产品：牛卡纸、瓦楞原纸、木浆

主要纤维原料：废纸、木浆

纸机总数：14 台

【主要生产线】

主要制浆生产线

公司名称	生产线名称	纤维原料	制浆方法	蒸煮器	主体设备供货厂商	产品品种	生产能力/(万吨/年)	投产时间
重庆理文造纸有限公司	BKP1	木片	硫酸盐法	间歇蒸煮锅	潍坊凯信机械有限公司	木浆	15	2009 年 10 月

主要造纸生产线

公司名称	生产线名称	纸机			主体设备供货厂商	产品品种	纤维原料	生产能力/(万吨/年)	投产时间
		网部形式	幅宽/毫米	工作车速/(米/分)					
东莞理文造纸厂有限公司	PM1	长网	3200	300	福伊特公司	瓦楞原纸	废纸	5.5	1998 年 4 月
东莞理文造纸厂有限公司	PM2	二叠网	3200	300	福伊特公司	仿牛卡纸	废纸	5.5	1998 年 7 月
东莞理文造纸厂有限公司	PM3	三叠网	4200	700	日本小林制作所	牛卡纸	废纸 + 木浆	22	2000 年 8 月
东莞理文造纸厂有限公司	PM4	夹网	5500	1100	福伊特公司	牛卡纸	废纸 + 木浆	40	2002 年 9 月
江苏理文造纸有限公司	PM5	三叠网	4400	750	日本小林制作所	牛卡纸	废纸 + 木浆	32	2003 年 11 月
江苏理文造纸有限公司	PM6	长网	6600	900	韩国金星机械公司	仿牛卡纸	废纸	35	2004 年 10 月
江苏理文造纸有限公司	PM8	三叠网	6600	1000	美卓公司	牛卡纸	木浆 + 废纸	50	2007 年 2 月
江苏理文造纸有限公司	PM10	三叠网	5500	800	日本小林制作所	白牛卡纸	木浆 + 废纸	40	2007 年 9 月
广东理文造纸有限公司	PM7	三叠网	6650	1000	三菱重工业株式会社	牛卡纸	废纸	50	2006 年 1 月
广东理文造纸有限公司	PM9	三叠网	6650	1000	美卓公司	牛卡纸	废纸 + 木浆	50	2007 年 6 月
广东理文造纸有限公司	PM11	三叠形	5500	750	日本小林制作所	牛卡纸	废纸 + 木浆	40	2007 年 7 月
广东理文造纸有限公司	PM12	二叠网 + 顶网	6650	1000	韩国金星机械公司	仿牛卡纸	废纸	45	2008 年 5 月
重庆理文造纸有限公司	PM13	三叠网	5450	800	日本小林制作所	牛卡纸	废纸	40	2008 年 6 月

（王　芬）

金东纸业（江苏）股份有限公司

Gold East Paper（Jiangsu）Co., Ltd.

【企业概况】

金东纸业（江苏）股份有限公司（以下简称“金东纸业”）地处长江第三大港——江苏省镇江大港，于1997年5月正式成立，由金光集团APP（中国）和镇江金达工贸有限公司共同投资，目前占地533公顷，总投资31.36亿美元。2008年有员工5400余名，年产铜版纸240万吨以上，为世界上单厂规模最大的铜版纸生产企业之一，企业连续10年进入中国纸业20强。

金东纸业主要产品有双面铜版纸、单面铜版纸、亚光铜版纸、轮转铜版纸和数码专用纸。主要品牌有“太空梭”、“东帆”、“长鹤”、“神盾”、“NEVIA”等，其中“太空梭”是中国驰名商标，其品牌知名度、满意度、市场占有率排名在全国同行业中遥遥领先。

金东纸业节能降耗和清洁生产实践在行业内处于领先地位，企业用于环保投入的资金达14.5亿元。在环保建设中所做的努力得到了各级政府的充分肯定，2000年获得了“江苏省绿色企业”称号，2003年获得“国家环保百佳工程”，2004年获得了国家环保最高荣誉——国家环境友好企业称号。2006年3月，再次荣获全国绿化委员会通报表彰，也是全国172个“绿化模范单位”中唯一受到表彰的造纸企业。2006年12月，金东纸业被评为“2006中国企业社会责任调查最具社会责任感”前50家优秀企业，并获得特别单项奖“循环经济贡献奖”。2007年1月，金东纸业又成为国家旅游局指定的“国家工业旅游示范点”。除此之外，金东纸业在其他各项事业中均取得了一定的成绩，2007年被中华慈善总会授予“中华慈善事业突出贡献奖”，2009年荣获全国五一劳动奖状。2010年6月，金东纸业被评为“全国造纸行业劳动关系和谐企业”，同月获得“2009年度中国轻工业造纸行业十强企业”称号。2011年1月，金东纸业通过中国环境标志（Ⅱ型）产品认证。至此，金东纸业已连续多年入选“中国500强企业”和“中国企业效益200佳”排行榜。

单位地址：江苏省镇江市大港兴港东路8号　邮编：212132

联系电话：0511－88998888　联系传真：0511－88997000

联系邮箱：joldeastpaper@com.cn　单位网址：www.goldeastpaper.com

企业性质：外商独资

法人代表：黄志源，经营负责人：吴省芳

成立时间：1997年，职工总数：5400人，其中技术人员数：410人

2010年纸和纸板产量：231万吨

2010年销售收入：99.8亿元，利税总额：13.1亿元

主要产品：双面铜版纸、单面铜版纸、亚光铜版纸、轮转铜版纸和数码专用纸

主要纤维原料：原生木浆

纸机总数：3台

蒸（球）煮器总数：1台

【主要生产线】

主要造纸生产线

生产线名称	纸机			主体设备供货厂商	产品品种及规格	生产能力/(万吨/年)	投产时间
	网部形式	幅宽/毫米	工作车速/(米/分)				
福伊特纸机	夹网	9770	1500	福伊特公司	双胶纸和涂布原纸	67.5	1999 年 2 月
福伊特纸机	夹网	9770	1500	福伊特公司	双胶纸和涂布原纸	67.5	1999 年 5 月
美卓涂布机		9770	1800	维美德公司	铜版纸	72	1999 年 6 月
美卓涂布机		9770	1800	维美德公司	铜版纸	72	2001 年 8 月
集造纸涂布于一体纸机	夹网	10600	1800	福伊特公司	不含磨木浆涂布纸、铜版纸	100	2005 年 5 月

（董文海）

山东太阳纸业股份有限公司

Shandong Sun Paper Industry Joint Stock Co., Ltd.

【企业概况】

2010 年，山东太阳纸业股份有限公司继续坚持“一个中心、两个加快”的发展战略，以经济效益为中心，以转方式、调结构为发展主线，以科技创新为动力，推进转型升级，企业核心竞争力和持续发展能力不断增强。集团全年共完成浆纸产量 282.5 万吨，实现营业总收入 219.7 亿元，销售收入首次突破 200 亿元大关，各项经济指标均创历史新高，继续保持了持续、快速、健康发展的势头。

原料结构和产品结构不断优化。随着自制木浆产能的增加，2010 年 4 月底，公司彻底淘汰了 20 多年赖以生存的麦草浆，实现原料结构质的转变；3 月，23 号机环保轻型纸项目全面投产，生产出高档双胶纸、静电复印纸和轻型纸，并顺利打开市场，为公司打造国内文化用纸第一品牌奠定基础；7 月，年产 40 万吨高松厚度纯质纸项目开工建设，预计于 2011 年 7 月正式投产。

科技创新取得新突破。全年申请发明实用新型专利 21 项，国家级技术中心成功获批，化机浆零排放技术被列为工信部应用示范工程，获得示范项目专项资金 900 万元。

“走出去”步伐加快。老挝林浆基地建设进展顺利，首批造林长势喜人。育苗、造林及 30 万吨制浆项目各项工作都已经展开；越南码头地质勘探工作已经顺利完成，正在开展前期准备工作，将为老挝林浆纸基地提供便利的交通运输服务。

单位地址：山东省兖州市友谊路 1 号　邮编：272100

联系电话：0537 - 3658713　联系传真：0537 - 3658713

联系邮箱：tyzybgs@163.com　单位网址：www.sunpapergroup.com

企业性质：民营企业

法人代表：李洪信，经营负责人：李洪信，技术负责人：应广东

成立时间：2000 年，职工总数：10000 人，其中技术人员数：1000 人

2010 年纸浆产量：58 万吨，纸和纸板产量：224 万吨

2010 年销售收入：217 亿元，利税总额：17.29 亿元，利润总额：11.58 亿元

主要产品：高档涂布包装纸板、高档工业原纸、高档文化办公用纸三大系列

主要纤维原料：商品化学浆、自制浆、自制化机浆

纸机总数：20 台

蒸（球）煮器总数：2 条

【主要生产线】

主要制浆生产线

生产线名称	纤维原料	制浆方法	蒸煮器	主体设备供货厂商	产品品种	生产能力/(万吨/年)	投产时间
新化学浆	桉木片、相思木片	硫酸盐法	低固形物连续蒸煮	安德里茨公司	化学浆	20	2009年10月
合利	杨木片、桉木片	APMP		安德里茨公司	化机浆 APMP	10	2006年
永悦	杨木片、桉木片	APMP		安德里茨公司	化机浆 APMP	15	2008年

主要造纸生产线

生产线名称	纸机			主体设备供货厂商	产品品种及规格	纤维原料	生产能力/(万吨/年)	投产时间
	网部形式	幅宽/毫米	工作车速/（米/分）					
中天	顶网+长网	4950	1200	福伊特公司	高档双胶纸	化学浆	20	2007年4月
华茂	顶网+长网	7280	1250	美卓公司	高松厚度纯质纸	化学浆+化机浆	40	2010年3月

（王　峰）

华泰集团有限公司

Hua Tai Group Co., Ltd.

【企业概况】

华泰集团有限公司是以造纸、化工为主导产业，集印刷、热电、物流、林业、环保、商贸、房地产等十大产业于一体的全国500强企业。总资产260亿元；造纸生产能力300万吨/年，化工及造纸助剂200万吨/年，承接印刷能力50万色令/年，是全球最大的新闻纸生产基地和全国最大的氯碱盐化工生产基地。公司先后被评为“国家重点高新技术企业”、“中国上市公司百强企业”、“全国守合同重信用企业”、“全国质量管理先进企业”、“山东省改革开放30年功勋企业”等多项荣誉称号。

2010年，华泰集团坚持转方式、调结构，促发展，全面完成了总部铜版纸项目、广东项目、50万吨/年离子膜烧碱项目、兴广铁路等工程的建设任务，安徽项目也加速推进，全面实现全国“三点一线”战略布局；与比利时苏威集团合资建设的高端食品级、电子级双氧水项目正式开工奠基，投产后将填补国内空白；房地产开发、现代物流业、餐饮服务业、旅游业项目全面展开，逐步实现“巩固造纸业、发展精细化工、进军第三产业”的多产业发展战略。同时，集团公司积极推进“两化”融合战略，实现财务、物资、采购和销售集中管控与信息共享，提升现代化管理水平。

2010年，集团全年完成销售收入181亿元，利税20.6亿元，利润12.3亿元，同比分别增长19.4%、31.2%和28.5%，继续保持了健康、快速、稳定的发展势头。

单位地址：山东省广饶县大王镇潍高路251号　邮编：257335

联系电话：0546－6888818　联系传真：0546－6888018

联系邮箱：htjt0546@126.com　单位网址：www.huatai.com

企业性质：民营企业

法人代表：李建华，经营负责人：李刚，技术负责人：张凤山

成立时间：1993年，职工总数：6271人，其中技术人员数：456人

2010年纸浆产量：146.9万吨，纸和纸板产量：164.2万吨

2010年销售收入：181亿元，利税总额：20.6亿元，利润总额：12.3亿元

主要产品：新闻纸、文化用纸等

主要纤维原料：废纸、杨木片

纸机总数：10台

【主要生产线】

主要制浆生产线

生产线名称	纤维原料	制浆方法	主体设备供货厂商	产品品种	生产能力/(万吨/年)	投产时间
9 号机	废纸	浮选脱墨	福伊特公司	脱墨浆	16	2001 年
10 号机	废纸	浮选脱墨	福伊特公司	脱墨浆	25	2003 年
11 号机	废纸	浮选脱墨	福伊特公司	脱墨浆	40	2005 年
12 号机	废纸	浮选脱墨	福伊特公司	脱墨浆	45	2006 年
杨木浆生产线	杨木片	BCTMP	美卓公司	杨木 BCTMP	10	2006 年

主要造纸生产线

生产线名称	纸机			主体设备供货厂商	产品品种及规格	生产能力/(万吨/年)	投产时间
	网部形式	幅宽/毫米	工作车速/(米/分)				
9 号机	叠网	6000	1200	福伊特公司	新闻纸、卷筒	16	2001 年
10 号机	夹网	7100	1800	福伊特公司	新闻纸、卷筒	25	2003 年
11 号机	夹网	10100	1800	福伊特公司	新闻纸、卷筒	40	2005 年
12 号机	夹网	11200	2000	福伊特公司	新闻纸、卷筒	45	2006 年

（华泰集团有限公司）

海南金海浆纸业有限公司

Hainan Jinhai Pulp & Paper Industry Co., Ltd.

【企业概况】

海南金海浆纸业有限公司（以下简称“金海浆纸”）是金光集团APP（中国）在我国投资建设的特大型制浆造纸企业，地处海南省洋浦经济开发区，占地530公顷，现有员工5300余名。工厂一期工程投资105亿元，年产100万吨“龙头”牌漂白化学硫酸盐桉木浆；二期工程年产160万吨文化用纸，项目总投资136亿元，于2007年3月动工建设，2010年9月进入试生产。

金海浆纸生产原料主要来自自营人工速生丰产林，并进口国外木片。在环境治理方面，公司先后投入30亿元用于环保治理，从源头控制，达到清洁生产、节能降耗、污染预防的目的，确保所有排放物经过处理后最终均达到或优于国家一级排放标准。

金海浆纸一期制浆生产线是迄今为止世界上具有超大规模、技术领先的单一制浆生产线，除采用一流先进生产工艺和技术外，主体设备均采用国际著名专业厂商产品，代表了当今世界制浆造纸领域的先进水平。金海浆纸二期工程年产160万吨造纸项目，2号文化用纸机生产能力约90万吨/年，总投资约75亿元。该生产线是目前世界上纸幅最宽、车速最快、最环保，集造纸、涂布于一体的造纸生产线。金海浆纸文化用纸机采用三段施胶、四道涂布及超级压光等工艺，保证了纸张质量的均匀一致，使纸张具有优越的表面物性及光学性能。此外，纸机配套设备也均采用了世界最先进的造纸生产工艺和技术，从生产操作到品质监控，采用DCS自动监控系统、QCS质量管理控制系统、MES生产资讯管理系统及全套SAP系统，实现了各领域、全方位作业和管理的自动化和信息化。

单位地址：海南洋浦经济开发区D12区 邮编：578101

联系电话：0898-28822288 联系传真：0898-28821260

联系邮箱：yphrd-job@appjh.com.cn 单位网址：www.appjh.com.cn

企业性质：中外合资

法人代表：黄志源，经营负责人：刘汉鸿

成立时间：1997年，职工总数：5364人

2010年纸浆产量：100万吨，纸和纸板产量：160万吨

2010年销售收入：54.09亿元，利税总额：12.2亿元，利润总额：9.5亿元

主要产品：化学漂白硫酸盐桉木浆和文化用纸

主要纤维原料：桉木、木浆等

纸机总数：1台

蒸（球）煮器总数：1台

【主要生产线】

主要制浆、造纸生产线

生产线名称	纸机		主体设备供货厂商	产品品种及规格	生产能力/(万吨/年)	投产时间
	幅宽/毫米	工作车速/(米/分)				
AKER KVAERNER 浆线	9400	170	克瓦纳公司	浆板	100	2004 年
纸机	10960	1800	福伊特公司	高级文化用纸	90	2010 年

（董文海）

中冶纸业集团有限公司

MCC Paper Group Co., Ltd.

【企业概况】

中冶纸业集团有限公司是中国冶金科工集团的五大战略板块之一。公司于 2009 年 8 月 28 日在北京注册成立，同年 10 月 28 日揭牌运营，注册资本金 16.22 亿元，总资产超过 180 亿元，职工人数 14151 人。集团下属 7 家生产公司，2 家贸易公司。其中，中冶美利纸业股份有限公司于 1997 年在深圳成功上市。中冶纸业主要产品分为：文化用纸系列、包装用纸系列、特种纸系列、深加工用纸系列、纸浆系列。其中，主导产品胶版印刷纸被认定为“国家免检产品”；铸涂原纸、多功能办公用纸、高强瓦楞原纸、涂布白卡纸被评为“中国名优产品”。

中冶纸业集团有限公司在企业内部推行了全面预算管理、资金集中管理和 ERP 信息化管理系统，有效提升了管理水平，降低了经营成本。下属主要子公司均已通过 ISO 9001:2000 国际质量体系认证、ISO 14001 环境管理体系认证和 GB/T 28001 职业健康安全管理体系认证。中冶纸业拥有良好的技术创新平台、完善的创新管理体系和技术创新能力。至 2010 年，已建成 1 个国家级企业技术中心、1 个省级企业技术中心、1 个省级工程技术中心和 1 个博士后流动工作站。集团所属企业污染治理和节能减排设施完善，通过了清洁生产审计和能源审计。

单位地址：北京市朝阳区曙光西里 28 号　邮编：100028

联系电话：010－59868570　联系传真：010－59868571

联系邮箱：glb7777@163.com　单位网址：www.mccpapergroup.com

企业性质：国有企业

法人代表：赵志顺，经营负责人：夏春林，技术负责人：王秋云

成立时间：2009 年，职工总数：14151 人，其中技术人员数：1409 人

2010 年纸浆产量：64.6 万吨，纸和纸板产量：138.5 万吨

2010 年销售收入：79.7 亿元，利税总额：2.77 亿元，利润总额：0.7641 亿元

主要产品：机制纸及纸板

主要纤维原料：杨木、麦草、废纸

纸机总数：51 台

蒸（球）煮器总数：5 条连蒸

【主要生产线】

主要制浆生产线

生产线名称	纤维原料	制浆方法	蒸煮器	主体设备供货厂商	产品品种	生产能力/(万吨/年)	投产时间
2 条 APMP 制浆生产线	杨木	预处理碱性过氧化氢机械浆 (P-RC APMP)	—	安德里茨公司	APMP 浆	20	2008—2009 年

续表

生产线名称	纤维原料	制浆方法	蒸煮器	主体设备供货厂商	产品品种	生产能力/(万吨/年)	投产时间
4 条废纸脱墨浆生产线	办公废纸	双氧水漂白	—	凯登制浆设备（中国）有限公司	废纸脱墨漂白浆	20	2001—2007 年
竹浆生产线	竹子	烧碱法 ECF	连续蒸煮	天津中轻机械有限公司、汶瑞机械（山东）有限公司、美国 IPP 公司	漂白竹浆板	9.5	2009 年
5 条连蒸浆线	麦草、杨木皮	烧碱蒽醌法	麦草：3 条横管；杨木皮：2 条横管	汶瑞机械（山东）有限公司、天津轻工机械厂	麦草漂白化学浆、杨木漂白化学浆	20	1998—1999 年

主要造纸生产线

生产线名称	纸机			主体设备供货厂商	产品品种及规格	纤维原料	生产能力/(万吨/年)	投产时间
	网部形式	幅宽/毫米	工作车速/(米/分)					
涂布白卡纸生产线	四叠网	4880	700	瓦哈特公司、库斯特公司、UMV 公司、安德里茨公司	190 ~ 450 克/米^2 平板或卷筒	APMP 浆、脱墨浆、商品浆	30	2008 年
高档文化用纸生产线	长网+顶网	5280	1300	美卓公司	高档文化用纸	针叶木浆、阔叶木化学浆	20	2009 年
3 条文化用纸生产线	长网	2640	500	上海造纸机械制造公司、维美德西安造纸机械有限公司	双胶纸	针叶木化学浆、阔叶木化学浆、麦草化学浆、杨木 APMP 浆	13	2003—2006 年
2 条高强瓦楞原纸生产线	长网	4400	500	一期：上海电气集团；二期：山东昌华造纸机械有限公司	110 ~ 170 克/米^2 高强瓦楞原纸	美废 OCC、国废	20	2002—2003 年

（王秋云）

泰格林纸集团股份有限公司

Tiger Forest & Paper Co., Ltd.

【企业概况】

2010 年是泰格林纸集团股份有限公司（以下简称泰格）实施转型发展的重要一年，面对国内纸业形势复杂多变的情况，公司通过转变观念、夯实管理、推进资本运作、强化风险管控等一系列措施，公司的抗风险能力得到提升，发展后劲明显增强，经济运行保持稳定。

在湖南省委、省政府和湖南省国资委的强力支持下，泰格正式加入诚通控股集团，成为诚通集团旗下中国纸业投资总公司的控股子公司，成功实现了重组。泰格从省属企业变身为央企一员，为未来的发展提供了新的平台，注入了新的动力。另外，在资本市场环境并不理想的情况下岳阳纸业配股工作取得成功，在取得配股价折扣率较低的同时，实现了 97.6% 的高认购率，融资金额达 14.7 亿元，是 2010 年整个 A 股市场非金融性配股中融资规模最大的。

为了适应市场需求，公司加大了新产品研发力度。岳阳纸业新产品静电复印纸还一举打入上海世博会，成为世博会文印纸唯一指定产品，并实现了批量出口；湘江纸业先后开发了砂纸原纸、手提袋纸、装饰纸板等新产品；骏泰公司自行探索生产了本色浆、混合浆等新浆种，这些新产品的开发为销售提供了强力支撑。全年实现产销率 101%，货款回笼率 99%，全年累计营业毛利率同比上升 1.53 个百分点。

集团和各子公司都制定并实施了“三重一大”制度，严格按制度办事，有效防范了重大决策风险。深入推进“拧毛巾，降成本”活动，强化专项管理，全年共降低成本和费用达 2.7 亿元。

加快建设，调整结构。骏泰公司运行已步入良性轨道，不仅实现达产、达标，而且实现了达效，成为集团效益的重要支撑。通过自主探索，浆厂熟练掌握了针叶木浆、阔叶木浆、本色浆、混合浆的生产工艺，销售上开始从文化用纸用浆市场向生活用纸、特种纸用浆市场扩张。岳阳纸业年产 40 万吨项目通过不断优化调整，运行质量稳步提升，2 台纸机平均车速提高至 1400 米/分，突破设计车速。湘江纸业通过实施 4 号机技改，使湘江纸业在国内高端低定量包装用纸市场占有率提高到了 60% 以上，创造了可观的经济效益。安泰公司与英格瓷公司合资建设的年产 9 万吨轻质碳酸钙项目按期投产，并已基本实现“达产、达标、达效”。骏泰双阳公司二期年产 5 万吨双氧水项目顺利在年前投产，实现产能翻番，成为湘西南最大的双氧水生产基地。

把握主动，创新模式。公司重点关注浆厂的原料供应，继续实施海外、国内、怀化及周边三个“三分之一”的原材料供应战略，充分利用价格杠杆，撬动了国内、国外两个木材市场，确保了供应。为保障公司持续发展及原料供应的长远需求，集团科学制定了林业“十二五”规划，加快了青山收购工作，茂源公司启动了 14 万公顷林业基地项目，森海公司正式启动了广西桉木林收购计划。

强化考核，节能减排跃上新水平。一年来，公司以总工办牵头，加强了节能减排考核力度，定期督察，确保了节能减排工作的顺利开展和各浆纸子公司的达标排放。五大浆纸公司平均单位产品基准排水量与 2009 年相比，下降了 26.6%；平均 COD_{Cr}浓度下降了 67.2%；单位产品能耗下降了 6.5%，相对节约标煤 6.3 万吨，降低成本达 6215 万元。

单位地址：湖南省长沙市星沙经济技术开发区东升路 48 号 邮编：410100
联系电话：0731－84025555 联系传真：0731－84025566
联系邮箱：cctgbgs@163.com 单位网址：www.tigerfp.com

企业性质：国有企业
法人代表：童来明，总经理：吴佳林，技术负责人：杨傲林
成立时间：1990 年，职工总数：9900 人，其中技术人员数：1651 人
2010 年纸浆产量：161.5 万吨，纸和纸板产量：125 万吨
2010 年销售收入：91 亿元，利税总额：5.5 亿元
主要产品：商品浆、文化用纸、包装用纸、工业用纸
主要纤维原料：木材、芦苇、废纸
纸机总数：31 台
蒸（球）煮器总数：25 台

【主要生产线】

主要制浆生产线

生产线名称	纤维原料	主体设备供货厂商	产品品种	生产能力/(万吨/年)	投产时间
骏泰公司漂白硫酸盐木浆生产线	松木、桉木	安德里茨公司	漂白硫酸盐针叶木浆 漂白硫酸盐阔叶木浆 针叶木本色浆	40	2008 年
岳阳纸业化机浆 2 号线	以杨木为主	安德里茨公司	化学机械浆	9.5～10.0	2003 年
岳阳纸业脱墨浆 2 号线	废纸	安德里茨公司	文化用纸浆、涂布纸浆	16～18	2008 年
湘江纸业 2 号化浆线	松木、桉木、杉木	安德里茨公司	KP、BKP、H_2O_2 漂白浆	20	2006 年
沅江纸业新苇浆生产线	芦苇	江苏华机集团 安德里茨公司	优质漂白化学苇浆	9.8	2005 年

主要造纸生产线

生产线名称	主体设备供货厂商	主要产品	生产能力/(万吨/年)	投产时间
岳阳纸业 3 号纸机	福伊特公司	精品复合纸、本色复合纸、垫层纸	9.5～10	1998 年
岳阳纸业 8 号纸机	美卓公司	精制轻量涂布纸、颜料整饰胶版纸、工业淋膜原纸	23～26	2003 年
岳阳纸业 9 号纸机	福伊特公司	静电复印纸、高白度双胶纸	18～20	2009 年
岳阳纸业 10 号纸机	福伊特公司	颜料整饰胶版纸 A 级、B 级	18～20	2009 年
湘江纸业 1 号纸机	岳阳国泰机械有限公司	精品牛皮纸、精品淋膜纸、胶带纸、精品复合纸、伸性纸袋纸	6～7	2006 年
湘江纸业 2 号纸机	岳阳国泰机械有限公司	伸性纸袋纸	5～6	2006 年
湘江纸业 4 号纸机	岳阳国泰机械有限公司	复合纸、手提纸袋纸、全木浆牛皮卡纸	4～5	2010 年
沅江纸业 6 号多缸长网纸机	岳阳国泰机械有限公司	精制胶版纸、复合原纸、白色牛皮纸	7	2005 年
沅江纸业 11 号、12 号长网纸机	岳阳国泰机械有限公司	书写纸	5.25	2005 年

（陈　焕）

宁波中华纸业有限公司

Ningbo Zhonghua Paper Co., Ltd.

【企业概况】

宁波中华纸业有限公司（以下简称“宁波中华”）由金光集团 APP（中国）旗下的金光纸业（中国）投资有限公司、中策造纸工业集团有限公司、宁波白纸板厂、中国纸张纸浆进出口公司、宁波华通集团股份有限公司共同组建，其中金光 APP 占主要股份。公司位于浙江省宁波市海曙工业区，成立于 1992 年 7 月，占地面积 63 万米^2，现有员工近 3100 名，总投资近 200 亿元。公司主要利用废报纸、废办公用纸、废杂志纸等作为主要原料，加工生产各类高档涂布白纸板、白卡纸 125 万吨/年，是国内主要的高档涂布白纸板专业生产企业之一。

宁波中华纸业有限公司主要产品为各类高档涂布白纸板。生产线引进 VOITHSULZER/安德里茨公司世界先进水平的纸机和欧、日、美自动化配套控制系统（DCS）。现生产单面涂布灰底白纸板（Duplex Board）、白底白纸板（TR）、单面涂布黄芯白卡纸（IV）、白芯白卡纸（SBB）、双面涂布扑克牌专用纸（PC）、铜版卡纸（AB2）等多个品种。产品有“金鸥”、“金贝”、“汉威”、“酋长”、“彩蝶”、“玉牌”等主要品牌。其中，双面涂布铜版卡纸曾被评为“2001 年度国家级重点新产品”，“金贝”单面涂布灰底白纸板曾获得国家质量金奖，“金贝”、“金鸥”、“彩蝶”牌涂布白纸板为浙江省名牌产品，“金鸥”为中国著名品牌和浙江省著名商标。2010 年白纸板系列产品通过中国环境标志 II 型产品认证。公司已连续 6 年排行中国造纸行业销售收入 20 强。

公司坚持把环境保护放在重要位置，先后投资 8 亿元建设环保及其配套工程，对白水、废水、废渣、废气等污染物进行全面综合治理，使水污染物达到国家环保一级排放标准。

单位地址：浙江省宁波市海曙区段塘镇丁家街 108 号　邮编：315012

联系电话：0574 - 87464811　联系传真：0574 - 87493450

单位网址：www. zhonghua - paper. com

企业性质：中外合资

法人代表：黄志源，经营负责人：白树华

成立时间：1994 年，职工总数：3100 人，其中技术人员数：2128 人

2010 年纸和纸板产量：125 万吨

2010 年销售收入：69 亿元，利税总额：6 亿元，利润总额：3. 4 亿元

主要产品：单面涂布灰底白纸板、单面涂布黄芯白卡纸、单面涂布高松厚度白卡纸、双面涂布铜版卡纸、双面涂布环保铜版卡纸、双面涂布高光铜版卡纸、双面涂布亚光铜版卡纸、高档白卡纸和蓝芯扑克牌纸

主要纤维原料：废纸、木浆

纸机总数：4 台

【主要生产线】

主要造纸生产线

<table>
<tr><th rowspan="2">生产线名称</th><th colspan="2">纸机</th><th rowspan="2">主体设备
供货厂商</th><th rowspan="2">产品品种及规格</th><th rowspan="2">生产能力
/(万吨/年)</th><th rowspan="2">投产时间</th></tr>
<tr><th>幅宽
/毫米</th><th>工作车速
/(米/分)</th></tr>
<tr><td>1 号纸机</td><td>2400</td><td>150</td><td>日本小林制作所</td><td>单面涂布灰底白纸板</td><td>6</td><td>1994 年 9 月</td></tr>
<tr><td>2 号纸机</td><td>4270</td><td>500</td><td>福伊特公司</td><td>单面涂布灰底白纸板、单面涂布黄芯白卡纸、单面涂布高松厚度白卡纸等</td><td rowspan="2">44</td><td>1996 年 11 月</td></tr>
<tr><td>3 号纸机</td><td>4270</td><td>500</td><td>福伊特公司</td><td>单面涂布白芯白卡纸、双面涂布铜版卡纸、双面涂布环保铜版卡纸、双面涂布扑克牌专用纸</td><td>1997 年 5 月</td></tr>
<tr><td>6 号纸机</td><td>8100</td><td>900</td><td>美卓公司</td><td>单面涂布白底白纸板、白卡纸、双面涂布环保铜版卡纸、蓝芯扑克牌纸等</td><td>75</td><td>2005 年 6 月</td></tr>
</table>

（董文海）

漯河银鸽实业集团有限公司

Luohe Yinge Industrial Group Co., Ltd.

【企业概况】

漯河银鸽实业集团有限公司位于漯河市银鸽大道。于2004年年初组建而成，是河南省百户重点企业集团、也是全国规模最大的造纸集团之一。2010年是“十一五”收官之年，也是集团发展至今最为关键的一年。面对后危机时代国际、国内纸业空前激烈的竞争和原辅材料价格急剧波动、拉闸限电等诸多不利影响，集团领导班子团结和带领全体员工，迎难而上，依照“资源占有、规模扩张、管理集约、技术提升”的发展战略，遵循“质量第一，市场导引；安全为重，环保优先；管理为基，改革创新；内外结合，整合资源；项目带动，跻身一流”的工作思路，精诚团结，锐意进取，奋力开拓，使得集团发展再次跃上新台阶。2010年公司经过努力和艰辛探索，造纸固体废弃物白泥和黑泥能完全处理和回收利用，实现经济和环境同步发展。通过三标一体化管理、三精管理、六西格玛管理、企业信息化管理等使公司管理水平上了一个新台阶。创新人才和创新项目竞相涌出，提高了企业发展活力。公司新上的传统氯气漂白工艺改造为环保的氧脱木素项目已接近完工，厌氧沼气发电项目开始发电并已产生效益，其他项目也在相继进行。这些项目将成为企业持续发展的强大动力，推动产品战略转型，调整优化结构，大大增强了集团发展后劲。2010年集团全年顺利实现预计目标，完成纸产量85万吨，同比增长16.2%，同时造纸装机总量达到110吨；实现销售收入41.4亿元，同比增长31.4%。

单位地址：漯河市中山路银鸽大厦　邮编：462000

联系电话：0395－5615581　联系传真：0395－5615581

联系邮箱：yinge123456@126.com　单位网址：www.yinge.com.cn

企业性质：国有企业

法人代表：杨松贺，经营负责人：程志伟，技术负责人：毋龙先

成立时间：1967年，职工总数：4000人，其中技术人员数：1000人

2010年纸浆产量：25万吨，纸和纸板产量：110万吨

2010年销售收入：41.4亿元，利税总额：4.1亿元，利润总额：1.2亿元

主要产品：文化用纸、箱纸板、生活用纸、特种纸

主要纤维原料：木浆、草浆

纸机总数：21台

蒸（球）煮器总数：3台

【主要生产线】

主要制浆生产线

生产线名称	纤维原料	制浆方法	蒸煮器	主体设备供货厂商	生产能力/(万吨/年)	产品品种
连蒸	麦草	碱法制浆	连蒸设备	上海造纸机械厂	10	草浆
蒸球	杨木、竹片	碱法制浆	蒸球		15	杨木浆

主要造纸生产线

生产线名称	纸机			主体设备供货厂商	产品品种及规格	纤维原料
	网部形式	幅宽/毫米	工作车速/(米/分)			
1760 生产线	长网	1760	380	天津中轻机械有限公司	文化用纸	草浆+木浆
2640 生产线	长网	2640	550	辽阳机械厂	文化用纸	草浆+木浆
3600 生产线	长网	3600	200	上海昆山机械厂	文化用纸	草浆+木浆
4400 生产线	三叠网	4400	500	辽阳机械厂	箱纸板	美废
4600 生产线	三叠网	4800	600	辽阳机械厂	箱纸板	美废
2750 生产线	V 型网	2750	500	意大利	生活用纸	木浆
2850 生产线	V 型网	2850	1000	韩国	生活用纸	木浆
2850 生产线	V 型网	2850	1150	韩国	生活用纸	木浆
2200 生产线	长网	2200	300	日本	特种纸	木浆
3200 生产线	长网	3200	800	上海昆山机械厂	特种纸	木浆

（齐云洹）

山东博汇集团有限公司

Shandong Bohui Paper Industry Co., Ltd.

【企业概况】

山东博汇集团有限公司是集造纸、化工、热电为一体的现代化大型企业集团，连续3年跻身中国企业500强。现总资产150亿元，在职员工13000余人，主导产品为文化用纸、白卡纸、箱纸板、石膏板护面纸、造纸木浆、环氧氯丙烷、己二酸、己内酰胺等。造纸生产能力120万吨/年、化工150万吨/年、发电60万千瓦。

山东博汇集团有限公司是“国家500强企业”，拥有山东省科学技术厅认定的山东博汇造纸化工工程技术研究中心，并先后被评为“全国制浆造纸30强企业”、“山东省造纸行业10强企业”、“节约能源先进企业”、“中国造纸10强企业”、“全国造纸行业劳动关系和谐企业”、“山东省纳税总额前100强企业”等。产品先后荣获“国家免检产品”、“中国知名品牌”、“山东名牌”、“山东省著名商标”等称号。

博汇集团始终坚持“发展是硬道理”的战略方针，与时俱进、开拓创新，紧紧抓住发展不放松，以大投入促进大发展。目前，投资30亿元的年产20万吨环氧氯丙烷项目正在建设中。2011年，集团公司预计实现销售收入200亿元，利税20亿元，上缴税金10亿元。

单位地址：山东省淄博市桓台县马桥镇工业路北首　邮编：256405

联系电话：0533－8530389　联系传真：0533－8530389

联系邮箱：05338530389@163.com　单位网址：www.bohui.net

企业性质：民营企业

法人代表：杨振兴，经营负责人：杨振兴，技术负责人：胡安忠

成立时间：1992年，职工总数：5934人，其中技术人员数：602人

2010年纸浆产量：44万吨，纸和纸板产量：100万吨

2010年销售收入：46亿元，利税总额：4.8亿元，利润总额：2.4亿元

主要产品：白卡纸

主要纤维原料：木浆

纸机总数：29台

蒸（球）煮器总数：20台

【主要生产线】

主要制浆生产线

生产线名称	纤维原料	制浆方法	蒸煮器	主体设备供货厂商	产品品种	生产能力/(万吨/年)	投产时间
1号化机浆	桉木片、杨树	磨浆	无	美卓公司	化机浆	20	2004年
2号化机浆	桉木片、杨树	磨浆	无	美卓公司	化机浆	20	2010年
化学浆	桉木片	蒸煮	蒸煮锅	汶瑞机械（山东）有限公司	化学浆	9.5	2008年

主要造纸生产线

生产线名称	纸机			主体设备供货厂商	产品品种及规格	纤维原料	生产能力/(万吨/年)	投产时间
	网部形式	幅宽/毫米	工作车速/(米/分)					
1号卡纸	四叠网+顶网	5630	500	福伊特公司	铜版卡与社会卡	NBKP+LBKP+BCTMP	20	2004年
2号卡纸	三叠网+顶网	5630	800	美卓公司	烟卡与社会卡	NBKP+LBKP+BCTMP	35	2010年

（孙春娇）

浙江景兴纸业股份有限公司

Zhejiang Jingxing Paper Joint Stock Co., Ltd.

【企业概况】

浙江景兴纸业股份有限公司位于美丽富饶的长三角，杭州湾跨海大桥北接线从公司东侧经过，地理位置优越，交通便利。公司自 1984 年成立以来，以技术为依托，以品质求生存，以服务争市场，以效益谋发展，由一家名不见经传的造纸小厂发展成为以造纸为龙头，集纸制品加工为一体且拥有多家子公司的上市公司。2006 年 9 月 15 日，景兴纸业（002067）8000 万 A 股在深圳证券交易所上市，2007 年 11 月又成功增发 9300 万股。目前景兴纸业是中国包装用纸板生产研发基地，浙江省先进制造业基地之一，公司先后被授予省“五个一批”企业、“四星级”管理示范企业、“浙江省资源综合利用企业”、“浙江省循环经济试点企业”、“绿色企业”等荣誉称号，并在同行中率先通过了 ISO 9001 质量体系认证和 ISO 14001 环境体系认证。

2010 年公司通过对外树形象，内抓管理，生产经营状况总体良好，产销基本平稳，实现造纸产量 854130 吨，实现销量 833119 吨，实现销售收入 26.3 亿元，实现净利润 1.36 亿元，税金 1.2 亿元。2010 年公司参股浙江沙普爱思药业股份有限公司，实现当年参股当年分红。2010 年 5 月，年产 20 万吨白面牛卡纸项目建成投产。2010 年 12 月，7 亿元短期融资券获得批准，并于 2011 年 1 月 18 日成功发行。2010 年 12 月，公司被工信部、财政部、科技部列入环境友好型、资源节约型试点企业。

单位地址：浙江省平湖市曹桥街道　邮编：314214

联系电话：0573－85960318　联系传真：0573－85966983

联系邮箱：zhangaiqi5768924@163.com　单位网址：www.zjjxjt.com

企业性质：民营企业

法人代表：朱在龙，经营负责人：戈海华，技术负责人：许克亮

成立时间：1984 年，职工总数：1256 人，其中技术人员数：272 人

2010 年度纸和纸板产量：85.41 万吨

2010 年销售收入：26.3 亿元，利税总额：2.69 亿元，利润总额：1.49 亿元

主要产品：牛皮箱纸板、白面牛卡纸、纱管纸

主要纤维原料：废纸

纸机总数：7 台

【主要生产线】

主要造纸生产线

生产线名称	纸机 网部形式	纸机 幅宽/毫米	纸机 工作车速/(米/分)	主体设备供货厂商	产品品种及规格	纤维原料	生产能力/(万吨/年)	投产时间
10 号箱纸板生产线	四叠网纸机	4800	500	辽阳造纸机械股份有限公司	200～300 克/米^{2}AJ/UJ 牛皮箱纸板	面：UKP 衬/芯/底：LOCC/JOCC/AOCC	20	2002 年
12 号箱纸板生产线	三叠网纸机	5650	1000	美卓公司	110～200 克/米^2 AJ/UJ	面：UKP 衬/芯/底：LOCC/JOCC/AOCC	35	2007 年
13 号箱纸板生产线	二网超成形纸机	5200	450	日本小林制作所	110～200 克/米^2 AJ/UJ/瓦楞原纸	面：UKP 衬/芯/底：LOCC/JOCC/AOCC	15	2004 年
15 号箱纸板生产线	三叠网+顶网	4880	700	华东造纸机械有限公司	125～200 克/米^2 白面牛卡纸/石膏护面纸	面：NBKP/UBKP 衬：DIP 底：LOCC/JOCC/AOCC	20	2010 年

（章爱其）

芬欧汇川（常熟）纸业有限公司

UPM-Kymmene (Changshu) Paper Industry Co., Ltd.

【企业概况】

芬欧汇川（常熟）纸业有限公司是芬欧汇川集团的全资子公司，芬兰在华最大的单项投资项目，总投资额近11亿美元，生产能力超过80万吨/年，是中国最大的全化学木浆胶版纸和复印纸生产企业。公司拥有代表当前国际最佳技术的2条纸机生产线，分别于1999年和2005年投产，采用经第三方认证的进口全化学木浆为原料，并装备有OptiLoad超级压光机、亚洲最大的15裁A4切纸机等先进设备，以及全集成自动化系统。公司还同时配备有电厂、废水处理厂、码头等完善的现代化生产设施。100兆瓦自备电厂不仅可充分满足2条纸机生产线同时高效运转的能源需求，而且还已于2004年成功并入国家华东电网。2007年被评为中国进出口“红名单”企业。

2005年，芬欧汇川（常熟）纸业有限公司被国家环保总局授予中国环保领域的最高荣誉——“国家环境友好企业”称号，2008年又率先成为首家持有中国环境标志的复印纸生产企业。2009年6月1日，获得中国环境标志的“新绿佳印”复印纸被正式纳入中国政府绿色采购清单第4批目录。2010年8月，芬欧汇川（常熟）纸业有限公司因参与科技部国家“十一五”十大科技项目“中国造纸典型产品生命周期评价工程”而被授予“生命周期评价 & III型环境标志认证示范基地”的荣誉。

2010年，芬欧汇川（常熟）纸业有限公司二期增资扩建项目顺利通过国家发改委审批，该项目投资总额为8.3亿美元，扩建60万吨/年产能。此投资举措实施后，芬欧汇川（常熟）纸业有限公司的投资总额将超过20亿美元，未来年产能力将增加到140万吨。

单位地址：江苏常熟经济技术开发区沿江工业园兴业路2号　邮编：215536

联系电话：010－65610100　联系传真：010－65610568

联系邮箱：yuan.xiaoyu@upm.com　单位网址：www.upm-kymmene.cn

企业性质：外商独资

法人代表：Pertti Juhani Salminen，经营负责人：Timo Johansson，技术负责人：杨国柱

成立时间：1995年，职工总数：850人，其中技术人员数：30人

2010年纸和纸板产量：80万吨

2010年销售收入：55亿元，利税总额：2亿元

主要产品：高档文化用纸

主要纤维原料：原木浆

纸机总数：2台

【主要生产线】

主要造纸生产线

生产线名称	纸机			主体设备供货厂商	产品品种及规格	生产能力/(万吨/年)	投产时间
	网部形式	幅宽/毫米	工作车速/(米/分)				
PM1	夹网	8600	1500	美卓公司	复印纸、双胶纸	45	2005 年
PM2	夹网	9500	2000	美卓公司	涂布纸、双胶纸	35	1998 年

（芬欧汇川集团）

广州造纸集团有限公司

Guangzhou Paper Group Co., Ltd.

【企业概况】

2010 年，广州造纸集团有限公司面对严峻复杂的内外部环境，紧紧抓住“创新挖潜保增长、调优减负促发展”的工作主线，围绕“深化结构调整、完善体制机制、改善造血机能、保障增长能力、提升核心竞争力”进行工作。通过全体员工的不懈努力，实现了主要产品产销量同比大幅提升，机制纸产量同比增长两位数，销售收入同比增长 39%；纸机优化方面实现了车速的突破，PM9 完成了稳定运行车速 1750 米/分的目标；连续 3 个月“威达高”牌白纸板产量达到 1.6 万吨/月以上，不断创造单月产量历史新高；环保搬迁工作取得新突破，工程进度进展顺利、搬迁资金及时到位、人员安置平稳过渡；海珠老厂区顺利实现关停。

南沙造纸基地成功研发并掌握了污泥干燥燃烧技术，实现了利用锅炉烟气余热对脱墨渣及污泥进行干燥，再混入锅炉中燃烧以利用其热值。实现以废治废，变废为宝，节能减排，循环利用，清洁生产的目标。

2010 年 3 月“全废纸脱墨浆抄造 45 克/米^2 低定量胶印新闻纸的研制与生产”项目通过广州市科学技术局成果鉴定，荣获广州市和广东省科技进步三等奖；“一元助留助滤剂生产低定量新闻纸的方法”和“一种采用 100% 脱墨废纸浆添加助留助滤剂生产低定量新闻纸的方法”取得国家发明专利。

目前，公司正抓紧千载难逢的环保搬迁机遇，优化产品结构，创新生产工艺和技术装备，全力在南沙塑造一个全新的、多元化的环保型造纸基地。

单位地址：广州市海珠区工业大道中广纸路 40 号 邮编：510281

联系电话：020－84336888 联系传真：020－84356618

联系邮箱：gz-paper@gzpaper.com.cn 单位网址：www.gzpaper.com.cn

企业性质：国有企业

法人代表：林昭远，经营负责人：陈伟星，技术负责人：蒋鹏

成立时间：1936 年，职工总数：921 人，其中技术人员数：201 人

2010 年纸浆产量：76 万吨，纸和纸板产量：78 万吨

2010 年销售收入：33.5 亿元

主要产品：新闻纸、灰底涂布白纸板

主要纤维原料：废纸、废报纸

纸机总数：5 台

【主要生产线】

主要制浆生产线

生产线名称	纤维原料	制浆方法	主体设备供货厂商	产品品种	生产能力/(万吨/年)	投产时间
1号	废报纸	脱墨	安德里茨公司	脱墨浆	4.2	1990年
2号	废报纸	脱墨	安德里茨公司 福伊特公司	脱墨浆	10.5	2000年
3号	废报纸	脱墨	安德里茨公司 福伊特公司	脱墨浆	22.8	2006年
PM9脱墨生产线	废报纸等	脱墨	安德里茨公司 福伊特公司	脱墨浆	47.2	2007年
白纸板废纸脱墨线	废报纸、废纸等	脱墨		脱墨浆	18	1999年

主要造纸生产线

生产线名称	纸机			主体设备供货厂商	产品品种及规格	纤维原料	生产能力/(万吨/年)	投产时间
	网部形式	幅宽/毫米	工作车速/(米/分)					
PM1	水平夹网	4880	1550	美卓公司	新闻纸	脱墨浆	15	2006年
PM5	叠网	3940	700		新闻纸	脱墨浆	6	1956年
PM8	立式夹网	8990	1000	美卓公司	新闻纸	脱墨浆	15	2000年
PM9	立式夹网	10200	1750	美卓公司	新闻纸	脱墨浆	35	2007年
涂布白纸板机	4叠长网	3380	200~500	福伊特公司	灰底白纸板	废纸浆 化学浆	18	1999年

（蒋　鹏　彭志军）

山东泉林纸业有限责任公司

Shandong Tralin Paper Co., Ltd.

【企业概况】

2010 年，山东泉林纸业有限责任公司（以下简称泉林纸业）深入贯彻落实科学发展观，持续开展技术创新和管理创新，深入优化低碳产业结构，大力发展秸秆循环经济，全年实现销售收入 88 亿元、利税 9.92 亿元、利润 7.04 亿，同比分别增长 14.8%、12.1%、13.2%，保持了持续、健康的发展势头。

2010 年，泉林纸业完成制浆造纸装备制造、20 万吨/年制浆原料结构变更节能技改项目、4 万米^3/日中水回用、污染物排放在线监测系统技术改造等项目的建设工作；年处理 200 万吨秸秆综合利用项目环评报告和申请报告分别报送国家环保部和发改委审批，国家环保部环评中心评价其技术、工艺、设备达到国际草类制浆造纸最高水平，对国内草类制浆造纸企业具有引领和示范意义；2010 年 8 月 25 日，公司在吉林省德惠市年处理 200 万吨秸秆综合利用项目奠基仪式隆重举行，标志着秸秆综合利用“泉林模式”复制在秸秆资源丰富的地区迈出关键性一步。

2010 年，泉林纸业深入开展非木材纤维本色浆及其产品制造、节水、环保、资源综合利用技术等方面的研发，成果显著。2010 年 1 月，“秸秆清洁制浆及其废液资源化利用技术”被中国轻工业联合会评定为轻工系统技术发明一等奖；2010 年 12 月 1 日，参与制定的《纸和纸板　亮度（白度）最高限量》国家标准正式实施，推动了国家标准对纸张白度从“最低限度”到“最高限度”的全新转变；起草编制的本色浆、本色文化用纸、本色生活用纸、本色食品包装用纸、本色环保餐具五大类环境友好型产品的产品质量标准和生产技术要求由企业标准上升为山东省地方标准，且正在开展国家标准的制定工作。截至 2010 年年底，泉林纸业累计申报专利 165 项，获得授权专利 77 项，其中“一种由禾草浆制得的胶版印刷纸及其制备方法”荣获 2010 年中国专利优秀奖。泉林纸业在 2010 年也获得了“中国专利山东明星企业”称号。

2010 年，泉林纸业积极推进本色系列产品研发和市场推广，本色浆、本色文化用纸、本色生活用纸、食品医疗包装盒、绿色有机肥料的市场份额不断加大。本色文化用纸成为 2010 年山东省高考试卷专用纸张，被广泛应用于教材、教辅的印刷；本色生活用纸成为上海世博会特许商品，荣获“特许产品创新奖”，并在 2010 年通过了美国 FDA 和欧盟食品级检测认证，为进入高端市场和进军国际市场准备了充足的条件。

2010 年，泉林纸业节能减排工作成效显著，“泉林模式”影响力与日俱增。本色草浆的耗水达到 20～30 米^3/吨浆；总排口出水 COD_{Cr}稳定在 60 毫克/升以下。“依靠技术创新实施秸秆综合利用的‘泉林模式’”荣获山东省企业管理现代化创新及优秀应用成果一等奖；公司荣获“山东省节能突出贡献企业”；作为积极执行山东省水污染物排放标准的典型企业被央视《新闻联播》重点报道。

单位地址：山东省高唐县光明东路 15 号　邮编：252800

联系电话：0635－3961106　联系传真：0635－3961597

联系邮箱：tralin001@126.com　单位网址：www.tralin.com

企业性质：民营企业

法人代表：李洪法，经营负责人：李洪法，技术负责人：李洪法

成立时间：1976 年，职工总数：10500 人，其中技术人员数：710 人

2010 年纸浆产量：39.99 万吨，纸和纸板产量：70.61 万吨
2010 年销售收入：88 亿元，利税总额：9.92 亿元，利润总额：7.04 亿元
主要产品：本色浆、本色文化用纸、本色生活用纸、有机肥料
主要纤维原料：作物秸秆（如麦草、玉米）、稻草等

（郭希燕　王　震）

金华盛纸业（苏州工业园区）有限公司

Gold Hua Sheng Paper (Suzhou Industrial Park) Co., Ltd.

【企业概况】

金华盛纸业（苏州工业园区）有限公司（以下简称“金华盛纸业”）位于江苏省苏州市苏州工业园区，于1996年3月由金光集团APP（中国）投资兴建，占地280公顷，现有员工2700余名，总投资13.87亿美元，年产文化用纸60万吨，是世界上最大的无碳复写纸生产基地，也是目前我国具有自原纸生产、NCR涂布到成品加工全套设备的无碳复写纸及信息纸品制造企业。公司连续8年荣获中国造纸行业销售收入20强。

金华盛纸业专业生产无碳复写纸（包括热敏纸）、双胶纸、铜版卡纸和办公用纸等四大系列产品，2005年8月，公司自主研发推出了米黄色双胶纸；2007年3月，又推出了热敏收银纸和热敏传真纸，两种特种纸自上市以来深受广大用户好评。主要品牌有“立可得”、“金球”、“金彩蝶”、“金环”等主打品牌，产品品牌知名度享誉国内外市场。其中，“立可得”、“金球”于2006年获得江苏省名牌产品复审。公司产品在国内外具有较高评价，曾被评为第四届亚太经合组织技术展示交易会指定用纸。依托APP贸易公司，目前金华盛纸业的产品远销全球各地。

在环保方面，金华盛纸业已累计投入达5.3亿元。2008年，经过全厂员工的协力配合，大力开展节能减排工作。比较成功和具有代表性的节能改善项目主要有：“电厂变频改造”项目、“3号锅炉暖风器改用低压蒸汽”项目、“提高锅炉效率”项目、“绿色照明”项目、“提高锅炉空压机利用率”项目、“降低锅炉飞灰、底渣含碳量”项目等。

单位地址：江苏省苏州工业园区金胜路2号　邮编：215126

联系电话：0512－62836666　联系传真：0512－62815491

单位网址：www.goldhs.com.cn

企业性质：中外合资

法人代表：黄志源，经营负责人：蔡贵量

成立时间：1996年，职工总数：2700人

2010年纸和纸板产量：62万吨

2010年销售收入：32.2亿元，利税总额：1.04亿元，利润总额：1.23亿元

主要产品：无碳复写纸、双胶纸、电脑打印纸、商业传票、信用签账卡纸、复印纸、铜版纸（卡）、东方书纸等四大系列上百个品种

主要纤维原料：原生木浆

纸机总数：4台纸机，多台涂布机

【主要生产线】

主要造纸生产线

生产线名称	纸机			主体设备供货厂商	产品品种及规格	生产能力/(万吨/年)	投产时间
	网部形式	幅宽/毫米	工作车速/(米/分)				
文化用纸机（PM1）	夹网	7360	1500	日本 MHI 公司	无碳复写原纸、双胶纸、静电复印原纸	30	1999 年 5 月
文化用纸机（PM2）	叠网	3250	800	德国 Escher Wyss 公司	双胶纸、东方书纸等	10	2003 年 5 月
文化用纸机（PM3）	叠网	3350	500	德国福伊特/Kufferath	铜版原纸	13.5	2003 年 9 月
文化用纸机（PM4）	叠网	3600	1100	日本 IHI 公司、福伊特公司	铜版原纸、无碳复写纸原纸	12	2006 年 5 月
帘式涂布机		3680	1200	日本 IHI 公司	无碳复写纸、自感纸	10	1999 年 4 月

（董文海）

东莞建晖纸业有限公司

Dongguan Jianhui Paper Co., Ltd.

【企业概况】

东莞建晖纸业有限公司是一家中外合资企业，于2002年12月投资兴建。位于广东省东莞市中堂镇潢涌工业区，东接莞深高速，西连广园快速干线，南通107国道、广深高速，北临东江黄金水道。水陆交通网络密布、四通八达，地理位置得天独厚。同时，公司配套建设有自用码头、车队，物流配送与售后服务畅通便捷。

公司投资总额35亿元，占地面积达43万米^2。现建有2条造纸生产线，1号纸机于2004年5月正式投产，2号纸机于2005年8月正式投产，2台纸机设计生产能力达60万吨/年；主要设备和技术分别从美国、瑞典、奥地利、芬兰等国家引进。自备5台循环流化床锅炉、供汽量达750吨/时，总发电量达96兆瓦。系统除为公司的稳定生产提供用电、用汽保障外，还可外供电30兆瓦、外供汽120吨/时。

公司拥有大型的自用码头和原材料仓库。废纸原料主要由公司的最大股东——香港建辉国际实业有限公司提供，为纸机持续生产和纸品的质量稳定，提供了充分可靠的保障。

公司专业生产高档涂布白纸板，产能位居全球前列。提供定量230~450克/米^2，各种规格的平板、卷筒涂布灰底白纸板和白底白纸板。主导产品“建晖”牌涂布白纸板自投放市场以来深受中外客商的好评，荣获“2008年度广东省著名商标”，“2009年广东省名牌产品”的称号，并被评定为国家质量A级信用企业。

公司一直非常注重自主品牌的建设与提升，积极推行生产6S管理和全面质量、安全、环境管理，积极开展森林认证工作。于2005年年底通过ISO 9001质量管理体系标准认证，2007年年初通过ISO 14000环境管理体系和OHSAS 18000职业健康安全管理体系的认证，2010年3月通过PEFC认证，2011年年初通过FSC认证。同时为了提升管理水平，于2010年年底开始实施ERP项目工程。

公司从建立初期，就注重企业与自然的和谐共存。建成了与现有生产线相配套的大型环保处理系统，废水的日处理能力达到4万吨。配备了洁净循环流化床燃煤锅炉，该设备有完整的除尘脱硫系统，除尘效率达到99.6%。并于2009年获得“广东省优秀清洁生产企业”和“东莞市环境友好企业”的称号。

为进一步满足市场日益增长的需要和充分利用公司已奠定的各种坚实的基础，公司于2010年又投资8亿元，新建2条牛皮箱纸板生产线，设计生产能力40万吨/年，该项目计划2012年投产。届时，公司的投资总额将达到43亿元，最终建成年产100万吨各种纸和纸板的大型生产基地。

公司始终秉承“品质第一，客户至上；安全生产，保障健康；减污降耗，改善环境；科学管理，持续改进”的管理方针，以满腔热情竭诚为广大客户提供卓越的产品和优质的服务，为社会作出更大贡献。

单位地址：广东省东莞市中堂镇潢涌村 邮编：523221

联系电话：0769-88888363 联系传真：0769-88183833

联系邮箱：jhzyxs@dgjhzy.com 单位网址：www.jhpaper.cn

企业性质：中外合资

法人代表：黎祖球，经营负责人：黎惠华，技术负责人：陈波

成立时间：2002年，职工总数：2000人，其中技术人员数：约300人

2010 年纸浆产量：60 万吨，纸和纸板产量：60 万吨
主要产品：定量 230 ~ 450 克/米^2 涂布灰底白纸板
主要纤维原料：废纸、木浆
纸机总数：2 台

【主要生产线】

主要制浆生产线

生产线名称	纤维原料	制浆方法	蒸煮器	主体设备供货厂商	产品品种	生产能力/(万吨/年)	投产时间
一期制浆生产线	废纸、木浆	面衬、芯底分别制浆	2 台热分散	安德里茨公司、KBC 公司等	涂布白纸板	30	2004 年 5 月
二期制浆生产线	废纸、木浆	面衬、芯底分别制浆	3 台热分散	安德里茨公司、KBC 公司等	涂布白纸板	30	2005 年 8 月

主要造纸生产线

生产线名称	纸机			主体设备供货厂商	产品品种及规格	纤维原料	生产能力/(万吨/年)	投产时间
	网部形式	幅宽/毫米	工作车速/(米/分)					
一期造纸生产线	四层叠网	4500	600	维美德西安造纸机械有限公司、美卓公司、亚赛利公司等	230 ~ 300 克/米^2 涂布灰底白纸板	木浆、废纸浆	30	2004 年 5 月
二期造纸生产线	五层叠网	4500	600	维美德西安造纸机械有限公司、美卓公司、亚赛利公司等	300 ~ 450 克/米^2 涂布灰底白纸板	木浆、废纸浆	30	2005 年 8 月

（杨　萍）

新乡新亚纸业集团股份有限公司

Xinxiang Xinya Paper Group Co., Ltd.

【企业概况】

新乡新亚纸业集团股份有限公司是集制浆造纸、热电联产、医药化工、物流商贸、机械制造、林基地开发、环保综合治理于一体的企业集团，是河南省造纸行业龙头企业，省百户重点企业，省循环经济试点企业。

集团拥有总资产 27.9 亿元，下属 10 余个生产单位，5 家子公司。造纸生产能力 80 万吨/年，产品分文化用纸、包装用纸、生活用纸三大系列。主要品种有涂布白卡纸、胶版印刷纸、静电复印纸、电脑打印纸、招贴纸、有光纸、高强瓦楞原纸、高档生活用纸等。品种齐全，规格多样。“新亚”、“新辉煌”、“新锦秀”系列品牌荣获河南省十大驰名品牌、著名商标。子公司河南康威药业有限公司是国内第二大诺氟沙星原粉生产基地，产品畅销世界各地。

按照省政府要求，集团制定了 2011—2015 年企业发展规划，并通过省发改委组织评审。《河南省人民政府豫政［2010］5 号文件》将新乡新亚纸业集团股份有限公司列入河南省重点转型升级企业。

总体目标是：

（1）建立与世界百强企业的战略合作关系，做大做强主导产业，到 2015 年造纸生产能力突破 200 万吨/年，销售收入达到 100 亿元，实现利税 20 亿元，进入全国造纸行业前 10 名，使公司成为我国造纸及相关产业的主要生产基地。

（2）规划总投资 56 亿元，产品品种升级为涂布白卡纸和食品卡纸生产能力 75 万吨/年、轻量涂布纸 20 万吨/年、文化用纸 30 万吨/年、高档箱纸板 35 万吨/年和低定量高强瓦楞原纸 50 万吨/年，总生产能力突破 200 万吨/年。使企业跨入世界现代化的“大造纸”行列，实现产业规模化、林纸一体化。

（3）规划投资 8.2 亿元进行环保设施、循环经济和林基地建设，在对各种污染物彻底处理的基础上，杜绝二次污染，强化循环经济建设和资源综合利用，使废水回用率达到 90% 以上，节能减排和资源综合利用等各项工作达到国内领先水平，在国内与国外条件比较好的地区建设自己的林基地。

单位地址：河南省新乡经济开发区纸制品工业园区　邮编：453731

联系电话：0373－5689008　联系传真：0373－5680286

联系邮箱：xinyaren@126.com　单位网址：www.xinyapaper.cn

企业性质：股份制企业

法人代表：宋敬志，经营负责人：宋敬志，技术负责人：田政敏

成立时间：2003 年，职工总数：5000 人，其中技术人员数：830 人

2010 年纸和纸板产量：58.2 万吨

2010 年工业总产值：21.7 亿元，销售收入：21.3 亿元，利税总额：2.28 亿元，利润总额：1.37 亿元

主要产品：文化用纸、白卡纸

主要纤维原料：麦草、杨木

纸机总数：20 台

【主要生产线】

主要制浆生产线

生产线名称	纤维原料	制浆方法	蒸煮器	主体设备供货厂商	产品品种	生产能力/(万吨/年)	投产时间
连蒸	麦草	碱法	横管	天津中轻机械有限公司	文化用纸	5	2004 年
化机浆	杨木	化学机械法	大磨	安德里茨公司	白卡纸	10	2008 年
洗选漂	麦草	碱法	蒸球	汶瑞机械（山东）有限公司	文化用纸	5	2009 年
连蒸	麦草	碱法	横管	天津中轻机械有限公司	文化用纸	5	2004 年

主要造纸生产线

生产线名称	纸机			主体设备供货厂商	产品品种及规格	生产能力/(万吨/年)	投产时间
	网部形式	幅宽/毫米	工作车速/(米/分)				
2640	长网	2640	500	辽阳造纸机械股份有限公司	静电复印纸	10	2004 年
4260	叠网	4260	500	昆山中联造纸设备厂	白卡纸	15	2008 年

（闫业起）

山东华金集团有限公司

Shandong Huajin Group Co., Ltd.

【企业概况】

山东华金集团是以造纸及纸制品加工为主，集发电、科研、贸易为一体，跨行业、跨地区的国家大型现代化企业集团。现有员工 3800 人（总部），总资产 24.48 亿元，固定资产 18.7 亿元，下属青岛东立、吉林华金等 7 个子公司，拥有造纸生产线 20 条，特种纸生产线 9 条，年生产能力 60 万吨。公司先后荣获“中国民营企业 500 强”、“中国纸业功勋企业”、“全国守合同重信用企业”、“全国造纸 20 强”、“省造纸 10 强企业”、“省级信誉 AAA 企业”、“山东省诚信企业”、“建国 60 周年功勋企业”、“全国最具发展潜力企业”、“低碳山东贡献单位”等多项殊荣，是山东省淮河流域治污达标企业，ISO 9001 标准达标企业，2002 年被列入按国际标准划分的全国大型工业企业。

2010 年面对复杂的经济环境，公司认真分析形势，强抓机遇，蓄势发力，全年累计完成产量 50.82 万吨，销售收入 29.97 亿元，利税 2.48 亿元（含海关关税），出口纸张 2.32 万吨，创汇 3135 万美元。

在项目建设方面，一是紧紧围绕“优化装备、改进质量、节能减排、提高效能”，深度挖掘企业生产潜能，加大现有生产设备的技术改造力度，使原有生产能力提高了 30%。二是完成了投资 3800 万元的 23 号造纸机生产线，年新增高档加工原纸 2 万吨，新增销售收入 1.4 亿元，新增利税 1800 万元。三是完成了投资 4400 万元的 15000 千瓦背压发电机组，年可新增发电量 1 亿千瓦时。四是总投资 4.9 亿元的 25 万吨/年涂布白卡纸生产线项目，2010 年完成投资 2.2 亿元，计划 2011 年 8 月 28 日投产，投产后可实现新增生产能力 30 万吨/年，新增销售收入 20 亿元/年，利税 1.8 亿元/年。

在环保治理方面已累计投资 4.2 亿元，形成系统配置、工艺最合理，运行效率最高的水处理系统，使出水 COD_{Cr}、色度等环保指标均优于南水北调环保标准要求，各级领导专家均给予高度评价，被国家、省环保厅列为行业治污示范工程。

为实现“产品链拉长、产品结构合理，发挥自身优势，促进规模产能提高”的战略目标，公司计划 2008—2012 年投资 44.7 亿元，建设新增造纸及涂布加工纸生产能力 96 万吨/年，以及配套建设部分化工材料，热电联产、节能减排、环保等项目，使企业达到新的平衡点。项目全部投产后集团公司销售收入将达到 126 亿元，利税近 19 亿元，上缴税金超过 5 亿元。逐步实现山东华金集团“做大，做强，做久”的宏伟目标，为国家和地方经济作出新的更大贡献。

单位地址：山东省济宁市泗水县金庄镇 818 号　邮编：273201
联系电话：0537－4036811　联系传真：0537－4036128
联系邮箱：huajinlbz@126.com　单位网址：www.huajinpaper.com
企业性质：民营企业
法人代表：邢东尚，经营负责人：邢利民，技术负责人：孔祥莲
成立时间：1978 年，职工总数：3800 人，其中技术人员数：1368 人
2010 年纸浆产量：5.4 万吨，纸和纸板产量：50.82 万吨
2010 年销售收入：29.97 亿元，利税总额：3.68 亿元，利润总额：2.48 亿元
主要产品：无碳原纸、无碳纸、白卡纸
主要纤维原料：化学木浆

纸机总数：8 台

蒸（球）煮器总数：1 台连蒸，10 台蒸球

【主要生产线】

主要制浆生产线

生产线名称	纤维原料	制浆方法	蒸煮器	主体设备供货厂商	产品品种	生产能力/(万吨/年)	投产时间
化学阔叶木浆	杨木	碱法	四管连蒸	天津中轻机械有限公司	漂白化学浆	6	2002 年

主要造纸生产线

生产线名称	纸机			主体设备供货厂商	产品品种及规格	纤维原料	生产能力/(万吨/年)	投产时间
	网部形式	幅宽/毫米	工作车速/（米/分）					
加工纸	长网	1880	600	维美德西安造纸机械有限公司	无碳原纸	针叶木浆 阔叶木浆	2	1997 年
白卡纸	四叠网	3400	550	山东昌华造纸机械有限公司	白卡纸	化学浆 化机浆	25	2011 年

（孔祥莲）

河南省龙源纸业股份有限公司

Henan Longyuan Paper Co., Ltd.

【企业概况】

河南省龙源纸业股份有限公司成立于2004 年，注册资金1 亿元。公司主导产品A 级高强瓦楞原纸、高档箱纸板，年生产能力55 万吨。2010 年公司资产总额为57501 万元，资产负债率43.08%，年产量49.68 万吨，实现销售收入94589 万元，利润总额8741 万元。

公司始终坚持“以质量求发展，以诚信求双赢”的宗旨，致力于“发展循环经济，推行生态造纸”的经营理念。2010 年是龙源纸业发展较快的一年。2009 年8 月在太康生产基地开工建设的20 万吨/年A 级高强瓦楞原纸生产项目，经过一年的努力，一期10 万吨/年生产线已于2010 年12 月建成并试车成功顺利投产，二期10 万吨/年生产线已于2011 年开工建设，届时，太康生产基地A 级高强瓦楞原纸生产能力将达到40 万吨/年。同时，公司继续走低成本扩张之路，整合了河南恒兴纸业，对其纸机生产线进行升级技术改造，投产后当年取得了较好效益。此外，把节能减排、环境治理作为企业第一要务，对现有纸机供水、供电、供热系统进行能量优化节能工程改造、废水处理及沼气利用工程改造。改造后节能效果显著，并被国家开发银行评为重点支持“节能减排”项目，给予重点支持。同时，获得国家财政节能减排奖励资金800 余万元和“河南省节能减排先进企业”的荣誉称号。

单位地址：河南省太康县西二环路工业开发区 邮编：450016

联系电话：0371 -67187910 联系传真：0371 -67187910

联系邮箱：longyuanzhiye@sina.com 单位网址：www.hnlyzy.com

企业性质：民营企业

法人代表：冯新芳，经营负责人：冯新芳，技术负责人：李体华

成立时间：2004 年6 月，职工总数：1400 人，其中技术人员数：96 人

2010 年度纸和纸板产量：49.68 万吨

2010 年销售收入9.4589 亿元，利税总额1.1111 亿元，利润总额0.8741 亿元

主要产品：A 级高强瓦楞原纸、高档箱纸板

主要纤维原料：木浆、国内废纸

纸机总数：10 台

【主要生产线】

主要造纸生产线

生产线名称	纸机			主体设备供货厂商	产品品种及规格	生产能力/(万吨/年)	投产时间
	网部形式	幅宽/毫米	工作车速/(米/分)				
4800×500	双叠网	4800	500	上海轻良实业有限公司	A 级高强瓦楞原纸	10	2010 年12 月
4400×450	单叠网	4400	450	上海轻良实业有限公司	A 级高强瓦楞原纸	10	2008 年6 月

（马林冲）

金红叶纸业集团有限公司

Gold Hong Ye Paper Group Co., Ltd.

【企业概况】

金红叶纸业集团有限公司（以下简称“金红叶纸业”）位于江苏省苏州市苏州工业园区，成立于1996年3月，占地面积114公顷，现有员工13000余名，总投资12.6亿美元。目前金红叶纸业拥有2家造纸厂，8大外设加工厂，分别设于天津、沈阳、成都、武汉、福州、广东、海南、清远等地，年产生活用纸原纸48万吨，成品加工年产60万吨，是亚洲最大的生活用纸产销公司。公司连续6年排行中国造纸行业销售收入30强。

金红叶纸业主要产品有卷筒卫生纸、抽取式卫生纸、珍宝卷纸、盒装面纸、抽取式面巾纸、袖珍面纸、纸手帕、餐巾纸、厨房用纸、大型卷筒卫生纸、擦手纸和湿纸巾等。主要品牌有“唯洁雅”、“清风”和“真真”，目前三大品牌市场份额已超过中国生活用纸市场总量的20%，居全国第一。其中，“唯洁雅”品牌荣获江苏省著名商标称号，“唯洁雅”和“清风”品牌已成为“国家免检产品”。

除了注重生产过程中的环保外，金红叶纸业也非常注重产品自身的环保与健康，如采用450℃超高温处理，产品全自动包装控制，确保产品安全卫生；采用100%原生木浆，保证原料卫生洁净，不添加任何荧光剂，确保对人体无伤害。公司于2002年1月先后通过了ISO 14001、ISO 9001体系认证，以及ISO 18000管理体系认证，并于2005年1月又通过ISO 14001换证监督审核。2006年11月，通过了OHSAS18001（职业健康安全体系）认证，2008年通过PEFC-COC林产品监管链管理体系认证。2006年12月，金红叶纸业又因先进的生产方式和超前的环保理念，其生产的“唯洁雅”、“清风”和“真真”三个品牌纸品，首批获得“中华环境友好生活用纸”称号，为生活用纸企业树立了良好的品牌形象。2010年12月，金红叶纸业获得中国环境标志Ⅱ型认证。

单位地址：江苏省苏州工业园区金胜路1号　邮编：215126

联系电话：0512－62820228　联系传真：0512－62818276

单位网址：www.ghy.com.cn

企业性质：外商独资

法人代表：黄志源，经营负责人：徐锡土

成立时间：1996年，职工总数：13000人

2010年纸和纸板产量：48万吨

2010年销售收入：38.65亿元，利税总额：1.17亿元，利润总额：0.17亿元

主要产品：卷筒卫生纸、抽取式卫生纸、珍宝卷纸、盒装面纸、抽取式面巾纸、袖珍面纸、纸手帕、餐巾纸、厨房用纸、大型卷筒卫生纸、擦手纸和湿纸巾等

主要纤维原料：原生木浆

纸机总数：3台

【主要生产线】

主要造纸生产线

生产线名称	纸机			主体设备供货厂商	产品品种及规格	生产能力/(万吨/年)	投产时间
	网部形式	幅宽/毫米	工作车速/(米/分)				
安德里茨（2台）	新月型	5600	2150	安德里茨公司	11.5~47克/米^2 生活用纸	12	1998年8月
Acelli纸机（1台）	新月型	5600	2400	亚塞利公司	12~45克/米^2 生活用纸	6	2011年3月

（董文海）

福建省青山纸业股份有限公司

Fujian Qingshan Paper Industry Co., Ltd.

【企业概况】

福建省青山纸业股份有限公司前身是青州造纸厂，始建于 1958 年，1993 年 4 月改制为股份制企业，1997 年 7 月在上海证券交易所上市。经过 50 多年的发展，已成为集制浆、造纸、发电供热、碱回收、医药、光电子、原料林基地开发于一体的国有大型上市企业。

青山纸业股份有限公司现有总资产 41.8 亿元，总股本 106184 万股。公司员工 4000 余人，青山纸业有 10 多家参股控股子公司，是全国纸袋纸、牛皮箱纸板、高强瓦楞原纸重点生产企业，全国 1000 家重点发展企业，福建省重点骨干企业和福建省最大的造纸企业，先后通过了 ISO 9001 质量管理体系和 ISO 14001 环境管理体系国际标准认证。

公司拥有省级企业技术中心，各类工程专业技术人员 300 多人，技术力量雄厚。公司主体设备由福伊特公司、维美德公司、奥斯龙公司、美卓公司等国际先进造纸设备制造商制造，拥有年产 10 万吨纸袋纸、20 万吨高强牛皮箱纸板、20 万吨高强瓦楞原纸、15 万吨本色商品木浆等 4 条国际先进水平制浆造纸生产线。

公司主导产品"青山"牌系列产品是"全国知名品牌"，主要产品有 70～110 克/米^2 系列普通及伸性纸袋纸、60～120 克/米^2 系列精制牛皮纸、110～250 克/米^2 系列高强牛皮箱纸板、全木浆牛皮卡纸、80～160 克/米^2 系列高强瓦楞原纸、本色商品木浆。产品行销全国各地并出口东南亚、中东等国家和地区，其中 80 克/米^2 普通纸袋纸获国内目前同类产品最高奖——国优银奖。纸袋纸系列产品是国家质量免检产品，其质量与市场占有率居全国第一。

公司立足纸业，在巩固其行业领先地位的同时，积极推进产品结构调整和产业结构转型，规划营造的一期 10.67 万公顷原料林基地项目被列入国家首批林纸一体化实施计划，目前已投资 2.1 亿元建成造纸林基地 4.07 万公顷。公司还通过投资医药及光纤通信等高科技领域，多元化的经营格局已基本形成。

单位地址：福建省沙县青州镇　邮编：365506

联系电话：0598－5656888　联系传真：0598－5653336

联系邮箱：qszy600103@tom.com　单位网址：www.qingshanpaper.com

企业性质：国有企业

法人代表：刘天金，经营负责人：徐宗明，技术负责人：黄锦官

成立时间：1958 年，职工人数：4053 人

2010 年纸浆产量：65 万吨，纸和纸板产量：41.05 万吨

2010 年销售收入：20.38 亿元

主要产品：纸袋纸、高强牛皮箱纸板、高强瓦楞原纸、本色浆板

主要纤维原料：马尾松木片、废纸

纸机总数：4 台

蒸（球）煮器总数：10 台

【主要生产线】

主要制浆生产线

生产线名称	纤维原料	制浆方法	蒸煮器	主体设备供货厂商	产品品种	生产能力/(万吨/年)	投产时间
蒸煮	松木片	硫酸盐法制浆	110 $米^3$立式蒸煮锅	上海船泊修造厂（1号、2号锅）	硫酸盐木浆	10	1960年
				江南造船厂（3号锅）			2001年
				兰州石油化工机械厂（4号锅）			1966年
				江南造船厂（5号锅）			1989年
				江南造船厂（6号锅）			1993年
				三明化工机械厂（7号、8号、9号锅）			2004年
卡米尔连蒸	松木片	硫酸盐法制浆	连续蒸煮器	卡米尔公司	本色木浆	15	1994年

主要造纸生产线

生产线名称	纸机			主体设备供货厂商	产品品种及规格	纤维原料	生产能力/(万吨/年)	投产时间
	网部形式	幅宽/毫米	工作车速/(米/分)					
1号纸机	长网	4200	650	Beloit公司	纸袋纸1020毫米	原生浆、废纸浆	10	1970年
2号纸机	三层网	5400	500～700	美卓公司	牛皮卡纸、纸袋纸	根据纸种质量要求	15	2000年
3号纸机	双层网	5500	700	美卓公司	高强瓦楞原纸、再生箱纸板	国废、欧废	20	2007年
浆板机	长网	4200	100	福伊特公司 Flakt公司	本色硫酸盐木浆板600×800毫米	全木浆	15	1994年

（蔡　亮）

上海中隆纸业有限公司

Shanghai Chung Loong Paper Co., Ltd.

【企业概况】

上海中隆纸业有限公司（以下简称上海中隆）成立于2002年10月，由台湾正隆股份有限公司斥资2亿美元建成。公司位于上海康桥工业园区内，占地22.13公顷，拥有员工300余人，是目前上海最大的生产高档箱纸板的台商独资企业。公司除建有1条造纸生产线外，另配建有1套热电联供机组及水处理系统。

上海中隆于2004年11月正式投产，主要生产高强瓦楞原纸、高档箱纸板（牛皮卡纸）。高档箱纸板具有纸面干净度佳、色泽均一、耐破强度佳等特性；高强瓦楞原纸则具有纤维组织均匀、纸幅间厚薄一致、环压指数高等特性。考虑到环保及资源再利用等因素，产品原料主要采用废纸以及少量木浆。废纸主要来源于美国、日本及国内（主要来源地为上海及上海周边城市）。为生产出符合市场需求的合格产品，公司在生产过程中添加相应淀粉、干强剂、硫酸铝等原材料，以使产品满足其工艺要求及技术指标。

废纸制浆净化工序中配置了先进的中浓筛选设备，节电、节水且效率高。制浆车间设备全部从福伊特、美卓、GL&V及KRIMA等当前世界著名造纸机械公司购买，并且引进纤维分级处理工艺，可制备优质洁净高保留率的浆料，总处理能力1800吨/日。纸机引进福伊特公司新式自动化造纸设备，具备低耗能、高品质、高效率特性。

上海中隆传承了台湾正隆集团“忠、诚、信、实”的经营理念，以提供客户高质量的产品及服务为宗旨，兢兢业业地塑造了“顾客满意，大众肯定”的企业风范，坚持“质量完美，价格合理，交期精确，服务第一”的承诺，使上海中隆获得了客户的良好赞誉。企业依托于市场而存在，通过市场验证其价值、产品、服务和信誉，组成了最坚固的市场保障。通过对设备的硬件投入，人才培养的软件支持，加之注重团队协作，充分发挥员工的潜能，组建一支具备高度凝聚力和积极开拓的合作团队，化挑战为机遇，健康、蓬勃、永续发展。

单位地址：上海浦东新区康桥工业区秀浦路489号　邮编：201315
联系电话：021－58129798　联系传真：021－58128986

企业性质：港澳台独资

法人代表：郑两旺，经营负责人：陈诚台，技术负责人：高威宏

成立时间：2002年，职工总数：280人，其中技术人员数：120人

2010年纸和纸板产量：41.5万吨

2010年销售收入：13亿元，利税总额：0.8亿元，利润总额：0.8亿元

主要产品：箱纸板及瓦楞原纸

主要纤维原料：废纸

纸机总数：1台

【主要生产线】

主要造纸生产线

生产线名称	纸机			主体设备供货厂商	产品品种及规格	纤维原料	生产能力/(万吨/年)	投产时间
	网部形式	幅宽/毫米	工作车速/(米/分)					
造纸生产线	夹网、长网	6300	1000	福伊特公司	箱纸板 120～230 克/米^2	废纸和木浆	40	2002 年

（陈　婷）

山东恒联投资有限公司

Shangdong Henglian Investment Co., Ltd.

【企业概况】

山东恒联投资有限公司是一家以纸业为主的综合性控股集团公司，拥有11家控股子公司，业务涉及制浆、造纸、精细化工、房地产、热电等领域，拥有多条从瑞士、日本、瑞典等国引进的具有国际先进水平的铜版纸、生活用纸及玻璃纸生产线，分布于六大工业园区。主要控股子公司均通过了ISO 9001:2008质量管理体系认证、ISO 14001:2004环境管理体系认证和GB/T 20881—2001职业健康安全管理体系认证。

一年来，公司依托完善的法人治理结构和差异化发展战略，坚持推行技术创新、管理创新、经营创新，全面实践“价值源于创新、规范孕育和谐”的核心价值观，围绕循环经济发展模式构建绿色纸业，斥资1.3亿元完善企业环保工程；推行对标管理，以国际先进企业为标杆，不断提升企业国际竞争力；依托“省级企业研发中心”、“鸢都学者”岗位和“山东省玻璃纸工程技术研究中心”，不断增强企业自主创新能力，加快产品结构调整，企业保持了快速发展的良好势头。2010年实现主营业务收入28.26亿元，同比增长8.91%；实现利税2.19亿元，同比增长1.47%。企业先后荣获“全国制浆造纸行业30强”、“山东省造纸行业10强企业”、“山东省轻工行业先进企业”、“山东省轻工业建国60周年功勋企业”、“山东省安全生产先进单位”、“山东省管理创新优秀企业”、“潍坊市信誉评价AAA企业”、“潍坊市百强民营企业”、“潍坊市工业企业50强”等多项荣誉称号。

单位地址：山东省潍坊市高新区东风东街3019号　邮编：261061
联系电话：0536－8671516　联系传真：0536－8665348
联系邮箱：seantan60@126.com　单位网址：www.henglianpaper.com
企业性质：民营企业
法人代表：张云胜
成立时间：2002年，职工总数：4501人，其中技术人员数：617人
2010年纸浆产量：12.12万吨，纸和纸板产量：35.44万吨
2010年销售收入：28.26亿元，利税总额：2.19亿元，利润总额：1.48亿元
主要产品：铜版纸、玻璃纸、生活用纸、木浆、化纤浆、文化用纸等
主要纤维原料：木浆、化纤浆、杨木片
纸机总数：37台
蒸（球）煮器总数：4台

【主要生产线】

主要制浆生产线

生产线名称	纤维原料	制浆方法	蒸煮器	主体设备供货厂商	产品品种	生产能力/(万吨/年)	投产时间
纸浆线	杨木片	烧碱–蒽醌法	横管连续蒸煮器	天津中轻机械有限公司 张家港市华杭造纸机械设备有限公司	漂白杨木浆	4	2010年7月
溶解浆一线	棉短绒	化学法	蒸球	天津蒸球厂	化纤棉浆粕	4.5	2008年3月
溶解浆二线	棉短绒	化学法	蒸球	天津蒸球厂	化纤棉浆粕	3.5	2010年10月
木浆生产线	杨木片	碱法	蒸球	潍坊扬帆机械有限公司 汶瑞机械（山东）有限公司	漂白杨木浆	3.7	2000年

主要造纸生产线

生产线名称	纸机			主体设备供货厂商	产品品种及规格	纤维原料	生产能力/(万吨/年)	投产时间
	网部形式	幅宽/毫米	工作车速/(米/分)					
1号涂布原纸机	长网	1760	350	淄博新华造纸厂	50~160克/米^2 铜版原纸	木浆	1.5	2004年7月
2号涂布原纸机	长网	1880	350	山东昌华造纸机械有限公司	50~160克/米^2 铜版原纸	木浆	1.5	2005年3月
3号涂布原纸机	长网	1760	350	西安造纸机械有限公司	50~160克/米^2 铜版原纸	木浆	1.5	1990年3月
4号涂布原纸机	长网	1880	350	昆山造纸机械有限公司	50~160克/米^2 铜版原纸	木浆	1.5	2005年11月
201号生产线	—	1800	100	瑞士毛勒公司	玻璃纸系列产品		0.22	1988年
202号生产线	—	1800	100	瑞士毛勒公司	玻璃纸系列产品		0.22	1988年
203号生产线	—	1800	80	自行设计制造	玻璃纸系列产品		0.14	1994年
204号生产线	—	1400	100	自行设计制造	玻璃纸系列产品		0.12	2004年
PM1	真空圆网	2380	720	日本川之江公司	13~24克/米^2 生活用纸	木浆	0.8	1988年
PM2	短长网	2100	450	维美德西安造纸机械有限公司	25~45克/米^2 擦手纸	木浆	0.9	2005年
PM3	立式夹网	3300	950	维美德西安造纸机械有限公司	13.5~27克/米^2 生活用纸	木浆	1.8	2005年
4号胶版纸机	长网	1760	220	淄博恒星造纸机械有限公司	60~130克/米^2 双胶纸	木浆	1.1	1997年8月
5号胶版纸机	长网	2640	500	辽阳造纸机械股份有限公司	68~90克/米^2 双胶纸	木浆	3.6	2010年5月

（谭乐魁）

山东亚太森博浆纸有限公司

Shandong Asia Pacific SSYMB Pulp & Paper Co., Ltd.

【企业概况】

山东亚太森博浆纸有限公司（以下简称亚太森博）是一家由亚太资源集团控股的大型现代化浆纸合资企业，也是目前中国最大的制浆企业，总投资 150 亿元，木浆生产能力 131.5 万吨/年、高档白卡纸板 17 万吨/年，运营着目前世界上单条规模最大、工艺技术装备最先进、环保水平最高的制浆生产线。

公司坚持“优质高效、节能减排、环境和谐”的原则，走可持续发展道路，环保投入达 36 亿元，占总投资的 24%。经第三方权威环境检测机构多次现场检测，公司生产过程中产生的排放物绝大多数排放指标优于欧美、日本标准，达到世界清洁生产先进水平，已成为发展循环经济的典型。

2010 年，公司一期木浆及纸板项目保持平稳运行，二期总投资 113 亿元的扩建项目顺利建成投运，标志着亚太森博已成为全国最大的阔叶木漂白硫酸盐商品木浆生产企业，全年共生产木浆 81.8 万吨，高档白卡纸板 17.5 万吨，实现销售收入 39 亿元。

2010 年，亚太森博的研发结硕果，成功研发了 3 项省级科研成果，获得了 4 项实用新型专利权。

公司秉承“利民、利国、利业”的宗旨，积极投身于社会公益事业。近年来，公司已向社会捐赠 6000 余万元。公司根据周边社区的实际需求，大力扶持社区中小型企业，其产值逾 5000 万元。2010 年，公司还向日照市捐赠 3000 万元，建设日照市图书馆。

企业在经济、社会等方面的突出表现获得了社会各界认可。2010 年先后荣获了“环境保护优秀企业”、“低碳中国领军品牌”、“节能减排先进单位”、“循环经济示范企业”等荣誉称号。

单位地址：山东省日照市北京路 369 号　邮编：276826

联系电话：0633－3361188　联系传真：0633－3361280

联系邮箱：guangli_xu@aprilchina.com　单位网址：www.aprilasia.com

企业性质：中外合资

法人代表：黄春雨，经营负责人：陈国荣，技术负责人：江健儿

成立时间：1999 年，职工总数：1372 人，其中技术人员数：370 人

2010 年纸浆产量：81.8 万吨，纸和纸板产量：17.5 万吨

2010 年销售收入：39 亿元，利税总额：4.9 亿元，利润总额：1.6 亿元

主要产品：漂白硫酸盐阔叶木浆、白卡纸板

主要纤维原料：桉木、相思木

纸机总数：1 台

蒸（球）煮器总数：2 台

【主要生产线】

主要制浆生产线

生产线名称	纤维原料	制浆方法	蒸煮器	主体设备供货厂商	产品品种	生产能力/(万吨/年)	投产时间
一期制浆生产线	桉木、相思木	低固形物连续蒸煮	连续蒸煮	安德里茨公司	漂白硫酸盐阔叶木浆	31.5	2002 年
二期制浆生产线	桉木、相思木	紧凑蒸煮 G2 技术	连续蒸煮	美卓公司	漂白硫酸盐阔叶木浆	100	2010 年试生产

主要造纸生产线

生产线名称	纸机			主体设备供货厂商	产品品种及规格	纤维原料	生产能力/(万吨/年)	投产时间
	网部形式	幅宽/毫米	工作车速/(米/分)					
纸板生产线	长网	3625	600	福伊特公司	高档白卡纸板	木浆	17	2002 年

（许广利）

浙江永泰纸业集团股份有限公司

Zhejiang Yongtai Paper Group Co., Ltd.

【企业概况】

浙江永泰纸业集团是一家集造纸、热电、化工、废水处理和贸易为一体的股份有限公司，是中国重点造纸骨干企业，列中国大企业集团竞争力500强343位。地处浙江省富阳市“中国白纸板基地”，集团下属12家生产经营公司。

2010年，永泰集团提出“环保立企、科技兴企、品牌强企、文化融企”的战略决策。这十六字战略方针从理论和战略的高度指导企业转型升级，这十六字战略也分别从环境保护、科技创新、做强品牌、企业文化四个方面分别来推进永泰集团的转型。

永泰集团历来重视技术创新和管理创新。2010年投资全面改造永泰集团中心实验室，通过重新布局和规划，打造一流的省级企业技术中心。公司省级技术中心聘请工程院院士陈克复为顾问，充分提升研发与创新能力，研发出多项具有自主知识产权的新产品。2010年永泰集团被评定为浙江省30家创新型示范企业之一。11月20日，永泰集团国家级博士后科研工作站（浙江省首家造纸行业博士后科研工作站）及杭州永泰造纸技术研究院有限公司成立，为推进“科技兴企、品牌强企”创造了良好的条件。

2010年，永泰集团生产涂布白纸板30.8万吨，总产值达18.2亿元，主营业务收入18.6亿元，实现利税总额10820万元。永泰集团历来重视节能环保工作，2010年9月，积极响应节能环保政策，淘汰2台幅宽1575毫米纸机。公司正在新建年产20万吨造纸生产线，将于2011年6月试车投产，其配套的24兆瓦热电工程已于2009年11月竣工投产。年产20万吨造纸项目全面投产后，造纸规模进一步扩大，企业经济实力进一步提升。

单位地址：浙江省富阳市春江造纸功能区　邮编：311421

联系电话：0571－63587952、63587919　联系传真：0571－63583055

联系邮箱：yongtai@fy.hz.zj.cn　单位网址：www.yongtaipaper.com

企业性质：民营企业

法人代表：孙柏贵，经营负责人：张金来，技术负责人：陈献忠

成立时间：1998年，职工总数：1500人，其中技术人员数：167人

2010年纸浆产量：26万吨，纸和纸板产量：30.8万吨

2010年销售收入：18.6亿元，利税总额：1.082亿元，利润总额：0.584亿元

主要产品：涂布白纸板、特种艺术纸

主要纤维原料：废纸、商品木浆

纸机总数：5台

【主要生产线】

主要制浆生产线

生产线名称	纤维原料	制浆方法	蒸煮器	主体设备供货厂商	生产能力/(万吨/年)	产品品种
芯浆	3 号美废	废纸制浆	无	川佳机械股份有限公司	18	芯浆
面浆	木浆	商品原浆	无	上海轻机二厂	2	面浆
衬浆、底浆	3 号日废、8 号美废	废纸制浆	无	凯登制浆设备（中国）有限公司、川佳机械股份有限公司	6	衬浆、底浆

主要造纸生产线

生产线名称	纸机			主体设备供货厂商	产品品种及规格	生产能力/(万吨/年)	投产时间
	网部形式	幅宽/毫米	工作车速/(米/分)				
永鸿公司 8 号机	叠网	3400	300	辽阳造纸机械股份有限公司	白卡纸、白底白纸板	10	2001 年
永利公司 7 号机	叠网	2640	250	上海爱建造纸机械有限公司 辽阳造纸机械股份有限公司	灰底白纸板	7.8	1997 年
万马公司 2 号机	圆网	1575	150	辽阳造纸机械股份有限公司	灰底白纸板	3.0	2000 年
永森公司	圆网	1400	60	辽阳造纸机械股份有限公司	艺术特种纸	0.1	—
翔龙公司	叠网	2640	200	—	灰底白纸板	7.1	—

（骆士标）

贵州赤天化纸业股份有限公司

Guizhou Chitianhua Paper Industry Co., Ltd.

【企业概况】

赤天化纸业是国家发改委 2005 年批准的首批循环经济试点单位，也是贵州省农业林业产业化龙头企业。赤天化纸业 20 万吨/年林浆纸一体化项目，集成了当今世界制浆造纸最先进的工艺技术和装备，是世界竹材制浆单系列规模最大的项目。

2009 年 9 月公司顺利通过国家测量体系认证；2010 年 12 月顺利通过“三标一体”体系认证（ISO 9001、ISO 14001、ISO 28001）和国家环保部对项目的环评验收；2010 年通过了 FSC（森林认证）的预评估。

2010 年公司年生产全竹浆 TCF 浆板 17 万吨、回收碱 97896 吨（以 NaOH 计）、自发电 1 亿千瓦时；建设林基地 21333 公顷，预计 2012 年将达到 26666 公顷。

公司在循环经济和节能减排上也取得了显著成绩。“废气综合治理和循环利用项目”、“制浆生产固体废弃物回收综合利用项目”、“能量系统优化节能项目”分别获国家发改委批准和专项资金支持；“竹浆深度脱木素蒸煮和清洁漂白生产技术”被国家列为 2008 年度重大产业开发专项项目；“龙竹有性繁殖系统选育技术”获贵州省科技成果推广项目。公司已经获得国内外各类专利 12 项。

公司高度重视环保工作，把制浆、碱回收的低浓臭气、高浓臭气等全部收集起来进行综合治理和循环利用，杜绝了臭气对周边环境的污染。碱回收车间从 2009 年 12 月起就停止加入芒硝，截至目前，硫化度累计平均在 26.3%。这充分说明公司在废气治理和综合利用上达到了世界先进水平，成为国内碱回收唯一没有加入芒硝（包括倍半硫酸钠），硫化度长期维持在 26.3% 的厂家。硫化碱产量达 25103 吨，相当于少用了 45700 吨芒硝，为企业节约了 2742 万元。碱回收蒸煮用碱自给率达到了 100% 的优良水平。

在“十二五”期间，公司将在“完善产业链、创新竞争力、培育增长点、效益相统一”的工作方针指导下，继续努力拼搏，年轻的赤天化纸业，志在竹子制浆造纸行业中做一名名副其实的领跑者。

单位地址：贵州省赤水市金华理泰路 1 号　邮编：564707

联系电话：0852－2879800　联系传真：0852－2879729

联系邮箱：chthzy@vip.163.com

企业性质：国有控股股份公司

法人代表：郑才友，经营负责人：田　勇，技术负责人：张鼎军

成立时间：2003 年，职工总数：608 人，其中技术人员数：63 人（中级职称以上）

2010 年纸浆产量：17 万吨

2010 年销售收入：7.55 亿元，利税总额：0.3116 亿元

主要产品：全竹浆 TCF 浆板

主要纤维原料：竹子

纸机总数：1 台

蒸（球）煮器总数：1 台 Compact Cooking G2 克瓦纳立式连续蒸煮器紧凑型第二代

【主要生产线】

主要制浆生产线

生产线名称	纤维原料	制浆方法	蒸煮器	主体设备供货厂商	产品品种	生产能力/(万吨/年)	投产时间
制浆车间	竹子	硫酸盐法	Compact Cooking G2	克瓦纳制浆技术公司	全竹浆 TCF 浆板	28	2008 年 4 月

主要造纸生产线

生产线名称	纸机			主体设备供货厂商	产品品种及规格	纤维原料	生产能力/(万吨/年)	投产时间
	网部形式	幅宽/毫米	工作车速/(米/分)					
浆板车间	双网压榨	4850	80～140	安德里茨公司	全竹浆 TCF 浆板 定量：800～1200 克/米^2 平面尺寸：700×840 毫米 小包：700×840×460 毫米 大包：1455×860×2000 毫米	竹浆	25	2008 年 4 月

（刘锡炳）

嘉兴民丰集团有限公司

Jiaxing Minfeng Group Co., Ltd.

【企业概况】

嘉兴民丰集团有限公司是民丰特种纸股份有限公司的第一大股东，持有民丰特纸 14019.23 万股股份，占民丰特纸总股本的 53.22%。

2010 年民丰特纸围绕现有生产的多品种、高品质的特种纸系列，组织发挥自身技术、市场和生产优势，持续提升其核心竞争力，公司生产经营平稳增长，市场销售情况良好，技术研发、项目改造进展顺利，企业管理不断加强。但由于后金融危机时期国内经济强力复苏，使报告期原材料价格涨势凶猛，特别是造纸主要原料之一的木浆价格迅速站上历史高位，使公司生产成本上升明显，而使利润等收益指标同比有一定幅度的下滑。

2010 年卷烟纸产品，公司面对一些新进入并已量产卷烟纸企业的强势入市冲击，力保传统市场，开拓新兴市场，并增加同为用于卷烟行业的成型纸的生产供应；描图纸产品，则在确保原分销渠道产销平衡前提下，加快扩大民丰自主品牌份额的步伐；涂布类纸产品，采取努力扩大产量和规模，调整产品结构和销售价格，加快新品试制和向客户送样，以及做好客户售后服务等举措。尽管 2010 年公司卷烟纸销量略有降低，但涂布类纸（含超压格拉辛纸）销售量超过 45000 吨，描图纸销售量近 7400 吨，均创历史新高，因此公司全年纸品总体销量增幅明显。

民丰特纸密切产销衔接，合理安排各机台作业计划，加强设备管理，提高机台产能利用率，并推行差时停车，对电能等能耗合理削峰补谷，达到能源和水处理等的供需平衡。全年机台总停车时间同比大为减少，为产能提升奠定基础。

2010 年，民丰特纸被国家环保部列为重点监控企业。据统计，2010 年与“十一五”初期相比，万元工业增加值综合能耗下降 55.9%，万元产值综合能耗下降 32.2%，单位产品新鲜水耗比 2009 年下降 47.7%、河道取水用量减少 37%。

2010 年公司开始制定争创国家级技术中心规划，以此为契机，加强技术中心软硬件建设，以技术创新升级来提升研发创新能力和服务生产经营。年内在改进卷烟纸档次、开发特色新品、解决描图纸纸病等诸多方面均取得一定进展。2010 年公司还荣获“嘉兴市长质量奖”荣誉称号。

嘉兴民丰集团有限公司（Jiaxing Minfeng Group Co., Ltd.）
单位地址：浙江省嘉兴市角里街 70 号　邮编：314000
联系电话：0573－82839008　单位网址：www.mfspchina.com
企业性质：有限责任公司
法人代表：孙勤勇
民丰特种纸股份有限公司（Minfeng Special Paper Co., Ltd.）
单位地址：浙江省嘉兴市角里街 70 号　邮编：314000
联系电话：0573－82839008　单位网址：www.mfspchina.com
法人代表：颜广生
2010 年产值：14.1298 亿元，销售收入：14.1195 亿元，利税总额：1.7238 亿元，利润总额：0.8607 亿元
主要产品产量：卷烟纸 25316 吨，描图纸 7387 吨，真空镀铝原纸 26553 吨，格拉辛纸 20519 吨

（邬见明）

社团工作

ASSOCIATIONS AFFAIRS

11

2010 年中国造纸学会主要工作

Main Works Have Been Done by CTAPI in 2010

2010 年，在中国科协和中国轻工业联合会的正确领导和关怀下，在广大会员、相关企业以及造纸界的专家学者等各方力量的支持帮助下，中国造纸学会在学术交流活动、科普活动、期刊出版、科技咨询以及自身建设等方面开展了一系列卓有成效的工作，取得了较突出的成绩，行业影响力有所提升，得到了行业各领域的广泛好评。同时为配合北京 CBD 的规划建设，中国造纸学会还完成了由光华路到广渠门周转办公地的搬迁工作，并且改善了办公环境。

一、学术交流方面

学术交流开展取得了明显进展，学术会议的数量显著增加，会议内容更加丰富，吸引力逐步增强。全年举办学术会议、技术培训等学术活动 8 次，与会人数达 1151 人次，其中外方人数 150 人次，共收录会议论文 317 篇，外方论文 21 篇。

继前两届“中－日造纸技术交流会”在中国召开之后，“第三届中－日造纸技术交流会”2010 年 5 月 17—18 日在日本东京大学成功召开。中国造纸学会组织了国内 110 名专家学者赴日参会，日方代表 130 人。会议期间中日双方有 18 名专家作报告，双方重点交流了节能减排、非木材纤维和废纸利用等方面的经验。会后中方代表团还应邀参观了日本制纸研究所、王子制纸研究所、静冈县技术研发中心、丸富制纸富士根工厂、王子特殊纸株式会社（富士工厂）、日本制纸富士工厂、兴阳制纸、大日制纸、特种东海制纸三岛工厂等。

7 月 6—8 日，在江苏无锡召开了第十四届学术年会。160 多名来自全国各地的行业专家学者和科技人员等参加了会议。29 位代表在大会上宣读了论文，内容涵盖了我国造纸工业现状和可持续发展、制浆造纸用纤维原料、节能减排、环境保护、造纸化学品以及制浆造纸装备技术等领域，较全面地反映了我国造纸工业的研究成果和技术进步。开幕式上还举行了“中国造纸学会第六届青年科技奖”的颁奖仪式。华泰集团张凤山、陕西科技大学徐永建和中国制浆造纸研究院李杰辉获此殊荣。此次年会共征集论文 130 篇，经专家评审，录用 103 篇，并评选出优秀论文 33 篇，其中一等奖 3 篇、二等奖 6 篇、优秀奖 24 篇。此次年会是一次结合应用基础研究、技术创新和造纸工业发展趋势开展讨论和交流的盛会，对我国造纸工业的技术进步与行业可持续发展起到了重要的推动作用。会议还组织参观了江苏华机集团、金红叶纸业（苏州工业园区）有限公司和无锡沪东麦斯特环境工程有限公司。

8 月 3—6 日，举办了“制浆造纸废水深度处理理论与技术”高级培训班。此活动是中国科协继续教育试点示范活动择优资助项目，旨在为企业科技人员更新观念、改善知识结构、提高职业技能提供平台，使制浆造纸企业更多了解、掌握和应用废水深度处理技术，推动我国造纸工业废水排放尽快达到国家环保新要求，来自企业一线的 45 名学员参加了培训。培训期间还组织参观了北京市高碑店污水处理厂。学员在培训班问卷调查中对学会举办这样的培训班给予了肯定，并对今后举办类似培训班在参加人员、组织工作及授课内容等方面提出了很多建设性意见和建议。培训班编印了培训教材，并给学员颁发了结业证书。

8 月 19—20 日，成功举办了“中国科协第 41 期新观点新学说学术沙龙——无污染制浆新技术”活动。这是由中国科协主办、中国造纸学会承办的一次学术活动。参会代表及列席专家学者共计 46 人。沙龙本着“鼓励学术争鸣，活跃学术思想”的宗旨，对在造纸界有争议的新观点、新学说展开了热烈的讨论。与会者就非木材纤维原料的利用问题，无污染制浆、零排放和清洁制浆问题，新制浆技术的认定问题等方面发表了各自的观点。特别是针对是否能实现真正意义上的“无污染”、“零排放”问题展开了深入的探讨。宽松、自由、平等、热烈的会场气氛充分体现了“敢于质疑、勇于创新、宽容失败”的科学求实精神，在业内引起强烈反响。本次沙龙出版专辑一册，收集了会上的30多篇发言。

9月14日，由芬兰造纸工程师协会、中国造纸学会等主办，上海市造纸学会协办的“2010中国国际造纸技术报告会”在上海召开。会议邀请了中国、芬兰、加拿大等国家的10位造纸专家做了专题报告，会议征集论文10篇，并出版中英文对照论文集。会议还特别安排了互动形式的专题讨论，围绕“在中国对制浆造纸工业的投资，同时也是技术进步的动力——对未来的看法”的主题，大家针对中国加入世贸组织以来，中国造纸工业步入结构调整期，如何从淘汰旧产能中取得市场等造纸工业迫切需要克服的困难等问题展开热烈讨论。此次会议报告内容丰富、讨论模式新颖、会场气氛热烈，得到了代表们的一致好评。来自国内外的200余名造纸专家学者参加了本次会议。

10月28—29日，在北京渔阳饭店成功举办前沿高端学术交流活动“低碳造纸理念与实践论坛”。100余名专家学者出席了论坛。论坛为推广低碳造纸理念和低碳造纸新技术新成果，加快实现我国造纸工业向绿色产业发展起到了积极促进作用。人民网、新华网、中国网、第一财经、中国轻工网等十余家媒体在第一时间对论坛进行了报道，在行业内外获得了极大反响。论坛的成功举办得益于山东太阳纸业集团、芬欧汇川集团、斯道拉恩索集团等单位的大力支持。此次论坛征集论文近30篇并出版论文集。

为进一步缓解我国造纸工业纤维原料缺乏的紧张局面，推动科学合理利用我国丰富的非木材纤维原料，12月15—16日，由中国造纸学会主办、广西造纸学会承办的“制浆造纸工业学科合理利用非木材纤维原料研讨会”在广西南宁召开，参会代表120人，征集论文38篇并编辑出版论文集。会议期间参观了南宁糖业蒲庙造纸厂等企业。

经中国科协批准，中国造纸学会承担了“制浆造纸科学技术学科发展研究”项目和制浆造纸科学技术学科发展报告的编写工作。组织中国制浆造纸研究院、华南理工大学、南京林业大学、陕西科技大学、天津科技大学、北京林业大学等单位历经7个月的编写，初稿已完成。11月23日召开了项目研讨会，50多名专家学者出席了会议。经汇总各方意见已于2010年12月底最终完成学科报告编写工作。

参与了由贵州省科协主办、中国科协支持、中国造纸学会等11个全国学会协办的“黔东南生态文明建设试验区发展研讨会”有关组织工作。中国造纸学会委派资深专家黄润斌参加了会议，并提交了论文。

10月18—19日，中国造纸学会与中国轻工机械协会、中国造纸协会等7家单位联合举办了“首届中国造纸装备发展论坛”。中国造纸学会组织有关专家撰写论文，出席会议，共同为发展我国造纸装备建言献策。

积极筹备2011年在天津举办第16届国际木材化学和制浆化学研讨会（16th ISWFPC）。中国造纸学会自2007年在第14届大会上申办获得成功后，已开始会议的筹备工作，按照在华召开国际会议的要求，现已经完成报批手续，大会的网站已经开通，有关组织机构已经确定。目前已收到提交的学术论文600余篇，有关会议的前期工作正在与会议承办单位天津科技大学共同进行之中。

2010年3月，组织了制浆造纸的科技工作者和造纸企业的技术人员60余人参加了在北京国际会议中心召开的“2010年中国国际技术展览会暨2010中国水处理工程师大会”。

在学会组织开展各项全国性学术活动的同时，各专业委员会也结合各自领域的实际情况开展学术和技术交流活动，扩大本专业的影响力和竞争力，其中比较有影响的学术活动有：

（1）12月1—3日，新闻纸专业委员在广州举行年会，学术工作委员会曹春昱副主任出席了会议。此次会议共有21人宣讲学术论文和技术报告，会议期间颁发了2010年广东省造纸学会学科技术奖，参观了广纸集团南沙环保造纸基地。

（2）11月17—19日，书写印刷纸专业委员会在山东华泰集团召开“开拓创新、节能减排、加强环保、科学发展造纸工业研讨会”，出席会议的专家学者100多人。会议征集论文30多篇。会议认真分析了我国造纸工业的现状和发展。

（3）机械设备专业委员会2010年积极参与“首届中国造纸装备发展论坛”的活动，承担了部分论文的征集并组织会员单位参加，为会议的成功举办起到了积极作用。

（4）纸史委员会按照科协部署组织进行了中国古代发明创造名录文化传播分类的相关工作，目前已按标准范例初步完成了造纸项目的文稿编撰工作。

（5）6月14—16日，脱水器材专业委员会在上海召开年会。有20多家企业单位参加，近50多人出席了会议。脱水器材专业委员会还围绕技术交流、标准建设、会员单位走访、行业产能与装备调研、技术服务等积极开展活动，得到了众多会员单位的认可。该专业委员会首先从标准建设入手服务于会员单位，完成造纸网系列标准升级为国家标准，通过了标委会的专家审定并上报。2010年10月又启动了《造纸毛毯》（FZ/T25002系列）5个标准的修订工作。该专业委员会通过对行业技术成果的广泛调研，对行业情况进行分析，先后发表了《2009年脱水器材发展近况》与《2009年我国造纸网毯行业情况综述》等多篇论文。

（6）涂布加工纸专业委员会为举办下一届年会进行了征集论文等前期的会议准备工作，原计划于2010年年底在湖北沙市召开，但由于时间上的冲突，该届会议延至2011年召开。

二、科普工作方面

积极参与全国科普日的活动，为造纸工业科学普及多做工作。2010年全国科普日于2010年9月18—24日在北京中科院奥运科技园举办。在热点聚焦活动区，中国造纸学会组织举办了主题为“开发城市森林，使用再生纸”的现场活动。活动紧扣“节约能源资源，保护生态环境，保障安全健康”和“坚持科学发展，走近低碳生活”的主题，以手工制作再生纸的现场演示和观众体验相结合，使参与者更直观地感受了纸张回收再利用的循环过程。在一周的活动中，中国造纸学会的展台突显了互动性和趣味性，吸引了以青少年为主体的众多参观者，成为此次活动的一个热点聚焦。中共中央政治局委员、书记处书记刘云山，中共中央政治局委员、国务委员刘延东等国家领导以及中国科协领导先后莅临中国造纸学会活动区。中央电视台、北京电视台在当天的新闻联播中均进行了报道。中央人民广播电台还就城市废纸回收利用专题采访了活动的参与单位中国制浆造纸研究院的冯文英博士，并进行了新闻直播报道。中国科协和有关领导对中国造纸学会组织的这次科普活动给予了充分肯定、感谢和表扬。

2010年是中国造纸学会主办的科普期刊《纸和造纸》由双月刊改为单月刊的第二年。由于该刊地处我国西南地区，特别是经历了“5.12”大地震后，给编辑部的工作带来了巨大的难度，在当地政府和挂靠单位的支持和帮助下，编辑部的同志克服各种困难，每期均按时出版发行。同时也不断提高编辑质量，受到广大读者欢迎。由于刊物缩短刊期，发表文章及时快捷，对我国造纸及造纸相关行业科学技术传播和交流起了重要作用。该刊2010年编辑文章280多篇。同时也刊登了大量短小精悍的短文，供造纸工作者阅读。

三、编辑出版工作方面

由中国造纸学会编辑的《中国造纸年鉴》是我国造纸工业唯一的年鉴工具书，自1986年第一卷出版发行以来，深受广大科技工作者和造纸行业内外的欢迎和认可。为了进一步提高《中国造纸年鉴》的使用价值，为更多的专业读者服务，按照学会领导的要求，《2010中国造纸年鉴》在保证编辑出版质量的同时，首次缩短了出版周期，较上年度提前了近4个月出版。

由中国造纸学会主办的学术性刊物《中国造纸学报》继续以季刊形式出版发行，全年完成刊载学术论文100多篇，按时完成出版发行计划，论文报告等内容在质量上不断提高。

中国造纸学会主办的技术性刊物《中国造纸》，全年刊载造纸技术论文280多篇。该刊已成为我国造纸工业全行业技术领域的权威性期刊。《国际造纸》编辑部积极组织稿源，努力为国内读者介绍国外的先进经验和研究成果，使该刊成为国内造纸科技工作者了解和掌握国际现代造纸技术的窗口和媒介，编辑和整理发表的文章也有近100篇左右。

《造纸信息》编辑部面对巨大的外部竞争压力，编辑人员及时走出去采访，搜集新信息，通过不同的媒介了解新消息，及时报道国内外造纸工业发展的新动态、新政策、新技术。目前该刊已成为行业内深受欢迎、具有权威性的资讯类期刊。

这些期刊都是结合自身的具体情况开展工作，同时按照国家新闻出版总署管理条例的要求，较好地完成了2010年的任务，都顺利通过北京市新闻出版局的年度审查，没有出现违规现象。中国造纸学会编辑工作委员会按照中国科协的要求，组织专家对中国造纸学会主办的学术期刊优秀论文进行了评选，评选出优秀论文2篇上报到中国科协相关部门。

四、组织建设方面

2010年年初以通讯方式举行了中国造纸学会六届五次常务理事会，重点审议通过了《中国造纸学会各专业委员会设立的调整方案》和新修订的《中国造纸学会专业委员会工作条例》。7 月 6 日在江苏无锡举办学术年会时，召开了第六届第二次理事（扩大）会议。出席会议的学会理事和代表近 160 人。会议对六届一次理事会以来的主要工作进行了总结。同时对中国造纸学会青年科技奖获奖者进行了颁奖表彰。

按照六届五次常务理事会议通过的《中国造纸学会各专业委员会设立的调整方案》以及新修订的《中国造纸学会专业委员会工作条例》，在广泛征求相关企业和专家意见的基础上，对挂靠单位及其人选进行协商遴选，初步形成了《关于 14 个专业委员会组织机构的建议方案》，目前已在准备提交常务理事会审议的相关工作。

本届理事会把不断加强与地方学会的联系作为重要工作之一，学会主要领导还应邀出席了在福建举办的“华东七省市造纸学会第二十三届学术年会”，在南京召开的“江苏省造纸学会第五次会员代表大会”和在广州举办的“第四届制浆造纸技术国际研讨会”等地方学会及高等院校组织的相关活动。积极发展新的团体会员。截至 2010 年 12 月底，中国造纸学会团体会员共 198 个，其中 2010 年新入会的团体会员 3 个。2010 年缴纳会费的会员单位 30 个，较上年略有增加。

五、自身建设方面

2010 年学会办事机构进一步加强了思想建设和制度建设，进一步完善了有关规章规范，建立了工作例会制度，同时不断加强业务学习，提高业务水平和工作质量，逐步理顺工作机制。秘书处在学术活动多、时间紧、工作量大、搬迁任务艰苦繁重的情况下，按照学会领导的要求全面完成了全年的各项工作任务。在清理检查“小金库”专项工作中，通过了中国轻工业联合会主管部门的检查，同时学会规范的财务管理还得到了上级部门的好评。

在日常工作中，秘书处完成了大量统计工作，包括中国科协、中国轻工业联合会和社会统计机构下达的各类统计报表。通过了社团管理机构民政部对中国造纸学会的年度检查。还按照国家有关社团登记管理的规定和中国科协的要求，完成了本届理事会换届以后工作委员会的变更报批以及部分专业委员会的上报审查等工作。学会网站管理也在不断改进，基本做到了相关信息的定期上传和动态信息的及时上传，并着手进行部分栏目的系统化调整工作。学会财务完成了年报的预决算及国有资产年度的预决算，完成了学会固定资产明细账以及固定资产的报废审批及处置工作。

（齐晓东）

中国造纸学会组织机构

The Organization of CTAPI

名誉理事长：王文哲　潘蓓蕾　陈思亮

顾问：余贻骥　胡宗渊　潘锡五　陈克复

理事长：陈学忠

副理事长：邝仕均　刘焕彬　孙树建　张金声　陈鄂生　曹朴芳　吴佳林　林昭远　李建华

秘书长：曹振雷（法人代表）

常务理事 29 人：

陈学忠　邝仕均　刘　琦　刘焕彬　刘福玉　孙树建　张金声　张美云（女）　李发祥　陈洪国　陈鄂生　房桂干　胡开堂　贺燕丽（女）　赵　伟　曹朴芳（女）　曹春昱　曹振雷　黄祖壬　谭国民　樊　燕（女）　刘安江（轻工业杭州机电设计研究院）　林昭远（广州造纸集团有限公司）　江曼霞（女，中国造纸开发公司）　林孝帮（福建省南纸股份有限公司）　吴佳林（湖南省泰格林纸集团）　李建华（山东华泰集团有限公司）　姜海斌（上海新江南纸业有限公司）　徐　祥（黑龙江省牡丹江恒丰纸业股份有限公司）

（排名不分先后）

个人理事 100 人：

陈学忠　曹振雷　曹朴芳　赵　伟　钱　毅　贺燕丽　俞海星　陈鄂生　李　耀　黄祖壬
曹春昱　卢宝荣　邝仕均　张玉兰　李建国　林　媛　闫景军　刘跃祥　蔡　力　孙　玲
袁建湘　孙树建　刘　琦　谭国民　黄永兴　张自敏　刘　忠　侯庆喜　刘国造　牟彩凤
刘　涛　范学斌　刘秉钺　王希才　徐淑敏　刘丽萍　王连科　魏雨虹　关兴江　刘福玉
郑乐声　杨金魁　朱勇强　黄德裕　张　辉　房桂干　李　策　胡开堂　杨　旭　毛菊仙
戈海华　陈明邦　凌顺甫　谢拥群　陈礼辉　林小琦　沈鸿枝　雷建民　张金声　牟洺铭
陈嘉川　陈洪国　李树俭　佟克本　李尚武　史世功　刘自福　朱光才　王向阳　杨李双
杨傲林　樊　燕　刘焕彬　詹怀宇　何北海　蒋　鹏　邹敦华　伍泽荣　王双飞　黄显南
周国正　唐先陆　孙　骏　米庆元　李发祥　李　途　陆渝初　吴开炘　叶尚言　陈克利
周建国　杨本彬　张美云　张安龙　赵　煜　周兴起　纳巨波　田　勇　严　项　梅树亚

（排名不分先后）

团体理事 20 个：

1. 江曼霞　中国造纸开发公司
2. 徐　祥　黑龙江省牡丹江恒丰纸业股份有限公司
3. 邹从标　河北省保定钞票纸厂
4. 刘天金　福建省青山纸业股份有限公司
5. 林孝帮　福建省南纸股份有限公司
6. 李建华　山东省华泰集团有限公司
7. 李洪信　山东省太阳纸业股份有限公司
8. 李洪法　山东省泉林纸业有限责任公司
9. 宋敬志　河南省新乡新亚纸业集团股份有限公司

10. 王德贤　安徽省山鹰纸业股份有限公司
11. 姜海斌　上海新江南纸业有限公司
12. 盛　军　浙江省民丰特种纸股份有限公司
13. 刘安江　轻工业杭州机电设计研究院
14. 王自力　江苏省苏州紫兴纸业有限公司
15. 林文卿　江苏省无锡荣成纸业有限公司
16. 吴佳林　湖南省泰格林纸集团
17. 林昭远　广州造纸集团有限公司
18. 段小敏　广西南宁凤凰纸业有限公司
19. 吴和均　四川省永丰纸业股份有限公司
20. 郑才友　贵州省赤天化纸业股份有限公司

学会办事机构

中国造纸学会第六届理事会下设5个工作委员会、资深专家顾问委员会和秘书处，秘书处为常设办事机构。各工作委员会正副主任、顾问和副秘书长由第六届常务理事会聘任。

一、常务副秘书长：张黎雨

副秘书长：齐晓东

二、工作委员会

1. 学术工作委员会

主　任：邝仕均

副主任：曹春昱　靳福明　詹怀宇

顾　问：杨懋暹

2. 普及与教育工作委员会

主　任：曹朴芳

副主任：刘　琦　李　耀　李发祥

顾　问：黄润斌

3. 编辑工作委员会

主　任：孙树建

副主任：黄祖壬　卢宝荣

顾　问：李威灵

4. 组织工作委员会

主　任：陈学忠

副主任：曹振雷　张黎雨

5. 咨询工作委员会

主　任：陈鄂生

副主任：江曼霞　赵　伟　韩　力

顾　问：李有元

三、资深专家顾问委员会

主　任：余贻骥

副主任：胡宗渊　潘锡五　陈克复

委　员：钟香驹　张　珂　朱尹策　顾民达　黄运基　胡　楠　李有元　杨懋暹　黄润斌　李威灵　谭祖光　萧启寿　马石辉　谭国民9　李忠正　蒋荣祺　张　熙（排名不分先后）

（中国造纸学会秘书处）

各省（区）造纸学会

Local Technical Association of Paper Industry

北京市造纸学会
理事长： 孙树建
副理事长： 马石辉（常务）　邝仕均　黄祖壬
秘书长： 马石辉（兼）
通讯地址： 北京市西四北八条 9 号
邮政编码： 100034
电话： 010－66518476
传真： 010－66518482

天津市造纸学会
名誉理事长： 谭国民
理事长： 刘　忠
副理事长： 黄永兴　姜宏谅　王唯力　张自敏　李相臣　李　群
秘书长： 李　群
副秘书长： 惠岚峰
通讯地址： 天津市泰达经济技术开发区 13 大街 29 号天津科技大学化工学院
邮政编码： 300457
电话： 022－60601988
18622267958（李　群）
传真： 022－60601988

河北省造纸学会
理事长： 于志恩
副理事长： 刘国造（常务）　邹从标　龚得利　王宏武　蒋忠道　王志贤
秘书长： 刘国造（兼）
通讯地址： 河北省石家庄市合作路北和街 18 号
邮政编码： 050051
电话： 0311－87086240
传真： 0311－87086240

山西省造纸学会
理事长： 刘　涛
秘书长： 袁　珊
通讯地址： 山西省太原上肖墙 10 号
邮政编码： 030002
电话： 13835176139（刘　涛）

内蒙古自治区造纸学会
理事长： 王景文
副理事长： 范学斌（常务）　陈耀福
秘书长： 范学斌（兼）
通讯地址： 内蒙古呼和浩特市海拉尔大街 46 号
邮政编码： 010050
电话： 0471－6500310　15049131399（范学斌）
传真： 0471－6555919

辽宁省造纸学会
理事长： 张运展
秘书长： 刘秉钺
通讯地址： 辽宁省大连市甘井子区轻工苑一号
挂靠单位： 大连工业大学（原大连轻工业学院）
邮政编码： 116034
电话： 0411－86323327－803　13050591756（刘秉钺）
传真： 0411－86323690

吉林省造纸学会
副理事长： 马增源　方嘉华　刘　怀　柳风林　曹宪斌
秘书长： 徐淑敏
通讯地址： 吉林省长春市人民大街副 54 号
邮政编码： 130051
电话： 0431－88829158
传真： 0431－85518433

黑龙江省造纸学会

理事长：王连科

副理事长：杨同魁　董　鹰　魏雨虹　关兴江
于　钢　马永生

秘书长：杨金玲

通讯地址：黑龙江省牡丹江市阳明区光华街 5 号

邮政编码：157013

电话：0453－6330907（王连科）6320013（杨金玲）

传真：0453－6320013

上海市造纸学会

理事长：刘福玉

副理事长：姜海斌　杨金魁　李振忠　戚永宜
朱勇强　彭木祥

秘书长：姜海斌（兼）

通讯地址：上海市普陀区镇坪路 176 弄 10 号 2501 室

邮政编码：200061

电话：021－52040637　52040672

传真：021－52040673　52040637

江苏省造纸学会

理事长：张　辉

副理事长：房桂干

（以下按姓氏笔画为序）

王自力　田宝凤　刘　克　李长林
李鸿斌　沈　滨　郑乃监　赵　琳
董原兴　翟华敏

秘书长：景　宜

通讯地址：江苏省南京市龙蟠路 159 号
南京林业大学轻工科学与工程学院 310 室

邮政编码：210004

电话：025－85428235　85428793

传真：025－85428235　85428793

浙江省造纸学会

理事长：胡开堂

副理事长：戈海华　毛菊仙　黄晓钢　陈万平
孙柏贵　吴明武　梁中平　陈建明
姚向荣　王敏良　叶素芳　杨　旭
刘川江　陆文荣

秘书长：陆文荣

副秘书长：李土根　郑梦樵

通讯地址：浙江省杭州市艮山西路 182 号

邮政编码：310004

电话：0571－88175771

传真：0571－86958853

安徽省造纸学会

理事长：蔡锡枢

副理事长：王德贤　何家富　魏宝华　朱春明
包志保　宋作侃　李光源

秘书长：陈明邦

通讯地址：合肥高新技术开发区天达路 71 号 A1 楼 7 层
中国轻工业武汉公司院合肥分公司

邮政编码：230088

电话：0551－4652638－168　13856081568

传真：0551－4672638

福建省造纸学会

名誉理事长：张道沛

理事长：谢拥群

副理事长：吴冰文　徐宗明　柯吉熊　叶厥桂
高晓明　吴加能　郭亦根　郑宝琛
陈礼辉

秘书长：林小琦

通讯地址：福建省福州市六一北马路 204 号

邮政编码：350005

电话：0591－83738907（谢拥群）
13960786960（谢拥群）
0591－83334751（林小琦）
13609589746（林小琦）

传真：0591－83715175（谢拥群）
0591－83334751（林小琦）

江西省造纸学会

理事长：管步军

副理事长：雷建民　戴圣光

秘书长：雷建民（兼）

通讯地址：江西省南昌市北京东路 138 号

邮政编码：330029

电话：0791－8333891　13507911422

传真：0791－8323123

山东省造纸学会

名誉理事长：谭珂瑾

理事长：王吉忠

副理事长： 张金声（常务）　陈嘉川　秦萼华
王泽凤　陈洪国　李建华　李洪信
李洪法　佟克本　李振忠　丁延莉
秘书长： 张金声（兼）
通讯地址： 山东省济南市工业南路 101 号
邮政编码： 250100
电话： 0531－88191566　88519559
传真： 0531－88191566

河南省造纸学会
理事长： 赵晓广
副理事长： 高丹盈　李尚武　程志伟　李京刚
姜丰伟　冯新房　梁修昌　史世功
刘继春　康宝平　刘　洁
秘书长： 李尚武（兼）
通讯地址： 河南省郑州市文化路 97 号
（郑州大学工学院）
邮政编码： 450002
电话： 0371－63886906　13608691192（李尚武）
传真： 0371－63886906
网址： www. paperhn. com
邮箱： hnszzxh@ 126. com
QQ： 978815359

湖北省造纸学会
理事长： 蒋筱芳
副理事长： 张敞平　聂勋载　王向阳　付玉全
周少华　华癸学
秘书长： 邓振强
通讯地址： 湖北省武汉市汉口建设大道 623 号
福星科技大厦 B 座 1506 室
邮政编码： 430030
电话： 027－88044004
传真： 027－88041709

湖南省造纸学会
名誉理事长： 刘晓明　吴佳林
理事长： 宋善军
副理事长： 樊　燕　杨傲林　马乐凡　刘湘松
魏冬云
秘书长： 杨李双
通讯地址： 湖南省湘潭市建设中路 7 号
邮政编码： 411104
电话： 0731－58523295
传真： 0731－58523295

广东省造纸学会
理事长： 刘焕彬
常务理事长： 詹怀宇
副理事长： 关　铿　何北海　余惠生　李朝旺
邹敦华　陈克复　林润惠　胡穗生
黄阳旭　蒋　鹏　谭尚辉　黎惠华
秘书长： 何北海（兼）
通讯地址： 广东省广州市五山华南理工大学
制浆造纸工程国家重点实验室
邮政编码： 510640
电话： 020－87112854
传真： 020－87112453

广西壮族自治区造纸学会
理事长： 王双飞
常务副理事长： 黄显南
副理事长： 宁　俊　林伟民　陈　健　周国正
马朝梅　段小敏　唐先陆　蒙广全
赖可宾　古金荣
秘书长： 黄显南（兼）
通讯地址： 广西壮族自治区南宁市大学路 100 号
广西大学科研所
邮政编码： 530004
电话： 0771－3272225　13977116386（黄显南）
传真： 0771－3272225

四川省造纸学会
名誉理事长： 甘道明
理事长： 李发祥
副理事长： 谷声文　张国斌　吴和均　蓝振廷
崔玉琦　叶尚言　易　从　康　林
李剑波　张世进　李　途　罗福刚
秘书长： 李　途
副秘书长： 罗福刚
通讯地址： 四川省成都市福兴街 30 号省轻工厅大
厦 10 楼
邮政编码： 610016
电话： 028－86265842
传真： 028－86785924

重庆市造纸学会
理事长： 陈先谦

副理事长： 米庆元　王友伦　冯地庆　彭支瑞
秘书长： 王友伦
通讯地址： 重庆市江北区兴隆路 1 号
蔚蓝世纪 A 栋 6－6 室
邮政编码： 400020
电话： 13330275860（王友伦）

贵州省造纸学会
联系人： 林育德
通讯地址： 贵州省贵阳市青云路 111 号
一轻公司宿舍
邮政编码： 550002
电话： 0851－5575624（林育德）

云南省造纸学会
顾问： 李元禄、孙鹤章、孙光宗
理事长： 彭增华
副理事长： 陈克利（常务）　王　水　王亚明
杨发甲
秘书长： 陈克利（兼）
通讯地址： 云南省昆明市官渡区金马镇白龙寺 302 号
昆明理工大学（白龙校区东二院）化工学院
邮政编码： 650224
电话： 0871－3835931　13987638634（陈克利）
传真： 0871－3835931

甘肃省造纸学会
负责人： 赵　煜
通讯地址： 甘肃省兰州市金昌南路 101 号
甘肃省轻工业研究院
邮编： 730000
电话： 0931－8126518　13993170089（赵煜）
传真： 0931－8124557

宁夏回族自治区造纸学会
名誉理事长： 聂有才　陈钟灵
顾问： 李沛春　雷道远
理事长： 李瑾明
副理事长： 刘德林（常务）　丁吉文　王宁成
李书庆　李秦龙　张弥金　郭旭斌
秘书长： 杜　宏
通讯地址： 宁夏回族自治区银川市解放西街 425 号
邮政编码： 750001
电话： 0951－5043123　13895186087（杜宏）
传真： 0951－5044986

陕西省造纸学会
理事长： 张美云
常务副理事长： 王志杰
副理事长： 张飞跃
秘书长： 张安龙
通讯地址： 陕西省西安市未央大学园区陕西科技大学造纸工程学院 209 室
邮政编码： 710021
电话： 029－86168239
传真： 029－86168230

新疆维吾尔自治区造纸学会
理事长： 梅树亚
副理事长： 董晓辉　徐　林　周俊英
秘书长： 李云德
通讯地址： 新疆乌鲁木齐市民主路 88 号
新疆轻工业行业管理办公室规划处
邮政编码： 830002
电话： 15109919125（梅树亚）
传真： 0991－2825525（李云德）

（雷　煌）

中国造纸学会团体会员名单

Name List of Company Members of CTAPI

单位名称	单位地址	邮编	电话	传真	法人	联系人
ABB 中国有限公司（ABB 制浆造纸部）	北京市朝阳区酒仙桥路 10 号恒通广厦 B8－3	100016	010－84566688	84567626		张雪
阜阳造纸厂	安徽省阜阳市涡阳路 45 号	236023	0558－2322219			
永丰纸业有限公司	安徽省淮南市田家庵区电广路	232007	0554－3622282		王益重	
安徽山鹰纸业股份有限责任公司	安徽省马鞍山市勤俭路 3 号	243021	0555－2826385	2810496	王德贤	
安徽东泰纸业有限公司	安徽省芜湖市褐山路 101 号	241009	0553－5801199	5805674	杨海亚	
安徽景丰纸业有限公司	安徽省淮南市经济技术开发区振兴路西	232008	0554－3313410	3312663	高瑾	刘莉
中国国旅旅游贸易有限责任公司	北京北辰东路 8 号北京国际会议中心二层	100101	010－84973322	84973339	蓝海	
中国造纸开发公司	北京市东城区广渠门南水关甲 7 号华威国际公寓	100061	010－65810022	65004461	曹振雷	
中国制浆造纸研究院	北京市东城区广渠门南水关甲 7 号华威国际公寓	100061	010－65877000	65815677	曹春昱	刘波
中国纸张纸浆进出口公司	北京市朝阳区劲松九区 910 号	100021	010－67780346	67747294	王小京	
北京轻环工程咨询设计公司	北京市朝阳区团结湖北三条农机局	100026	010－85967972	65088001	张雄麟	
北京东华制浆造纸企业集团	北京市东城区东四南大街本司胡同 75 号	100010	010－65251789	65251789	王麟	
中国金龙松香集团公司	北京市东城区和平里东街 18 号	100714	010－84239249	84239249	李满盈	蔡文权
北京市中天纸业集团有限公司	北京市东城区东直门外香河园 1 号	100034	010－66519131	66518482	刘和平	
国家开发银行市场与产业分析局	北京市阜外大街 29 号	100037	010－68306634	68306636	王大用	陈卉
北京华伦造纸脱水器材联合公司	北京东城区广渠门内大街 16 号	100062	010－67155840	51336285	赵家懋	

续表

单位名称	单位地址	邮编	电话	传真	法人	联系人
中国国际工程咨询公司	北京市海淀区车公庄西路 32 号	100048	010 – 68733029	68417301	屠由瑞	
FAG 中国有限公司	北京市建外大街 22 号赛特大厦 711 室	100004	010 – 65123621	65123433	勾建辉	于福海
颇尔过滤器(北京)有限公司	北京市亦庄经济开发区鸿达路 12 号	100176	010 – 87225101	67802235	祁荣光	李军
北京市恒聚油田化学剂有限公司	北京市通州区漷县工业开发区	101109	010 – 80589588	80587077	郭文礼	傅允隆
康那春福利纸巾厂	北京市顺义县牛栏山镇东	101301	010 – 69412185		李清	
福州造纸厂	福建省福州市仓山区工农路港州岛东端	350007	0591 – 83659624	83659624		
福建南纸股份有限公司	福建省南平市滨江北路 177 号	353000	0599 – 8808888	8808312	黄国英	林小河
福建青山纸业股份有限公司	福建省青州市沙县青州	365506	0598 – 5656888	5653336	刘天金	林燕蓉
福建邵武中竹纸业有限责任公司	福建省邵武市下王塘	354000	0599 – 6541168	6541090	倪日涛	
顺昌造纸厂	福建省顺昌县城关塔山路 9 号	353200				
酒泉银星纸业有限责任公司	甘肃省酒泉市雄关路 11 号	735000	0937 – 2614532	5991935	王德林	
广宁人民造纸厂	广东省肇庆市广宁县石涧横迳工业区	526343	0758 – 8711297	8711226	冯福新	
广东省制糖造纸工业总公司	广东省广州市盘福路朱紫后街 1 号	510180	020 – 81360767	81363478	刘汉德	黄燕
广东省造纸研究所	广东省广州市新港西路 154 号	510300	020 – 34301776	34300509	伍泽荣	陈小燕
江门甘蔗化工厂(集团)股份有限公司	广东省江门市甘化路 1 号	529030	0750 – 3365000	3361973	周润	
江门市塞外星纸浆公司	广东省江门市美景潮江路 10 号 110	529000	0750 – 3108366	3108323	陈启荣	
江门造纸企业(集团)公司	广东省江门市文昌沙 89 号	529020	0750 – 3332718	3330893	陈桼团	
广东远东食品包装机械有限公司	广东省信宜市教育路 38 号	525300	0668 – 8812508	8810668	吴章荣	黎祖群
广州造纸股份有限公司	广州市海珠区工业大道中广纸路 40 号	510280	020 – 84336888	84356618	林昭远	李逢敏
广西自治区南宁凤凰纸业有限公司	广西自治区南宁市星光大道 158 号	530031	0771 – 4590229	4516683	段小敏	谭洁玲
广西林业荔浦纸业有限公司	广西荔浦县荔城镇玉雷湾工业区	546600	0773 – 7233398	7233464	张方德	
广西柳江造纸厂	广西柳州市洛埠镇	545011	0772 – 2750784	2750177	郑艳民	

续表

单位名称	单位地址	邮编	电话	传真	法人	联系人
广西国发林业造纸有限责任公司	广西省柳州市柳东新区雒容镇密园路 2 号	545616	0772 – 6666987	6511006	安明明	
广西壮族自治区造纸工业公司	广西南宁市建政路 49 号	530023	0771 – 5623692	5621141	蒋贵德	梁旭
广西金桂浆纸业有限公司	广西钦州市钦州港金光工业园区	535008	0777 – 3698012	3696666	黄志源	姚志桂
贵州省凯里造纸厂	贵州省凯里市三棵树镇桂丁	556009	0855 – 8422736	8422746	朱江华	
桐梓造纸厂	贵州省桐梓县	563200				
贵州赤天化纸业股份有限公司	贵州省赤水市赤天化纸业股份有限公司	564707	0852 – 2879721	2879729	郑才友	刘锡炳
中国造纸开发保定设计公司	河北省保定市天威中路 1032 号	071000	0312 – 2025534	2025534	龚德利	
保定市兴冀特种纸业有限责任公司	河北省保定市利民路 68 号	071000	0312 – 2113318	2116666	刘华	
保定钞票纸有限公司	河北省保定市盛兴西路 2166 号	071071	0312 – 3198010	3178167	李策	王素芳
华荣工业开发总公司网毯厂	河北省定州市西关南街	073000	0312 – 2386876			
秦皇岛豪峰企业集团	河北省抚宁县留守营	066301	0335 – 6045948	6045975	陈晓峰	
廊坊淀粉厂	河北省廊坊市爱民西道 139 号	065000	0316 – 2114990	2650479		
枣强县工业用毯总公司	河北省衡水市枣强县肖家镇	053100	0318 – 84844494			
宣化造纸厂	河北省张家口市宣化区跃进街 11 号	075100	0313 – 3058301	3074879	李润林	
石家庄市正定县福利造纸厂	河北省石家庄市正定县诸福屯	050800	0311 – 8220352	8220352	郭计存	高小安
安阳市造纸厂	河南省安阳市轻工路 17 号	455001	0372 – 2926428	2928944	张建华	
辉县市机械厂	河南省辉县市南关东街 27 号	453600	0373 – 6291121	6291121	路素梅	
腾飞造纸设备厂	河南省济源思礼高庄	454695				
四海工业用呢制造有限责任公司	河南省漯河市人民东路 25 号	462000	0395 – 2624572		应时雨	
洛阳牡丹集团(孟县造纸厂)	河南省孟县城南关	454700				
沁阳市第一造纸机械厂	河南省沁阳市葛村工业区	454586	0391 – 5938384	5938384	张公文	辛捍东
沁阳市通用机械厂	河南省沁阳市建设北路 8 号	454550	0391 – 5610429	5630200	李在文	王守中
沁阳市天源实业有限公司	河南省沁阳市西万镇石庄村	454561	0391 – 5988163	5989131	张小宝	罗东兴

续表

单位名称	单位地址	邮编	电话	传真	法人	联系人
沁阳市险峰造纸机械厂	河南省沁阳市紫陵工业区	454592	0391－5691718	5691718	司良伟	王国敏
河南沈丘县第二造纸网厂	河南省沈丘县闸南路 40 号	466300	0394－5224696	5224104	董振伟	
河南舞钢海明集团有限公司	河南省舞钢市安寨路 1 号	462512	0375－8388027	8388026	孙海明	
新乡新亚纸业集团股份有限公司	河南省新乡县七里营镇南新庄村	453731	0373－5681188	5680286	宋敬志	闫业起
河南省中牟造纸厂	河南省中牟县城关镇向阳路 11 号	451450	0371－2182729	2181686	焦天伟	李晓明
兴凯湖造纸厂	黑龙江密山县	158328	0451－86875819	86875819		
牡丹江恒丰纸业股份有限公司	黑龙江省牡丹江市光华街恒丰路 11 号	157013	0453－6886886	6333477	徐祥	徐雅君
大宇制纸股份有限公司	黑龙江省牡丹江市阳明区光华街 8 号	157013	0453－6325718	6334387		刘婷婷
黑龙江斯达造纸有限公司	黑龙江省齐齐哈尔市富裕镇西 5 公里	161202	0452－3100955	3108848	董鹰	
黑龙江省造纸公司	黑龙江省哈尔滨市南岗区花园街 155 号	150001	0451－3671247	2522367	娄太山	
佳木斯纸业集团有限公司	黑龙江省佳木斯市光复路 306 号	154005	0454－8378114	8391258	刘铁恒	
齐齐哈尔造纸有限公司	黑龙江省齐齐哈尔市龙沙区新立街长青路 27 号	161005	0452－5982784	2812615	张伟东	
武汉晨鸣汉阳纸业有限公司	湖北省武汉经济技术开发区沌口街	430057	027－84894198	84894586	陈洪国	陈凯
湖北省化学工业研究设计院	湖北省武汉市洪山区关山一路 89 号	430073	027－87439315		雷兴家	
武汉工业大学电子设备厂	湖北省武汉市洪山区珞狮路 122 号	430070	027－87863509			
武汉市亚太纸业发展有限公司	湖北省武汉市青年路 103 号	430015	027－83611165		余国民	
武汉市红桥橡胶厂	湖北省武汉市汉口三眼桥路 155 号	430015	027－82627905	82605825	明中秋	郭军
武汉锅炉集团特种锅炉工程有限责任公司	湖北省武汉市武珞路 586 号	430070	027－87655091	87655055	王保华	王大伟
襄樊造纸厂	湖北省襄樊市大庆东路	441001	0710－3873770			
泰格林纸集团股份有限公司	湖南省长沙市星沙经济技术开发区东升路 48 号	410100	0731－84025555	84025566	吴佳林	谢洪
中国轻工业长沙工程有限公司	湖南省长沙市中意一路 67 号	410004	0731－85770333	85584415	金维新	曹静
岳阳纸业股份有限公司(岳阳林纸集团有限公司)	湖南省岳阳市城陵矶	414002	0730－8590202	8561262	王祥	陈金山
淦田造纸厂	湖南省株洲市淦田镇	412000	0733－7257332			

续表

单位名称	单位地址	邮编	电话	传真	法人	联系人
白城市造纸厂	吉林省白城市纸厂街 8 号	137000	0436－3236121	3236121	刘金泰	
吉林省造纸(集团)有限公司	吉林省吉林市昌邑区林荫路 9 号	132002	0432－2702416	2772858	曲丹时	
吉林亚松实业股份有限公司	吉林省龙井市开山屯镇	133417	0433－3406643	3405988	臧家顺	
吉林白麓纸业有限公司	吉林省图们市石岘镇	133101	0433－3868986	3868254	王相阁	
江苏迎浪集团有限公司	江苏省宝应北郊工业区	225806	0514－8362429	8362859	董洪志	于广和
江苏长丰纸业有限公司	江苏省镇江市丹阳市滨海开发区	212312	0511－6326006	6326006	朱建农	曹秀风
阜宁县永泰纸业有限公司	江苏省阜宁县益林镇建益路 1 号	224421	0515－7793465	7793401	徐维海	张友成
徐州工业用呢厂	江苏省徐州市湖北路 30 号	221006	0516－85795900	85796891	陈国荣	王金萍
江苏王子制纸有限公司	南通市经济技术开发区江河路 17 号	226017	0513－8599－6555	85996382	渡边正	郭明明
昆山钞票纸厂	江苏省昆山市经济技术开发区震川东路 1188 号	215300	0512－57726695	57704946	赵增华	
中国高岭土公司	江苏省苏州市浒墅关	215151	0512－65391615	65391459	蒋锡龙	吴俊林
江苏省无锡荣成纸业有限公司	江苏无锡市惠山区洛社镇中兴西路 43 号	214092	0510－83318681	83312951	董源兴	王晓红
苏州紫兴纸业有限公司	江苏省苏州市新区滨河路 600 号	215011	0512－68251060	68251711	奥力斯	朱伟言
太仓嫦娥工业用呢有限公司	江苏省太仓市沙溪镇	215421	0512－53212049	53214871	龚文元	沈惠芳
海燕高压泵阀厂	江苏省无锡市惠山区前洲镇工业区	214181	0510－83380752	83380752		
扬州庆丰造纸总厂	江苏省扬州市解放东路 13 号	225003	0514－87232091	87234817	王望	
金东纸业(江苏)股份有限公司	江苏省镇江市大港兴港东路 8 号	212132	0511－88998888	88997000	黄志源	张妍
镇江林业机械厂	江苏省镇江市丹徒路 300 号	212016	0511－8781320	8781099	吴培国	胡胜男
镇江大东纸业有限公司	江苏省镇江市镇江新区大港东方路 8 号	212000	0511－8820202	8820201	黄亦方	
镇江金河纸业有限公司	江苏省镇江市谏壁越河街 41 号	212006	0511－3361375	3361362	周建平	张军
依卡化学品(苏州)有限公司	江苏省苏州市工业园区苏虹中路 302 号	215122	0512－62582276	62582272		罗巨生
优胜专业工业胶带(苏州)有限公司	江苏省苏州工业园区出口加工区 1－B	215021	0512－62581351	62581350		梁志娟
昆山市世名科技开发有限公司	江苏省昆山市黄浦江北路 219 号	215337	0512－57667150	57665880	吕仕铭	姜云兴

续表

单位名称	单位地址	邮编	电话	传真	法人	联系人
江西东永实业有限公司	江西南昌莲塘镇龚南路 3 号	330200	0791－5713982	5711048	章东永	刘定国
分宜县造纸厂	江西省分宜县老火车站	336600				
江西赣南造纸厂	江西省赣南县黄坪路 22 号	341000	0797－8115800		黄平	
吉安造纸厂	江西省吉安市石溪头	343012	0796－8284369			
江西特种纸业有限责任公司	江西省进贤县民和镇西门路 569 号	331700	0791－5660376	5660377	万仁枝	
井冈山纸业有限公司	江西省井冈山市石市口	343602	0796－6610117	6610720	姜洪涛	
江西纸业集团抚州板纸有限公司	江西省临川市抚北镇	344001	0794－8352245	8352238	姜风水	
江西纸业集团有限公司	江西省南昌市董家窑 112 号	330006	0791－8625886	8625863		
江西虎山造纸厂	江西省永修县虬津	330309	0792－3112375	3110311	代同根	
丹东巨浪造纸有限公司	辽宁省丹东市振兴区人民街 42 号	118002	0415－6174121	6163256	王振山	
鸭绿江造纸厂	辽宁省丹东市珍珠街 249 号	118001	0415－4143849	4144774	王希才	
宽甸满族自治县造纸厂	辽宁省宽甸镇铁长路 259 号	118200	0415－5674350			
辽阳工业纸板股份有限公司	辽宁省辽阳市白塔区建设路 21 号	111004	0419－3302150	3302006		
金城造纸有限责任公司	辽宁省凌海市金城街	121203	0416－8285112	8282534	柏丹	张凯民
营口造纸厂	辽宁省营口市站前区河湾北街 1 号	115001	0417－2135860	3841195	赵国庆	王庆
富伦纸业有限公司	内蒙古扎兰屯纸浆街 33 号	162650	0470－3307687	3303809	王明宇	焦德锡
宁夏美利纸业集团有限责任公司	宁夏中卫柔远	751700	0953－7679339	7679216	刘崇喜	
山东太阳纸业股份有限公司	山东省兖州市友谊路 1 号	272100	0537－3658713	3633489	李洪信	王峰
华泰集团有限公司	山东省东营市广饶县	257335	0546－6888818	6881018	李建华	任文涛
济南晨光造纸有限公司	山东省济南市济洛路 160 号	250031	0531－8321805			
山东省泉林纸业有限责任公司	山东高唐县光明东路 15 号	252800	0635－3961847	3961597	李洪法	董华
济南鲁丰造纸工业公司	山东省济南市铜元局前街 11 号	250012	0531－6912611	6912735	侯斌	
中冶纸业银河有限公司	山东省临清市西门里街 297 号	252600	0635－2434652	2436888	高景春	

续表

单位名称	单位地址	邮编	电话	传真	法人	联系人
山东龙口造纸总厂	山东省龙口市羊岚镇黄河营村北	265712	0535 – 8588233	8589555	曲建波	
青岛造纸厂	山东省青岛市四流南路 245 号	266042	0532 – 4851203	4850754	王民航	
山东亚太森博浆纸有限公司	山东省日照市北京路 369 号	276826	0633 – 3361139	3361280	黄文海	乔小桥
山东凯丽纸业股份有限公司	山东省荣城市河阳东路 198 号	264300	0631 – 7572758	7571946	王本昌	车忠强
山东金山口纸业有限责任公司	山东省泰安市郊区山口镇	271038	0538 – 8611070	8611070	宋洪莲	郝俊鹏
泰安造纸厂	山东省泰安市造纸厂北路 1 号	271000	0538 – 6218186	6218186	李绳祖	
滕州力华米泰克斯胶辊有限公司	山东省滕州市滕州开发区恒源北路 366 号	277500	0632 – 5699450	5699275	朱宏伟	秦佑凤
潍坊恒信纸业集团有限公司	山东省潍坊市奎文区民生东街 30 号	261041	0536 – 8233981	8237466	杨广英	
西门子真空泵压缩机有限公司	山东省淄博市博山区北域城 448 号	255213	0533 – 4650168	4650166	爱华石特	
淄博恒星机电设备有限公司	山东省淄博市周村区恒星路 98 号	255300	0533 – 6556150	6556443	李孔泉	王志华
山东宏和集团邹城恒翔纸业有限公司(宏河矿业集团)	山东省邹城市营西路 52 号	273500	0537 – 5312183	5312183	刘玉泰	张祥奎
山东淄博板纸股份有限公司	山东淄博高新技术开发区柳泉路北首	255086	0533 – 3580813	3580813	曹维志	朱训翠
三菱重工恒星(淄博)造纸机械有限公司	山东省淄博市周村区恒星路 98 号	255600	0533 – 6553030	6557531	松本荣	韩福
阿尔诺维根斯晨鸣特种纸有限公司	山东省寿光市文昌路 69 号	262700	0536 – 5672111	5672202	佟翀	王培春
西安造纸网厂	陕西省长安县马王镇张海坡甲字 1 号	710115	029 – 5851481	5851477	赵雷	
陕西科技大学	陕西省西安市未央大学园区	710021	029 – 86168008	86168016	俞在青	
中企东方资产管理有限责任公司	上海市浦东新区浦东大道 720 号国际航远金融大厦 17 楼	200120	021 – 50368339	68671857	唐万川	刘恒阳
上海金熊造纸网毯有限公司	上海市金山区枫泾镇兴塔建安路 78 号	201502	021 – 67361666	67361076	周俊	杨金魁
港沿造纸厂	上海市崇明县港沿八一车站	202158	021 – 9461620			
上海华丽铜版纸厂	上海市飞虹路 460 号	200086	021 – 65035977	65030946	胡国英	
上海新江南纸业有限公司	上海市普沱区武宁路 1500 号南楼 408	200063	021 – 62543871	62543871	姜海斌	周大中
上海赫克力士化工有限公司	上海市申富路 688 号	201108	021 – 54422323	54424580	李迪俊	
上海开伦造纸(集团)有限公司	上海市武夷路 477 号	200050	021 – 62400224	62401113	毛来	

续表

单位名称	单位地址	邮编	电话	传真	法人	联系人
上海泛亚韩松潜力纸业有限公司	上海蕴州路以西盛桥工业小区	200942	021－56649707	56646488	李相来	
成都造纸一厂	四川省成都市锦江区琉璃乡柳江工业园	610023	028－85912317	85911552	江德生	
四川省青城造纸厂	四川省都江堰市莆阳路下段198号	611832	028－87150622	87150012	雷启昆	
四川瑞松纸业有限公司(乐山造纸厂)	四川省乐山市市中区柏杨路106号	614005	0833－2490015	2490201	张从心	
乐山市泰辉机械制造有限公司	四川省乐山市高新区乐高大道4号	614000	0833－2595238	2595238	范兴辉	唐国清
绵阳海天测试技术有限责任公司	四川省绵阳市科学城海天大楼	621900	0816－2482214		张亮	曾雅军
涪江造纸厂	四川省绵阳市涪城路58号	621000	0816－2840242	2840231	梁发青	夏玉兰
四川永丰纸业股份有限公司	四川省沐川县永福镇	614500	0833－4651066	4651066	吴和均	赵清莲
雅安造纸厂	四川省雅安市青江路1号	625000				
雅安中竹纸业有限责任公司	四川省雅安市姚桥镇	625000	0835－2850817	2850817	李明刚	
四川长江包装纸业有限公司	四川省宜宾市马鞍石	644004	0831－3601999	3601999	陈瑜	
四川长信纸业有限责任公司	四川省宜宾市马鞍石	644004	0831－3601124	3602959	熊卫	
宜宾纸业股份有限公司	四川省宜宾市岷江西路54号	644007	0831－3558064	3551965	田心和	
四川轻化工学校	四川省自贡市邓关	643033				
天津顶峰淀粉开发有限公司	天津经济技术开发区十二大街2号	300457	022－25320550		胡中萍	李利荣
天津市津工联工业用呢厂	天津市河东区津塘路1号桥钢厂路建设大街73号	300180	022－84211002	84210397	刘金川	
天津造纸厂	天津市河西区大沽南路1069号	300222	022－28342153	28183260	姜宏谅	
天津造纸工业公司	天津市河西区台湾路2号	300202	022－23311151	23246475	刁桂生	
新疆博斯腾湖造纸厂	新疆库尔勒市新城区	841001	0996－2151000	2151000		
农业部农垦造纸协会	新疆石河子市西三路	832009	0993－2515661	2515663	李国民	
新疆天宏纸业股份有限公司	新疆石河子市西三路	832009	0993－7526001	2515663	李国民	
大理造纸股份有限公司	云南省大理市下关北郊	671000	0872－2224214	2223645	程云川	
云南省造纸工业公司	云南省昆明市东风西路28号	650031	0871－5310385	5327311	张玉华	何瑛

续表

单位名称	单位地址	邮编	电话	传真	法人	联系人
云丰造纸厂	云南省昆明市高山区海口镇	650114	0871－8590226	8590470	田克	朱夏玖
云南省轻工科学研究所	云南省昆明市气象路 13 号	650034	0871－4144340	4144340	吴家驹	扬本彬
昆明造纸厂	云南省昆明市西郊岷山	650106				
云南省设计院	云南省昆明市新闻路 259 号	650032	0871－4142994	4141085	王先霖	
新华造纸厂	云南省丽江县石鼓区新华乡	674115				
云南陆良银河纸业有限公司	云南省陆良县西桥工业区	655600	0874－6869555	6869091	肖国富	王文英
轻工业杭州机电设计研究院	浙江杭州体育场路 71 号	320004	0571－85186716	85186432	刘安江	吴鹏
杭州华章电气工程有限公司	杭州文三路 252 号伟星大厦 12 楼 E 座	310012	0571－88866555	8856077	朱根荣	张菁
杭州华丰纸业有限公司	浙江省杭州市和睦路 555 号	310011	0571－88091424	88091536	黄胜利	
杭州市化工研究所	浙江省杭州市湖墅石灰坝 7 号	310014	0571－88314437	88314437	姚献平	
杭州东新机电阀门有限公司	浙江省杭州市庆春东路杭九中内	310016	0571－86992775	86466338	李忠馀	李寿萍
杭州碱泵有限公司	浙江省杭州市西湖区三墩镇西湖科技园区五路 12 号	310030	0571－89905600	89905611	陈晓云	陈波
民丰特种纸股份有限公司	浙江省嘉兴市角里街 70 号	314000	0573－82839008	82839007	颜广生	王洪祥
浙江亚伦集团股份有限公司	浙江省龙游县龙兰路 151 号	324400	0570－7090009	7022968	计皓	
宁波中华纸业有限公司	浙江省宁波市海曙区段塘镇丁家街 108 号	315012	0574－87464811	87493450	黄鸿年	叶莉萍
上虞市玻璃纸厂	浙江省上虞市大三角开发区	312300	0575－2152020	2152021	张志钦	缪炳南
温州纸业有限公司	浙江省温州市西山西路 109 号	325006	0577－8413196	8414161	李黎光	
重庆造纸工业公司	重庆市江北区建东二村 31 号	400020	023－67850091	67871174	刘保瑞	
重庆万元纸业(集团)股份有限公司	重庆市万元区万忠路 341 号	404000	023－58521269	58960099	杨邵安	
东亚合成株式会社	日本千叶县茂原市东乡 1900 三井化学(株)茂原分工厂内	297－0017	0475－2188－1114		栗山晃	李巍

（雷　煌）

2010 年中国造纸协会主要工作

Main Works Have Been Done by China Paper Association in 2010

2010 年，中国造纸协会根据政府相关部门安排的工作内容和协会理事会制定的工作计划认真有序地开展了各项活动，在协会全体会员单位的共同努力和各级政府及相关部门的帮助下，中国造纸协会基本完成了预定的工作任务目标，并取得了较好的工作效果和成绩。现将 2010 年来的工作情况总结如下。

一、协助政府部门做好行业工作

1. 按照国家发改委的工作部署，协会承担了《造纸工业“十二五”发展规划》研究及建议报告的编制工作。协会组织了相关专家、学者及地方协会、学会和部分企业人员共同参与，于 2010 年 5 月底完成了“十二五”发展规划研究报告初稿并提交到 2010 年 6 月 22 日召开的协会第三届理事会第二次会议上进行了讨论。

2. 为更好地推进造纸产业结构调整与技术装备创新进程，协会于 2010 年 4 月和 11 月分别组织科研院所、高校、部分重点企业负责人和造纸装备企业负责人召开了造纸工业“十二五”科技发展和装备技术发展座谈会，共同探讨和完善造纸产业“十二五”规划中技术与装备发展方向和建议。

3. 根据造纸工业特点，在充分调研的基础上，2010 年 4 月完成了 2009 年造纸工业年度报告，为行业和有关部门提供了完整的生产运行及消费数据，得到了社会的好评，同时为指导行业生产和发展奠定了基础。

4. 受环保部的委托，协会开展了“造纸行业水污染减排技术及核查核算参数”的研究工作并提出了研究报告，该报告于 2010 年 12 月底通过了由环境保护部总量司组织的专家评审验收。该报告对造纸工业现状及未来的发展、污染物减排和排放现状、污染物治理和技术现状、政策和标准的实施情况、“十二五”总量控制新增指标等进行分析，分析“十一五”水污染物总量控制技术方法、治污对策，提出政策和措施建议，为政府主管部门做出决策提供参考和依据，完成了项目合同规定的任务。

5. 根据中国国家标准管理委员会 2007 年第二批国家标准制修订计划，协会承担了对《GB/T 189165—2002 造纸产品取水定额》标准的修订工作，并于 2010 年 12 月 6 日在北京召开了造纸产品取水定额标准审查会。目前，此项标准已报送全国工业节水标准委员会审批，将于 2011 年发布实施。

6. 为了解和掌握造纸工业污染物治理和投资情况及投资效果、支持“十二五”期间造纸工业减排项目，做好投资预算，环境保护部特委托协会向各造纸企业调研近几年环保投资情况，并最终完成《2009 年度典型行业环境污染治理投资报告》，争取为行业在“十二五”期间能得到环保部有关部门的政策和财政支持提供依据。

7. 为解决国内造纸工业与国际相关企业间的倾销与反倾销、补贴与反补贴等贸易纠纷问题，协会配合相关企业和商务部有关部门积极开展协调工作和相应应对的组织工作，收到了较好效果并得到企业和政府部门的好评。

二、加强协会组织建设和制度建设

1. 按照协会理事会制定的工作计划，继续抓好协会现有各专业分支机构的换届工作及新机构的组建工作，并适时召开各分支机构工作会议。如新闻纸专业委员会先后 8 次召开主任会议，研讨行业生产经营活动中存在的普遍性问题，受到了企业的好评。

2. 2010 年 6 月在宁夏银川召开了第三届第二次理事扩大会议，同时召开了第三届理事会第三次理事长会议。会议对《造纸工业“十二五”发展规划》研究及建议报告初稿进行了讨论并提出了建设性修改意见和建议。会议还对行业存在的其他问题进行了商讨，完成了预定的任务。

3. 2010 年，协会发展新会员单位 19 个。

4. 2010 年 12 月 22 日在北京召开了中国造纸协会第二届专家委员会成立大会。聘请王自力等 33 人为第二届专家委员会委员，余贻骥等 10 人为第二届专家委员会顾问。中国造纸协会理事长、第二届专家委员会主任委员钱桂敬同志要求专家委员会成员要遵守协会章程，坚持为会员、为企业、为行业服务的宗旨。同时要求专家委员会紧紧围绕“资源、环境、结构”工作主线和协会工作重点，围绕造纸工业急需解决的难点、热点问题，以及跟踪当前制浆造纸工业发展动态为我国纸业科技把好方向等 3 个方面开展工作。

三、开展了行业重点和有影响的活动

1. 在 2009 年开展造纸生产企业绿色发展承诺的基础上，2010 年继续开展承诺落实活动，公布承诺企业节能减排指标情况，鼓励并扩大承诺企业数量，并与中国第一财经和 APP 纸业（中国）有限公司合作，在江苏南京召开了“中国纸业可持续发展论坛”，探讨中国纸业在低碳时代的发展路径，推动造纸产业节能减排工作和绿色纸业发展进程。

2. 与全国总工会合作，组织开展第二届全国造纸行业节能减排优秀技术创新成果和节能减排职工优秀技术奖的评选活动。经过企业申报，各省有关部门初审和推荐，组委会办公室形式审查，专家技术评审，现场考察，组委会综合评价，网上公示等程序，共评出优秀技术创新成果一等奖 2 个，二等奖 2 个，三等奖 4 个，优秀奖 15 个；职工优秀技术奖 1 个，二等奖 2 个，三等奖 4 个，优秀奖 12 个。该项活动的开展，对行业节能减排工作起到了积极的促进作用。

3. 与中国轻工业联合会合作，参加轻工行业十强评选和管理现代化创新评选活动。评选出山东晨鸣纸业集团股份有限公司等 10 家企业为 2009 年度中国轻工业造纸行业十强企业；在轻工行业企业管理现代化创新成果评选活动中，玖龙纸业（控股）有限公司等 5 家企业申报的五个项目分获一等奖 1 个，二等奖 3 个，三等奖 1 个。

4. 与人力资源和社会保障部合作，2010 年 8 月在广西南宁举办了全国造纸行业节能环保技术高级研修班，全国造纸行业研究院所、设计院、生产企业 90 多家单位 120 多人参加了培训，经过考评，学员们获得了人力资源与社会保障部颁发的在职人员继续再教育结业证书。学员们反映良好，并希望协会能继续举办这样的研修班。

5. 2010 年与全国总工会共同组织开展了创建“劳动关系和谐企业”活动，此项工作各造纸企业参加踊跃。协会与全国总工会联合组织了对申报企业的实地考察，最后确定山东晨鸣纸业集团股份有限公司等 28 家企业获得中国财贸轻纺烟草工会和中国造纸协会联合授予的“劳动关系和谐企业”称号并在 2010 年中国造纸协会第三届第二次理事会上进行了表彰。

6. 与中国轻工机械协会、中国造纸学会、全国工商联纸业商会、中国轻工集团公司、中国轻工业信息中心、中国轻工业投资发展协会等七家单位联合，在河南焦作市举办了“首届中国造纸装备发展论坛”。

四、加强对外交流与合作

1. 2010 年 10 月，由中国造纸协会钱桂敬理事长带队的中国纸业代表团赴韩国庆州参加了第二届亚洲纸业会议，代表团一行 28 人，期间还参观了几家韩国造纸厂。通过参加会议和参观活动，介绍了中国造纸业有关情况，加深了对国外同行的了解。

2. 经协会与日本制纸联合会协商，于 2010 年 11 月与日本制纸联合会在东京联合举办了第二届“加强废纸回收与利用”培训班。此次培训班共选派中央及地方政府管理官员，国内造纸生产、废纸回收打包企业高层管理人员共 28 名，在日本进行了为期 10 天的培训活动。此次活动受到了参加企业的好评，达到了预期效果。

3. 中国造纸协会赵伟秘书长和钱毅副秘书长参加了 2010 年 5 月在东京举行的 ICFPA-FAO（国际林产和造纸协会联合会）年会。

4. 协会还分别接待了日本制纸联合会、韩国造纸业协会、瑞典造纸协会及欧洲纸业联盟等同行的来访。

5. 2010 年 7 月，中国造纸协会赵伟秘书长陪同中国轻工业联合会步正发会长赴美国考察废纸回收和资源利用，赴加拿大考察木浆生产中节能减排技术和了解相关政策等。

五、积极组织会展活动

在协会全体会员的支持下，经过积极筹备，由中国造纸协会主办，中国轻工业联合会、中国轻工集团公司、西安市人民政府和陕西省造纸行业协会作为支持单位召开的“2010 中国国际造纸和装备博览会暨全国纸张订货交易会”于 2010 年 11 月 11—13 日在西安曲江国际会议中心召开。国内外制浆造纸和相关产业的人员 3 万多人参加了此次展览会和订货会。展会期间还举办了造纸产业形势分析会，得到了参会者好评。

（中国造纸协会）

中国造纸协会工作机构与各省（区）造纸协会

The Organization of China Paper Association and Its Local Associations

表 1　　中国造纸协会工作机构

序号	机构设置	电　话	传　真
1	办公室	010－68396540	010－68396572 010－68396672
2	会员部	010－68396541	
3	会展部	010－68396542	
4	综合业务部	010－68396544	
5	信息咨询部	010－68396546	

表 2　　各省（区）造纸协会

序号	单位名称	地　址	邮　编	单位电话	传　真
1	安徽省造纸工业协会	安徽省合肥市庐江路安徽省轻工业协会内	230001	0551－2826428	0551－2826444
2	福建省造纸协会	福建省福州市省府路 1 号 11 座 2 层	350001	0591－87600165 0591－87553133	0591－87527664
3	广东省造纸协会	广东省广州市盘福路朱紫后街 1 号	510180	020－81366195	020－81365478
4	河北省造纸协会	河北省石家庄市合作路北合街 18 号	050051	0311－87086240	0311－87086240
5	河南省造纸工业协会	河南省郑州市纬四路 12 号	450003	0371－65993604	0371－65935006
6	湖北省造纸协会	湖北省武汉市汉口建设大道 623 号福星科技大厦 1506B	430030	027－83666941 027－59526529	027－83666941 027－59526529
7	湖南省造纸行业协会	湖南省长沙市黄兴中路 168 号 10F-C	410005	0731－4025888	0731－4452152
8	江苏省造纸行业协会	江苏省南京市石鼓路 117 号 3 楼	210004	025－84465602	025－84469236
9	江西省造纸印刷工业协会	江西省南昌市北京东路 138 号	330029	0791－8333891	0791－8333891
10	山东省造纸工业协会	山东省济南市和平路 3 号	250014	0531－88932925 0531－82387177	0531－88931294
11	浙江省造纸行业协会	浙江省杭州市艮山西路 182 号	310004	0571－86958853	0571－86944972
12	上海市纸业行业协会	上海市武定路 881 号 9 号楼 206 室	200040	021－62568570	021－62561176
13	陕西省造纸工业协会	陕西省西安市新城省政府前大楼 6－98	710006	029－87292200 029－87291299	029－87294603
14	黑龙江省造纸协会	黑龙江省哈尔滨市南岗区东大直街 302 号	150001	0451－53638116 0451－53671247	0451－53638116
15	山西省造纸行业协会	山西省太原市上肖墙 10 号	030002	0351－3524727 0351－3521969	

（中国造纸协会）

附　　录

APPENDIX

2010 年相关政策法规摘要
2010 年我国主要木质林产品生产和进出口概况
2009 年世界造纸工业概况
国外开设制浆造纸专业的大学及其他机构名录
中国轻工业出版社造纸工业图书出版目录
2010 年造纸行业会展信息
2009 年中国台湾造纸工业

12

2010 年相关政策法规摘要

Abstracts of the Policies and Regulations Related to Paper Industry in 2010

国务院发布《关于进一步加强淘汰落后产能工作的通知》

2 月 6 日，国务院发布《关于进一步加强淘汰落后产能工作的通知》（以下简称《通知》）。根据《通知》，我国近期将进一步发挥市场配置资源的基础性作用，充分发挥法律法规的约束作用和技术标准的门槛作用，在电力、煤炭、钢铁、水泥、有色金属、焦炭、造纸、制革、印染等行业淘汰落后产能。根据《通知》，2010 年年底前，我国造纸行业需淘汰年产 3.4 万吨以下草浆生产装置、年产 1.7 万吨以下化学制浆生产线，淘汰以废纸为原料、年产 1 万吨以下的造纸生产线。

新《可再生能源法》4 月 1 日起实施

4 月 1 日起，新《可再生能源法》开始实施。《可再生能源法》的修订案已于 2009 年 12 月 26 日由十一届全国人大常委会第十二次会议表决通过。与 2005 年 2 月颁布的版本相比，修改后的法律有两大亮点：一是明确国家实行可再生能源发电全额保障性收购制度；二是国家财政设立可再生能源发展基金。

节能减排纳入央企负责人业绩考核体系

4 月 12 日，国务院国资委颁布了《中央企业节能减排监督管理暂行办法》（简称《暂行办法》），指导监督中央企业在节能减排和转变发展方式中进一步发挥表率作用。《暂行办法》着重在以下 4 个方面加大对中央企业节能减排监督管理的力度：一是正确把握定位；二是实行节能减排分类管理；三是规范节能减排管理制度；四是完善节能减排考核奖惩制度。

国家发展改革委、环境保护部发布《当前国家鼓励发展的环保产业设备（产品）目录（2010 年版）》

4 月 16 日，国家发展改革委、环境保护部发布《当前国家鼓励发展的环保产业设备（产品）目录（2010 年版）》，自发布之日起施行。《当前国家鼓励发展的环保产业设备（产品）目录（2007 年修订）》同时废止。涉及造纸工业的有含油污水真空分离净化机和造纸黑液碱回收成套设备等。含油污水真空分离净化机和造纸黑液碱回收成套设备主要性能指标详见表 1。

表 1　《当前国家鼓励发展的环保产业设备（产品）目录》（2010 年版）中涉及造纸行业部分

序号	产品名称型号	主要性能指标	主要应用领域
一、	水污染治理设备		
18	含油污水真空分离净化机	含油污水真空分离净化后水质达到： 含油量：≤1 毫克/升； COD_{Cr}：≤50 毫克/升； SS：≤20 毫克/升； 机械杂质粒径：≤20 微米	钢铁、电力、造纸、石油石化工业污水处理

续表

序号	产品名称型号	主要性能指标	主要应用领域
19	造纸黑液碱回收成套设备	黑液提取率：草浆 88% ~90%，木浆 98%； 碱回收率：≥85%（草浆）； 白泥下料干度：草浆 60%，木浆 75%； 洗后白泥残碱：草浆 0.8%，木浆 0.5%	制浆造纸黑液提取及碱回收利用

国家发展改革委、人民银行、银监会、证监会发布《关于支持循环经济发展的投融资政策措施意见的通知》

4 月 19 日，国家发展改革委、人民银行、银监会、证监会发布《关于支持循环经济发展的投融资政策措施意见的通知》（简称《通知》）。《通知》阐述了充分认识加大投融资政策支持对发展循环经济的重要意义，指出通过制定循环经济发展规划、加大对循环经济投资的支持力度、研究完善促进循环经济发展的产业政策、研究促进循环经济发展的相关价格和收费政策来充分发挥政府规划、投资、产业和价格政策的引导作用。《通知》要求积极通过各类债权融资产品和手段支持循环经济发展、发挥股权投资基金和创业投资企业的资本支持作用、积极支持资源循环利用企业上市融资，多渠道拓展促进循环经济发展的直接融资途径。《通知》明确要加大利用国外资金对循环经济发展的支持力度，提出加大国外贷款对循环经济项目的支持、支持鼓励循环经济项目申请清洁发展机制项目（CDM）。

国家发展改革委发布《关于做好外商投资项目下放核准权限工作的通知》

5 月 4 日，国家发展改革委发布《关于做好外商投资项目下放核准权限工作的通知》（简称《通知》）。《通知》明确了下放核准权限，对严格项目管理、提高利用外资质量、简化项目核准程序、营造良好投资环境、加强项目监督检查等方面作了说明。《通知》指出，原由国家发展改革委核准的《外商投资产业指导目录》中总投资（包括增资）3 亿美元以下的鼓励类、允许类项目，除《政府核准的投资项目目录》规定需由国务院有关部门核准之外，由省级发展改革委核准。核准权限下放后，项目申请报告、核准内容、条件、程序等仍按照《外商投资项目核准暂行管理办法》（国家发展和改革委员会令第 22 号）规定执行。《外商投资产业指导目录》中限制类项目核准权限暂不下放；国家法律法规和国务院文件对项目核准有专门规定的，从其规定。

国务院发布《关于进一步加大工作力度确保实现“十一五”节能减排目标的通知》

5 月 4 日，国务院发布《关于进一步加大工作力度确保实现“十一五”节能减排目标的通知》（以下简称《通知》）。《通知》指出，我国将从以下 14 个方面进一步加大工作力度，确保“十一五”实现单位国内生产总值能耗降低 20% 左右的目标：增强做好节能减排工作的紧迫感和责任感；强化节能减排目标责任；加大淘汰落后产能力度；严控高耗能、高排放行业过快增长；加快实施节能减排重点工程；切实加强用能管理；强化重点耗能单位节能管理；推动重点领域节能减排；大力推广节能技术和产品；完善节能减排经济政策；加快完善法规标准；加大监督检查力度；深入开展节能减排全民行动；实施节能减排预警调控。

国务院常务会议审议并原则通过《全国林地保护利用规划纲要（2010—2020 年）》

6 月 9 日，国务院总理温家宝主持召开国务院常务会议，审议并原则通过《全国林地保护利用规划纲要（2010—2020 年）》（以下简称《纲要》）。《纲要》确定了今后 10 年全国林地保护利用的主要任务。一是严格保护林地，确保林地规模适度增长。到 2020 年，林地保有量增加到 3.12 亿公顷，占国土面积比重提高到 32.5% 以上。二是加大森林保护力度，确保森林面积总量逐步增加。到 2020 年，森林保有量达到 2.23 亿公顷，比 2005 年增加 4000 万公顷，森林覆盖率达到 23% 以上。三是科学经营林地，提高森林质量和综合效益。四是优化结构布局，统筹区域林地保护利用。五是深化集体林权制度和国有林场改革。

国家发展改革委发布《2009 年千家企业节能目标责任评价考核结果的公告》

6月25日，国家发展改革委发布《2009年千家企业节能目标责任评价考核结果的公告》，对千家企业2009年节能目标完成情况和节能措施落实情况的评价考核进行了审核并发布公告。根据公告，参加2009年考核的千家企业共901家，其中873家完成了年度节能目标，占96.89%；28家未完成年度节能目标，占3.11%；2009年共实现节能量2925万吨标准煤。通过对千家企业2009年节能目标完成情况和节能措施落实情况的综合评分，901家企业中，568家考核结果为超额完成等级，占63.04%；288家考核结果为完成等级，占31.96%；17家考核结果为基本完成等级，占1.89%；28家考核结果为未完成等级，占3.11%。参加考核的千家企业中，造纸企业24家，23家完成了节能目标，其中14家考核结果为超额完成等级，占造纸行业参评企业的58.33%；9家考核结果为完成等级，占37.50%；1家考核结果为未完成等级，占4.17%。

根据国务院《通知》要求，对千家企业中的国有独资、国有控股企业，考核结果交各级国有资产监管机构，作为对企业负责人业绩考核的重要依据，实行问责制。对评价考核结果为超额完成和完成等级的企业，由省级节能主管部门予以通报表扬；对成绩突出的，给予表彰奖励。对评价考核结果为未完成等级的企业，一是要求在考核结果公告后一个月内提出整改措施，并报所在地省级节能主管部门，限期整改；二是一律不得参加年度评奖、授予荣誉称号，不给予国家免检等扶优措施；三是对其年内新建高耗能投资项目和新增工业用地暂停核准和审批。

国家发展改革委、科技部、工业和信息化部、国土资源部、住房城乡建设部、商务部联合发布《中国资源综合利用技术政策大纲》

7月1日，国家发展改革委、科技部、工业和信息化部、国土资源部、住房城乡建设部、商务部联合发布《中国资源综合利用技术政策大纲》（简称《大纲》）。《大纲》强调大力推广先进适用技术，积极推进成熟技术的产业化发展，鼓励前沿技术的研发创新。《大纲》分6章28节，共257项技术，其中包括工业“三废”综合利用技术：煤炭、电力、石油天然气、钢铁、有色、化工、建材、食品、纺织、造纸等10个领域废弃物156项综合利用技术；再生资源回收利用技术：废旧金属、废旧家电、废旧橡胶轮胎、废纸、废塑料、废玻璃、建筑废弃物等27项综合利用技术等。

环境保护部公布了2010年环境保护部第一批挂牌督办案件

7月6日，环境保护部公布了2010年环境保护部第一批挂牌督办案件，决定对环境违法问题突出的广东省汕头市等5个地区的造纸企业等9家企业挂牌督办。环境保护部决定暂停广东省汕头市、黑龙江省佳木斯市、安徽省宣城市、山东省临沂市、广西壮族自治区南宁市等5个地区新建、扩建造纸项目环境影响评价审批。对河北省唐山市玉田县绿源污水处理厂、河南省新乡市亨利实业有限责任公司、辽宁省营口造纸厂等9家均存在擅自停运或不正常使用污染物处理设施、违反建设项目环境保护管理规定、废水超标排放等环境违法行为的企业，环境保护部决定将其环境违法问题列为2010年环境保护部第一批挂牌督办案件。

国家发展改革委发布《关于开展低碳省区和低碳城市试点工作的通知》

7月19日，国家发展改革委发布《关于开展低碳省区和低碳城市试点工作的通知》。国家发展改革委确定首先在广东、辽宁、湖北、陕西、云南5省和天津、重庆、深圳、厦门、杭州、南昌、贵阳、保定8市开展试点工作。具体任务为：编制低碳发展规划；制定支持低碳绿色发展的配套政策；加快建立以低碳排放为特征的产业体系；建立温室气体排放数据统计和管理体系；积极倡导低碳绿色生活方式和消费模式。工作要求：试点地区要建立由主要领导负责抓总的工作机制，发展改革部门要负责做好相关组织协调工作；辖区内有试点城市的省级发展改革部门，要加强对试点城市的支持和指导，协调解决工作中的困难；试点工作要结合本地实际，突出特色，大胆探索，注重积累成功经验，坚决杜绝概念炒作和搞形象工程。

工业和信息化部对2010年18个工业行业淘汰落后产能企业名单予以公告

8月5日，工业和信息化部在各省、自治区、直辖市公告淘汰落后产能企业名单的基础上，对2010年炼铁、炼钢、焦炭、铁合金、电石、电解铝、铜冶炼、铅冶炼、锌冶炼、水泥、玻璃、造纸、酒精、味精、柠檬酸、制革、印染和化纤等18个工业行业淘汰落后产能企业名单予以公告，共涉及企业2087家，其中涉及造纸行业279家。工业和信息化部要求有关方面要采取有效措施，确保列入淘汰落后产能名单企业的落后产能在2010年9月底前关停。

国家发展改革委发布《固定资产投资项目节能评估和审查暂行办法》

9月17日，国家发展改革委发布《固定资产投资项目节能评估和审查暂行办法》（简称《暂行办法》）。《暂行办法》根据《中华人民共和国节约能源法》和《国务院关于加强节能工作的决定》制定，目的是加强固定资产投资项目节能管理，促进科学合理利用能源，从源头上杜绝能源浪费，提高能源利用效率。《暂行办法》适用于各级人民政府发展改革部门管理的在我国境内建设的固定资产投资项目。《暂行办法》对节能评估、节能审查、监管和处罚作了明确说明。

《部分工业行业淘汰落后生产工艺装备和产品指导目录（2010年本）》发布

10月13日，工业和信息化部制定了《部分工业行业淘汰落后生产工艺装备和产品指导目录（2010年本）》。该目录所列淘汰落后生产工艺装备和产品主要是不符合有关法律法规规定，严重浪费资源、污染环境、不具备安全生产条件，需要淘汰的落后生产工艺装备和产品。确定淘汰落后生产工艺装备和产品目录的原则：危及生产和人身安全，不具备安全生产条件；严重污染环境或严重破坏生态环境；产品不符合国家或行业规定标准；严重浪费资源、能源；法律、行政法规规定的其他情形。

工业和信息化部要求对该目录所列的落后生产工艺装备和产品，按规定期限淘汰，一律不得转移、生产、销售、使用和采用。涉及造纸行业需淘汰的落后生产工艺装备和产品如下：

1. 单条年生产能力3.4万吨以下的非木浆生产线。
2. 年生产能力5.1万吨以下的化学木浆生产线。
3. 单条年生产能力1万吨及以下以废纸为原料的制浆生产线。
4. 幅宽在1760毫米及以下并且车速为120米/分以下的文化用纸生产线。
5. 幅宽在2000毫米及以下并且车速为80米/分以下的白纸板、箱纸板及瓦楞原纸生产线。
6. 石灰法地池制浆设备。

中国共产党第十七届中央委员会第五次全体会议通过《中共中央关于制定国民经济和社会发展第十二个五年规划的建议》

10月18日，中国共产党第十七届中央委员会第五次全体会议通过《中共中央关于制定国民经济和社会发展第十二个五年规划的建议》（简称《建议》）。《建议》指出，“十二五”时期（2011年至2015年），是全面建设小康社会的关键时期，是深化改革开放、加快转变经济发展方式的攻坚时期。深刻认识并准确把握国内外形势新变化新特点，科学制定“十二五”规划，对于继续抓住和用好我国发展的重要战略机遇期、促进经济长期平稳较快发展，对于夺取全面建设小康社会新胜利、推进中国特色社会主义伟大事业，具有十分重要的意义。《建议》从“加快转变经济发展方式，开创科学发展新局面；坚持扩大内需战略，保持经济平稳较快发展；推进农业现代化，加快社会主义新农村建设；发展现代产业体系，提高产业核心竞争力；促进区域协调发展，积极稳妥推进城镇化；加快建设资源节约型、环境友好型社会，提高生态文明水平；深入实施科教兴国战略和人才强国战略，加快建设创新型国家；加强社会建设，建立健全基本公共服务体系；推动文化大发展大繁荣，提升国家文化软实力；加快改革攻坚步伐，完善社会主义市场经济体制；实施互利共赢的开放战略，进一步提高对外开放水平；全党全国各族人民团结起来，为实现‘十二五’规划而奋斗”12个方面作了阐述。

9部门联合发布《关于加强二噁英污染防治的指导意见》

10月19日，环境保护部、外交部、国家发展改革委、科技部、工业和信息化部、财政部、住房和城乡建设部、商务部、国家质量监督检验检疫总局等9部门联合发布《关于加强二噁英污染防治的指导意见》(简称《意见》)。《意见》对加强二噁英污染防治的重要意义，二噁英污染防治指导思想、原则和目标，优化产业结构，切实推进重点行业二噁英污染防治，建立完善二噁英污染防治长效机制，加强技术研发和示范推广，保障措施等方面作了详细说明。

国家发展改革委、科学技术部、财政部、海关总署、国家税务总局联合发布《第十七批享受优惠政策的企业(集团)技术中心名单》

11月11日，国家发展改革委、科学技术部、财政部、海关总署、国家税务总局联合发布《第十七批享受优惠政策的企业(集团)技术中心名单》，确认中国华电工程(集团)总公司等93家企业技术中心和南通中远船务工程有限公司等4家分技术中心为第十七批享受优惠政策的企业(集团)技术中心。造纸行业中，山东太阳纸业股份有限公司技术中心位列其中。

国家发展改革委发布关于印发《循环经济发展规划编制指南》的通知

12月31日，国家发展改革委办公厅发布关于印发《循环经济发展规划编制指南》(简称《指南》)的通知。

为全面贯彻落实《循环经济促进法》，指导各地科学编制本地区的循环经济发展规划，充分发挥规划的宏观指导作用，国家发展改革委组织编写了《指南》。《指南》要求各地谋划本地循环经济发展的总体布局，大力推动循环型农业发展；优化产业结构，打造循环经济产业链，大力培育和促进循环经济新兴产业发展；构建包括第三产业在内的社会循环经济体系；相关地区建设资源回收利用网络体系，强化废弃物的资源化利用；加强宣传教育，推广绿色消费模式；高度重视循环经济技术、低碳技术的研发和应用。

(梁 川)

2010 年我国主要木质林产品生产和进出口概况

General Situation of Production, Import and Export of Wooden Products in China in 2010

我国市场的木材供给来源于国产木材和进口木材两个渠道。2010 年，我国木材产量 8089.62 万米^3，比 2009 年增长 14.45%。主要木质林产品（包括原木、锯材、可连接型材、单板、人造板、木片、枕木、木浆、纸和纸板、废纸、纸制品、木家具）进口共计折合木材 2.12 亿米^3，进口金额 302.58 亿美元。出口共计折合木材 0.66 亿米^3。进出口贸易总额为 618.95 亿美元。

一、主要木质林产品生产情况

1. 木材

2010 年我国木材产量 8089.62 万米^3，比 2009 年增长 14.45%。其中，原木产量 7513.21 万米^3，比 2009 年增长 16.01%；薪材产量 576.41 万米^3，比 2009 年减少 2.64%。竹材产量 14.30 亿根，比 2009 年增长 5.46%。

2. 锯材

2010 年锯材产量 3722.63 万米^3，比 2009 年增长 15.26%。

3. 木片、木粒加工产品

2010 年木片、木粒加工产品产量 1873.51 万米^3 实积，比 2009 年增长 45.71%。

4. 人造板

2010 年我国人造板产量是近 5 年来增长速度最快的一年，达到 15360.83 万米^3，比 2009 年增长 33.03%。其中，胶合板产量 7139.66 万米^3，比 2009 年增长 60.40%，占人造板产量的 46.48%；纤维板产量 4354.54 万米^3，比 2009 年增长 24.82%，占人造板产量的 28.35%，其中，中密度纤维板产量 3894.24 万米^3；刨花板产量 1264.20 万米^3，比 2009 年减少 11.66%，占人造板产量的 8.23%；其他人造板产量 2602.43 万米^3（细木工板占 63.49%），比 2009 年增长 19.61%，占人造板产量的 16.94%；另外，单板产量 2724 万米^3，人造板表面装饰板产量 2.95 亿米^2。从分省情况看，人造板生产主要集中在东、中部地区，山东、江苏、广西、河北、河南、广东、福建、安徽 8 省（区）产量均超过 700 万米^3，共计 11921.95 万米^3，占全国人造板总产量的 77.61%。其中山东首次突破 3000 万米^3，江苏突破 2000 万米^3，广西、河北和河南 3 省的人造板产量均已突破 1000 万米^3。

5. 木竹地板

2010 年木竹地板产量达到 4.79 亿米^2，比 2009 年增长 26.72%。其中，实木地板产量 1.12 亿米^2，占木竹地板产量的 23.38%；复合木地板产量 2.68 亿米^2，占木竹地板产量的 55.95%；其他木地板产量 0.60 亿米^2，竹地板产量 0.39 亿米^2。

6. 木浆

2010 年我国木浆生产量 708 万吨，比 2009 年增长 28.49%。

7. 纸和纸板

2010 年我国纸和纸板产量 9270 万吨，比 2009 年增长 7.29%。

2010 年我国木质林产品产量情况见表 1。

二、主要木质林产品进口情况

2010 年我国主要木质林产品进口共计折合木材 2.12 亿米^3，进口额 302.58 亿美元。2010 年我国主要木质林产品进口情况见表 2。

1. 原木

2010 年我国进口原木 3434.75 万米^3，进口额 60.71 亿美元，分别比 2009 年增长 22.41% 和 48.56%。进口量前 5 位贸易伙伴的份额是：俄罗斯 1403.54 万米^3，比 2009 年下降 5.2%（主要是因为俄罗斯连续

表 1　2010 年我国木质林产品产量

产品名称	2010 年	2009 年	同比增长/%
木材产量/万米^3	8089.62	7068.29	14.45
其中：原木产量/万米^3	7513.21	6476.27	16.01
薪材产量/万米^3	576.41	592.02	-2.64
锯材产量/万米^3	3722.63	3229.77	15.26
木片、木粒加工产品产量/万米^3 实积	1873.51	1285.81	45.71
竹材产量/亿根	14.30	13.56	5.46
人造板产量/万米^3	15360.83	11546.65	33.03
其中：胶合板产量/万米^3	7139.66	4451.24	60.40
纤维板产量/万米^3	4354.54	3488.56	24.82
刨花板产量/万米^3	1264.20	1431.00	-11.66
其他人造板/万米^3	2602.43	2175.85	19.61
木竹地板产量/亿米^2	4.79	3.78	26.72
人造板表面装饰板产量/亿米^2	2.95	2.53	16.60
单板产量/万米^3	2724	2714.37	0.35
木浆产量/万吨	708	551	28.49
纸和纸板产量/万吨	9270	8640	7.29

注：木浆生产量为国内消耗量扣减进口量。

几年提高原木出口关税，控制原木出口）；新西兰 593.82 万米^3，比 2009 年增长 34.5%；美国 278.14 万米^3，比 2009 年增长 266.3%；巴布亚新几内亚 247.77 万米^3，比 2009 年增长 49.3%；所罗门群岛 145.47 万米^3，比 2009 年增长 29.4%（见表 3）。

2. 锯材

2010 年我国进口锯材 1481.22 万米^3，进口额 38.78 亿美元，比 2009 年分别增长 49.07% 和 66.58%。进口量前 5 位贸易伙伴的份额是：俄罗斯 436.69 万米^3，比 2009 年增加 124.64 万米^3，增长 39.9%；加拿大 402.2 万米^3，比 2009 年增加 158.5 万米^3，增长 65.0%；美国 143.23 万米^3，比 2009 年增加 50.33 万米^3，增长 54.2%；泰国 140.99 万米^3，比 2009 年增加 38.55 万米^3，增长 37.6%；菲律宾 54.48 万米^3，比 2009 年增加 25.10 万米^3，比 2009 年增长 85.4%（见表 4）。

3. 人造板

2010 年我国进口人造板 3.55 亿美元，比 2009 年增长 51.06%。其中胶合板、纤维板和刨花板的进口额分别为 1.16 亿美元、1.25 亿美元和 1.14 亿美元，分别比 2009 年增长 30.32%、4.20% 和 28.53%；进口胶合板、纤维板、刨花板分别为 21.37 万米^3、

表 2　2010 年我国主要木质林产品进口情况

商品名称	进口量	金额/亿美元	同比增长/%		折合木材量/万米^3
			数量	金额	
原木进口量/万米^3	3434.75	60.71	22.41	48.56	3434.75
锯材进口量/万米^3	1481.22	38.78	49.07	66.58	2103.33
单板进口量/万吨	8.21	0.88	51.42	38.17	20.53
可连接型材进口量/万吨	1.06	0.20	32.55	26.96	2.12
胶合板进口量/万米^3	21.37	1.16	19.25	30.32	53.43
纤维板进口量/万吨	26.83	1.25	-7.15	4.20	53.66
刨花板进口量/万吨	35.06	1.14	20.79	28.53	70.12
木片、木粒加工产品进口量/万吨	465.21	6.76	66.98	89.86	930.42
木浆进口量/万吨	1136.97	88.18	-16.87	28.82	4888.97
废纸进口量/万吨	2435.22	53.53	-11.45	41.01	8279.75
纸、纸板及纸制品进口量/万吨	353.65	46.11	1.16	18.84	1379.24
木家具进口量/万件	436.14	3.88	32.20	30.25	21.81
合　计		302.58			21238.13

注：1. 锯材中包含了枕木。
2. 可连接型材主要指地板条和木线。
3. 木家具含木框架坐具。
4. 折算系数：锯材 1:1.42；单板按 1:2.5；胶合板 1:2.5；纤维板按 1:2；刨花板按 1:2；木片按 1:2；木浆按 1:4.3；纸、纸板和纸制品 1:3.9；废纸按 1:3.4；木家具每件折合木材 0.05 米^3。

表3 2010 年我国原木进口主要情况

单位：万米^3

国别	2010 年	2009 年	同比增长/%
俄罗斯	1403.54	1481.15	-5.2
新西兰	593.82	441.35	34.5
美国	278.14	75.94	266.3
巴布亚新几内亚	247.77	165.95	49.3
所罗门群岛	145.47	112.44	29.4
加拿大	117.84	37.2	216.8
澳大利亚	105.62	73.21	44.3
马来西亚	95.54	72.17	32.4
加蓬	73.86	110.2	-33.0
其他	373.15	236.32	57.9

表4 2010 年我国锯材进口前5 名的国家

单位：万米^3

排名	国别	2010 年	2009 年	同比增长/%
1	俄罗斯	436.69	312.05	39.9
2	加拿大	402.2	243.7	65.0
3	美国	143.23	92.9	54.2
4	泰国	140.99	102.44	37.6
5	菲律宾	54.48	29.38	85.4

26.83 万吨、35.06 万吨，分别比 2009 年增长 19.25%、-7.15%和20.79%。

4. 单板

2010 年我国进口单板 8.21 万吨，进口额 0.88 亿美元，分别比2009 年增长51.42%和38.17%。

5. 木片、木粒加工产品

2010 年我国进口木片、木粒加工产品 465.21 万吨，进口额 6.76 亿美元，分别比 2009 年增长 66.98%和89.86%。

6. 木浆

2010 年我国进口木浆 1136.97 万吨，进口额 88.18 亿美元，分别比 2009 年增长 -16.87% 和28.82%。

7. 纸、纸板和纸制品

2010 年我国进口纸、纸板和纸制品 353.65 万吨，其中纸制品进口 16 万吨，进口额 46.11 亿美元，分别比2009 年增长1.16%和18.84%。

8. 废纸

2010 年我国进口废纸 2435.22 万吨，进口额 53.53 亿美元，分别比 2009 年增长 -11.45% 和41.01%。

9. 木家具

2010 年我国进口木家具 436.14 万件，进口额 3.88 亿美元，分别比 2009 年增长 32.20% 和30.25%。

三、主要木质林产品出口情况

2010 年主要木质林产品出口共计折合木材 0.66 亿米^3，比2009 年增长26.92%；出口额316.37 亿美元，比2009 年增长63.07%。2010 年主要木质林产品出口情况见表5。

表5 2010 年主要木质林产品出口情况

商品名称	出口量	金额/亿美元	同比增长/%		折合木材量/万米^3
			数量	金额	
原木出口量/万米^3	2.84	0.11	122.85	129.81	2.84
锯材出口量/万米^3	53.94	3.42	-3.87	-1.26	76.59
单板出口量/万吨	11.86	2.11	38.39	22.21	29.65
可连接型材出口量/万吨	43.2	6.55	13.03	9.92	61.34
胶合板出口量/万米^3	754.69	34.02	33.66	34.79	1886.73
纤维板出口量/万吨	193.24	11.14	28.92	25.96	386.48
刨花板出口量/万吨	10.76	0.41	32.48	26.52	21.52
木片、木粒加工产品出口量/万吨	5.38	0.07	24.87	18.24	10.76
木浆出口量/万吨	8.1	1.34	-6.89	53.85	34.83

续表

商品名称	出口量	金额/亿美元	同比增长/%		折合木材量/万米^3
			数量	金额	
废纸出口量/万吨	0.08	0.002	189.93	154.14	0.27
纸、纸板及纸制品出口量/万吨	661.28	95.63	10.14	26.36	2578.99
木家具出口量/万件	29832.72	161.57	20.62	34.26	1491.64
合　计		316.37			6581.64

注：1. 锯材中包含了枕木。

2. 可连接型材主要指地板条和木线。

3. 木家具含木框架坐具。

4. 折算系数：锯材 1:1.42；单板按 1:2.5；胶合板 1:2.5；纤维板按 1:2；刨花板按 1:2；木片按 1:2；木浆按 1:4.3；纸、纸板和纸制品 1:3.9；废纸按 1:3.4；木家具每件折合木材 0.05 米^3。

1. 锯材

2010 年我国出口锯材 53.94 万米^3，出口额 3.42 亿美元，比 2009 年减少 3.87% 和 1.26%。

2. 单板

2010 年我国出口单板 11.86 万吨，出口额 2.11 亿美元，分别比 2009 年增长 38.39% 和 22.21%。

3. 人造板

2010 年我国出口人造板 45.57 亿美元，比 2009 年减少 25.36%。其中胶合板、纤维板和刨花板的出口额分别为 34.02 亿美元、11.14 亿美元和 0.41 亿美元，分别比 2009 年增长 34.79%、25.96% 和 26.52%。胶合板、纤维板和刨花板的出口量分别为 754.69 万米^3、193.24 万吨和 10.76 万吨。

4. 木家具

2010 年我国出口木家具 2.98 亿件，出口额 161.57 亿美元，分别比 2009 年增长 20.62% 和 34.26%。

5. 纸、纸板和纸制品

2010 年我国出口纸、纸板和纸制品 661.28 万吨，出口额 95.63 亿美元，分别比 2009 年增长 10.14% 和 26.36%。

四、2010 年主要木质林产品市场情况分析

1. 对外贸易继续呈现稳定增长态势

在国家优化对外贸易结构宏观政策的调控下，木质林产品进出口贸易总体呈现强劲增长的态势。2010 年，木家具、纸、纸板、纸制品和人造板等主要木质林产品的出口额增长大幅攀升，木质林产品也是我国林产品出口贸易的强项，其出口额占林产品出口贸易总额的 70%。

2. 原料产品进口价格持续上扬，出口价格平稳

2010 年，我国进口原木、锯材、纸浆、废纸等月平均价格比 2009 年月平均价格上涨 21%、11%、55% 和 59%。而出口木制品价格保持平稳，总体价格涨幅低于进口。其中，出口木家具平均单价比 2009 年上涨 11%，纤维板单价则比 2009 年下跌 2.3%。

3. 原材料对外依存度较高，供给压力大

从我国主要木质林产品的供给和消耗情况看，我国木质原材料的供给对国外的依存度达到 40% 左右。虽然近些年来，我国积极支持和鼓励速生丰产林基地的建设，实施木材节约代用政策，并提高木材利用率取得了一定的成效。但总的来看，一方面国内市场对木材的消耗逐年增加，另一方面国际上许多国家对木材出口不断出台限制政策，我国木材供给压力依然很大。

（孔　卓）

2009 年世界造纸工业概况

Overview of Pulp and Paper Industry Worldwide in 2009

一、全球纸浆、纸及纸板的产量及消费量

1. 纸和纸板产量

2009 年全球纸和纸板总产量为 3.707 亿吨，比 2008 年减少 5.3%。各大品种产量分别是新闻纸 3233 万吨，比 2008 年下降了 12.6%；印刷书写纸 1.041 亿吨，比 2008 年 1.146 亿吨减少 9.2%；生活用纸 2799 万吨，比 2008 年 2763 万吨增加 1.3%；瓦楞纸板（瓦楞原纸和箱纸板）1.283 亿吨，比 2008 年 1.308 亿吨减少 1.9%；其他纸板 4794 万吨，比 2008 年 4997 万吨减少 4.1%。在产品结构方面，新闻纸占 8.7%，2008 年则占 9.5%；印刷书写纸占 28.1%，2008 年占 29.3%；生活用纸占 7.6%，2008 年占 7.1%；瓦楞纸板占 34.6%，2008 年占 33.4%；其他纸板占 12.9%，2008 年占 12.8%。新闻纸在纸和纸板总产量中所占比例继续呈逐年下降趋势，2003 年占 11.0%，2004 年占 10.9%，2005 年占 10.5%，2006 年占 10.2%，2007 年占 9.7%，2008 年占 9.5%，2009 年降至 8.7%。

世界纸和纸板产量以亚洲地区最高，欧洲其次，北美洲居第三位。2009 年它们的产量分别为 1.546 亿吨、1.014 亿吨 和 0.845 亿吨，分别占全球总产量的 41.7%、27.4% 和 22.8%。和 2008 年相比，亚洲产量增加了 1.5%，欧洲减少 9.7%，北美下降 11.9%。

2009 年世界各国以中国的纸和纸板产量最高，美国排名第二，这是中国第一次超过美国，成为世界纸和纸板产量最高的国家；日本居第三。2009 年它们的产量分别为 8640 万吨、7161 万吨和 2628 万吨，分别比 2008 年增加 8.3%、下降 10.4% 和下降 14.2%。这 3 个国家纸和纸板总产量分别占全球纸和纸板总产量的 23.3%、19.3% 和 7.1%，共占全球纸和纸板产量的 49.7%，近一半。中国纸和纸板总产量在全球总产量所占比重由 2004 年的 13.8%、2005 年的 15.3%、2006 年的 17%、2007 年的 18.6%、2008 的 20.4%，增加至 2009 年的 23.3%。

表 1 是 2009 年纸和纸板产量排名前 10 名的国家。

表 1　2009 年纸和纸板产量排名前 10 名的国家

排序	国家	产量/万吨	2009 年比 2008 年增长/%
1	中国	8640	8.3
2	美国	7161	-10.4
3	日本	2628	-14.2
4	德国	2090	-8.4
5	加拿大	1286	-19.1
6	瑞典	1093	-6.4
7	芬兰	1060	-19.2
8	韩国	1048	-1.2
9	巴西	937	-0.4
10	印度尼西亚	936	1.1

2008 年排名前 10 名的国家除第 9、10 名的意大利和法国外，其余前 8 名均入围 2009 年前 8 名，巴西和印度尼西亚取代了意大利和法国，分别位列第 9、10 名。在这 10 个造纸大国中，除中国比上一年增长 8.3%、印度尼西亚增长 1.1% 外，其余 8 国都是负增长。其中美国、日本、加拿大、芬兰负增长甚至达到两位数，加拿大、芬兰负增长高达 19%。

2. 纸浆产量

2009 年全球纸浆总产量为 1.7796 亿吨，比 2008 年（1.9197 亿吨）下降了 7.3%。其中，化学浆产量 1.243 亿吨，比 2008 年下降 6.2%；机械浆 3102 万吨，比 2008 年下降 13%。北美地区纸浆总产量为 6541 万吨，比 2008 年下降 9%，北美地区纸浆总产量占全球纸浆总产量的 36.8%。欧洲和亚洲

纸浆总产量分别为 4359 万吨和 4185 万吨，分别占全球总产量的 24.5% 和 23.5%。全球机械浆生产集中在北美洲和欧洲，它们的产量分别为 1188 万吨和 1225 万吨。这两个地区机械浆产量总和占全球机械浆总产量的 77.8%。

美国、中国和加拿大是纸浆产量最多的 3 个国家，2009 年纸浆总产量分别是 4833 万吨、1726 万吨和 1708 万吨。

表 2 列出了 2009 年纸浆产量排名前 10 名的国家。10 大产浆国与 2008 年没有变化，只是排序与 2008 年有所不同。其中大部分国家是负增长，只有巴西和智利纸浆产量分别增加 7.3% 和 0.5%，中国国产木浆比 2008 年减少 121 万吨，非木浆减少 122 万吨，两种浆合计减少 243 万吨，使纸浆产量下降达 12.3%。

表 2 2009 年纸浆产量前 10 名的国家

排序	国家	产量/万吨	2009 年比 2008 年增长/%
1	美国	4833	-6.1
2	中国	1726	-12.3
3	加拿大	1708	-16.1
4	巴西	1374	7.3
5	瑞典	1146	-5.0
6	芬兰	900	-23.2
7	日本	851	-20.3
8	俄罗斯	724	-2.6
9	印度尼西亚	597	-4.6
10	智利	500	0.5

2009 年全球纸浆表观消费量为 1.79 亿吨，其中木浆 1.62 亿吨，非木浆 1686 万吨。2009 年纸浆表观消费量比 2008 年 1.91 亿吨下降 6.3%。

3. 纸和纸板消费量

2009 年全球纸和纸板表观消费量为 3.7 亿吨，比 2008 年减少 5.6%。全球人均表观消费量为 57.5 千克，世界各地区中以北美人均消费量最高，为 227.2 千克，其次是大洋洲和欧洲，分别为 140 千克和 127.5 千克。亚洲地区人均消费量为 40.8 千克，拉丁美洲人均消费量为 41.4 千克。

2009 年世界各国中，中国纸和纸板消费量最高，为 8569 万吨；其次是美国，为 7173 万吨；第三位是日本，为 2730 万吨。这 3 个国家的人均消费量分别是 59.5 千克、263.3 千克和 242.1 千克。

表 3、表 4 分别列出 2009 年纸和纸板表观消费量和人均表观消费量前 5 名的国家。

表 3 2009 年纸和纸板表观消费量前 5 名的国家

排序	国家	表观消费量/万吨	2009 年比 2008 年增长/%
1	中国	8569	8.0
2	美国	7173	-12.0
3	日本	2730	-11.1
4	德国	2816	-11.4
5	英国	1035	-8.4

表 4 2009 年纸和纸板人均表观消费量前 5 名的国家

排序	国家	人均表观消费量/千克
1	比利时	344.1
2	芬兰	339.1
3	美国	263.3
4	奥地利	255.3
5	德国	248.9

纸和纸板消费量除了中国的消费量快速增长外，其余 4 国的消费量均大幅下降。

人均表观消费量在 200 千克以上的除了上述 5 国，还有瑞典（246.1 千克）、日本（242.1 千克）、丹麦（239.9 千克）、荷兰（216.1 千克）、瑞士（213.7 千克）、加拿大（211.4 千克）、新西兰（206.1 千克）等国家。

二、世界纸业贸易概况

1. 纸浆

表 5 和表 6 分别是纸浆净进、出口量较多的国家。

表 5 2009 年主要纸浆净进口国

排序	国家	净进口量/万吨
1	中国	1358.3
2	德国	370.0
3	意大利	305.7
4	韩国	226.7
5	日本	139.8

表6 2009 年主要纸浆净出口国

排序	国家	净出口量/万吨
1	加拿大	808.5
2	巴西	787
3	智利	430
4	瑞典	301
5	俄罗斯	155.9

纸浆净进口量较多的国家有中国、德国、意大利、韩国、日本5国，它们的净进口总量为2400.5万吨，除中国外，其余4国净进口量均有下降。纸浆净出口量较多的国家是加拿大、巴西、智利、瑞典和俄罗斯，它们的净出口总量为2482.4万吨。此外，印度尼西亚、芬兰、乌拉圭、葡萄牙和新西兰也有较多纸浆净出口，分别为148.7万吨、131.3万吨、97.4万吨、94.8万吨和85.5万吨。

2009年全球木浆总产量为1.611亿吨，总出口量为4309万吨，占总产量的26.9%。其中漂白硫酸盐针叶木浆总出口量为1751万吨；漂白硫酸盐阔叶木浆总出口量为1994万吨；漂白硫酸盐针叶木浆的出口量占其产量的53.2%；而漂白硫酸盐阔叶木浆的出口量占其产量的35.7%。

2. 废纸

2009年全球废纸回收量为2.097亿吨，回收率为56.6%，比2008年的回收率54%增加了2.6个百分点。欧洲废纸回收量为6279万吨，回收率为67.2%；北美洲回收量为4986万吨，回收率为63.8%；亚洲回收量为7921万吨，回收率为50.9%。北美是最主要的废纸净出口地区，2009年净出口量约为1913万吨；欧洲净出口量约1163万吨；大洋洲净出口量约148万吨。上述3个地区总的净出口量为3224万吨。拉丁美洲和非洲都是废纸净进口地区，因此理论上全球可供应的废纸量也应为3200万吨左右。远东地区是废纸净进口地区，2009年净进口量为2847万吨。

2009年废纸进口量最多的是中国，高达2750万吨，比上一年增加329万吨。同年北美地区和欧洲地区废纸净出口总量为3076万吨，这一数量在满足中国的需求后，就只余326万吨。2009年欧洲废纸进口量1305万吨，北美地区进口165万吨，拉丁美洲进口210万吨，大洋洲进口1.6万吨，非洲进口9万吨，中东地区进口16万吨。中国的进口量比这些地区进口量之和还多1000多万吨，占亚洲废纸进口总量3569万吨的77%。

表7是2009年一些国家的废纸回收量及进出口量。

表7 2009 年一些国家的废纸回收量及进出口量

国家	回收量/万吨	回收率/%	利用率/%	出口量/万吨	进口量/万吨	废纸用量/万吨
美国	4561	63.6	36.2	1908	33	2593
日本	2166	79.3	63.9	491	4.4	1679
德国	1539	84.8	70.7	347	286	1478
英国	815	78.7	88.6	445	10	380
法国	697	73.1	60.0	275	78	500
意大利	620	62.8	56.2	186	41	475
中国	3424	40	71.5	0	2750	6174

3. 纸和纸板产品

2009年全球范围新闻纸进口量为1306万吨，出口量为1266万吨；印刷书写纸进口量为4187万吨，出口量为4220万吨，其中涂布纸进口量和出口量分别为1997万吨和1982万吨。瓦楞材料的进、出口量分别为2047万吨和2061万吨；生活用纸的进、出口量分别为605万吨和586万吨。

表8和表9分别是一些国家和地区纸和纸板的净出口量和净进口量。

表8 2009 年一些国家纸和纸板净出口量

排序	国家	净出口量/ 万吨
1	芬兰	912
2	瑞典	903
3	加拿大	645
4	印度尼西亚	360
5	德国	275
6	奥地利	270
7	韩国	206
8	俄罗斯	150

表 9　2009 年一些国家（地区）纸和纸板净进口量

排序	国家	净进口量/万吨
1	英国	606
2	墨西哥	200
3	土耳其	198
4	比利时	149
5	意大利	143
6	印度	118
7	中国香港	105

由表 8 可见，芬兰、瑞典和加拿大是纸和纸板净出口量最多的国家，芬兰的净出口量占其纸和纸板总产量的 86%，瑞典占 83%，加拿大占 50%。从表 9 可见，英国是纸和纸板净进口量最多的国家，它的净进口量为 606 万吨，占其表观消费量的 59%，1/2 以上的消费量依赖于进口。净进口量较多的国家还有墨西哥和土耳其，它们的净进口量分别为 200 万吨和 198 万吨。

表 10 是 2009 年一些国家新闻纸产量及进出口量。中国已超越加拿大，成为新闻纸产量最多的国家，但加拿大仍然是世界上新闻纸出口量最多的国家，出口量为 360 万吨，占产量的 82%。加拿大原是世界上最大的新闻纸生产国和出口国，但是无论是产量还是出口量 2009 年都大幅下降，和 2008 年产量 607 万吨、出口量 516 万吨相比分别下降了 27.7% 和 30.2%。出口量位居第二的仍是瑞典，2009 年出口量为 202 万吨，基本上和 2008 年持平，占其新闻纸总产量的 84%。俄罗斯新闻纸出口量这几年都在 140 万吨左右，是国际上第三大新闻纸出口国。新闻纸产量在 300 万吨以上的有中国、加拿大、日本、美国 4 国，这 4 国新闻纸总产量占全球新闻纸总产量的 48.4%。中国新闻纸产量占全球新闻纸总产量的 14.9%。美国是进口新闻纸最多的国家。2009 年进口量为 232 万吨，占其消费量的 46.6%，美国新闻纸消费量由 2008 年的 681 万吨锐减至 2009 年的 498 万吨，降幅达 27%。进口新闻纸较多的国家还有英国（121 万吨）、德国（106 万吨）、印度（90 万吨）、土耳其（45 万吨）、法国（42 万吨）及中国的台湾省（26 万吨）和香港地区（25 万吨）。除中国外，其余主要国家新闻纸产量都是下降的。

表 10　2009 年一些国家新闻纸产量及进出口量

国家	产量/万吨	进口量/万吨	出口量/万吨
中国	480	2.0	21
加拿大	438	3.7	360
日本	346	14	11
美国	302	232	36
瑞典	241	3.4	202
德国	213	106	77
俄罗斯	200	0.2	142
韩国	146	0.2	66
法国	76	42	64
英国	110	121	26

表 11 是 2009 年一些国家印刷书写纸的产量和进出口量。产量位居前 3 名的分别是中国、美国和日本，分别为 2100 万吨、1763 万吨和 913 万吨。印刷书写纸出口量最多的依次是芬兰（651 万吨）、德国（572 万吨）和加拿大（372 万吨），它们的出口量分别占产量的 98%、80% 和 83%；印刷书写纸进口最多的依次是美国（557 万吨）、德国（451 万吨）和法国（287 万吨），它们的进口量分别占其消费量的 26%、76%、78%。2009 年除中国是正增长外，其余主要国家的印刷书写纸产量都是负增长。

表 11　2009 年一些国家印刷书写纸产量及进出口量

国家	产量/万吨	进口量/万吨	出口量/万吨
中国	2100	74	214
美国	1763	557	200
日本	913	126	72
德国	717	451	572
芬兰	666	8.7	651
加拿大	451	102	372
印度尼西亚	402	8.2	280
瑞典	281	19	260
法国	254	287	174

表12是2009年一些国家涂布印刷纸的产量和进出口量。涂布印刷纸产量最高依次是美国（674万吨）、中国（590万吨）、日本（529万吨）、德国（379万吨）和芬兰（373万吨）；出口最多的是芬兰（364万吨）和德国（360万吨），进口最多的也是德国（238万吨）。因此净出口最多的是芬兰，达360万吨。日本、芬兰和德国的涂布印刷纸产量占印刷书写纸比例高达58%、56%和53%；而中国涂布印刷纸产量仅占印刷书写纸产量的28%。

表12 2009年一些国家涂布印刷纸产量及进出口量

国家	产量/万吨	进口量/万吨	出口量/万吨
美国	674	162	96
中国	590	36	163
日本	529	74	54
德国	379	238	360
芬兰	373	4.2	364
意大利	204	80	116
法国	151	143	111
奥地利	112	32	108

2009年除了中国、韩国、德国3国外，其他主要国家的瓦楞材料（瓦楞原纸和箱纸板）产量都是下降的（见表13）。中国的瓦楞材料产量已超过美国，分别为3445万吨和2855万吨，分别占全球瓦楞材料总产量的26.9%和22.3%，中国和美国的瓦楞材料产量已占全球总产量的将近一半。净出口量最大的仍属美国，净出口量达382万吨；净出口量大的国家还有德国（162万吨）和瑞典（151万吨）。净进口量达百万吨的有中国（122万吨）和意大利（116万吨）。

表13 2009年一些国家瓦楞材料的产量和进出口量

国家	产量/万吨	进口量/万吨	出口量/万吨
中国	3445	132	10
美国	2855	56	438
日本	821	13	13
德国	615	156	318
韩国	369	7	40
法国	301	105	103
意大利	217	128	12
俄罗斯	269	6	45
加拿大	188	61	85
瑞典	189	22	173

表14是2009年一些国家生活用纸产量和进出口量。生活用纸产量以美国和中国最高，分别为709万吨和580万吨。这两个国家生活用纸产量占全球生活用纸总产量的46%。尽管其他纸种在2009年大多数国家都有较大幅度的负增长，但生活用纸的产量基本变化不大。生活用纸的贸易量较少，在表14中所列几个国家中，只有意大利和中国的净出口量最高，分别为57万吨和51万吨。

表14 2009年一些国家生活用纸产量和进出口量

国家	产量/万吨	进口量/万吨	出口量/万吨
美国	709	67	46
中国	580	5	56
日本	178	7	2
意大利	137	9	66
德国	137	61	64

注：参考资料：RISI有关资料，中国造纸工业2009年度报告（中国造纸协会）。

（邝仕均）

国外开设制浆造纸专业的大学及其他机构名录

Name List of Foreign Universities and Other Organizations Offering Pulp and Papermaking Courses

美洲（America）

美国

Alabama Southern Community Collge
Monroeville Campus
PO Box 2000
Monroeville, AL 36461
Tel: +1. 205. 575. 3156
www. ascc. edu

Auburn University
Chemical Engineering Department
Pulp and Paper Research and Education Center (PPREC)
242 Ross Hall
Auburn, AL 36849 – 5128
Tel: +1. 334. 844. 2016
Fax: +1. 334. 844. 2063
www. eng. auburn. edu
E-mail: cullinan@ eng. auburn. edu

Bay de Noc Community College
2001 North Lincoln Road
Escanaba, MI 49629 – 2511
Tel: +1. 906. 786. 5802
www. baydenoc. cc. mi. us

Dabney S. Lancaster Community College
PO Box 1000
Clifton Forge, VA 24422 – 1000
Tel: +1. 540. 863. 2800
Fax: +1. 540. 863. 2915
www. dl. cc. va. us

Forest Echoes Technical Institute
1326 Highway 52 West
Crossett, AR 71835
Tel: +1. 501. 364. 6414
Fax: +1. 870. 364. 5707

Georgia Institute of Technology
School of Chemical and Biomolecular Engineering
311 Ferst Dr
Atlanta, GA 30332 – 0100
Tel: +1. 404. 894. 1838
Fax: +1. 404. 894. 2866
www. chbe. gatech. edu/pandp

Institute of Paper Science and Technology (IPST)
500 10th Street NW
Atlanta, GA 30332
Tel: +1. 404. 894. 5700
Fax: +1. 404. 894. 4778
www. ipst. gatech. edu

Kennebec Valley Technical College
School of Trades and Technology
Pulp and Paper Technology Certificate Program
92 Western Avenue
Fairfield, ME 04937 – 1367
Tel: +1. 207. 453. 5000
Fax: +1. 207. 453. 5010
www. kvcc. me. edu

Lower Columbia College
1600 Maple Street
Longview, WA 98632
Tel: +1. 360. 442. 2311
www. lowercolumbia. edu
E-mail: info@ lowercolumbia. edu

Miami University
Department of Engineering and Paper Science

64 Engineering Building
Oxford, OH 45056
Tel: +1. 513. 529. 0760
Fax: +1. 513. 529. 0761
www. eas. muohio. edu/departments/pce

Mississippi State University
Chemical Engineering Department
PO Box C9595
Mississippi State, MS 39762 – 9595
Tel: +1. 662. 325. 2480
Fax: +1. 601. 352. 2482
www. msstate. edu
E-mail: msinfo@ ur. msstate. edu

New Hampshire Technical College at Berlin
2020 Riverside Drive
Berlin, NH 03570
Tel: +1. 603. 752. 1113
Fax: +1. 603. 752. 6335

North Carolina State University
College of Forest Resources
Department of Wood and Paper Science
Biltmore Hall, Room 2028
Box 8001
Raleigh, NC 27695 – 8005
Tel: +1. 919. 515. 2883
Fax: +1. 919. 515. 2731
www. cfr. ncsu. edu

Oregon State University
College of Forestry
Forest Products Department
Corvallis, OR 97331
Tel: +1. 541. 737. 2004
www. cof. orst. edu
E-mail: library@ ccmail. orst. edu

Pennsylvania State University
College of Agricultural Sciences
School of Forest Resources
117 Forest Resource Bldg.
University Park, PA 16802
Tel: +1. 814. 865. 7541
Fax: +1. 814. 865. 3725
www. sfr. cas. psu. edu

Rochester Institute of Technology
School of Printing
College of Engineering
Packaging Science Department
One Lomb Memorial Drive
Rochester, NY 14623 – 5603
Tel: +1. 716. 475. 2411
Fax: +1. 716. 475. 7029
www. rit. edu
E-mail: resisc@ isc. rit. edu

Rutgers University, The State University of New Jersey
Center for Packaging Engineering
Department of Chemical and Biological Engineering
Busch Campus
Piscataway, NJ 08855
Tel: +1. 908. 932. 1766
Fax: +1. 908. 445. 0777
www. rutgers. edu

San Jose State University
Department of Nutrition and Food Service/Packaging Program
Chemical Engineering Department
One Washington Square
San Jose, CA 95192
Tel: +1. 408. 924. 1000 (Main number)
www. sjsu. edu
www. engr. sjsu. edu/cme/home. html
E-mail: ksucher@ isc. sjsu. edu (Packaging Program)

State University of New York
College of Environmental Science and Forestry (SUNY-ESF)
Paper and Bioprocess Engineering
Walters Hall
1 Forestry Drive
Syracuse, NY 13210
Tel: +1. 315. 470. 6501
www. esf. edu/pbe
E-mail: paper@ esf. edu

University of Alabama
MFA in the Book Arts Program
Box 870252
Tuscaloosa, AL 35487 – 0252

Tel: +1. 205. 348. 5921
Fax: +1. 205. 348. 0400
www. bookarts. ua. edu
E-mail: stevemiller@ bookarts. ua. edu

University of Idaho
Department of Natural Resources
Department of Chemical Engineering
Moscow, ID 83844
Tel: +1. 208. 885. 6441 (Forestry, Wildlife and Range Sciences)
+1. 208. 885. 6479 (Engineering)
Fax: +1. 208. 885. 7462
+1. 208. 885. 6645 (Engineering)
www. uidaho. edu
E-mail: fprod@ uidaho. edu (Forest Products)

University of Iowa
Center for the Book Papermaking Facility
M109 Oakdale Hall
Iowa City, IA 52242
www. uiowa. edu
E-mail: CenterForBook@ epb-po. epb. uiowa. edu

University of Maine
Department of Chemical Engineering
Pulp and Paper Foundation
Cooperative Recycle Fiber Studies Program
Paper Surface Science
5737 Jenness Hall
Orono, ME 04469
Tel: +1. 207. 581. 2296
Fax: +1. 207. 581. 2000
www. mainepulpaper. org
E-mail: pulpaper@ maine. maine. edu

University of Massachusetts-Lowell
Chemical Engineering Department
One University Avenue.
Lowell, MA 01852
Tel: +1. 978. 934. 3150
Fax: +1. 508. 692. 3247
www. uml. edu/college/engineering/chemical

University of Minnesota
Bio-Based Products Engineering
Department of Wood and Paper Science
Kaufert Laboratory
2004 Folwell Avenue
St. Paul, MN 55108
Tel: +1. 612. 624. 8797
Fax: +1. 612. 625. 6286
www. umn. edu

University of New Hampshire
Department of Chemical Engineering
W301 Kingsbury Hall-K258
33 College Road
Durham, NH 03824 - 3591
Tel: +1. 603. 862. 3654
Fax: +1. 603. 862. 3747
www. chemengunh. com/ChemEngg/index. aspx
E-mail: che. dept@ unh. edu

University of Texas Cellulose Electronic Network
University of Texas at Austin
Botany Department
Austin, TX 78712
www. botany. utexas. edu

University of Washington
College of Forest Resources
Division of Paper Science and Engineering
332 Bloedel Hall, AR - 10 (PO Box 352100)
Seattle, WA 98195 - 2100
Tel: +1. 206. 543. 2730
Fax: +1. 206. 685. 0790
www. cfr. washington. edu
E-mail: Bjorn. Hrutfiord@ BOX_352100. mail. washington. edu

University of Wisconsin-Madison
Chemical and Biological Engineering Department
2014 Engineering Drive
Madison, WI 53706 - 1691
Tel: +1. 608. 262. 1092
Fax: +1. 608. 262. 5434
www. engr. wisc. edu/che
E-mail: kim@ chewi. che. wisc. edu

University of Wisconsin-Stevens Point
College of Natural Resources
Department of Paper Science and Engineering
D274 Science Building
Stevens Point, WI 54481
Tel: +1. 715. 346. 4817

Fax: +1. 715. 346. 4604
www. uwsp. edu/papersci

Virginia Polytechnic Institute and State University
Department of Wood Science and Forest Products
324 Cheatham Hall
Blacksburg, VA 24060
Tel: +1. 540. 231. 8853
Fax: +1. 540. 231. 7664
vtwood. forprod. vt. edu
E-mail: vtwood@ vt. edu

Brooks Forest Products Center
1650 Ramble Road, Mail Code 0503
Blacksburg, VA 24060
Tel: +1. 540. 231. 7107
Fax: +1. 540 -231. 8868
www. woodscience. vt. edu/cfpmm/index. htm
E-mail: cfpmm@ vt. edu

Cheatham Hall
Wood Science and Forest Products
324 Cheatham Hall
Blacksburg, VA 20460
Tel: +1. 540. 231. 8853
Fax: +1. 540. 231. 7664
www. woodscience. vt. edu

McCoy House
Southern Research Station
1650 Ramble Road
Blacksburg, VA 24060
Tel: +1. 540. 231. 4016
Fax: +1. 540. 231. 8868
www. srs. fs. usda. gov

West Shore Community College
3000 North Stiles Road
PO Box 277
Scottville, MI 49454 -0277
Tel: +1. 616. 845. 6211
www. westshore. edu/home. php/about/welcome

Western Michigan University
College of Engineering and Applied Sciences
Department of Paper Engineering, Chemical Engineering, and Imaging
Kalamazoo, MI 49008 -5462
Tel: +1. 269. 276. 3500
Fax: +1. 269. 276. 3501
www. wmich. edu/pci
E-mail: said. abubakr@ wmich. edu

加拿大

British Columbia Institute of Technology
School of Process, Energy and Natural Resources Technologies
Chemical Sciences Technology Department
3700 Willingdon Avenue
Burnaby, BC V5G 3H2
Tel: +1. 604. 434. 5734
www. bcit. ca

College of the North Atlantic
Pulp and Paper Technology
PO Box 822
Corner Brook, NF A2H 6H6
Tel: 888. 982. 2268 (within Newfoundland and Labrador)
+ 1. 709. 758. 7037 (outside Newfoundland and Labrador)
Fax: +1. 709. 634. 2126
www. cna. nl. ca
E-mail: info@ northatlantic. nf. ca

Lakehead University
School of Engineering
School of Forestry
955 Oliver Road
Thunder Bay, ON P7B 5E1
Tel: +1. 807. 343. 8110
Fax: +1. 807. 343. 8023
www. lakeheadu. ca

McGill University
Pulp and Paper Research Centre
Department of Chemical Engineering
McConnell Engineering Building, Room 106
3480 University Street
Montreal, PQ H3A 2K6
Tel: +1. 514. 398. 3483
Fax: +1. 514. 398. 6678
www. mcgill. ca
E-mail: Anne@ chemeng. lan. mcgill. ca

University of British Columbia
Department of Chemical Engineering
Program in Pulp and Paper Engineering
Pulp and Paper Centre
2385 East Mall
Vancouver, BC V6T 1Z4
Tel：+1. 604. 822. 8563
www. ppc. ubc. ca

University of New Brunswick
Industrial Research Centre in Pulping Technology
P. O. Box 69, 000
Frederickton, NB E3B 6C2
Tel：+1. 506. 453. 4547
Fax：+1. 506. 453. 4510
www. unb. ca/p&pcentre

University of Quebec at Trois-Rivieres
Pulp and Paper Research Centre
(Université du Québec à Trois-Rivières
Centre de Recherches en Pâtes et Papiers)
3351 des Forges Blvd.
PO Box 500
Trois-Rivieres, PQ G9A 5H7
Tel：+1. 819. 376. 5011
Fax：+1. 819. 376. 5210
www. uqtr. uquebec. ca

University of Toronto
Department of Chemical Engineering and Applied Chemistry
Pulp and Paper Centre
Paper Science Group
Wallberg Building
200 College Street
Toronto, ON M5S 3E5
Tel：+1. 416. 978. 3062
Fax：+1. 416. 971. 2106
www. pulpandpaper. utoronto. ca
E-mail：paper@ chem-eng. utoronto. ca

墨西哥

Universidad de Guadalajara
Departamento de Madera, Celulosa y Papel
Centyr Universitario de d Ciencias Exactas e Ingenierías
Guadalajara
www. udg. mx/

欧洲（Europe）

捷克

Institute of Chemical Technology
Department of Wood, Pulp and Paper
nam. Cs. legii
532 10 Pardubice
Tel：+420 446 036 111 582 111
Fax：+420 466 036 361
www. upce. cz/en/index. html
E-mail：webmaster@ upce. cz

德国

Technical University of Darmstadt (TU Darmstadt)
Institute of Paper Technology
Technische Hochschule Darmstadt
Institut für Papierfabrikation
Alexanderstr. 8
D-64283 Darmstadt,
Tel：+49 0 6151 16 2154
Fax：+49 0 6151 16 2454
www. tu-darmstadt. de/index. de. jsp
E-mail：ifp @ papier1. ifp. maschinenbau. th-darmstadt. de

法国

Ecole Française de Papeterie et des Industries Graphiques (EFPG)
Institut National Polytechnique de Grenoble
461 Rue de la Papeterie
Domaine Universitaire, B. P. 65
38402 St. Martin dHères Cedex
Tel：+033 04 76 82 69 00
Fax：+033 04 76 82 69 33
www. pagora. grenoble-inp. fr/11929518/1/fiche pagelibre
E-mail：efpg@ efpg. inpg. fr

芬兰

Åbo Akademi University
Institutionen För Papperskemi (PK)
Laboratory of Paper Chemistry
Porthaninkatu 3
FIN-20500 Turku
Tel：+358 2 215 31
Fax：+358 2 251 3226
www. abo. fi/fak/ktf/pap

Helsinki University of Technology
Department of Forest Products Technology
Otakaari 1
SF – 02150 Espoo
Tel：+358 9 4511 or +358 9 number
www. puu. tkk. fi/en
E-mail：webmaster@ hut. fi

Tampere University of Technology
Paper Converting Institute
PO Box 527
FIN – 33101 Tampere
Tel：+358 3 3115 11
Fax：+358 3 365 3781
www. tut. fi

University of Jyväskylä
Applied Chemistry Department
PO Box 35
FIN – 40351 Jyväskylä
Tel：+014 260 1211
Fax：+014 260 1021
www. jyu. fi

University of Oulu
Department of Process Engineering
Laboratory of Mechanical Process Engineering
PL 8000
FIN – 90014 Oulu Yliopisto
Tel：+358 8 553 1011
Fax：+358 8 553 4112
www. oulu. fi/english

瑞典

Chalmers University of Technology
Department of Forest Products and Chemical Engineering
S – 412 96 Göteborg
Tel：+46 31 772 10 00
Fax：+46 31 772 38
www. chalmers. se

Kungl Tekniska Högskolan (KTH/MMT)
Royal Institute of Technology
School of Mechanical and Materials Engineering
SE – 100 44 Stockholm
Tel：+468 790 60 00
www. kth. se
E-mail：utb. exp@ admin. kth. se

University of Karlstad
Högskolan I Karlstad
S – 651 88 Karlstad
Tel：+46 0 54 700 10 00
Fax：+46 0 54 700 14 00
www. kau. se
E-mail：information@ kau. se

波兰

Technical University of Lodz
Politechnika Lódzka
Institute of Papermaking and Paper Machines
Pavilion of Papermaking
Zeromskiego street 116
90 – 924 Lodz
Tel：+48 42 631 21 51
Fax：+48 42 636 56 15
www. p. lodz. pl/en/index. htm

英国

Bury College
Bury Centre
Market Street
Bury BL9 0BG
Tel：+0161 280 8280
Fax：+0161 280 8228
www. burycollege. ac. uk
E-mail：information@ burycollege. ac. uk

The Robert Gordon University
Faculty of Science and Technology
The Paper Technology Unit
Aberdeen
SCOTLAND AB10 1FR
Tel：+44 1224 262 000 (Information Centre)
+44 1224 262200 (International Office)
www. rgu. ac. uk
E-mail：info-centre@ rgu. ac. uk

University of Manchester Institute of Science and Technology (UMIST)
Department of Paper Science
PO Box 88
Manchester M60 1QD
Tel：+0161 200 3903
Fax：+0161 200 385

www. manchester. ac. uk
E-mail: keith. wadhams@ umist. ac. uk

西班牙

University Politechnical of Catalonia (UPC)
Universitat Politècnica de Catalunya
Departamento de Ingeniería Textil y Papelera (DETIP)
C. Colom, 11. 08222 Terrassa
Barcelona
Tel: +93 7398186 / 7398172
Fax: +93 739 81 01
www. detip. upc. es/web/index. htm
E-mail: colom@ ept. upc. es

斯洛文尼亚

Pulp And Paper Institute Ljubljana
Bogišiceva 8, 1000 Ljubljana
Tel: +386 1 200 28 00
Fax: +386 1 426 56 39
www. icp-lj. si
E-mail: icp@ icp-lj. si

斯洛伐克

Slovak University of Technology (CHTF STU)
Department of Chemical Technology of Wood, Pulp and Paper
Radlinskeho 9
SK 812 37 Bratislava
Tel: +421 2 52 49 63 84
Fax: +421 2 52 49 53 81
www. chtf. stuba. sk/kdcp/indexe. php
E-mail: kdcp@ chtf. stuba. sk

俄罗斯

SPb STUPP Saint-Petersburg State Technological University of Plant Polymers
198095 Sankt-Peterburg, ul. Ivana Chernykha 4
Sankt-Peterburg, Russia
Tel: +7 812 786 57 44, 786 58 09
Fax: +7 812 786 86 00
www. gturp. spb. ru
E-Mail: zsv@ gturp. spb. ru or mail@ gturp. spb. ru

罗马尼亚

UNIVERSITATEA TEHNICA "GH. ASACHI" IASI
FACULTATEA DE INGINERIE CHIMICA
SI PROTECTIA MEDIULUI
B-dul D. Mangeron, nr. 71 A, 700050, Iasi
Tel/Fax: +40 232 271311
www. tuiasi. ro

挪威

Norwegian University of Science and Technology (NTNU)
Group for Pulp and Paper Technology
Department of Chemical Engineering
Sem Saelandsvei 4
N-7491 Trondheim
Tel: +47 735 94030
Fax: +47 735 94080
www. ntnu. no
E-mail: kjemitek@ kjemi. unit. no

亚洲、大洋洲 (Asia、Oceania)

澳大利亚

Box Hill Institute of TAFE (Technical and Further Education)
465 Elgar Road/Post Office Bag 2014
Box Hill 3128, Melbourne, Victoria
Tel: +61 (0) 3 9286-2222
Fax: +61 (0) 3 9286-9438
www. bhtafe. edu. au

University of Tasmania
Department of Chemistry
Pulp and Paper Research Group
Chemistry Bldg. 251
Hobart, Tasmania 7001
Tel: +61 3 6226 2999
Fax: +61 3 6226 2858
www. utas. edu. au

Monash University
Department of Chemical Engineering
Ms. Wren Schoppe
PO Box 36
Clayton Victoria 3800
Tel: +61 3 9905 3431
Fax: +61 3 9905 5686
www. eng. monash. edu. au/chemeng/research/appi
E-mail: wren. schoppe@ eng. monash. edu. au

新西兰

ENSIS PAPRO
Scion

The Papa Tipu Innovation Park
49 Sala Street
Private Bag 3020
Rotorua 3010
Tel: +64 7 343 5899
Fax: +64 7 348 0952
www. ensisjv. com
E-mail: enquiries@ scionresearch. com

印度

University of Roorkee

Institute of Paper Technology
Indian Institute of Technology SAHARANPUR CAMPUS
(formerly IPT)
Department of Paper Technology
SAHARANPUR – 247001
Uttar Pradesh
Tel: +91 132 2714006 10
Fax: +91 132 2714011
www. iitr. ac. in/departments/DPT/pages/index. html
E-mail: hodpaptech@ rediffmail. com

(林 媛)

中国轻工业出版社造纸工业图书出版目录

Book List Related to Pulp and Paper Industry Published by China Light Industry Press

序号	书 名	著者	定价/元	开本	书号
	造纸专业科学与技术图书				
1	中高浓制浆造纸技术的理论与实践（精装）——“十一五”国家重点图书/国家科学技术学术著作出版基金	陈克复主编	60.00	16开	ISBN978－7－5019－5877－1
2	制浆造纸现代节水与污水资源化技术——“十一五”国家重点图书出版规划项目	林跃梅主编	58.00	异16开	ISBN978－7－5019－6844－2
3	纸张颜料涂布与表面施胶——芬兰造纸科学技术丛书11分册	[芬] Esa · Lehtinen著/曹邦威译	88.00	16开	ISBN7－5019－4651－5
4	制浆造纸工业的环境治理——造纸科学与技术丛书	曹邦威编著	45.00	异16开	ISBN978－7－5019－6054－5
5	制浆造纸节能新技术——造纸科学与技术丛书	刘秉钺主编	58.00	异16开	ISBN978－7－5019－7114－5
6	纸和纸板的后加工——造纸科学与技术丛书	曹邦威编著	38.00	异16开	ISBN978－7－5019－6643－1
7	造纸工业安全生产——造纸科学与技术丛书	万金泉等编著	30.00	异16开	ISBN978－7－5019－7504－4
8	当代废纸制浆技术——实用造纸技术丛书	陈庆蔚编著	59.00	大32开	ISBN7－5019－4827－5
9	造纸毛毯技术与应用——实用造纸技术丛书	吕向阳等编著	25.00	16开	ISBN978－7－5019－6996－8
10	造纸车间技术管理的优化及技术支持——实用造纸技术丛书	张承武、段永成编著	18.00	大32开	ISBN978－7－5019－6953－1
11	制浆造纸厂化验室化验检验方法——实用造纸技术丛书	吴楠等编著	42.00	16开	ISBN978－7－5019－6868－8
12	英汉造纸工业词汇	许向阳编	50.00	32开	ISBN7－5019－4269－2
13	英汉－汉英造纸工业词汇	许向阳编	80.00	32开	ISBN978－7－5019－6966－1
14	造纸辞典	刘仁庆编著	35.00	大32开	ISBN7－5019－5153－5
15	中国造纸原料纤维特性及显微图谱	王菊华主编	200.00	16开	ISBN978－7－5019－2345－0

续表

序号	书　名	著者	定价/元	开本	书号
16	简明中国手工纸（书画纸）及书画常识辞典	刘仁庆编著	39.00	异16开	ISBN978-7-5019-6391-1
17	纸浆性质软测量原理与技术——造纸科学与技术专著丛书	刘焕彬著	55.00	16开	ISBN978-7-5019-6629-5
18	废纸回用过程中胶黏物障碍与控制——造纸科学与技术专著丛书	王双飞、骆莲新编著	35.00	16开	ISBN978-7-5019-6954-8
19	纸包装结构设计（第二版）	孙诚著	35.00	异16开	ISBN7-5019-5216-7
20	造纸趣话妙读	刘仁庆著	28.00	大32开	ISBN978-7-5019-6055-2
21	最新纸机抄造工艺	［美］B. A. Thorp 编/曹邦威译	98.00	16开	ISBN7-5019-2536-4
22	制浆造纸手册——第九分册-纸张抄造	张承武主编	68.00	大32开	ISBN7-5019-2004-4
23	造纸工业环境工程导论	万金泉、马邑文编著	30.00	大32开	ISBN7-5019-4935-9
24	造纸湿部化学原理及其应用	张光华编	16.00	大32开	ISBN7-5019-2254-3
25	工业纸板制造与应用	李锡香编著	25.00	大32开	ISBN7-5019-2562-3
26	制浆造纸节能技术	刘秉钺编著	30.00	大32开	ISBN7-5019-2405-8
27	麦草浆碱回收技术指南	张珂主编	23.00	大32开	ISBN7-5019-2461-9
28	纸加工原理与技术	张美云编著	34.00	大32开	ISBN978-7-5019-2127-X
29	制浆技术问答（第二版）	梁实梅编著	40.00	大32开	ISBN7-5019-4270-6
30	造纸技术问答	梁实梅编著	40.00	大32开	ISBN978-7-5019-1417-6
31	制浆造纸工业环境管理	联合国环境署著	23.00	大32开	ISBN7-5019-2236-5
32	最新碱法制浆技术	曹邦威译	98.00	16开	ISBN978-7-5019-1417-3
33	表面活性剂在造纸中的应用技术	张光华编著	25.00	大32开	ISBN978-7-5019-3083-8
34	棉短绒制浆概论	陈嘉川编著	35.00	16开	ISBN978-7-5019-7894-6
35	制浆造纸工艺计算手册	王忠厚、许志晔主编	68.00	16开	ISBN978-7-5019-8037-6
	造纸专业高等学校专业教材				
36	制浆造纸工程大全（第二版）——北欧及北美造纸专业本科教材	［加拿大］G. A. 斯穆克著/曹邦威译	50.00	16开	ISBN7-5019-3132-1
37	造纸工业清洁生产原理与技术——教育部高等学校轻化工程教学指导委员会推荐特色教材	何北海主编	34.00	16开	ISBN7-5019-5681-2

续表

序号	书 名	著者	定价/元	开本	书号
38	制浆造纸概论——教育部高等学校轻化工程教学指导委员会推荐特色教材	刘忠主编	30.00	16 开	ISBN978 –7 –5019 –5740 –8
39	制浆造纸专业英语——高等学校专业教材	曹邦威、张东成编	18.00	16 开	ISBN7 –5019 –5349 –3
40	制浆原理与工程（第三版）——普通高等教育“十一五”国家级规划教材	詹怀宇主编	58.00	16 开	ISBN978 –7 –5019 –6532 –8
41	造纸原理与工程（第三版）——普通高等教育“十一五”国家级规划教材	何北海主编	58.00	16 开	ISBN978 –7 –5019 –4411 –3
42	纸页的结构与性能——教育部高等学校轻化工程教学指导委员会推荐特色教材	胡开堂主编	40.00	16 开	ISBN7 –5019 –5060 –1
43	植物纤维化学（第三版）——高等学校专业教材	杨淑蕙主编	34.00	16 开	ISBN7 –5019 –2969 –6
44	制浆造纸分析与检测——普通高等教育“十五”国家级规划教材	石淑兰主编	48.00	16 开	ISBN7 –5019 –3920 –9
45	制浆造纸机械与设备（上）（第二版）——高等学校专业教材	陈克复主编	56.00	16 开	ISBN7 –5019 –3914 –4
46	制浆造纸机械与设备（下）（第二版）——高等学校专业教材	陈克复主编	56.00	16 开	ISBN7 –5019 –3914 –4
47	现代造纸机械状态监测与故障诊断——教育部高等学校轻化工程教学指导委员会推荐特色教材	张辉主编	30.00	16 开	ISBN7 –5019 –4636 –1
48	制浆造纸助剂——高等学校专业教材	安郁琴、刘忠主编	28.00	大 32 开	ISBN7 –5019 –3925 –X
49	制浆造纸污染控制——普通高等教育“十一五”国家级规划教材	刘秉钺主编	35.00	16 开	ISBN978 –7 –5019 –6271 –6
50	加工纸与特种纸（第二版）——普通高等教育“十五”国家级规划教材	张运展主编	38.00	16 开	ISBN7 –5019 –4825 –9
51	制浆造纸工程设计——普通高等教育“十一五”国家级规划教材	王志杰主编	34.00	16 开	ISBN978 –7 –5019 –6660 –8
52	制浆造纸过程自动测量与控制（第二版）——普通高等教育“十一五”国家级规划教材	刘焕彬主编	54.00	16 开	ISBN7 –5019 –6886 –2
53	加工纸与特种纸（第三版）——普通高等教育“十一五”国家级规划教材	张美云主编	39.00	16 开	ISBN978 –7 –5019 –7130 –5
54	热工基础与造纸节能（第二版）——教育部高等学校轻工与食品学科教学指导委员会推荐教材	刘秉钺主编	36.00	16 开	ISBN978 –7 –5019 –7086 –5
55	制浆造纸实验——普通高等教育轻工与食品专业实验类系列规划教材	王双飞主编	23.00	16 开	ISBN978 –7 –5019 –7489 –4

续表

序号	书 名	著者	定价/元	开本	书号
56	造纸湿部化学——普通高等教育“十一五”国家级规划教材	刘忠主编	35.00	16 开	ISBN978 -7 -5019 -7740 -6
	造纸专业高等职业教育教材				
57	制浆造纸分析与检验	林润惠主编	36.00	大32 开	ISBN7 -5019 -2662 -6
58	制浆工艺及设备	邝守敏主编	48.00	16 开	ISBN7 -5019 -2912 -2
59	造纸工艺及设备	吴葆敦主编	45.00	16 开	ISBN978 -7 -5019 -2735 -9
60	制浆造纸工厂设计概论	李土根主编	36.00	16 开	ISBN7 -5019 -2759 -6
61	制浆造纸专业英语	李桂芳主编	15.00	大32 开	ISBN7 -5019 -2795 -2
62	加工技术	沙力争主编	32.00	16 开	ISBN978 -7 -5019 -6657 -8/TS.3874
63	制浆造纸设备安装与维修（第二版）	李向华主编	28.00	16 开	ISBN978 -7 -5019 -7041 -4
64	制浆造纸助剂及其应用技术	刘一山主编	30.00	16 开	ISBN978 -7 -5019 -7720 -8
	造纸专业技工教材				
65	制浆造纸设备与操作（第二版）	王忠厚主编	45.00	16 开	ISBN7 -5019 -5266 -3
66	制浆造纸工艺（第二版）	王忠厚主编	42.00	16 开	ISBN 7 -5019 -5205 -1
67	长网纸机抄造	曹邦威、张周宏编	18.00	大32 开	ISBN7 -5019 -2167 -9
	造纸工业行业标准				
68	中国轻工业标准汇编（造纸卷）上册	本书编写组编	108	大16 开	ISBN978 -7 -5019 -7025 -6
69	中国轻工业标准汇编（造纸卷）下册	本书编写组编	138	大16 开	ISBN978 -7 -5019 -7026 -1

购书办法：各地新华书店，本社网站（http//www.chlip.com.cn）、当当网（http：//list.dangdang.com/01.63.18.htm）、卓越网（http：//www.joyo.com/）、轻工书店联系电话：010 -65241695

造纸专业编辑林媛：01085119815/lyuan64@yahoo.com.cn

2010 年造纸行业会展信息

Exhibitions and Conferences News of Pulp and Paper Industry in 2010

中国造纸学会 2010 年学科发展研究项目启动会

3 月 23 日中国造纸学会 2010 年学科发展研究项目启动工作会议在北京召开。中国科协学术交流处领导及中国造纸学会学术工作委员会、中国制浆造纸研究院、华南理工大学、天津科技大学、南京林业大学、陕西科技大学有关专家及相应工作人员近 20 人参加了会议。会上邝仕均副理事长介绍了《制浆造纸科学技术学科发展研究》项目的申报情况，传达了中国科协“2010 年度学科发展研究项目工作会议”的主要内容，并部署了开展 2010 年学科发展研究项目工作任务。

第十七届生活用纸国际科技展览及 2010 生活用纸年会

第十七届生活用纸国际科技展览及 2010 生活用纸年会于 4 月 14—16 日在南京举办。此次展览规模较上年增加 52%，分海外、纸品、卫生用品、原辅材料、设备以及设备演示等 6 个展区，参展商达 521 家，约 3500 人，观众 2 万人。年会就世界、亚洲和中国一次性卫生用品行业发展概况和趋势、生活用纸市场的发展机遇，以及卫生用品消费者分析等内容进行了 24 场演讲，得到听众广泛好评。此届年会在参加人数、会议规模及影响力等方面都超过历届。

宣纸展览

4 月 15—17 日，宣纸展览在北京民族文化宫举办。参展的有安徽泾县的 40 多家宣纸与书画纸厂以及四川峡江地区一些宣纸与书画纸厂。据中国宣纸协会秘书长吴世新介绍，目前泾县宣纸、书画纸的加工企业已发展到 250 余家，在全国各大城市设有经销机构 300 余处，年产各种规格宣纸 1000 余吨、书画纸 5000 余吨，加工产品 500 余吨，直接和间接从事宣纸文化产业人员达 5 万余人。年市场销售额达 5 亿元左右，实现利税 0.5 亿元左右，为泾县四大产业集合群之首。

第十八届全国造纸化学品开发与造纸新技术应用高层论坛

中国造纸化学品工业协会于 4 月 20—22 日在杭州举办“2010（第 18 届）全国造纸化学品开发与造纸新技术应用高层论坛”。有来自全国各地和国外公司 200 多位代表参加。本次论坛采取专家报告与论文发表相结合方式进行，有 9 位专家就国内外造纸化学品产品发展的现状与进展以及开发与新技术应用、金融危机后时代中小型企业的发展战略等行业发展的重要问题，发表专题报告并展开讨论。

第三届中日造纸技术交流会

为促进中日造纸技术交流，相互学习先进技术，由中国造纸学会和日本浆纸技术协会共同举办的“第三届中日造纸技术交流会”于 5 月 17—18 日在日本东京召开。会议邀请了中日双方 18 位专家就中日双方造纸工业的现状与展望，节能，节水，减排，DIP 纸浆的制造与应用技术，造纸固体废弃物的处理技术，日本造纸工业原料结构以及新上生产线等两国科研热点问题和实际生产经验等方面做演讲报告，并进行热烈讨论。此次会议中方代表 110 人，日方代表 130 人。会后对 9 家日本造纸研究所和企业进行参观考察。

芬兰 AEL“从纤维到纸”第三期国际经典培训

芬兰 AEL 公司于 5 月 17—19 日在上海举办了“从纤维到纸”第三期国际经典培训。“从纤维到纸”是芬兰 AEL 公司开发的经典培训课程，为期望全面而系统地了解制浆造纸最新工艺技术和设备的专业人士进行设计。参加此次培训的有制浆造纸企业、造纸机械设备和造纸自动化等公司的中高层管理者和技术人员。

第十一届生活用纸企业家俱乐部会议

第十一届生活用纸企业家俱乐部会议于 5 月 22 日在台北召开。14 家俱乐部成员共计 26 人参加了会议。会议由中国造纸协会生活用纸专业委员会江曼霞秘书长和台湾永丰余家品有限公司曾博湘总经理共同主持。本次会议讨论的主要议题是：节能减排、淘汰落后产能及未来浆价走势对生活用纸行业的影响。针对业内人士普遍关心的行业总体概况，江曼霞秘书长从生产和市场、主要制造商和品牌、出口贸易保持增长、主要新增产能项目、产品结构、市场展望等 7 个方面做了题为“2009 年生活用纸行业的概况和展望”的报告。在各企业家俱乐部成员的发言中，大家从节约木材资源、保护环境方面讨论了如何因地制宜利用好非木材纤维原料和回收废纸原料；通报了各自企业的生产、市场营销情况；对目前价格不断上涨的木浆原料，各企业也认同销售的产品应调整到合理的价格，以反映成本，保障产品的利润和企业正常的运行发展。企业家之间的相互交流和积极热烈的讨论，使相互之间得到很大的启发。

纸业沙龙论坛

“纸业沙龙论坛——草类纤维清洁制浆新技术最新进展发布会”于 6 月 2—3 日在上海举行。来自北京、上海、天津、江苏等 10 多个省市、自治区的 50 多家制浆造纸及相关企业、大专院校、新闻媒体和上海科协的领导及专家 100 多位代表参加了本次论坛。10 位创新者在大会上分别发布了不同方法的草类纤维清洁制浆新技术的最新进展、存在问题与展望，与会代表进行了热烈讨论。纸业沙龙理事长胡宗渊做了总结发言，他说，在推动应用草类纤维清洁制浆新技术的过程中，遇到了各种困难和来自各方面的阻力，相比实施阶段的难度更是远超预期。但我们一定要坚定信心，继续关注，共同努力，不断完善。论坛收集论文 20 多篇，编辑出版了论文集。会后，代表参观了“荷兰阿姆斯特丹国际水处理展览会”和“中国 2010 年上海世界博览会”。

第十一届 RISI 亚洲浆纸前景展望会

由美国锐思林纸产品咨询公司主办的第十一届 RISI 亚洲浆纸前景展望大会于 6 月 7—9 日在上海召开。大会内容主要分为三部分：第一部分是“当前亚洲市场纸浆供求状况”；第二部分是“亚洲市场主要推动力的探讨”；第三部分是“未来两年的世界浆纸市场前景的预测”。大会期间还举办 CEO/高管论坛，主题是消费者眼中的浆纸行业。在大会每一部分结束时，都设有嘉宾和听众的互动环节，听众就自己关注的问题与演讲嘉宾进行了积极的探讨。

2010 年曼谷亚洲纸展

由泰国组织的第十届亚洲纸业展览会于 6 月 16—18 日在曼谷举行。展览会分为“新生产技术展”、“纸张和办公用品展”、“高级管理论坛”和“新技术应用研讨会”4 个部分。期间共有来自 48 个国家的 3000 多名造纸专业人士参观了展览会并进行技术交流。来自 13 个国家的 25 位领导和专家进行了讲演，中国轻工集团公司副总经理、中国造纸学会秘书长曹振雷博士在“高级管理论坛”上围绕“中国造纸业如何保持快速发展”的主题做了精彩演讲。本次展会的参展商涵盖制浆造纸、造纸机械、造纸化学品等领域国际著名的生产企业及供应商，中国有 5 家企业参加了展览。中国造纸杂志社是本次展会的指定宣传媒体，在展会期间展出了英文版《中国造纸》摘要及设有英文栏目的《造纸信息》。

高得率浆技术国际研讨会暨中加国际合作项目技术交流会

第二届“高得率浆技术国际研讨会暨中加国际合作项目技术交流会”于 6 月 20 日在南京召开。此次会议由加拿大天柏公司、中加高得率浆承担单位（天津科技大学、加拿大制浆造纸研究院、新不伦瑞克大学、多伦多大学）、中国林科院林产化学工业研究所联合主办。会议围绕高得率浆的生产和检测、湿部化学等方面的最新技术、研发创新、生产疑难问题展开讨论。有9位专家在大会上做了专题发言。

第七届国际机械浆基础研究研讨会

由中国林科院主办，林业化学工业研究所承办的第七届国际机械浆基础研究研讨会于6月21—26日在南京召开。来自美国、加拿大、瑞典、芬兰、挪威、奥地利、马来西亚等国的31家大专院校、研究机构及相关企业的与会代表100多人参加了会议。共有7位国际化机浆知名专家在大会上做了精彩报告。会议代表探讨和交流了国际化学机械浆和节能磨浆新的理论、木材原料结构对纸浆性能的影响规律、预浸渍化学品减量化技术、高得率浆增值利用技术、高得率浆污染处理与控制技术。经会议审核，共选录49篇论文，并出版了论文集。

硫酸盐浆打浆技术研讨会

6月24日，由加升国际贸易（上海）有限公司和加拿大康福制浆合伙有限公司联合主办的“硫酸盐浆打浆技术研讨会”在上海举行。研讨会的主要目的是让与会者全面掌握现代打浆技术，了解相关领域的前沿课题和研究成果。来自泰格林纸集团、民丰特种纸股份有限公司、牡丹江恒丰纸业股份有限公司、河南江河纸业有限责任公司、恒安国际集团、南京林业大学等造纸企业和大专院校的100多位代表参加了研讨会。此次研讨会由基础知识和选定课题两个综合部分组成。

山东汇鑫生物浆纸公司在京召开专家座谈会

6月28日，山东汇鑫生物浆纸公司董事长李敬民在北京召开业内领导和专家座谈会，就“采用生物技术秸秆制浆造纸新工艺”的应用和推广问题寻策问计。中国造纸协会理事长钱桂敬、中国造纸学会顾问胡宗渊、中国造纸协会常务副理事长曹朴芳、中国造纸学会学术工作委员会顾问杨懋暹等领导和专家应邀出席了座谈会。领导和专家认真听取了李敬民董事长的汇报并进行讨论，钱桂敬理事长作了总结性发言。他认为，汇鑫生物浆纸公司利用自主研发的“鲁6号菌群”处理草浆黑液，经处理后的黑液作为新蒸煮液用于草类纤维预浸、蒸煮，生产高得率浆，能做到连续7年规模化大生产、中段水连续3年循环利用不外排，实属不易。他建议：一是搞好产品定位，二是建立推广应用的商业模式，可通过租赁、承包、收购等方式进行推广试验。据了解，我国年产农作物秸秆约7亿吨，而利用率仅为30%左右。为此，国家发改委、工信部和农业部等有关部委已发布文件，大力推动秸秆综合利用工作，这对汇鑫生物浆纸公司生物技术的应用和推广，无疑是一个福音。

第七届广州国际制浆造纸工业展览会

6月28—30日，“第七届广州国际制浆造纸工业展览会”在广州举行。以“国际造纸盛会，面向中国华南及东盟、印度等新兴市场”为主题的第七届广州国际纸展吸引了来自国内外的150余家企业参展。据粗略统计，广东省的参展商占60%左右。到会参观的采购商达到了上千人次，尤其是来自印度、越南、泰国、印度尼西亚、马来西亚、柬埔寨等国家的采购商人数有所上升。本次纸展的特点是：从造纸原料到造纸机械设备，从工业机制纸到生活用纸、特种纸，从包装到印刷设备，生产纸张的上下游产业均有涉及，使参观者能充分从展会上获得信息。

中国造纸学会第十四届学术年会

由中国造纸学会主办、江苏华机集团协办、江苏省造纸学会支持的中国造纸学会第十四届学术年会于7月6—8日在无锡召开。来自全国各地的造纸行业学会、科研院所、企事业单位的领导、专家学者、科研和技术工作者代表，共160余人参加了会议。在本次学术年会的开幕式上，举行了中国造纸学会第六届青年科技奖的颁奖仪式。大会上，中国造纸学会秘书长曹振雷做了“中国造纸工业现状及展望”的专题报告。还有29位专家、教授宣读了科研论文和学术报告。大会由中国制浆造纸研究院院长曹春昱、中国轻工业长沙工程有限公司董事长樊燕、南京林业大学轻工科学与工程学院院长张辉以及中国林业科学研究院林产化学工业研究所副所长房桂干分别主持。论文内容涵盖了我国造纸工业现状和可持续发展、制浆造纸用纤维原料、节能减排、环境保护、造纸化学品以及制浆造纸装备技术等领域。学术交流结束后，中国造纸学会进行了第十四届学术年会优秀论文的颁奖活动。会议期间代表们参观了江苏华机集团、金红叶纸业集团有限公司和无锡沪东麦斯特环境工程有限公司。

黔东南生态文明建设试验区发展研讨会

7 月 7—8 日由贵州省科协主办、中国科协支持、中国造纸学会等 11 个全国学会协办的“黔东南生态文明建设试验区发展研讨会”在贵州省凯里市举行。中国造纸学会资深专家黄润斌应邀出席了会议，并提交了题为“推进林纸一体化建设项目的构想与实施策略”的论文。会议共收集论文近 80 篇，与会的 17 位院士以签名的形式向中央、国务院提交了呈报意见。

湖南省造纸学会举办技术交流会

湖南省造纸学会于 7 月 15—16 日在长沙举办技术交流会，参加会议的有来自省内各制浆造纸和造纸机械的企业、科研院校以及省内外与造纸相关行业的代表共计 42 个单位 80 余人。参会的中国轻工业长沙工程有限公司、泰格林纸集团、湖南省造纸研究所有限公司、深圳市绿微康生物工程有限公司、潍坊中端造纸纺织助剂有限公司、山东青州鑫龙污水设备制造有限公司以及山东滕州市科创轻工机械有限公司的专家、代表，对其公司的科研成果以及产品性能分别做了介绍。与会代表一致认为参加技术交流是一次极好的学习机会，开阔了眼界，获取了大量的有用信息，对指导企业生产有一定帮助。

制浆造纸废水深度处理理论与技术高级培训班

中国造纸学会于 8 月 3—6 日在北京举办了“制浆造纸废水深度处理理论与技术高级培训班”。来自造纸企业、造纸设备公司、科研院所和专业院校的高级管理人员和工程技术人员共 60 多人参加了此次培训班。中国造纸协会常务副理事长曹朴芳做了题为“中国造纸工业发展现状与展望”的专题报告。培训班聘请了 8 位专家、教授主讲，有陕西科技大学张安龙教授、帕克环保技术公司戚恺工程师、西班牙 HPD 中国代表张建、山东太阳纸业股份有限公司张明阳工程师、无锡沪东麦斯特环境工程有限公司许风云工程师、广西大学宋海农教授、山东省环保科学研究设计院刘勃研究员以及浙江理工大学张勇高级工程师分别讲授有关制浆造纸废水深度处理理论与技术的相关知识。培训班还组织学员参观了北京市高碑店污水处理厂和中国科技馆。中国造纸学会为学员颁发了结业证书。

新闻纸市场信息交流会

由中国报协主办的 2010 年新闻纸市场信息交流会于 8 月 10—13 日在哈尔滨召开。本次会议的主题是“纸报双方同舟共济 科学发展”。会议代表对新闻纸市场面临的新形势、新变化以及今后一段时间新闻纸市场发展趋势进行了分析和研究。纸报双方对共同关注的新闻纸和废纸原料市场行情和 2010 年以来新闻纸生产销售需求使用情况进行了讨论和交流。

新观点新学说学术沙龙

由中国科协学会学术部主办，中国造纸学会承办的“第 41 期新观点新学说学术沙龙”于 8 月 19—20 日在北京举办。新观点新学说学术沙龙活动旨在充分发挥学术交流作为原始创新的源头之一的作用，弘扬敢于创新、勇于竞争和宽容失败的精神，倡导自由探究，鼓励学术争鸣，活跃学术氛围，为科学家萌芽时期尚未获得主流认可的学术观点理论以及灵感提供交流平台。本次沙龙的主题是“无污染制浆新技术”，参加会议的专家学者 40 多人，围绕草类无污染、零排放制浆新技术概念以及新技术、新方法和草类纤维原料应用前景等问题展开研讨和交流。专家认为，本次沙龙通过提供信息、集思广益、自由探究和交流合作的学术研讨，为与会者提供了一次宽松、自由、平等的交流平台，有助于草类制浆企业寻求一条生存与发展的新路。

全国特种纸技术交流会

全国特种纸技术交流会于 8 月 21—22 日在辽宁省丹东市召开。本次会议由中国制浆造纸研究院、造纸工业生产力促进中心特种纸委员会主办，丹东鸭绿江磨片有限公司承办。会议以“为特种纸行业相关单位提供信息交流平台”为宗旨，针对特种纸行业发展趋势、特种纸产品、制造技术及工艺等方面进行专题技术讲座。并邀请了国内外特种纸原材料、设备、化学助剂等制造商进行新产品展示及应用技术交流。来自国内外近 80 家特种纸生产企业、大专院校、科研院所及相关行业的生产供应商共计 150 余位代表参加了本次大会。开幕式上，举行了“中国制浆造纸研究院、鸭绿江磨片有限公司盘磨制浆与打浆研究基地”的授牌仪式。会后，与会代表参观了鸭绿江磨片有限公司。

全国造纸行业节能环保技术高级研修班

由人力资源和社会保障部、中国轻工业联合会、中国造纸协会联合主办，江苏华机集团、广西冠桂糖业有限公司协办的“全国造纸行业节能环保技术高级研修班”于 8 月 23—27 日在广西南宁举行。参加本次研修班的学员来自全国 12 个省（区）的 68 个企业、单位，共计 136 人。研修班邀请国内外专家 21 位，围绕节能环保技术主题，按照 24 个子题目进行授课。本次研修班内容丰富、翔实、新颖，技术先进、成熟，有些技术带有前瞻性和方向性。

2010 中国国际造纸技术报告会

由中国造纸学会、美国克劳斯公司、芬兰造纸工程师协会联合举办、上海市造纸学会协办的“2010 中国国际造纸技术报告会”于 9 月 14 日在上海召开。会议邀请了中国、芬兰、加拿大等国家的 10 多位政府官员及造纸专家做了专题报告，来自国内外的造纸工作者近 200 余人参加了本次会议。报告对中国造纸工业发展的宏观环境、全球纸业发展预测、先进工业技术以及工厂实际应用等方面做了详细介绍。

第十八届中国国际纸浆造纸暨纸制品工业展览会

由中国制浆造纸研究院、美国克劳斯公司联合举办的“第十八届中国国际纸浆造纸暨纸制品工业展览会及会议”于 9 月 15—17 日在上海国际展览中心举行。本届纸展面积达到 1.2 万米^2，国际展商占参展企业近 40%，来自 20 多个国家和地区 300 多家厂商参加了本届展会。国外厂商包括 Ashland、霍尼韦尔、BASF、亚赛利、科莱恩化工、PMP IB、东芝三菱电机、捷高、EKA、JC Papertech、L&W、Kadant、芬兰康克、日本丸石、Rochling Leripa、罗盖特、Rollianz Lihua、BTG、康拓国际、Vaahto 等世界知名企业。国内厂商有：江苏华机、四川高达、绵阳同成、江苏华东、淄博泰鼎、长沙神州、乐山成发、辽阳造纸、上海轻良、许昌中亚、山东昌华、浙江传化华洋、岳阳国泰等有实力的企业。本届展览的展品涵盖了中国造纸业所需要的世界最先进的设备与技术。共有约 8000 人次的专业人员参观了本届展览。

第三届阿拉伯造纸、卫生纸及加工工业国际展览会

为加强与国外造纸行业的交流，为我国造纸企业开拓新兴国家市场创建平台，9 月 26—28 日，生活用纸专业委员会组织国内生活用纸行业有关企业参加了在迪拜举行的第三届阿拉伯造纸、卫生纸及加工工业国际展览会（Paper Arabia 2010）。来自 25 个国家和地区 115 家企业参展。中国展团包括上海松川、泉州创达、佛山德昌誉、佛山宝索、杭州珂瑞特、福建培新、潍坊恒联美林、青岛北瑞等 15 家企业。参展净面积达 171 米^2。迪拜王子兼经贸部部长出席了开幕式。此次展览是贴近中东和非洲市场的具有很大发展前景的国际性造纸展览会，2007 年来已成功举办了两届。此次中国展区打造了造纸及相关设备行业的“中国制造”形象，为企业开拓中东市场提供了平台。纸展有三大特色：一是生活用纸产品及加工机械持续受到欢迎；二是纸尿裤、卫生巾及加工设备市场潜力巨大；三是文化印刷用纸、包装纸板等产品广受欢迎。展览主办方邀请中国组团参加了本届展览的新闻发布会，双方就今后的合作进行了友好的交谈。

制浆造纸国家工程实验室第一届造纸工业技术高级培训班

10 月 11—14 日，由中国制浆造纸研究院主办，中国造纸学会支持，中国造纸杂志社承办的制浆造纸国家工程实验室第一届造纸工业技术高级培训班在北京举办，来自全国近 20 个省市 35 家制浆造纸生产企业、大专院校、科研院所、造纸化学品及设备供应商的生产、技术人员共 88 人参加了此次培训。

中国轻工集团公司副总经理、中国造纸学会秘书长曹振雷，中国制浆造纸研究院副院长李义民，

培训班主讲教授盛泰智源（美国）总经理孙蕴宝、美国国际纸业高级研究员殷才方出席了开班式。

在随后两天半的培训里，孙蕴宝博士和殷才方博士为学员讲授了湿部化学、废水循环利用、制浆和漂白课程的相关知识和实践经验，并与学员就其关心的实际生产过程中存在的问题进行了互动。中国制浆造纸研究院副院长李义民为学员颁发了结业证书。

华东七省市造纸学会第二十四届学术年会

华东七省市造纸学会第二十四届学术年会于10月16—18日在福州召开，会议由福建省造纸学会主办。会议得到中国造纸学会的高度重视，中国造纸学会理事长陈学忠赴会并做了重要讲话。参加本次大会的代表共90余人。与会专家、学者和工程技术人员交流了科研和生产方面的新技术、新成果、新设备。会议收到论文34篇，并编辑出版论文集和颁发论文证书。

首届中国造纸装备发展论坛

10月18—19日，由中国轻工机械协会、中国造纸协会、中国造纸学会、全国工商联纸业商会、中国轻工集团公司、中国轻工业信息中心、中国轻工企业投资发展协会联合主办，河南省江河纸业有限责任公司承办的“首届中国造纸装备发展论坛”在河南焦作市召开。论坛以“自主创新、合作赶超”为主题，探讨中国造纸装备业科学发展的战略思想和技术路线，为中国造纸装备业的振兴提供理论指导及合作支撑平台。出席本次论坛的有国家有关部委，河南省和焦作市的领导，主办方、支持单位、相关科研院所和大专院校的领导和专家以及新闻媒体的代表约300人参加了本次盛会。本次论坛分为“政策形势”、“权威论道”、“实践探索”、“合作共赢”4个板块。大会宣读了“中国造纸装备业自主创新、合作赶超倡议书”。会后，参会代表考察了河南江河纸业有限责任公司。此次论坛共收到报告16篇、论文62篇，并出版了论文专集。

第二届亚洲浆纸产业会议

第二届亚洲浆纸产业会议于10月27—29日在韩国庆州举行。韩国、中国、日本、印尼、印度、泰国、马来西亚、菲律宾、越南及中国台湾等国家和地区各自组团参加了本次会议，除来自参加国和地区进行“经济、浆纸产业现状及展望”的报告外，还特邀知名浆纸业市场动态分析机构针对“国际原料供需情况与展望聚焦亚洲市场”做了专题演讲。中国造纸协会根据政府环保政策对浆纸产业采取的相应举措进行了报告。

低碳造纸理念与实践论坛

经中国科协批准，中国造纸学会主办，山东太阳纸业集团、芬欧汇川、斯道拉恩索集团和全国工商联纸业商会协办的“低碳造纸理念与实践论坛”于10月28—29日在北京召开。来自制浆造纸企业、大专院校、科研院所、设计咨询等单位的领导和专家100余人参加了本次论坛。在论坛上有15位专家做了专题发言，他们从不同角度介绍了我国造纸工业实施低碳的方向及存在的问题。与会代表认为，造纸行业首先要提高认识，加快行业的转型升级，加强产学研结合，研究开发造纸产业的低碳和节能减排共性关键技术，提高节能减排水平，使行业走上低碳发展之路。

全国造纸化学品开发及新技术应用研讨会

11月1—3日，中国造纸化学品工业协会在上海举行“2010（第十九届）中国造纸化学品开发及新技术应用研讨会”。会上，中国造纸化学品工业协会理事长姚献平做了题为“我国造纸工业的发展特点及其对造纸化学品的应用需求”的主题报告。有8位领导和专家分别在会上做了专题报告，并进行了交流讨论。本次研讨会为充分掌握造纸工业发展动态，对制定造纸化学品行业“十二五”规划起草、制定等事项做了研究和安排。会议还组织代表参观了中国造纸化学品工业协会和中国化工信息中心在上海国际展览中心主办的中国国际造纸化学品展览会、中国国际水处理化学品展览会和表面活性剂展览会。

中国国际造纸化学品技术及应用展览会

11月3—4日由全国功能高分子行业协会、中国造纸化学品工业协会和中国化工信息中心共同主办的“2010（第五届）中国国际造纸化学品产品及造纸新技术应用展览会”在上海国际展览中心开幕。参展面积超过 8000 米^2，有巴斯夫、亚什兰、播磨、星光、荒川、爱森、天润、宝莫、天擎、百傲、飞翔等国内外知名企业的 10 多个国家的 150 多家参展商参展。多场技术交流报告也为国际水处理行业的展示和交流提供了丰富而生动的平台。

第四届制浆造纸新技术国际研讨会

11 月 8—10 日，由华南理工大学制浆造纸工程国家重点实验室主办，中国造纸学会、美国造纸工业协会、北京林业大学协办的“第四届制浆造纸新技术国际研讨会”在华南理工大学召开。来自中国、美国、加拿大、日本、瑞典、韩国、伊朗、马来西亚和泰国等 13 个国家有关制浆造纸及相关领域的专家学者 550 余人参加了此次研讨会。中国造纸学会理事长陈学忠在开幕式上致辞。本届大会是制浆造纸科学技术领域规格较高、规模较大的国际会议，旨在进一步加强国际制浆造纸合作，推动制浆造纸科学技术的发展。本次研讨会主题包括制浆造纸新技术、生物质能源、生物质材料、植物资源高效利用等。本届会议收到论文共 530 篇，并编辑出版了论文集。

2010 中国国际造纸和装备博览会暨全国纸张订货交易会

由中国造纸协会主办的“2010 中国国际造纸和装备博览会暨全国纸张订货交易会”于 11 月 11 日在西安开幕。本届博览会为期 3 天，国内大型制浆造纸和相关行业的企业积极参展。展示面积近 1 万米^2，参展企业 150 余家，展示范围涵盖纸浆、纸及纸板、纸制品、机械设备、原辅材料、造纸助剂及相关化学品。报告会邀请了业内权威人士主讲。会议内容丰富，对广大造纸企业的生产、销售具有指导意义。

2010 年世界卫生纸亚洲展览会

由中国造纸协会生活用纸专业委员会和亚洲博闻（CMP）公司联合主办的 2010 年世界卫生用纸亚洲展览会于 11 月 17—19 日在上海国际展览中心举行。本届展览会有来自 20 多个国家和地区的共 100 多家企业参展。包括卫生纸制造商、加工商，机械设备及配件、化学品供应商，贸易商、经销商、采购商，经营管理者，行业分析家等。展会为中国卫生用纸及相关企业全面把握和了解卫生用纸行业发展动态、世界卫生用纸领域最前沿的技术设备、新产品情况提供最佳的平台，同时也为中国卫生用纸及相关企业“请进来、走出去”创造经贸合作的机会。展会期间进行了技术研讨会。

第三届中国纸业发展论坛

11 月 20 日，全国工商联纸业商会主办的“第三届中国纸业发展论坛”在北京召开，论坛的主题为“策略新十年”。本届论坛特邀请政府领导、经济学家、行业专家和知名企业家对造纸行业在即将到来的新十年的发展做了前瞻性的预测和展望。本届论坛由 14 家企业联合主办，美卓造纸机械（中国）有限公司独家赞助，有来自国内外近 300 名代表参加。论坛由全国工商联纸业商会张慎金秘书长主持。论坛共分 4 个板块，即：“道——宏观形势板块”、“略——政策环境板块”、“策——产业趋势板块”、“术——转型调整板块”。4 个板块分别由《经济观察报》社长兼总编刘斌、国家发改委产业协调司副司长贺燕丽、中国轻工集团公司副总经理曹振雷、中国轻工业信息中心副主任郭永新主持，17 名嘉宾在大会上做了演讲。全国工商联纸业商会副会长、华泰集团有限公司董事长李建华在闭幕式上致辞。

制浆造纸科学技术学科发展研究研讨会

11 月 23 日，中国造纸学会在北京召开《制浆造纸科学技术学科发展研究报告（2010—2011）》研讨会。来自全国各地 50 多位专家、学者出席了本次会议。该报告是经中国科协批准、由中国造纸学会承担并进行研究编写。内容分为 1 个综合报告和纸浆、造纸、化学品、装备、环保 5 个专题报告。在研讨会上，首先由各研究报告的起草人介绍起草的思路、结构及内容。与会专家、学者对报告进行认真研讨，并提出修改意见和建议。

中国纸业可持续发展论坛

12 月 2 日，经济观察报社和中国造纸协会生活用纸专业委员会以“你用纸，我种树，纸让生活更美好”为主题，在苏州联合主办了“中国纸业可持续发展论坛 2010”，该论坛由 APP（中国）协办。

中国造纸学会秘书长曹振雷、中国造纸协会生活用纸专业委员会秘书长江曼霞、中国林纸企业家俱乐部秘书长徐卫东、国家纸张质量监督检验中心副主任张清文在论坛上分别做了发言。与会专家和业界人士普遍认为，中国生活用纸市场有着广阔的发展空间，生活用纸行业会更环保，但市场竞争也将更加激烈。专家建议，应制定行业“中国环境标志Ⅰ型认证”，提高生活用纸卫生标准，并号召优秀造纸企业参与标准制定，走绿色创新之路。

合理利用非木材纤维原料研讨会

12月15—16日，由中国造纸学会主办、广西造纸学会承办、广西博世科环保科技股份有限公司协办的“制浆造纸工业科学合理利用非木材纤维原料研讨会”在广西南宁召开。来自全国造纸及相关企业（公司）、科研院所、设计咨询等单位的近150多位代表参加了会议。开幕式由中国造纸学会秘书长曹振雷主持，中国造纸协会常务副理事长曹朴芳做了题为“‘十二五’我国造纸工业发展思考”的主旨演讲。大会上有18位专家、教授将各自科研创新及生产实践中的成果和经验做了介绍，每位演讲报告都非常精彩，内容涉及面广、理论水平高，对推动非木材纤维制浆造纸发展具有重要意义。

中国造纸毛毯发展研讨会

12月16日，四川环龙技术织物有限公司在上海举办了中国造纸毛毯自主品牌发展研讨会。出席会议的有：中国造纸协会、中国纸业商会、中国轻工企业投资发展协会的领导以及来自造纸企业、环龙高端用户及新闻媒体的代表。大会宣读了中国造纸学会理事长陈学忠为大会发来的贺词，他对中国造纸和造纸毛毯的发展做了精准的阐述，希望中国毛毯行业努力赶超国际先进水平，研制生产出更多更好的造纸毛毯，为中国造纸工业发展作出更大贡献。本届研讨会进行了造纸毛毯自主高端品牌“GOBEAR”的研讨与推介，大会还举行了四川环龙上海金熊造纸毛毯生产基地、上海环龙造纸网毯研究所揭牌仪式。

纸巾纸化学品添加情况调研报告及纸巾纸国家标准修订研讨会

12月27日，全国造纸工业标准化技术委员会在北京召开了“纸巾纸化学品添加情况调研报告及纸巾纸国家标准修订”研讨会。国家标准化委员会、中国轻工业联合会、中国制浆造纸研究院等单位领导出席了会议，参加会议的有北京市技术监督局、生活用纸专业委员会、相关造纸企业等单位。会议对已进行的关于纸巾纸化学品添加情况的调研及国内外标准情况做了报告，相关企业介绍了造纸用化学品情况，会议就荧光增白剂及其他化学品等相关问题展开了讨论，并对标准的制定与修订提出了建议。

（顾民达）

2009 年中国台湾造纸工业

Paper Industry in Taiwan 2009

一、2009 年台湾造纸工业生产经营情况

2009 年台湾造纸工业生产低迷、市况萧条，呈现内需冷外销热的态势。2009 年台湾地区纸及纸板生产量 3988478 吨，同比减少 3.7%；总销量 4123065 吨，同比增加 2.4%；其中内销总量 2747090 吨，同比减少 2.1%；外销总量 1375975 吨，同比增长 12.6%。由此显示，2009 年纸类产品缩减主要因全球金融风暴后续影响，纸业市况低迷，大多数纸厂减产所致；销量的增长，则是积极经营外销市场的结果。展望 2010 年景气复甦，供需增加，纸市市况有所改善。

2009 年台湾各主要纸种产销量统计见表 1。

表 1　　2009 年台湾各主要纸种产销量统计表

主要纸类		生产量/吨	同比增长/%	销售量/吨	同比增长/%	内销量/吨	同比增长/%	外销量/吨	同比增长/%
印刷书写用纸	铜版纸	334383	-7.6	351714	1.8	176896	-0.2	174818	4.0
	书写纸	249318	0.8	274548	24.7	214221	14.6	60327	82.0
	胶版纸	68743	19.6	71565	33.5	50408	17.4	21157	98.5
	合计	682598	-2.2	730002	12.5	472302	8.3	257700	21.3
新闻纸		994	-4.6	834	-19.9	834	-19.9	—	—
生活用纸		189711	-8.0	191002	-6.6	182886	-7.1	8116	5.1
箱纸板	牛皮纸板	1018765	-3.0	1045460	2.0	705680	-2.5	339780	12.8
	瓦楞原纸	846219	-13.8	876439	-8.3	593721	-12.0	282718	0.4
	合计	1932724	-8.5	1993905	-3.1	1354097	-7.1	639808	6.7
白纸板类		598204	7.0	612955	9.7	240876	3.4	372079	14.3
纸张总计		1213166	-1.6	1263182	7.0	933369	3.2	329813	19.5
纸板总计		2775312	-4.6	2859883	0.4	1813721	-4.6	1046162	10.6
纸及纸板总计		3988478	-3.7	4123065	2.4	2747090	-2.1	1375975	12.6

二、2009 年台湾造纸工业十大要闻

2009 年台湾造纸工业市况忽冷忽热，首季市况低迷，第二、第三季度回暖，第四季度持平。2009 年反映台湾造纸工业主要动向的十大要闻：

（1）国际浆价在 2008 年第二季度末、第三季度初曾攀上近年来浆价最高峰，达 900 美元/吨，但下半年却受全球金融风暴影响，浆价因需求不振而连连下挫，其跌幅创历年之最。亚洲市场每吨浆跌至 500 美元，所幸在中国市场需求升温的带动下，亚洲浆价在 3 月份止跌回升，国际浆价也于 4 月份走高。此后直至年底，浆价一路攀升，并一连 3 个季度的上涨，亚洲浆价上扬至每吨浆 700 美元以上。整体来看，2009 年浆价走势由低到高。在其带动下，台湾地区文化用纸亦由谷底攀升，降低了纸厂成本增高的压力。

（2）国外废纸进口量近几年呈现明显萎缩。

2008年进口总量不到80万吨，2009年元月受市场萧条影响，仅进口废纸5000余吨，创15年来单月最低进口量。但此后因纸厂须建立“安全库存量”，致使废纸进口量又再度连月增长至7月份，但8月之后又由高峰递减，至10月底，单月进口量仅4万余吨。前10个月累计废纸进口量不及50万吨。以此推估，2009年全年废纸进口量不会超60万吨。这又创下近3年来的新低。岛内纸厂就近采购本地区废纸，尤其是中、小型纸厂。2009年国际废纸报价和浆价一样，于元月创下100美元的低位后，行情一路飙升，至2009年年底达到210美元以上（OCC）。

（3）过去曾自由出口的台湾地区废纸，由于近年出口量有增加之势，造成纸业界唯恐回收量不足，且价格走高的疑虑，向当局提出禁止岛内废纸出口的要求。“经济部”于2007年8月1日实施废纸出口禁令。2008年11月初有关部门做出有条件解禁的折中方案，限量出口，为期一年。但此修正案实施未及半年，于2009年4月中旬，“国贸局”又公告解除限量出口规定，恢复自由出口，此举再次引起造纸业强烈不满，认定当局不顾造纸业废纸资源不足之弊，又于8月中旬正式公告废纸全面开放出口。此案已造成造纸厂与废纸回收商的合作裂痕，有待化解。

（4）早在1981年，外贸协会成立包装辅导与纸器包装测试服务，是台湾地区最具公信力的测试机构，对提升台湾工业包装水平贡献卓著。但2006年该所被裁撤后，台湾地区便无专业的纸器包装实验室可提供此项专业服务，而新成立的TAF则成为概括性的取代组织。因尚无一套具有公信力的外包装材料的检测标准，导致经常发生业者与客户间因包装材料的性能指标认定不一致而引发纠纷和损失。为此永丰余工业用纸公司遂于2009年成立“包装检测中心”，以避免此类争议的发生，并通过评鉴，成为台湾地区符合国际标准的ISOIEC17025的纸器包装实验室。其所出具的包装材料检测报告，被全球48个国家63个认证机构承认，无形中也提升了产品的国际竞争力。对永丰余公司来说，由于此中心的成立，可全力发展从包装设计、安全测试到生产运输等为客户提供一次到位的垂直服务链。如果再结合其YEYJapiter设计资源和永丰余公司在REIO的研发能力，以及获亚太地区唯一经EPCCLobdi认证的RFID实验室——亚太RFID检测中心的运作，将可发挥综合效益，为自身和客户提升进军国际市场的优势。另外，正隆公司的RFID测试中心的HF检测服务也在2008年10月通过TAFI认证，其出具的测试报告亦为各国官方（全球47个国家）所承认，并可作为商务纠纷仲裁及公告工程验收使用的参考依据。两大厂商在包装检测服务的努力与成绩，实为业界典范。

（5）2009年台湾地区多数纸种因受成本大幅增加的影响，而数次涨价，唯独因市场需求低迷而受创的生活用纸难以有效反应成本。为突破困境，并应对进口纸的威胁，市场各主要品牌纷纷从积极方面思考，陆续研发新产品，不定期做包装变更，如调整抽数，增加品牌规格，强化品质等。期望能巩固品牌形象，藉以提高消费者品牌忠诚度，争取市场占有率与弹性经营空间，而不再做价格竞争。目前3大生活用纸厂商均已陆续研发出功能性产品，如金佰利公司推出具有香味的旅行包纸手帕、抗菌纸手帕与湿纸巾等，以健康需求提供消费者不同的选择；永丰余公司则推出聪明万用纸巾，标榜“新简约”不浪费的观念，迎合多种场合需求，同时与关系企业品牌结合，抢攻婴儿纸品市场，均颇受欢迎；正隆公司推出蒲公英环保系列产品，以成为环保生活用纸第一品牌为目标，藉以扩大环保纸品市场，推出双色互动压纹卫生纸等，给消费者以全新体验。对消费者而言，多样性的产品选择，应属业者与消费者双赢局面。另外，APP集团抢进台湾生活用纸市场计划将为岛内生活用纸业投下一颗震撼弹。

（6）首度由农委会林试所、中华林产事业协会暨中华制浆造纸技术协会共同举办的“2009海峡两岸林产科技研讨会”于10月底在台北林试所举行。这是两岸林产业、浆纸业的专家、学者的首度大会师。为期两天的研讨会除邀请东北林业大学李坚教授、南京林业大学李忠正教授、国立台湾大学王松永教授以及正隆纸业公司总经理蔡东和先生做专题演讲外，还举行了林产科技讨论会及制浆造纸技术研讨会。应邀前来的两岸学者、专家齐聚一堂，展现难得一见的盛况。研讨会为两岸林纸业界相关信息的交流与合作奠定了基础，其中蔡东和先生以“台湾纸业的回顾与展望”为题阐述了台湾造纸工业的发展历程及其未来展望等信息，吸引两岸专家、学者与同行业者全程聆听。通过交流与合作，有助于两岸林纸业相互了解，共同发展。

（7）近年来，造纸业在绿色环保带动下十分重视环境保护，其下游印刷产业也积极展开绿色印刷。台湾造纸工业龙头企业永丰余集团旗下的2家印刷企业——中华彩色印刷公司和沈氏艺术印刷公司均率先，分别于2004年及2008年取得环保大豆油墨暨FSC-COC森林管理委员会的标准认证。不但造就永丰余集团所秉持的企业环保概念，并且成功实践由造纸、经销到印刷端的完整绿色产业链服务，更由此强化了集团绿色竞争力。而中华彩色与沈氏印艺更于2009年积极以FSC纸品扩展市场，期望带动下游产业共同为环保尽一份力。事实上，纸业界获得FSC纸品认证的还有永丰余公司的文化用纸，正隆及金佰利公司的生活用纸等，足见业界致力于环保的坚持与决心。

（8）近几年来，台湾印刷产业面对网络及数字资讯的普及，以致在文化与商业印刷领域形成低成长甚至萎缩现象，加上其依附的产业大量外移，更影响印刷业整体产值表现。印刷业近两年与造纸工业一样遭遇全球金融风暴的间接波及，经营十分艰辛。事实上，据印务工会的观察，自1998年以来，印刷业呈现稳定停滞型增长，产值曾创下740亿元新台币的最高值。但近几年来已呈下降趋势，显示印刷业已进入微利时代。虽有许多业者近年致力转型，并结合市场潮流发展数字化印刷，但大部分印刷企业都一直处在供过于求的产业竞争中，整体市场仍集中于某些较具竞争力的企业。2009年电子书应市，其市场虽在台湾尚属萌芽阶段，但可预期其对印刷业造成的冲击，因此印刷业已有危机感。印刷业举办的多场研讨会，期望集思广益，朝异业结盟，研发高附加值产品，并结合高科技创新产品，重新引领市场新消费风潮，并往多元化产业发展。

（9）备受全球瞩目的“哥本哈根气候会议”于2009年年底闭幕。会议并无一致性具体结论，这令多数人失望。但是节能减排，发展低碳经济仍是全世界当前最重要的环保议题。台湾当局积极推动节能减排政策，期望能强化岛内产业生存优势。造纸业早在2005年京都议定书生效及台湾召开能源会议之前，就已长期关注环保议题，率先投入温室气体减量工作。在2005年年底，造纸业与石化、钢铁等6大产业公开签署“温室气体减量宣言”，期望能在2015年达成CO_2排放密度较2000年年底降低10%的减量目标。2004—2008年台湾造纸工业CO_2排放量减少31.7万吨，减量措施共279项。2009年造纸业数次召开会议，决定持续执行造纸业温室气体自愿减量推广计划。初步估计，2009—2012年的4年间，CO_2排放量将减少366244吨。鉴于全球发展绿色经济已成趋势，造纸业将在现有基础上继续努力节能减排，朝绿色生产目标迈进，以实践绿色企业经营并促成永续发展。

（10）台湾地区造纸工会于2009年顺利完成了第25届理、监事改选。华纸董事长郭清雄蝉联理事长。此次改选中，荣成纸业现任董事长郑瑛彬、正隆副董事长郑舒云均入选造纸工会常务理事，永丰余集团总裁何寿川之子何奕达也加入了其中，都将为推动工会会务展现新气象。

三、生产企业

台湾《天下杂志》逐年主持岛内“一千家”制造业评定排名。2009年同上年一样，仍保持10家纸业大厂入榜。由于2009年台湾亦受全球金融风暴后续效应影响，造纸工业全年营业收入及获利均有下降。纸业整体获利低于制造业的平均水平。据《天下杂志》的调查，2009年台湾千大制造业总营业收入为19.6兆元新台币，与上年比较下降38.1%，而平均获利率却只有3.4%，反较上年的1.1%增长2倍。这主要由于在后3个季度中市况逐步回暖，促使市场量价齐扬所致。

较其他产业，台湾浆纸业整体表现欠佳，在34个制造业的行业类别中，浆纸业只排在24名，10家平均营业收入107.37亿元新台币，平均税后纯利2.94亿元新台币（见表2）。

现将10家入榜“千大”的浆纸企业分述如下：

（1）永丰余造纸　2009年“千大”排名63位，较上年前进3名。全年总营业收入417.96亿元新台币，同比减少8.24%；税后纯利18.31亿元新台币，获利率4.38%，负债比率59.52%；员工人均产值1191万元新台币。

（2）正隆纸业　2009“千大”排名90位，较上年退后4名。2009年总营业收入304.3亿元新台币，较上年减少11%；税后纯利15.03亿元新台币，获利率4.94%，负债比率53.26%，较上年减少；员工人均产值542万元新台币，较上年略少。

（3）荣成纸业　2009年“千大”排名224位，较上年跃升49名。2009年总营业收入115.95亿元新台币，较上年增长14.16%，创历史之最，是唯一营业收入增长的纸业公司。但其税后纯利却为亏损0.27亿元新台币，获利率为-0.23%，负债比率61.69%，较上年略高；员工人均产值454万元新台币。

（4）中华纸浆　2009年“千大”排名319位，较上年晋升2名。2009年总营业收入71.14亿元新台币，较上年减少13.80%；税后纯利亏损4.80亿元新台币，获利率-6.75%，负债比率仅29.58%；

员工人均产值 487 万元新台币。

（5）台湾纸业　2009 年“千大”排名 392 位，较上年大幅推进 41 位。2009 年总营业收入 56.19 亿元新台币，较上年减少 1.16%，是入榜纸业中（除荣成外）营业收入衰退最小的公司。税后纯利亏损 0.95 亿元新台币，获利率 –1.69%，负债比率 41.76%，较上年略有下降；员工人均产值 266 万元新台币。

（6）永丰纸业　2009 年“千大”排名 655 位，较上年大幅晋升 61 名。2009 年总营业收入 28.26 亿元新台币，较上年减少 4.43%；税后纯利 2.5 亿元新台币，获利率 8.85%，居纸业之冠，负债比率 27.04%，和华纸、合众、士纸一样均属低负债比率的纸业公司；员工人均产值 546 万元新台币。

（7）广源造纸　2009 年“千大”排名 681 位，较上年推进 22 名。2009 年总营业收入 26.58 亿元新台币，较上年减少 12.54%；税后纯利 0.8 亿元新台币，获利率 3.01%，负债比率 65.10%，是世界中负债相对较高的公司。

（8）合众纸业　2009 年“千大”排名 846 位，较上年晋升 52 名。2009 年总营业收入 19.25 亿元新台币，较上年减少 8.98%；税后纯利 0.47 亿元新台币，获利率 2.44%，负债比率 32.58%；员工人均产值 483 万元新台币。

（9）士林纸业　2009 年“千大”排名 894 位，较上年后退 42 名。2009 年总营业收入 17.50 亿元新台币，较上年减少 23.35%；税后纯利亏损 2.50 亿元新台币，获利率 –14.29%，是世界获利率减少最多的公司。但其负债率仅 39.29%，显示其财务结构相当健全。

（10）日晧造纸　2009 年“千大”排名 931 位。2009 年总营业收入 16.55 亿元新台币，较上年减少 5.27%；税后纯利 0.85 亿元新台币，获利率 5.14%，在入榜纸业中，获利仅次永丰纸业，负债比率 50.10%；员工人均产值 991 万元新台币。

表 2　《千大杂志》公布“一千大”制造业中“纸业”入榜名单

序号	“千大”排名 2009 年	“千大”排名 2008 年	公司名称	营业收入/亿元新台币	营业收入增长率/%	税后纯利/亿元新台币	获利率/%	资产报酬率/%	股东收益率/%	负债比率/%	员工人均产值/万元新台币	员工人数
1	63	66	永丰余造纸	417.96	–8.24	18.31	4.38	2.77	6.85	59.52	1191	3509
2	90	86	正隆纸业	304.30	–11.00	15.03	4.94	3.45	7.38	53.26	542	5617
3	224	273	荣成纸业	115.95	14.16	0.27	–0.23	0.08	0.20	61.69	454	2551
4	319	321	中华纸浆	71.14	–13.80	4.80	–6.75	–3.61	–5.12	29.58	487	1460
5	392	433	台湾纸业	56.19	–1.16	–0.95	–1.69	–0.93	–1.59	41.76	266	2112
6	655	716	永丰纸业	28.26	–4.43	2.50	8.85	5.16	7.08	27.04	546	518
7	681	703	广源造纸	26.58	–12.54	0.80	3.01	2.03	5.81	65.10	—	—
8	846	898	合众纸业	19.25	–8.98	0.47	2.44	2.61	3.87	32.58	483	399
9	894	852	士林纸业	17.50	–23.35	–2.50	–14.29	–3.47	–5.71	39.29	—	—
10	931	—	日晧造纸	16.55	–5.27	0.85	5.14	4.20	8.42	50.10	991	167
		总计		1073.68		29.44						
		平均		107.37	–7.46	2.94	0.58					

（周志艺）

单位名录

NAME LIST OF UNITS

13

中国造纸学会缴纳会费团体会员单位介绍

（截至 2011 年 5 月 31 日）

Introduction of CTAPI's Company Members which Have Paid Member Fee

金东纸业（江苏）股份有限公司

企业性质： 中外合资
地址： 江苏省镇江大港兴港东路 8 号
邮编： 212132
法人代表： 黄志源
总经理： 马志明
电话： 0511－88998888
传真： 0511－88997000
联系人及电话： 卜正芳，0511－88996512
网址： www. goldeastpaper. com. cn
邮箱： service@ goldeastpaper. com. cn
投产日期： 1997 年 5 月 18 日
职工总数： 5475 人

企业详细介绍见“企业”栏目

中国造纸装备有限公司

企业性质： 国有企业
地址： 北京市朝阳区东四环中路 41 号嘉泰国际大厦 B 座 9 层
邮编： 100025
法人代表： 马思一
经营负责人： 周后炼
技术负责人： 周后炼
电话： 010－65202900
传真： 010－65202911
网址： www. cpmcchina. cn
联系人： 陈相展
电话： 13811653827
邮箱： chenxiangz@ cpmcchina. cn

中国造纸装备有限公司是中国轻工集团公司的全资子公司，依托集团在造纸领域的科研、咨询、设计、系统集成、工程总承包、行业学会和协会等方面的优势，整合国内外造纸装备制造业相关优质资源组建而成；是一家集造纸装备研发、设计、核心装备的制造、系统集成、安装、调试生产及技术服务于一体，并具备国内一流的造纸装备成套供应能力的国有大型造纸装备公司。公司致力发展成为具有国际竞争力、拥有自主知识产权和先进技术的造纸装备集成服务商。

泰格林纸集团股份有限公司

企业性质： 国有企业
地址： 湖南省长沙市星沙经济技术开发区东升路 48 号
邮编： 410100
法人代表： 童来明
总经理： 吴佳林
技术负责人： 杨傲林
电话： 0731－84025555
传真： 0731－84025566
网址： www. tigerfp. com
邮箱： cctgbgs@ 163. com
成立时间： 1990 年
职工总数： 9900 人

企业详细介绍见“企业”栏目

苏州紫兴纸业有限公司

企业性质： 中外合资
地址： 苏州市新区滨河路 600 号

邮编：215011
法人代表：Mr. Hannu Alalauri
经营负责人：王自力
电话：0512－68251060
传真：0512－68251711
网址：www. storaenso. com
联系人：朱伟言
电话：0512－68251060
邮箱：Wendy. Zhou@ storaenso. com
投产日期：1996 年
职工总数：544 人
技术人员：82 名

苏州紫兴纸业有限公司是全球领先的林纸集团斯道拉恩索（STORA ENSO）投资并控股的高档文化用纸生产企业，公司成立于 1993 年，并于 1996 年正式投产。

公司坐落于苏州市高新技术产业开发区，占地近 28 万米^2，总投资额约 20 亿元。专业生产以“SPCO”为商标的涂布美术印刷纸（高档铜版纸），产品规格 128～300 克/米^2，生产能力 24 万吨/年。产品行销全国各地并出口海外市场，已成为国内高档铜版纸市场的著名品牌。

公司秉承斯道拉恩索集团的经营理念，以使命、愿景和价值观指导、激励全体员工，致力于企业的发展，努力为客户提供良好的服务，履行我们的社会责任。

从 2000 年开始公司相继通过了 ISO 9001 质量管理体系、ISO 14001 环境保护体系、OHSAS18001 职业健康和安全体系认证，FSC-COC 和 PEFC-COC 的认证。公司在不断经营发展的同时，积极坚持对环境、社会和经济的可持续发展。

目前，公司在上海、北京、广州、深圳设有销售机构。我们通过及时周到的物流配送，准确迅速的信息传递，专业的产品技术支持，多层面的沟通与市场支持活动，以及各地经销商的本地化服务，向所有“SPCO”产品的终端客户提供有效服务。

山东亚太森博浆纸有限公司

企业性质：中外合资
地址：山东省日照市北京路 369 号
邮编：276826
法人代表：黄春雨
经营负责人：陈国荣
技术负责人：江健儿
电话：0633－3361188
传真：0633－3361280
联系人：许广利
网址：www. aprilasia. com
成立时间：1999 年
职工总数：1372 人
技术人员：370 名

企业详细介绍见“企业”栏目

上海新江南纸业有限公司

地址：上海市武宁路 1500 号南楼 408 室
邮编：200063
法人代表：姜海斌
经营负责人：王基辉
技术负责人：芮坚克
电话：021－62543871
传真：021－62543871
联系人：周大中
电话：021－62543871
邮箱：shpapers@ 163. com
投产日期：2002 年 12 月
职工总数：160 人
技术人员：48 名

由创立于 1925 年的江南造纸厂改制而成的上海新江南纸业有限公司，是上海造纸行业中的大型骨干企业之一，也是全国铜版纸制造业为数不多的高新技术企业之一。上海新江南纸业有限公司在产品开发能力和产品技术含量方面均居行业领先水平。“福鹿”牌铜版纸、防伪特种邮票纸多次被评为上海市名牌产品；CCK 纸、防水瓶贴纸、医用防菌包装用纸等皆为新开发的高技术含量的高附加值产品。上海新江南纸业有限公司迄今已连续四届获得“上海市文明单位”荣誉称号。公司于 1997 年 10 月正式通过 ISO 9002 质量体系认证，2004 年 6 月又通过了 ISO 9001∶2000 质量体系认证审核。公司全体员工在“先一步，高一格”六字企业精神的引导下，正以雄厚的科技力量，高端的企业管理，一流的产品质量，良好的商业信誉等四大优势，在激烈的市场竞争中继续谱写美好篇章。

上海新江南纸业有限公司主要产品有：防伪特种邮票纸，医用防菌包装用纸，单、双面铜版纸，静电复印纸，CCK 纸，防水瓶贴纸等。

牡丹江恒丰纸业股份有限公司

企业性质： 国有企业
地址： 黑龙江省牡丹江市阳明区恒丰路 11 号
邮编： 157013
法人代表： 徐祥
经营负责人： 李迎春
技术负责人： 李劲松
电话： 0453－6331333－6699
传真： 0453－6321678
网址： www. hengfengpaper. com
联系人： 徐雅君
电话： 0453－6331333－6303
邮箱： xuyajun77@ 126. com
投产日期： 1952 年
职工总数： 2202 人
技术人员： 216 名

牡丹江恒丰纸业股份有限公司是牡丹江恒丰纸业集团有限责任公司的控股子公司，是国内领先的向烟草行业提供卷烟配套用纸的上市公司、国内首家通过科技部和中国科学院认定的造纸工业重点高新技术企业。

公司主要生产卷烟纸、滤嘴棒纸、接装纸原纸、铝箔衬纸和其他特种工业用纸，是我国最大的卷烟配套用纸生产企业。产品远销欧美，覆盖全国，销量排名全国第一，世界第三。

公司拥有 16 条机制纸生产线和 1 条制浆生产线，年产机制纸 12 万吨，漂白亚麻浆 3000 吨。资产总额 20 亿元，年销售收入 15 亿元。

公司通过了 ISO 9001 质量保证体系、ISO 14001 环境管理体系认证和 GB/T 28001 职业健康安全管理体系认证。专业的管理团队和技术团队正在为客户提供物超所值的产品和服务。

保定钞票纸业有限公司

企业性质： 全民
地址： 保定市盛兴西路 2166 号
邮编： 071071
法人代表： 李策
经营负责人： 冉飞
技术负责人： 曹秀痕
联系人： 王素芳
电话： 0312－3176416
传真： 0312－3178167

保定钞票纸业有限公司（前身为保定钞票纸厂）始建于 1956 年，占地 75 万米^2，建筑面积 40 万米^2，现有职工 2600 余人。是新中国第一家专业钞票纸生产企业，现隶属于中国人民银行中国印钞造币总公司。是我国目前最大的钞票纸生产基地、高级防伪纸张供应商，钞票纸新工艺、新材料、新技术的研发基地。

公司积极推行“绿色工艺”，倡导清洁生产，持续改进造纸工艺和实施技术创新，建设资源节约型企业。投资 7000 余万元的废水处理技术改造工程建成并投入运行，外排水质达到优于国家排放标准的水平，工艺处理达到国内领先水平。2005 年，被国家环保总局评为“国家环境友好企业”。

公司秉承“优质安全保发行，科学高效谋发展”的行业宗旨，发扬“厚德广行、敬业报国”的行业精神，出色地完成了国家下达的各项生产任务。公司坚持以人为本，基础管理与管理创新并重，卓有成效地推行人事制度、劳动用工制度、工资制度及组织机构改革。先后通过 ISO 9001 质量管理体系认证、OHSASI 18000 职业健康安全管理体系认证和 ISO 14001 环境管理体系认证。

在确保主业产品的生产基础上，积极研制开发高级民用防伪产品，如房产证纸、银行票证纸、海图纸、图画纸、制图纸等，满足国家机关、专业银行及国内著名企业的特殊需要。其中海图纸被评为河北省名牌产品，“彩虹”牌图画纸、制图纸粉笔被评为河北省优质产品和质量免检产品。

公司坚持以人为本，努力构建和谐企业，实现“三个文明”建设的协调发展，先后获得全国企业文化建设优秀单位、全国金融系统思想政治工作优秀单位、河北省诚信企业、河北省文明单位、全国精神文明建设工作先进单位、全国文明单位等荣誉称号。

徐州工业用呢厂

企业性质： 国有企业
地址： 徐州市湖北路 30 号
邮编： 221006
法人代表： 陈国荣
经营负责人： 陆清云
技术负责人： 付玲
电话： 0516－85795900
传真： 0516－85796891

网址： www. xzgyync. com
联系人： 王金萍
电话： 0516－82572181
邮箱： xzwangjinping@163. com
投产日期： 1989 年
职工总数： 740 人
技术人员： 158 名

徐州工业用呢厂是我国最大的造纸毛毯生产基地，江苏省高新技术企业。企业占地面积 4. 93 公顷，坐落在风景秀丽的云龙湖风景区北侧，环境优美，交通便利。主要生产经营造纸毛毯、土工布、过滤布、皮革毡套、转移印花毡套、小直径环形毡、厚重型针刺毡、螺旋干网、各种厚重工业网等产品。

"三环"牌造纸毛毯是该企业的主导产品，年产量 1000 多吨，产值近亿元，拥有自营进出口权，并设有进出口公司。产品远销 30 多个省、市、自治区并出口印度、印度尼西亚、泰国、伊朗、巴基斯坦、日本、韩国、意大利、波兰、巴西等国家及地区。

公司十分重视科研工作，以南京林业大学等高等院校为技术依托单位，以自身为开发载体，利用自有技术，先后开发了 BOB 造纸毛毯系列、BOM 造纸毛毯系列和无毯痕造纸毛毯系列等产品，使公司造纸毛毯的品种达到了上百种。相继承担并完成了国家级火炬计划项目"萨夫特哈德复合高性能 BOM"；江苏省火炬计划"拒污耐磨特制毛毯"，2008 年立项的国家级火炬计划项目"特种纸（工业用纸）专用造纸毛毯"已顺利通过验收。开发了国家级新产品及省级高新技术产品数十项，多次荣获部、省、市科技进步奖。公司具有核心自主知识产权，拥有"无毯痕针刺造纸毛毯"、"复合高脱水针刺造纸毛毯"、"防粘抗脱毛底网针刺造纸毛毯"、"宽幅高速造纸毛毯针刺装置"4 项实用新型专利技术。通过了 ISO 9001 质量管理体系、ISO 14001 环境管理体系、OHSAS 18001 职业健康安全管理体系认证。拥有国内最先进的造纸毛毯生产线，产品以产量、质量、品种、销售四个领先的优势使企业成为全国造纸毛毯行业的领军企业，在同行享有很高的声誉。

贵州赤天化纸业股份有限公司

企业性质： 国有企业
地址： 贵州省赤水市金华理泰路 1 号
邮编： 564707
法人代表： 郑才友
经营负责人： 田勇
技术负责人： 张鼎军
电话： 0852－2879721
传真： 0852－2879729－0
联系人： 刘锡炳
电话： 0852－2879721
邮箱： chthzy@vip. 163. com
投产日期： 2008 年 10 月 23 日
职工总数： 591 人
技术人员： 98 名

企业详细介绍见"企业"栏目

芬欧汇川（常熟）研究开发有限公司

企业性质： 外商独资
地址： 江苏常熟市经济开发区通港路 88 号
邮编： 215536
法人代表： Zhang Yan
经营负责人： Zhang Yan
技术负责人： 喻力
电话： 0512－52299700
传真： 0512－52299710
网址： www. upm. com
联系人： 由鸽
电话： 0512－52299709
邮箱： you. ge@upm. com
投产日期： 2007 年 4 月
职工总数： 23 人
技术人员： 21 名

芬欧汇川（常熟）研究开发有限公司是芬欧汇川集团在亚洲的主要研发基地。这是芬欧汇川集团在亚洲长期发展、实现科研带动生产的战略性举措。

该亚洲研发中心坐落于芬欧汇川常熟生产基地，拥有全球最完备的造纸、纸张分析和科研应用设备以及优秀的研发人才，致力于将各种适合芬欧汇川纸产品的先进造纸技术引进中国，在中国本土进行木产品、纸张、纸浆、纸产品和电子标签等领域的研究开发。其主要职能包括：研究和开发适合亚洲地区大规模造纸工业用的原材料和造纸工艺；支持芬欧汇川集团在中国和亚洲地区的各项生产计划；应用最新的印刷技术和科研成果为公司的客户提供高质量的技术服务。

中冶纸业集团有限公司

企业性质：国有企业
地址：北京市朝阳区曙光西里 28 号
邮编：100028
法人代表：赵志顺
经营负责人：夏春林
技术负责人：王秋云
联系人：王秋云
电话：010－59868570
传真：010－82169023
网址：www. mccpapergroup. com
邮箱：glb7777@ 163. com
职工总数：14151 人
技术人员：1409 名

企业详细介绍见“企业”栏目

山东太阳纸业股份有限公司

企业性质：股份制企业
地址：山东省兖州市友谊路 1 号
邮编：272100
法人代表：李洪信
经营负责人：李洪信
技术负责人：应广东
电话：0537－3658713
传真：0537－3633489
网址：www. sunpapergroup. com
联系人：王峰
电话：0537－3658713
邮箱：tyzybgs@ 163. com
职工总数：10000 人

企业详细介绍见“企业”栏目

轻工业杭州机电设计研究院

地址：浙江省杭州市体育场路 71 号
邮编：310004
法人代表：刘安江
经营负责人：于宏
技术负责人：杨旭
电话：0571－85186596　85186716
传真：0571－85186432
网址：www. hmei. com. cn

企业详细介绍见文章“国内制浆造纸科研设计单位简介”

滕州力华米泰克斯胶辊有限公司

企业性质：股份制企业
地址：山东省滕州市经济开发区恒源路 366 号
邮编：277500
法人代表：朱宏伟
经营负责人：高守明
技术负责人：赵曰永
联系人：秦佑凤
电话：0632－5699298
传真：0632－5699275
网址：www. sdlihua. com
邮箱：sdlihua@ vip. 163. com

滕州力华米泰克斯胶辊有限公司是和德国 Mitex 胶辊有限公司共同组建的合资企业。总部坐落于山东省滕州市，并在昆山建有分厂苏州力华米泰克斯胶辊制造有限公司，具有 20 多年生产胶辊的历史。拥有资产 1. 3 亿元，是国内大型设计、研发、生产胶辊的工业基地。能提供胶辊设计研发、覆层材料优选、辊体制造、加工、维修等多项服务。产品应用于造纸、钢铁、矿山、纺织印染、木材、塑料、印刷等工业领域。通过了 ISO 9001 产品质量体系认证。公司始终坚持科研开发、自主创新、消化吸收国外技术的技术理念，拥有领先的覆层技术和工艺。采用一流的原材料和设备，加强人力资源培训和开发，保证了产品质量，完全满足纸机、不锈钢冷轧退火酸洗、镀锌、彩涂、密度板连续辊压等生产线不同车速、温度、介质、压力的要求。形成了优质合成橡胶、聚氨酯、陶瓷喷涂、树脂复合材料四大类上百个品种的产品体系。公司将以客户需求为关注焦点，以技术创新为发展动力，努力打造国内外最具影响力的辊子覆层制造专业生产商。

江苏王子制纸有限公司

企业性质：中外合资
地址：江苏省南通市经济技术开发区通达路 18 号
邮编：226017
法人代表：渡边正
技术负责人：早野裕康
联系人：山田信夫
电话：0513－81198108

传真：0513－81198465

一期工程：铜版纸40万吨/年（2011年4月营业生产）、双胶纸。主要利用外购硫酸盐浆板生产高档铜版纸。主要工序由浆料制备、抄造系统、涂布系统、白水回收系统、分切组成。辅助配套设施有：给水处理厂、废水处理厂、热电厂、码头以及仓库等。

二期工程：化学木浆70万吨/年（建设中）。采用外购木片经过备料、蒸煮、洗涤、筛选、氧脱木素、漂白等工序制成成品浆。碱回收车间由蒸发、燃烧、苛化、石灰回收等工序组成。化学品制备车间由二氧化氯制备、二氧化硫制备、制氧及臭氧制备工序组成。

用以木材为原料制浆产生的废弃物作为燃料，通过碱回收锅炉的蒸汽，进行热电联产，从而在提高废弃物能源利用效率的同时，大幅减少煤炭的使用量，抑制SO_2、NO_x、CO_2的产生。此外，燃煤锅炉采用了循环流化床锅炉，使废水和污泥等工厂产生的废弃物都可以进行燃烧和热回收。

制浆工序和造纸工序等主要设备以及相关附属设备从资源的利用效率、节水和节能等方面出发，采用了最新的高科技。同时，还力求通过造纸机的大型化和高速化来实现节能和高效。

日本王子制纸株式会社创立于1873年，是日本最早的造纸企业，也是日本首家股份有限公司。经过不断地兼并、重组等产业活动，现已发展成为以生产和销售各种纸及纸板为主的综合性制浆造纸企业集团。江苏王子制纸（南通）有限公司由日本王子制纸集团和南通经济技术开发区共同出资，于2003年9月28日在工商局注册并被批准成立。2007年开工建设，2010年下半年投入生产。

广西金桂浆纸业有限公司

企业性质：中外合资
地址：广西钦州市钦州港金光工业园
邮编：535008
法人代表：黄志源
技术负责人：凌贤义
电话：0777－3698888
传真：0777－3696666
联系人：姚志桂
电话：0777－3698012
职工总数：823人
技术人员：70名

广西金桂浆纸业有限公司（以下简称“广西金桂”）地处广西壮族自治区钦州市沿海经济开发区，规划占地640公顷，是金光集团APP（中国）在华投资建设的第17家制浆造纸企业，也是APP在中国实施林、浆、纸一体化的企业之一。

广西金桂林浆纸一体化项目规划建设总规模年产180万吨浆和310万吨纸。其中，一期工程为年产30万吨化机浆和60万吨高档纸板，配套建设7万公顷林业基地，总投资80亿元，2005年11月获得国家发改委核准审批，2006年10月开工建设，化机浆生产线于2010年年底建成，2011年年初投入试生产，造纸生产线预计2012年建成投产；二期工程规划为年产150万吨浆和250万吨纸，总投资约380亿元。

一期工程建成了国内第一套化机浆废水碱回收系统，化机浆制浆废水送去碱回收车间，经蒸发浓缩后，送到碱回收炉燃烧，使废水中的有机物转变为热能，同时又通过苛化工艺将污染物中的碱回收利用。蒸发所得清洁冷凝水回用于制浆生产线。全厂水循环使用率95%，碱回收率90%，排放废水COD_{Cr}浓度小于80毫克/升，达到国家现行废水排放标准要求。

广西金桂自投入试生产以来，环保部环评司、广西环保厅、环保部评估中心等部门的领导先后到厂考察，对广西金桂在清洁生产、节能减排方面所取得的成绩给予了肯定。

秉承“植树造林，造福自然；制浆造纸，造福人类”的经营理念，广西金桂将以世界一流的设备、先进的生产工艺及科学的管理方法，力争把公司打造成为世界上最大、最强、最环保的林浆纸一体化生产、制造和深加工基地，在自身发展壮大的同时，为当地的经济发展作出应有的贡献。并通过“生态营林、环保制浆、绿色造纸”，实现经济、社会和生态三种效益共同持续发展。

上海金熊造纸网毯有限公司

企业性质：法人独资
地址：上海市金山区枫泾镇兴塔建安路78号
邮编：201502
法人代表：周俊
经营负责人：杨金魁
技术负责人：陈风
电话：021－67361075
传真：021－67361076

联系人：韩静芬
电话：021－67361072
网址：goldbear@ shjinxiong. com
邮箱：hanjingfen. 2007@ 163. com
投产日期：2000 年 10 月 30 日
职工总数：60 人
技术人员：19 名

上海金熊造纸网毯有限公司自 2000 年 10 月成立以来，秉承着“精干、精湛、精良、精品”的企业精神，不断创新、不断开拓，努力服务广大客户。2010 年 11 月四川环龙技术织物有限公司全资收购上海金熊，从而四川环龙成为国内造纸毛毯行业拥有中高档产品的企业，2010 年产量居行业首位，上海金熊 2010 年的产量也突破为 180 吨。

公司从瑞典、波兰、法国、奥地利、挪威、德国和美国等引进先进设备，集国内外先进技术于一体，形成国内最先进的生产 BOM 底网压榨毛毯生产线。产品有造纸脱水器材——造纸毛毯和工业用呢，适用各类纸板、特种纸、文化用纸、卫生纸、新闻纸等的生产。高线压底网压榨造纸毛毯、造纸复合干毯、抗污底网压榨造纸毛毯分别获得上海市高新技术成果转化项目，获得了中国纺织工业协会科学进步奖、上海市科学技术进步奖等。

公司是上海市高新技术企业、上海市文明单位、市守合同重信用企业、2007 年度上海市学习型企事业单位；通过了 ISO 9001、ISO 14001、OHSAS18001 3 个管理体系的认证，是中国造纸学会脱水器材专业委员会主任单位、中国产业用纺织品行业协会造纸用纺织品分会会长、常务理事单位、行业标准主要起草单位。

四川永丰纸业股份有限公司

企业性质：股份制企业
地址：四川省乐山市沐川县永福镇
邮编：614500
法人代表：吴和均
经营负责人：周祥
技术负责人：赵琳
电话：0833－4651066
传真：0833－4651066
联系人：赵清莲
电话：0833－4651066
投产日期：1982 年 12 月
职工总数：1500 人
技术人员：500 名

四川永丰纸业股份有限公司是四川省规模最大的林浆纸产业集团，生产基地集中在四川省沐川县。现下设 5 个子公司，总资产 16 亿元，制浆造纸生产能力 20 多万吨/年，销售收入 10 亿元以上，员工 1500 人，其中专业技术人员 500 多名。公司相继被评为“四川省优秀企业”、“四川省 88 家重点优势企业”、“省级扶贫龙头企业”被国家九部委确定为“农业产业化国家重点龙头企业”、“国家级农业产业化优秀龙头企业”。

公司拥有 30 多年专业竹浆造纸经验，生产规模、工艺技术、产品质量在全国竹浆造纸领域处于领先水平。主体装备包括：2 条国内先进的制浆生产线，7 条高档文化用纸及多条生活用纸生产线；其中年产 16.5 万吨制浆线采用 DDS 低能耗超级置换蒸煮、封闭筛选、二氧化氯中浓漂白等国际先进技术。主导产品包括高档竹浆板、文化用纸、生活用纸等。

公司于 1996 年在全国同行业中首批获得 ISO 9001 质量体系及产品认证。产品经 SGS 国际机构检测不含有毒元素。主导品牌“永丰”牌 2005 年被认定为中国驰名商标，产品畅销全国各地，深受客户青睐，产销率多年来保持 100%。据统计，静电复印纸占西部市场份额的 60%，生活用纸占四川省市场份额的近 20%。

广西南宁凤凰纸业有限公司

企业性质：国有企业
地址：广西南宁市星光大道 158 号
邮编：530031
法人代表：段小敏
联系人：谭洁玲
电话：0771－4590229　4590380
传真：0771－4516683
网址：www. nppc. cn

广西南宁凤凰纸业有限公司成立于 1996 年，是一家主要从事制浆造纸生产、销售和服务的国有企业。目前主要产品有“金凤”牌系列木浆、ECF 无元素氯漂白硫酸盐针叶木浆/阔叶木浆、未漂白硫酸盐木浆、漂白硫酸盐湿浆及“欧拉”牌生活用纸系列（包括原纸、盘纸、面巾纸、餐巾纸、卷筒纸、手帕纸、厨房纸、擦手纸等）。

公司位于南宁市经济技术开发区，占地 66.67 公顷，水、陆、空交通方便。现有员工约 1000 人，初中高级专业技术人员 400 余人。技术、管理力量雄厚，被评为“消费者认可诚信示范单位”、“中国纸业十大最具潜力品牌”，2006 年 4 月获得由卫生部、总工会、国家安全监督管理总局评选的“全国职业卫生示范企业”荣誉称号，成为全国首家获得该荣誉的制浆造纸企业。2011 年，公司在连年顺利通过 ISO 9001/14001 和 GB/T 28001 质量环境职业健康安全管理体系认证的基础上，又通过了 GB/T 23331 能源管理体系认证。

公司年产 15 万吨木浆生产线主要设备从欧美引进，并由芬兰 JPI 公司技术总承包，是我国目前装备最完善、技术最先进的制浆生产线之一。产品凭着良好的性价比和极高的信誉，赢得了用户的信赖，销往国内大部分省、市、自治区，还远销韩国、越南等国家和地区。

公司年产 7.5 万吨生活用纸生产线，主要生产设备从日本、奥地利引进，产品凭借白度高、柔韧性好、吸水性好、全木浆无元素氯漂白等环保生活用纸的特点，获得了广大用户的青睐。

山东泉林纸业有限责任公司

企业性质：民营企业
地址：山东省高唐县光明东路 15 号
邮编：252800
法人代表：李洪法
经营负责人：李洪法
技术负责人：李洪法
电话：0635 - 3961106
传真：0635 - 3961597
网址：www. tralin. com
邮箱：tralin001@ 126. com
成立时间：1976 年
职工总数：10500 人
技术人员：710 名

企业详细介绍见“企业”栏目

颇尔过滤器（北京）有限公司

企业性质：独资企业
地址：北京市经济开发区宏达南路 12 号
邮编：100176
法人代表：祁荣光
经营负责人：祁荣光
技术负责人：廖支援
电话：010 - 87225588
传真：010 - 67802329
网址：www. pall. com
联系人：李军
投产日期：1994 年
职工总数：900 人
技术人员：250 名

颇尔过滤器（北京）有限公司为颇尔公司在中国的分公司，生产和销售上千种高效过滤器和过滤系统，产品涉及石油化工、生物制药和医疗、食品饮料、微电子、航空航天、机械加工、钢铁、造纸行业、电力行业、矿山、工程机械。在北京的制造厂也成为 PALL 公司在全球的产品制造中心，生产装配各种型号的过滤器外壳及流体分离系统，产品供应亚洲各国及澳大利亚。公司设有过滤应用技术研究实验室，及时向用户提供专业水平的技术服务。

颇尔公司在全球有几十个分公司以及办事处，为全球过滤、分离、净化领域提供高性能的产品和优质的技术服务。在造纸行业的应用主要有纸机、发电机组所用到的液压润滑系统油过滤器，工艺白水、发电机锅炉用水、循环水等过滤器和过滤系统，白液等废水处理的技术和系统。

武汉锅炉集团特种锅炉工程有限责任公司

企业性质：国有企业
地址：武汉市武珞路 586 号
邮编：430070
法人代表：王保华
经营负责人：程建华
技术负责人：王大伟
电话：027 - 87655091
传真：027 - 87655055
网址：www. whtzgl. com
联系人：王大伟
电话：13437199961
邮箱：mufeihit@ yahoo. com. cn

武汉锅炉集团特种锅炉工程有限责任公司（以下简称武锅集团特锅公司）是集研发、设计、市场经营与销售以及工程成套管理于一身，是唯一代表武汉锅炉集团经营各种锅炉及其工程成套服务的专业化全资子公司，具有对外自主经营权。产品规格齐全，以总承包/成套经营各种类型的锅炉（碱回收炉、电站锅炉、皂化液锅炉、燃油/气锅炉、立式旋风锅炉、循环流化床锅炉、水煤浆锅炉、甘蔗渣锅炉、余热锅炉及垃圾焚烧锅炉等）而著称，产品及工程成套项目遍及国内外市场。

武锅集团特锅公司，自20世纪60年代初研究试制碱回收炉已有50余年，是长期坚持碱回收技术开发的专业化公司。具有丰富的碱回收技术经验，拥有碱回收炉设计的自主知识产权和技术专利。公司结合我国造纸工业原料的特点，潜心研究开发了以麦草浆为代表的草类浆碱回收炉并广泛推广应用，对我国造纸工业的飞跃发展作出了显著的贡献，麦草浆黑液焚烧技术处于世界领先地位。为适应造纸工业规模化、集团化发展和节能减排的需要，公司设计开发了以2200吨固形物/日为代表的大型碱回收炉及其专用辅助设备，将自动清焦、垫层火焰监视、高低浓臭气收集和处理等系统技术成功地应用于碱回收工程。

已设计生产的碱回收锅炉日处理固形物量37.5~2200吨/日、蒸汽出口压力为1.27~8.4兆帕、蒸汽出口温度为194~480℃，满足制浆造纸企业供汽或发电的要求；产品适用浆种广，已设计运行的碱回收炉能处理木材、芦苇、竹子、甘蔗渣、红麻、麦草、棉秆、桑枝等制浆黑液；具有超负荷性能好、碱回收率高、投资回收周期短、经济效益和可操作性能好、连续运行时间长、吨碱耗油指标低的运行效益。

武锅集团特锅公司已设计制造200余台各种规格、适用于处理各类浆种黑液的碱回收炉。向市场提供碱回收工程的成套设备或承接碱回收工程总承包。并具有制造600兆瓦亚临界及以下电站锅炉、辅机和600兆瓦超临界及以下锅炉的集箱、膜式壁、蛇形管等承压部件生产能力。在大型设备及特种锅炉的制造方面具有丰富的经验，且项目安全可靠、性能优良、浆种适应性强、运行效益高被业内公认。

民丰特种纸股份有限公司

企业性质： 股份制企业
地址： 浙江省嘉兴市角里街70号
邮编： 314000
法人代表： 颜广生
经营负责人： 崔宇文
技术负责人： 黄晓钢
电话： 0573－82839051
传真： 0573－82821135
网址： www.mfspchina.com
联系人： 王洪祥
电话： 0573－82839052
邮箱： zjb@mfspchina.com
职工总数： 1600人
技术人员： 334名

企业详细介绍见“企业”栏目

（雷　煌）

国内制浆造纸企业名录

Name List of Domestic Pulping and Papermaking Companies

北　京　市

北京爱华中兴纸业有限公司
北京市海淀区西三旗东路 8 号
邮编 100096
电话 010－82912386
传真 010－82917452
产品 生活用纸

北京联航航空客舱用品有限公司
北京市通州区永乐经济开发区
电话 010－80511340
传真 010－80513136
产品 纸巾纸、纸马桶垫

北京金鸿纸业有限公司
北京市房山区琉璃河二街南门外
邮编 102403
电话 010－89381498
传真 010－89382753
产品 卫生纸

北京派尼尔纸制品厂
北京市昌平区回龙观二拔子
电话 010－80793832
传真 010－80793862
产品 生活用纸

北京云中赢纸业有限公司
北京市大兴区西二工业区
邮编 100063
电话 010－69281750
传真 010－69281750
产品 铜版纸、灰纸板、书写纸

北京造纸七厂
北京市通州区滨河路 126 号
邮编 101149
电话 010－61563101
传真 010－61563376
产品 再生纸、纸板

北京京纸集团有限公司
（原北京中天纸业集团有限责任公司）
北京市西城区西四北八条 9 号
邮编 100034
电话 010－66518473
传真 010－66518482、66519131
产品 利乐包装纸、印刷纸

北京顺义红星福利造纸厂
北京市顺义区赵全营镇红铜营村
邮编 101301
电话 010－60432431
产品 工业纸板、纸箱

维达北方纸业（北京）有限公司
北京市平谷区航宇街 16 号
邮编 101200
电话 010－69934888
产品 生活用纸

北京中南纸业有限公司
北京市朝阳区十八里店地区
邮编 100023
电话 010－67472084
产品 卫生面巾纸、擦手纸

北京倍舒特实业发展有限公司
北京市密云县工业开发区远光街 1 号
邮编 101500
电话 010－69052848
产品 卫生巾、卫生护垫

北京昌平腾飞造纸厂
北京市昌平区沙河镇小沙河村 65 号
邮编 102206
电话 010－69733178
产品 箱纸板、瓦楞原纸

王子制纸株式会社北京代表处
北京市朝阳区麦子店街 37 号北京盛福大厦 1360 室
邮编 100125
电话 010－85276939
传真 010－85276943
网址 www. ojpaper. cn
产品 文化用纸、特种纸、白纸板、生活用纸

中国纸业投资总公司
北京市南四环西路 188 号总部基地 6 区 17 号楼
邮编 100070
电话 010－83673111
传真 010－83673131
网址 www. chinapaper. com. cn
邮箱 admin@ chinapaper. com. cn

天 津 市

天津市芦台经济技术开发区天正板纸厂
天津市宁河县芦台经济技术开发区富康路 6 号
邮编 301505
电话 022－69388888
传真 022－69389517
产品 纱管原纸

天津津滨造纸有限责任公司
天津市河东区津塘路 178 号
邮编 300300
电话 022－24933258
传真 022－24933258
产品 棉浆、证券纸、美术铜版纸、防伪书写纸

天津骏发森达卫生用品有限公司
天津市宝坻区新开发区开明路
邮编 301800
电话 022－82669158
传真 022－82666999
产品 卫生纸、面巾纸、卫生巾

天津麦吉克工贸有限公司
天津市河西区新兴大厦 508 室
邮编 300202
电话 022－23249714
传真 022－23264128
产品 卫生纸、面巾纸、餐巾纸

天津市老发造纸厂
天津市宁河县小李乡南
邮编 301503
电话 022－26796066、13902177746
产品 特殊工业用纸、半导体皱纹纸、半导体平纹纸、绝缘皱纹纸、黑纸、面袋纸、果袋纸、条纹纸

天津市天马造纸厂
天津市西青区南河镇小南河
邮编 300382
电话 022－23986042、23981157
传真 022－23986042
产品 瓦楞原纸

润博纸业（天津）有限公司
天津市河西区越秀路 68 号银河大厦 24 层
邮编 300073
电话 022－28456501/03/04（国际）
022－28456505/06/07/08/09/10（国内）
传真 022－28456502
网址 www.rainbowg.com
产品 废纸浆、照相原纸、照相纸、白色覆膜、印刷用纸、瓦楞原纸、牛皮纸袋纸、伸张纸、餐巾纸

河 北 省

石家庄市

元氏县金鹏纸业有限公司
河北省元氏县嘉惠街南头
邮编 050051
电话 0311－84623867、84622755
传真 0311－84603101
网址 www.jpzy.cn
产品 高中档箱纸板

河北诺斯克龙腾纸业有限公司
河北赵县赵州镇东卜庄村
邮编 051530
电话 0311－84941434
产品 微涂新闻纸、低定量新闻纸

河北深泽县造纸厂
河北省石家庄深泽县桥头经济开发区
邮编 052560
电话 0311－83598815、83598192
传真 0311－83598471
产品 胶版纸、有光纸、书写纸、轻型印刷纸

河北吉藁公司
河北省藁城市东宁路 2 号
邮编 052160
电话 0311－88042886
传真 0311－88048224
产品 棉浆粕、纤维浆粕

石家庄诚信纸业有限公司
河北省石家庄市高新区东区珠江大道 49 号天山花园 7－4－101室
邮编 050035
电话 0311－86151369
传真 0311－86151369
产品 滤油纸、油漆过滤纸

鹿泉市顺发工业公司
河北省鹿泉市曲寨工业园

邮编 050200
电话 0311－82296911
传真 0311－82296144
产品 箱纸板

河北藁城市光明纸业有限公司
河北省藁城市市府东路副 1 号
邮编 052160
电话 0311－88046054、88049850
传真 0311－88046054
产品 书写纸、有光纸、出口薄页纸

石家庄市大章纸业有限公司
河北省藁城市南董镇南大章工业区
邮编 052167
电话 0311－88061031
传真 0311－88469867
产品 双灰纸板、全灰纸板、高光纸板、封面纸板

唐山市

河北永新纸业有限公司
河北省唐山市滦南县西马路 88 号
邮编 063500
电话 0315－4122024、4123124（办公室）
传真 0315－4123486
产品 牛皮箱纸板、高强瓦楞原纸、涂布白纸板

迁安市北代营迁北福利造纸厂
河北省迁安市北代营南 7 街 86 号
邮编 064400
电话 0315－7043599
产品 玻璃防霉垫纸、书写纸、胶印书刊纸

唐山市融丰特种纸业有限公司
河北省唐山市路南区文化南北街 88 号
邮编 063001
电话 0315－7063258、7063208
传真 0315－2860340、2861722
网址 www.rftz.com
产品 防伪纸、水松原纸、育果袋纸、铝箔衬纸、滤嘴棒成型纸

海丰实业集团唐山信诚浆纸有限公司
河北省唐海县第八农场
邮编 063207
电话 0315－8888289、8888820、8889018、8881498
传真 0315－8888377
产品 牛皮箱纸板、高强瓦楞原纸

玉田县建华纸业有限公司
河北省玉田县散水镇十里坨村
邮编 064105
电话 0315－6469166
传真 0315－6468966
产品 白纸板、牛皮纸、瓦楞原纸、美穗挂面纸

玉田天正纸业有限公司
河北省玉田县林南仓镇东六村开发区
邮编 064106
电话 0315－6387777
传真 0315－6587288
产品 白纸板、涂布白纸板、箱纸板

玉田县大众恒信纸业有限公司
河北省玉田县代家屯工业区
邮编 064100
电话 0315－6556599
产品 箱纸板

玉田县一纸
河北省玉田县代家屯经济开发区
邮编 064105
电话 0315－6555958
传真 0315－6566300
产品 高强瓦楞原纸、木浆挂面纸

玉田县盛达纸业公司
河北省玉田县代家屯小学北
邮编 064105
电话 0315－6564656
产品 牛皮挂面箱纸板、茶纸板、高强瓦楞原纸

唐山市昌盛纸业有限公司
河北省唐海县八农场朝武庄
邮编 063207
电话 0315－8790841
产品 瓦楞原纸、黄纸板、灰纸板

唐山市华兴纸业有限公司
河北省唐海县八农场尚庄子生产队
邮编 063207
电话 0315－8882312
产品 瓦楞原纸、黄纸板

秦皇岛市

秦皇岛金茂源纸制品厂
河北省抚宁县留守营镇保安庄村
邮编 066301

电话 0335－4083536
产品 高档涂布白纸板

秦皇岛前韩纸业公司
河北省抚宁县留守营镇前韩家林村
邮编 066301
电话 0335－6046168
产品 涂布白纸板、箱纸板、瓦楞原纸

秦皇岛凡南纸业有限公司
河北省抚宁县留守营镇樊各南村
邮编 066301
电话 0335－6488654、6488866
产品 箱纸板

秦皇岛丰满纸业有限公司
河北省北戴河西十公里处
邮编 066301
电话 0335－6046886
产品 挂面白纸板、箱纸板

邯郸市

馆陶县丰泰造纸厂
河北省馆陶县政府街 1 号
邮编 057750
电话 0310－2832555、13903302797
产品 单胶纸、书写纸

邢台市

柏乡县丰源（邢台）特种纸业有限公司
河北省柏乡县城
邮编 055450
电话 0319－7701166
产品 亚麻浆板

河北航宇集团环球造纸有限公司
河北省邢台市南和县城东
邮编 054400
电话 0319－4563541
传真 0319－4566001
产品 双胶纸

保定市

保定钞票纸厂
河北省保定市纸厂路 98 号
邮编 071071
电话 0312－3198010
传真 0312－3178167
产品 钞票纸

保定满城兴华造纸厂
河北省保定市新市区南奇乡
邮编 071051
电话 0312－3174425、3104008（办公室）
传真 0312－3178911
产品 卫生纸、纸板

保定三联纸业有限公司
河北省保定市西三环路 2353 号
邮编 071000
电话 0312－3239070、3239063
传真 0312－3250899
产品 牛皮箱纸板、瓦楞原纸

保定市大兴造纸厂
河北省保定市新市区南奇乡南章村
邮编 071051
电话 0312－3175020
产品 卫生纸、包装用纸

保定市东升卫生用品有限公司
河北省保定市满城县大册营东升造纸工业园区
邮编 072150
电话 0312－5578886、5578889
产品 高档生活用纸

保定市港兴纸业有限公司
河北省保定市满城县大册营造纸工业园区
邮编 072150
电话 0312－7021908
传真 0312－7021728
产品 卫生纸、卫生巾、盘纸、轴纸

保定市江城造纸厂
河北省保定市天威路
邮编 072150
电话 0312－3204686
传真 0312－3250182
产品 箱纸板、包装用纸

保定顺平县惠兴造纸厂
河北省保定市顺平县汽车站西 1 公里
邮编 072250
电话 0312－7625317
传真 0312－7625317

产品 果袋纸、包装用纸

保定市天华纸制品厂
河北省保定市新市区江城乡尹庄
邮编 071051
电话 0312-3196148
传真 0312-3196148、3192458
产品 螺旋纸管、复合纸板、纸板

保定市兴冀特种纸业有限责任公司
河北省保定市利民街 600 号
邮编 071000
电话 0312-2113318
传真 0312-2116666
网址 www.hexingji.com.cn
产品 A 等晒图原纸、1 号制图纸、图画纸、水彩画纸和高档全木浆生活用纸

保定市义厚成纸业有限公司
河北省保定市高开区云杉路 131 号
邮编 071051
电话 0312-3327600、3327609（市场部）
传真 0312-3327610
网址 www.ladystar.com.cn
产品 妇婴卫生用品

保定市满城永兴纸业有限公司
河北省保定市满城县造纸工业园区
邮编 072150
电话 0312-7021019
传真 0312-7022288
产品 卫生纸

保定市满城金光纸业有限公司
河北省满城县大册营镇方上村
邮编 072150
电话 0312-7021707
产品 生活用纸

河北省保定市东方造纸有限公司
河北省保定市徐水县南环路科技园
邮编 072550
电话 0312-8605508、8698215
传真 0312-8605530、8698212
产品 晒图纸、复印纸、胶版印刷纸、包装纸板、书写纸

河北小人国纸业有限公司
河北省保定市建国路地道桥西 100 米
邮编 071000
电话 0312-2177998
传真 0312-2173636
产品 生活用纸、湿巾

河北省保定市满城县新星造纸厂
河北省保定市满城县南韩村工业区
邮编 072150
电话 0312-7031168
传真 0312-7033888
产品 生活用纸

河北省满城县恒达纸业有限公司
河北省保定市满城县北外环胡町村南
邮编 072150
电话 0312-7068999
传真 0312-7068858
产品 箱纸板、灰纸板、双灰纸板、牛皮箱纸板、厚灰纸板、涂布原纸

河北华康纸业股份有限公司
河北省保定市满城县城东村村东
邮编 072150
电话 0312-7074774
传真 0312-7065101
产品 灰纸板、茶纸板、挂面纸板、箱纸板、瓦楞原纸、涂布纸

河北省涿州市东立纸业有限公司
河北省涿州市开发区
邮编 072750
电话 0312-3750268
传真 0312-3752185
产品 石膏板护面纸板、涂布白纸板、箱纸板、高强瓦楞原纸

河北雪松纸业有限公司
（原满城县保利造纸厂）
河北省保定市满城县大册营造纸工业园区
邮编 072150
电话 0312-7021606、7027008
传真 0312-7020869
产品 卫生纸、餐巾纸

满城县中信纸业有限公司
河北省保定市满城县大册营镇
邮编 072150
电话 0312-7021807

传真 0312－7022988
产品 卫生纸

河北亚光纸业有限公司
（原保定市满城亚光造纸有限公司）
河北省保定市满城县造纸工业区
邮编 072150
电话 0312－7021008
传真 0312－7021609、7026609
产品 生活用纸

河北大发纸品有限公司
河北省容城县容城镇东牛村
邮编 071700
电话 0312－5692188
产品 新闻纸、生活用纸

保定市满城顺利有限公司
河北省满城县大册营镇大册村
邮编 072150
电话 0312－7021218
产品 生活用纸

徐水县前进纸业有限公司
河北省徐水县遂城镇栗元庄
邮编 072557
电话 0312－8903975、7021904
产品 卫生纸

张家口市

河北宣化造纸厂
河北省张家口市宣化区跃进路
邮编 075100
电话 0313－3058223
产品 铜版原纸、箱纸板、书写纸、涂布白纸板、瓦楞原纸

沧州市

河北省青县纸业有限责任公司
河北省青县流河镇王镇店
邮编 062650
电话 0317－4271073
传真 0317－4271053
产品 箱纸板、瓦楞原纸

泊头市龙达纸业有限公司
河北省泊头市开发区
邮编 062150
电话 0317－8185878、8318556
传真 0317－8318655
产品 高强瓦楞原纸

河北宏光纸业有限公司
河北省吴桥县铁城镇
邮编 061801
电话 0317－7188366
传真 0317－7188232
产品 胶版纸

河北中捷石化集团资通纸业有限公司
河北省沧州市临港经济技术开发区
邮编 061108
电话 0317－5483108
产品 本色草浆、木浆

任丘市星火造纸有限责任公司
河北省任丘市新中驿乡张施村
邮编 062556
电话 0317－3326999
产品 52 克/米^2 胶印书刊纸、瓦楞原纸

廊坊市

东兴纸业（香河）有限公司
河北省香河县淑阳镇金辛庄
邮编 065400
电话 0316－8327347
产品 牛皮箱纸板

衡水市

河北环达纸业有限公司
河北省景县城南 9 公里处第三工业区
邮编 053500
电话 0318－4295398、4295068、4296349
传真 0318－4296387
产品 双胶纸、包装用纸、有光纸

衡水市第一造纸厂
河北省衡水市新桥北街
邮编 053000
电话 0318－2030687

传真 0318－2030687
产品 凸版纸、生活用纸、瓦楞原纸

山 西 省

太原市

太原第二造纸厂
山西省太原市平阳路 71 号
邮编 030006
电话 0351－7020176
产品 瓦楞原纸、挂面箱纸板、牛皮箱纸板

运城市

山西合盛工贸有限公司
山西省稷山县丰喜工业园 3 号
邮编 043200
电话 0359－5562768
传真 0359－5562768
产品 单面书写纸、胶版纸

晋中市

榆次汇隆工业用纸厂
山西省晋中市榆次区源锅村
邮编 030600
电话 0354－2083339
产品 卫生纸

临汾市

临汾造纸厂
山西省临汾市解放东路
邮编 041000
电话 0357－3016118、3016141
传真 0357－3016118－8002
产品 箱纸板、瓦楞原纸、再生新闻纸

邓庄纸业有限公司
山西省襄汾县邓庄镇
邮编 041503
电话 0357－3699066
产品 邮封纸、拷贝纸

内蒙古自治区

呼伦贝尔市

牙克什市图里河镇造纸厂
内蒙古自治区牙克什市图里河镇
邮编 022167
电话 0470－7862279
产品 包装用纸

玖龙兴安浆纸（内蒙古）有限公司
内蒙古自治区扎兰屯市富伦街 33 号
邮编 162650
电话 0470－3302447
传真 0470－3396583
产品 木浆、纸袋纸、精制牛皮纸

海拉尔红星纸板厂
内蒙古自治区呼伦贝尔市海拉尔区建设乡红星村
邮编 021011
电话 0470－8281775
产品 瓦楞原纸

海拉尔晨鸣纸业有限责任公司
内蒙古自治区呼伦贝尔市海拉尔区建设乡牙克石路 19 号
邮编 021011
电话 0470－8283910
传真 0470－8281667
产品 漂白苇浆

呼和浩特市

呼和浩特市南郊造纸厂
内蒙古自治区呼和浩特市赛罕区延翔造纸厂锡林南路南端
邮编 010020
电话 0471－5972065
传真 0471－5972065
产品 生活用纸

巴彦淖尔市

内蒙古北辰板纸有限责任公司
内蒙古自治区巴彦淖尔市乌拉特前旗西山咀镇
邮编 014400

电话 0478－3214223、3214222
产品 箱纸板

内蒙古塞外星华章纸业股份有限公司
内蒙古自治区巴彦淖尔市乌拉特前旗乌拉特山镇
邮编 014400
电话 0478－3211917、3225598
传真 0478－3215178
产品 漂白苇浆、漂白麦草浆、生活用纸、静电复印纸、双胶纸、书写纸、有光纸、特种印刷纸

锡林郭勒盟

锡林造纸集团
内蒙古自治区锡林浩特市锡林街
邮编 026003
电话 0479－8232524、8212182
产品 纸及纸板、纸浆

兴安盟

兴安盟突泉县造纸厂
内蒙古自治区兴安盟突泉县突泉镇
邮编 137500
电话 0482－5121625
产品 纸板

鄂尔多斯市

内蒙古东达福利造纸公司
内蒙古自治区达拉特旗树林召镇
邮编 014300
电话 0477－5224958
产品 挂面箱纸板、黄纸板

辽 宁 省

沈阳市

沈阳市沙金纸业有限公司
辽宁省沈阳市大东区莲花街 11 号 151 室
邮编 110042
电话 024－24239280
传真 024－24238743
产品 纸板

沈阳市鸿皓纸业有限公司
辽宁省沈阳市和平区阜新二街 51 号
邮编 110002
电话 024－22534569、22523665、22533720
产品 进口各种纸张

大连市

大连太空纸业有限公司
辽宁省大连市中山区民意街 40 号海景花园 1505 号
邮编 116001
电话 0411－82561317
传真 0411－82561793
产品 纸卷

鞍山市

鞍山天维纸业有限公司
辽宁省鞍山市铁西区大西街北口 261 号
邮编 114011
电话 0412－8419037
传真 0412－8416863
产品 茶纸板、黄纸板、灰纸板、箱纸板、牛皮纸、牛卡纸、涂布纸

丹东市

辽宁新巨浪造纸有限公司
辽宁省丹东市振兴区人民街 42 号
邮编 118002
电话 0415－3892278、3892222
产品 单胶纸、书写纸、胶印纸、单面书写纸、衬纸、包装用纸及卫生纸

锦州市

金城造纸股份有限公司
辽宁省凌海市金城街
邮编 121203
电话 0416－8350013
传真 0416－8350004
产品 胶印书刊纸、胶版印刷纸、期刊专用纸

营口市

营口造纸有限责任公司
辽宁省营口市站前区河湾北街 1 号

邮编 115001
电话 0417－3632717、2135860
传真 0417－3631195
产品 胶印书写纸、单面书写纸、绿色健视纸、涂布白纸板、粉面白纸板、卫生纸和漂白苇浆板

辽阳市

辽阳市白塔造纸厂
辽宁省辽阳市振兴路 46 号
邮编 111000
电话 0419－3303085
产品 卫生纸、餐巾纸、纸板、坐便纸

辽阳远方纸业有限公司
辽宁省辽阳市太子河区望水台街道道西庄
邮编 111000
电话 13332335678、13904994120
产品 灰纸板

铁岭市

开原纸业有限公司
辽宁省开原市义和路 47 号
邮编 112300
电话 0410－3713236、3713923、3713546
传真 0410－3710203
产品 胶版纸、书写纸

吉 林 省

吉林市

吉林市瑞华纸业有限公司
吉林省永吉县建设路 13 号
邮编 132227
电话 0432－4918488
产品 瓦楞原纸

四平市

公主岭市光大纸业有限责任公司
吉林省公主岭市秦家屯镇
邮编 136114
电话 0434－6411665
传真 0434－6411665、6411658
产品 高强瓦楞原纸、中强瓦楞原纸

延边朝鲜族自治州

石岘白麓纸业股份有限公司
吉林省图们市石岘镇
邮编 133101
电话 0433－3868986
传真 0433－3869777
产品 新闻纸、双面胶版纸、卫生纸、复印纸、亚硫酸盐木浆、静电复印纸、箱纸板

黑 龙 江 省

鸡西市

黑龙江北大荒纸业有限责任公司
黑龙江省密山市兴凯湖造纸厂
邮编 158328
电话 0467－5081055
传真 0467－5081037
产品 打字纸、书写纸、胶版纸、彩色胶印纸、图画纸

齐齐哈尔市

黑龙江斯达造纸有限公司
黑龙江省富裕县城西
邮编 161202
电话 0452－3100955
产品 牛皮纸

齐齐哈尔中纸实业发展有限公司
黑龙江省齐齐哈尔市新立街长春路 27 号
邮编 161005
电话 0452－5982130
产品 新闻纸

牡丹江市

松海纸业有限责任公司
（原柴河林业造纸有限责任公司）
黑龙江省海林市柴河镇
邮编 157131
电话 0453－7528590
传真 0453－7528390
产品 箱纸板

大宇制纸有限公司
黑龙江省牡丹江市阳明区光华街 8 号
邮编 157013
电话 0453 - 6325718
传真 0453 - 6333577
网址 www. daewoopaper. com
产品 美术铜版纸、超感纸

牡丹江恒丰纸业集团有限公司
黑龙江省牡丹江市阳明区恒丰路 11 号
邮编 157013
电话 0453 - 6331111
传真 0453 - 6331063
网址 www. hengfengpaper. com
产品 铜版纸、卷烟纸、铝箔衬纸、滤嘴棒纸、水松原纸、无碳复写原纸

佳木斯市

汤原纸业有限公司
黑龙江省汤原县汤原镇
邮编 154700
电话 0454 - 7622719、7622217
产品 凸版纸

佳木斯市松江纸业有限公司
黑龙江省佳木斯市建国路中段
邮编 154005
电话 0454 - 8381718
传真 0454 - 8397759
产品 箱纸板

佳木斯纸业金地造纸有限公司
黑龙江省佳木斯市光复路东段 306 号
邮编 154005
传真 0454 - 8391258
产品 纸袋纸、电缆纸、绝缘浸渍纸、牛皮卡纸、牛皮箱纸板、防水纸及纸板、防锈原纸、电池基纸、盲文纸、商品浆

上 海 市

上海中隆纸业有限公司
上海市浦东康桥工业区秀浦路 489 号
邮编 201315
电话 021 - 58129798
传真 021 - 58128986
网址 www. shclc. com. cn
产品 高档牛皮箱纸板、高强瓦楞原纸

金奉源纸业（上海）有限公司
上海市奉贤区星火开发区莲塘路 251 号
邮编 201419
电话 021 - 57505588
传真 021 - 57505200
网址 www. jfy- paper. com
邮箱 shifang@ app. com. cn
产品 高档系列食品卡纸

上海富民造纸厂
上海市崇明县港沿镇八一公路
邮编 202158
电话 021 - 59465361
传真 021 - 59465421
产品 瓦楞原纸、茶纸板

上海嘉龙纸业有限公司
上海市金山区金张公路 5207 号
邮编 201517
电话 021 - 57375238
传真 021 - 57371305
产品 瓦楞原纸、阻燃纸、纸浆

上海同孚特种纸板厂
上海市崇明县港沿中路 588 号
邮编 202158
电话 021 - 59461824
传真 021 - 59461268
邮箱 sh- tongfu@ citiz. net
产品 纸浆模塑制品

上海金佰利纸业有限公司
上海市松江区金沙滩 139 号
邮编 201600
电话 021 - 57822671
传真 021 - 57710478
网址 www. kimberly- clark. com. cn
产品 高档生活用纸

潜利工业有限公司
上海市宝山区月浦镇知仁路 99 号
邮编 200942
电话 021 - 56152510、66031116
传真 021 - 56154976、56152118
网址 www. potentialpaper. com

产品 高档生活用纸

新江南纸业有限公司
上海市武宁路 1500 号北海饭店 408 室
邮编 200061
电话 021－62543871
传真 021－62543871
产品 防伪邮票纸

上海乐凯纸业有限公司
上海市常和路 308 号
邮编 200331
电话 021－63639043
传真 021－63639043
产品 高档彩色相纸

上海力德纸业有限公司
上海市沪青平公路 6098 号
邮编 201713
电话 021－59230220
传真 021－59230221
网址 www.leadpaper.com
产品 透析纸、氧化锌印版纸、心电图纸等

长谊特种纸（上海）有限公司
上海市宝山区丰翔路 1369 号
邮编 200436
电话 021－36160789
产品 特种纸

骏源特种纸（上海）有限公司
上海市青浦工业园区汇联路 1739 号
邮编 201707
电话 021－59706666
传真 021－59706688
网址 www.sinjunyuan.com
产品 特种纸、耐磨纸

上海三五纸厂有限公司
上海市青浦区练塘镇朱枫公路 688 弄 2 号
邮编 201715
电话 021－59251102、59253060
产品 热敏纸、电火花纸

上海合和纸业有限公司
上海市青浦区华新镇宝丰西路 888 号
邮编 201708
电话 021－59798680
传真 021－59798812
产品 牛皮纸、加工纸

阿波制纸（上海）有限公司
上海市奉贤区星火开发区莲塘路 355 号
邮编 201419
电话 021－57505800
传真 021－57505805
邮箱 hdh@aws.net.cn
产品 过滤纸

上海延中办公用品实业公司
上海市胶州路 941 号长久大厦 501 室
邮编 200060
电话 021－62998411
传真 021－62998423
网址 www.yanzhong.com.cn
产品 晒图纸

上海汇晔纸品有限公司
上海市常和路 198 号 4 号厂房
邮编 200331
电话 021－32050595
传真 021－32051513
产品 晒图纸

上海虹灵—迪茨根纸业有限公司
上海市闵行区中春路 6889 弄 3 号
邮编 201101
电话 021－54881141
产品 晒图纸

上海晨江纸品有限公司
上海市松汇区松江中路 351 号 3 幢
邮编 201600
电话 021－57711008
传真 021－57710800
产品 晒图纸

上海迪佳纸业印务有限公司
上海市浦东新区瑞祥路 100 号
邮编 201209
电话 021－58567866
传真 58569023
产品 晒图纸

上海全兴纸业有限公司
上海市虹梅路 1150 号

邮编 200233
电话 021-64751080
传真 021-64081025
产品 晒图纸

上海亚傲纸业有限公司
上海市虹梅路 1150 号
邮编 200233
电话 021-64753918
传真 021-64759420
产品 晒图纸

上海畅威办公用品有限公司
上海市长寿路 748 弄 1 号 904 室
邮编 200060
电话 021-62325238
传真 021-62314773
产品 晒图纸

上海东冠纸业有限公司
上海市金山工业区林惠路 1000 号
邮编 201505
电话 021-57276565、57277412
传真 021-57277171
产品 生活用纸

上海国峰纸业有限公司
上海市南汇区老港化工工业园区同强路
邮编 201302
电话 021-58053886
传真 021-58055656
产品 邮票原纸、晒图原纸

上海繁锦纸业有限公司
上海市南汇区祝桥东海盐朝北路 8 号 209 室
邮编 201325
电话 021-68265628
传真 021-62473126
产品 晒图纸

金光集团 APP 中国总部
上海市延安东路 222 号外滩中心 8、9 楼
邮编 200002
电话 021-63352299
传真 021-63618585、63351459
网址 www.app.com.cn
产品 化学漂白硫酸盐桉木浆、印刷用纸、包装用纸、生活用纸

上海诺斯克纸业有限公司
上海市蕴川路盛桥工业小区
邮编 200942
电话 021-56649708
传真 021-56646488
产品 彩色胶印新闻纸

上海峰联浆纸有限公司
上海市浦东南路 855 号 30 楼 H 座
邮编 200120
电话 021-58207888
传真 021-8888056
产品 纸浆

上海汇德利文化用品有限公司
(原上海市复写纸厂)
上海市斜土路 265 弄 27 号
邮编 200023
电话 021-63049318、63049318
传真 021-63010772
产品 复写纸

上海恒伦纸业有限公司
上海市广中西路 99 弄 30 号 201 室
邮编 200072
电话 021-66310898
传真 021-66310090
产品 纸浆、书刊纸、书写纸、双胶纸、包装用纸、瓦楞原纸、美废浆

上海开伦造纸（集团）有限公司
上海市武夷路 477 号
邮编 200050
电话 021-62400224
传真 021-62401113
网址 www.kai-lun.com
产品 静电复印纸、瓦楞原纸、牛皮箱纸板、折叠涂布白纸板、单面涂布白纸板、茶纸板

上海雅丽纸业有限公司
上海市聚丰园路 669 弄 50 号 102 室
邮编 200444
电话 021-66740789
传真 021-66740790
产品 复印纸、打印纸、传真纸、扎钞纸、白卡纸

王子制纸株式会社（上海代表处）
上海市延安西路 2201 国际贸易中心 1506 室
邮编 200336
电话 021－62195555
传真 021－32231101
网址 www.ojipaper.cn
产品 新闻纸、白纸板、瓦楞纸板、生活用纸

江　苏　省

南京市

南京江宁造纸厂
江苏省南京市江宁区岔路乡红光村
邮编 211101
电话 025－52124735
传真 025－52124735、52104332
产品 箱纸板、白纸板

南京金银杏纸业有限公司
江苏省南京市浦口区迎江路 1 号
邮编 210031
电话 025－58852640
传真 025－58852640
产品 新闻纸、铜版纸

南京秦淮纸业有限公司
江苏省南京市溧水县柘塘镇
邮编 211215
电话 025－57242598
产品 包装用纸板、卫生纸

无锡市

无锡双龙信息纸业有限公司
江苏省无锡市太湖国家旅游度假区碧波支路 3 号
邮编 214092
电话 0510－85996606
传真 0510－85995909
产品 电脑打印纸、静电复印纸、票据纸、传真纸

无锡荣成纸业有限公司
江苏省无锡市惠山区洛社镇中兴西路 43 号
邮编 214187
电话 0510－83316666
传真 0510－83311826
网址 www.lcpc.biz
产品 牛皮纸板、瓦楞原纸纸器类、瓦楞纸板、瓦楞纸箱

无锡市金东纸业有限公司
（金东纸业供应站）
江苏省无锡市东亭北座工业院内
电话 0510－88213110、88211363
传真 0510－82231350
产品 白卡纸、双胶纸、双面铜版纸、白纸板

锡山市生力纸业有限公司
江苏省无锡市锡山区甘露镇望虞路 9 号
邮编 214117
电话 0510－88751447、88757850
产品 白纸板

无锡侨颂特种纸有限公司
江苏省无锡市滨湖区碧波支路 11 号
邮编 214092
电话 0510－85991761
传真 0510－85997742
产品 无碳复写纸

江苏省江阴市顾山造纸总厂
江苏省江阴市顾山镇永安桥
邮编 214413
电话 0510－86323688
传真 0510－86326329
产品 牛皮箱纸板、纱管纸板

江阴比图特种纸板有限公司
江苏省江阴市长泾镇经济开发区
邮编 214411
电话 0510－86305989
传真 0510－86302212
产品 中底纸板、快巴纸板

江阴长江纸业有限公司
（江阴市板纸厂）
江苏省江阴市南外环路 655 号
邮编 214433
电话 0510－86118222
传真 0510－86111319
产品 涂布白纸板、牛皮箱纸板、扑克牌纸

江阴美源实业有限公司
江苏省江阴市梅园路 91 号
邮编 214400
电话 0510－86890068、86877625
传真 0510－86877610

产品 涂布纸

江阴永丰余造纸有限公司
江苏省江阴市通江南路 258 号
邮编 214433
电话 0510－86114181、86105973
传真 0510－86118748
网址 www. yfy. com
产品 涂布白纸板

无锡市江南纸业有限公司
江苏省宜兴市官林镇
邮编 214251
电话 0510－87206896
传真 0510－4200108
产品 瓦楞原纸、茶纸板

江阴新浩再循环纸业有限公司
江苏省江阴市南外环路 665 号
邮编 214433
电话 0510－8610861
传真 0510－8610863
产品 白纸板、废纸浆

常州市

常州市五环纸业有限公司
江苏省常州市戚墅堰劳动东路 308 号
邮编 213011
电话 0519－88771206
传真 0519－88771206
产品 高强瓦楞原纸、牛皮箱纸板、茶纸板、防潮纸、包装用纸、牛皮纸、条纹牛皮纸

常州市协众纸塑材料有限公司
江苏省常州市劳动东路 24 号
邮编 213001
电话 0519－86881042、88863722
传真 0519－86881042
产品 离型纸、纸塑复合材料

溧阳市阳光纸业有限公司
江苏省溧阳市平陵西路 180 号
邮编 213300
电话 0519－87101328
产品 白纸板、瓦楞原纸、箱纸板、茶纸板

苏州市

金华盛纸业（苏州工业园区）有限公司
江苏省苏州工业园区胜浦镇金胜路 2 号
邮编 215126
电话 0512－62832118
传真 0512－62815491
网址 www. goldhs. com. cn
产品 无碳复写纸、热敏纸、双胶纸、铜版卡纸

金红叶纸业（苏州工业园区）有限公司
江苏省苏州工业园区胜浦分区金胜路 1 号
邮编 215126
电话 0512－62810228
传真 0512－62818276
网址 www. ghy. com. cn
产品 卷筒卫生纸、盒装面纸、纸杯、纸巾

江苏理文造纸有限公司
江苏省常熟市经济技术开发区沿江工业园理文路
邮编 215536
电话 0512－52698888
传真 0512－52653688
网址 www. leemanpaper. com
产品 BSKP、BHKP、牛皮箱纸板、瓦楞原纸

苏欧汇川（常熟）纸业有限公司
芬欧汇川常熟纸厂
江苏省常熟市沿江经济开发区
邮编 215536
电话 0512－ 52651818
传真 0512－ 52652173
网址 www. upm-kymmene. com. cn
产品 办公用纸、生活用纸

亚龙纸制品（昆山）有限公司
江苏省昆山市玉山经济技术开发区西路 369 号
邮编 215300
电话 0512－57536988
传真 0512－57538395
网址 www. yalongpaper. com
产品 办公用纸、纸袋、美术用纸

苏州新业造纸有限公司
江苏省吴江市梅堰镇

邮编 215225
电话 0512－63681399
传真 0512－63680888
产品 过滤纸

永丰余纸业（昆山）有限公司
江苏省昆山市城北镇永丰余路
邮编 215316
电话 0512－53212041、57179678
网址 www. yfy. com
产品 生活用纸

昆山福乐国际贸易有限公司
江苏省昆山市长江南路 1128 号
日月星城国际商务广场 3 楼 307 室
邮编 215300
电话 0512－86165538
传真 0512－86165539
网址 www. formulaintl. com
产品 热敏纸、镜面铜版纸、黄牛皮纸

耐斯特纸业（昆山）有限公司
江苏省昆山市周市镇优比路 358 号
邮编 215314
电话 0512－57628333
传真 0512－57629088
产品 70～230 克/米^2 进口色纸、白色压纹纸

苏州紫兴纸业有限公司
江苏省苏州市新区滨河路 600 号
邮编 215011
电话 0512－68251060
传真 0512－68251711
网址 www. storaenso. com/suzhou
产品 高档铜版纸

苏州工业园区亚太纸品加工有限公司
江苏省苏州市跨塘镇镇北路 212 号
邮编 215122
电话 0512－62743888
传真 0512－62742888
产品 簿本、复印纸

太仓市造纸厂
江苏省太仓市沙溪镇河南街 84 号
邮编 215421
电话 0512－53212041
产品 箱纸板、瓦楞原纸、白纸板

优胜专业胶带（苏州）有限公司
江苏省苏州工业园区苏虹中路 200 号
出口加工区 1－B 厂房
邮编 215021
电话 0512－62581360、62581362
传真 0512－62581350
网址 www. grpp. net
产品 浸渍型美纹纸原纸

南通市

南通造纸厂
江苏省南通市唐闸北市街 63 号
邮编 226002
电话 0513－85544167
传真 0513－85544036
产品 铜版纸

盐城市

大丰市金驹纸业有限责任公司
（大丰市箱纸板厂）
江苏省大丰市白驹镇
邮编 224113
电话 0515－83612488
产品 箱纸板、茶纸板、黄纸板

兴业纸业有限公司
江苏省阜宁县益林镇建益路 1 号
邮编 224421
电话 0515－87799999、87792502
传真 0515－87799777、87792787
产品 高强瓦楞原纸

江苏双灯纸业集团公司
江苏省射阳县黄沙港镇双灯工业园
邮编 224341
电话 0515－82263415
传真 0515－82263999
网址 www. chinasund. com
产品 卫生纸、卫生巾

扬州市

高邮市卫星卷烟材料有限公司
江苏省高邮市海潮东路 8 号

邮编 225600
电话 0514-84631158
传真 0514-84631158、84061050
产品 复合铝箔纸、烫金水松纸

邗江造纸厂
江苏省扬州市邗江区瓜洲镇
邮编 225129
电话 0514-87504776
产品 瓦楞原纸

扬州庆丰造纸总厂
江苏省扬州市文昌东路 98 号
邮编 225000
电话 0514-87234817
传真 0514-87240900
产品 铜版纸、铜版原纸

江都市东方纸品有限公司
江苏省扬州江都市
电话 0514-86880592、86882244
传真 0514-86973615
产品 铜版纸、挂面白纸板、双胶纸

镇江市

江苏长丰造纸有限公司
江苏省丹阳市后巷镇
邮编 212312
电话 0511-86326666、86323088
传真 0511-86326006
网址 www.cfpaper.com
产品 高强瓦楞原纸

江苏句容市兴文包装有限公司
江苏省句容市经济开发区航北路 108 号
邮编 212400
电话 0511-87266201、87271390
传真 0511-87262705
网址 www.xingwen.com
产品 各种瓦楞纸板、纸箱、彩印包装

金东纸业（江苏）股份有限公司
江苏省镇江市大港兴港东路 8 号
邮编 212132
电话 0511-88998888
传真 0511-8997000
网址 www.goldeastpaper.com.cn
产品 铜版纸、双面胶版纸、静电复印纸、画刊纸、低定量涂布纸、杂志纸、喷铝专用纸、铜版卡纸

镇江大东纸业有限公司
江苏省镇江市镇江新区大港东方路 8 号
邮编 212132
电话 0511-88820202
传真 0511-88820201
网址 www.zjddzy.com
产品 税务发票专用纸、文化用纸、工业配套用纸、食品内包装纸、餐盒用纸和防伪纸

镇江金河纸业有限公司
江苏省镇江市谏壁镇越河街 41 号
邮编 212006
电话 0511-83361375
传真 0511-83361362
产品 纸浆、印刷纸

镇江市京口纸业有限责任公司
江苏省镇江市九里街宗泽路 3 号
邮编 212008
电话 0511-88829908
传真 0511-88805606、88807606
产品 玻璃卡纸、白卡纸、铜版纸、纸杯纸

泰州市

泰州魏德曼高压绝缘有限公司
江苏省泰州市海阳路 40 号
邮编 225300
电话 0523-86559075、82848681
产品 变压器纸

浙 江 省

杭州市

富阳华利纸业有限公司
浙江省富阳市春江街道春联工业园区
邮编 311421
电话 0571-63583048、23222555
传真 0571-63582881
网址 www.cnhuali.net
产品 白卡纸

富阳金泰纸业有限公司
浙江省富阳市春江街道建设村

邮编 311421
电话 0571－63583095
传真 0571－63582088
产品 涂布白纸板

富阳经纬纸业有限公司
浙江省富阳市大源镇亭山村
邮编 311413
电话 0571－63591540
产品 白纸板

富阳三合纸业有限公司
浙江省富阳市鹿山街道三合村
邮编 311407
电话 0571－63488266
传真 0571－63488256
产品 皮纸、桃花纸、绵纸、胶带原纸、口罩纸、工艺纸

杭州华盛纸业有限公司
浙江省富阳市春江工业区江南路 69 号
邮编 311421
电话 0571－63583157、13905715883（董先生）
传真 0571－63587098、63581717
产品 专业生产双面涂布白纸板、纱管纸、工艺纸板、灰纸板、厚纸板

富阳春江宣纸厂
浙江省富阳市大源镇新关方家地
邮编 311414
电话 0571－63543079
产品 宣纸

富阳富春江造纸厂
浙江省富阳市里山镇江滨路 32 号
邮编 311418
电话 0571－63531379
产品 茶叶滤纸

富阳市亨通纸业有限公司
浙江省富阳市东州街道红旗村
邮编 311401
电话 0571－63465918
传真 0571－63465888
产品 涂布白纸板、白卡纸

富阳市华泰纸业有限公司
浙江省富阳市春江街道华共村
邮编 311421
电话 0571－63587698
传真 0571－63587699
产品 涂布白纸板

富阳市华中纸业有限公司
浙江省富阳市富阳镇华共工业园区
邮编 311401
电话 0571－63583030
传真 0571－63583030
产品 涂布白纸板

富阳市汇泰纸业有限公司
浙江省富阳市春江工业园区华共村
邮编 311421
电话 0571－63580973
传真 0571－63580972
产品 白纸板

富阳市金鑫纸业有限公司
浙江省富阳市春江工业园区华共村
邮编 311401
电话 0571－63585281
传真 0571－63585380
产品 白纸板

富阳市庐山造纸厂
浙江省富阳市灵桥村
邮编 311418
电话 0571－63551077
传真 0571－63551077
产品 卫生纸

富阳市乾新纸业有限公司
浙江省富阳市春江造纸工业园区（友谊村）
邮编 311421
电话 0571－63586889
传真 0571－63582956
产品 白纸板、瓦楞原纸

富阳市万马纸业有限公司
浙江省富阳市春江街道新建村
邮编 311421
电话 0571－63587913
产品 涂布白卡纸

杭州富阳康楠纸业有限公司
浙江省富阳市春江街道建华村
邮编 311421
电话 0571－23210111
传真 0571－23022279

产品 高档灰底白纸板、白底白纸板

浙江万信纸业有限公司
浙江省富阳市春江造纸工业功能区
邮编 311421
电话 0571－63587561
传真 0571－63587870
产品 涂布白纸板

浙江富阳华天纸业有限公司
浙江省富阳市春江造纸工业园区
邮编 311421
电话 0571－63581808
传真 0571－63150123
产品 涂布白纸板

富阳鑫达造纸有限公司
浙江省富阳市大源镇正龙村
邮编 311413
电话 0571－63591017
产品 白纸板

富阳新乐纸业有限公司
浙江省富阳市大源镇新关村
邮编 311414
电话 0571－63543288、63543177
产品 卫生纸

富阳鑫泰纸业有限公司
浙江省富阳市大源镇宫前村
邮编 311413
电话 0571－63598777
传真 0571－63598567
产品 白纸板

富阳正宏纸业有限公司
浙江省富阳市大源镇宫前村
邮编 311413
电话 0571－63598811
产品 白纸板

富阳知水造纸厂
浙江省富阳市大源镇蒋家村
邮编 311413
电话 0571－63591503
产品 瓦楞原纸

富阳中富纸业有限公司
浙江省富阳市场口镇桥头路 5 号
邮编 311411
电话 0571－63571116
产品 特种纸

富阳市中南纸业有限公司
浙江省富阳市富阳镇直塘村
邮编 311421
电话 0571－63159977、63159969
传真 0571－63159911
产品 涂布白纸板、扑克牌纸、白卡纸

杭州板桥纸业有限公司
浙江省杭州富阳市春江街道八一工业区
邮编 311401
电话 0571－63585686
传真 0571－63582058
产品 涂布白纸板

杭州富阳大华造纸有限公司
浙江省富阳市灵桥镇江丰村
邮编 311418
电话 0571－63555098
产品 卫生纸

杭州华丰纸业有限公司
浙江省杭州市和睦路 555 号
邮编 310011
电话 0571－88091424
传真 0571－88091536
网址 www. hfpaper. com
产品 卷烟纸、滤嘴棒纸、牛皮箱纸板、复印纸、贴花面纸、铝箔衬纸、拷贝纸、电话簿纸

华天纸业有限公司
浙江省临安市苕溪南路 16 号
邮编 311300
电话 0571－63758033
传真 0571－63757385
产品 新闻纸、特种纸

杭州市正大纸业有限公司
浙江省富阳市春联工业区 1 号
邮编 311421
电话 0571－63587222
传真 0571－63583838
产品 涂布白纸板

浙江蔡伦纸业有限公司
浙江省杭州市萧山区河上镇沙河村

邮编 311264
电话 0571－82260707
传真 0571－82260227、82260687
产品 纸板、高强瓦楞原纸、纸箱

杭州新华纸业有限公司
浙江省杭州市湖墅南路 186 号
邮编 310005
电话 0571－88075514
传真 0571－88074838
产品 打字蜡纸、滤纸、茶叶袋纸

杭州新兴纸业有限公司
浙江省富阳市大源镇新关村
邮编 311414
电话 0571－63543299
传真 0571－63543147
产品 各种中高档薄型包装用纸

临安青山纸业有限公司
浙江省临安经济开发区南环路 168 号
邮编 311305
电话 0571－63781525
产品 牛皮纸、白牛皮纸、钢纸原纸、胶带原纸、不干胶衬纸、涂塑纸

浙江新华印刷器材经营公司
浙江省杭州市环城北路 41 号
邮编 310004
电话 0571－85106489
传真 0571－85106489
产品 铜版纸、双胶纸、书写纸

浙江远大纸业有限公司
浙江省富阳市春江工业园区
邮编 311421
电话 0571－63159007、63150198
产品 涂布白纸板

浙江永泰纸业集团股份有限公司
浙江省富阳市春江街道新近村
邮编 311421
电话 0571－63587918、63587952、63587919
传真 0571－63583055、63587902
网址 www. yongtaipaper. com
产品 涂布白纸板、白卡纸、扑克牌纸、防伪纸

浙江万众纸业有限公司
浙江省富阳市春江街道山建村
邮编 311421
电话 0571－63580988
产品 涂布白纸板

浙江东方纸业有限公司
浙江省杭州市艮山西路 182 号
邮编 310004
电话 0571－86099802
传真 0571－86944972
网址 www. eastpaper. cn
产品 纸浆

浙江金东纸业有限公司
浙江省富阳市灵桥造纸工业园区
邮编 311418
电话 0571－63558799
传真 0571－63552789
产品 单面涂布灰底白纸板

浙江三星纸业股份有限公司
浙江省富阳市春江街道山建村
邮编 311421
电话 0571－63580986
传真 0571－63580986
产品 涂布白纸板、双面涂布白纸板、扑克牌纸

联华纸业有限公司
浙江省富阳市春江乡直塘村
邮编 311421
电话 0571－63582467
传真 0571－63582467
产品 白纸板

浙江涌金纸业有限公司
浙江省富阳市春江街道临江区
邮编 311421
电话 0571－6315202
传真 0571－6315222
产品 高档涂布白纸板

宁波市

宁波八方集团股份有限公司
浙江省宁波市西郊高桥镇
邮编 315174
电话 0574－56169999
传真 0574－88447328
产品 包装用纸、瓦楞纸板、箱纸板、牛皮纸

宁波牡牛纸业有限公司
浙江省宁波市鄞州区姜山镇周韩村
邮编 315915
电话 0574－88464815
传真 0574－88465016
网址 www. muniupaper. net
产品 高强瓦楞原纸、箱纸板、涂布白纸板

宁波宁申工贸实业有限公司
浙江省宁波市宁海科技工业园区
邮编 315600
电话 0574－65559085
传真 0574－65580046
产品 瓦楞纸箱、彩印包装用纸、手提袋和药品包装用纸

宁波三A集团有限公司
浙江省慈溪市周巷镇环城东
邮编 315324
电话 0574－63301978
传真 0574－63301978
网址 www. aaa-poker. cn
产品 扑克牌纸、玻璃卡纸、铜版纸、不干胶纸、高光泽金、银纸

宁波中华纸业有限公司
浙江省宁波市海曙区段塘丁家街108号
邮编 315012
电话 0574－87464811－3006
传真 0574－87493450
网址 www. zhonghua-paper. com
产品 白纸板、铜版纸、白卡纸、扑克牌专用纸

镇海华伦纸业有限公司
浙江省宁波市镇海区解浦镇
邮编 315203
电话 0574－86506347
传真 0574－86506119
产品 高强牛皮箱纸板、瓦楞原纸

温州市

温州市夕利防粘纸制造有限公司
浙江省温州市苍南县灵溪工业示范工业园区
邮编 325800
电话 0577－64839808
传真 0577－64839708
网址 www. china-xili. com
产品 不干胶标签材料、离型纸

温州新丰复合材料公司
浙江省温州市苍南县金乡镇东门营房
邮编 325011
电话 0577－86531134
传真 0577－86664107
产品 淋膜纸、离型纸、复合包装纸

温州永益股份有限公司
浙江省温州市苍南县金乡镇东门工业区金龙大道188号
邮编 325805
电话 0577－64572418
传真 0577－64574318
产品 离型纸、淋膜纸、不干胶商标纸、金银卡纸

嘉兴市

嘉兴市步云纸业有限公司
浙江省嘉兴市步云镇花园路11号
邮编 314004
电话 0573－83100377、83100823
传真 0573－83101870
产品 纱管纸

嘉兴市丰莱桑达贝纸业有限公司
浙江省嘉兴市角里街吴泾桥堍
邮编 314000
电话 0573－82820459
传真 0573－82820134
产品 高档离型原纸、彩色喷墨纸、格拉辛纸、奶面纸、无碳复写纸、环保型防粘底纸、热敏纸

嘉兴市太阳纸业有限公司
浙江省嘉兴市洪兴路198号
邮编 314001
电话 0573－82697858、82697868、82697853
传真 0573－82897868
产品 电脑打印纸、卷式收银纸、压感打印纸

海宁市制浆造纸有限公司
浙江省海宁市钱塘江镇荆山村南洋谈家闸北
邮编 314408
电话 0573－87628358
传真 0573－87937636
产品 高强瓦楞原纸、牛皮箱纸板、茶纸板

平湖市丰力纸业有限公司
浙江省平湖市景丰造纸工业园区
邮编 314202

电话 0573－85926518、85926520
传真 0573－85922133
产品 包装用纸

浙江景兴纸业股份有限公司
浙江省平湖市曹桥街道
邮编 314214
电话 0573－85966228、85966256
传真 0573－85966983
网址 www. zjjxjt. com
产品 牛皮箱纸板、高强瓦楞原纸、纱管原纸

冠峰纸业公司
浙江省桐乡市乌镇
邮编 314501
电话 0573－88711411
传真 0573－88712409
产品 箱纸板、涂布白纸板

浙江民丰罗伯特纸业有限公司
浙江省嘉兴市角里街 70 号
邮编 314000
电话 0573－82814766－805
传真 0573－82819766
产品 卷烟纸、特种纸

湖州市

德清县天皇殿造纸厂
浙江省德清县禹越镇天皇殿村
邮编 313211
电话 0572－8213063
产品 卫生纸

衢州市

浙江恒达纸业有限公司
浙江省龙游县湖镇工业园区
邮编 324401
电话 0570－7061199
传真 0570－7061234
网址 www. hengdapaper. com
产品 接装原纸、卷烟辅料配套用纸、医用包装原纸、装饰原纸、工业技术配套用纸

浙江天听亚伦纸业集团有限公司
浙江省龙游县龙兰路 151 号
邮编 324400
电话 0570－7835368、7022968、7090111
传真 0570－7090009
产品 铜版纸、碳素复写纸、静电复印纸

浙江天天虹特种纸业有限公司
浙江省龙游县城北开发区金星大道 33 号
邮编 324400
电话 0570－7258655
传真 0570－7258892
产品 黑卡系列、彩卡系列、彩色书写纸

浙江开泰纸业有限公司
浙江省龙游县溪口镇竹产业特色工业园区
邮编 324403
电话 0570－7772198
传真 0570－7074580
产品 电容器纸、口罩纸、热封型滤纸

浙江衢州仙鹤纸业有限公司
浙江省衢州市沈家经济开发区
邮编 324022
电话 0570－2931266
传真 0570－2931631
产品 特种纸

江山造纸厂
浙江省江山市十里牌
邮编 324100
电话 0570－4550085
传真 0570－4550085
产品 瓦楞原纸、牛皮纸板、纸袋纸、半透明纸

浙江新鹤造纸有限公司
浙江省衢州市通江路 81 号
邮编 324022
电话 0570－2932404
传真 0570－2931631

绍兴市

绍兴市恒申纸业有限公司
浙江省绍兴市袍江工业区南区一 A 块群贤路
邮编 312000
电话 0575－88037678
传真 0575－88037333
网址 sxhengsheng. com
产品 工业用各种纸管、化纤管

嵊州市特种纸厂
浙江省嵊州市城北开发区何家
邮编 312400
电话 0575－83185577
传真 0575－83180801
产品 无碳复写纸、电脑打印纸

浙江省上虞蓝星实业有限公司
浙江省上虞市经济开发区
邮编 312300
电话 0575－82155332
传真 0575－82152181
产品 高强瓦楞原纸

台州市

台州市开来纸业有限公司
浙江省临海市经济开发区清化路
邮编 317000
电话 0576－85133001
传真 0576－85133488
产品 淋膜纸、涂布纸

金华市

永康市日康纸制品厂
浙江省永康市象珠镇杏里工业区
邮编 321313
电话 0579－87310510
传真 0579－87537530
产品 一次性纸杯

浙江金华金岭造纸有限公司
浙江省金华市岭下镇
邮编 322003
电话 0579－82811168
传真 0579－82811171
产品 瓦楞原纸、牛皮箱纸板、涂布白纸板、白纸板

浙江兰天纸业有限公司
浙江省金华市浦江县浦江工业园区
邮编 322205
电话 0579－84293535
传真 0579－84293399
产品 灰纸板、白纸板

浙江省义乌市鲁雅造纸厂
浙江省义乌市佛堂镇鲁雅村
邮编 322002
电话 0579－85730336、13906891766
传真 0579－85730629
产品 高强瓦楞原纸、箱纸板

浙江天听纸业有限公司
浙江省浦江县班班大道 1 号
邮编 322200
电话 0579－84200200
传真 0579－84200812、84131026
产品 涂布白纸板和工业纸板、鞋内底纸板、水松原纸、胶印书刊纸、无碳复写纸、字典纸

丽水市

浙江凯恩集团
浙江省遂昌县环城南路 9 号
邮编 323300
电话 0578－8180210
传真 0578－8180230
网址 www. kangroup. com
产品 电容器纸、吸尘袋纸、不锈钢衬纸

浙江凯恩特种材料股份有限公司
浙江省遂昌县凯恩路 1008 号
邮编 323300
电话 0578－8123029
传真 0578－8121286
网址 www. kangroup. com
产品 电解电容器纸、电池用纸、高透气度纸

安 徽 省

合肥市

合肥金钟纸业股份有限公司
安徽省合肥市瑶海区大兴镇钟油坊路 1 号
邮编 230011
电话 0551－4534116、4537433
传真 0551－4532820
产品 牛皮纸板、茶纸板、高强瓦楞原纸、纱管纸

合肥造纸厂
安徽省合肥市东郊

邮编 230011
电话 0551－4533685
产品 箱纸板、瓦楞原纸

合肥嘉东生活用纸有限公司
安徽省合肥市东郊大兴集
邮编 230011
电话 0551－4533152
传真 0551－4526915
产品 卫生纸

安徽集友纸业有限公司
安徽省合肥市高新技术产业开发区
邮编 230088
电话 0551－2362366
产品 卷烟材料

合肥兴东纸业有限公司
安徽合肥市瑶海区大兴东岗
邮编 230011
电话 0551－4525707
产品 工业包装用纸

芜湖市

安徽东泰实业有限公司
安徽省芜湖市四褐山路 101 号
邮编 241009
电话 0553－5801199
传真 0553－5805674
产品 箱纸板、瓦楞原纸

三木特纸（芜湖）有限公司
安徽省芜湖市经济技术开发区长春路 9 号
邮编 241006
电话 0553－5841588
网址 www.mikitoku.com
产品 电气绝缘纸

蚌埠市

安徽中亿纸业有限公司
安徽省怀远县工业园区
邮编 233400
电话 0552－8501833
产品 纸杯原纸

淮南市

安徽景丰纸业有限公司
安徽省淮南市经济技术开发区振兴路西
邮编 232008
电话 0554－3312663
传真 0554－3312663
产品 卷烟纸、成型纸、包装用纸、文化用纸

马鞍山市

安徽山鹰纸业股份有限公司
安徽省马鞍山市金家庄区勤俭路 3 号
邮编 243021
电话 0555－2826300、2826390
传真 0555－2810496
网址 www.shanyingpaper.com
产品 箱纸板、牛卡纸、高强瓦楞原纸、涂布白纸板

安庆市

安徽省潜山县汉皮纸厂
安徽省潜山县逆水乡
邮编 246317
电话 0556－8686005
产品 长纤维纸、新闻纸

安徽万邦高森造纸有限公司
安徽省怀宁县高河镇高河村
邮编 246121
电话 0556－4617888
产品 电池隔膜纸

安徽三木特纸有限公司
安徽省怀宁县高河镇高埠路 36 号
邮编 246121
电话 0556－4610723
网址 www.mikitoku.com
产品 电器用纸

阜阳市

安徽天都纸业有限公司
安徽省颍上县六十铺工业开发区
邮编 236219
电话 0558－4171024

产品 瓦楞原纸、纱管原纸

亳州市

安徽新宇纸业有限公司
安徽省涡阳县城东经济开发区
邮编 233600
电话 0558-7279507
产品 瓦楞原纸

宿州市

安徽省灵璧县东风造纸厂
安徽省灵璧县东关外2公里
邮编 234200
电话 0557-6161102、6161617
传真 0557-6161102
产品 瓦楞原纸

六安市

安徽省康乐纸业公司
安徽省六安市梅山北路
邮编 237009
电话 0564-3333366
传真 0564-3368072
产品 双面胶版纸、白卡纸、纸杯原纸

安徽德森特种纸有限公司
安徽省六安市经济开发区三十铺村
邮编 237000
电话 0564-3633798
产品 防锈原纸、胶带原纸

安徽霍山晨风纸业有限公司
安徽省霍山县落儿岭镇
邮编 237283
电话 0564-5567088

池州市

池州秋浦纸业公司
安徽省池州市贵池区建设路
邮编 247100
电话 0566-2024341、2022321
产品 机制纸、瓦楞原纸

浙沅纸业有限公司
安徽省池州市贵池区梅里工业园
邮编 247100
电话 0566-2241111
产品 机制纸、瓦楞原纸

宣城市

安徽省泾县泾川宣纸厂
安徽省泾县丁家桥镇鹿园桥头埂
邮编 242540
电话 0563-5700483
传真 0563-5701585
网址 www. ahjcxz. com
产品 宣纸

安徽省泾县汪六吉宣纸有限公司
安徽省泾县晏公镇
邮编 242530
电话 0563-5510238
传真 0563-5510078
产品 宣纸

安徽省泾县汪同和宣纸有限公司
安徽省泾县晏公镇古坝
邮编 242530
电话 0563-5500608
传真 0563-5500688
网址 www. wangtonghe. com
产品 宣纸、书画纸

中国宣纸集团公司
安徽省泾县榔桥镇乌溪村
邮编 242511
电话 0563-5600009、5601218
传真 0563-5601040
网址 www. hongxingxuanpaper. com. cn
产品 宣纸

福 建 省

福州市

东联纸业（福州）有限公司
福建省福州市马尾区马江路2号
邮编 350015
电话 0591-83970330
传真 0591-83970352

产品 纸板、纸箱

福州开发区青榕纸品有限公司
福建省福州市开发区快安延伸区 21 号
邮编 350015
电话 0591－83971248
产品 包装纸箱、纸板

福建罗源县雄丰纸业有限公司
福建省罗源县九龙坂路
邮编 350600
电话 0591－38656888
传真 0591－38656878
产品 涂布白纸板

福建福包纸业有限公司
福建省福州市仓山区螺州镇
邮编 350019
电话 0591－83499754
产品 纸板、纸箱

福州百丰包装有限公司
福建省福州市晋安区复溪镇
邮编 350024
电话 0591－87954083
产品 瓦楞原纸、纸制品

厦门市

厦门安发纸业有限公司
福建省厦门市同安区大同镇城东工业区
邮编 361100
电话 0592－7035258
传真 0592－7033859
产品 瓦楞纸板、纸箱

厦门德彦纸业有限公司
福建省厦门市海沧新阳工业区霞飞路 66 号
邮编 361022
电话 0592－6512288
传真 0592－6512277
产品 纱管原纸、纸管

厦门建发股份有限公司
福建省厦门市鹭江道 52 号海滨大厦 12 楼
邮编 361001
电话 0592－2101696
传真 0592－2101695
网址 www.cndpaper.com
产品 铜版纸、白卡纸、白纸板、双胶纸、纸浆、废纸浆、造纸化学品

厦门联宇包装工业有限公司
福建省厦门市湖里区禾山镇高殿高崎村新社
邮编 361006
电话 0592－6029846、6029845
传真 0592－5740434
产品 纸箱

厦门同安兴浪纸业有限公司
福建省厦门市同安区洪塘镇石浔村
邮编 361100
电话 0592－7132070
传真 0592－7028258
产品 挂面箱纸板

厦门新友联贸易有限公司
福建省厦门市莲前西路 2 号莲富大厦 9A
邮编 361004
电话 0592－5166705
传真 0592－5166707
产品 文化用纸

同安区大同包装公司
福建省厦门市同安区工业园 71 号
邮编 361100
电话 0592－7022471
产品 瓦楞纸板

厦戎联合造纸厂同安分厂
福建省厦门市同安区大同镇梅山路
邮编 361100
电话 0592－7022459
产品 箱纸板

厦门安妮纸业有限公司
福建厦门市集美区锦园南路 99 号
邮编 361022
电话 0592－3152336
网址 www.anne.com.cn
产品 热敏纸、商务办公用纸

永丰余纸业（厦门）有限公司
福建厦门市湖里区常和路 6－12 号
邮编 361006
电话 0592－5627266

产品 瓦楞纸板、瓦楞纸箱

厦门市麒龙纸业有限公司
福建省厦门市同安区新民镇柑岭村
邮编 361100
电话 0592－7366477
产品 瓦楞原纸

莆田市

莆田江口金龙纸业有限公司
福建省莆田市江口镇石狮村
邮编 351100
电话 0594－3695223
产品 高强瓦楞原纸

莆田市东南纸业工贸有限公司
福建省莆田市城厢区天妃路 278 号
邮编 351100
电话 0594－2391389
传真 0594－2381389
产品 彩色薄页纸、彩色纸巾纸、彩色皱纹纸、彩色魔术棒、彩色印刷工艺花纸、彩色碎纸条、金银印刷工艺纸

莆田市涵江区福利纸品厂
福建省莆田市涵江区后墩村
邮编 351111
电话 0594－3397428
传真 0594－3365205
产品 茶纸板、箱纸板

莆田市大地纸品有限公司
福建省莆田市涵江区海岑前 51 号
邮编 351111
电话 0594－3898742
产品 瓦楞原纸、箱纸板

莆田市再生纸品福利厂
福建省莆田市荔城区镇海街道下墩村
邮编 351100
电话 0594－2763333
产品 高强瓦楞原纸

莆田市南方福利涂布纸品总厂
福建省莆田市城厢区铁岭村
邮编 351100
电话 0594－2691946
产品 灰纸板

三明市

福建省青耀纸业有限公司
福建省三明市沙县青州镇
邮编 365506
电话 0598－5658963
传真 0598－5658928
产品 牛皮纸、纸袋纸、高强瓦楞原纸

大田弘惠纸业有限公司
福建省大田县均溪镇赤岩山路 29 号
邮编 366100
电话 0598－7339689
产品 水泥内袋纸

大田县华闽纸业有限公司
福建省大田县凤山东路 63 号
邮编 366100
电话 0598－7260618
传真 0598－7228026
产品 牛皮纸

尤溪青山纸业有限公司
福建省尤溪县七五路埔头村
邮编 365100
电话 0598－6321089
传真 0598－6321618
产品 文化用纸

福建省青山纸业股份有限公司
福建省沙县青州镇
邮编 365506
电话 0598－5656888
传真 0596－5653336
网址 www.qingshanpaper.com
产品 纸袋纸、牛皮卡纸、高强瓦楞原纸

福建省沙县盛春纸业有限公司
福建省沙县涌溪桥南
邮编 365507
电话 0598－5681898
传真 0598－5681689
产品 精制牛皮纸、精制白牛皮纸、胶带原纸、复合原纸、手提袋纸、信封纸、薄页纸

沙县大洛福利造纸厂
福建省沙县大洛乡大洛村

邮编 365512
电话 0598－5786188
传真 0598－5787168
产品 瓦楞原纸、箱纸板

福建腾荣达制浆有限公司
福建省将乐县古镛镇龟山北路216号
邮编 353300
电话 0598－2332400
传真 0598－2339566
产品 绒毛浆、本色浆、化机浆

福建铙山纸业集团有限公司
福建省建宁县塔下路20号
邮编 354500
电话 0598－3988840、3982712、3986762、3959766
传真 0598－3982705
网址 www. chinesetissuepaper. com
产品 高档薄型包装用纸、拷贝纸、薄页纸、炊蒸原纸

沙县华佳纸业有限公司
福建省沙县高桥镇
邮编 365503
电话 0598－5556099
产品 箱纸板、瓦楞原纸、纸箱

泉州市

泉州新同发纸塑有限公司
福建省南安市诗山镇长潭桥
邮编 362311
电话 0595－86489668
传真 0595－86115555
产品 箱纸板、瓦楞原纸

泉州市贵格纸业有限公司
福建省南安市码头镇佛内工业区
邮编 362312
电话 0595－86461333
传真 0595－86461188
产品 牛卡纸

福建宏泰实业有限公司
福建省永春县榜德工业区
邮编 362600
电话 0595－23860199
传真 0595－23860499
产品 箱纸板、瓦楞原纸

福建恒安集团有限公司
福建省晋江市安海恒安工业城
邮编 362261
电话 0595－85708665
传真 0595－85708703
网址 www. hengan. com
产品 生活用纸

晋江优兰发纸业有限公司
福建省晋江市西滨镇
邮编 362200
电话 0595－85123879、85123519
传真 0595－85123889
网址 www. youlanfa. com
产品 拷贝纸、薄型纸、复印纸、传真纸、文化用纸、牛皮箱纸板、高强瓦楞原纸

福建恒利集团有限公司
福建省南安市省新工业区
邮编 362300
电话 0595－86252666
传真 0595－86252099
网址 www. fjhl. com. cn
产品 生活用纸

南安市联发纸业有限公司
福建省南安市诗山镇凤坡村五星工业区
邮编 362311
电话 0595－86483926
产品 挂面箱纸板

南安市顺达纸业有限公司
福建省南安市水头镇复线工业走廊
邮编 362342
电话 0595－86938168
传真 0595－86939168
产品 涂布白纸板

晋江磁灶锦兴再生造纸厂
福建晋江市磁灶镇砌田村
邮编 362214
电话 0595－85855888
产品 再生纸

福建省南安市盈顺纸品有限公司
福建省南安市水头镇

邮编 362342
电话 0595－86811333
产品 再生纸

福建省永春县红美纸业有限公司
福建省永春县坑仔口西坪村
邮编 362615
电话 0595－23956088

泉州市永春联盛纸品有限公司
福建省永春县东平镇鸿安村
邮编 362603
电话 0595－23705699
产品 A、B、C 级箱纸板

泉州联新纸业有限公司
福建省南安市码头镇丰联工业区
邮编 362312
电话 0595－86462889
产品 箱纸板

石狮市锦辉纸品包装有限公司
福建省石狮市蚶江镇厝仔村
邮编 362700
电话 0595－88917731
产品 瓦楞纸板、瓦楞纸箱

福建泰兴特纸有限公司
福建省安溪县凤城镇
邮编 362400
电话 0595－23139619
产品 特种包装用纸品

漳州市

福建港兴集团港兴纸业有限公司
福建省漳州市南靖龙山工业区
邮编 363602
电话 0596－7577269
传真 0596－7577266、7577256
产品 挂面箱纸板、高强瓦楞原纸

福建漳州糖厂纸浆分厂
福建省漳州市芗城区东郊
邮编 363000
电话 0596－2992163
传真 0596－2992173
产品 蔗渣浆

华发（福建）实业公司
福建省龙海市东园镇厚境华发纸地
邮编 363102
电话 0596－6708555
传真 0596－6709811
产品 原纸

龙海榜山民政三星造纸厂
福建省龙海市榜山镇北溪头村
邮编 363100
电话 0596－6598219
传真 0596－6597698
产品 机制纸、瓦楞原纸

龙海市信达纸业有限公司
福建省龙海市颜厝镇
邮编 363118
电话 0596－6659088
产品 纱管纸、涂布白纸板

龙海市佳利达纸业有限公司
福建省龙海市颜厝镇田址村
邮编 363118
电话 0596－6659278
产品 纱管纸、瓦楞原纸

南平市

福建省南平延润纸业有限责任公司
福建省南平市滨江北路 177 号
邮编 353000
电话 0599－8802988、8808948
传真 0599－8802888
产品 静电复印纸、双胶纸、书刊纸、书写纸、轻涂纸、白牛皮纸、包装用纸、纸袋纸、纱管纸、新闻纸、宗教纸、各种有色纸以及各类造纸助剂

福建省南纸股份有限公司
福建省南平市滨江北路 177 号
邮编 353000
电话 0599－8808888
传真 0599－8802888
网址 www.nanping-paper.com
产品 胶印新闻纸、本色硫酸盐商品木浆

福建省顺昌县纸板厂
福建省顺昌县塔山路 9 号
邮编 353200

电话 0599－7822033
传真 0599－7822036
产品 牛皮箱纸板

浦城县德兴造纸有限公司
福建省浦城县仙阳镇渔梁村
邮编 353409
电话 0599－2713860
产品 高强瓦楞原纸、包装用纸

邵武中竹纸业有限责任公司
福建省邵武市下王塘
邮编 354000
电话 0599－6541168
传真 0599－6541090
产品 漂白竹浆、漂白桉木浆、漂白马尾松浆、胶版印刷纸、静电复印纸、涂布原纸、白牛皮纸

龙岩市

福建省龙岩市祥泰造纸包装有限公司
福建省龙岩市铁山开发区
邮编 364001
电话 0597－2348234
传真 0597－2348432
网址 www. xtpp. com. cn
产品 防锈纸、防水纸、涂塑纸、硅油纸、水果护套纸、全木浆生活用纸

龙岩市闽丰造纸厂
福建省龙岩市铁山街道隔口
邮编 364000
电话 0597－2349425、2340969
产品 瓦楞原纸

龙岩市造纸有限责任公司
福建省龙岩市铁山工业路 36 号
邮编 364001
电话 0597－2342188
传真 0597－2348737
产品 新闻纸

长汀县宝顺纸品厂
福建省长汀县汀州镇中心坝变电站路 2 号
邮编 366300
电话 0597－6831545
传真 0597－6831545
产品 瓦楞纸箱

长汀县纸品厂
福建省长汀县汀州镇苍玉大街 95 号
邮编 366300
电话 0597－6831632
传真 0597－6831632
产品 瓦楞纸板

福建省上杭瑞翔纸业有限公司
福建省上杭县新塘路 5 号
邮编 364200
电话 0597－3843226、3886748、3991427
传真 0597－3843226
产品 瓦楞原纸、牛皮卡纸、纱管纸

福建省连城县东方经济开发有限公司
福建省连城县姑田镇中堡村
邮编 366208
电话 0597－8269318
产品 全木浆牛皮纸、炸药卷纸、导火原纸

龙岩永峰纸业有限公司
福建省龙岩市新罗区洋头
邮编 364001
电话 0597－2341777
产品 制鞋中底板

宁德市

古田县广田纸业公司
福建省古田县吉巷乡吉巷村
邮编 352262
电话 0593－3630187、3630138
产品 有光纸

江　西　省

南昌市

江西晨鸣纸业有限责任公司
江西省南昌市经济技术开发区白水工业区
邮编 330013
电话 0791－3951952
传真 0791－3951953
产品 低定量涂布纸

江西大昌纸业有限公司
江西省南昌县八一工业园
邮编 330200

电话 13870079922
传真 0791－5747000
产品 面巾纸

南昌五丰纸业有限公司
江西省南昌市青山湖区罗家镇货场工业园
邮编 330012
电话 0791－8394989、8395989
传真 0791－8395989
产品 生活用纸

景德镇市

景德镇市兴业工贸有限公司
江西省景德镇市新德园 D 栋 3 单元 301 室
邮编 333000
电话 0798－8219543
产品 瓦楞原纸、箱纸板

萍乡市

萍乡市春光造纸厂
江西省萍乡市安源区汪公潭
邮编 337000
电话 0799－6676290
产品 卫生纸

莲花县纸业有限公司
江西省莲花县新建东街 108 号
邮编 331700
电话 0799－7221031
产品 新闻纸

九江市

江西生成卫生用品有限公司
江西省武宁县南市工业开发区
邮编 332300
电话 0792－2839356
传真 0792－2839355
产品 湿巾、生活用纸、无尘一次性围兜

新余市

分宜县金元造纸厂
江西省分宜县分宜镇角元林袁河大桥旁
邮编 336600
电话 0790－5889087
产品 卫生纸

赣州市

赣州佳和纸业有限公司
江西省赣州市章贡路 73 号
邮编 341000
电话 0797－4431783、15870718648
产品 卫生纸、餐巾纸

赣州市金凤凰卫生用品厂
江西省赣州市章贡区水东第二木材厂
邮编 341000
电话 0797－8450823、13979774863
产品 卫生纸

吉安市

江西董氏纸业有限公司
江西省吉安县安塘乡
邮编 343136
电话 0796－8758818、8758896
传真 0796－8758793
产品 扑克牌纸板

井冈山纸业有限公司
江西省井冈山石市口
邮编 343602
电话 0796－6610637
传真 0796－6610049
产品 卷烟纸、嘴棒纸

江西峡江县雄狮造纸实业有限公司
江西省峡江县巴邱镇巴邱路 114 号
邮编 331400
电话 0796－3666666、3666999
传真 0796－3664455
产品 精致牛皮纸、条纹牛皮纸、防锈原纸、皱纹防锈原纸、条纹防锈原纸、中性石蜡原纸、育果袋纸、电缆纸、电话簿纸、不锈钢衬纸、彩码贴纸

永丰泰丰纸业有限公司
江西省永丰县城南工业开发区
邮编 331500
电话 0796－2222208
产品 单面涂布白纸板

永丰永祥纸业有限公司
江西省永丰县城南工业开发区

邮编 331500
电话 0796－2222488
传真 0796－2221898
产品 涂布白纸板

永丰运宏特种纸业有限公司
江西省永丰县城南工业开发区
邮编 331500
电话 0796－2221882
传真 0796－2221616
产品 涂布白纸板

宜春市

奉新县季布诺纸业有限公司
江西省奉新县会埠乡
邮编 330700
电话 0795－4581288
产品 瓦楞原纸

万载县万盛纸业公司
江西省万载县环城北路 438 号
邮编 336100
电话 0795－8971999
传真 0795－8971888
产品 牛皮纸、新闻纸、转移印花原纸

抚州市

江西抚州银丰纸业有限公司
江西省抚州市临川区桐源乡
邮编 344000
电话 0794－8638558
产品 涂布白纸板

临川区江南纸业有限公司
江西省抚州市临川区河埠乡
邮编 344122
电话 0794－8778009
传真 0794－8778598
产品 瓦楞原纸

江西联兴纸业有限公司
江西省崇仁县巴山镇西郊 3 号
邮编 344420
电话 0794－6334588
产品 箱纸板、瓦楞原纸

上饶市

广丰县月兔卫生用品有限公司
江西省广丰县芦林工业区
邮编 334600
电话 0793－2654370
产品 卫生巾、餐巾纸、卫生纸

江西省金达纸业有限公司
江西省鄱阳县饶埠镇石泉岭
邮编 333100
电话 0793－6731789
传真 0793－6731789
产品 书写纸

山 东 省

济南市

安妮纸业有限公司济南分公司
山东省济南市将军路 96 号
邮编 250100
电话 0531－88275214
传真 0531－88275234
产品 电脑彩票、传真纸、静电复印纸、电脑打印纸、压感打印纸、票据电脑印刷纸、医疗用纸、彩色喷墨打印纸

东港实业有限公司
山东省济南市历城区山大北路 23 号
邮编 250100
电话 0531－88904590
传真 0531－88906868
产品 静电复印纸、热敏传真纸、票证纸

济南灏源纸业有限公司
山东省济南市历城区西州南路 30 号
邮编 250100
电话 0531－88918888、88023104
传真 0531－88023109
网址 www. haoyuanpaper. com. cn

济南含章印务有限公司
山东省济南市历城区西周大辛河东郊
邮编 250100
电话 0531－88918888
传真 0531－88012000

产品 电脑打印纸、静电复印纸、防伪水印纸、晒图原纸

济南银星纸业有限公司
（原山东黄台造纸厂）
山东省济南市历城区荷花路 67 号
邮编 250100
电话 0531－88262596
传真 0531－88262596
产品 字典纸、圣经纸、涂炭原纸、特种印刷纸、税票纸、表层纸、玻璃衬纸

济南民星纸业有限公司
山东省济南市济北经济开发区
邮编 251400
电话 0531－84280099
传真 0531－84280226
产品 各种高中低档卫生纸、大轴原纸、盘纸、全天然木浆系列生活用纸

章丘华饰纸业有限公司
山东省济南市章丘市明水荷花路 17 号
邮编 250200
电话 0531－83252203
传真 0531－83252203
产品 轻型印刷纸、无碳原纸、离型原纸、食品包装用纸

青岛市

青岛奥华纸业有限公司
山东省青岛市四流南路 245 号
邮编 266042
电话 0532－84885277－257（生产）－288（销售）
传真 0532－84863863
产品 无碳复写纸

青岛海王纸业股份有限公司
山东省青岛市海王路 342 号
邮编 266400
电话 0532－86171652、86118663
传真 0532－86115522、86117100
网址 www.haiwangpaper.com
产品 文化用纸、工农业技术用纸、生活用纸和包装用纸、打字纸、彩色皱纹纸、纱管封面纸、防菌纸袋

青岛造纸厂
山东省青岛市四流南路 245 号
邮编 266042
电话 0532－84851203
产品 卷烟纸、双胶纸、无碳纸

淄博市

山东淄博国泰纸业有限公司
山东省淄博市高新技术开发区柳泉路北首
邮编 255086
电话 0533－3581320、3580813
传真 0533－3580813
产品 静电复印纸、双胶纸

山东淄博华光纸业有限公司
山东省淄博市张店区湖田镇
邮编 255075
电话 0533－2060471
传真 0533－2060623
产品 牛皮箱纸板

山东淄博玉丰实业有限公司
山东省淄博市淄川区东坪镇
邮编 255174
电话 0533－5310325－8019
传真 0533－5310396
产品 陶瓷及玻璃用贴花纸

山东北金集团淄博广信纸业有限公司
山东省淄博市临淄区召口乡
邮编 255419
电话 13616430712
传真 0533－7602106
产品 夹筋纸袋纸、牛皮纸

山东汇宝纸业有限公司
山东省淄博市临淄区永流西路 24 号
邮编 255400
电话 0533－7180213、7212201
传真 0533－7221560、7180093
产品 新闻纸、静电复印纸、书写纸、有光纸、铝箔衬纸、双胶纸、高强瓦楞原纸、涂布白纸板、黑卡纸、牛皮箱纸板、口杯纸

淄博市博山环球皱纹纸厂
山东省淄博市博山区北园路 198 号
邮编 255202
电话 0533－4231497、4231498
传真 0533－4232499

产品 皱纹纸、薄页纸

淄博王村纸业有限公司
山东省淄博市周村区王村
邮编 255311
电话 0533－6680128
传真 0533－6680128
产品 纱管原纸、箱纸板、涂布纸板

山东青苑纸业有限责任公司
山东省淄博市高青县城齐东路 43 号
邮编 256300
电话 0533－6961745
传真 0533－6961492
网址 www. qingyuan. com
产品 精制胶版纸、箱纸板

枣庄市

远通纸业（山东）有限公司
（原山东华众纸业有限公司）
山东省枣庄市薛城区常庄镇金河
邮编 277014
电话 0632－4418888、4401860
传真 0632－4413098、4401828
产品 牛皮箱纸板、涂布白纸板、金银卡纸

枣庄华润纸业有限公司
山东省枣庄市山亭区新城工业园区
邮编 277200
电话 0632－8861908、8813851
传真 0632－8811556
网址 www. huarunpaper. com
产品 石膏板护面纸

东营市

华泰集团有限公司
山东省东营市广饶县
邮编 257335
电话 0546－6888818、6888808
传真 0546－6888018、6888158
网址 www. huatai. com
产品 新闻纸、双面胶版纸、书写纸、铜版纸、涂布白纸板、低定量涂布纸、生活用纸

烟台市

莱阳银通纸业有限公司
山东省莱阳市丹崖路北 129 号
邮编 265202
电话 0535－7318381
传真 0535－7327266
网址 www. sdbbc. com
产品 水果套袋纸、防伪纸、静电复印纸、书写纸

烟台大华纸业有限公司
（山东牟平造纸厂）
山东省烟台市牟平区城东
邮编 264110
电话 0535－4212098
传真 0535－4212098
产品 离型纸、防粘纸、复合纸、轻型纸、纯质纸、再生新闻纸、双胶纸

烟台锦宏纸业有限公司
山东省海阳市经济技术开发区
邮编 265118
电话 0535－3200322、3205306
产品 文化用纸、铜版原纸

烟台市大展纸业有限公司
山东省烟台市牟平区棉纺厂北
邮编 264117
电话 0535－4659078
传真 0535－4659076
产品 瓦楞原纸、牛皮箱纸板

山东省烟台滋禾科技发展有限公司
山东省烟台市芝罘区南大街 156 号平安大厦 709
邮编 264000
电话 0535－6696569、6696559
传真 0535－6696559
产品 牛卡纸、涂布牛卡纸

龙口市诸由纸板厂
山东省龙口市诸由观镇西河阳
邮编 265705
电话 0535－8562088、8562189、8561225
传真 0535－8560508
产品 双胶纸、皱纹纸

龙口玉龙纸业有限公司
山东省龙口市诸由观镇黄河营村北

邮编 265712
电话 0535－8589536
传真 0535－8589555
网址 www.yulongpaper.com
产品 胶版书刊纸、书写纸、双胶纸、静电复印纸、轻型纸、纯质纸

莱州市莱星工业纸板有限公司
（原莱州市工业纸板厂）
山东省莱州市掖柴路
邮编 261400
电话 0535－2216646、2265906
传真 0535－2235248
产品 工业纸板

莱州市鲁通特种纸业有限公司
山东省莱州市海庙后工业区
邮编 261400
电话 0535－2480641、2483050
传真 0535－2480447
产品 书写纸、有光纸、箱纸板、果袋纸、工艺品纸

莱州市圣林纸制品有限公司
山东省莱州市云峰山路北道路东
邮编 261437
电话 0535－2293178
传真 0535－2293178
产品 双灰纸板、复合纸板、工业纸板

山东莱州市鲁通纸业有限公司
山东省莱州市海庙后
邮编 261400
电话 0535－2480680
传真 0535－2480640
产品 高档牛皮箱纸板

潍坊市

临朐玉龙造纸有限公司
山东省潍坊市临朐县文化路北首
邮编 262600
电话 0536－3158862、3158872
传真 0536－3158568
网址 www.wanhao.com
产品 各种规格铜版纸、特种纸

山东恒联投资有限公司
山东省潍坊市高新区东风东街以北惠贤路以东
邮编 261000
电话 0536－8671522
传真 0536－8665348
网址 www.henglianpaper.com
产品 铜版纸、玻璃纸、生活用纸

潍坊凤凰纸业有限公司
山东省潍坊市奎文区则尔庄路 6 号
邮编 261031
电话 0536－8664708
传真 0536－8669008
产品 箱纸板、瓦楞原纸、牛卡纸、白纸板、灰底白纸板、涂布白纸板

潍坊恒联纸业集团有限公司
山东省潍坊市奎文区卧龙东街 409 号
邮编 261031
电话 0536－8661166
传真 0536－8665348（总公司）、8668708（销售部）
产品 铜版纸、玻璃纸、金银卡纸、静电复印纸、电脑打印纸、生活用纸

潍坊华港包装材料有限公司
山东省潍坊市奎文区宝通东街 162 号
邮编 261041
电话 0536－8823918
传真 0536－8823919
网址 www.wfhgbz.com
产品 接装纸原纸、铝箔衬纸、嘴棒成型纸及接装纸、铝箔纸、真空镀铝纸、印花纸、装饰纸

潍坊恒联浆纸有限公司
山东省潍坊市寒亭区海龙路 601 号
邮编 261100
电话 0536－7251647
传真 0536－7251647
产品 纸浆、铜版纸、玻璃纸

潍坊市友谊造纸厂
山东省潍坊市农业生物开发区
邮编 261031
电话 0536－8654673
产品 箱纸板、瓦楞原纸、涂布纸、包装用纸

青州市东南坝造纸厂
山东省青州市东坝镇
邮编 262517
电话 0536－3531031

传真 0536－3532471
产品 瓦楞原纸、牛皮包装用纸

青州瑞青造纸股份有限公司
山东省青州市青州北路1号
邮编 262500
电话 0536－3222967
产品 高光泽铝箔衬纸、离型原纸、覆塑原纸、铜版纸、金属性印刷原纸

山东青州东方铜版纸有限公司
山东省青州市东阳河工业区1188号
邮编 262517
电话 0536－3531888
传真 0536－3536366
产品 单涂、双涂铜版纸

山东省青州市板纸厂
山东省青州市青州南路东一街5号
邮编 262500
电话 0536－3200541、13606367171
传真 0536－3203802
产品 牛皮纸、离型原纸、无碳原纸、铝箔衬纸、水松原纸

山东青州齐鲁纸业有限公司
山东省青州经济开发区
邮编 262500
电话 0536－3290118、13806493038
产品 铝箔衬纸、印花原纸、木纹原纸、淋膜原纸、覆塑原纸、白牛皮纸、离型原纸、工业用原纸

山东晨鸣纸业集团股份有限公司
山东省寿光市圣城路403号
邮编 262700
电话 0536－5218000、2156333、800－918－6818
传真 0536－2156111
网址 www.chenmingpaper.com
产品 双面胶版纸、低定量涂布纸、铜版纸、胶印书刊纸、书写纸、牛皮箱纸板、静电复印纸、新闻纸、无碳复写纸、高档电话簿纸、橙色施胶新闻纸

寿光市三利板纸有限责任公司
山东省寿光市抬头镇牛头镇村东
邮编 262736
电话 王增彬 13805362255
传真 0536－5542652
产品 打字纸、彩书皮纸、条纹牛皮纸

山东华源蓝天纸业有限公司
山东省安丘市兴安路2号
邮编 262100
电话 0536－4221181
传真 0536－4212920
网址 www.lantianpaper.com
产品 轻涂彩印纸、铜版纸、胶版纸、书写纸

山东万豪纸业集团股份有限公司
山东省临朐县文化路88号
邮编 262600
电话 0536－3163364、3158797
传真 0536－3165340
网址 www.wanhao.com
产品 铜版纸、双胶纸、胶印书刊纸、防油纸、高档包装纸、卫生纸、打字纸、工艺纸、电信电缆纸、双面胶带原纸、造纸化工产品及纸业包装材料

临朐恒丰造纸有限公司
山东省临朐县城工业街32号
邮编 262600
电话 0536－3165465、2198910、13335258879、13964768286
传真 0536－3163465
产品 防油纸、汉堡原纸、淋膜汉堡纸、食品包装纸、白牛皮纸、漂白防油纸、未漂防油纸、邮封纸、医用包装纸、卫生纸、爆米花纸袋纸

山东世纪阳光纸业集团有限公司
山东省潍坊市昌乐经济开发区
邮编 262400
电话 0536－2181169、2181001
传真 0536－2186006
网址 www.sunshinepaper.com.cn
产品 纱管原纸、牛底白纸板、高强瓦楞原纸

威海市

威海龙港纸业有限公司
山东省威海市羊亭镇驻地
邮编 264204
电话 0631－5764806、5764338
传真 0631－5764806
产品 挂面纸板、瓦楞原纸

济宁市

济宁恒丰纸业有限责任公司
山东省济宁市安居工业园区

邮编 272059
电话 0537－2312038
传真 0537－2559310
产品 铜版纸

曲阜市造纸厂
山东省曲阜市王庄乡后王村
邮编 273120
电话 0537－4551195、4552228
传真 0537－4551195
产品 书写纸、有光纸、双胶纸、招贴纸、彩色纸

山东太阳纸业股份有限公司
山东省兖州市友谊路 1 号
邮编 272100
电话 0537－3658598
传真 0537－3651777、3658600、3658610
网址 www. sunpapergroup. com
产品 牛皮箱纸板、高级文化用纸、静电复印纸、白面牛皮卡纸、牛皮卡纸、涂布白纸板、白卡纸、双胶纸、新闻纸、不干胶纸、电脑打印纸、书写纸、轻涂纸、铜版纸、扑克牌面纸、蜡光原纸、无酸档案纸、素描纸

山东宏河矿业集团邹城恒翔纸业有限公司
山东省邹城市营西路 52 号
邮编 273500
电话 0537－5300318
传真 0537－5312183
产品 文化用纸、生活用纸、新闻纸

邹城市恒乡纸业有限责任公司
山东省邹城市恒乡纸业
邮编 273500
电话 0537－5312624
产品 新闻纸

山东华金集团
山东省泗水县金庄镇
邮编 273201
电话 0537－4036821、4036860
传真 0537－4031210
网址 www. huajinpaper. com
产品 铜版纸、无碳复写纸、静电复印纸、双面胶版纸、电脑打印纸、票据专用纸、离型原纸、防粘纸、书写纸、电脑打印纸

泰安市

山东天和纸业有限公司
山东省宁阳县文化路西首
邮编 271400
电话 0538－5621781
传真 0538－5620235
网址 www. sdtianhe. com
产品 静电复印纸、有光纸、打字纸、书写纸、铸涂原纸、双胶纸、铜版原纸、不干胶底纸、账簿纸

日照市

亚太森博浆纸有限责任公司
山东省日照市北京路
邮编 276826
电话 0633－3361168、3361111
传真 0633－3361280
产品 白卡纸、纸浆

日照华泰纸业有限公司
山东省日照市莒县莒州路 119 号
邮编 276500
电话 0633－6882076
传真 0633－6882881
产品 双胶纸、铜版纸

莱芜市

山东泰山纸业有限公司
山东省莱芜市涞城区方下镇
邮编 271125
电话 0634－6611308、6613520
传真 0634－6611122
产品 轻量涂布纸、铜版纸、书写纸、双胶纸、高档书写纸、精制双胶纸、静电复印纸、轻量涂布纸、铜版纸、新闻纸

临沂市

临沂市鑫惠纸业公司
山东省临沂市通达路纸张市场 1204 号
邮编 276000
电话 0539－8068186
产品 有光纸、书写纸、双胶纸、绘图纸、朱红纸、蜡光纸

临沂震元纸业有限公司
山东省临沂市苍山县建设路 72 号
邮编 277700

电话 0539－5211961
传真 0539－5211961
产品 书写纸、双胶纸

鲁南纸业集团公司
山东省郯城县人民路 179 号
邮编 276100
电话 0539－6221670、6128100、6130729、6130904
产品 石膏板护面纸板、化妆原纸、箱纸板、电解纸

山东双成纸业有限公司
山东省沂水县沂博路龙潭西巷 2 号
邮编 276400
电话 0539－2251031、2273682
传真 0539－2251031
产品 瓦楞原纸、牛皮箱纸板

山东光华纸业集团有限公司
山东省费县上冶镇
邮编 273401
电话 0539－5811100
传真 0539－5811102
产品 铜版纸、双面胶版纸、静电复印纸、书写纸、卫生纸

临沂华辰纸业有限公司
山东省临沂经济开发区北京路与国人路交汇处
邮编 276023
电话 0539－6013888
传真 0539－6013000
产品 无碳复写纸

德州市

德州华北纸业集团有限公司
山东省德州市德城区二屯镇
邮编 253035
电话 0534－2742729
传真 0534－2742729
产品 书写纸、复印纸、轻型纸

德州沪平永发造纸有限公司
山东省平原县王打卦工业园
邮编 253102
电话 0534－4520002
传真 0534－4520598
产品 高强瓦楞原纸

山东中茂圣源纸浆有限公司
山东省德州市陵县经济开发区
邮编 253008
电话 0534－2133500
传真 0534－2133508
产品 杨木化机浆

陵县泰华浆纸有限公司
山东省陵县泰华工业区
邮编 253501
电话 0534－8703777、8706168
传真 0534－8708999
产品 文化用纸

鲁光纸业股份有限公司
山东省陵县陵边路东
邮编 253501
电话 0534－8702628
产品 书写纸、双胶纸、轻涂纸

山东冠军纸业有限公司
山东省齐河县潘店镇
邮编 251125
电话 0534－5972085、5975886
传真 0534－5972085、5975888
产品 铜版纸、双面胶版纸、静电复印纸

山东晨鸣纸业集团齐河板纸有限责任公司
山东省齐河县晨鸣路 1 号
邮编 251100
电话 0534－5691899
传真 0534－5028846
产品 箱纸板、瓦楞原纸

山东正大纸业有限公司
山东省平原县王泉铺工业园区
邮编 253105
电话 0534－4562766
传真 0534－4562044
产品 铜版原纸、书写纸、胶印书刊纸、静电复印纸、箱纸板、卫生纸

山东泉林纸业夏津有限公司
山东省夏津县建设街 45 号
邮编 253200
电话 0534－3313381
传真 0534－3312139
产品 双胶纸、静电复印纸、中涂纸、轻量涂布纸、文化用纸

聊城市

中冶纸业银河有限公司
山东省临清市西门里街 297 号
邮编 252600
电话 0635 - 2435351
传真 0635 - 2436888、2436952
网址 www. mccyinhe. com
产品 书写纸、胶版纸、纸胶印书刊纸、静电复印纸、瓦楞原纸

茌平宝林纸业有限公司
山东省茌平县北顺河街 187 号
邮编 252100
电话 0635 - 2989198、4252171
产品 书写纸、双胶纸、箱纸板

山东信成纸业有限公司
山东省茌平县西外环高新技术工业园
邮编 252100
电话 0635 - 4285450、4285469
传真 0635 - 4283218
产品 干法无尘纸、湿纸巾、餐巾纸、柔巾卷纸、擦拭纸、分盘无尘纸

山东省泉林纸业有限责任公司
山东省高唐县官道街北首
邮编 252800
电话 0635 - 3951080
传真 0635 - 3953497
网址 www. tralin. com
产品 铜版纸、复合软包装、双面胶版纸、低定量涂布纸、静电复印纸、胶印书刊纸、防粘原纸、书写纸、证券纸、字典纸、电话簿纸

山东金蔡伦纸业有限公司
山东省阳谷县城西外环路
邮编 252300
电话 0635 - 6324187
传真 0635 - 6324766
产品 轻型印刷纸

山东鑫泉纸业有限公司
山东省阳谷县清河西路
邮编 252300
电话 0635 - 2951555
传真 0635 - 2952276
产品 轻型印刷纸、静电复印纸、双胶纸

滨州市

博兴兴华纸业公司
山东省博兴县寨郝
邮编 256511
电话 0543 - 2809565
传真 0543 - 2800565
产品 箱纸板、瓦楞原纸

金山联纸业公司
山东省博兴县博城三路 83 号
邮编 256500
电话 0543 - 2307892
传真 0543 - 2307890
产品 双胶纸、彩色胶版纸、不干胶底纸、铜版纸、书写纸、静电复印纸、胶印书刊纸、低定量涂布纸、牛皮纸、有光纸

山东群星纸业有限公司
山东省邹平县长山镇长星工业园
邮编 256206
电话 0543 - 4853668
传真 0543 - 4853668
产品 高档装饰原纸、静电复印纸

山东省博兴县华辰纸业有限公司
山东省博兴县寨郝工业园
邮编 256511
电话 0543 - 2809045
传真 0543 - 2809045
产品 彩色书写纸、彩色有光纸、无碳复写纸、白牛皮纸

菏泽市

山东圣龙集团
山东省定陶县城东郊
邮编 274100
电话 0530 - 2210009
传真 0530 - 2210729
产品 有光纸、胶印书刊纸、书写纸、胶版纸、防盗版纸、新闻纸、静电复印纸、打字纸、拷贝纸、热转移印花纸、低定量涂布纸

菏泽市宏泰纸业有限公司
山东省菏泽市牡丹区黄堽镇侯集工业园

邮编 274000
电话 0530－5660486
传真 0530－5663262
产品 高档薄页纸

河南省

郑州市

河南国通纸业有限公司
河南省郑州市健康路 116 号 1 号楼 2 单元 0203 室
邮编 450003
电话 0371－63855551
产品 纸板

河南省新密市荣昌纸业公司
河南省新密市来集镇卢村
邮编 452382
电话 0371－63150739、63150609
总工 路长安 13703986206
产品 箱纸板、涂布原纸、果袋纸

河南新密市光明纸业有限公司
河南省新密市大隗镇大隗村
邮编 452383
电话 0371－69271196
产品 白纸板、铜版纸、瓦楞箱纸板

郑州东盛纸业有限公司
河南省中牟县城关镇青年路东段
邮编 451450
电话 0371－62184772
产品 纸制品、生活用纸、文化用纸

河南省新密市华强纸业有限公司
河南新密市大隗镇大隗村
邮编 452383
电话 0371－69276756
产品 箱纸板、白纸板、涂布纸、果袋纸

平顶山市

河南海明工业纸板有限公司
河南省舞钢市安寨路 1 号
邮编 462512
电话 0375－8388458、13949461167
产品 纸板

河南海明集团一纸厂
河南省舞钢市安寨路 1 号
邮编 462512
电话 0375－8388005
传真 0375－8388026
产品 静电复印纸

河南海明集团有限公司二纸厂
河南省舞钢市安寨路 1 号
邮编 462512
电话 0375－8386758
传真 0375－8386758
产品 文化用纸、纸板

焦作市

河南天虹纸业有限责任公司
河南省孟州市黄河大道东段
邮编 454750
电话 0391－8571688、8576658
传真 0391－8571688
产品 高强瓦楞原纸

沁阳市天源实业有限公司
河南省沁阳市西万工业区（石庄村南）
邮编 454561
电话 0391－5989364、5988163
传真 0391－5989264、5989131
产品 纸杯原纸、餐盒原纸

河南省武陟县瑞丰纸业有限公司
河南省武陟县圪垱店村南工业区
邮编 454951
电话 0391－7641767、7268823、7263002、13903917092
产品 玻璃卡纸、黄纸板、无碳纸、涂布原纸

河南省武陟县西滑封造纸厂
河南省武陟县西陶镇西滑封村
邮编 454981
电话 0391－7566549
传真 0391－7566548
产品 文化用纸、无碳复写纸

武陟县造纸厂
河南省武陟县红旗路 28 号
邮编 454950
电话 0391－7292207

产品 胶版纸、有光纸、书写纸

河南省江河纸业有限责任公司
河南省焦作市武陟县城东占泗路北贾桥西
邮编 454950
电话 0391 -7268890
传真 0391 -7268991
网址 www. jianghe. com
产品 无碳复写纸、无碳复写原纸

河南双马纸品包装有限公司
河南省沁阳市山王庄镇万北村
邮编 454562
电话 0391 -5970508
产品 箱纸板、高强瓦楞原纸

沁阳市华联造纸厂
河南省沁阳市崇义镇赵儒村
邮编 454582
电话 0391 -5051618
产品 高强瓦楞原纸

鹤壁市

河南博氏纸业加工有限公司
河南省淇县铁西工业区中华路 3 号
邮编 456750
电话 0392 -7223378
产品 高档卫生纸

淇县天龙纸业有限公司
河南省淇县工业路 66 号
邮编 456750
电话 0392 -7222835
传真 0392 -7276631、7276283
产品 双胶纸、胶印书刊纸、不干胶原纸、书写纸、静电复印纸、蜡光原纸

鹤壁瑞洲纸业公司
河南省淇县工业路 66 号
邮编 456750
电话 0392 -7277688
传真 0392 -7277000
产品 无碳复写纸

新乡市

河南龙泉集团公司豫北纸业有限公司
河南省新乡县七里营镇龙泉村
邮编 453731
电话 0373 -5653988、65651055、13937332330
产品 双胶纸、书写纸、有光纸

河南省龙泉集团公司
河南省新乡县龙泉村
邮编 453731
电话 0373 -5592278
产品 胶版纸、瓦楞原纸、涂布白纸板、玻璃卡纸

宏泰纸业有限公司
河南省新乡县翟坡镇宏泰大道 168 号
邮编 453731
电话 13598669884
传真 0373 -5586269
产品 文化用纸

河南省新乡兴宁集团
河南省新乡市南郊
邮编 453731
电话 0373 -5592793
传真 0373 -5591411
产品 胶印书刊纸

河南省新乡兴宁集团纸板厂
河南省新乡县翟坡镇兴宁村
邮编 453731
电话 0373 -5630227
产品 无碳原纸

河南新乡益德纸业有限公司
河南省新乡县七里营镇
邮编 453000
电话 0373 -5600485、5602555
传真 0373 -5601008
产品 玻璃卡纸、高光泽涂布纸、铜版纸

新乡市鸿泰纸业有限公司
河南省新乡经济开发区鸿泰大道 168 号
邮编 457300
电话 0373 -5580219、55970490
传真 0373 -5586269
产品 胶印书刊纸、书写纸、有光纸、无碳复写纸、蜡光原纸

新乡县古固寨造纸厂
河南省新乡县古固寨镇
邮编 453700

电话 0373－5750153、5751153
产品 高强瓦楞原纸

新乡新亚纸业集团股份有限公司
河南省新乡市新乡县七里营镇新庄村
邮编 453731
电话 0373－5681188
传真 0373－5680286
网址 www.xinyapaper.cn
产品 包装用纸、文化用纸、生活用纸

豫兴造纸厂
河南省新乡市新乡县翟坡镇兴宁村
邮编 453700
电话 0373－65591411
产品 凸版纸、胶印书刊纸、单胶纸、书写纸、铸涂原纸

卫辉宇达特种纸业有限公司
河南省卫辉市城郊乡东关村后东线 1 公里处
邮编 453100
电话 0373－4411858
产品 特种艺术纸

河南天邦集团纸业有限公司
河南省辉县市东二环北段
邮编 453613
电话 0373－6855333
传真 0373－6855299
网址 www.hntbsy.cn
产品 高档双胶纸、静电复印纸、工业原纸、道林纸

濮阳市

濮阳市通宇纸业有限公司
河南省范县王楼工贸示范区
邮编 457500
电话 0393－5977888
传真 0393－5977999
产品 文化用纸、生活用纸

濮阳龙丰纸业有限公司
河南省濮阳市胜利西路西段
邮编 457000
电话 0393－8990895
传真 0393－8961906
网址 www.lfpaper.com
产品 漂白杨木化机浆、高档双胶纸、静电复印纸、涂布纸

许昌市

河南一林纸业有限责任公司
河南省许昌市工农路 5 号
邮编 461000
电话 0374－3310384、3126876
传真 0374－3316648
网址 www.hnyilin.com
产品 有光纸、胶版纸、书写纸、轻型纸

河南飞达纸业有限公司
河南省许昌县河街乡陈胡村
邮编 461105
电话 0374－5668188
产品 生活用纸、白纸板、涂布白纸板

漯河市

漯河市银凤纸业有限公司
河南省漯河市裴城镇苏侯村
邮编 462300
电话 0395－6955288
产品 双胶纸、书写纸、彩色纸

漯河市纸板厂
河南省漯河市人民西路 113 号
邮编 462000
电话 0395－2122554
传真 0395－2624495
产品 高强瓦楞原纸

河南银鸽实业投资股份有限公司
河南省漯河市人民东路 95 号
邮编 462000
电话 0395－2355895、2355705
传真 0395－2355117、2355907
网址 www.yinge.com.cn
产品 双面胶版纸、静电复印纸、书写纸、电脑打印纸、水果套袋纸、低定量涂布纸、口杯纸、字典纸、铝箔衬纸、防伪票据纸、书写纸

舞阳县林达纸业有限公司
河南省舞阳县太尉乡
邮编 462413
电话 0395－7822039、7822055
传真 0395－7822055
产品 文化用纸、高档卫生纸

南阳市

内乡仙鹤纸业有限公司
河南省南阳市内乡县
邮编 474350
电话 0377－65317785
传真 0377－65315570
产品 特种纸、无氯漂白浆、无氯龙须草浆

邓州市老廷实业有限公司
河南省邓州市构林镇河湾村
邮编 474172
电话 0377－62637188
产品 高档文化用纸

驻马店市

驻马店市白云纸业有限公司
河南省驻马店市遂平县工人路 14 号
邮编 463100
电话 0396－4902206
传真 0396－4914805
网址 www. byzy. net
产品 印刷纸、书写纸

湖 北 省

武汉市

春晖生活用纸厂
湖北省武汉市江岸区后湖乡消湖村余家墩 57 号
邮编 430030
电话 027－85628425
传真 027－85628425
产品 卫生纸、餐巾纸

大枫纸业集团股份有限公司
湖北省武汉市东西湖区吴家山六顺路大枫工业园
邮编 430040
电话 027－83259909、83259890、83220067
传真 027－83223133
网址 www. maxleaf. com
产品 书写纸、双胶纸、静电复印原纸、特种彩色纸

武汉晨鸣汉阳纸业股份有限公司
湖北省武汉市经济技术开发区沌口街
邮编 430057
电话 027－84894245
传真 027－84894586
产品 书写纸、胶版印刷纸、新闻纸、铜版原纸、静电复印原纸、铸涂原纸、轻型纸

武汉市海鸥防锈包装材料有限公司
湖北省武汉市汉阳区孟家铺 25 号
邮编 430051
电话 027－84680079
传真 027－84611740
产品 气相防锈纸

武汉市中兴纸制品厂
湖北省武汉市江岸路特 1 号
邮编 430011
电话 027－82313846
产品 纸板

武汉帅伦纸业股份有限公司
湖北省武汉市江岸区谌家矶河边 1 号
邮编 430011
电话 027－82324293
传真 027－82324293
产品 瓦楞原纸、牛皮箱纸板、涂布箱纸板、纸袋纸

湖北烟草民意纸业有限公司
湖北省武汉市汉阳区七里庙檀李湾 9 号
邮编 430051
电话 027－84872965、84882857（销售）
传真 027－84874713
产品 水松纸

武汉龙鸣纸业有限公司
湖北省武汉市江岸区谌家矶河边 1 号
邮编 430011
电话 027－82303305
产品 牛皮挂面箱纸板、纱管纸

黄石市

黄石帅伦纸业有限公司
湖北省黄石市西塞
邮编 435001
电话 0714－6454745、64100451
产品 双胶纸、胶印书刊纸、装饰板底衬纸、口杯原纸

襄樊市

襄樊晨鸣铜版纸有限公司
湖北省襄樊市大庆东路 44 号
邮编 441001
电话 0710－3404778
传真 0710－3402001、3404283
产品 铜版纸

襄樊大枫纸业有限公司
湖北省襄樊市樊城区建设路 53 号
邮编 441002
电话 0710－3251087
传真 0710－3251290
产品 胶印（彩色）书刊纸、单双面胶版纸

南漳县华海纸业有限责任公司
湖北省南漳县城关镇便河路 1 号附 1 号
邮编 441500
电话 0710－5231705
传真 0710－5250358
产品 双胶纸、书写纸、书刊纸、打字纸、字典纸

襄樊百灵纸业有限公司
湖北省襄樊市樊城区建设路 53 号
邮编 441002
电话 0710－3114986
产品 文化用纸、铜版原纸、低定量食品包装原纸

荆州市

荆州麒天纸业有限公司
湖北省公安县杨厂镇新正街 188 号
邮编 434303
电话 0716－5393373
传真 0716－5393041
产品 牛皮箱纸板、涂布白纸板

公安县龙腾纸业有限责任公司
湖北省公安县藕池镇解放路 37 号
邮编 434305
电话 0716－5716728
传真 0716－5716718
产品 牛皮箱纸板

湖北监利大枫纸业有限公司
湖北省监利县容城镇沿江路 41 号
邮编 433300
电话 0716－3271387
产品 胶印书刊纸、书写纸、双面胶版纸、水松纸

宜昌市

宜昌北陵纸业有限公司
湖北省宜昌市龙泉镇
邮编 443112
电话 0717－7761428
传真 0717－7761806
产品 高强瓦楞原纸、牛皮箱纸板、涂布白纸板、牛皮纸、黄纸板

宜昌舒云纸业有限公司
湖北省宜昌市猇亭大道 438 号
邮编 443007
电话 0717－6536747（办公室）、6536742（销售）
产品 压花、平纹卷筒卫生纸，条包卫生纸，药物卫生纸，面巾纸，盒装抽取式餐巾纸，手帕餐巾纸，下缸原纸

秭归四宝纸业有限责任公司
湖北省秭归县茅坪镇九里开发区
邮编 443631
电话 0717－2860307
产品 有光纸、无碳复写纸、双胶纸、白纸板

荆门市

湖北省玉雅纸业有限责任公司
湖北省荆门市拾桥镇玉雅大道 6 号
邮编 448270
电话 0724－8632449、8699128
产品 高档生活用纸

钟祥市官庄湖农场造纸厂
湖北省钟祥市官庄湖农场
邮编 431904
电话 0724－4376329
产品 黄纸板、瓦楞原纸

孝感市

恒安（孝感）卫生用品有限公司
湖北省孝感市 107 国道（南大市场）
邮编 432100
电话 0712－2516269、2516268、2862115
传真 0712－2516299

产品 生活用纸

维达纸业（孝感）有限公司
湖北省孝感市孝南区南大开发区
邮编 432122
电话 0712－2519089
网站 www.vindapaper.com
产品 生活用纸

湖北中顺鸿昌纸业有限公司
湖北省孝感市孝南区毛陈镇107国道
邮编 432122
电话 0712－2515507
产品 生活用纸

黄冈市

永昌万利造纸厂
湖北省蕲春县蕲州镇打鼓台1号
邮编 436315
电话 0713－7511725
传真 0713－7511852
产品 染色压纹原纸、色卡纸、喷墨打印纸、高光相纸

恩施土家族苗族自治州

恩施市锦华纸业有限公司
湖北省恩施市巴公路30号
邮编 445000
电话 0718－8200925
传真 0718－8200924
产品 卷烟纸、成型纸、卫生纸

湖 南 省

长沙市

湖南凯程纸业有限公司
湖南省长沙市韭菜园富丽大厦6楼603室
邮编 410007
电话 0731－84806762
产品 双胶纸、书写纸

湖南泰格林纸集团有限责任公司
湖南省长沙经济技术开发区东升路48号
邮编 410100
电话 0731－84025555
传真 0731－84025566
网址 www.tigerfp.com
产品 胶印书刊纸、轻涂纸、新闻纸

长沙市诗玉纸业有限公司
湖南省长沙市天心区友谊路55号
星语林名园6栋4－1007室
邮编 410004
电话 0731－85016276
传真 0731－85016276
产品 印刷拷贝纸

浏阳市黄金潭造纸厂
湖南省浏阳市大围山镇都佳村
邮编 410309
电话 0731－83485092
产品 高强瓦楞原纸、中高档水纱原纸、花炮卷筒专用纸

文家市造纸厂
湖南省浏阳市文家市镇
邮编 410315
电话 0731－83768025
产品 箱纸板、鞭炮纸、瓦楞原纸

湖南双华纸业有限公司
湖南省宁乡县金开区纸业园
邮编 410624
电话 0731－87809158、13507495321
传真 0731－87490578、87809159
产品 白纸板、瓦楞原纸

湖南飞翔纸品有限公司
湖南省长沙市隆平高科技园
邮编 410125
电话 0731－84671128
产品 白卡纸、片烟纸

湘潭市

湖南省造纸研究所有限公司
湖南省湘潭市建设中路7号
邮编 411104
电话 0731－58523214
传真 0731－58561602
产品 彩喷纸、名片纸、高光相纸、纱管封面纸

湘潭市碧松纸业有限公司
湖南省湘潭市雨湖区护谭乡永红村

邮编 411100
电话 0731－58245168
产品 高强瓦楞原纸、牛皮挂面箱纸板

邵阳市

湖南湘丰特种纸业有限公司
湖南省隆回县六都寨
邮编 422204
电话 0739－8187800
产品 卷烟纸、滤嘴棒纸、拷贝纸

绥宁县宝庆联纸有限公司
湖南省绥宁县工业街 98 号
邮编 422600
电话 0739－7611455
传真 0739－7616616、7600276
产品 纸袋纸、绝缘纸板

新邵县广信有限责任公司
湖南省新邵县酿溪镇广信路
邮编 422900
电话 0739－3181273
产品 电绝缘纸板

岳阳市

泰格林纸集团丰泰纸品公司
湖南省岳阳市城陵矶
邮编 414002
电话 0730－8590350
传真 0730－8560451
产品 纸杯原纸

泰格林纸集团岳阳纸业股份有限公司
湖南省岳阳市城陵矶
邮编 414002
电话 0730－8590563
传真 0730－8560335
产品 低定量涂布纸、胶印新闻纸、轻型印刷纸、颜料整饰胶版纸、牛皮纸

岳阳丰泰纸业有限公司
湖南省岳阳市城陵矶
邮编 414002
电话 0730－8590178
传真 0730－8590300
产品 轻型纸

岳阳丰利纸业有限公司
湖南省岳阳市鹿角镇
邮编 414107
电话 0730－7860030
传真 0730－7860033
产品 静电复印纸、双胶纸、纸杯原纸

湖南省汨罗市罗城纸业有限公司
湖南省汨罗市罗城桥区
邮编 414400
电话 0730－5223534
传真 0730－5222864
产品 白纸板

岳阳县华丰纸业有限公司
湖南省岳阳县筻口镇双港村
邮编 414113
电话 0730－7370232
产品 挂面纸

常德市

常德恒安纸业有限公司
湖南省常德市德山开发区桃林路
邮编 415001
电话 0736－7300008、7300210
传真 0736－7300322
产品 生活用纸、卫生纸原纸

常德市雪丽造纸有限公司
湖南省常德市襄窑路 301 号
邮编 415400
电话 0736－4211598、4212619
传真 0736－4212801
产品 静电复印纸、双胶纸

湖南华耀浆纸有限公司
湖南省常德市德山
邮编 415001
电话 0736－7312763、7315889
传真 0736－7312819
产品 双胶纸

湖南常德纸业有限公司
湖南省常德市武陵区沿河路 1 号
邮编 415001
电话 0736－7312763
产品 双胶纸、静电复印纸

益阳市

泰格林纸集团沅江纸业有限公司
湖南省沅江市书院路 358 号
邮编 413100
电话 0737－2850002、2850026
传真 0737－2850258
产品 胶印书刊纸、双胶纸

沅江恒达纸业有限公司
湖南省沅江市草尾镇光明街 193 号
邮编 413108
电话 0737－2501444
产品 包装用纸

沅江市金太阳纸业有限公司
湖南省沅江市南嘴镇余家村
邮编 413104
电话 0737－2296923、2297399
传真 0737－2297333
产品 书写纸、晒图原纸

永州市

泰格林纸集团湘江纸业有限公司
湖南省永州市冷水滩区下河线路 105 号
邮编 425000
电话 0746－8470404
传真 0746－8470498
产品 铜版纸、牛皮纸、纸袋纸

怀化市

泰格林纸集团洪江纸业有限责任公司
湖南省洪江市萝卜湾 45 号
邮编 418200
电话 0745－7691674
传真 0745－7624775
产品 牛皮纸、纸袋纸

湖南五强溪特种造纸厂
湖南省沅陵县五强溪镇刘公溪
邮编 419635
电话 0745－4734158
传真 0745－4732958
产品 牛皮纸、纸袋纸、水纱原纸

广 东 省

广州市

宝中宝胶粘制品有限公司
广东省广州市白云区钟落潭镇宝中宝工业区
邮编 510550
电话 020－87410008、87410818
传真 020－87410838
产品 离型纸、胶带原纸、纸杯纸、纸餐盒纸

广州金佰利纸业有限公司
广东省广州市萝岗区夏港街
邮编 510850
电话 020－82216222
传真 020－82217827
产品 生活用纸、擦手纸

增城市横沙纸业有限公司
广东省增城市石滩镇光明西路 3 号
邮编 511328
电话 020－82902528
产品 瓦楞原纸

广州市花都安达纸品制造有限公司
广东省广州市花都区狮岭镇
邮编 510850
电话 020－86846886
产品 瓦楞纸板、瓦楞纸箱

广州市德禧纸业公司
广东省广州市白云区黄石西路上石工业区商铺 6－7 号（榕溪花园对面）
邮编 510430
电话 020－36380768
传真 020－36380845
产品 拷贝纸、打字纸、有光纸、书写纸、招贴纸、双胶纸、铜版纸、灰纸板、灰底白纸板、双面白纸板、白卡纸

永丰余纸业（广州）有限公司
广东省广州市黄浦经济技术开发区东基工业区夏园路 5 号
邮编 510730
电话 020－82217761
产品 瓦楞纸板、纸箱

广州市辽板纸业有限公司
广东省广州市经济技术开发区明珠路 16 号
邮编 510730
电话 020－82001966
传真 020－82001321
产品 精装书灰纸板、装帧灰纸板、文具灰纸板、拼图灰板、礼品盒灰纸板、硬质包装箱灰纸板

广州市电池集团公司
广东省广州市黄埔大道中 568 号
邮编 510655
电话 020－85525623
产品 无碳复写原纸、铝箔衬纸

广州市天河棠下纸业制造有限公司
广东省广州市天河区五横路新圩纸厂 1 号
邮编 510655
电话 020－85530129
产品 瓦楞原纸

国际纸业（广州）包装有限公司
广东省广州市新滘仑头村工业区 2 号
邮编 510320
电话 020－34088208
产品 瓦楞纸箱、纸板

广州嘉承纸品有限公司
广东省广州市番禺区兴业路东三横路
邮编 511483
电话 020－34732527
产品 瓦楞纸板、纸容器

广州市同昌纸品有限公司
广东省广州市花都区莲塘村
邮编 510800
电话 020－36822020
产品 瓦楞纸板、纸箱

广州威达高实业有限公司
广东省广州市番禺区万倾沙珠江管理一涌
邮编 511462
电话 020－84117631－2031
传真 020－84946051
产品 涂布白纸板、白纸板、灰纸板

广州造纸集团有限公司
广东省广州市工业大道中广纸路 40 号
邮编 510281
电话 020－84336888
传真 020－84356618、84356070
网址 www. gzpaper. com. cn
产品 新闻纸

广州市浚龙纸业有限公司
广东省广州市番禺区沙湾镇奥林匹克花园文化长廊 64 号
电话 020－34733083、34733080
传真 020－34736613
产品 里纸、环保纸、丝毛棉、稻香纸、纯质纸、莱妮纹纸、云彩纸、虎皮纹纸、自在纹纸、古石纹纸、色书纸、彩色描图纸、牛油纸

广州珠江特种纸有限公司
广东省广州市天河区员村五横路
邮编 510655
电话 020－85524155、85524220
传真 020－85542497
产品 无碳复写纸、电脑打印纸、防伪票据纸

广州市鸣瑞贸易有限公司
广东省广州市中山大道 190 号骏景花园骏翔轩 G1203 室
邮编 510630
电话 020－38671842、38671985、38671377
传真 020－38671269
产品 双面铜版纸、单面铜版纸、白卡纸、双胶纸、白纸板

南蒲纸业广州销售部
广东省广州市芳村区海北西浦
邮编 510378
电话 13829756552
传真 020－81419835
产品 有光纸、书写纸、胶版纸、纸杯原纸、卫生原纸

番禺灵山宏达造纸厂
广东省广州市番禺区南河镇墩塘村三沙街 127 号
邮编 511480
电话 020－84928108
产品 卫生纸

番禺市莲花山造纸厂
广东省广州市番禺区莲花山镇莲花东路 80 号
邮编 511400
电话 020－84861371、84861315
传真 020－84860433
产品 箱纸板、纱管原纸、瓦楞原纸、卫生纸

百孚纸业有限公司
广东省增城市新塘镇甘湖工业区

邮编 511340
电话 020－82776488
传真 020－82774942
产品 特种纸

深圳市

鸿源实业（深圳）有限公司
广东省深圳市布吉镇上水径恒通工业城 6 栋 2 楼
邮编 518112
电话 0755－28522294
传真 0755－28522748
产品 卫生纸、盒装面纸、手帕纸、卫生巾

安兴纸业（深圳）有限公司
广东省深圳市龙岗区同富裕工业园
邮编 518112
电话 0755－28557320
产品 复印纸、传真纸

深圳市永利隆纸品有限公司
广东省深圳市布吉上李朗莱茵工业城
邮编 518112
电话 0755－89702138
传真 0755－89702117
产品 瓦楞原纸、纸箱、彩盒

深圳市悦声纸业有限公司
广东省深圳市龙华镇龙城工业区 12 幢 1 楼
邮编 518109
电话 0755－27740846
传真 0755－27741089
产品 花纹纸

元丰纸业（深圳）有限公司
广东省深圳市宝安区松岗镇沙埔围第二工业区
邮编 518105
电话 0755－27052676
传真 0755－27052259
产品 瓦楞原纸、牛皮纸

深圳协利纸业有限公司
广东省深圳市宝安区应人石区村外贸轻工业区
邮编 518108
电话 0755－27625336
产品 瓦楞纸板、纸箱

致昌纸品（深圳）有限公司
广东省深圳市龙岗区白泥坊村横东岭工业区
邮编 518111
电话 0755－84663188
产品 白纸板、铜版纸

富士达纸品（深圳）有限公司
广东省深圳市龙岗区中浩工业区
邮编 518129
电话 0755－89600129
产品 卫生纸、纸面巾、纸手帕

珠海市

珠海经济特区红塔仁恒纸业有限公司
广东省珠海市前山金鸡路 508 号
邮编 519070
电话 0756－8666888
传真 0756－8615037
产品 包装用纸板、饮料包装纸、口杯纸

珠海市丰门海业纸品有限公司
广东省珠海市百蕉镇桥湖南路 348 号
邮编 519125
电话 0756－5223993
产品 瓦楞原纸

广东天章信息纸品有限公司
广东省珠海市人民东路 125 号工商大厦 19 楼东座
邮编 519002
电话 0756－2629000
传真 0756－8157555、2629012
网址 www. tzpaper. com
产品 复印纸、打印纸、传真纸、收银纸

汕头市

汕头达濠化建纸业公司
广东省汕头市达濠区达濠西山前
邮编 515071
电话 0754－87380165
传真 0754－87360788
产品 黄纸板、灰纸板、复合纸板、白纸板、双胶印刷纸、热压纸板、书写纸

汕头市金平区飘合纸业有限公司
广东省汕头市金平区举登路 50 号
邮编 515121
电话 0754－82530777
产品 原生木浆生活用纸

汕头市造纸二厂
广东省汕头市杏花村护堤路 11 号
邮编 515021
电话 0754－88220926
产品 包装用纸

汕头市中联胜贸易有限公司
广东省汕头市长平路丽涛大厦 B 座 U902 室
邮编 515041
电话 0754－88736835、88873996
传真 0754－88736535
网址 www.zlstrade.com
产品 糖纸、轻涂纸、防水单面铜版纸、牛皮纸、标签纸、玻璃卡纸

澄海东社造纸厂
广东省汕头市澄海区国道 324 线溪南南砂路段
邮编 515832
电话 0754－85304398
产品 瓦楞原纸、灰纸板、茶纸板

韶关市

乐昌市裕兴纸业有限公司
广东省乐昌市城关镇河南街 143 号
邮编 512219
电话 0751－5503607
传真 0751－5503607
产品 卫生纸、瓦楞原纸

广东韶能集团股份有限公司珠玑纸业分公司
广东省南雄市雄南路 38 号
邮编 512400
电话 0751－3822990、3820896
传真 0751－3870018
网址 www.shaoneng.com.cn
产品 胶版印刷纸、中性复印纸、教材用纸

南雄市第二造纸厂
广东省南雄市全安营堡前
邮编 512426
电话 0751－3822152
产品 牛皮纸

始兴县国升造纸有限公司
广东省始兴县太平镇瑶村坳城东
邮编 512500
电话 0751－3321082
产品 白色水松纸

佛山市

佛山市顺德区江联造纸有限公司
（原珠江包装公司珠江造纸厂）
广东省佛山市顺德区北滘镇碧江珠江大道 18 号
邮编 528312
电话 0757－26633433
传真 0757－26635515
产品 牛卡纸、白纸板、挂面纸

佛山市南海区嘉凌纸业有限公司
广东省佛山市南海区罗村
邮编 528226
电话 0757－86411942
产品 白纸板、铜版纸、双胶纸、白卡纸

佛山华丰纸业有限公司
广东省佛山市禅城区河滨路
邮编 528000
电话 0757－82803923
产品 白纸板

江门市

鹤山市造纸厂
广东省江门市台山市沙平镇杰州工业区
邮编 529721
电话 0750－8821033
产品 箱纸板、卫生纸

江门甘蔗化工厂（集团）股份有限公司
广东省江门市甘化路 1 号
邮编 529030
电话 0750－3277777
传真 0750－3277666
产品 漂白亚硫酸盐蔗渣、芒、竹混合浆板，木质素磺酸镁（水剂、粉剂），书写纸，胶版印刷纸，静电复印纸，防黏衬纸，漫画纸，卫生纸

江门市蓬江造纸有限公司
广东省江门市外海横沥
邮编 529081
电话 0750－3791772、3791592（销售）、3788712
传真 0750－3791713
产品 瓦楞原纸

江门市新华造纸厂
广东省江门市文昌沙 130 号

邮编 529020
电话 0750－3616668、3354176
传真 0750－3354176
产品 瓦楞原纸、牛皮箱纸板、涂布白纸板

广东维达纸业股份有限公司
广东省江门市新会区东侯工业开发区
邮编 529100
电话 0750－6122846
传真 0750－6120239
网址 www. vindapaper. com
产品 纸巾纸、盒装面巾纸、餐巾纸、卫生卷纸、卫生巾、卷装擦手纸、多用纸抹布、分切盘纸

亚太纸业（广东）有限公司
广东省江门市新会区双水镇沙路村
邮编 529153
电话 0750－6508688
产品 高档文化用纸

江门市丰达纸业有限公司
广东省江门市新会区睦州梅大冲村
邮编 529143
电话 0750－6222828
产品 牛皮卡纸、挂面纸、瓦楞原纸

江门市日佳纸业有限公司
广东省江门市蓬江区朝连工业园 1 号
邮编 529090
电话 0750－3726381

江门市新会区中顺纸业有限公司
广东省江门市新会区三江新江村
邮编 529142
电话 0750－6208666
产品 生活用纸

湛江市

广东冠豪高新技术股份有限公司
广东省湛江市经济技术开发区
邮编 524022
电话 0759－3399898
传真 0759－3382109
网址 www. guanhao. com
产品 无碳复写纸、热敏记录纸、热敏传真纸、彩色喷墨纸、心电图纸、特殊防伪纸、水印纸、登机卡纸、无碳多联电脑纸

湛江冠龙纸业有限公司
广东省湛江市太平镇
邮编 524084
电话 0759－2738001
传真 0759－2738009
产品 热敏传真原纸、无碳复写纸原纸、CF 纸

茂名市

广东省茂名市全年红对联纸厂
广东省茂名市羊角镇东风路 112 号
邮编 525000
电话 13828641888、13828679533
传真 0668－2670591
产品 全年红对联纸

高州市金墩纸业有限公司
广东省茂名市高州市石鼓镇西基山村
邮编 525252
电话 0668－6360345
产品 牛皮卡纸、纸袋纸、瓦楞原纸

肇庆市

广东鼎丰纸业有限公司
广东省肇庆市广宁县南街镇首约
邮编 526300
电话 0758－8659000、8659022
传真 0758－8659168
产品 竹木混合纸浆 MBKP

广东肇庆明珠纸业有限公司
广东省德庆县城朝阳西路 238 号
邮编 526600
电话 0758－7762615
产品 浆层纸、蜡纸

封开华信纸业有限公司
广东省封开县江口镇三元西路 8 号
邮编 526500
电话 0758－6712336
传真 0758－6712338
产品 箱纸板

惠州市

惠州市福和纸业有限公司
广东省博罗县园洲镇高头村

邮编 516123
电话 0752－6812888
产品 生活用纸、灰纸板

惠州志豪特种纸业有限公司
广东省惠州市仲恺二路 49 号
邮编 516006
电话 0752－2604161
传真 0752－2600729
产品 涂布热敏纸、彩喷纸

梅州市

蕉岭县纸业有限责任公司
广东省蕉岭县文福镇乌土溪
邮编 514160
电话 0753－7884157
产品 箱纸板

东莞市

东糖集团东文造纸厂
广东省东莞市中堂镇
邮编 523243
电话 0769－88817300
传真 0769－88812817、88817718
产品 箱纸板、瓦楞原纸

东莞常平常联造纸厂
广东省东莞市常平镇猪头山岗梓管理区
邮编 511736
电话 0769－83337837、83332923
传真 0769－83332440
产品 瓦楞原纸

东莞金州纸业有限公司
广东省东莞市中堂镇潢涌村
邮编 523221
电话 0769－88181288
传真 0769－88881664、88181277
产品 瓦楞原纸

东莞理文造纸有限公司
广东省东莞市中堂镇潢涌管理区
邮编 523221
电话 0769－88888168
传真 0769－88899101
产品 牛皮箱纸板、瓦楞原纸、牛皮卡纸

东莞市昌众造纸有限公司
广东省东莞市长安镇莲花路 8 号
邮编 523848
电话 0769－85535571
传真 0769－85531805
产品 铜版纸、牛皮纸

东莞市大步纸业有限公司
广东省东莞市麻涌镇大步工业区
邮编 523143
电话 0769－88286288
传真 0769－88286222
产品 瓦楞原纸、牛皮卡纸

东莞市东发纸业有限公司
广东省东莞市万江区新和管理区
邮编 523061
电话 0769－22270261
传真 0769－22270208
产品 包装用纸

东莞市东江造纸厂
广东省东莞市中堂镇东江
邮编 523220
电话 0769－88812598
传真 0769－88897188
产品 挂面纸

东莞市天盛特种纸制品有限公司
广东省东莞市虎门镇南栅民昌路 4 巷 1 号
邮编 523932
电话 0769－85169458
产品 防伪无碳发票纸

东莞建晖纸业有限公司
广东省东莞市中堂镇潢涌村
邮编 523221
电话 0769－88888363
产品 涂布白纸板

东莞市龙腾纸业有限公司
广东省东莞市麻涌镇麻四村
邮编 523147
电话 0769－88826898
产品 灰底白纸板、牛卡纸、瓦楞原纸

玖龙纸业（控股）有限公司
广东省东莞市麻涌镇新沙港工业区

邮编 523147
电话 0769－88234888
传真 0769－88824198
网址 www. ndpaper. com
产品 牛卡纸、包装用纸

东莞海龙纸业有限公司
广东省东莞市麻涌镇新沙港工业区
邮编 523147
电话 0769－88234888
产品 牛卡纸、白卡纸、包装用纸

东莞双洲纸业有限公司
广东省东莞市中堂镇吴家涌第二工业区
邮编 523227
电话 0769－88182618
产品 瓦楞原纸、挂面纸

东莞市永安造纸有限公司
广东省东莞市望牛墩镇上合村
邮编 523196
电话 0769－88855308
产品 瓦楞原纸

东莞骏成纸业有限公司
广东省东莞市凤岗镇天堂围村
邮编 523686
电话 0769－87505300
产品 瓦楞原纸、纸板

东莞市高步强安造纸厂
广东省东莞市高步镇保安围
邮编 523267
电话 0769－88879388
产品 箱纸板

东莞市潢涌金洲纸业有限公司
广东省东莞市中堂镇潢涌金洲纸业有限公司
邮编 523221
电话 0769－88181288
传真 0769－88181277
产品 高强瓦楞原纸

东莞市潢涌造纸二厂
广东省东莞市中堂镇潢涌管理区
邮编 523221
电话 0769－88882747
传真 0769－88880126
产品 牛皮箱纸板、白纸板、瓦楞原纸

东莞市华兴纸业实业有限公司
广东省东莞市万江区窖联工业区
邮编 523046
电话 0769－22180322、22180399
传真 0769－22275919、22180366
网址 www. huaxing- dg. com
产品 卫生纸、挂面纸、妇幼用品、蜂窝纸板

东莞市南洲造纸厂
广东省东莞市麻涌镇
邮编 523136
电话 0769－88825682、88688219、88222918
传真 0769－88827399
产品 瓦楞原纸、箱纸板

东莞市宝力造纸厂
广东省东莞市洪梅镇梅沙工业大道
邮编 523160
电话 0769－88843278
产品 双灰纸板

东莞市深联造纸有限公司
广东省东莞市中堂镇槎滘新沙工业区
邮编 523231
电话 0769－88815138、88818418
产品 瓦楞原纸

东莞市瑞华纸制品有限公司
广东省东莞市道滘镇蔡白第二工业区蔡白村
邮编 523170
电话 0769－88337689
产品 瓦楞原纸

东莞市石龙联兴实业有限公司
广东省东莞市石龙镇西湖区江南中路 98 号
邮编 523325
电话 0769－86110186
传真 0769－86114793
产品 纸袋纸、牛皮卡纸

东莞市万江宝建纸业有限公司
广东省东莞市万江简沙洲管理区
邮编 523062
电话 0769－22270703
传真 0769－22189689
产品 卫生纸

东莞市祥兴纸业有限公司
广东省东莞市中堂镇袁家涌北潢公路

邮编 523223
电话 0769－88815238
传真 0769－88816788
产品 瓦楞原纸、箱纸板、挂面纸

东莞市兴隆造纸厂
广东省东莞市道滘镇北丫工业区
邮编 523187
电话 0769－88835233、88381063
产品 瓦楞原纸

东莞市银丰纸业有限公司
广东省东莞市东城区鱼尾工业区
邮编 523120
电话 0769－22297441
传真 0769－22486787
产品 白纸板、双胶纸、铜版纸

东莞市永安造纸厂
广东省东莞市望牛墩镇上合管理区
邮编 523196
电话 0769－88855618、88855308
传真 0769－88855389
产品 挂面纸板、芯纸

东莞市再丰造纸厂
广东省东莞市中堂镇袁家涌区新湾村
邮编 523220
电话 0769－88811027、88116573
传真 0769－88819376
产品 瓦楞原纸、挂面纸

东莞市湛翠造纸厂
广东省东莞市中堂镇湛翠
邮编 523225
电话 0769－88881892
产品 瓦楞原纸

东莞市中联造纸厂
广东省东莞市中堂镇
邮编 523220
电话 0769－88811027、88116573
传真 0769－88811705
产品 瓦楞原纸

东莞市中堂特种纸制造厂
广东省东莞市中堂镇三冲工业区
邮编 523220
电话 0769－88817422
传真 0769－88817980
产品 普通白纸板、白挂面箱纸板

东莞市中堂协成造纸厂
广东省东莞市中堂镇吴家涌
邮编 523243
电话 0769－88890848
传真 0769－88813599
产品 包装用纸

东莞市金田纸业有限公司
广东东莞市万江区大汾工业区
邮编 523047
电话 0769－22280688
传真 0769－22772255
网址 www.jintianpaper.com
产品 灰纸板

东莞市纸典纸业有限公司
广东省东莞市东城区牛山涡岭工业园
邮编 511700
电话 0769－22294662
传真 0769－23070601
产品 高级充皮纸、珠光纸、染色纸

清远市

森叶（清新）纸业有限公司
广东省清新县太和镇工业区东园村
邮编 511800
电话 0763－5383678
产品 高强瓦楞原纸

中山市

永丰余纸业（中山）有限公司
广东省中山市火炬开发区
邮编 528436
电话 0760－85335366
产品 瓦楞纸板、纸箱

中山瑞德卫生纸品有限公司
广东省中山市沙朗第三工业区西区
邮编 528411
电话 0760－88559866
产品 纸尿片裤、纸品

中山市中侨纸业有限公司
广东省中山市东区东苑路 62 号
邮编 528403
电话 0760－88286098
传真 0760－88286089
网址 www. zhongqiao. net
产品 各类复合金银卡纸、紫外光防伪卡纸、珠光卡纸、玻璃卡纸

中顺纸业集团有限公司
广东省中山市西区高科技开发区
邮编 528411
电话 0760－88553333、88553008
传真 0760－88553006
产品 生活用纸

广东中山联合鸿兴造纸有限公司
广东省中山市 105 国道中山三桥西侧
邮编 528400
电话 0760－87796524、87395633
传真 0760－87796222
产品 瓦楞原纸、箱纸板

揭阳市

广东揭阳洁新纸业有限公司
广东省揭东县新亨埔东工业区
邮编 515500
电话 0663－3434888
传真 0663－3434999
产品 生活用纸、造纸机械

揭阳市信达纸业有限公司
广东省揭阳市榕城区渔湖镇
邮编 528445
电话 0663－8771738
产品 生活用纸

广西壮族自治区

南宁市

广西南宁凤凰纸业有限公司
广西壮族自治区南宁市星光大道 158 号
邮编 530031
电话 0771－4590229
传真 0771－4516683
网址 www. nppc. cn
产品 木浆、生活用纸、特种纸

南宁美时纸业有限责任公司
广西壮族自治区南宁市江南区亭洪路 48 号
邮编 530031
电话 0771－4924372
产品 印刷纸、未涂布白卡纸

横县良圻造纸厂
(君盈纸业有限公司)
广西壮族自治区横县良圻农场
邮编 530317
传真 0771－7350180、7350941
产品 瓦楞原纸、箱纸板、生活用纸

广西华劲纸业集团南宁纸业分公司
广西壮族自治区南宁市良庆区良庆镇
邮编 530201
电话 0771－4750888
产品 文化用纸、印刷用纸

宾阳县金龙纸浆造纸厂
广西壮族自治区宾阳县新桥镇
邮编 530401
电话 0771－8481116
产品 卫生纸

南宁天然纸业有限公司
广西壮族自治区南宁市华侨投资区工业路 129 号
邮编 530105
电话 0771－6301420
产品 生活用纸

广西永凯糖纸集团有限责任公司
广西壮族自治区南宁市青秀区民族大道 137 号永凯大厦
邮编 530028
电话 0771－5677943
传真 0771－5677943
产品 高档文化用纸、漂白蔗渣浆、脱墨纸浆

柳州市

广西柳江造纸厂
(柳州中竹纸业)
广西壮族自治区柳州市洛埠镇
邮编 545011
电话 0772－2750100、2750120
传真 0772－2750784、2750177

产品 竹浆胶印新闻纸、胶印书刊纸、胶印书写纸、全漂化学竹、木浆板、口杯原纸

广西国发林业造纸有限责任公司
广西壮族自治区鹿寨县雒容镇密源路 2 号
邮编 545616
电话 0772－6510956、6666888
传真 0772－6511006、6510890
网址 www.gxpaper.cn
产品 包装用纸、文化用纸、装饰用纸

桂林市

广西桂林全州纸板厂
广西壮族自治区全州县全州镇城南路 41 号
邮编 541500
电话 0773－4815779
传真 0773－4815779

广西林业荔浦纸业有限公司
广西壮族自治区荔浦县荔城镇玉雷湾
邮编 546600
电话 0773－7233098、7212467
传真 0773－7222397
产品 全木浆牛皮卡纸、牛皮卡纸、仿牛皮卡纸、白面牛卡纸、纸袋纸、牛皮纸、马赛格衬纸、挂面箱纸板、各种特种纸

贺州市

广西贺达纸业有限责任公司
广西壮族自治区贺州市莲塘镇八达路 190 号
邮编 542800
电话 0774－5100133、5100080
传真 0774－5125154
产品 漂白硫酸盐松木浆、桉木浆

广西甲天下纸品包装有限责任公司
广西壮族自治区贺州市中山区西路 32 号
邮编 542600
电话 0774－8973123
产品 铝箔纸复合、水松纸、卷烟盘纸

梧州市

广西岑溪市造纸厂
广西壮族自治区岑溪市岑城镇玉梧路 6 号
邮编 543200
电话 0774－8220272
传真 0774－8230023

防城港市

防城港宏源浆纸有限公司
广西壮族自治区防城港市防城区茅岭工业园区
邮编 538023
电话 0770－3092928
传真 0770－3092918
产品 竹木混合浆纸、文化用纸

钦州市

广西金桂浆纸业有限公司
广西壮族自治区钦州市钦州港金光工业园
邮编 535008
电话 0771－3698888
传真 0771－3696666
网址 www.appjg.com.cn
产品 机械浆、化学浆、纸板

贵港市

广西贵糖（集团）股份有限公司
广西壮族自治区贵港市幸福路 100 号
邮编 537102
电话 0775－4262888
传真 0775－4260088
产品 胶印书刊纸、胶版纸、书写纸、白纸板、瓦楞原纸、卫生纸、甘蔗渣浆

百色市

广西劲达兴纸业有限公司
广西壮族自治区百色市田林县乐里镇新昌片 2 号
邮编 533300
电话 0776－7201316
传真 0776－7201288
网址 www.jingdaxing.com
产品 新闻纸

广西田阳县南华纸业有限公司
广西壮族自治区田阳县田州镇民乐街 106 号
邮编 533600
电话 0776－3236366、3236241
产品 双胶纸、静电复印纸、图画纸、裁衣纸、电脑原纸

来宾市

广西来宾东堂造纸有限公司
广西壮族自治区来宾市西二路 2 号
邮编 546100
电话 0772－4250995
传真 0772－4256177
产品 皱纹卫生纸（平切、卷筒）

海 南 省

海口市

海南金海浆纸业有限公司
海南省洋浦经济开发区 D12 区
邮编 578101
电话 0898－28822288、28821510
传真 0898－28821260
产品 纸浆、文化用纸

重 庆 市

重庆彩色造纸厂
重庆市梁平县云龙镇
邮编 405211
电话 023－53396888
产品 彩色纸、火炮纸

重庆长江纸业有限公司
重庆市合川市盐井镇小坝一社
邮编 401531
电话 023－42702288
产品 瓦楞原纸

重庆飞龙纸业有限公司
重庆市铜梁县蒲莒镇穆莲街 7 号
邮编 402566
电话 023－45488342、45485032
产品 皱纹卫生纸

重庆高峰造纸厂
重庆市垫江县高峰镇
邮编 408328
电话 023－74566988

重庆市超科纸业有限公司
重庆市万州区双河工业园
邮编 404001
电话 023－58830138
产品 无碳复写纸、彩喷纸、复印纸

重庆恒丰纸业有限公司
重庆市梁平县七桥镇盐井口
邮编 405212
电话 023－53512105
产品 文化用纸、瓦楞原纸、黄纸板、箱纸板

重庆龙璋纸业有限公司龙泉分公司
重庆市铜梁县虎峰镇工农街 27 号
邮编 402568
电话 023－45589806
产品 竹浆、文化用纸

重庆虎峰纸制品厂
重庆市铜梁县虎峰镇庙湾村
邮编 402567
电话 023－45511233
产品 瓦楞原纸

重庆简氏纸业包装有限责任公司
重庆市潼南县双江镇金龙寺
邮编 402675
电话 023－44860588、44863306
产品 箱纸板、彩印、纸箱、高强瓦楞原纸

重庆江津造纸厂
重庆市江津市夏坝镇
邮编 402268
电话 023－47681124
产品 生活用纸、油毡原纸、瓦楞原纸

重庆陵江造纸厂
重庆市北碚区蔡家镇陵江村
邮编 400707
电话 023－68277486
产品 瓦楞原纸、茶纸板

重庆邵新造纸厂
重庆市梁平县袁驿镇邵新村
邮编 405218
电话 023－53635151、53635377
产品 瓦楞原纸

重庆盛贸纸业有限公司
重庆市铜梁县安居镇工业园区

邮编 402564
电话 023－45859198
传真 023－45859138
产品 皱纹卫生纸

重庆潼南造纸厂
重庆市潼南县双江镇
邮编 402675
电话 023－44860388
产品 瓦楞原纸、单面白纸板

重庆永川达江纸业有限公司
重庆市永川市海通大道 69 号－1－10
邮编 402160
电话 023－49827888、49827888
传真 023－49806788
产品 生活用纸

重庆永川区渝西纸板厂
重庆市永川市红炉镇
邮编 402194
电话 023－49331215
传真 023－49331215
产品 瓦楞原纸

重庆再生造纸厂
重庆市开县铁桥镇双桥街
邮编 405409
电话 023－52701198
产品 有光纸、包装用纸

重庆治龙纸业有限公司
重庆市铜梁县虎峰镇庙湾村一社
邮编 402567
传真 023－45511268、45511258、45919999
产品 机制纸

重庆兴康纸业有限公司
重庆市巴南区金竹工业园区
邮编 401320
电话 023－66219878
产品 瓦楞原纸、纸箱

四　川　省

成都市

成都岷山纸业有限公司
四川省成都市成华西 22 号
邮编 610081
电话 028－83190471、83182822
传真 028－83195527
产品 文化用纸、印刷纸

成都郫县唐昌纸厂
四川省郫县唐昌镇外北街
邮编 611733
电话 028－87869151
传真 028－87869151
产品 生活用纸

成都市崃山纸业有限公司
四川省邛崃市西郊造纸路 11 号
邮编 611530
电话 028－88791961
传真 028－88791961
产品 石膏板护面纸板

成都天天纸业有限公司
四川省彭州市工业开发区
邮编 611930
电话 028－83806888、83806688
传真 028－83806666
产品 生活用纸

成都印钞有限公司
四川省成都市温江区新建路 60 号
邮编 611130
电话 028－82723590－2078、82755999
传真 028－82755168
产品 特种专用纸张

四川锦丰纸业股份有限公司
四川省成都市温江区成都海峡两岸科技产业开发园
邮编 611137
电话 028－82630751
传真 028－82630174
产品 卷烟纸及卷烟工业配套纸

新旺纸业有限公司
四川省成都市新都区马家镇
邮编 610508
电话 028－83940113
产品 新闻纸

成都宏图纸业有限公司
四川省成都市双流县蛟龙工业港滨江大道三段

邮编 610200
电话 028－85737134
传真 028－85737144
产品 复合双灰纸板、灰底白纸板

自贡市

富顺县安溪纸业有限公司
四川省富顺县安溪镇
邮编 643219
电话 0813－7480335
产品 纸板

泸州市

四川银鸽竹浆纸业有限公司
四川省泸州市纳溪区渠坝乡
邮编 646300
电话 0830－4390666、4390160
传真 0830－4390777
产品 牛皮纸、胶版纸、打字纸、书写纸、信封专用纸

四川合江正隆纸业有限公司
四川省合江县榕山镇长江路 5 号
邮编 646207
电话 0830－5477806
传真 0830－5474776
产品 打字纸、书写纸、胶版纸、包装用纸、牛皮纸

德阳市

纵横纸业有限公司
四川省德阳市八角井镇
邮编 618003
电话 0838－2600016、2600913
传真 0838－2600911
产品 黄纸板、茶纸板

四川友邦企业有限公司
四川省广汉市向阳工业园区
邮编 618300
电话 0838－5400011
传真 0838－5400158
产品 医用卫生材料、敷料、一次性卫生用品

绵阳市

三台三角生活用纸制造有限公司
四川省三台县潼川镇南河路 48 号
邮编 621100
电话 0816－5229928
传真 0816－5221277
产品 生活用纸

乐山市

乐山佳印纸业有限责任公司
四川省乐山市长清路 1458 号
邮编 614000
电话 0833－2497332
传真 0833－2497329
产品 无碳纸、票据印刷纸、打印纸

四川省夹江万安纸业有限责任公司
四川省乐山市夹江县甘江镇
邮编 614102
电话 0833－5771666
传真 0833－5772366
产品 中、高档生活用纸

四川省犍为凤生纸业有限责任公司
四川省犍为县城北凤凰山
邮编 614400
电话 0833－4251386
传真 0833－4254579
产品 白色及彩色打字纸

四川永丰纸业股份有限公司
四川省沐川县永福镇
邮编 614500
电话 0833－4651066
传真 0833－4651066
网址 www. yfzy. com
产品 打字纸、双面胶版印刷纸、静电复印原纸、静电复印纸

宜宾市

宜宾市屏山龙华造纸厂
四川省屏山县龙华镇

邮编 645354
电话 0831－5760278、5760858
产品 竹浆牛皮纸、包装用纸

江安底蓬造纸厂
四川省江安县底蓬镇
邮编 644200
电话 0831－2550028、2550193（销售）
产品 竹浆牛皮包装用纸

四川长宁县竹海特种纤维原料科技有限公司
四川省长宁县纸业路 169 号
邮编 644300
电话 0831－4690996、4690165
传真 0831－4690588
产品 牛皮纸、双胶纸

广安市

广安市拓世纸业有限公司
（安琪日用品有限公司）
四川省广安市观塘镇三台梨子滩
邮编 638016
电话 0826－2731093
传真 0826－2731093
产品 生活用纸

眉山市

四川宏日集团裕通纸业公司
四川省眉山市白龙北路 2 号
邮编 614200
电话 0833－5524540
产品 不锈钢板衬纸、防锈原纸

四川眉山丰华纸业有限公司
四川省眉山市东坡区
邮编 620030
电话 0833－8010068、13808166303
传真 0833－8010182
产品 复印纸

洪雅县星星造纸厂
四川省洪雅县洪川镇封河坝
邮编 612360
电话 0833－7490156
传真 0833－7490156
产品 文化用纸、卫生巾、餐巾纸

四川省西龙纸业有限公司
四川省青神县西龙镇
邮编 620460
电话 0833－8940033
传真 0833－8940078
产品 书写纸、静电复印纸、双胶纸

雅安市

金安浆业有限公司
四川省雅安市雨城区姚桥镇
邮编 625000
电话 0835－2850858、2850801
传真 0835－2850801
产品 漂白硫酸盐竹浆、胶版印刷纸

巴中市

平昌县再生纸业有限责任公司
四川省平昌县江口镇
邮编 635400
电话 0827－6297055
产品 文化用纸、纸板

凉山彝族自治州

德昌小高造纸厂
四川省德昌县
邮编 615504
电话 0834－5145018
传真 0834－5145018、5145050
产品 纸板

贵 州 省

贵阳市

贵阳金康包装有限公司
贵州省贵阳市高新区金关村金伍路 126 号
邮编 550028
电话 0851－4766602
产品 高强瓦楞纸板、纸箱

六盘水市

水城华夏造纸厂
贵州省水城县人民东路

邮编 553000
产品 卫生纸

遵义市

凤冈县天河纸业股份合作公司
贵州省凤冈县解放路
邮编 562400
电话 0852－5222597
产品 卫生纸

贵州赤天化纸业有限公司
贵州省赤水市金华理泰路 1 号
邮编 564707
电话 0852－2879721、2879800
传真 0852－2879729
邮箱 chthzy@vip.163.com
产品 全竹浆 TCF 浆板

黔东南苗族侗族自治州

凯里市凯晨纸板有限公司
贵州省凯里市鸭塘
邮编 556018
电话 0855－8311317、8312390
产品 箱纸板

黔南布依族苗族自治州

贵州省都匀顺发纸业有限责任公司
贵州省都匀市环东北路 81 号
邮编 558000
电话 0854－8224598、8540307
传真 0854－8235606、8540305
产品 纸袋纸

贵定卷烟厂劳司造纸厂
贵州省贵定县城关
邮编 551300
电话 0854－5228315
产品 水松纸、铝箔纸

云 南 省

昆明市

昆明爱华卫生制品有限责任公司
云南省昆明市二环西路 449 号
邮编 650101
电话 0871－8310051
传真 0871－8320196
产品 生活用纸、卷纸、餐巾纸、面巾纸、盒抽纸、纸杯纸

云南科海电子有限公司
云南省昆明市环城东路 130 号
邮编 650051
电话 0871－3385999
传真 0871－3312778
产品 打印纸、复印纸

曲靖市

云南陆良银河纸业有限公司
云南省陆良县西桥工业区
邮编 655600
电话 0874－6869046
传真 0874－6869091
产品 胶印书刊纸、铝箔衬纸、水松原纸、成型纸

玉溪市

玉溪市第一造纸厂
云南省玉溪市东风水库
邮编 653100
电话 0877－2050233
产品 箱纸板、瓦楞原纸

玉溪市高仓造纸有限公司
云南省玉溪市高仓镇
邮编 653100
电话 0877－2076532
产品 白纸板、灰底白纸板

玉溪市水松纸厂
云南省玉溪市大营街
邮编 653103
电话 0877－2771528
产品 凹印水松纸

云南江川翠峰纸业有限公司
云南省玉溪市江川县江城镇翠峰
邮编 652601
电话 0877－8095268
传真 0877－8095268
产品 卫生纸、餐巾纸、生活用纸

云南新平南恩糖纸有限责任公司
云南省玉溪市新平彝族傣族自治县
邮编 653405
电话 高健 13988490777
传真 0877－7391061
产品 卫生纸、单胶纸、书写纸、打字纸

普洱市

云南云景林纸股份有限公司
云南省普洱市景谷县
邮编 666400
电话 0879－5410198、5410634、5410228
传真 0879－5410193、5410223
产品 针叶木浆

临沧市

临沧林纸（集团）有限责任公司
云南省临沧市
邮编 677011
产品 高强瓦楞原纸、箱纸板、纸袋纸

云南酷悦纸业有限公司
云南省临沧市临翔区
邮编 677011
电话 0883－2149688
传真 0833－2141897
产品 浆板

临沧市晶莹纸业有限公司
云南省临沧市双江拉祜族佤族布朗族傣族自治县勐勐镇
邮编 677300
电话 0883－7641916、7641888、7641578
传真 0883－7641569
产品 竹浆板、生活用纸

红河哈尼族彝族自治州

个旧市凌霖造纸厂
云南省个旧市乍甸水龙井
邮编 661409
电话 0873－2671099、2671028
传真 0873－2671095
产品 瓦楞原纸

开远泸江纸业有限责任公司
云南省开远市乐百道
邮编 661600
电话 0873－7223348
产品 卫生纸、瓦楞原纸、箱纸板

开远市明威有限公司
云南省开远市中寨
邮编 661600
电话 0873－7171169、7171158、7171218
产品 双胶纸、书写纸、打字纸

云南红塔蓝鹰纸业有限公司
云南省建水县南营寨
邮编 654300
电话 0873－7652341
传真 0873－7652061
产品 卷烟纸、水松纸、滤嘴成型纸

陕 西 省

西安市

陕西中港铜版纸有限公司
陕西省西安市灞桥镇东街 15 号
邮编 710024
电话 029－83610216
传真 029－83610216
产品 铜版纸

西安精美纸业有限公司
陕西省西安市户县北环中路 1 号
邮编 710300
电话 029－84812049、84812088
传真 029－84813844、84812039
产品 新闻纸、双面胶版纸

西安市蔡伦造纸厂
陕西省西安市三桥镇北西宝高速公路口北
邮编 710086
电话 029－84517518、84518071
传真 029－84519897
产品 高强瓦楞原纸、箱纸板、白纸板、茶纸板、牛皮纸、牛皮挂面纸

宝鸡市

陕西省兴翔纸业有限责任公司
陕西省凤翔县城东
邮编 721400
电话 0917－7251114

传真 0917－7251173
产品 高强瓦楞原纸、箱纸板

陕西盛龙纸业有限责任公司
陕西省岐山县蔡家坡经济技术开发区西宝路龚刘工业园区
邮编 722405
电话 0917－8580189、8580821
传真 0917－8580884
产品 牛皮箱纸板、瓦楞原纸、牛皮纸、淋膜纸、水果套袋纸、彩色封面纸、纱管纸、高强瓦楞原纸

陕西法门寺纸业有限责任公司
（陕西扶风造纸厂）
陕西省扶风县城东关
邮编 722207
电话 0917－5211493、5211148
产品 印刷纸、书写纸、有光纸、卫生纸

眉县车站造纸厂
陕西省眉县火车站道南 6 号
邮编 722301
电话 0917－5666368
产品 水松原纸、卫生纸

渭南市

陕西大荔安盛纸业有限公司
陕西省大荔县许庄镇
邮编 715105
电话 0913－3649292
传真 0913－3649525
产品 高强瓦楞原纸、棉秆制浆造纸技术

甘 肃 省

兰州市

甘肃省甘草水泥集团兰州造纸厂
甘肃省兰州市东岗镇雁儿湾
邮编 730020
电话 0931－8491189、8699189、8697523
产品 瓦楞纸板、涂布纸板

兰州丽华纸业有限责任公司
甘肃省兰州市西固区光明街 135 号
邮编 730060
电话 0931－7532582
产品 生活用纸

兰州立祥纸业有限公司
甘肃省兰州市安宁区大青沟孔家崖
邮编 730500
电话 0931－7767258
产品 瓦楞原纸、箱纸板

天水市

天水东方纸业有限公司
甘肃省天水市麦积区渭南镇南河川缑家庄 168 号
邮编 741027
电话 0938－2821318
传真 0938－2821318
产品 箱纸板、高强瓦楞原纸

武威市

甘肃古浪惠思捷纸业有限公司
甘肃省古浪县泗水镇北街 1 号
邮编 733101
电话 0935－5167339
传真 0935－5167339
产品 生活用纸

张掖市

张掖市光宇纸业有限公司
甘肃省张掖市张火公路 3 公里
邮编 734000
电话 0936－5983774
产品 书写纸、草浆

张掖市明阳纸业有限公司
甘肃省张掖市东北郊工业园区
邮编 734000
电话 0936－8432898
产品 书写纸、卫生纸

张掖市纸业集团有限责任公司
甘肃省张掖市张掖路五星墩
邮编 734027
电话 0936－8280800
传真 0936－8280939
产品 箱纸板、瓦楞原纸

平凉市

平凉市宝马纸业有限公司
甘肃省平凉市四十里铺镇

邮编 744024
电话 0933－8410019
传真 0933－8410019
产品 卫生纸

平凉市峡门造纸厂
甘肃省平凉市峡门乡北坡村
邮编 744022
电话 0933－8570035
传真 0933－8570035
产品 卫生纸

酒泉市

甘肃酒泉银星纸业有限责任公司
甘肃省酒泉市肃州区雄关路 11 号
邮编 735000
电话 0937－2601137、2613385
产品 书写纸、胶版印刷纸、打字纸、无碳复写原纸、静电复印纸、生活用纸

定西市

临洮家瑞纸业有限公司
甘肃省临洮县洮阳镇北关开发区
邮编 730500
电话 0932－2243510
产品 生活用纸

青 海 省

西宁市

青海省造纸厂
青海省西宁市傅家寨 1 号
邮编 810015
电话 0971－8238142
产品 瓦楞纸、凸版印刷纸

宁夏回族自治区

银川市

宁夏金丰源实业有限责任公司
宁夏回族自治区永宁县红星桥北侧
邮编 750100
电话 0951－8018555
传真 0951－8011578
产品 面巾纸、卫生纸

宁夏紫荆花纸业有限公司
宁夏回族自治区永宁县红星桥南
邮编 750100
电话 0951－8014871、8011888、8017666
传真 0951－8014871、8013808
网址 www.zijinhua.com.cn
产品 面巾纸、餐巾纸、卫生纸

宁夏美洁纸业股份有限公司
宁夏回族自治区贺兰县东街
邮编 750200
电话 0951－8061280、8061280
传真 0951－8061553
产品 各种中高档面巾纸、餐巾纸、卫生纸

石嘴山市

宁夏沙湖纸业（集团）有限公司
宁夏回族自治区平罗县太西镇
邮编 753401
电话 0952－6691402、6682112、6691409
传真 0952－6691401
产品 面巾纸、卫生纸、箱纸板

宁夏伊斯兰地质造纸厂
宁夏回族自治区平罗县太西镇
邮编 753401
电话 0952－6681178、6691758
传真 0952－6681178
产品 高强瓦楞原纸

吴忠市

宁夏昊盛纸业有限公司
宁夏回族自治区吴忠市侯家湾
邮编 751102
电话 0953－2661111、2661726、2662188
传真 0953－2661726
产品 书写纸、印刷纸、生活用纸

宁夏宇华纸业有限公司
宁夏回族自治区吴忠市机械工业园
邮编 751101
电话 0953－2691124
传真 0953－2691124
产品 印刷纸、书写纸、生活用纸

吴忠市马兰花纸业有限公司
宁夏回族自治区吴忠市金积工业园区

邮编 751100
电话 0953－2231396
传真 0953－2231976
产品 箱纸板、生活用纸

宁夏金昱元峡光纸业有限公司
宁夏回族自治区青铜峡市青铜峡镇
邮编 751601
电话 0953－3011443、3012005
传真 0953－3012061
产品 牛皮箱纸板、书写纸、印刷纸、生活用纸

中卫市

中冶美利纸业股份有限公司
宁夏回族自治区中卫市柔远地区
邮编 755000
电话 0955－7679218
传真 0955－7679216
网址 www.china-meili.com
产品 书写纸、印刷文化用纸、工业包装用纸

中冶美利浆纸有限公司
宁夏回族自治区中卫市美利造纸工业园区
邮编 755000
电话 0955－3986558
传真 0955－3986560
网址 www.mccml.com
产品 食品级涂布白卡纸、烟包专用白卡纸、纸杯原纸

新疆维吾尔自治区

乌鲁木齐市

新疆红柳纸业有限公司
（原乌鲁木齐市红柳生活用纸厂）
新疆维吾尔自治区乌鲁木齐市七道湾西街
邮编 830028
电话 0991－4694911、4695228
产品 生活用纸

新疆南湖纸业有限公司
新疆维吾尔自治区乌鲁木齐市七道湾路 59 号
邮编 830028
电话 0991－4692183、4625057、4641257
传真 0991－4641521
产品 箱纸板、瓦楞原纸、生活用纸

昌吉回族自治州

新疆沙驼股份有限公司
新疆维吾尔自治区米泉市稻香北路 204 号
邮编 831400
电话 0994－3379097、3379060
传真 0994－5229060
产品 箱纸板、瓦楞原纸、纸箱、胶印纸箱

喀什地区

新疆喀什市纸箱包装厂
新疆维吾尔自治区喀什市克孜都维路 470 号
邮编 844000
电话 0998－2523766
产品 箱纸板、瓦楞原纸、纸箱

石河子市

新疆十户滩纸板纸箱厂
新疆维吾尔自治区石河子 147 团
邮编 832045
电话 0993－5360056
产品 包装纸板、生活用纸

国内造纸机械及其他相关产业企业名录

Name List of Domestic Papermaking Machinery Companies and Other Related Companies

北　京　市

ABB（中国）有限公司
ABB 制浆造纸部
北京市朝阳区酒仙桥路 10 号恒通广厦 B7－3
邮编 100016
电话 010－84566688
传真 010－84567626
产品 电力、自动化技术

FAG 中国有限公司北京代表处
北京市朝阳区建外大街 22 号赛特大厦 711 室
邮编 100004
电话 010－65123621、65150288
传真 010－65123433
网址 www.fag.com
产品 工业轴承

NDC 红外技术公司
北京市海淀区西直门北大街 60 号首钢国际大厦 1810 室
邮编 100088
电话 010－59935830
传真 010－59935831
网址 www.ndcinfrared.com.cn
产品 纸张水分定量检测及控制

奥地利 GAW 集团
总代理捷汉造纸设备有限公司
北京电话 010－65181188
传真 010－65182066
香港电话 00852－29238750
传真 00852－28822017
广州电话 020－87322616
传真 020－87322620
产品 造纸机械配套设备

瑞士 BMB 公司
北京市建国门内大街 18 号恒基中心 2 座 10 层
电话 010－85198688
产品 造纸机械

加德士工业润滑油
北京市朝阳区建国门外大街 1 号国贸大厦 2 座 1212 室
电话 010－58669933
传真 010－58669938
产品 润滑油

斯普瑞喷雾系统有限公司北京办事处
北京市朝阳区建国路 71 号惠通时代广场 B2 西侧
邮编 100025
电话 010－68562800、68561180
传真 010－68561036
网址 www.cn.spray.com
产品 喷嘴

北京和利时系统工程股份有限公司
北京市海淀区西三旗建材城中路 10 号
邮编 100096
电话 010－82922200、58981000
传真 010－58981100
网址 www.hollysys.com
产品 制浆造纸自动化

北京恒捷科技有限公司
北京市立水桥北北方明珠大厦 1520－1522 号
邮编 102218
电话 010－58607441、58607442
传真 010－58607440
产品 轻、重质除渣器，废纸制浆生产线的工艺设计，设备配套，技术咨询，安装调试等工程项目，废纸制浆工厂的流水处理工程，流浆箱孔板的设计和制造，除渣器备品配件

北京华伦纸业有限公司
北京市朝阳区王四营百子湾火车站
邮编 100023
电话 010－67379442
传真 010－67383602
产品 胶版纸、书写纸、轻型纸及纸浆

北京汇森纸制品有限公司
北京市丰台区分钟寺倪庄二分公司院内
邮编 100078
电话 010－87692442
传真 010－87696390
产品 日本纪州纸、牛皮纸、黑卡纸、彩狐色花纹纸、彩狐珠花纸、牛皮纸

北京杰众国际贸易有限公司
北京市朝阳区霄云路 66 号 A 座 1802 室
邮编 100027
电话 010－84466016、84466017
传真 010－84466018
经营 进口木浆、国产苇浆、书写纸、胶版纸

北京捷恩纸张销售中心
北京市昌平区七里渠南村工业园 8 号
邮编 102206
电话 13901394543
传真 010－51646727
产品 高、中、低档各种规格的胶版纸，铜版纸

北京京华丰纸制品厂
北京市海淀区中关村永丰高新技术产业园南街 2 号
邮编 100094
电话 010－62473496
产品 加工纸制品

北京利乐包装有限公司
北京市亦庄经济技术开发区东环南路 15 号
邮编 100178
电话 010－67887117
产品 复合液体包装材料

中国建材轻工机械集团公司
北京西城区西黄城根南街 33 号
邮编 100032
电话 66075588

中国轻工机械协会
北京市西城区东斜街 14 号
邮编 100032
电话 010－66039347

北京市腾飞筛板制品厂
北京市大兴县黄村韩园子村
邮编 102609
电话 010－61258593
传真 010－61258724
产品 筛板制品

北京文满原纸业有限责任公司
北京市永定门外沙子口革新南路 2 号
邮编 100077
电话 010－67229598、67224105
业务 厂家代理

北京伟伯康科技发展有限公司
北京市农林科学院（海淀区板井）
邮编 100089
电话 010－51503883
传真 010－51503796
产品 montalvo 张力控制器

北京协力旁普包装制品有限公司
北京市大兴区旧宫
邮编 100076
电话 010－87962699
传真 010－87962476
产品 纸浆模塑工业包装、餐具

北京造纸包装工业公司
北京市西城区西四北八条 9 号
邮编 100034
电话 010－66518476、66519131

德国冯·诺顿西工程技术有限公司
北京市朝阳区北土城西路 7 号国恒基业大厦 A 座 1102
邮编 100029
电话 010－82275609
传真 010－82275350
产品 废水处理设备

德国福来司拿公司
北京市朝阳区燕莎中心写字楼 C310A
邮编 100125
电话 010－64651040
传真 010－64651042
网址 www. fleissner. de
产品 造纸用高性能烘干机、烘缸

芬兰安德里茨北京代表处
北京市朝阳区光华路 7 号汉威大厦西区 18 层
邮编 100004
电话 010－85262720
传真 010－65006413
产品 制浆设备

国家林业局林产工业规划设计院
北京市东城区朝内大街 130 号
邮编 100010
电话 010－85128088
传真 010－85128008
网址 www. cfecc. com

霍尼韦尔（中国）有限公司
北京市朝阳区霄云路 26 号鹏润大厦 17 层 B 区
邮编 100016
电话 010－84583280
传真 010－84584633
网址 www. honeyneups. com. cn
产品 自动化控制系统、传感器与控制元件

加拿大嘉福企业国际股份有限公司
北京市丰台区芳群园 4 区 22 号金城中心 701/702 室
邮编 100078
电话 010－67627985
传真 010－67621986、67629093
产品 纸浆、废纸

伊顿工业过滤（上海）有限公司
美国多福资源公司北京代表处
北京市朝阳区建外大街甲 6 号 SK 大厦 A1101 室
邮编 100022
电话 010－84584846
传真 010－84580377
产品 水处理、表面处理

美国凯登百利可乐生公司（KBC）
北京市朝阳区东三环北路中青大厦 1809 室
邮编 100020
电话 010－65813011
传真 010－65812268
产品 制浆造纸设备、废纸处理

美卓造纸机械（中国）有限公司北京分公司
美卓自动化公司北京分公司
北京市朝阳区建国路乙 118 号京汇大厦 19 层
邮编 100022
电话 010－65666600
传真 010－65662567
产品 造纸机械

中国国际工程咨询公司
北京市海淀区车公庄西路 32 号
邮编 100044
电话 010－68415511
传真 010－68417301

中国国旅贸易有限公司
北京市朝阳区永安东里通用国际中心 A 座 19 层
邮编 100022
电话 010－58793322
传真 010－58793093
产品 SC、LWC、铜版纸、双胶纸、白卡纸、牛皮卡纸

中国技术进出口总公司
北京西三环中路 90 号通用技术大厦 16－22 层
邮编 100055
电话 010－63349195
传真 010－63373713
网址 www. cntic. com. cn
业务 引进大型制浆和纸机成套设备、造纸设备制造技术

中国轻工建设工程总公司
北京市丰台区洋桥北里 6 号
邮编 100077
电话 010－67247895
传真 010－67247882
网址 www. clcc. com. cn
业务 工程咨询、总承包、监理

中国制浆造纸研究院
北京市东城区南水关甲 7 号华威国际公寓
邮编 100061
电话 010－65877000
传真 010－65815677
网址 www. cuppri. com
业务 造纸工业标准化、质量监督检验、信息服务等行业技术管理工作

中国纸张纸浆进出口公司
北京市朝阳区劲松九区 910 号
邮编 100021
电话 010－67780346
传真 010－67747294
业务 纸浆、纸张的进出口

中国中轻国际工程有限公司
北京市朝阳区白家庄东里 42 号
邮编 100026
电话 010－65826121、65826125、65826118、65826358
传真 010－65823590
网址 www. bcel-cn. com
业务 工程设计、咨询、总承包

中招国际招标有限公司
北京市海淀区皂君庙 14 号院 9 号楼
邮编 100081
电话 010－62108062
传真 010－62108218
业务 代理招标、政府采购

北京高中压阀门有限责任公司
北京市东城区东直门外大街 40 号楼
邮编 100027
电话 010－69260852
传真 010－69223484
网址 www. gzyfm. com
产品 阀门

德国依博罗阀门有限公司
北京电话 010－67892031
传真 010－67892035
上海电话 021－62350357
传真 021－62350921
成都电话 028－86203908
传真 028－86203907
产品 阀门

北京疏水阀门厂
北京市房山区阎村镇炒米店村 2 街 132 号
邮编 102488
电话 010－83696105、83696106、83696107、59795589、83696108、68181796、68244621
传真 010－83696108、89313168、89313169
网址 www. waterdvalve. com
产品 阀门

Voith 造纸中国代表处，北京
北京市朝阳区朝阳门外大街乙 12 号天辰大厦 901 室
邮编 100020
电话 010－65511970、65511971
传真 010－65511836
网址 www. voithpaper. com
产品 造纸机械

英国欧陆传动系统有限公司北京代表处
北京市朝阳区劲松三区甲 302 号华腾大厦 1603 室
邮编 100021
电话 010－87785520
网址 www. ssddrives. com
产品 异步电机、伺服电机、变频器、传动控制

中国包装进出口总公司
北京市朝阳区东三环北路 3 号幸福大厦 B 座
邮编 100027
电话 010－64616359、59798192
传真 010－64611080

丹佛斯（天津）有限公司北京办事处
北京市朝阳区光华路甲 8 号和乔大厦 C 座 301 室
邮编 100026
电话 010－65814800
传真 010－65814825
网址 www. danfoss. com/China
产品 变频器

北京佳朋方圆科贸公司
北京市朝阳区安外小关东里润宇大厦 510 室
邮编 100029
电话 010－64969577
产品 纸浆纤维宽度测定仪、纸浆纤维长度测定仪

北京安岛筛分设备制造有限公司
固安县腾飞福利筛板厂
北京市大兴区黄村镇滨河坊 3 号楼 3 单元 101 室
北京大兴区安定镇交通部北远科学研究所院内（工厂地址）
邮编 102600
电话 010－69241559
传真 010－69258602
网址 www. tfscreen. com
产品 筛筐、筛板

北京兴普森商贸有限公司
北京市丰台区莱户营西街 235 号
邮编 100073
电话 010－63363371、13901224404
传真 010－63367723
经营 牛皮纸、白牛皮纸、黄牛皮纸

美国纸源有限公司北京办事处
北京市海淀区花园东路 30 号 5024 室
邮编 100083
电话 010－62360817
传真 010－62365579
产品 不干胶纸、硅油纸、涂塑原纸、铜版纸、轻涂纸、胶版纸

北京嘉阳创业经贸有限公司
北京市东城区建国门内大街 18 号恒基中心 1 座 607 室
邮编 100005
电话 010－65188787－555、13910899105（黄女士）、010－65188787－111、13601277943（魏先生）
产品 本色浆、本色湿浆、漂白竹桉浆

北京汇达通商国际贸易有限公司
北京市朝阳区朝外大街昆泰国际中心 812A
电话 010－58790455、58790466
传真 010－58790477
经营 亚光铜版纸、纸杯原纸、相纸、箱纸板、文化用纸

深圳市联欧贸易发展有限公司北京分部
北京市东城区朝内大街 188 号鸿岳国际商务大厦 B402
邮编 100010
电话 010－65171131
传真 010－65171141
网址 www. euro- me. com
经营 造纸机

天 津 市

天津晟成环境技术发展有限公司津华环保节能设备厂
天津市北辰区郭辛庄工业区
邮编 300130
电话 022－26686809
传真 022－26686809
经营 中小型草浆碱回收技术

斯普瑞喷雾系统有限公司天津办事处
天津市和平区南京路 129 号世贸广场 B－1303 室
邮编 300051
电话 022－27126918
传真 27126928
产品 喷嘴

天津环球高新造纸网业有限公司
天津市西青区杨庄子大堤外玉门路
邮编 300112
电话 022－27795246
传真 022－27796246
产品 造纸用聚酯网、聚酯干网、螺旋干网

天津市第一轻工机械厂
天津市南开区长江道怀安环路 11 号
邮编 300193
电话 022－27380290、27380260
产品 长网、圆网造纸机，烘缸，辊胎及其他配件

天津市华星工业用呢新技术开发有限公司
天津市南开区玉泉路岳湖道 18 号
邮编 300193
电话 022－27372507
传真 022－27372507、27495045
网址 www.tjgynch.com.cn
产品 造纸用呢、工业用呢

天津市轻工业机械厂
天津市西青区西青道杨柳青
邮编 300380
电话 022－27392930
传真 022－27390401
产品 制浆设备、碱回收设备

天津市轻工业设计院
天津市南开区长江道 179 号
邮编 300193
电话 022－27380422
传真 022－27380423

天津市轻工业造纸技术研究所
天津市河西区大沽南路 1069 号
邮编 300222
电话 022－28164741
传真 022－28162543
产品 特种纸、过滤纸、造纸助剂、涂布印刷纸

威宁（天津）国际贸易有限公司
天津市北辰区津围公路小淀刘安庄工业区
邮编 300402
电话 022－26997137
传真 022－26997093
经营 硅油纸、不干胶、美纹纸、过滤纸、彩喷纸、照相纸、热敏纸、白卡纸、无尘纸

天津市禹晖科技有限公司
天津市南开区海光寺金厦新都花园 2－3－401
邮编 300073
电话 022－27373367、13602056518、13803099218
传真 022－27373367
产品 气浮器

天津中包进出口有限责任公司
天津市河西区宾水道 9 号
邮编 300061
电话 022－28371658、28371659
传真 022－28371678
网址 www.ticpack.com
经营 白纸板、进口白纸板、进口牛皮卡纸、进口胶版纸

天津力天世纪国际贸易有限公司
天津市河西区大沽南路 501 号恒华大厦 1－1505
邮编 300202
电话 022－58196268、8071809、15902240996
传真 022－58196298
经营 箱纸板、PP 膜卡纸、无碳复写原纸、涂层胶版纸、OCR 纸、布纹铜、玻璃铜版卡纸、白卡纸、防湿纸

天津中海商贸有限公司
天津市南开区黄河道 467 号
邮编 300110
电话 022－27419209、13302022371
经营 淋膜纸、PE 相纸、照相原纸、胶版纸、轻涂纸、铜版纸、牛皮纸、彩喷纸、高光相纸、硅油纸、墙壁原纸、无碳纸

天津市三巨纸业发展有限公司
天津市和平区成都道 116 号
邮编 300051
电话 022－23145094
传真 022－23120761
产品 双胶纸

天津市俄林浆纸商贸有限公司
天津市北辰区万科新城
邮编 300402
电话 022－26300100
传真 022－26300100
经营 废纸、卫生纸切边、桉木浆、漂白针叶木浆、竹浆、本色浆、硬杂木

丰田产业车辆有限公司天津事务所
天津和平区南京路 189 号津会大厦 1 座 29 层 2904 室
电话 022－83191805、83191806
传真 022－83191807
网址 www.toyota-forklift.cn
产品 叉车属具

天津弗西比纸业有限公司
天津市津南区八里台工业园区南区禄纬道 1 号
邮编 300353
电话 江　连 022－88814822、13602058861
　　 薛奎章 022－88814821、13132205761
　　 王恩普 022－88814823、13820600897
　　 王金岳 022－88814827、13820600891
产品 废纸、空白报纸、白卡纸、卫生纸、牛卡纸

丹佛斯（天津）有限公司
天津市武清开发区 5 号路
邮编 301700
电话 022－82126400
传真 022－82126407
网址 www.danfoss.com/China
产品 变频器

河　北　省

石家庄市

福利造纸毛毯厂
河北省石家庄市晋州市马于镇吕家庄
邮编 052260
电话 0311－84359142
产品 造纸毛毯

唐山市

唐山天兴环保机械有限公司
河北省唐山市北立交桥北口西街
邮编 064012
电话 0315－3178321
传真 0315－3178322
产品 CQF 气浮系统

唐山市热力强盛工贸有限公司
河北省唐山市路北区朝阳道 22 号
邮编 063000
电话 0315－2022779
传真 0315－2031273
网址 www.tsrlqs.com
经营 铜版纸、拷贝纸

邯郸市

邯郸市造纸机械设备厂
河北省成安县东彭留村
邮编 056700
电话 0310－7260612
产品 盘磨磨片

保定市

高阳县津联工业用呢有限公司
河北省高阳县城东 2 公里路北
邮编 071500
电话 0312－6602373
传真 0312－6603733
产品 工业用呢

保定华融经贸总公司
河北省保定市纸厂路 98 号
邮编 071071
电话 0312－3198353、3172128
经营 机制纸、防伪纸

保定巨龙高能开发有限公司
河北省保定市合作路副 10 号
邮编 071000
电话 0312－5066001、5013685
传真 0312－5028183
网址 www.bdjulong.com.cn
产品 红外加热设备

保定市晨光环保设备厂
河北省保定市隆兴西路 3132 号
邮编 071051
电话 0312－5555518
传真 0312－5955517
产品 TWC 系列同向流净水器及纤维回收、脱泥设备

保定市华光机械有限公司
河北省保定市韩村北路 213 号
邮编 071051
电话 0312－3117623、3128810
传真 0312－3128810
网址 www. huaguangjx. com. cn
产品 生活用纸加工设备

保定市中通泵业有限公司
河北省保定市高保路一号
邮编 071000
电话 0312－2138886、2139278
传真 0312－2138887
网址 www. zhongtongpump. com
产品 泵

保定市晨光造纸机械有限公司
河北省保定市北三环路 169 号
邮编 071051
电话 0312－3173685、3530191
产品 造纸设备、废水处理工程

中国造纸开发保定设计公司
河北省保定市广济路 230 号
邮编 071000
电话 0312－2025534
传真 0312－2036695
业务 工程设计

沧州市

沧州市通用造纸机械有限公司
河北省沧州开发区东海路 33 号
邮编 061000
电话 0317－3098909 13903175832、13833702527
传真 0317－3098959
产品 磨浆机

东兴纸箱机械厂
河北省东光县城南古树于工业区东兴纸箱机械厂
邮编 061001
电话 0317－7752228
传真 0317－7752228
产品 各种纸箱、包装机械

官厅特种工业用呢厂
河北省沧县官厅乡
邮编 061029
电话 0317－4058201

爱美德网带有限公司
（原东光县造纸网厂）
河北省东光县找王镇后屯
邮编 061600
电话 0317－7780800
产品 造纸网

河北青县拓实新兴冲筛有限公司
河北省青县县城东觉道庄老子湖工业区
邮编 062654
电话 0317－4087374
传真 0317－4087027
产品 筛板

廊坊市

廊坊开发区东润卫生材料有限公司
河北省廊坊经济技术开发区汇源道
邮编 065001
电话 0316－6071870
传真 0316－6088171
产品 一次性医用敷料、柔中卷、湿纸巾、清洁擦布

北京翔云商贸有限公司
河北省廊坊市香河县刘宋镇
邮编 65403
电话 0316－8229581
传真 0316－8687081
经营 有光纸、书写纸、胶版纸

东纶科技实业有限公司
河北省廊坊经济技术开发区汇源道
邮编 065001
电话 0316－6086145、6086146、6086147、6071870
传真 0316－6088171
网址 www. eastex-china. com
产品 涤纶、黏胶、锦纶、丙纶等原料的水刺非织造布

衡水市

河北安平县造纸网厂
河北省安平县新盈大街 17 号
邮编 053600

电话 0318－7524840、7524662
产品 造纸网

河北鹤煌网业股份有限公司
河北省安平县新盈大街 17 号
邮编 053600
电话 0318－7524840、7978279
传真 0318－7520806
产品 造纸网

河北衡水长虹包装装潢有限公司
河北省衡水市红旗南大街 117 号
邮编 053000
电话 0318－2123321
传真 0318－2123321
产品 各种规格彩色印刷包装纸箱、纸盒、商标

河北冀州市亚华特种胶辊厂
河北省冀州市兴华南大街 1666 号
邮编 053200
电话 0318－6829928
传真 0318－6829956
产品 造纸、冶金用胶辊

河北深州市王家井东斌胶厂
河北省深州市王家井镇王庄
邮编 053873
电话 0318－3465347
产品 造纸橡胶、尼龙制品

河北亚圣实业有限公司
河北省枣强县玻璃钢城
邮编 053100
电话 0318－8228718
传真 0318－8222297
产品 刮刀

华强网业有限公司
河北省枣强县肖家镇
邮编 053100
电话 0318－8489236
产品 造纸网

山 西 省

太原市

山西天利实业有限公司
山西省太原市水西门街 67 号
邮编 030002
电话 0351－2387666、2387713
传真 0351－2387710
产品 书写纸、纸板、新闻纸

内蒙古自治区

呼和浩特市

内蒙古轻工科研所
内蒙古自治区呼和浩特市海拉尔路 46 号
邮编 010010
电话 0471－6512660

辽 宁 省

沈阳市

沈阳远达电气有限公司
辽宁省沈阳市东陵区长青街 45 号
邮编 110015
电话 024－24807802、13609810352
传真 024－24807802
产品 纸机传动设备

沈阳飞鸿达节能设备技术开发有限公司
辽宁省沈阳市东陵区泉园 3 路 69 号
邮编 110015
电话 024－24210215、24231105
网址 www. syf hd. com. cn
产品 纸机烘干热泵、蒸球乏汽回收成套装置、热泵式凝结水回收装置

沈阳市造纸机械厂
辽宁省沈阳市洪江路 177 号
邮编 110023
电话 024－85400088、85400066
13066563587
传真 024－85400088
产品 浆泵、卫生纸机、压力泵、真空泵、除渣器

辽阳市

辽阳造纸机械股份有限公司
辽宁省辽阳市铁西路 76 号
邮编 111004
电话 0419－3132329、3136120

传真 0419 - 3132877
产品 造纸机

大连市

大连迈仕通机械有限公司
辽宁省大连市金州工业配套园区银泉街 3 号
邮编 116100
电话 0411 - 87663998、87663938
网址 www.microstone.com
产品 超微新型竖式研磨机、超微湿式研磨机、高效气流式分级系统、全自动精密过滤器、除铁过滤器、活性处理设备

大连嘉迅机械有限公司
(原大连民乐工业总厂)
辽宁省大连市甘井子区辛寨子镇小辛工业园区
邮编 116033
电话 0411 - 86310998、86310596
传真 0411 - 86310998
产品 真空泵、减速机、筛浆机

大连国华机电泵业有限公司
辽宁省大连市沙河口区帝欧花园 12 - 2 - 8
邮编 112033
电话 0411 - 86722356、13889454338
传真 0411 - 86722356
产品 真空泵、浆泵、水泵、增氧泵、耐腐蚀泵、制浆设备、造纸完成设备、配件

大连阜丰源工贸有限公司
辽宁省大连市西岗区胜利路 100 号槐花大厦 1508 室
邮编 116021
电话 0411 - 83603915、83609915
网址 www.fufengpaper.com
经营 牛皮箱纸板

丹东市

丹东东方轻工机械有限公司
辽宁省丹东市同兴镇龙兴街 69 号
邮编 118011
电话 0415 - 6135777、6135888
传真 0415 - 6135999
网址 www.ddf.com.cn
产品 制浆造纸设备及零件

丹东市江城轻工机械有限公司
辽宁省丹东市振兴区安民镇
邮编 118302
电话 0415 - 7609291、7608280、7608629
产品 制浆造纸机械设备及零件

丹东鸭绿江磨片有限公司
辽宁省丹东市浪头镇
邮编 118009
电话 0415 - 6155888、6155355
传真 0415 - 6156158
产品 高浓磨磨片等

丹东兴和机械有限公司
辽宁省丹东市振兴区浪头镇天津街 201 号
邮编 118009
电话 0415 - 6155458
产品 长网、叠网、圆网造纸机，涂布机，压光机，复卷机，切纸机，包装机

丹东山河技术有限公司
辽宁丹东汤池工业园区 35 号
邮编 118303
电话 0415 - 6256966、6256906
传真 0415 - 6256956
网址 www.sunhightech.com
邮箱 mail@sunhightech.com
sunhightech@163.com
产品 造纸过程传感器与控制系统

吉 林 省

长春市

吉林省轻工业设计研究院
吉林省长春市工农大路 1358 号
邮编 130021
电话 0431 - 85657719、85657579
网址 www.jlsqgy.com
邮箱 qgy@public.cc.jl.cn

长春纸张试验机有限责任公司
吉林省长春市安达街 1456 号
邮编 130061
电话 0431 - 88527111
传真 0431 - 88527195
网址 www.cczzsyi.net
产品 纸张物理检测仪器

长春市月明小型试验机有限责任公司
（原长春小型试验机厂）
吉林省长春市经济技术开发区会展大街（乐群街）906 号
邮编 130033
电话 0431－84627351、84617216
传真 0431－84631751
产品 纸张检测仪器

吉林市

吉林轻工业设计院
吉林省吉林市林荫路 16 号
邮编 132002
电话 0432－6946813、6946842
传真 0432－2775622
业务 工程设计、监理、咨询

吉林市诚信实业有限责任公司
吉林省吉林市丰满区二道 120 号
邮编 132107
电话 0432－4821456
传真 0432－4822026
产品 特钢磨片

四平市

四平市桦鑫包装有限公司
吉林省四平市铁东区北八马路 19 号
邮编 136001
电话 0434－3520221
产品 纸制品

黑龙江省

哈尔滨市

哈尔滨宇达电子技术有限公司
黑龙江省哈尔滨市动力区和兴路 17 号
邮编 150040
电话 0451－82131929、82120636、82190118
传真 0451－82120636
网址 www.yudadz.com
产品 纸张水分仪、稻麦草水分仪、纸浆浓度测定仪

哈尔滨泽恩磨浆机有限公司
黑龙江省哈尔滨市南岗区文库街智力大厦 503 室
邮编 150040
电话 0451－82293443
产品 双螺旋辊式磨浆机

黑龙江省轻工业设计院
黑龙江省哈尔滨市动力区和平路 121 号
邮编 150040
电话 0451－82620961
传真 0451－82655374
网址 www.hcel.cn
业务 工程设计、工程咨询与规划、工程勘察与监理

牡丹江市

黑龙江省造纸工业研究所
黑龙江省牡丹江市光华街 5 号
邮编 157013
电话 0453－6332195、6332060
传真 0453－6332195
业务 工农业特种纸研制开发、制浆造纸技术的研究与开发

牡丹江市中德轻工机械制造厂
黑龙江省牡丹江市西小太平路 28 号
邮编 157000
电话 0453－6424176
产品 分切机

佳木斯市

佳木斯造纸网有限公司
黑龙江省佳木斯东风区光复路 302 号
邮编 154005
电话 0454－8375399 13845479989
产品 造纸网

上海市

上海康亦兴贸易有限公司
上海市南丹东路 238 号金轩大厦 22 楼 H 座
电话 021－64272772、64644599
邮箱 yieliesh@yie-lie.com
业务 纸张贸易

恩斯克投资有限公司（日本精工中国总部）
上海市仙霞路 319 号远东国际广场 A 栋 10 楼
邮编 200051
电话 021－62350198
传真 021－62351033
网址 www.nsk.com.cn
产品 造纸设备专用轴承

川佳制浆造纸机械有限公司
上海市宛平南路 381 号宛轻大楼（中国轻工业上海设计院大楼）
邮编 200032
电话 021 - 64283716
传真 021 - 64283652
邮箱 newbonash@ sina. com
产品 造纸机械

伊顿工业过滤（上海）有限公司
上海市外高桥保税区日樱北路 353 号
邮编 200131
电话 021 - 58666161
传真 021 - 58661238
网址 www. eaton. com. cn
产品 造纸过滤设备

贝卡尔特管理（上海）有限公司
上海市遵义南路 88 号协泰中心 16 楼
邮编 200000
电话 021 - 62952233
传真 021 - 62193158、62952234
网址 www. bekaert. com. cn
产品 打包钢丝、非接触式干燥系统、装订钢丝

上海大晃泵业有限公司
上海市奉贤区南桥镇桥行工业区 128 号
邮编 201400
电话 021 - 57196294 - 16
传真 021 - 57196294 - 18
产品 多头螺旋离心泵、双螺杆泵系列

霍尼韦尔（中国）有限公司
上海市遵义路 100 号虹桥上海城 A 座 35 楼
邮编 200051
电话 021 - 62370237
传真 021 - 63272827、62372332
产品 自动化控制系统传感器与控制元件

布鲁奇维尔（上海）通风技术有限责任公司
上海市奉贤区金汇镇金汇工业区 988 号
邮编 201404
电话 021 - 57406323
传真 021 - 57406498
产品 气罩、风箱、冷凝水系统、热回收系统

川佳机械集团股份有限公司
川佳机械（集团）华东办事处（上海）
上海市徐汇区宛平南路 381 号
邮编 200032
电话 021 - 64283706、64283716
传真 021 - 64283652
产品 制浆造纸机械

光华爱而美特仪器有限公司
上海市闵行经济技术开发区东川路 3160 号
邮编 200245
电话 021 - 64300150
传真 021 - 64300812
产品 电磁流量计等

华阳检测仪器有限公司
上海市长宁区昭化路 515 号
邮编 200050
电话 021 - 62400193
传真 021 - 62403841
产品 造纸检测、测量仪器

帕克环保技术（上海）有限公司
上海市康桥工业园秀浦路 3999 弄聚诚创业园 35 号、36 号楼
邮编 201319
电话 021 - 38256088
传真 021 - 38256066
产品 废水处理、厌氧处理技术

上海爱建造纸机械有限公司
上海市普陀区真南路 2173 号
邮编 200331
电话 021 - 62505284
传真 021 - 62505284
产品 普通造纸机、绝缘浸渍纸机、中底纸板机、汽车三滤纸机等特种纸机

上海本真造纸技术有限公司
上海市普陀区中山北路 1295 号 8 号楼 316 室
邮编 200065
电话 021 - 56090615
传真 021 - 56090615
业务 制浆、造纸生产工艺和机械设备咨询、设计、制造、改造、安装和调试、新产品研制，兼营造纸原料和化学助剂

上海承天制浆造纸机械工程成套设备有限公司
上海市中心北路 1060 号 1501 室
邮编 200070

电话 021 - 56558038、56550377
传真 021 - 56558038
产品 工业滤纸成套设备、涂布机、浸渍机、二辊单压、四辊双压区、软压光机

上海泛邦自控技术研究所
上海市大木桥路 111 号 26D
邮编 200032
电话 021 - 64173777
传真 021 - 54520510
产品 高精度节能型恒温自控系统

上海复欣制胶厂
上海市浦东新区康桥镇川周公路 2653 号
邮编 201319
电话 021 - 68139088
产品 一次性生活用品配套产品

上海弘纶工业用呢有限公司
上海市金山区枫泾镇纺织工业园区建安路 78 号
邮编 200335
电话 021 - 67360980
传真 021 - 57365916
网址 www. shpmc. com. cn
产品 造纸毛毯、工业用呢

上海晶杨商贸有限公司
上海市建国西路 91 弄 5 号楼 902 室
邮编 200023
电话 021 - 63049414、63049441、63049794
传真 021 - 63049974
网址 www. sha-jingyang. com
经营 液体染料、有机颜料分散液、进口 Manildra 造纸专用系列淀粉、进口荧光增白剂、测色仪器、在线颜色测色系统

上海开港造纸机械制造有限公司
上海市幸福路 117 号
邮编 200052
电话 021 - 62803874
传真 021 - 62803874
产品 喷嘴及其移动装置、常用制浆设备及配件

上海科创设备防腐防漏技术有限公司
上海市松江区新五开发区
邮编 201606
电话 021 - 57874310
传真 021 - 57877400
产品 烘缸堵漏、表面处理

上海轻工机械二厂
上海市云岭东路 120 号
邮编 200062
电话 021 - 52802461
传真 021 - 52808542
网址 www. star-sh. com
产品 造纸机、浆处理设备

上海威尔泰工业自动化股份有限公司
上海市闵行区虹中路 263 号
邮编 201103
电话 021 - 64656465
传真 021 - 64659677
网址 www. welltech. cn
产品 自动化控制系统

上海造纸机械电控技术研究所
(上海赛德造纸机械电控技术有限公司)
上海市中山北一路 22 号
邮编 200083
电话 021 - 65871936
传真 021 - 56716875
网址 www. sh-sied. com
产品 SIED 全数字交直流调速系统产品、抄纸车间集散控制系统

上海紫华企业有限公司
上海市闵行区北松路 999 号
邮编 201111
电话 021 - 64093456
传真 021 - 64090612
网址 www. pefilm. com. cn
产品 PE 流延压纹膜、透气性流延膜和耐刺穿底膜

上海宏亚机泵制造有限公司
上海市交通西路 108 号 1 号
邮编 200065
电话 021 - 56533064、56080539
传真 021 - 56080539
网址 www. hongyapumps. com
产品 CZ 系列化工离心泵、G 型螺杆泵、WB 型旋涡泵、FCB 型不锈钢齿轮泵、TWZB 型无堵塞浆泵等

上海永锚泵业制造有限公司
上海市闸北区共和新路 111 弄 9 号 203 信箱

邮编 200070
电话 021－63802299、63171166
传真 021－63537433
产品 G 型系列单螺杆泵，QBY 型气动隔膜泵，ISG 系列单级单吸立式管道离心泵，CQ 型磁力驱动泵，JMZ、FMZ 自吸泵等

上海爱凯思机械刀片有限公司
上海市青浦工业园区崧泽大道 7477 号
邮编 201707
电话 021－59869050
传真 021－59868220
产品 打浆机刀具

上海爱普乐电器有限公司
上海市闸北区芷江路 788 号 2 号楼 702 室
邮编 200070
电话 021－56302315
产品 数控及普通软压光机、配件

上海宝刀机械刀片厂
上海市青浦工业区盈中
邮编 201700
电话 021－59203592
产品 机械刀片

上海宝星纸浆模塑有限公司
上海市宝山区盛桥石太路 699 号
邮编 200942
电话 021－56152355
传真 021－56158568
产品 一次性餐盒

上海大禹自控阀门有限公司
上海市南汇区航头镇大麦湾工业园区文汇报航川路 66 号
邮编 201204
电话 021－68220075
传真 021－68220798
产品 调节阀门

上海东华高压匀浆泵厂
上海市沪闵路镇泾河东 11 号
邮编 201108
电话 021－64890907
产品 高压浆泵

上海福昌造纸机械厂
上海市浦东新区黄楼镇西首
邮编 201205
电话 021－58941309
产品 切纸机

上海高新造纸技术有限公司
上海市南大路 15 号
邮编 200436
电话 021－66507871
产品 造纸制浆技术开发、造纸工程设备成套技术、造纸机械

上海工业用呢厂诸翟分厂
上海市闵行区金辉路 1688 号
邮编 201107
电话 021－62211136
产品 工业用呢

上海沪昌造纸机械有限公司
上海市沪太路 555 弄 3 号 503 室
邮编 200070
电话 021－56557226
传真 021－56555227
产品 压力筛、冲浆泵、造纸机

上海化工机械厂有限公司
上海市奉贤区上海工业综合开发区肖南路 368 号
邮编 201400
电话 021－33655535
传真 021－33655532
产品 过滤机、洗浆机

上海华台纸业有限公司
上海市中华新路 969 弄 20 号
邮编 200070
电话 021－66613936
产品 造纸原料、造纸机械、机制纸板、机电控制器、计算机外部设备

上海荟安筛网实业有限公司
上海市中原路 60 弄 1 号
邮编 200438
电话 021－65572389
产品 丝网

上海吉井环保设备有限公司
上海市长宁区宋园路 16 号 703 室
邮编 200336
电话 021－62083399
传真 021－62706689

产品 系列计量泵、输送泵、环保设备

上海景兴实业投资有限公司
上海市南京西路 1366 号恒隆广场 48 楼 01 室
邮编 200040
电话 021－62882866
传真 021－62887671
产品 废纸、木浆、纸板、瓦楞原纸、胶版纸

上海金熊造纸网毯有限公司
上海市金山区枫泾镇兴塔建安路 78 号
邮编 201502
电话 021－67361666
传真 021－67361072
网址 www. shjinxiong. com
产品 造纸毛毯、工业用呢

上海机械刀片厂
上海市浦东新区
邮编 200125
电话 021－26608378
产品 备料、纸机用刀具

上海浦东合丰造纸机械有限公司
（原上海造纸机械配件厂）
上海市浦东新区合庆乡朝阳村
邮编 200052
电话 021－58639997
产品 疏解机、圆盘磨

上海轻工机械股份有限公司冷铸轧辊厂
上海市宝山区泰和路 1005 号
邮编 200940
电话 021－56840215
产品 造纸辊件

上海轻良实业有限公司
上海市青浦白鹤工业区鹤祥路 68 号
邮编 201709
电话 021－59741988
传真 021－59741437
产品 造纸设备

上海瑞华（集团）有限公司
上海市广顺路 8 号
邮编 200335
电话 021－52186390
传真 021－62617381
网址 www. ruihuagroup. com. cn

产品 传动及控制系统、造纸机械

上海瑞沪造纸机械有限公司
上海市南翔镇新翔黄路 625 号
邮编 201802
电话 021－59173130
产品 切纸机

上海太新造纸机械有限公司
上海市普陀区敦煌路 473 号
邮编 200331
电话 021－62778894
传真 021－62778886
产品 活动弧形辊、纸机配件

上海星空自动化仪表有限公司
上海市青浦工业园区新水路 575 号
邮编 201701
电话 021－59702153、59705999
传真 021－59705989
产品 流量计等仪表

上海新光明泵业制造有限公司
（原光明水泵厂）
上海市武定路 576 号
邮编 200040
电话 021－62156413、62586878、62583382
传真 021－62156276
网址 www. gmpumps. com
产品 隔膜泵、高温油泵、清水离心泵、化工泵、污水泵

新华控制技术（集团）有限公司
上海市徐汇区漕溪北路 88 号圣爱大厦 25 楼
邮编 200030
电话 021－54253038
传真 021－54252999
产品 自动控制

意大利亚赛利造纸机械有限公司（上海）代表处
上海市凯旋路 3500 号华苑大厦 1 号楼
邮编 200030
电话 021－64870654
传真 021－64872928
网址 www. acellipaper. it
产品 造纸及无纺布机器

中达工业用呢有限公司
上海市金山区吕巷镇新浜村 12 组 5000 号

邮编 201517
电话 021 -57371309
传真 021 -57371242
产品 工业用呢

中国海诚工程科技股份有限公司
中国轻工业上海工程咨询有限公司
上海市宝庆路 21 号
邮编 200031
电话 021 -64717908、64370093
网址 www.sdili.com
业务 工程设计、工程咨询、工程监理

ITT 工业公司
上海市遵义路 100 号虹桥城市中心 A 座 30 楼
邮编 200051
电话 021 -22082888
传真 021 -22082999
网址 www.gouldspumps.com
www.pumpsmar.tnet
产品 泵

中国船舶重工集团公司第 704 研究所
上海市衡山路 10 号
邮编 200031
电话 021 -64718118 -4501
传真 021 -64726137
产品 纸卷输送系统

九益机电（上海）有限公司
上海市嘉定区宝安公路 2775 弄 98 号
电话 021 -69158205、69158208
传真 021 -59178765、69158209
网址 www.cutes.com.tw
产品 真空泵、鼓风机

法国 PCM 泵业公司上海代表处
上海市延安西路 2299 号世贸商城 10A01
邮编 200336
电话 021 -62362521
传真 021 -62362428
网址 www.pcm-pump.com
产品 泵

上海理查包装机械有限公司
上海市军工路 1300 号
邮编 200433
电话 021 -65482025、65338674、65483939
传真 021 -65492533
网址 www.shrichard.com.cn
www.richard.onlin.esh.cn
产品 包装机

Voith 造纸（中国）有限公司，上海
上海市长宁区兴义路 8 号上海万都中心 25 楼
邮编 200336
电话 021 -52080388、52080388
传真 021 -52080355、52080355
网址 www.voithpaper.com
www.voith.com.cn
产品 造纸机械

柯尔柏机械设备（上海）有限公司
上海市外高桥保税区华京路 418 号 41 号楼 C 部位
邮编 200131
电话 021 -50462933、50462822
传真 021 -50462303
网址 www.kpl.net
产品 文化用纸、生活用纸、一次性生活用品

斯普瑞喷雾系统（上海）有限公司
上海市松江工业区书林路 21 号
邮编 201611
电话 021 -57684882、67600882
传真 021 -67600548
网址 www.spray.com
www.autojet.com
产品 喷嘴

上海乾丰轻工机械厂
上海市嘉定区江桥工业园区丰华中路 1580 号
邮编 201803
电话 021 -59143443
传真 021 -59143443
产品 磨刀机、复卷机、除渣器

埃尔依（上海）工业设备有限公司
上海市嘉定区曹安路 3652 号
邮编 201812
电话 021 -39115191
传真 021 -39115192
网址 www.l-e.de
产品 纸机密闭气罩、袋通风与热回收系统、车间通风系统、涂布机干燥系统、蒸汽冷凝水系统

丹佛斯（上海）自动控制有限公司
上海市宜山路 900 号科技大楼 C 座 20 层
邮编 200233

电话 021－61513000
传真 021－61513100
网址 www. danfoss. com/china
产品 变频器

上海东方泵业（集团）有限公司
上海市富联路 1588 号
邮编 201906
电话 021－56025555、36044444、33718888
传真 021－51678778
网址 www. eastpum. pcom

罗斯蒙特公司
（艾默生过程控制有限公司）
上海办事处 021－38954788
北京办事处 010－58211188
广州办事处 020－83486098
西安办事处 029－83255563
乌鲁木齐办事处 0991－5802277
产品 压力变送器

西派克（上海）泵业有限公司
上海市浦东新区宣中路 399 号
邮编 201300
电话 021－38108888
传真 021－38108889
网址 www. seepex. com
产品 泵

丰田产业车辆（上海）有限公司
上海市娄山关路 555 号长房国际广场 17 楼
电话 021－62287722
传真 021－62285070
咨询热线 8008200067
网址 www. toyota-forklift. cn
产品 叉车属具

中国总代理香港捷成洋行
上海市延安东路 588 号东海商业中心 11 楼 C 座
电话 021－23064888
网址 www. bmbag. ch
产品 涂布加工设备

博索尼奥拉茂（上海）叉车属具有限公司
上海市闵行区陪昆路 206 号 B 区 11 号
邮编 201111
电话 021－64093050
传真 021－64093060
网址 www. bolzoni-auramo. com
产品 纸浆包夹、废纸包夹、纸箱夹

上海恒伦纸业有限公司
上海市广中西路 99 弄 30 号 201 室
邮编 200072
电话 021－66310898
传真 021－66310090
产品 漂白针叶木浆、针阔叶木混合浆、本色浆、漂白阔叶木桉木浆、高强瓦楞原纸、新闻纸、双胶纸、书写纸、包装用纸

美国福瑞斯国际贸易有限公司
上海盛托瑞国际贸易有限公司
上海市定西路 988 号 507 室
邮编 200050
电话 021－62112130、62116810
13918519378、13901971637
传真 021－62120563
经营 牛卡纸、白牛皮纸、PE 口杯纸、彩色卡纸、轻涂纸、废纸

上海德杰实业发展有限公司
上海市宁国路 313 弄 9 号 709 室
邮编 200090
电话 021－65196311
传真 021－65196311
经营 轻涂纸、铜版纸、亚光纸、灰纸板、白卡纸、玻璃卡纸、布纹纸、双胶纸

瑞典赛尔玛（CELLMARK）有限公司上海代表处
上海市茂名南路 205 号瑞金大厦 2007 室
邮编 200020
电话 021－64730266
传真 021－64730030
产品 漂白针叶木浆、桉木浆、漂白阔叶木浆、本色浆、化机浆、牛皮纸、牛皮卡纸、瓦楞原纸、涂布白卡纸、废纸

上海华宝物资实业有限公司
上海市真诚路 426 号
邮编 200331
电话 021－66270073
传真 021－66270090
经营 废纸、纸筒芯

上海造纸公司门市部（新鸿纸业有限公司）
上海市黄浦区宁波路 633 号

电话 021－63225771、63510684
传真 021－63262373
产品 双胶纸、打字纸、书写纸、拷贝纸、牛皮纸、新闻纸、彩色半透明纸、热敏纸、电缆纸、电话簿纸、铝箔衬纸、水果袋原纸、防油纸

上海云开纸业有限公司
上海市南翔惠平路 12 弄 3 号
邮编 201802
电话 021－59128010、59128011
传真 021－59128011
产品 牛皮纸、纸袋纸、白卡纸

上海万戈工贸发展有限公司
上海市共祥路 255 号
邮编 201906
传真 021－51099553
网址 www. shwange. cn. alibaba. com
经营 卡纸

上海中立贸易发展有限公司
上海市杨浦区大连路 950 号海上海新城 8 号楼 407 室
邮编 200092
电话 021－55969137
传真 021－65625655
经营 废纸

上海宾高纸业有限公司
上海市青浦区支家路 21 弄 3 号楼 110 室
邮编 201700
电话 021－59720299、13801662351
传真 021－59731297
经营 牛卡纸、牛皮纸

经纶全讯（香港）有限公司上海代表处
上海市静安区威海路 755 号 12 楼
邮编 200041
电话 021－32014688－206
传真 021－52921841
经营 单面铜版纸

上海润泰纸业有限公司
上海市宝山区富锦路 3159 号
邮编 201901
电话 021－56390688
传真 021－56865815
产品 铜版纸、双胶纸、白纸板、美国进口白卡纸

上海峰联浆纸有限公司
上海市浦东南路 855 号
邮编 200120
电话 021－58207888、58209888
传真 021－58888056
产品 漂白针叶木浆

上海年瑞进出口有限公司
上海市浦东新区张杨路 560 号中融恒瑞国际广场 1204 室
邮编 200122
电话 021－58358662
传真 021－58358676
经营 牛皮纸

上海伟忠纸业有限公司
上海市闵行区 788 弄 9 号 1204 室
邮编 201103
电话 021－62951710、62951713、62951711、62951712
传真 021－62951711
产品 废纸

上海吉圣包装纸业有限公司
上海市南翔镇扬子路 18 号
邮编 201802
电话 021－59179049、13901911699
传真 021－59179049
产品 牛卡纸、牛皮纸

上海华绫商贸有限公司
上海市闸北区灵石路 721 号 8 幢 201 室
邮编 200000
电话 021－36030216、36030217、56034661
传真 021－56034661
经营 纸、双灰板、白牛皮纸、未涂布白铜版卡纸

上海千悦贸易有限公司
上海市延安西路 2077 号 2501 室
邮编 200000
电话 021－62190989、62191189、62192806
传真 021－62192806
经营 白卡纸

上海爱建纸业有限公司
上海市大田路 129 号 A 栋 28 楼 D 座
邮编 200041
电话 021－62170000

传真 62870433
经营 纸张

上海田源纸业有限公司
上海市天平路 248 号 3 楼 I 座
邮编 200030
电话 021－64077805、64073270、64077842、13501688960
产品 铜版纸

上海中产纸业有限公司
上海市龙漕路 135 弄 8 号楼 801 室
邮编 200235
电话 021－64757868、64517782、13801952295
传真 021－64757868、64517782
经营 进口纸

大仓纸业商事（上海）有限公司
上海市仙霞路 88 号太阳广场东楼 501 室
邮编 200336
电话 021－62700643、62700645、62700644
经营 白纸板

上海奥鼎机械设备有限公司
上海市番禺路 390 号时代大厦 3 楼 E－F 室
邮编 200052
电话 021－62815511
传真 021－52581476
网址 www. aoding. com
邮箱 info@ aoding. com
产品 造纸机械

深圳市联欧贸易发展有限公司上海分部
上海市浦东桃林路 18 号环球广场 B 座 702 室
邮编 200135
电话 021－68556062
传真 021－58214208
网址 www. euro- me. com
经营 造纸机

江 苏 省

南京市

中国林科院林产化工研究所
江苏省南京市锁金五村 16 号
邮编 210042
电话 025－85482401
传真 025－85413445
网址 www. forinchem. com
业务 从事木质和非木质林产品化学加工与利用

江苏省出版印刷物资公司
江苏省南京市中央路 276－1 易发五洲大厦 2 楼 208 室
邮编 210037
电话 025－83113670
传真 025－83112029
经营 卷筒纸、铜版纸、双胶纸、木浆

松林国际刮刀锯制造有限公司
江苏省南京市中山北路 281 号虹桥新城市广场 01 幢 1815 室
邮编 210003
电话 025－58811772、83171371
传真 025－58812039
网址 www. paperblade- ssl. com
产品 刮刀、圆刀、切刀、开槽刀、专用磨床

清来机械有限公司南京办事处
江苏省南京市白下区太平南路 333 号
金陵御景园 2 幢 203 座
邮编 210002
电话 025－84505849
传真 025－84505849
网址 www. chinglai. com. tw
产品 控制复卷机、裁纸机附叠纸机、刮刀、直降系统、散浆机、去污机、磨浆机、浓缩机、脱水机、筛、分离机、离解机

南京神克隆科技有限公司
江苏省南京市江宁区东山华意泰富广场 2 幢 1101 室
邮编 211100
电话 025－52196484
网址 www. shenkelong. com
产品 废水处理

君昇电装有限公司
（原南京纸箱总厂纸板圆桶分厂）
江苏省南京市中华门外油坊桥（南京纸箱总厂内）
邮编 210041
电话 025－52814369
传真 025－52803452
产品 环保纸板圆桶及各类纸罐

苏宁新技术应用研究所
江苏省南京市虎踞路 175 号环保楼
邮编 210013
电话 025 – 83706725
产品 新型臭氧发生器、废水处理设备

无锡市

无锡沪东麦斯特环境工程有限公司
江苏省无锡市国家高新技术开发区
邮编 214142
电话 0510 – 85300555、85300777
传真 0510 – 85300878
网址 www. chinahudong. com
邮箱 hz. hudong@ 263. net
产品 气浮设备、废水处理设备

敷岛工业织物（无锡）有限公司
江苏省无锡市国家高新技术产业开发区 B – 18 – G 号
邮编 214112
电话 0510 – 85258665
传真 0510 – 85258607
网址 www. shikibo. co. jp
产品 造纸用干网

华都琥珀环保机械制造有限公司
江苏省宜兴市高塍镇隔湖路 8 号
邮编 214214
电话 0510 – 87894476
产品 废水处理设备

江阴市利港羊毛辊厂
江苏省江阴市利港镇黄丹街
邮编 214444
电话 0510 – 86631242
传真 0510 – 86631051
产品 压花辊、轧光辊

江阴市国光轧光机纤维辊有限公司
江苏省江阴市利港镇南
邮编 214444
电话 0510 – 86631242
传真 0510 – 86631051
产品 压光机、辊筒

江阴市利港针织印染机械厂
江苏省江阴市利港镇新街村 38 号
邮编 214444
电话 0510 – 86631469
传真 0510 – 86092290
产品 压花辊、轧光辊、纤维辊、橡胶辊、羊毛辊

江阴市双叶化工机械有限公司
江苏省江阴市北外北国镇
邮编 214414
电话 0510 – 86351528
产品 高岭土研磨设备

无锡德华彩印包装有限公司
江苏省无锡市锡山区鹅湖镇
邮编 214116
电话 0510 – 88748181
传真 0510 – 88741377
产品 彩印包装产品

无锡江川环境工程成套设备有限公司
江苏无锡市
邮编 214131
电话 0510 – 85601196
传真 0510 – 85601665
产品 环境工程设备

无锡市阿丹纸业有限公司
江苏省无锡市长降路降上 10 号
邮编 214000
电话 0510 – 82447047
传真 0510 – 82447047
产品 各类书写纸、有光纸、双胶纸

锡山鸿顺机械制造有限公司
江苏省无锡市锡山区鸿声镇鸿后路 5 号
邮编 214115
电话 0510 – 88582317
产品 真空辊、漂白设备、废纸处理设备

无锡市蓝星轻工机械设备有限公司
江苏省无锡市硕放镇薛典
邮编 214142
电话 0510 – 85304690
产品 各类造纸辊、吸水箱

无锡市瑞普环保工程有限公司
江苏省无锡市苏锡西路 163 号

邮编 214131
电话 0510 - 85602199
传真 0510 - 85610899
网址 www. ruipuchina. com
产品 气浮净水设备

无锡市荣成造纸机械厂
江苏省无锡市滨湖区硕放镇硕放村
邮编 214144
电话 0510 - 85302971
产品 真空辊

无锡腾旋技术有限公司
江苏省无锡市新区梅村工业集中区新都路 6 号
邮编 214112
电话 0510 - 8159438
销售专线 0510 - 8159440
传真 0510 - 8159405
网址 www. tengxuan. net
产品 虹吸器、扰流棒、视镜

凯登约翰逊公司
江苏省无锡市新区闽江路 1 号
邮编 214028
电话 0510 - 85212218
传真 0510 - 85212038
网址 www. kadantjohnson. com. cn
产品 蒸汽冷凝水系统、烘干部检测、烘干部系统优化软件、虹吸器、旋转接头、扰流棒、热泵、过热蒸汽降温器、汽水分离器工作站、金属软管、视镜、安装服务

无锡林州干燥机厂
江苏省无锡市前洲镇塘村
邮编 214181
电话 0510 - 83391436、83391336
传真 0510 - 83391442
网址 www. linzhou. com
www. linzhou. net
产品 干燥设备

无锡市德意机电设备制造有限公司
宜兴市第三纺织机械厂
江苏省宜兴市屺亭镇骏马路 90 号
邮编 214213
电话 0510 - 87861769、87861868、87868222
传真 0510 - 87861769、87867909
网址 www. deyijidian. com
产品 无级变速系列、调速电机系列、防爆电机系列

铁姆肯（无锡）轴承有限公司
江苏省无锡市滨湖经济开发区大通路 509 号
邮编 214124
电话 0510 - 85620688、85625303
传真 0510 - 85626208、85626308
网址 www. twbearing. com
产品 轴承

无锡市金城应用电子仪器厂
江苏省无锡市扬名高新技术开发区 C 区 38 号
邮编 214024
电话 0510 - 85407018、85744385
传真 0510 - 85407028
产品 静电消除器

无锡中联造纸机械有限公司
江苏省无锡市锡山区鸿卢镇兴南路
邮编 214115
电话 0510 - 88580431
产品 真空辊、压榨辊、吸移辊

锡山天元轧辊厂
江苏省无锡市锡山区南泉镇
邮编 214128
电话 0510 - 85952034
产品 造纸胶辊

无锡东亭气动自动化设备厂
江苏省无锡市东亭二泉东路 228 号
邮编 214101
电话 0510 - 88700891
传真 0510 - 88700891
产品 电磁阀

徐州市

徐州工业用呢厂
江苏省徐州市湖北路 30 号
邮编 221006
电话 0516 - 85795900、85795904
传真 0516 - 85796891
网址 www. xzgyync. com

产品 造纸毛毯

常州市

佩姆派（常州）造纸设备有限公司
江苏省常州市新北区天山路 49 号
邮编 213022
电话 0519－85068585、85068586
传真 0519－88222812
产品 造纸设备

常州市佰山机械有限公司
江苏省常州市新北区薛家镇
邮编 213125
电话 0519－5951315
产品 辊筒、压光机、施胶机

常州轻工机械厂
江苏省常州市钟楼区大仓路 85 号
邮编 213016
电话 0519－86852274
产品 造纸机、完成设备

江苏武进松海轻工机械厂
江苏省常州市武进区潘家镇南宅街
邮编 213178
电话 0519－86201239
产品 网笼、压光机

常州市优力干燥设备有限公司
江苏省常州市青龙路 61 号
邮编 213017
电话 0519－88899987
传真 0519－85351388
网址 www. you-ly. com
产品 纸机干燥设备

常州市科艺钢印花辊厂
江苏省常州市马杭大路工业园
邮编 213162
电话 0519－86700665、86550788
传真 0519－86700757
网址 www. kyhg. com
产品 压花辊

江苏五龙机械有限公司
江苏省常州市湟里镇镇北开发区
邮编 213151
电话 0519－83341024、83346278
传真 0519－83341556
网址 www. china-wulong. com
产品 污泥脱水机、压滤机

江苏保龙机电制造有限公司
江苏省溧阳市经济开发区昆仑北路 75 号
邮编 213300
电话 0519－87301885、87302016、87303618
传真 0519－87301886、87305803
网址 www. jsbaolong. com
产品 剥皮设备、削片机、摇筛、输送设备、料仓

苏州市

常熟市金鹰工业用呢厂
江苏省常熟市冶塘镇和平村
邮编 215554
电话 0512－52406507
产品 造纸毛毯

常熟市轻工机械厂
江苏省常熟市南门洙泾桥堍常熟造纸厂内
邮编 215500
电话 0512－52787309
产品 疏解机、磨浆机

太仓市造纸机械一厂
江苏省太仓市王秀镇
邮编 215426
电话 0512－53855469、53855180
产品 制浆、造纸设备

江苏华机环保设备有限公司
江苏省张家港市民营科技园振兴路 5 号
邮编 215600
电话 0512－58189158
传真 0512－58989366
网址 www. jshuaji. com
产品 黑液蒸发器、冷凝器、换热器

铨展环能设备（昆山）有限公司
江苏省昆山市东部工业区珠竹路 18 号
邮编 215331
电话 0512－57874691、57874692、57874693
传真 0512－57874791
网址 www. cjks. com. cn
产品 气罩、隔音罩、热回收、通风

苏州工业区亚太纸品加工有限公司
江苏省苏州市跨塘镇镇北路 212 号
邮编 215122
电话 0512－62743888
传真 0512－62742888
网址 www. paperone. com
产品 双胶纸、白卡纸（全木浆各种规格）、办公用纸

苏州静冈刀具有限公司
江苏省太仓市经济开发区兴业南路
邮编 215400
电话 86－512－53569377、53570761
传真 86－512－53569376
网址 www. shizuoka. com. cn
产品 刮刀

苏福马股份有限公司
江苏省苏州市新区何山路 378 号
邮编 215129
电话 0512－66627805、66627806、66627810
传真 0512－66627812
网址 www. sufoma. com
产品 削片机、剥皮生产线

杰而固中国有限公司苏州代表处
江苏省苏州工业园区馨都广场 1A#02－03A2
邮编 215021
电话 0512－62521441
传真 0512－62521551
网址 www. clouth. com
产品 刮刀系统及零附件

远东化工（集团）
中国业务总部电话 021－63048833
苏州办事处电话 13706212929
珠海办事处电话 0756－3351082、3351102
济南办事处电话 13706410637
网址 www. chemcentralgroup. com. cn
产品 实验室涂布机

太仓嫦娥工业用呢有限公司
江苏省太仓市沙溪镇新北西路 132 号
邮编 215421
电话 0512－53212049
传真 0512－53214871
网址 www. chang- e. net. cn
邮箱 change@ vip. 163. com
产品 造纸毛毯

太仓沪太嫦娥造纸设备有限公司
江苏省太仓市沙溪镇新北西路 130 号
邮编 215421
电话 0512－53221907、53229628、53212629
传真 0512－53212993
产品 纸机、复卷机、卷纸机、压光机、烘缸

太仓市兴良造纸制浆成套设备有限公司
江苏省太仓市沙溪镇民营科技园区 2 号
邮编 226000
电话 0512－53221744
传真 0512－53221758
网址 www. xlpaper. com
产品 圆网浓缩机、复式纤维分离机、高浓压力筛、内流压力筛、不锈钢片式圆网笼、喷浆成形器

奇桥造纸毛毯有限公司
江苏省张家港市鹿苑镇
邮编 215616
电话 0512－58477783
产品 造纸毛毯

太仓市宇航造纸机械厂
江苏省太仓市璜泾镇王秀管理区
邮编 215426
电话 0512－53857323
产品 水印辊、真空辊、浓缩机

吴江凯富纺织工业有限公司
江苏省吴江市平望镇
邮编 215221
电话 0512－63661058
传真 0512－63661801
网址 www. china- kfu. com
产品 造纸毛毯、石棉板、管板毯及工业用过滤材料

张家港市鸿新机械密封件有限公司
江苏省张家港市德积镇
邮编 215635
电话 0512－58751485
产品 机械密封件

张家港市华杭造纸制浆设备有限公司
江苏省张家港市杨舍镇民营科技园
邮编 215600
电话 0512－58678856
网址 www. hjhh. com. cn

产品 湿法备料、连续蒸煮制浆生产线、真空洗浆机、碱性过氧化氢机械浆生产线（APMP）

国一制纸（张家港）有限公司
江苏省张家港市凤凰镇韩国工业园
邮编 205614
电话 0512－58421202、13306247021
13306247027、13306240399
传真 0512－58421203、58421207
产品 胶版纸、静电复印纸、不锈钢衬纸、纸杯原纸、无尘原纸、离型原纸、装饰原纸

南通市

海安县轻工机械刀片厂
江苏省海安县城中坝北路 101 号
邮编 226600
电话 0513－88812731
产品 打浆刀片

海门造纸毛毯厂
江苏省海门市三条桥
邮编 226132
电话 0513－82662300
产品 造纸毛毯

江苏金呢集团有限公司
江苏省海门市北海路科技创业园 777 号
邮编 226100
电话 0513－82181300、82181369
传真 0513－82181100
网址 www. jsjinni. cn
产品 造纸毛毯、聚酯成形网

江苏省海门市工业用呢厂
江苏省海门市麒麟镇
邮编 226125
电话 0513－82615001
产品 造纸毛毯

海门纸毛毯二厂
江苏省海门市德胜镇
邮编 226101
电话 0513－82281511
产品 造纸毛毯

盐城市

盐城市宏宇造纸机械有限公司
江苏省盐城市盐都区潘黄宝才工业园区兴宇路 1 号
邮编 224000
电话 0515－88118448、83301666、83351226
传真 0515－88118446
网址 www. hongyuyj. com
产品 脱水原件

盐城市文港造纸机械厂
江苏省盐城市文港北路 49 号
邮编 224002
电话 0515－88249806
产品 密封件、脱水器材

盐城市佳诚机械有限公司
江苏省盐城市秦南工业园区 1 号
电话 0515－88690666、88698777、13705106393
传真 0515－88699333
网址 www. jxmachine. com
产品 流浆箱、卫生纸机、成形板、刮水板、吸水箱

连云港市

江苏省连云港市机电设备总厂
江苏省连云港市新浦区康泰南中 55 号
邮编 222004
电话 0518－85413716
产品 生活用纸加工设备

连云港根深纸制品有限公司
江苏省连云港经济开发区昆山路北首
邮编 222047
电话 0518－82341648
传真 0518－82341472
产品 淋膜口杯纸、瓦楞纸板、纸箱

连云港市精达计量泵有限公司
江苏省灌南县六塘街
邮编 222506
电话 0518－83462697
产品 单、双缸计量泵

淮安市

江苏淮安第一出版印刷物资有限公司
江苏省淮安市（原淮阴市）爱民路 38 号
邮编 223001
电话 0517－83676058、83939915
传真 0517－83650488
网址 www. jspmc. com

经营 金东胶版纸、铜版纸、铜版卡纸

扬州市

扬州市尚宝罗泵业有限公司
江苏省宝应县城西工业集中区
邮编 225800
电话 0514－88209222、13901440177
传真 0514－88224929
网址 www.sblpump.com
产品 泵

江都新风造纸网业有限公司
江苏省江都市真武镇真武路 59 号
邮编 225265
电话 0514－86271080、86274767
传真 0514－86271080
网址 www.lkxf.com
产品 造纸铜网

扬州双扬机械有限责任公司
江苏省扬州市洼字街 22 号
邮编 225003
电话 0514－87246044
传真 0514－87246169
产品 切纸机、减速机

迎浪集团有限公司
江苏省宝应县北郊工业区
邮编 225806
电话 0514－88362429
产品 造纸用泵

镇江市

江苏镇江恒星堵漏技术开发有限公司
江苏省镇江市润州区征润州北路 15 号
邮编 212004
电话 0511－85632030、85514795
传真 0511－85514795、85510320
产品 烘缸堵漏、密封材料

镇江恒星科技有限公司
江苏省镇江市中山西路 89 号凯旋广场 5 号楼
邮编 212000
电话 0511－85027947
传真 0511－85636500
产品 烘缸堵漏

镇江金龙包装材料有限公司
江苏省镇江新区机电工业园
邮编 212132
电话 0511－83378588
产品 包装用纸

镇江金茂轻工机械制造有限公司
江苏省镇江市丹徒区阳谷镇镇南工业集中区宝路 1 号
邮编 212143
电话 0511－85935601
传真 0511－85935602
网址 www.zjjinmao.com
产品 备料、制浆、输运设备

江苏大唐机械制造有限公司
江苏省镇江市润州民营开发区镇句路东
邮编 212005
电话 0511－85621574、85630399
产品 备料设备

镇江良久轻工机械制造有限公司
江苏省镇江市朱芳路 108 号
邮编 212005
电话 0511－85632962
传真 0511－85623415
产品 制浆设备

镇江中富马机械有限公司
江苏省镇江市学府路 300 号
邮编 212016
电话 0511－88798188、88798618
传真 0511－88798066
网址 www.zjzfm.com
产品 造纸备料设备

泰州市

泰州市永达绳业器材厂
江苏省泰州市高港科技创业园高港区许田路许南
邮编 225324
电话 0523－86110982、13801432315
传真 0523－86116788
网址 www.yongkui.com
产品 引纸绳、柔性吊带、吊钩系列、起重链条系列

靖江耐腐蚀泵厂
江苏省靖江市新港套闸西首
邮编 214518

电话 0523－84211906
产品 浆泵、泵阀

靖江市飞驰环保实业有限公司
江苏省靖江市四墩子北大街
邮编 214536
电话 0523－84331256
产品 废水处理设备

江苏靖江市大地机械制造有限公司
江苏靖江市城北工艺园区新一路南
邮编 214500
电话 0523－84852441、84850441
传真 0523－84820441
网址 www. 84852441. com
产品 黑液磺化

苏东化工机械有限公司
江苏省泰兴市古溪镇溪镇工业园区苏东路1号
邮编 225417
电话 0523－87791016
产品 造纸环保设备

泰兴市瑞和纸业有限公司
江苏省泰兴市江平北路178号
邮编 225400
电话 0523－87688777
传真 0523－87688888
产品 各种纸张

泰兴市金星筛板制造有限公司
江苏省泰兴市江平北路杨庄桥北收费站南200米
邮编 225401
电话 0523－87685583
产品 造纸机械配件

江苏省泰兴市电除尘设备厂
江苏省泰兴市车站路30－1号
邮编 225400
电话 0523－7683876、7686865、7683865
13901435385
传真 0523－7686865
网址 www. landiancn. com
产品 造纸碱回收除尘器

泰兴市仕宁机械有限公司
江苏省泰兴市城区工业园
邮编 225401
电话 0523－87996001、87996032
传真 0523－87996031
网址 www. cnjsn. com
产品 压力筛鼓、平筛、多孔板、鳞形板、装饰消声板

泰兴市万能绳业有限公司
江苏省泰兴市孔桥镇
邮编 225432
电话 0523－7841446
产品 引纸绳、吊具

泰州市鑫龙吊装器材有限公司
江苏省泰州市口岸镇振兴北路53号
邮编 225322
电话 0523－86938626
产品 吊装备品、引纸绳等

兴化市造纸网厂
江苏省兴化市阳山西路西首（昭阳工业园区）
邮编 225700
电话 0523－83266368、88328158
传真 0523－83263581
网址 www. xhzzw. com
产品 聚乙烯（尼龙）网、各种工业网带、塑料传送链板

浙 江 省

杭州市

杭州碱泵有限公司
杭州市西湖区三墩西湖科技园西园五路12号
邮编 310030
电话 0571－89905760、89905601
传真 0571－89905602
网址 www. alkalipump. com
邮箱 sales@ alkalipump. com
产品 泵

富阳武林机械有限公司
浙江省富阳市劳动路10号
邮编 311400
电话 0571－63369991
产品 压光机、涂布机

杭州大路实业有限公司
浙江省杭州市萧山区红山
邮编 311234
电话 0571－82699042、82699052
传真 0571－82699410

产品 工业泵、盘磨机、浆泵

杭州美辰纸业技术有限公司
浙江省杭州市建国北路586号1601室
邮编 310004
电话 0571-85096526、85096527
传真 0571-85096527
网址 www.papermech.com
产品 流浆箱

杭州东新节能机电设备有限公司
浙江省杭州市景苑公寓6-4-101
邮编 310016
电话 0571-86969689
产品 节能环保型蒸汽疏水阀、冷凝水回收系统

杭州高新自动化仪器仪表公司
浙江省杭州市五常工业区五常大道150号
邮编 310023
电话 0571-88730918
传真 0571-88730917
产品 物理检测仪器

杭州华源自动化设备技术公司
浙江省杭州市体育场路71号
邮编 310004
电话 0571-85187837
传真 0571-85187837
产品 脱墨设备

杭州华章电气工程有限公司
浙江省杭州市文三路252号伟星大厦12楼E座
邮编 310012
电话 0571-88366555
传真 0571-88856077
产品 工业控制

浙江中控技术股份有限公司
浙江省杭州市滨江区六合路309号中控科技园
邮编 310053
电话 0571-88851888
传真 0571-86667518
网址 www.supcon.com
产品 自动化

杭州华加造纸机械制造有限公司
（杭州华加纸业技术发展有限公司）
浙江省杭州市文晖路大塘新村20号
邮编 310005
电话 0571-88801313、88801222
传真 0571-88801222
产品 流浆箱、斜网成形器

杭州市平方工贸有限公司（纸业）
浙江省杭州市西湖区教工路499号
邮编 310012
电话 0571-88839172
传真 0571-88085805
产品 打印纸、复印纸、传真纸、收银纸、书写纸、双胶纸

杭州轻工检测仪器厂
浙江省杭州市拱墅区富强路38号
邮编 310011
电话 0571-88192928
产品 纸张物理检测仪器

杭州轻通博科自动化技术有限公司
浙江省杭州市舟山东路66号
邮编 310015
电话 0571-88293902、88026010、88023152
传真 0571-88290716
网址 www.hzqtbk.cn
产品 压缩强度测试仪、电脑抗张试验机、耐折度测定仪、拉力仪、白度测定仪、光泽度测定仪、纸管抗压仪、白度颜色测定仪、平滑度测定仪、吸水性测定仪、打浆度仪、纸板耐破测定仪、整箱抗压机、纸箱抗压机

杭州萧山美特轻工机械有限公司
浙江省杭州市萧山区坎山大道265号（萧山国际机场旁）
邮编 311243
电话 0571-82519727
传真 0571-82519726
产品 滤液泵、高浓除渣器

杭州西湖阀门厂
浙江省杭州市西湖区留下镇百家园路2号
邮编 310023
电话 0571-85225864
传真 0571-85220115
产品 蒸汽阀门、疏水阀、止回阀

杭州新余宏机械有限公司
浙江省杭州市瓶窑
邮编 311115
电话 0571-88541156、88542958

传真 0571－88543365
网址 www. yhjg. com
产品 生活用纸机设备

浙江武林造纸机械有限公司
浙江省富阳市春江工业园区裕丰村
邮编 311421
电话 0571－63587966、63587967、63587968
传真 0571－63150990
网址 www. zjwulin. com
产品 造纸机械

桐庐造纸机械设备有限公司
浙江省桐庐县横村镇
邮编 311512
电话 0571－64671173
产品 造纸设备

杭州振兴工业泵制造有限公司
浙江省杭州市萧山区红山农场三号桥
邮编 311234
电话 0571－82600999、82699701、22822991
传真 0571－82699329、82699856
网址 www. zhenxingpump. com
产品 泵

浙大双元科技开发有限公司
浙江省杭州市莫干山路 1418 号
邮编 310015
电话 0571－88867823
传真 0571－88910049
产品 自动控制系统

中国轻工业总会自动化研究所
浙江省杭州市舟山东路 66 号
邮编 310015
电话 0571－88290715
传真 0571－88290716
网址 www. qgyzdh. com
业务 传感器、智能仪器仪表、生产过程自动控制装置和系统机电一体化产品

浙江省普瑞科技有限公司
浙江省杭州市萧山经济技术开发区鸿兴路 181 号
邮编 311215
电话 0571－88170685
传真 0571－88173641
产品 膈膜纸、过滤纸

轻工业杭州机电设计研究院
浙江省杭州市体育场路 71 号
邮编 310004
电话 0571－85186556、85186716（总机）
传真 0571－85186432
网址 www. hmei. com. cn

杭州东知纸业有限公司
浙江省杭州市清泰街 346 号 508 室
邮编 310009
电话 0571－56856139、56856135
13957159188、13777464063
传真 0571－56856138
网址 www. touchi. com. cn
经营 日本废纸

杭州董氏工贸有限公司
浙江省杭州市东兴路 551 号颜三路 8 号
邮编 310005
电话 0571－85383446、85386422
传真 0571－85386423
经营 灰底白纸板、白卡纸、瓦楞原纸、箱纸板、铜版纸、双灰纸、包装牛皮纸、双胶纸、书写纸、拷贝纸

宁波市

宁波鹏程纸业有限公司
浙江省宁波市鄞奉路 536 号
邮编 315010
电话 0574－87474197
传真 0574－87481099
产品 各种高、中、低档灰底，白底、白卡纸、铜版纸、双胶纸

上海振华港机（集团）宁波传动机械有限公司
宁波伟隆传动机械有限公司
浙江省宁波市东钱湖旅游度假区工业区
邮编 315121
电话 0574－88372266（总机）
0574－88370604、88373131
传真 0574－88372264
网址 www. weilongme. com. cn
产品 传动机械

宁波宁菱机器制造有限公司
宁波宁菱磁粉离合器有限公司
浙江省宁波市嵩江西路 86 号
邮编 315192

电话 0574－88213463、88215639
传真 0574－88213753
网址 www. ningling. com
产品 分切机、涂布机

宁波市奇兴无纺布有限公司
浙江省慈溪市掌起工业开发区
邮编 315313
电话 0574－63751612、63742606、63751608、63744609
传真 0574－63740408
网址 www. china-nonwoven. com
www. airlaids. com
产品 无纺布、无尘纸及其生产线、各种一次性卫生制品、湿面巾、生活及工业用各种擦拭布

宁波远东进出口有限公司
浙江省宁波市环城北路东段 287－2 号远东仓库
邮编 315000
电话 0574－87308169、13736010054
传真 0574－87300054
经营 涂布白卡纸、金银卡纸、牛皮纸、档案袋专用纸、画框卡纸、黑卡纸进出口

温州市

乐清市雅尔利铝箔纸有限公司
浙江省乐清市北白象镇干鲜果市场 2 楼
邮编 325603
电话 0577－62991635
传真 0577－62995635
网址 www. yaerli. com
产品 各种用途铝箔纸

瑞安市金斯顿喷淋机械有限公司
浙江省瑞安市塘下镇上金工业区
邮编 325204
电话 0577－65500050
传真 0577－65354710、65380926
产品 喷头喷嘴、校网器

瑞安调节阀厂
浙江省瑞安市汀田镇寨下东新路 18 号
邮编 325206
电话 0577－65500100
传真 0577－65505510
产品 调节阀

瑞安市金阳喷淋机械有限公司
瑞安市金邦喷淋技术有限公司
浙江省瑞安市塘下镇里北垟村旺垟东路 84 号
邮编 325204
电话 0577－65380305、13906874397、13906874397
传真 0577－65380306
网址 www. jinwenpin. com
产品 喷嘴、除渣器头

瑞安市远洋机电有限公司
浙江省瑞安市塘下镇上金工业区 5 号地
邮编 325204
电话 0577－65390539
传真 0577－65397900
产品 轴承退卸套、紧定套、切草机、飞刀、底刀、喷嘴、匀浆机、卷纸辊、磨浆机主轴、浆泵衬套、浆泵叶轮、烘缸刮刀、疏水阀

温州金虎包装材料有限公司
浙江省平阳县敖江机电工业园区 104 国道 130 号
邮编 325401
电话 0577－63018373、63696666、63696601
传真 0577－63696606
网址 www. wzjinhu. com
产品 纸塑复合包装及各类塑料复合包装

温州市曙光起动设备有限公司
浙江省乐清市柳市大兴西路 431 号
邮编 325604
电话 0577－62726973、61720973、13506670783、13806865590
传真 0577－62721973
网址 www. china-shuguang. com
产品 起动器

温州市利普自控设备有限公司
浙江省温州市鹿城区炬光园中路 125 号
邮编 325007
电话 0577－88608601
网址 www. leap. com. cn
产品 工业过程控制阀及自控设备

德宝纸杯机械有限公司
浙江省瑞安市飞云镇远东路 21－29 号
邮编 325207
电话 0577－65568789
传真 0577－65568799
网址 www. debaochina. com

产品 纸杯、纸杯机、纸碗机、碟盒机等

温州仪器仪表有限公司
浙江省温州市经济技术开发区经八路
邮编 325011
电话 0577－86533644
传真 0577－86554149
产品 光学分析仪器、白度计

温州市华威机械有限公司
浙江省温州市龙湾区沙城镇南片工业区永工南路6号
邮编 325025
电话 0577－86810726、86817863
传真 0577－86821728
网址 www. hwd- cn. com
产品 压力筛、分散槽、弧形筛、过滤器

温州银翼造纸筛选设备有限公司
浙江省温州市高新技术园区炬光园（牛山北路）
邮编 325000
电话 0577－88609960
传真 0577－88608862
网址 www. wzyinyi. com
产品 压力筛、除节机、过滤机、分级筛

中国丰华科技发展有限公司
浙江省温州市金乡朝阳东路279号
邮编 325805
电话 0577－64576555
传真 0577－64575088
产品 不干胶系列产品

浙江力诺阀门有限公司
浙江省瑞安市潘岱泸浦力诺工业园
邮编 325211
电话 0577－65218818
传真 0577－65386988
网址 www. cn- linuo. com
产品 造纸控制阀

浙江瑞安市金斯顿有限公司
浙江省瑞安市塘下镇上金工业区
邮编 325204
电话 0577－65500050、65354710
传真 0577－65380926
产品 喷嘴

浙江亚达不锈钢制造有限公司
浙江省温州市龙湾区沙城镇食品机械工业园区安兴路155号
邮编 325025
电话 0577－86812378
传真 0577－86810869
网址 www. yadajx. com
产品 不锈钢输送管道及管件阀门

浙江瑞萌自动化设备有限公司
浙江省瑞安市汀田镇寨下东新路211号
邮编 325206
电话 0577－65500010、65102626
传真 0577－65505510
网址 www. cn- rtf. com
产品 造纸自控阀

苍南自动化仪器总厂
浙江省苍南县城堡西路5号
邮编 325800
电话 0577－64700611、64775191、13806626518
传真 0577－64758918
产品 电动机保护器

嘉兴市

浙江德威不锈钢管业制造有限公司
浙江省嘉兴市城北路1522号
邮编 314001
电话 0573－82219767、83664050
传真 0573－83664050
网址 www. zjdewei. cn
产品 不锈钢大、中、小口径焊管及不锈钢管件

海宁市浙宁印刷包装机械有限公司
（原海宁市伊桥轻工机械厂）
浙江省海宁市联合西路
邮编 314400
电话 0573－87224695、13906738621、13606736209
传真 0573－87222033
网址 www. tdjx. com. cn
www. baccopak. com
产品 电脑凹版印刷机、盘纸分切机、纸膜横切机、金卡纸印刷机

平湖市青云建材机械有限公司
平湖市建材机械厂
浙江省平湖市通界桥
邮编 314215
电话 0573－85944078、13706739400

传真 0573－85944032
产品 输送机、捆包机

桐乡市造纸毛毯厂
浙江省桐乡市晚村镇
邮编 314513
电话 0573－88511541
产品 造纸毛毯

台州市

台州神通烫印机械有限公司（纸品部）
浙江省天台县城西工业区上科山
邮编 317200
电话 0576－8373028、83730208、83730598
传真 0576－83730818
网址 www. ttshentong. com
产品 纸制笔记本、纸制文具套装、纸制相册

浙江省临海市王开机筛有限公司
浙江省临海经济开发区东方大道 138 号
邮编 317000
电话 0576－85121181、85121418
传真 0576－85121428
网址 www. wangkai. com
产品 筛板、筛鼓

温岭市南方粉体设备制造厂
浙江省温岭市肖家桥工业区
邮编 317502
电话 0576－86580583
传真 0576－86581283
网址 www. nf-sb. com
产品 振动筛分机、高效混合机、加热搅拌机、制粒机、输送机、乳化机、溶解机

绍兴市

诸暨造纸机械厂
浙江省诸暨市牌头工业区
邮编 311825
电话 0575－87051260、87051260
产品 切纸机

绍兴市恒申纸业有限公司
浙江省绍兴市袍江工业区郡贤路南区 A 块群贤路
邮编 312071
电话 0575－88036188
传真 0575－88037333
产品 工业用各种纸管、化纤

湖州市

安吉美伦纸业设备有限公司
浙江省安吉县递铺镇阳光工业园区
邮编 313300
电话 0572－5302977、5302966、13905820632
传真 0572－5302977
网址 www. china-meilun. com
产品 饰面辊

金华市

浙江兰溪市华伦造纸有限公司
浙江省兰溪市城郊西路 21 号
邮编 321100
电话 0579－88230385
传真 0579－88230966
产品 牛皮箱纸板、涂布白纸板、印花纸

浙江武义华东印刷机械有限公司
浙江省武义县环城东路 18 号
邮编 321200
电话 0579－87625769
传真 0579－87622188
网址 www. packingmachineeryes. com. cn
产品 扑克机械、包装机械

安　徽　省

合肥市

安徽华联造纸机械联合公司
安徽省合肥市潜山路 287 号
邮编 230031
电话 0551－5562211
传真 0551－5562211
产品 造纸完成设备

安徽省轻工设计院有限公司
安徽省合肥市马鞍山南路富成大厦 10 层
邮编 230001
电话 0551－2677951、2673909、2628422

传真 0551－2673755
网址 www. ahlidi. com
邮箱 ahlidi@163. com
业务 工程设计、咨询、监理

芜湖市

安徽华辰造纸网股份有限公司
安徽省芜湖市开发区港湾路 33 号
邮编 241006
电话 0553－5848295
传真 0553－5848290
产品 聚酯网、铜网

安庆市

安庆市朝阳胶辊密封件有限责任公司
安徽省安庆市十里乡吴咀村 206 国道旁
邮编 246005
电话 0556－5369004
产品 造纸胶辊、油封、瓦楞纸板

滁州市

天马泵阀集团
安徽省天长市新河北路 53 号
邮编 239300
电话 0550－7029888
产品 泵及泵阀

阜阳市

安徽三角元拉丝厂
安徽省太和县旧县镇三角园拉丝厂
邮编 236600
电话 0558－8217075
传真 0558－8217075
产品 造纸网、聚酯成形网、螺旋干网

福 建 省

福州市

福建福州杭华实业有限公司
福建省福州市塔头路 3 号山明水秀大厦 6101 室
邮编 350011
电话 0591－87336866、87330076
传真 0591－87338818
经营 纸张、纸浆、松香

福建省浆纸质量监督检验站
福建省福州市白马中路 53 号
邮编 350005
电话 0591－83334751
传真 0591－83334751

福建省建筑轻纺工业设计院
福建省福州市东大路 92 号
邮编 350001
电话 0591－87533097、87556853
传真 0591－87520875
业务 造纸工程设计、咨询

福建省造纸工业公司
福建省福州市省府路 1 号金皇大厦 13 层
邮编 350001
电话 0591－87527473
传真 0591－87520308
经营 造纸原料、造纸设备及仪器仪表

福州灵丰造纸开发有限公司
（福建省造纸工业研究所）
福建省福州市西洋路 163 号西洋公寓 1034 室
邮编 350005
电话 0591－83319455、13600855541
传真 0591－83304465
产品 造纸铜网毛毯、检测仪器、化工产品

星光造纸新技术研究开发中心
福建省福州市工业路祥坂第三工业区 8 号楼
邮编 325002
电话 0591－83821184
产品 造纸脱水器材

福建省轻工机械设备有限公司
福建省闽侯县铁岭工业集中区
邮编 350100
电话 0591－22079888、22079666
传真 0591－22079777
网址 www. fjqj. com
产品 废纸脱墨、废纸处理和热分散生产线，过氧化氢漂白生产线，纸浆上浆系统

厦门市

卡斯卡特（厦门）叉车属具有限公司
福建省厦门市海沧区阳光路 668 号

邮编 361026
电话 0592－6512500、6512570
传真 0592－6512571
网址 www.cascorp.com.cn
产品 侧移器、纸卷夹、纸箱夹、旋转器

厦门永顺纸业开发有限公司
福建省厦门市江头圆山工业区 2#厂房
邮编 361009
电话 0592－5521851－3
传真 0592－5520291
产品 纸制品印制

泉州市

泉州市宇达电子技术发展公司
福建省泉州市西湖小区盛荣二期 9#A207
邮编 362000
电话 0595－22770778
传真 0595－22770478
产品 同步调速系统

南平市

福建南平星光机械制造安装有限公司
福建省南平市滨江北路 177 号
邮编 353000
电话 0599－8808936、8808531、13706006886
传真 0599－8800088
网址 www.fjnpxg.com.cn
产品 造纸厂电器装备制造、安装维修

福建南平亚星机电工程技术有限公司
福建省南平市滨江北路 177 号
邮编 353000
电话 0599－8808935
传真 0599－8808530
产品 机械仪器、轻工机械

福建顺昌轻工机械有限公司
福建省顺昌县新屯工业园
邮编 353200
电话 0599－7821856
产品 碎浆机、筛、除渣器

宁德市

福安城阳磨片厂
福建省福安市大溪边
邮编 355000
电话 0593－6381286
产品 盘磨机磨片

福安市轻工机械一厂
福建省福安市城北荷塘坪 89 号
邮编 355000
电话 0593－6382064、6588531
传真 0593－6382472
产品 打浆机、纸机配件

江　西　省

南昌市

江西洪都精工机械有限公司
江西省南昌市新溪桥
邮编 330024
电话 0791－8467083、8468229
传真 0791－8467080
网址 www.jxhdjg.com
产品 压力筛、水力碎浆机

江西省轻工业研究所
江西省南昌市北京东路 138 号
邮编 330029
电话 0791－8333891
传真 0791－8329214
网址 www.jxlight.gov.cn
业务 相关油墨制品研发、造纸相关研究

江西省纸张质量监督检验站
江西省南昌市北京东路 138 号
邮编 330029
电话 0791－8333891
传真 0791－8329214

南昌轻工机械厂
江西省南昌市迎宾大道 77 号
邮编 330030
电话 0791－5212116

产品 纸机打浆机、碱回收设备

九江市

瑞昌市全游离松香胶厂
江西省瑞昌市黄金北路
邮编 332200
电话 0792－4222518
产品 全游离分散松香胶

宜春市

江特集团
江西省宜春市东风大街 10 号
邮编 336000
电话 0795－3272270、3267900、3278147
传真 0795－3263554
网址 www. jiangte. com. cn
产品 变频调速电机

山　东　省

济南市

ABK 中国代表处
山东省济南市高新区世纪财富中心 B 座 10 楼 1002 室
邮编 250101
电话 0531－86510508、13705315507
传真 0531－86510507
网址 www. abkmachinery. com
产品 上网成形器、软压光机、膜转移施胶涂布机

济南金拓亨机械制造有限责任公司
山东省济南市经济开发区南园国道路 6001 号
邮编 250301
电话 0531－87229688、13905411910
传真 0531－87367881
网址 www. jintuoheng. com
产品 造纸机械、制浆设备、筛选设备

济南华章实业有限公司
山东省济南市天桥区东宇大广街以西
邮编 250032
电话 0531－85719751、85704203
传真 0531－85704203
产品 纸机部件

济南机械装备实业公司
山东省济南市经十路 388 号
邮编 250022
电话 0531－87966524
传真 0531－87957271
产品 纸机、涂布机、拉幅机

济南兰光机电技术中心
山东省济南市无影山路 144 号
邮编 250031
电话 0531－85953155
产品 胶黏剂检测试验仪器、包装印刷检测仪器

济南市长清育才机械厂
山东省济南市长清区城南孙庄村
邮编 250300
电话 0531－87263421
产品 打浆备件

济南鑫泰机械有限公司
山东省章丘市枣园镇济南济北工业园
邮编 251400
电话 0531－3651430、3656168、3656978、
　　84288199
传真 0531－3656896、84288110
网址 www. xintai. cn
产品 挤浆机、洗浆机、浓缩机、碎浆机、磨浆机、精浆机、纤维疏磨机、筛、除渣器、纤维分离机、脱墨机、热分散机、除节机、混合器、漂白塔、输送机、推进器、搅拌器

济南成东机械制造有限公司
山东省济南市经十东路刘志远路口
邮编 250101
电话 0531－8882862、8883478
　　13506403287、13905315163
传真 0531－8882576
网址 www. dongchengchina. com
产品 螺旋卷管机、封灌机、制袋机、铸涂机、挤出复合机、贴标机

济南兴宏元造纸机械有限公司
山东省章丘市关庄乡关庄村
邮编 250217
电话 0531－83320518
产品 造纸机系列设备

山东造纸机械厂
山东省济南市荷花路 65 号

邮编 250100
电话 0531-88265149、88263157
传真 0531-88263129
网址 www.sd-zzjx.com
产品 压榨辊、分切机、切纸机、复卷机、卷纸机、压光机、接纸台

山东造纸工业技术开发公司
(山东省造纸工业研究设计院)
山东省济南市工业南路 101 号
邮编 250100
电话 0531-8952358
传真 0531-8934142
产品 离心甩浆机

章丘市大星造纸机械有限公司
山东省章丘市埠村镇商业街南首
邮编 250215
电话 0531-83711050、13605419620
13964071038、13356683703
传真 0531-83713868
网址 www.sd-daxing.com
产品 辊、卷纸缸

长春纸张试验机有限责任公司山东办事处
山东省济南市天桥区东工商河路 18-1 号 7 号楼 2 单元 202 室
邮编 250031
电话 0531-5910865
传真 0531-5910865
网址 www.cczzsyi.net
产品 纸张物理检测仪器

山东省章丘市造纸机械厂
山东省章丘市枣园镇
邮编 250214
电话 0531-83651411、83650068
传真 0531-83651869
网址 www.zq-zzjx.com
产品 压光机、卷纸机、复卷机、单/双刀切纸机、接纸台、退纸架、理纸机、施胶机、打包机、分切机

长清吉祥造纸机械有限公司
山东省济南市长清区城南孙庄
邮编 250300
电话 0531-87263639
传真 0531-87263639
产品 造纸机械

长清县恒振兴造纸机械有限责任公司
山东省济南市长清区城南
邮编 250300
电话 0531-87263412
传真 0531-87263418
网址 www.zhenxingjixie.com
产品 筛选设备、浓缩机、双盘磨浆机

长清县中联造纸机械厂
山东省济南市长清区城南三公里孙庄
邮编 250300
电话 0531-87263422
产品 纸机打浆备件

新世纪造纸机械有限公司
山东省济南市明水赭山工业园内
电话 13869101298（朱胜永）、13553181203（张波）
产品 复卷机、切纸机、压光机、卷纸机、打包机

川佳机械集团股份有限公司华北办事处
山东省济南市无影山东路 38 号
电话 0531-5863156、5863256
传真 0531-5863056
产品 内流式压力筛

青岛市

麦斯凯包装系统（青岛）有限公司
山东省青岛市南京路 2 号绮丽大厦 1803 室
邮编 266000
电话 0532-85797620
传真 0532-85797619
产品 燃气热缩包装机

青岛恩东物产有限公司
山东省青岛市城阳区流亭赵红路
邮编 266108
电话 0532-84908348
传真 0532-84908349
产品 气化性防锈膜、防锈纸、防锈粉末、防锈液

青岛鹊乾坤机械有限公司
山东省青岛市延安三路 114 号金环广场 C 座 1303 室
邮编 266071
电话 0532-85820485、83652556
网址 www.jiliangbeng.com.cn
产品 化学品计量泵

青岛欧美进出口有限公司
山东省青岛市市南区东海西路 35 号 4 栋 12 层
邮编 266071
电话 0532－85757515、85710531、13969876639
传真 0532－85710992
业务 桉木浆、蔗渣浆、漂白阔叶木浆、漂白针叶木浆、本色木浆、脱墨浆进出口

青岛达全洋进出口有限公司
山东省青岛开发区江山南路 628 号贵信花园 2－404 室
邮编 266555
电话 0532－86768605、15969884768
传真 0532－86769605
业务 美国乱码纸、牛卡纸、牛皮纸、铜版纸、玻璃卡纸进出口

青岛冠宇纸业有限公司
山东省青岛市李沧区玖水东路市南工业区旁边
邮编 266100
电话 0532－87609718、13905324333、87608628
　　0532－87608608、13506392363
传真 0532－87609799、87609798
产品 牛卡纸

青岛澳宇贸易有限公司
山东省青岛市崂山区海尔路 63 号数码科技中心北楼 703 中港大厦 1405 室
邮编 266061
电话 0532－80998176、13953200097
传真 0532－80999990
业务 牛卡纸、白纸板、挂面纸、废纸贸易

青岛茂源经贸有限公司
山东省青岛市衡阳路 1 号甲
邮编 266000
电话 0532－84683966、84683988、84685999
传真 0532－84683977
业务 各种纸张贸易

青岛瑞宝纸业有限公司
山东省青岛市瞿塘峡路 43 号金色海岸
邮编 266002
电话 0532－82688762
传真 0532－82654552
业务 废纸、纯白纸边、卫生纸边、扑克牌原纸、牛皮纸袋纸、牛卡切边贸易

青岛森信商贸有限公司
山东省青岛市浦口路 8 号 504 室
邮编 266021
电话 0532－83021477、83024166、13906421070
业务 铜版纸、双胶纸、邮封纸、PE 牛皮纸、牛卡纸贸易

青岛坤博进出口有限公司
山东省青岛市福州南路 9 号 1028 室
邮编 266071
电话 13969713001（张超）
业务 废铝箔纸、铝箔包装纸、卫生纸边、废塑料、铝塑膜、半透明纸、白包装纸进出口

青岛宏业林浆纸有限公司
山东省青岛市观音峡路 24 号 2504 室
邮编 266002
电话 0532－82685988
传真 0532－82670827
产品 漂白针叶木浆

淄博市

临淄闻韶世兴源机械配件服务部
山东省淄博市临淄区稷下办
邮编 255400
电话 0533－7314282
传真 0533－7314282
产品 造纸机、塑料机零配件、造纸网毯洗涤器、校正器

百川恒星（淄博）造纸机械有限公司
山东省淄博市周村区恒星路 98 号
邮编 255300
电话 0533－6553030、6556038
传真 0533－6553041
产品 新闻纸机、高级文化用纸机、瓦楞原纸机和高档箱纸板机

山东晨钟机械股份有限公司
（原淄博轻工机械股份有限公司）
山东省淄博市桓台县田庄镇
邮编 256402
电话 0533－8580059、8580366
传真 0533－8588059
网址 www. chenzhong. com. cn
产品 磨浆机、搓浆机

山东硅苑新材料科技股份有限公司
山东省硅酸盐研究设计院
山东省淄博市高新区柳泉路 286 号

邮编 255086
电话 0533－3582419
传真 0533－3582244
网址 www. sicer. com. cn
产品 陶瓷脱水器件、除砂器

山东海天造纸机械有限公司
山东省淄博市王村兴华路 320 号
邮编 255311
电话 0533－6682999、6682000
传真 0533－6680898
产品 1760～4400 毫米系列长网多缸文化用纸机、2400～4400 毫米系列圆网压力成形器、超短网成形器纸板机、2400～4400 毫米系列长网多缸瓦楞原纸机、2400～4400 毫米系列三叠网、四叠网纸板机

山东省淄博市临淄区宏强造纸设备厂
山东省淄博市临淄区炼厂西路
邮编 255400
电话 13355231527（李文安）
产品 气动洗涤驱动装置、水动成套配件、水动装置、气动校正器

山东省淄博市临淄区辛店富发造纸设备厂
山东省淄博市临淄区大武生活区分 146 号
电话 0533－7481761
传真 0533－7481761
产品 造纸网毯洗涤器

山东富安集团真空科技有限公司
山东省淄博市博山区富安工业园
邮编 255200
电话 0533－4208888、4208666
传真 0533－4208999
网址 www. shandongfuan. com
产品 真空泵

纳西姆工业（中国）有限公司
山东省博山经济开发区纬五路 18 号
邮编 255213
电话 0533－4654888、4652266
传真 0533－4651466
产品 真空泵压缩机

淄博东方机械有限公司
山东省桓台县田庄西外环路北首
邮编 256402
电话 0533－8581000
产品 制浆设备及配件

淄博国信轻工机械有限公司
山东省淄博市桓台县新城
电话 0533－8880446
传真 0533－8880440
网址 www. gxqj. net
产品 转鼓式碎浆机

淄博明信造纸机械有限公司
山东省淄博市周村区正阳路 1688 号
邮编 255339
电话 0533－6161856（13905335172）
传真 0533－6161058
产品 文化用纸机、瓦楞原纸机、箱纸板机

淄博锦秀电器自动化有限公司
山东省淄博市周村区正阳路北首
邮编 255339
电话 0533－6536726、13953388545
传真 0533－6531786
产品 制浆 DCS 系统、变频传动系统、定量水分析

淄博泰鼎造纸机械有限公司
山东省淄博市周村区恒星路 98 号
邮编 255300
电话 0533－6556147、6556085
产品 造纸机械

淄博市周村庆宁过滤设备厂
山东省淄博市周村区米河路北首
邮编 255300
电话 13964355195
传真 0533－6810355、6804678
产品 过滤设备

淄博全通机械有限公司
山东省淄博市王村镇
邮编 255311
电话 0533－6680247
传真 0533－6680249
网址 www. cnquantong. com
产品 双螺旋高效挤浆机、纸板机、复合纸机、软辊压光

淄博市临淄春光机电有限公司
山东省淄博市临淄区梧台镇温江路 3 号
邮编 255420
电话 0533－7666048

传真 0533－7669098
网址 www.cgjd.com
产品 造纸网毯洗涤器及其驱动装置，中、低浓双盘磨浆机，长网双辊挤浆机，长网洗浆机

淄博市临淄八方园包装制品有限公司
山东省淄博市临淄区金岭镇金岭南路 1905 号
邮编 255410
电话 0533－7480058
传真 0533－7480128
产品 纸杯、纸碗、纸餐盒

淄博市临淄科比造纸设备厂
山东省淄博市临淄区
邮编 255400
电话 0533－7327902
传真 0533－7327902
产品 网毯洗涤、校正器、造纸设备

淄博水环真空泵厂有限公司
山东省淄博市博山区柳杭路 48 号
邮编 255200
电话 0533－4178155、4133704、4175945
传真 0533－4179957
产品 2BEC、2BEA、2BVA、SZ、SZB、SK、2SK、2SK-P等系列水环式真空泵，压缩机及真空机组，HZN 柠檬酸强制循环泵

淄博陶瓷机械厂
山东省淄博市淄川区昆仑镇铁路街 203 号
邮编 255129
电话 0533－5780113、5781921
产品 高速超细粉碎机

国信轻工机械有限公司
山东省桓台县新城镇
邮编 256403
电话 0533－8880446
产品 筛浆机、浓缩机

枣庄市

山东鲁台集团凯利得数控设备有限公司
山东省枣庄市台儿庄区万通路 1 号
邮编 277400
电话 0632－6662999、6618607
传真 0632－6662998
网址 www.ltsk.126.com
产品 软压光机、数控传动

山东鲁台造纸机械集团有限公司
山东省枣庄市台儿庄工业园鲁台路 1 号
邮编 277400
电话 0632－6681888、6681999（13561113888）
传真 0632－6611569
网址 www.lutaijt.com
产品 SD 压滤机、造纸机、碎浆机、烘缸

山东台儿庄万通纸业总公司
枣庄市亿利达造纸机械有限公司
山东省枣庄市台儿庄区长捷西路
邮编 277400
电话 0632－6618915、6611105
传真 0632－6612639
网址 www.zzyld.com
产品 软压光机、污泥脱水机、湿抄机、造纸机

枣庄市亿丰造纸机械有限公司
山东省枣庄市台儿庄区长捷路中段（区党校东）
邮编 277400
电话 0632－6666068
传真 0632－6661958
销售热线 13863238258、13863212909
产品 造纸机械

枣庄市得盛机械设备有限公司
山东省枣庄市驻地西昌路
邮编 277100
电话 0632－3318777、13361438256
传真 0632－3555558
产品 流浆箱、污泥脱水机、烘缸、压光机、压榨洗涤过滤机

枣庄市汉森造纸数控设备有限公司
山东省枣庄市台儿庄区鸿发街北段
邮编 277400
电话 0632－6637338、13906326595、13062025881
传真 0632－6602988
网址 www.hastenzz.com
产品 压光机

山东省滕州市臻宇造纸环保设备厂
山东省滕州市平行路 268－3 号
邮编 277500
电话 0632－5573861
传真 0632－5573861

产品 黑液提取设备、浆液分离机

山东滕州市科创轻工机械有限公司
山东省滕州市东城经济工业园
邮编 277500
电话 0632－5687391、5687390
传真 0632－5687390
网址 www.sdkechuang.com
产品 制浆造纸废水处理、废纸脱墨设备

滕州力华米泰克斯胶辊有限公司
山东省滕州市平行南路76号
邮编 277500
电话 0632－5699298、5699450
传真 0632－5699275
网址 www.sdlihua.com
产品 各类工业胶辊、其他金属零件覆胶

滕州市晨光波纹管有限公司
山东省滕州市长途汽车总站北后屯工业区
邮编 277500
电话 0632－5552837
传真 0632－5552171
产品 旋转接头、波纹补偿器

滕州市东方波纹管有限公司
山东省滕州市平行北路41号
邮编 277500
电话 0632－5512430
产品 金属软管、旋转接头

滕州市锻压机床二厂
山东省滕州市学院路1号
邮编 277500
电话 0632－5502318、5530779
传真 0632－5599753
产品 挤浆机、洗浆机、污泥脱水

滕州市华方旋转接头有限责任公司
山东省滕州市大同北路5号
邮编 277500
电话 0632－5525608
传真 0632－5528571
产品 旋转接头及不锈钢金属软管

滕州市金旋波纹管有限公司
山东省滕州市平行南路88号
邮编 277500
电话 0632－5585138
产品 金属软管、旋转接头

滕州约翰逊旋转接头制造有限公司
山东省滕州市大同北路139号（北首）
邮编 277500
电话 0632－5513203、5512111
传真 0632－5516244
产品 各种规格、型号的旋转接头及配套金属软管、疏水阀

烟台市

烟台华正轻工机械有限公司
山东省烟台牟平区西关路96号
邮编 264100
电话 0535－4223727
产品 打浆、除渣器设备、真空泵

烟台造纸机械总厂
山东省烟台市莱山区
邮编 264101
电话 0535－6752024
产品 磨浆、浓缩、除渣、真空系列浆泵

莱州市永丰造纸机械有限公司
山东省莱州市平里店镇驻地
邮编 261414
电话 0535－2615564、2615565、2615567
传真 0535－2615567
网址 www.yongfenggroup.com
产品 造纸制浆造纸设备、单/复式纤维分离机、外流式高浓压力筛、双锥体高浓除渣器、方浆池推进器、浆池搅拌器、卧/立式水力碎浆机、自洗式振动平筛、槽式打浆机、出口五金工具、硬度计、工业纸板、纸塑制品

山东莱州市磁粉离合器厂
山东省莱州市城山路200号
邮编 261416
电话 0535－2754132
产品 纸机用离合器

蓬莱市自控设备成套厂
山东省蓬莱市海市路
邮编 265600
电话 0535－5641224、5631224
传真 0535－5601224
网址 www.penglaisugar.com

产品 汽水分离、冷凝水排出

潍坊市

实耐格（潍坊）包装有限公司
山东省寿光市西环路
邮编 262702
电话 0536－5211111
传真 0536－5211611
产品 纸芯、纸管

潍坊科力电磁设备有限公司
（原山东省临朐县科力电磁设备厂）
山东省临朐县城南工业园
邮编 262600
电话 0536－3181088、3181099、3181077、13953602126
传真 0536－3181099
网址 www. kelidianci. com
产品 电磁除铁器、磁滚筒、永磁铁、金属探测仪

潍坊同步造纸技术有限公司
山东省安丘市经济开发区
邮编 262100
电话 0536－4733666、4224610
传真 0536－4733667
技术咨询 13953661000
网址 www. wftb. cn
产品 纸幅横向水分调节系统、纸幅横向定量调节系统、刮刀、空气转向器、纸幅稳定器、洗涤器、分条机

潍坊天宏机械制造有限公司
山东省安丘市华安路中段西首
邮编 262100
电话 0536－4256398
传真 0536－4256397
网址 www. wfth. cn
产品 除渣器

山东华特磁电科技股份有限公司
山东省临朐县经济开发区华特路中段
邮编 262600
电话 0536－3214543、3110552
传真 0536－3110552
网址 www. sdhuate. com
产品 除铁器、给料器

潍坊开发区造纸毛毯厂
山东省潍坊市北海路 628 号
邮编 261061
电话 0536－8883680
传真 0536－8888367
产品 造纸毛毯

潍坊凯信机械有限公司
山东省潍坊市高新技术开发区桐荫街 7 号
邮编 261061
电话 0536－2966900
传真 0536－2966999
网址 www. hicredit. com. cn
产品 造纸机械成套设备及相关自控系统

潍坊市石辊厂
山东省安丘市红沙沟街
邮编 262124
电话 0536－4671466
传真 0536－4671957
产品 纸机用辊

潍坊扬帆机械有限公司
山东省潍坊市胜利西街 3858 号
邮编 261011
电话 0536－8552655、13953608175
传真 0536－8550840
网址 www. yangfanjixie. com
产品 造纸备料制浆设备、废水处理设备

潍坊科创浆纸工程有限公司
山东省安丘市经济开发区
邮编 262123
电话 0536－4732506
传真 0536－4732507
产品 除渣器、螺旋挤浆机、搅拌器

青州市益丰造纸机械有限公司
山东省青州市南郊
邮编 262501
电话 0536－3810143
产品 备料、制浆设备

山东青州市鸿立造纸机械有限公司
（原青州市益都造纸机械厂）
山东省青州市东方路 678 号
邮编 262500
电话 0536－3201582、3297849

传真 0536－3205539
网址 www. sdyidu. com
产品 制浆设备、备料设备

山东诸城国安机械有限公司
山东省诸城市经济开发区西首
邮编 262233
电话 0536－6017288
传真 0536－6017288
网址 www. guoanjixie. com
产品 制浆造纸设备、废水处理设备

诸城市明大机械有限公司
山东省诸城市皇华工业园
邮编 262233
电话 0536－6587669
传真 0536－6342866
产品 卫生纸机

山东省诸城市汉通奥特造纸设备有限公司
山东省诸城市龙都工业园
邮编 262200
电话 0536－6218640
传真 0536－6113828
网址 www. htaote. com
产品 制浆设备、卫生纸机、废水处理设备

山东省弘扬机械有限公司
山东省诸城市龙都街道办事处西土墙工业园
邮编 262200
电话 0536－6358838
传真 0536－6358278
售后服务电话 13356712261
网址 www. hongyanggongsi. com
产品 筛选、碎浆、打浆、除砂及纸加工设备，废纸脱墨成套设备，废水处理成套设备及工艺设计，制浆造纸工艺设计及技术指导，爆破法制浆，新型环保制浆方法技术咨询

山东省诸城市精益造纸机械厂
山东省诸城市密州街道办事处东徐工业园
邮编 262200
电话 0536－6065718、6083680、13606476897、13791630807
传真 0536－6083680
产品 纤维分离机、挤浆机、脱墨机、压滤机、离解机、精浆机、碎浆机、气动刮刀、双盘磨浆机、圆网浓缩机、旋翼筛

诸城市中天机械有限公司
山东省诸城市龙都建材城西 500 米路南
邮编 262200
电话 0536－6358676、6881548、13806366470
传真 0536－6358679
网址 www. zhongtianjixie. com
产品 薄页纸机、水力碎浆机、筛、脱墨机、微滤机、挤浆机、磨浆机、纤维分离机、气浮机

山东省诸城市金三扬机械设备制造厂
山东省诸城市经济开发区横五路东首
邮编 262200
电话 0536－6125578、6125588、13806366474
传真 0536－6184876
产品 废水处理设备、制浆设备、脱墨设备、锅炉除尘设备

山东省诸城市金隆机械制造有限责任公司
山东省诸城市德利斯大道中段
邮编 262200
电话 0536－6081658、6081808、6089989、6116888
传真 0536－6081808
网址 www. jinlongjixie. com
产品 打浆设备、磨浆设备、筛选净化设备、浮选脱墨设备、浓缩洗浆设备、废水处理设备、高速卫生纸机、机械制浆设备、热分散系统、浆泵、推进器

山东诸城市东泰造纸机械有限公司
山东省诸城市西外环中段化肥厂西 300 米
邮编 262200
电话 0536－6017669、13505369679、13705360609
产品 筛、除渣器、污泥压滤机、气浮废水处理、纸机、湿抄机、脱墨设备、洗涤磨浆设备、磨浆机、爆破制浆技术及设备

诸城市中天机械有限公司
山东省诸城市龙都工业园
邮编 262200
电话 0536－6358676、6358675、6358673
传真 0536－6358679
网址 www. zhongtianjixie. com
邮箱 ztjxxx@163169. net
产品 环保设备、造纸设备、承接环保工程

山东省诸城市新日东（造纸）机械厂
山东省诸城市三里工业园
电话 0536－6067736、6060796
传真 0536－6060796

产品 脱墨机、碎浆机、磨浆机、洗浆机、搓磨分丝机、纤维分离机、卫生纸机、压力筛

山东省诸城市双益机械有限公司
山东省诸城市密州路 29 号
邮编 262200
电话 0536－6327018
传真 0536－6050758
网址 www. ZCSYJX. com
产品 压力筛、纤维分离机、磨浆机、脱墨机、浓缩机、压滤机、气浮机

诸城市中泰机械有限公司
山东省诸城市龙都工业园
邮编 262200
电话 0536－6350336、13396468567、13371060636
传真 0536－6356235
网址 www. zhongtaijixie. com
产品 卫生纸机、压力筛、分离器、纤维分离器、脱墨机、洗浆机、碎浆机、挤浆机、污泥脱水机、搓磨机

山东省诸城市金日东造纸机械有限公司
山东省诸城市开发区压山路 18 号
邮编 262200
电话 0536－6213740、6213221
传真 0536－6213221
网址 www. ridong. com
产品 卫生纸机、螺旋网带洗浆机

山东省诸城市天工造纸机械有限公司
山东省诸城市开发区顺都路 263 号
邮编 262233
电话 0536－6805066、6805088
传真 0536－6805000
网址 www. tiangongmachinery. com
产品 废纸处理设备、制浆设备、环保设备

山东省诸城市增益造纸设备有限公司
山东省诸城市密州路东首外贸街 9 号
邮编 262200
电话 0536－6066260、6065123
传真 0536－6065719
网址 www. zengyi. cn
产品 碎浆机、筛浆机、脱墨机、浓缩机、废水处理设备和纸机

山东省诸城市专利造纸机械厂
山东省诸城市西外环路北首
邮编 277400
电话 0536－6011600、6012307
传真 0536－6011700
网址 www. papermakingmachinc. cn
产品 废纸设备

山东诸城市宏升机械有限公司
山东省诸城市东城工业项目区
邮编 262216
电话 0536－6406869、6402998
传真 0536－6407989
网址 www. hongshengmachine. com
产品 制浆造纸设备

山东诸城市旭日东机械有限责任公司
山东省诸城市隆源海关南 200 米
邮编 262200
电话 0536－6081238
传真 0536－6087785
网址 www. xuridong. com
产品 制浆、抄纸、纸加工、废水处理设备

诸城市大正机械有限公司
山东省诸城市南外环路东段南侧
邮编 262200
电话 0536－6054688、6064688
传真 0536－6056488
网址 www. dazhengjixie. com
产品 链式压滤机、卫生纸机

诸城市汇川机械厂
山东省诸城市赤达隔庄镇
邮编 262226
电话 0536－6591383
传真 0536－6591855
产品 造纸机械环保设备

诸城市造纸机械厂
山东省诸城市密州路 26 号
邮编 262200
电话 0536－6213221
产品 制浆、脱墨设备

山东荣光不锈钢制品有限公司
山东省寿光市高新技术开发区
邮编 262703
电话 0536－5196955
传真 0536－5109897

产品 造纸容器

安丘市石辊厂
山东省安丘市红沙沟镇
邮编 262124
电话 0536－4671098
传真 0536－4671065
产品 石辊、盘磨、打浆机刀片

安丘科扬机械有限公司
山东省安丘市东城工业园
邮编 262100
电话 0536－4261398、13793689588、13964632677
传真 0536－4252598
技术咨询 13793689588
产品 气浮、净水器、洗浆机、换热器、搅拌器

安丘市天利机械制造有限公司
山东省安丘市石宗路口
邮编 262100
电话 0536－4252808
传真 0536－4252809
网址 www. cyq-machinery. com
产品 除渣器、压力筛、苛化器、挤浆机

安丘天瑞机械制造有限公司
山东省安丘市华安路西侧
邮编 262100
电话 0536－4250801、4231157
传真 0536－4231157
网址 www. tianruimachinery. com
产品 制浆设备

安丘市峰胜永安机械有限责任公司
山东省安丘市东外环路南首
邮编 262100
电话 0536－4381608
传真 0536－4381608
网址 www. fsya. cn
产品 洗浆机、碎浆机、脱墨设备、除渣器

潍坊同步造纸技术有限公司
山东省安丘市经济开发区
邮编 262123
电话 0536－4733666、13953661000
传真 0536－4733667
产品 造纸机械

安丘市信金机械制造有限公司
山东省安丘市和平路中段
邮编 262100
电话 0536－4262678
传真 0536－4265977
网址 www. shine-xinjin. com
产品 除渣器系列、造纸机械

汶瑞机械（山东）有限公司
山东省安丘市潍徐南路 287 号
邮编 262100
电话 0536－4362288
传真 0536－4372633
网址 www. wenrui. com. cn
产品 黑液提取碱回收设备、双螺杆制浆机

威海市

文登市永飞刀片厂
山东省文登市米山南郑
邮编 264424
电话 0631－8872082
产品 涂布、烘缸刮刀

济宁市

济宁新华天机械有限公司
山东省济宁高新技术开发区机电二路
邮编 272000
电话 0537－2481588
传真 0537－2481598
网址 www. xhtjx. com
产品 筛鼓

济宁安联轻工机械有限公司
山东省济宁市任城经济技术开发区开源路 8 号
邮编 272071
电话 0537－2638799
传真 0537－2638099
网址 www. alqj. com
产品 碎浆机、纤维分离机、粗选机、压力筛、黑液过滤机、纸机流送系统、除渣器、除气器、苛化器

山东高新机械设备有限公司
山东省邹城市经济开发区兴业路 618 号
邮编 273500
电话 0537－5342256、5353899
传真 0537－5344036
网址 www. gaoxfc. com
邮箱 gaoxfc@ gaoxfc. com

产品 造纸机械

昌平集团科技开发公司
山东省邹城市宏达路中段
邮编 273500
电话 0537－5296863
产品 疏解泵、中浓泵

泰安市

泰安市松源网业有限公司
山东省泰安市南湖公园南侧
邮编 271000
电话 0538－8332939
传真 0538－8332939
产品 造纸用聚酯成形网、双层网、双层半网、聚酯干网、螺旋网、洗浆网、压滤网、造纸铜网

临沂市

山东华源锅炉有限公司
山东省临沂市通达路 373 号
邮编 276000
电话 0539－8164060、8159793
传真 0539－8162423
网址 www. lyboiler. com
产品 固体废弃物焚烧锅炉

沂春机械股份有限公司
山东省费县城胜利街
邮编 273400
电话 0539－5221136
产品 纸机、分切机、真空泵

聊城市

聊城诚信造纸技术服务有限公司
山东省聊城市东昌东路 58 号
邮编 252021
电话 0635－8315880、8973915
传真 0635－8315880
产品 专利技术及设备

山东信和造纸工程有限公司
山东省聊城开发区黄河路 26 号
邮编 252000
电话 0635－2933333
传真 0635－2938333
产品 长网、圆网造纸机械

聊城华林机械有限公司
山东省聊城市凤凰工业园纬一路 8 号
邮编 252000
电话 0635－2126008、2126001
传真 0635－2126006
网址 www. cnchanghua. com
产品 卫生纸机

山东聊城联舰造纸技术服务有限公司
山东省聊城市东昌府区凤凰工业园富民路 2 号
邮编 252000
电话 0635－6969248、13561275265、13646380001
传真 0635－6969248
产品 楔斜式压力挤浆机、喷浆式压力纸页成形器

山东昌华造纸机械有限公司
山东省聊城市凤凰工业园纬一路 8 号
邮编 252000
电话 0635－2128866、2128818
传真 0635－8221985、8222033、2128877
网址 www. cnchanghua. com
产品 1760～5280 系列文化用纸机、2850～6000 系列长网瓦楞原纸机、2640～4800 系列叠网纸板机、烘缸、气垫式流浆箱、BM 成形器、宽压区压榨

山东茌平鲁丰机械厂
（原茌平县造纸机械厂）
山东省茌平县城工业区
邮编 252100
电话 0635－4282839、13963006273、15063599901
传真 0635－4282839
产品 除渣器、分浆箱、搅拌罐、碎浆机、校正器、张紧器、振框筛

富尔德—富元制浆造纸机械有限公司（台湾独资）
山东省临清市北门里街
邮编 252600
电话 0635－2437377、2437677
传真 0635－2437930
产品 造纸机械

滨州市

山东黄河玻璃钢厂
山东省阳信县城南

邮编 251800
电话 0543－8231322
产品 除渣器

山东博兴铁龙泵业有限责任公司
（原博兴水泵厂）
山东省博兴县兴福镇
邮编 256510
电话 0543－2422457、2421012
产品 LJ、WLJ 系列纸浆泵、Y 型配料泵

滨州东瑞机械有限公司
山东省博兴县曹王镇纬中路 113 号
邮编 256509
电话 0543－2413189、2413186、2300468
传真 0543－2413186
产品 泵

山东省邹平长星集团有限公司
山东省邹平县长山镇朱家村
邮编 256206
电话 0543－256200
传真 0543－2100278
产品 真空辊

山东省邹平兴忠光泽缸表面处理厂
山东省邹平县临池镇望京东
邮编 256200
电话 0543－4537555、13605336222
传真 0543－4537222
网址 www. xing zhong guang zegang. com
产品 各种规格镀铬辊、印花辊等及烘缸修复翻新

山东杰锋机械制造有限公司
山东邹平县长山工业园
邮编 256206
电话 13706371913（张锋）、13605431829（张吉祥）
传真 0543－4851918
网址 www. sdjifeng. com
产品 筛浆机、浓缩机

邹平电镀厂
山东省邹平县临池镇东黄村
邮编 256200
电话 0543－4531538
传真 0543－4531538
产品 电镀烘缸、电镀辊

邹平县北方造纸机械厂
山东省邹平北方起重机设备有限公司
山东省邹平县临池镇古城府
邮编 256220
电话 0543－4534999
传真 0543－6819678
网址 www. bfzj. com
产品 纸机、起重机、烘缸表面处理

邹平鲁伟机械有限公司
山东省邹平县长山镇开发区
邮编 256206
电话 0543－4859777、13465050777、13465094777
传真 0543－4859222、4819666
网址 www. luweijixie. com
产品 切草机、切竹机、劈木机、剥皮机、削片机

邹平县顺鑫造纸机械有限责任公司
山东省邹平县好生镇工业园
电话 0543－4501302、13905431051
传真 0543－4501588
网址 www. sdshunxin. com
产品 电镀、施胶机

河南省

郑州市

河南省轻工业科学研究所
河南省郑州市纬四路 12 号
邮编 450003
电话 0371－65956194

河南省造纸工业公司（协会）
河南省郑州市纬四路 12 号
邮编 450003
电话 0371－65935006、65956101

郑州运达造纸设备有限公司
河南省郑州国际机场薛店工业园世纪大道 168 号
邮编 451162
电话 0371－62581888、62586186
传真 0371－62587979、62581801
网址 www. zzyunda. com
邮箱 hongyunda001@163. com
产品 制浆造纸设备

河南省巩义市两相流泵厂
河南省巩义市米河镇

邮编 451263
电话 0371 - 64338182
传真 0371 - 64338181
网址 www. cnlxl. com
产品 纸浆泵、废水泵、浆渣泵

郑州非尔特网毯有限公司
河南省新密市袁庄村工业园
邮编 452370
电话 0371 - 69821471、69875777
传真 0371 - 69875000
网址 www. hnyn. com
产品 造纸毛毯

河南省弘达造纸设备有限公司
河南省新密市大槐镇工业区
邮编 452383
电话 0371 - 69272219
传真 0371 - 69271850
产品 制浆造纸设备

开封市

开封仪表有限公司
(原开封仪表厂)
河南省开封市汴京路 38 号
邮编 475002
电话 0378 - 2950812、2950819、2950881
传真 0378 - 2924844
产品 电磁流量计、浮子流量计、节流装置

开封市华泰造纸阀门有限公司
(原开封市造纸阀门厂)
河南省开封市孝严寺街副 12 号
邮编 475001
电话 0378 - 5663628、5663005
传真 0378 - 5663628
网址 www. papervalve. com
产品 浆料闸阀、防爆调节插板阀、矿浆阀、胶管截止阀、纸浆泵、锥形除砂器

开封市第四机床厂
(开封市凯龙泵阀有限公司)
河南省开封市城隍庙后街 3 号
邮编 475001
电话 0378 - 5696872、5696409
传真 0378 - 5696500
网址 www. kfmtp. com
产品 高浓浆泵、“两相流”纸浆泵、揭盖泵、螺旋高浓泵、水力碎浆机、高频振框筛、圆盘磨浆机、纤维回收机、浮选脱墨机、锥形除渣器、浆料闸阀、调速皮带盘

开封市中原阀门有限公司
河南省开封市育红街 33 号
邮编 475001
电话 0378 - 2892878、2891898
传真 0378 - 2890788
产品 系列浆闸阀

焦作市

焦作市崇义轻工机械有限公司
河南省沁阳市面上崇义工业区
邮编 454582
电话 0391 - 5055120、5618259
传真 0391 - 5622697
网址 www. cyqg. com
产品 造纸机、涂布机

河南沁阳市机械厂
河南省沁阳市西关
邮编 454550
电话 0391 - 5611928
传真 0391 - 5631697
产品 压光机、长网纸机

河南沁阳市至诚造纸设备有限公司
河南省沁阳市
邮编 454550
电话 0391 - 5936403、13782764480
产品 造纸机械

河南省沁阳市平安轻工造纸机械厂
河南省沁阳市里村工业区
邮编 454550
电话 0391 - 5660851、5660850、13938156130
传真 0391 - 5660850
产品 1092 ~ 3400 型造纸机、打浆机

沁阳市险峰造纸机械厂
河南省沁阳市沁陵镇工业区
邮编 454592
电话 0391 - 5033011
产品 造纸机

新乡市

新乡工神锅炉有限公司
河南省新乡市北二环 386 号
邮编 453002
电话 0373－2693992、2693893
传真 0373－2694276
网址 www. gonshen. net
产品 工业锅炉、爆破制浆设备

辉县市造纸机械有限公司
河南省辉县市东环路中段
邮编 453600
电话 0373－6883298
河南省辉县市中心路兴隆巷
邮编 453600
电话 0373－6162136
传真 0373－6290136
网址 www. zaozhi. ik8. com
产品 造纸机械

河南省御槐工业用呢有限公司
河南省封丘县北干道西段
邮编 453300
电话 0373－8296566
传真 0373－8283578
产品 BOM 高线压综丝底网造纸毛毯、聚酯网

安阳市

中国轻工业机械总公司安阳机械厂
河南省安阳市人民大道 70 号
邮编 455000
电话 0372－5937429
传真 0372－5937413
产品 多圆盘过滤机、蒸煮锅、喷放锅、真空洗浆机

濮阳市

河南省濮阳县龙海秸秆利用有限公司
河南省濮阳县国庆路东段黄灌局家属院
邮编 457100
电话 0393－3232444
传真 0393－3211444
产品 爆破制浆技术

许昌市

许昌中亚造纸设备有限公司
河南省许昌市延安路 18 号
邮编 461000
电话 0374－3313662、3315180、
13323748666、13903744930
传真 0374－3313662
产品 造纸机械

漯河市

临颍工业用呢有限公司
河南省临颍县黄龙工贸城
邮编 462600
电话 0395－8662688
传真 0395－8662688
产品 工业用呢

周口市

沈丘县第二造纸网厂
河南省沈丘县闸南路 40 号
邮编 466300
电话 0394－5220778
传真 0394－5224104
产品 聚酯干网、螺旋网

湖　北　省

武汉市

武汉船用机械有限责任公司
湖北省武汉市武昌青山武东路 19 号
邮编 430084
电话 027－68867114
传真 027－68867461
产品 浆料推进器

武汉大庆同力机电系统工程有限公司
湖北省武汉市武昌珞狮路 122 号
邮编 430070
电话 027－87156620
产品 传动控制

武汉研发张力自动控制有限公司
湖北省武汉市汉口永清路 7 号

邮编 430010
电话 027－82410195
传真 027－82867573
网址 www.yfzl.com
产品 张力控制装置

武汉轻工业机械厂
湖北省武汉汉口古田四路 36 号
邮编 430034
电话 027－83832237
产品 轻工业机械

武汉市红桥橡胶厂
湖北省武汉市汉口三眼桥路 155 号
邮编 430015
电话 027－82627905、82630814
传真 027－82605825
产品 胶辊、密封件、减震制品、耐腐蚀橡胶衬里

武汉市生威自动化工程有限公司
湖北省武汉市江岸区解放公园路 34 号 1－2
邮编 430010
电话 027－82932923、82932823
传真 027－82932923
产品 制浆造纸行业专用仪表、特种阀门

武汉特种锅炉成套设备工程有限责任公司
湖北省武汉市武珞路 586 号江天大厦 12 楼
邮编 430070
电话 027－87655853
传真 027－87655055
网址 www.whtzgl.com
邮箱 whtzgl@263.net.cn
产品 碱回收炉及其系列配套辅助设备

武汉宇通仪表有限公司
湖北省武汉市汉口惠济路 50 号
邮编 430019
电话 027－82432896
产品 纸浆浓度变送器

荆州市

荆州市江海泵业机械有限公司
湖北省荆州市开发区红光路幸福工业园
邮编 434000
电话 0716－8311559
传真 0716－8311008
产品 各类造纸用泵

沙市轻工机械有限公司
湖北省荆州市汇湖路 21 号
邮编 434000
电话 0716－8104260
传真 0716－8103654
产品 涂布机、制浆、造纸设备

荆门市

荆门市万泰机械有限公司
湖北省荆门市掇刀区深圳大道 34 号
邮编 448000
电话 0724－2447008
传真 0724－2447007
网址 www.jmwt.cn
产品 固体废弃物处理装备

黄冈市

武穴市轻纺机械厂
湖北省武穴市大桥边 136 号
邮编 436401
电话 0713－6222689
产品 洗浆机、除尘器

湖 南 省

长沙市

长沙长泰机械股份有限公司
湖南省长沙市湖南环保科技产业园新兴路 118 号
邮编 410117
电话 0731－85651518、88238288
传真 0731－85570597、88238287
产品 造纸输送包装设备

湖南正大轻科机械有限公司
湖南省长沙市雨花区洞井镇桃阳村环保科技产业园
邮编 410116
电话 0731－82883828
传真 0731－82883812
网址 www.zdqk.com
邮箱 cszdjrqc@vip.sina.com
产品 纸机烘干部通风、干燥系统

中国海诚长沙工程院
（中国轻工业长沙设计院）
湖南省长沙市韶山南路 141 号

邮编 410004
电话 0731－85586776、85584411
传真 0731－85015235
业务 制浆造纸工程咨询、设计

株洲市

株洲新时代输送机械有限公司
湖南省株洲市栗雨工业园 E 区
邮编 412007
电话 0731－22877833、22877838
传真 0731－22877822
产品 链式拉木输送机、剥皮鼓、辊式输送机、皮带输送机、沙石输送机、脱水输送机、木片螺旋输送机

岳阳市

岳阳国泰机械有限责任公司
湖南省岳阳市城陵矶
电话 0730－8590233、13908403768、15607400888
传真 0730－8561321
网址 www. yygtjx. com
产品 纸机

永州市

湖南零陵轻工机械制造有限公司
湖南省永州市冷水滩区零陵中路
邮编 425100
电话 0746－8413194、8413816
传真 0746－8413617
产品 纸机、制浆设备、安装工程

广东省

广州市

广东省造纸研究所
广东省广州市海珠区新港西路 154 号
邮编 510300
电话 020－34301776
传真 020－34300613、34301776
产品 离型纸、黏胶带纸、防霉纸、扬声器用黑纸、黑白钢纸、涂布纱面纸、涂布彩纸、湿水胶带纸、无碳复写原纸、水稻育秧纸、唛架纸、电脑绣花纸、食用油滤纸、清新香片、PPE 湿强剂、干强剂、剥离剂、分散松香乳液、脱墨剂

斯普瑞喷雾系统有限公司广州分公司
广东省广州市科学城彩频路 11 号 D 座 302 室
邮编 510045
电话 020－83546866
传真 020－83546829
产品 喷嘴

广州市第六橡胶厂
广东省广州市西郊横沙工业区
邮编 510160
电话 020－81970013、34138789
传真 020－34139619
产品 造纸胶辊、橡胶平板

浙江亚达不锈钢制造有限公司
广东省广州市广州大道南 1395 号
邮编 510300
电话 020－84289999
传真 020－84218366
网址 www. yadajx. com
产品 不锈钢管件、阀门

广州华工环源绿色包装技术有限公司
广东省广州市五山华南理工大学科技园
邮编 510640
电话 020－87113798
传真 020－87113098
产品 纸浆模塑设备

广州市第一水泵厂
广东省广州市广州大道南 788 号
邮编 510300
电话 020－84292955、84290700
传真 020－84294254
产品 泵类

广州市多宝纸业有限公司
广东省广州市芳村区东教北路茶窖大田仓三号
邮编 510370
电话 020－81576005
传真 020－81593169
产品 印刷纸

华南理工大学造纸与污染控制国家工程研究中心
广东省广州市天河区五山路华南理工大学造纸与环境工程楼
邮编 510640

电话 020 - 87112986、87112614 - 33、87113078
传真 020 - 87113840
网址 www. pperc. com. cn
产品 成形器

奥伯尼国际（中国）有限公司
广东省广州市番禺区化龙镇工业路
邮编 511434
电话 020 - 84754230
产品 高速纸机用网

丹佛斯（天津）有限公司广州办事处
广东省广州市人民中路 555 号美国银行中心 2201 室
邮编 510145
电话 020 - 81302600、81302601
传真 020 - 81302509
网址 www. danfoss. com/china
产品 变频器

番禺沙西造纸机械有限公司
广东省广州市番禺区沙湾镇拱桥路 1 号
邮编 511483
电话 020 - 84732328
产品 碎浆机、分离机、打孔机

川佳机械集团股份有限公司华南办事处
广东省广州市东风西路 233 号
邮编 510180
电话 020 - 83543253
传真 020 - 83543257
产品 内流式压力筛

深圳市

深圳光荣机械有限公司
广东省深圳市上梅林梅华路 103 号
邮编 518049
电话 0755 - 83318564
传真 0755 - 83310783
网址 www. koeiind. cn
产品 电动执行器

深圳市联欧贸易发展有限公司
广东省深圳市深南大道车公庙世纪豪庭 11 层 C 座
邮编 518040
电话 0755 - 83842750、83842034
传真 0755 - 83842050、83842051
网址 www. euro- me. com
产品 纸机、压光机、切纸机、复卷机、涂布机

珠海市

珠海凌丰机械有限公司
广东省珠海市前山梅溪双龙山工业区
电话 0756 - 8508438
传真 0756 - 8532585
网址 www. winfull. cn
产品 复卷机、分切机

珠海天力哈希仪器仪表有限公司
广东省珠海市翠微西路 668 号
邮编 519071
电话 0756 - 8610123、8623626、8389588、13823069815
传真 0756 - 8623636
网址 www. Teknik. cn
产品 流量计、变送器、数显控制仪表

汕头市

广东省汕头市国平纸类包装厂有限公司
广东省汕头市光华北二路 15 号
邮编 515000
电话 0754 - 88222129
传真 0754 - 88113762
网址 www. st- guoping. com
产品 彩箱、彩盒、纸筒、胶纸

佛山市

索戴包装（佛山）有限公司
广东省佛山市南海区牡丹灶镇横江环保工业园
邮编 528216
电话 0757 - 85445688
传真 0757 - 85443278
网址 www. stek. cn
产品 塑钢带、打包机

佛山安德里茨技术有限公司
广东省佛山市禅城区城西工业区天宝路 9 号
邮编 528000
电话 0757 - 82969257
传真 0757 - 82969209
产品 制浆造纸设备

德昌誉机械制造有限公司
广东省佛山市南海区罗村镇岐岗工业区内
邮编 528227
电话 0757-86435166、86435177、86435188
传真 0757-86435199
网址 www.dechangyu.com
邮箱 master@dechangyu.com
产品 卫生纸加工设备

江门市

新会远东网厂有限公司
新会中兴造纸网厂
广东省江门市新会区会城镇城东工业开发区
邮编 529100
电话 0750-6100456、6100978
传真 0750-6126202
网址 www.xinghuizhongxin.com
产品 聚酯成形网、干网

开平市宏兴造纸机械厂
广东省开平市水口镇台山路段
邮编 529321
电话 0750-2732222、2718889、2996619、2732838
传真 0750-2726619
产品 磨浆机、磨片、碎浆机、筛浆机、筛、脱墨机、洗浆机、纤维分离机、浆池推进器、除砂机

东莞市

东莞佳鸣机械制造有限公司
广东省东莞市沙田镇
邮编 523991
电话 0769-88862099
传真 0769-88862066
产品 卫生纸机及后加工设备

东莞市兴发纸业（贸易）有限公司
广东省东莞市万江区万兴路
邮编 511717
电话 0769-22282516
传真 0769-22177603
产品 文化用纸、包装用纸

东莞市业兴网毯有限公司
广东省东莞市高埗镇护安围
邮编 523279
电话 0769-88731749
传真 0769-88737340
网址 www.dgyexing.com
产品 造纸毛毯、特种工业用呢、电热衬毯、螺旋网、聚酯网

广西壮族自治区

南宁市

广西轻工业科学技术研究院
广西壮族自治区南宁市经济技术开发区迎凯路8号
邮编 530031
电话 0771-4518909
传真 0771-4518912
业务 科研、设计

广西国营林场开发公司
广西壮族自治区南宁市东葛路107号
邮编 530022
电话 0771-5633460、5633461
传真 0771-5633460
产品 原木、板材

中国轻工业南宁设计工程有限公司
广西壮族自治区南宁市江南路42号
邮编 530031
电话 0771-4800448
传真 0771-4830802

侨凤卫生制品有限公司
广西壮族自治区武鸣县里建
邮编 530105
电话 0771-6301311
传真 0771-6301309
产品 卫生巾

柳州市

永丰利机械刀片有限公司
广西壮族自治区柳州市柳邕路二区3号
邮编 545005
电话 0772-3224776
传真 0772-3226174
产品 打浆机、切纸机刀片、各种刀片

梧州市

瑞典 FORITECAB 造纸咨询公司中国办事处
广西壮族自治区梧州市西堤三路 1 号 21 座 703 单元
邮编 543002
网址 www. foritec. com

玉林市

广西玉林市江南造纸器材经营部
广西壮族自治区玉林市城站路 17 号
邮编 537001
电话 0775 – 3825202、13907756395
产品 造纸器材

重　庆　市

重庆铜梁轻工机械有限公司
重庆市铜梁县巴川镇马家湾 138 号
邮编 402560
电话 023 – 45632558
产品 制浆、造纸、废水处理、黑液提取设备

重庆造纸工业研究设计院
重庆市南岸区茶园新区蔷薇路 26 号
邮编 401336
电话 023 – 63862408
传真 023 – 63609345
网址 www. cqzzyjy. com
业务 科技服务、咨询服务、生产玻璃纤维纸系列产品和特种工业用纸

四　川　省

成都市

成都工业用呢总厂
四川省成都市青羊区文家
邮编 610091
电话 028 – 87074323、87074901
传真 028 – 87074901
产品 工业用呢

成都环龙工业用呢有限责任公司
四川省成都市清江东路 312 号蓝谷商务楼 6 楼
电话 028 – 87339169
传真 028 – 87339169
厂址 成都市青羊区文家乡张家碾
邮编 610091
电话 028 – 87074901、87074323
传真 028 – 87071729
网址 www. hl- cd. cn
产品 压榨毛毯

成都拓世达科技有限公司
四川省成都市武侯区洗面桥街 22 号 12 楼 6 号
邮编 610041
电话 028 – 85537128、85537138
传真 028 – 85571538
网址 www. cn- topstar. com
产品 变频器、纸机传动设备

成都希望森兰变频器制造有限公司
四川省成都西南航空港经济开发区机场路 181 号
邮编 610225
电话 028 – 85964751、85960127
传真 028 – 85962488
产品 变频器

四川天一科技股份有限公司
四川省成都市外南机场路 445 信箱
邮编 610225
电话 028 – 85961873、85964843、85881771、85965341
传真 028 – 85884502、85881909
网址 www. tianke. com
产品 制氮机、制氧机、浓缩乙烯、提纯氢气、提纯一氧化碳、提纯二氧化碳

四川省纸联浆纸有限公司
四川省成都市福兴街 30 号
邮编 610016
电话 028 – 86754023
传真 028 – 86740587
产品 供应造纸纤维原料及专、辅材料

四川省都江堰华西轻工机械有限责任公司
四川省都江堰市灌温路 78 号
邮编 611830
电话 028 – 87284625
传真 028 – 87283997
网址 www. scqgjxc. com
产品 真空泵、浆泵

绵阳市

奥科工控技术开发有限公司
四川省绵阳市绵兴路西段40号
邮编 621000
电话 0816－2531108
传真 0816－2543272
产品 ZNS－纸浆浓度实时控制仪、特殊防腐型ZNS－纸浆浓度控制仪

绵阳同成高科技股份有限公司
四川省绵阳市高新区火炬东街47号
邮编 621000
电话 0816－2536111、2531333
传真 0816－2543408
网址 www.seasky-swift.com
产品 制浆造纸、化工、电厂、垃圾处理等行业生产过程自动化控制

绵阳星恒节能环保有限公司
四川省绵阳市梓潼县城外北街92号
邮编 622150
电话 0816－8212197、8260288
传真 0816－8212219
网址 www.myxingheng.com
产品 蒸汽回收、除尘

四川高达科技有限公司
四川省绵阳市106信箱
邮编 640000
电话 0816－2489999、800－8861199
传真 0816－2281210
网址 www.scgdkj.com
产品 自动化技术

内江市

四川省资中县隆升机械有限公司（原资中轻工机械厂）
四川省资中县城区永兴路28号
邮编 641200
电话 0832－5510532、5529418
传真 0832－5529419
网址 www.zzlsjx.com
产品 制浆设备、黑液及中段废水处理设备、城市生活污水处理设备、中小型制糖设备的设计、制造和研发

乐山市

乐山市泰辉机械制造有限公司
四川省乐山市高新技术开发区东高路4号
邮编 614000
电话 0833－2595661
传真 0833－2595038
产品 纸板机、浆板机、文化用纸机、涂布机、压光机

四川井研轻工机械厂
四川省乐山市井研县研城镇和平街114号
邮编 613100
电话 0833－3715668、3712312
传真 0833－3711459
产品 新闻纸机、文化用纸机、特种纸机、浆板机、箱纸板机、瓦楞原纸机、涂布白纸板机、涂布白卡纸机、纸机后续整饰完成设备

宜宾市

四川省宜宾市造纸旋转接头厂
四川省宜宾市青年街5号
邮编 644000
电话 0831－8223747
传真 0831－8224270
产品 旋转接头、密封件

宜宾长江造纸仪器厂
四川省宜宾市马鞍石
邮编 644004
电话 0831－3601740
产品 造纸检测仪器

宜宾市纺织器材厂
四川省宜宾市南岸蜀南大道西段5号
邮编 644002
电话 0831－2382278
传真 0831－5193308
产品 聚四氟乙烯密封件、机械密封圈、管套、轴套、复卷机轴承、烘缸旋转进汽接头、蒸球进汽和喷放接头

宜宾造纸机械厂
四川省宜宾市向家坝工业集中区
邮编 644007
电话 0831－3551668
传真 0831－7817135
网址 www.yzj.com.cn

产品 文化用纸机、包装用纸机、卫生纸机、箱纸板机、浆板机和特种纸机

云 南 省

昆明市

昆明轻工业机械厂
云南省昆明市西郊大普吉
邮编 650102
电话 0871－8307251
产品 造纸设备、碱回收机、压力容器

云南省轻纺设计院
云南省昆明市官渡区东风东路 169 号
邮编 650041
电话 0871－3315932
传真 0871－3315482
业务 工程咨询、承包

陕 西 省

西安市

凯德（西安）造纸机械织物有限公司
陕西省长安区马王街办
邮编 710115
电话 029－85850701、85850750
传真 029－85851282
产品 聚酯网

斯普瑞喷雾系统有限公司西安办事处
陕西省西安市二环南路西段 88 号老三界世纪星大厦 9D
邮编 710065
电话 029－88310727
传真 029－88310337
产品 喷嘴

中国轻工业西安设计工程有限责任公司
陕西省西安市东关柿园路 222 号
邮编 710054
电话 029－82497399
传真 029－82487813
网址 www. haisum- xa. com
业务 工程设计、咨询

美卓造纸机械技术（西安）有限公司
陕西省西安市阿房四路
邮编 710086
电话 029－84363218、84363155
传真 029－84363000、84363433、84363000
产品 高级文化用纸机、无碳复写原纸机、新闻纸机、涂布纸板机、挂面纸板机、薄页纸机

西安力源光电科技有限责任公司
陕西省西安市高新区科技二路 77 号西安光电源
邮编 710075
电话 029－88452568
传真 029－88452578
网址 www. lygd. cn
产品 DCS、QCS 控制系统

西安中轻造纸机械集团公司
陕西省西安市阿房四路 6 号
邮编 710086
电话 029－84363019、84363428
传真 029－84363418
网址 www. xianpm. com
产品 造纸机、纸板机

轻工业西安机械设计研究所
陕西省西安市阿房四路 6 号
邮编 710086
电话 029－84363407、84369596
传真 029－84369035
网址 www. xaqys. com
产品 全自动纸箱封箱机、圆孔打孔机

西贝胶辊有限公司
陕西省西安市西郊阿房四路
邮编 710086
电话 029－84623445
传真 029－84514448
网址 www. xianpm. com
产品 造纸胶辊

维美德西安造纸机械有限公司
陕西省西安市阿房四路
邮编 710086
电话 029－84363314、84363308
传真 029－84363000
网址 www. meizhou- xian. com
产品 大型成套造纸机械设备

陕西欧润造纸机械有限公司
陕西省西安市雁塔区鱼化工业园

邮编 710077
电话 029 - 84686114
传真 029 - 84686114
产品 脱水元件、张紧器、校正器

咸阳市

陕西科技大学机械厂
（原西北轻工业学院机械厂）
陕西省咸阳市人民西路 49 号
邮编 712081
电话 029 - 33575609、33578376
传真 029 - 33575609、33578376
网址 www. lab- zqs. com
产品 筛浆机、漂洗机、蒸煮锅、打浆机、抄纸机、碎浆机、磨浆机、脱墨机、油压机、圆网纸机、打浆度测试仪

汉中市

陕西省汉中聚贤日化产品商贸有限公司
陕西省汉中市西环路民航路
邮编 723000
电话 0916 - 2237171
传真 0916 - 2237171
业务 纸张、纸制品、卫生用品贸易

甘　肃　省

兰州市

甘肃省轻工业科研所
甘肃省兰州市玉泉路 162 号
邮编 730000
电话 0931 - 8126511、8126518

耐驰（兰州）泵业有限公司
甘肃省兰州高新技术产业开发区刘家滩 506 号
邮编 730010
电话 0931 - 8555000
传真 0931 - 8556650
网址 www. netzsch. com. cn
产品 单螺杆泵

国内造纸化学品企业名录

Name List of Domestic Chemical Companies Related to Paper Industry

北 京 市

万源荷田生物化工有限公司
北京市建国门外大街 19 号国际大厦 16 层 1605 室
邮编 100004
电话 010 - 85262436、85262438
传真 010 - 85261607
网址 www. wanyuanhetian. com
邮箱 info@ wanyuanhetian. com
产品 马铃薯、红薯淀粉

北京奥森特化学工程技术有限公司
北京市东城区东直门南大街 9 号华普花园 C 座 705 室
邮编 100007
电话 010 - 84094975、84094976
传真 010 - 84094835
网址 www. au- wissens. com
邮箱 info@ au- wissens. com
产品 工业清洗剂、冷却水处理剂、杀菌除藻剂、絮凝剂、重金属离子析出剂

恩赛华垦（北京）科技有限公司
北京市西城区阜成门外大街 37 号国侨宾馆 416 室
邮编 100037
电话 010 - 88360919
传真 010 - 88367023
网址 www. ensaibio- tech. com
邮箱 business@ ensail. com
产品 RAP 强效型中性施胶剂、SAA 表面施胶剂、阳离子松香胶、改性松香胶、ASA 专用乳化剂、高分子松香专用乳化剂

北京清大联创科技有限公司
北京市清华大学科技园学研大厦 A 座 907 室
邮编 100084
电话 010 - 62773693
传真 010 - 62792309
网址 www. tsingcrea. com. cn
邮箱 tsingcrea@ 126. com
产品 表面增强施胶剂、脱墨剂、液体荧光增白剂

北京信汇科技有限公司
北京市海淀区中关村东路 1 号院搜狐网络大厦 406 室
邮编 100084
电话 010 - 82151129
传真 010 - 82151139
网址 www. cenway. com
邮箱 dyestuff@ cenway. com
产品 液体荧光增白剂、直接染料、酸性染料、液体燃料

北京达瑞森化工有限责任公司
北京市通州区永乐店工业开发区东路 1 号
邮编 101105
电话 010 - 69564430
传真 010 - 69564437
网址 www. chinapam. cn
邮箱 daruisen4430@ 126. com
产品 聚丙烯酰胺粉末状（液状）絮凝剂、造纸分散剂、纸张增强剂、助留助滤剂

北京市恒聚油田化学剂有限公司
北京市通州区漷县工业开发区
邮编 101109
电话 010 - 80589588
传真 010 - 80585511、80587077
网址 www. hengju. com. cn
邮箱 jianglixin@ hengju. com. cn
　　hengju@ hengju. com. cn
产品 助留助滤剂、增强剂、聚合氯化铝、絮凝剂、聚丙烯酰胺

亚什兰集团北京天使专用化学技术有限公司
北京市通州工业开发区广源东街 2 号
邮编 101114
电话 010 - 61566998、61502702、61506173
传真 010 - 61503113
网址 www. ashland- bj- tianshi. com
邮箱 tianshi@ ashland. com
产品 助留助滤剂、纸张干强剂、还原性漂白剂、消泡剂、除气剂、多功能水质稳定剂、絮凝剂

北京天擎化工有限责任公司
北京市平谷区新平南路 126 号
邮编 101200
电话 010 - 89983180、89982440
传真 010 - 89989252、89989252、89989251
网址 www. tianqing. com. cn
邮箱 tqche@ public. bta. net. cn
产品 纸浆防腐剂、造纸污泥及沉淀物控制剂、纸机系统清洗助剂、造纸网毯保洁剂、浆块及树脂障碍控制剂

北京昌化精细工厂
北京市 1043 信箱北京市昌平区阳坊镇
邮编 102205
电话 010 - 69760243

传真 010－69760244
网址 www. bjchjxhgc. com
邮箱 jianhua@ kaboshuzhi. com
产品 卡波增稠剂、防腐杀菌剂、消泡抑泡剂

诺维信（中国）
北京市海淀区上地信息路 14 号
邮编 100085
电话 010－62987888
传真 010－62981281
网址 www. novozymes. com
邮箱 pzho@ novozymes. com
产品 造纸工业酶制剂等

北京中粮集团生化能源事业部
北京市朝阳区朝阳门南大街 8 号中粮福临门大厦
邮编 100020
电话 010－65276688
传真 010－65278866
网址 www. cofco. com
邮箱 bcbe@ cofco. com
产品 玉米淀粉、L 乳酸

杜邦中国北京分公司
北京市朝阳区建国路 91 号金地中心 A 座 18 层
邮编 100022
电话 010－85571000
传真 010－85571888、85571999
网址 www. dupont. com
产品 纸浆、纸张防油剂，化工制剂

陶氏化学（中国）投资有限公司北京分公司
北京市东城区东长安街一号东方广场东方经贸城西三办公室
邮编 100738
电话 010－85279199
传真 010－85279299
网址 www. dow. com/greaterchina/ch
产品 丁苯胶乳、造纸用杀菌剂

北京红星淀粉厂
北京市海淀区 5102 信箱 75 号
邮编 100094
电话 010－66767084、62457921
传真 010－62881197
产品 氧化淀粉

北京市化工建材厂
北京市密云县城北
邮编 101500
电话 010－89031991
传真 010－89031992
产品 超细碳酸钙

北京兴美亚化工有限公司
北京市朝阳区亚运村安惠东里 16 号楼 506 室
邮编 100101
电话 010－64980603
代理 罗地亚、陶氏化学等公司助剂

巴斯夫（中国）有限公司北京分公司
北京市朝阳区麦子店街 37 号盛福大厦 15 层
邮编 100026
电话 010－65876666
传真 010－65876789
网址 www. greater- china. basf. com
产品 化学品、功能性聚合物、特性化学品、聚氨酯

天　津　市

天津新研化学科贸有限公司
天津市河西区浦口道南浦大厦 2－902 室
邮编 300203
电话 022－23023628、23028938
传真 022－23062515
网址 www. shikoo. com
邮箱 sale@ shikoo. com
产品 防腐杀菌剂、涂布消泡剂、分散剂、润湿剂

天津合成材料工业研究所
天津市河西区洞庭路 29 号
邮编 300220
电话 022－28341651、28347838、28340182
传真 022－28340113
网址 www. tsmri. com. cn
邮箱 tsmr@ vip. 163. com
产品 阳离子表面施胶剂、阳离子中性施胶剂、湿强剂

天津市中兴天泰科技发展有限公司
天津市大港区霞光路 42 号
邮编 300270
电话 022－63100717
传真 022－63100717
邮箱 tjzxtt@ sina. com
产品 多硫化钠蒸煮助剂、防腐杀菌剂

天津市奥东化工有限公司
天津市津南区白万路新桥建明西工业小区

邮编 300350
电话 022－88823089、88823270
传真 022－88823078
网址 www. tjaodong. com
邮箱 wianchengjie@ tom. com
产品 荧光增白剂、阳离子/阴离子松香施胶剂、表面施胶剂、AKD 中/碱性施胶剂、干/湿强剂、脱墨剂、颜料分散剂、显白剂

天津市尤奈特科技发展有限公司
天津市南开区华苑产业区物化道 2 号 A 座 3065 室
邮编 300384
电话 022－83715699
传真 022－83715699、23728608
网址 tjyounaite. cn. alibaba. com
产品 防水剂、纸箱防潮剂、阻燃剂、特种纸防油剂、杀菌灭藻剂

天津市雄冠科技发展有限公司
天津市北辰区大张庄镇二闫庄村九园公路南
邮编 300405
电话 022－86852685、86852666
传真 022－86852381
网址 www. xgkj. com
产品 废纸脱墨剂、造纸毛毯清洁剂、消泡剂 GPS 系列、抑泡剂 PS 系列

中海油天津化工研究设计院
天津市红桥区丁字沽三号路 85 号
邮编 300131
电话 022－26374929、26370175、26647736
传真 022－26689070、26689067
网址 www. trici. cn
邮箱 trici@ trici. cn
产品 分散剂、絮凝剂、清洗剂、杀菌剂

河　北　省

石家庄市

河北省晋州市前进化工厂
河北省晋州市总十庄镇经济开发区
邮编 052260
电话 0311－84301322
传真 0311－84301322
产品 中性施胶剂、高分散松香胶、湿强剂、助留增强剂、蜡乳液

石家庄天源淀粉衍生物有限公司
河北省石家庄高新技术开发区昆仑大街 55 号
邮编 050035
电话 0311－87786216
传真 0311－87770584
网址 www. tianyuanjia. com
产品 涂布剂等系列淀粉衍生物产品

石家庄通力化学品有限公司
河北省石家庄市红旗大街南头 59 号
邮编 050051
电话 0311－83823893
传真 0311－83823893
邮箱 info@ tonglichem. com
产品 湿强剂，助留增强剂，AKD 中、碱性施胶剂，消泡剂等

石家庄市乔多造纸化工助剂有限公司
河北省石家庄市新华区联盟东路 3 号
邮编 050061
电话 0311－87721245
传真 0311－87709314
网址 www. qiaoduo. com
产品 湿强剂、漂白助剂、助留剂、消泡剂、分散剂、荧光增白剂 VBL 等

石家庄天宏伟业贸易有限公司
河北省石家庄市联盟西路高东街 115 号
邮编 050061
电话 0311－87735240
传真 0311－87735240
邮箱 jintianhong@ sohu. com
产品 废纸脱墨剂、毛毯清洗剂、助留助滤剂、阳离子淀粉、分散剂、湿强剂等

石家庄市旺纸科技有限公司
河北省石家庄市工农路 578 号
邮编 050081
电话 0311－86782869
传真 0311－83993905
网址 www. wangzhitech. com
邮箱 sales@ wangzhitech. com
产品 表面施胶剂、中性胶、高效助留剂

河北星宇化工有限公司
河北省鹿泉市石井滨河路中段
邮编 050200
电话 0311－82012958、82016547
传真 0311－82017132

网址 www. xingyuchem. com
邮箱 sales@ xingyuchem. com
产品 荧光增白剂及其中间体系列、碱性染料及其中间体系列、二氧化硫脲

石家庄市三星钙业有限公司
河北省石家庄市井陉县北固底工业区
邮编 050300
电话 0311 –82359777
传真 0311 –82359555
网址 www. sxgy. net
邮箱 sjzssxgy@ 163. com
产品 轻质碳酸钙、轻质活性碳酸钙、沉淀碳酸钙

石家庄市凯桥助剂有限公司
河北省石家庄赵县大夫庄勤劳开发区
邮编 051531
电话 0311 –84880117
传真 0311 –84880407
网址 www. kaiqiao. cn
邮箱 sjzkaiqiao@ 126. com
产品 AKD 胶乳、中性胶、湿强剂、高分散松香胶、助留增强剂、蜡乳液、消泡剂

晋州市富强精细化工有限公司
河北省晋州市后彭头工业开发区
邮编 052260
电话 0311 –84357066
传真 0311 –84358888
网址 www. jzhfqhg34. cn. alibaba. com
产品 非离子型纤维素醚、阳离子醚化淀粉、表面施胶淀粉、磷酸酯淀粉、增强助留剂

河北省晋州市大成变性淀粉有限公司
河北省晋州市后彭头工业开发区
邮编 052260
电话 0311 –84359111
传真 0311 –84319239
网址 www. jzsdachengdianfen. cn
产品 氧化淀粉、阳离子淀粉、表面施胶剂、助留剂、蜡乳液等

晋州市三木助剂纸品厂
河北省晋州市总十庄镇东台工业开发区
邮编 052260
电话 0311 –84301148
传真 0311 –84301138
网址 www. akd. cc
邮箱 zhaoliping668@ 163. com
产品 AKD 蜡粉、AKD 中性施胶剂、PAW 湿强剂、助留剂、烘缸剥离剂等

晋州万达纸业材料有限公司
河北省晋州市总十庄镇工业区
邮编 052261
电话 0311 –84301296
传真 0311 –84301296
网址 www. wandazhiye. cn
邮箱 wandazhiye@ sogou. com
产品 中性施胶剂、PAE 湿强剂、AKD 乳液、阳离子松香胶、阳离子松香胶乳化剂

唐山市

唐山市双兴造纸助剂有限公司
河北省唐山市玉田县城西大街 2400 号
邮编 063000
电话 0315 –6581978
传真 0315 –6166838
产品 粉状强化松香造纸施胶剂、助留助滤剂

唐山奥东化工有限公司
河北唐海县孙家林北
邮编 063200
电话 0315 –8713056、8711511
传真 0315 –8711512
网址 www. oba. cn
邮箱 adk100@ tom. com
产品 荧光增白剂，阴离子松香系列中性施胶剂，阳离子松香系列施胶剂，AKD 中、碱性施胶剂

河北省唐山市新大禹水科技开发中心
河北省唐山市玉田县鸦鸿桥北 1 公里路西
邮编 064110
电话 0315 –6466128
传真 0315 –6466128
邮箱 san@ 126. com
产品 助留助滤剂、毛毯清洗剂、湿强剂、脱墨剂、消泡剂、分散松香胶、荧光增亮剂

唐山天盈化工有限公司
河北省唐山市古冶区京华中道
邮编 063100
电话 0315 –3533257、3530191
产品 超细碳酸钙

秦皇岛市

秦皇岛金佳絮凝剂有限公司
河北省秦皇岛市高新经济技术开发区六盘山路 14 号
邮编 066004
电话 0335－8017709、8017706
传真 0335－8500609
网址 www. jinjiaxnj. com
邮箱 jinjiaxnj@ 163. com
产品 羟丙基瓜尔胶、聚丙烯酰胺助留剂、助滤剂

邯郸市

河北信佳生物淀粉科技有限公司
河北省成安工业区聚良大道 4 号
邮编 056700
电话 0310－5231201、5231206
传真 0310－5231200
网址 www. china- xinjia. com
邮箱 business@ china- xinjia. com
产品 复合改性淀粉辅料（造纸表面施胶机）、阳离子改性淀粉辅料（造纸浆内添加及涂布）

邢台市

沙河市造纸瓷土厂
河北省沙河市机场路东端路北
邮编 054100
电话 0319－8804585、8801192
传真 0319－8803080
邮箱 lijsh8888@ sina. com. cn
产品 瓷土

沙河市矿产品加工厂
河北省沙河市桥东大街
邮编 054100
电话 0319－8802504
产品 涂布瓷土、超细碳酸钙

保定市

河北省徐水县双圆纤维素厂
河北省徐水县漕河镇河西工业区
邮编 072556
电话 0312－8502406
传真 0312－8505589
产品 羧甲基纤维素、羧甲基淀粉、变性淀粉、氧化淀粉、阳离子淀粉等

河北保定阳光精细化工有限公司
河北省保定市漕河 41 号信箱
邮编 072556
电话 0312－8502325、8505605
传真 0312－8505606
网址 www. yangguang. com. cn
邮箱 hbyg@ yangguang. com. cn

沧州市

河北省沧州康宏化工有限公司
河北省献县河街支路 8 号（老化肥厂院内）
邮编 662250
电话 0317－4601666、4601777
传真 0317－4601111
网址 www. kanghongchem. com
邮箱 khplm106@ 126. com
产品 羟基丁苯胶乳、丁二烯、苯乙烯、丙烯酸

河北省威尔化工有限公司
河北省河间市束城工业园区威尔大街 23 号
邮编 062450
电话 0317－3219668、3219588
传真 0317－3219778
网址 www. hbweir. com
邮箱 hbweir@ hbweir. com
产品 改性造纸施胶剂、湿强剂、干强剂

任丘市华洋化工有限公司
河北省任丘市北环路开发区
邮编 062549
电话 0317－2281626
传真 0317－2250458
邮箱 rqhuayang@ 163. com
产品 消泡剂、中性施胶剂、荧光增白剂、增强剂、湿强剂等

任丘市万方化工有限公司
河北省任丘市辛安庄工业区
邮编 062555
电话 0317－2225851、2913996
传真 0317－2212299、2913788
网址 www. rqwanfanghuagong. com
邮箱 webmaster@ rqwanfang. com
　　wanfanghuagong@ 163. com

产品 聚丙烯酰胺、分散剂、复合型高效废水处理剂、絮凝剂、聚丙烯酸钠

廊坊市

廊坊市盛源化工有限责任公司
河北省廊坊市开发区鸿润道 20 号
邮编 065000
电话 0316－6070320、6070319
传真 0316－6060808
网址 www.lfsychem.com
邮箱 service@lfsychem.com
产品 干、湿增强剂，聚丙烯酰胺，助留剂，助滤剂，分散剂，废水处理剂

河北亿源化工有限公司
河北省文安县孙氏化工园区
邮编 065812
电话 0316－5011968
传真 0316－5012368
网址 www.yiyuanhg.com
邮箱 yiyuanhg@126.com
产品 造纸专用分散剂、造纸助剂、废水处理剂，并代理日本三井株式会社产品

山 西 省

太原市

山西长庆化工（集团）有限公司
山西省太原市文源巷 15 号
邮编 030001
电话 0351－4050417
传真 0351－4168444
邮箱 sxcqhggs@163.com
产品 钛白粉

晋城市

晋城市思科煅烧高岭土有限公司
山西省晋城市泽州县川底乡下麓工业园
邮编 048019
电话 0356－3824342
传真 0356－3824706
网址 www.sxsike.ypb.cn
邮箱 skdsglf@163.com
产品 轻、重质碳酸钙，煅烧高岭土

晋中市

山西琚丰高岭土有限公司
山西省晋中市榆次工业园区
邮编 030600
电话 0354－2666606、2666608
传真 0354－2666607
网址 www.jufengkaolin.com
邮箱 jf@jufengkaolin.com
产品 煅烧高岭土

运城市

风中化学制品厂
山西省芮城县风陵渡镇西大街
邮编 044602
电话 0359－3350874
产品 助留剂、助滤剂、增强剂

忻州市

山西忻州市元宏淀粉有限公司
山西省忻州市忻府区秦城乡部落村北粮库院内
邮编 034000
电话 0350－3621202
传真 0350－3621498
产品 涂布黏合剂，表、背面施胶剂，多元湿部添加剂，中性施胶剂，层间喷淋变性淀粉

山西金洋煅烧高岭土有限公司
山西省忻州市田村工业区
邮编 034001
电话 0350－2641111、2136542
传真 0350－2136958、2136245
网址 www.jinyangkaolin.com
邮箱 jinyang@jinyangkaolin.com
产品 涂布级煅烧高岭土

内蒙古自治区

呼和浩特市

内蒙古三保高岭土有限公司
内蒙古自治区呼和浩特市金川开发区金海路
邮编 010080
电话 0471－3601393、3601037

传真 0471－3601169
产品 造纸涂布级煅烧高岭土

赤峰市

巴林右旗巴林石高新材料有限公司
内蒙古自治区赤峰市巴林右旗
邮编 025150
电话 0476－6235908
传真 0476－6226832
产品 涂布级高岭土、填料级高岭土、陶瓷级高岭土、重钙

鄂尔多斯市

内蒙古蒙西高岭粉体股份有限公司
内蒙古自治区鄂尔多斯市蒙西高新技术工业园
邮编 016014
电话 0473－2554516、2552328、25522391
传真 0473－2552329、25522266
网址 www. mxkaolin. com
邮箱 glftxs@ mengxigroup. com
产品 高岭土

内蒙古鹏博高岭土有限责任公司
内蒙古自治区鄂尔多斯市准格尔旗薛家湾镇工业开发区
邮编 010300
电话 0477－4701366
传真 0477－4701777
网址 www. nmpb. b2b. hc360. com
产品 高白度煅烧高岭土

辽 宁 省

沈阳市

沈阳万哈特化工有限责任公司
辽宁省沈阳市东陵区高官台街 29 巷 5 号
邮编 110161
电话 024－88415998
传真 024－88416410
邮箱 sy_ wht@ 163. com
产品 甲基丙烯酰胺丙基二甲基胺、助留助滤剂、脱墨剂、增强剂

大连市

大连广汇化学有限公司
辽宁省大连市中山区长江路 123 号希尔顿酒店长江写字楼 1329 室
邮编 116001
电话 0411－82529658
传真 0411－82529659、84767779
网址 www. ghhx. com. cn
邮箱 office@ ghhx. com. cn
产品 聚丙烯酰胺、水处理剂、高吸水性树脂

大连星原精细化工有限公司
辽宁省大连市西岗区新开路 99 号珠江国际大厦 1206 室
邮编 116021
电话 0411－83702309、83702329
传真 0411－83702319
网址 www. dlxingyuan. com
邮箱 dlxy@ dlxingyuan. com
产品 异噻唑啉酮、有机溴等系列杀菌防腐剂

大连汇邦化学有限公司
辽宁省大连市甘井子区玉境路 74 号 1－6
邮编 116038
电话 0411－85990185
传真 0411－85990187
网址 www. viniya. hxuu. com
邮箱 hb－tina@ 163. com
产品 防腐剂、杀菌灭藻剂、水处理剂、防霉剂、杀菌剂、异噻唑啉酮

鞍山市

合山化工（辽宁）有限公司
辽宁省海城市经济技术开发区黄河大街 5 号
邮编 114200
电话 0412－3600699
传真 0412－3600325
网址 www. microstone. cn
邮箱 microstone@ 126. com
产品 超细碳酸钙粉、超微细造纸滑石粉

海城跆成微细钼石粉厂
辽宁省海城市牌楼镇北铁村滑石工业区
邮编 114207
电话 0412－3939970
传真 0412－3204553
网址 www. hchsf. com
邮箱 jiashunpeng37618@ 163. com
产品 滑石粉、轻烧镁粉、氧化镁粉、硅石粉、重质碳酸钙粉

抚顺市

抚顺幸福环境技术开发有限公司
辽宁省抚顺市李石经济开发区顺通路南
邮编 113122
电话 0413－6706888
传真 0413－6707588
网址 www. fsxfhj. com
邮箱 xingfuhuanjing@ yahoo. com. cn
产品 杀菌剂、表面施胶剂、内部施胶剂、助滤剂、聚丙烯酰胺、增强剂

锦州市

辽宁沈宏集团股份有限公司
锦州宏塔高岭土开发有限公司
辽宁省凌海市班吉塔镇（锦朝高速公路路口）
邮编 121225
电话 0416－8840495
传真 0416－8840495
网址 www. singhorn. com. cn
邮箱 singhorn@ singhorn. com
产品 超细煅烧高岭土、耐火级煅烧高岭土

营口市

营口市康如化工有限公司
辽宁省营口市六三路韩家学坊
邮编 115001
电话 0417－3801918、2255022
传真 0417－3801063、3801062
网址 www. kangru. com
邮箱 kangru@ kangru. com
产品 显白剂、分散剂、脱墨剂、湿强剂、增白剂、润滑增光剂、中性施胶剂、分散松香胶、消泡剂

辽阳市

辽阳佳龙化工有限公司
辽宁省辽阳市南常路 58 号
邮编 111000
电话 0419－2310358
传真 0419－2310458
网址 www. wang3305. china315. com
邮箱 lyjialong@ tom. com
产品 抗水剂（改性三聚氰胺甲醛树脂）、无醛抗水剂、分散剂

辽阳科隆化学品有限公司
辽宁省辽阳市宏伟区东环路 8 号
邮编 111003
电话 0419－5169133、5168093－8001
传真 0419－5176971
网址 www. kelongchem. com
邮箱 kelong@ kelongchem. com
产品 反应型乳化剂、表面活性剂

辽阳奥克化学股份有限公司
辽宁省辽阳市宏伟区东环路 29 号
邮编 111003
电话 0419－5160978、5161428
传真 0419－5314298
网址 www. oxiranchem. com
产品 OX 消泡剂系列、脱墨剂

辽阳华兴化学品有限公司
辽宁省灯塔市西马镇新生开发区
邮编 111302
电话 0419－8320923－8506
传真 0419－8320808
网址 www. huaxingchemical. com
邮箱 hoaxing@ huaxingchemical. com
产品 废纸脱墨剂、脂肪醇、脂肪醇聚氧乙烯醚、壬基酚聚氧乙烯醚、聚乙二醇

盘锦市

盘锦兴建助剂有限公司
辽宁省盘锦市经济开发区兴隆工业园新开东路北
邮编 124010
电话 0427－2887131
传真 0427－2886660
网址 www. lnxj. com
邮箱 dulishan@ tom. com
产品 聚丙烯酰胺助留剂、助滤剂、干/湿增强剂、净水剂

铁岭市

铁岭纸缘科技有限公司
辽宁省铁岭市清河工业园区
邮编 112003
电话 0410－2188350、21322555

传真 0410－2112836
网址 www. tlzhiyuan. com
邮箱 byl335588@163. com
产品 增强助留剂（阳离子淀粉）、烘缸剥离剂、PAE 造纸湿强剂、中性施胶剂、废纸脱墨剂、瓦楞原纸增强剂

吉 林 省

长春市

吉林省正豪改性淀粉科技开发有限公司
吉林省长春高新技术产业开发区创新路 761 号
邮编 130012
电话 0431－85532540、86773890
传真 0431－85524662
网址 www. jilinzh. com
邮箱 yuhuai@jilinzh. com
　　nhj@jilinzh. com
产品 酯化淀粉、氧化淀粉、酸变性淀粉

吉林中粮集团生化能源销售有限公司
吉林省长春经济技术开发区仙台大街 1717 号
邮编 130033
电话 0431－88990398、88990394
传真 0431－88990388、88990388
网址 www. cofco. com
邮箱 zlxs@bcbe. cofco. com
产品 玉米淀粉

长春大成实业集团有限公司
吉林省长春市西环城公路 886 号
邮编 130062
电话 0431－7871057、7879541
传真 0431－7869203、7860378
网址 www. ccdccg. com
产品 表面施胶剂、喷淋淀粉、涂布淀粉、浆内添加淀粉

长春市大地精细化工有限责任公司
吉林省长春市二道区三道镇卫星工业小区
邮编 130123
电话 0431－84840674、13902865119
传真 0431－84840674
网址 www. dadichem. com
邮箱 dadi@dadichem. com
产品 聚氧化乙烯（PEO）

吉林省轻工业设计研究院
吉林省长春市飞跃路 2688 号
邮编 130021
电话 0431－85652015、85653989、85657719
传真 0431－85657579
网址 www. jlsqgy. com
邮箱 qgy@public. cc. jl. cn
产品 玉米变性淀粉

吉林市

吉林市莲花化工厂
吉林省吉林市和平街 58 号
邮编 132002
电话 0432－2735352
产品 蒸煮助剂

松原市

华润赛力事达玉米工业有限公司
吉林省松原经济技术开发区江南工业园区
邮编 138000
电话 0438－2779100、2181101
传真 0438－2184534
网址 www. cornchina. com
邮箱 webmaster@cornchina. com
产品 氧化淀粉、表面施胶剂、阳离子玉米变性淀粉

延边朝鲜族自治州

延吉新东亚（NEAC）化学有限公司
吉林省延吉市延南街长洁胡同 9 号
邮编 133001
电话 0433－2854111、2838091
传真 0433－2824416
网址 www. neac. com. cn
邮箱 neac@neac. com
产品 增白剂、耐水适印剂、消泡剂、表面处理剂、助留助滤剂、湿强剂、干强剂、浆料稳定剂等

黑 龙 江 省

绥化市

黑龙江省兰西县国文造纸助剂厂
黑龙江省兰西县粮食路 118 号
邮编 151500
电话 0455－5620787
传真 0455－5620787
网址 www. guowenchem. com

产品 爆破制浆促进剂、蒸煮助剂、纸品挺硬剂、纸品拉力增强剂、消泡剂、脱墨剂

上 海 市

道康宁（上海）有限公司
上海市西藏中路 168 号都市总部大厦 19 层
邮编 200001
电话 021－37747110、23065500
传真 021－63507200、63512600
网址 www. dowcorning. com. cn
产品 消泡剂、离型剂、表面柔软剂和各类工艺添加剂、再生纸助剂

上海吉康生化技术有限公司
上海市黄家路 18 号 15 楼（中华路口）
邮编 200010
电话 021－63761515
传真 021－63767366
网址 www. shluckychem. com
邮箱 Luo@ shluckychem. com
产品 热敏、压敏色素（结晶紫内酯），感光及电子化学品，染料，助剂

上海晶杨商贸有限公司
上海市建国西路 91 弄瑞金花园 5 号楼 902 室
邮编 200020
电话 021－63049414、51532091
传真 021－63049974
网址 www. sha-jingyang. com
邮箱 support@ sha-jingyang. com
产品 液体直接染料、碱性染料、活性染料、荧光增白剂、淀粉、助留助滤剂、湿强剂、消泡剂、表面施胶剂

上海大宇生化有限公司
上海市淮海中路 887 号永新大厦 1206 室
邮编 200020
电话 021－64378211、64310031
传真 021－64379012、62505763
网址 www. caco3. cn
邮箱 sales@ caco3. cn
产品 碳酸钙系列产品

杜邦中国集团有限公司上海分公司特殊化学品部
上海市浦东新区张江高科技园科苑路 399 号 11 号楼
邮编 201203
电话 021－38622888、63866366－2007
传真 021－38622889
网址 www. dupont. com
邮箱 Techy-n. l. Du@ chn. dupont. com
产品 防油剂、大豆蛋白聚合物

上海赫克力化工有限公司
上海市莘庄工业区申富路 688 号
邮编 201108
电话 021－54422323、54425533、54422085
传真 021－54424580
产品 水处理化学品与技术、造纸助剂

陶氏化学（中国）投资有限公司
上海市浦东张江高科技园区张衡路 936 号
邮编 201203
电话 021－23019436、38511000
传真 021－53535508、58951818
网址 www. dow. com/china/cn
产品 丁苯胶乳、造纸用杀菌剂

池上交易株式会社
浪速（上海）包装贸易有限公司
上海市黄浦区宁海东路 200 号申鑫大厦 1809 室
邮编 200021
电话 021－63743992、63743993
传真 021－63747978
网址 www. ikegamikoeki. com
邮箱 ikegamib@ public. bta. net. cn
产品 分散剂、脱墨剂、消泡剂、柔软剂、絮凝剂

名远化工贸易（上海）有限公司
上海市卢湾区打浦路 88 号海丽大厦 10 楼 D-E 座
邮编 200023
电话 021－63048833
传真 021－63048822
网址 www. chemcentralgroup. com. cn
邮箱 chq@ chemcentralgroup. com. cn
产品 湿部、施胶及涂布用淀粉，CMC，瓷土

登吉化工（苏州）有限公司上海销售部
上海市宛平南路 420 弄 4 号 103 室
邮编 200030
电话 021－34240708
传真 021－54248558
邮箱 dc_ coltd@ mail. chia. com
产品 纸张刚挺剂、涂料用耐水剂、表面上胶剂、纸力干强剂、湿强剂

上海湛和贸易有限公司
上海市徐汇区南丹东路 188 号久隆大厦 2101 室

邮编 200030
电话 021－64873737、64285880
传真 021－64873700
网址 www.zhanhetrade.com
邮箱 info@zhanhetrade.com
产品 分散剂、柔软剂、烘缸剥离剂、纸强剂、颜料染料分散剂、消泡剂、脱墨剂、金属离子络合剂、施胶剂

上海康亦兴贸易有限公司
（上海亦立兴业股份有限公司）
上海市南丹东路 238 号金轩大厦 22 楼 E 座
邮编 200030
电话 021－64272772、64644599
传真 021－64285786
网址 www.yie-lie.com
邮箱 yieliesh@public.sta.net.cn
产品 高岭土、碳酸钙、涂布用助剂、淀粉衍生物（包括湿部、喷淋、表面施胶及涂布），杀菌剂、网毯清洗剂

圣诺普科（上海）有限公司
上海市肇家浜路 680 号金钟大厦 503 室
邮编 200031
电话 021－64662391－106
传真 021－64662393
网址 www.sannopco-sh.com
邮箱 sst@sannopco-sh.com
产品 消泡剂、抑泡剂、分散剂、润滑剂、分离剂

纳尔科化学（苏州）有限公司上海办事处
上海市大渡河路 168 弄 18 号
邮编 200062
电话 021－61832500
传真 021－61832400
网址 www.nalco.com
产品 树脂障碍控制剂、消泡剂、ASA、助留助滤剂

星光 PMC 株式会社上海代表处
上海市陕西北路 457 号 217 室
邮编 200040
电话 021－52283211
传真 021－62187200
产品 抗水剂、表面施胶剂、干强剂

上海欣盛颜料化工有限公司
上海市陕西北路 600 号 206B（上海市静安区科技贸易园区）
邮编 200041
电话 021－62533265、62583662
传真 021－62583662、62154215
网址 www.shxsyl.com
邮箱 webmaster@shxsyl.com
产品 造纸调色剂、乳胶着色剂

上海恒宜化工有限公司
上海市新华路 543 号新华大厦 2 号楼 2D 座
邮编 200052
电话 021－52540798
传真 021－52540799
网址 www.hy-chem.cn
邮箱 hy@hy-chem.cn
产品 湿强剂、干强剂、助留助滤剂、纸浆专用分散剂、苯丙乳液、烘缸剥离剂

上海埃格环保科技有限公司
上海市共和新路 912 号云华科技大厦 1003 室
邮编 200070
电话 021－66600285
传真 021－51172969
网址 www.higradechemicals.com.cn
邮箱 zhuyq@133sh.com
产品 松香中性胶、清洁造纸助剂、脱墨剂

上海青草地环保科技有限公司
上海市虹口区海伦路 178 号三楼
邮编 200086
电话 021－27596129
传真 021－65034003
网址 www.shqcd.cebiz.cn
邮箱 hecaoming@163.com
产品 聚合硫酸镁、聚双酸铝铁、聚丙烯酰胺、复合混凝剂、高效脱色剂、钛白粉、造纸助留助滤剂

凯米拉化学品（上海）有限公司
上海市东方路 69 号裕景国际商务广场 A 座 1001 室
邮编 200120
电话 021－58778550
传真 021－58797128
网址 www.kemirachina.com
邮箱 kemira-sh@kemira.cn
产品 助留剂、杀菌剂、毛毯清洗剂、固着剂、分散剂、AKD、ASA、松香施胶剂、水处理用化学剂

三井化学（上海）有限公司
上海市浦东银城中路 200 号中银大厦 2309 室
邮编 200121
电话 021－58886336

传真 021－58886337
网址 www. cn. mitsuichem. com
邮箱 kinkai. oh@ mcishanghal. com
产品 助留剂、分散剂、高分子絮凝剂聚丙烯酰胺

上海开爻化工有限公司
上海市五莲路 1769 弄 41 号 401 室
邮编 200129
电话 021－87660162
传真 021－33828633
网址 www. kaiyaochem. com
邮箱 kaiyaochem@ hotmail. com
产品 阳离子乳液松香施胶剂、特级消泡剂、荧光增白剂、荧光消除剂、过氧化氢漂白剂

上海谊久化工有限公司
上海市浦东新区季景路 19 弄 70 号 11 室
邮编 200137
电话 021－58624554
传真 021－58624554
网址 www. 19chem. com
邮箱 info@ lgchem. com
产品 造纸专用阴离子、阳离子、非离子乳化蜡、造纸用特效防水剂、表面施胶乳化蜡、纸内施胶乳化蜡

上海新诺化工有限公司
上海市浦东新区行南路 1288 号
邮编 200137
电话 021－68660222
传真 021－58612099
网址 www. sinowax. com
邮箱 root@ sinowax. com
产品 乳化蜡、施胶剂、防水剂、上光剂

上海高桥巴斯夫分散体有限公司
上海市浦东新区浦东北路 1929 弄 99 号
邮编 200137
电话 021－58670303
传真 021－58675050
网址 www. sgbd. com. cn
邮箱 sgbd@ sgbd. com. cn
产品 涂布用胶乳（羧基丁苯胶乳）、塑性颜料

巴斯夫（中国）有限公司特性化学品部
上海市浦东新区江心沙路 300 号
邮编 200137
电话 021－38652000
传真 021－38655024
网址 www. basf. com. sh
邮箱 hongbin- jason. wang@ basf. com
产品 分散剂、螯合剂、非离子表面活性剂

巴斯夫（中国）有限公司
上海市西藏中路 18 号港路广场 20 楼
邮编 200001
电话 021－23203000
传真 021－23203088
网址 www. greater- china. basf. com
产品 化学品、功能性聚合物、特性化学品、聚氨酯

浙江日华化学有限公司上海分公司
上海市田州路 99 号漕河泾开发区西区 12 号楼 2 层
邮编 200233
电话 021－54277288、54277300
传真 021－54277377
网址 www. nicca- sh. com
邮箱 solution@ nicca. com. cn
产品 表面活性剂、螯合分散剂、低聚物分散剂、渗透剂、消泡剂、柔软剂、固色剂、平滑剂、防水剂

科莱恩化工（中国）有限公司
上海市徐汇区漕河泾开发区桂箐路 69 号 25 幢 1－3 楼
邮编 200233
电话 021－64851000
传真 021－64851388
网址 www. paper. clariant. com
www. clariant. cn
邮箱 paper. china@ clariant. com
产品 染料、增白剂、防油剂

汽巴精化（中国）有限公司
上海市漕河泾开发区田州路 99 号新安大楼 18 楼
邮编 200233
电话 021－24032000
传真 021－24032727
网址 www. cibasc. com/paper
邮箱 joe. chan@ cibasc. com
产品 染料、助留助滤剂、涂布胶乳、施胶剂

上海众高化工有限公司
上海市漕宝路 70 号（光大会展中心）C 座 1004 室
邮编 200235
电话 021－64326322、64326317
传真 021－64326566
网址 www. zhonggao. cn
邮箱 zgc@ zhonggao. cn

产品 防腐杀菌剂、氟碳类防霉杀菌剂、清洗剂和保洁剂

上海东升新材料有限公司
上海市田林路 388 号 1 幢楼 7 层
邮编 200233
电话 021 - 64838680
传真 021 - 64518499
网址 www. dssun. com
邮箱 dssun@ dssun. com
产品 PCC、GCC、苯丙胶乳、瓜尔胶、干强剂、阴离子捕捉剂、AKD 中性施胶剂，分散剂、絮凝剂、脱墨剂、润滑剂

上海恩脉化学有限公司
上海市宝山工业园上大路 218 号
邮编 200436
电话 021 - 56510781、66516340
传真 021 - 66516340、63808781
网址 www. enmai. com. cn
邮箱 dfyu8728@ 126. com
产品 荧光增白剂、干增强剂、湿强剂、中性施胶剂、表面施胶剂

上海浩天变性淀粉有限公司
上海市宝山区共康路 651 号
邮编 200443
电话 021 - 56416150
传真 021 - 56433814
邮箱 haotians@ eastday. com
产品 涂布淀粉系列、湿部淀粉、特种表面施胶淀粉

远拓化工国际贸易（上海）有限公司
上海市宜山路 2016 号（合川大厦）7 楼 B 座
邮编 201103
电话 021 - 61280488
传真 021 - 61280490
产品 毛毯、成形网干网保洁剂、杀菌剂、消泡剂、抑泡剂、胶黏物处理剂

上海华伦化工有限公司
上海市闵行区纪王镇纪中路 99 号
邮编 201106
电话 021 - 62960078
传真 021 - 62852469
网址 www. shhlhg. cn
产品 增强助剂、抗水交联增效剂、固化剂、AKD 中性施胶剂

上海源泉石油化工有限公司
上海市浦东向城路 29 号爵士大厦 A29C 室
邮编 201200
电话 021 - 58318532
传真 021 - 68670836
网址 www. yqpcc. cn. alibaba. com
邮箱 yqpcc@ yqpcc. com
产品 淀粉、湿强剂、干强剂、表面施胶剂、湿强离解剂、高强表面增强剂

上海必康国际贸易有限公司
上海市龙阳路 1880 弄万邦都市花园 15 号 501 室
邮编 201204
电话 021 - 58446691
传真 021 - 58446680
网址 www. become. shembb. com
邮箱 slw_ become@ sina. com
产品 PAM 高分子凝集剂、聚合氢化铝（PAC）、重金属捕集剂

上海吉臣化工有限公司
上海市浦东金桥开发区浙桥路 289 号建银大厦 B 座 1304 室
邮编 201206
电话 021 - 58341051、58341052
传真 021 - 58341052
网址 www. jichenchem. com
邮箱 jichen@ jichenchem. com
产品 烘缸剥离剂、干/湿强剂、脱墨剂、湿强解离剂、助留助滤剂、柔软剂、抗水剂、杀菌剂、水处理絮凝剂

上海联胜化工有限公司
上海市浦东新区曹阳路镇华东路 1069 号
邮编 201209
电话 021 - 68680248、68681055
传真 021 - 68681497
网址 www. peo. com. cn
邮箱 liansheng@ lainsheng- chemical. com
产品 PEO 分散剂、湿强剂 PEA、剥离剂、消泡剂、助留助滤剂、抗水剂、杀菌剂、水处理絮凝剂

上海天坛助剂有限公司
上海市星火开发区浦星公路 9500 号
邮编 201419
电话 021 - 57502198
传真 021 - 57502679
网址 www. chinasam. com
邮箱 atc@ chinasam. com

产品 液体增白剂 BLA、脱墨剂、柔软剂、涂料分散剂、消泡剂、渗透剂

巴克曼实验室化工（上海）有限公司
上海市青浦工业区崧泽大道 8500 号
邮编 201700
电话 021 - 69210188
传真 021 - 69210500
网址 www. buckman. com
邮箱 asia@ buckman. com
产品 胶黏物控制酶、沉积物控制剂、蒸煮助剂、洗涤助剂、系统清洗与网毯保洁剂、湿部及涂料消泡剂、除垢剂、抑垢剂、助留助滤剂、干/湿强剂

久联化学工业（上海）有限公司
上海市外高桥保税区芬菊路 152 号
邮编 200131
电话 021 - 50481691
传真 021 - 50480635
产品 造纸涂料、地毯背胶、食品包装用胶黏剂

上海申伦科技发展有限公司
上海市虹口区汶水东路 181 弄三九大厦 2 栋 1608 室
邮编 200437
电话 021 - 65360566
传真 021 - 65605707
产品 纸用化学品

上海湛和贸易有限公司
上海市南丹东路 188 号久隆大厦 2101 室
邮编 200030
电话 021 - 64873737
传真 021 - 64873700
产品 贸易、科研、生产以及技术服务为一体、代理日本明成化学工业株式会社造纸化学品

上海赫达富化工科技有限公司
上海市嘉定区金华路 168 号
邮编 201824
电话 021 - 59192480
传真 021 - 59192480
产品 蒸煮催化剂、造纸助剂

上海恒皓创新酰胺有限公司
上海市杨浦区定海港路 434 号
邮编 200090
电话 021 - 65660734
传真 021 - 65660735
产品 聚丙烯酰胺系列产品

上海宏达着色剂厂
上海市共和新路 3737 号 B 栋 706—708 室
邮编 200435
电话 021 - 36360002
传真 021 - 66530468
产品 造纸用调色、增白剂

上海化工研究院有机化工研究所
上海市云岭东路 345 号
邮编 200062
电话 021 - 52809752
传真 021 - 52800850
产品 杀菌剂

上海浦东菱花造纸助剂厂
上海市浦东新区中高路 8 号
邮编 200137
电话 021 - 58642136
产品 分散松香、分散剂

上海碳酸钙厂
上海市徐家汇路 558 弄 1 号 C 座
邮编 200025
电话 021 - 64158822
传真 021 - 64673933
产品 造纸用碳酸钙

创恩国际贸易（上海）有限公司
上海市白兰路 137 号 B 座 2604 室
邮编 200063
电话 021 - 62863397
传真 021 - 62863389
广州办事处
广州天河南二路 31 号丰兴广场中兴阁 1802 室
邮编 510620
电话 020 - 87518908
传真 020 - 87508091
产品 瓷土、瓜尔胶、CMC、保水增稠剂、抗水剂、印刷适应改良剂、消泡剂

三菱商事（中国）有限公司
上海市浦东新区迎春路 96 号三菱商事办公楼
邮编 200127
电话 021 - 68543030

传真 021－68541911
网址 www. mitsuhishicorp. com. cn
产品 化学品

江　苏　省

南京市

江苏精科嘉益工业有限公司
江苏省南京市黄埔路 2－2 号黄埔大酒店 12 楼 D 座
邮编 210016
电话 025－84819808
传真 025－84819973
网址 www. jts. cn
邮箱 jack@ jts. cn
产品 杀菌防腐剂、施胶剂、微生物和黏泥控制剂、助留助滤剂、脱气剂、消泡剂、胶黏物树脂控制剂、干/湿强剂

南京四新科技应用研究所有限公司
江苏省南京市中央北路 168 号盛景园 1 幢 304－306 室
邮编 210028
电话 025－85080901、85080914、85080928、85080923
传真 025－85080900、85080904
网址 www. sixinchem. com
邮箱 sixin@ sixinchem. com
产品 制浆及黑液工序、湿部及白水循环脱水、涂布、废水处理用消泡剂

南京四诺精细化学品有限公司
江苏省南京市江东北路 91 号典雅居大厦 1506 室
工厂：南京市雨花工业区
邮编 210036
电话 025－86472370
传真 025－86473843
网址 www. snowfc. cn
邮箱 snowchemnanjing@ yahoo. com. cn
产品 分散剂、助留助滤剂、干强剂、施胶剂、脱墨剂、废水处理剂、污泥脱水剂

南京东正化轻有限公司
江苏省南京市中央路 417 号先峰广场 916 室
邮编 210037
电话 025－85634308
传真 025－85619676
网址 www. njdz. com. cn
邮箱 yang@ njdz. com. cn
产品 分散剂、水处理剂、纸浆黑液专用消泡剂、助留剂、高吸水树脂

林产化学工业研究所
中林（江苏）胶黏剂有限责任公司
江苏省南京市玄武区锁金五村 16 号
邮编 210042
电话 025－85482476、85482442
传真 025－85429691
网址 www. forinchem. com
邮箱 wangcpg@ hotmail. com
　　forinchem@ 163. com
产品 乳液黏合剂、造纸用乳液胶

沙索（中国）化学有限公司
江苏省南京市化学工业园方水路 68 号
邮编 210047
电话 025－58391111－2806
传真 025－58392285、58392222
网址 www. sasolasia. com. cn
邮箱 in. li@ cn. sasol. com
产品 表面活性剂、消泡剂

南京宏桥精细化工科技开发有限公司
江苏省南京市高新技术产业开发区经一北路 17 幢
邮编 210061
电话 025－58840197、57673881
传真 025－57673881、57672881
网址 www. hongqiaochem. com
邮箱 water@ hongqiaochem. com
产品 造纸白水浮选剂、无泡沫生物黏泥剥离剂、有机溴氯杀菌灭藻剂

南京久三生物化学品研究所
江苏省南京市孝陵卫 200 号南京理工大学 525 栋 21 号
邮编 210094
电话 025－86205540
传真 025－86180359
邮箱 feiyang79@ 21cn. com
产品 速效净水剂、杀菌灭藻剂、絮凝剂、消泡剂

丹尼尔（南京）环保科技有限公司
江苏省南京市江宁区湖熟工业集中区
邮编 211121
电话 025－52696788
传真 025－52696715
网址 www. loigltd. . com
邮箱 yyy0315@ msn. com
产品 絮凝剂、湿强解离剂、脱墨剂、抗高剪切助

留助滤剂、变性淀粉和辅助剂、高效填料留着剂

无锡市

无锡市滨湖南泉造纸助剂有限公司
江苏省无锡市滨湖区
邮编 214128
电话 0510－85952480
传真 0510－85958088
邮箱 info@nqcy.com
产品 阴离子/阳离子松香胶、增强剂、分散剂

无锡市兴顺助剂化工厂
江苏省无锡市锡山区东港镇
邮编 214199
电话 0510－88761431
传真 0510－88761488
网址 www.xingshunchem.com
邮箱 zhangguangyi@citiz.net
产品 阳离子乳液松香中性施胶剂、环压增强剂、助留氯剂及聚合氧化铝

凯米拉化学品（宜兴）有限公司
江苏省宜兴市环保科技工业园南岳村
邮编 214205
电话 0510－87061235
传真 0510－87063284
网址 www.kemwater.com.cn
邮箱 kemwater@kemwater.com.cn
产品 聚丙烯酰胺、聚合氯化铝

宜兴市滤波水处理化学品有限公司
江苏省宜兴市东山西路 66 号
邮编 214205
电话 0510－87975887
传真 0510－87975997
网址 www.lvbo.cn
邮箱 hcf@lvbo.com
产品 阳离子高效有机混凝剂、聚合氯化铝、聚合硫酸铁、高效脱色絮凝剂、杀菌灭藻剂、高效消泡剂

宜兴市天使合成化学有限公司
江苏省宜兴市芳庄镇
邮编 214246
电话 0510－87674303、87678600
传真 0510－87671303
网址 www.jsjhc.com
邮箱 lzj@jsjhc.com
产品 光稳定剂、抗氧剂、聚合氯化铝、净水剂、水处理化学品

宜兴市绿科环保有限公司
江苏省宜兴市洋溪镇
邮编 214262
电话 0510－87572928
传真 0510－87572929
网址 www.lvkeyx.cn.alibaba.com
邮箱 liwind042@sina.com
产品 废水处理脱色剂、絮凝剂、消泡剂、分散剂

宜兴市汇通化工有限公司
（宜兴市益丰化工有限公司）
江苏省宜兴市芳桥镇工业开发区
邮编 214265
电话 0510－87542088
传真 0510－87541510
网址 www.yxhthg.com
产品 固着剂、隔离剂、螯合剂 DTPA、杀菌剂、水处理剂

江阴市恒达化工有限公司
江苏省江阴市华士镇
邮编 214421
电话 0510－86201302、86201303、86201304
传真 0510－86201304
产品 造纸和涂布专用 CMC

宜兴市通达化学有限公司
江苏省宜兴市分水镇
邮编 214262
电话 0510－87551228
产品 CMC、高效絮凝剂

徐州市

徐州市昌盛化工材料供应站
江苏省徐州市中山路 163 号 1 楼 26－29 号
邮编 221005
电话 0516－82182694
传真 0516－82380401
网址 www.xzcshg.com
产品 脱墨剂、膨化剂、分散剂、消泡剂、毛毯清洗剂、显白剂、防腐剂、助留助滤剂

徐州中大造纸化学品应用技术有限公司
江苏省徐州市项王路 1 号戏马台商厦写字楼北楼 310 室

邮编 221000
电话 0516－83825222
传真 0516－82322166
邮箱 zhongda5828@163. com
产品 助留助滤剂、增干强剂、分散剂、PAE 湿强剂、水处理絮凝剂、填料改性剂

江苏省成正化工有限公司
江苏省徐州市新沂唐店化工区
邮编 221400
电话 0516－81602588
传真 0516－81602577
网址 www. czchem. com. cn
邮箱 sales@czchem. com. cn
产品 水煤浆添加剂、木质素磺酸钠、木质素磺酸钙、木质素磺酸镁、木质素磺酸盐

常州市

常州市欧凡路实业有限公司
江苏省常州市武进区郑陆镇和平工业园武澄路 178 号
邮编 213114
电话 0519－88055555
传真 0519－88107275
网址 www. oveno. com. cn
邮箱 service@oveno. com. cn
产品 高分子絮凝剂（聚丙烯酰胺阴、非、阳离子系列），生物药剂系列高效水处理产品、表面施胶剂、杀菌剂

常州汉斯化学品有限公司
江苏省常州市北大街 96 号兰洋大厦 A－905
邮编 213000
电话 0519－86613002、86622139
传真 0519－86613979
网址 www. hanschina. cn
邮箱 admin@hans-china. com
产品 纤维素纤维改性剂、涂料染色阳离子改性剂、功能性整理剂

常州市梅港淀粉有限公司
江苏省常州市戚墅堰经济开发区
邮编 213011
电话 0519－88773640
传真 0519－85015021、88374238
网址 www. mg-df. com
邮箱 kzqjlj@163. com
产品 变性淀粉产品（表面施胶淀粉、喷淋淀粉、磷酸酯淀粉、阳离子淀粉、PVA 替代品）

常州市天义化工有限公司
江苏省常州市新北区太湖东路府琛大厦 1－617
邮编 213022
电话 0519－85120181、85120182
传真 0519－85120180
网址 www. cntychem. com
邮箱 zhangyi@cntychem. com
产品 杀菌剂、防霉剂、消泡剂、水性分散剂

常州精科霞峰精细化工有限公司
江苏省常州市新北区长江中路 29 号
邮编 213022
电话 0519－85132088、85130788
传真 0519－85133788
网址 www. jincoxf. com
邮箱 adminjcxf@jincoxf. com
产品 清洗剂、除垢剂、分散剂、缓蚀剂、杀菌剂等系列产品

常州市碳酸钙有限公司
（池州市升化碳酸钙有限公司）
江苏省常州市洛阳镇
邮编 213104
电话 0519－88791230、88520658
传真 0519－88522128
网址 www. cn-wunan. com
邮箱 wunan8@hi2000. com
产品 纳米碳酸钙、微细活性碳酸钙、轻质活性碳酸钙、轻质（沉淀）碳酸钙、重质及重质活性碳酸钙

江苏江海化工集团有限公司
江苏省常州市武进区焦溪镇武澄工业区
邮编 213116
电话 0519－88902294、88902295
传真 0519－88902149
网址 www. jhhg. com
邮箱 jhhg@jsmail. com. cn
产品 水处理剂、杀菌灭藻剂

常州市金东化学品有限公司
江苏省常州市横山桥镇东洲工业园区
邮编 213119
电话 0519－88610782
传真 0519－88610971
网址 www. jdchem. com
邮箱 market@jdchem. com
产品 AKD 原粉、AKD 乳液、乳化剂、表面施胶剂

常州市武进友邦净水材料有限公司
江苏省常州市武进区牛塘镇人民西路 105 号
邮编 213163
电话 0519 - 86393009
传真 0519 - 86390093
网址 www. youbang18. com
邮箱 yabang@21cn. com
产品 聚合氯化铝、聚合氯化铝铁、聚丙烯酰胺

常州市武进运波化工有限公司
江苏省常州市前黄镇运村
邮编 213175
电话 0519 - 86131034
传真 0519 - 86134317
网址 www. yunbochem. com
邮箱 info@yunbochem. cn
产品 无甲醛抗水剂、改性三聚氰胺甲醛树脂抗水剂、润滑剂、表面施胶剂、分散剂、纸品乳液、PAE 湿强剂

苏州市

苏州市恒康造纸助剂技术有限公司
江苏省苏州市桐泾北路 26 - 6 恒丰大厦 362 室
邮编 215000
电话 0512 - 67209673、87679776
传真 0512 - 67202673
网址 www. hkzj. cn
邮箱 rainbow_ 2525@163. com
产品 丝光柔顺剂、剥离增光剂、造纸湿强剂、卫生纸多元增强剂、防腐杀菌剂、纸浆分散剂、树脂控制剂

苏州汇鸿复合材料有限公司
江苏省苏州市西园路 430 号
邮编 215008
电话 0512 - 62037751
传真 0512 - 68298894
网址 www. cmccms. com
邮箱 cmc2037751@yahoo. com. cn
产品 羧甲基纤维素钠、对羟基苯甲醛、苯亚磺酸钠

纳尔科化学（苏州）有限公司
江苏省苏州新区塔园路 88 号
邮编 215009
电话 0512 - 68255001
传真 0512 - 68250130
上海 021 - 63588282
宁波 0574 - 87052235
广州 020 - 34402066
网址 www. nalco. com
产品 蒸煮剂、增强剂、助留助滤剂、消泡剂及助洗剂、树脂控制剂、微生物/沉积物控制剂、涂布添加剂、废水处理剂

天禾化学品（苏州）有限公司
江苏省苏州市吴中区木渎镇花苑东路 199 号
邮编 215101
电话 0512 - 68097320、66261097
传真 0512 - 68240792
网址 www. tianmapharma. com
邮箱 gurry@tianmapharma. com
paperchem@tianmapharma. com
产品 AKD 蜡、AKD 中性施胶剂、阳离子松香胶、表面施胶剂、助留助滤剂、阳离子醚化剂、湿强剂、脱气剂、杀菌防腐剂

苏州佑震化工有限公司
江苏省苏州市吴中区木渎镇西跨塘
邮编 215101
电话 0512 - 66363293
传真 0512 - 66369890
网址 www. js- yp. com
邮箱 yuyqxt@tianmapharma. com
产品 表面施胶剂、抄纸用脱水机、干强剂、助留剂、树脂分散剂等浆内添加和表面处理用药品，以及润滑剂、保水剂、分散剂等

苏州市鸿绮化工有限公司
江苏省苏州市吴中区友新路旺吴路西 50 号
邮编 215100
电话 0512 - 65277776
传真 0512 - 65272603
邮箱 52willgood05@hotmail. com
产品 造纸用直接、盐基性、酸性染料，活性染料，分散型染料

依卡化学品（苏州）有限公司
江苏省苏州工业园区苏虹中路 302 号
邮编 215122
电话 0512 - 62582276
传真 0512 - 62586772
网址 www. akzonobel. com/cn
产品 制浆化学品、施胶剂

苏州高峰精细化工有限公司
江苏省苏州市吴中经济开发区双桥工业园
邮编 215128

电话 0512－65654153
传真 0512－65629401
网址 www. gaofengstarch. com
邮箱 business@ gaofengstarch. com
产品 阳离子表面施胶淀粉、变性淀粉

苏州峰达精细化工有限公司
江苏省苏州市相城区黄桥金峰
邮编 215132
电话 0512－65461729、65850753
传真 0512－65461729
网址 www. fdhg. cn
邮箱 fdjxhg@ 163. com
产品 杀菌防腐剂、抄纸分散剂、湿增强剂、沉积物控制剂、消泡剂、烘缸剥离剂、助留助滤剂、网毯保洁剂

苏州联胜化工有限公司
江苏省苏州市相城区渭塘镇沿塘工业区 1 号
邮编 215134
电话 0512－65907588
传真 0512－65901660
网址 www. lshx. cn
邮箱 service@ lshx. cn
产品 羟乙基乙二胺、乙二胺四乙酸四钠

登吉化工（苏州）有限公司
江苏省苏州市吴江市同里镇（屯村）
邮编 215216
电话 0512－63375899
传真 0512－63376099
产品 纸张刚挺剂、涂料用耐水剂、表面上胶剂、纸力干强剂、湿强剂、表面干强剂

昆山密友实业有限公司
江苏省昆山市民营科技工业园望山南路 16 号
邮编 215316
电话 0512－5796666、57767965
传真 0512－57791241
网址 www. miyou. com. cn
邮箱 miyou@ miyou. com. cn
产品 重质微细碳酸钙、重质微细碳酸钙（研磨）浆、超细滑石粉

张家港市国业施胶材料厂
江苏省张家港市南丰镇港路 1 号
邮编 215628
电话 0512－58629197
传真 0512－58629197
邮箱 songzs2008@ yahoo. com. cn
产品 粉状施胶剂、改性松香胶、脱墨剂、助留助滤剂

星光精细化工（张家港）有限公司
江苏省张家港市金港镇江苏扬子江国际化学工业园长江路 18 号
邮编 215634
电话 0512－58937250
传真 0512－58937601
产品 印刷适性改良剂、干强剂、表面施胶剂、湿强剂、起皱剂、抗水剂

常熟市支塘粮油食品厂
江苏省常熟市支塘镇林园路 6 号
邮编 215531
电话 0512－52551634
产品 阳离子淀粉

苏州天马化工原料有限公司
江苏省苏州市浒关工业园
邮编 215101
电话 0512－66261097
产品 造纸用 AKD

张家港市三惠化工有限公司
江苏省张家港市凤凰镇西
邮编 215613
电话 0512－56887377、58400502
传真 0512－58491329
网址 www. cmcsanhui. com
产品 纤维素钠、CMC 系列

张家港市一星日化厂
江苏省张家港市凤凰镇
邮编 215613
电话 0512－58496121
传真 0512－58496158
网址 www. cmcyixing. com
产品 CMC

南通市

海安县正达化工有限公司
江苏省海安县海化路 28 号
邮编 226600
电话 0513－88832111
传真 0513－88866940
网址 www. zhendachem. com

邮箱 info@zhendachem.com
产品 乳化剂、洗净剂、消泡剂

南天农科化工有限公司
江苏省如皋市白蒲镇
邮编 226511
电话 0513－88573113
传真 0513－88573112
产品 聚丙烯酰胺系列

淮安市

江苏天士力淀粉有限公司
江苏省淮安市青浦区城南西路 29 号
邮编 223002
电话 0517－82806173
传真 0517－83806173
产品 表面施胶类、喷雾淀粉、涂布专用系列

镇江市

镇江市天亿化工研究设计院有限公司
江苏省镇江市千秋桥街 16 号
邮编 212001
电话 0511－85033207
传真 0511－85030898
网址 www.zjzhb.cn.ablibaba.com
邮箱 tianyiche@sohu.com
产品 干强剂、湿强剂、中性施胶剂 AKD 乳液、AKD 乳化剂

镇江科力生物技术有限公司
江苏省镇江市丁卯桥路 160 号
邮编 212009
电话 0511－8888991、8888832
传真 0511－8888891
网址 www.koly.cn
邮箱 xgf@koly.cn
产品 杀菌剂、防霉剂

泰州市

江苏九洲化工有限公司
江苏省泰州市永安洲化学工业园区
邮编 225321
电话 0523－86967813
传真 0523－86967814
网址 www.ncc-js.com
产品 表面施胶剂、润滑剂、防腐杀菌剂、分散剂、涂料保水剂

江苏聚成精细化工有限公司
江苏省泰州市泰兴商城 D 区四楼
邮编 225400
电话 0523－87722751、87722761
传真 0523－87722753
网址 www.jucheng-chem.com
邮箱 jucheng-chem@163.com
产品 聚丙烯酰胺，阳、阴、非离子高分子絮凝剂，水处理剂，甲基丙烯酸二甲氨乙酯（DM），甲基丙烯酰氧乙基三甲基氯化铵（DMC）

泰兴市中纺助剂厂
江苏省泰兴市大生工业开发区（三联）
邮编 225400
电话 0523－87626328、87906508
传真 0523－87623833
网址 www.zfchem.cn
邮箱 tjh3921@163.com
产品 水性聚氨酯固化剂、水性分散剂

江苏省姜堰市华光化工有限公司
江苏省姜堰市溱潼镇溱西路 125 号
邮编 225508
电话 0523－88616339、88616327
传真 0523－88619365
网址 www.jyhuaguang.com
邮箱 sales@jyhuaguang.com
产品 黏合剂、纸品乳液、羧基丁苯胶乳、CMC、抗水剂

浙　江　省

杭州市

杭州佳波化工有限公司
浙江省杭州市西湖区莫干山路 569 号副楼 2402
邮编 310005
电话 0571－88823021
传真 0571－88823543
网址 www.hzjiabo.cn
产品 造纸制浆增稠粉、分散剂、杀菌剂

浙江金科化工股份有限公司
浙江省杭州市密渡桥路 1 号白马大厦 8 楼（总部）
邮编 312369
电话 0571－85812300

传真 0571-85812333
网址 www.jinke-chem.com
邮箱 jinke@jinke-chem.com
产品 低温漂白活性剂、过碳酸钠、过硼酸钠、过氧化钙、过氧化乙酸消毒剂

杭州德高化工开发有限公司
浙江省杭州市清秦街509号富春大厦19层
邮编 310009
电话 0571-87831038、87832038
传真 0571-87989060、87827833
网址 www.dekao.com
邮箱 dekao@163.com
产品 杀菌防腐剂、脱墨剂、消泡剂、增白剂、螯合剂

杭州银湖化工有限公司
浙江省杭州市天目山路224号中融城市花园2幢1单元1201室
邮编 310012
电话 0571-85028645
传真 0571-85028640
网址 www.yinhuchem.com
邮箱 yuping0571@hotmail.com
yinhuchem@yinhuchem.com
产品 纸用导电剂、助留剂、纸浆分散剂、湿强剂、抗水剂、杀菌灭藻剂、消泡剂、絮凝剂

杭州丹江化工科技有限公司
浙江省杭州市拱墅区仓基新村2幢2单元
邮编 310014
电话 0571-88082805
传真 0571-88082805
网址 seihan.co.kr
邮箱 dlz670330@yahoo.com.cn
产品 表面施胶剂、树脂控制剂、滤水促进剂、淀粉硬化剂、耐水滑剂、防黏剂、干强剂

杭州纸友科技有限公司
浙江省杭州市下沙经济技术开发区白杨街道3号大街50号
邮编 310018
电话 0571-86911227、86912268、86840952
传真 0571-86913870
网址 www.hzzykj.cn
邮箱 zykjgs@mail.hz.zj.cn
zykj@hzzykj.cn
产品 湿部添加淀粉、层间或表面喷雾淀粉、聚合物表面施胶剂、彩喷纸专用淀粉

杭州绿兴环保材料有限公司
（杭州绿色助剂研究所）
浙江省杭州市石桥路永华街127号
邮编 310022
电话 0571-85818982-8206
传真 0571-85818953
网址 www.hzlvxinghuanbao.cn
邮箱 green@greenadditive.com
产品 烘缸剥离剂、柔软剂、消泡剂、固色剂、促白剂

杭州格林费尔生活技术有限公司
浙江省杭州市滨江区东流路1805号
邮编 310053
电话 0571-86697638、86696238-1660
传真 0571-86697618、866976288
网址 www.greenphile.com
邮箱 greenphilebiotech@gmail.com
产品 生物酶树脂控制剂、生物酶脱墨剂、生物酶助漂剂、生物酶腐浆控制剂

杭州绿典化工有限公司
浙江省杭州市萧山区新街镇双圩村
邮编 311217
电话 0571-82853800、82853881
传真 0571-82853883
网址 www.ldchemical.com
邮箱 ld@ldchemical.com
产品 荧光增白剂、脱墨剂、固色剂、柔软剂

杭州凯丽化工有限公司
浙江省杭州市萧山区河庄镇一工段
邮编 311222
电话 0571-82962668、82961777
传真 0571-82962777、82965706
网址 www.kalichemical.com
邮箱 sales@kailichemical.com
产品 彩色纸专用色浆、造纸调色剂、装饰纸用色浆

浙江传化华洋化工有限公司
浙江省杭州市萧山经济技术开发区鸿达路125号
邮编 311231
电话 0571-82696688、82695822
传真 0571-82696488
网址 www.transfarwhyyon.com
邮箱 whyyon@etransfar.com
产品 荧光增白剂、染料、脱墨剂、网毯清洗、保洁剂、

助留助滤剂

杭州杭化播磨造纸化学品有限公司
浙江省杭州市萧山经济技术开发区桥南区鸿达路 87 号
邮编 311231
电话 0571－82697060、82695381
传真 0571－82697129
网址 www.hh-harima.com
邮箱 info@hh-harima.com
产品 乳液松香、增强剂、涂布加工纸用化学品系列、脱模剂系列、表面施胶剂系列、纸张固色剂、防水剂、消泡剂

浙江日华化学有限公司特殊精密化学品部
浙江省杭州市萧山经济技术开发区桥南区鸿达路 289 号
邮编 311231
电话 0571－82697366、82697550
传真 0571－82697551
网址 www.nicca.cn
邮箱 m-kusakabe@nicca.com.cn
产品 纸用固色剂、分散剂、柔软剂、膨松剂、脱墨剂、消泡剂

杭州致远印染助剂有限公司
浙江省杭州市萧山区临港工业园区
邮编 311234
电话 0571－82507795、82507790
传真 0571－82507790、82507796
网址 www.chinaositerchem.com
邮箱 IBD@chinaositerchem.com
产品 荧光增白剂

临安市神马化工有限公司
浙江省临安市横潭路 58－8 号
邮编 311300
电话 0571－63746418
传真 0571－63746428
网址 www.hzsmhg.com
邮箱 webmaster@hzsmhg.com
产品 湿强剂、表面施胶剂、消泡剂、阳离子分散松香胶、阴离子松香施胶剂、AKD－4 新型中性施胶剂

临安市荣盛化工有限公司
浙江省临安市於潜镇衡横山工业区
邮编 311311
电话 0571－63885968
传真 0571－63888819
网址 www.larshg.com
邮箱 rs968@163.com
产品 表面施胶剂、涂布抗水剂、干/湿强剂、中性施胶剂

富阳宏帆化工有限公司
浙江省杭州市富阳富春街道春华村
邮编 311400
电话 0571－63368915
传真 0571－63369917
网址 www.3814332.7lab.com
产品 超细轻质碳酸钙、分散剂、抗水剂、润滑增光剂、硬脂酸盐

富阳市发泰造纸净水材料厂
浙江省富阳市大源镇四季路 6 号
邮编 311400
电话 0571－63398046
传真 0571－63581007
网址 www.zdjbbn.b2b168.com
邮箱 zdjbbn@126.com
产品 新型净水助剂（蒽醌废酸、苯乙酮废酸，以及所有含铝离子废酸均可使用）、硫酸铝，聚合氯化铝

富阳飞马化工有限公司
浙江省富阳市富春街道春华朱山路
邮编 311400
电话 0571－63369968
传真 0571－63369522
产品 干强剂、湿强剂、脱墨剂、表面施胶剂

杭州先进科技化工有限公司
浙江省富阳市富春街道春华村
邮编 311401
电话 0571－23296888
传真 0571－23299777
网址 www.hzacc.com
邮箱 acc@hzacc.com
产品 纳米级轻质碳酸钙

富阳市万通化工有限公司
浙江省富阳市大源镇大源村
邮编 311413
电话 0571－23225198
传真 0571－23225197
网址 www.fywthg.com
邮箱 webmaster@fywthg.com
产品 松香施胶剂、表面施胶剂、消泡剂

浙江三力星化学品有限公司
浙江省富阳市春江工业园区蔡伦西路
邮编 311421
电话 0571-63589277
传真 0571-63589277
网址 www.sanlixing.com
邮箱 libin@sanlixing.com
产品 浆内施胶剂、助留剂、表面施胶剂、杀菌剂、清洗剂

富阳市固能粉体材料有限公司
浙江省富阳市春江造纸工业园区 10 号楼
邮编 311421
电话 0571-63587761
传真 0571-63587763
邮箱 info@llgn.com
产品 超细重质碳酸钙

桐庐贝斯特化工有限公司
浙江省桐庐县横村镇方埠工业园区
邮编 311502
电话 0571-64698303
传真 0571-64698302
邮箱 196317462@qq.com
产品 浆内消泡剂、纸张隔离剂

谢非尔考克碳酸钙（杭州）有限公司
浙江省杭州市和睦路 567 号
邮编 310011
电话 0571-88186166、88091424-523
传真 0571-88186166
网址 www.schaeferkalk.net.cn
产品 碳酸钙

杭州市化工研究院有限公司
浙江省杭州市湖墅石灰坝 7 号
邮编 310014
电话 0571-88314437、88319461
传真 0571-88314437
网址 www.hhs.cn
产品 增强剂、湿强剂、废纸脱墨剂、阻燃剂、中性施胶剂、印刷适性改进剂（无甲醛型）、卫生纸起皱黏合剂、烘缸剥离剂、柔软剂、固色剂、变性淀粉、松香施胶剂

杭州颜料化工厂
浙江省杭州市萧山区义莲镇外六工段
邮编 311225
电话 0571-82989828
传真 0571-82989920
产品 颜料、染料、中间体

宁波市

宁波乐嘉化工有限公司
浙江省宁波市中兴路 717 号华宏国际中心 15B-1
邮编 315040
电话 0574-87849999-101
传真 0574-87858833-101
网址 www.lkchem.com
邮箱 zlhcheer@163.com
产品 醇醚溶剂、非离子表面活性剂、氯化溶剂、环氧树脂

宁波亚中精细化工有限公司
浙江省宁波市科技园区（梅墟工业区）光华路 323 号
邮编 315103
电话 0574-88482178
传真 0574-88487713
网址 www.nb-yaguang.com
邮箱 yazhong@mail.nbppt.zj.cn
产品 脱墨剂、絮凝剂、增白剂、漂白剂、胶黏物控制剂、液体无铁硫酸铝、分散剂、增强剂、烘缸剥离剂、毛毯清洗剂

宁波天源化学有限公司
浙江省宁波市鄞州区宁南北路 818 号
邮编 315192
电话 0574-88216239
传真 0574-88216417
网址 www.tianyuan818.com
邮箱 sale@tianyuan818.com
产品 造纸润滑剂、耐水化剂、PAE 湿强剂、纸用上光涂料（水性油光）、流变改质剂

温州市

浙江省苍南县望鑫制胶厂
浙江省温州市苍南县灵溪镇兴城街 13 号
邮编 325800
电话 0577-64804168
传真 0577-64804168
网址 www.yp.com.cn/wangxin
邮箱 zxcvgtyu@126.com
产品 皂化胶阴离子分散剂胶、阳离子分散胶、阳离子助留剂、阳离子废水处理剂

嘉兴市

嘉兴瑞升化工贸易有限公司
浙江省嘉兴市泰坤国际大厦 622 室
邮编 314010
电话 0573－82106320
传真 0573－82208763
网址 www. xsd7063. chinapaper. net
邮箱 xsd7063@ 126. com
产品 分散剂聚丙烯酰胺产品、助留剂、瓜尔胶、烟草薄片助留剂、阴离子膨润土

绍兴市

浙江弘利防渗胶有限公司
浙江省绍兴市滨海工业区
邮编 312073
电话 0575－85523026
传真 0575－85523022
网址 www. zjhlhg. com
邮箱 zjhl@ zjhlhg. com
zjhlzcl@ sina. com
产品 中性造纸施胶剂、表面施胶剂、中性施胶 AKD 乳液、助留助滤剂、阴/阳离子高分散松香胶

绍兴市南方化工有限公司
浙江省嵊州市罗柱岙工业园区嵊州大道 619－1 号
邮编 312000
电话 0575－83102159
传真 0575－83187126
网址 www. sousacide. com
邮箱 sousacide@ 163. com
产品 系列防腐杀菌剂

金华市

兰溪市泛士达造纸化学品厂
浙江省兰溪市婺江路 60 号 2 座 2－102
邮编 321100
电话 0579－88823238
传真 0579－88823238
网址 www. fanshida. cn. alibaba. com
产品 脱墨剂、蜡乳液、润滑增光剂、消泡剂、中性表面施胶剂、网毯清洗剂、絮凝剂

磐安县益纸淀粉有限公司
浙江省磐安县城昌文街 6 号
邮编 322300
电话 0579－84662081
传真 0579－84669939
网址 www. payzdf. com
邮箱 payzdf@ 163. com
产品 草木浆专用增强剂、新闻纸专用增强剂、中性施胶专用剂、季铵型阳离子淀粉、阳离子助留助滤剂、喷雾淀粉

衢州市

龙游富田造纸精化有限公司
浙江省龙游县城南开发区德贤路 29 号
邮编 324400
电话 0570－7255255
传真 0570－7029436
网址 www. lyftpaper. com
邮箱 yoyosf@ mail. china. com
产品 AKD 中性施胶剂、阳离子分散松香胶、表面施胶剂、明矾、造纸复合型保留助剂、胶乳、抗水剂、杀菌剂、脱气剂、湿强剂

浙江奥仕化学有限公司
浙江省江山市经济开发区江东区兴工七路 2 路
邮编 324123
电话 0570－4351991 4351873
传真 0570－4351772 4351775
网址 www. chinaositerchem. com
邮箱 Ositer@ chinaositerchem. com
产品 荧光增白剂

丽水市

浙江池禾化工有限公司
浙江省遂昌县妙高镇梅溪路 90 号
邮编 323300
电话 0578－8170374
传真 0578－8170685
网址 www. chihechem. com
邮箱 scch@ mail. lsptt. zj. cn
产品 纸板增强剂、湿强剂、柔软剂、阳离子松香胶、表面施胶剂、分散剂、润滑剂、耐水机、烘缸剥离剂

安 徽 省

合肥市

合肥健坤化工有限公司
安徽省合肥市黄山路 459 号华林家园 12－204

邮编 230022
电话 0551－2361108
传真 0551－2361108
网址 www.chempowder.com
邮箱 chempowder@126.com
产品 硅藻土、高岭土、碳酸钙、造纸废水处理净化剂、纳米碳酸钙

芜湖市

安徽芜湖三维造纸助剂有限公司
安徽省芜湖市长江路223路
邮编 241004
电话 0553－5842013
传真 0553－5843138
产品 阴离子分散松香胶、中性分散松香胶、阳离子分散松香胶、消泡剂、助留助滤剂、液体荧光增白剂

芜湖华仁科技有限公司
安徽省芜湖市高新技术开发区
邮编 241000
电话 0553－5842013
传真 0553－5843138
产品 施胶剂、消泡剂、助留剂、助滤剂、液体荧光增白剂

马鞍山市

马鞍山市华吉实业有限公司
安徽省马鞍山市当涂县城关东门经济开发区
邮编 243100
电话 0555－6717488、6730033
传真 0555－6711204
网址 www.anhui-huaji.com
邮箱 hjsy@ah163.com
产品 松香胶、阳离子分散松香胶、湿强剂、干强剂、AKD 中性施胶剂、中/碱性施胶剂、表面施胶剂

淮北市

安徽巨成精细化工有限公司
安徽省淮北市濉溪开发区水杉路33号
邮编 235102
电话 0561－6063692、6063507
传真 0561－6063507、6065121
网址 www.cjcchem.com
邮箱 sales@cjcchem.com
产品 分散剂、水处理絮凝剂、聚丙烯酰胺

滁州市

安徽省明光市曼迪矿业科技有限公司
安徽省明光市池河大道98号
邮编 239400
电话 0550－8153100、8582888
传真 0550－8156979
网址 www.medyfk.com
邮箱 mgmd@medyfk.com
产品 膨润土系列、硅藻土系列、碳酸钙系列

宿州市

安徽省宿州市金兄弟化工有限公司
安徽省宿州市砀山西城开发区
邮编 235300
电话 0557－8185681
传真 0557－8186688
邮箱 717934375@qq.com
产品 多元助留增强剂、分散剂、中性施胶剂、脱墨剂、增柔膨化剂、聚丙烯酰胺、荧光增白剂、丁苯乳液、苯丙乳液

池州市

安徽巢东九华钙业高新材料有限责任公司
安徽省青阳县木镇河南村
邮编 242803
电话 0566－2833838
传真 0566－2833838
产品 重钙粉及其改性造粒产品

福 建 省

福州市

威尔（福建）生物有限公司
福建省福州市工业北路548号创业大厦北楼4层
邮编 350002
电话 0591－83774227、83770618
传真 0591－83770328
网址 www.welltouch.com.cn
邮箱 welltouch@163.com
产品 消泡剂、脱墨剂、稳定剂

福清达青化工有限公司
福建省福州市福清元华路东刘村
邮编 350300
电话 0591－85160968
传真 0591－85160887
网址 www. terceltraing. com
邮箱 tom@ howellco. com. cn
产品 微生物控制剂、白水系统污染控制剂、防腐剂、造纸涂料专业微生物、防霉剂、抗菌剂

厦门市

三洋化学（中国）有限公司
福建省厦门市嘉禾路永升新城嘉园里45号大厦1103座
邮编 361024
电话 0592－5151598
传真 0592－5151858
网址 www. sunyo. ebigchina. com
产品 聚乙烯酰胺系列、助留助滤剂、消泡剂、阴离子干扰物固定剂、沉积物控制剂、杀菌剂、干强剂、还原性漂白剂、多功能水质稳定、清洗剂和保洁剂

泉州市

南安市应用化学研究所
福建省南安市帽山工业区
邮编 362300
电话 0595－86353508、13905066005
产品 中性松香胶、强化松香胶、分散松香胶、助留剂、表面施胶剂

南平市

福建南平市星光永昇造纸化工有限公司
福建省南平市滨江北路177号
邮编 353000
电话 0599－8808838
传真 0599－8808838
网址 www. liujianhua. chinapaper. net
邮箱 jianhualiu8616@ 163. com
产品 脱墨剂、双氧水稳定剂、柔软剂、施胶剂、变性复合淀粉、助留助滤剂、泡花碱、分散松香胶

龙岩市

龙岩高岭土有限公司
福建省龙岩市登高东路154－13号
邮编 364000
电话 0597－2325664、2332166
传真 0597－2325664
网址 www. lka. com. cn
邮箱 lkc0915@ public. lyptt. fj. cn
产品 高岭土原矿、水洗高岭土

福建龙岩三虹科技有限公司
福建省龙岩市新罗区适中工业区
邮编 364011
电话 0597－2978888
传真 0597－2972270
邮箱 fjsanhong@ 263. net
产品 硅灰石造纸专用复合材料系列、造纸用超细重钙系列、纳米碳酸钙系列、超细研磨碳酸钙

福建漳平市振幅化工有限公司
福建省龙岩市漳平市永福工贸小区
邮编 364401
电话 0597－7882735
传真 0597－7881088
邮箱 fjzfhg@ 126. com
产品 脱墨剂、涂布润滑剂、高效废水处理剂、无水硅酸铝、超细硅酸铝

江 西 省

南昌市

江西省兴沪助剂有限公司
江西省南昌市洪都中大道158号B栋B单元402室
邮编 330001
电话 0791－8518310
传真 0791－8518310
产品 湿强剂、脱墨剂、增白剂、分散剂、生活用纸调色剂、乳化剂

南昌市龙然实业有限公司
江西省南昌市长堎外商投资工业区物华路229号
邮编 330013
电话 0791－3671122、3671121
传真 0791－3671123
网址 www. longran. cn
邮箱 nclongran@ longran. cn
产品 松香胶、AKD乳液、中/碱性施胶剂、干强剂

江西嘉汇商贸有限公司

江西省南昌市广州路华东工业博览城 E6 栋 9 号/江大南路 149 号 4－198
邮编 330029
电话 0791－8488808
传真 0791－8488808
网址 www.jxjhsm.com
邮箱 jiahuifanna@163.com
产品 分散剂、荧光增白剂、湿强剂、柔软剂、脱墨剂、施胶剂

江西东永科技发展有限公司
江西省南昌市高新大道中段南昌大学科技园 A708 室
邮编 330000
电话 0791－8112636
产品 变性淀粉

江西东永实业有限公司
江西省南昌市莲塘龚南路 3 号
邮编 330200
电话 0791－5713982、5712489
传真 0791－5734961
网址 www.dysygs.com.cn
邮箱 dysy2002@sina.com
产品 变性淀粉

南昌市安义县凤凰化工厂
江西省南昌市安义县京庄苍 63 号
邮编 330500
电话 0791－3421113
传真 0791－3421113
产品 造纸助剂

江西省高科合成化工厂
江西省进贤县工业园区东一路
邮编 331700
电话 0791－5650033
传真 0791－5656003
产品 废纸脱墨剂、湿强纸解离剂、防腐杀菌剂

萍乡市

萍乡市碳酸钙实业有限公司
江西省萍乡市湘东镇狮形山工业区道田村
邮编 337019
电话 0799－3375368
传真 0799－3375098、3375978
网址 www.pxtsg.com.cn
产品 轻质碳酸钙、活性碳酸钙、纳米碳酸钙

赣州市

江西嘉龙造纸助剂工业有限公司
江西省龙南县龙泉大道 71 号（县委党校院内）
邮编 341700
电话 0797－3540440
传真 0797－3540440
网址 www.jlzz.ctiwt.com
邮箱 jlzzctiwt@.com
产品 纸张增强剂、湿强剂、脱水助滤剂、消泡剂、毛毯清洗剂、废水处理剂、脱墨剂、柔软剂、纤维分散剂

抚州市

江西博大化工有限公司
江西省东乡县（省级）经济开发区
邮编 331800
电话 0794－4380168
传真 0794－4380166
网址 www.jxbdhg.com
邮箱 bodahg2007@163.com
产品 变性淀粉，纸箱黏合剂，增强、助留助滤剂，新闻纸专用增强剂，表面施胶剂

江西顺昌隆实业有限公司
江西省东乡县大富岗工业开发区
邮编 331800
电话 0794－4332619
传真 0794－4332586
网址 www.scl-starch.com.cn
邮箱 jxsclsy@scl-starch.com.cn
产品 浆内添加淀粉、表面施胶淀粉、涂布淀粉、喷雾淀粉、瓦楞纸板黏合剂、胶带纸瓶签黏合剂

江西省东乡县宏达化工有限公司
江西省东乡县圩上桥镇东乡工业区
邮编 331801
电话 0794－4330506
传真 0794－4330508
网址 www.hongdanchem.net
邮箱 company@jxhongd.net
产品 阳离子淀粉、表面施胶淀粉、喷雾淀粉、涂布淀粉、浆内添加淀粉、纸箱黏合剂

江西添光化工有限公司
江西省抚州市抚北镇工业区

邮编 344001
电话 0794－8355555
传真 0794－8352555
网址 www. tg- chem. com
邮箱 yxb@ tg- chem. com
产品 钛白粉、硫酸、精制硫酸铝、硫酸亚铁、普钙

江西红星变性淀粉有限公司
江西省东乡县红星省级经济开发区
邮编 331801
电话 0794－4383169、4383013
传真 0794－4383088
产品 变性淀粉

江西雨帆化工有限公司
江西省东乡县
邮编 331800
电话 0794－4332239
传真 0794－4332281
网址 www. jxyufan. com
邮箱 jxyfan@ sina. com
产品 变性淀粉

山 东 省

济南市

济南市顺康助剂有限公司
山东省济南市英雄山路南首
邮编 250002
电话 0531－82772228
传真 0531－82776966
邮箱 jnzxdz@ 163. com
产品 分散剂、拉力剂、助留助滤剂、脱墨剂、膨化剂、蒸煮助剂、消泡剂、废水处理剂、荧光增白剂、聚丙烯酰胺、挺硬剂

济南市化工研究所
山东省济南市工业南路 106 号
邮编 250100
电话 0531－88195963
传真 0531－88528627
网址 www. jnhg. com
邮箱 jnhgs@ 163. com
产品 氨基树脂抗水剂、工业防腐剂、高效助燃剂、高分散游离松香乳液、松香乳液（阴离子酸性施胶用）专用乳化剂、石蜡松香乳液专用乳化剂

济南塑邦精细化工有限公司
山东省济南市历城区高新技术产业开发区大学科技园
邮编 250100
电话 0531－81901282、81901583
传真 0531－81901283
网址 www. sbchem. com
邮箱 sbchem@ yahoo. com
产品 荧光增白剂、有机颜料、染料中间体及有机胺催化剂

济南金星助剂有限公司
山东省济南市历城区荷花路西段
邮编 250108
电话 0531－86898689
传真 0531－88770218
网址 www. jnjx. com
邮箱 sdjn- gs@ 163. com
产品 防腐剂、分散剂、润滑剂、抗水剂、PAE 湿强剂

山东达盛科技有限公司
山东省济南市经十东路东部达盛集团工业园
邮编 250220
电话 0531－83684656、83684256
传真 0531－83682426
网址 www. sddsjt. com
邮箱 sakosako@ 163. com
sddsjt@ 163. com
产品 消泡剂、脱墨剂、润滑剂、分散剂、脱模剂、施胶剂

青岛市

青岛市海大化工有限公司
山东省青岛市新泰安路 27 号如意大厦 2105 室
邮编 266001
电话 0532－82867216、82867217
传真 0532－82767215
网址 www. hualuqd. com
邮箱 haida@ hualuqd. com
dingdl@ public. qd. sd. cn
产品 造纸专用特种色素碳黑系列、阻燃剂、钛白粉、荧光增白剂、煅烧高岭土、防水剂

青岛三中化成精密有限公司
山东省青岛市城阳区钱桃树村委南 100 米路西
邮编 26610
电话 0532－87733585
传真 0532－87733631

邮箱 jly318@hanmail.net
产品 脱墨剂、毛毯清洗剂、消泡剂、污染防治剂、凝固剂

青岛圣博生物科技有限公司
山东省青岛市胶州市中云工业园
邮编 266300
电话 0532-87298077
传真 0532-87298078
网址 www.52jiaozhou.com/sinople
邮箱 hi7810@tom.com
产品 聚合物分散剂、减水剂、灭菌剂、杀菌防腐剂、阻垢剂

青岛如相化工有限公司
山东省平度市平度同和工业园
邮编 266706
电话 0532-82696059
传真 0532-87360020
产品 防腐杀菌剂、工业灭藻剂、网毯清洗剂、水处理剂、消泡剂、荧光增白剂

淄博市

淄博万科化工有限公司
山东省淄博市张店区潘南西路 20 号
邮编 255047
电话 0533-3181892
传真 0533-3183893
网址 www.zbwanke.com
邮箱 wang@zbwanke.com
产品 抗氧化剂、湿强剂 PAE、湿强废纸再生剂、助留助滤剂

淄博振河塑胶化工有限公司
山东省淄博市张店昌国路良乡工业园
邮编 255071
电话 0533-2092016
传真 0533-2091839
网址 www.zibojinhegongsi.cn.alibaba.com
产品 聚合氯化铝、聚丙烯酰胺、聚合硫酸铁系列净水剂、助留剂、表面施胶剂、消泡剂等造纸助剂

淄博东方聚合物有限公司
(原张店东方化学厂)
山东省淄博市昌国路良乡工业园（内环路原 309 国道）1 号路2 号门
邮编 255071
电话 0533-2090527、2090973
传真 0533-2090799
网址 www.eastpolymer.com
邮箱 fengxiangyuan@eastpolymer.com
产品 聚丙烯酰胺、高吸水性树脂、*N*-羟甲基丙烯酰胺

淄博爱普浆纸科技有限公司
山东省淄博开发区高科技创业园 B 座 309 室
邮编 255086
电话 0533-6219777
传真 0533-6207207
网址 www.zbalpu.cn
邮箱 aipu@163.com
产品 脱墨剂、中性施胶剂、阴离子分散松香剂、表面处理剂、助留助滤剂、制浆造纸设备

山东省桓台县金龙化工有限公司
山东省淄博市桓台县新城镇工业园区
邮编 256403
电话 0533-8886555、3151273
传真 0533-8886555
网址 www.jinlongchem.net
邮箱 jinlong@jinlongchem.net
产品 水处理药剂、水质稳定剂系列、各类高效杀菌剂、灭藻剂

淄博津利精细化工厂
山东省淄博市周村区南郊镇永和村
邮编 255302
电话 0533-6061262、6063068
传真 0533-6062320
网址 www.jinlichem.com
邮箱 jinlichem@126.com
产品 造纸助剂

淄博竹林超细化工材料厂
山东省淄博市博山山头南圈路 1 号
邮编 255215
电话 0533-4418510
产品 超细重钙

山东聚鑫化工有限公司
山东省桓台县唐山镇
邮编 256401
电话 0533-8510968
传真 0533-8519379
网址 www.juxinchem.cn
邮箱 juxin@juxinchem.cn
产品 聚丙烯酰胺干粉、胶体

瑞丰化工公司有机化工厂
山东省沂源县城保丰路 26 号
邮编 256100
电话 0533－3220025
产品 造纸助剂脱墨剂

张店东方化学股份有限公司
山东省淄博市张店东四路南首
邮编 255071
电话 0533－2081515、2092157
传真 0533－2081047
网址 www.orientchem.com
邮箱 zhaijun@orientchem.com
产品 助留剂、废水处理剂

枣庄市

枣庄林美发展有限公司
山东省枣庄市峄城经济开发区福兴中路 7 号
邮编 277300
电话 0632－7789888
传真 0632－7721388
网址 www.linmeichem.com
邮箱 lm@linmeihg.com
产品 变性淀粉系列、涂布黏合剂、湿部添加剂、表面施胶剂、羧甲基纤维素钠、固体胶乳胶黏剂

山东神州翔宇科技集团有限公司
山东省枣庄市台儿庄区马兰屯镇淀粉工业园
邮编 277412
电话 0632－6711135
传真 0632－6711177
网址 www.xiangyudianfen.com
邮箱 xydf@xiangyudianfen.com
产品 醋酸酯淀粉、磷酸酯淀粉、氧化淀粉、阳离子淀粉、阳离子表面施胶剂

东营市

东营市德胜化工有限公司
山东省东营市东营开发区大渡河路 251 号
邮编 257091
电话 0546－8313666
传真 0546－8739138
网址 www.dydshg.cn.alibaba.com
邮箱 deshengshiye@163.com
产品 表面施胶剂、塑性颜料、湿强剂、废纸再生剂、分散剂、剥离剂、抗水剂、消泡剂

山东东营华泰精细化工有限责任公司
山东省东营市东营开发区东二路二号
邮编 257091
电话 0546－8351964
传真 0546－8351967
网址 www.huatai.com
邮箱 sp0546@sohu.com
产品 增白剂、废纸脱墨剂、螯合剂、中性表面施胶剂、杀菌灭藻剂、废水处理剂

东营瑞特精细化工有限公司
山东省东营市广饶县经济开发区兵圣路 817 号
邮编 257300
电话 0546－6923636、6440020
传真 0546－6923599、6445118
网址 www.right-china.com
邮箱 rightgroup@126.com
产品 废水处理剂、助留助滤剂、湿强剂、纸张增强剂、施胶剂、聚丙烯酰胺乳液

东营市三龙精细化工有限责任公司
山东省东营市广饶县李鹊镇高新技术园区
邮编 257333
电话 0546－6286210
传真 0546－6286268
网址 www.chinaslhg.com
邮箱 web@chinaslhg.com
产品 表面施胶剂、脱气剂、树脂控制剂、杀菌剂、助留助滤剂、AKD 施胶剂、淀粉硬化及纸粉防止剂、保水剂、阳离子松香胶

利津县冠亚化工有限责任公司
山东省东营市利津县工业区
邮编 257440
电话 0546－5318788
网址 www.sdguanya.com.cn
产品 丙烯酰胺、造纸分散剂、助留助滤剂、水解聚丙烯酰胺、杀菌灭藻剂、缓蚀阻垢剂

烟台市

烟台鸿成精细化工有限公司
山东省烟台市福山高新产业区振华街 887 号
邮编 265500
电话 0535－6326779、6326087
传真 0535－6301817

网址 www. ythongcheng. com
邮箱 hc@ ythongcheng. com
产品 荧光增白剂系列、施胶剂系列、消泡剂、抗水剂

龙口市华瑞新材料科技有限公司
山东省龙口市遇家复兴机械北临
邮编 265701
电话 0535－8529786
传真 0535－8543088
网址 www. hray- chem. com
邮箱 wn. yang@ 163. com
产品 微乳化合成蜡乳液、有机硅乳液消泡剂、微乳化蜡纸箱防水剂、造纸消泡剂

龙口市联源纸张助剂有限责任公司
山东省龙口市诸由观镇辛家
邮编 265705
电话 0535－8572299
传真 0535－8572299
网址 www. lyxez. com
邮箱 lzx@ lyxez. com
产品 烷基烯酮二聚体（AKD 蜡粉）、乳化剂、中性施胶剂、湿强剂

达斯特克化工有限公司
山东省烟台市化工路
邮编 264002
电话 0535－6530669
传真 0535－6530939
网址 www. dasteck. com
邮箱 ytd@ dasteck. com
产品 造纸漂白剂

潍坊市

潍坊信业化学有限公司
山东省潍坊市潍城区 309 国道 338 公里处路北
邮编 261000
电话 0536－8399162
传真 0536－8399062
网址 www. xinyehx. com
邮箱 xinyehx@ 163. com
产品 无甲醛抗水剂、聚酰胺聚脲（PAPU）抗水剂、涂布用抗水剂、湿强剂、消泡剂、防腐杀菌剂、螯合剂、有机分散剂

潍坊恒兴化工有限公司
山东省潍坊市奎文区鸢飞路 912 号
邮编 261031
电话 0536－8665901、8671737
传真 0536－8665900
网址 www. hengxingchem. cn
邮箱 gxjchem@ 126. com
sdmzl@ 163. com
产品 中性施胶剂、润滑剂、重质液体碳酸钙、防腐杀菌剂、涂布抗水剂、消泡剂、有机分散剂

潍坊润丰造纸助剂有限公司
山东省潍坊市玄武东街 123 号
邮编 261031
电话 0536－8661277
传真 0536－8662837
网址 www. rfzj. com
邮箱 rfzj888@ yahoo. com. cn
产品 醚化剂、PPE、助留助滤剂、脱墨剂、制浆消泡剂、网毯清洗剂、挺度剂、涂布润滑剂、抗水剂

潍坊千龙造纸助剂有限公司
山东省潍坊市寒亭区益新街 342 号
邮编 261100
电话 0536－8659603
传真 0536－8659603
网址 www. wfql. com
邮箱 grgrth66@ 163. com
产品 防腐杀菌剂、剥离剂、抗水剂、增白剂、助留剂

潍坊瑞光化工有限公司
山东省潍坊市寒亭区东环路南首
邮编 261100
电话 0536－7262976、7252436
传真 0536－7270136
网址 www. ruiguangchem. com
邮箱 ruiguang@ ruiguangchem. com
产品 颜料分散剂、有机硅消泡剂、柔软剂、脱墨剂、涂料色浆、表面活性剂、增强剂

潍坊金山源化工有限公司
山东省潍坊市寒亭区河滩镇北庄村
邮编 261112
电话 0536－7580515
传真 0536－7580595
网址 www. wfjinshuiyuan. siteem. com
邮箱 htjinshuiyuan@ 126. com
产品 非硅高效消泡剂、分散剂、抗水剂、脱墨剂、中碱性施胶剂、纸品柔软剂

华普化学品（潍坊）有限公司
山东省安丘市关王工业园区

邮编 262122
电话 0536－2261336
传真 0536－4331198
网址 www.huapuchem.com
邮箱 mail@huapuchem.com
产品 显（助）白剂、抄纸消泡剂、玻璃纸用保湿剂、AKD中碱性施胶剂、松香施胶剂、防腐杀菌剂

潍坊浩鑫造纸助剂有限公司
山东省昌乐县城南歇头仓
邮编 262408
电话 0536－6762567
传真 0536－6762567
网址 www.zaozhizhuji.com
邮箱 jianghai@zaozhizhuji.com
产品 纸板挺度剂、高效生物酶脱墨剂、纸张表面强度剂、阳离子淀粉、喷淋淀粉、阳离子助留增强剂

山东省青州市万利化工有限公司
山东省青州市开发区东方北路2066号（北50米）青州市南环路55号（公司）
邮编 262500
电话 0536－3529668
传真 0536－3529667
网址 www.wanlichem.com
邮箱 djx@wanlichem.com
产品 纸品乳液、颜填料分散剂、增稠剂、杀菌剂

山东青州友邦化工有限公司
山东省青州市开发区东方一路东侧
邮编 262500
电话 0536－3262828
传真 0536－3262688
网址 www.henglichem.com
邮箱 hllm@henglichem.com
产品 纸浆漂白剂、脱墨剂

青州市晨鸣变性淀粉有限公司
山东省青州市北西关/海军路568号
邮编 262500
电话 0536－3262808、3260762
传真 0536－3260762
网址 www.chenmingstarch.net
邮箱 fsm@chenmingstarch.com
产品 表面施胶剂、喷淋淀粉、涂布淀粉、石膏板增强剂

潍坊兆冠化工集团公司
山东省潍坊市临朐县经济技术开发区秦池路38号
邮编 262600
电话 0536－3212680、3121055
传真 0536－3120817
网址 www.zhaoguan.com
邮箱 mail@zhaoguan.com
产品 二氧化氯、消毒剂、杀菌剂、保鲜剂、漂白剂、防腐剂、除臭剂、脱色剂

山东万豪集团临朐纸业化工有限公司
山东省临朐县冶源工业园
邮编 262605
电话 0536－3631262
传真 0536－3631262
网址 www.wanhao.com
邮箱 wanhao@china.com
产品 AKD中性施胶剂

寿光蔡伦申兴精细化工有限公司
山东省寿光市晨鸣工业区
邮编 262700
电话 0536－2156339、2156421
传真 0536－2156416
网址 www.cailunchem.com
邮箱 sales@cailunchem.com
产品 中性施胶剂、重质碳酸钙、AKD乳液、松香胶、增白剂、消泡剂

寿光金远东变性淀粉有限公司
山东省寿光市学院路北首
邮编 262700
电话 0536－5185399
传真 0536－5110077
网址 www.cn-jyd.com
邮箱 jyd@cn-jyd.com
产品 表面施胶淀粉、湿部添加剂、多元变性淀粉、漂白淀粉、阳离子淀粉

潍坊天方圣鸿化学有限公司
山东省寿光市晨鸣工业园（建新西街与文昌路交叉口）
邮编 262700
电话 0536－5672088
传真 0536－5672058
邮箱 tfsh@tfshchem.com
产品 湿强剂、表面施胶剂、抗水剂、消泡剂、润滑剂、无甲醛抗水剂、柔软剂、湿强解离剂、中性施胶剂

青州市北联淀粉有限公司
山东省青州市海军路568号

邮编 262500
电话 0536－3260906、3263278
传真 0536－3260906
网址 www.sdbldf.com
邮箱 qzbldf@163.com
产品 造纸用淀粉

济宁市

济宁新格瑞水处理有限公司
山东省济宁市嘉祥工业园
邮编 272415
电话 0537－6985888、6988006
传真 0537－6988088
网址 www.jngreen.net
邮箱 jngr@jngreen.net
xingerui@yahoo.com.cn
产品 施胶剂、系统清洗剂、系统除垢剂、阻垢缓蚀剂、生物酶脱墨剂、聚丙烯酰胺、废水絮凝剂、杀菌消毒剂、消泡剂

山东阳光颜料有限公司
（原济宁市阳光颜料助剂有限责任公司）
山东省济宁市车站南路
邮编 272000
电话 0537－2317897、2311908
传真 0537－2311908
网址 www.sino-pigment.com
邮箱 market@sino-pigment.com
产品 有机颜料、无机颜料、荧光颜料、高档彩色专用色浆

济宁市华强工有限公司
山东省济宁市任城区开发区济邹路南接庄镇政府西1公里
邮编 272015
电话 0537－2631088
传真 0537－2631088
网址 www.xhlhg.com
邮箱 jnxhlhg@sina.com
产品 高效造纸助留剂、多功能造纸增强剂、絮凝剂

济宁市信慧化工科技有限公司
山东省济宁市任城经济开发区山博路
邮编 272100
电话 0537－2316691
传真 0537－2333786
网址 www.cenwise.cn
邮箱 jnxhhg@263.com
产品 松香胶、液体染体、增白剂、PAM 干强剂

兖州天成化工有限公司
山东省济宁兖州市北站西路 66 号/北站工业区
邮编 272100
电话 0537－3482493
传真 0537－3414528
网址 www.yztchg.com
邮箱 yztchg@163.com
产品 AKD、干/湿增强剂、复合型中性胶

兖州东升精细化工有限公司
山东省兖州市兴隆庄镇驻地
邮编 272101
电话 0537－3873264
传真 0537－3873918
网址 www.dssun.com
产品 表面施胶剂、PP 塑性颜料、阳离子胶乳、分散剂、AKD 施胶剂、脱墨剂、净水剂、废水絮凝剂

高旭化工有限公司
山东省济宁兖州市兴隆庄镇
邮编 272101
电话 0537－3873331
传真 0537－3873918
网址 www.liyundong.myqy.cn
产品 超细重质碳酸钙、超细轻质碳酸钙、高白度高岭土、AKD、润滑剂

济宁红日化工轻化助剂有限公司
（原济宁市中区轻化助剂厂）
山东省济宁市 105 国道与 327 国道交汇处
邮编 272141
电话 0537－2113179
传真 0537－2113179
网址 www.hrqh.cn
邮箱 hrqhzjgs@163.com
产品 造纸制浆催化剂、高效消泡剂系列、柔软剂

泰安市

泰安市东岳助剂厂
山东省泰安市泰汶路 199 号
邮编 271000
电话 0538－6611988
传真 0538－6610809
网址 www.dyzjc.com

邮箱 dylh-paper@tom.com
产品 抄纸分散剂、增白剂系列、废纸脱墨剂、助留助滤剂、蒸煮助剂、聚丙烯酰胺、树脂障碍消除剂、消泡剂、废水处理剂

泰安鑫泉精细化工有限公司
山东省泰安市高新技术开发区北集坡
邮编 271000
电话 0538-8920760、13563803298
传真 0538-8920388
网址 www.xq1688.com
邮箱 zhanghong8513@163.com
产品 多元助留助滤增强剂、纸品挺度增强剂、瓦楞纸杯环压增强剂、烘缸剥离剂、消泡剂

山东省新泰市兰泰化工有限公司
山东省新泰市翟镇西1公里
邮编 271204
电话 0538-7500078
传真 0538-7500078
网址 www.lthuagong.com
邮箱 lthugnong@163.com
产品 硫酸铝、AKD乳液、中碱性造纸施胶剂、分散松香胶

山东一滕化工有限责任公司
山东省肥城市工业二路西首
邮编 271600
电话 0538-3368999、3368666
传真 0538-3366226
网址 www.yitengchem.cn
www.sdytjt.com
邮箱 yitengchem@163.com
产品 聚阴离子纤维（PAC）、羧甲基纤维素（CMC）、羟丙基甲基纤维素（HPMC）

山东鲁岳化工有限公司
山东省肥城市安站镇
邮编 271603
电话 0538-3680358、3680386
传真 0538-3680368
网址 www.luyue.com
邮箱 sales@luyue.com
产品 二烯丙二甲氯化铵、助留助滤剂、干湿增强剂、阴离子导电剂、阳离子熟化促进剂

泰安市山口环保化工厂
山东省泰安市岱岳区山口镇
邮编 271038
电话 0538-8611946
传真 0538-8611946
产品 净水剂

威海市

威海凯瑞造纸技术有限公司
山东省威海市高新技术开发区创新创业基地318室
邮编 264200
电话 0631-5629496
传真 0631-5629496
网址 www.whchrom.com.cn
邮箱 market@whchrom.com.cn
whchrom@163.com
产品 表面施胶剂、表面处理剂、浆料预处理剂、树脂控制剂、生物助留剂

日照市

日照金马化工有限公司
山东省日照市山东路589号
邮编 276825
电话 0633-3387318
传真 0633-3387358
网址 www.jinmachem.com
邮箱 info@jmchem.com
产品 羧基丁苯胶乳、苯丙乳液、分散剂、润滑剂、增稠剂

临沂市

临沂爱森化工有限公司
山东省临沂市鲁南化工城A区450号
邮编 276000
电话 0539-3120808
传真 0539-3120809
网址 www.lyaisen.cn
邮箱 guoguo19810520@sina.com
产品 聚丙烯酰胺阳离子、阴离子、非离子系列，造纸分散剂，造纸助留助滤剂

临沂市天科工贸有限公司
山东省临沂市中国商城会展中心化工区A区22号
邮编 276000
电话 0539-8020352
传真 0539-3120331
网址 www.cntianke.com

邮箱 yuemingqiang@ hotmail. com
tiankegongmao@ yahoo. cn
产品 废纸胶黏物去除剂、瓦楞纸杯环压增强剂、纸浆分散剂、助留助滤剂、干强剂、脱墨剂、絮凝剂

临沂市成丰化工有限公司
山东省临沂市临西十一路与双玲路交汇处鲁南化工市场A区-76号
邮编 276000
电话 0539-3120238
传真 0539-3120238
产品 荧光增白剂、蒸煮助剂、消泡剂、防腐杀菌剂、ABC调色剂、高效分散剂、脱墨剂、湿强剂

临沂欧贝化学有限公司
山东省临沂市临沭县白旄镇周官庄村
邮编 276715
电话 0539-6341099
传真 0539-6090617
网址 www. oubei66. com
产品 表面施胶剂、脱墨剂、过氧化氢稳定剂、增干强、纸力增强剂、助留剂、杀菌剂、涂布纸用料、消气剂、脱泡剂

德州市

陵县佳隆化工染料厂
山东省陵县陵城镇威灵小区
邮编 253500
电话 0534-8223215
产品 造纸助剂、脱墨剂、清洗剂

聊城市

聊城市凤民净水原料有限公司
山东省聊城市东昌府区双力路58号
邮编 252000
电话 0635-8688000、8465670、13869598799
传真 0635-8688256
网址 www. fmjs. com. cn
邮箱 fmjs123@ 163. com
产品 聚丙烯酰胺及其他水处理药剂、聚丙烯酸钠、生物脱墨剂、卫生纸用分散剂、网毯清洗剂、拉力增强剂

山东阳光化工（集团）有限公司
（原山东阳谷爱信聚合物有限公司）
山东省聊城阳谷县城西工业园区化工路
邮编 252300
电话 0635-6381010、6381105
传真 0635-6324198、6383729
网址 www. sdyghg. com
邮箱 jcf926@ sohu. com
产品 聚丙烯酰胺、造纸助剂、硫酸铵、羧甲基纤维素、聚丙烯酸钾、二氯异氰尿酸钠

山东阳谷鲁燕淀粉加工有限公司
山东省阳谷大布工业区
邮编 252300
电话 0635-6580666、18906350700
传真 0635-6580333
网址 www. ygluyan. cn
邮箱 ygluyan@ 126. com
产品 变性淀粉

滨州市

博兴县天元化工有限公司
山东省博兴县工业园区顺河路6号
邮编 256500
电话 0543-2303345
传真 0543-2303345
网址 www. bxakd. com
产品 造纸用中性施胶剂AKD蜡粉、AKD乳液、AKD专用乳化剂及系列产品

山东滨州嘉源环保有限责任公司
山东省滨州市滨城区黄山五路560号
邮编 256619
电话 0543-2118158
传真 0543-3312324
网址 www. bzjiayuan. com
邮箱 jiayuan@ bzjiayuan. com
产品 二甲基二烯丙基氯化铵、有机高分子絮凝剂、阳离子絮凝剂系列、脱色剂、复合絮凝剂、反相破乳剂

菏泽市

山东菏泽阿可迪化工科技有限公司
山东省菏泽市牡丹区牡丹办事处日东高速入口东500米
邮编 274000
电话 0530-5644488
传真 0530-5644488
网址 www. sdakd. com
邮箱 gwww-lyf@ 163. com
产品 AKD蜡粉、表面施胶剂、高效干增强剂、湿强剂、

乳液松香施胶剂

山东润鑫精细化工有限公司
山东省菏泽市定陶县东外环路南段路东
邮编 274100
电话 0530－2123769
传真 0530－2123768
网址 www.runxinchemical.com
邮箱 mcj@runxinchemical.com
产品 2－溴丁酸甲酯、DT 杀菌灭藻剂、*N*－4－异噻唑－3－酮

河 南 省

郑州市

郑州市中瑞洁水化工原料有限公司
河南省郑州市陇海路与桐柏路交叉口
邮编 450000
电话 0371－68632711
传真 0371－68633711
产品 水处理药剂、聚丙烯酰胺

濮阳市中润聚合物有限公司郑州分公司
河南省郑州市京广南路绿岛港湾 13#6 楼 102 室
邮编 450000
电话 0371－67015868
传真 0371－68747998
网址 www.zhrhg.com
邮箱 zhrhg@zhrhg.com
产品 聚丙烯酰胺系列水处理剂、二氯异氰脲酸钠、聚合氯化铝、羧甲基纤维素、脱墨剂

河南南浦化工有限公司
河南省郑州市农业路 72 号国际企业中心 B 座 404 室
邮编 450002
电话 0371－65655608
传真 0371－65655609
邮箱 web@jiezhifen.com
产品 阴、阳、非和两性离子聚丙烯酰胺，无机高分子絮凝剂，XM 系列浮选剂，PFS 聚合硫酸铁（液体），PFS 聚合硫酸铁（固体），PAC 聚合氯化铝

河南省道纯化工技术有限公司
河南省郑州市文化路 128 号航天大厦 15 楼 A8
邮编 450002
电话 0371－63563761、63563762、63563763
传真 0371－63563936
网址 www.dchg.com.cn
邮箱 dchgyx@tom.com
产品 施胶剂、氧漂稳定剂、蒸煮助剂、脱墨剂、消泡剂、氧漂激活剂、分散剂、湿强剂、杀菌剂、显白剂、乳化剂

郑州中吉精细化工有限公司
河南省郑州市民航路 19 号企业 1 号 614 室
邮编 450003
电话 0371－66560787
传真 0371－63284918
网址 www.zjpp.com
邮箱 info@zjpp.com
产品 乳液造纸助留增强剂、瓦楞纸环压增强剂、增光剥离剂、增柔膨化剂、纸张挺硬剂、中性施胶用分散松香胶、显白剂、阳离子淀粉、消泡剂

郑州金源微粉材料有限公司
河南省郑州市中原区郑上路 744 号
邮编 450042
电话 0371－67811493
传真 0371－67813794
网址 www.jywf.net
邮箱 123@126.com
xsy800219@163.com
产品 煅烧高岭土、硅微粉、重质碳酸钙、高白滑石粉

郑州市恒茂昌贸易有限公司
河南省郑州市南阳路 170 号清华园商贸楼 16 楼 166 室
厂址 郑州市惠济区新城街道固城村南
邮编 450053
电话 0371－63603392、63673216
传真 0371－63673216
网址 www.hengmaochang.com
邮箱 zzhmc@tom.com
产品 分散剂、助留剂、生物酶脱墨剂、湿强剂、干强剂、表面施胶剂、染料、聚丙烯酰胺

巩义市奥林滤材有限公司
河南省巩义市南环路
邮编 451200
电话 0371－64355488
传真 0371－64388685
网址 www.aolinlc.com
邮箱 aolinlc@163.com
产品 阻垢分散剂、杀菌灭藻剂、净水机系列、活性炭系列

巩义市益民淀粉厂
河南省巩义市八零八路
邮编 451250
电话 0371－64371718
传真 0371－64371792
网址 www.yimindf.com
邮箱 webmaster@yimindf.cn
产品 变性淀粉、磷酸酯淀粉、酸化淀粉、玉米氧化淀粉、阳离子淀粉、醋酸酯淀粉

巩义市清滢精细化工厂
河南省巩义市康店镇黑石关665仓库（康店镇工业园区）
邮编 451200
电话 0371－64126767、64116356
传真 0371－64126767
网址 www.hngyqy.com
邮箱 26147670@qq.com
产品 防腐杀菌剂、润滑增光施胶剂、消泡剂、絮凝剂聚合氯化铝

巩义市宇清净水材料有限公司
河南省巩义市河洛镇工业区
邮编 451251
电话 0371－64156198、64158648
传真 0371－64156198
网址 www.yqjs.com
邮箱 yuqing@yqjs.com
产品 聚合氯化铝、聚合氯化铝铁、复合铝铁、硫酸铝、铝酸钙粉、结晶氯化铝

巩义市豫泉净化材料有限公司
河南省巩义市八陵工业区
邮编 451252
电话 0371－64108882
传真 0371－64108883
网址 www.hnyuquan.com
邮箱 yuquan@hnyuquan.com
产品 聚合氯化铝、碱式氯化铝、聚丙烯酰胺、活性炭、铝酸钙粉

郑州华旗助剂有限公司
河南省新密市大隗工业区黄湾寨
邮编 452370
电话 0371－69281615
传真 0371－69281811
网址 www.zzhqzj.com
邮箱 zzhqzi@163.com
产品 松香系列施胶剂、中性施胶剂、湿强剂、助留剂、剥离剂、乳化剂

巩义市华麟化工有限公司
河南省巩义市开发区永安路12号
邮编 451281
电话 0371－64031888
传真 0371－64031999
网址 www.chinesehualin.com
邮箱 123@chinesehualin.com
产品 水处理剂

河南省新密市力达化工实业公司
河南省新密市大镇观寨村34号
邮编 452383
电话 0371－69271070
传真 0371－69271070
邮箱 xueling2004007@eyou.com
产品 聚合氯化铝、涂布纸品专用乳液、分散型松香胶、涂布分散剂、防水剂、消泡剂、润滑剂、高效脱色助沉剂、助留剂、增强剂、中性施胶剂、淀粉黏合剂

河南省宏源化工有限公司
河南省郑州市金水路28号
邮编 450053
电话 0371－63895005
传真 0371－63936703
产品 分散松香胶、低泡分散松香胶、近中性分散松香胶、马来松香、厂专用乳化剂、阴离子乳化剂、阳离子分散胶、中性施胶AKD、合成中性施胶剂

温县宏泰水处理材料厂
河南省温县岳村工业区66号
邮编 454800
电话 0371－66551628
传真 0371－68396167、66551938
网址 www.hnhongtai.com
邮箱 hongtai@hnhongtai.com
产品 聚合氯化铝、碱式氯化铝、活性炭系列、填充系列

洛阳市

偃师太学染化有限公司
河南省洛阳偃师市佃庄镇东大郊
邮编 471942
电话 0379－67436138
传真 0379－67436438
网址 www.chinataixue.com
邮箱 taixue-han@hotmail.com

产品 造纸粉状染料、造纸液体染料、造纸专用染料

安阳市

安阳荧迪化工有限责任公司
河南省安阳市龙安区烟厂路
邮编 455004
电话 0372－3931405、3932694
传真 0372－3931405
网址 www.yingdichem.com
邮箱 yingdichem@yingdichem.com
产品 荧光增白剂、染料中间体 DSD 酸

新乡市

卫辉市通达变性淀粉有限公司
河南省卫辉市唐庄工业开发区 107 国道旁（代庄村）
邮编 453100
电话 0373－4221908
传真 0373－4221908
网址 www.weihuitongda.com
邮箱 tongdadianfen@sohu.com
产品 氧化淀粉、AKD 乳化剂离子型专用淀粉、涂布淀粉、多元变性淀粉、磷酸酯淀粉、接枝淀粉、氧化醋酸淀粉、阳离子淀粉

新乡市永平助剂厂
河南省新乡市大召营镇文营村
邮编 453700
电话 0373－5470178
传真 0373－5469308
网址 www.xxypzj.com
邮箱 ypzj@xxypzj.com
产品 液体荧光增白剂、显白剂、脱墨剂

新乡市飞马化工有限公司
河南省新乡市大召营工业区
邮编 453700
电话 0373－5469199
传真 0373－5461595
邮箱 fm811@feimahg.com
产品 AKD 中性施胶剂、PAE 湿强剂、助留助滤剂、蒸煮助剂

新乡市瑞丰化工有限责任公司
河南省新乡县大召营镇（新获路北）工业园
邮编 453700
电话 0373－5466556
传真 0373－5466000
网址 www.sinoruifeng.com
邮箱 sale@sinoruifeng.com
产品 无碳复写纸树脂显色剂、活性白土显色剂、阳离子醚化剂、高碱性硫化烷基酚钙

新乡市和诚化工有限公司
河南省新乡市朗公庙镇曲水村北
邮编 453731
电话 0373－5712168
传真 0373－5712366
网址 www.xxhc.ebigchina.com
产品 聚丙烯酰胺、高效聚合引发剂、聚二甲基二烯丙基氯化铵

新乡县长明冶炼有限公司
河南省新乡县小冀镇西环路
邮编 453731
电话 0373－5592335
产品 聚丙烯酰胺、增强剂

焦作市

河南佰利联化学股份有限公司
河南省焦作市中站区
邮编 454191
电话 0391－2801454、3126553
传真 0391－2947818、3126818
网址 www.billionschem.com
邮箱 zztcwmb@sina.com
　　sales@billionschem.com
产品 钛白粉、硫酸铝、二氧化锆、碳酸锆

河南省沁阳市新兴化工有限公司
（沁阳市中会纺织助剂厂）
河南省沁阳市南洛公路 7 公里处/崇义工业区
邮编 454550
电话 0391－5056698、5051606
传真 0391－5055042
网址 www.qyxxhg.com
邮箱 yalido@163.com
产品 涂布淀粉、造纸淀粉、卫生纸增韧剂、助留助滤剂

河南清水源科技股份有限公司
河南省济源市轵城镇
邮编 454650
电话 0391－6698121、6089345
传真 0391－6086299

网址 www. qywt. com. cn
邮箱 qysales@ qywt. com. cn
产品 水处理剂产品（单体）和复配剂、提供配方筛选和水处理技术服务

河南省武陟县智辉化工有限责任公司
河南省武陟县城东占泗路北贾桥西
邮编 454950
电话 0391－7268190
传真 0391－7268193
网址 www. zhihuichem. com
邮箱 zhihuichem@ zhihuichem. com
zhihuichem@ 163. com
产品 无碳复写纸专用树脂显色剂、活性白土显色剂、微胶囊、无碳压敏染料溶剂油、微胶囊专用分散乳化剂、石蜡乳液

濮阳市

濮阳市中润聚合物有限公司
河南省濮阳市东高新技术开发区前县徐岭村南
邮编 457600
电话 0393－5326588
传真 0393－2217588

许昌市

许昌凯特精细化工厂
河南省许昌市经济技术开发区屯里东段
邮编 461000
电话 0374－8306088、8306090
传真 0374－8306087、8306091
网址 www. xckate. com
邮箱 kate7888@ 163. com
产品 消泡剂、脱墨剂、分散剂、增白剂、显白增强剂

许昌市远征化工有限公司
河南省许昌市北郊营庄村
邮编 461000
电话 0374－4391909
传真 0374－4391909
产品 增白剂 VBL、脱墨剂、新型固体膨松剂、分散剂 PEO、光亮剂、除胶剂、挺力剂、显白剂、剥离剂、消泡剂、干/湿强剂、助留剂、聚丙烯酰胺

漯河市

漯河市天马化工有限公司
河南省漯河市人民东路 73 号
邮编 462000
电话 0395－2637599
传真 0395－2650929
网址 www. tmhg. com. cn
邮箱 tianmahg@ yahoo. com. cn
产品 AKD 中性施胶剂、阳离子分散松香胶、硅溶胶、分散剂、乳化剂

商丘市

商丘市金茂工业助剂有限公司
河南省商丘市虞城县李家工贸区
邮编 476300
电话 0370－4833167
传真 0370－4833167
产品 聚丙烯酰胺、水处理剂、造纸助剂

驻马店市

西平县佳佳纸业有限公司
河南省西平县王店工业区
邮编 463900
电话 0396－6253336
传真 0396－6253336
产品 助留助滤剂、增强互补型造纸专用助剂、生物强力助剂、强力渗透剂

湖　北　省

武汉市

武汉东化工有限公司
湖北省武汉市汉口竹叶山东恒星集团 A 栋 8 楼 5 号
邮编 430012
电话 027－82944688
传真 027－82944743
网址 www. ecch. com. cn
邮箱 hdhg@ ecch. com. cn
产品 木质素磺酸钙、碱木质素、木质素磺酸盐、羧甲基淀粉钠

武汉新大地化工有限公司
湖北省武汉市硚口区南泥湾 8 号长丰科技产业园（西区）8 厂区
邮编 430034
电话 027－83305573
传真 027－83305570

网址 www.newlandchem.com
邮箱 ywx@newlandchem.com
产品 防腐杀菌剂

武汉市羽佳化工有限公司
湖北省武汉市东湖高新开发区大学园路 11 号
邮编 430074
电话 027－52101188
传真 027－52101188
网址 www.yj1188.com
邮箱 yj11882005@yahoo.com.cn
产品 干强剂、水处理剂、消泡剂

武汉市雨田高分子材料有限公司
湖北省武汉市蔡甸区永安街万岭特 1 号
邮编 430105
电话 027－69305728、59843713
传真 027－69304916
网址 www.whytchem.cn
产品 CMC、脱墨剂、润滑剂、抗水剂、分散剂等五大系列造纸涂料助剂

武汉市新洲区耀华化工有限公司
湖北省武汉市阳逻开发区平江东路 123 号
邮编 430415
电话 027－86963113
传真 027－86963113
产品 新型造纸制浆蒸煮剂、脱墨剂、固体液体消泡剂、剥离剂、助留剂

武汉葛化集团有限公司
湖北省武汉市洪山区葛化街化工路 31 号
邮编 430078
电话 027－87602513
传真 027－87600357
网址 www.whghjt.com
邮箱 whghjt@chem.com.cn
产品 烧碱、液氯

黄石市

黄石龙骏化工科技有限公司
湖北省黄石市沈下路 661 号
邮编 435004
电话 0714－5379335
传真 0714－5379336
网址 www.hs-longjun.com
邮箱 webmaster@hs-longjun.com
产品 阴/阳离子松香胶专用乳化剂、松香胶、中性施胶剂、表面施胶剂、AKD 熟化促进剂、助留增强剂、絮凝剂

大冶市鑫晟精细化工有限公司
湖北省黄石大冶市金湖街道栖儒村
邮编 435102
电话 0714－8990989
传真 0714－8990989
邮箱 hs8483@163.com
产品 干/湿强剂、中性造纸施胶剂、印刷适性改良剂、AKD 乳液、荧光增白剂、瓦楞原纸环压增强剂、纸浆消泡剂、废纸脱墨剂

宜昌市

湖北宜化集团有限责任公司
湖北省宜昌市沿江大道 52 号
邮编 443000
电话 0717－8868298
传真 0717－8868298
网址 www.hbyihua.cn
邮箱 hgb@hbyihua.cn
产品 烧碱

襄樊市

襄樊惠邦化工有限公司
湖北省襄樊市江汉路 25 号
邮编 441002
电话 0710－3955939
传真 0710－3112389
网址 www.hbhg193.com.cn
产品 分散剂、胶黏剂

襄樊市化工设计研究所
湖北省襄樊市江北路 60 号
邮编 441002
电话 0710－3963009
传真 0710－3220183
邮箱 xb-email@163.com
产品 造纸用增光润滑剂、分散剂、抗水剂、施胶剂、渗透剂

湖北新四海化工有限公司
湖北省枣阳市襄阳路 91 号
邮编 441200

电话 0710－6221764
传真 0710－6229927
网址 www. sihaichem. com
邮箱 Z6241188@163. com
sihaichem@163. com
产品 消泡剂、抗水剂、润滑剂

荆门市

钟祥市金汉江纤维素有限公司
湖北省钟祥市金汉江大道
邮编 431900
电话 0724－4223633、4238472、6318585
传真 0724－4223212
网址 www. chinajhj. com
邮箱 jhj@chinajhj. com
产品 精制棉、CMC

荆州市

湖北达雅化工技术发展有限公司
湖北省荆州市高新技术开发区北京东路 109 号
邮编 434000
电话 0716－8332001、4315078
传真 0716－8331751、4315077
网址 www. hbdaya. com
邮箱 hubeidaya@163. com
产品 涂布专用 CMC、润滑剂、纳米级微粒高效造纸助留助滤剂

荆州市旭升化工助剂有限公司
湖北省荆州市荆州经济技术开发区
邮编 434020
电话 0716－8480596、8677782
网址 www. jzxshg. cn. alibaba. com
产品 阳离子淀粉、助留助滤剂、交联表面施胶剂、高效废纸脱墨剂、阴离子分散松香胶、中碱性施胶剂、蒸煮助剂、湿强剂

咸宁市

湖北省嘉鱼县中天化工有限责任公司
湖北省嘉鱼县鱼岳镇徐家庄 167 号
邮编 437200
电话 0715－6321909
传真 0715－6329868
网址 www. laopeng. com. cn
邮箱 13807247197@vip. 163. com
产品 蒸煮助剂、高效漂白剂、荧光增白剂、脱墨剂、湿强剂、显白剂

湖北省赤壁市明光化工厂
湖北省赤壁市中伙镇
邮编 437315
电话 0715－5600149、13707242141
产品 涂层、保温层

湖北省嘉鱼县中天化工有限责任公司
湖北省嘉鱼县鱼岳镇徐家庄 167 号
邮编 437200
电话 0715－6329868、6321909
传真 0715－6329868
网址 www. laopeng. com
邮箱 13807247197@vip. 163. com
产品 增白剂、纸张调色剂、脱墨剂、无氯脱墨漂白剂

仙桃市

仙桃贝斯特化学品有限公司
湖北省仙桃市仙桃大道中段 53 号
邮编 433000
电话 0728－3330666、3330966
产品 蒸煮催化剂、造纸助剂

仙桃市闻捷福工贸有限责任公司
湖北省仙桃市经济开发区青鱼湖路 18 号
邮编 433000
电话 0728－3257939、3200828
传真 0728－3257939
产品 脱墨剂、蒸煮助剂

湖北嘉韵化工科技有限公司
（原仙桃贝斯特化学品有限公司）
湖北省仙桃市刘口工业园
邮编 433000
电话 0728－3255688、3601188
传真 0728－3255601
网址 www. jiayunchem. com
邮箱 666@jiayunchem. com
999jiayun@163. com
产品 环氧聚酯湿强剂、蒸煮催化剂、固着剂、AKD 中性施胶剂、表面施胶剂、助留助滤剂、防腐杀菌剂、干增强剂、抗水剂、柔软剂、剥离剂

湖北星恒兴材料科技有限公司
湖北省仙桃市郭河工业园区

邮编 433013
电话 0728－2745177
传真 0728－2745990
网址 www. hbxhx. bmlink. com
邮箱 newhengxing@ 163. com
产品 阳离子中碱性施胶剂、阳离子中性表面施胶剂、新型涂料胶乳、湿强剂、干强剂

湖 南 省

长沙市

湖南超牌化工有限公司
湖南省长沙市芙蓉中路二段 198 号新世纪大厦 9003 室
邮编 410015
电话 0731－85179028、85179029
传真 0731－85179099
网址 www. hnsuper. com. cn
邮箱 fjming88@ 21cn. com
产品 超细研磨碳酸钙、超细煅烧高岭土

长沙市力波化工有限公司
湖南省长沙市马王堆陶瓷建材新城 D16 栋 123 号
邮编 410001
电话 0731－84786498
传真 0731－84720135
网址 www. lbsun. com
邮箱 sales@ lbsun. com
产品 分散剂、脱墨剂、光亮剂、施胶剂等造纸化学品以及各种羧甲基纤维素、甲基纤维、羟丙基甲基纤维素、聚合氯化铝、聚丙烯酰胺

美莱精化有限公司
湖南省长沙市国家高新技术开发区火炬城 M7－1
邮编 410013
电话 0731－88809919、88496308
传真 0731－88911458
网址 www. meilaichem. com
邮箱 vtk@ vip. sina. com
产品 蒸煮助剂

株洲市

株洲升阳精细化工有限责任公司
湖南省株洲市董家段南路南方航空摩托厂内
邮编 412300
电话 0731－22789788
传真 0731－28559469
网址 www. syjxhg168. cn. alibaba. com
产品 氟化钠、氟硅酸钠、白炭黑

湖南省醴陵市华中造纸助剂工业有限公司
湖南省醴陵市王仙科技工业园
邮编 412200
电话 0733－23518818
传真 0733－23518818
网址 www. llhzzz. cn. alibaba. com
产品 分散松香胶、干强剂、脱墨剂、毛毯洗净剂、松香、乳化剂

湘潭市

湖南省湘潭市弘联科技开发有限公司
湖南省湘潭市高新区芙蓉中路 9 号
邮编 411100
电话 0731－58377118
传真 0731－58377118
网址 www. dfzqj. com
产品 瓦楞纸板线用淀粉胶抗水剂、增强剂、耐水增强剂

湘潭市森泰化工有限公司
湖南省湘潭市岳塘区板竹路 8 号
邮编 411132
电话 0731－55543398
传真 0731－55578818
网址 www. xtsentaihg. cn. alibaba. com
邮箱 xtsentaihg@ cn. alibaba. com
产品 羧甲基纤维素钠（CMC）、羧甲基淀粉钠（CMS）、甲基纤维素（MC）、羟丙基甲基纤维素（HPMC）、涂布黏合剂

衡阳市

湖南耒阳市超牌化工有限公司
湖南省耒阳市水东江振兴路
邮编 421800
电话 0734－4370523
传真 0734－4370470
邮箱 hncphg@ 163. com
产品 超细 GCC、高岭土

邵阳市

湖南省邵阳市天成实业（集团）公司
湖南省邵阳市桃花工业园

邮编 422000
电话 0739－5385276
传真 0739－5385277
邮箱 sytcsy@163.com
产品 蒸煮催化剂、松香胶

广 东 省

广州市

广州纬森普化科技有限公司
广东省广州市越秀区寺右新马路南二街 22 号
邮编 510000
电话 020－87362138
传真 020－87371198
网址 www.weisenpu.com.cn
邮箱 meilan20@yeah.net
产品 湿强剂

广东迪美生物技术有限公司
广东省广州市先烈中路 100 号科学院内（广东省微生物研究所）
邮编 510070
电话 020－87688093
传真 020－87688093、87685989
网址 www.gd-demay.com
邮箱 sales@gd-demay.com
产品 防腐剂、防霉剂、抗藻剂、消毒剂

广州市中化贸易有限公司
广东省广州市人民北路 691 号金信大厦 15 楼
邮编 510170
电话 020－81083877、81080060
传真 020－81084009
网址 www.goldchem.cn
邮箱 marketing@goldchem.cn
产品 有机硅消泡剂、防腐剂、杀菌剂、防霉剂、钛白粉、煅烧高岭土、滑石粉、光引发剂、分子式吸附剂

广州宇洁化工有限公司
广东省广州市海珠区宝岗大道 268 号中新大厦 12 楼 12－13B 室
邮编 510240
电话 020－34371818、34371600
传真 020－34141884
网址 www.yujiechem.cn
邮箱 yujiechem@yahoo.com.cn
产品 聚丙烯酰胺、丙烯酰胺、聚合氯化铝、脱色剂

广州精细化学工业公司
广东省广州市海珠区工业大道中石岗路 11 号
邮编 510288
电话 020－84352112
传真 020－84309844
网址 www.jxhg.com.cn
邮箱 jxhg@jxhg.com.cn
产品 聚丙烯酰胺、分散剂、湿强剂、助留助滤剂、水处理絮凝剂、脱水剂、表面活性剂

广州欧普龙化工科技有限公司
广东省广州市机场路景丽街 9 号翠逸家园三区 303－306 室
邮编 510403
电话 020－86446416
传真 020－86446215
产品 有机硅消泡剂、蒸煮助剂、净水剂、抗水剂、绒毛浆膨松剂

广州市黄埔天泰化轻有限公司
广东省广州市东山区五羊新城寺右新马路 111 号五羊新城广场 11 楼 1118－1120 室
邮编 510600
电话 020－87373533、87392012
传真 020－87392590
网址 www.tt020.com
邮箱 info@tt020.com
产品 纸浆专用防霉防腐杀菌剂、荧光增白剂、钛白粉、超细滑石粉

广州洁泉环保科技有限公司
广东省广州市天河区中山大道中路 38 号加悦大厦 1208 室
邮编 510600
电话 020－32035350、82525387
传真 020－32035330
网址 www.jiequanhuanbao.com
邮箱 jiequan07@163.com
产品 废水处理药剂、循环冷却水处理药剂、RO 膜反渗透水处理剂

广州元源造纸化学品有限公司
广东省广州市天河区黄埔大道西 191 号广信大厦牡丹阁 1005 房
邮编 510620
电话 020－38900979
传真 020－38900552
邮箱 guangzhouyuanyuan@163.com

产品 浆内施胶剂、瓦楞纸杯环压增强剂、多元助留增强剂、表面施胶剂

广州汇普化工新材料有限公司
（上海和氏璧化工有限公司）
广东省广州黄埔大道 159 号富星商贸大厦西塔 25 楼
邮编 510620
电话 020－22220222、87568088－2294
传真 020－87595606
网址 www.ncmchem.com
产品 聚乙烯醇、防黏硅油、高效消泡剂

华夏化工集团
广州市华夏助剂化工有限公司
广东省广州市天河北路 177 号祥龙花园祥龙阁 1703 室
邮编 510620
电话 020－85251113
传真 020－85251290
网址 www.cnhxg.com
邮箱 gzhxadd@cnhxg.com
产品 专业代理和销售国外系列涂料助剂、华夏品牌助剂

广州市君伦纸业化工有限公司
广东省广州市天河区龙口西路 577 号天隆花苑三楼 3130 号
邮编 510635
电话 020－38470568
传真 020－38470569
网址 www.gz-kingdom.com
邮箱 gz-kingdom@163.com
产品 杀菌防腐剂、流程清洗剂、系统保洁剂、杀菌抑菌剥离剂

广州智尚化工技术开发有限公司
广东省广州市五山路华南理工大学科技园 2 号楼 606 室
邮编 510640
电话 020－22237168
传真 020－81408303
邮箱 keepwon128@163.com
产品 水处理用水溶性消泡剂、异噻唑啉酮类、季铵盐类杀菌防腐剂、缓蚀阻垢剂、造纸用杀菌防腐剂、絮凝剂、新型含氟聚有机硅养烷类油溶性流平剂

广州慧谷化学有限公司
广东省广州市天河区五山金慧街 88 号广东省钢铁研究所内
邮编 510640
电话 020－85283301、85280932
传真 020－38676620
网址 www.humanchem.com
邮箱 hg@huamanchem.com
产品 纳米二氧化硅消光新材料、彩色喷墨打印纸涂料

广州市华鹏高岭土厂
广东省广州市花都取梯面镇
邮编 510870
电话 020－86782018
传真 020－86782018
网址 www.huapeng.8hy.com
邮箱 ac1927666@email.hotmail.com
产品 高岭土

广州市慧之海（集团）科技发展有限公司
广东省广州市番禺区石基镇新桥村泰安路西横六街 3 号
邮编 511400
电话 020－84553577
传真 020－84553788
网址 www.surfactantchem.com
邮箱 sales@surfactantchem.com
产品 乳化剂、消泡剂、杀菌防腐剂

中科院广州化学研究所
广东省广州市天河区兴科路 368 号广州化学研究所
邮编 510650
电话 020－85231815、85231295
网址 www.gic.ac.cn
产品 胶黏剂

深圳市

比奥生物科技（深圳）有限公司
广东省深圳市石岩镇水田村宝石东路 222 号永兴大厦
邮编 518000
电话 0755－29682933
传真 0755－29682750
网址 www.bioscientif.com
邮箱 qycai@bioscientif.com
产品 生物酶废纸脱墨剂、生物酶助漂剂

深圳三力星实业有限公司
广东省深圳市福田区新闻路 1 号中电信息大厦东座 23 楼
邮编 518034
电话 0755－83733558
传真 0755－83733596
网址 www.sanlixing.com
邮箱 info@sanlixing.com

产品 助留助滤剂、增强剂、表面施胶剂、染料、颜料、中性施胶剂、清洗剂、消泡/抑泡剂、脱墨剂、防腐杀菌剂、分散松香胶、纸张成形剂

深圳市华苏化工有限公司
广东省深圳市南山区南山大道南海大厦 B 栋 6G
邮编 518054
电话 0755－86250096
传真 0755－86250096
网址 www. tengtuo. com
产品 杀菌防腐剂、荧光增白剂、水处理药剂、甲基纤维素、羟乙基纤维素、聚乙烯醇、分散剂

深圳绿微康生物工程有限公司
广东省深圳市南山高新区中一道生物孵化器大楼2－112、113 室
邮编 518057
电话 0755－26031010
传真 0755－26031910
网址 www. leveking. com
产品 生物脱墨剂、胶黏物处理剂、废水处理剂

深圳索雷亿科技有限公司
广东省深圳市宝安区宝民一路碧涛苑 1 栋 B 座 103 室
邮编 518133
电话 0755－86251400
传真 0755－27803785
邮箱 solaye@ chinasolsye. com
产品 过氧化物引发剂系列、抗氧化剂、紫外线吸收剂、光引发剂系列、防腐剂、抗静电剂

深圳清源净水器材有限公司
广东省深圳市南山区南海大道水务集团南山大楼 8 楼
邮编 518052
电话 0755－26978809、26978819
传真 0755－26978825
网址 www. qingyuansz. com
邮箱 qingyuan@ qingyuansz. com
产品 聚合氯化铝废水处理剂、造纸施胶剂、杀菌灭藻剂、重金属捕集剂

珠海市

珠海碧景印刷物资有限公司
广东省珠海市青州区吉大九州大道 1228 号 B 座 2 楼
邮编 519015
电话 0756－3362737
产品 造纸化工涂料

佛山市

佛山市华昊华丰淀粉有限公司
广东省佛山市文沙路晒莨地 1 号
邮编 528000
电话 0757－82827301
传真 0757－82828713
邮箱 rjc@ foshan. sti. gd. cn
产品 湿部添加剂、涂布黏合剂、表面施胶剂、阳离子淀粉、纸制品再湿胶黏剂

佛山市南海大田化学有限公司
广东省佛山市南海狮山科技工业园 B 区科园路 1 号
邮编 528000
电话 0757－82262088
传真 0757－86698585
网址 www. dtdefoamer. com
邮箱 datian@ dtdefoamer. com
产品 纸浆、涂布、废水处理用消泡剂

佛山市特森化工有限公司
广东省佛山市同华西 2 路南华 1 街 13 号首层（同济派出所侧）
邮编 528000
电话 0757－82386663、83330428
传真 0757－83331428
网址 www. fstesen. com
产品 净水剂、聚丙烯酰胺、高效脱色剂、聚铁、硫酸铝

南海市骏能造纸材料厂
广东省佛山市南海市罗村镇
邮编 528226
电话 0757－86414462
传真 0757－86414522
网址 www. jn668. com
邮箱 jn@ jn668. com
产品 干强剂、湿强剂、挺硬剂、助留助滤剂、涂布胶乳、中性松香胶、中碱性施胶剂、表面施胶剂、防水防潮剂、脱墨剂、消泡剂、絮凝剂

广东奇力士石油化工有限公司
广东省顺德大良大门堤围路 8 号
邮编 528333
电话 0757－22329333
传真 0757－22329308
网址 www. kilix. com
邮箱 kilix@ kilix. com

产品 聚硅氯化铝、聚硅氯化铝铁、硫酸铝、聚丙烯酰胺、无铁硫酸铝、复合聚硅氯化铝、复合聚硅氯化铝铁

佛山市高明区友本化工有限公司
广东省佛山市高明区明城镇城十路 99 号
邮编 528518
电话 0757－88930638
传真 0757－88836686
网址 www. youben. cn
邮箱 youben@ youben. com
产品 中性施胶剂、干/湿增强剂、离缸剂、助滤增强剂

江门市

江门市慧信净水材料有限公司
广东省江门市港口二路 10 号
邮编 529000
电话 0750－3167388
传真 0750－3167343
邮箱 wealthchem@ 163. com
产品 水处理剂

赫克力士化工（江门）有限公司
广东省江门市高新技术开发区金瓯路 345 号
邮编 529081
电话 0750－3866500、3866590
传真 0750－3866561、3866580
网址 www. herc- jm. com
邮箱 qht@ pub. jiangmen. gd. cn
kzhang@ Herc. com
产品 造纸专用 CMC

江门市新会区辉昊化工有限公司
广东省江门市新会区会城朝江路 6 号 103
邮编 529100
电话 0750－6116733、6807018
传真 0750－6116733
网址 www. jmhuihao. cn
邮箱 hww82830@ 126. com
产品 干强剂、分散剂、脱墨剂、助留助滤剂

江门市大中科技企业发展有限公司
广东省江门市礼乐文昌花园 99 座首层
邮编 529060
电话 0750－3610763、3612763
传真 0750－3612762
网址 www. bigchinatech. cn
产品 造纸化学品

量子高科生化工程有限公司
广东省江门市高新区金瓯路 184 号
邮编 529081
电话 0750－3795666、3869188
传真 0750－3796430
网址 www. quantum- bio. com. cn
产品 纤维素 CMC

茂名市

茂名市银华高岭土实业有限公司
广东省茂名市茂南区新坡镇黄塘工业区
邮编 525011
电话 0668－2717589
传真 0668－2717860
邮箱 welcome@ yhkaolin. com
产品 高岭土

肇庆市

广东省肇庆市祥胜化工有限公司
广东省肇庆市江滨东路 59 号 A 幢
邮编 526040
电话 0758－2138703
传真 0758－2327803
邮箱 xiangfeng@ vip. 163. com
产品 造纸湿强剂、阳离子松香胶、AKD 中/碱性施胶剂、助留剂、涂布乳液

高要宝时化工有限公司
广东省肇庆市高要市南岸镇上元路 37 号
邮编 526100
电话 0758－8361055
传真 0758－8361052
网址 www. synthron. net. cn
邮箱 sinoprox@ pub. zhaoqing. gd. cn
产品 EDTA、DTPA、表面施胶剂、湿强剂、网毯清洗剂、双氧水稳定剂、胶黏物控制剂、涂布分散剂、涂料润滑剂、涂料耐水剂

惠州市

惠州联宏化工有限公司
广东省惠州市大亚湾石油化学工业区 H2 地块西南角
邮编 516081

电话 0752－5599101
传真 0752－5599180
网址 www. lianhonghuagong. com
邮箱 braveheartxianen@ 126. com
产品 表面施胶剂

清远市

大和（清远）石矿化工有限公司
广东省清远市禾云镇 107 国道旁
邮编 511517
电话 0763－5672399
传真 0763－5672488
网址 www. chinamicron. com
邮箱 info- xm@ chinamicron. com
产品 滑石粉、碳酸钙

东莞市

杜道亚太（中国）化工有限公司
广东省东莞市新城市中心区第一国际百安中心 A 座 809 室
邮编 523000
电话 0769－22825567
传真 0769－23180867
网址 www. dudoasia. com
邮箱 dudoasia@ dudoasia. com
产品 消泡剂、表面控制助剂、湿润分散剂、高档氟碳助剂

东莞天傲化工有限公司
广东省东莞市莞城区
邮编 523000
电话 0769－22191114
传真 0769－23035975
产品 消泡剂、乳化剂、渗透剂、聚醚、柔软剂、破乳剂

东莞市粤星纸业助染有限公司
广东省东莞市万江石美管理区商住楼地下 8－9 号
邮编 523040
电话 0769－22272839、22279289
传真 0769－22172089
网址 www. yuexingdg. com
邮箱 yuexing@ yuexingdg. com
产品 造纸染料、分散剂、增白剂、施胶剂、湿强剂、剥离剂、柔软剂、脱墨剂、絮凝剂

广东中成化工股份有限公司
广东省东莞市麻涌镇第二工业区
邮编 523130
电话 0769－88825606
传真 0769－88822342
网址 www. zhongcheng. gd. cn
邮箱 zhongcheng@ china. com
产品 双氧水、保险粉、过氧碳酸钠、焦亚硫酸钠、亚硫酸盐

东莞市汇美淀粉科技公司
广东省东莞市麻涌镇大步工业区
邮编 523143
电话 0769－88286638
传真 0769－88287332
网址 www. huimei- starch. com
邮箱 hmdfkj@ 126. com
产品 两性淀粉、涂布胶黏淀粉、表面喷雾淀粉、湿部添加阳离子淀粉、层间喷雾淀粉、表面施胶淀粉

东莞市中堂华兴造纸材料厂
广东省东莞市中堂镇江南远兴工业区
邮编 523230
电话 0769－88187118、88186095
传真 0769－88186095
网址 www. dghxzz. cn. alibaba. com
产品 分散松香胶、中性施胶剂、增白剂

东莞东美食品有限公司
广东省东莞市高埗镇护安围工业区
邮编 523279
电话 0769－88731228、88735188
传真 0769－88874888
网址 www. dm- starch. com
邮箱 www. dmstarch@ 126. com
产品 表面施胶淀粉、涂布淀粉、草木浆增强淀粉、两性淀粉、层间喷雾淀粉、阳离子淀粉、生活用纸增强淀粉、表面喷雾淀粉

中山市

广东金威达淀粉有限公司
广东省中山市小榄镇联丰四村乐丰北路（联丰工业区）
邮编 528415
电话 0760－2125676
传真 0760－2125675
产品 木薯淀粉、变性淀粉、越南木薯淀粉

广西壮族自治区

南宁市

广西欧派淀粉有限公司
广西壮族自治区南宁市怡宾路 1 号 4 层
邮编 530000
电话 0771－5844158
传真 0771－5591182
产品 预糊化淀粉、氧化淀粉、纸管（纱管）专用胶

南宁巨港化工产品有限公司
广西壮族自治区南宁市白沙大道 30 号
邮编 530003
电话 0771－4918536
传真 0771－4908536
产品 杀菌剂、保洁剂、清洗剂、表面施胶剂、阳离子分散松香胶、中性施胶剂、助留助滤剂、消泡剂、湿/干强剂、粘缸剂/剥离剂、柔软剂、树脂控制剂

广西南宁市蔗糖酯厂
广西壮族自治区南宁市大化路 9 号
邮编 530003
电话 0771－3219794
传真 0771－3216420
邮箱 gxtz929@ sohu. com
产品 消泡剂、蒸煮助剂、湿增强剂、助留助滤剂

广西南宁春城助剂有限公司
广西壮族自治区南宁市五一西路 61 号
邮编 530045
电话 0771－4864243
传真 0771－4861026
邮箱 chunchneg@ gxcczj. com
产品 消泡剂、乳化剂、表面活性剂、松香高分散施胶剂

广西武鸣县宁武镇灵泉淀粉厂
广西壮族自治区南宁市武鸣县城
邮编 530102
电话 0771－6238349
传真 0771－6230728
产品 阳离子变性淀粉、层间喷淋淀粉、涂布胶黏剂、表面施胶剂

广西武鸣华洪淀粉化工有限责任公司
广西壮族自治区南宁市武鸣县陆斡工业开发区
邮编 530111
电话 0771－6223818
传真 0771－6222401
产品 表面施胶剂、涂布胶黏剂、层间喷淋淀粉、浆内添加剂、表面喷淋剂、增强剂、两性淀粉、木薯淀粉

广西武鸣县安宁淀粉有限公司
广西壮族自治区南宁市武鸣县罗波镇商业城
邮编 530112
电话 0771－6081368
传真 0771－6082170
网址 www. anningstarch. com. cn
邮箱 liuzuang@ 163. com
产品 木薯淀粉、层间喷淋淀粉、涂布胶黏剂、表面施胶剂、复合木薯变性淀粉、阳离子淀粉

广西明阳生化科技股份有限公司
广西壮族自治区南宁市江南区明阳工业开发区
邮编 530226
电话 0771－4218423
传真 0771－4218423、4218860
网址 www. mystarch. com
邮箱 mystarch@ mystarch. com
info@ mystarch. com
产品 涂布黏合剂、阴离子/阳离子表面施胶淀粉、新型湿部添加用两性淀粉、湿部添加增强/助留剂、新闻纸专用增强剂、层间或表面喷雾淀粉、卷烟专用聚合物

南宁乐森松香有限公司
广西壮族自治区南宁市园湖南路东一里 5 号
邮编 530022
电话 0771－5883637
传真 0771－5867346
产品 林产化工产品

桂林市

广西桂林光华矿粉有限公司
广西壮族自治区桂林市灵川县潭下镇
邮编 541208
电话 0773－6305888
传真 0773－6305598
邮箱 china- guanghua@ hi2001. com
产品 重质碳酸钙、超细粉滑石粉系列

梧州市

梧州荒川化学工业有限公司
广西壮族自治区梧州市西提三路 1 号

邮编 543002
电话 0774－3830228、3830388
传真 0774－3830386
网址 www. wzarakawa. com. cn
邮箱 dabuhdm@263. com
wzarakawa@wzarakawa. com. cn
产品 分散松香、树胶酯

广西永盛造纸化工有限公司
广西壮族自治区梧州市岑溪市建设五街
邮编 543210
电话 0774－8225159
传真 0774－8225159
产品 生物酶催化剂、AKD 中碱性施胶剂、聚丙烯酰胺、助留助滤剂、脱墨剂

北海市

北海宏泉淀粉科技有限公司
广西壮族自治区北海市平头岭工业开发区
邮编 536005
电话 0779－2081122
传真 0779－2081123
网址 www. hq-starch. com
邮箱 hqstarch@hq-starch. com
产品 表面施胶剂、涂布胶黏剂、层间喷涂剂、增强剂、淀粉

玉林市

广西玉林松脂厂
广西壮族自治区玉林市石岭子工业区
邮编 537000
电话 0775－3870038
产品 松香胶、马来松香

海 南 省

海口市

海南洋浦椰岛淀粉工业有限公司
海南省洋浦经济开发区工业十区
邮编 578101
电话 0898－28821722
传真 0898－28821979
网址 www. ydstarch. com
www. yedao. com
邮箱 ydstarch@ydstarch. com
产品 阳离子/阴离子表面施胶剂、增强剂、阳离子助留助滤剂、阳离子淀粉、层间喷淋淀粉、涂布淀粉、木薯变性淀粉

重 庆 市

重庆力宏精细化工有限公司
重庆市南岸区鸡冠石镇白沙沱正街 155 号
邮编 400063
电话 023－62525311、62950127
传真 023－62500141
网址 www. lihong. net
邮箱 office@lihong. net
产品 CMC（羧甲基纤维素钠）

中国石化集团四川维尼纶厂
重庆市长寿区维江路 36 号
邮编 401254
电话 023－68974625、68974061
传真 023－68974094
网址 www. svwpc. com. cn
产品 PVA（聚乙烯醇树脂）

重庆科源造纸化学品有限公司
重庆市合川市三汇镇
邮编 401535
电话 023－42428586
传真 023－42428586
邮箱 357346496@qq163. com
产品 中性造纸施胶剂、助留助滤剂、瓦楞纸杯环压增强剂、纸张挺度增强剂、纸品拉力机、纸浆分散剂

重庆新华化工厂
重庆市潼南县梓潼镇民业街 298 号
邮编 402660
电话 023－68737926
传真 023－68737926、87288008
网址 www. xinhuachemical. com
邮箱 xinhua@xinhuachemical. com
产品 高档锐钛型钛白粉

四 川 省

成都市

成都嘉丰精化有限公司
四川省成都市福兴街 30 号四川轻工大厦 11 楼

邮编 610016
电话 028－86622199
传真 028－86616160
网址 www. cdjiafeng. com
邮箱 wuchuanl@ mail. sc. cninfo. net
Cdtina-zhang@ hotmail. com
产品 阳离子助留剂、着色剂、液体增白剂、阳离子分散松香胶、助留助滤剂、改性皂土、脱气剂、絮凝剂、纸张刚挺剂、表面施胶剂

四川蓉丰化工有限责任公司
四川省成都市二环路南三段5号
邮编 610041
电话 028－84397018
传真 028－84397058
网址 www. scrfhg. com
产品 分散剂、填料、钛白粉

成都市锦都三丰化工有限公司
四川省成都市武侯区机投镇花龙门工业园
邮编 610045
电话 028－87482146
传真 028－87482146
网址 www. jdsanfeng. com
邮箱 wangdu@ cn-sanfeng. com
产品 中性造纸施胶剂、AKD 乳液、分散松香胶、干增强剂、湿强剂、助留助滤剂、增白剂、消泡剂

成都浩信达科技有限公司
四川省成都市一环东五段东恒国际2栋1区1203室
邮编 610068
电话 028－84400282、86786867
传真 028－68692192、85238290
网址 www. cdhxd. cn
邮箱 hck-cd@ 163. com
产品 脱墨剂、造纸染料、松香胶

都江堰钙品股份有限公司
四川省都江堰市青城工业区（灌温路239号）
邮编 611830
电话 028－87283139
传真 028－87283339
网址 www. djygp. com
邮箱 zwyudjyc@ yahoo. com. cn
产品 造纸专用碳酸钙

邦贝化学公司
四川省成都市武侯区机投镇九架车村
邮编 610041
电话 028－87440925、85198067
传真 028－85172496
产品 干强剂

自贡市

自贡市中光精细化工有限公司
四川省富顺县牛佛镇田冲头街38号
邮编 643208
电话 0813－7300161
传真 0813－7300164
产品 中性施胶剂

德阳市

四川煤田地质局141队亚兴化工厂
四川省德阳市汉江路116号
邮编 618000
电话 0838－2820554
传真 0838－2820554
网址 www. scmtdz. gov. cn
邮箱 sc141@ 126. com
产品 AKD 乳液、阳离子分散松香胶、乳化剂、中性造纸施胶剂、柔软剂、绒毛浆解键剂

绵阳市

绵阳市助友化工有限责任公司
四川省三台县北泉路北塔
邮编 621100
电话 0816－5345170
传真 0816－5345170
邮箱 myzyhg@ myzyhg. cn
产品 分散松香胶、绒毛浆解键剂、湿强剂、脱墨剂、聚合氯化铝

陕 西 省

西安市

陕西华润实业有限公司
陕西省西安市西北二路1号512室
邮编 710003
电话 029－87333574
传真 029－87335479
网址 www. exswl. com

邮箱 sxhuarun2005@126.com
产品 杀菌剂、分散剂、消泡剂、荧光增白剂、助留剂、高效废纸脱墨剂、光亮柔软剂、水处理剂

西安道尔达化工有限公司
陕西省西安市汉城北路152号雅盛1#A－18－4
邮编 710077
电话 029－62969851
传真 029－62969852
网址 www.kldhg.cn
邮箱 dld@kldhg.cn
产品 膨化剂、杀菌剂

西安吉利电子化工有限公司
陕西省西安市高新技术产业开发区高新路3号
邮编 710075
电话 029－88212585、88272803
传真 029－88231475
网址 www.xajili.com
邮箱 jili@tchweb.net
产品 杀菌防腐剂、沉积物分散剂、系统清洗剂、柔顺剂、蒸煮助剂、脱墨剂、高档卷烟纸包灰剂

陕西省石油化工研究设计院
陕西省西安市西延路61号
邮编 710054
电话 029－85542590、85542624
传真 029－85542625、85542591
网址 www.shaanxipci.com
邮箱 pciyingxiao@126.com
产品 杀菌防腐剂、增白剂、水处理剂

西安市美佳化工有限公司
陕西省西安市长安区韦兆街
邮编 710103
电话 029－85889228、85889310
传真 029－85889228
网址 www.xamjhg.com
邮箱 xamjhg@163.com
产品 助留助滤剂、表面施胶剂、分散剂、显白剂

咸阳市

咸阳陶瓷研究设计院
陕西省咸阳市渭阳西路35号
邮编 712000
电话 029－33578005、33579267、33576575
传真 029－33572148
网址 www.xytcy.com
产品 填料、涂料

甘 肃 省

兰州市

兰州新化工贸易有限责任公司
甘肃省兰州市西固东路205号
邮编 730060
电话 0931－3330626
传真 0931－7585188
产品 羧甲基淀粉、氧化淀粉、熟胶粉、造纸表面及浆内施胶剂

青 海 省

西宁市

青海威思顿生物工程有限公司
青海省西宁市生物科技产业园区纬五路18号
邮编 810016
电话 0971－5317182、8527016
传真 0971－5317162
网址 www.qhwsd.com
邮箱 weisidun5584@sina.com
产品 马铃薯淀粉

宁夏回族自治区

银川市

银川吉龙造纸助剂有限责任公司
宁夏回族自治区银川市开发区
邮编 75011
电话 0951－5035454
传真 0951－5035454
产品 分散松香胶

中卫市

宁夏丰茂造纸助剂有限责任公司
宁夏回族自治区中卫市迎水桥工业区
邮编 751700
电话 0955－7679378
传真 0955－7678490
产品 中性施胶剂、杀菌剂、助留助滤剂、超细碳酸钙

新疆维吾尔自治区

乌鲁木齐市

乌鲁木齐智达化工有限公司
新疆维吾尔自治区乌鲁木齐市沙依巴克区西山路 95 号附 2 号 - 147 号
邮编 830000
电话 0991 - 7723668
传真 0991 - 4541511
产品 AKD 中性胶、分散松香胶

伊犁哈萨克自治州

伊犁市雪龙精淀粉有限责任公司
新疆维吾尔自治区伊宁市经济技术合作区辽宁路仁和集团 10 号
邮编 835000
电话 0999 - 8192009 - 666
传真 0999 - 8192229 - 866
邮箱 LGS8492200@126.com
产品 淀粉